ÖFFENTLICHES RECHT

# Allgemeines Verwaltungs- und Eingriffsrecht im Polizeidienst

Band II    - Befugnisse der Polizei -

Fachbuch
mit Fallbeispielen
erläutert für Theorie und Praxis

3. vollständig überarbeitete Auflage

von
Wolfgang Kay

Verlag Bernhardt/Schünemann · 58456 Witten

Die Deutsche Bibliothek - CIP-Einheitsaufnahme

**Kay, Wolfgang:**
Allgemeines Verwaltungs- und Eingriffsrecht im Polizeidienst
Fachbuch mit Fallbeispielen erläutert für Theorie und Praxis /
Band II / von Wolfgang Kay
3. vollst. überarb. Aufl. - Witten : Bernhardt Schünemann
(Öffentliches Recht)
Bd. II. – (2002)

ISBN 3-933870-23-2

Verlag:  Bernhardt/Schünemann, Bruchstr. 33, 58456 Witten
☎ 02302-71713, Telefax 02302-77126
E-Mail:  mail@bernhardt-schuenemann.de
Internet:  www.bernhardt-schuenemann.de

Satz:  Schreibservice Roswitha Bernhardt, Witten

Druck:  inprint druck und service, Erlangen


© 2002 by Verlag Bernhardt/Schünemann

# Vorwort zur 3. Auflage

Das vorliegende Fachbuch ist die notwendige Ergänzung zu Band I. Beide Fachbücher haben sich im Studium und in der Praxis bewährt. Inzwischen sind jedoch einige Rechtsvorschriften geändert worden, sodass eine Überarbeitung notwendig war. Mit der 3. Auflage wird wieder ein hochaktuelles Werk vorgelegt, das das Studium durch zahlreiche praktische Beispiele erleichtert. **Mein besonderer Dank gilt Herrn Polizeidirektor B. Genau, Fachhochschule NRW, Abteilung Köln, für seine wertvollen Hinweise unter anderem auf aktuelles Recht, neue Rechtsprechung und Literatur: Herrn Reinhold Böcking für die Mitarbeit bei der 1. und 2. Auflage.**

Kreuztal, im Frühjahr 2002

Der Verfasser

## Vorwort zur 2. Auflage

Die 1. Auflage dieses Fachbuches hat sich als Arbeitsbuch im Studium an den Fachhochschulen, in der örtlichen Fortbildung bei den Polizeibehörden und zur Klärung von Zweifelsfragen in der polizeilichen Praxis bestens bewährt. Die Erläuterung der Rechtsvorschriften an aktuellen Fallbeispielen aus dem wirklichen Leben wurde mit der zweiten Auflage fortentwickelt und vertieft. Damit ist gesichert, dass die Zusammenhänge zwischen Praxis und Recht schneller erkannt und verstanden werden. Eingearbeitet in die neue Auflage sind die in den letzten zwei Jahren auf breiter Ebene geänderten Rechtsvorschriften, wesentliche Gesetzesneuerungen (wie z.B. die Problematik DNA-Analysen) und wichtige Rechtsprechung zum Eingriffsrecht. Insoweit legen wir wieder ein hochaktuelles Lehrbuch vor.

Kreuztal, September 1999

Wolfgang Kay / Reinhold Böcking

## Vorwort zur 1. Auflage

Das vorliegende Buch ist die sinnvolle und notwendige Ergänzung zu Band I. Damit wird die Zusage im Vorwort zu Band I eingelöst, in diesem Jahr insbesondere die Standardbefugnisse der Polizei - orientiert an vielen praktischen Beispielen - umfassend erläutert vorzustellen. Aber auch die zwangsweise Durchsetzung polizeilicher Maßnahmen und Anordnungen wird intensiv kommentiert. Der Inhalt umfasst den Stoff, wie er im Curicculum der Fachhochschulen des Landes Nordrhein-Westfalen - Fachbereich Polizei - für den Studienabschnitt 3 und zum Teil für den Studienabschnitt 6 vorgeschrieben ist. Die sehr schwierige Materie wird - wie andere Rechtsfragen im Band I - anschaulich und den rechtsstaatlichen Erfordernissen entsprechend dargestellt. Die Erläuterung der Zusammenhänge erhält einen breiten Raum.

Das Werk wird den Studenten der Polizei an den Fachhochschulen, den Polizeimeisteranwärtern an den Polizeiausbildungsinstituten und den Studenten der Rechtswissenschaften an den Universitäten eine brauchbare Arbeitsgrundlage sein.

Kreuztal, im September 1997

Wolfgang Kay / Reinhold Böcking

# Zum Verfasser

*Wolfgang Kay* ist im Jahre 1960 in den Polizeidienst des Landes Nordrhein-Westfalen eingetreten. Nach Abschluss der II. Fachprüfung war er bei der Kreispolizeibehörde Siegen Wach- und Einsatzführer, Leiter der Polizeistationen Kreuztal und Siegen, Sachgebietsleiter Einsatz und Verwendung und schließlich Fortbildungsbeauftragter.

Von 1975 bis 1978 studierte der Beamte nebenberuflich an der Verwaltungs- und Wirtschaftsakademie in Dortmund und schloss das Studium mit dem Verwaltungsdiplom ab.

Durch zahlreiche Veröffentlichungen ist der Verfasser in Fachkreisen über die Landesgrenzen hinaus bekannt. Seine Rechtskenntnisse und umfassenden Erfahrungen im praktischen Polizeidienst vermittelt er seit 1988 als Lehrbeauftragter im Fach "Allgemeines Verwaltungs- und Eingriffsrecht" an der Fachhochschule für öffentliche Verwaltung Nordrhein-Westfalen, Abteilungen Hagen und Dortmund.

Die Erfahrungen des **Autors** im praktischen Dienst und während der Lehrtätigkeit an den Fachhochschulen spiegeln sich im vorliegenden Buch wider.

# Inhaltsverzeichnis mit Gliederung

Vorworte .................................................................................................. 3

Zum Verfasser ........................................................................................ 4

Literaturverzeichnis .............................................................................. 10

Abkürzungsverzeichnis ......................................................................... 16

Einführung .............................................................................................. 21


**1. Kapitel**
**Generalklauseln als Eingriffsermächtigung** ................................... 27
I.   Die Generalklausel im Gefahrenabwehrrecht .................................... 28
II.  Generalklausel zur Strafverfolgung/Owi-Verfolgung ........................ 38

**2. Kapitel**
**Allgemeine (offene) Befugnisse zur Datenerhebung** ..................... 45

**Erster Abschnitt**
**Allgemeine Vorschriften für die Datenerhebung (zur Gefahrenabwehr)** ................... 46
I.   Allgemeine Vorschriften für die Datenerhebung zur Gefahrenabwehr .................. 46
II.  Verfahren bei Strafverfolgungs-/Owi-Verfolgungsmaßnahmen ............................ 51

**Zweiter Abschnitt**
**Die Identitätsfeststellung** ................................................................. 52
I.   Identitätsfeststellung zur allgemeinen Gefahrenabwehr .................... 54
II.  Identitätsfeststellung zur Strafverfolgung, § 163bStPO ..................... 70
III. Identitätsfeststellung zur Ordnungswidrigkeitenverfolgung .............. 79
IV.  Erhebung von Personaldaten zur Vorbereitung für die Hilfeleistung und das
     Handeln in Gefahrfällen, § 11 PolG ................................................... 80

**Dritter Abschnitt**
**Befragung/Vernehmung** ................................................................... 84
I.   Befragung zur Gefahrenabwehr ......................................................... 84
II.  Befragung im Rahmen der Straf- oder Ordnungswidrigkeitenverfolgung ............ 93
III. Die Vernehmung im Rahmen der Strafverfolgung ............................. 96
IV.  Die Vernehmung im Ordnungswidrigkeitenverfahren ....................... 112

**Vierter Abschnitt**
**Erkennungsdienstliche Maßnahmen** ............................................... 115
I.   Erkennungsdienstliche Maßnahmen zur Gefahrenabwehr ................ 117
1.   Erkennungsdienstliche Maßnahmen zur Identitätsfeststellung .......... 118
2    Erkennungsdienstliche Maßnahmen zur vorbeugenden Bekämpfung von Straftaten .. 119
II.  Erkennungsdienstliche Maßnahmen zur Strafverfolgung .................. 125
III. Erkennungsdienstliche Maßnahmen zur Verfolgung von Ordnungswidrigkeiten ...... 129

**Fünfter Abschnitt**
**Vorladung/Vorführung** ................................................................. 130
I.   Vorladungen/Vorführung zur Gefahrenabwehr - § 10 PolG ............. 131
II.  Vorladung/Vorführung zum Zwecke der Strafverfolgung ................ 139
III. Vorladung/Vorführung zum Zwecke der Verfolgung von Ordnungswidrigkeiten ..... 142
IV. Überblick über sonstige Befugnisse zur Vorführung ..................... 143

**Sechster Abschnitt**
**Prüfung von Berechtigungsscheinen** ................................................. 146
I.   Besondere Befugnisse zur Kontrolle von Berechtigungsscheinen ......... 147
II.  Kontrollen nach § 13 PolG ................................................. 147

**Siebter Abschnitt**
**Kontrollstellen** ....................................................................... 151
I.   Kontrollstellen im Straßenverkehr ........................................ 153
II.  Kontrollstellen zur Gefahrenabwehr ...................................... 157
III. Kontrollstellen zur Strafverfolgung ....................................... 157
IV. Kontrollstellen zur Verfolgung von Ordnungswidrigkeiten ............... 164

**Achter Abschnitt**
**Datenerhebung bei öffentlichen Veranstaltungen/Ansammlungen**
**und an öffentlichen Plätzen** ......................................................... 165
I.   Datenerhebung bei öffentlichen Veranstaltungen/Ansammlungen ........ 165
II.  Datenerhebung an öffentlich zugänglichen Orten ........................ 170

**3. Kapitel**
**Heimliche (getarnte, verdeckte) Befugnisse zu Datenerhebung** .............. 177

**Erster Abschnitt**
**Die Observation** ..................................................................... 177
I.   Observation zur Gefahrenabwehr - § 16 PolG ............................ 179
II.  Observationen zur Strafverfolgung - § 163f StPO ....................... 188

**Zweiter Abschnitt**
**Verdeckter Einsatz technischer Mittel zur Aufnahme oder Aufzeichnung**
**personenbezogener Daten** ............................................................ 195
I.   Datenerhebung durch den verdeckten Einsatz technischer Mittel aus Gefahren
    abwehrendem Anlass
    - zur Anfertigung von Bildaufnahmen und Bildaufzeichnungen
    - zum Abhören und Aufzeichnen des gesprochenen Wortes ............. 196
II.  Verdeckter Einsatz technischer Mittel zur Strafverfolgung ............. 204
1.   Herstellung von Lichtbilder und Bildaufzeichnungen ................... 204
2.   Einsatz technischer Mittel zu Observationszwecken .................... 209
3.   **Kleiner Lauscheingriff** - Einsatz technischer Mittel zum Abhören und Aufzeichnen
    des nicht öffentlich gesprochenen Wortes außerhalb von Wohnungen ....... 215
4.   **Großer Lauscheingriff** Einsatz technischer Mittel zum Abhören und Aufzeichnen
    des nicht öffentlich gesprochenen Wortes in Wohnungen ............... 220

**Dritter Abschnitt**
**Einsatz verdeckter Ermittler** ............................................................ 228
I.   Der Einsatz verdeckter Ermittler zur Gefahrenabwehr .............................. 229
II.  Der Einsatzverdeckter Ermittler zur Strafverfolgung ................................ 233

**Vierter Abschnitt**
**Der Einsatz von Vertrauenspersonen (V-Personen)** ............................. 239
I.   „V-Mann-Einsatz" zur Gefahrenabwehr ............................................ 240
II.  Der Einsatz von „V-Personen" zur Strafverfolgung ................................ 245

**Fünfter Abschnitt**
**Die Überwachung der Telekommunikation - § 100a StPO** ................... 249

**Sechster Abschnitt**
**Die polizeiliche Beobachtung** ........................................................... 254
I.   Polizeiliche Beobachtung zur Gefahrenabwehr .................................... 254
II.  Polizeiliche Beobachtung zur Strafverfolgung .................................... 258

**Siebter Abschnitt**
**Die Rasterfahndung** ...................................................................... 263
I.   Rasterfahndung zur Gefahrenabwehr ............................................... 264
II.  Rasterfahndung zur Strafverfolgung ................................................ 266

**Achter Abschnitt**
**Die Netzfahndung** ........................................................................ 270


**4. Kapitel**
**Platzverweis/Wohnungsverweisung und Rückkehrverbot zum Schutz vor**
**häuslicher Gewalt** ........................................................................ 275

**Erster Abschnitt**
**Die Platzverweisung** ...................................................................... 275
I.   Der Platzverweis zur Gefahrenabwehr ............................................. 277
II.  Der Platzverweis zur Strafverfolgung ............................................. 285

**Zweiter Abschnitt**
**Wohnungsverweisung/Rückkehrverbot** ........................................... 289


**5. Kapitel**
**Gewahrsamnahme/Festnahme** ........................................................ 303

**Erster Abschnitt**
**Die Gewahrsamnahme** .................................................................. 309
I.   Spezielle Ermächtigungen zur Gewahrsamnahme ................................ 309
II.  Allgemeine Ermächtigung zur Gewahrsamnahme ................................ 309

**Zweiter Abschnitt**
**Die Festnahme** ............................................................................ 326
I.   Das Festnahmerecht für jedermann ................................................ 326
II.  Das Festnamerecht für Staatsanwaltschaft und Polizeibeamte .............. 330

III.    Das Festnahmerecht nach § 127b StPO ............................................... 352
IV.   Das Festnahmerecht nach § 19 IRG .................................................. 356

**Dritter Abschnitt**
**Die Verhaftung** ................................................................... 359

**6. Kapitel**
**Sicherheitsleistung** ............................................................. 361
I.     Die Sicherheitsleistung aufgrund von § 132 StPO .......................... 362
II.    Die Sicherheitsleistung aufgrund des § 127a StPO ......................... 366
III.   Die Sicherheitsleistung bei der Verfolgung von Ordnungswidrigkeiten ................ 370

**7. Kapitel**
**Sicherstellung/Beschlagnahme** .................................................. 373

**Erster Abschnitt**
**Die Sicherstellung zur Gefahrenabwehr** ......................................... 376

**Zweiter Abschnitt**
**Sicherstellung/Beschlagnahme von Beweismitteln** ............................... 394
I.     Die Sicherstellung und Beschlagnahme von Beweismitteln zur Strafverfolgung ....... 395
II.    Sicherstellung und Beschlagnahme von Beweismitteln zur Owi-Verfolgung .......... 415

**Dritter Abschnitt**
**Beschlagnahme von Einziehungsgegenständen** .................................... 416
I.     Einziehung im Rahmen der Strafverfolgung ................................. 416
II.    Beschlagnahme im Rahmen der Verfolgung von Ordnungswidrigkeiten ................ 440

**Vierter Abschnitt**
**Beschlagnahme von Verfallsgegenständen/Zurückgewinnungshilfe** ................. 445
I.     Verfall im Rahmen der Strafverfolgung .................................... 445
II.    Zurückgewinnungshilfe .................................................... 460
III.   Verfall im Rahmen der Owi-Verfolgung ..................................... 461

**Fünfter Abschnitt**
**Sicherstellung und Beschlagnahme von Führerscheinen** .......................... 464
I.     Rechtsgrundlagen im Überblick ............................................ 464
II.    Anwendung der Rechtsgrundlagen ........................................... 467

**8. Kapitel**
**Körperliche Untersuchung/ Molekulargenetische Untersuchungen/Leichenschau** ..... 477

**Erster Abschnitt**
**Körperliche Untersuchung** ...................................................... 477
I.     Körperliche Untersuchung zur Gefahrenabwehr ............................. 478
II.    Körperliche Untersuchung zur Strafverfolgung ............................ 479
III.   Körperliche Untersuchung zur Verfolgung von Ordnungswidrigkeiten ........ 496

9

**Zweiter Abschnitt**
**Molekulargenetische Untersuchungen (DNA-Analyse)** ........................................ 500
I.   Molekulargenetische Untersuchungen zur Klärung einer Straftat ....................... 500
II.  Molekulargenetische Untersuchungen zu erkennungsdienstlichen Zwecken ........... 504

**Dritter Abschnitt**
**Leichenschau und Leichenöffnung (Überblick über die Rechtsgrundlagen)** .............. 509
I.   Reguläres Verfahren im Umgang mit Verstorbenen ...................................... 509
II.  Verfahren im Falle eines nicht natürlichen Todes bzw. bei unbekannten Leichen .... 511


**9. Kapitel**
**Die Durchsuchung** .............................................................................. 521

**Erster Abschnitt**
**Durchsuchung zur Gefahrenabwehr** ........................................................ 528
I.   Durchsuchung von Personen ................................................................ 528
II.  Durchsuchung von Sachen ................................................................. 542
III. Betreten/Durchsuchung von Wohnungen ............................................... 550

**Zweiter Abschnitt**
**Durchsuchung zur Strafverfolgung/Ordnungswidrigkeitenverfolgung** .................... 566
I.   Durchsuchung beim Verdächtigen .......................................................... 566
II.  Durchsuchung bei anderen Personen/Gebäudedurchsuchung ........................... 574
III. Durchsuchung im Rahmen der Verfolgung von Ordnungswidrigkeiten ............... 590


**Stichwortverzeichnis** ..........................................................................591

# Literaturverzeichnis

(Band I und Band II)

| | |
|---|---|
| Achenbach | Alte und neue Fragen zur Pressebeschlagnahme, NStZ 2000, S. 123 |
| Altschaffel | Allgemeines Polizei- und Ordnungsrecht für Nordrhein-Westfalen, Hilden 1996 |
| Ambs | Gesetz zum Schutz vor Missbrauch personenbezogener Daten bei der Datenverarbeitung, Loseblattkommentar, Stand 1.7.1993, Stuttgart 1993 |
| App | Der unmittelbare Zwang, Deutsche Verwaltungspraxis 1997, S. 135 |
| Artkämper | Fehlerquellen der Beschuldigtenvernehmung, Kriminalistik 6/96, S. 393 |
| Benfer | Grundrechtseingriffe im Ermittlungsverfahren, 2. Auflage, Köln 1990 |
| Brenner | Gewinnabschöpfung, das unbekannte Wesen im Ordnungswidrigkeiten-recht, NStZ 1998, S. 557 |
| Beulke | Muss die Polizei dem Beschuldigten vor der Vernehmung "Erste Hilfe" bei der Verteidigerkonsultation leisten?, NStZ 6/1996, S. 257 |
| Blasius | Einführung in die Grundlagen und Methoden des Verwaltungsrechts, Stuttgart 1977 |
| BT-Drucksache | Deutscher Bundestag, 12. Wahlperiode, Begründung zum Beschluss des 12/989 Gesetzes zur Bekämpfung des illegalen Rauschgifthandels und anderer Erscheinungsformen der Organisierten Kriminalität (OrgKG) vom 12.07.91 - Drucksache 12/989 - |
| BT-Drucksache 13/2576 | Deutscher Bundestag, 13. Wahlperiode, Gesetzentwurf zur Änderung der Strafprozessordnung vom 10.09.1995 |
| BT-Drucksache 13/10791 | Deutscher Bundestag, 13. Wahlperiode, Entwurf eines Gesetzes zur Änderung der Strafprozessordnung (DNA-Identitätsfeststellungsgesetz) vom 26.5.1998 |
| BT-Drucksache 13/8650 | Deutscher Bundestag, 13. Wahlperiode, Entwurf eines Gesetzes zur Änderung des Grundgesetzes vom 01.10.1997 |
| BT-Drucksache 13/9642 | Beschlussempfehlung des Rechtsausschusses (6.Ausschuss) zu dem Gesetzentwurf der Fraktionen der CDU/CSU und F.D.P - Drucksache 13/8650 - Änderung eines Gesetzes zur Änderung des Grundgesetzes (Art. 13 GG) vom 14.01.98 |
| BT-Drucksache 13/8650 | Bericht des Rechtsausschusses (6. Ausschuss) zu dem Gesetzentwurf der Fraktionen der CSU/CSU, SPD und F.D.P. - Drucksache - Änderung eines Gesetzes zur Änderung des Grundgesetzes (Art. 13 GG) vom 15.01.98 |
| Chemnitz | Polizeirecht in Nordrhein-Westfalen, 4. Auflage, Wuppertal 1994 |
| Chemnitz | Die Installation eines Empfängers in einen Pkw zum Zwecke der satellitengestützten Ortung (GPS), Polizeiinfo Heft 4 1999, S. 29 |
| Detter | Zum Strafzumessungs- und Maßregelrecht, NStZ 2001, S. 130 |
| Dietel | Grundrechte, Lübeck 1980 |

| | |
|---|---|
| Dietel/Gintzel | Allgemeines Verwaltungs- und Polizeirecht für Nordrhein-Westfalen, 11. Auflage, Hilden 1984 |
| Dörschuk | ED-Behandlung, Kriminalistik Heft 11, 1996, S. 732 |
| Dreher/Tröndle | Strafgesetzbuch und Nebengesetze, 47. Auflage, München 1995 |
| Drews/Wacke/ Vogel/Martens | Gefahrenabwehr, Allgemeines Polizeirecht (Ordnungsrecht) des Bundes und der Länder, 9 Auflage, Köln 1986 |
| Ebel | Notwehrrecht der Polizei bei Vernehmungen (Befragungen) zum Zwecke der Gefahrenabwehr, Kriminalistik 1995, S. 825 |
| Eisenberg | "Organisiertes Verbrechen", NJW 1993, S. 1033 ff. |
| Gerbert | Leitfaden Gewinnabschöpfung im Strafverfahren – insbesondere in Betäubungsmittelverfahren – Stuttgart 1996 |
| Göhler | Ordnungswidrigkeitengesetz, 11. Auflage, München 1995 |
| Götz | Allgemeines Polizei- und Ordnungsrecht, 11. Auflage, Göttingen 1993 |
| Graalmann-Scheerer | DNA-Analyse – „Genetischer Fingerabdruck" Strafverfahrensrechtliche Probleme im Zusammenhang mit der molekulargenetischen Untersuchung, Kriminalistik, 2000, S. 328 |
| Creifelds | Rechtswörterbuch, 11. Auflage, München 1992 |
| Groß | Sicherstellung von Druckwerken, NStZ 1999, S. 334 |
| Hamann | Juristische Methodik, 8. Auflage, Essen 1994 |
| Hamann | Praktisches Verwaltungsrecht I, Essen, 1994 |
| Haurand/Vahle | Fallbearbeitung aus dem allgemeinen Verwaltungsrecht mit Bezügen zum Polizei- und Ordnungsrecht, DVP 1996, S. 434 |
| Haurand/Vahle | Maßnahmen gegen verbotswidrig abgestellte Fahrzeuge, DVP 1996, S. 287 |
| Hecker | Aufenthaltsverbote im Recht der Gefahrenabwehr, NVwZ 1999, Heft 3, S. 261 |
| Hilger | Neues Strafverfahrensrecht durch das OrgKG - 1. Teil - NStZ 1992, S. 457 - 2. Teil - NStZ 1992, S. 523 |
| Hilger | Zum Strafverfahrensrechtsänderungsgesetz 1999 (StVÄG 1999) – 2. Teil, NStZ 2001, S. 17) |
| Jagusch/Hentschel | Straßenverkehrsrecht, 35. Auflage, München 1999 |
| Jarass | Bindungswirkung von Verwaltungsvorschriften, JUS, Heft 2 1999, S. 106 |
| Jarass/Pieroth | Grundgesetz für die Bundesrepublik Deutschland - Kommentar - 2. Auflage, München 1992 |
| Kaefer | Der praktische Fall, Kriminalistik 1991, S. 401 |
| Kalf | Die planmäßige Suche nach Zufallsfunden, Die Polizei 1986, S. 413 |
| Karlsruher | Karlsruher Kommentar zur StPO, 3. Auflage, München 1993 |

| | |
|---|---|
| Kay/Böcking | Polizeirecht Nordrhein-Westfalen, München 1992 |
| Kay/Böcking | Versammlungsrecht, 1. Auflage, Wuppertal 1994 |
| Keller | Der praktische Fall, Kriminalistik 1994, S. 296 |
| Kleinknecht/<br>Meyer-Goßner | Strafprozessordnung, 45. Auflage, München 2001 |
| Knemeyer | Polizei- und Ordnungsrecht, 7. Auflage, München 1998 |
| Kniesel | Vorbeugende Bekämpfung von Straftaten im juristischen Meinungsstreit - eine unendliche Geschichte, ZRP 1992, S. 164 |
| Kniesel | Der polizeiliche Gefahrenerforschungseingriff, Polizei heute, Heft 2 1998, S. 45 |
| Kniesel/Vahle | Polizeiliche Informationsverarbeitung und Datenschutz im künftigen Polizeirecht , Heidelberg 1990 |
| Kopp/Ramsauer | Verwaltungsverfahrensgesetz, 7. Auflage, München 2000 |
| Kopp/Schenke | Verwaltungsgerichtsordnung, 11. Auflage, München 1998 |
| Krahl | Der Anwendungsbereich der polizeilichen Beobachtung nach § 163e StPO als strafprozessuale Ermittlungsmaßnahme, NStZ, Heft 7, 1998 |
| Kraft/Kay/Böcking | Eingriffsmaßnahmen der Polizei, 2. Auflage, Stuttgart 1994 |
| Kramer | Videoaufnahmen und andere Eingriffe in das Allgemeine Persönlichkeitsrecht auf der Grundlage des § 163 StPO?, NJW 1992, S. 2732 |
| Krause/Nehring | Strafverfahrensrecht in der Polizeipraxis, Köln 1978 |
| Krekeler | Beweisverwertungsverbote bei fehlerhaften Durchsuchungen, NStZ 1993, S. 263 |
| Lackner/Kühl | Strafgesetzbuch mit Erläuterungen, 23. Auflage, München 1999 |
| LT-Drucksache NW 8/1396 | Landtag Nordrhein-Westfalen, 8 Wahlperiode, Drucksache 8/1396 - Verwaltungsverfahrensgesetz für das Land Nordrhein-Westfalen |
| LT-Drucksache NW 8/4080 | Landtag Nordrhein-Westfalen, 8. Wahlperiode, Drucksache 8/4080 Polizeigesetz für das Land Nordrhein-Westfalen in der Fassung der Bekanntmachung vom 25.3.1980 |
| LT-Drucksache NW 10/1565 | Landtag Nordrhein-Westfalen, 10. Wahlperiode, Drucksache 10/1565 Gesetz zur Fortentwicklung des Datenschutzes vom 05.01.1987 - Begründung - |
| LT-Drucksache NW 10/3797 | Landtag Nordrhein-Westfalen, 10. Wahlperiode, Drucksache 10/3797 |
| LT-Drucksache NRW 13/1525 | Landtag Nordrhein-Westfalen, 13. Wahlperiode, Drucksache 13/1525 – Gesetzentwurf der Landesregierung, Gesetz zur Änderung des Polizeigesetzes und des Ordnungsbehördengesetzes vom 4. September 2001 – Begründung - |
| Lepa | Der Inhalt der Grundrechte, 5. Auflage, Bonn 1985 |
| Lisken | Über Aufgaben und Befugnisse der Polizei im Staate des Grundgesetzes, ZPR 1990 |

| | |
|---|---|
| Lisken | Zum Vollzug verdachtsloser Jedermannskontrollen, Polizei heute, Heft 2 1998, S. 4 |
| Lisken | Polizeibefugnis zum Töten?, DRiZ 1989, S. 401 |
| Lisken/Denninger | Handbuch des Polizeirechts, 2. Auflage, München 1996 |
| Lübkemann | Strafrecht und Strafverfahrensrecht, 12. Auflage, Hilden 1994 |
| Maaß | Der Verbringungsgewahrsam nach dem geltenden Polizeirecht, NVwZ 1985, S. 151 |
| Maunz/Zippelius | Deutsches Staatsrecht, 27. Auflage, München 1988 |
| Maunz/Düring/Herzog | Grundgesetz, Loseblattkommentar |
| Maurer | Allgemeines Verwaltungsrecht, 7. Auflage |
| Meyer | Verdeckte Ermittlungen, Kriminalistik, Heft 1 1999, S. 49 |
| Mindorf | Verkehrsrecht, Loseblattsammlung, Stuttgart, Stand 9/2000 |
| Model/Creifelds | Staatsbürger-Taschenbuch, 30. Auflage, München 2000 |
| Möller/Wilhelm | Allgemeines Polizei- und Ordnungsrecht - Gesamtdeutsche Darstellung – 3. Auflage, Köln 1993 |
| Münch/Kunig | Grundgesetz-Kommentar, 5. Auflage, München 2000 |
| Neuhaus | Die Notwendigkeit der qualifizierten Beschuldigtenvernehmung, NStZ 1999, Heft 7, S. 312 |
| Oppermann | Europarecht, 2. Auflage, München 1999 |
| Ott | Gesetz über Versammlungen und Aufzüge, 5. Auflage, 1987 |
| Paeffgen | Rechtsprechungsübersicht in U-Haft-Sachen 1998, NStZ 1999, Heft 2, S. 71 |
| Pfeiffer/Fischer | Strafprozessordnung, Kommentar, München 1995 |
| Popp | Anmerkung zum Beschluß des BGH vom 13.5.98, NStZ 1998, Heft 2, S. 96 |
| Porscher | Der Gefahrenverdacht, NVwZ 2001, S. 141 |
| Quentin | Der verdeckte Ermittler, JUS Heft 2 1999, S. 134 |
| Ranft | Strafprozessrecht, Stuttgart 1991 |
| Redeker/von Oertzen | Verwaltungsgerichtsordnung – Kommentar, 13. Auflage, Stuttgart 2000 |
| Riotte/Tegtmeyer | Das neue Polizeigesetz des Landes Nordrhein-Westfalen, NWVBl. 90, S. 148 |
| Roggan | Die Videoüberwachung von öffentlichen Plätzen, Neue Verwaltungszeitschrift 2001, S. 134 |
| Ross | Schusswaffengebrauch gegen Kraftfahrzeuge, Kriminalistik 1986, S. 607 |
| Sadler | Verwaltungs-Vollstreckungsgesetz: Kommentar anhand der Rechtsprechung, 3. Auflage, Heidelberg 1996 |
| Salger | Drogeneinnahme und Fahrtüchtigkeit, DAR 11/1994, S. 433 |

| | |
|---|---|
| Schmidt/Bleibtreu/ Klein | Kommentar zum Grundgesetz, 6. Auflage, Darmstadt 1993 |
| Schmidt | Strafprozessuale Maßnahmen der Polizei im Ermittlungsverfahren, Wuppertal 1994 (Herausgeber: Deutsche Polizeigewerkschaft im Deutschen Beamtenbund, Biermannverlag Wuppertal) |
| Schmittler | Der genetische Fingerabdruck - Das neue Zeitalter -, Deutsches Polizeiblatt Heft 2 aus 1997, S. 20 |
| Schönke/Schröder | StGB, 25. Auflage München 1998 |
| Schoch | Grundfälle zum Polizei- und Ordnungsrecht, JUS 1994, S. 391 bis JUS 1995, S. 510 |
| Schramm | Staatsrecht Band II, 2. Auflage, Köln 1979 |
| Schulz/Händel | Strafprozessordnung mit Erläuterungen für Polizeibeamte im Ermittlungsdienst, Loseblattkommentar Stand Juli 2000, Heidelberg |
| Schwind/Hasenpflug/ Patschke | Allgemeines Verwaltungsrecht, 12. Auflage, München 1990 |
| Schwacke/Uhlig, | Methoden des Verwaltungshandelns, Köln 1979, S. 89 |
| Simitis/Fuckner | Informationelle Selbstbestimmung und staatliches Geheimhaltungsinteresse, NJW 1990, S. 2713 bis 2717 |
| Spallek | Staats- und Verfassungsrecht, allgemeine Staatslehre, Deutsche Verfassungsgeschichte, 14. Auflage, Witten 2001 |
| Steinhoff | Waffenrecht, 6. Auflage, München 1995 |
| Stelkens/Bonk Sachs | Verwaltungsverfahrensgesetz , 5. Auflage, München 1998 |
| Stintzig/Hecker | Abschreckung durch Hauptverhandlungshaft? - Der neue Haftgrund des „vermuteten Ungehorsams", NStZ 1997, Heft 12, S. 569 |
| StVÄG 1989 | Gesetzentwurf der Bundesregierung – Entwurf eines Gesetzes zur Änderung des Strafverfahrensrechtes – Strafverfahrensänderungsgesetz 1989 – (StVÄG 1989) |
| Tegtmeyer | Polizeigesetz Nordrhein-Westfalen, 8. Auflage, Stuttgart 1995 |
| Tröndle/Fischer | Strafgesetzbuch und Nebengesetze, 44. Auflage, München 1999 |
| Tschira/Schmidt/ Glaeser | Verwaltungsprozessrecht, 6. Auflage, Stuttgart 1983 |
| Vahle | Vorsicht, Kamera! Neue Verwaltungszeitschrift 2001, S. 165 |
| Vahle | Der praktische Fall, Kriminalistik 1991, S. 719 |
| Vahle | Das Rechtsschutzsystem der Verwaltungsgerichtsordnung (VwGO) - dargestellt insbesondere an Maßnahmen durch und gegen Polizeibeamte, Kriminalistik 1986, S. 335 |
| Vahle | Die Vollstreckung von Verwaltungsmaßnahmen, Deutsche Verwaltungspraxis 1997, S. 58 |
| Vahle | Staatliche, insbesondere sicherheitsbehördliche Eingriffe in das Wohnungsgrundrecht des Art. 13 GG, Kriminalistik 1996, S. 614 |

| | |
|---|---|
| Vahle | Vollstreckung und Rechtsschutz im Verwaltungsrecht, Essen 1988 |
| Vahle | Das Widerspruchsverfahren in Schaubildern, Deutsche Verwaltungspraxis 1/2000, S. 3 |
| Vahle/Buttgereit | Eingriffsrechte der Polizei, Karlsfeld b. München, 1983 |
| Vahle | Das Rechtsschutzsystem der Verwaltungsgerichtsordnung (VwGO) - dargestellt insbesondere an Maßnahmen durch und gegen Polizeibeamte, Kriminalistik 1986, S. 335 |
| Vahle/Buttgereit | Eingriffsrechte der Polizei, Karlsfeld bei München 1983 |
| Volk | Die Vernehmung durch den Verteidiger und das Verwertungsverbot des § 252 StPO – BGH NJW 200, 1277, JuS 2000, S. 130 |
| von Münch/Kunig | Grundgesetz-Kommentar, Band 1, 5. Auflage, München 2000 |
| Weihmann | Kriminalistik - Ein Grundriss für Studium und Praxis, 4. Auflage, Hilden 1999 |
| Wittern | Grundriss des Verwaltungsrechts, 18. Auflage, Stuttgart 1994 |
| Wolff | Verwaltungsrecht II, 4. Auflage, München 1976<br>Verwaltungsrecht III, 3. Auflage, München 1973 |
| Wolff/Bachof | Verwaltungsrecht I, 9. Auflage, München 1974 |
| Wolff/Bachof/Stober | Verwaltungsrecht I, 10. Auflage, München 1994 |
| Zöller | Der gezielte Todesschuss, Deutsche Verwaltungspraxis 1997, S. 78 |

# Abkürzungsverzeichnis
(Band I und Band II)

| | |
|---|---|
| a.a.O. | am angegebenen Ort |
| a.A. | anderer Ansicht |
| a.F. | alte Fassung |
| ADV | Automatisierte Datenverarbeitung |
| AETR | Europäisches Übereinkommen über die Arbeit des im internationalen Straßenverkehr beschäftigten Personals in der Fassung vom 18.8.1997 (BGBl. II S. 1550) |
| AFIS | Automatisiertes Finger-Abdruck-Identifizierungs-System |
| AG | Amtsgericht |
| AG VwGO | Gesetz zur Ausführung der VwGO |
| AITG | Verordnung zur Regelung von Zuständigkeiten auf den Gebieten Arbeits-, Immissions- und technischen Gefahrenschutzes (ZustVO AITG) vom 6.2.73 (GV. NW. S. 179) in der Fassung vom 14.7.1994 (GV NW. S. 360) |
| Amtsbl. | Amtsblatt |
| AO | Abgabenordnung (AO 1977) vom 16.3.1976 (BGBl. I S. 613; 1977 I S. 269), zuletzt geändert durch Gesetz vom 19.12.1998 (BGBl. I S. 3836) |
| Art. | Artikel |
| AschO | Allgemeine Schulordnung vom 8.11.78 (GV.NW. 1978, S. 552) |
| AuslG | Gesetz über die Einreise und den Aufenthalt von Ausländern im Bundesgebiet vom 09.07.90 (BGBl. I S. 1354) zuletzt geändert durch Gesetz vom 16.2.2001 (BGBl. I S. 266) |
| AsylVfG | Asylverfahrensgesetz (AsylVfG) in der Fassung vom 27.7.1993 (BGBl. I S. 1361), zuletzt geändert durch Gesetz v. 29.10.1997 (BGBl. I S. 2584) |
| Az. | Aktenzeichen |
| BDSG | Bundesdatenschutzgesetz vom 20.12.92 (BGBl. I S. 2954), zuletzt geändert durch Gesetz vom 26.1.2001 (BGBl. I S. 1254) |
| BfA | Bundesanstalt für Arbeit |
| BGB | Bürgerliches Gesetzbuch vom 18.08.1896 (RGBl. S. 195), in der Fassung der Bekanntmachung vom 2.2.2002 (BGBl. I S. 42) |
| BGBl. | Bundesgesetzblatt |
| BGH | Bundesgerichtshof |
| BGHSt | Entscheidungen des BGH in Strafsachen |
| BJagdG | Bundesjagdgesetz in der Fassung vom 25.6.2001 (BGBl. I S. 1254) |
| BKA | Bundeskriminalamt |
| BKAG | Gesetz über das Bundeskriminalamt und die Zusammenarbeit des Bundes und der Länder in kriminalpolizeilichen Angelegenheiten (Bundeskriminalamtsgesetz - BKAG) in der Fassung vom 18.5.2001 (BGBl. I S. 904) |
| BKatV | Verordnung über die Erteilung einer Verwarnung, Regelsätze für Geldbußen und die Anordnung eines Fahrverbotes wegen Ordnungswidrigkeiten im Straßenverkehr (Bußgeldkatalog-Verordenung – BKatV) vom 13.11.2001 (BGBl. I S. 3033, geändert durch Verordnung vom 14.12.2001 (BGBl. I. S. 3783) |
| BMI | Bundesministerium des Innern |
| BOKraft | Verordnung über den Betrieb von Kraftfahrunternehmen im Personenverkehr (BOKraft) in der Fassung vom 26.5.1998 (BGBl. I. S. 1159) |

| | |
|---|---|
| BTMG | Gesetz über den Verkehr mit Betäubungsmitteln (Betäubungsmittelgesetz - BTMG), zuletzt geändert durch Gesetz vom 19.6.2001 (BGBl. I S. 904) |
| BVerfG | Bundesverfassungsgericht |
| VerfGE | Entscheidungen des Bundesverfassungsgericht |
| BVerfGG | Gesetz über das Bundesverfassungsgericht |
| BVerwG | Bundesverwaltungsgericht |
| BVerwGE | Entscheidungen des Bundesverwaltungsgerichts |
| -DAR | Deutsches Autorecht, Zeitschrift) |
| DNA-IFG | DNA-Identitätsfeststellungsgesetz vom 7.9.1998 (BGBl. I 2646) i.d.F. vom 2.6.199 (BGBl. I 1242) |
| DÖV | Die Öffentliche Verwaltung, Zeitschrift |
| DRiZ | Deutsche Richter Zeitung |
| DSG NW | Gesetz zum Schutz personenbezogener Daten (Datenschutzgesetz Nordrhein-Westfalen - DSG NW) vom 15.3.1988 (GV.NW. S. 160), geändert durch Gesetz vom 9.6.2000 (GV.NW. S. 542) |
| DVBl | Deutsches Verwaltungsblatt, Zeitschrift |
| DVO | Durchführungsverordnung |
| ED | Erkennungsdienst |
| EG GVG | Einführungsgesetz zum Gerichtsverfassungsgesetz vom 27.1.1877, in der Fassung vom 2.8.2000 (BGBl. I S. 1253) |
| Einl. | Einleitung |
| FeV | Verordnung über die Zulassung von Personen zum Straßenverkehr (Fahrerlaubnis-Verordnung - FeV) vom 18.8.1998 (BGBl. I S. 2214), geändert durch Verordnung vom 19.3.2001 (BGBl. I, S. 386) |
| FEVG | Gesetz über das gerichtliche Verfahren bei Freiheitsentziehungen in der Fassung vom 16.2.2001 (BGBl. I S 266) |
| FGG | Gesetz über die Angelegenheiten der freiwilligen Gerichtsbarkeit in der Fassung der Bekanntmachung vom 20.5.1898, zuletzt geändert durch Gesetz vom 24.6.1994 (BGBl. I S. 1377) |
| FPersG | Gesetz über das Fahrpersonal von Kraftfahrzeugen und Straßenbahnen (Fahrpersonalgesetz - FPersG) in der Fassung der Bekanntmachung vom 19.2.1987 (BGBl. I S. 640), zuletzt geändert durch Gesetz vom 27.7.2001 (BGBl. I S. 1950) |
| FSHG | Gesetz über den Feuerschutz und die Hilfeleistung (FSHG) vom 10.2.1998 (GV.NW. S. 122) |
| GBl. | Gesetzblatt |
| GewO | Gewerbeordnung in der Fassung vom 23.7.2001 (BGBl. I S. 1658) |
| GewSchG | Gesetz zum zivilrechtlichen Schutz vor Gewalttaten und Nachstellungen (Gewaltschutzgesetzt – GewSchG) vom 11.12.2001 ( BGBl. I S. 3513) |
| GG | Grundgesetz für die Bundesrepublik Deutschland vom 23.05.49 (BGBl. S.1), zuletzt geändert durch Gesetz vom 26.11.2001 (BGBl. I S. 3219) |
| GGBefG | Gesetz über die Beförderung gefährlicher Güter (Gefahrgutbeförderungsgesetz - GGBefG) in der Fassung 6.8.1998 (BGBl. I S. 2037) |
| ggf. | gegebenenfalls |
| GGVS | Verordnung über die innerstaatliche und grenzüberschreitende Beförderung gefährlicher Güter auf der Straße (Gefahrgutverordnung Straße - GGVS) in der Fassung der Bekanntmachung vom 23.6.1999 (BGBl. I. S. 314353) |
| GÜKG | Güterkraftverkehrsgesetz (GÜKG) in der Fassung vom 3.11.1993 (BGBl. I S. 1839, Ber. S. 1993), zuletzt geändert durch Gesetz von 2.9.2001 (BGBl. I S. 2272) |
| GmBl. | Gemeinsames Ministerialblatt |
| GV. NW. | Gesetz- und Verordnungsblatt NW |

| | |
|---|---|
| GVG | Gerichtsverfassungsgesetz (GVG) in der Fassung vom 16.5.2001 (BGBl. I S.898) |
| h.M. | herrschende Meinung |
| h.L. | herrschende Lehre |
| HeVfGH | Hessischer Verfassungsgerichtshof |
| i.V.m. | in Verbindung mit |
| i.S.v. | im Sinne von |
| i.e.S. | im engeren Sinne |
| i.d.F.v. | in der Fassung vom |
| i.d.R. | in der Regel |
| IM | Innenminister/Innenministerium |
| IMK | Innenministerkonferenz |
| INPOL | Informationssystem der Polizei |
| JA | Juristische Arbeitsblätter |
| JGG | Jugendgerichtsgesetz in der Fassung vom 19.12.2000 (BGBl. S 1756) |
| JÖSchG | Gesetz zum Schutz der Jugend in der Öffentlichkeit (Jugendschutzgesetz - JÖSchG) vom 25.2.1985 (BGBl. I S. 425), zuletzt geändert durch Gesetz vom 28.10.1994 (BGBl. I S. 3186) |
| JuS | Juristische Schulung , Zeitschrift |
| JVA | Justizverwaltungsakt |
| KK, KOK, KHK | Dienstgrade der Polizei (Kriminalkommissar bis Kriminalhauptkommissar) |
| KostO | Kostenordnung zum Verwaltungsvollstreckungsgesetz Nordrhein-Westfalen in der Fassung vom 11.8.1997 (GV. NW. S 258) |
| KrW-/AbfG | Gesetz zur Förderung der Kreislaufwirtschaft und Sicherung der umweltverträglichen Beseitigung von Abfällen (Kreislaufwirtschaft und Abfallgesetz - KrW-/AbfG) in der Fassung vom9.9.2001 (BGBl. I S. 2331) |
| KUG | Kunsturheberrechtsgesetz in der Fassung vom 16.2.2001 (BGBl. I S. 266) |
| LFischG | Fischereigesetz für das Land Nordrhein-Westfalen (Landesfischereigesetz - LFischG) in der Fassung vom 22.6.1994 (GV.NW. S. 516/S. 864) |
| LG | Landgericht |
| LHV NRW | Ordnungsbehördliche Verordnung über das Halten, die Zucht, die Ausbildung und das Abrichten bestimmter Hunde (Landeshundeverordnung – LHV NRW) vom 30.6.2000 (GV.NRW. S. 518b) |
| LImschG | Gesetz zum Schutz vor Luftverunreinigungen, Geräuschen und ähnlichen Umwelteinwirkungen (Landesimmissionsschutzgesetz - LImschG) in der Fassung von 15.12.1993 (GV.NW. S. 987) |
| LKA | Landeskriminalamt |
| m.w.N. | mit weiteren Nachweisen |
| MBl. NW | Ministerialblatt für das Land NRW |
| MEK | Mobiles Einsatzkommando der Polizei |
| ME PolG | Musterentwurf eines einheitlichen Polizeigesetzes des Bundes und der Länder gemäß Beschluss der Innenministerkonferenz vom 25.11.77 |
| MDR | Monatsschrift Deutsches Recht |
| MRK | Konvention zum Schutze der Menschenrechte und Grundfreiheiten vom 04.11.50 (BGBl. 1952 II S. 686), |
| NJW | Neue Juristische Wochenschrift, Zeitschrift |
| NPA | Neues Polizeiarchiv |
| NRW | Nordrhein-Westfalen |
| NStZ | Neue Zeitschrift für Strafrecht |
| NVwZ | Neue Zeitschrift für Verwaltungsrecht |

| | |
|---|---|
| NVZ | Neue Zeitschrift für Verkehrsrecht |
| NW | Nordrhein-Westfalen |
| NWVBl. | Nordrhein-Westfälische Verwaltungsblätter |
| OBG | Gesetz über Aufgaben und Befugnisse der Ordnungsbehörden in der Fassung vom 1.1.2002 (GV.NW. S. ...) |
| OLG | Oberlandesgericht |
| OrgKG | Gesetz zur Bekämpfung des illegalen Rauschgifthandels und anderer Erscheinungsformen der organisierten Kriminalität (OrgKG), BGBl. I S. 1302 |
| OVG | Oberverwaltungsgericht |
| Owi | Ordnungswidrigkeit |
| OWiG | Gesetz über Ordnungswidrigkeiten in der Fassung vom 19.4.2001 (BGBl. I S. 623) |
| PBefG | Personenbeförderungsgesetz (PBefG) in der Fassung vom 27.7.2001 (BGBl. I S. 1950) |
| PAuswG NW | Personalausweisgesetz für das Land Nordrhein-Westfalen (Personalausweisgesetz NW - PAuswG NW) in der Fassung vom 11.11.1997 (GV. NW. 397) |
| PDV | Polizei Dienstvorschrift |
| PM, POM, PHM, | Dienstgrade der Polizei (Polizeimeister bis Polizeihauptmeister) |
| PK, POK, PHK | Dienstgrade der Polizei (Polizeikommissar bis Polizeihauptkommissar) |
| PBefG | Personenbeförderungsgesetz in der Fassung vom 27.7.2001 (BGBl. I. S. 1950) |
| PflVersG | Gesetz über die Pflichtversicherung für Kraftfahrzeughalter (Pflichtversicherungsgesetz) in der Fassung vom 13.7.2001 BGBl. I S. 1542) |
| POG | Gesetz über die Organisation und die Zuständigkeit der Polizei im Lande NW vom 13.07.82 (GV NW S. 339), zuletzt geändert durch Gesetz vom 22.10.94 (GV NW S. 852) |
| PolG | Polizeigesetz des Landes Nordrhein-Westfalen in der Fassung vom 1.1.2002 (GV.NW. S. ...) |
| RdErl. | Runderlass |
| RdNr(n). | Randnummer(n) |
| RdSchr. | Rundschreiben |
| RiStBV | Richtlinien für das Strafverfahren und Bußgeldverfahren (RiStBV) vom 1.1977 in der Fassung vom 1.8.2000 (BAnz. S. 15021) |
| Rz. | Randziffer |
| S. | Satz/Sätze; Seite(n) |
| SchVG | Schulverwaltungsgesetz (SchVG) in der Fassung der Bekanntmachung vom 16.8.1978 (GV.NW. S. 516) |
| SEK | Sondereinsatzkommando der Polizei |
| SGV. NW | Sammlung des bereinigten Gesetz- und Verordnungsblattes für das Land Nordrhein-Westfalen |
| SMBl | Sammelministerialblatt |
| StGB | Strafgesetzbuch in der Fassung der Bekanntmachung vom 19.6.2001 (BGBl. I, S. 1142) |
| StPO | Strafprozessordnung in der Fassung der Bekanntmachung vom 25.6.2001 (BGBl. I S. 1206) |
| StrVollzG | Gesetz über den Vollzug der Freiheitsstrafe und der freiheitsentziehenden Maßregeln der Besserung und Sicherung (Strafvollzugsgesetz - StrVollzG) vom 16.3.1976 (BGBl. I S. 581) zuletzt geändert durch Gesetz vom 27.2.1985 (BGBl. I S. 561) |

| | |
|---|---|
| StrWG NW | Straßen- u. Wegegesetz des Landes NRW in der Fassung vom 9.5.2000 (GV.NW S. 462) |
| StVÄG 1989 | Gesetzentwurf d. Bundesregierung – Entwurf eines Gesetzes zur Ergänzung des Strafverfahrensrechts – Strafverfahrensänderungsgesetz 1989 |
| StVG | Straßenverkehrsgesetz in der Fassung vom 19.3.2001 (BGBl. I S. 386) |
| StVO | Straßenverkehrsordnung in der Fassung vom 11.12.2000 (BGBl. I S.1690) |
| StVZO | Straßenverkehrszulassungsordnung in der Fassung vom 3.8.2000 (BGBl. I S. 1273) |
| TÜ | Telefonüberwachung |
| Urt. | Urteil |
| VA | Verwaltungsakt |
| VÄ ME PolG | Vorentwurf zur Änderung des Musterentwurfs eines einheitlichen Polizeigesetzes des Bundes und der Länder vom 12.3.1986 |
| VB-VA | Verfolgungsbehörden-Verwaltungsakt |
| VerfGH | Verfassungsgerichtshof |
| VersG | Gesetz über Versammlungen und Aufzüge in der Fassung der Bekanntmachung vom 15.11.1978 (BGBl. I S. 1789), zuletzt geändert durch Gesetz vom 09.06.89 (BGBl. I S. 1059) |
| VerwarnVwV | Allgemeine Verwaltungsvorschrift für die Erteilung einer Verwarnung bei Straßenverkehrsordnungswidrigkeiten vom 26.1.2001, VKBl. 2001, S. 276 |
| VG | Verwaltungsgericht |
| VGH | Verwaltungsgerichtshof |
| VInt | Verordnung über den internationalen Kraftfahrzeugverkehr (VInt) in der Fassung vom 26.8.1998 (BGBl. I S. 2214) |
| VO | Verordnung |
| VV PolG | Verwaltungsvorschrift zum Polizeigesetz des Landes Nordrhein Westfalen (VVPolG) in der Fassung vom 8.2.1995 (MBl. NW S. 376) |
| VwGO | Verwaltungsgerichtsordnung in der Neufassung der Bekanntmachung vom 13.7.2001 (BGBl. I S. 1542), zuletzt geändert durch Gesetz vom 13.7.2001 (BGBl. I S. 1542) |
| VwV | Verwaltungsvorschrift |
| VwVfG | Verwaltungsverfahrensgesetz für das Land NRW vom 21.12.76 (GV NW S. 438), zuletzt geändert durch Gesetz vom 15.6.1999 (GV NRW S. 386) |
| VwVG | Verwaltungsvollstreckungsgesetz für das Land Nordrhein-Westfalen (VwVG NW) in der Fassung der Bekanntmachung vom 18.3.1997 (GV.NW. S. 50) |
| VwZG | Verwaltungszustellungsgesetz |
| WaffG | Waffengesetz in der Fassung der Bekanntmachung vom 08.03.76 (BGBl. I S. 432), zuletzt geändert durch Gesetz vom 26.11.1996 (BGBl. I S. 1779) |
| WHG | Gesetz zur Ordnung des Wasserhaushalts vom 23.09.86 (BGBl. I S. 1529, 1654), zuletzt geändert durch Gesetz vom 3.5.2000 (BGBl. I S. 632) |
| WPflG | Wehrpflichtgesetz in der Fassung der Bekanntmachung vom 14.7.1994 (BGBl. I S. 1505), zuletzt geändert durch Gesetz vom 25.3.1997 (BGBl. I S. 726) |
| ZKB | Zentrale Kriminalitätsbekämpfung (Unterabteilung der Kreispolizeibehörde) |
| ZPO | Zivilprozessordnung |
| ZRP | Zeitschrift für Rechtspolitik |
| ZustVO | Zuständigkeitsverordnung |

# Einleitung

Muss ein Polizeibeamter im Rahmen seiner Aufgabenerfüllung in die Rechte von Personen eingreifen, tangiert er stets die Freiheit des Bürgers; denn es ist ein anerkanntes Freiheitsrecht, vom Staat in Ruhe gelassen zu werden (BVerfGE 27, 1; NJW 1969, 1707; Lisken, a.a.O., S. 16).

Rechtseingriffe dürfen - wie in Band I, 1. Kapitel, Dritter Abschnitt, begründet - stets nur im Rahmen des Gesetzesvorrangs und des Gesetzesvorbehalts erfolgen. Diese aus Artikel 20 Abs. 3 GG abgeleiteten Grundsätze sind die maßgebende Richtschnur für Eingriffsmaßnahmen.

In Band I wurde umfassend dargelegt, welche Voraussetzungen der Polizeibeamte bei belastenden Maßnahmen, also bei Eingriffen in die Rechtssphäre des Bürgers, zu beachten hat. Die Entscheidung, ob und wie er in einem bestimmten Fall vorzugehen hat, richtet sich nach gesetzlichen und rechtlichen Vorgaben. Die Vielzahl der Vorschriften (zum Teil aus unterschiedlichen Gesetzen) erfordert ein bestimmtes methodisches Vorgehen, um sicher sein zu können, dass Gesetz und Recht Beachtung finden.

In diesem Band werden die Befugnisse der Polizeibeamten, die ihm durch das **Polizeigesetz** und die **Strafprozessordnung** gegeben sind, aufgegriffen und umfassend **erläutert**. Befugnisse nach anderen Gesetzen sind grundsätzlich nicht Gegenstand der Betrachtung. Soweit spezielle Vorschriften aus anderen Gesetzen für die Anwendung des Polizeigesetzes oder der Strafprozessordnung von Bedeutung sind, werden sie lediglich angesprochen. Im Zusammenhang mit den Ermächtigungen finden **Ermächtigungsbegrenzende Bestimmungen** (z.B. § 97 StPO zu § 94 StPO), **Verfahrens- und Formvorschriften** eine eingehende Betrachtung.

Auf die **Allgemeinen Rechtmäßigkeitsanforderungen** (Übermaßverbot, Handeln nach pflichtgemäßem Ermessen) wird nur ausnahmsweise dann eingegangen, wenn ergänzende Ausführungen notwendig sind. Ansonsten sind immer die in Band I, 4. Kapitel, Zweiter Abschnitt, näher erläuterten Vorschriften zu beachten.

Die **zwangsweise Durchsetzung** der Maßnahmen wird gleichfalls nicht erörtert. In Bezug darauf wird auf die Ausführungen in Band I, 5. Kapitel) verwiesen.

Für die Prüfung einer belastenden Maßnahme wurde in Band I, Anlage II, ein Lösungsschema angeboten, das bei der Würdigung von Rechtssachverhalten helfen soll. *„Schemata sind Checklisten und kein Evangelium. Sämtliche Schemata haben nur den Zweck, bei der Überprüfung eines Falles zu helfen und davor zu bewahren, einen Punkt zu übersehen"* (Hamann, a.a.O., RdNr. 222). *Es gibt kein allgemein verbindliches Schema. Auch wenn Schemata im Detail voneinander abweichen, ist das zu akzeptieren, weil Schemata meist nur Geschmacksache sind* (Hamann, a.a.O., RdNr. 224). Hier wird folgendes, an der juristischen Methodik nach Blasius (Blasius, a.a.O., S. 114 ff.) orientiertes Schema empfohlen:

## I.  Prüfung der Rechtsnatur (des Rechtscharakters) einer Maßnahme (Orientierung)

Im ersten Schritt ist die Frage zu stellen, ob überhaupt ein Rechtseingriff vorliegt (vgl. dazu Band I, 2. Kapitel, Erster Abschnitt).

Ist diese Frage geklärt, sollte untersucht werden, welche Handlungsart zugrunde liegt, ob also die belastende Maßnahme auf Gefahrenabwehr oder Strafverfolgung bzw. Owi-Verfolgung gerichtet ist (vgl. Band I, 2. Kapitel, Zweiter Abschnitt). Dabei kann es durchaus vorkommen, dass sich gefahrenabwehrende Maßnahmen mit Strafverfolgungspflichten überschneiden. Ist das ausnahmsweise der Fall, muss festgelegt werden, welcher Handlungsart Vorrang einzuräumen ist.

Ist die Zielrichtung (Gefahrenabwehr oder Strafverfolgung bzw. Owi-Verfolgung) geklärt, bleibt nunmehr zu fragen, ob das Handeln der Polizeibeamten im Rahmen der Gefahrenabwehr ein Verwaltungsakt oder ein faktischer Rechtseingriff ist oder ob es sich im Rahmen der Repression um einen Justizverwaltungsakt (JVA) oder um eine Prozesshandlung bzw. um einen Verwaltungsakt der Owi-Verfolgungsbehörde (VB-VA) oder um eine Eingriffshandlung ohne Verwaltungsaktqualität zur Owi-Verfolgung handelt (vgl. Band I, 2. und 3. Kapitel).

*"Schon an dieser Stelle sind die möglicherweise einschlägigen Vorschriften heranzuziehen und summarisch zu prüfen, weil hiervon nicht nur die materiellen Voraussetzungen des beabsichtigten Handelns abhängen, sondern weil sich hieraus auch formal vorrangige Entscheidungsschritte ergeben, wie beispielsweise Fragen der sachlichen und der örtlichen Zuständigkeit, die in engem - normativen - Zusammenhang mit den materiellrechtlichen Aspekten stehen"* (Blasius, a.a.O., S. 116).

Ist die Rechtsnatur (der Rechtscharakter) der belastenden Maßnahme festgestellt, sind die formellen und materiellen Rechtmäßigkeitsvoraussetzungen zu untersuchen.

## II.  Prüfung der Rechtmäßigkeit einer Maßnahme

## 1.  Formelle Rechtmäßigkeit

Entsprechend dem Gesetzesvorrang aus Artikel 20 Abs. 3 GG (vgl. Band I, 1. Kapitel, Dritter Abschnitt) ist hier zu untersuchen, ob die Polizei zur Lösung des anstehenden Problems

- **örtlich,**
- **sachlich und**
- **instanziell**

**zuständig** ist (siehe Band I, 4. Kapitel, Erster Abschnitt).

Schließlich stellen sich im Rahmen der formellen Voraussetzungen auch die Fragen nach **Verfahrens- und Formvorschriften.** Im Einzelnen ist zum Beispiel zu klären, ob eine

Verfügung inhaltlich bestimmt und klar ist, ob Vorschriften über die Bekanntgabe beachtet wurden, ob Fristen gewahrt wurden, ob eine Rechtsbehelfsbelehrung erfolgt ist, ob ein Beschuldigter oder ein Zeuge über seine Zeugnis- oder Aussageverweigerungsrechte belehrt worden ist oder ob die Polizei anordnungsbefugt ist und anderes (vgl. dazu Band I, 4. Kapitel, Erster Abschnitt).

Hier kann ein Zwischenergebnis festgestellt werden (z.b. *„die Maßnahme ist formell rechtmäßig“*).

Alsdann folgt die Prüfung der materiellen Rechtmäßigkeit.

## 2. Materielle Rechtmäßigkeit

Der Schwerpunkt der materiellen Rechtmäßigkeitsprüfung liegt in dem Auffinden der zutreffenden **Ermächtigungsgrundlage** (Befugnis- oder Eingriffsgrundlage – Band I, 4. Kapitel, Zweiter Abschnitt) und der damit verbundenen Prüfung, ob der gegebene Sachverhalt hierunter subsumierbar ist (Blasius, a.a.O., S. 118). Erfasst eine Rechtsgrundlage einen bestimmten Lebenssachverhalt und ist die Befugnis somit anwendbar, stellt sich die Frage,

- ob die **Richtung der Ermächtigung** gewahrt, also der richtige **Adressat** in Anspruch genommen wird und
- ob eventuelle **ermächtigungsbegrenzende Bestimmungen** zu berücksichtigen sind.

Auch zwingende Anordnungsbefugnisse können die Ermächtigung beschränken oder sie für die Polizei sogar gänzlich ausschließen (z.B. § 111n StPO).

Schließlich sind die **allgemeinen Rechtmäßigkeitsanforderungen** von Bedeutung. In diesem Kontext sind für präventiv polizeiliche Maßnahmen das Gebot zum Handeln nach pflichtgemäßem Ermessen (§ 3 PolG) und der Verhältnismäßigkeitsgrundsatz (§ 2 PolG) zu beachten. Maßnahmen unter Missachtung dieser Pflichten sind trotz gesetzlicher Befugnis unzulässig (vgl. Band I, 4. Kapitel, Zweiter Abschnitt).

Im Bereich der Owi-Verfolgung bestimmen § 47 und § 53 OwiG, dass die Polizei ihre Maßnahmen nach pflichtgemäßem Ermessen zu treffen hat. Wie der Ermessensspielraum auszufüllen ist, sagt das Gesetz (anders als im Verwaltungsrecht - siehe § 40 VwVfG) nicht. Daher muss hier die Bindung an das Recht aus Artikel 20 Abs. 3 GG Berücksichtigung finden (vgl. Band I, 1. Kapitel, Dritter Abschnitt und 4. Kapitel, Zweiter Abschnitt).

**Die überwiegende Mehrzahl der strafprozessualen Befugnisse sind Ermessensvorschriften. Die Polizei kann und darf gewisse Maßnahmen treffen. Auch wenn sie zur Strafverfolgung verpflichtet ist, muss sie nicht immer von ihren Befugnissen Gebrauch machen. Die Ermächtigung zu bestimmten strafprozessualen Eingriffsmaßnahmen findet ihre Schranken in der Bindung an das Recht nach Artikel 20 Abs. 3 GG (vgl. Band I, 1. Kapitel, Dritter Abschnitt und 4. Kapitel, Zweiter Ab-**

schnitt). **In diesem Kontext setzen die ungeschriebenen Rechtsgrundsätze, insbesondere der mit Verfassungsrang ausgestattete Grundsatz der Verhältnismäßigkeit allen Befugnissen dort Grenzen, wo nicht schon das Gesetz eine solche Einschränkung vornimmt.**

---

**I. Rechtsnatur der Maßnahme**
*1. Liegt ein Rechtseingriff vor?*
*2. Ist der Eingriff präventiv- oder repressiv-polizeilicher Natur?*
*3. Ist der Eingriff*
   *- ein Verwaltungsakt oder ein faktischer Rechtseingriff?*
   *- ein Justizverwaltungsakt oder eine Prozesshandlung?*
   *- ein Verwaltungsakt der Owi-Verfolgungsbehörden oder eine Eingriffsmaßnahme ohne VA-Qualität (faktischer Rechtseingriff)?*

**II. Rechtmäßigkeit der Eingriffsmaßnahme**
*1. Formelle Rechtmäßigkeit;*
*1.1 Sachliche Zuständigkeit*
*1.2 Örtliche Zuständigkeit*
*1.3 Form- und Verfahrensvorschriften*

*2. Materielle Rechtmäßigkeit;*
*2.1 Eingriffsermächtigung (Tatbestand, zulässige Rechtsfolge)*
*2.2 Adressatenregelungen (soweit nicht bereits Voraussetzung der Ermächtigung)*
*2.3 Ermächtigungsbegrenzende Vorschriften*
*2.4 Zwingende Verfahrens- und Formvorschriften (z.B. zwingende Anordnungskompetenz nach § 111n StPO)*

*3. Allgemeine Rechtmäßigkeitsanforderungen*
*3.1 Pflichtgemäße Ermessensausübung (Entschließungs- und Auswahlermessen)*
   *- bei Maßnahmen der Gefahrenabwehr im Rahmen der §§ 3 PolG und 40 VwVfG.*
   *Wurde Ermessen ausgeübt? Wurde nach dem Zweck der Ermächtigung gehandelt? Wurden die gesetzlichen Grenzen des Ermessens beachtet, wurde insbesondere nicht gegen geltendes Recht verstoßen?*
   *- bei Maßnahmen der Owi-Verfolgung nach § 47 bzw. § 53 OwiG; Beurteilung des Erschliessungs- und Auswahlermessen orientiert am Recht im Sinne von Art. 20 Abs. 3 GG.*
   *- bei Maßnahmen der Strafverfolgung nur Auswahlermessen; Beurteilung des Auswahlermessen orientiert am Recht im Sinne von Art. 20 Abs. 3 GG.*
*3.2 Übermaßverbot (Verhältnismäßigkeit im weiteren Sinne); zu prüfen sind*
   *Geeignetheit der Maßnahme*
   *Erforderlichkeit der Maßnahme*
   *Angemessenheit der Maßnahme (Verhältnismäßigkeit im engeren Sinne)*
   *Würdigung des Übermaßverbotes*
   *- bei Maßnahmen der Gefahrenabwehr nach § 2 PolG,*
   *- bei Maßnahmen der Owi- oder Strafverfolgung*
   *+ im Rahmen eines Gesetzes, sofern im Gesetz erfasst (z.B. § 112 StPO),*
   *+ sonst im Rahmen der Rechtsbindung nach Art. 20 Absatz 3 GG*

**III. Ergebnis der Prüfung:**

---

Ist es notwendig, eine vorausgegangene Verfügung zwangsweise durchzusetzen, kann die Prüfung der Rechtmäßigkeit des Zwanges nach den im folgenden Schema vorgeschlagenen Schritten erfolgen.

**Rechtmäßigkeit der Zwangsanwendung** (siehe Erläuterungen in Band I, 5. Kapitel)

**I.** *Zwangsermächtigung (siehe 5. Kapitel, Zweiter Abschnitt)*
*Bei Maßnahmen der Gefahrenabwehr: grundsätzlich § 50 PolG*
*Bei Maßnahmen der Strafverfolgung oder Owi-Verfolgung: Ermächtigung zur*
*Grundmaßnahme (z. B. § 81a StPO bei Anordnung einer Blutprobe).*

**II.** *Zwangsmittelermächtigung (siehe 5. Kapitel, Dritter Abschnitt)*
*Bei Maßnahmen der Gefahrenabwehr: § 52 PolG (Ersatzvornahme); § 53 PolG (Zwangsgeld)*
*oder § 55 PolG (unmittelbarer Zwang);*
*Bei Maßnahmen der Strafverfolgung oder Owi-Verfolgung: Ermächtigung zur Grundmaßnahme*
*(z. B. § 81a StPO bei Anordnung einer Blutprobe) – nur unmittelbarer Zwang.*

**III. Weitere Rechtmäßigkeitsanforderungen**

**A)** ***Bei Ersatzvornahme und Zwangsgeld (nur Gefahrenabwehr):***
*1.* Androhung nach § 56 PolG
*2.* Pflichtgemäße Ermessensausübung, § 3 PolG
*3.* Übermaßverbot, § 2 PolG
4. Verfahrens- und Formvorschriften (§ 56 und ggf. § 53 PolG)

**B)** ***Bei unmittelbarem Zwang***
*1.* Art und Weise des unmittelbaren Zwanges (Gefahrenabwehr und Straf-/Owi-Verfolgung)
*1.1* Allgemeine Zulässigkeitsvoraussetzung (Zulässigkeit des Zwangsmittels nach § 58 PolG)
*1.2* Besondere Zulässigkeitsvoraussetzungen
*1.2.1* Im Fall einer Fesselung: Voraussetzungen des § 62 PolG prüfen
*1.2.2* Im Fall des Schusswaffengebrauchs gegen Sachen: Einschränkungen des § 63 PolG prüfen
*1.2.3* Im Fall des Schusswaffengebrauchs gegen Personen: Einschränkungen der § 63 und § 64 Abs. 2
*PolG und Zulässigkeitsvoraussetzungen des § 64 Abs. 1 und ggf. des § 65 PolG prüfen.*

*2.* Androhung
*bei Maßnahmen zur Gefahrenabwehr: §§ 56 und 61 PolG*
*bei Maßnahmen zur Straf- oder Owi-Verfolgung: § 61 PolG*

*3.* Pflichtgemäße Ermessensausübung (4. Kapitel, Zweiter Abschnitt)
*bei Maßnahmen der Gefahrenabwehr, § 3 PolG prüfen*
*bei Maßnahmen zur Straf- oder Owi-Verfolgung: § 57 PolG i. V. m. § 3 PolG prüfen*
*(§ 57 PolG verweist zurück auf § 3 PolG)*

*4.* Übermaßverbot (4. Kapitel, Zweiter Abschnitt)
*bei Maßnahmen der Gefahrenabwehr, § 2 PolG prüfen*
*bei Maßnahmen zur Straf- oder Owi-Verfolgung: § 57 PolG i. V. m. § 2 PolG prüfen*
*(§ 57 PolG verweist zurück auf § 2 PolG)*

*5.* Verfahrens- und Formvorschriften
*bei Maßnahmen der Gefahrenabwehr, § 56 PolG prüfen*
*bei Maßnahmen zur Straf- oder Owi-Verfolgung: Keine!*
(Soweit anwendbar, sollten über § 57 PolG die Grundsätze aus § 56 PolG berücksichtigt
werden).

# 1. Kapitel
# Generalklauseln als Eingriffsermächtigung

| Übersicht | |
|---|---|
| I. | Die Generalklausel im Gefahrenabwehrrecht |
| II. | Generalklausel zur Strafverfolgung/Owi-Verfolgung |

## Vorbemerkungen

Generalklauseln sind gesetzliche Ermächtigungen, mit denen die Gesetzgeber durch allgemein gehaltene Formulierungen den Gefahrenabwehr- oder Strafverfolgungsbehörden die notwendige Befugnis einräumen, besondere Anordnungen zu treffen. In der Lebenswirklichkeit gibt es unzählige Situationen, die nach Maßnahmen der Staatsgewalt verlangen, ohne dass solche in einer gesetzlichen Vorschrift speziell für die im konkreten Fall gegebene Konstellation vorgesehen wären (Schoch. a.a.O., JuS 94 S. 485 in Bezug auf Gefahrenabwehr).

Wollte der Gesetzgeber jede denkbare Lage einzelgesetzlich regeln, führte das zu einer unüberschaubaren Fülle von Vorschriften. Aber auch dann bliebe das Risiko, dass einzelne untypische Lebenslagen nicht vorausgesehen werden. Das gilt besonders für gefahrenabwehrende Maßnahmen. Da nicht einmal das umfassendste System von Eingriffsermächtigungen den zukünftigen Gefahren Rechnung tragen könnte, andererseits die mit einem Rechtseingriff verbundenen Gefahrenabwehrmaßnahmen wegen des Vorbehaltes des Gesetzes einer Ermächtigungsgrundlage bedürfen, steht die Notwendigkeit einer generalklauselartigen Eingriffsbefugnis für die Polizei ... außer Frage" (Schoch. a.a.O., JuS 94 S. 485).

Das gilt in gleichem Maße auch für die Straf- oder Ordnungswidrigkeitenverfolgung. Auch zur Strafverfolgung oder zur Verfolgung von Ordnungswidrigkeiten benötigen die Behörden (Staatsanwaltschaft/Polizei und Verwaltungsbehörden) für die Erfüllung ihrer zugewiesenen Aufgaben klare, den Anforderungen der neueren Rechtsprechung des Bundesverfassungsgerichtes genügende gesetzliche Ermächtigungen. Da nicht alle Ermittlungshandlungen, insbesondere solche, die weniger intensiv in die Grundrechte von Personen eingreifen (wie z.B. Einholung von Auskünften, Erkundigungen im Umfeld einer gesuchten Person oder eines Tatortes usw.), von speziellen Eingriffsermächtigungen erfasst werden können, ist eine Generalklausel notwendig.

Die Rechtfertigung hierfür liefert der gesellschaftliche Entwicklungsprozess selbst, der eine umfassende spezialgesetzliche Erfassung nicht zulässt (vgl. Kay/Böcking, a.a.O., RdNr. 98 mit weiteren Quellennachweisen).

Generalklauseln haben stets nur subsidiäre Bedeutung (darauf wird noch hingewiesen). Sie können nicht herangezogen werden, wenn für bestimmte Maßnahmen spezielle Befugnisse gegeben sind. In diesen Fällen kann die Generalklausel auch nicht ergänzend (lückenfüllend) angewandt werden.

# I. Die Generalklausel im Gefahrenabwehrrecht

## 1. Generalermächtigung

Befugnisse zur Gefahrenabwehr enthält das Polizeigesetz im 2. Abschnitt. Vorangestellt ist § 8 PolG als allgemeine Befugnis zu notwendigen Gefahrenabwehrmaßnahmen (Generalermächtigung). Obgleich die Vorschrift gegenüber den anderen Ermächtigungen nur subsidiär gilt, steht sie aus gutem Grund am Anfang des Befugniskatalogs, denn sie definiert den Begriff „Gefahr" für die folgenden Ermächtigungen und macht deutlich, dass Befugnissen in sonstigen Rechtsvorschriften auch den speziellen Ermächtigungen des PolG voranstehen.

---

§ 8 Allgemeine Befugnisse, Begriffsbestimmung

(1) Die Polizei kann die notwendigen Maßnahmen treffen, um eine im einzelnen Fall bestehende, konkrete Gefahr für die öffentliche Sicherheit (Gefahr) abzuwehren, soweit nicht die §§ 9 - 46 die Befugnisse der Polizei besonders regeln.

(2) Zur Erfüllung der Aufgaben, die der Polizei durch andere Rechtsvorschriften zugewiesen sind (§ 1 Abs. 4), hat sie die dort vorgesehenen Befugnisse. Soweit solche Rechtsvorschriften Befugnisse der Polizei nicht regeln, hat sie die Befugnisse, die ihr nach diesem Gesetz zustehen.

(3) Straftaten von erheblicher Bedeutung sind insbesondere Verbrechen sowie die in § 138 des Strafgesetzbuches genannten Vergehen, Vergehen nach § 129 des Strafgesetzbuches und gewerbs- oder bandenmäßig begangene Vergehen nach

1. den §§ 243, 244, 260, 263 bis 264a, 265b, 266, 283, 283a, 302a oder 324 bis 330a des Strafgesetzbuches,

2. § 53 Abs. 1 Satz 1 Nrn. 1 oder 2 des Waffengesetzes,

3. § 29 Abs. 3 Satz 2 Nrn. 1 oder 4 des Betäubungsmittelgesetzes,

4. § 47a des Ausländergesetzes.

---

§ 8 Abs. 1 PolG gestattet Eingriffsmaßnahmen im besonderen Einzelfall. Die Gefahrenabwehrermächtigung gehört zur verfassungsmäßigen Ordnung im Sinne des Artikels 2 Abs. 1 GG (BVerfGE 6, 32; 54, 1943 - vgl. Götz, a.a.O., RdNr. 166). § 8 gestattet **Grundrechtseingriffe**, soweit

- die Grundrechte **im Polizeigesetz zitiert** sind (§ 7 PolG) oder
- die Grundrechte **der Zitierpflicht nicht unterliegen** (siehe Band I, 4 Kapitel, Zweiter Abschnitt).

Die Maßnahmen können sowohl Verwaltungsaktqualität haben als auch faktische Eingriffe sein (vgl. Band I, 2. Kapitel, Zweiter Abschnitt).

## 1.1 Zulässigkeitsvoraussetzungen

§ 8 Abs. 1 PolG setzt voraus:

- **eine im Einzelfall bestehende, konkrete Gefahr,**
- **für die öffentliche Sicherheit und**
- **das Fehlen besonderer Befugnisse** (zur Gefahrenabwehr nach den §§ 9 - 46 PolG bzw. entsprechend § 8 Abs. 2 in besonderen Rechtsvorschriften).

**Eine im Einzelfall bestehende, konkrete Gefahr** liegt vor, wenn ein bestimmter Sachverhalt (oder mehrere bestimmbare Einzelfälle) bei ungehindertem Verlauf wahrscheinlich einen Schaden für die öffentliche Sicherheit verursacht (verursachen). Von dem Begriff der konkreten Gefahr werden auch die Anscheinsgefahr (vgl. Verwaltungsvorschrift zu § 8 PolG, RdNr. 8 und 11) und gesteigerte Gefahrenlagen (gegenwärtige Gefahr, gegenwärtig erhebliche Gefahr, Leib- oder Lebensgefahr usw.) erfasst (zu den Gefahrenbegriffen siehe Band I, 3. Kapitel, Erster Abschnitt, I.).

**Die öffentliche Sicherheit** als weitere Voraussetzung für Maßnahmen nach § 8 PolG ist bedroht, wenn ein Sicherheitsgut in Gefahr ist und ein öffentliches Interesse an der Schadensverhütung besteht. Bei objektiver Betrachtung eines bestimmten Geschehens muss der Schluss gerechtfertigt sein,

- dass individuelle Rechte des einzelnen,
- die objektiv gültige Rechtsordnung oder
- der Staat und seine Einrichtungen

durch von außen kommende regelwidrige Einflüsse zu Schaden kommen könnten und die Schadensabwehr im öffentlichen Interesse liegt (zum Begriff öffentliche Sicherheit Band I, 3. Kapitel, Erster Abschnitt, III.).

Schließlich ist zu beachten, dass die Generalklausel nur Anwendung findet, wenn die §§ 9 bis 46 PolG **keine speziellen Befugnisse** (Standardbefugnisse) enthalten und auch besondere Rechtsvorschriften der Gefahrenabwehr (wie z.B. das WaffG) keine Eingriffsbefugnisse geben.

Die Personalienfeststellung zur Gefahrenabwehr ist im Rahmen des § 9 Abs. 2 oder aufgrund des § 12 Abs. 1 PolG zulässig.
Will die Polizei eine Person in Gewahrsam nehmen, ist § 35 PolG die Ermächtigungsgrundlage.
Eine Sicherstellung zur Gefahrenabwehr erfolgt aufgrund des § 43 PolG.
Die Kontrolle eines Verkehrsteilnehmers ist auf § 36 StVO zu stützen.
Gleiches gilt z.B. für die Kontrolle eines Waffenscheines; hier ist die Ermächtigung aus § 35 WaffG heranzuziehen.

In solchen Fällen tritt die Generalklausel zurück. Sie gilt mithin nur subsidiär. Spezialermächtigungen haben Anwendungsvorrang (vgl. Götz, a.a.O., RdNr. 159). Mit Abs. 2 übernimmt § 8 PolG insoweit auch eine gewisse Brückenfunktion, indem die Norm auf die Befugnisse in besonderen Vorschriften überleitet. Gemeint sind jedoch nur Vorschriften der Gefahrenabwehr. Das folgt zwingend aus dem Zusammenhang mit § 8 Abs. 1

PolG. Keinesfalls lässt § 8 Abs. 2 den Schluss zu, dass das PolG ergänzend für Eingriffe zur Strafverfolgung herangezogen werden kann.

Die allgemein gefasste Eingriffsermächtigung des § 8 Abs. 1 gestattet dem Polizeibeamten, im Falle der konkreten Gefahr für die öffentliche Sicherheit als **Rechtsfolge** die **notwendigen Maßnahmen** zu treffen. Erfasst sind Eingriffsmaßnahmen im Einzelfall.

In der Regel wird der Polizeibeamte gegenüber einer polizeipflichtigen Person Gebote oder Verbote (Verwaltungsakte) erlassen.

Der Polizeibeamte verlangt von einem Jugendlichen, der zur Nachtzeit laut singend durch die Stadt zieht, die nächtliche Ruhestörung zu unterlassen.

Nicht selten aber werden auch faktische Rechtseingriffe aufgrund der Generalklausel notwendig.

A. ist Diabetiker und wird von einem Polizeibeamten bewusstlos aufgefunden. Den Umständen nach leidet er unter einem Zuckerschock. Um die Notlage zu bewältigen, führt ihm der Beamte schnell ein Stück Zucker zu.

Erlaubt sind jedoch nur die **notwendigen Maßnahmen**. In Frage kommen demzufolge

- nur objektiv zwecktaugliche Mittel. Die Maßnahmen müssen geeignet sein, das polizeiliche Ziel zu erreichen. Der Betroffene muss schließlich in der Lage sein, die polizeiliche Anordnung selbst auszuführen oder durch andere ausführen zu lassen.

- Schließlich hat sich der Polizeibeamte auf das Mittel zu beschränken, das den Betroffenen und die Allgemeinheit am wenigsten beeinträchtigt (erforderliche Maßnahmen).

- Letztlich muss die Rechtsfolge angemessen (verhältnismäßig) sein.

Die Ermächtigung greift mit der Prämisse „notwendige Maßnahmen" bereits das Übermaßverbot im Sinne von § 2 PolG auf und lässt als Rechtsfolge nur geeignete, erforderliche und angemessene Eingriffshandlungen zu (vgl. dazu Band I, 4. Kapitel, Zweiter Abschnitt 3.) Vor diesem Hintergrund sollte z.B. die körperliche Untersuchung (siehe unten) einer Frau durch eine Beamtin oder einen Arzt vorgenommen werden, auch wenn das Polizeigesetz dazu schweigt (Ergebnis des Erforderlichkeitsprinzips)

Auf die Vielzahl möglicher Anlässe, die ein Eingreifen aufgrund der Generalklausel erfordern, deuten die folgenden Beispiele hin:

a) Polizeibeamte stellen fest, dass auf einer Straße ein Pkw im eingeschränkten Halteverbot geparkt ist. Die Beamten entschließen sich, den Fahrer des Wagens aufzufordern, den Wagen wegzufahren und an anderer Stelle zu parken. Die Ermächtigung zu dieser Verfügung muss auf § 8 PolG gestützt werden, weil keine spezielle Ermächtigung vorhanden ist.

b) Der Jugendliche A. nimmt mit seinem Fahrrad am Verkehr teil, obgleich die Vorderradbremse defekt ist (Seilzug gerissen). Polizeibeamte kommen nach pflichtgemäßer Prüfung des Sachverhalts zum Ergebnis, dem Jugendlichen die Nutzung des Fahrrades im öffentlichen Verkehrsraum zu untersagen. Ihre Verfügung muss auf § 8 PolG gestützt werden, weil keine spezielle Befugnis durchgreift.

c) Polizeibeamte werden zu einer Schlägerei in eine Gaststätte gerufen. Am Einsatzort eingetroffen, stellen sie fest, dass zwei junge Männer aufeinander einschlagen. Die Beamten verbieten den Kontrahenten die gegenseitige Körperverletzung. Ihre Ermächtigung zu ihrem Verbot ist aus § 8 PolG herzuleiten.

d) Der Hundebesitzer H. lässt seinen bissigen Schäferhund ohne Maulkorb frei herumlaufen. Der Polizeibeamte P. wird auf das Geschehen aufmerksam und fordert den Hundehalter auf, das gefährliche Tier sofort anzuleinen und ihm (außerhalb des befriedeten Besitztums) einen Maulkorb anzulegen. Infolge Fehlens einer speziellen Ermächtigung muss die Befugnis aus § 8 PolG herangezogen werden.

e) Polizeibeamte beobachten, wie ein junger Mann aus einer Gaststätte kommend auf sein Fahrzeug zutorkelt. Weil der Betroffene offensichtlich betrunken mit seinem Fahrzeug fahren will, greifen sie ein und verbieten ihm die Nutzung des Pkw. Als Ermächtigung für dieses Verbot kommt nur § 8 PolG in Betracht.

f) Der Polizei wird gemeldet, dass zwei Pferde ausgebrochen sind und über eine Landstraße in Richtung Bundesautobahn galoppieren. Die Polizeibeamten greifen die Sache auf. Am Ort des Geschehens angetroffen, stellen sie fest, dass sich die Pferde inzwischen wieder beruhigt haben und langsam die Straße in Richtung Autobahn entlang traben. Infolge fehlender Möglichkeiten öffnen sie das Gatter zu einer eingefriedeten Weide und treiben die Pferde vorübergehend darauf. Weil die Weide nicht sichergestellt, sondern genutzt wird, kann die Maßnahme nur auf § 8 PolG gestützt werden.

g) In einem Chemiebetrieb hat sich ein Unglücksfall ereignet. Chlorgas ist ausgeströmt. Eine Chlorgaswolke kriecht - von einem leichten Wind getrieben - über den Boden in ein bewohntes Gebiet. Polizeibeamte fordern die Bewohner der Häuser auf, in den Häusern zu bleiben, Türen und Fenster geschlossen zu halten und sich in die oberen Stockwerke zu begeben. Die Maßnahme kann nur auf § 8 PolG gestützt werden, weil eine spezielle Ermächtigung zu solchen Eingriffshandlungen fehlt.

h) In A-Stadt haben junge Studenten ein Haus besetzt. Die hinzugezogenen Polizeibeamten treffen an die Hausbesetzer gerichtet die Anordnung, das Gebäude sofort zu verlassen. Als Ermächtigung ist § 8 PolG heranzuziehen, weil es sich nicht um eine Platzverweisung handelt; denn die Platzverweisung nach § 34 PolG hat nur kurzfristigen Charakter, während die hier getroffene Anordnung auf Dauer gerichtet ist (vgl. Lisken/Denniger, 1. Auflage, a.a.O., Abschnitt F, RdNr. 462).

Aufenthaltsverbote sind wegen ihres nachhaltigen Grundrechtseingriffs qualitativ höherwertig und finden in § 34 PolG keine Stütze. Will die Polizei gegen komplexe, atypische, nach Art und Ausmaß besondere Gefahrenlagen (z. B. gegen eine Drogenszene in einem innerstädtischen Raum) mit mehrmonatigen Aufenthaltsverboten vorgehen, kann nur die

Generalklausel herangezogen werden (so auch OVG Bremen, Urteil vom 24. 8. 1998, NVwZ 1999, 314).

a) In der Fußgängerzone von O-Stadt finden sich seit Wochen Rauschgifthändler und Konsumenten ein. Der Bereich hat sich zu einer offenen Drogenszene entwickelt. Regelmäßig werden dort der als Dealer bekannte D. und der rauschgiftabhängige R. angetroffen. Die Polizei verhängt gegen die beiden aufgrund des § 8 PolG ein mehrwöchiges Aufenthaltsverbot. Dazu folgende nicht amtliche Leitsätze aus dem Beschluss des OVG NRW vom 6.9.2000, Kriminalistik 2/01, S. 112:

„1. Die offene Drogenszene stellt nicht nur in ihren Einzelhandlungen, sondern auch als kollektives Geschehen einer Störung der öffentlichen Sicherheit dar.

2. Ein Aufenthaltsverbot ist aus Gründen der Verhältnismäßigkeit nur gegen solche Personen gerechtfertigt, die in besonderer Weise an der Bildung und Aufrechterhaltung der offenen Drogenszene beteiligt sind.

3. Dies können Drogenhändler oder -konsumenten sein, im Einzelfall aber auch Personen, die auf sonstige Weise nachhaltig zur Verfestigung der Drogenszene beitragen"

b) Der Asylbewerber Acil hielt sich regelmäßig in München auf und fiel mehrfach wegen BTM-Handels auf. Zur Verhinderung des rechtswidrigen Tun erließ die zuständige Behörde ein Aufenthaltsverbot mit dem Inhalt, dass dem Betroffenen untersagt wurde, sich in dem Zeitraum von 12 Monaten ab Zustellung des Bescheides auf öffentlichen Straßen, Wegen und Plätzen in einem bestimmten genau umrissenen Bereich (Umfeld des Hauptbahnhofes) aufzuhalten.

„ Aufenthaltsverbot in bestimmten Stadtbezirken
GG Art. 2 II 2; BayLStrVG Art. / II Nr. 1,3, IV; BayVerf. Art. 102
1. Das von der Landeshauptstadt München als Sicherheitsbehörde gegenüber dem Antragsteller verfügte Aufenthaltsverbot für bestimmte näher umrissene Stadtgebiete verletzt nicht dessen Recht auf Freiheit der Person i. S. v. Art. 2 II 2 GG, Art. 102 BayVerf.
2. Ein Aufenthaltsverbot für bestimmte näher festgelegte Stadtgebiete für die Dauer von 12 Monaten verstößt nicht gegen den Grundsatz der Verhältnismäßigkeit, wenn dem Betroffenen gestattet ist, diese Gebiete zu betreten und sich dort zeitlich begrenzt aufzuhalten, um Angelegenheiten des täglichen Lebens dort zu erledigen (z.B. Behördengang, Benutzung öffentlicher Verkehrsmittel)".
VGH München, Beschluss v. 18.2.1999, NVwZ 2000, S. 454

Strittig ist die Frage, ob auch die **körperliche Untersuchung** und andere körperliche Eingriffe (wie sie zur Strafverfolgung in §§ 81a und 81c StPO vorgesehen sind) auf die Generalklausel gestützt werden können. In der Literatur (vgl. Lisken/Denninger, Abschnitt F, RdNr. 458) wird die Ansicht vertreten, dass das unzulässig sei: Begründung: "Wenn der Gesetzgeber die vergleichsweise harmlose körperliche Durchsuchung, nicht aber die einschneidendere Untersuchung ausdrücklich regelt, verbietet es sich, diese vermeintliche Regelungslücke durch Rückgriff auf die polizeiliche Generalklausel zu schließen". Nach anderer Ansicht (Tegtmeyer, a.a.O., § 8 RdNr. 23) wird die Untersuchung sehr wohl für zulässig gehalten. Dieser Meinung ist zu folgen, weil die Polizei sonst akute Gefahrenlagen nicht beseitigen kann.

a) Ein Polizeibeamter beobachtet während seines Streifenganges den Sturz eines Radfahrers. Der Fahrradfahrer, der zur Unfallzeit keinen Helm trug, bleibt bewusstlos auf der Fahrbahn liegen. Als der Beamte dem Verunglückten zur Hilfe eilt, stellt er fest, dass er zu ersticken droht. Der Polizist untersucht ihn, öffnet den Mund des Verunglückten und stellt fest, dass der Radfahrer die Zunge verschluckt hat und dadurch der Atemweg blockiert wird. Mit einem Kunstgriff holt er die Zunge wieder heraus. Sodann bringt er ihn in eine stabile Seitenlage. Vor dem Hintergrund, dass auch solche Hilfsmaßnahmen als Rechtseingriffe zu qualifizieren sind (vgl. oben 4. Kapitel), muss § 8 PolG als Ermächtigungsgrundlage herangezogen werden.

b) Die Polizei wird zu einem schweren Verkehrsunfall gerufen. Am Unfallort stellen die Polizeibeamten fest, dass ein Motorradfahrer gestürzt ist und schwer verletzt am Straßenrand liegt. Bei der Untersuchung erkennen sie, dass seine Kleidung im Schulterbereich stark blutgetränkt und die Blutung noch nicht zum Stillstand gekommen ist. Sie öffnen darum die Oberbekleidung, legen den Oberkörper frei und stoßen am rechten Oberarm auf eine klaffende Wunde, die nach wie vor stoßweise stark blutet und versorgt werden muss. Als Ermächtigung kommt - wie im Beispiel zuvor - § 8 PolG in Frage; denn die Maßnahme ist keine Durchsuchung.

c) Ein Polizeibeamter findet seinen Nachbarn reglos im Keller liegen. Er ist offenbar gestürzt. Der Beamte stellt fest, dass bei dem Hilflosen bereits ein Herz- und Atemstillstand eingetreten ist. Deshalb untersucht er ihn schnell und beginnt mit einer Herz-Lungen-Wiederbelebung und Atemspende. Durch den beherzten Eingriff des Polizisten kann das Leben des Nachbarn gerettet werden. Die getroffene Maßnahme findet ihre Rechtsgrundlage in § 8 PolG, weil eine spezielle Ermächtigung fehlt.

d) Eine besorgte Frau ruft die Polizei um Hilfe, weil ihr Kind soeben versehentlich eine Dose starker Beruhigungsmittel geschluckt hat. Kurze Zeit später treffen die Beamten am Wohnsitz der Familie ein. Hilfe ist eiligst erforderlich. Die Entfernung in das nächste Krankenhaus ist zu groß. Ein Arzt benötigt ebenfalls viel Zeit, um den Ort des Geschehens zu erreichen. Da erst wenige Minuten seit der Tabletteneinnahme vergangen sind und die Tabletten noch keine Wirkung zeigen, scheint es sinnvoll, das Kind so schnell wie möglich zum Erbrechen zu bringen. Nach kurzer telefonischer Rücksprache mit einem Arzt gibt ein Beamter ihm schnell Salzwasser, so dass sich das Kind gleich darauf übergibt. Der Eingriff ist auf § 8 PolG zu stützen. *Vorsicht! Solche Maßnahmen sind nicht ungefährlich. Es besteht das Risiko, dass Erbrochenes in die Atemwege gerät und der Hilfsbedürftige erstickt. Zu berücksichtigen ist die Bewusstseinslage. Bei vollem Bewusstsein der Person ist die Gefahr gemindert und ein solcher Noteingriff zu rechtfertigen. Telefonischer Kontakt zu einem Arzt sollte hergestellt werden. Solche Eingriffe sollten nur vorgenommen werden, wenn eine gegenwärtige Gefahr für Leib oder Leben besteht und schnelle ärztliche Hilfe nicht erreichbar ist.*

e) K. kommt spät abends betrunken heim. Weil seine Frau nicht zu Hause ist, wird er so zornig, dass er blindwütig auf sein zweijähriges Kind einschlägt. Nachbarn werden auf das jämmerlich schreiende Kind aufmerksam und rufen die Polizei. Polizeibeamte greifen den Sachverhalt auf. Beim Betreten der Wohnung werden sie von K. mit den Worten empfangen: Was wollt ihr denn hier? Nach kurzer Erklärung geht ein Beamter in das Kinderzimmer und findet den kleinen Jungen weinend und zitternd unter der Bettdecke versteckt. Als der Polizeibeamte das Kind aufnimmt, klammert es sich an dem Polizisten fest und lässt nicht mehr los. In dem Moment schreit K.: "Lassen sie mein Kind in Ruhe. Weil das Kind aber höchstwahrscheinlich verletzt ist, sehen sich die Beamten veranlasst, den Körper des kleinen Jungen in Augenschein zu nehmen, um festzustellen zu können, ob dringende ärztliche Hilfe nötig ist. Die Suche nach Verletzungen am Körper ist (rechtsvergleichend mit § 81a/81c StPO) eine Untersuchung. Sie ist im Rahmen der Generalklausel zulässig.

Hinweis: Eine Untersuchung zur Strafverfolgung aufgrund des § 81c StPO ist wegen des Zeugnisverweigerungsrechtes des K. nur aufgrund richterlicher Anordnung zulässig.

f) Jugendliche konsumieren im Stadtpark Rauschgift. Darauf wird die Polizei aufmerksam gemacht. Als die Polizeibeamten am Ort des Geschehens eintreffen, versuchen die jungen Leute, das Rauschgift schnell verschwinden zu lassen. Einer der Jugendlichen verschluckt schnell einige mit Rauschgift gefüllte Plastikbeutelchen. Noch während der Ermittlungen läuft der junge Mann blau an und bricht zusammen. Die Polizeibeamten ergreifen ihn, bringen ihn sofort ins Krankenhaus und lassen durch einen Arzt den Magen auspumpen. Die Maßnahme ist als körperlicher Eingriff im Rahmen der Generalklausel zulässig.

Es ist gewiss schwer nachvollziehbar, dass in solchen Notlagen jedermann zur Hilfeleistung verpflichtet ist, die Polizei dazu aber eine Ermächtigung benötigt. Wie bereits in Band I, 2. Kapitel, Erster Abschnitt I., begründet, folgt diese Beurteilung aus § 35 PolG. Die Richtigkeit wird ein wenig verständlicher, wenn man bedenkt, dass Polizeibeamte bei solchen Hilfsmaßnahmen auf Dinge stoßen könnten, die der Hilflose der Polizei nicht offenbaren möchte. Darauf deutet folgendes Beispiel hin:

Bei der Untersuchung einer hilflosen Person findet die Polizei eine erlaubnispflichtige Waffe, die der Betroffene ohne Waffenschein geführt hat (Vergehen nach § 35 i.V.m. § 53 WaffG).

## 1.2 Adressatenregelung

§ 8 PolG bestimmt die Richtung der Maßnahme nicht. Demzufolge können die Rechtsfolgen (erforderliche Maßnahmen) nur gegen die Verantwortlichen im Sinne der §§ 4 bis 6 PolG getroffen werden. In erster Linie kommen die Verhaltensstörer bzw. die Zustandsstörer als polizeipflichtige Personen in Betracht. Nur ausnahmsweise können nichtverantwortliche dritte Personen in Anspruch genommen werden (zur Adressatenregelung insgesamt siehe Band I, 4. Kapitel, Zweiter Abschnitt III. 1.).

## 1.3 Rechtsfolgen

Als Rechtsfolge lässt die Generalklausel notwendige Maßnahmen zu. Das sind die unter Berücksichtigung der allgemeinen und besonderen Rechtmäßigkeitsanforderungen zulässigen Maßnahmen (siehe folgende Ziff. 2. und 3.).

## 2. Allgemeine Rechtsmäßigkeitsanforderungen

Maßnahmen aufgrund der Generalklausel kommen - wie alle gefahrenabwehrenden Eingriffshandlungen - nur im Rahmen **pflichtgemäßer Ermessensausübung** nach § 3 PolG in Frage (siehe Band I, 4. Kapitel, Zweiter Abschnitt III. 2.).

Vor dem Hintergrund, dass pflichtgemäße Ermessensausübung unter anderem *die Beachtung der gesetzlichen Grenzen des Ermessens* verlangt und die Verletzung gesetzlicher Vorschriften untersagt, ist zum Beispiel für die polizeiliche Praxis das Landespressegesetz NRW von Bedeutung. Es bestimmt mit § 1 Abs. 2, dass die Freiheit der Presse nur den Beschränkungen unterliegt, die durch das Grundgesetz unmittelbar und in seinem Rahmen durch dieses Gesetz zugelassen sind. Rechtsbeschränkungen aus gefahrenabwehrendem Anlass können also nur im Rahmen des Landespressegesetzes vorgenommen werden. Die Generalklausel aus § 8 PolG sowie auch die anderen polizeigesetzlichen Befugnisse scheiden als Ermächtigungsgrundlagen für Eingriffe in die Pressefreiheit aus (ausführlich dazu: Kay, Presse und Polizei, DIE POLIZEI 12/95, S. 354 ff. mit weiteren Quellennachweisen; Groß, Sicherstellung von Druckwerken, NStZ 1999, S. 334, **335**).

Das gilt jedoch nur für die Gefahren, die von den Presseerzeugnissen ausgehen (Götz, a.a.O., RdNr. 169; Drews/Wacke/Vogel/Martens, a.a.O., S. 275). Die Sicherstellung von Flugblättern mit strafbarem Inhalt scheidet insofern aufgrund des PolG aus (vgl. 7. Kapitel, Erster Abschnitt; in Bezug auf strafprozessuale Maßnahmen siehe 7. Kapitel, Zweiter und Dritter Abschnitt).

Gefahren, die sich im Stadium der Informationserhebung durch Pressevertreter oder im Vertrieb ergeben, können mit polizeigesetzlichen Mitteln abgewehrt werden. Insoweit ist es durchaus zulässig, einem Journalisten das Fotografieren im Interesse überragenden Persönlichkeitsschutzes zu verbieten, wenn das auf Gründen der Gefahrenabwehr notwendig ist.

**Exkurs:** Aufgrund des PolG kann einem Journalisten (einer Journalistin) der Zutritt zu einem Tatort oder Unglücksort verweigert werden (Problem des Platzverweises nach § 34 PolG) Zur Verhütung von Straftaten kann auch die Sicherstellung einer Kamera eines Journalisten in Frage kommen (Problem der Sicherstellung nach § 43 PolG).

Art. 2,5 GG; § 22 f. KUG
„Die Polizei kann eine Kamera nebst Film eines Fotoreporters sicherstellen, wenn dies erforderlich ist, um die gegenwärtige Gefahr einer Straftat nach dem KUG durch unzulässige Verbreitung einer Porträtaufnahme eines Polizeibeamten bei einem Einsatz abzuwehren.
Das Filmen und Fotografieren polizeilicher Einsätze ist zulässig. Es ist grundsätzlich davon auszugehen, dass unzulässige Lichtbilder nicht verbreitet werden. Eine gegenwärtige Gefahr für die öffentliche Sicherheit ist ausnahmsweise nur dann gegeben, wenn konkrete Anhaltspunkte dafür bestehen, dass Lichtbilder entgegen den Vorschriften des KUG unter Missachtung des Rechtes des Polizeibeamten am eigenen Bild auch veröffentlicht werden" (OVG Rheinland-Pfalz, Urteil vom 30.4.1977, DVBl. 1998, S. 101).

Auch für die Abwehr von Gefahren, die sich im Zusammenhang mit der Verteilung von Druckschriften ergeben, greift das Polizeigesetz durch.

Im Rahmen der Allgemeinen Rechtmäßigkeitsanforderungen ist das **Übermaßverbot nach § 2 PolG** maßgebend. Die Maßnahmen müssen geeignet, erforderlich und angemessen sein (siehe Band I, 4. Kapitel, Zweiter Abschnitt III. 2.).

a) Das Abschleppen (hier mit der Zielrichtung der Umsetzung) eines teilweise auf dem Radweg geparkten Fahrzeugs ist nicht unverhältnismäßig, wenn Radfahrer sonst gezwungen wären, entweder auf die Fahrbahn einer stark befahrenen Straße oder auf den angrenzenden Gehweg auszuweichen (OVG Hamburg, Urt. vom 28.3.2000 – NVwZ 2001, S. 223).

b) Das Abschleppen eines Fahrzeugs, das mehrere Stunden lang verbotswidrig geparkt ist, ist nicht deshalb unverhältnismäßig, weil die Abschleppkosten ein Mehrfaches der Parkgebühr oder des Verwarnungsgeldes betragen. Verwarnungsgeld und Ersatz der Abschleppkosten betreffen unterschiedliche Rechtskreise (VGH München, Beschluss vom 7.12.1998, NZV 1999, S. 440).

## 3. Besondere Rechtmäßigkeitsanforderungen

Eine wesentliche Einschränkung erfahren die Generalklausel (und auch alle anderen polizeigesetzlichen Ermächtigungen) durch die Grundrechtsordnung selbst. Wie oben bereits dargestellt, sind Grundrechtseingriffe nur zulässig, soweit die **Grundrechte in § 7 PolG zitiert** sind **oder der Zitierpflicht nicht unterliegen** (siehe Band I, Viertes Kapitel, Zweiter Abschnitt, III. 4.).

**§ 7 Einschränkung von Grundrechten**
**Durch dieses Gesetz werden die Grundrechte auf Leben und körperliche Unversehrtheit (Artikel 2 Abs. 2 Satz 1 des Grundgesetzes), Freiheit der Person (Artikel 2 Abs. 2 Satz 2 des Grundgesetzes) und Unverletzlichkeit der Wohnung (Artikel 13 des Grundgesetzes) eingeschränkt.**

Daraus folgt zwingend, dass z. B. die Grundrechte:

• der Versammlungsfreiheit nach Artikel 8 GG,
• das Briefgeheimnis sowie
• das Post- und Fernmeldegeheimnis nach Artikel 10 GG

aufgrund des Polizeigesetzes einschließlich der Generalklausel nicht beschränkt werden dürfen. Deshalb kommt ein Eingriff in das Post- und Fernmeldegeheimnis nicht in Betracht (Drews/Wacke/Vogel/Martens, a.a.O., S. 277; Löwer in von Münch/Kunig, a.a.O., Art. 10 RdNr. 29). So ist z.B. die Telefonüberwachung aus präventiv-polizeilichem Anlass unzulässig. Art. 10 GG gewährleistet einen umfassenden Schutz der Kommunikationsbeziehungen. Erfasst wird nicht nur der Inhaltsschutz, geschützt sind auch die Teilnehmernummern, Datum und Uhrzeit von Gesprächen (BVerfGE 67,

157,**172**; Löwer in von Münch/Kunig, a.a.O., Art. 10 RdNr. 22). Insoweit ist es auch unzulässig, die in einem Mobiltelefon (Handy) gespeicherten letzten Gespräche und Gesprächsteilnehmer abzufragen. Auch die Abfrage einer Mailbox oder eines Anrufbeantworters scheidet aus. Das Ergebnis ist wenig zufriedenstellend, besonders wenn die Abwehr gegenwärtig erheblicher Gefahren für Leib und Leben einer Person geboten ist.

> Die Fabrikantentocher Huber ist entführt worden. Die Täter haben gedroht, die junge Frau umzubringen, wenn das Lösegeld nicht bis zum ... gezahlt wird. Die Gefahr für die entführte ist groß. Es bleibt nur noch wenig Zeit. Im Zuge der Ermittlungen richtete sich ein Anfangsverdacht gegen den als Gewalttäter bekannten Vakarole. Im Rahmen einer Observation wurde festgestellt dass der Verdächtige seit einigen Tage nicht zu Hausse ist. Als die Beamten (durch die Zeit gedrängt) den taktischen Entschluss umsetzen und die Frau des Vakarole befragen wollten, stellten sie beim Betreten der Wohnung fest, dass Frau Vakarole gerade über ein Mobiltelefon mit jemandem sprach. Als sie die Polizeibeamten bemerkte, beendete sie – sichtlich erschreckt - sofort das Gespräch. Die Beamten hätten gern erfahren, mit wem die Frau des Verdächtigen gesprochen hat. Sie beantwortet die Frage jedoch nicht. Eine Durchsicht des Mobiltelefons (das die letzten Anrufe ausweist) scheidet aus Gründen der Gefahrenabwehr jedoch aus, weil das Fernmeldegeheimnis polizeifest ist.

Diskutiert wird für solche Fälle eine Art Notrechtsvorbehalt (siehe dazu Löwer in von Münch/Kunig, a.a.O., Art. 10 RdNr. 29 f.).

## 4. Form- und Verfahrensvorschriften

Für notwendige Maßnahmen nach § 8 PolG hat das Gesetz keine speziellen Form- und Verfahrensvorschriften vorgesehen. Soweit Polizeibeamte gestützt auf die Generalklausel **Verwaltungsakte** erlassen, sind die allgemeinen Regeln des VwVfG zu berücksichtigen. Insbesondere müssen die §§ **28, 37 und 41** VwVfG (Anhörung, inhaltliche Bestimmtheit, Form des VA und Bekanntgabepflicht) beachtet werden. Inhalt und Bedeutung dieser Vorschriften sind in Band I, Kapitel, Erster Abschnitt III. erläutert.

## 5. Hinweis

§ 8 PolG enthält über die Generalklausel hinaus Begriffsbestimmungen, und zwar:

## 5.1 Zur Auslegung des Begriffes "Gefahr"

Der Gesetzgeber beschreibt die konkrete Gefahr mit den Worten "eine im einzelnen Falle bestehende, konkrete Gefahr für die öffentliche Sicherheit" und fügt in Klammern das Wort "Gefahr" hinzu (siehe oben).

Daraus ist abzuleiten, dass immer dann, wenn in den Vorschriften der §§ 9 folgende (bis § 66) PolG als Voraussetzung der Begriff "Gefahr" genannt ist, die im einzelnen Fall bestehende konkrete Gefahr für die öffentliche Sicherheit gemeint ist. Darum kommt z.B. die Personalienfeststellung nach § 12 Abs. 1 Nr. 1 PolG nur in Frage, wenn eine "im einzelnen Falle bestehende, konkrete Gefahr für die öffentliche Sicherheit" vorliegt.

## 5.2    Zur Auslegung des Begriffes Straftaten von erheblicher Bedeutung

In verschiedenen Befugnissen ist die Straftat von erheblicher Bedeutung Eingriffsvoraussetzung (vgl. z.B. § 16 Abs. 1 Nr. 2. PolG). Diese Prämisse wird in § 8 Abs. 3 PolG legal definiert.

---

(3)   Straftaten von erheblicher Bedeutung sind insbesondere Verbrechen sowie die in § 138 des Strafgesetzbuches genannten Vergehen, Vergehen nach § 129 des Strafgesetzbuches und gewerbs- oder bandenmäßig begangene Vergehen nach
1.   den §§ 243, 244, 260, 263 bis 264a, 265b, 266, 283, 283a, 302a oder 324 bis 330a des Strafgesetzbuches,
2.   § 53 Abs. 1 Satz 1 Nrn. 1 oder 2 des Waffengesetesz,
3.   § 29 Abs. 3 Satz 2 Nrn. 1 oder 4 des Betäubungsmittelgesetzes,
4 .   § 47a Ausländergesetz.

---

Die Prämisse "Straftaten von erheblicher Bedeutung" muss daher stets im Rahmen des § 8 Abs. 3 PolG ausgelegt werden.

## II.   Generalklausel zur Strafverfolgung/Owi-Verfolgung

## 1.    Generalermächtigung

Die Strafverfolgungsbehörden benötigen für die Erfüllung der ihnen durch §§ 160 ff. StPO umfassend zugewiesenen Aufgaben eine den Anforderungen der neueren Rechtsprechung des Bundesverfassungsgerichtes genügende gesetzliche Ermächtigung. Eingriffshandlungen zur Strafverfolgung sind auf die Befugnisse der Strafprozessordnung zu stützen. Speziell geregelt sind dort aber nur Maßnahmen mit größerer Eingriffsintensität, z. B. Untersuchungshaft, Telefonüberwachung, Durchsuchung, Beschlagnahme (Bundestagsdrucksache 12/989, S. 33). Für Ermittlungshandlungen, die weniger intensiv in die Grundrechte von Menschen eingreifen und nicht von einer speziellen Eingriffsermächtigung erfasst werden, ist auf § 163 StPO zurückzugreifen.

> **„163 Erster Zugriff der Polizei**
> ( 1) Die Behörden und Beamten des Polizeidienstes haben Straftaten zu erforschen und alle keinen Aufschub gestattenden Anordnungen zu treffen, um die Verdunklung der Sache zu verhüten. Zu diesem Zweck sind sie befugt, alle Behörden um Auskunft zu ersuchen, bei Gefahr im Verzug auch die Auskunft zu verlangen, sowie Ermittlungen jeder Art vorzunehmen, soweit nicht besondere gesetzliche Vorschriften die Befugnisse besonders regeln.
> (2) ...“

Die Ermächtigung bietet den (nach Landesrecht) zuständigen Polizeibeamten die Möglichkeit, zur Verhinderung der Verdunklung einer Sache (oder auch zu anderen von der Aufgabe des § 163 Abs. 1 StPO erfassten Pflichten) Anordnungen zu treffen und Ermittlungen jeder Art vorzunehmen und alle Behörden um Auskunft zu ersuchen.

In Frage kommen Informationserhebungen, also Eingriffe in das Recht auf informationelle Selbstbestimmung nach Art. 2 Abs. 1 GG durch Verfügungen (Justizverwaltungsakte) oder faktische Rechtseingriffe (vgl. Band I, 2. Kapitel, Zweiter Abschnitt II.).

Zwang anzuwenden gestattet § 163 Abs. 1 StPO nicht (Kleinknecht/Meyer-Goßner, a.a.0, § 163 RdNr. 32).

## 1.1 Voraussetzungen der Ermächtigung

§ 163 Abs. 1 StPO setzt voraus

- **dass der Verdacht einer Straftat begründet ist und**
- **dass keine andere gesetzliche Vorschrift die Befugnisse besonders regelt.**
- **Als Rechtsfolge lässt die Vorschrift Ermittlungen jeder Art zu und gestattet die Einholung von Auskünften bei allen Behörden.**

Gefordert wird zunächst der Verdacht einer Straftat. Maßgebend sind hinreichend tatsächliche Anhaltspunkte dafür, dass eine mit Strafe bedrohte Handlung begangen wurde. Der Anfangsverdacht, also die nahe liegende Möglichkeit, dass eine verfolgbare Tat begangen wurde, genügt (zu den Verdachtsarten siehe Band I, 3. Kapitel, Zweiter Abschnitt II.).

Weitere Voraussetzung ist, dass für eine bestimmte Ermittlungshandlung **keine spezielle Befugnis** vorhanden ist.

Für besonders geregelte Maßnahmen (wie z.B. für Beschlagnahmen, Festnahmen, Durchsuchungen, Identitätsfeststellungen, Bildaufnahmen und Bildaufzeichnungen ohne Wissen des Betroffenen nach § 100c StPO oder für die Telefonüberwachung nach § 100a StPO usw.) sind die speziellen Befugnisse heranzuziehen. Die Anwendung der Generalklausel kommt in solchen Fällen nicht in Frage. Das bedeutet ferner, dass die Generalklausel auch dann nicht herangezogen werden kann, wenn für bestimmte Ermittlungsmaßnahmen in einer besonderen Vorschrift besondere Tatbestandsvoraussetzungen verlangt werden, diese aber im Einzelfall nicht erfüllt sind. In solchen Fällen ist und bleibt die Maßnahme unzulässig. Ein Rückgriff auf die Generalklausel ist nicht erlaubt (StVÄG 1989, S. 85). Sie kann auch nicht ergänzend oder Lücken füllend herangezogen werden.

Nur wenn eine besondere Befugnis fehlt oder die Eingriffsschwelle für bestimmte Maßnahmen noch nicht erreicht ist, ist für die Generalklausel Raum (siehe Beispiele unten).

## 1.2    Richtung der Maßnahmen (Adressaten der Generalklausel)

Die Richtung der Maßnahme (Adressaten der Ermittlungen) bestimmt § 163 Abs. 1 StPO nicht. Die Adressaten sind nach Sinn und Zweck der Vorschrift unter Beachtung des Verhältnismäßigkeitsgrundsatzes (insbesondere nach dem Grundsatz der Geeignetheit und Erforderlichkeit) zu bestimmen. Adressaten können neben den im Gesetz genannten Behörden sowohl der Beschuldigte als auch Kontakt und Begleitpersonen, Zeugen, sonstige Auskunftspersonen, Lockspitzel oder z. B. Geldüberbringer im Entführungsfall sein, soweit Maßnahmen gegen sie geeignet sind, die Ermittlungen voran zu bringen und die Tat zu klären (klären zu helfen).

## 1.3    Rechtsfolgen

Als Rechtsfolge lässt § 163 Abs. 1 StPO zunächst **Ermittlungen** jeder Art zu. Gestattet sind **offene und heimliche** (also bewusst verschleierte, verdeckte, getarnte) **Erhebungen**. Weiter kann die Polizei bei allen Behörden Auskünfte einholen (siehe dazu unten unter 6.)

Zu den allgemein zulässigen offenen Ermittlungshandlungen jeder Art zählen z. B. Befragungen zur Gewinnung eines groben Bildes, zur Feststellung, wer als Zeuge in Betracht kommt oder wer Verdächtiger ist, die Einholung von Erkundigungen im Umfeld der gesuchten Person oder von Informationen im Umfeld eines Tatortes (sog. Klinkenputzen), sowie die sonstige Verwendung personenbezogener Daten (wie z.B. die Bekanntgabe eines Tatgeschehens an andere mit dem Ziel, zwecktaugliche Informationen zu erhalten) soweit sie nicht speziell geregelt sind.

Auch die „kurzfristige Überwachung des Beschuldigten oder anderer Personen (z.B. die kurzfristige Beobachtung bei der Beseitigung von Tatspuren oder Hinterhergehen oder Hinterherfahren nach zufälligem Antreffen) oder den Einsatz von sog. Scheinkäufern zur Aufklärung von Betäubungsmittelstraftaten" gehören zu den Ermittlungshandlungen (StVÄG 1989, S. 85).

§ 163 Abs. 1 StPO gestattet ferner – wie schon oben angedeutet - verdeckte (heimliche, bewusst verschleierte, getarnte) Ermittlungen unterhalb der Schwelle des § 110a ff. StPO, den Einsatz von Vertrauenspersonen und den Einsatz von Lockspitzeln (sog. *agents provocateurs* - vgl. dazu Meyer, Kriminalistik 1/99, S. 49 ff.; Kleinknecht/

Meyer-Goßner, § 136a RdNr. 4b, § 163, RdNr. 34a), oder auch so genannte Hörfallen (siehe Beispiele unter 5.).

Aus § 160 Abs. 2 StPO folgt, dass die Polizei bei ihren Ermittlungen aufgrund der Generalklausel nicht nur die zur **Belastung** sondern auch die zur **Entlastung** dienenden Umstände zu ermitteln hat.

## 2. Allgemeine Rechtmäßigkeitsanforderungen

Nach § 163 Abs. 1 StPO *ist* die Polizei *befugt*, Ermittlungen jeder Art vorzunehmen. Damit ist ihr **Ermessen** eingeräumt. Während sie Straftaten verfolgen muss, sie hinsichtlich der Aufgabenwahrnehmung also dem Legalitätsprinzip unterworfen ist, richtet sich der Mitteleinsatz nach dem Opportunitätsprinzip.

Wie das Ermessen auszuüben ist, lässt die Strafprozessordnung offen. Daher sind entsprechend Art. 20 Abs. 3 GG die verpflichtenden ungeschriebenen Rechtsgrundsätze, die das Rechtsprinzip bilden (Willkürverbot, Schikaneverbot; beschleunigtes und faires Verfahren usw.) zu berücksichtigen (siehe Band I, 4. Kapitel, Zweiter Abschnitt, III. 2.3/2.4). In diesem Kontext ist insbesondere auch der Grundsatz der **Verhältnismäßigkeit** von Bedeutung.

Danach kommen nur geeignete, erforderliche und angemessene Ermittlungen in Betracht.

## 3. Besondere Rechtmäßigkeitsanforderungen

Schließlich sind im konkreten Fall auch die Schranken zu beachten, die einzelne Grundrechte ziehen (z. B. Würde des Menschen gemäß Art. 1 Abs. 1 GG, Schutz der Wohnung nach Art. 13 GG).

Bei Familienangehörigen oder sonstigen zur **Zeugnisverweigerung** berechtigten Personen müssen heimliche, getarnte, bewusst verschleierte Erhebungen ausscheiden, weil damit unvertretbar tief in die besonders geschützte Privatsphäre eingegriffen wird (Popp, Anmerkung zum Beschluss des BGH vom 13.5.98, NStZ 1998, Heft 2, S. 96).

## 4. Form und Verfahrensvorschriften.

Im Zusammenhang mit zulässigen Ermittlungsmaßnahmen nach § 163 Abs. 1 StPO bestehen weder bestimmte **Form- noch Verfahrensvorschriften**. Maßnahmen zur Strafverfolgung im Sinne von § 163 Abs. 1 StPO kann jeder zuständige Polizeibeamte anordnen und durchführen.

## 5. Anwendungsbeispiele

Die folgenden Beispiele sollen die Anwendungsnotwendigkeit und Anwendungszulässigkeit der Ermittlungsgeneralklausel verdeutlichen. Weil es für Maßnahmen dieser Art keine speziellen Regelungen gibt, kommt § 163 Abs. 1 StPO zur Anwendung:

a) Ein Polizeibeamter hat erfahren, dass H. Rauschgift veräußert. Er wendet sich an ihn, gibt sich als Elektriker aus und gibt vor, Rauschgift kaufen zu wollen. Weil der Polizist nur kurzzeitig in die Rolle geschlüpft ist und nur gelegentlicher Scheinkäufer war, gelten daher nicht die Vorschriften der §§ 110a ff. StPO, sondern die allgemeinen Bestimmungen (BGH, Urteil vom 6.2. 1997, NStZ 1997, Heft 9 S. 448). Unzulässig ist das Erschleichen der Einwilligung des Wohnungsinhabers zum Betreten einer Wohnung durch bewusste Täuschung; denn einem solchen Tun steht Art. 13 GG entgegen.

b) Ein Beamter eines Sittendezernates entnimmt einer verschlüsselten Kleinanzeige, dass Kinderpornos zum Verkauf angeboten werden. Unter der angegebenen Nummer ruft er an und gibt sich als Kaufinteressent aus, um einen sogenannten Scheinkauf durchzuführen. Eine verdeckte Ermittlung nach § 110a StPO liegt nicht vor, weil der Beamte nur kurzzeitig seine Rolle tauscht. Die Maßnahme unterhalb der Schwelle der §§ 110a ff. StPO rechtfertigt § 163 StPO (Quentin, Der verdeckte Ermittler i. S. der StPO, JuS 1999, Heft 2, S. 132 ff., **136**).

c) Ein Kaufhaus wird erpresst. Die Polizei wurde eingeschaltet. Im Zuge der Erpressung schlüpft ein Polizeibeamter in die Rolle eines Kaufhausangestellten und tritt als Geldbote auf, um den Erpresser bei der Geldübergabe festzunehmen. Die verdeckte Maßnahme findet ihre Rechtsgrundlage in § 163 StPO (Quentin, Der verdeckte Ermittler i. S. der StPO, JuS 1999, Heft 2, S. 132 ff., **136**).

d) Auch die sogenannten Hörfallen sind gestützt auf § 163 StPO zulässig. „Hat eine Privatperson auf Veranlassung der Ermittlungsbehörden mit dem Tatverdächtigen ohne Aufdeckung der Ermittlungsabsicht ein auf die Erlangung von Angaben zum Untersuchungsgegenstand gerichtetes Gespräch geführt, so darf der Inhalt des Gesprächs im Zeugnisbeweis jedenfalls dann verwertet werden, wenn es um die Aufklärung einer Straftat von erheblicher Bedeutung geht und die Erforschung des Sachverhalts unter Einsatz anderer Ermittlungsmethoden erheblich weniger erfolgversprechend oder wesentlich erschwert gewesen wäre" (BGH, Beschluss vom 13. 5.1996, NStZ 1998, Heft 2, S. 95; siehe auch BVerfG, Beschluss vom 27..4.2000, NStZ 2000, S. 488). Konkret: Ein Vernehmungsbeamter hat einen Zeugen veranlasst, bei einem Verdächtigen anzurufen und ihn zur Sache zu befragen, ohne dass der Verdächtige erfuhr, dass der Zeuge bei der Polizei ist, vernommen wird und der Polizeibeamte zuhört.
Allerdings kann § 163 nicht jeglichen Eingriff rechtfertigen. Dieser muss verhältnismäßig sein. Insbesondere muss eine Abwägung zwischen dem Grad des Eingriffs und dem Interesse auf Strafverfolgung erfolgen. „Erstreckt sich die Hörfalle auf Gespräche mit Vertrauenspersonen (Ehefrau, Eltern), so ist der Menschenwürdekern des Grundrechts auf Schutz der Privatsphäre betroffen. Dieser ist jedoch unantastbar, selbst bei der Verfolgung schwerer Straftaten (Popp, Anmerkung zum Beschluss des BGH vom 13.5.98, NStZ 1998, Heft 2, S. 96).

e) § 163 Abs. 1 StPO rechtfertigt die heimliche Beobachtung einer Person unterhalb der Schwelle des § 163f StPO, also kurzfristige Observationen. Das sind solche, die höchstens an zwei Tagen oder ununterbrochen nicht länger als 24 Stunden dauern sollen. Ist eine Überschreitung dieser Zeiten geplant, muss § 163f StPO herangezogen werden. In der Literatur und Rechtsprechung wurde die Zulässigkeit von Observationen immer schon aus den §§ 161 und 163 Abs. 1 StPO hergeleitet (OLG Düsseldorf, Beschluss vom 12.12.1997, Kriminalistik 6/98, S. 428). Das gilt nach Inkrafttreten des Gesetzes zur Änderung und Ergänzung des Strafverfahrensrechts vom 2. August 2000 nunmehr nur noch für kurzfristige Observationen. Die Ermächtigung gestattet nicht das heimliche Eindringen in Wohnungen. Dem steht Art. 13 GG entgegen.

## 6. Auskunftsersuchen an Behörden

Im Zuge der Ermittlungen ist die Polizei berechtigt, alle Behörden um Auskunft zu ersuchen. Ihr ist damit ein Fragerecht im öffentlich-rechtlichen Bereich zugestanden. In Ausnahmefällen (bei Gefahr im Verzug) soll die Polizei die Auskunft verlangen können. Eine strafprozessuale Verpflichtung zur Auskunft wird hingegen nicht begründet. Verweigert eine Behörde die Auskunft, muss die Polizei die Staatsanwaltschaft einschalten.

# 2. Kapitel
## Allgemeine (offene) Befugnisse zur Datenerhebung

Übersicht
Vorbemerkungen
Erster Abschnitt    Allgemeine Vorschriften für die Datenerhebung (zur Gefahrenabwehr)
Zweiter Abschnitt   Identitätsfeststellung
Dritter Abschnitt   Befragung/Vernehmung
Vierter Abschnitt   Erkennungsdienstliche Maßnahmen
Fünfter Abschnitt   Vorladung/Vorführung
Sechster Abschnitt  Prüfung von Berechtigungsscheinen
Siebter Abschnitt   Kontrollstellen
Achter Abschnitt    Datenerhebung bei öffentlichen Veranstaltungen/Ansammlungen und an
                    öffentlichen Plätzen

## Vorbemerkungen

Die Datenerhebung ist (wie die Datennutzung, Datenübermittlung usw.) eine unter mehreren Datenverarbeitungsphasen (siehe Band I, 6. Kapitel). Mit ihr wird regelmäßig das Recht auf informationelle Selbstbestimmung tangiert.

Der Begriff der Datenerhebung erstreckt sich auf jede Form gezielt betriebener Gewinnung personenbezogener Daten. Dabei ist es gleich, ob die Information bei dem Betroffenen selbst, bei anderen Behörden oder privaten Dritten beschafft werden (vgl. Landtagsdrucksache 10/1565, S. 46). Es macht auch keinen Unterschied, ob die Daten durch Befragung, Vernehmung, zweckgerichtete Beobachtung, Fotografie oder Videografie usw. erhoben werden. Prinzipiell wird jeder Umgang mit personenbezogenen Daten ohne Rücksicht auf die jeweilige Form der Verarbeitung als Eingriff in das informationelle Selbstbestimmungsrecht bewertet (Landtagsdrucksache 10/15 65, S. 40).

Soweit die Polizei - gleich in welcher Form - personenbezogene Daten erhebt, ist grundsätzlich davon auszugehen, dass sie die Rechte des Betroffenen beschränkt; denn "es gibt keine belanglosen personenbezogene Daten" (Tegtmeyer, a.a.O., § 9, RdNr 9).

Unter den Datenerhebungsvorschriften ist entsprechend der unterschiedlichen Rechtsnatur der Maßnahmen zwischen Gefahrenabwehr und Straf- bzw. Ordnungswidrigkeitenverfolgung zu unterscheiden.

*Im PolG sind die Datenerhebungsvorschriften in einem Titel zusammengefasst (§§ 9 bis 15 PolG erfassen die offenen Datenerhebungsbefugnisse, in §§ 16 bis 21 PolG sind die Befugnisse zu heimlichen, getarnten, bewusst verschleierten Maßnahmen enthalten). Entsprechend dieser Gliederung werden auch in diesem Buch die Ermächtigungen aufgegriffen und erläutert. In diesem Kapitel werden die offenen Ermächtigungen behandelt. Die heimlichen Maßnahmen sind im 3. Kapitel zu finden.*

# Erster Abschnitt
## Allgemeine Vorschriften für die Datenerhebung

Überblick
I.  Allgemeine Vorschriften für die Datenerhebung zur Gefahrenabwehr
1.  Grundsatz der Datenerhebung beim Betroffenen
2.  Grundsatz offener Datenerhebung
3.  Zweckbindung
4.  Aufklärungspflicht
II. Verfahren bei Strafverfolgungs-/Owi-Verfolgungsmaßnahmen

Für die einzelnen Eingriffsmaßnahmen sehen die Gesetze bestimmte Verfahrens- und Formvorschriften vor (siehe Band I, 4. Kapitel, Erster Abschnitt III.) Sie bestimmen im einzelnen, wie die Polizei die gesetzlichen Befugnisse anzuwenden hat.

## I. Allgemeine Vorschriften für die Datenerhebung zur Gefahrenabwehr

Bei der Anwendung der präventiv-polizeilichen Datenerhebungsbefugnisse sind neben den allgemeinen Vorschriften des VwVfG (Anhörung nach § 28, Inhaltliche Bestimmtheit und Form nach § 37, Bekanntgabe nach § 41, Begründung schriftlicher Verwaltungsakten nach § 39)und den speziellen Regeln im Zusammenhang mit bestimmten Befugnissen (z. B. Schriftform des Zwangsgeldes nach § 53) - siehe Band I, 4. Kapitel, Erster Abschnitt III - die allgemeinen Regeln aus § 9 Abs. 3 bis 6 PolG zu beachten. Mit diesen Vorschriften entspricht der Gesetzgeber über die Notwendigkeit einer Eingriffsermächtigung hinaus dem Recht auf informationelle Selbstbestimmung des Dateninhabers. Diese Bestimmungen sind auch dann maßgebend, wenn Daten aufgrund anderer Vorschriften zur Gefahrenabwehr (im Sinne von § 8 Abs. 2 PolG z. B. nach dem WaffG) erhoben werden.

**Die Absätze 3 bis 6 aus § 9 PolG enthalten grundsätzliche Bestimmungen für die Durchführung der Datenerhebung zur Gefahrenabwehr (vgl. Tegtmeyer, a.a.O., § 9, RdNr. 25). Sie sind insoweit zwingende Form- und Verfahrensvorschriften für alle Maßnahmen der Datenerhebung . § 9 Abs. 3 ff. PolG bestimmen im einzelnen:**

### 1. Der Grundsatz der Datenerhebung beim Betroffenen

Entsprechend § 9 Abs. 3 PolG richten sich Befragungen an den Betroffenen.

> **§ 9 Abs. 3 PolG**
> Die Befragung richtet sich an den Betroffenen. Ist dessen Befragung nicht oder nicht rechtzeitig möglich oder würde sie die Erfüllung der polizeilichen Aufgaben erheblich erschweren oder gefährden, können die Daten auch ohne Kenntnis des Betroffenen erhoben werden, wenn dies zur Aufgabenwahrnehmung gemäß Abs. 1 erforderlich ist.

Entsprechend dem Selbstbestimmungsrecht des Menschen und dem daraus resultierenden Anspruch darauf, dass der Einzelne wissen muss, wer, wann, was, bei welcher Gelegenheit von ihm erfährt, hat die Datenerhebung grundsätzlich **bei dem Betroffenen** zu erfolgen. Mit § 9 Abs. 3 Satz 1 PolG wird gewährleistet, dass der Betroffene sein Recht, selbst über die Preisgabe und Verwendung seiner Daten bestimmen zu dürfen, ausüben kann. Die Erhebung personenbezogener Daten ohne seine Kenntnis - bei Behörden oder privaten Stellen oder anderen Personen - soll generell ausgeschlossen sein (vgl. Landtagsdrucksache 10/15 65, S. 51).

Dieser Grundsatz darf nur durchbrochen werden, wenn die Befragung des Betroffenen nicht oder nicht rechtzeitig möglich ist oder wenn durch eine Befragung des Betroffenen die Erfüllung der polizeilichen Aufgaben erheblich erschwert oder gefährdet würde. Ist das gegeben, kann die Datenerhebung auch ohne Kenntnis des Betroffenen erfolgen.

> Ein Pkw steht im Halteverbot und behindert den Verkehr. Um die Gefahrenstelle schnellstmöglich zu beseitigen, sucht die Polizei den Fahrer, kann ihn aber nicht ausfindig machen. Darum stellt sie über das Straßenverkehrsamt den Halter des Wagens fest.

Die ausnahmsweise zulässige Befragung anderer ist eine offene Maßnahme im Sinne des § 9 Abs. 4 Satz 1 PolG. Darin liegt kein verdecktes Vorgehen (vgl. Tegtmeyer, a.a.O., § 9, RdNr. 269).

## 2. Grundsatz offener Datenerhebung

Nach § 9 Abs. 4 PolG ist eine Befragung und Datenerhebung zur Gefahrenabwehr **regelmäßig offen** durchzuführen.

> **§ 9 Abs. 4 PolG**
> Befragung und Datenerhebung sind offen durchzuführen; eine verdeckte Datenerhebung ist nur zulässig, wenn dies durch Gesetz zugelassen ist.

Offene Datenerhebungen sind das Gegenteil von verdeckten Eingriffshandlungen. Als offen gilt jede Art der Datenerhebung, bei welcher der Betroffene erkennen oder (ggf. durch Rückfrage) nachvollziehen kann, dass die Polizei tätig wird oder tätig geworden ist.

a) Die Polizei fragt einen Bürger, der sich an einem Kriminalitätsbrennpunkt aufhält, nach seinem Namen.

b) Die Polizei lädt einen Einbrecher zur erkennungsdienstlichen Behandlung vor, indem sie ihn anschreibt und ihm einen Termin mitteilt, zu dem er erscheinen soll.

c) Polizeibeamte sehen einen Pkw, der im absoluten Halteverbot abgestellt ist und den Verkehr behindert. Sie bemühen sich, den Fahrzeugführer zu ermitteln. Weil das misslingt, stellen sie beim Straßenverkehrsamt den Halter fest. Dabei handelt es sich um eine offene Maßnahme, weil sie nicht bewusst verschleiert erfolgt.

Gleichwohl kann auf gewisse Ausnahmetatbestände nicht vollständig verzichtet werden. Weil gerade in der polizeilichen Praxis aus überwiegendem öffentlichen Interesse heraus die Erhebung personenbezogener Daten auch ohne Kenntnis des Betroffenen möglich sein muss, verweist der Gesetzgeber in § 9 Abs. 4 auf besondere gesetzliche Regelungen. Eine verdeckte Datenerhebung ist dann anzunehmen, wenn sie bewusst heimlich, verdeckt, verschleiert, also getarnt erfolgt (Landtagsdrucksache NW 10/39 97, S. 32).

An einem Kriminalitätsbrennpunkt bemerkt die Polizei eine Person, die sich suchend durch das Gebiet bewegt. Zur Verhütung eines Einbruchsdiebstahls behalten die Beamten den Betroffenen aus einer Deckung heraus im Auge, so dass er selbst die Polizisten nicht erkennen kann.

Verdeckte Maßnahmen erlaubt der Gesetzgeber mit §§ 16 - 21 PolG. Dazu gehören die Observation, der verdeckte Einsatz technischer Mittel zur Anfertigung von Bildaufnahmen und Bildaufzeichnungen usw. (solche Maßnahmen werden im 3. Kapitel erläutert).

Eine verdeckte Maßnahme liegt nicht schon dann vor, wenn die Polizei in bürgerlicher Kleidung Dienst verrichtet oder zivile Fahrzeuge benutzt. In solchen Fällen ist der Polizeibeamte zwar nicht sofort erkennbar; weil aber der Dienst in bürgerlicher Kleidung oder mit einem Zivilfahrzeug nicht auf einen bestimmten zugrundeliegenden Fall gerichtet ist und nicht fallbezogen getarnt wird, bleibt die Maßnahme eine offene im Sinne des Gesetzes (Tegtmeyer, a.a.O., § 9, RdNr. 27).

## 3. Zweckbindung

Mit § 9 Abs. 5 PolG macht der Gesetzgeber deutlich, dass eine Datenerhebung nur aus einem konkreten Anlass zulässig ist.

> **§ 9 Abs. 5 PolG**
> Die Erhebung personenbezogener Daten zu unbestimmten oder noch nicht bestimmbaren Zwecken ist unzulässig. Eine Datenerhebung über nicht gefahren- oder tatbezogene Merkmale sowie über Erkrankungen oder besondere Verhaltensweisen des Betroffenen ist nur zulässig, soweit dies für Identifizierungszwecke oder zum Schutz des Betroffenen, von Polizeivollzugsbeamten oder Dritten erforderlich ist.

Voraussetzung für die Datenerhebung ist also ein bestimmtes Ereignis, das gefahrenabwehrende Maßnahmen der Polizei nötig macht. Die Datenerhebung muss zum Zeitpunkt ihrer Vornahme zulässig sein (VVPolG NW, RdNr. 9.5). Zum entscheidungserheblichen Zeitpunkt muss also bereits feststehen, zu welchem Zweck die Daten konkret benötigt werden (vgl. Chemnitz, a.a.O., § 9, RdNr. 12.5.1).

Damit wird eindeutig die sogenannte Vorratsdatenerhebung und damit auch die Speicherung von Daten auf Vorrat untersagt (vgl. Riotte/Tegtmeyer, a.a.O., S. 14 8). Folglich scheidet z. B. die Feststellung, wer sich derzeit gerade zu Besuch bei einem polizeibekannten Gewohnheitseinbrecher befindet, dann aus, wenn diese Person keinen bestimmten Anlass gegeben hat. Auch wenn es zweckmäßig erscheint, zur Verhütung künftiger Straftaten die Kontakt- oder Begleitpersonen von Gewohnheitseinbrechern in Erfahrung zu bringen, ist die Datenerhebung unzulässig, denn sie richtet sich nicht auf einen konkreten Sachverhalt.

Mit § 9 Abs. 5 Satz 2 konzentriert der Gesetzgeber die Zulässigkeit der Datenerhebung im Grundsatz auf gefahren- und tatbezogene Merkmale. Nur die Daten dürfen demnach erhoben werden, die zur Lösung der konkret bevorstehenden Aufgabe tatsächlich benötigt werden. Weil in bestimmten Ausnahmesituationen auf eine darüber hinaus gehende Datenerhebung nicht vollständig verzichtet werden kann, lässt § 9 Abs. 5 Satz 2 eine darüber hinausgehende Datenerhebung zu. Im besonderen Ausnahmefall können auch:

- nicht gefahren- oder tatbezogene Merkmale,
- sowie Daten über Erkrankungen oder
- besondere Verhaltensweisen des Betroffenen erhoben werden,

soweit das für Identifizierungszwecke oder zum Schutz der Betroffenen, von Polizeivollzugsbeamten oder Dritten erforderlich ist.

> a) Polizeibeamte greifen eine hilflose Person auf. Der Betroffene riecht süßsäuerlich, hat die Augen teils geöffnet und lächelt vor sich hin. Auf Befragung jedoch reagiert er nicht. Die Beamten stellen fest, um wen es sich handelt. Vor die Frage gestellt, ob der Betroffene betrunken ist oder vielleicht an Unterzuckerung leidet, sehen sie sich veranlasst, die Ehefrau anzurufen und sie zu fragen, was dem Betroffenen fehlen (woran er erkrankt sein) könnte.
>
> b) Zur Verhütung einer Straftat haben Polizeibeamte einen Mann in Gewahrsam genommen, der verdächtig hustet. Die Beamten sind besorgt und fragen sich, ob der Betroffene eventuell an Lungen-TB leidet. Zu dem Zweck rufen sie bei seinen Angehörigen an, und fragen nach dem Gesundheitszustand des Betroffenen.

Der Rechtssatz erfordert nicht die konkrete Gefahr. Die Notwendigkeit der Datenerhebung muss jedoch insoweit begründet erscheinen, als bei vorausschauender Betrachtung zur Gefahrenabwehr der Rückgriff auf solche Erkenntnisse wahrscheinlich wird.
Die Voraussetzungen für die Erhebung sensibler Daten liegen damit in der Nähe der
konkreten Gefahr (vgl. Kay/Böcking, a.a.O., RdNr. 113).

## 4. Aufklärungspflicht

§ 9 Abs. 6 PolG verlangt, dass der betroffenen Person in geeigneter Weise die Rechtsvorschriften für die Datenerhebung bekannt gegeben werden. Weiter soll sie über eine
bestehende Auskunftspflicht oder über die Freiwilligkeit der Auskunft aufgeklärt werden.

> **§ 9 Abs. 6 PolG**
> Werden durch Befragung Daten beim Betroffenen oder bei Personen oder
> Stellen außerhalb des öffentlichen Bereichs erhoben, sind diese in geeigneter
> Weise über die Rechtsvorschriften zur Datenerhebung sowie entweder über die
> bestehende Auskunftspflicht oder über die Freiwilligkeit der Auskunft aufzu-
> klären, es sei denn, dies ist wegen besonderer Umstände offenkundig nicht
> angemessen oder die Erfüllung der polizeilichen Aufgaben wird hierdurch
> erheblich erschwert oder gefährdet.

Diese Verpflichtung besteht dann, wenn die Polizei eine Privatperson oder auch eine
Stelle außerhalb des öffentlichen Bereichs (z. B. Bedienstete eines Lohnbüros) befragt.
Die Aufklärungspflicht besteht nicht, wenn die Polizei z. B. bei öffentlichen Behörden
nachfragt. Hier geht der Gesetzgeber davon aus, dass ersuchte Behörden die Rechtsgrundlagen kennen, so dass sich die Angabe der Rechtsvorschrift erübrigt (Kay/Böcking,
a.a.O., RdNr. 114).

Die Aufklärungspflicht soll bei den Bürgern das Gefühl verstärken, dass die Polizei
gesetz- und rechtmäßig handelt. Eine Aufklärungspflicht entfällt, wenn dies wegen
besonderer Umstände offenkundig nicht angemessen ist oder wenn die Erfüllung der
polizeilichen Aufgabe dadurch erheblich erschwert oder gefährdet würde. Mit dieser
Ausnahmeregelung soll sichergestellt werden, dass die Polizei nicht bei jeder Datenerhebung mit Hinweispflichten belastet wird (vgl. Landtagsdrucksache NW 10/39 7,
S. 32). Daraus folgt, dass eine Rechtsbelehrung ausnahmsweise entfallen kann, wenn die
Belehrung offensichtlich keinen Sinn macht (z. B. bei der Befragung eines Kleinkindes
nach einem vermissten Spielkameraden oder die Befragung eines Volltrunkenen nach
seinem Wohnsitz).

Sie wird ferner dann vernachlässigt werden können, wenn besondere Eile geboten ist und
durch die Belehrung die Gefahrenabwehraufgabe verzögert wird. Unangemessen wäre z.
B. auch die Belehrung eines Rechtsanwaltes, weil bei solchen Personen davon ausgegangen werden kann, dass sie die Rechtsvorschriften, auf die sich die Polizei stützt,
kennen.

## II. Verfahren bei Strafverfolgung-/Owi-Verfolgungsmaßnahmen

Die Datenerhebung zur Strafverfolgung ist aufgrund einzelner Ermächtigungen der StPO zulässig. Typische Maßnahmen sind die Personalienfeststellung, die Vernehmung von Beschuldigten, die Vernehmung von Zeugen oder Sachverständigen oder die erkennungsdienstliche Behandlung. Allgemeine Regeln der Art, wie sie im VwVfG oder im PolG zu finden sind, enthält die StPO nicht. Bei der Anwendung der strafprozessualen Befugnisse zur Datenerhebung sind daher die für die jeweils zu treffende Maßnahme bestehenden Verfahrens- und Formvorschriften maßgebend. Ansonsten müssen die Rechtsgrundsätze aus Art. 20 Abs. 3 GG (siehe Band I, 4. Kapitel) beachtet werden. Danach hat der Bürger einen Anspruch auf geringstmögliche Belastung und auch ein Recht auf ein faires Verfahren.

Bei der Verfolgung von Ordnungswidrigkeiten gilt ergänzend zur StPO das OwiG. Hier ist die Vorschrift aus § 50 OwiG von allgemeiner Bedeutung.

---

**§ 50 OwiG**
(1) Anordnungen, Verfügungen und sonstige Maßnahmen der Verwaltungsbehörde werden der Person, an die sie sich richtet, formlos bekannt gemacht. Ist gegen die Maßnahme ein befristeter Rechtsbehelf zulässig, so wird sie in einem Bescheid durch Zustellung bekanntgemacht
(2) ...

---

Zur Belehrungspflicht bei Verwarnungen mit Verwarnungsgeld siehe Band I, 3. Kapitel, Dritter Abschnitt, VII.).

# Zweiter Abschnitt
# Die Identitätsfeststellung

Übersicht
Vorbemerkungen
I.     Identitätsfeststellung zur allgemeinen Gefahrenabwehr
1.     Ermächtigung
1.1    Identitätsfeststellung zur Abwehr einer konkreten Gefahr
1.2    Identitätsfeststellung an gefährlichen/verrufenen Orten (Razzia)
1.3    Identitätsfeststellung zum Objekt- bzw. zum Personenschutz
1.4    Identitätsfeststellung an Kontrollstellen
2.     Zugelassene Rechtsfolgen
3.     Verfahrens- und Formvorschriften
II.    Identitätsfeststellung zur Strafverfolgung
1.     Ermächtigung zur Identitätsfeststellung des Verdächtigen
1.1    Zulässigkeitsvoraussetzungen
1.2    Zugelassene Rechtsfolgen
1.3    Verfahrens- und Formvorschriften
2.     Ermächtigung zur Identitätsfeststellung bei Unverdächtigen
2.1    Zulässigkeitsvoraussetzungen
2.2    Zugelassene Rechtsfolgen
2.3    Verfahrens- und Formvorschriften
III.   Identitätsfeststellung zur Ordnungswidrigkeitenverfolgung
IV.    Erhebung von Personaldaten zur Vorbereitung für die Hilfeleistung und das Handeln in Gefahrfällen

## Vorbemerkungen

Im Rahmen der Bewältigung ihrer Aufgaben hat die Polizei meist mit Bürgern zu tun. Aus vielfältigen Gründen muss sie wissen, mit wem sie in Kontakt tritt und wen sie ansprechen oder in die Pflicht nehmen muss.

Die Befugnisse zur Identitätsfeststellung ermöglichen es, die Personaldaten einer unbekannten Person festzustellen oder zu prüfen, ob eine Person mit einer gesuchten identisch ist. Sie steht häufig am Anfang des Einschreitens und ist nicht selten Grundlage oder Begleitmaßnahme für weitere Eingriffe.

a) Der Polizei wird gemeldet, dass eine Frau in einem Kaufhaus Sachen gestohlen hat. Der Kaufhausdetektiv konnte sie jedoch ergreifen und festhalten. Die am Tatort eingetroffenen Beamten stellen die Richtigkeit des Sachverhaltes fest. Aufgrund ihres Strafverfolgungsauftrages müssen sie die Täterin anzeigen. Dazu benötigen sie die Personalien der Verdächtigen.

b) Streifenbeamte haben beobachtet, wie ein Pkw-Fahrer bei Rotlicht an einer Lichtzeichensignalanlage vorbei über eine Kreuzung gefahren ist. Um diese Ordnungswidrigkeit pflichtgemäß zu verfolgen, müssen sie den betroffenen Fahrer anhalten und dessen Personalien feststellen.

c) Der Polizei wird gemeldet, dass eine hilflose Person auf einer Bank im Stadtpark liegt. Am Einsatzort eingetroffen, stellen die Beamten fest, dass ein Mann volltrunken auf der Bank hockt und vor sich hin spricht. Die Polizisten sehen, dass der Hilflose Unterstützung benötigt. Um ihn in die Obhut Sorgeberechtigter (Ehefrau, Angehörige) bringen zu können, benötigen sie die Personalien des Mannes.

d) Die Polizei fahndet nach einer vermissten Person (junger Mann, blondes lockiges Haar, auffallend rundes Gesicht, 182 cm groß, mit Jeanshose und Lederjacke bekleidet). Eine Funkstreife entdeckt einen Mann, auf den die Beschreibung zutrifft. Um festzustellen, ob es sich um den Vermissten handelt, benötigen sie dessen Personalien.

e) Anlässlich eines großen Volksfestes kommt eine junge Frau zur Polizei und meldet ihr, dass sie ihr 7jähriges Kind "verloren" hat. Irgendwann ist das Kind im Menschengewühl verschwunden. Die Polizeibeamten nehmen die Suche auf und sehen kurze Zeit später ein Kind an der Hand eines Mannes, auf das die von der Mutter abgegebene Personenbeschreibung. Um festzustellen, ob es sich um das gesuchte Kind handelt, befragen sie es nach seinem Namen.

Mit der Identitätsfeststellung greift die Polizei in das Grundrecht auf informationelle Selbstbestimmung im Sinne des Art. 2 Abs. 1 GG i.V.m. Art. 1 Abs. 1 GG ein. Eine Beschränkung der allgemeinen Handlungsfreiheit nach Art. 2 Abs. 1 GG liegt auch im Anhalten einer Person zur Personalienfeststellung. Muss der Betroffene jedoch festgehalten werden, liegt ein Eingriff in die körperliche Bewegungsfreiheit nach Art. 2 Abs. 2 GG i.V.m. Art. 104 GG vor.

Personalien einer Person sind die in § 111 OwiG erfassten personenbezogenen Daten. Das sind Vorname, Familienname, Geburtsname, Ort und Tag der Geburt, Familienstand, Beruf, Wohnort, Wohnung, Staatsangehörigkeit.

Unter den Maßnahmen zur Personalienfeststellung ist zwischen solchen zur Gefahrenabwehr, zur Strafverfolgung und zur Owi-Verfolgung zu unterscheiden. Darauf weist die nachfolgende Übersicht hin.

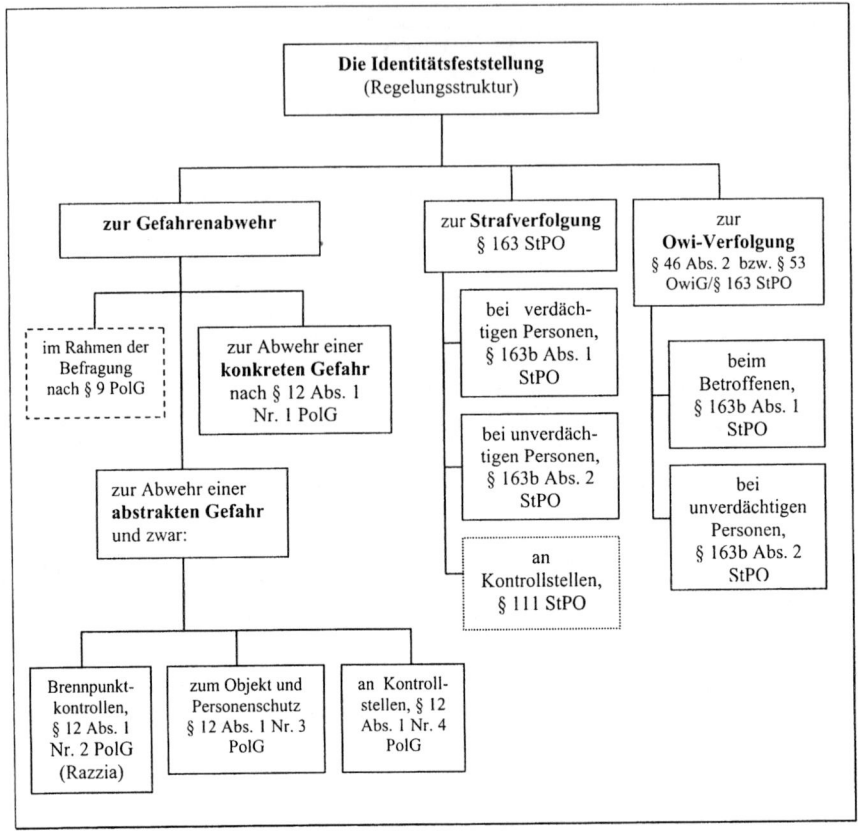

Die Identitätsfeststellung
(Regelungsstruktur)

zur Gefahrenabwehr

zur **Strafverfolgung** § 163 StPO

zur **Owi-Verfolgung** § 46 Abs. 2 bzw. § 53 OwiG/§ 163 StPO

im Rahmen der Befragung nach § 9 PolG

zur Abwehr einer **konkreten Gefahr** nach § 12 Abs. 1 Nr. 1 PolG

bei verdächtigen Personen, § 163b Abs. 1 StPO

bei unverdächtigen Personen, § 163b Abs. 2 StPO

an Kontrollstellen, § 111 StPO

beim Betroffenen, § 163b Abs. 1 StPO

bei unverdächtigen Personen, § 163b Abs. 2 StPO

zur Abwehr einer **abstrakten Gefahr** und zwar:

Brennpunktkontrollen, § 12 Abs. 1 Nr. 2 PolG (Razzia)

zum Objekt und Personenschutz § 12 Abs. 1 Nr. 3 PolG

an Kontrollstellen, § 12 Abs. 1 Nr. 4 PolG

# I. Identitätsfeststellungen zur Gefahrenabwehr

## 1. Ermächtigung

Die Befugnis zur Identitätsfeststellung aus Anlass der Gefahrenabwehr (durch Verwaltungsakt oder faktischen Rechtseingriff) enthält § 12 PolG (daneben können im Einzelfall die Personalien einer Person auch aufgrund des § 9 Abs. 2 PolG erhoben werden – siehe unten, Dritter Abschnitt I.).

§ 12 Identitätsfeststellung
(1) die Polizei kann die Identität einer Person feststellen,
1. zur Abwehr einer Gefahr,
2. wenn sie sich an einem Ort aufhält, von dem Tatsachen die Annahme rechtfertigen, dass
a) dort Personen Straftaten von erheblicher Bedeutung verabreden, vorbereiten oder verüben,
b) sich dort Personen treffen, die gegen aufenthaltsrechtliche Strafvorschriften verstoßen,
c) sich dort gesuchte Straftäter verbergen,
3. wenn sie sich in einer Verkehrs- oder Versorgungsanlage oder -einrichtung oder einem anderen besonders gefährdeten Objekt oder in dessen unmittelbarer Nähe aufhält und Tatsachen die Annahme rechtfertigen, dass in oder an Objekten dieser Art Straftaten begangen werden sollen, durch die Personen oder diese Objekte gefährdet sind, und dies auf Grund der Gefährdungslage oder auf die Person bezogener Anhaltspunkte erforderlich ist,
4. an einer Kontrollstelle, die von der Polizei eingerichtet worden ist, um eine Straftat nach § 129a des Strafgesetzbuches, eine der in dieser Vorschrift genannten Straftaten oder eine Straftat nach § 250 Abs. 1 Nr. 1 oder 2, nach § 255 des Strafgesetzbuches in den vorgenannten Begehungsformen oder nach § 27 des Versammlungsgesetzes zu verhüten. Die Einrichtung der Kontrollstelle ist nur mit Zustimmung des Innenministers oder einer von ihm beauftragten Stelle zulässig, es sei denn, dass Gefahr im Verzug vorliegt.
(2) Die Polizei kann ... (siehe unten)

§ 12 Abs. 1 PolG sieht mehrere Möglichkeiten der Personalienfeststellung aus Gründen der Gefahrenabwehr vor, und zwar nach

- Nr. 1 zur **Abwehr einer konkreten Gefahr** (siehe folgende Gliederungsnummer 1.1)
- Nr. 2 **zur Razzia** an gefährlichen oder verrufenen Orten (siehe folgende Gliederungsnummer 1.2)
- Nr. 3 zum **Objekt- und Personenschutz** (siehe folgende Gliederungsnummer 1.3)
- Nr. 4 an bestimmten **Kontrollstellen** (siehe folgende Gliederungsnummer 1.4).

Die Mittel zur Identitätsfeststellung (Rechtsfolge) bestimmt § 12 Abs. 2 PolG (siehe folgende Gliederungs-Nr. 2.).

## 1.1 Identitätsfeststellung zur Abwehr einer konkreten Gefahr
(§ 12 Abs. 1 Nr. 1 PolG)

Wörtlich verlangt die Ermächtigung nur, dass eine Gefahr abgewehrt werden soll. Die Voraussetzungen der Ermächtigung sind durch § 8 PolG zu ergänzen (siehe oben 1. Kapitel I.).

### 1.1.1 Daher verlangt die Befugnis

- eine im Einzelfall bestehende (konkrete) Gefahr
- für die öffentliche Sicherheit.

Die Gefahr muss von einem bestimmten Fall (einer bestimmten Situation) oder mehreren bestimmbaren Fällen ausgehen und für ein Rechtsgut der öffentlichen Sicherheit bestehen (zu den Begriffen siehe Band I, 3. Kapitel, Erster Abschnitt).

a) Eine Polizeistreife sieht eine Frau, die auf einem Gehweg umher torkelt und so unsicher geht, dass sie jederzeit auf die Fahrbahn geraten und angefahren werden könnte. Die Beamten sehen sich zum Eingreifen verpflichtet. Als sie die Frau anhalten, stellen sie fest, dass sie nicht betrunken, wohl aber sehr erschöpft ist und kaum reagiert. In der Absicht, die Ursache ihrer Erschöpfung zu erfragen und sie ggf. schnellstens nach Hause in die Obhut ihrer Angehörigen zu bringen, stellen sie ihre Personalien fest.

b) Im Zuge des Streifendienstes greifen Polizeibeamte zu später Nachtzeit ein junges Mädchen (etwas 13 Jahre alt) auf, das allein ziellos umherirrt. Den Umständen nach ist das Kind von zu Hause weggelaufen. Um festzustellen, ob es sich der Obhut der Sorgeberechtigten entzogen hat (vgl. in diesem Zusammenhang § 35 Abs. 2 PolG - in solchen Fällen sieht der Gesetzgeber die konkrete Gefahr unwiderleglich gegeben) oder gar als vermisst gemeldet ist, verlangen sie die Personalien des Kindes.

c) Mehrere betrunkene Jugendliche fallen nach einem Volksfest gegen einen Maschendrahtzaun und beschädigen diesen. Sie weigern sich, dem Grundstückseigentümer ihre Personalien anzugeben. Die herbeigerufenen Polizeibeamten A. und B. stellen die notwendigen Daten zur Abwehr der Gefahr für private Rechte (Vermögen, Schadensersatzanspruch) fest.

d) Aufklärungsbeamte beobachten während eines Fußballbundesligaspiels in einem Fanblock mehrere Jugendliche, die sich sehr aggressiv verhalten. Mit Ausschreitungen nach Spielschluss gegen die Anhänger des gegnerischen Vereins ist zu rechnen. Der Polizeiführer ordnet daher die Feststellung ihrer Personalien an, um sie durch Aufhebung ihrer Anonymität von Körperverletzungen abzuhalten. Die Identitätsfeststellungen dienen folglich der Abwehr einer konkreten Gefahr für die Strafrechtsordnung und die Gesundheit anderer.

Da eine konkrete Anscheinsgefahr Maßnahmen der Gefahrenabwehr rechtfertigen kann (vgl. Band I, 3. Kapitel, Erster Abschnitt), erfüllt auch eine solche Sachlage diese Voraussetzung.

Eine Polizeistreife beobachtet in der Y-Straße einen jungen Mann, der sich zur Nachtzeit an der Beifahrertüre eines PKW stehend in dem Moment bückt, in dem das Polizeifahrzeug sich nähert. Der Mann wird angesprochen. Er behauptet, der Eigentümer des Fahrzeuges zu sein. Aufgrund der Umstände haben die Beamten Zweifel an den Angaben. Sie stellen daher seine Identität fest, indem sie sich den Führer- und den Fahrzeugschein zeigen lassen. Es handelt sich tatsächlich um den Fahrzeughalter. In diesem Fall lag eine konkrete Anscheinsgefahr für die Strafrechtsordnung und das Vermögen einzelner vor. Das Verhalten des Mannes begründete die Gefahr eines Diebstahls aus einem PKW (§§ 242, 243 StGB).

Die Personalienfeststellung dient mitunter auch der Abwehr einer konkreten Gefahr für die Funktionsfähigkeit der Polizei oder für ein rechtsstaatliches Verfahren. „Vor dem Hintergrund, dass der Bruch einer Rechtsnorm eine Störung der öffentlichen Sicherheit begründet, kommt die Identitätsfeststellung auch in Betracht, um den Formvorschriften (z.B. nach § 37 Abs. 2, § 44 Abs. 2 oder § 46 Abs. 1 PolG) genügen zu können. Gleiches gilt im Hinblick darauf, dass der Rechtsschutzanspruch des Betroffenen im Sinne von Art. 19 IV GG gesichert werden muss" (vgl. Kay/Böcking, a.a.O., S. 76, RdNr. 130).

a) Während einer Radarkontrolle stört ein Kind trotz Platzverweises weiter diese Amtshandlung durch das Warnen der Verkehrsteilnehmer. PK C. stellt deshalb den Namen und die Anschrift des Jungen fest. Anschließend bringt er den „Dreikäsehoch" zu dessen Eltern. Das Warnen der Fahrzeugführer störte die Ausübung staatlicher Aufgaben und damit die öffentliche Sicherheit.

b) Der Polizeibeamte B. stellt nach einer Wohnungsdurchsuchung zur Gefahrenabwehr die Personalien des hinzugezogenen Nachbarn des abwesenden Betroffenen fest, um die gesetzlichen Formvorschriften beachten zu können (vgl. § 42 Abs. 2 - 4 PolG).

### 1.1.2 Adressaten der Ermächtigung

**Richtung der Maßnahme**: Die Ermächtigung aus § 12 Abs. 1 Nr. 1 PolG bestimmt die Richtung der Maßnahme nicht. Demzufolge ist auf die **Adressaten**vorschriften der §§ 4 bis 6 PolG zurückzugreifen. Die Ermächtigung wird durch diese Vorschriften beschränkt. Die Personalien dürfen demzufolge nur von Verhaltens- oder Zustandsstörern (§§ 4 oder 5 PolG) oder ausnahmsweise von nichtverantwortlichen Personen im Rahmen des § 6 PolG festgestellt werden (zur Polizeipflicht siehe Band I, 4. Kapitel, Zweiter Abschnitt III.).

### 1.2 Identitätsfeststellungen an gefährlichen/verrufenen Orten (Razzia)

§ 12 Abs. 1 Nr. 2 PolG gestattet die sog. Razzia. Diese Bestimmung ermöglicht es der Polizei, die Identität einer Person bereits im Vorfeld der konkreten Gefahr abzuwehren.

## 1.2.1 Die Ermächtigung setzt voraus

- **den Aufenthalt einer Person**
- **an einem bestimmten Ort**
- **von dem Tatsachen die Annahme rechtfertigen,**
  - **dass an dem Ort Personen Straftaten von erheblicher Bedeutung**
    - \* **verabreden,**
    - \* **vorbereiten oder**
    - \* **verüben**
    - **(1. Alternative) oder**
  - **dass sich dort Personen treffen, die gegen aufenthaltsrechtliche Strafvorschriften verstoßen (2. Alternative) oder**
  - **sich dort gesuchte Straftäter verbergen (3. Alternative).**

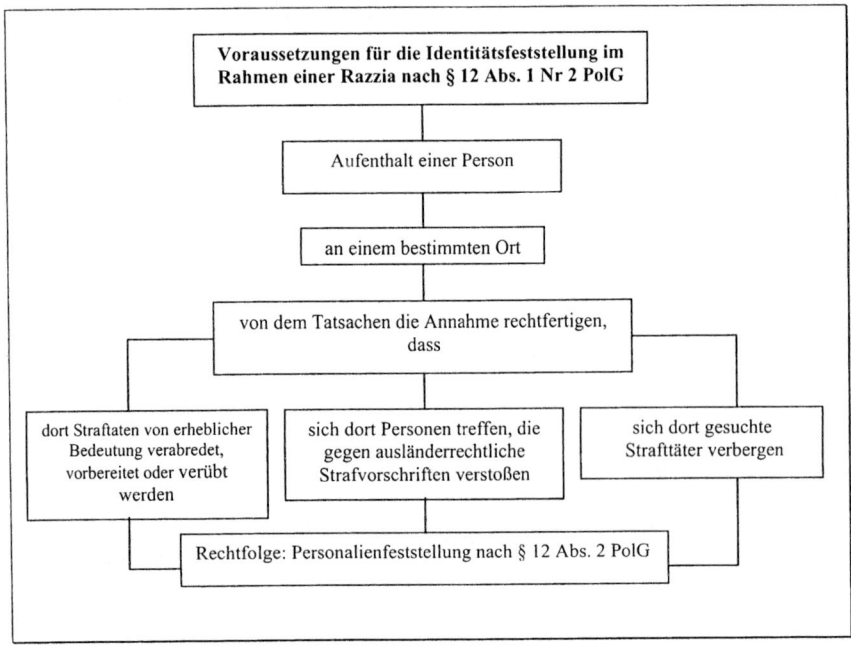

Mit der Vorschrift ist eine Befugnis für die Razzia an gefährlichen oder verrufenen Orten geschaffen (vgl. Tegtmeyer, a.a.O., § 12, RdNr. 7). Es geht also in erster Linie um den Ort und erst in zweiter Linie um die zu überprüfende Person. Der Ort ist als gefährlich oder verrufen bekannt. Nicht bekannt ist, ob die dort angetroffenen Personen mit den Taten in Verbindung stehen.

Auf ihre Adressateneigenschaft im Sinne der §§ 4-6 PolG kommt es daher nicht an. Es genügt, dass sich eine Person zum Überprüfungszeitpunkt an einem solchen Ort aufhält. Das ist eine sehr weitgehende Berechtigung der Polizei, weil regelmäßig auch viele

Personen betroffen sind, die sich gesetzestreu verhalten. Deshalb sind sowohl an die Feststellung des Vorliegens der gesetzlichen Voraussetzungen als auch an die Verhältnismäßigkeit der Überprüfungen besonders hohe/sehr hohe Anforderungen zu stellen. Personen, die erkennbar in keiner Beziehung zu den gefährlichen Verhaltensweisen stehen können, dürfen nicht kontrolliert werden.

**Zur 1. Alternative:** Voraussetzung der Ermächtigung ist, dass **Tatsachen** die Annahme rechtfertigen, dass sich an diesem Ort die aufgeführten Sachverhalte ereignen. Tatsachen sind Fakten, insbesondere Analysedaten der Polizei, Aufklärungsergebnisse durch Beobachtungen und Befragungen von Auskunftspersonen, glaubwürdige Hinweise Dritter. „Es genügt die objektive Erkenntnis, dass an diesen Orten entsprechende Handlungen bereits mehrfach vorgekommen sind und eine Wahrscheinlichkeit dafür spricht, dass sie auch in Zukunft vorkommen" (vgl. Tegtmeyer, a.a.O., § 12, RdNr. 9). Die räumliche Ausdehnung ist abhängig von den prognostizierten Gefahren. Bei dem verrufenen Ort kann sich z.B. um eine Parkanlage handeln oder um Teile davon, um eine Fußgängerzone, eine bestimmte Straße oder mehrere Straßenzüge oder z.B. um ein Bahnhofsgebäude. Es kommt für die Personalienfeststellung selbst auch nicht darauf an, ob es sich um einen öffentlichen Ort oder einen Ort in Privatbesitz handelt. Dieser Aspekt gewinnt erst Bedeutung, wenn diese Orte ohne Zustimmung der Betroffenen betreten oder gar durchsucht werden müssen. Dafür ist eine zusätzliche Rechtsgrundlage erforderlich (§ 40 oder § 41 PolG).

Wenn auch die Personalienfeststellung in einer Wohnung zulässig ist, darf die Wohnung dennoch aufgrund des § 12 PolG nicht betreten werden. Dazu müssen die Voraussetzungen des § 41 PolG vorliegen.

§ 12 Abs. 2 Nr. 2 a PolG stellt darauf ab, dass nach den vorliegenden Erkenntnissen an einem solchen Ort **Straftaten von erheblicher Bedeutung** verabredet, vorbereitet oder verübt werden. Den Begriff der Straftat von erheblicher Bedeutung definiert der Gesetzgeber in § 8 Abs. 3 PolG (siehe oben, Erster Abschnitt). Die dort aufgezählten Straftaten stellen allerdings keine abschließende Regelung dar. Entscheidend ist, dass sonstige Straftaten vergleichbare Organisationsgrade und Auswirkungen besitzen.

a) In der Spielhalle „Scheinglück" sowie in einem Radius von ca. 300 Metern um dieses Objekt herum, handeln seit Monaten deutsche und ausländische Bandenmitglieder mit Haschisch. Der Behördenleiter ordnet daher regelmäßige Personalienfeststellungen gegen alle angetroffenen Personen in der Spielhalle sowie in deren Umfeld an. Die Kontrollen in der Spielhalle kommen unter den Voraussetzungen des § 41 PolG in Frage.

b) Im Y-Park wurden in den letzten 4 Monaten nachts insgesamt 6 Frauen vergewaltigt. Der Leiter GS ordnet daher Personalienfeststellungen an: Es sollen alle Männer zu den tatrelevanten Zeiten identifiziert werden.

c) Immer wieder werden PKW im Umfeld des Bahnhofs sowie in den naheliegenden Straßenzügen an den Wochenenden aufgebrochen. Die Täter haben es ausschließlich auf Radiokassettenrekorder abgesehen. Der Behördenleiter ordnet daher den Einsatz einer Hundertschaft zu tatrelevanten Zeiten an. Sie sollen u.a. alle Personen in der Nähe der Abstellorte geparkter Personenkraftwagen in diesem Bereich identifizieren.

**Zur 2. Alternative:** § 12 Abs. 1 Nr. 2 b PolG fordert, dass sich an einem solchen Ort nach den vorliegenden Erkenntnissen Personen treffen, die **gegen aufenthaltsrechtliche Strafvorschriften** verstoßen. Die Bestimmung zielt auf den **illegalen Aufenthalt** ab (vgl. § 92 AuslG, § 85. AsylVfG).

In der Vergangenheit wurden im Stadtpark häufig Personen angetroffen, die sich illegal in der Bundesrepublik aufhielten. Offenbar handelt es sich hier um einen Anlauf- und Treffpunkt. Nach einem anonymen Anruf, in dem mitgeteilt wurde, es sei „ein neuer Schwung Illegaler angekommen", ordnet der DGL S. eine sofortige Razzia an. Es werden die Personalien aller angetroffenen Personen festgestellt.

Zu beachten ist, dass nicht jede Straftat nach diesen Gesetzen die Razzia rechtfertigt. Soweit es sich um einen Ort handelt, an dem nicht der illegale Aufenthalt zugrunde liegt sondern an dem Personen mit legalem Aufenthalt ausländerrechtliche Straftaten verabreden, vorbereiten oder verüben (z.b. Treffpunkt illegaler Schleuser), ist auf § 12 Abs. 1 Nr. 2a PolG abzustellen.

**Zur 3. Alternative:** § 12 Abs. 1 Nr. 2 c PolG fordert, dass sich an einem Ort nach den vorliegenden Erkenntnissen **gesuchte Straftäter verbergen**. Die Personen müssen also rechtskräftig verurteilt worden sein (z.b. auch durch Strafbefehl) und zur Strafvollstreckung gesucht werden.

In dem übel beleumundeten Hotel „Zum fröhlichen Knacki" sollen nach glaubhaften Hinweisen dort beschäftigter Raumpflegerinnen regelmäßig Straftäter Unterschlupf finden, die zur Verbüßung von Haftstrafen gesucht werden. Daraufhin führt die zuständige KPB eine Razzia durch und stellt die Personalien der Personen, die das Haus verlassen, fest. Ein Betreten des Hotels kommt unter den Voraussetzungen des § 41 PolG in Frage.

## 1.2.2   Adressaten der Ermächtigung

Die Befugnis zur Razzia bestimmt die Richtung der Maßnahme. **Adressaten** aller drei Alternativen sind alle Personen, die sich an dem Ort aufhalten (dort verweilen, den Ort betreten oder verlassen wollen). Von Maßnahmen aufgrund des § 12 Abs. 1 Nr. 2 können grundsätzlich alle angetroffenen Personen betroffen werden (vgl. § 4 Abs. 4 PolG). Insofern genügt deren Aufenthalt an dem bestimmten Ort.

Allerdings scheiden im Rahmen des Übermaßverbotes Maßnahmen gegen solche Personen aus, die erkennbar von vornherein mit den genannten Anlässen in keiner Beziehung stehen. Im Rahmen einer Razzia können auch Kontrollstellen eingerichtet werden, wenn dadurch die Erfolgsaussicht der Maßnahme erhöht wird. § 12 Abs. 1 Nr. 4. PolG schließt das nicht aus.

## 1.3 Identitätsfeststellungen zum Objekt- bzw. Personenschutz

§ 12 Abs. 1 Nr. 3 PolG erlaubt die Identitätsfeststellung zum Zwecke des Objekt- und Personenschutzes.

### 1.3.1 Die Ermächtigung verlangt

- **den Aufenthalt einer Person**
- **in oder in unmittelbarer Nähe**
  - **einer Verkehrsanlage**
  - **einer Versorgungsanlage/-einrichtung oder**
  - **einem (eines) besonders gefährdeten Objekt(es), wenn**
- **Tatsachen die Annahme rechtfertigen, dass**
- **in oder an den Objekten dieser Art**
- **Straftaten begangen werden sollen durch die**
  - **Personen oder**
  - **die Objekte selbst gefährdet sind und**
- **dies aufgrund**
  - **der Gefährdungslage**
  - **oder personenbezogener Anhaltspunkte**
- **erforderlich ist.**

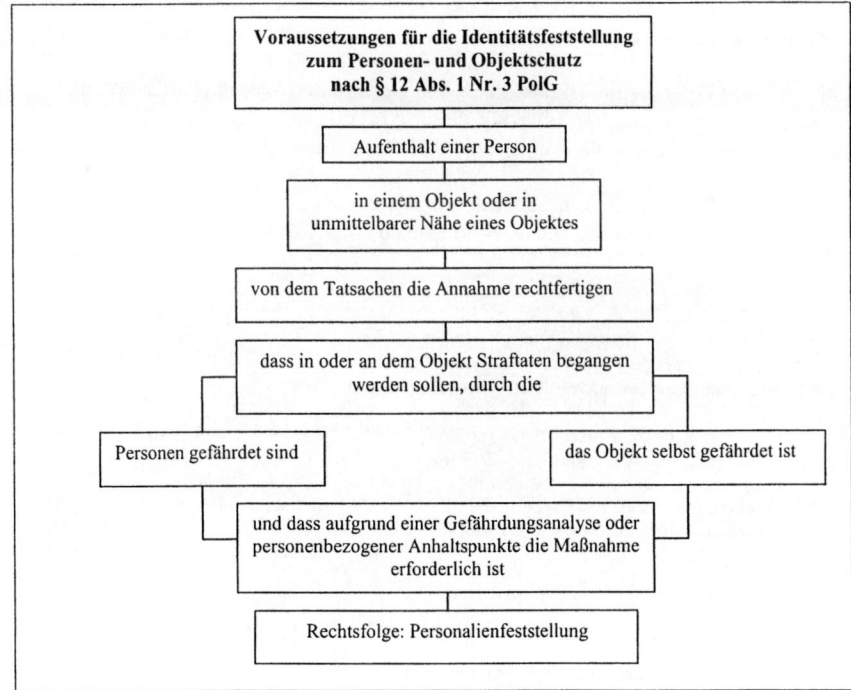

Das Recht zur Personalienfeststellung bezieht sich auf **bestimmte Objekte**. In erster Linie handelt es sich um solche, die für das öffentliche Leben bedeutsam sind (z.B. Bahnhöfe, Bahnstrecken, U-Bahnstationen, Züge, Busse, Flughäfen, Elektrizitätswerke, Amtsgebäude). Aber auch sonstige gefährdete Bauwerke und Anlagen können dazu gehören (z.B. Banken, Wohnungen gefährdeter Politiker, Versammlungslokale).

Die Befugnis erfasst zwei Alternativen, nämlich den **Objektschutz und den Personenschutz.**

Im Hinblick auf den Objektschutz genügt es, dass Objekte dieser Art gefährdet sind. Es müssen folglich keine konkreten Erkenntnisse für ein bestimmtes Objekt vorliegen.

In Bezug auf den Personenschutz ist es ausreichend, dass eine bestimmte Person in dem Objekt potentiell gefährdet ist. Auch diese Gefahr muss nicht etwa gegenwärtig sein.

Voraussetzung für beide Alternativen ist weiter, dass **Tatsachen** auf die Gefahr hindeuten. Tatsachen rechtfertigen dann die Annahme entsprechender Straftaten, wenn es sich um Fakten (insbesondere Analysedaten der Polizei, Aufklärungsergebnisse, Hinweise von V-Personen) handelt, die eine objektiv nachvollziehbare Prognose rechtfertigen.

Die vorliegenden Gefährdungsinformationen müssen sich entweder allgemein auf Objekte dieser Art beziehen (Gefahr der Zerstörung oder der Beschädigung) oder auf eine Gefährdung einer Person Rückschlüsse zulassen, sofern dadurch relevante **Objekte und/oder Personen in ihnen** gefährdet sind (Tötung, Verletzung, Freiheitsberaubung).

Maßgebende Orientierung ist die allgemeine Gefährdungslage, die zur Zeit so Besorgnis begründend sein muss, dass Eingriffe dieser Art zu rechtfertigen sind. Nur dann ist die Identitätsfeststellung bei allen angetroffenen Personen zu rechtfertigen.

In welchem Umkreis um ein gefährdetes Objekt herum noch Kontrollen zulässig sind, hängt von der Art zu befürchtender Straftaten ab.

a) Es liegen Erkenntnisse vor, dass eine terroristische Vereinigung versuchen wird, mit Flugabwehrraketen Militärtransporter zu beschießen, die deutsche Soldaten als Krisenreaktionskräfte in die Bananenrepublik B. bringen sollen. In einem solchen Fall wären Personenkontrollen nicht nur auf den Militärflughäfen selbst, sondern auch in ihrem Umfeld zulässig.

b) In der KPB X wurden in kurzer Zeit 20 Anschläge auf einen Tierpelzverarbeitungsbetrieb durchgeführt. Zuletzt wurde ein Brandsatz durch ein Fenster geworfen. Dadurch brannte eine Lagerhalle ab. Die Lage ist sehr ernst. Darum entschließt sich die Polizei zum Objektschutz und lässt zu tatkritischer Zeit die unbekannten Personen in der Nähe des Objektes in einem festgelegten Umkreis identifizieren.

c) Der Führer einer radikalen Vereinigung kündigt weitere Brandanschläge gegen ausländische Banken und Geschäfte in der Bundesrepublik an. Die Kreispolizeibehörde S. lässt gefährdete Objekte u.a. durch Personenkontrollen in deren Umfeld (festgelegter Umkreis) schützen.

d) Im Landkreis S. erpresst ein bislang unbekannter Mann eine Lebensmittelkette. Zu diesem Zweck verbrachte er in mehrere Märkte der Kette Selbstlaborate, die zum Teil explodierten und dabei Menschen verletzten sowie hohen Sachschaden anrichteten. Die Polizei lässt nach kriminalistischer Lagebeurteilung an einem bestimmten Tag sämtliche angetroffenen Männer in allen Filialen der Lebensmittelkette im Landkreis S. identifizieren.

e) Es werden mehrere Strategiepapiere der terroristischen Gruppe „Rote Gerechtigkeit" aufgefunden. Aus ihnen geht hervor, dass Mitglieder der Gruppe einen Sprengstoffanschlag gegen den Parlamentarischen Staatssekretär im Bundesverteidigungsministerium, Dr. Zündstoff, planen. Die zuständigen Polizeibehörden führen in der Folge Identitätsfeststellungen in den Zugangsbereichen solcher Objekte durch, in denen sich der Politiker aufhält.

f) Die Partei X hat öffentlich zu einer Wahlveranstaltung in die Stadthalle eingeladen. Als Hauptredner wird der Bundesvorsitzende der Partei, Herr Meyer, auftreten. Meyer ist hochgradig anschlagsgefährdet und darum in Gefährdungsstufe 1 eingestuft. Die Polizei lässt darum zum Schutz der Person am Zugang zum Versammlungsraum die Identität der völlig fremden Teilnehmer feststellen.

## 1.3.2 Adressaten der Ermächtigung

Die Befugnis bestimmt die Richtung der Maßnahme. Erfasst sind alle Personen, die sich an oder in dem Objekt aufhalten (dort verweilen, das Objekt betreten oder verlassen wollen). Von Maßnahmen aufgrund des § 12 Abs. 1 Nr. 3 PolG können grundsätzlich alle angetroffenen Personen betroffen werden (vgl. § 4 Abs. 4 PolG). Allerdings findet die Maßnahme in der Prämisse **„erforderlich"** (die das Übermaßverbot aus § 2 PolG in die Ermächtigung einbezieht) seine Beschränkung. Nicht identifiziert werden dürfen solche Bürger, die erkennbar von vornherein mit den genannten Anlässen in keiner Beziehung stehen.

## 1.3.3 Hinweis zur Rechtsfolge

Ist die Personenkontrolle zum Zwecke des Personen- oder Objektschutzes zulässig, dürfen in dem Objekt, an den Eingängen zum Objekt oder in der Nähe des Objektes auch Kontrollstellen angeordnet werden (z.B. Einlasskontrollen an der Tür zu einem Versammlungsraum).

## 1.4 Identitätsfeststellungen an Kontrollstelle

§ 12 Abs. 1 Nr. 4 PolG rechtfertigt Personenkontrollen zur Verhütung gewisser Straftaten.

### 1.4.1 Die Ermächtigung setzt voraus

- **den Aufenthalt einer Person**
- **an einer Kontrollstelle,**
- **die von der Polizei eingerichtet wurde**
- **zur Verhütung von Straftaten**
    - nach § 129 a StGB
    - nach § 250 Abs. 1 Nrn. 1 oder 2 StGB
    - nach § 255 StGB
    - nach § 27 VersG

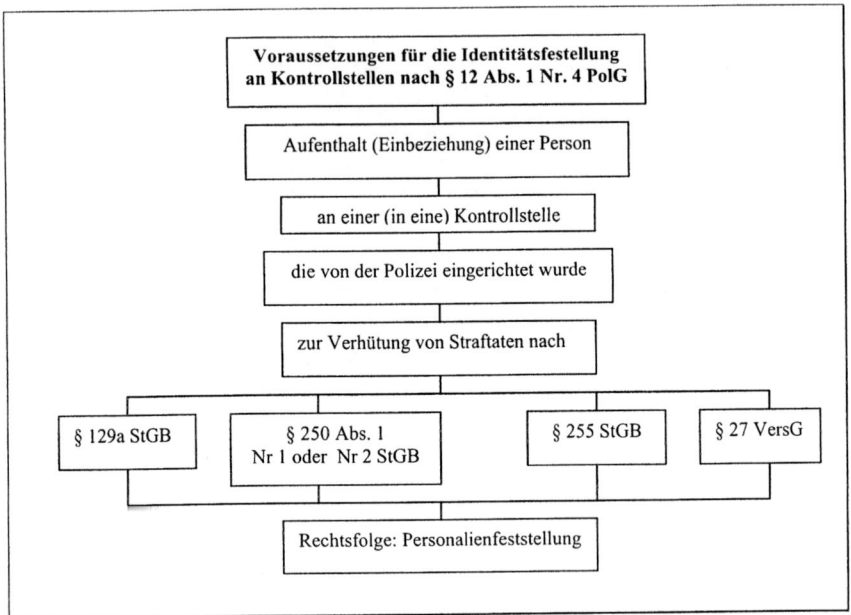

Der Tatbestand des Gesetzes besagt, dass die Identität einer Person an einer Kontrollstelle festgestellt werden darf, die von der Polizei eingerichtet worden ist, um

- eine Straftat nach § 129a StGB (Bildung terroristischer Vereinigungen),
- eine Straftat die in § 129 a StGB genannt ist (u.a. auch Mord, Totschlag, Erpresserischer Menschenraub, Geiselnahme),
- eine Straftat gemäß § 250 I Nr. 1 oder 2 StGB (Schwerer Raub mit Schusswaffe, Waffe oder sonstigem Werkzeug oder Mittel),
- eine Straftat nach § 255 StGB in einer der vorgenannten Erscheinungsformen (Räuberische Erpressung mit Schusswaffe, Waffe oder sonstigem Werkzeug oder Mittel) oder
- im Sinne des § 27 VersG (Unberechtigtes Führen, Bereithalten oder Verteilen von Waffen/Schutzwaffenverbot/Vermummungsverbot)

zu verhindern.

Nur solche Straftaten rechtfertigen die Kontrollstellenbildung aufgrund dieser Befugnis. Sie zielt auf die **Verhinderung dieser** bestimmten **Straftaten** ab. Da die Polizei nur dann zur Gefahrenabwehr tätig wird, wenn mindestens abstrakte Gefahren vorliegen, ist es ergänzend zum Wortlaut der Ermächtigung erforderlich, dass es **Hinweise gibt, die solche Straftaten befürchten lassen**. Das ist mittelbar auch aus dem Begriff „verhindern" abzuleiten.

> Dem KK 21 der ZKB des PP A-Stadt liegen glaubhafte Erkenntnisse vor, dass eine noch nicht bekannte italienische Tätergruppe an einem bestimmten Tag einen Banküberfall in der Innenstadt von A-Stadt plant. Bekannt ist, dass die Täter bewaffnet handeln. Über die zuständige Bezirksregierung werden deshalb Kontrollstellen im Umfeld der potentiellen Tatobjekte am wahrscheinlichen Tattag eingerichtet.

Fraglich ist, ob das allgemeine Polizeigesetz im Hinblick auf Straftaten nach § 27 VersG anwendbar ist. Art. 8 GG ist in § 7 PolG NW nicht zitiert, Eingriffe in die Versammlungsfreiheit sind daher aufgrund einer Befugnisnorm des PolG nicht zulässig. Weil aber auch schon der Weg zur Versammlung unter den Schutz des Art. 8 GG fällt, kommen nur Maßnahmen in Frage, die das Grundrecht nicht einschränken. Kontrollen sind zügig abzuwickeln. Ein unzulässiger Eingriff in die Versammlungsfreiheit liegt vor, wenn die Kontrollen schleppend und extensiv vorgenommen werden, so dass eine Teilnahme an der Versammlung nicht möglich ist oder wesentlich erschwert wird oder auf eine Registrierung der Teilnahme hinauslaufen und so die Versammlungsfreiheit beeinträchtigen (vgl. näher Kay/Böcking, Versammlungsrecht, a.a.O., S. 64 ff., RdNrn. 165 ff./S. 124 ff., RdNrn. 322, 327 ff. m.w.N.).

### 1.4.2 Adressaten der Ermächtigung

In der Kontrollstellenbefugnis sind die **Adressaten** enthalten. Erfasst sind alle Personen, die in die Kontrollstelle geraten. Allerdings findet die Maßnahme im **Übermaßverbot** (§ 2 PolG) ihre Beschränkung. Gemäß dem Grundsatz der Erforderlichkeit dürfen solche Personen nicht identifiziert werden, die erkennbar von vornherein mit den genannten Anlässen in keiner Beziehung stehen (z. B. eine Familie, die augenscheinlich auf dem Weg in den Urlaub ist oder eine Großmutter, die ihr Enkelkind in den Kindergarten bringt).

## 2. Zugelassene Rechtsfolgen

Während § 12 Abs. 1 Nummern 1 bis 4 PolG die Voraussetzungen für die Identitätsfeststellung bestimmt, regelt das Gesetz mit § 12 Abs. 2 PolG die zur Identitätsfeststellung zugelassenen Maßnahmen.

---

**§ 12 Identitätsfeststellung**
(1) Die Polizei kann ... (siehe oben)
(2) Die Polizei kann die zur Feststellung der Identität erforderlichen Maßnahmen treffen. Sie kann den Betroffenen insbesondere anhalten, ihn nach seinen Personalien befragen und verlangen, dass er Angaben zur Feststellung seiner Identität macht und mitgeführte Ausweispapiere zur Prüfung aushändigt. Der Betroffene kann festgehalten werden, wenn die Identität auf andere Weise nicht oder nur unter erheblichen Schwierigkeiten festgestellt werden kann. Unter den Voraussetzungen des Satzes 3 können der Betroffene sowie die von ihm mitgeführten Sachen durchsucht werden.

---

Danach darf die Polizei die zur Feststellung der Identität **erforderlichen Maßnahmen** treffen. Erforderlich sind in diesem Kontext nur solche Maßnahmen, die zum einen geeignet sind und zum anderen den Betroffenen und die Allgemeinheit am wenigsten beeinträchtigen (vgl. § 2 Abs. 1 PolG). Die Erforderlichkeit bezieht sich sowohl auf die Feststellung der Identität selbst als auch auf die Notwendigkeit der Erhebung einzelner Personaldaten. Welche Angaben konkret erforderlich sind, hängt vom Einzelfall ab. Oft werden der Familienname, der Vorname, das Geburtsdatum und der Geburtsort sowie die Anschrift genügen.

Einzelne erforderliche Maßnahmen nennt das Gesetz selbst. Insbesondere darf der Betroffene angehalten werden. Abgestellt wird auf eine kurzfristige Beschränkung der Bewegungsfreiheit
für die übliche Dauer einer Identitätsfeststellung (Eingriff in Art. 2 Abs. 1 GG). In diesem Rahmen darf die Polizei je nach Sachlage und Erforderlichkeit

- die Person nach ihren Personalien befragen,
- verlangen, dass sie Angaben zur Feststellung ihrer Identität macht,
- verlangen, dass sie mitgeführte Ausweispapiere zur Prüfung aushändigt.

Nicht selten kann die Polizei - wenn ein Ausweis nicht mitgeführt wird - Personalienangaben mit Hilfe vorhandener Datenquellen absichern. Voraussetzung dafür ist, dass der Betroffene Angaben zur Feststellung seiner Identität macht.

a) Ein Jugendlicher, der verdächtig geparkte Fahrzeuge in Augenschein nimmt, wird überprüft. Er gibt seinen Namen und seine Adresse an, behauptet aber, keinen Ausweis mitzuführen. Die Beamten fragen ihn, ob er ein Moped besitzt. Das bejaht der Junge und nennt das Kennzeichen des Fahrzeuges. Mit Hilfe einer Halterfeststellung durch die Leitstelle werden die Angaben des Jungen bestätigt.

b) Im Rahmen des Objektschutzes (§ 12 Abs. 1 Nr. 3 PolG) wird ein junger Mann angehalten und nach seinen Personalien befragt. Er gibt sich als Franz Zankowski aus und nennt Geburtsdatum mit Geburtsort und seinen Wohnsitz. Ausweispapiere hat er nicht bei sich. Die Beamten notieren sich die Daten und befragen ihn weiter nach dem Grund seines Aufenthaltes hier. Nach diesem (teils zwanglosen) Gespräch fragen sie noch mal die Personaldaten ab und vergleichen sie mit den ersten Angaben. Weil sie übereinstimmen, schließen sie auf die Richtigkeit der Angaben.

Häufig werden mündliche Angaben des Betroffenen nicht ausreichen. Je nach Sachlage bleiben Zweifel an der Richtigkeit der Angaben. Die Polizei muss aber regelmäßig im Interesse der Allgemeinheit oder Einzelner (z.B. im Rahmen des Schutzes privater Rechte) die Personaldaten sicher erheben. Unterlässt sie das, können Schadensersatzansprüche entstehen.

> Zwei Kinder prügeln sich auf einem Kirmesplatz. Der Angreifer schlägt seinem Kontrahenten dabei einen Zahn aus. Die einschreitenden Polizeibeamten stellen die Personalien des Verursachers lediglich durch das Festhalten der Angaben des unbekannten Jungen fest. Stellt sich später heraus, dass der Verursacher falsche Angaben gemacht hat, liegt die Gefahr der Schadenersatzpflicht durch die Behörde nahe.

Ist eine gesicherte Personalienfeststellung im ersten Ansatz nicht möglich, erlaubt § 12 Abs. 2 Satz 3 PolG weitergehende Eingriffe.

**Der Betroffene darf festgehalten werden, wenn**

- **die Identität auf andere Weise nicht oder**
- **nur unter erheblichen Schwierigkeiten**

festgestellt werden kann.

Mit dem „Festhalten" ist ein Eingriff in Art. 2 Abs. 2 GG (Freiheit der Person) begründet. „Ein Festhalten liegt immer dann vor, wenn die normale zeitliche Dauer nicht ausreicht, um die Identitätsfeststellung zum Abschluss zu bringen" (so Tegtmeyer, a.a.O., § 12, RdNr. 37). Sie ist insbesondere begründet, wenn der Betroffene mit zur Wache genommen oder gar in das Polizeigewahrsam gebracht wird (Freiheitsentziehung im Sinne von Art. 104 Abs. 2 GG).

> Die Polizei stellt in einer größeren Gruppe angetrunkener Fußballfans einen Mann, der versehentlich einen Vorgarten beschädigt hat. Die Feststellung seiner Personalien an Ort und Stelle ist nicht möglich, weil die anderen Personen sich störend und sehr aggressiv verhalten. Die Polizeibeamten setzen den Mann daher in ihren Streifenwagen und fahren einige Straßenzüge weiter. Dort können sie ohne Störung die notwendigen Daten erheben.

Unter diesen Voraussetzungen (wenn also jemand festgehalten werden darf) ist die Polizei auch befugt, im Rahmen des Erforderlichkeitsgrundsatzes

- **die Person**
- **sowie ihre mitgeführten Sachen**
- **zur Auffindung von Ausweisen oder sonstigen Hinweisen auf die Identität zu durchsuchen.**

Die Durchsuchung der Person erstreckt sich auf die Kleidung am Körper des Betroffenen und auf die Inaugenscheinnahme des Körpers nach Erkennungsmerkmalen, soweit es noch keine erkennungsdienstliche Behandlung ist. Sachen dürfen nur durchsucht werden, soweit sie von dem Betroffenen selbst mitgeführt werden. Als mitgeführt gelten solche Sachen, die der Adressat augenblicklich im Besitz hat (bei sich trägt oder in unmittelbarer Verfügungsgewalt hat). Das kann auch der Pkw sein, den der Betroffene benutzt. Nicht jedoch der Wagen eines anderen, in dem er mitfährt.

a) Ein volltrunkener Mann ist lediglich noch in der Lage, seinen Namen verwaschen zu lallen. PK Pfiffig durchsucht ihn deshalb zur Auffindung seines Personalausweises, um ihn anschließend nach Hause in die Obhut von Familienangehörigen bringen zu können.

b) Ein junger Mann hat einem anderen fahrlässig einen beachtlichen Schaden zugefügt. Zum Schutz der privaten Rechte des Geschädigten wollen die Polizeibeamten die Identität des Betroffenen feststellen. Der aber weigert sich, seine Personaldaten anzugeben. Daraufhin durchsuchen ihn die Beamten zur Auffindung von Ausweispapieren oder sonstigen Hinweisen auf seine Identität. Als auch das ergebnislos bleibt, bringen sie den Mann zur Dienststelle, wo er zur Ermittlung seiner Personalien festgehalten wird.

§ 12 Abs. 2 PolG erlaubt (anders als § 163b StPO) nicht die erkennungsdienstliche Behandlung. Dazu muss auf § 14 PolG zurückgegriffen werden (siehe unten).

## 3. Form- und Verfahrensvorschriften

**3.1** Soweit die Personalienfeststellung durch einen Verwaltungsakt erfolgt, gelten die allgemeinen Vorschriften des VwVfG (siehe Band I, 4. Kapitel, Erster Abschnitt III. 1.), und zwar insbesondere § 28 (Anhörung), § 37 (inhaltliche Bestimmtheit und Form des VA) und § 41 VwVfG (Bekanntgabe).

**3.2** Zu beachten sind ferner die allgemeinen Grundsätze der Datenerhebung. Die in § 9 Abs. 3 bis 6 PolG niedergelegten Vorschriften (vgl. Erster Abschnitt in diesem Kapitel) gelten nicht nur für die Befragung nach § 9 PolG. Soweit verwendbar, sind sie auch im Rahmen einer Identitätsfeststellung zu beachten.

Die Polizei stellt zur Beseitigung einer Verkehrsbehinderung den Halter des auf einem Gehweg geparkten Fahrzeuges durch eine Recherche im Datenbestand des Straßenverkehrsamtes fest in der Absicht, den Verantwortlichen ausfindig zu machen und ihn aufzufordern, die Gefahrenstelle zu beseitigen. Nach § 9 Abs. 3 Satz 1 PolG hätte die Befragung grundsätzlich beim Betroffenen zu erfolgen. Hier aber rechtfertigt die Ausnahme nach § 9 Abs. 3 Satz 2 PolG ein Abweichen.

**3.3** Weiter sind spezielle **Vorschriften im Rahmen des Festhaltens** von Bedeutung. Wird eine Person nach § 12 Abs. 2 PolG festgehalten (Freiheitsentziehung), dann sind die besonderen Vorschriften der §§ 36 - 38 PolG zu beachten. Insbesondere gilt:

**Einholung einer richterlichen Entscheidung (ggf. Vorführung), § 36 PolG.**
Wird die Person festgehalten, ist unverzüglich die Entscheidung des zuständigen Amtsrichters einzuholen. Das gilt nur dann nicht, wenn die Vorführung längere Zeit in Anspruch nehmen würde als die Identitätsfeststellung.

## Entlassung, § 38 PolG
Nach Wegfall des Grundes, sobald also die Identität festgestellt ist, ist die Person unverzüglich zu entlassen, (§ 38 Abs. 1 Nr. 1 PolG - zeitliches Übermaßverbot). Die Entlassung ist auch geboten, wenn der Richter die Unzulässigkeit des weiteren Festhaltens zur Personalienfeststellung festgestellt hat (§ 38 Abs. 1 Nrn. 2 PolG). Schließlich ist eine Entlassung obligatorisch, wenn die zulässige Zeit des Festhaltens zur Personalienfeststellung abgelaufen ist (siehe unten).

## Bekanntgabe des Grundes, § 37 Abs. 1 PolG
Im Falle des Festhaltens ist dem Betroffenen der Grund der Maßnahme bekanntzugeben.

## Benachrichtigung, § 37 Abs. 2 PolG
Im Falle des Festhaltens einer Person verlangt das Gesetz die Benachrichtigung von Angehörigen, Vertrauenspersonen oder Betreuern. Weil bei unbekannten Personen auch diese Personenkreise unbekannt sind, ergibt sich aus dieser Vorschrift ein erster Anhalt zur Ermittlung der Identität; denn wenn der Betroffene nach entsprechender Bekanntmachung dieser Pflicht Hinweise auf die Angehörigen gibt, ist der Weg für Ermittlungen gegeben.

## Unterbringung im Gewahrsam, § 37 Abs. 3 PolG
Im Falle des Festhaltens in einem Polizeigewahrsam ist auf getrennte Unterbringung von Straf- oder Untersuchungsgefangenen oder von Personen anderen Geschlechtes zu achten. Dabei handelt es sich um eine Soll-Vorschrift (gebundenes Ermessen). Von der Vorschrift darf nur in äußersten Notsituationen und besonders begründeten Ausnahmefällen abgewichen werden (vgl. Band I, 4 Kapitel, Zweiter Abschnitt, III.).

## Höchstdauer des Festhaltens, § 38 Abs. 2 PolG
Das Festhalten zur Identitätsfeststellung darf die Dauer von 12 Stunden nicht überschreiten. Danach ist die Person zu entlassen, auch wenn bis dahin die Identität nicht feststeht (es sei denn, sie darf aufgrund einer anderen Befugnis, z.B. aufgrund des § 35 PolG, weiter festgehalten werden).

## Anordnungsbefugnisse
Grundsätzlich kann jeder örtlich und sachlich zuständige Polizeibeamte Identitätsfeststellungen nach § 12 PolG anordnen und auch durchführen. Lediglich die Anordnung von Kontrollstellen im Sinne von § 12 Abs. 1 Nr. 4 PolG verlangt die besondere Anordnung.

## 4. Hinweis

Die Befugnisse zur Personalienfeststellung aus Anlass konkreter Gefahren, im Rahmen der Razzia oder zum Personen- und Objektschutz (§ 12 Abs. 1 Nrn. 1 bis 3 PolG) gestatten - wie bereits angedeutet - die Einrichtung von Kontrollstellen, wenn das aus taktischen Gründen nötig ist. Die Kontrollstellenermächtigung aus § 12 Abs. 1 Nr. 4 PolG steht dem nicht entgegen.

Die Personalien einer Person dürfen auch in einer Wohnung festgestellt werden. Betreten werden darf die Wohnung jedoch nicht aufgrund des § 12 PolG, dazu müssen vielmehr die Voraussetzungen des § 41 PolG vorliegen.

Die Befugnisse zur Identitätsfeststellung nach § 12 Abs. 1 Nr. 2 und Nr. 3 PolG (nicht nach Nr. 4!) werden durch Vorschriften zur Durchsuchung von Personen und Sachen in § 39 Abs. 1 Nr. 4 und Nr. 5 PolG sowie in § 40 Abs. 1 Nr. 4 und Nr. 5 PolG zu umfangreichen Kontrollbefugnissen ergänzt (siehe 9. Kapitel, Erster Abschnitt).

Für Identitätsfeststellungen nach § 12 Abs. 1 Nr. 4 PolG ergänzt § 40 Abs. 1 Nr. 4 PolG das Recht zur Durchsuchung auch für Land-, Wasser- oder Luftfahrzeuge sowie darin enthaltene Sachen. Eine Durchsuchung von Personen ist hier nicht vorgesehen.

## II. Identitätsfeststellungen zur Strafverfolgung, § 163b StPO

Als Ermächtigung zur Personalienfeststellung aus strafverfolgendem Anlass kommt § 163b StPO in Betracht. Sie erfasst das Recht, die Identität von Verdächtigen und von anderen Personen, vornehmlich Zeugen festzustellen.

### 1. Ermächtigung zur Identifizierung des Verdächtigen

Die Befugnis zur Identitätsfeststellung von Personen, die einer Straftat verdächtig sind, folgt aus § 163b Abs. 1 StPO.

---

**§ 163b StPO Feststellung der Identität**
(1) Ist jemand einer Straftat verdächtig, so können die Staatsanwaltschaft und die Beamten des Polizeidienstes die zur Feststellung seiner Identität erforderlichen Maßnahmen treffen; § 163a Abs. 4 S. 1 gilt entsprechend. Der Verdächtige darf festgehalten werden, wenn die Identität sonst nicht oder nur unter erheblichen Schwierigkeiten festgestellt werden kann. Unter den Voraussetzungen von S. 2 sind auch die Durchsuchung der Person des Verdächtigen und der von ihm mitgeführten Sachen sowie die Durchführung erkennungsdienstlicher Maßnahmen zulässig.
(2) ...

---

## 1.1 Zulässigkeitsvoraussetzungen

Die Befugnis zur Personalienfeststellung stellt auf die Begriffe „verdächtig" und „Straftat" ab. Voraussetzung der Personalienfeststellung ist demzufolge

- **der Verdacht einer Straftat** und
- **hinreichend tatsächliche Anhaltspunkte dafür, dass die bestimmte Person verdächtig ist, die Straftat begangen zu haben.**

Verlangt werden zunächst, dass hinreichend tatsächliche Anhaltspunkte vorhanden sind, die auf eine **tatbestandsmäßige und rechtswidrige Tat** schließen lassen. Zwar ist eine Straftat grundsätzlich eine tatbestandsmäßige, rechtswidrige und schuldhafte Tat. Da die Identitätsfeststellung aber letztlich in erster Linie der Einleitung eines Strafverfahrens dient, in dem auch über Fragen der Rechtswidrigkeit und der Schuld zu entscheiden ist, müssen unter Berücksichtigung kriminalistischer Erfahrung zureichende tatsächliche Anhaltspunkte dafür vorliegen, dass eine verfolgbare tatbestandsmäßige und rechtswidrige Tat gegeben ist.

Eine Person ist einer solchen Tat verdächtig, wenn aufgrund der Sachverhaltsfeststellungen die Möglichkeit besteht, dass sie als Täter oder Teilnehmer in Betracht kommt und zumindest ein strafbarer Versuch vorliegt. „Ein Verdacht besteht schon, wenn der Schluss auf die Begehung der Straftat gerechtfertigt ist (Kleinknecht/Meyer-Goßner, a.a.O, § 163b, RdNr. 4).

Tatverdächtig können auch Schuldunfähige sein (Kleinknecht/Meyer-Goßner, wie zuvor). Bestehen Zweifel an der Schuldfähigkeit, so ändert das nichts an der Verdächtigeneigenschaft. Dafür spricht auch, dass bei fehlender Schuldfähigkeit Maßregeln der Besserung und Sicherung im Strafverfahren möglich sind (vgl. §§ 61 ff. StGB) sowie die Entziehung der Fahrerlaubnis (vgl. §§ 69 ff. StGB) und Einziehungs- oder Verfallsanordnungen in Betracht kommen (vgl. § 73 ff. StGB).

„Ein Kind, dem man sofort ansieht, dass es noch im Kindesalter steht, zählt nicht zu den Verdächtigen" (Kleinknecht/Meyer-Goßner, wie zuvor). In diesen Fällen ist § 163 b Abs. 2 StPO maßgebend.

Für die Anwendung des § 163b Abs. 1 StPO genügt ein schwacher Anfangsverdacht. Ist von vornherein ohne jeden Zweifel erkennbar, dass eine Person eine tatbestandsmäßige Handlung begangen hat, dabei aber nicht rechtswidrig handelte, kann sie nicht Verdächtiger einer Straftat sein.

    a) A. hielt sich mit seiner Freundin in einem Lokal auf. Hier wurde er zu fortgeschrittener Stunde von dem B. angepöbelt. Weil A. auf die Provokationen nicht einging, wurde B. schließlich so zornig, dass er auf A. einschlug. A. suchte zunächst nur Deckung. Das ermutigte den B. zu weiteren Attacken. Als er schließlich einen Stuhl nahm, um auf A. einzuschlagen, versetzte ihm A. einige heftige Boxhiebe, so dass B. zusammenbrach. Weil A. offensichtlich in Notwehr gehandelt hat, ist er nicht Verdächtiger.

b) In der Gaststätte „Zum goldenen Stich" spielen vier Männer in einer Ecke Skat. Außer der Kellnerin Irmgard Schwankowski hat keine weitere Person Zugang zum Tisch der Spieler. Plötzlich stellt der Skatfreund G. fest, dass seine auf dem Tisch abgelegte Geldbörse offensichtlich entwendet wurde. Von einer Straftat ist auszugehen. Als Täter kommen aufgrund der Situation sowohl die drei Mitspieler als auch die Kellnerin in Betracht. Sie sind alle Verdächtige im Sinne der Norm.

c) In der Stadtmitte der kreisangehörigen Stadt S. etablierte sich in den letzten Monaten ein schwunghafter Rauschgifthandel. Pk Stürmer beobachtet an diesem Brennpunkt zwei Jugendliche, die dicht beieinanderstehen. Ein junger Mann übergibt Geld und bekommt dafür einen kleinen Gegenstand, den der Beamte nicht erkennen kann. Als Stürmer sich der Gruppe nähert, führt der Jugendliche seine Hand zum Mund und schluckt offensichtlich etwas herunter. Hier liegt der Verdacht eines Vergehens im Sinne des § 29 Abs. 1 Nr. 1 BtMG nahe. Die Jugendlichen kommen als Täter in Betracht und dürfen daher identifiziert werden.

d) Im Industriegebiet Erzstein in S. wurde in den letzten drei Wochen zur Nachtzeit in insgesamt 5 Firmen eingebrochen. Die Zivilstreife KK Schlau und KOK Greif stellen zur tatrelevanten Zeit einen jungen Mann fest, der mit eiligen Schritten den Hof einer dort ansässigen Firma verlässt. Auf Nachfrage, was er an diesem Ort mache, antwortet er nicht. Zwar liegen keine Anhaltspunkte für eine weitere Straftat vor, der Mann ist gleichwohl Tatverdächtiger im Hinblick auf die zurückliegenden Einbrüche.

e) An der Hauptkreuzung in S. kommt es zu einem Verkehrsunfall mit Sachschaden. Der Unfallverursacher flüchtet mit einem roten PKW BMW, dessen Kennzeichen abgelesen wird. Die Beamten stellen den Halter fest, es handelt sich um den 20 jährigen Norbert Flieh aus der Fluchtstraße 5 in S. Tatsächlich steht der PKW vor dem o.g. Haus. In der Wohnung findet eine Feier statt, drei angetrunkene junge Erwachsene feiern. Sie verweigern jede Angabe. Die Beamten stellen zunächst die Personalien aller Personen fest. In diesem Fall sind alle drei jungen Männer einer Gefährdung des Straßenverkehrs mit anschließender Verkehrsunfallflucht verdächtig.

**Der Adressat** der Identitätsfeststellung ist in der Befugnisnorm bereits als Zulässigkeitsvoraussetzung genannt. Die Maßnahme richtet sich gegen den Verdächtigen.


## 1.2 Zugelassene Rechtsfolgen

Als Rechtsfolge gestattet die Norm die erforderlichen Maßnahmen zur Identitätsfeststellung. Dazu gehören sowohl solche im Rahmen des An- und Festhaltens als ausnahmsweise auch solche ohne Wissen des Betroffenen (Informationserhebung bei anderen Behörden oder Privatpersonen).

Nach einem Blitzeinbruch in ein Radio- und Fernsehgeschäft beobachtet ein Zeuge einen hellen PKW Ford. Er kann das Kennzeichen ablesen. Die Beamten führen eine Halterfeststellung in der Fahrzeughalterdatei des Straßenverkehrsamtes durch.

Was im Einzelfall zur Identitätsfeststellung erforderlich ist, hängt von den Umständen ab. Insbesondere darf der Verdächtige

- **angehalten** werden (Beschränkung der allgemeinen Handlungsfreiheit, Art. 2 Abs. 1 GG),
- in diesem Rahmen darf er nach seinen Personalien und nach sonstigen Informationen zur Identitätsfeststellung **befragt** und
- aufgefordert werden, einen mitgeführten **Ausweis** oder einen sonstigen Informationsträger mit Personaldaten (z.B. Clubausweis, Fahrkarte) zur Prüfung **auszuhändigen**.

Ist die Feststellung der erforderlichen Personaldaten im Rahmen des Anhaltens **nicht oder nur unter erheblichen Schwierigkeiten möglich,** darf der Verdächtige festgehalten werden (Freiheitsbeschränkung i. S. von Art. 2 Abs. 2 GG, Art. 104 Abs. 1). Je nach Notwendigkeit ist es dann zugelassen,

- die Person und die von ihr mitgeführten Sachen (siehe oben) zur Auffindung von Ausweispapieren oder sonstigen Hinweisen auf seine Identität einschließlich der Suche nach Erkennungsmerkmalen (wie nach Narben, Muttermalen usw.) zu durchsuchen (siehe oben I. 2.) und wenn auch das ergebnislos bleibt,
- zur Durchführung weiterer Ermittlungen der Identität festzuhalten (siehe oben I.2.) und/oder
- eine erkennungsdienstliche Behandlung zur Identitätsfeststellung durchzuführen (siehe unten, Vierter Abschnitt). Anders als im Polizeirecht ist hier die Identitätsfeststellung in der Befugnis zur Identitätsfeststellung enthalten.

a) Nach einem Ladendiebstahl wird die Polizei verständigt. Die Beamten lassen sich von der tatverdächtigen Frau den Personalausweis vorlegen. Die Aushändigung des Ausweises ist erforderlich, weil die Beschränkung auf Angaben eines Tatverdächtigen im Rahmen eines Strafverfahrens nicht zu einer ausreichend sicheren Identifizierung führt. Es erfolgt keine Freiheitsentziehung.

b) In der Gaststätte „Zum goldenen Krug" kommt es zu einer leichten Körperverletzung durch ein Mitglied einer Rockergruppe. Als die Polizeibeamten PK Stürmer und POK Scharf den Sachverhalt und die Identität des Täters ermitteln wollen, verhalten sich mehrere Rocker sehr aggressiv. Die Polizeibeamten nehmen den Tatverdächtigen daher mit in ihren Streifenwagen und fahren einige Straßenblocks weiter (Freiheitsbeschränkung). Hier stellen sie die Personalien des Mannes durch Datenerhebung in seinem zur Prüfung ausgehändigten Personalausweis fest. Das Festhalten zur Identitätsfeststellung war erforderlich, weil aufgrund der Aggressivität der Rocker eine Datenerhebung in der Gaststätte nur unter erheblichen Schwierigkeiten möglich gewesen wäre.

c) Nach einer einfachen Körperverletzung auf einem Kirmesgelände gibt der Tatverdächtige an, er heiße Hartwig Schlag und nennt sowohl sein Geburtsdatum als auch seine Anschrift. Er gibt vor, keinen Ausweis mitzuführen. Die Beamten durchsuchen ihn, finden aber tatsächlich keinen Ausweis. Sie lassen die Angaben des Mannes durch die Leitstelle im Datenbestand des Einwohnermeldeamtes überprüfen. Dadurch erfahren sie, dass für diese Personalien ein identischer Datensatz gespeichert ist. Das Festhalten war erforderlich, weil im Rahmen des Anhaltens die Personalien durch die Befragung des Mannes nicht mit hinreichender Sicherheit festgestellt werden konnten. Die weiteren Maßnahmen waren erforderlich, weil mit ihrer Hilfe die Identität des Verdächtigen festgestellt werden konnte und dabei jeweils das mildeste Mittel angewandt wurde.

d) In der Nähe eines in Ostdeutschland entwendeten Personenkraftwagens greift die Polizei im Rahmen einer Fahndung vier junge Männer mit osteuropäischem Aussehen auf. Sie passen in das Tatverdächtigenraster für aktuelle Bandendiebstähle, bei denen häufig entwendete PKW genutzt werden. Die Männer geben vor, kein Deutsch zu verstehen. Bei ihrer Durchsuchung können die Polizeibeamten keine Ausweise finden. Daraufhin lässt der zuständige DGL, POK Forsch, die Personen zur K-Wache bringen. Dort werden sie zur Feststellung ihrer Identität erkennungsdienstlich behandelt. Dazu werden ihnen Zehnfingerabdrücke genommen. Das Spurenmaterial wird dem BKA zur sofortigen Auswertung zugesandt. In diesem Fall war die Feststellung der Identität nur im Rahmen des Festhaltens möglich. Da die Durchsuchungsmaßnahmen zur Auffindung von Ausweisdokumenten erfolglos verliefen, war die erkennungsdienstliche Behandlung notwendig. Sie beschränkte sich auf die zur Vergleichsuntersuchung notwendigen Daten.

## 1.3 Form- und Verfahrensvorschriften

### 1.3.1 Belehrungspflichten

Gemäß § 163 b Abs. 1 S. 1, 2. Halbsatz gilt § 163a Abs. 4 S. 1 StPO entsprechend. Dem Verdächtigen ist daher vor der Feststellung seiner Personalien zu eröffnen, welche Tat ihm zur Last gelegt wird. Eine Missachtung dieser Vorschriften führt zur Rechtswidrigkeit der Identitätsfeststellung (OLG Düsseldorf, Urt. V. 29.08.79, 2 Ss Owi 455/79). "Ist jemand einer Straftat verdächtig, so ist die zur Feststellung seiner Identität vorgenommene Diensthandlung eines Vollstreckungsbeamten nicht rechtmäßig, wenn er dem Verdächtigen nicht eröffnet, welche Tat ihm zur Last gelegt wird" (OLG Düsseldorf, Beschluss vom 6.9.1990 - Ss 249/90 - 100/90 II).

### 1.3.2 Pflichten aus § 163 c StPO

Wird eine Person festgehalten, ist § 163 c StPO zu beachten.

§ 163 c StPO (Verfahren)
(1) Eine von einer Maßnahme nach § 163b StPO betroffene Person darf in keinem Fall länger als zur Feststellung ihrer Identität erforderlich festgehalten werden. Die festgehaltene Person ist unverzüglich dem Richter bei dem Amtsgericht, in dessen Bezirk sie ergriffen worden ist, zum Zwecke der Entscheidung über die Zulässigkeit und Fortdauer der Freiheitsentziehung vorzuführen, es sei denn, dass die Herbeiführung der richterlichen Entscheidung voraussichtlich längere Zeit in Anspruch nehmen würde, als zur Feststellung der Identität notwendig wäre.
(2) Die festgehaltene Person hat ein Recht darauf, dass ein Angehöriger oder

eine Person ihres Vertrauens unverzüglich benachrichtigt wird. Ihr ist Gelegenheit zu geben, einen Angehörigen oder eine Person ihres Vertrauens zu benachrichtigen, es sei denn, dass sie einer Straftat verdächtig ist und der Zweck der Untersuchung durch die Benachrichtigung gefährdet würde.

(3) Eine Freiheitsentziehung zum Zwecke der Feststellung der Identität darf die Dauer von insgesamt 12 Stunden nicht überschreiten.

(4) Ist die Identität festgestellt, so sind in den Fällen des § 163b Abs. 2 die im Zusammenhang mit der Feststellung angefallenen Unterlagen zu vernichten.

### Vorführung, § 163c Abs. 1 Satz 2 StPO

Die festgehaltene Person ist unverzüglich dem zuständigen Amtsrichter vorzuführen, der über die Zulässigkeit und Fortdauer der Maßnahme zu entscheiden hat. Davon darf nur abgesehen werden, wenn die Vorführung voraussichtlich mehr Zeit in Anspruch nehmen würde, als die Identifizierung und deshalb eine Verlängerung der Freiheitsentziehung eintreten würde.

### Entlassung, § 163c Abs. 1 Satz 1 StPO

Die Person ist unverzüglich nach der erfolgten Identifizierung zu entlassen. Eine Missachtung dieser Vorschrift begründet den Verdacht der Freiheitsberaubung im Amte.

### Höchstdauer des Festhaltens, § 163c Abs. 3 StPO

Ansonsten darf das Festhalten aufgrund des § 163 b StPO die Dauer von 12 Stunden nicht überschreiten. Ist die Person bis dahin nicht identifiziert worden, darf sie nur aufgrund einer anderen Befugnisse (z.B. weil ein Verhaftungsgrund vorliegt) länger festgehalten werden, ansonsten muss das Personenfeststellungsverfahren aufgegeben werden, auch wenn die Personalien nicht feststehen. Eine Missachtung dieser Vorschrift begründet den Verdacht der Freiheitsberaubung im Amte.

### Benachrichtigung, § 163c Abs. 2 StPO

Die festgehaltene Person hat ein Recht darauf, dass ein Angehöriger oder eine Person ihres Vertrauens verständigt wird (siehe oben I. 4.3.4). Ihr ist hierzu selbst Gelegenheit zu geben, wenn dadurch der Untersuchungszweck nicht gefährdet wird. Die Missachtung der Benachrichtigungspflicht führt nicht zur Rechtswidrigkeit der Identitätsfeststellung.

### Anordnungsbefugnis

Die Identitätsfeststellung kann jeder zuständige Polizeibeamte anordnen. Er muss nicht Hilfsbeamter der Staatsanwaltschaft sein.

## 2. Ermächtigung zur Identitätsfeststellung beim Unverdächtigen

Als Ermächtigung zur Personalienfeststellung bei unverdächtigen Personen ist § 163b Abs. 2 StPO heranzuziehen.

> § 163b StPO  Feststellung der Identität
> (1) ... (siehe oben)
> (2) Wenn und soweit dies zur Aufklärung einer Straftat geboten ist, kann auch die Identität einer Person festgestellt werden, die einer Straftat nicht verdächtig ist; § 69 Abs. 1 Satz 2 gilt entsprechend. Maßnahmen der in Absatz 1 Satz 2 bezeichneten Art dürfen nicht getroffen werden, wenn sie zur Bedeutung der Sache außer Verhältnis stehen; Maßnahmen der in Abs. 1 Satz 3 bezeichneten Art dürfen nicht gegen den Willen der betroffenen Person getroffen werden.

Die Befugnis erstreckt sich auf die Personalienfeststellung von Personen, die einer Straftat nicht verdächtig sind, aber mit dem Tatgeschehen in irgendeiner Weise Berührung hatten oder zum Tatgeschehen Auskunft geben können.

## 2.1  Zulässigkeitsvoraussetzungen

Die Norm erlaubt die Identifizierung

- wenn und soweit dies zur Aufklärung einer Straftat geboten und
- die Person unverdächtig ist.

Vorausgesetzt wird zunächst eine Straftat, aufgrund der zu ermitteln ist. Weiter ist Bedingung, dass die zu identifizierende Person nicht verdächtig ist, sondern als Zeuge oder als Augenscheinsobjekt oder als Sachverständiger in Frage kommt und dadurch für das Strafverfahren von Bedeutung ist. Auch Personen die nicht zu Verdächtigen gemacht werden können (Kinder), fallen darunter.

a) Eine Passantin beobachtet einen Verkehrsunfall, bei dem ein PKW-Fahrer einen Motorradfahrer verletzt. Sie ist als Augenzeugin für das Verfahren wichtig.

b) Einem jungen Mann wird in der Badeanstalt das Portemonnaie entwendet. Er ist als Geschädigter und Zeuge für das Strafverfahren von Bedeutung.

c) Unbekannte Jugendliche misshandeln einen schlafenden Obdachlosen durch Fußtritte in den Bauch und laufen weg. Der Geschädigte ist als Zeuge und „Augenscheinsobjekt" für das Verfahren bedeutsam.

d) In der Gemeinde N. des Kreises S. wird eine Sparkasse überfallen. Der Polizeiführer ordnet sofort Durchfahrtkontrollen durchführen. Es werden die Kennzeichen aller aus Tatortrichtung kommenden Fahrzeuge notiert und mit ihrer Hilfe die Halter festgestellt. Hier spricht die Tatsache, dass die Insassen der Fahrzeuge aus Richtung des Tatortes kommen, für eine gewisse Wahrscheinlichkeit, dass sie Angaben zur Tat oder zum Täter machen können.

Adressat ist die unverdächtige Person. § 163b Abs. 2 StPO bestimmt die Richtung der Maßnahme.

## 2.2 Zugelassene Rechtsfolgen

Die Norm gestattet wie beim Verdächtigen die erforderlichen Maßnahmen zur Identitätsfeststellung. Die Person kann insbesondere angehalten, für die Dauer der Personalienfeststellung aufgehalten, nach den Personalien befragt und aufgefordert werden, Ausweispapiere auszuhändigen. Auch die Identitätsfeststellung ohne Wissen des Betroffenen ist zulässig (Informationserhebung bei anderen Behörden oder Privatpersonen).

Führen die Maßnahmen nicht zum Ziele, ist also die Feststellung der erforderlichen Personalien im Rahmen des Anhaltens nicht oder nur unter erheblichen Schwierigkeiten möglich, darf der Unverdächtige festgehalten werden (Freiheitsentziehung). Die Befugnis zum Festhalten ist darauf gerichtet, dem Polizeibeamten die Möglichkeit einzuräumen, die Identität zu ermitteln.

In diesem Kontext hebt der Gesetzgeber mit § 163b Abs. 2 StPO den Grundsatz der **Verhältnismäßigkeit** besonders hervor. Die unverdächtige Person darf nur festgehalten werden, wenn das zur Bedeutung der Sache im Verhältnis steht (Verhältnismäßigkeit). Unverhältnismäßige Maßnahmen sind auch dann unzulässig, wenn dadurch die Sache nicht hinreichend geklärt werden kann. Unverhältnismäßigkeit könnte z.B. vorliegen, wenn es um einfache Antrags- oder Privatklagedelikte geht (etwa bei einem Hausfriedensbruch durch einen Betrunkenen, der einen eingefriedeten fremden Hof gegen den Willen des Eigentümers betritt, § 123 StGB).

Im Unterschied zur Personalienfeststellung beim Verdächtigen dürfen die **Durchsuchung** des Unverdächtigen zur Auffindung von Ausweispapieren oder sonstigen Hinweisen auf die Identität sowie die erkennungsdienstliche Behandlung nicht gegen den (mutmaßlichen) **Willen der Person** vorgenommen werden. Das schränkt die Befugnis erheblich ein.

Teilweise wird aber die Auffassung vertreten, dass der Unverdächtige, der seine Personalien nicht angibt, zum Betroffenen einer Ordnungswidrigkeit im Sinne des § 111 OwiG wird. Deshalb sollen dann gegen ihn Maßnahmen wie gegen einen Verdächtigen getroffen werden dürfen (§ 46 Abs. 2 bzw. § 53 OwiG i.V.m. § 163 b Abs. 1 StPO - vgl. z.B. Vahle/Buttgereit, a.a.O., S. 18, RdNr. 1.3.1). Dagegen spricht allerdings, dass § 163b StPO in Kenntnis des § 111 OwiG eingeführt wurde und das Gesetz bei einer solchen Anwendung ohne Wirkung bliebe. Das kann nicht die Intention im Gesetzgebungsverfahren gewesen sein, so dass gegen diese „Krücke" erhebliche Bedenken bestehen.

> Eine alte Dame beobachtete zwei Jugendliche, die einen Zigarettenautomaten aufbrachen und mit mehreren Schachteln entkamen. Die Polizeikommissare Schlau und Schnell erfahren von einem Rentner, dass die Frau die Tat beobachtet habe. Als sie die alte Dame ansprechen, verhält sie sich ablehnend. Sie hat Angst und will „mit der Sache nichts zu tun haben". Deshalb verweigert sie auch die Namensangabe und die Herausgabe ihres Ausweises. Die Polizeibeamten nehmen sie daher zur Dienststelle mit und lassen sie dort von einer Kollegin zur Auffindung des Ausweises durchsuchen. Zwar ist das Festhalten verhältnismäßig, die Durchsuchung widerspricht aber dem erkennbaren Willen der Frau und ist damit nach der hier vertretenen Auffassung rechtswidrig.

## 2.3    Form- und Verfahrensvorschriften

### 2.3.1    Belehrungspflichten, § 163b Abs. 2 StPO

§ 163 b Abs. 2 Satz 1, 2. Halbsatz verweist auf § 69 Abs. 1 Satz 2 StPO. Daraus folgt, dass dem Unverdächtigen vor der Maßnahme der Grund der Identitätsfeststellung und ggf. die Person des Verdächtigen zu bezeichnen ist.

Eine Missachtung dieser Vorschriften führt zur Rechtswidrigkeit der Identitätsfeststellung (OLG Düsseldorf, Urt. V. 29.08.79, 2 Ss Owi 455/79), zumal sich die Pflicht auf die Zeugnis- und Auskunftsverweigerungsrechte auswirkt (zur Bedeutung siehe unten, Dritter Abschnitt in diesem Kapitel).

### 2.3.2    Sonstige Pflichten

Zu beachten sind die gleichen Verfahrensvorschriften wie bei der Personalienfeststellung des Verdächtigen (siehe oben I., 1.4).

**Vorführung, § 163c Abs. 1 Satz 2 StPO**
Die festgehaltene Person ist unverzüglich dem zuständigen Amtsrichter vorzuführen, der über die Zulässigkeit und Fortdauer der Maßnahme zu entscheiden hat. Davon darf nur abgesehen werden, wenn die Vorführung voraussichtlich mehr Zeit in Anspruch nehmen würde als die Identifizierung und deshalb eine Verlängerung der Freiheitsentziehung eintreten würde.

**Entlassung, § 163c Abs. 2 Satz 1 StPO**
Die Person ist unverzüglich nach der erfolgten Identifizierung zu entlassen. Das gilt nur dann nicht, wenn sie aufgrund einer anderen Befugnisnorm weiter festgehalten werden darf. Eine Missachtung dieser Vorschrift begründet den Verdacht der Freiheitsberaubung im Amte.

**Höchstdauer des Festhaltens, § 163c Abs. 3 StPO**
Das Festhalten aufgrund des § 163 b StPO darf die Dauer von 12 Stunden nicht überschreiten. Ist die Person bis dahin nicht identifiziert worden, muss das Personenfeststellungsverfahren aufgegeben werden, auch wenn die Personalien nicht feststehen. Eine Missachtung dieser Vorschrift begründet den Verdacht der Freiheitsberaubung im Amte.

**Benachrichtigung, § 163c Abs. 2 StPO**
Die festgehaltene Person hat ein Recht darauf, dass ein Angehöriger oder eine Person ihres Vertrauens verständigt wird. Ihr ist hierzu selbst Gelegenheit zu geben, wenn dadurch der Untersuchungszweck nicht gefährdet wird. Hier bietet sich eine taktische Lösungsmöglichkeit. Soll die Polizei die Verständigung übernehmen, erfährt sie zwangsläufig einzelne Personaldaten und kann auf dieser Basis weiterarbeiten. Die Missachtung der Benachrichtigungspflicht führt nicht zur Rechtswidrigkeit der Identitätsfeststellung.

**Vernichtung des ED-Materials, § 163c Abs. 4 StPO**

Das im Zusammenhang mit der Identitätsfeststellung beim Unverdächtigen angefallene erkennungsdienstliche Material ist nach der Identitätsfeststellung zu vernichten.

## III. Identitätsfeststellungen zur Verfolgung von Ordnungswidrigkeiten

Je nach sachlicher Zuständigkeit gelten entsprechend § 46 Abs. 1 und § 46 Abs. 2 bzw. nach § 53 OwiG die Befugnisse des § 163b StPO auch zur Owi-Verfolgung (vertiefend Band I, 3. Kapitel, Dritter Abschnitt). Indessen ist der Grundsatz der Verhältnismäßigkeit besonders zu berücksichtigen. Das kann dazu führen, dass auch das Festhalten des Betroffenen unverhältnismäßig ist.

a) Die Polizeikommissarin Emsig beobachtet eine alte Frau, die auf einer schwach befahrenen Nebenstraße das Rotlicht einer Fußgängerampel missachtet. Eine negative Auswirkung auf andere tritt nicht ein. Als die Beamtin die Personalien der Dame feststellen will, zeigt sich diese uneinsichtig und verweigert die Angaben. Daraufhin nimmt die Polizistin die alte Dame mit zur Wache und durchsucht sie dort zur Auffindung eines Ausweises. Wenn auch im Rahmen der Angemessenheit generalpräventive Aspekte zu berücksichtigen sind, so sollte diese Freiheitsentziehung in diesem konkreten Fall doch unverhältnismäßig sein.

Allerdings ist mit Blick auf Verkehrsverstöße zu beachten, dass Maßstab der Güterabwägung nicht allein eine vorgeschriebene Rechtsfolge (z.B. ein Verwarnungsgeld) sein kann. Es kommt vielmehr auf die Gefährlichkeit und die Auswirkungen des Tuns unter Berücksichtigung möglicher Nachahmungseffekte und der örtlichen Verhältnisse an. So kann bei gängig gewordenem gefährlichem Fehlverhalten im Straßenverkehr (obgleich der Verwarngeldkatalog dafür nur ein Verwarnungsgeld vorsieht) das Festhalten zur Personalienfeststellung sehr wohl verhältnismäßig sein.

b) In A-Stadt haben sich in den letzten Wochen zahlreiche Unfälle ereignet, an denen junge Fußgänger beteiligt waren. Mitursächlich ist, dass Jugendliche Fußgängersignalanlagen ignorieren und bei Rotlicht die Straße überqueren. Die Polizei entschließt sich deshalb zu Sonderaktionen und lässt durch mehrere Beamte regelmäßig das Fußgängerverhalten überwachen. Um die Rechtsordnung durchzusetzen, sind die Polizisten angewiesen, jede Ordnungswidrigkeit mindestens mit einem Verwarngeld zu ahnden. Der Polizeibeamte A. beobachtet, wie ein junger Mann bei Rotlicht einer Ampel über die Straße geht. Als er ihn anhalten und ansprechen will, reagiert der junge Mann mit den Worten: "Lass mich in Ruhe". Der Polizeibeamte sieht sich gehalten, die Ordnungswidrigkeit zu verfolgen und verlangt die Personalien des Betroffenen. Der aber will weitergehen. Darum wird er von dem Polizeibeamten festgehalten. An der Verhältnismäßigkeit der Maßnahme ist nicht zu zweifeln.

## IV. Erhebung von Personaldaten zur Vorbereitung für die Hilfeleistung und das Handeln in Gefahrfällen, § 11 PolG

Entsprechend § 1 Abs. 1 PolG hat die Polizei die Aufgabe der Vorbereitung für die Hilfeleistung und das Handeln in Gefahrfällen (siehe Band I, 4. Kapitel, Erster Abschnitt). Weil die Polizei für den Bürger in Notsituationen regelmäßig die erste Anlaufstelle und zudem eine der wenigen Behörden ist, die dauernd präsent sind, hat sie sich den Interessen der Gemeinschaft gemäß auf Gefahrensituationen vorzubereiten.

Damit verbunden ist die Notwendigkeit, Daten von Hilfskräften pp. im Vorfeld eines konkreten Anlasses zu erheben. Das ist nicht neu. Personenbezogene Daten wurden seit je her durch die Polizei für die o.g. Zwecke erhoben und - insbesondere in den Einsatzleitstellen - vorgehalten. Teilweise wurden diese Daten freiwillig oder gar aus eigenem Geschäftsinteresse (z.B. von Abschleppunternehmern, Sachverständigen) übermittelt, in anderen Fällen wurden sie aus Branchenverzeichnissen, Telefonbüchern und ähnlichen Informationsträgern erhoben.

Die Datenerhebung (durch Verwaltungsakt oder faktischen Rechtseingriff) ohne Zustimmung des **Betroffenen greift in das Grundrecht auf informationelle Selbstbestimmung ein**. Auch wenn die Polizei die Daten z.B. aus Telefonbüchern entnimmt, ist von einem Eingriff auszugehen. Denn dass der Betroffene seine Daten veröffentlicht hat, besagt nicht, dass der Adressat der Veröffentlichung gerade die Obrigkeit sein soll.

### 1. Ermächtigung

Als Ermächtigung für die Datenerhebung ist § 11 PolG heranzuziehen.

---

**§ 11 PolG Erhebung von Personaldaten zur Vorbereitung für die Hilfeleistung und das Handeln in Gefahrfällen**

**Die Polizei kann über**
1. **Personen, deren Kenntnisse oder Fähigkeiten zur Gefahrenabwehr benötigt werden,**
2. **Verantwortliche für Anlagen oder Einrichtungen, von denen eine erhebliche Gefahr ausgehen kann,**
3. **Verantwortliche für gefährdete Anlagen oder Einrichtungen**
**Namen, Vornamen, akademische Grade, Anschriften, Telefonnummern und andere Daten über die Erreichbarkeit sowie nähere Angaben über die Zugehörigkeit zu einer der genannten Personengruppen erheben, soweit dies zur Vorbereitung für die Hilfeleistung und das Handeln in Gefahrfällen erforderlich ist.**

---

Die Norm ermöglicht es der Polizei, ihre Aufgabe, Vorbereitungen für das Handeln in Gefahrenfällen zu treffen, zu erfüllen (vgl. § 1 Abs. 1 S. 1 und 2 PolG, oben).

# 1.1 Zulässigkeitsvoraussetzungen

§ 11 PolG erlaubt die Datenerhebung

- von Personen, deren Kenntnisse oder Fähigkeiten zur Gefahrenabwehr benötigt werden (Alternative 1)
- von Verantwortlichen für Anlagen oder Einrichtungen, von denen eine erhebliche Gefahr ausgehen kann (Alternative 2)
- von Verantwortlichen für gefährdete Anlagen oder Einrichtungen (Alternative 3)
- soweit die Daten für die Hilfeleistung und das Handeln in Gefahrfällen **erforderlich sind.**

**Zu Alternative 1:** Erfasst sind **Fachleute für die Gefahrenabwehr.** Die Befugnis stellt ab auf alle Aufgaben der Gefahrenabwehr durch die Polizei. Eine konkrete Gefahr muss nicht vorliegen. Es genügt, dass sie in der Folge wahrscheinlich eintreten kann (abstrakte Gefahr). Die Kenntnisse und Fähigkeiten können sowohl beruflich erworben als auch auf andere Weise erlangt sein. Sie werden für die Gefahrenabwehr benötigt, sofern mit ihrer Hilfe prognostizierte potentielle Störungen vollständig abgewehrt werden können oder zumindest ein Beitrag zur Gefahrenabwehr geleistet werden kann. Solche Personen sind z.B. Mediziner mit speziellem Sachgebiet, Kfz.-Sachverständige, Brandsachverständige, Toxikologen, Biologen, Abschleppunternehmer, Eigentümer speziellen Bergungsgerätes, Spezialtaucher, Tierheimbetreiber.

Im Zuständigkeitsbereich der KPB S. befinden sich mehrere alte Bergwerkstollen. In der Vergangenheit kam es wiederholt zur Gefährdung von Menschenleben, weil Personen die alten Stollenanlagen betraten. Aus diesem Grund sollen Bergwerkingenieure festgestellt werden, die die Stollenanlage kennen und im Gefahrfall behilflich sein können. Ihre Daten (Name, Wohnsitz usw. sollen in Alarmplänen der Polizei gespeichert werden. Es muss sich aber nicht immer um besondere Kenntnisse oder Fähigkeiten handeln. Es genügt, dass sie für die Gefahrenabwehr wichtig sein können.

Immer wieder kommt es zu Alarmauslösungen in einigen Kaufhäusern und Geschäften in S. Die Kreispolizeibehörde benötigt daher Informationen über die Schlüsselträger und Geschäftsverantwortlichen, damit im Alarmfall Überprüfungen und Sicherungsmaßnahmen durchgeführt werden können.

**Zu Alternative 2:** Adressaten der Ermächtigung sind die **Verantwortlichen für gefährliche Anlagen oder Einrichtungen.** Ein Betrieb als solcher muss gefährlich sein. Eine konkrete Gefahr ist nicht erforderlich. Es kommt darauf an, dass von diesen Objekten eine Gefahr ausgehen kann, die wichtige Rechtsgüter wie Leben, Gesundheit und bedeutende Vermögenswerte bedrohen würde. Solche Anlagen können z.B. sein: Sprengstoff- oder Treibstofflager, Kernkraftwerke, Lagerräume für radioaktive Stoffe, Chemiebetriebe.

In S. befindet sich ein Chemielabor. Dort wird mit sehr ansteckenden Viren experimentiert. Die Polizei will sich auf eventuelle Einsatzlagen vorbereiten und Daten der leitenden Ingenieure sowie des Hausmeisters erheben.

**Zu Alternative 3:** Betroffen von der Befugnis sind die **Verantwortlichen für gefährdete Anlagen oder Einrichtungen.** Die Anlagen oder Einrichtungen selbst müssen einer - abstrakten - Gefahr von außen ausgesetzt sein. In der Regel handelt es sich um Objekte, die nach aktueller Lageanalyse besonders durch Anschläge bedroht sind.

Nach mehreren untypischen Banküberfällen im Land NW, bei denen die Täter Schlüsselträger der Institute in ihre Gewalt brachten, lässt die Kreispolizeibehörde S. die vorhandenen Bankakten in der Leitstelle ergänzen. Dazu erhebt sie die Namen, die Adressen sowie die telefonische Erreichbarkeit der entsprechenden Funktionsträger der örtlichen Geldinstitute.

Die Datenerhebung muss **erforderlich** sein. Erforderlich bedeutet, dass die Datenerhebung geeignet und das mildeste Mittel ist. Maßgebend ist der Einzelfall, insbesondere der Umfang der potentiellen Störungen und die daraus resultierenden Anforderungen an eine wirksame Bekämpfung. Zum einen ist die Erforderlichkeit der Datenerhebung selbst zu prüfen, zum anderen aber auch die Erforderlichkeit der Erhebung jedes personenbezogenen Datums.

Sofern die Polizei also z.B. nur in Eilfällen für die Gefahrenabwehr zuständig ist und Daten bei einer jederzeit erreichbaren originär zuständigen Dienststelle vorgehalten werden, ist die Datenerhebung durch die Polizei nicht erforderlich (Beispiel: Die Rettungsleitstelle des Kreises S. verfügt über aktuelle Daten der Verantwortlichen gefährlicher Betriebe - eine zusätzliche Erhebung durch die Polizei ist deshalb nicht erforderlich).

## 1.2 Zugelassene Rechtsfolgen

Liegen die Voraussetzungen vor, darf die Polizei

- **Namen, Vornamen,**
- **akademische Grade,**
- **Anschriften,**
- **Telefonnummern,**
- **andere Daten über die Erreichbarkeit sowie**
- **nähere Angaben über die Zugehörigkeit zu einer der genannten Personengruppen**

**erheben.** Sie sind die **Adressaten** der Ermächtigungen.

## 2. Verfahrens- und Formvorschriften

Für die Datenerhebung durch Verwaltungsakt gelten die allgemeinen Verfahrensvorschriften des VwVfG, insbesondere § 28 und die §§ 37, 39, 41 (siehe Band I, 2. Kapitel, Zweiter Abschnitt I., 3.2 und 4. Kapitel, Erster Abschnitt, III., 1.).

Die allgemeinen Regeln der Datenerhebung aus § 9 Abs. 3 bis 6 PolG sind zu beachten. Insbesondere gilt, dass

- **die Datenerhebung grundsätzlich offen beim Betroffenen durchzuführen ist,**
- **der Zweck der Datenerhebung hinreichend bestimmt sein muss und**
- **die Betroffenen in geeigneter Weise über die Rechtsvorschriften für die Datenerhebung sowie über die bestehende Auskunftspflicht zu informieren sind.**

Die Datenerhebung wird in der Regel durch Befragung erfolgen. Die Verfügung ist allenfalls im Rahmen der Zwangsermächtigung nach § 50 Abs. 1 PolG (siehe Band I, 5. Kapitel, Zweiter Abschnitt) mit Zwangsgeld (Band I, 5. Kapitel, Dritter Abschnitt) durchsetzbar. Die Mittel aus § 12 Abs. 2 PolG kommen nicht zur Anwendung.

## 3. Hinweise

Die Speicherung der Daten erfolgt auf der Basis der Ermächtigung des § 24 PolG. Die nach § 11 PolG erhobenen Daten unterliegen in der Folge einer besonderen Zweckbindung (vgl. § 23 Abs. 1 S. 2 PolG). Sie dürfen daher nur unter Wahrung des Zweckes (also nur für den Zweck, für den sie erhoben wurden) genutzt werden. Auch die Übermittlung an andere Stellen unterliegt der besonderen Beschränkung des § 27 Abs. 1 S. 2 PolG (siehe Band I, 6. Kapitel, Zweiter Abschnitt).

# Dritter Abschnitt
# Die Befragung/Vernehmung

| Übersicht | |
|---|---|
| I. | Befragung zur Gefahrenabwehr |
| II. | Befragung im Rahmen der Strafverfolgung/Ordnungswidrigkeitenverfolgung |
| III. | Die Vernehmung im Rahmen der Strafverfolgung |
| IV. | Die Vernehmung im Ordnungswidrigkeitenverfahren |

Die Polizei kann ihre Aufgaben oftmals nur dann wirksam erledigen, wenn ihr der Bürger mit Rat und Tat zur Seite steht. Die Kommunikation mit der Bevölkerung ist oft Ausgangspunkt und unverzichtbarer Bestandteil der Polizeiarbeit (Lisken/Denniger, a.a.O., Abschnitt F, RdNr. 156). Sowohl im Rahmen der Aufgabe zur Gefahrenabwehr als auch zur Straf- oder Owi-Verfolgung ist sie vielfach auf Informationen von anderen angewiesen.

Die Informationserhebung bei Personen zur Gefahrenabwehr erfasst das PolG unter dem Rechtbegriff „Befragung". Im Rahmen der Strafverfolgung- oder Ordnungswidrigkeiten-verfolgung ist zwischen Befragung und Vernehmung/Anhörung zu differenzieren.

## I. Die Befragung zur Gefahrenabwehr
### (in diesem Kontext: Identitätsfeststellung/Auskunftspflichten)

| Übersicht | |
|---|---|
| I. | Befragung zur Gefahrenabwehr |
| 1. | Ermächtigungsgrundlage |
| 1.1 | Zulässigkeitsvoraussetzungen |
| 1.2 | Rechtfolgen |
| 1.3 | Verfahrens- und Formvorschriften |
| 2. | Personalienfeststellung als Folge des Befragungsrechtes |
| 3. | Besondere Auskunftspflichten |

Die Befragung ist ein einfaches Mittel der Datenerhebung. Befragen im rechtlichen Sinne ist jedes Verhalten, dass auf die Erlangung von Informationen durch Auskünfte seitens der befragten Person zielt. Die Befragung ist auf das Herbeiführen von Äußerungen gerichtet (Lisken/Denniger, a.a.O., Abschnitt F, RdNr. 156).

Früher wurde die Befragung nicht als Eingriff qualifiziert (Landtagsdrucksache NRW 10/3997, S. 32). Diese Ansicht ist im Interesse eines effektiven Grundrechtsschutzes heute nicht mehr zu halten. Vielmehr ist von einer Belastung des Betroffenen auszugehen. Vor dem Hintergrund, dass Art. 2 Abs. 1 GG dem Bürger das Recht zugesteht, von der Obrigkeit in Ruhe gelassen zu werden, ist mit der Befragung eine Beschränkung dieses Rechtes begründet. Abgesehen davon, dass ihm die Befragung durch die Polizei lästig sein könnte, muss er es hinnehmen, dass er zum Zwecke der Befragung angehalten und für die Dauer der Befragung aufgehalten wird. Ferner besteht für ihn die Gefahr, dass er sich durch ungewollte Reaktionen (als Störer oder Straftäter bzw. Owi-Täter) offenbart.

Polizeibeamten wurde gemeldet, dass in A-Stadt junge Bullen ausgebrochen sind und frei umherlaufen. Angeblich soll eines der Tiere bereits wütend auf einen Fußgänger losgerannt sein. Die Polizei fährt darum das Gebiet an. Als den Beamten ein Jogger entgegenkommt, winken sie ihn heran und fragen, ob er die Tiere gesehen hat. Der Sportler reagiert unmutig und sagt: "Lasst mich in Ruhe!" Die Reaktion macht deutlich, dass sich der Läufer durch die Obrigkeit belästigt fühlt. Die Handlung muss als Eingriff gewertet werden.

Allgemeine Aufrufe an die Bevölkerung, in bestimmten Fällen mitzuhelfen, fallen nicht unter die Befragung (vgl. Tegtmeyer, a.a.O., RdNr. 4). Sie richten sich nicht an eine bestimmte Person. Jeder einzelne kann vielmehr selbst entscheiden, ob er der Polizei behilflich sein will.

Besorgte Eltern melden der Polizei, dass ihre fünfjährige Tochter vom Kindergarten aus nicht nach Hause gekommen ist. Die bisherige Suche blieb ergebnislos. Mit Lautsprecherdurchsagen machen die Beamten die Nachbarschaft auf das Verschwinden des Kindes aufmerksam und bitten um Unterstützung bei der Suche nach dem vermissten Mädchen.

Nicht unter den Begriff "Befragung" fällt ferner das zwanglose Gespräch, das ein Polizeibeamter mit einem Bürger führt.

Der Polizeibeamte B. wird in seinem Betreuungsbereich von einem Bürger angesprochen. In dem Gespräch unterhalten sie sich sehr ausführlich über die im Bezirk des B. bestehende sehr hohe Kriminalität und über die Verkehrsgefahren.

Auch wenn jemand von sich aus die Polizei anspricht oder anschreibt, liegt keine Befragung vor, weil in solchen Fällen die Initiative nicht von der Polizei ausgeht (vgl. auch Lisken/Denninger, a.a.O., Abschnitt F., RdNr. 158).

Der Malermeister M. teilt dem Polizeibeamten P. mit, dass Kinder und Jugendliche auf dem Weiher im Waldgebiet X. Schlittschuh fahren, obgleich die Eisdecke noch nicht sehr stabil ist.

Wenn die Polizei aufgrund einer solchen Mitteilung jedoch weiteres wissen will und nachforscht, erfährt das Verhalten die Qualität der Datenerhebung.

Die Befragung aus Gefahren abwehrendem Anlass ist - wie oben dargelegt - eine Eingriffshandlung (wenn auch mit geringer Eingriffsintensität) und in der Regel als Verwaltungsakt zu qualifizieren (zum Begriff des VA siehe Band I, 2. Kapitel, Zweiter Abschnitt). Erfolgt die Befragung im Rahmen des § 9 Abs. 3 Satz 2 PolG ohne Kenntnis des Betroffenen (z.B. bei einer anderen Behörde), liegt ein faktischer Rechtseingriff vor (Band I, 2. Kapitel, Zweiter Abschnitt).

# 1. Ermächtigung zur Befragung

Als Rechtsgrundlage zur Befragung von Personen zur Gefahrenabwehr steht § 9 PolG zur Verfügung.

---

§ 9   Befragung, Auskunftspflicht, ...
(1) Die Polizei kann jede Person befragen, wenn Tatsachen die Annahme rechtfertigen, dass sie sachdienliche Angaben machen kann, die für die Erfüllung einer bestimmten polizeilichen Aufgabe erforderlich sind. Für die Dauer der Befragung kann die Person angehalten werden.
(2) Eine Person, deren Befragung nach Abs. 1 zulässig ist, ist verpflichtet, auf Frage Namen, Vorname, Tag und Ort der Geburt, Wohnanschrift und Staatsangehörigkeit anzugeben. Sie ist zu weiteren Auskünften verpflichtet, soweit gesetzliche Handlungspflichten bestehen.
(3 - 6) ... (siehe Erster Abschnitt in diesem Kapitel).

---

## 1. 1   Zulässigkeitsvoraussetzungen

Nach § 9 Abs. 1 Satz 1 PolG kann jede Person befragt werden, wenn

- **Tatsachen die Annahme rechtfertigen, dass**
- **die Person sachdienliche Angaben machen kann,**
- **die zur Erfüllung einer bestimmten polizeilichen Aufgabe**
- **erforderlich sind.**

Zunächst müssen also **Tatsachen** vorliegen, die den Schluss zulassen, dass gerade die angesprochene Person sachdienliche Informationen geben kann. Tatsachen sind genügend konkrete Anhaltspunkte, welche die Annahme unmittelbar begründen. Das kann die Wahrnehmung eines Zusammenhangs sein.

Den Polizeibeamten P. und S. wird mitgeteilt, dass die 88jährige Frau B., die allein lebt und schon sehr gebrechlich ist, seit mehreren Tagen nicht mehr gesehen wurde. Sie suchen darum deren Wohnung auf, finden dort aber keine Anhaltspunkte für eine Notlage. Weil der Polizeibeamte P. die Dame aber flüchtig kennt und zwei Tage zuvor noch mit ihrer Nachbarin Frau N. zusammen gesehen hat, sucht er Frau N. auf und fragt sie, ob sie wisse, wo Frau B. sein könne. Die Wahrnehmung des Beamten P., die er zwei Tage zuvor gemacht hat, ist eine Tatsache im Sinne des Gesetzes.

Unter den Tatsachenbegriff fallen aber auch Anzeichen aus der inneren und äußeren Geschehenswelt, die eine Verbindung aufzeigen (Zeugenaussagen, Spuren, sachlich-räumliche Nähe zu einem Geschehen, das schlüssige Verhalten einer Person, auf polizeiliche Erfahrung gestützte Rückschlüsse).

a) Ein Fahrzeughalter hat seinen Pkw im Halteverbot auf einer Bundesstraße abgestellt. Durch die erhebliche Verkehrsbehinderung werden Polizeibeamte hinzugezogen. Weil die Gefahrenstelle sofort beseitigt werden muss, fragen sie einen direkt gegenüber der Gefahrenstelle auf einer Baustelle arbeitenden Maurer, ob er gesehen hat, wo der Fahrzeugführer hingegangen ist. Weil der Maurer in unmittelbarer Nähe schon längere Zeit tätig ist, sprechen die Umstände dafür, dass er etwas gesehen haben könnte. Das ist eine Tatsache im Sinne des Gesetzes.

b) Die Polizei sucht einen selbsttötungsgefährdeten Mann. Nach ihren Erkenntnissen hat er sich in ein bestimmtes Waldgebiet begeben. Polizeibeamte durchkämmen den Wald. Als dem Polizeibeamten P. ein Spaziergänger entgegenkommt, fragt er ihn (nach kurzer Beschreibung der gesuchten Person), ob er den Vermissten gesehen hat. Die Feststellung, dass der Spaziergänger aus dem Wald kommt, in den sich der Vermisste begeben haben könnte, ist eine Tatsache, die den Schluss auf sachdienliche Angaben zur Aufgabenerfüllung zulässt.

c) Der Polizei wird gemeldet, dass zwei Pferde aus einer Koppel ausgebrochen sind und aus Dorfrichtung kommend in Richtung Autobahn galoppieren. Funkstreifenbeamte entdecken die Tiere und treiben sie vorübergehend auf eine eingefriedete Weide. Um die Gefahrenlage abschließend beseitigen zu können, sind die Beamten bemüht, den Pferdehalter zu ermitteln. Sie fahren deshalb zu dem Dorf und treffen gleich am Ortseingang auf einen Mann, der gerade seinen Gartenzaun streicht. Die Beamten fragen ihn, ob er wisse, wem die (näher beschriebenen) Pferde gehören könnten. Die Überlegung, dass in einem Dorf der eine den anderen kennen wird, ein Dorfbewohner in der Regel auch weiß, wer Pferde besitzt, und auch die Feststellung, dass die Pferde aus der Richtung galoppiert sind, in der der "Maler" angetroffen wurde, sind objektive Anhaltspunkte, die als Tatsachen qualifiziert werden können und den Schluss auf sachdienliche Auskunft rechtfertigen.

Weiter verlangt § 9 Abs. 1 PolG, dass die Tatsachen **die Annahme** und den Schluss auf die zu erledigende Aufgabe **rechtfertigen.** Die Anhaltspunkte müssen schlüssig auf das polizeiliche Problem hindeuten. Die Polizei muss erwarten können, dass die Auskunft eine Lösung der Aufgabe ermöglicht. Die zu ziehende Schlussfolgerung muss logisch, objektiv sein. Eine Person, die offensichtlich nichts wissen kann, darf nicht befragt werden. Nicht nötig ist der Nachweis, dass die befragte Person tatsächlich helfen kann. Zwischen festgestellten Tatsachen und polizeilicher Aufgabe muss sich bei vernünftiger Einschätzung eine Verbindung aufdrängen (Kay/Böcking, a.a.O., RdNr. 116).

a) Ein dreijähriges Mädchen hat unbemerkt einen Kinderspielplatz verlassen. Die Eltern sind ratlos und bitten die Polizei um Hilfe. Die Polizeibeamten befragen in der Nähe des Spielplatzes Passanten nach dem Kind. Die Tatsache, dass sich die Personen in der Nähe des Kinderspielplatzes aufhalten, rechtfertigt die Annahme, dass sie sachdienliche Angaben machen können (aus Chemnitz, a.a.O., § 9 RdNr. 12.1.8).

b) Ein Kind hat Munition gefunden. POK P. fragt das Kind nach dem Fundort. Der Munitionsbesitz ist die Tatsache, die darauf schließen lässt, dass das Kind auch den Fundort kennt (aus Chemnitz, a.a.O., § 9 RdNr. 12.1.8).

Schließlich ist Voraussetzung, dass die erwarteten **Angaben sachdienlich** sind. Angaben im Sinne der Befugnis können personenbezogene Daten der Person, eines Dritten (z.B. der Name eines Polizeipflichtigen) oder auch Angaben zu einem Sachverhalt sein (Landtagsdrucksache NW 10/3996, S. 33).

Die Befragung muss der **Erfüllung einer polizeilichen Aufgabe** dienen. Die Befugnis erstreckt sich ausschließlich auf Gefahren abwehrende Aufgaben. Nicht erforderlich ist eine konkrete Gefahr. Das Befragungsrecht erfasst auch die Lösung schlicht-hoheitlicher Aufgaben und ist ein Mittel zur Klärung eines Gefahrenverdachtes.

§ 9 PolG kann **nicht als Ermächtigung für Strafverfolgungsmaßnahmen** herangezogen werden. Das folgt logisch schon aus § 8 Abs. 1 PolG. § 9 knüpft an § 8 PolG an und ist gegenüber § 8 PolG eine spezielle Gefahrenabwehrbefugnis.

Die zu erledigende polizeiliche Gefahrenabwehraufgabe muss bestimmt sein. Eine Befragung kommt nur aufgrund eines tatsächlichen Geschehens in Frage. Eine auf unbestimmte, in Zukunft denkbare Aufgaben gerichtete Befragung ist - wie man § 9 Abs. 5 PolG entnehmen kann) – unzulässig (siehe Erster Abschnitt in diesem Kapitel).

Letztlich ist die Befragung nur zulässig, wenn sie **erforderlich** ist. Die Polizei muss auf Mithilfe des/der Befragten angewiesen sein. Eine Befragung scheidet aus, wenn die Polizei schon Bescheid weiß und die Aufgabe aufgrund eigenen Kenntnisstandes lösen kann. Unzulässig ist es, eine Person nur auszufragen.

**Adressat** der Befragungsermächtigung ist jede potentielle Auskunftsperson. Die Befugnis bestimmt die Richtung der Maßnahme selbst. Die §§ 4 - 6 PolG finden keine Anwendung.


## 1.2    Zugelassene Rechtsfolgen

Neben der Befragung erlaubt § 9 Abs. 1 Satz 2 PolG das Anhalten der potentiellen Auskunftsperson sowie das Aufhalten für die Dauer der Befragung.

"**Anhalten**" ist die Behinderung/Unterbrechung der Fortbewegung einer Person. Anhalten ist die Aufforderung, einen Moment stehen zu bleiben. Das Anhalterecht erfasst auch die Befugnis, eine Person für die Dauer der Befragung aufzuhalten. "**Aufhalten**" ist die an eine Person gerichtete Aufforderung, einen Moment zu verweilen. Mit beiden Maßnahmen wird in die allgemeine Handlungsfreiheit der Auskunftsperson eingegriffen (Art. 2 Abs. 1 GG, es handelt sich nicht um eine Freiheitsbeschränkung im Sinne von Art. 2 Abs. 2 GG oder um eine Freiheitsentziehung nach Art. 104 GG). Die Begriffe "Anhalten" und "Aufhalten" dürfen nicht mit dem Begriff "Festhalten" (vgl. z.B. § 12 Abs. 2 PolG) gleichgesetzt werden.

## 1.3    Form- und Verfahrensvorschriften

Soweit die Befragung als Verwaltungsakt zu qualifizieren ist, sind die Formvorschriften aus § 28 VwVfG (Anhörung), § 37 VwVfG (inhaltliche Bestimmtheit) und § 41 VwVfG (Bekanntgabe) zu beachten (siehe Band I, 4. Kapitel, Erster Abschnitt III.). Das Zeichen eines Polizeibeamten an eine bestimmte Person, zum Zwecke der Befragung stehen zu bleiben, muss demzufolge hinreichend klar und unmissverständlich sein. Es ist ferner so zu geben, dass es den Betroffenen auch erreicht und er erkennt, dass ein Polizeibeamter handelt.

Im übrigen sind die **allgemeinen Regeln der Datenerhebung aus § 9 Abs. 3 bis Abs. 6 PolG** maßgeblich zu beachten. Danach muss die Befragung grundsätzlich beim Betroffenen, offen und zweckgebunden erfolgen. Schließlich ist die Privatperson über die zugrunde liegenden Rechtsvorschriften, die Aussagepflicht oder die Freiwilligkeit der Aussage aufzuklären (siehe oben, Erster Abschnitt in diesem Kapitel).

## 1.4    Hinweis

Ist die Befragung vor Ort nicht oder nur unter erschwerten Umständen möglich, kann der Betroffene aufgrund des § 10 PolG zur Dienststelle vorgeladen werden (vgl. Tegtmeyer, a.a.O., § 9 RdNr. 19 - zur Vorladung siehe unten, Vierter Abschnitt)

## 2.    Personalienfeststellung als Folge des Befragungsrechtes

Mit § 9 Abs. 2 Satz 1 PolG gestattet der Gesetzgeber die Feststellung der Personalien einer Person, die befragt werden kann. Als spezielle Befugnis zur Gefahrenabwehr unterscheidet sie sich von § 12 Abs. 1 Nr. 1 PolG dadurch, dass die Gefahr nicht konkret und dass die befragte Person nicht Verhaltens- oder Zustandsstörer nach §§ 4 und 5 PolG sein muss. Die Maßnahme kommt auch außerhalb der Verantwortlichkeit nach § 6 PolG in Frage.
Die Personalienfeststellung ist ein weiterer Eingriff in Art. 2 Abs. 1 GG.

## 2.1    Zulässigkeitsvoraussetzungen

Die Befugnis knüpft unmittelbar an das Befragungsrecht an und greift nur dann durch, wenn

- **Tatsachen die Annahme rechtfertigen,**
- **dass die Person sachdienliche Angaben machen kann,**
- **die zur Erfüllung einer bestimmten polizeilichen Aufgabe**
- **erforderlich sind.**

Für die Personalienfeststellung müssen also die gleichen Voraussetzungen vorliegen, die eine Befragung rechtfertigen (sieh oben 1.).

**Adressat** der Personalienfeststellung ist die Person, die nach § 9 Abs. 1 PolG befragt werden kann.

## 2.2 Rechtsfolge

Im Rahmen der **Rechtsfolge** ist zu beachten, dass der Umfang der persönlichen Daten auf die im Gesetz genannten Fakten beschränkt ist . Erhoben werden dürfen nur Name, Vorname, Tag und Ort der Geburt, Wohnanschrift und Staatsangehörigkeit. Die Feststellungen des Berufes, der Religionszugehörigkeit oder des Familienstandes scheiden aus.

## 2.3 Allgemeine Rechtmäßigkeitsanforderungen

Auf der Ebene der allgemeinen Rechtmäßigkeitsanforderungen ist besonders zu beachten ist, dass die Personalienfeststellung geeignet und erforderlich sein muss (Übermaßverbot gemäß § 2 PolG – siehe Band I, 4. Kapitel, Zweiter Abschnitt).

Nach § 9 Abs. 2 PolG werden die Personalien einer Person nur festgestellt, wenn die Person im weiteren Verfahren (der Gefahrenabwehr) für Rückfragen eventuell noch einmal benötigt werden könnte (vgl. auch Tegtmeyer, a.a.O., § 9, RdNr. 24). Sie kommt also nur in Betracht, soweit die Polizei die Personalien benötigt, um ggf. später noch weitere Informationen erfragen zu können (vgl. Chemnitz, a.a.O., § 9 RdNr. 12.12.2).

Nicht entscheidend ist, ob die betroffene Person besondere Auskunftspflichten hat (vgl. unten 3.). Die Personalienfeststellung ist auch erlaubt, wenn ergänzende Befragungen auf freiwillige Mitwirkung hin gerichtet sind. Wenn sich die Person jedoch von vorneherein verweigert (also jede Mithilfe abweist) und keine Aussagepflicht besteht, sprechen Anhaltspunkte dafür, dass eine Personalienfeststellung ungeeignet und aus dem Grunde unzulässig sein könnte.

## 2.4 Form- und Verfahrensvorschriften

Zu berücksichtigen sind die **Form- und Verfahrensvorschriften** aus dem **VwVfG** (Anhörung nach § 28, Form und inhaltliche Bestimmtheit nach § 37, Begründung schriftlicher Verwaltungsakte nach § 39, Bekanntgabe nach § 41 VwVfG) sowie die **allgemeinen Regeln der Datenerhebung nach § 9 Abs. 3 ff. PolG** (siehe oben Ersgter Abschnitt).

## 2.5    Hinweis

Polizeirechtliche Mittel zur Durchsetzung der Identitätsfeststellung (wie sie mit § 12 Abs. 2 PolG gegeben sind) fehlen. Demzufolge kann von dem Betroffenen nicht verlangt werden, dass er seinen Ausweis aushändigt. Er kann ferner nicht festgehalten oder durchsucht werden. Auch die erkennungsdienstliche Behandlung nach § 14 Abs. 1 Nr. 1 PolG scheidet aus. Infolge fehlender Durchsetzungsmöglichkeiten muss die Polizei bei nicht mitwirkungsbereiten Personen ggf. auf die Mithilfe verzichten.

Allerdings ist zu berücksichtigen, dass der Betroffene bei ungerechtfertigter Personalienverweigerung ggf. ordnungswidrig handelt und § 111 OwiG verletzt. (vgl. VVPolG RdNr. 9.21). Das kann aber grundsätzlich nur der Fall sein, wenn die Befragung geeignet ist. Kann der Betroffene nicht zur Auskunft verpflichtet werden, führt auch die Personalienfeststellung oftmals nicht weiter. Sie ist dann nicht zwecktauglich und daher ungeeignet. Eine Ordnungswidrigkeit wird demnach nur vorliegen, wenn der Betroffene Auskunft geben muss (vgl. unten 3.). In solchen Fällen bleibt die Möglichkeit zur Durchsetzung der Personalienangabe zur Verfolgung der begangenen Ordnungswidrigkeit aufgrund der §§ 46 Abs. 2 bzw. 53 OwiG in Verbindung mit § 163b Abs. 1 StPO.

> **§ 111 OwiG    Falsche Namensangabe**
> **(1) Ordnungswidrig handelt, wer einer zuständigen Behörde, einem zuständigen Amtsträger oder einem zuständigen Soldaten der Bundeswehr über seinen Vor-, Familien- oder Geburtsnamen, den Ort oder Tag seiner Geburt, seinen Familienstand, seinen Beruf, seinen Wohnort, seine Wohnung oder seine Staatsangehörigkeit eine unrichtige Angabe macht oder die Angabe verweigert.**

## 3.    Besondere Auskunftspflichten

Aus dem Fragerecht der Polizei nach § 9 Abs. 1 PolG lässt sich nicht zwangsläufig die Verpflichtung für den Befragten ableiten, die Fragen auch beantworten zu müssen. Eine Auskunftspflicht für die befragte Person ist entsprechend § 9 Abs. 2 Satz 2 PolG nur begründet, soweit gesetzliche Handlungspflichten bestehen.

Gesetzliche Handlungspflichten im Sinne des § 9 Abs. 2 Satz 2 PolG sind Offenbarungspflichten, die sich unmittelbar aus einem Gesetz ergeben (vgl. VVPolG, RdNr. 9.2.2). Solche liegen vor, wenn eine Person entweder aus ihrer Garantenstellung heraus oder aufgrund anderer gesetzlicher Gebote zu einem bestimmten Tun oder auch Dulden verpflichtet ist.

Gesetzliche Handlungspflichten ergeben sich insbesondere aus:

**138 StGB (Nichtanzeige geplanter Straftaten)**
Danach ist jedermann verpflichtet, die im Gesetz genannten geplanten Straftaten zur Anzeige zu bringen, soweit er vor der Ausführung glaubhaft davon erfährt und der

Erfolg noch abgewendet werden kann. Unterlässt er die Anzeige, macht er sich strafbar.

### § 323c StGB (Unterlassene Hilfeleistung)

Aufgrund dieses Rechtssatzes ist bei Unglücksfällen oder gemeiner Gefahr oder Not jedermann verpflichtet, Hilfe zu leisten, soweit ihm das nach den Umständen zuzumuten ist und insbesondere ohne erhebliche eigene Gefährdung und ohne Verletzung anderer wichtiger Pflichten möglich ist. Unterlässt er die Hilfeleistung, macht er sich wegen eines Vergehens strafbar.

### § 17 StVZO (Einschränkung und Entziehung der Zulassung)

Die Vorschrift verpflichtet einen Fahrzeughalter, nach Untersagung des Betriebs eines Fahrzeuges sofort das amtliche Kennzeichen entstempeln zu lassen und den Fahrzeugschein (bei zulassungsfreien Fahrzeugen die Betriebserlaubnis) abzuliefern.

### § 35 FSHG

Danach ist jeder, der ein Schadensfeuer, einen Unglücksfall oder ein anderes Ereignis, durch das Menschen oder erhebliche Sachwerte gefährdet sind, verpflichtet, die nächste Feuermeldestelle oder die Polizeidienststelle zu benachrichtigen. Die gleiche Verpflichtung besteht für Betriebs- oder Werksleiter oder ihre Beauftragten oder Leiter von Werksfeuerwehren bei Gefahrenlagen in einem Betrieb, wenn die Gefahr mit eigenen Mitteln nicht beseitigt werden kann.

### § 28 Abs. 2 FSHG

Die Eigentümer und Besitzer der von einem Schadensfeuer, von Unglücksfällen oder öffentlichen Notständen betroffenen Gebäude und Grundstücke sind verpflichtet, den Feuerwehrmännern und sonstigen beim Einsatz dienstlich tätigen Personen den Zutritt zu ihren Grundstücken und deren Benutzung für Arbeiten zur Abwendung der Gefahr zu gestatten. Sie haben Wasservorräte, die sich in ihrem Besitz befinden oder auf ihren Grundstücken gewonnen werden können sowie sonstige Hilfsmittel, insbesondere für die Schadensbekämpfung verwendbare Geräte, auf Anforderung zur Verfügung zu stellen und zur Benutzung zu überlassen. Sie haben ferner die von dem Einsatzleiter oder seinem Beauftragten im Interesse eines wirkungsvollen Einsatzes und zur Verhinderung einer weiteren Ausdehnung des Schadensfeuers angeordneten Maßnahmen, die Räumung von Grundstücken und Gebäuden, Beseitigung von Bäumen, Sträuchern und Pflanzen, von Einfriedungen, Gebäudeteilen und Gebäuden zu dulden.

### § 126 BGB (Elterliche Sorge)

Der Vater und die Mutter haben das Recht und die Pflicht, für das minderjährige Kind zu sorgen (Elterliche Sorge).

Fraglich ist, ob sich für den Bereich der allgemeinen Gefahrenabwehr eine Handlungspflicht auch aus der Generalklausel in Verbindung mit den Polizeipflichten (§ 8 PolG in Verbindung mit §§ 4 bis 6 PolG) herleiten lässt. Einerseits wird in der Literatur die Auffassung vertreten, dass im Rahmen der Polizeipflicht zur Entstehung und zu den Umständen der polizeiwidrigen Gefahr Auskunft zu geben ist, und zwar auch dann, wenn der Polizeipflichtige dadurch Maßnahmen gegen sich selbst veranlasst (vgl. Drews/ Wacke/Vogel/Martens, a.a.O., S. 193 u. auch Götz, a.a.O., RdNr. 378).

Nach anderer Ansicht kann eine Auskunftsverpflichtung nicht auf die polizeiliche Generalklausel gestützt werden (vgl. Lisken/Denniger, a.a.O., Abschnitt F, RdNr. 169,

Tegtmeyer a.a.O., § 9 RdNr. 22).

Der Widerstreit der Meinungen muss hier jedoch nicht vertieft werden, weil der Dienstherr mit der VVPolG, RdNr. 9.22, eine das Ermessen kanalisierende entscheidende Aussage getroffen hat. Danach sind gesetzliche Handlungspflichten im Sinne des § 9 Abs. 2 Satz 2 PolG nur Offenbarungspflichten, die sich direkt aus einem Gesetz ergeben (z.B. § 138 StGB).

---

**VVPolG, RdNr. 9.22**
Aus § 8 in Verbindung mit den §§ 4 bis 6 PolG lassen sich keine Handlungspflichten im Sinne des § 9 Abs. 2 Satz 2 PolG herleiten.

---

Daraus folgt, dass nicht schon jeder Störer zur Auskunft verpflichtet werden kann.

Die auf die Handlungspflicht zurückgehende Auskunftspflicht wird beschränkt durch § 2 PolG. Die erwartete Auskunft muss erforderlich sein.

Greift die Befugnis zum Auskunftsverlangen durch, ist die Personalienverweigerung ordnungswidrig (§ 111 OWiG) und kann die Auskunft mit Zwangsgeld (§ 53 PolG – siehe Band I, 5. Kapitel, Zweiter und Dritter Abschnitt) durchgesetzt werden (Tegtmeyer, a.a.O. § 9 RdNr. 23). Die Anwendung unmittelbaren Zwanges zur Abgabe einer Erklärung ist entsprechend § 55 Abs. 2 PolG unzulässig.

## II.     Befragung im Rahmen der Straf- oder Owi-Verfolgung

Bei der Verfolgung von Straftaten oder Ordnungswidrigkeiten ist zwischen Befragung und Vernehmung zu unterscheiden. Beschuldigte/Betroffene oder Zeugen bzw. Sachverständige werden im Rahmen der Straf - oder Owi-Verfolgung meist vernommen. Die Befragung ist dann Bestandteil der Vernehmung (zum Begriff der Vernehmung siehe unten III.) Gleichwohl ist nicht jede polizeiliche Informationserhebung auch schon Vernehmung. Eine Vernehmung ist immer dann gegeben, wenn Informationen (Aussagen) bei Verdächtigen/Betroffenen, Zeugen oder Sachverständigen erhoben werden. Im Umkehrschluss folgt daraus, dass eine Befragung vorliegt, wenn andere Personen um Auskunft ersucht werden. In der polizeilichen Praxis sind das Gespräch mit dem Bürger oder auch die Bitte um Auskunft sehr oft notwendig, obgleich die Voraussetzungen für eine Vernehmung noch nicht vorliegen.

> Die Polizei wird zu einem Einbruchstatort gerufen. Die Beamten nehmen den Sachverhalt auf und erforschen die Tat. Weil ihnen Hinweise auf den Tathergang und mögliche Verdächtige fehlen, fragen sie in der Nachbarschaft herum.

Wird die Polizei zu einem Tatort oder Unglücksort gerufen, wird sie immer erst feststellen müssen, ob ein mit Strafe oder Geldbuße bedrohtes Geschehen vorliegt. Sodann hat sie zu klären, wer Täter (Beschuldigter/Betroffener) und wer Zeuge oder ggf. Sachverständiger ist.

Der Polizeibeamte, der am Tatort oder in seiner Umgebung Personen befragt, ob sie ein bestimmtes Geschehen beobachtet haben, vernimmt keine Beschuldigten, mag er auch hoffen, dabei neben geeigneten Zeugen den Täter zu finden (Schulz/Händel, a.a.O., § 163a, RdNr. 12). Die informatorische Befragung ist der Vernehmung regelmäßig vorgelagert (Benfer, a.a.O., S. 284). Sie dient der Ermittlung von Zeugen und Tätern.

a) Der Polizei wird von einem Fabrikbesitzer mitgeteilt, dass in sein Büro eingebrochen worden ist. Die Beamten fahren zum Tatort, überzeugen sich von der Richtigkeit des Geschehens und sichern die Spuren. Den Umständen nach ist ein unbekannter Täter in die Büroräume eingedrungen, nachdem er die Scheibe eines Fensters eingeschlagen hat. Hinweise auf die genaue Tatzeit, den Täter oder Zeugen des Geschehens sind nicht zu finden. Deshalb entschließen sich die Polizeibeamten, in der Nachbarschaft herumzufragen, ob ggf. jemand etwas gesehen oder gehört hat und darum als Zeuge in Betracht kommt.

b) Der Polizei wird gemeldet, dass Unbekannte in der Friedrichstraße einen Pkw beschädigt haben. An dem Fahrzeug ist der rechte Außenspiegel abgerissen und ein Scheibenwischer verbogen worden. Bei der Tatbestandsaufnahme sehen sich die Beamten zufällig auch noch andere dort geparkte Wagen an. Dabei stellen sie fest, dass fast alle Pkw beschädigt sind. An einigen Wagen sind frische Kratzspuren zu sehen, bei anderen sind die Antennen oder Außenspiegel usw. abgebrochen. Hier hat sich offenbar ein Unhold willkürlich an fremden Sachen ausgetobt. Hinweise auf den Täter oder Zeugen sind nicht zu finden. Darum befragen die Beamten Anwohner, ob sie verdächtige Umstände wahrgenommen haben.

"Eine im Gesetz nicht erwähnte, der Einleitung des Ermittlungsverfahrens vorgeordnete Phase ist das Herumfragen, eine informatorische, formlose Befragung zur Gewinnung eines groben Bildes, ob wirklich der Verdacht einer Straftat besteht und wer als Beschuldigter oder als Zeuge in Betracht kommt" (Kleinknecht/Meyer-Goßner, StPO, a.a.O., § 163, RdNr. 9; Krause/Nehring, a.a.O., RdNr. 170). Die informatorische Befragung von Personen, die nicht Zeugen bzw. Sachverständige oder Beschuldigte/Betroffene sind, ist keine Vernehmung (Kleinknecht/Meyer-Goßner, a.a.O., Einleitung, RdNr. 79; Weihmann, a.a.O., S. 137).

Das Recht zur Befragung endet jedoch sofort, wenn die Polizei Hinweise darauf hat, dass die befragte Person Zeuge, Sachverständiger oder Täter ist (sein könnte). Das kann sich bereits aus den Umständen ergeben.

a) Die Polizei wird zu einem Unfall gerufen. Am Unfallort stellen die Beamten fest, dass der M. aus einer Seitenstraße auf die bevorrechtige Bundesstraße aufgefahren und dabei mit dem Wagen der Frau Sch. zusammengestoßen ist. Aufgrund der Umstände hat der M. die Vorfahrt missachtet und Frau Sch. fahrlässig verletzt (Verstoß gegen § 8 StVO und Verletzung des § 230 StGB). Weil M. hier offensichtlich eine Ordnungswidrigkeit und Straftat begangen hat und die geschädigte Frau Sch. Zeugin ist, scheidet eine Befragung aus. Jede Frage der Polizei an die Beteiligten ist Vernehmung (bei der insbesondere die Belehrungspflichten zu beachten sind - vgl. unten III.).

b) In der Gaststätte G. ist es zwischen T. und O. zu einer Schlägerei gekommen. Dabei wurde der O. erheblich verletzt. Als die alarmierten Polizeibeamten die Gaststätte erreichen, treffen sie dort auf mehrere aufgeregte Gäste. Der Gastwirt steht hinter der Theke und erwartet die Beamten. Weil den Umständen nach davon auszugehen ist, dass der Wirt das Geschehen beobachtet hat und den Hergang bezeugen kann, scheidet eine informatorische Befragung aus. Jede Frage an den Wirt ist zeugenschaftliche Vernehmung.

Die Befragung zur Strafverfolgung ist ein Justizverwaltungsakt. Eine Befragung zur Owi-Verfolgung ist eine Maßnahme der Verfolgungsbehörde und als Verfolgungsbehörden-verwaltungsakt zu qualifizieren. Mit der Befragung wird ggf. das Recht auf informationelle Selbstbestimmung (Art. 2 Abs. 1 i.V.m. Art. 1 Abs. 1 GG) beschränkt.

Weder die StPO noch das OWiG enthalten besondere Ermächtigungen zur Befragung. Infolge fehlender spezieller Ermächtigungen muss die informatorische Befragung auf § 163 StPO (in Bezug auf die Verfolgung von Owi auf § 53 bzw. § 46 Abs. 2 OwiG i.V.m. § 163 StPO) gestützt werden (siehe 1. Kapitel, II).

**Voraussetzungen** für die Befragung sind

- hinreichend tatsächliche Anhaltspunkte,
- die den Verdacht einer mit Strafe bzw. Geldbuße bedrohten Handlung begründen
- und dass die befragte Person weder Verdächtiger/Betroffener noch Zeuge oder Sachverständiger ist.

Als **Rechtsfolge** nennt das Gesetz Ermittlungen jeder Art, also auch informatorische Befragungen. Im übrigen wird auf die Erläuterungen im 1. Kapitel, II. verwiesen.

a) KOK Schlau ermittelt in einer Strafsache. Der Polizei ist bekannt, dass als Zeuge des Geschehens der Z. in Betracht kommt. Z. wurde von dem Ermittlungsbeamten mehrfach vergeblich zur zeugenschaftlichen Vernehmung vorgeladen. Weil die Sache dringlich ist und auf die Aussage des Z. nicht verzichtet werden kann, fährt der Polizeibeamte zum Wohnsitz des Z., um ihn ggf. dort zu vernehmen. Trotz mehrfachen Schellens an der Wohnungstür öffnet niemand. Z. ist scheinbar nicht zu Hause. Als in dem Moment ein Mitbewohner des Hauses erscheint, fragt ihn der Polizeibeamte, ob er wisse, wo sich Z. aufhält. Die Befragung ist keine Vernehmung, weil sie nicht unmittelbar auf Klärung des Sachverhaltes ausgerichtet ist.

b) Der Angestellte R. ist wegen eines Raubüberfalles zur Anzeige gebracht und vorläufig festgenommen worden. Nach kurzer Zeit aber wurde er wieder auf freien Fuß gesetzt. Seitdem ist er verschwunden. Im Rahmen der Aufenthaltsermittlung befragt der Ermittlungsbeamte Kontaktpersonen des R. nach dessen Aufenthalt. Die Befragung ist nicht auf Sachverhaltsklärung gerichtet. Sie kann daher keine Zeugenvernehmung sein.

Die befragte Person ist nicht verpflichtet, der Polizei auf ihre Fragen hin zu antworten. Wenn schon Zeugen, Sachverständige und Beschuldigte bei der Polizei in der Regel nicht Aussagen müssen (vgl. unten III.), können insbesondere andere Auskunftspersonen nicht verpflichtet werden.

# III. Die Vernehmung im Rahmen der Strafverfolgung

Überblick
Vorbemerkungen
1. Beschuldigtenvernehmung
1.1 Ermächtigung
1.1.1 Zulässigkeitsvoraussetzungen
1.1.2 Rechtsfolge
1.2 Ermächtigungsbegrenzende Bestimmungen
1.3 Verfahrens- und Formvorschriften
1.3.1 Belehrungspflichten
1.3.2 Weitere Verfahrensvorschriften
1.4 Zeitpunkt und Inhalt der Vernehmung
2. Zeugen- und Sachverständigenvernehmung
2.1 Ermächtigung
2.1.1 Zulässigkeitsvoraussetzungen
2.1.2 Rechtsfolge
2.2 Ermächtigungsbegrenzende Bestimmungen
2.3 Verfahrens- und Formvorschriften (Belehrungspflichten)
2.4 Zeitpunkt und Inhalt der Vernehmung
3. Ergänzende Hinweise zur Vernehmung von Beschuldigten, Zeugen oder Sachverständigen
3.1 Vorladungsrecht
3.2 Aussagefreiheit
3.3 Gegenüberstellung

## Vorbemerkungen

Eine Vernehmung im Rahmen der Strafverfolgung ist die Befragung von Auskunftspersonen, die entweder Beschuldigte (Betroffene), Zeugen oder Sachverständige sind. Darunter fällt die gezielte Informationserhebung durch die Strafverfolgungsbehörden.

Informationen, die ein Beschuldigter /Betroffener, Zeuge oder Sachverständiger aus eigener Veranlassung einbringt, sind keine Vernehmung. Ebenso sind spontane Äußerungen, die ein Verdächtiger oder Zeuge ohne gefragt zu sein macht, keine Vernehmung.

> Polizeibeamte werden zu einer Schlägerei in einer Gaststätte gerufen. Dort treffen sie auf mehrere Personen, von denen einige erheblich bluten. In dem Moment, in dem die Polizeibeamten den Tatort betreten, ruft ihnen ein junger Mann auf einen anderen zeigend zu: "Der Meier hat angefangen und dem Müller ein Bierglas ins Gesicht geschlagen". Diese Aussage ist keine Vernehmung; sie ist aber ein wichtiger Beweis.

Gleichfalls liegt keine Vernehmung vor, wenn jemand bei der Polizei eine Anzeige schriftlich oder mündlich zu Protokoll gibt; denn das ist keine Reaktion auf eine amtliche Informationserhebung.

"Sinn und Zweck der Vernehmung ist es, den strafrechtlichen (ordnungsrechtlichen) Tatbestand herauszuarbeiten, das Verhalten des Beschuldigten (Betroffenen) vor, während und nach der Tat darzustellen, Elemente seiner persönlichen Schuld deutlich sowie seinen Lebenslauf und seine soziale Lage durchschaubar zu machen. Dabei sollen die Aussagenden nicht nur erklären, was sie gesehen, bemerkt oder getan haben, sondern auch, was sie nicht gesehen, bemerkt oder getan haben "(Weihmann, a.a.O., S. 166). Auch die informatorische Befragung eines Beschuldigten (Betroffenen), Zeugen oder Sachverständigen ist bereits Vernehmung (BGH, Urteil vom 25.03.80, NJW 1980, S. 1553). Im Unterschied zur Befragung, steht hier der rechtliche Status der Auskunftspersonen (als Beschuldigter pp.) fest.

Hinsichtlich der Form der Vernehmung geht das Gesetz grundsätzlich von der mündlichen Anhörung aus (Krause/Nehring, a.a.O., § 163a RdNr. 2). Nur für einfache Sachen ist ein anderes Verfahren vorgesehen. In einfachen Sachen genügt es, dass dem Beschuldigten (Betroffenen) Gelegenheit gegeben wird, sich schriftlich zu äußern (§ 163a Abs. 1 Satz 2 StPO). Das sind Verfahren, zu denen sich der Betroffene ohne nähere Anleitung sachgemäß äußern kann (Krause/Nehring, a.a.O., § 163a RdNr. 2). In solchen Fällen ist die Aufforderung, eine schriftliche Erklärung zur Sache abzugeben, ausreichend. Die Anhörung durch die Versendung eines Fragebogens ist Vernehmung. (Krause/Nehring, a.a.O., § 163a RdNr. 7).

Mit der Vernehmung wird in das Recht auf informationelle Selbstbestimmung eingegriffen (Art. 2 Abs. 1 i.V.m. Art. 1 Abs. 1 GG). Die Vernehmung in Strafsachen ist als Justizverwaltungsakt zu qualifizieren.

Zu unterscheiden ist zwischen der Beschuldigtenvernehmung und der Zeugen/Sachverständigenvernehmung.

## 1. Die Beschuldigtenvernehmung

Beschuldigter ist der Tatverdächtige, gegen den ermittelt wird (vgl. Band I, Drittes Kapitel, Zweiter Abschnitt).

## 1.1 Ermächtigung

Die Ermächtigung zur Beschuldigtenvernehmung ist aus § 163 Abs. 1 StPO i.V.m. § 163 a Abs. 4 StPO herzuleiten. Aus § 163 Abs. 1 StPO folgt der Ermittlungsauftrag, während § 163a das Verfahren vorgibt.

§ *163 Abs. 1 StPO Auszug)*
Die Behörden und Beamten des Polizeidienstes *haben Straftaten zu erfor-schen... . Zu diesem Zweck sind sie befugt, ... Ermittlungen jeder Art vorzu-nehmen*, soweit nicht besondere gesetzliche Vorschriften die Befugnisse beson-ders regeln.

§ 163a StPO
(1) ...
(2) ...
(3) ...
(4) Bei der ersten Vernehmung des Beschuldigten durch Beamte des Polizeidienstes ist dem Beschuldigten zu eröffnen, welche Tat ihm zur Last gelegt wird. Im übrigen sind bei der Vernehmung des Beschuldigten durch Beamte des Polizeidienstes § 136 Absatz 1 Satz 2 bis 4, Abs. 2, 3 und § 136a anzuwenden.

## 1.1.1 Zulässigkeitsvoraussetzungen

Die Tatbestandsvoraussetzungen der Ermächtigung sind nicht sogleich zu erkennen. Maßgeblich sind die Begriffe Beschuldigter und Tat. Die Prämisse "Tat" ist im Sinn-zusammenhang mit anderen Vorschriften der Strafprozeßordnung eine mit Strafe bedrohte Handlung. Ausreichend ist der Verdacht der Straftat (zu den Begriffen siehe Band I, 3. Kapitel, Zweiter Abschnitt). Schließlich gibt die Überschrift zu § 163a StPO einen Hinweis darauf, dass es sich um ein Ermittlungsverfahren handeln muß. Voraus-setzungen der Vernehmung sind demzufolge, dass

- der Verdacht einer Straftat vorliegt,
- der Auskunftsperson eine Tat zur Last gelegt wird und
- die Auskunftsperson Beschuldigter ist.

Voraussetzung ist zunächst, dass der Polizeibeamte aufgrund eines konkreten Straftat-verdachtes ermittelt und eine Person befragt, von der er weiß, dass sie verdächtig ist oder Hinweise zur Klärung der Tat geben kann.

Beschuldigter ist die Person, die vorwerfbar den Tatbestand einer mit Strafe bedrohten Handlung verwirklicht hat. Beschuldigter ist der Tatverdächtige, gegen den das Ver-fahren als Beschuldigter betrieben wird. Strafunmündige können nicht zu Beschuldigten gemacht werden (Kleinknecht/Meyer-Goßner, Einleitung, RdNr 76; und oben 3. Kapi-tel). Die Ermächtigung aus § 163a StPO erstreckt sich mithin nicht auf Kinder. Sollen Kinder zu einer Sache aussagen, sind sie wie Zeugen zu behandeln.

Der 11jährige Schüler D. hat in einem Kaufhaus Spielsachen an sich gebracht und das Geschäft verlassen wollen, ohne die Ware zu bezahlen. Dabei ist er von Angestellten des Hauses beobachtet und gestellt worden. Die hinzugezogenen Polizeibeamten nehmen den Sachverhalt auf. Zur Klärung des Geschehens wird der Junge befragt. Eine Vernehmung nach § 163a Abs. 4 StPO scheidet aus, weil der 11jährige Knabe nicht "Beschuldigter" im rechtlichen Sinne ist.

Haben Minderjährige jedoch die Tat zusammen mit einer strafmündigen Person begangen oder wurden sie als "Werkzeug" benutzt, kommt vordergründig die Zeugenvernehmung in Betracht.

> Frau D. ist mit ihrem 13jährigen Sohn in ein Kaufhaus gegangen und hat dem Sohn gesagt, was er unbemerkt an sich nehmen und aus dem Geschäft in ihr Auto bringen soll. Gesagt, getan. Der Detektiv des Hauses hat das beobachtet. Er stellt die beiden zur Rede und alarmiert die Polizei. Zur Klärung der Tat werden Frau D. und ihr Knabe befragt. Die Befragung der Mutter ist eine Beschuldigtenvernehmung. Die Befragung des Sohnes ist Zeugenvernehmung. Als Zeuge hat das Kind eine besondere Rechtsstellung (Zeugnisverweigerungsrecht - vgl. unten).

**Adressat** der Befugnis aus § 163a Abs. 4 StPO ist der Beschuldigte, die Richtung der Befugnis wird durch die Ermächtigung selbst festgelegt.

## 1.1.2   Rechtsfolge

Als Rechtsfolge kommt die Vorladung (siehe unten 3.) und die gezielte Befragung (siehe unter Vorbemerkungen) des Beschuldigten Betracht.

## 1.2   Ermächtigungsbegrenzende Bestimmungen

Die Befugnis zur Vernehmung wird durch § 136a StPO beschränkt. Die Herbeiführung einer Aussage durch verbotene Vernehmungsmethoden ist rechtswidrig mit der Folge der Unverwertbarkeit.

---

**§ 136a StPO   Verbotene Vernehmungsmethoden**

(1) Die Freiheit der Willensentschließung und der Willensbetätigung des Beschuldigten darf nicht beeinträchtigt werden durch Mißhandlung, durch Ermüdung, durch körperlichen Eingriff, durch Verabreichung von Mitteln, durch Quälerei, durch Täuschung oder durch Hypnose. Zwang darf nur angewandt werden, soweit das Strafverfahrensrecht dies zulässt. Die Drohung mit einer nach seinen Vorschriften unzulässigen Maßnahme und das Versprechen eines gesetzlich nicht vorgesehenen Vorteils sind verboten.

(2) Maßnahmen, die das Erinnerungsvermögen oder die Einsichtsfähigkeit des Beschuldigten beeinträchtigen, sind nicht gestattet.

(3) Das Verbot der Absätze 1 und 2 gilt ohne Rücksicht auf die Einwilligung des Beschuldigten. Aussagen, die unter Verletzung des Verbots zu Stande gekommen sind, dürfen auch dann nicht verwertet werden, wenn der Beschuldigte der Verwertung zustimmt.

---

§ 136a StPO schützt ganz allgemein die **Freiheit der Willensentschließung und Willensbetätigung** vor erheblicher Beeinträchtigung. Die Aussageperson darf nicht zum Objekt von Ausforschungsmethoden gemacht werden, bei denen die Kontrolle durch den Willen über das, was sie preisgibt, ausgeschaltet ist (Neuhaus, a.a.O., NStZ 1997, Heft 7, S. 313). Der Beschuldigte ist nicht Gegenstand, sondern Beteiligter des Strafverfahrens. Er ist Prozesssubjekt und hat Anspruch auf Achtung seiner Menschenwürde. Diese Achtung vor der Menschenwürde verbietet es, den Beschuldigten unter Verletzung seines verfassungsrechtlich geschützten sozialen Wert- und Achtungsanspruchs zum bloßen Gegenstand der Verbrechensbekämpfung zu machen.

Die im Gesetz genannten unerlaubten Vernehmungsmethoden sind nicht abschließend (Neuhaus, wie vor, mit weiteren Quellennachweisen).

Als Unterfall des § 136a StPO soll die **Vernehmungsunfähigkeit** aufzufassen sein (Neuhaus, wie vor.) Die zu vernehmende Person muss vernehmungsfähig sein (Schulz/Händel, a.a.O., § 163a, RdNr. 18). Vernehmungsfähigkeit wird man nur dann annehmen können, „wenn der Beschuldigte über die Fähigkeit verfügt, der Vernehmung zu folgen, Fragen in ihrem Sinngehalt aufzunehmen, seine Interessen vernünftig wahrzunehmen und in freier Willensentschließung und Willensbetätigung zur Wahrnehmung seiner Verteidigung Antworten und Erklärungen in verständlicher und verständiger Form abzugeben und entgegenzunehmen" (Neuhaus, a.a.O., NStZ 1997, Heft 7, S. 312). Probleme können sich bei betrunkenen, drogenabhängigen, psychischkranken oder unter Medikamenteneinfluss stehenden Personen ergeben. Das Vernehmungsergebnis einer Person, die während der Vernehmung unter Entzugserscheinungen litt, ist nicht verwertbar (vgl. Artkämper, a.a.O., S. 397).

Aber nicht schon jeder Mangel begründet Vernehmungsunfähigkeit. Grundsätzlich können nur schwere körperliche und seelische Mängel oder Krankheiten die Vernehmungsfähigkeit ausschließen (Neuhaus, wie vor).

Unter den verbotenen Vernehmungsmethoden spielt die **bewußte Täuschung** zur Erlangung einer Aussage eine wesentliche Rolle. Danach ist es unzulässig, durch Irreführung des Beschuldigten eine Aussage zu erreichen. „Die Vorschrift des § 136a StPO schließt nicht jede List bei der Vernehmung aus, sondern verbietet nur Irreführungen, die bewusst darauf abzielen, die von § 136a StPO geschützte Aussagefreiheit zu beeinträchtigen" (BGH, Urt. vom 7.1.1997, NStZ 1997, S. 251). Demzufolge sind Fragen, über die sich der Täter (weil er die Unwahrheit sagt) in Widersprüche verwickelt, durchaus nicht verboten. Hat ein Beschuldigter die Tat scheinbar mit einem anderen (noch Unbekannten) zusammen begangen und nimmt er die Tat um seinen Mittäter zu decken allein auf sich, so kann es als vertretbare List qualifiziert werden, wenn der ermittelnde Polizeibeamte in der Vernehmung spekulativ die Tatbeteiligung eines anderen ins Gespräch bringt und der Beschuldigte deshalb seinen Mittäter (in der Meinung, die Tatbeteiligung sei bekannt) belastet (BGH, wie vor).

§ 136a Abs. 3 StPO bestimmt ausdrücklich, dass Aussagen, die aufgrund der verbotenen Methoden erlangt wurden, nicht verwertbar sind. Der Einsatz verbotener Vernehmungsmittel und Vernehmungsmethoden führt zu einem absoluten Verwertungsverbot der gewonnenen Erkenntnisse. § 136a StPO stellt ein so genanntes Beweismethodenverbot dar. Die Norm findet ihre Ergänzung in § 343 StGB. Danach kann ein Amtsträger, der eine Aussage erpresst, mit einer Freiheitsstrafe von einem Jahr bis zu 10 Jahren bestraft werden. Die Tat ist ein Verbrechen.

## 1.3    Verfahrens- und Formvorschriften

§ 163a Abs. 4 StPO verweist auf § 136 Abs. 1 Sätze 2 bis 4 und auf die Absätze 2 und 3. Daraus ergeben sich folgende Pflichten:

### 1.3.1    Belehrungspflichten

**a) Bekanntgabe der zur Last gelegten Tat, § 163a Abs. 4 Satz 1 StPO**
Vor der ersten Vernehmung ist dem Beschuldigten zu eröffnen, welche Tat ihm zur Last gelegt wird. Der Sachverhalt muss dem Beschuldigten so weit bekannt gegeben werden, dass er sich verteidigen kann (Kleinknecht/Meyer/Goßner, a.a.O., § 136, RdNr. 6). Erst wenn er weiß, um was es geht, kann er die Bedeutung des gegen ihn gerichteten Vorwurfs beurteilen und entscheiden, ob der Beistand eines Verteidigers nötig ist. Nicht nötig ist die Mitteilung der verletzten Vorschriften. Es genügt die Bekanntgabe der Handlung.

**b) Hinweis auf Freiwilligkeit der Aussage, §§ 163a Abs. 4 S. 1, 136 Abs. 1 S. 2 StPO**

Alsdann ist er darauf hinzuweisen, dass es ihm freisteht, sich zu der Beschuldigung zu äußern oder nicht zur Sache auszusagen (Aussagefreiheit). Ist der Vernehmung des Beschuldigten durch einen Beamten des Polizeidienstes nicht der Hinweis vorausgegangen, dass es dem Beschuldigten freistehe, sich zu der Beschuldigung zu äußern oder nicht zur Sache auszusagen, so dürfen Äußerungen, die der Beschuldigte in der Vernehmung gemacht hat, nicht verwertet werden (BGH Beschluß vom 27.2.1992 - NStZ 1992, S. 504; BGH, Urteil vom 20.6.1997, NStZ 1997, Heft 12, S. 609 - Begründung -; Artkämper, a.a.O., S. 396).

**c) Belehrung über das Recht zur Befragung eines Verteidigers, § 163a Abs. 4 Satz 1/136 Abs. 1 Satz 2 StPO**
Der Beschuldigte ist darauf hinzuweisen, dass es ihm freisteht, jederzeit, auch schon vor seiner ersten Vernehmung, einen von ihm zu wählenden Verteidiger zu befragen. „Der Hinweis auf das Recht zur Verteidigerkonsultation ist zugleich mit der Belehrung über die Aussagefreiheit zu erteilen. Denn gerade die Frage, ob der Beschuldigte aussagen oder schweigen will, kann die Beratung mit einem Verteidiger erfordern. Erklärt er, dass er erst mit einem Verteidiger sprechen wolle, so muss die beabsichtigte Vernehmung aufgeschoben und die weitere Entscheidung des Beschuldigten, ob er sich zur Sache einlassen will, abgewartet werden" (Kleinknecht/Meyer-Goßner, a.a.O., § 136 RdNr. 10). Der Verteidiger muss regelmäßig Gelegenheit haben, sich vor der Vernehmung mit dem Beschuldigten zu besprechen (BGH, Urt. vom 25.7.2000 – Jus 2001, S. 194). Ist dem Beschuldigten vor seiner ersten Vernehmung die von ihm gewünschte Befragung

eines gewählten Verteidigers verwehrt worden, so sind seine Angaben auch dann nicht verwertbar, wenn er zuvor gemäß § 136 Abs. 1 Satz 2 StPO belehrt worden ist (BGH, Urteil vom 20.6.1997, NStZ 1997, Heft 12, S. 609 - Begründung -; Artkämper a.a.O. 397). Ein Verwertungsverbot wird auch bejaht, wenn keine ernsthaften Bemühungen unternommen worden sind, dem Beschuldigten bei der Herstellung des Kontaktes zu seinem Verteidiger in effektiver Weise zu helfen (BGH, Urteil vom 20.6.1997, NStZ 1997, Heft 12, S. 609 - Begründung -).

### d) Belehrung über das Recht, Beweisanträge stellen zu dürfen, § 163a Abs. 4 Satz 1/136 Abs. 1 Satz 3 StPO

Der Beschuldigte ist darüber zu belehren, dass er zu seiner Entlastung einzelne Beweiserhebungen beantragen kann. Damit soll dem Beschuldigten deutlich gemacht werden, dass er auf den Gang des Verfahrens bestimmend Einfluss nehmen kann. Aus dem Ermittlungsauftrag der Polizei und dem Recht des Beschuldigten folgt eine Beweiserhebungspflicht. Auf Antrag des Beschuldigten hat der ermittelnde Polizeibeamte die beantragten, für das Verfahren bedeutsamen Beweise zu erheben.

„Die Belehrungspflicht nach § 136 StPO ist im Gesamtgefüge der Norm letztlich als Ausprägung der durch Artikel 1 Abs. 1 GG verankerten Menschenwürde und des Persönlichkeitsrechts im Sinne des Artikels 2 Abs. 1 GG zu verstehen (Artkämper, a.a.O., S. 394). In einer Rechtsordnung, die von dem Grundsatz beherrscht wird, dass der Beschuldigte - von geschriebenen Ausnahmen abgesehen - zu seiner eigenen Überführung und Verurteilung nicht aktiv mitwirken muss, ist es nur konsequent, diese Maxime nicht durch Täuschungen oder Ausnutzung der Unkenntnis des Beschuldigten über seine Rechte zu unterlaufen (Artkämper, wie vor). Auch dem Straftatverdächtigen ist die Freiheit zugestanden, sein Verhalten autonom, d. h. nach eigenem Kalkül und mit selbst gesetzten Präferenzregeln zu steuern (Wollweber, Anmerkung zu BGH, Urt. v. 7. 1. 1997, NStZ 1998, Heft 6, S. 311). Die souveräne Entscheidungsfreiheit des Beschuldigten, selbst darüber zu befinden, ob er an der Aufklärung des Sachverhaltes aktiv mitwirken will oder nicht, wird verbürgt. Insoweit hat der Beschuldigte ein Recht auf ordnungsgemäße Belehrung, zumal davon auszugehen ist, dass er das durch den Beschuldigtenstatus begründete Recht nicht, nicht hinreichend sicher oder nicht umfassend kennt (Artkämper, wie vor mit weiteren Quellennachweisen).

Die Belehrungspflicht ist verknüpft mit der Frage, ob der Beschuldigte seine Rechte kennt und verstanden hat. Maßgebend ist allein die Sicht des zu Vernehmenden (Artkämper, a.a.O., S. 96). Der vernehmende Polizeibeamte hat auf die persönlichen Eigenschaften, Begabungen und den momentanen Zustand des zu Vernehmenden Rücksicht zu nehmen.

Eine Wahrheitspflicht hat der Beschuldigte nicht. Er hat aber auch kein Recht zur Lüge. Darum darf er zur Wahrheit ermahnt werden (Kleinknecht/Meyer-Goßner, a.a.O., § 136, RdNr. 18).

Für staatsanwaltschaftliche Vernehmungen bestimmt Nr. 45 RiStBV, dass die Belehrung des Beschuldigten vor seiner ersten Vernehmung nach §§ 136 Abs. 1, § 163a Abs. 3 Satz 2 StPO aktenkundig zu machen ist. Das sollte bei polizeilichen Vernehmungen entsprechend berücksichtigt werden.

## 1.3.2 Weitere Verfahrensvorschriften

In geeigneten Fällen soll der Beschuldigte auch darauf hingewiesen werden, dass er sich schriftlich äußern kann (§ 136 Abs. 1 Satz 4 StPO). Ob ein Fall geeignet ist, hängt von den Umständen ab. Von dieser Regelung erfasst sind einfache Sachen. Das sind klar gelagerte Fälle besonders der leichten Kriminalität. Eine **schriftliche Äußerung** des Beschuldigten macht nur dann Sinn, wenn er fähig ist, sich ohne Beistand einzulassen. Demzufolge sind nur solche Fälle geeignet, in denen der Beschuldigte voraussichtlich bereit und hinreichend fähig ist, eine sachgerechte schriftliche Äußerung abzugeben (Kleinknecht/Meyer-Goßner, a.a.O., § 136, RdNr. 12).

Bei der Vernehmung ist dem Beschuldigten **Gelegenheit** zu geben, die gegen ihn vorliegenden **Verdachtsgründe zu beseitigen** und die zu seinen Gunsten sprechenden Tatsachen geltend zu machen. Damit kann er einen wesentlichen Beitrag zur Wahrheitsfindung leisten. Die Vorschrift entspricht dem Grundsatz aus § 160 Abs. 2 StPO.

Bei der ersten Vernehmung des Beschuldigten ist zugleich auf die Ermittlung der **persönlichen Verhältnisse** Bedacht zu nehmen. „Dazu gehören Vorleben, Werdegang, berufliche Ausbildung und Tätigkeit, familiäre und wirtschaftliche Verhältnisse und sonstige Umstände, die für die Beurteilung der Tat und für die Rechtsfolgenfrage von Bedeutung sein können" (Kleinknecht/Meyer/Goßner, a.a.O., § 136 RdNr. 16; vgl. auch RiStBV, RdNr. 13 ff.).

Neben den Belehrungspflichten gilt für die Polizei auch die prozessuale Fürsorgepflicht (vgl. Kleinknecht/Meyer-Goßner, § 163a, RdNr. 23). Danach muss der vernehmende Polizeibeamte für ein faires Verfahren sorgen (Kleinknecht/Meyer-Goßner, a.a.O., Einleitung, RdNr. 162).

Auch aus der Konvention zum Schutz der Menschenrechte und Grundfreiheiten folgen Pflichten, die zu beachten sind. Hier ist insbesondere auf das Recht des Beschuldigten hinzuweisen, dass die Ermittlungsbehörde einen **Dolmetscher hinzuziehen muss, wenn der Beschuldigte der deutschen Sprache nicht mächtig** ist (Art. 6 Abs. 3 e) MRK). Das Recht steht zwar erst dem Angeklagten (vor Gericht) zu, sollte allerdings bereits im Ermittlungsverfahren und bei der polizeilichen Vernehmung eine Rolle spielen, weil sonst die Vernehmung wertlos ist.

## 1.4 Zeitpunkt und Inhalt der Vernehmung

Die Ermächtigung zur Vernehmung des Beschuldigten durch Polizeibeamte bestimmt keinen Zeitpunkt. Aus dem Sinnzusammenhang mit § 163a Abs. 1 StPO folgt jedoch, dass der Beschuldigte spätestens vor dem Abschluss der Ermittlungen zu vernehmen ist. Eine Ausnahme gilt dann, wenn die Sache so liegt, dass sie wahrscheinlich eingestellt wird. "Hält die Polizei einen Einstellungsfall für gegeben, so gibt sie die Sache an die Staatsanwaltschaft ab" (Kleinknecht/Meyer-Goßner, § 163a RdNr. 3).

Die Frage, worauf sich eine Vernehmung zu erstrecken hat, lässt § 163a StPO offen. Aus dem polizeilichen Auftrag zur Strafverfolgung folgt jedoch, dass die **Polizei belastende und entlastende Umstände** zu erfragen und aufzunehmen hat (§ 160 Abs. 2 StPO). Als Ermittlungsorgan und verlängerter Arm der Staatsanwaltschaft hat sie im Ermittlungsverfahren dieselben Pflichten wie die Staatsanwaltschaft. Ihr obliegt die vollständige Wahrheitsermittlungspflicht. Ansonsten sind die allgemeinen Grundregeln zu beachten (vgl. hierzu Kleinknecht/Meyer-Goßner, a.a.O., § 136 RdNrn. 4 ff.).

Die Vernehmung beginnt mit der **Vernehmung zur Person**, setzt sich fort über die **Eröffnung der Tat**, die **Belehrung** über die dem Beschuldigten zustehenden Rechte und erstreckt sich schließlich auf die **Vernehmung zur Sache**. "Für bedeutende Teile der Vernehmung empfiehlt es sich, die Fragen, Vorhalte und Antworten möglichst wörtlich in die Niederschrift aufzunehmen. Legt der Beschuldigte ein Geständnis ab, so sind die Einzelheiten der Tat möglichst mit seinen eigenen Worten wiederzugeben. Es ist darauf zu achten, dass besonders solche Umstände aktenkundig gemacht werden, die nur der Täter wissen kann. Die Namen der Personen, die das Geständnis mitgehört haben, sind zu vermerken (Nr. 45 Abs. 2 RiStrBV). Zur Vernehmungstaktik muss auf die einschlägige Literatur (vgl. Weimann, a.a.O.) verwiesen werden.

## 2. Zeugen- und Sachverständigenvernehmung

"Zeuge ist, wer in einem Strafverfahren über eigene sinnliche Wahrnehmungen Auskunft geben soll und selbst nicht Beschuldigter in dem betreffenden Verfahren ist (Schmidt, a.a.O., S. 18).

Sachverständiger ist eine Person, die auf einem bestimmten Wissensgebiet eine, dem Richter idR fehlende, Sachkunde hat, die nicht unbedingt wissenschaftlich zu sein braucht; auch Kaufleute und Handwerker, die auf ihrem Fachgebiet sachkundig sind, können Sachverständige sein (Kleinknecht/Meyer-Goßner, a.a.O., vor § 72, RdNr. 1). Sachverständige sind sachkundige Personen, die Tatsachen und Erfahrungssätze beurteilen und ihr Wissen in das Beweisverfahren einbringen können.

Der Zeuge und der Sachverständige sind - wie der Beschuldigte - persönliche Beweismittel. Sie sind Beweispersonen, die gewissermaßen als "erweitertes Auge des Gerichtes" Auskunft über einen in der Vergangenheit liegenden Vorgang bekunden. Zu den zeugenschaftlichen Wahrnehmungen gehören auch Mitteilungen, die dem Zeugen von anderen Personen gemacht worden sind; deshalb ist auch der Zeuge vom Hörensagen ein taugliches Beweismittel" (Schmidt, a.a.O., S. 18). An den Zeugen sind gesetzlich keine besonderen Anforderungen gestellt. Kinder, Betrunkene, psychisch kranke Personen, geistig oder seelisch behinderte Menschen können durchaus Zeugen sein. Auch der durch eine Straftat Geschädigte kann Zeuge sein (z.B. das Opfer eines Verkehrsunfalls oder das mißhandelte Kind).

Von einer Zeugenvernehmung ist jedoch erst dann auszugehen, wenn objektive Anhaltspunkte dafür vorliegen, dass gerade diese Person das Geschehen (zumindest teilweise) miterlebt hat oder sonstige Auskünfte zu dem Geschehen geben kann.

## 2.1 Ermächtigung

Als Ermächtigungsgrundlage zur Vernehmung von Zeugen oder Sachverständigen kommt § 163 Abs. 1 StPO (Ermittlungsauftrag, siehe S. 98) i.V.m. § 163a Abs. 5 StPO (Verfahren) in Betracht.

---

**§ 163a StPO (Vernehmung im Ermittlungsverfahren)**
(1) ...
(2) ...
(3) ...
(4) ...
(5) Bei der Vernehmung eines Zeugen oder Sachverständigen durch Beamte des Polizeidienstes sind § 52 Absatz 3, § 55 Absatz 2, § 81c Absatz 3 Satz 2 in Verbindung mit § 52 Absatz 3 und § 136a entsprechend anzuwenden.

---

### 2.1.1 Zulässigkeitsvoraussetzungen

Die Tatbestandsvoraussetzungen sind dem Sinnzusammenhang der Vorschriften zu entnehmen. Voraussetzungen der Zeugen- und Sachverständigenvernehmung ist danach, dass

- **der Verdacht einer Straftat vorliegt,**
- **die Auskunftsperson zum Tatgeschehen Aussagen machen kann und**
- **die Auskunftsperson nicht Beschuldigter ist.**

Ob eine rechtswidrige Tat vorliegt, ist nach hinreichend tatsächlichen Anhaltspunkten zu beurteilen, so dass der Schluss auf die Verletzung einer mit Strafe bedrohten Handlung zu rechtfertigen ist. Ausreichend ist der Tatverdacht (siehe oben 1.1).

Weiter müssen Fakten dafür sprechen, dass eine bestimmte Person das Geschehen bezeugen oder eine sachverständige Aussage machen kann.

Anhaltspunkte für die Zeugeneigenschaft können sich schlüssig aus den Umständen ergeben. Der Betroffene muss sich nicht unbedingt als Zeuge offenbaren. Auch durch logische Schlussfolgerung kann jemand als Zeuge in Betracht kommen.

a) Polizeibeamte werden wegen eines Ladendiebstahls in ein Kaufhaus entsandt. In dem Geschäft angekommen, werden sie in das Büro des Geschäftsführers gebeten. Dort treffen sie auf zwei Bedienstete des Hauses und eine junge Frau, die beschämt wegschaut. Aufgrund polizeilicher Erfahrung ist davon auszugehen, dass die beiden Bediensteten die Tat der jungen Frau beobachtet haben und deshalb Zeuginnen der Straftat sind.

b) Das Bundesligaspiel zwischen dem VfL Bochum und Borussia Dortmund verlief sehr dramatisch. Die Anhänger des VfL fühlten sich benachteiligt und waren recht aufgebracht. In dieser angespannten Situation hat der Jugendliche A. einige BVB-Anhänger zunächst provoziert. Dann schließlich trat er einen anderen Jugendlichen in den Rücken und wollte verschwinden. BVB-Fans ergriffen den Täter und hielten ihn bis zum Erscheinen der Polizei fest. Die Polizeibeamten nahmen den Sachverhalt auf. Aufgrund der Umstände ist davon auszugehen, dass die Personen, die den Täter festgehalten haben, die Tat auch beobachtet haben und insoweit Zeugen sind.

c) Polizeibeamte werden zu einem Verkehrsunfall gerufen. Am Unfallort angekommen, stellen die Polizisten fest, dass ein junger Mann namens Müller mit seinem Fahrzeug aus einer Kurve getragen wurde und auf der Gegenfahrbahn mit dem Fahrzeug der Frau Meier zusammengestoßen ist. Dabei wurde der Mitfahrer im Fahrzeug der Frau Meier, Herr Schulze, erheblich verletzt. Die Polizisten fragen den Herrn Schulze, wie schnell Frau Meier gefahren ist, ob sie noch abgebremst oder versucht hat, auszuweichen. Diese Fragen an Herrn Schulze sind bereits Zeugenvernehmung, weil nach den Umständen davon ausgegangen werden muss, dass Herr Schulze das Geschehen miterlebt und selbst keinen Handlungsbeitrag geleistet hat.

**Adressaten** sind der Zeuge oder der Sachverständige. § 163a Abs. 5 StPO bestimmt die Richtung der Maßnahme unmittelbar.

## 2.1.2 Rechtsfolge

Als Rechtsfolge zulässig sind die Vorladung, gezielte Befragung und ggf. Gegenüberstellung vorgesehen (siehe unter Vorbemerkungen und unten 3.).

## 2.2 Ermächtigungsbegrenzende Bestimmungen

### 2.2.1 Verbotene Vernehmungsmethoden

Die Befugnis aus § 163a Abs. 5 StPO verweist auf § 136a StPO. Die zulässige Maßnahme wird demzufolge durch die in § 136a StPO genannten verbotenen Vernehmungsmethoden auf ein erträgliches, faires Maß begrenzt. Unzulässig ist demzufolge die Erzwingung von Aussagen durch Misshandlung, körperliche Eingriffe, Verabreichung von Mitteln und andere Methoden (vgl. oben 1.1.3).

### 2.2.2 Zeugnisverweigerungsrechte

Auch durch die Zeugnis- und Auskunftsverweigerungsrechte wird die Befugnis zur Vernehmung von Zeugen und Sachverständigen beschränkt. Greift ein Zeugnisverweigerungsrecht durch, scheidet die Vernehmung aus. Besteht ein Auskunftsverweigerungsrecht, muss die Vernehmung dazu zurückstehen.

Die Zeugnis- und Auskunftsverweigerungsrechte folgen aus den §§ 52 ff. StPO.

**§ 52 StPO** Zeugnisverweigerungsrecht Angehöriger

(1) Zur Verweigerung des Zeugnisses sind berechtigt

1. der Verlobte des Beschuldigten,
2. der Ehegatte des Beschuldigten, auch wenn die Ehe nicht mehr besteht,
3. wer mit dem Beschuldigten in gerader Linie verwandt oder verschwägert, in der Seitenlinie bis zum dritten Grade verwandt oder bis zum zweiten Grad verschwägert ist oder war.

(2) Haben Minderjährige oder wegen Geisteskrankheit oder Geistesschwäche entmündigte Personen wegen mangelnder Verstandesreife oder wegen Verstandesschwäche von der Bedeutung des Zeugnisverweigerungsrechtes keine genügende Vorstellung, so dürfen sie nur vernommen werden, wenn sie zur Aussage bereit sind und auch ihr gesetzlicher Vertreter der Vernehmung zustimmt. Ist der gesetzliche Vertreter selbst Beschuldigter, so kann er über die Ausübung des Zeugnisverweigerungsrechts nicht entscheiden; das gleiche gilt für den nicht beschuldigten Elternteil, wenn die gesetzliche Vertretung beiden Eltern zusteht.

(3) Die zur Verweigerung des Zeugnisses berechtigten Personen, in den Fällen des Absatzes 2 auch deren zur Entscheidung über die Ausübung des Zeugnisverweigerungsrechtes befugte Vertreter, sind vor jeder Vernehmung über ihr Recht zu belehren. Sie können den Verzicht auf dieses Recht auch während der Vernehmung widerrufen.

**§ 55 StPO** Auskunftsverweigerungsrecht

(1) Jeder Zeuge kann die Auskunft auf solche Fragen verweigern, deren Beantwortung ihm selbst oder einem der in § 52 Abs. 1 bezeichneten Angehörigen die Gefahr zuziehen würde, wegen einer Straftat oder einer Ordnungswidrigkeit verfolgt zu werden.

(2) Der Zeuge ist über sein Recht zur Verweigerung der Auskunft zu belehren.

Dieses Recht dient allein dem Interesse des Zeugen, sich zu schützen und eigene Straftaten nicht offenbaren zu müssen. Das berührt den Rechtskreis des Beschuldigten nicht unmittelbar (vertiefend: Volk, a.a.O.S. 131).

**§ 53 StPO** Berufsgeheimnis

(1) Zur Verweigerung des Zeugnisses sind ferner berechtigt

1. Geistliche über das, was ihnen in ihrer Eigenschaft als Seelsorger anvertraut worden oder bekannt geworden ist;
2. Verteidiger des Beschuldigten über das, was ihnen in dieser Eigenschaft anvertraut worden oder bekannt geworden ist;
3. Rechtsanwälte, Patentanwälte, Notare, Wirtschaftsprüfer, vereidigte Buchprüfer, Steuerberater und Steuerbevollmächtigte, Ärzte, Zahnärzte, Apotheker und Hebammen über das, was ihnen in dieser Eigenschaft anvertraut worden oder bekannt geworden ist;

3a. Mitglieder oder Beauftragte einer anerkannten Beratungsstelle nach den §§ 3 und 8 des Schwangerschaftskonfliktgesetzes über das, was ihnen in dieser

Eigenschaft anvertraut worden oder bekannt geworden ist;

3b. Berater für Fragen der Betäubungsmittelabhängigkeit in einer Beratungsstelle, die eine Behörde oder eine Körperschaft, Anstalt oder Stiftung des öffentlichen Rechts anerkannt oder bei sich eingerichtet hat, über das, was ihnen in dieser Eigenschaft anvertraut worden oder bekannt geworden ist;

4. Mitglieder des Bundestages, eines Landtages oder einer zweiten Kammer über Personen, die ihnen in ihrer Eigenschaft als Mitglieder dieser Organe oder denen sie in dieser Eigenschaft Tatsachen anvertraut haben sowie über diese Tatsachen selbst;

5. Personen, die bei der Vorbereitung, Herstellung oder Verbreitung von periodischen Druckwerken oder Rundfunksendungen berufsmäßig mitwirken oder mitgewirkt haben, über die Person des Verfassers, Einsenders oder Gewährsmanns von Beiträgen und Unterlagen sowie über die ihnen im Hinblick auf ihre Tätigkeit gemachten Mitteilungen, soweit es sich um Beiträge, Unterlagen und Mitteilungen für den redaktionellen Teil handelt.

(2) Die in Absatz 1 Nr. 2 bis 3.b Genannten dürfen das Zeugnis nicht verweigern, wenn sie von der Verpflichtung zur Verschwiegenheit entbunden sind.

## § 53a StPO   Hilfspersonen

(1) Den in § 53 Abs. 1 Nr. 1 bis 4 Genannten stehen ihre Gehilfen und die Personen gleich, die zur Vorbereitung auf den Beruf an der berufsmäßigen Tätigkeit teilnehmen. Über die Ausübung des Rechtes dieser Hilfspersonen, das Zeugnis zu verweigern, entscheiden die in § 53 Abs. 1 Nr. 1 bis 4 Genannten, es sei denn, dass diese Entscheidung in absehbarer Zeit nicht herbeigeführt werden kann.

(2). Die Entbindung von der Verpflichtung zur Verschwiegenheit (§ 53 Abs. 2) gilt auch für die Hilfspersonen.

## § 54 StPO   Öffentlicher Dienst

(1) Für die Vernehmung von Richtern, Beamten und anderen Personen des öffentlichen Dienstes als Zeugen über Umstände, auf die sich ihre Pflicht zur Amtsverschwiegenheit bezieht, und für die Genehmigung zur Aussage gelten die besonderen beamtenrechtlichen Vorschriften.

(2) Für die Mitglieder des Bundestages, eines Landtages, der Bundes- oder einer Landesregierung sowie für die Angestellten einer Fraktion des Bundestages oder eines Landtages gelten die für sie maßgebenden besonderen Vorschriften.

(3) Der Bundespräsident kann das Zeugnis verweigern, wenn die Ablegung des Zeugnisses dem Wohl des Bundes oder eines deutschen Landes Nachteile bereiten würde.

(4) Diese Vorschriften gelten auch, wenn die vorgenannten Personen nicht mehr im öffentlichen Dienst oder Angestellte einer Fraktion sind oder ihre Mandate beendet sind, soweit es sich um Tatsachen handelt, die sich während ihrer Dienst-, Beschäftigungs- oder Mandatszeit ereignet haben oder ihnen während ihrer Dienst-, Beschäftigungs- oder Mandatszeit zur Kenntnis gelangt sind.

Für Beamte ist das Landesbeamtengesetz maßgebend.

---

**§ 64 LBG NW Amtsverschwiegenheit**

(1) Der Beamte hat, auch nach Beendigung des Beamtenverhältnisses, über die ihm bei seiner amtlichen Tätigkeit bekanntgewordenen Angelegenheiten Verschwiegenheit zu wahren. Dies gilt nicht für Mitteilungen im dienstlichen Verkehr oder über Tatsachen, die offenkundig sind oder ihrer Bedeutung nach keiner Geheimhaltung bedürfen.

(2) Der Beamte darf ohne Genehmigung über Angelegenheiten , über die er Verschwiegenheit zu bewahren hat, weder vor Gericht noch außergerichtlich aussagen oder Erklärungen abgeben. Hat sich der Vorgang, der den Gegenstand der Äußerung bildet, bei einem früheren Dienstherrn ereignet, so darf die Genehmigung nur mit dessen Zustimmung erteilt werden.

(3) ...

(4) ...

**§ 65 LBG NW**

(1) Die Genehmigung, als Zeuge auszusagen, darf nur versagt werden, wenn die Aussage dem Wohle des Bundes oder eines deutschen Landes Nachteile bereiten oder die Erfüllung öffentlicher Aufgaben ernstlich gefährden oder erheblich erschweren würde.

(2) ...

(3) ...

---

## 2.3 Form- und Verfahrensvorschriften

Die Befugnis zur Zeugen-/Sachverständigenvernehmung nach § 163a Abs. 5 StPO weist auf die Belehrungspflichten über die Zeugnisverweigerungsrechte hin. Das staatliche Interesse an einer möglichst vollständigen Sachaufklärung durch Vernehmung eines an sich nicht ersetzbaren Zeugen muss manchmal aus den verschiedensten Gründen zurücktreten, und zwar dann, wenn persönliche oder berufliche Interessen des Zeugen überwiegen. Die Belehrungspflicht erstreckt sich auf

**a)     Belehrung über das Zeugnisverweigerungsrecht von Angehörigen.**

Nach § 52 Abs. 3 StPO sind die zur Verweigerung des Zeugnisses berechtigten Personen (Angehörige) vor jeder Vernehmung über ihr Recht zu belehren. Das Zeugnisverweigerungsrecht erfasst den Kreis der Angehörigen (vgl. Gesetzestext oben).

**b)     Belehrung über das Auskunftsverweigerungsrecht**

Gestützt auf den rechtsstaatlichen Grundsatz, dass niemand gezwungen werden kann, gegen sich selbst auszusagen, schützt § 55 StPO den Zeugen davor, dass er sich selbst oder Angehörige belastet. Verfängliche Fragen, die den zu vernehmenden selbst oder einen seiner Angehörigen einer Gefahr aussetzen würden, wegen einer Straftat oder Ordnungswidrigkeit verfolgt zu werden, müssen nicht beantwortet werden. Die Entscheidung über die Selbstbelastung trifft immer der Zeuge selbst (Kleinknecht/ Meyer-Goßner, a.a.O., § 55, RdNr. 11).Weil § 55 den Zeugen selbst schützt, wirkt sich die unterlassene Belehrung nicht auf den Beschuldigten aus (Kleinknecht/Meyer-Goßner, a.a.O., § 55, RdNr. 16). Stellt sich im Zuge der Vernehmung heraus, dass der Zeuge nunmehr Beschuldigter ist, muss er in dem Moment erneut wie ein Beschuldigter belehrt werden.

### c)  Belehrungsverfahren bei Minderjährigen … und Betreuten

Bei Minderjährigen, denen die Verstandesreife fehlt oder bei Minderjährigen und Betreuten, die an einer psychischen Krankheit oder an einer geistigen oder seelischen Behinderung leiden und keine genügende Vorstellung von der Bedeutung des Zeugnisverweigerungsrechtes haben, entscheidet der gesetzliche Vertreter. Ist der gesetzliche Vertreter jedoch selbst der Beschuldigte und ist die Vernehmung dieses Zeugen unerlässlich, so kommt die Maßnahme nur auf Anordnung des Richters in Betracht (vgl. § 163a Abs. 5 in Verbindung mit § 81c Abs. 3, der wiederum auf § 55 Abs. 2 Satz 2 und 3 StPO verweist). Beim Ausschluss des gesetzlichen Vertreters muss ein Ergänzungspfleger nach § 1909 Abs. 1 Satz 1 BGB bestellt werden. Der Antrag ist von der Polizei an die Staatsanwaltschaft zu richten (Kleinknecht/Meyer-Goßner, a.a.O., § 52, RdNr. 20).

Die Belehrung des Zeugen und ggf. seines gesetzlichen Vertreters ist aktenkundig zu machen (Nr. 65 RiStBV).

Wenn sich der Zeuge trotz seines Aussageverweigerungsrechtes zur Aussage bereit erklärt, steht der Verwertung der Aussage nichts entgegen. Zu beachten ist, dass der Angehörige den Verzicht auf sein Aussageverweigerungsrecht während der Vernehmung widerrufen darf. "Die Vernehmung darf dann nicht durch- oder fortgeführt werden. Was der Zeuge vor dem Widerruf ausgesagt hat, kann verwertet werden (Kleinknecht/Meyer-Goßner, a.a.O., § 52, RdNr. 22). Wurde die Belehrung unterlassen, darf die Aussage nicht verwertet werden (Kleinknecht/Meyer-Goßner, a.a.O., § 52, RdNr. 32).

## 2.4    Zeitpunkt und Inhalt der Vernehmung

Die polizeiliche Ermächtigung zur Zeugenvernehmung sagt nichts zum Vernehmungsinhalt aus. Aus § 160 Abs. 2 StPO i.V.m. § 163 StPO folgt, dass die Polizei be- und entlastende Umstände zu ermitteln hat, also auch den Zeugen nach Dingen fragen muss, die den Beschuldigten ggf. entlasten.

Maßgebend sind für die polizeiliche Zeugenvernehmung die Grundregeln, wie sie für die Staatsanwaltschaft gelten (vgl. Kleinknecht/Meyer-Goßner, a.a.O., § 68 RdNr. 1). Entsprechend § 161a Abs. 2 Satz 2 StPO hat die Staatsanwaltschaft bei der Zeugenvernehmung die Vorschriften des 6. und 7. Buches der StPO (§§ 48 bis 93) zu berücksichtigen.

Die Zeugenvernehmung beginnt mit der Bekanntgabe des Untersuchungsgegenstandes. Sofern der Beschuldigte feststeht, ist dem Zeugen die Person des Beschuldigten bekannt zu geben, denn nur dann kann er über sein Zeugnisverweigerungsrecht bestimmen (§ 69 Abs. 1 Satz 2 StPO).

Dann erstreckt sich die Informationserhebung auf die Vernehmung zur Person und auf die Vernehmung zur Sache. Bei der Vernehmung zur Sache sind Tatsachen festzustellen. Tatsachen können auch negativer Art sein, z.B. dass ein Zeuge eine bestimmte Äußerung nicht gehört hat (Kleinknecht/Meyer-Goßner, a.a.O, vor § 48 RdNr. 2).

Bei der Vernehmung des Zeugen ist darauf zu achten, dass er nicht bloßgestellt wird (§ 68 StPO). Fragen, die ihm zur Unehre gereichen könnten, oder Fragen aus dem persönlichen Lebensbereich sollen nur gestellt werden, wenn sie unerlässlich sind. Auch Fragen nach Vorstrafen des Zeugen kommen nur in Betracht, um die Glaubwürdigkeit beurteilen zu können (§ 68 Abs. 2 StPO).

Um der Bedeutung der Zeugenaussage als wichtiges Beweismittel zu genügen, ist darauf zu achten, dass der Zeuge vernehmungsfähig ist. Die Vernehmung von betrunkenen, unter Medikamenteneinfluss oder Drogeneinfluss stehenden Personen sollte möglichst verschoben werden. Ist der Aufschub nicht möglich oder unzweckmäßig bzw. ungeeignet, sollte eventuell ein Arzt zur Beurteilung der Vernehmungsfähigkeit hinzugezogen werden ( Schulz/Händel, § 163a, RdNr. 18). Gleichwohl ist die Aussage z.B. eines Betrunkenen verwertbar, unter Umständen sogar sehr wichtig. In einem ergänzenden Bericht sollte der vernehmende Polizeibeamte dann seinen Eindruck und die objektiven Merkmale, die den Zustand betreffen, festlegen (Schulz/Händel, § 163a, RdNr. 18).

**3.     Ergänzende Hinweise zur Vernehmung von Beschuldigten, Zeugen oder Sachverständigen**

**3.1     Vorladungsrecht**

Die Befugnis zur Vernehmung enthält das Recht, den Beschuldigten oder Zeugen/Sachverständigen zur Vernehmung vorzuladen. Eine ausdrückliche Befugnis zur Vorladung (so wie sie im Polizeigesetz zu finden ist) fehlt in der Strafprozessordnung. Darum ist die Maßnahme als Minusmaßnahme aus dem Vernehmungsrecht herzuleiten.

Weder der Beschuldigte noch der Zeuge oder Sachverständige sind verpflichtet, der Vorladung zu folgen. Das folgt systematisch aus § 163a Abs. 3 und § 161a Abs. 1 StPO. Danach sind der Beschuldigte bzw. Zeuge und Sachverständige verpflichtet, auf Ladung vor der Staatsanwaltschaft zu erscheinen. Weil der Gesetzgeber in Bezug auf die Staatsanwaltschaft diese Verpflichtung ausdrücklich geregelt hat und eine solche Regelung in Bezug auf die polizeiliche Vernehmung fehlt, muss der Schluss gezogen werden, dass der polizeilichen Vorladung nicht gefolgt werden muss.

## 3.2 Aussagefreiheit

Aus dem Recht der Polizei, Beschuldigte und Zeugen/Sachverständige vernehmen zu dürfen, folgt auf der anderen Seite nicht automatisch die Verpflichtung der betroffenen Person, bei der Polizei auch auszusagen. Die Betroffenen können die Aussage vor der Polizei jederzeit verweigern. Die Folge ist allerdings, dass sie dann bei der Staatsanwaltschaft erscheinen müssen. Zeugen und Sachverständige sind entsprechend § 161a StPO verpflichtet, auf Vorladung der Staatsanwaltschaft zu erscheinen und auszusagen.

## 3.3 Gegenüberstellung als Mittel der Zeugenvernehmung

Ein besonderes Mittel der Zeugenvernehmung ist die Gegenüberstellung im Sinne des § 58 Abs. 2 StPO. Die Gegenüberstellung ist schon im Rahmen der polizeilichen Ermittlungen zulässig, soweit sie zur Sachaufklärung geboten erscheint. Sie ist ein Teil der Vernehmung (Kleinknecht/Meyer-Goßner, a.a.O., RdNr. 8 u. 9). Zu unterscheiden ist zwischen der Identifizierungsgegenüberstellung und der Vernehmungsgegenüberstellung. Die Identifizierungsgegenüberstellung kann auch in der Form vorgenommen werden, dass eine Videoaufnahme von dem Beschuldigten und anderen Personen hergestellt und dem Zeugen vorgeführt wird (Kleinknecht/Meyer-Goßner, a.a.O., RdNr. 9).

Die Vernehmungsgegenüberstellung richtet sich auf Beseitigung von Zweifeln und Widersprüchen bei der Tatbegehung.

Bei einer von der Polizei veranlassten Gegenüberstellung wirkt der Zeuge freiwillig mit. So wie er aufgrund polizeilicher Vorladung nicht verpflichtet ist, zu erscheinen, und nicht aussagen muss, so kann er auch die Vorladung zu einem Gegenüberstellungstermin ignorieren. Hat jedoch der Richter die Gegenüberstellung angeordnet, muss sich der Zeuge zur Gegenüberstellung bei der Polizei einfinden (Kleinknecht/Meyer-Goßner, a.a.O., § 58, RdNr. 8). Er ist dann zur Mitwirkung verpflichtet, wenn er kein Aussageverweigerungsrecht nach § 52 ff. StPO hat (Kleinknecht/Meyer-Goßner, a.a.O., RdNr. 9).

Die Gegenüberstellung als Maßnahme gegen den Beschuldigten im Rahmen dieses Gegenüberstellungsverfahrens ist eine Maßnahme der erkennungsdienstlichen Behandlung (siehe vierter Abschnitt).

# IV. Die Vernehmung im Ordnungswidrigkeitenverfahren

Die Bedeutung und die Rechtsnatur der Vernehmung bei der Verfolgung von Ordnungswidrigkeiten ist der Vernehmung zur Strafverfolgung gleich. Stets wird in das Recht auf informationelle Selbstbestimmung eingegriffen.

Eine Vernehmung im Ordnungswidrigkeitenverfahren ist ein Verwaltungsakt der Verfolgungsbehörde.

Zu beachten ist allerdings, dass Ordnungswidrigkeitenzeugen und -sachverständige unter bestimmten Voraussetzungen (siehe unten) die Pflicht haben, auf Vorladung der Polizei zu erscheinen und vor der Polizei auszusagen. In solchen Fällen ist neben der Beschränkung des Rechtes auf informationelle Selbstbestimmung auch ein Eingriff in die allgemeine Handlungsfreiheit einer Person nach Artikel 2 Abs. 1 GG gegeben.

# 1. Ermächtigungsgrundlagen zur Vernehmung

Die Ermächtigungsgrundlagen zur Vernehmung im Ordnungswidrigkeitenverfahren ergeben sich aufgrund der Transmissionsklauseln im OwiG aus der Strafprozeßordnung (siehe oben 1.) Je nachdem, ob die Polizei als zuständige Verwaltungsbehörde (vgl. §§ 35/36 OwiG) die Vernehmung veranlasst oder ob sie aus dem allgemeinen Auftrag nach § 53 OwiG tätig wird, kommen unterschiedliche Überleitungsvorschriften und strafprozessuale Befugnisse in Betracht.

## 1.1 Die Vernehmung durch die Polizei als zuständige Verwaltungsbehörde

Ist die Polizei zuständige Verwaltungsbehörde (siehe Band I., 3. Kapitel, Dritter Abschnitt), hat sie entsprechend § 46 Abs. 2 OwiG die strafprozessualen Befugnisse, die der Staatsanwaltschaft bei der Verfolgung von Straftaten zustehen. Daraus folgt, dass als Ermächtigung zur Vernehmung des Betroffenen § 163a Abs. 1 und Abs. 3 StPO in Betracht kommen und in diesem Rahmen die §§ 133 - 136a StPO zu beachten sind.

Danach ist der Betroffene verpflichtet, auf Vorladung der Polizei zum Vernehmungstermin zu erscheinen. Das Vernehmungsrecht der Polizei und die Verpflichtung, der Vorladung zu folgen, führt aber nicht zu der Verpflichtung, vor der Polizei auch auszusagen.

Maßgeblich zu beachten ist § 55 OwiG, wonach es ausreichend ist, dass dem Betroffenen Gelegenheit zur Anhörung/Aussage zu geben ist. Meistens versendet die Polizei Anhörbogen.

Abweichend von der Beschuldigtenvernehmung in Strafsachen gehen die Belehrungspflichten nicht so weit. Der Betroffene muss nicht darauf hingewiesen werden, dass er einen Verteidiger befragen kann.

Die Zeugen- oder Sachverständigenvernehmung durch die Polizei als zuständige Verwaltungsbehörde richtet sich nach § 161a StPO. Danach ist der Zeuge/Sachverständige der Ordnungswidrigkeit verpflichtet, auf Vorladung der Polizei zu erscheinen und zur Sache auszusagen (soweit er kein Zeugnisverweigerungsrecht hat). Diese Verpflichtung kann mit den der Staatsanwaltschaft zur Verfügung stehenden Zwangsmitteln durchgesetzt werden. In Betracht kommt insbesondere die Festsetzung eines Ordnungsgeldes (§ 70 StPO). Die Vorführung hingegen ist nur auf Anordnung des Richters zulässig (§ 46 Abs. 5 OwiG).

## 1.2 Die Vernehmung durch die Polizei im Rahmen des allgemeinen Auftrags zur Ordnungswidrigkeitenverfolgung

Handelt die Polizei im Rahmen des allgemeinen Auftrages zur Verfolgung von Ordnungswidrigkeiten (§ 53 OwiG), sind hinsichtlich der Betroffenen- und Zeugenvernehmung die gleichen Voraussetzungen zu beachten, wie sie die Polizei bei der Verfolgung von Straftaten zu berücksichtigen hat (vgl. oben 1.). Die Belehrungspflicht bei der Betroffenenvernehmung ist jedoch entsprechend § 55 OwiG einschränkbar.

# Vierter Abschnitt
# Erkennungsdienstliche Maßnahmen

Überblick
Vorbemerkungen
I. Erkennungsdienstliche Maßnahmen zur Gefahrenabwehr
1. Erkennungsdienstliche Maßnahmen zur Identitätsfeststellung
1.1 Ermächtigung und Zulässigkeitsvoraussetzungen
1.2 Rechtsfolge
1.3 Verfahrens- und Formvorschriften
2 Erkennungsdienstliche Maßnahmen zur vorbeugenden Bekämpfung von Straftaten
2.1 Ermächtigungen
2.1.1 Erkennungsdienstliche Maßnahmen nach § 81b 2. Alternative
2.1.2 Erkennungsdienstliche Maßnahmen nach § 14 Abs. 1 Nr. 2 PolG
2.1.3 Konkurrenzverhältnis zwischen § 81b 2. Alternative und § 14 Abs. 1 Nr. 1 PolG
2.2 Rechtsfolgen
2.3 Allgemeine Rechtmäßigkeitsanforderungen
2.4 Form- und Verfahrensvorschriften
II. Erkennungsdienstliche Maßnahmen zur Strafverfolgung
1. Erkennungsdienstliche Maßnahmen zur Identitätsfeststellung
2. Erkennungsdienstliche Maßnahmen zur Aufklärung einer Straftat
2.1 Ermächtigung
2.2 Rechtsfolge
2.3 Allgemeine Rechtmäßigkeitsanforderungen
2.4 Verfahrens- und Formvorschriften.
III. Erkennungsdienstliche Maßnahmen zur Verfolgung von Ordnungswidrigkeiten

## Vorbemerkungen

Erkennungsdienstliche Maßnahmen sind offene Datenerhebungen mit den Mitteln des Erkennungsdienstes. Sie dienen der Identitätsfeststellung oder der vorbeugenden Bekämpfung von Straftaten in der Gefahrenabwehr sowie der Identitätsfeststellung und der Be- oder Entlastung im Straf- oder Ordnungswidrigkeitenverfahren. Daneben führt die Polizei ED-Behandlungen auch im Wege der Amtshilfe für andere Behörden durch.

Bei der ED-Behandlung wird der Körper einer Person Augenscheinsobjekt.

Erkennungsdienstliche Maßnahmen sind von Durchsuchungsmaßnahmen sowie von körperlichen Untersuchungen zu unterscheiden. Während bei Durchsuchungsmaßnahmen auch der Körper betrachtet werden kann, um Beweismittel, insbesondere Spuren der Tat, aufzufinden und bei der körperlichen Untersuchung die Feststellung der inneren und äußeren Beschaffenheit, von Fremdkörpern oder des physischen bzw. psychischen Zustandes einer Person im Vordergrund steht, geht es bei der erkennungsdienstlichen Behandlung um die Feststellung bestimmter wieder erkennbarer Merkmale einer Person (Aussehen, Fingerabdrücke etc.).

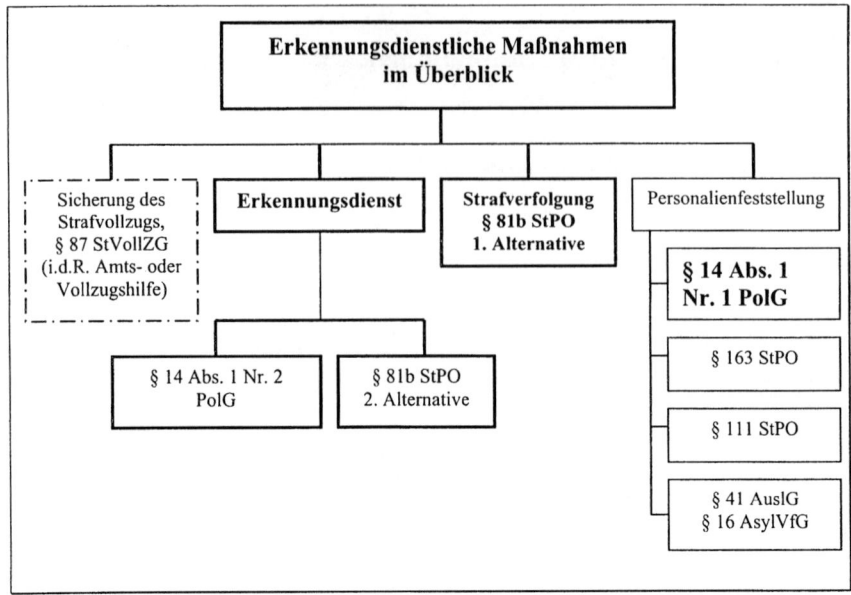

Durch ED-Maßnahmen ohne Zustimmung des Betroffenen greift die Polizei unmittelbar in das Grundrecht auf informationelle Selbstbestimmung im Sinne des Art. 2 Abs. 1 GG i.V.m. Art. 1 Abs. 1 GG ein. Soweit zur Durchführung der ED-Maßnahmen die Bewegungsfreiheit einer Person ohne deren Zustimmung beschränkt wird, liegt ein Eingriff in das Grundrecht auf Freiheit der Person im Sinne des Art. 2 Abs. 2 GG vor.

ED-Maßnahmen zur Gefahrenabwehr sind regelmäßig um Verwaltungsakte im Sinne des § 35 VwVfG, weil die entsprechenden Maßnahmen durch Verfügungen angeordnet werden.

> Eine Polizeistreife greift nachts eine hilflose Frau auf. Sie weigert sich, ihre Personalien anzugeben. Eine Durchsuchung nach Ausweispapieren oder sonstigen Informationsträgern zur Identitätsfeststellung bleibt ergebnislos. Schließlich ordnen die Beamten die ED-Behandlung der Frau zur Feststellung ihrer Personalien an.

ED-Maßnahmen zur Strafverfolgung sind grundsätzlich Justizverwaltungsakte.

> a) An einem Einbruchstatort werden Fingerspuren gesichert. Im AFIS-Datenbestand sind keine identischen Spuren registriert. Im Rahmen der Ermittlungen richtet sich ein konkreter Tatverdacht gegen den Norbert Klau. Polizeikommissar Scharf lädt den Mann daher zur erkennungsdienstlichen Behandlung vor und ordnet an, dass von ihm Fingerabdrücke genommen werden, die mit den Tatortspuren verglichen werden sollen. Es handelt sich um einen Justizverwaltungsakt.

> b) Zwei Heranwachsende verursachen mit einem entwendeten Motorrad einen schweren Verkehrsunfall, bei dem ein Fußgänger getötet und sie selbst schwer

verletzt werden. Es lässt sich zunächst nicht feststellen, wer das Zweirad zur Unfallzeit gelenkt hat. Die beiden Männer können nicht befragt werden, weil sie das Bewusstsein verloren haben. Im Armaturenbereich werden durch einen Beamten des Erkennungsdienstes Fingerspuren gesichert. Die Polizeibeamten lassen daraufhin den bewusstlosen Männern noch im Krankenhaus Fingerabdrücke abnehmen, um den Fahrer ermitteln zu können (Prozesshandlung).

ED-Maßnahmen zur Verfolgung einer Ordnungswidrigkeit sind Maßnahmen im Sinne des § 62 OwiG (Verfolgungsbehördenverwaltungsakte), im Ausnahmefall auch faktische Rechtseingriffe.

Eine Frau übt verbotene Prostitution in einem Sperrbezirk aus (vgl. § 120 OWiG). Im Rahmen einer Polizeikontrolle flüchtet sie aus dem PKW eines "Kunden", lässt dabei aber eine Handtasche zurück. Auf dieser werden Fingerspuren gesichert. Im Rahmen der Ermittlungen in der örtlichen Straßenszene werden zwei Frauen festgestellt, die als Täterinnen in Frage kommen. Weder der "Kunde" noch die kontrollierenden Beamten können sie eindeutig identifizieren. Die Handtasche kann nicht zugeordnet werden. Der zuständige Sachbearbeiter lässt daraufhin beiden Frauen Fingerabdrücke abnehmen und diese mit den gesicherten Fingerspuren vergleichen.

Gleichwohl sind auch erkennungsdienstliche Maßnahmen durch faktische Rechtseingriffe denkbar.

Ein Taucher erleidet einen lebensgefährlichen Tauchunfall im Gurgelsee in S.. Er ist bewusstlos und wird in ein Krankenhaus eingeliefert. Hinweise auf seine Identität können nicht erlangt werden. Schließlich lassen die mit dem Sachverhalt befassten Polizeibeamten dem Mann Fingerabdrücke abnehmen und Lichtbilder herstellen, um mit deren Hilfe ggf. die Personalien des Mannes ermitteln zu können.

Daneben führt die Polizei auch ED-Maßnahmen für andere Behörden durch. In diesem Rahmen handelt sie nach den Grundsätzen der Amtshilfe (vgl. z.B. § 16 AsylVfG). ED-Maßnahmen in diesem Aufgabenbereich werden nachfolgend nicht behandelt.

## I. Erkennungsdienstliche Maßnahmen zur Gefahrenabwehr

Zur Gefahrenabwehr kommt die erkennungsdienstliche Behandlung zur Identitätsfeststellung nach § 14 Abs. 1 Nr. 1 PolG sowie zur vorbeugenden Bekämpfung von Straftaten nach § 81b 2. Alternative StPO (Zwecke des Erkennungsdienstes) oder nach § 14 Abs. 1 Nr. 2 PolG in Betracht.

# 1. Erkennungsdienstliche Maßnahmen zur Identitätsfeststellung

## 1.1 Ermächtigung

Als Ermächtigung zur ED-Behandlung mit der Zielrichtung, die Identität einer Person festzustellen, kommt nach § 14 Abs. 1 Nr. 1 PolG in Betracht.

---

**§ 14 PolG   Erkennungsdienstliche Maßnahmen**
**(1) Die Polizei kann erkennungsdienstliche Maßnahmen vornehmen, wenn**
**1. eine nach § 12 zulässige Identitätsfeststellung auf andere Weise nicht oder nur unter erheblichen Schwierigkeiten möglich ist.**
**2. ...**
**(2 bis 4) ...**

---

Die Befugnis knüpft unmittelbar an die Identitätsfeststellungsermächtigung des § 12 PolG an. Voraussetzung ist demnach,

- **dass die Personalienfeststellung nach § 12 PolG zulässig ist (also die Voraussetzungen einer Alternative aus § 12 Abs. 1 PolG vorliegen** - siehe oben, Zweiter Abschnitt I. in diesem Kapitel) **und**

- **die Feststellung der Identität ist auf andere Weise nicht oder nur unter erheblichen Schwierigkeiten möglich.**

§ 14 Abs. 1 Nr. 1 PolG ermöglicht der Polizei ED-Maßnahmen zur Personalienfeststellung nach § 12 PolG (nicht nach § 9 Abs. 2 PolG!) im Rahmen des Erforderlichkeitsgrundsatzes.

Mögliche Gründe dafür, dass die Identität mit den in § 12 Abs. 2 PolG aufgeführten Mitteln nicht oder nur mit erheblichen Schwierigkeiten festgestellt werden kann, sind vielschichtig. Sie können z.B. in der Situation des Einsatzes entstehen, auf die Person selbst zurückzuführen sein oder mit dem zeitgleichen Anfall weiterer Einsätze zusammenhängen. Im Einzelfall sind insbesondere die Belange des Betroffenen mit denjenigen der Allgemeinheit abzuwägen.

**Adressat** der Befugnis ist die Person, deren Identität nach § 12 festgestellt werden darf.

## 1.2 Rechtsfolgen

Als Rechtsfolgen kommen die in § 14 Abs. 4 PolG genannten Maßnahmen in Betracht (siehe auch unten 2.4)

a) Ein junger Mann wird an einem Ort angetroffen, an dem Personen nachweislich regelmäßig mit Rauschgift handeln (vgl. § 12 Abs. 1 Nr. 2a PolG). Er soll zur Gefahrenabwehr identifiziert werden, verweigert aber alle Angaben. Auch führt er keine Ausweispapiere mit. Auskunftspersonen können nicht festgestellt werden, Anhaltspunkte für seine Herkunft liegen nicht vor. Die Polizeibeamten lassen ihn schließlich erkennungsdienstlich behandeln, weil sie keine andere Möglichkeit zur Feststellung der Personalien mehr haben.

b) Eine Polizeistreife sieht nachts ein ca. 15jähriges Mädchen in der Nähe eines Mehrfamilienhauses, das von "Autonomen" besetzt ist. Bei der verwahrlosten Jugendlichen handelt es sich offenbar um eine "Ausreißerin". Sie verweigert Angaben zu ihrer Person und führt auch keinen Ausweis mit. Schließlich verweist sie mit einem Lächeln darauf, dass ihr Ausweis in einem Zimmer des besetzten Hauses liege. Weil die Polizeibeamten wissen, dass es in der Vergangenheit mehrfach zu schweren Auseinandersetzungen mit den Autonomen kam, verzichten sie darauf, diesem Hinweis nachzugehen. Sie erwarten in diesem Fall erhebliche Schwierigkeiten, der Einsatz könnte nur mit starken Polizeikräften und mit unmittelbarem Zwang durchgeführt werden. Statt dessen lassen die Beamten das Mädchen erkennungsdienstlich behandeln.

Hier ist die Voraussetzung erfüllt, dass die Identitätsfeststellung sonst nur mit erheblichen Schwierigkeiten durchgeführt werden könnte. Wann das im Einzelfall gegeben ist, kann nur anlassbezogen beurteilt werden.

## 1.3 Verfahrens- und Formvorschriften

In der Regel sind die Vorschriften der §§ 28, 37, ggf. § 39 und des 41 VwVfG (Anhörung, Form- und inhaltliche Bestimmtheit, Bekanntgabe, bei schriftlichen VA Begründung) zu berücksichtigen. Im übrigen gelten die allgemeinen Vorschriften zur Datenerhebung (vgl. § 9 Abs. 3 bis 6 PolG –siehe oben, Erster Abschnitt). Zudem sind die zur Feststellung der Identität angefallenen Unterlagen sofort zu vernichten (§ 14 Abs. 1 Satz 2 PolG). Das gilt dann nicht, wenn ihre weitere Aufbewahrung nach § 14 Abs. 1 Nr. 2 PolG oder nach anderen Rechtsvorschriften zulässig ist.

## 2. Erkennungsdienstliche Maßnahmen zur vorbeugenden Bekämpfung von Straftaten

### 2.1 Ermächtigungen

Für die erkennungsdienstliche Behandlung zur vorbeugenden Bekämpfung von Straftaten (Vorsorge für die Verfolgung künftiger Straftaten nach § 1 Abs. 1 Satz 2 PolG) sieht die Rechtsordnung zwei Ermächtigungen vor, und zwar **§ 81b 2. Alternative StPO und § 14 Abs. 1 Nr. 2 PolG.**

## 2.1.1 Erkennungsdienstliche Maßnahmen nach § 81b 2. Alternative StPO

---

**§ 81b StPO   Erkennungsdienstliche Behandlung (2. Alternative)**
Soweit es für die Zwecke ... oder des Erkennungsdienstes notwendig ist, dürfen Lichtbilder und Fingerabdrücke des Beschuldigten auch gegen seinen Willen aufgenommen und Messungen und ähnliche Maßnahmen an ihm vorgenommen werden.

---

Die Norm setzt voraus, dass

- **der Betroffene Beschuldigter ist,**
- **die Maßnahmen den Zwecken des Erkennungsdienstes dienen und**
- **die Maßnahmen notwendig sind.**

Voraussetzung der Ermächtigung ist zunächst, dass der Betroffene Beschuldigter, also eine Person ist, gegen die das Strafverfahren betrieben wird. Damit scheiden z.B. Kinder oder rechtskräftig abgeurteilte Personen aus (siehe unten 1.2.2).

Weiter muss die Maßnahme erkennungsdienstliche Zwecke erfüllen; künftige Taten müssen aufgrund der erlangten personenbezogenen Erkennungsmerkmale abgeklärt werden können.

Weiter müssen bestimmte aus dem Sachverhalt herzuleitende Tatsachen, auch kriminalistische Erfahrungen, Anhaltspunkte dafür bieten, dass die Person künftig in den Kreis potentiell Beteiligter an einer Straftat einbezogen werden könnte.

Die so begründete Wiederholungsgefahr muss nicht für gleiche, wohl aber für vergleichbar schwere Taten bestehen. Der Zweck des Erkennungsdienstes ist erfüllt, wenn die erkennungsdienstlichen Unterlagen geeignet sind, den Betroffenen nach künftigen Straftaten zu entlasten oder zu belasten. Zu berücksichtigen sind insbesondere:

- die Art und Begehungsweise der Straftat (z.B. Triebtat, Bandendelikt, Gewerbsmäßigkeit),
- frühere Taten des Beschuldigten sowie die Wirkung von Strafen und Resozialisierungsmaßnahmen,
- die Wirkung des aktuellen Strafverfahrens auf den Beschuldigten,
- die Persönlichkeitsstruktur und das soziale Umfeld des Betroffenen sowie
- kriminologische Erkenntnisse über die Rückfallquote in diesem Deliktsbereich.

Schließlich muss die erkennungsdienstliche Maßnahme notwendig sein. Das ist nicht gegeben, wenn bereits (noch aktuelle und umfassende) Unterlagen vorhanden sind. Das ist weiter dann nicht gegeben, wenn eine bestimmte Person einzig und allein Täter sein kann (z. B. bei Unterhaltspflichtverletzung nach § 170 StGB).

**Adressat** der Ermächtigung ist der Beschuldigte. Die Norm bestimmt die Richtung der Maßnahme. Folgende Beispiele sollen die Voraussetzungen verdeutlichen

a) A. ist Beschuldigter. Ihm werden mehrere Einbruchsdiebstähle zum Nachteil von Firmen vorgeworfen. Er ging dabei professionell vor und hatte es auf Bargeld zur Bestreitung seines Lebensunterhaltes abgesehen. A. ist seit zwei Jahren arbeitslos. Er ist geschieden und mit mehreren Personen befreundet, die ebenfalls als Einbrecher registriert sind. In diesem Fall sprechen sowohl die Art und Ausführung der Straftat als auch das soziale Umfeld des A. dafür, dass er weitere Taten gleicher Art begehen wird.

b) In A-Stadt wurden in den letzten Wochen wiederholt Spielgeräte auf Kinderplätzen zerstört (gemeinschädliche Sachbeschädigung). Als Täter werden die Mitglieder einer Jugendgruppe ermittelt, die sich seit Monaten regelmäßig abends treffen und auch durch andere Delikte wie Beleidigungen von Passanten und Körperverletzungen aufgefallen sind. In den Vernehmungen entsteht der Eindruck, dass die Jugendlichen einer intensiven Gruppendynamik unterliegen und von dem eingeleiteten Strafverfahren nicht beeindruckt sind. Insbesondere dieser Umstand begründet die Gefahr, dass sie auch zukünftig ähnliche Straftaten verüben werden.

c) Das Ehepaar Klau fällt in einem Supermarkt beim Ladendiebstahl auf. Sie hatten es auf teure Armbanduhren abgesehen. Besonderes Gewicht erlangt die professionelle Tatbegehung. Während der Mann den Verkäufer ablenkte, griff die Frau in die Auslage und ließ die Uhren in einer vorbereiteten "Diebstahlsschürze" verschwinden. Die Begehungsweise spricht für eine hohe kriminelle Energie und lässt weitere Taten erwarten.

d) Der 45jährige Heiner Schnorchel (Sch.), Presbyter in der evangelischen Kirchengemeinde in S., ist ein treu sorgender Familienvater und Christ. Während einer Ausflugsfahrt mit dem Kirchenchor geht es hoch her. Der sonst abstinent lebende Sch. langt während einer Weinprobe ebenso kräftig zu, wie die Sopranistin Leonore Ungemut (U.). Auf der Tanzfläche zeigt sich U. gegenüber Sch. sehr aufgeschlossen. Als beide dann einen Spaziergang durch einen Park unternehmen, wird Sch. zudringlich. U. - von der Frischluft desillusioniert - wehrt ihn ab. Dieser ist so in Rage, dass er U. sexuell nötigt (§ 178 StGB). U. zeigt ihn deshalb an. Der zuständige Sachbearbeiter im KK 11 überlegt, ob er Sch. erkennungsdienstlich behandeln lassen soll. In den Vernehmungen zeigte sich Sch. reumütig. Er bedauerte die ganze Angelegenheit und bat U. auch bereits um Vergebung. Obwohl bei einem Sittendelikt der vorliegenden Art grundsätzlich eine hohe Wahrscheinlichkeit für eine Wiederholungstat besteht und insbesondere auch Gründe des Allgemeinwohls zu berücksichtigen sind, sprechen doch die Persönlichkeit, das soziale Umfeld und die Reue des Sch. gegen eine Wiederholungsgefahr.

Aus dem Grundsatz der Verhältnismäßigkeit folgt, dass Bagatelldelikte in der Regel nicht zu einer erkennungsdienstlichen Behandlung führen dürfen. Dazu zählen z.B.

- die Beleidigung, § 185 StGB,
- der Hausfriedensbruch, § 123 StGB
- sowie die Verletzung des Briefgeheimnisses, § 202 StGB (vgl. insbesondere auch § 374 StPO, Privatklagedelikte). Letztlich kommt es allerdings immer auf die Umstände des Einzelfalls an.

## 2.1.2 Erkennungsdienstliche Maßnahmen nach § 14 Abs. 1 Nr. 2 PolG

---

§ 14 PolG   Erkennungsdienstliche Maßnahmen

(1) Die Polizei kann erkennungsdienstliche Maßnahmen vornehmen, wenn

1. ...

2. das zur vorbeugenden Bekämpfung von Straftaten erforderlich ist, weil der Betroffene verdächtig ist, eine Tat begangen zu haben, die mit Strafe bedroht ist und wegen der Art und Ausführung der Tat die Gefahr der Wiederholung besteht.

(2) ...

(3) ...

(4) ...

---

Voraussetzung dieser Ermächtigung ist, dass

- der Betroffene verdächtig ist, eine mit Strafe bedrohte Handlung begangen zu haben,
- wegen der Art und Ausführung der Tat die Gefahr der Wiederholung besteht
- die ED-Maßnahmen zur vorbeugenden Bekämpfung von Straftaten
- erforderlich sind.

Die Ermächtigung stellt auf den Verdächtigen ab. Dazu gehören insbesondere Personen, die nicht Beschuldigte sind oder sein können (insbesondere Kinder oder bereits rechtskräftig verurteilte Straftäter).

Obwohl das Gesetz anders formuliert ist, sind die übrigen Zulässigkeitsvoraussetzungen mit denen des § 81 b 2. Alternative StPO identisch. Im Ergebnis kann daher auf diese Ausführungen verwiesen werden (vgl. oben).

**Adressat** der Befugnis ist der Verdächtige.

a) K. wurde wegen Zuhälterei und schweren Körperverletzungen zu einer langen Haftstrafe verurteilt. In der Haft fiel er durch weitere Körperverletzungen auf. Als er schließlich entlassen wird, nimmt er sofort seine gewohnten Beziehungen wieder auf und bewegt sich erneut im Rotlichtmilieu. Der zuständige Sachbearbeiter stellt fest, dass K. sein äußeres Erscheinungsbild in der Haft völlig verändert hat. Er trägt heute sein Haar lang und keinen Vollbart mehr. Außerdem hat er ca. 40 kg Gewicht zugelegt. Der Sachbearbeiter will ihn daher erneut fotografieren und die Gewichtszunahme dokumentieren lassen. § 81b StPO ist nach der hier vertretenen Auffassung nicht mehr anwendbar. Aufgrund des Verhaltens des K. in der Haft sowie nach der Haftentlassung besteht nach wie vor Wiederholungsgefahr. Die Voraussetzungen des § 14 Abs. 1 Nr. 2 PolG sind erfüllt.

b) Der 12jährige Frederik Schönleb (Sch.) fällt innerhalb eines Monats viermal wegen eines Ladendiebstahls auf. Erneut hatte er es auf Spielcomputer abgesehen, die er mit einer präparierten Schultasche an der Kassenangestellten "vorbei schmuggelte". Der zuständige Sachbearbeiter stellt fest, dass Sch. offenbar aus dem Verkauf gestohlener Spielcomputer sein Hobby, den Modelleisenbahnbau, finanziert. Er lässt den Jungen erkennungsdienstlich behandeln.

### 2.1.3 Konkurrenzverhältnis zwischen § 81b 2. Alternative StPO und § 14 Abs. 1 Nr. 2 PolG

Die zuvor erläuterten Ermächtigungen stehen in Konkurrenz zueinander. Welche Vorschrift Vorrang hat, richtet sich im Grundsatz nach den gebräuchlichen Konkurrenzregeln (vgl. Band I, 1. Kapitel, Zweiter Abschnitt, VI/VII.). In Art. 74 Abs. 1 Nr. 1 GG wird u.a. das Strafrecht und der Strafvollzug als Gegenstand der konkurrierenden Gesetzgebung ausgewiesen. Daraus folgt, dass solange und soweit der Bund Regelungen vornimmt oder abschließend nicht vornimmt, die Länder keine Gesetzgebungskompetenz haben (vgl. Schmidt-Bleibtreu/Klein, a.a.O., Art. 74 GG, RdNr. 1). § 81b 2. Alternative StPO ist aber ein "Fremdkörper" im Strafverfahrensrecht. Diese Befugnis ermöglicht es, anlässlich eines Strafverfahrens gegen einen Beschuldigten Gefahren abwehrende Maßnahmen zu treffen. Unterlagen, die aus Gründen des Erkennungsdienstes geschaffen werden, dienen nicht der Beweisführung im Strafverfahren, sie werden vielmehr Teil der kriminalpolizeilichen personenbezogenen Sammlungen (KPS), um bei künftigen Ermittlungen die Aufklärung des Sachverhaltes zu unterstützen und die Feststellung von Tatverdächtigen zu fördern sowie Hinweise auf mögliche künftige Straftaten zu geben (vgl. Tegtmeyer, a.a.O., § 14, RdNr. 9). Es handelt sich folglich um materielles Gefahrenabwehrrecht, das der Bund aufgrund des Sachzusammenhanges in der StPO regeln darf. Die Regelungen gehen damit dem allgemeinen Polizeirecht vor (vgl. Art. 31 GG). Gleichwohl handelt es sich bei erkennungsdienstlichen Maßnahmen nach § 81b 2. Alternative StPO nicht um Justizverwaltungsakte oder Prozesshandlungen, sondern um Verwaltungsakte im Sinne des § 35 VwVfG. Solche Maßnahmen sind im Verwaltungsrechtsweg anfechtbar.

Soweit aber der Bund keine Regelungen getroffen hat und es sich nicht um einen abschließenden Verzicht darauf handelt, darf der Landesgesetzgeber ergänzende Bestimmungen vornehmen. In der Konsequenz folgt daraus insbesondere:

- Ist ein Strafverfahren gegen einen Beschuldigten anhängig, sind erkennungsdienstliche Maßnahmen aus Gründen des Erkennungsdienstes (Gefahrenabwehr) auf § 81b 2. Alternative StPO zu stützen (vgl. BVerwG in NJW 1956, S. 234).

- Liegt der Verdacht zugrunde, dass eine andere Person (z. B. ein Kind ) eine mit Strafe bedrohte Handlung begangen hat, ist § 14 Abs. 1 Nr. 2 PolG als Ermächtigung zur erkennungsdienstlichen Behandlung heranzuziehen. Gleiches gilt, wenn jemand wegen einer Tat bereits rechtskräftig abgeurteilt wurde und die Strafe verbüßt hat, gleichwohl aber Wiederholungsgefahr besteht. Die Ermächtigung stellt auf den Verdächtigen ab. Dazu gehören insbesondere Personen, die nicht Beschuldigte sein können. Kinder können von vornherein keine Beschuldigten sein (vgl. § 19 StGB), so dass ED-Maßnahmen gegen sie nicht auf § 81 b 2. Alternative StPO, sondern auf § 14 Abs. 1 Nr. 2 PolG zu stützen sind.

## 2.2 Rechtsfolgen

Zugelassen werden die im Einzelfall erforderlichen und verhältnismäßigen erkennungsdienstlichen Maßnahmen sowie die Freiheitsbeschränkung für die Dauer der Durchführung.

§ 81b StPO sowie § 14 Abs. 4 PolG zählen die möglichen Maßnahmen nur beispielhaft
auf. In Betracht kommen insbesondere Fingerabdrücke, Handflächenabdrücke, Fuß-
abdrücke, Messungen, Lichtbilder, Personenbeschreibungen, Filmmaterial, Tonband-
aufnahmen, Personendarstellungen, Handschriften, Gebissabdrücke, Haarproben. Es
muss sich allerdings um **offene Maßnahmen** handeln. Einzelheiten zu erkennungsdienstlichen Maßnahmen sind im Erlass des IM NRW zum Erkennungsdienst vom 19.01.1998
in der Fassung vom 17.81999 (MBl. NRW. S. 1052) geregelt.

§ 81b 2. Alternative sowie § 14 Abs. 1 Nr. 2 PolG stellen über den Wortlaut der
Normen hinaus spezielle Befugnisse zur **Datenspeicherung und Datennutzung** im
Rahmen der vorbeugenden Bekämpfung von Straftaten dar .Sie gehen als spezielle
Vorschriften dem § 24 PolG vor (siehe Band I, 6. Kapitel, Zweiter Abschnitt). Solange
die Wiederholungsgefahr besteht, ist die Polizei ermächtigt, die erkennungsdienstlichen
Unterlagen zu speichern und zur Gefahrenabwehr zu nutzen.

Es sind keine konkreten gesetzlichen Regelungen über die **Aufbewahrungsdauer** sowie
über spezielle Prüfungsfristen vorhanden. Die erkennungsdienstlichen Unterlagen zur
vorbeugenden Bekämpfung von Straftaten werden Teil der Kriminalakte und damit auch
der KpS. Es greifen die Prüfungsfristen der §§ 22 und 24 Abs. 2 PolG i.V.m. den KpS-
Richtlinien (vgl. Kay/Böcking, Polizeirecht Nordrhein-Westfalen, a.a.O., S. 88 f.,
RdNr. 143, m.w.N.). Die Polizei darf auch die vorhandenen Daten aus Gründen der
Strafverfolgung mit Tatortspuren abgleichen oder sonst im Rahmen der Ermittlungen
verwenden, weil sie u.a. ja für diese Zwecke bereitgehalten werden sollen (§ 23 PolG -
siehe Band I, 6. Kapitel, Zweiter Abschnitt).

## 2.3 Allgemeine Rechtmäßigkeitsanforderungen

Neben der Verpflichtung zur Beachtung der Rechtsgrundsätze aus § 2 und § 3 PolG
(siehe Band I, 4. Kapitel, Zweiter Abschnitt) sind die im Erlass des Innenministeriums
über den Erkennungsdienst vom 19.1.1998 in der Fassung vom 17.8.1999 (MBl. NRW
S. 1052) gegebenen Weisungen zu beachten.

## 2.4 Form- und Verfahrensvorschriften

Erkennungsdienstliche Maßnahmen darf jeder örtlich und sachlich zuständige Polizeibeamte anordnen und durchführen. Auch dafür ausgebildete Angestellte des Polizeidienstes dürfen mit der Durchführung beauftragt werden.

Die Vorschriften des VwVfG sind anzuwenden. Im Hinblick auf Verwaltungsakte sind insbesondere die Vorschriften der § 28 und die §§ 37, 39, und 41 VwVfG zu berücksichtigen (siehe Band I, 4. Kapitel, Erster Abschnitt, III.). Im übrigen gelten die allgemeinen Vorschriften zur Datenerhebung (vgl. § 9 Abs. 3 bis 6 PolG –siehe oben, Erster Abschnitt).

Der Betroffene ist bei Vornahme der Maßnahmen darüber zu belehren, dass er die Vernichtung der erkennungsdienstlichen Unterlagen verlangen kann, wenn die Voraussetzungen für ihre weitere Aufbewahrung entfallen sind (§ 14 Abs. 3 PolG).

Da § 81b 2. Alternative StPO materielles Polizeirecht ist und weder die Vorladung zur ED-Behandlung noch die Belehrungspflichten regelt, sind die landesgesetzlichen Bestimmungen (§ 10 Abs. 1 Nr. 2, § 10 Abs. 2 und 3 PolG, § 14 Abs. 3 PolG) ergänzend heranzuziehen (Bindung der Exekutive an Gesetz, Art. 20 Abs. 3 GG). Es besteht kein entgegenstehendes Bundesrecht im Sinne des Art. 31 GG. Nach anderer (mit Blick auf Art 20 Abs. 3 GG und weiterer rechtsstaatlicher Erwägungen nicht überzeugender) Auffassung sind die Bestimmungen des PolG nur analog anwendbar (siehe auch Dörschuck, ED-Behandlung, Kriminalistik 11/96, S. 732 ff.).

## 3. Hinweise

Vorladungen zur ED-Behandlung im Rahmen der Gefahrenabwehr sind auf § 10 Abs. 1 Nr. 1 (zur Identitätsfeststellung) oder § 10 Abs. 1 Nr. 2 PolG (zur Vorbeugung für die Strafverfolgung) zu stützen (siehe unten, fünfter Abschnitt).

Soweit zur Vorbereitung einer erkennungsdienstlichen Maßnahme die Wohnung des Beschuldigten durchsucht werden muss, um diesen vorzuführen, sind § 102 StPO oder § 41 Abs. 1 Nr. 1 PolG zu beachten (siehe 9. Kapitel).

Der Rechtsschutz gegen ED-Maßnahmen zur Gefahrenabwehr richtet sich insgesamt nach den Bestimmungen der VwGO. Das gilt auch für solche Maßnahmen, die aufgrund des § 81 b 2. Alternative StPO durchgeführt werden, weil sie materielles Gefahrenabwehrrecht darstellen (siehe Band I, 7. Kapitel).

## II.  Erkennungsdienstliche Maßnahmen zur Strafverfolgung

In Betracht kommen ED-Maßnahmen zur Durchführung des Strafverfahrens aufgrund des § 81 b 1. Alternative StPO sowie zur Identifizierung Verdächtiger und Unverdächtiger auf der Grundlage 163b StPO.

# 1. Erkennungsdienstliche Maßnahmen zur Identitätsfeststellung

Erkennungsdienstliche Maßnahmen sind aufgrund des § 163b StPO auch zur Feststellung der Identität einer Person zulässig (zu den Voraussetzungen pp. siehe oben Zweiter Abschnitt). Sie kommen jedoch nur in Frage, wenn **die Identität auf andere Art und Weise nicht oder nur unter erheblichen Schwierigkeiten festgestellt werden kann.**

Während die ED-Behandlung von Verdächtigen aufgrund des § 163b Abs. 1 StPO erzwungen werden darf, ist sie entsprechend § 163b Abs. 2 StPO bei anderen Personen (Zeugen) nur auf der Basis freiwilliger Mitwirkung zulässig.

Die erkennungsdienstlichen Unterlagen von Zeugen sind unverzüglich zu vernichten (§ 163c Abs. 4 StPO).

# 2. Erkennungsdienstliche Maßnahmen zur Aufklärung einer Straftat

## 2.1 Ermächtigung

Die Ermächtigung zur Identitätsfeststellung aus strafverfolgenden Gründen folgt aus § 81b 1. Alternative StPO.

---

**§ 81b StPO   Erkennungsdienstliche Behandlung (1. Alternative)**
Soweit es für die Zwecke der Durchführung des Strafverfahrens ... notwendig ist, dürfen Lichtbilder und Fingerabdrücke des Beschuldigten auch gegen seinen Willen aufgenommen und Messungen und ähnliche Maßnahmen an ihm vorgenommen werden.

---

Diese Befugnisnorm knüpft an ein konkretes Strafverfahren (Ermittlungsverfahren an und zielt auf den Beweiswert der zu erhebenden Daten ab.
Voraussetzung der Ermächtigung ist, dass

- **ein konkretes Strafverfahren anliegt,**
- **der Verdächtige Beschuldigter ist und**
- **die Maßnahmen für die Zwecke des Strafverfahrens notwendig sind**

Beschuldigter in diesem Sinne ist derjenige, gegen den ein Strafverfahren eingeleitet wurde oder gegen den die Strafverfolgungsbehörde aufgrund zureichender tatsächlicher Anhaltspunkte wegen des Verdachtes der Beteiligung an einer Straftat zielgerichtet ermittelt. Da Kinder nicht Beschuldigte sein können (§ 19 StGB), gilt § 81b 1. Alternative StPO für sie nicht (str.).

Weiter setzt die Ermächtigung voraus, dass eine bestimmte Straftat noch ungeklärt ist und darum die Notwendigkeit zu weiteren Erhebungen besteht.

Die Identifizierungsmaßnahme ist notwendig, wenn sie ein geeignetes Mittel zur Erforschung der Wahrheit ist und die Sachaufklärung noch nicht endgültig und zweifelsfrei gesichert ist (vgl. Kaefer, Der praktische Fall, Kriminalistik 10/93, S. 644). Es muss eine Prognoseentscheidung möglich sein, wonach die zu gewinnenden Unterlagen für das Verfahren einen Beweiswert haben und zwar ganz überwiegend durch einen Vergleich bzw. im Zusammenhang mit bereits vorhandenen Beweismitteln (vgl. Vahle, Erkennungsdienstliche Behandlung, Deutsches Polizeiblatt 5/90, S. 7).

a) Der zuständige Ermittlungsbeamte des KK 11 der ZKB in A-Stadt ermittelt gegen den Fritz Spanner (S.) wegen des Verdachts mehrfacher exhibitionistischer Handlungen. Bislang konnte er ihn in den Vernehmungen aber noch nicht überführen. Deshalb will der Beamte eine Gegenüberstellung mit den geschädigten Frauen durchführen lassen (§ 81b 1. Alternative StPO i.V.m. § 58 StPO).

b) Im Rahmen einer Razzia im Rotlichtviertel in S. wird auch der PKW des Link (L.) angehalten und kontrolliert. Dabei finden die Beamten im Kofferraum zwei große Folien mit Heroin. L. behauptet, er wisse nichts von dem Rauschgift. Das müsse sein Mitfahrer M. im Kofferraum deponiert haben. Kommissar Pfiffig will daher beiden Männern die Fingerabdrücke abnehmen lassen, um sie mit den erkennbaren Fingerspuren auf den Folien zu vergleichen.

c) Auf der Y-Straße in S. wird ein Radfahrer durch einen PKW-Fahrer angefahren und tödlich verletzt. Der Fahrer des Wagens, ein ca. 30jähriger Mann mit kurzen roten Haaren und glattem Gesicht braust davon (Verdacht der fahrlässigen Tötung und der Verkehrsunfallflucht). Zeugen können von dem roten BMW nur ein Teilkennzeichen ablesen. Mehrere Monate später erhält der zuständige Ermittlungsbeamte im Verkehrskommissariat einen Tipp aus der Nachbarschaft des Robert Flieh (F.). Dessen Wagen soll nach dem Unfalltag eine korrespondierende Beschädigung aufgewiesen haben. Er wurde aber zwischenzeitlich repariert. F. macht keinerlei Angaben zur Sache. Zeugenvernehmungen helfen nicht weiter, vermutlich reparierte F., der Automechaniker ist, das Fahrzeug selbst. Der Sachbearbeiter will daher eine Gegenüberstellung des F. mit den Zeugen vornehmen.

d) Die Fabrikantentochter Silvia Milliönchen (M.) wurde entführt. Nachdem mehrere Telefonate zwischen dem Entführer und den Eltern stattfanden, kam es schließlich zur Geldübergabe. M. wurde daraufhin freigelassen. Die Polizei ermittelt aufgrund eines Hinweises den Friedel Pfiffig (P.) als Tatverdächtigen. Es gelingt aber nicht, ihn durch Zeugen- oder Sachbeweise zu überführen. Deshalb ordnet der zuständige Sachbearbeiter an, dass die Stimme des P. aufgezeichnet werden soll, um einen Stimmenvergleich mit den aufgezeichneten Anrufen des Erpressers vornehmen zu lassen.

**Adressat** der Maßnahme ist der Beschuldigte.

## 2.2 Rechtsfolgen

Zugelassen werden die im Einzelfall erforderlichen und verhältnismäßigen erkennungsdienstlichen Maßnahmen sowie die Freiheitsbeschränkung für die Dauer der Durchführung. Zu den einzelnen Maßnahmen siehe oben I. 2.4).

Zulässig sind stets nur offene Maßnahmen. 81b StPO lässt **keine körperlichen Eingriffe** zu. Soweit sie notwendig sind, ist § 81a StPO zusätzlich zu prüfen. Keine körperlichen Eingriffe, sondern Maßnahmen im Grundrechtsbereich des Art. 2 Abs. 1 GG, sind Veränderungen der Haar- und Barttracht.

> So durfte z.B. in dem o.g. Verfahren wegen des Verdachts der fahrlässigen Tötung und der Verkehrsunfallflucht dem Robert Flieh (obiges Beispiel c) das Haar geschnitten und der Bart abrasiert werden (vgl. auch BVerfG in NJW 1978, S. 1149). Voraussetzung ist allerdings, dass diese Maßnahmen sachgerecht und professionell durchgeführt werden, also konkret die Veränderung der Haar- und Barttracht durch einen Friseur erfolgt.

Einzelheiten zur Durchführung erkennungsdienstlicher Maßnahmen sind dem Erlass des IM NW zum Erkennungsdienst in der Fassung vom 17.8.1999 (MBl. NRW. S. 1052) zu entnehmen.

Obwohl nicht ausdrücklich bestimmt, darf der Betroffene aufgrund des § 81 b 1. Alternative StPO auch zur ED-Behandlung vorgeladen werden (siehe unten fünfter Abschnitt).

81 b StPO 1. Alternative enthält zugleich die Befugnis zur **Datenspeicherung und -nutzung** für die Zwecke, für die sie erhoben wurden. Sollen andere Zwecke mit dem erkennungsdienstlichen Material verfolgt werden, so sind § 481 StPO und § 24 Abs. 2 PolG zu beachten (siehe Band I, 6. Kapitel, Dritter Abschnitt).

> In einem Strafverfahren wegen des Verdachts der Vergewaltigung werden Lichtbilder, Handflächen- und Fingerabdrücke des Friedrich Schlupf (Sch.) für Zwecke der Beweissicherung erhoben. Nach Abschluss des Verfahrens werden die Unterlagen auf der Grundlage des § 81b 2. Alternative StPO für die Zwecke des Erkennungsdienstes in die kriminalpolizeilichen personenbezogenen Sammlungen aufgenommen.

Sofern das Datenmaterial nicht nach anderen Bestimmungen aufbewahrt wird, "teilt es das Schicksal der Ermittlungsakte" und wird mit dieser nach Ablauf der Aufbewahrungsfristen vernichtet. Die Aufbewahrungsfristen ergeben sich aus den entsprechenden Verwaltungsvorschriften des Justizministers.

## 2.3 Allgemeine Rechtmäßigkeitsanforderungen

Neben der Verpflichtung zur Beachtung der allgemeinen ungeschriebenen Rechtsgrundsätze (siehe Band I, 4. Kapitel, Zweiter Abschnitt) sind die im Erlass des Innenministeriums über den Erkennungsdienst vom 19.1.1998 in der Fassung vom 17.8.1999 (MBl. NRW S 1052) gegebenen Weisungen zu beachten.

Zu berücksichtigen ist schließlich auch, dass der Beschuldigte im Rahmen der allgemeinen Rechtsschutzgarantien gemäß dem sogenannten "Nemo-tenetur-Prinzip" zu aktiven Mitwirkungshandlungen nicht verpflichtet ist. Auch kommen die Vorschriften über verbotene Vernehmungsmethoden entsprechend zur Anwendung. Das gilt z.B. für das Täuschungsverbot (vgl. Ranft, a.a.O., S. 170, m.w.N.).

Kriminalkommissar Pfiffig lässt heimlich das Gespräch des Georg Knacki mit dessen Ehefrau auf dem Flur des Polizeipräsidiums aufnehmen, um es als Grundlage eines Sachverständigengutachtens zu verwenden. Die Maßnahme kann nicht auf § 81b StPO gestützt werden (vgl. auch BGH NJW 1986, S. 2261).

## 2.4 Form- und Verfahrensvorschriften

Neben der Staatsanwaltschaft ist jeder örtlich und sachlich zuständige Polizeibeamte zur Anordnung der Maßnahme befugt. Er muss nicht Hilfsbeamter der Staatsanwaltschaft sein. Die Durchführung ist den zuständigen Polizeibeamten oder auch damit beauftragten Polizeiangestellten gestattet.

Die Anordnung muss auf den Zweck der Strafverfolgung verweisen. Dem Beschuldigten muss deutlich werden, warum und auf welcher Grundlage die Maßnahme gegen ihn getroffen wird (vgl. § 12 Abs. 1 und 2 DSG NW).

Soweit mit der Datenerhebung eine Freiheitsbeschränkung verbunden ist, ist der Beschuldigte unverzüglich nach der ED-Behandlung zu entlassen. Das gilt nur dann nicht, wenn er aufgrund einer anderen Befugnis festgehalten werden darf.

## III. Erkennungsdienstliche Maßnahmen zur Verfolgung von Ordnungswidrigkeiten

§ 81 b 1. Alternative StPO gilt gemäß § 46 Abs. 1 oder 2 und § 53 OWiG auch im Ordnungswidrigkeitenverfahren. Dabei ist jedoch der Grundsatz der Verhältnismäßigkeit von besonderer Bedeutung. Soweit die Ordnungswidrigkeit letztlich zu einer vereinfachten Ahndung im Verwarngeldverfahren führen würde, sind grundsätzlich erhebliche Zweifel an der Verhältnismäßigkeit von ED-Maßnahmen angebracht, für geringfügige Ordnungswidrigkeiten scheiden solche Maßnahmen jedenfalls aus.

Da andererseits § 46 Abs. 4 OWiG auch im Ordnungswidrigkeitenverfahren Blutproben und andere geringfügige körperliche Eingriffe zulässt, muss dies insbesondere auch grundsätzlich für Standardmaßnahmen des Erkennungsdienstes gelten, wenn sie erforderlich sind.

Mit dem PKW des Heini Mustermann (M.) wurde ein Vorfahrtsverstoß begangen. M. gibt an, nicht selbst gefahren zu sein. Angaben zum Fahrzeugführer macht er mit Hinweis auf ein bestehendes Zeugnisverweigerungsrecht zugunsten eines Angehörigen nicht. Der Sachbearbeiter im Verkehrskommissariat Heinfried Emsig (E.), fertigt daraufhin ein Polaroidbild des M. Dieses übersendet er mit insgesamt 5 Vergleichsbildern von alters- und geschlechtsgleichen Kollegen an den Bezirksdienstbeamten S. Dieser soll die Fotos der Zeugin Irmgard Streublick vorlegen. Die ED-Maßnahme sowie die Lichtbildvorlage sind aufgrund des § 46 Abs. 2 i.V.m. § 81b 1. Alternative StPO zulässig.

Für den Rechtsschutz gegen Anordnungen der Ermittlungs- oder Verfolgungsbehörde gilt § 62 OWiG.

# Fünfter Abschnitt
# Vorladung/Vorführung

Übersicht
Vorbemerkungen
I.       Vorladungen/Vorführung zur Gefahrenabwehr - § 10 PolG
1.       Ermächtigung zur Vorladung
1.1      Zulässigkeitsvoraussetzungen
1.2      Rechtfolge
1.3      Verfahrens- und Formvorschriften
2.       Zwangsweise Durchsetzung der Vorladung
2.1      Ermächtigung
2.2      Ermächtigungsbegrenzende Bestimmungen
2.3      Anwendung zugelassener Zwangsmittel
2.3.1    Zwangsgeld als Mittel der Durchsetzung
2.3.2    Vorführung als Mittel der Durchsetzung
2.4      Verfahrens- und Formvorschriften
II.      Vorladung/Vorführung zum Zwecke der Strafverfolgung
1.       Ermächtigung und Zulässigkeitsvoraussetzungen
1.1      Vorladung des Beschuldigten
1.2      Vorladung von Zeugen
1.3      Vorladung von Sachverständigen
2.       Zugelassene Rechtsfolgen
3.       Verfahrens und Formvorschriften
III.     Vorladung/Vorführung zum Zwecke der Verfolgung von Ordnungswidrigkeiten
IV.      Überblick über sonstige Befugnisse zur Vorführung
1.       Vorführung im Rahmen von Vollzugshilfeersuchen
2.       Vorführung aufgrund richterlicher Vorführbefehle
3.       Vorführung aufgrund staatsanwaltschaftlicher Vorführbefehle
4        Vorführung auf Ersuchen der Vollstreckungsbehörde
5.       Vorführung im Ordnungswidrigkeitenverfahren

## Vorbemerkungen

Die **Vorladung** ist die schriftliche oder mündliche Aufforderung an eine Person, zu einem bestimmten Zeitpunkt an einem bestimmten Ort zu erscheinen. Dazu werden zunächst personenbezogene Daten (die Adresse) einer Person genutzt. Weil die Maßnahme aber auf Erkenntnisgewinnung gerichtet ist, fällt sie in den Bereich der Datenerhebung.

Die **Vorführung** ist das Verbringen einer Person ohne deren Zustimmung zu einem bestimmten Ort, die - soweit erforderlich - durch die Androhung und/oder Anwendung unmittelbaren Zwanges realisiert wird. Die Vorführung ist eine Form des unmittelbaren Zwanges (BVerwG, Urteil vom 19.7.1989 – 8 C 79.87).

Sowohl auf dem Gebiet der Gefahrenabwehr als auch zur Strafverfolgung gibt es taktische oder technisch-organisatorische Gründe dafür, dass die Polizei ihre Maßnahmen in einer Dienststelle oder an einem anderen Ort durchführt.

a) Ein Beschuldigter soll zum Vorwurf des Ladendiebstahls vernommen werden. Zwar könnte der ermittelnde Polizeibeamte dies - mit Einverständnis des Beschuldigten - auch in dessen Wohnung machen. Dagegen sprechen allerdings in aller Regel vernehmungstaktische Gesichtspunkte.

b) Ein 13jähriger Serieneinbrecher soll nach § 14 Abs. 1 Nr. 2 PolG erkennungsdienstlich behandelt werden. Die dafür notwendigen kriminaltechnischen Geräte sind nur im so genannten "ED-Zimmer" der Dienststelle vorhanden, also ist es notwendig, dass der Betroffene dorthin kommt.

Durch die **Vorladung** ist das Grundrecht auf freie Entfaltung der Persönlichkeit im Sinne des Art. 2 Abs. 1 GG betroffen. Das gilt unabhängig davon, ob mit der Vorladung eine Verpflichtung des Betroffenen zum Erscheinen begründet ist oder nicht; denn der Bürger hat ein Recht darauf, von der Obrigkeit in Ruhe gelassen zu werden.

Mit der **Vorführung** wird die Freiheit der Person nach Art. 2 Abs. 2 GG eingeschränkt. Grundsätzlich sind Vorführungen Freiheitsbeschränkungen im Sinne von Art. 104 Abs. 1 GG (BVerwG, DÖV 1990, S. 7). Das gilt jedenfalls so lange, wie sie denjenigen Zeitraum nicht überschreiten, der normalerweise für das Verbringen an den bestimmten Ort (Vorführort) benötigt wird (im PolG wird die Vorführung wie eine Freiheitsentziehung bewertet; vgl. die §§ 36 bis 38 PolG). Je nach Art und Weise der Durchsetzung mit unmittelbarem Zwang kann auch die körperliche Unversehrtheit (Art. 2. Abs. 2 GG) betroffen sein.

Auf dem Gebiet der Gefahrenabwehr ist die Vorladung ein Verwaltungsakt im Sinne des § 35 VwVfG, im Rahmen der Strafverfolgung ein Justizverwaltungsakt und bei der Verfolgung von Ordnungswidrigkeiten eine Maßnahme (Verwaltungsakt) der Verfolgungsbehörde im Sinne des § 62 OwiG.

# I.  Vorladungen/Vorführung zur Gefahrenabwehr - § 10 PolG

Die Vorladung und Vorführung für die Zwecke der Gefahrenabwehr ist in § 10 PolG geregelt.

## 1.  Ermächtigung zur Vorladung

**Die Ermächtigung zur Vorladung enthält § 10 Abs. 1 PolG.**

---

**§ 10 Vorladung**

(1) Die Polizei kann eine Person schriftlich oder mündlich vorladen, wenn

1. Tatsachen die Annahme rechtfertigen, dass die Person sachdienliche Angaben machen kann, die für die Erfüllung einer bestimmten polizeilichen Aufgabe erforderlich sind,

2. das zur Durchführung erkennungsdienstlicher Maßnahmen erforderlich ist.

(2) bis (4) ...

---

Gemäß § 10 Abs. 1 PolG kann die Polizei eine Person aus zwei Gründen schriftlich oder mündlich vorladen, und zwar zur Befragung und zur erkennungsdienstlichen Behandlung.

## 1.1 Zulässigkeitsvoraussetzungen für die

### 1.1.1 Vorladung einer Auskunftsperson (Alternative 1), § 10 Abs. 1 Nr. 1 PolG.

Die Vorladung zur Befragung setzt voraus, **dass**

- **Tatsachen die Annahme rechtfertigen,**
- **dass die Person sachdienliche Angaben machen kann,**
- **die für die Erfüllung einer bestimmten polizeilichen Aufgabe**
- **erforderlich sind.**

### 1.1.2 Vorladung zur ED-Behandlung (Alternative 2), § 10 Abs. 1 Nr. 2. PolG.

Die Vorladung zur ED-Behandlung kommt in Betracht, soweit

- **das zur Durchführung erkennungsdienstlicher Maßnahmen**
- **erforderlich ist.**

**Zu Alternative 1**

Die Bestimmung selbst erlaubt **keine Datenerhebung**, so dass Grundvoraussetzung der Befugnis ist, dass eine Person **aufgrund einer anderen gesetzlichen Bestimmung befragt werden darf**. In erster Linie, aber nicht ausschließlich, ist an die Befragung nach § 9 Abs. 1 und 2 PolG zu denken. In Betracht kommen aber z.B. auch Angaben in einem Personalienfeststellungsverfahren nach § 12 Abs. 2 PolG oder im Rahmen spezieller Gefahrenabwehraufgaben (z. B. nach dem WaffG oder dem VersG). Das folgt aus der Prämisse „Erfüllung einer bestimmten polizeilichen Aufgabe".

**Tatsachen** müssen die Annahme rechtfertigen, dass die vorzuladende Person **sachdienliche Angaben** machen kann. Tatsachen sind Fakten (z.B. glaubhafte Hinweise Dritter, Erkenntnisse aus Ermittlungen oder Akten), bloße Vermutungen genügen insofern nicht. Sie müssen den Schluss zulassen, dass die Angaben der Person sachdienlich sind, also die Erledigung der polizeilichen Aufgabe der Gefahrenabwehr zumindest fördern.

Es kommt nicht darauf an, dass die Auskunftsperson zur Auskunft verpflichtet ist.

Polizeikommissar Hartnäckig ermittelt im Vermisstenfall der 13jährigen Susanne Sonnenschein (S.), die von zu Hause weggelaufen ist. Er hat erfahren, dass sie sich bis zur Vorwoche in einer Kommune in S. bei einem Bekannten mit Namen Stefan Opfer (O.) aufhielt. H. lädt deshalb O. zur polizeilichen Befragung vor. Die bekannt gewordenen Tatsachen lassen den Schluss zu, dass O. Angaben über die weiteren Absichten der S., eventuell sogar über ihren derzeitigen Aufenthaltsort, machen kann.

Die bestimmte **polizeiliche Aufgabe** kann nur eine solche der Gefahrenabwehr sein. Dazu gehören alle Aufgaben der Polizei, die nicht oder nicht in erster Linie der Strafverfolgung oder der Verfolgung von Ordnungswidrigkeiten dienen. In so genannten Gemengelagen (ein Sachverhalt gibt zur Gefahrenabwehr und zugleich zur Strafverfolgung Anlass – z.B. im Fall einer Entführung) greift § 10 PolG auch durch, wenn die Vorladung objektiv vorrangig der Gefahrenabwehr dient.

Mit dem Hinweis auf eine **bestimmte** Aufgabe wird eine allgemeine Erforschungs- oder Ausforschungsvorladung ausgeschlossen. Dieser Aspekt korrespondiert daher mit der Bestimmung des § 9 Abs. 5 Satz 1 PolG (vgl. Kay/Böcking, a.a.O., S. 69, RdNr. 121).

Ein Mann entführt aus der Wohnung seiner geschiedenen Frau das gemeinsame Kind, für das er kein Sorgerecht mehr hat. Er hält sich und das Kind an einem geheimen Ort versteckt und droht, es zu töten, wenn seine Frau nicht eine Abänderung des Sorgerechts in die Wege leitet. Der mit dem Fall beschäftigte Polizeibeamte Zotig (Z.) erfährt, dass die Mutter des Mannes einen Hinweis auf den Aufenthaltsort des Sohnes und des Kindes geben kann. Er lädt sie deshalb telefonisch zu einer Anhörung in die Dienststelle vor. Zwar ist hier an eine Vernehmung einer Zeugin im Strafverfahren zu denken. In erster Linie kommt es Z. aber zum gegenwärtigen Zeitpunkt darauf an, das Versteck zu finden und das Kind zu befreien. Die Vorladung dient daher vorrangig der Gefahrenabwehr.

**Adressat** der Maßnahme ist die potentielle Auskunftsperson. § 10 Abs. 1 PolG bestimmt die Richtung der Maßnahme unmittelbar.

Ob die Vorladung einer Auskunftsperson **erforderlich** ist, hängt von den Umständen des Einzelfalls ab. Genügt eine telefonische Befragung oder ist dem Polizeibeamten und der Allgemeinheit eine Befragung am Aufenthaltsort der Person zuzumuten, ist sie nicht erforderlich.

**Zu Alternative 2**

Diese Ermächtigung regelt in erster Linie die Vorladung **zur erkennungsdienstlichen Behandlung**, um für die Verfolgung künftiger Straftaten vorzusorgen, § 81b 2. Alternative StPO bzw. aufgrund des § 14 Abs. 1 Nr. 2 PolG (siehe oben Vierter Abschnitt, I.). Sie knüpft damit an die Rechtmäßigkeit und Vollziehbarkeit dieser Maßnahme an.

In Betracht kommen auch erkennungsdienstliche Maßnahmen zur Feststellung der Identität aus Gefahren abwehrendem Anlass (§ 14 Abs. 1 Nr. 1 PolG). Sie sind zulässig, wenn die Identitätsfeststellung formell und materiell zulässig ist und Maßnahmen nach § 12 Abs. 2 PolG nicht ausreichen. Zu denken ist aber auch an die Vorladung zur ED-Behandlung, die im Wege der Amtshilfe (z.B. für das Ausländeramt) durchgeführt wird. Eine Vorladung zur erkennungsdienstlichen Behandlung nach § 81b 1. Alternative (zur Verfolgung einer Straftat) rechtfertigt die Ermächtigung nicht.

Im Rahmen erkennungsdienstlicher Behandlungen wird eine Vorladung in aller Regel **erforderlich** sein, weil die notwendige Ausstattung sich in den Dienststellen befindet. Soweit aber z.b. nur ein Foto gefertigt werden soll, sind auch Fälle denkbar, in denen eine Vorladung zur Dienststelle nicht notwendig ist.

**Adressat** ist die Person, die erkennungsdienstlich behandelt werden darf.

## 1.2 Zugelassene Rechtsfolgen

Der Betroffene darf schriftlich oder mündlich aufgefordert werden, zu dem von der Polizei bestimmten Termin an demjenigen Ort zu erscheinen, an dem die angestrebte Datenerhebung unter Beachtung des Prinzips der Verhältnismäßigkeit durchgeführt werden soll. Ein solcher Ort kann die Polizeidienststelle, aber z.B. auch ein Ereignisort sein.

> Der pensionierte Studiendirektor Schwunk (Sch.) beobachtet bei einem Waldspaziergang ein ca. 14jähriges Mädchen im Bereich einer Höhle. Nachdem er von zu Hause aus die Polizei informiert hat, stellt sich heraus, dass es sich um ein seit Wochen vermisstes Kind handeln könnte. Der zuständige Sachbearbeiter fordert daher den Rentner auf, in den Bereich der Höhle zu kommen und ihm die Stelle zu zeigen.

## 1.3 Verfahrens- und Formvorschriften

Für die **Vorladung** gelten die allgemeinen Bestimmungen des VwVfG (siehe auch Band I, Viertes Kapitel, Erster Abschnitt, III.).

Grundsätzlich zu berücksichtigen sind § 28, § 37 und § 41 VwVfG (**Anhörung, inhaltliche Bestimmtheit** und **Bekanntgabe**). Hinsichtlich der Form wird § 37 VwVfG durch § 10 PolG verdrängt; denn die Vorladung darf nur **schriftlich oder mündlich** erfolgen. Erfolgt die **Vorladung schriftlich**, ist sie schriftlich zu **begründen** (§ 39 VwVfG). Weil die Vorladung auf Erhebung von Daten (Erkenntnisgewinnung durch Befragung, Feststellung bestimmter persönlicher Erkennungsmerkmale usw.) gerichtet ist, sind die **allgemeinen Grundsätze der Datenerhebung** nach § 9 Abs. 3 - 6 PolG zu beachten (siehe dazu Erster Abschnitt in diesem Kapitel).

In der Vorladung soll gemäß § 10 Abs. 2 PolG deren **Grund angegeben** werden. Bei der Festsetzung des Zeitpunkts soll auf den Beruf und die sonstigen **Lebensverhältnisse des Betroffenen Rücksicht genommen werden**. Dahinter verbirgt sich der Grundsatz der Angemessenheit.

Bereits im Rahmen der Vorladung darf die Polizei gemäß § 10 Abs. 4 PolG **keine verbotenen Vernehmungsmethoden** im Sinne des § 136a StPO anwenden (z.B. keine Vorladung durch Täuschung).

## 2.    Zwangsweise Durchsetzung der Vorladung

### 2.1    Ermächtigung

Als Zwangsermächtigung ist § 50 Abs. 1 PolG heranzuziehen (zum Recht auf Zwangsanwendung siehe Band I, 5. Kapitel).

§ 10 Abs. 3 PolG ist keine eigenständige Zwangsbefugnis (Gefahren abwehrende Maßnahmen sind regelmäßig im Rahmen des § 50 PolG zwangsweise durchsetzbar (vgl.
Tegtmeyer, a.a.O. § 10 RdNr. 10). Die zwangsweise Durchsetzung einer Vorladung ist
daher nur statthaft, wenn der Verwaltungsakt (die Vorladung nach § 10 Abs. 1 PolG)
bestandskräftig (nicht nichtig) und vollstreckungsfähig ist. Erst wenn die Vorladung mit
Rechtsmitteln (Widerspruch, Anfechtungsklage) nicht mehr angefochten werden kann
oder wenn das zulässige Rechtsmittel (Widerspruch) gegen die Vorladung keine aufschiebende Wirkung hat (§ 80 Abs. 2 VwGO), kommt entsprechend § 50 Abs. 1 PolG die
Anwendung von Zwangsmitteln in Frage (vgl. Band I, 5. Kapitel, Zweiter Abschnitt).

### 2.2    Ermächtigungsbegrenzende Bestimmungen

Mit § 10 Abs. 3 PolG wird das Recht zur Zwangsanwendung vielmehr auf die im Gesetz
genannten Voraussetzungen eingeschränkt.

---

§ 10 Vorladung
(1) ...
(2) ...
(3) Leistet ein Betroffener der Vorladung ohne hinreichenden Grund keine
Folge, so kann sie zwangsweise durchgesetzt werden,
1. wenn die Angaben zur Abwehr einer gegenwärtigen Gefahr für Leib,
Leben oder Freiheit einer Person erforderlich sind,
2. zur Durchführung erkennungsdienstlicher Maßnahmen.
Die zwangsweise Vorführung darf nur aufgrund richterlicher Anordnung
erfolgen, es sei denn, dass Gefahr im Verzug besteht.
(4) ...
(5)     ...

---

Die Zwangsanwendung ist nur zulässig, wenn

- **der Betroffene einer Vorladung ohne hinreichenden Grund keine Folge leistet
  (geleistet hat) und**
- **wenn Angaben zur Abwehr einer gegenwärtigen Gefahr für Leib oder Leben
  oder Freiheit einer Person erforderlich sind oder**
- **erkennungsdienstliche Maßnahmen erforderlich sind.**

Eine **zwangsweise Durchsetzung der Vorladung** mit dem Mittel der Vorführung **einer Auskunftsperson** (vgl. § 10 Abs. 1 Nr. 1 PolG) kommt nur aus dringendem Anlass dann in Betracht, wenn eine gegenwärtige Gefahr für Leben, Gesundheit oder Freiheit einer Person vorliegt. Bei geringeren Gefahren ist ein zwangsweises Vorgehen unzulässig.

Ferner muss die Maßnahme erforderlich sein. Die Behörde muss auf die Auskunft angewiesen sein.

> In S. ist eine Höhle eingestürzt. Mehrere Personen wurden eingeschlossen, es besteht Lebensgefahr. Die Rettungsmaßnahmen sind sehr mühsam. Die Polizei, die im Rahmen ihrer Zuständigkeit nach § 1 Abs. 1 S. 1 u. 3 PolG eingesetzt ist, erfährt, dass Heinfried Erdhorn (E.), ein "Hobby-Höhlenforscher", einen zweiten Zugang zur Höhle kennt. E. wird deshalb von einem entsandten Polizeibeamten gebeten, unverzüglich vor Ort zu erscheinen. Er weigert sich aber, weil seine Tochter an diesem Tag ihre Hochzeit feiert. Da tatbestandsmäßig ein Fall des § 323c StGB (Unterlassene Hilfeleistung) vorliegt und E. aufgrund dieser Vorschrift eine Handlungspflicht und deshalb auch eine Auskunftspflicht hat, lässt ihn der mit der Einsatzleitung beauftragte Dienstgruppenleiter vorführen. Die mündliche Vorladung gemäß § 10 Abs. 1 Nr. 1 PolG war eine unaufschiebbare Anordnung eines Polizeivollzugsbeamten. Es bestand höchste Eile, um das Leben der Eingeschlossenen zu retten. Der Widerspruch des E. hatte daher keine aufschiebende Wirkung. Weil auch eine gegenwärtige Gefahr für Leben und Gesundheit der Eingeschlossenen vorlag, waren zusätzlich die einschränkenden Voraussetzungen für eine Vorführung nach § 10 Abs. 3 Nr. 1 PolG erfüllt. Gefahr im Verzug lag in diesem Fall ohne Zweifel vor, so dass der Polizeibeamte auch unmittelbaren Zwang anwenden durfte.

**Die Durchsetzung einer Vorladung** zur Durchführung **erkennungsdienstlicher Behandlungen** nach § 81b 2. Alternative StPO sowie nach § 14 Abs. 1 Nr. 2 PolG unterliegen im Hinblick auf die Durchsetzung mit Zwangsgeld keiner besonderen Einschränkung. Eine Einschränkung ergibt sich erst auf der Ebene der Vorführung (Einwirkung auf die Person mit körperlicher Gewalt) durch die in § 10 Abs. 3 Satz 2 PolG vorgesehene Einschränkung der Anordnungsbefugnis (siehe unten 2.3).

## 2.3    Anwendung der zugelassenen Zwangsmittel.

Mit der Prämisse „zwangsweise durchgesetzt" greift das Gesetz die geeigneten Zwangsmittel des **Zwangsgeldes** und des **unmittelbaren Zwanges** auf.

### 2.3.1    Zwangsgeld als Mittel der Durchsetzung

Zunächst ist die Möglichkeit der Erzwingung durch Androhung und Festsetzung des schriftlichen **Zwangsgeldes** nach § 53 PolG in Erwägung zu ziehen (siehe Band I, 5. Kapitel, Dritter Abschnitt). Über die Voraussetzungen der §§ 50 Abs. 1, 53 und 56 PolG und die Voraussetzungen für die Vollstreckungsfähigkeit (§ 80 VwGO) hinaus kommt Zwangsgeld nur in Betracht, wenn entsprechend § 10 Abs. 3 PolG

- der Betroffene der Vorladung ohne hinreichenden Grund keine Folge geleistet hat (die Zwangsanwendung ist also nur zulässig wenn der Vorladung **kein wichtiger Grund** - z.B. eine Erkrankung, ein Gerichtstermin etc. - entgegen gestanden hat. Stand ein solcher entgegen, scheidet Zwang aus) **und**
- die (nach § 10 Abs. 1 Nr. 1 PolG notwendigen) Angaben zur Abwendung einer gegenwärtigen Gefahr für Leib, Leben oder Freiheit einer Person erforderlich sind (die Zwangsanwendung zur Abwehr geringerer Gefahren scheidet aus) **oder**
- erkennungsdienstliche Maßnahmen (nach § 14 PolG oder § 81b 2. Alternative StPO) durchgeführt werden müssen.

### 2.3.2 Vorführung als Mittel der Durchsetzung

Wenn das Zwangsgeld (als milderes Mittel gegenüber dem unmittelbaren Zwang, § 55 PolG) erfolglos geblieben ist oder von vorne herein keinen Erfolg verspricht oder unzweckmäßig ist (weil z. B. das Verfahren zu zeitaufwendig ist und der Erfolg unvertretbar verzögert wird), kommt die Vorführung durch Einwirkung mit körperlicher Gewalt auf die betroffene Person (nach Androhung und Festsetzung des unmittelbaren Zwanges - vgl. § 51 und 56 PolG) in Frage. Vor diesem Hintergrund greift das Recht zur Vorführung durch, wenn

- **der Betroffene der Vorladung ohne hinreichenden Grund keine Folge geleistet hat und**
- **die (nach § 10 Abs. 1 Nr. 1 PolG notwendigen) Angaben zur Abwendung einer gegenwärtigen Gefahr für Leib, Leben oder Freiheit einer Person erforderlich sind oder**
- **erkennungsdienstliche Maßnahmen (nach § 14 PolG oder § 81b 2. Alternative StPO) durchgeführt werden müssen**
- **und Zwangsgeld als milderes Zwangsmittel (§ 55 PolG) ausscheidet.**

Die **Vorführung** als Form der Anwendung unmittelbaren Zwanges darf in der Regel nur durch den **Richter angeordnet werden.** Das gilt nicht, wenn Gefahr im Verzug vorliegt, also Eile geboten ist (vgl. (§ 10 Abs. 3 Satz 2 PolG). Die Vorladung kann also grundsätzlich **nur in Eilfällen** (bei Gefahr im Verzug) ohne richterliche Anordnung mit unmittelbarem Zwang durchgesetzt werden. **Nur eine unaufschiebbare Anordnung eines Polizeivollzugsbeamten** (im Sinne von § 80 Abs. 2 Nr. 2 VwGO), der aus dringendem Anlass sofort handeln muss, **rechtfertigt die Anwendung unmittelbaren Zwanges ohne richterliche Anordnung.** Ergeht die Vorladung schriftlich, wird ein solcher Fall nicht gegeben sein (es sei denn es treten zwischenzeitlich besondere Umstände ein).

**Schriftliche Vorladungen zur ED-Behandlung** sind keine unaufschiebbaren Anordnungen von Polizeivollzugsbeamten im Sinne von § 80 Abs. 2 Nr. 2 VwGO. Viele erkennungsdienstliche Maßnahmen müssen nicht unmittelbar nach einer Tat erfolgen. Entsprechend werden in der polizeilichen Praxis die Termine meist nach Zweckmäßigkeitsgesichtspunkten zu späterer Zeit und auf einen angemessen späteren Zeitpunkt (unter

Berücksichtigung des Postweges und der Belange des Betroffenen) festgesetzt. Daraus folgt bereits, dass keine Gefahr im Verzug vorliegt und auch Zeit ist, dem Richtervorbehalt zu entsprechen.

Ausnahmsweise kann auch die erkennungsdienstliche Behandlung zeitlich so dringlich sein, dass eine richterliche Anordnung der Vorführung nicht mehr eingeholt werden kann. Das kann in Bezug auf die Vorladung zur erkennungsdienstlichen Behandlung bei durchreisenden Ausländern gegeben sein, wenn eine Festnahme aus Verhältnismäßigkeitsgründen ausscheidet. Auch wenn jemand keinen festen Wohnsitz hat und später nicht mehr erreicht werden kann, kommt Gefahr im Verzug in Betracht.

Der Richter wird die zwangsweise Durchsetzung nur anordnen, wenn die Vorladung begründet und formfehlerfrei ist (oben 1.) und die Zwangsbefugnisse aus §§ 50 ff. PolG durchgreifen. Bei schriftlichen Vorladungen muss entsprechend § 50 Abs. 1 PolG die sofortige Vollziehung angeordnet und schriftlich begründet sein (§ 80 Abs. 2 Nr. und Abs. 3 VwGO). Schließlich ist darzulegen, dass Zwangsgeld ausscheidet.

Die folgenden Beispiele verdeutlichen die gesetzlichen Anforderungen, die bei einer Vorladung zur erkennungsdienstlichen Behandlung zu berücksichtigen sind.

Karl Vielklau wurde auf frischer Tat bei einem Einbruchsdiebstahl ertappt und angezeigt. Der zuständige Ermittlungsbeamte KK Flüchtig sieht die Notwendigkeit der erkennungsdienstlichen Behandlung gegeben und lädt Vielklau deshalb formlos für einen bestimmten Zeitpunkt zur Dienststelle vor. Die Vorladung ist schon deshalb formell rechtswidrig, weil der Grund der Maßnahme nicht angegeben (§ 10 Abs. 2 PolG) und die Vorladung nicht begründet wurde (§ 39 VwVfG).

Bei der wiederholten Vorladung hat KK Flüchtig beides berücksichtigt, also den Grund der Vorladung angegeben und die Maßnahme kurz begründet und sogar eine Rechtsmittelbelehrung im Sinne von § 58 VwGO beigefügt. Dagegen legt Vielklau Widerspruch ein. Dieser hat aufschiebende Wirkung (§ 80 Abs. 1 VwGO). Die erkennungsdienstliche Behandlung ist zurückzustellen, bis über den Widerspruch entschieden ist.

Nach diesen Erfahrungen lädt KK. Flüchtig in einer anderen Sache den Betrüger Schlaukopf schriftlich mit Angabe des Grundes (§ 10 Abs. 2 PolG), Begründung der Maßnahme (§ 39 VwVfG), Rechtsbehelfsbelehrung (§ 58 VwGO) und mit Hinweis darauf, dass Rechtsmittel gegen seine Maßnahme (als Sofortmaßnahme eines Polizeivollzugsbeamten im Sinne von § 80 Abs. 2 Nr. 2 VwGO) keine aufschiebende Wirkung haben und die Anordnung im Falle des Nichterscheinens zwangsweise durchgesetzt würde. Die zwangsweise Durchsetzung scheidet hier schon deshalb aus, weil ein schriftlicher Verwaltungsakt keine unaufschiebbare Anordnung eines Polizeivollzugsbeamten sein kann (denn sie ist durch den Schriftweg/Postweg schon hinausgeschoben).

Im nächsten gleich gelagerten Fall lädt KK Flüchtig einen Straftäter wiederum schriftlich unter Angabe des Grundes (§10 Abs. 2 PolG) mit Begründung der Maßnahme (§ 39 VwVfG), Rechtsmittelbelehrung (§ 58 VwGO) und Anordnung der sofortigen Vollziehung (§ 80 Abs. 2 Nr. 4 VwGO) vor. Der Straftäter erscheint aber nicht. Darum stellt KK Flüchtig einen Antrag an das Amtsgericht mit der Bitte, die zwangsweise Vorführung im Sinne von § 10 Abs. 3 PolG anzuordnen. Der Richter lehnt die Anordnung ab mit der Begründung, dass die Vorladung nicht vollstreckungsfähig geworden ist, weil der Beamte die Notwendigkeit der sofortigen Vollziehung im öffentlichen Interesse nicht schriftlich begründet hat (§ 80 Abs. 2 Nr. 4, § 80 Abs. 3 VwGO).

Aufgrund dieser Erfahrungen fasst KK Flüchtig seine schriftlichen Vorladungen zur erkennungsdienstlichen Behandlung aus Gefahren abwehrendem Anlass nunmehr so, dass daraus neben dem Zeitpunkt hervorgehen:

- der Grund der Maßnahme (§ 10 Abs. 2 PolG),
- Begründung der Anordnung (§ 39 VwVfG)
- Rechtsbehelfsbelehrung (§ 58 VwGO)
- Anordnung der sofortigen Vollziehung mit schriftlicher Begründung des öffentlichen Interesses (§ 80 Abs. 2 Nr. 4 und Abs. 3 VwGO) und
- Begründung, dass Zwangsgeld als milderes Zwangsmittel zu zeitaufwendig und darum unzweckmäßig ist (§ 55 PolG).

Damit ist die Vorladung unanfechtbar (es sei denn, das Verwaltungsgericht hat die aufschiebende Wirkung auf Antrag des Betroffenen wieder hergestellt - § 80 Abs. 5 VwGO).

Hinweis: Die Anordnung der sofortigen Vollziehung kann im gesamten Vorverfahren erfolgen, also auch noch nach Einlegung des Widerspruchs. Zuständig ist dann allerdings die Widerspruchsbehörde (Redeker/von Oertzen, a.a.O., § 80, RdNr. 13), so dass der erlassenden Behörde die Mittel aus der Hand genommen sind und sie nicht mehr zugig zum Ergebnis kommen kann. Es ist daher sinnvoll, die Anordnung der sofortigen Vollziehung (mit Begründung) gleich mit der Vorladung zu verbinden.

### 2.4 Verfahrensvorschriften im Zusammenhang mit der Vorführung

Die Vorführung nach § 10 Abs. 3 PolG wird in § 37 PolG aufgegriffen. Danach ist dem Betroffenen der Grund für die Vorführung (§ 37 Abs. 1 PolG) bekannt zu geben und ihm Gelegenheit zur Benachrichtigung von Angehörigen pp. (§ 37 Abs. 2 PolG) einzuräumen. Schließlich ist darauf zu achten, dass er nach Abschluss der Maßnahme zu entlassen ist ( 38 PolG).

## II. Vorladung/Vorführung zum Zwecke der Strafverfolgung

### 1. Ermächtigung

Die Vorladung ist in der Strafprozessordnung nicht ausdrücklich geregelt. Die Ermächtigung ergibt sich gleichwohl als "Minusmaßnahme" im Rahmen gewisser Befugnisse.

## 1.1 Vorladung des Beschuldigten

Die Polizei darf einen Beschuldigten vorladen

- **zur Vernehmung** (§ 163 Abs. 1 in Verbindung mit § 163a Abs. 1 und Abs. 4 stop). Das Recht zur Vernehmung enthält das Recht, die Person zur Vernehmung vorzuladen. Bedingung ist insoweit, dass die Voraussetzungen für eine Vernehmung vorliegen (siehe oben Dritter Abschnitt in diesem Kapitel). Soweit nach § 163a Abs. 1 stop eine schriftliche Anhörung genügt (Versendung eines Anhörungsbogens), scheidet die Vorladung aus. Sie ist dann nicht erforderlich. Der Beschuldigte ist **nicht verpflichtet**, der Vorladung zu folgen. Folglich kann er bei einer Missachtung einer polizeilichen Vorladung auch nicht vorgeführt werden.

- **als Adressaten im Rahmen sonstiger zulässiger strafprozessualer Maßnahmen**, insbesondere im Rahmen des 81b 1. Alternative StPO (**erkennungsdienstliche Behandlung zur Klärung einer Straftat** und in diesem Rahmen auch **zur Gegenüberstellung mit Zeugen**). Aus der Zulässigkeit der Eingriffe folgt die Zulässigkeit der Vorladung (Vorladung als Minusmaßnahme). Soweit nämlich die Polizei die Bewegungsfreiheit des Beschuldigten zur Durchführung dieser Maßnahmen beschränken darf, ist es ihr auch gestattet, den Beschuldigten aufzufordern, an einem bestimmten Ort zur Durchführung des Eingriffs zu erscheinen und ihn ggf. dorthin vorzuführen.

Denkbar wäre auch die Vorladung zur Durchführung einer **körperlichen Untersuchung** nach § 81a StPO. Weil solche Eingriffe jedoch von Hilfsbeamten der Staatsanwaltschaft nur in Eilfällen (bei Gefahr im Verzug) angeordnet werden dürfen (§ 81a Abs. 2 StPO), scheidet wohl die schriftliche Vorladung (die schon wegen des Postweges auf Zeit gerichtet ist), meist aus. Lediglich in besonderen Eilfällen, in denen die Einschaltung des Richters nicht möglich ist, rechtfertigt § 81a StPO auch die mündliche Vorladung und dann auch die zwangsweise Vorführung.

Gleiches gilt für Maßnahmen nach § 81g StPO (**DNA-Identitätsfeststellung**); denn die Anordnung für die Entnahme der Körperzellen richtet sich nach 81a Abs. 2 StPO. Sie kann **in Eilfällen** (bei Gefahr im Verzug) auch durch die Staatsanwaltschaft und ihre Hilfsbeamten vorgenommen werden. Dazu darf die Polizei den Beschuldigten vorladen und ggf. zwangsweise vorführen.

Hat der Richter eine solche Maßnahme angeordnet, darf die Polizei den Betroffenen aufgrund der Anordnung zur Durchführung gleichfalls schriftlich oder mündlich vorladen oder vorführen.

## 1.2 Vorladung von Zeugen

Die Vorladung von Zeugen im Strafverfahren ist erlaubt, soweit

- **ihre Vernehmung gemäß § 163a Abs. 5 StPO zulässig ist** (siehe oben, Dritter Abschnitt in diesem Kapitel) und die Vorladung hierzu **erforderlich** ist. Reicht die

Einlassung über einen Zeugenbogen aus, ist die Vorladung nicht erforderlich. Weil der Zeuge bei der Polizei in Strafverfahren nicht aussagen muss, kann die Vorladung nicht erzwungen werden. Eine Vorführung ist nicht statthaft.

- **sie zur Duldung strafprozessualer Maßnahmen verpflichtet sind** (insbesondere auf der Grundlage des § 81c StPO – siehe unten 8. Kapitel) **und die Vorladung** dabei als Minusmaßnahme zur Durchführung der Eingriffe **erforderlich ist.**

In Betracht kommt neben den Fällen einer körperlichen Untersuchung z.B. die **Durchsuchung eines Zeugen** als Augenscheinsobjekt zur Auffindung bestimmter Spuren der Tat nach § 103 StPO und deren anschließende Sicherung gemäß § 94 StPO (siehe unten 9. Kapitel, Zweiter Abschnitt).

Weil diese Maßnahmen von Hilfsbeamten der Staatsanwaltschaft nur bei Gefahr im Verzug angeordnet werden dürfen, ist auch die Vorladung (und Vorführung) auf eilige Ausnahmefälle beschränkt (es sei denn, der Betroffene wirkt freiwillig mit). Sie wird dann in der Regel mündlich (telefonisch) erfolgen. Wenn der Schriftweg eingeschlagen wird, spricht die Vermutung dafür, dass auch Zeit gegeben ist, um eine richterliche Entscheidung einzuholen.

> Kleinknecht (K.) wurde von mehreren gewaltorientierten Fußballfans geschlagen. Sein Körper ist voller blauer Flecke. KK Pfiffig will diese im ED-Zimmer fotografisch sichern. Wenn sich der Geschädigte der Maßnahme nicht freiwillig unterzieht, ist zu überlegen, ob Gefahr im Verzug ist oder Zeit für eine richterliche Anordnung ist.

## 1.3    Vorladung von Sachverständigen

**Soweit Sachverständige** im Ermittlungsverfahren herangezogen werden, um bei der Klärung von Sachverhalten zu helfen oder gutachtlich Stellung zu nehmen, können sie im Rahmen § 163a Abs. 5 StPO dazu auch vorgeladen werden. Eine Durchsetzung der Vorladung mit unmittelbarem Zwang scheidet aus.

## 2.    Zugelassene Rechtsfolgen

Die StPO regelt die Art der Vorladung nicht. Nach Sinn und Zweck der Befugnisse darf der Betroffene schriftlich oder mündlich aufgefordert werden, zu dem von der Polizei bestimmten Termin an demjenigen Ort zu erscheinen, an dem die angestrebte Maßnahme unter Beachtung des Prinzips der Verhältnismäßigkeit durchgeführt werden soll. Vor dem Hintergrund des Verhältnismäßigkeitsgrundsatzes (Erforderlichkeit und der Angemessenheit) sind die Belange des Vorgeladenen bei der Festsetzung des Termins zu berücksichtigen.

Der Betroffene ist indessen **nicht verpflichtet, zur Vernehmung** vor der Polizei **zu erscheinen.**

In anderen Fällen polizeilicher Vorladung besteht die Verpflichtung, wenn Gefahr im Verzug ist (siehe obige Hinweise zu den einzelnen Maßnahmen).

Besteht eine Verpflichtung zum Erscheinen (Vorladung zur erkennungsdienstlichen Behandlung für Zwecke des Strafverfahrens, Durchführung einer körperlichen Untersuchung usw.) in Eilfällen, kann die Person auch vorgeführt werden (zur zwangsweisen Durchsetzung siehe Band I, 5. Kapitel, Zweiter Abschnitt II. und Vierter Abschnitt).

## 3. Verfahrens- und Formvorschriften

Jeder örtlich und sachlich zuständige Polizeibeamte darf die Vorladung zur Vernehmung oder erkennungsdienstlichen Behandlung anordnen. In anderen Fällen (körperliche Untersuchung, DNA-Identitätsfeststellung, Durchsuchung von Zeugen) sind Hilfsbeamte der Staatsanwaltschaft zur Anordnung befugt, wenn Gefahr im Verzug ist. Dem Betroffenen ist der Grund der Vorladung mitzuteilen (vgl. auch § 12 DSG NW).

## III. Vorladung im Rahmen der Verfolgung von Ordnungswidrigkeiten

Die unter Ziffer 3 aufgeführten Bestimmungen gelten gemäß § 46 Abs. 1 oder 2 bzw. § 53 OwiG grundsätzlich auch im Rahmen der Verfolgung von Ordnungswidrigkeiten.

Zu beachten ist allerdings, dass die Polizei **als zuständige Verwaltungsbehörde** im Sinne der § 35/§ 36 OwiG (siehe Band I, 3. Kapitel, Dritter Abschnitt) entsprechend 46 Abs. 2 OWiG bei der Verfolgung von Ordnungswidrigkeiten die gleichen Rechte wie die Staatsanwaltschaft hat. Das Vorladungsrecht **zur Vernehmung** folgt in diesen Fällen aus § 161a und § 163a Abs. 3 StPO. Daraus ergibt sich insbesondere, dass

- die vorgeladenen Personen verpflichtet sind, vor der Polizei zu erscheinen.

- die Polizei den Betroffenen unter Hinweis auf seine mögliche Vorführung vorladen kann. Allerdings steht die Anordnung der Vorführung nur dem Richter zu (vgl. § 46 Abs. 5 OWiG).

- die Polizei im Falle des Ausbleibens oder der Verweigerung des Zeugnisses oder der Gutachterpflichten gegen Zeugen und Sachverständige Maßnahmen nach den §§ 51, 70 und 77 StPO treffen darf (Auferlegung der Kosten, Ordnungsgeld). Ordnungshaft und Vorführungen darf allerdings nur der Richter anordnen (vgl. zur Vorführung § 46 Abs. 5 OWiG).

Erna Ohnesorg (O.) wurde Zeugin eines Verkehrsunfalls. Ein Motorradfahrer missachtete die Vorfahrt eines Radfahrers. Es wurde niemand verletzt. Als Sachbearbeiter des zuständigen Verkehrskommissariats lädt POK Scharf (Sch.) die Zeugin schriftlich zur Vernehmung vor, weil noch Unklarheiten bestehen, die im Rahmen einer schriftlichen Anhörung nicht geklärt werden können. Die Frau missachtet die Vorladung unentschuldigt. In diesem Fall kommt die Kostenerstattung sowie ein Ordnungsgeld in Betracht, weil der Polizeibeamte als Amtswalter der

Verfolgungsbehörde handelte und insofern dieselben Rechte wie die Staatsanwaltschaft gemäß § 161a StPO hat.

## IV. Überblick über sonstige Befugnisse zur Vorführung

### 1. Vorführungen im Rahmen von Vollzugshilfeersuchen

Vorführungen vor andere Behörden sind im Rahmen der speziellen oder allgemeinen
Vollzugshilfeaufgaben zu leisten (siehe Band I, 4. Kapitel, Erster Abschnitt I. 4.). Es
gelten - teilweise ergänzend - die Regelungen der §§ 47 - 49 PolG.

Die Polizei vertritt die Art und Weise der Durchführung, daneben die Maßnahmen, die
sie zur Realisierung der Vorführung trifft. Soweit sie zur Durchsetzung der Vorführung
unmittelbaren Zwang anzuwenden hat, sind die §§ 57 ff. PolG zu beachten.

Die Polizei darf Personen **auf Ersuchen der zuständigen Behörde** (schriftlich, in
Eilfällen mündlich), insbesondere vorführen

- wenn der Polizei diese Befugnis als spezielle (Zwangs-)Ermächtigung übertragen
  ist oder
- sofern unmittelbarer Zwang zur Durchsetzung des vollstreckungsfähigen Verwaltungsaktes einer anderen Behörde anzuwenden ist und diese Behörde nicht über
  die hierzu erforderlichen Dienstkräfte verfügt oder ihre Maßnahme nicht auf
  andere Weise selbst durchsetzen kann und

**Vorführungsbefugnisse enthalten neben den Regeln über die allgemeine Vollzugs-
hilfe (§§ 3 und 47 ff. PolG) hinaus insbesondere die folgenden Gesetze in den dort
bestimmten Fällen:**

- nach **§ 44 Abs. 2 Wehrpflichtgesetz** (insbesondere Wehrpflichtige zur Muste-
  rung) oder nach **§ 44 Abs. 3 Wehrpflichtgesetz** (Wehrpflichtige zum Wehr-
  dienst) oder
- nach **§ 23a Zivildienstgesetz** (Dienstpflichtige zum Dienstantritt) oder

### 2. Richterliche Vorführbefehle

Im Auftrage der Staatsanwaltschaft (polizeiliche Aufgabe nach. § 161 Abs. 1 S. 2 StPO)
führt die Polizei vor:

- den von einer richterlichen **Anordnungen einer bestimmten strafprozessualer
  Maßnahmen** Betroffenen (z.B. die Vorführung zum Zwecke einer richterlich
  angeordneten Blutentnahme nach § 81a StPO in ein Krankenhaus) oder

- gemäß § **133 StPO** den ohne ausreichende Entschuldigung ferngebliebenen Beschuldigten zur richterlichen Vernehmung vor, wenn er schriftlich geladen war und seine Vorführung in der Ladung angedroht war oder

- gemäß § **134 StPO** den Beschuldigten ohne vorherige Ladung dem Richter vor, wenn Gründe vorliegen, die den Erlass eines Haftbefehls rechtfertigen würden (§§ 112, 112a, 126a StPO) oder

- gemäß § **236 StPO** den Angeklagten, gegen den das persönliche Erscheinen angeordnet worden ist oder

- nach § **230 Abs. 2 StPO** den ohne genügende Entschuldigung ausgebliebenen Angeklagten zur Hauptverhandlung. Das gleiche gilt für Vorführungen im Berufungsverfahren nach § 329 StPO oder im Revisionsverfahren nach § 350 StPO oder

- gemäß § **459e StPO** die richterliche Anordnung zur Vollstreckung einer Ersatzfreiheitsstrafe

Die Anordnung des zuständigen Richters wird der Staatsanwaltschaft zur Vollstreckung übergeben (§ 36 Abs. 2 StPO) und schließlich von der Polizei vollzogen. Sie enthält zugleich das Recht zum Betreten der Wohnung des Beschuldigten zum Zwecke der Vorführung, soweit dies erforderlich sein sollte (vgl. Kleinknecht/Meyer-Goßner, a.a.O., § 134 RdNr. 5).

In dem Vorführbefehl muss nach § 134 Abs. 2 StPO die Person genau bezeichnet sein. Die zur Last gelegte Tat sowie der Grund der Vorführung müssen angegeben sein. Dem Beschuldigten ist der Vorführbefehl vorzuzeigen. Gemäß § 135 StPO ist er unverzüglich dem Richter (oder der Gerichtspolizei) vorzuführen.

Die Vorführungen sind so durchzuführen, dass die Person unverzüglich an die anordnende Stelle gebracht werden kann. Die Anwendung unmittelbaren Zwanges richtet sich nach den §§ 57 ff. PolG.


### 3.  Staatsanwaltschaftliche Vorführungsbefehle

Auf Weisung der Staatsanwaltschaft ( § 161 StPO) hat die Polizei

- **einen Beschuldigten** (§ 163a Abs. 3 StPO i.V.m. § 133 StPO), der ohne ausreichende Entschuldigung trotz (schriftlicher) Vorladung und Androhung der Vorführung der Vernehmung ferngeblieben ist oder
- **einen Beschuldigten** (§ 163a Abs. 3 StPO i.V.m. § 134 StPO) ohne vorherige Vorladung, wenn ein Haftgrund besteht (§§ 112, 112a, 126a StPO) oder
- **einen Zeugen** (§ 161a Abs. 2 i.V.m. § 51 StPO i.V.m. § 133 StPO), der unberechtigt auf die schriftliche Vorladung mit Androhung der Vorführung (§ 48 StPO) ausgeblieben sind

vorzuführen.

Ohne ausdrückliche richterliche Anordnung ist die **Durchsuchung der Wohnung** des Beschuldigten oder Zeugen **unzulässig** (Art. 13 GG).

## 4. Vorführung auf Weisung der Vollstreckungsbehörde

Auf Weisung der Vollstreckungsbehörde (grundsätzlich Staatsanwaltschaft oder Jugendrichter) führt die Polizei

- **gemäß § 457 Abs. 1 S. 1 StPO** den zu einer Freiheitsstrafe Verurteilten vor, der sich auf die an ihn ergangene Ladung zum Strafantritt hin nicht gestellt hat oder der Flucht verdächtig ist oder
- **nach § 457 Abs. 1 S. 2 StPO** den entwichenen Strafgefangenen oder denjenigen, der sich sonst dem Vollzug der Freiheitsstrafe entzieht vor.

Einer besonderen Durchsuchungsanordnung für die Wohnung des Verurteilten bedarf es bei Vorführungen nach § 457 StPO nicht (Kleinknecht/Meyer-Goßner, a.a.O., § 457, RdNr. 11).

Vorführbefehle müssen die betroffene Person genau bezeichnen. Das Verfahren (bei Beschuldigten die ihnen zur Last gelegte Straftat) und der Grund der Vorführung sind anzugeben (vgl. ausdrücklich § 134 Abs. 2 StPO). Der Vorführbefehl ist vorzuzeigen.

Beschuldigte und Zeugen sind unverzüglich dem Staatsanwalt zur Vernehmung vorzuführen (§ 135 StPO). Bei Vorführungen nach § 457 StPO ist die Person in die im Vorführbefehl bezeichnete oder in die nächste Justizvollzugsanstalt zu bringen.

Soweit **unmittelbarer Zwang** erforderlich ist, sind die Bestimmungen der §§ 57 ff. PolG zu beachten. Die Vorführungen sind so durchzuführen, dass die Person unverzüglich an die anordnende Stelle gebracht werden kann.

## 5. Vorführung in Ordnungswidrigkeitenverfahren

In Ordnungswidrigkeitenverfahren darf nach § 46 Abs. 5 OWiG nur der Richter Vorführungen anordnen. Entsprechende Anträge stellt die Verfolgungsbehörde. Die zuständige Verfolgungsbehörde kann die Polizei mit der Durchführung beauftragen.

# Sechster Abschnitt
# Prüfung von Berechtigungsscheinen

Übersicht
Vorbemerkungen
I.     Besondere Befugnisse zur Kontrolle von Berechtigungsscheinen
II.    Kontrollen nach § 13 PolG

## Vorbemerkungen

Im Interesse der öffentlichen Sicherheit macht der Gesetzgeber bestimmte Handlungen der Bürger von behördlichen Erlaubnissen (so genannten Berechtigungsscheinen) abhängig.

> Wer im öffentlichen Straßenverkehr ein Kraftfahrzeug führen will, bedarf der Erlaubnis der zuständigen Behörde (§ 2 StVG). Wer eine Schusswaffe führen will, bedarf der Erlaubnis der zuständigen Behörde (§ 35 Abs. 1 WaffG).

Erlaubnispflichtige Handlungen sind in der Regel Tätigkeiten, die sich allgemein gefährlich oder insgesamt nachteilig auswirken können. Dabei geht es um solche Tätigkeiten, die im Interesse der öffentlichen Sicherheit nur gestattet werden, wenn zuvor eine entsprechende Erlaubnis beantragt und ggf. in einem umfangreichen Verfahren erworben wird.

Berechtigungsscheine sind Urkunden zum Nachweis der Berechtigung für eine bestimmte erlaubnispflichtige Tätigkeit, ihrer Gültigkeit sowie der Einhaltung von Bedingungen und Auflagen.

Die Kontrolle des Berechtigungsscheines beschränkt das Grundrecht auf informationelle Selbstbestimmung im Sinne des Art. 2 Abs. 1 GG i.V.m. Art. 1 Abs. 1 GG. Soweit die Person dabei angehalten wird, ist gleichfalls Art. 2 Abs. 1 GG betroffen. Regelmäßig werden Kontrollen des Berechtigungsscheines durch Verwaltungsakt im Sinne des § 35 VwVfG erfolgen. Denkbar ist allerdings auch, dass der Eingriff im Einzelfall auch durch faktische Rechtseingriffe vorgenommen wird.

> Die Polizei wird darüber verständigt, dass ein Mann in einem Wohngebiet als Zeitungswerber auftritt. Sie kann ihn aber nicht finden. Einer Frau hat er seine Visitenkarte hinterlassen. Die Beamten prüfen durch telefonische Nachfrage beim zuständigen Gewerbeamt, ob für die auf der Visitenkarte angegebene Person eine Reisegewerbekarte ausgestellt wurde.

Die Rechtsordnung enthält mehrere Vorschriften, die solche Kontrollen gestatten. Aus § 8 Abs. 2 PolG folgt, dass § 13 PolG diesen gegenüber eine subsidiäre Vorschrift ist. Die Befugnis tritt gegenüber den speziellen Regelungen zurück.

# I. Besondere Befugnisse zur Kontrolle von Berechtigungsscheinen

Spezielle Befugnisse für die Polizei sind

- die Befugnis zur Kontrolle von Waffenscheinen und Waffenbesitzkarten nach § 35 Abs. 5 WaffG,
- die Kontrollbefugnisse für Schießerlaubnisse nach § 45 Abs. 5 WaffG,
- das Recht zur Kontrolle des Jagdscheines nach § 15 BJagdG,
- das Recht zur Kontrolle des Fischereischeines nach § 31 LFischG
- das Recht zur Kontrolle von Führer- und Fahrzeugschein nach § 4 FeV und § 24 StVZO,
- die Befugnis zur Kontrolle der Mofaprüfbescheinigung nach § 5 Abs. 4 FeV,
- die Kontrollbefugnisse für den Führerschein zur Fahrgastbeförderung nach § 15d Abs. 2 StVZO,
- die Kontrollregelungen für Betriebserlaubnisse nach § 28 Abs. 1 StVZO,
- die Befugnis zur Kontrolle besonderer Fahrzeugscheine nach § 28 Abs. 1 StVZO,
- die Kontrollrechte für Ausnahmegenehmigungen nach § 46 Abs. 3 StVO.

Die besonderen Befugnisse haben Vorrang vor der Ermächtigung aus § 13 PolG, wenn die Polizei zuständige Behörde ist (vgl. Band I, 4. Kapitel, Erster Abschnitt). Das setzt voraus, dass die Polizei in der Befugnis genannt oder durch eine andere Bestimmung als zuständige Behörde ausgewiesen ist. Das ist z.B. in Bezug auf das Prüfungsrecht für Berechtigungen nach § 7 GüKG, die Befugnis zur Kontrolle von Genehmigungsurkunden nach dem PBefG (§ 17 Abs. 4 PBefG), die Ermächtigung zur Kontrolle von Reisegewerbekarten nach § 60c Gewerbeordnung, die Transportgenehmigung nach § 6 Abs. 4 NachwVO / § 61 KrW-AbfG nicht der Fall. Greift eine spezielle Regelung nicht durch, kann die Polizei ihre Kontrollbefugnis aus § 13 PolG herleiten.

## II. Kontrollen nach § 13 PolG

### 1. Ermächtigung

Allgemeine Befugnis zur Kontrolle von Berechtigungsscheinen ist § 13 PolG.

§ 13 PolG    Prüfung von Berechtigungsscheinen
Die Polizei kann verlangen, dass ein Berechtigungsschein zur Prüfung ausgehändigt wird, wenn der Betroffene auf Grund einer Rechtsvorschrift oder einer vollziehbaren Auflage verpflichtet ist, diesen Berechtigungsschein mitzuführen.

## 1.1 Zulässigkeitsvoraussetzungen

Die Tatbestandsvoraussetzungen des § 13 PolG sind teils durch Auslegung zu ermitteln. Aus der Prämisse "Berechtigungsschein" folgt, dass die Person bei oder im unmittelbaren räumlichen und zeitlichen Zusammenhang mit einer erlaubnispflichtigen Tätigkeit angetroffen wird und dass die Erlaubnis mitgeführt werden muss. Voraussetzungen der Befugnis sind demzufolge

- **Ausübung einer erlaubnispflichtigen Tätigkeit und**
- **Mitführpflicht des Berechtigungsscheines aufgrund**
  - **einer Rechtsvorschrift (eines Gesetzes) oder**
  - **einer vollziehbaren Auflage in einem Erlaubnisbescheid.**

Das Recht zur Kontrolle des Berechtigungsscheines greift nur dann, wenn eine Person die erlaubnispflichtige Tätigkeit ausübt.

a) Ein junger Mann bemüht sich, Haushaltsgeräte (Töpfe, Schüsseln, Bestecke usw.) zu verkaufen. Dazu geht er von Haus zu Haus und bietet sie den Hausbewohnern an. Weil die Tätigkeit dem Reisegewerbe unterliegt, ist eine Reisegewerbekarte erforderlich. Der junge Mann übt eine erlaubnispflichtige Tätigkeit aus.

b) Ein Bauunternehmer lagert auf der Fahrbahn einer Straße Baumaterial, um es von dort aus für den Ausbau eines Hauses so zu nehmen, wie er es benötigt. In dem Tun liegt eine erlaubnispflichtige Sondernutzung einer öffentlichen Straße nach § 18 StrWG NW.

c) Die Polizei wird darüber informiert, dass ein Maler in der Fußgängerzone in S. an einem Samstag seine Bilder ausstellt. Dazu hat er Stafetten, Tische und andere Gestelle aufgestellt. Auch das ist eine Sondernutzung im Sinne von § 18 StrWG NW.

Ausreichend ist, dass die Kontrolle in einem engen räumlichen oder zeitlichen Zusammenhang erfolgt.

Der Polizei wird mitgeteilt, dass junge Leute im Reisegewerbe Werkzeuge zu verkaufen versuchen. Als die Beamten am Ort des Geschehens eintreffen, haben die Betroffenen ihre Arbeit gerade eingestellt und wollen nach Hause fahren. Die Kontrolle steht noch im zeitlichen Zusammenhang und ist zulässig.

Weitere Voraussetzung ist die Mitführpflicht. Sie ist begründet, wenn ein Gesetz (vgl. z.B. § 60c Gewerbeordnung) das verlangt.

Die Voraussetzung ist auch erfüllt, wenn eine Behörde in der Erlaubnis die Mitführpflicht als Auflage vorgesehen hat.

Die Auflage (zum Begriff und zur Bedeutung siehe Band I, 3. Kapitel) ist ein selbständiger Verwaltungsakt. Er muss vollziehbar sein. Weil mit der Auflage eine Handlung verlangt wird, ist sie als belastender VA zu qualifizieren. Vollziehbar ist die Auflage dann, wenn der VA unanfechtbar ist oder wenn Rechtsmittel gegen den VA keine aufschiebende Wirkung haben.

Weil das Rechtsmittel des Widerspruchs nach § 69 VwGO entsprechend § 70 VwGO in der Regel in einem Zeitraum von einem Monat erhoben werden kann und gemäß § 80 Abs. 1 VwGO aufschiebende Wirkung nach sich zieht, ist eine behördliche Auflage nur dann vollziehbar, wenn die erlassende Behörde entsprechend § 80 Abs. 2 Nr. 4 VwGO die sofortige Vollziehung angeordnet hat. Ist das nicht der Fall, greift die Befugnis aus § 13 PolG meist nicht durch. Jedenfalls hat der Polizeibeamte die Vollziehbarkeit einer Auflage vor der Kontrolle sorgsam zu prüfen, um nicht rechtswidrig zu handeln.

## 1.2 Zugelassene Rechtsfolgen

Liegen die Voraussetzungen vor, kann die Polizei verlangen, dass der entsprechende Berechtigungsschein zur Prüfung ausgehändigt wird. Bei personengebundenen Berechtigungsscheinen darf die Polizei auch überprüfen, ob die Person, die den Berechtigungsschein vorlegt, auch der Berechtigte ist (vgl. Tegtmeyer, a.a.O., § 13, RdNr. 15).

> a) Der Bauunternehmer Meier hat auf einer Straße Baumaterial gelagert. Die Polizeikommissare Schnell und Greif fordern ihn auf, eine Sondernutzungserlaubnis nach § 18 StrWG NW vorzulegen. Weil ihnen bekannt ist, dass die zuständige Behörde Sondernutzungserlaubnisse nur unter der Auflage der Mitführpflicht erteilt und immer die sofortige Vollziehung anordnet, handeln sie gesetzmäßig.

> b) Die Polizei fordert die von Haus zu Haus tätigen Zeitschriftenwerber auf, die Reisegewerbekarte vorzuzeigen. Weil § 60 c Gewerbeordnung die Mitführung vorschreibt, greift die Befugnis aus § 13 PolG durch.

Nicht ausdrücklich geregelt ist allerdings, dass die Person für die Dauer der Überprüfung angehalten und aufgehalten werden darf. Dieses Recht folgt aus dem Sinn der Vorschrift. Wenn die Polizei eine Person überprüfen darf, ist sie auch zum Anhalten derselben befugt (vgl. Tegtmeyer, a.a.O., § 13, RdNr. 16).

## 1.3 Adressaten

Die Richtung der Maßnahme wird durch die Befugnis bestimmt. Adressat ist derjenige, der eine erlaubnispflichtige Tätigkeit ausübt.

## 2. Form- und Verfahrensvorschriften

Für Verwaltungsakte gelten die allgemeinen Vorschriften des VwVfG, insbesondere § 28 sowie die §§ 37, 39 und 41. Daneben sind die allgemeinen Vorschriften für Datenerhebungen gemäß § 9 Abs. 3 bis 6 PolG zu beachten. Die Kontrolle von Berechtigungsscheinen darf jeder zuständige Polizeibeamte anordnen und durchführen.

## 3. Hinweise

Fraglich ist, ob § 13 PolG spezialgesetzliche Vorschriften ergänzen kann. Das ist deshalb von Bedeutung, weil einige Vorschriften zwar bestimmen, dass ein Berechtigungsschein mitzuführen ist (vgl. § 15 BJagdG), aber nicht vorschreiben, dass er zuständigen Personen auch zur Prüfung auszuhändigen ist. Die Frage wird mit der VV zu § 13 PolG, Nr. 13.03 geklärt. Danach ist das nicht der Fall.

Regelmäßig ist mit der Ausübung einer erlaubnispflichtigen Tätigkeit ohne wirksame Erlaubnis eine Straftat oder Ordnungswidrigkeit verbunden.

Kann die Berechtigung nicht nachgewiesen und durch die Polizei nicht festgestellt werden (z.B. durch Recherchen in entsprechenden Dateien), kommt eine Verbotsverfügung nach 8 Abs. 1 PolG in Betracht.

# Siebter Abschnitt
# Kontrollstellen

Übersicht
Vorbemerkungen
I. Kontrollstellen im Straßenverkehr
II. Kontrollstellen zur Gefahrenabwehr
III. Kontrollstellen zur Strafverfolgung
1. Kontrollstellen zur Verfolgung/Aufklärung einer Straftat nach § 111 StPO
1.1 Ermächtigung
1.1.1 Zulässigkeitsvoraussetzungen
1.1.2 Rechtsfolgen
1.2 Allgemeine Rechtmäßigkeitsanforderungen
1.3 Verfahrens- und Formvorschriften
2. Kontrollstellen als notwendige Maßnahme nach § 163 b StPO
III. Kontrollstellen zur Verfolgung von Ordnungswidrigkeiten

## Vorbemerkungen

Der Begriff "Kontrollstelle" ist dem polizeitaktischen Bereich zuzuordnen. Die Anlage 6 zur PDV 100 definiert ihn wie folgt. Festgelegter Platz, an dem Personen oder Sachen sowie die Berechtigung von Personen zum Betreten eines bestimmten Raumes überprüft werden. In der Polizeipraxis werden Kontrollstellen insbesondere eingerichtet:

- zur Überprüfung der Verkehrssicherheit im Rahmen von Verkehrskontrollen
- zur Verhütung von Straftaten oder zur Abwehr sonstiger Gefahren für die öffentliche Sicherheit sowie
- zur Verfolgung von Straftaten und bedeutenden Ordnungswidrigkeiten.

Die Einrichtung einer Kontrollstelle auf öffentlichen Wegen oder Plätzen, auf tatsächlich-öffentlichen Flächen sowie in den Fällen, in denen die Zustimmung des Grundstückseigentümers oder sonstigen Entscheidungsberechtigten vorliegt, stellt eine schlicht-hoheitliche Maßnahme dar. Nur dann, wenn ein nicht öffentlich zugängliches Grundstück ohne Zustimmung des Berechtigten zur Einrichtung einer Kontrollstelle betreten wird, liegt darin bereits ein Grundrechtseingriff in Art. 13 und/oder Art. 14 GG.

Bedeutung gewinnen Kontrollstellen für die Grundrechtsträger regelmäßig erst durch die Kontrollen selbst, die dort vorgenommen werden. So betrachtet greift die Polizei durch Kontrollen insbesondere ein

- in das Recht auf Fortbewegungsfreiheit im Sinne des Art. 2 Abs. 1 GG während der Kontrolle,
- in das Grundrecht auf informationelle Selbstbestimmung im Sinne des Art. 2 Abs. 1 GG i.V.m. Art. 1 Abs. 1 GG durch die Erhebung personenbezogener Daten sowie
- in das Grundrecht auf Schutz der Privatsphäre im Sinne des Art. 2 Abs. 1 GG im Falle der Durchsuchung von Personen
- ggf. in das Recht auf Eigentum und Besitz (bei extensiver Auslegung des Art. 14 GG) im Falle der Durchsuchung von Fahrzeugen und sonstigen mitgeführten Sachen.

Verkehrskontrollen und sonstige Kontrollen zur Gefahrenabwehr erfolgen regelmäßig durch Verwaltungsakt im Sinne des § 35 VwVfG (Anhaltegebot, Aufforderung, Identität anzugeben, Aufforderung, Ausweispapiere und - je nach Sachlage - Berechtigungsscheine zur Prüfung auszuhändigen etc.). Daneben kommen aber auch Eingriffe durch faktisches Handeln in Betracht (Realakte mit Eingriffscharakter).

Die Polizei erhält einen zuverlässigen Hinweis, dass mehrere Personen einen noch nicht bekannten Fabrikanten in einem Villenviertel in S. entführen wollen. Mit Zustimmung der Bezirksregierung lässt der Polizeipräsident von S. u.a. verdeckte Kontrollstellen durch Zivilkräfte in den Zufahrtsbereichen des Villenviertels einrichten. Die Beamten notieren die Kennzeichen aller vorüber fahrenden Fahrzeuge, erheben die Daten der Fahrzeughalter durch eine Recherche im Bestand des Kraftfahrtbundesamtes und führen in der Folge Datenabgleiche durch.

Kontrollen zur Strafverfolgung sind Justizverwaltungsakte oder ausnahmsweise Prozesshandlungen.

Nach einem Banküberfall richtet die Polizei eine Kontrollstelle im Sinne des § 111 StPO auf einer Ausfallstraße ein. Der Kraftfahrer K. erhält in diesem Zusammenhang durch den Polizeibeamten P. eine Anhalteverfügung durch Zeichen mit dem Anhaltestab. In der Folge fordert P. den K. auf, den Führer- sowie den Fahrzeugschein auszuhändigen. Die vorgenannten Verfügungen sind Justizverwaltungsakte.

Nach einem Raubüberfall auf ein Juweliergeschäft lässt die Leitstelle der Polizei an mehreren Kontrollstellen Durchfahrkontrollen durchführen. Dabei werden die Kennzeichen aller PKW, die aus Richtung Tatort kommen, aufgeschrieben. In der Folge werden Halterfeststellungen und Datenabgleiche durchgeführt. Bei diesen Maßnahmen handelt es sich um Prozesshandlungen.

Auf die verschiedenen polizeilichen Kontrollstellen weist folgende Übersicht hin:

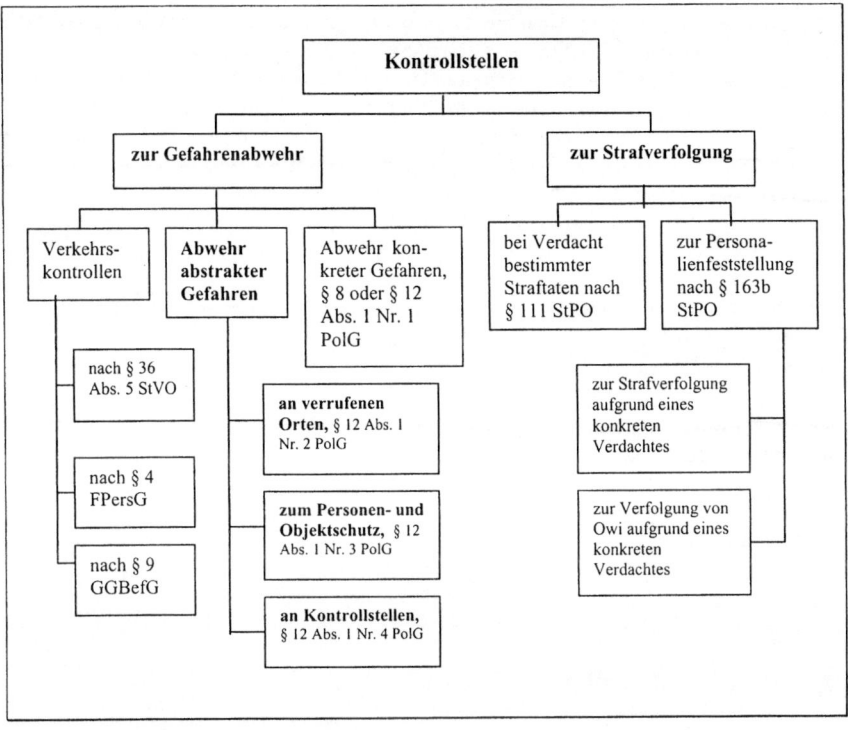

## I. Kontrollstellen im Straßenverkehr

### 1. Kontrollstellen zur Überprüfung der Verkehrssicherheit § 36 Abs. 5 StVO

§ 36 Abs. 5 StVO erlaubt die Überprüfung des Straßenverkehrs durch stichprobenweise Kontrollen.

> **§ 36 Abs. 5 S. 1 StVO**
> **Polizeibeamte dürfen Verkehrsteilnehmer zur Verkehrskontrolle einschließlich der Kontrolle der Verkehrstüchtigkeit und zu Verkehrserhebungen anhalten.**

Als Verkehrskontrollen werden Maßnahmen zur Überprüfung der Fahrtüchtigkeit der Fahrzeugführer oder der nach den Verkehrsvorschriften mitzuführenden Papiere, sowie zur Überprüfung des Zustandes, der Ausrüstung und der Beladung der Fahrzeuge angesehen (vgl. VV zu § 36 Abs. 5 StVO). Sie dienen der Sicherheit oder Ordnung im Straßenverkehr.

§ 36 Abs. 5 StVO erstreckt sich auf den Geltungsbereich des § 6 StVG. Da die StVO selbst eine aufgrund des StVG erlassene Rechtsverordnung ist, kann ihr Anwendungsbereich nicht weiter gehen, als das zugrunde liegende Gesetz. Daher erlaubt § 36 Abs. 5 StVO nur Verkehrskontrollen zur Überprüfung der Vorschriften der StVO, der StVZO, der FeV, der VInt und anderer aufgrund des StVG erlassener Verordnungen. Die Ermächtigung aus § 36 Abs. 5 StVO kann rechtlich keine über den Inhalt des StVG hinausgehende Bedeutung haben (OLG Hamm, Beschluss vom 4.5.1976, DIE POLIZEI 12/76, S. 426 f.). "Anhalten nur wegen Straftatverdachts, also zwecks Strafverfolgung, ist durch § 6 StVG nicht gedeckt und nur kraft StPO und des Polizeirechts zulässig" (Jagusch/Hentschel, a.a.O., § 36 StVO, RdNr. 24). Dient das Anhaltegebot ausschließlich der Ahndung einer zuvor begangenen Ordnungswidrigkeit, handelt es sich weder um eine Weisung noch um eine Verkehrskontrolle (Jagusch/Hentschel, wie vor). Verkehrskontrollen zu Fahndungszwecken sind daher gestützt auf § 36 Abs. 5 StVO unzulässig.

**Bedingung für die Kontrolle ist, dass die zu kontrollierenden Personen Verkehrsteilnehmer im fließenden Verkehr sind.** Es genügt, wenn ein enger räumlicher Bezug zur Teilnahme am fließenden Verkehr vorliegt.

Im übrigen kommt Kontrolle auch ohne besonderen Anlass/Bedarf zur Kontrolle aus Gründen der Verkehrssicherheit in Betracht.

## 2. Lenkzeit- und Gefahrgutkontrollen

Kontrollstellen zur Überprüfung des Fahrzeugverkehrs im Hinblick auf Einhaltung von Vorschriften nach dem Gefahrgutbeförderungsgesetzes und der Gefahrgutverordnung Straße oder aufgrund des Fahrpersonalgesetzes sind im Rahmen der Überwachungsbefugnisse dieser Gesetze zulässig.

**§ 9   Gefahrgutbeförderungsgesetz (Auszug)**
**(1)   Die Beförderung gefährlicher Güter unterliegt der Überwachung durch die zuständigen Behörden.**
**(2)   Die für die Beförderung gefährlicher Güter Verantwortlichen (Absatz 5) haben den für die Überwachung zuständigen Behörden und deren Beauftragten die zur Erfüllung ihrer Aufgaben erforderlichen Auskünfte unverzüglich zu erteilen. Die von der zuständigen Behörde mit der Überwachung beauftragten Personen sind befugt, ... Fahrzeuge zu betreten, dort Prüfungen ...vorzunehmen und die geschäftlichen Unterlagen des Auskunftspflichtigen einzusehen.**
**(3 bis 5)**

**§ 4   Fahrpersonalgesetz (Auszug)**
**(1)   Die Aufsicht über die Ausführung der Verordnungen (EWG) Nr. 3820/85 und Nr. 3821/85, des AETR sowie dieses Gesetzes und der aufgrund dieses Gesetzes erlassenen Rechtsverordnungen obliegt den von den Landesregierungen bestimmten Behörden (Aufsichtsbehörden), soweit in diesem Gesetz nichts**

> anderes bestimmt ist.
>
> (2 bis 4 ...)
>
> **(5) Während der Betriebs- und Arbeitszeit ist den Beauftragten der Aufsichts-
> behörden, soweit dies zur Wahrnehmung ihrer Aufgaben erforderlich ist, das
> Betreten und Besichtigen der Grundstücke, Betriebsanlagen, Geschäftsräume
> und Beförderungsmittel gestattet. Das Betreten und Besichtigen außerhalb
> dieser Zeit oder wenn die Betriebsanlagen oder Geschäftsräume sich in einer
> Wohnung befinden, ist ohne Einverständnis nur zur Verhütung von dringen-
> den Gefahren für die öffentliche Sicherheit und Ordnung zulässig. Das Grund-
> recht der Unverletzlichkeit der Wohnung (Artikel 13 des Grundgesetzes) wird
> insoweit eingeschränkt.**

Zur Zuständigkeit der Polizei für solche Kontrollen siehe Band I, 4. Kapitel, Erster Abschnitt.

Die Kontrolle ist zulässig, wenn jemand ein unter das Gefahrgutbeförderungsgesetz oder das Fahrpersonalgesetz fallendes Fahrzeug im öffentlichen Straßenverkehr führt.

Im übrigen kommt auch ohne besonderen Anlass/Bedarf eine Kontrolle aus Gründen der Verkehrssicherheit in Betracht.

### 3. Zugelassene Rechtsfolgen

§ 36 Abs. 5 StVO regelt als Rechtsfolge das Anhalten zu Kontrollzwecken (Über-
prüfungszwecken) und enthält das Recht, **dazu Kontrollstellen** einzurichten. Der Verkehrsteilnehmer hat die Anhalteweisung (z.B. Handzeichen, Anhaltestab) zu beachten
und er hat die zur Durchführung der Kontrolle auf Verkehrssicherheit erteilten Anordnungen zu befolgen.

Diese Befugnisse werden durch eine Reihe spezieller Ermächtigungen ergänzt (z.B. Aushändigung von Führer- und Fahrzeugschein zur Prüfung gemäß § 4 FEVO und § 24
StVZO. § 36 Abs. 5 StVO bestimmt in solchen Fällen, dass die Polizei zuständige
Behörde (hier im Sinne von § 4 FeV oder § 24 StVZO) zur Kontrolle dieser Dokumente
ist.

§ 9 Gefahrgutbeförderungsgesetz und § 4 Fahrpersonalgesetz lassen bestimmte Kontrollmaßnahmen zu. Das darf dann **auch an Kontrollstellen** geschehen. Daraus ist der
Schluss zu ziehen: Wenn die Polizei Fahrzeuge zu Kontrollzwecken betreten darf, folgt
als Minusmaßnahme daraus, dass sie die Fahrzeuge auch anhalten kann.
An diesen Kontrollstellen sind die nötigen Kontrollmaßnahmen zulässig.

> a) Der PKW-Führer A. wird im Rahmen der Verkehrskontrolle aufgefordert, die
> Motorhaube zu öffnen, damit der Polizeibeamte die Fahrzeugidentifizierungs-
> nummer mit den Angaben im Fahrzeugschein vergleichen kann.

b) LKW-Führer B. hat zu dulden, dass die Polizeikommissarin Emsig die Ladefläche zum Zwecke der Kontrolle der Ladungssicherheit betritt.

c) Motorradfahrer Schnell wird durch einen Polizeibeamten aufgefordert, die lichttechnischen Einrichtungen zur Überprüfung ihrer Funktionsfähigkeit zu betätigen.

d) Es ist aber nicht zugelassen, Verkehrskontrollen einzurichten, um vorrangig andere Zwecke zu verfolgen.
Der DGL Friedel Stürmer will offensiv gegen Firmeneinbrüche vorgehen. Weil die Delikte aber im gesamten Zuständigkeitsbereich der Inspektion verteilt sind, liegen die Voraussetzungen des § 12 Abs. 1 Nr. 2 a PolG nicht vor. Deshalb beschließt Stürmer, Verkehrskontrollen in den Zufahrtsbereichen örtlicher Industriegebiete durchführen zu lassen. Die Beamten stellen dabei ausschließlich die Personalien der Fahrzeugführer fest und gleichen deren Daten mit dem Fahndungsbestand im INPOL ab. Solche Kontrollen lassen sich nicht auf § 36 Abs. 5 StVO stützen (siehe oben).

e) Polizeibeamte richten Kontrollstellen ein, um Tanklastzüge nach den Gefahrgutvorschriften zu überprüfen. Dazu halten sie einen herannahenden Wagen an.

## 4. Adressaten

Adressaten des § 36 Abs. 5 StVO sind die Verkehrsteilnehmer (gleich welcher Art), insbesondere die Fahrzeugführer. Andere, in einem Fahrzeug mitfahrende Personen, werden von der Vorschrift nicht ohne weiteres erfasst. Deshalb rechtfertigen Verkehrskontrollen z.b. nicht die Identitätsfeststellung der Mitfahrer in einem PKW, um Datenabgleiche im INPOL-Bestand durchzuführen.

Die Überprüfung nach § 9 Gefahrgutbeförderungsgesetz und § 4 Fahrpersonalgesetz richtet sich auf die Führer der Fahrzeuge.

## 5. Form- und Verfahrensvorschriften

~~Sporadische Kontrollen im vorgenannten Sinne sind Gefahren abwehrender Natur.~~ Für Eingriffe durch Verwaltungsakt gelten die allgemeinen Vorschriften des VwVfG, insbesondere § 28 und die §§ 37 und 41. **Haltezeichen müssen darum eindeutig sein und erkennen lassen, dass Polizeibeamte handeln.** Verkehrskontrollen unterliegen keinen speziellen Anordnungsvorschriften. Sie darf jeder zuständige Polizeibeamte anordnen und durchführen.

## 6. Hinweis

Keine Ermächtigung für Verkehrskontrollen durch die Polizei ist z.B. § 12 GÜKG. Der Rechtssatz bezieht sich nur auf das Bundesamt für den Güterverkehr. Gleiches gilt für die Kontrolle des Personenverkehrs. Die Befugnisse nach §§ 54 und 54a PBefG erstrecken sich ausschließlich auf die genannte Behörde (Genehmigungsbehörde). Präventive polizeiliche Kontrollstellen scheiden aufgrund dieser Rechtssätze aus.

§ 36 Abs. 5 StVO kann nicht ersatzweise herangezogen werden. Gleichwohl werden Verkehrskontrollen und die Überprüfung von Fahrzeugführern nach anderen Vorschriften meist mit § 36 Abs. 5 StVO zusammenfallen, so dass die Differenzierung mehr theoretischer Natur ist.

## II. Kontrollstellen zur Gefahrenabwehr

### 1. Kontrollstelle nach § 12 Abs. 1 Nr. 4 PolG     *S. 63ff.*

Die Einrichtung von Kontrollstellen zur Verhütung bestimmter Straftaten mit der Zielrichtung der Personalienfeststellung greift das PolG mit § 12 Abs. 1 Nr. 4 PolG auf. Die Befugnisse der Polizei zur Identitätsfeststellung sowie die korrespondierenden Kontrollbefugnisse wurden bereits oben im Zweiten Abschnitt dieses Kapitels unter I. 1.4 erläutert bzw. angesprochen. Insoweit wird darauf verwiesen.

### 2. Sonstige Kontrollstellen nach dem PolG

Weitere Kontrollstellen greift das Gesetz nicht direkt auf. Gleichwohl kommen Kontrollstellen auch auf der Grundlage anderer Befugnisse in Betracht. Sie werden durch § 12 Abs. 1 Nr. 4 PolG nicht ausgeschlossen. Zulässig sind z.B. auch Kontrollstellen für Identitätsfeststellungen nach § 12 Abs. 1 Nr. 1 PolG (Kontrolle von (Anscheins)Störern zur Abwehr einer konkreten Gefahr) sowie nach § 12 Abs. 1 Nr. 2 (Kontrolle an bestimmten "verrufenen Orten") und § 12 Abs. 1 Nr. 3 PolG (Objekt- und Personenschutzkontrollen). Sie werden indessen hier nicht weiter erläutert (zu den Voraussetzungen siehe Zweiter Abschnitt in diesem Kapitel).

## III. Kontrollstellen zur Strafverfolgung

### 1. Kontrollstellen zur Verfolgung/Aufklärung einer Straftat

### 1.1 Ermächtigung

Als Ermächtigung zur Einrichtung von Kontrollstellen ist § 111 StPO heranzuziehen. Es ist eine Befugnis zur Personenüberprüfung.

158

§ 111 StPO   Kontrollstellen

(1) Begründen bestimmte Tatsachen den Verdacht, dass eine Straftat nach § 129a des Strafgesetzbuches, eine der in dieser Vorschrift bezeichneten Straftaten oder eine Straftat nach § 250 Abs. 1 Nr. 1 des Strafgesetzbuches begangen worden ist, so können auf öffentlichen Wegen und Plätzen und an anderen öffentlich zugänglichen Orten Kontrollstellen eingerichtet werden, wenn Tatsachen die Annahme rechtfertigen, dass diese Maßnahme zur Ergreifung des Täters oder zur Sicherstellung von Beweismitteln führen kann, die der Aufklärung der Straftat dienen können.

An einer Kontrollstelle ist jedermann verpflichtet, seine Identität feststellen und sich sowie mitgeführte Sachen durchsuchen zu lassen.

(2) Die Anordnung ....(siehe Erläuterungen)

(3) ...

**1.1.1   Die Voraussetzungen** für die Kontrolle sind erfüllt, wenn

- aufgrund bestimmter Tatsachen der Verdacht begründet ist,
- dass eine Straftat nach § 129a StGB, eine der in § 129a Abs. 1 StGB bezeichneten Straftaten oder eine Straftat nach § 250 Abs. 1 Nr. 1 StGB begangen worden ist, und
- Tatsachen die Annahme rechtfertigen, dass die Einrichtung der Kontrollstellen
  - zur Ergreifung des Täters oder
  - zur Sicherstellung von Beweismitteln führen kann, die der Aufklärung einer Straftat dienen können.

Die Voraussetzungen im Überblick:

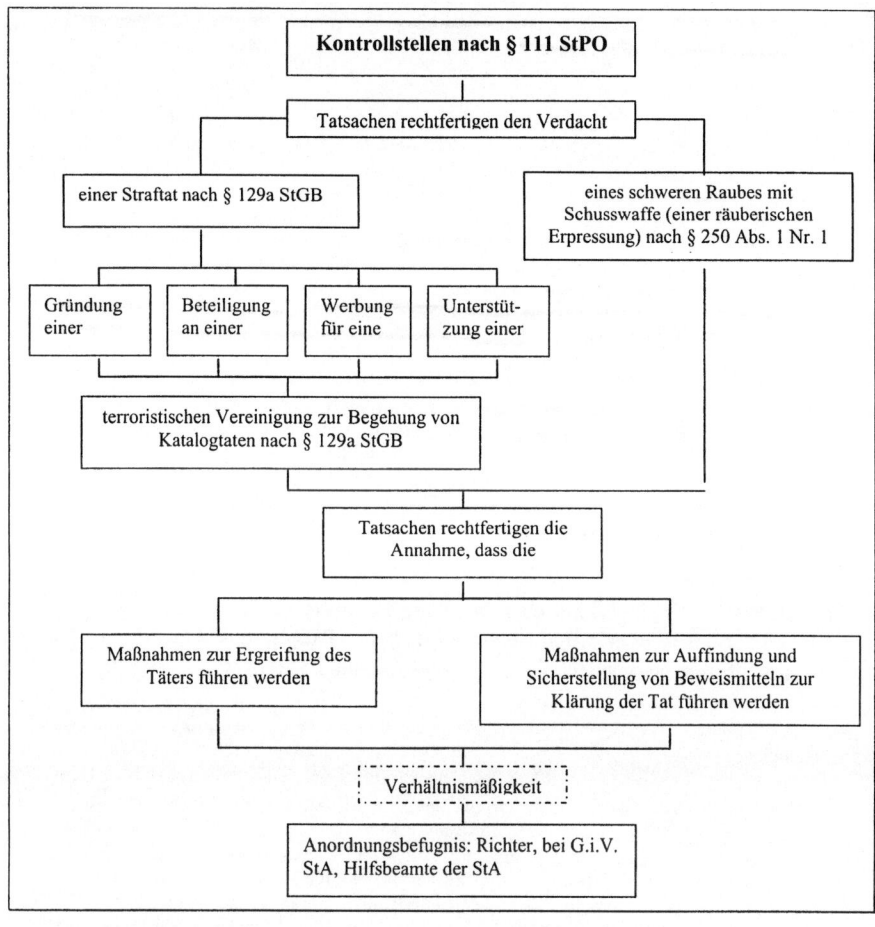

Es müssen also zunächst **Fakten** vorliegen, die den Verdacht einer der vorgenannten Anlasstaten begründen. Bloße Vermutungen genügen nicht. Die Anlasstaten sind ausnahmslos dem Bereich der schweren Kriminalität zuzuordnen.

a) In der Leitstelle der Polizei in S. geht ein "Rotalarm" der Sparkassenfiliale Y. ein. Durch Rückruf erfährt der Leitstellenbeamte Pfiffig, dass die Filiale soeben durch 3 Männer überfallen wurde. Durch Vorhalt einer Schusswaffe erpressten sie die Herausgabe von 10.000 EURO.

In diesem Beispiel ergibt sich das Problem, dass § 111 Abs. 1 S. 1 StPO ausdrücklich nur auf § 250 Abs. 1 Nr. 1 StGB verweist (Schwerer Raub mit Schusswaffe). Daraus könnte man schließen, dass vorliegend keine Anlasstat für eine Kontrolle nach § 111 StPO festzustellen ist, weil offensichtlich eine räuberische Erpressung durch die Erzwingung zur Herausgabe des Geldes vorliegt. Indessen wird überwiegend angenommen, dass auch Fälle der räuberischen Erpressung mit Schusswaffe diese Voraussetzung begründen. Dafür spricht insbesondere, dass § 255 StGB bestimmt, dass der Erpresser in diesen

Fällen wie ein Räuber zu bestrafen ist (vgl. Käfer, Der praktische Fall, Kriminalistik 1992, S. 29 f., m.w.N.).

b) In der Y-Straße in S. befinden sich im Erdgeschoss die Räume eines türkischen Kulturvereins. Darüber liegen - ohne weiteres von außen erkennbar - Privatwohnungen. Zur Nachtzeit werfen Unbekannte Brandsätze durch die Schaufensterscheibe des Kulturvereins. Nur durch das schnelle Eingreifen der Feuerwehr kann der Brand rechtzeitig gelöscht werden, so dass Menschen nicht zu Schaden kommen und insgesamt nur geringer Gebäudeschaden eintritt. Zwar wurde das Ziel nicht erreicht, es liegen gleichwohl konkrete Anhaltspunkte für ein versuchtes Tötungsdelikt (§ 211 oder § 212 StGB) sowie eine schwere Brandstiftung (§ 306 StGB) vor.
Wie sich bereits aus dem vorgenannten Beispiel ergibt, genügt der strafbare Versuch einer der o.g. Anlasstaten. Auf den Eintritt des Erfolges kommt es nicht an.

c) Der italienische Gaststättenbesitzer G. wird seit geraumer Zeit durch die Mafia erpresst. Er weigert sich aber, Schutzgeld zu bezahlen. Als er nachts sein Lokal verschließt, springt ein Mann aus einem Gebüsch hervor und zielt mit einer Maschinenpistole auf den Kopf des Gastwirts. Es löst sich aber kein Schuss, weil die Waffe offensichtlich eine Ladehemmung hat. So kann G. entkommen (Versuch eines Tötungsdeliktes, § 211 oder 212 StGB i.V.m. §§ 22, 23 StGB).

Außerdem muss eine auf **Tatsachen gestützte Erfolgserwartung** dafür begründet sein, dass der oder die Täter ergriffen werden können oder dass Beweismittel (vgl. § 94 StPO) sichergestellt werden können. In dieser Hinsicht sind die Umstände der Tat und die strukturellen Gegebenheiten (Tatzeit, Fluchtverhalten, (potentielle) Fluchtmittel, Fluchtrichtung, günstige Wege und Plätze für die Flucht) sowie die kriminalistische Erfahrung zu berücksichtigen.

Nach einem Banküberfall, bei dem die Täter mit einer Schusswaffe drohten, flüchten diese zunächst mit einem roten Kleinwagen. Die Polizei richtet unter Berücksichtigung der "Weg-Zeit-Berechnung" sowohl Kontrollstellen an den Ausfallstraßen als auch am Hauptbahnhof sowie am Flughafen ein. Zwar flüchteten die Täter zunächst mit einem PKW. Indessen ist nach kriminalistischer Erfahrung eine gewisse Wahrscheinlichkeit dafür gegeben, dass die Täter nach Aufgabe des Fluchtwagens auch mit der Bahn oder mit dem Flugzeug weiter fliehen könnten. Daher ist auch im Hinblick auf die Kontrollen am Hauptbahnhof und im Flughafenbereich eine ausreichende Erfolgswahrscheinlichkeit gegeben.

## 1.1.2 Rechtsfolgen

Die Rechtsfolgen ergeben sich aus § 111 Abs. 1 i.V.m. § 111 Abs. 3 StPO. Die Polizei darf

- **auf öffentlichen Straßen und Plätzen und an anderen öffentlich zugänglichen Orten** (z.B. an einem Bahnhofsgebäude, in den Ausgangsbereichen eines Fußballstadions) **Kontrollstellen einrichten** und
- an eingerichteten Kontrollstellen - innerhalb der Grenzen der Verhältnismäßigkeit **jedermann zur Kontrolle anhalten,**

- im Rahmen des Anhaltens **die Identität jeder Person im Kontrollstellenbereich feststellen**, und zwar durch
  - **Befragung** und
  - das **Verlangen, mitgeführte Ausweispapiere auszuhändigen,**
  - die **Person** ggf. **festhalten** und in diesem Rahmen
  - nach **Ausweispapieren** oder sonstigen Informationsträgern zur Identitätsfeststellung **durchsuchen** und soweit erforderlich
  - zur Feststellung der Identität **erkennungsdienstlich behandeln** lassen.
- ~~**Jedermann** sowie dessen **mitgeführte Sachen** zur **Auffindung von Beweismitteln durchsuchen.**~~

**Zur Identitätsfeststellung** verweist § 111 Abs. 3 StPO auf § 163b StPO (im Hinblick auf die zulässigen Maßnahmen innerhalb dieser Befugnis wird auf die Erläuterung zur Identitätsfeststellung im Zweiten Abschnitt dieses Kapitels hingewiesen). Aus der Verweisung auf § 163 StPO folgt aber nicht, dass zur Feststellung der Identität zwischen Verdächtigen und Unverdächtigen zu differenzieren ist, weil die Befugnis unmittelbar aus § 111 Abs. 1 StPO folgt (so auch Käfer, a.a.O., S. 30).

> Im Rahmen einer Demonstration kommt es zu einem versuchten Tötungsdelikt. Mehrere Demonstranten entwaffnen einen Polizeibeamten und verletzen ihn durch einen Schuss in die Brust. Sofort flüchten sie mit einem PKW. Die Leitstelle der Polizei lässt Kontrollstellen an den Ausfallstraßen einrichten. Hier wird kurze Zeit später ein Kleinbus mit Schulkindern angehalten. Es ist offensichtlich, dass die Personen in diesem Fahrzeug mit der Anlasstat in keiner Beziehung stehen, Identitätsfeststellungen wären daher unzulässig, es sei denn, die Personen kämen als Zeugen in Betracht (§ 163 b Abs. 2 StPO).

Schließlich ist die **Durchsuchung der mitgeführten Sachen** (Fahrzeuge, Taschen etc.) zur Auffindung von Beweismitteln vorgesehen und gestattet. Auch in diesem Rahmen wird nicht zwischen Verdächtigen und Unverdächtigen unterschieden. Adressat ist mithin jede Person, die in die Kontrollstelle einbezogen wird.

> An einer Kontrollstelle, die nach einem Banküberfall eingerichtet wurde, werden die aus Richtung des Tatortes kommenden Fahrzeuge angehalten. Nach Feststellung der Identität der Fahrzeuginsassen durchsuchen Polizeibeamte die Personen, die Fahrzeuge sowie sonstige mitgeführte Sachen, insbesondere Taschen, um die Tatwaffen und das Beutegeld aufzufinden.

Die zulässigen Rechtsfolgen im Überblick:

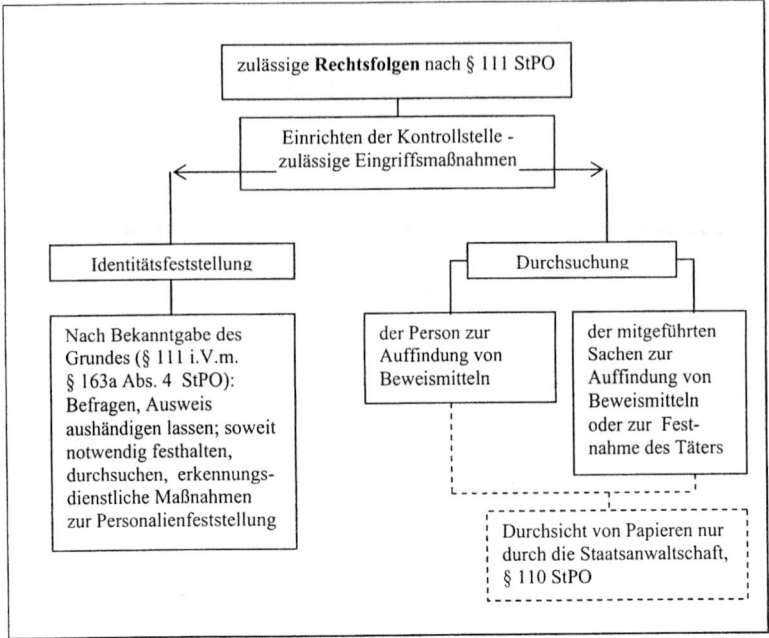

Allerdings gilt auch in dieser Hinsicht, dass die Durchsuchung zu unterbleiben hat, wenn von vornherein oder nach Feststellung der Identität und möglicherweise nach Befragung offensichtlich ist, dass die Person in keinem Zusammenhang mit der Tat stehen kann (vgl. Käfer, a.a.O., S. 31). Dabei ist allerdings auch zu berücksichtigen, dass der oder die Täter unbeteiligte Dritte unbewusst oder durch Zwang zur Unterstützung bei der Flucht oder beim Transport von Beweismitteln einsetzen können.

> An der Kontrollstelle nach dem o.g. Banküberfall wird auch der Lieferwagen eines Elektroinstallateurs angehalten. Der Mann wird identifiziert und gibt an, dass er zwar an der Bank vorbeigekommen, ihm aber nichts aufgefallen sei. Obwohl sein Aussehen nicht mit den Personenbeschreibungen der Täter übereinstimmt, durchsuchen die Beamten den Wagen. Das ist berechtigt, weil ein Zusammenhang mit der Tat nicht von vornherein auszuschließen ist.

## 1.2 Allgemeine Rechtmäßigkeitsanforderungen

"Die Beachtung des Verhältnismäßigkeitsgrundsatzes (§ 163b II S. 2) bedeutet nur, dass Maßnahmen nach § 111, Abs. 1 S. 2 unzulässig sind, wenn ein Zusammenhang mit den gesuchten Tätern oder Beweismitteln offensichtlich fehlt"(so auch Kleinknecht/Meyer-Goßner, a.a.O., § 111 StPO, RdNr. 11).

## 1.3    Verfahrens- und Formvorschriften, § 111 Abs. 2 StPO

Zu berücksichtigen sind folgende Gebote:

- Grundsätzlich darf die Anordnung der Kontrollstelle (letztlich der Kontrollmaßnahmen) nur durch den Richter erfolgen. Bei Gefahr im Verzuge sind hierzu auch die Staatsanwaltschaft und ihre Hilfsbeamten befugt. Daraus folgt, dass Polizeibeamte, die Hilfsbeamte der Staatsanwaltschaft sind, die Anordnung treffen dürfen, wenn durch Antrag an den zuständigen Richter und bis zu dessen Entscheidung der Zweck der Kontrolle mit einiger Wahrscheinlichkeit nicht mehr erreicht werden könnte.

- Entsprechend § 163b StPO ist den Betroffenen der Grund der Maßnahme bekannt zu geben (§ 163b Abs. 1 i.V.m. § 163 Abs. 4 StPO).

- § 111 Abs. 3 StPO verweist im Hinblick auf die Durchsuchung und die Personalienfeststellung auf die §§ 106 ff. StPO. Gefordert wird demzufolge:

  - Bekanntgabe des Durchsuchungsgrundes (§ 111 Abs. 3 i.V.m. § 106 Abs. 2 S. 1 StPO)
  - Der Grund für die Kontrollmaßnahme(n) ist den Betroffenen bekannt zugeben.
  - Männer dürfen nur von Männern, Frauen nur von Frauen durchsucht werden.
  - Über ggf. in Verwahrung oder Beschlag genommene Gegenstände ist eine Bescheinigung auszuhändigen (§ 111 Abs. 3 StPO i.V.m. § 107 S. 2, 1. Halbsatz StPO)
  - die in Verwahrung genommenen Gegenstände sind nach § 109 StPO kenntlich zu machen.
  - Die Durchsicht von Papieren ist nur der Staatsanwaltschaft gestattet, falls der Inhaber nicht ausdrücklich den Polizeibeamten die Durchsicht gestattet (§ 111 Abs. 3 i.V.m. § 110 StPO)
  - Auch Zufallsfunde dürfen einstweilen in amtliche Verwahrung genommen werden (vgl. § 108 StPO).

## 2.    Kontrollstellen als notwendige Maßnahme nach § 163 b StPO

§ 111 StPO ist nicht die einzige Befugnis für Kontrollmaßnahmen im Rahmen der Strafverfolgung. Auch auf der Grundlage des § 163 b StPO kommen durchaus Identitätsfeststellungen an Kontrollstellen in Betracht. Dann ist es allerdings notwendig, dass die zu überprüfenden Personen entweder Verdächtige oder Zeugen sind und die Voraussetzungen des § 163 b Abs. 1 bzw. des § 163 b Abs. 2 StPO vorliegen.
Für Durchsuchungen sind die §§ 102 ff. StPO zu beachten.

Fußballfans reisen zu einem Auswärtsspiel mit dem Zug an. Unterwegs werden aus einer großen Fangruppe heraus in einem Waggon erhebliche Sachbeschädigungen verübt. Hauptsächlich zerschneiden die Täter mit Messern die Sitze. Am Zielbahnhof sperrt die Polizei den Waggon ab und richtet eine Kontrollstelle ein. Alle Fans werden dort nach und nach identifiziert (§ 163b Abs. 1 StPO) und zur Auffindung von Tatwerkzeugen durchsucht (§ 102 StPO).

# IV. Kontrollstellen zur Verfolgung von Ordnungswidrigkeiten

§ 111 StPO ist nicht anwendbar. Kontrollstellen kommen allenfalls auf der Grundlage des § 46 Abs. 1 oder 2 bzw. des § 53 OwiG i.V.m. § 163b StPO in Betracht. Dabei ist aber der Grundsatz der Verhältnismäßigkeit besonders zu beachten.

Die Polizei wird darüber informiert, dass mehrere Jugendliche in einem Hochhausviertel erhebliche Ruhestörungen zur Nachtzeit verursachen. Als sich eine Polizeistreife dem Ort nähert, flüchten die Jugendlichen mit ihren Fahrzeugen. Zwei weitere Streifen richten deshalb eine Kontrollstelle in Fluchtrichtung nicht weit vom Tatort ein und halten alle Fahrzeuge an (§ 163 b Abs. 2 StPO). Personen, die nicht in das Verdachtsraster passen, können gleich weiterfahren, Jugendliche werden durch Befragung nach den Personaldaten sowie mit Hilfe ihrer Ausweise identifiziert (§ 163 b Abs. 1 StPO).

# Achter Abschnitt
# Datenerhebung bei öffentlichen Veranstaltungen und Ansammlungen und an öffentlichen Plätzen - § 15, § 15a PolG

Übersicht
I.    Datenerhebung bei öffentlichen Veranstaltungen/Ansammlungen
1.    Ermächtigungsgrundlage
1.1   Zulässigkeitsvoraussetzungen
1.2   zugelassene Rechtsfolge
2.    Verfahrens- und Formvorschriften
II.   Datenerhebung an öffentlich zugänglichen Orten
1.    Ermächtigung
1.1   Zulässigkeit der Beobachtung
1.1.1 Zulässigkeitsvoraussetzungen
1.1.2 Rechtfolge
1.2   Zulässigkeit der Aufzeichnung
1.2.1 Zulässigkeitsvoraussetzungen
1.2.1 Rechtfolgen
2.    Allgemeine Rechtmäßigkeitsanforderungen
3.    Verfahrens- und Formvorschriften

## I. Datenerhebung bei öffentlichen Veranstaltungen/ Ansammlungen

**Öffentliche Veranstaltungen** in diesem Sinne sind **organisierte Aktionen**, die unbestimmt viele Menschen anziehen und zusammenführen (sollen). Beispiele: Volksfeste, Kirmesveranstaltungen, Schützenfeste, Sportveranstaltungen.

**Ansammlungen** sind Zusammentreffen mehrerer Menschen, die sich - aus welchen Gründen auch immer - in der Öffentlichkeit **zufällig begegnen** oder **zusammenfinden** und an einem bestimmten Ort verharren (z.B. Schaulustige nach einem Schadensereignis, Beobachter eines Staatsbesuches oder Prominenter während einer Operngala).

Der Begriff "öffentlich" zielt nicht auf den Ort, sondern auf die grundsätzliche Möglichkeit des Zutritts einer unbestimmten Personenvielfalt/-vielzahl ab.

**Für Versammlungen gilt § 15 PolG nicht. Für sie sind die §§ 12a und 19a VersG maßgebend. Zu bedenken ist, dass sich aus einer öffentlichen Veranstaltung oder Ansammlung durchaus eine Spontanversammlung bilden kann, so dass die Ermächtigungsgrundlagen zu wechseln sind.**

Mehrere Interessierte versuchen, Karten für die Operngala in S. zu erlangen. Ihnen wird aber mitgeteilt, dass keine Karten mehr zu bekommen sind und die Veranstaltung ausverkauft ist. Gleichzeitig müssen sie feststellen, dass prominente Politiker und Schauspieler ohne Karte Zutritt erhalten. Daraufhin bildet sich ein lautstarker Protest gegen diese Bevorzugung der "Reichen und Schönen". Die Menschen artikulieren gemeinsam ihren Unmut. Aus einer Ansammlung wurde durch nunmehr kollektive Meinungsäußerung/Meinungsbildung/Meinungskundgabe für diese Personengruppe eine Versammlung, so dass die Bestimmungen des VersG anzuwenden sind.

Mit § 15 PolG wird der Polizei über den Einsatz technischer Mittel zur Bild- und Tonaufzeichnung die Abwehr von spezifischen Gefahren für die Rechtsordnung ermöglicht, die sich aus der Öffentlichkeit und häufig der Dynamik in großen Massen ergeben.

Insbesondere ist dabei an Spiele der Fußballbundesliga zu denken, die in den letzten Jahrzehnten zunehmend das Aktionsfeld gewaltbereiter Randgruppen wurden. Als offene (bewusst erkennbare, sichtbare) Maßnahme ist sie darauf gerichtet, potentielle Störer dadurch, dass ihr Tun durch die Polizei aufgezeichnet wird, von Rechtsverletzungen (Straftaten, Ordnungswidrigkeiten) abzuschrecken.

Die Erhebung personenbezogener Daten, also solcher Fakten, die über eine bestimmte oder bestimmbare Person etwas aussagen (Aussehen, Verhalten, Fahrzeugzeichen etc.), schränkt das Grundrecht auf informationelle Selbstbestimmung (faktischer Eingriff in Art. 2 Abs. 1 i.V.m. Art. 1 Abs. 1 GG) ein.

Allgemeine nichttechnische Maßnahmen (allgemeines Beobachten, allgemeines "Hinhören") sowie Bild - oder Tonaufnahmen und Bild- oder Tonaufzeichnungen, die lediglich einen Überblick über eine Einsatzsituation ermöglichen, sind keine Grundrechtseingriffe. Das gilt für Aufzeichnungen nur, sofern einzelne Personen nicht durch technische Veränderungen "herausgefiltert" werden können (vgl. Tegtmeyer, a.a.O., § 15, RdNr. 7).

a) Während eines Rheinhochwassers sammeln sich Schaulustige auf der Y-Brücke in K.. Sie behindern den Einsatz von Rettungsdiensten und Polizei. Der Polizeiführer lässt durch eine Hubschrauberbesatzung Übersichtsaufnahmen (keine Speicherung) in die Einsatzleitstelle überspielen und Übersichtsaufzeichnungen für Dokumentationszwecke herstellen. Einzelne Personen sind durch die Aufzeichnungen nicht "herauszufiltern".

b) Während eines Fußballbundesligaspiels beobachtet der Polizeiführer von einer Befehlsstelle unter dem Tribünendach aus allgemein das Geschehen.

In beiden Fällen liegt keine zielgerichtete Datenerhebung über bestimmte oder bestimmbare Personen vor.

## 1. Ermächtigungsgrundlage

Als Ermächtigung für solche Datenerhebungsmaßnahmen ist § 15 PolG heranzuziehen.

> **§ 15 Datenerhebung bei öffentlichen Veranstaltungen und Ansammlungen**
> (1) Die Polizei kann bei oder im Zusammenhang mit öffentlichen Veranstaltungen oder Ansammlungen, die nicht dem Versammlungsgesetz unterliegen, personenbezogene Daten, auch durch den Einsatz technischer Mittel zur Anfertigung von Bild- oder Tonaufzeichnungen, von Teilnehmern erheben, wenn Tatsachen die Annahme rechtfertigen, dass dabei Straftaten oder Ordnungswidrigkeiten begangen werden. Dabei dürfen auch personenbezogene Daten über andere Personen erhoben werden, soweit dies erforderlich ist, um eine Datenerhebung nach Satz 1 durchführen zu können.
> Bild- und Tonaufnahmen ..... .
> (2) § 24 Abs. 5 und 6 sowie § 32 Abs. 5 und 6 bleiben unberührt.

## 1.1    Zulässigkeitsvoraussetzungen

§ 15 Abs. 1 PolG verlangt, dass

- **bei oder im Zusammenhang**
  - **mit öffentlichen Veranstaltungen oder**
  - **öffentlichen Ansammlungen**
- **Tatsachen die Annahme rechtfertigen, dass**
  - **Straftaten oder**
  - **Ordnungswidrigkeiten**
  **begangen werden.**

Die Ermächtigung stellt mit der Prämisse *„bei"* öffentlichen Veranstaltungen oder Ansammlungen auf das Geschehen während der Zusammenkünfte ab.

Unter der Voraussetzung *„im Zusammenhang mit ..."* werden insbesondere auch die Anmarsch- oder Abmarschphasen erfasst. Insoweit dürfen die Maßnahmen sowohl auf dem Weg zu Veranstaltungen oder Ansammlungen sowie an Sammelpunkten als auch auf dem Rückweg getroffen werden.

> Zu einem großen Rockkonzert in X. wollen auch die Streetfighters aus Y. anreisen. Im Vorfeld erhält die Polizei Kenntnis, dass viele von ihnen das Konzert für Körperverletzungen und Sachbeschädigungen missbrauchen wollen. Schon ab dem Bahnhof in Y. begleitet die Polizei die Gruppe und führt Videoaufzeichnungen durch.

Zu den Begriffen öffentliche Veranstaltung oder Ansammlung siehe oben.

**Tatsachen** sind genügend konkrete Anhaltspunkte. Bloßes Erfahrungswissen alleine genügt nicht (vgl. Kay/Böcking, a.a.O., RdNr. 149 und Tegtmeyer, a.a.O., § 15, RdNr. 5). Tatsachen können z.B. sein: Analyseergebnisse der Polizei, eigene Beobachtungen, glaubhafte Hinweise Dritter pp.. Polizeiliche Erfahrungen verstärken diese Fakten. Der Rückschluss von den Tatsachen auf die erwarteten Taten muss logisch nachvollziehbar sein.

Ziel der Maßnahmen sind die **Verhütung von Straftaten oder Ordnungswidrigkeiten** (also mit Strafe oder Geldbuße bedrohter Handlungen; siehe Band I, 3. Kapitel). Soweit mit einer Ansammlung schon eine mit Geldbuße bedrohte Handlung begründet ist (z. B. Verstoß gegen die StVO), greift die Befugnis nicht. In diesen Fällen sind Beweissicherungsmaßnahmen zu treffen.

Grundsätzlich ist die Verhütung von Ordnungswidrigkeiten nicht originäre Aufgabe der Polizei (vgl. § 1 Abs. 1 PolG). Weil bei Massenveranstaltungen die Schwelle von der Ordnungswidrigkeit zur Straftat allerdings meist gering ist, hat das Gesetz schon diese Form der Störung aufgegriffen.

a) Nach einem Fußballspiel geraten rivalisierende Fans beider Teams aneinander. Es kommt zu Körperverletzungsdelikten. Noch an Ort und Stelle werden Racheakte angedroht. Drei Wochen später kommt es zu einem weiteren Spiel der Teams im Pokal. Obwohl konkret für dieses Ereignis keine Straftaten angedroht werden, ist doch der Rückschluss auf wahrscheinliche Ausschreitungen zulässig.

b) Die Spiele des Fußballbundesligavereins Grün-Weiß S. werden regelmäßig auch durch gewaltbereite Fans in großer Zahl begleitet. Immer wieder kommt es zu Ausschreitungen durch Sachbeschädigungen und Körperverletzungen. Solange eine Änderung des festgestellten Verhaltens nicht prognostiziert werden kann, liegen die Voraussetzungen des § 15 PolG vor.

c) In S. findet vor der X-Halle ein organisiertes öffentliches "Motortreffen" statt. Es werden ca. 5000 Besucher, darunter auch Mitglieder verschiedener Rockerclubs, erwartet. Im Rahmen einer Strafermittlung teilt Rambo, ein zuverlässiger Informant der Polizei, den Beamten folgendes mit: Er wisse, dass die "DOG SOLDIERS" und andere Gruppen eine Massenschlägerei planen, um den "Landeiern in S." mal ein bisschen Großstadtluft zu vermitteln. Es liegen Tatsachen vor, die den Schluss auf Straftaten rechtfertigen.

**Adressaten** der Eingriffsbefugnis sind die Teilnehmer. Die Richtung der Maßnahmen nach § 15 PolG wird bereits in der Befugnisnorm bestimmt. Der Begriff des Teilnehmers ist umfassend auszulegen. Abgestellt wird in erster Linie auf Teilnehmer, die nach polizeilichen Erkenntnissen Straftaten oder Ordnungswidrigkeiten begehen wollen. Zu den Teilnehmern gehören aber z.B. auch Organisatoren und Ordner. Personenbezogene Daten anderer Personen (unbeteiligte Dritte) dürfen erhoben werden, wenn dies erforderlich ist, um die Datenerhebung gegen potentielle Störer durchzuführen. Insoweit dürfen ausnahmsweise auch friedliche Personen betroffen werden.


## 1.2 Zugelassene Rechtsfolgen

Erlaubt werden bei oder im Zusammenhang mit öffentlichen Veranstaltungen oder Ansammlungen personenbezogene Datenerhebungen z.B. von Teilnehmern u.a. auch durch den Einsatz technischer Mittel zur Anfertigung von Bild- und Tonaufzeichnungen. Die Befugnis soll die Gefahrenabwehr ermöglichen. Deshalb kommen vor dem Hintergrund der spezifischen Einsatzsituationen **nur offene (abschreckende) Datenerhebungen** in Betracht.

Zugelassen werden demnach in erster Linie (offene) Datenerhebungen **durch Bild- oder Tonaufzeichnungen** mit technischen Mitteln (Videoaufzeichnung/Richtmikrophon).

Aus der Prämisse „auch" (durch den Einsatz technischer Mittel) folgt, dass die Ermächtigung ferner weniger belastende Maßnahmen gestattet, so bloße Aufnahmen ohne Aufzeichnungen oder das bloße Beobachten ggf. mit einem Fernglas oder das Zuhören (als nichttechnische Datenerhebungen).

Die Befugnis aus § 15 PolG grenzt eng an die Maßnahmen nach § 16 ff. PolG. Wann z. B. aus der Beobachtung nach § 15 PolG eine Observation nach § 16 Abs. 1 PolG wird, ist nicht an der Frage zu orientieren, ob eine Maßnahme offen oder verdeckt getroffen wird (zumindest eine längerfristige offene Observation verlangt die Voraussetzungen des § 16 Abs. 1 PolG – siehe unten), sie ist vielmehr von der Belastung des Adressaten abhängig. Die längerfristige Beobachtung einer bestimmten Person - auch unter Einsatz technischer Mittel - bleibt in öffentlichen Veranstaltungen oder Ansammlungen eine Maßnahme nach den jeweiligen relevanten Befugnissen (z.B. §§ 16 - 18 PolG – siehe unten).

> Eine Gruppe von ca. 100 Personen in der Fankurve des Fußballbundesligisten 1. FC Y zeigt sich während eines Heimspiels sehr aggressiv. Immer wieder wird den Fans des Gegners in Schlachtgesängen mit Gewalttätigkeiten gedroht. Der Polizeiführer ordnet daher Videoaufzeichnungen an. Diese sind nur durchführbar, wenn auch unbeteiligte Zuschauer miterfasst werden.

## 2. Verfahrens- und Formvorschriften

Anordnungsbefugt sind alle örtlich und sachlich zuständigen Polizeibeamten.

Zu beachten sind die allgemeinen Datenerhebungsvorschriften des § 9 Abs. 3 bis 6 PolG (siehe oben, Erster Abschnitt). Die Maßnahmen sind insbesondere offen und zweckorientiert durchzuführen. Eine Videokamera, die zwar grundsätzlich erkennbar, aber für viele Teilnehmer aufgrund der Entfernung doch nicht wahrnehmbar ist, zielt nicht auf eine verdeckte Datenerhebung i.S.d. § 9 Abs. 4 PolG ab (kein bewusstes Verschleiern - Tegtmeyer, a.a.O., § 15, RdNr. 10).

§ 15 Abs. 1 S. 3 PolG regelt speziell die Datenvernichtung (grundsätzliche Löschung/ Vernichtung spätestens nach einem Monat). Die Vorschrift geht der allgemeinen Bestimmung des § 32 PolG vor (vgl. Band I, 6. Kapitel, Zweiter Abschnitt). Die weiter Datenspeicherung/-nutzung ist nur zulässig, sofern

- die Daten für die Verfolgung von Straftaten- oder Ordnungswidrigkeiten benötigt werden (dann auch Speicherung in den Ermittlungsakten). In diesen Fällen teilen die Daten das Schicksal der Akten und sind mit diesen zu vernichten.

- Tatsachen die Annahme rechtfertigen, dass die Person zukünftig Straftaten von erheblicher Bedeutung (§ 8 Abs. 3 PolG) begehen wird und die Aufbewahrung zur vorbeugenden Bekämpfung dieser prognostizierten Straften erforderlich ist (z.B. in einer Datei über Fußballgewalttäter).

Fraglich ist in diesem Zusammenhang, ob z.B. die üblicherweise bei Fußball-spielen begangenen Straftaten solche von erheblicher Bedeutung im Sinne des § 8 Abs. 3 PolG sind (ablehnend Tegtmeyer, a.a.O., § 15, RdNr. 16). Richtig ist, dass einfache Körperverletzungen und Sachbeschädigungen in der Regel nicht genügen. Bei systematischer Auslegung der polizeigesetzlichen Vorschriften fallen auch gefährliche Körperverletzungen nicht unter Straftaten von erheblicher Bedeutung (sonst hätte der Gesetzgeber sie in Bezug auf Maßnahmen nach § 15a PolG nicht ergänzend dem Katalog des § 8 Abs. 3 PolG hinzufügen müssen - siehe § 15a Abs. 4 PolG). Diese Ansicht ist allerdings nicht unbedingt zu folgen; denn im Strafprozessrecht werden sie von dem Begriff erfasst. Werden gefähr-liche Körperverletzungen jedoch "organisiert begangen", ist die Voraussetzung zweifelsfrei erfüllt (z.b. Hooligans, denen es ausschließlich um Gewaltdelikte in diesem Sinne im Rahmen von Fußballspielen geht). Es ist auch daran zu denken, dass durch gewaltbereite Fußballfans nicht selten Landfriedensbruchdelikte (§§ 125, 125a StGB) begangen werden und darüber hinaus so manche "Fan-gruppe" bei gründlicher Betrachtung als kriminelle Vereinigung zu bewerten ist (vgl. § 129 StGB). Soweit jedenfalls die Gefahr solcher Straftaten in der Zukunft begründet ist, sind die Voraussetzungen erfüllt.

• Weitere Ausnahmen werden durch § 15 Abs. 2 i.V.m. § 24 Abs. 5 oder § 32 Abs. 5 und 6 PolG gestattet: Dabei handelt es sich um Daten für statistische Zwecke und für die Ausbildung.


## 3. Hinweise

Für Datenerhebungen mit technischen Geräten ohne Wissen des Betroffenen zur Straf-verfolgung gilt § 100 c StPO. Zur Verfolgung von Ordnungswidrigkeiten kommen nach § 46 Abs. 2 oder § 53 OWiG i.V.m. § 46 Abs. 1 OWiG i.V.m. § 100 c Abs. 1 Nr. 1 StPO nur Lichtbilder oder Bildaufzeichnungen in Frage. Offene Datenerhebungs-maßnahmen **zur Täteridentifizierung** mit technischen Geräten können - je nach Sach-lage - daneben durch § 81 b oder § 163 b StPO zugelassen sein.


## II. Datenerhebung an öffentlich zugänglichen Orten durch den offenen Einsatz optisch-technischer Mittel

Zur Bekämpfung der Kriminalität kann es erforderlich werden, gewisse Kriminalitäts-häufungsstellen mittels einer Videokamera überwachen zu lassen. Der Einsatz von Videoüberwachungsmaßnahmen an Kriminalitätsbrennpunkten kann die Prävention verstärken, die Kriminalitätshäufigkeit reduzieren, die Aufklärung von Straftaten steigern und das Sicherheitsgefühl der Bevölkerung verbessern.

Weil sich die Maßnahmen nicht gegen einen bestimmten/bestimmbaren Personenkreis richten, sondern eine gänzlich unbestimmbare Personenvielzahl (also jeden, der zufällig den Ort betritt/passiert) erreichen kann, erfährt sie eine besondere Eingriffsqualität.

Tangiert wird das Grundrecht auf informationelle Selbstbestimmung gemäß Art. 2 Abs. 1 GG (vgl. Roggan, a.a.O., NVwZ 2001, S. 135) durch faktische Rechtseingriffe zur Gefahrenabwehr.

## 1. Ermächtigungsgrundlage

Als Ermächtigungsgrundlage ist § 15a PolG heranzuziehen.

---

**§ 15 a PolG Datenerhebung durch den offenen Einsatz optisch-technischer Mittel**

**(1) Zur Verhütung von Straftaten kann die Polizei einzelne öffentlich zugängliche Orte, an denen wiederholt Straftaten begangen wurden, mittels Bildübertragung beobachten, solange Tatsachen die Annahme rechtfertigen, dass dort weitere Straftaten begangen werden. Die Beobachtung ist, falls nicht offenkundig, durch geeignete Maßnahmen erkennbar zu machen.**

**(2) Ergibt sich durch die Beobachtung der Verdacht einer begonnenen oder unmittelbar bevorstehenden Straftat, können die übertragenen Bilder aufgezeichnet werden. Die Aufzeichnungen dürfen nur zur Verfolgung von Straftaten verwendet werden. Soweit sie für diesen Zweck nicht oder nicht mehr benötigt werden, sind sie unverzüglich zu löschen.**

**(3) Werden die aufgezeichneten Daten einer bestimmten Person zugeordnet und verarbeitet, so ist diese jeweils davon zu benachrichtigen. Von der Benachrichtigung kann abgesehen werden, solange das öffentliche Interesse an der Strafverfolgung das Benachrichtigungsrecht der betroffenen Person erheblich überwiegt.**

**(4) Straftaten im Sinne dieser Vorschrift sind solche von erheblicher Bedeutung im Sinne von § 8 Abs. 3 dieses Gesetzes sowie im Sinne der §§ 224, 244 Abs. 1 Nr. 1 StGB.**

---

§ 15a PolG differenziert zwischen der **offenen Beobachtung** mittels Bildübertragung (Abs. 1) und der **Aufzeichnung** der übertragenen Bilder (Abs. 2).

## 1.1 Zulässigkeit der Beobachtung

### 1.1.1 Zulässigkeitsvoraussetzungen

§ 15 a Abs. 1 PolG lässt die Beobachtung mittels Bildübertragung zu

- **zur Verhütung von Straftaten von erheblicher Bedeutung (siehe Abs. 4)**
- **an öffentlich zugänglichen Orten,**
- **wenn an diesen Orten wiederholt Straftaten von erheblicher Bedeutung begangen wurden und**
- **solange Tatsachen die Annahme rechtfertigen, dass**
- **dort weitere Straftaten von erheblicher Bedeutung begangen werden.**

Zunächst ist zu beachten, dass die Maßnahme nur zur Verhütung von Straftaten von erheblicher Bedeutung (siehe § 15a Abs. 4 PolG) in Frage kommt.

Weiter verlangt das Gesetz, dass wiederholt Straftaten begangen wurden, und zwar

- solche von erheblicher Bedeutung im Sinne von § 8 Abs. 3 PolG oder
- gefährliche Körperverletzungen (siehe § 15a Abs. 4 PolG) oder
- Diebstähle unter Mitführung von Waffen oder gefährlicher Werkzeuge **gemäß § 244 Abs.1 Nr. 1 StGB (siehe § 15a Abs. 4 PolG)** oder
- Diebstähle unter Mitführung von Werkzeugen oder Mitteln, um den Widerstand einer anderen Person durch Gewalt oder Drohung mit Gewalt zu verhindern oder zu überwinden **nach § 244 Abs. 1 Nr. 2 StGB (siehe § 15a Abs. 4 PolG).**

Die Überwachung durch technische Beobachtung zur Verhinderung geringfügiger Straftaten (z. B. einfache Körperverletzungen, nicht banden- oder gewerbsmäßig begangene Diebstähle usw.) oder zur Verhütung von Ordnungswidrigkeiten oder allgemeinen Belästigungen scheidet aus.

Aber nicht schon die einmalige Tat rechtfertigt diese Maßnahmen. Taten der genannten Art müssen sich wiederholt (mindesten zweimal) zugetragen haben. Jedoch muss nicht ein bestimmtes Delikt wiederholt begangen worden sein. Es genügt, wenn unterschiedliche Delikte aus dem Katalog mehrfach begangen wurden.

Die Voraussetzung „öffentlich zugängliche Orte" verlangt nicht, dass der Ort der Allgemeinheit zur Nutzung gewidmet ist. In Betracht kommen alle Orte, zu denen eine unbestimmte Vielzahl von Personen (also die Öffentlichkeit) Zugang hat. Das kann auch Privatbesitz sein, wenn der/die Eigentümer der Allgemeinheit Zugang gewährt/gewähren (so z.B. ein Einkaufszentrum, ein Bahnhof, ein Golfplatz usw.).

Schließlich müssen Tatsachen (objektive Anhaltspunkte) den sachlichen Schluss zulassen, dass an dem Ort weitere Straftaten von erheblicher Bedeutung begangen werden (siehe unten 2.).

**Als** Adressaten **kommen alle Personen in Betracht, die sich an dem Ort aufhalten, ihn betreten oder durchqueren. Die** Richtung der Maßnahme **wird durch Sinn und Zweck der Norm selbst bestimmt.**

### 1.1.2 Rechtsfolge

§ 15a Abs. 1 PolG lässt als Rechtsfolge nur das offene Beobachten des mit einer Kamera aufgenommenen und auf eine Leinwand oder einen Monitor übertragenen Bildes zu. Die Befugnis erstreckt sich lediglich auf das Zusehen oder mit Blick auf die befürchteten Straftaten auf das Acht geben. Weil das Geschehen nicht festgehalten wird, ist eine nochmalige Ansicht und eine Auswertung ausgeschlossen.

Die Maßnahme muss allerdings offen erfolgen. § 15a Abs. 1 Satz 2 PolG verlangt, dass die Maßnahme offensichtlich, also erkennbar ist oder erkennbar gemacht wird. Potentielle Straftäter sollen durch ein erhöhtes Entdeckungsrisiko abgeschreckt werden (Roggan, a.a.O, S. 139). Ist die Kamera nicht deutlich sichtbar, wird mit einem Schild darauf hinzuweisen sein, dass dieser Ort Video überwacht wird.

Eine Tonaufnahme sieht § 15a Abs. 1 PolG nicht vor.

### 1.2 Zulässigkeit der Aufzeichnung

### 1.2.1 Zulässigkeitsvoraussetzungen

§ 15 a Abs. 2 PolG lässt die Aufzeichnung des übertragenen Bildes zu

- zur Verhütung von Straftaten von erheblicher Bedeutung (siehe Abs. 4)
- an öffentlich zugänglichen Orten,
- wenn an diesen Orten wiederholt Straftaten von erheblicher Bedeutung begangen wurden und
- der Verdacht begründet ist, dass
  - eine Straftat von erheblicher Bedeutung begonnen wird oder
  - eine Straftat von erheblicher Bedeutung unmittelbar bevorsteht.

Lässt die Überwachung des öffentlich zugänglichen Ortes nach § 15a Abs. 1 PolG objektiv den Schluss zu, dass eine Straftat begonnen wird oder unmittelbar bevorsteht, darf der überwachende Polizeibeamte die Aufzeichnung auf einen Bildträger (mittels Videorecorder) veranlassen.

Voraussetzung dafür ist zunächst der Verdacht einer begonnenen Straftat von erheblicher Bedeutung. Erfasst wird das Handeln eines potentiellen Täters bis zum noch nicht strafbaren Versuch. Ist die Schwelle der Strafbarkeit erreicht, erfolgt die Bildaufzeichnung zur Beweissicherung nach Strafprozessrecht (§ 100c Abs. 1 Nr. 1a StPO). Dann ist die Ermächtigung zu wechseln. Allerdings kann die Aufzeichnung auch schon früher beginnen, nämlich dann, wenn das Geschehen am Ort objektiv Anlass zur Sorge gibt, dass es in allernächster Zeit zu einer Straftat von erheblicher Bedeutung kommen wird.

> In einer Fußgängerzone von S. wurden in letzter Zeit zahlreiche Geldbörsendieb-stähle begangen. Unbemerkt haben die Täter ihren Opfern Portemonnaies aus Handtaschen, Hosen- oder Manteltaschen, Einkaufskörben usw. gestohlen. Der/die Täter konnten trotz intensiver Maßnahmen bislang nicht ermittelt werden. Die Erkenntnisse haben sich gleichwohl so weit verdichtet, dass wahrscheinlich eine geschickt operierende Diebesbande aktiv ist. Dem Anschein nach könnten die Haupttäter ihre gut angeleiteten und eingewiesenen Kinder einsetzen, um Passanten die Geldbörsen entwenden zu lassen. Die Taten begründen eine Verletzung des § 244 Abs. 2 Nr. 1 StGB (Bandendiebstahl). Wegen der Vorgänge lässt die Polizei den Bereich überwachen. Dabei sieht der Beamte, dass ein etwa 13jähriger Knabe einer Frau nachgeht, die einen Einkaufskorb trägt. Weil er befürchtet, dass es einer der Täter ist und der Bursche der Frau die Geldbörse wegnehmen wird, zeichnet er das Geschehen auf. Die Maßnahme ist rechtens.

**Adressaten** der Befugnis zur Aufzeichnung des übertragenen Bildes aus § 15a Abs. 2 PolG sind die potentiellen Straftäter. Die Richtung der Maßnahme wird durch die Aufzeichnungsermächtigung bestimmt.

### 1.2.2 Rechtsfolge

Rechtsfolge ist die Aufnahme der offen übertragenen Vorgänge auf einen Bildträger. Damit wird eine wiederholte Ansicht und Auswertung der Vorfälle möglich.

## 2. Allgemeine Rechmäßigkeitsanforderungen

§ 15a PolG als Ermessensvorschrift greift das zeitliche Übermaßverbot bereits in den Zulässigkeitsvoraussetzungen auf. Denn die Beobachtung darf nur **solange** erfolgen, wie Tatsachen die Annahme rechtfertigen, dass an dem Ort weitere Straftaten von erheblicher Bedeutung begangen werden. „Bessert sich die Qualität des überwachten Raumes – Drogendealer verlegen z.B. ihren Verkaufsstandort - , sinkt also die kriminelle (Rest-)Belastung unter das Einsatzniveau, so verliert die Überwachung ihre Grundlage" (Vahle, Vorsicht Kamera, NVwZ 2001, S. 166).

## 3. Verfahrens- und Formvorschriften

**Anordnungsbefugt sind alle örtlich und sachlich zuständigen Polizeibeamten.**

Zu beachten sind die allgemeinen Datenerhebungsvorschriften des § 9 Abs. 3 bis 6 PolG (siehe oben, Erster Abschnitt). Die Maßnahmen sind insbesondere **zweckorientiert durchzuführen**.

§ 15a Abs. 2 S. 2 PolG ist eine spezielle **Nutzungsvorschrift**. Sie geht den Regeln der §§ 22 ff. PolG vor. Danach darf eine Aufzeichnung des Geschehens am gefährdeten Ort nur zur Verfolgung von Straftaten verwendet werden. Darüber hinaus dürfen die gewonnenen Informationen weder für präventive Zwecke noch als Beweismittel im Hinblick auf Ordnungswidrigkeiten genutzt werden (vgl. Vahle, Vorsicht Kamera, a.a.O, S. 167).

Speziell geregelt ist mit § 15 Abs. 2 Satz 3 PolG auch die **Löschung** der Aufzeichnungen. Die Vorschrift geht der allgemeinen Bestimmungen des § 32 PolG vor (vgl. Band I, 6. Kapitel, Zweiter Abschnitt). Die Aufzeichnungen sind zu löschen, soweit sie für Zwecke der Strafverfolgung nicht mehr benötigt werden. Daraus folgt, dass eine Löschung obligatorisch ist, wenn sich herausstellt, dass die Aufzeichnung keinen Bezug zu einer (befürchteten) Straftat hat.

Schließlich greift das Gesetz mit § 15a Abs. 3 PolG die **Benachrichtigungspflicht** und die Ausnahme von dieser Pflicht auf. Wurden Daten einer bestimmten Person aufgezeichnet, ist sie davon in Kenntnis zu setzen, wenn nicht Strafverfolgungsinteressen überwiegen.

# 3. Kapitel
# Heimliche (getarnte, verdeckte) Befugnisse zur Datenerhebung

| Übersicht | |
|---|---|
| Erster Abschnitt | Die Observation |
| Zweiter Abschnitt | Verdeckter Einsatz technischer Mittel zur Aufnahme oder Aufzeichnung personenbezogener Daten |
| Dritter Abschnitt | Einsatz verdeckter Ermittler |
| Vierter Abschnitt | Der Einsatz von Vertrauenspersonen (V-Personen) |
| Fünfter Abschnitt | Die Überwachung des Fernmeldeverkehrs - § 100a StPO |
| Sechster Abschnitt | Die polizeiliche Beobachtung |
| Siebter Abschnitt | Die Rasterfahndung |
| Achter Abschnitt | Die Netzfahndung |

# Erster Abschnitt
# Die Observation

Übersicht
Vorbemerkungen
I. Observation zur Gefahrenabwehr - § 16 PolG
1. Längerfristige Observation
1.1 Ermächtigung
1.1.1 Zulässigkeitsvoraussetzungen
1.1.2 Rechtfolge
1.2 Verfahrens- und Formvorschriften
1.3 Ermächtigungsbegrenzende Bestimmungen, insbesondere Art. 13 GG
2. Kurzfristige Observation
II. Observationen zur Strafverfolgung - § 163f StPO
1. Ermächtigung
1.1 Zulässigkeitsvoraussetzungen
1.2 Rechtfolge
1.3 Verfahrens- und Formvorschriften
III. Observation zur Verfolgung von Ordnungswidrigkeiten

## Vorbemerkungen

Die Observation ist das **offene oder verdeckte** (getarnte, heimliche, bewusst verschleierte) planmäßige Vorgehen der Polizei zur gezielten Beobachtung einer Person, um bestimmte Erkenntnisse über sie oder aus ihrem Umfeld zu gewinnen und auf Grund der erhobenen Daten

- bestimmte Verhaltensweisen nicht eintreten zu lassen oder zu unterbinden oder
- bestimmte Straftaten beweissicher zu klären.

Die Observation ist das systematische Beobachten von Personen oder Sachen über längere Zeit (Weihmann, a.a.O., S. 151) durch planmäßiges Vorgehen (§ 16 Abs. 1 PolG, § 163f StPO) oder tatsächliche Durchführung ((§16 Abs. 1 PolG).

Planmäßiges Vorgehen im Sinne der Begriffsdefinitionen bedeutet nicht, dass die Maßnahme durch einen behördlich genau umrissenen, schriftlichen Einsatzplan bestimmt wird, es genügt vielmehr, dass Polizeibeamte nach einem selbst bestimmten taktischen Konzept heimlich Daten eines anderen erheben.

Mit der Prämisse „tatsächlich durchgeführt" werden ergänzend die Fälle aufgegriffen, in denen ein polizeiliches Konzept versagt, weil das Verhalten der beobachteten Person das Vorgehen bestimmt.

Nicht unter den Observationsbegriff fallen kurzfristige Überwachungs- und Kontrollmaßnahmen, die zu unbestimmten Zeiten (während des Gesamteinsatzgeschehens) erfolgen. Sie sind nicht planmäßig angelegt.

> Der Polizei ist aus sicherer Quelle bekannt geworden, dass F. regelmäßig ohne Fahrerlaubnis und alkoholisiert am Straßenverkehr teilnimmt. Um Taten dieser Art zu verhindern oder begangene Delikte aufzuklären, ordnet der Dienststellenleiter an, dass Streifenwagenbesatzungen besonders auf ihn achten und – soweit es die Einsatzlage zulässt - gelegentlich feststellen, ob das Fahrzeug bewegt wird.

Das Beobachten von Lebenssachverhalten ist ständige Aufgabe und Tätigkeit der Polizeibeamten. Die Observation ist - wie folgendes Beispiel zeigt - eine unverzichtbare polizeiliche Maßnahme.

> Am Stadtbrunnen in Y. stellt ein Polizeibeamter zwei Personen fest, die offenbar versuchen, Passanten zu provozieren. Der Beamte observiert die Störer offen aus nächster Nähe. Diese Maßnahme zielt darauf ab, das Verhalten der Personen zu beeinflussen und eventuelle Straftaten zu verhindern.

Mit der Observation greift die Polizei **faktisch** in das Recht auf informationelle Selbstbestimmung i.S.d. Art. 2 Abs. 1 i.V.m. Art. 1 Abs. 1 GG ein. Der Eingriff ist deshalb besonders schwerwiegend, weil der Betroffene keine Möglichkeit erhält, selbst zur Klärung der Sache beizutragen, und keine Möglichkeit hat, die heimliche Maßnahme durch Einlegung von Rechtsmitteln abzuwenden.

Die Observation ist von allgemeinen (Brennpunkt-)Überwachungsmaßnahmen zu unterscheiden. Soweit das zielgerichtete, planmäßige Vorgehen (noch) nicht auf Erhebung von Daten einer bestimmten oder bestimmbaren Person gerichtet ist, ist kein Eingriff gegeben.

> Polizeibeamte in A. werden durch ihren Dienstgruppenleiter in der Fußgängerzone in S. zur Bekämpfung einer Serie von Handtaschendiebstählen eingesetzt. Die Beamten gehen Fußstreife und beobachten allgemein das Umfeld, einschließlich der Passanten. Die Maßnahme ist schlicht-hoheitlicher Natur.

> Die Funkstreifenwagenbesatzung PK Stürmer und PK'in Schneid beobachten von einem Parkplatz aus den Straßenverkehr an der Hauptkreuzung in S., einem Unfallbrennpunkt. Auch diese Tätigkeit ist als schlicht-hoheitlich zu qualifizieren.

# I. Die Observation zur Gefahrenabwehr - § 16 PolG

Als Ermächtigung zur Observation aus Gefahren abwehrendem Anlass ist § 16 PolG heranzuziehen. Die Maßnahme kann darauf gerichtet sein, Straftaten zu verhüten und sonstige Gefahren für die öffentliche Sicherheit abzuwehren. Entsprechend den Regelungen in dieser Norm kommt es entscheidend darauf an, ob eine längerfristige oder eine kurzfristige Observation vorliegt. Die langfristige Observation greift wesentlich intensiver in die Grundrechte des Betroffenen ein (weil dadurch Daten aus intimsten Privatsphäre bekannt werden könnten) und ist daher von schwerwiegenderen Voraussetzungen abhängig.

## 1. Längerfristige Observation

### 1.1 Ermächtigung

Die Befugnis zur längerfristigen Observation folgt aus § 16 Abs. 1 PolG

---

**(1) Die Polizei kann personenbezogene Daten erheben durch eine durchgehend länger als 24 Stunden oder an mehr als an zwei Tagen vorgesehene oder tatsächlich durchgeführte und planmäßig angelegte Beobachtung (längerfristige Observation)**
**1. über die in den §§ 4 und 5 genannten und unter den Voraussetzungen des § 6 über die dort genannten Personen, wenn dies zur Abwehr einer gegenwärtigen Gefahr für Leib, Leben oder Freiheit einer Person erforderlich ist,**
**2. über Personen, soweit Tatsachen die Annahme rechtfertigen, dass diese Personen Straftaten von erheblicher Bedeutung begehen wollen, sowie über deren Kontakt- oder Begleitpersonen, wenn die Datenerhebung zur vorbeugenden Bekämpfung dieser Straftaten erforderlich ist.**
**Dabei dürfen auch personenbezogene Daten über andere Personen erhoben werden, soweit dies erforderlich ist, um eine Datenerhebung nach Satz 1 durchführen zu können.**
**(2) .......**

---

§ 16 Abs. 1 S. 1 PolG definiert die längerfristige Observation als eine

- durchgehend länger als 24 Stunden oder
- an mehr als zwei Tagen

vorgesehene oder tatsächlich durchgeführte Datenerhebung.

Ausreichend ist schon die Absicht, einen anderen über die wahrscheinliche Dauer (vorausschauende Betrachtung) zu beobachten, um von einer längerfristigen Observation ausgehen zu müssen. Auf die tatsächliche Dauer der geplanten Maßnahme kommt es dann nicht mehr an. Ist die Maßnahme kurzfristiger geplant und zeigt sich, dass die Beobachtung über die Zeitgrenzen hinaus fortgesetzt werden müsste, sind die materiellen und formellen Voraussetzungen zu prüfen. Erst wenn diese vorliegen, darf sie fortgesetzt werden (Tegtmeyer, a.a.O., § 16 RdNr. 3).

Der Begriff des „Tages" setzt ungeachtet der Kalenderwoche den Kalendertag voraus. Es ist nicht notwendig, dass die Tage unmittelbar aufeinander folgen.

Während die Prämisse „**länger als 24 Stunden**" zu keinen Missverständnissen führt, ist die Tatbestandsvoraussetzung „**an mehr als zwei Tagen**" auslegungsbedürftig. Eine nicht durchgehende Beobachtung an mehr als zwei Tagen wird dann im Hinblick auf den Begriff bedeutsam, wenn die Maßnahme **aus gleichem Anlass** erfolgt und **von einiger Intensität** ist, also eine Zeitspanne erfasst, in der tatsächlich besondere Erkenntnisse zu erreichen sind (vgl. VVPolG, § 16, RdNr. 16.11).

Durch das planmäßig angelegte Vorgehen der Polizei von einiger Dauer, was häufig größere organisatorische Vorbereitungen erfordert (Antrag mit Begründung an den Behördenleiter, Anordnung des Behördenleiters) und meist den Einsatz von mehreren Observationskräften bedingt, sowie durch den Versuch, entweder wesentliche Betätigungen der Person oder zumindest doch bestimmte Lebensbereiche wahrzunehmen, erhält die Maßnahme die Eingriffsqualität, die besondere Voraussetzungen erfordert (vgl. Landtagsdrucksache NW 10/3997, S. 38). Das ist bei einer heimlichen Beobachtung **aus gleichem Anlass** von einer Stunde oder mehrmals einer halben Stunde pro Tag und in diesem Rahmen über zwei Tage hinaus sicher gegeben.

Die Polizei in A-Stadt erhält einen glaubwürdigen Hinweis, demzufolge der Klau (K.), ein polizeibekannter Einbrecher, mit weiteren - noch unbekannten Mittätern - Einbrüche in Firmengebäude plant, um hochwertige Datenverarbeitungstechnik zu entwenden. Daraufhin ordnet der PP A-Stadt die Observation des K. über einen Zeitraum von einer Woche, jeweils nach 16.00 Uhr bis morgens um 06.00 Uhr, an.

Im Entführungsfall der Fabrikantentochter Sybille Milliönchen (M.) erfährt die Polizei aus einer Telefonüberwachungsmaßnahme, dass der mit der Fabrikantenfamilie befreundete Pfarrer Himmelreich (H.) als Geldbote eingesetzt werden soll. Der Zeitpunkt der Geldübergabe wird kurzfristig erwartet. Der zuständige PP ordnet daraufhin die Observation des H. durch Beamte eines Mobilen Einsatzkommandos an. Tatsächlich verzögert sich aber die Geldübergabe. H. wird durchgehend insgesamt 26 Stunden lang observiert.

Beamte des Einsatztrupps zur Kriminalitätsbekämpfung in S. erhalten einen glaubhaften Hinweis, dass der bereits als Drogendealer in Erscheinung getretene Manfred Pille (P.) „einen großen Deal plant". Als sie den Mann in seinem auffälligen Ford Mustang am Samstag Abend vor der Diskothek Loddel „aufnehmen können", observieren sie ihn sechs Stunden lang. Auch in den folgenden zwei Nachtdiensten gelingt es ihnen, den Mann jeweils über mehrere Stunden zu observieren.

In allen drei Fällen liegt eine längerfristige Observation vor.

Polizeibeamte wissen, dass der Flüchtig mit seinem Wagen häufig ohne Fahrerlaubnis fährt. Um weitere Delikte dieser Art oder das Fortdauern einer aktuell andauernden Rechtsverletzung zu verhindern, fahren sie im Rahmen ihres Streifendienstes bereits seit vier Tagen an dessen Wohnung vorbei und schauen nach, ob Flüchtig wieder unterwegs sein könnte. Die kurze (auf einen Augenblick gerichtete) Beobachtung ist keine Observation im Sinne des § 16 Abs. 1 PolG.

## 1.1.1 Zulässigkeitsvoraussetzungen

§ 16 Abs. 1 PolG sieht zwei alternative Möglichkeiten der längerfristigen Observation vor.

### A) Alternative 1

Nach § 16 Abs. 1 Nr. 1 PolG ist die längerfristige Observation zulässig, wenn

- **dies zur Abwehr einer gegenwärtigen Gefahr für Leib, Leben oder Freiheit einer Person**
- **erforderlich ist.**

Erste Voraussetzung ist eine **gegenwärtige Gefahr** für eines der genannten Rechtsgüter. Gefordert wird ein Sachverhalt, bei dem entweder eine Störung zum Nachteil der genannten Rechtsgüter eines Menschen bereits eingetreten ist und andauert oder mit hinreichender Wahrscheinlichkeit in allernächster Zukunft zu erwarten ist (zum Begriff gegenwärtige Gefahr siehe Band I, 3. Kapitel, Erster Abschnitt). Zu berücksichtigen ist, dass an die Wahrscheinlichkeit des Schadenseintritts angesichts der Bedeutung dieser Rechtsgüter nicht zu hohe Anforderungen zu stellen sind.

> a) Die Entführung der Fabrikantentochter Sybille Milliönchen (vgl. oben) begründet eine gegenwärtige Gefahr für ihr Leben und ihre Gesundheit sowie für ihre Freiheit.
>
> b) Bei einem Einbruch wurde eine hochgiftige Substanz aus einem Chemielabor entwendet. Die Lagerung außerhalb der dafür vorgesehenen Räume begründet eine gegenwärtige Gefahr für unbestimmt viele Menschen.
>
> Wegen der Gefahr für die hohen Rechtsgüter sind an die Wahrscheinlichkeit des Schadenseintritts nicht allzu hohe Anforderungen zu stellen.

Als Adressaten der längerfristigen Observation kommen

- **polizeipflichtige Personen nach §§ 4 - 6 PolG** (siehe Band I, 4. Kapitel, Zweiter Abschnitt III.) oder

- **andere Personen im Sinne des Gesetzes, wenn die Datenerhebung erforderlich ist, um eine (gegen die Verantwortlichen nach den §§ 4 - 6 PolG) zulässige Observation durchführen zu können**

in Frage.

Weiter muss die Observation **erforderlich** sein. Ob das gegeben ist, hängt von den Umständen des Einzelfalls ab. Verlangt wird, dass die Beobachtung geeignet und das für den Betroffenen und die Allgemeinheit mildeste Mittel ist. Genügen weniger belastende Eingriffe, etwa die Befragung von Personen oder die offene Identitätsfeststellung, so ist die heimliche Beobachtung über längere Zeit unzulässig.

Die Betroffenen müssen entweder Verhaltensverantwortliche (§ 4 PolG) oder Zustands-verantwortliche für eine Sache oder ein Tier sein (§ 5 PolG) oder als unbeteiligte Dritte unter den Voraussetzungen von § 6 PolG in Anspruch genommen werden können. Während Observationsmaßnahmen gegen Verantwortliche nach § 4 und § 6 PolG (z.B. den Pfarrer als Geldboten im oben erwähnten Entführungsfall Milliönchen) in der Praxis relativ häufig sind, ist die Observation gegen Zustandsverantwortliche selten.

a) Die 18jährige Y. wird gegen ihren Willen von ihrem Vater an einem nicht bekannten Ort festgehalten. Er will sie so zwingen, einen Mann zu heiraten, den das Familienoberhaupt für sie ausgesucht hat. Die Polizei will den Vater observieren, um so den Aufenthaltsort des Mädchens zu ermitteln. Der Vater ist Verhaltensstörer nach § 4 PolG.

b) Die Observation des Pfarrers im Entführungsfall der Fabrikantentochter Sybille Milliönchen (siehe obiges Beispiel) kann nach § 6 PolG erfolgen.

c) Der Gastwirt Salvatore wird von Mafiakillern zur Schutzgeldzahlung erpresst. Weil er sich wiederholt geweigert hat, die geforderte Summe zu zahlen, wird er bedroht. Die Gefahr, dass er erschossen werden könnte, ist nicht unbegründet. Den Schutz durch die Polizei lehnt er ab. Die Polizei lässt den Gastwirt deshalb (gegen seinen Willen zu seinem Schutz) observieren. Der Wirt kann nach § 6 PolG in Anspruch genommen werden.

**Andere Personen** dürfen dann „mitobserviert werden", wenn dies erforderlich ist, weil sonst die Observation der Betroffenen nicht durchführbar wäre.

Der Geldüberbringer in einem Entführungsfall fährt mit einem Taxi. Zwangsläufig muss der Taxifahrer mit in die Observationsmaßnahmen einbezogen werden.

## B) Alternative 2

Nach § 16 Abs. 1 Nr. 2 PolG ist die längerfristige Observation auch zulässig, wenn

- **Tatsachen die Annahme rechtfertigen, dass**
- **die betroffenen Personen**
  - **Straftaten von erheblicher Bedeutung begehen wollen (potentielle Täter) oder**
  - **Kontakt- oder Begleitpersonen solcher potentiellen Täter sind und**
- **die Observation zur Abwehr der Gefahren erforderlich ist.**

Wie bereits dem Wortlaut des Gesetzes zu entnehmen ist („Straftaten von erheblicher Bedeutung begehen **wollen**") zielt die Befugnis auf das Vorfeld von bedeutenden Straftaten ab. Die Intention oder der Schwerpunkt der Maßnahme muss deshalb auf die **Verhinderung oder Unterbindung** einer Straftat von erheblicher Bedeutung ausgerichtet sein.

**Tatsachen** sind auch in diesem Zusammenhang Fakten (z.B. glaubhafte Hinweise Dritter, Ermittlungsergebnisse der Polizei, Analysedaten, kriminalistische Erfahrungen). Sie müssen den Schluss rechtfertigen, dass die zu beobachtenden Personen **Straftaten von erheblicher Bedeutung** begehen werden (zum Begriff der Straftat von erheblicher Bedeutung vgl. § 8 Abs. 3 PolG).

183

a) Der türkische Staatsangehörige Abdullah (A.) wendet sich vertrauensvoll an die Polizei. Er hat erfahren, dass der Y. und einige Gleichgesinnte Aktivisten einer kriminellen Vereinigung sind und einen Brandanschlag auf seinen Gemüseladen verüben wollen. Der zuständige PP ordnet daher die Observation des Y. an.

b) Friedbert Haschnik (H.) verbrachte die letzten fünf Jahre im Gefängnis. Er war in S. als Drogendealer tätig. Nach Verbüßung seiner Haftstrafe wird er entlassen. Aus einer Telefonüberwachungsmaßnahme gegen den Drogendealer V. erfährt die Polizei, dass H. eine große Menge Haschisch kaufen will, um wieder in das Drogengeschäft in S. einzusteigen. Daraufhin ordnet der PP die Observation des H. an.

c) Die NRW-Kleinstadt K. wird seit Monaten durch einen Brandstifter in Atem gehalten. Er verübte eine Serie von Brandstiftungen in Mehrfamilienhäusern. Durch einen Familienangehörigen des Egbert Heiß (H.) erfährt die Polizei, dass dieser für die Taten in Frage kommt. Allerdings gibt es keine gerichtsverwertbaren Beweise, die eine Festnahme des H. ermöglichen würden. Mit weiteren Taten des Mannes ist zu rechnen. Der Polizeiführer will daher H. durch ein Mobiles Einsatzkommando observieren lassen, um weitere Straftaten zu verhindern.

d) Das KK 11 in S. erfährt, dass der italienische Staatsangehörige Salvatore Moneta (M.) Besuch von zwei Landsleuten erwartet. Wie der vertrauenswürdige Informant mitteilt, wollen die Besucher in S. einen Banküberfall verüben und dann wieder nach Italien zurückkehren. M. soll angeblich ein Fluchtauto besorgen. Der zuständige PP. lässt M. deshalb observieren.

**Kontaktperson** ist nicht schon derjenige, der sich flüchtig oder zufällig mit dem Beobachteten trifft. Als solche kommt nur in Betracht, wer augenscheinlich gewollt mit dem Betroffenen in Verbindung tritt. Auch wird man von einer **Begleitperson** nur dann sprechen können, wenn sie tatsächlich mit dem potentiellen Straftäter mitgeht und ihn nicht nur ahnungslos ein Stück des Weges begleitet. Auch der, bei dem sich potentielle Straftäter treffen, ist Kontaktperson.

Die Polizei hat in Erfahrung gebracht, dass sich in dem Lokal des Russlandaussiedlers Olec Kraftcuck regelmäßig Personen aus dem osteuropäischen Raum treffen, höchstwahrscheinlich Waffen einschmuggeln und diese hier heimlich (ohne Wissen des Lokalinhabers) weiter veräußern. Konkrete Hinweise auf die Verdächtigen fehlen. Die Polizei observiert das Lokal des Kraftcuck, um zu erfahren, wer sich hier regelmäßig trifft. Die Observation des Lokals ist zulässig, weil Kraftcuck (ohne es zu ahnen) Kontaktperson ist.

Zur Zulässigkeit der **Observation anderer Personen** sowie zur **Erforderlichkeit** der Observation vgl. oben, Nr. 1.

### 1.1.2 Zugelassene Rechtsfolgen

Zugelassen wird die zielgerichtete, planmäßige (verdeckte oder offene) Beobachtung einer Person

- durchgehend länger als 24 Stunden oder
- an mehr als 2 Tagen.

In Betracht kommen z.B. Stand- oder Bewegungsobservationen zu Fuß oder aus Fahrzeugen durch einen oder mehrere Beamte. Dabei haben die Observationskräfte untereinander Kontakt zu halten, sich abzusprechen und sich zur Beobachtung der Betroffenen den Gegebenheiten ihrer Umgebung anzupassen (z.B. als Gaststättenbesucher, Busfahrgast, Fahrzeugführer etc.). Die Polizei darf auch Hilfsmittel einsetzen, die keine technischen Geräte im Sinne der §§ 17 und 18 PolG sind (z.B. ein Fernglas). Liegen jedoch die Voraussetzungen für heimliche Bild- und Tonaufnahmen nach §§ 17 oder 18 PolG vor, können diese Mittel auch innerhalb einer Observation genutzt werden. Im Rahmen einer offenen Observation ist der offene Einsatz technischer Mittel zu Bild- und Tonaufzeichnungen statthaft. Dem stehen die speziellen Befugnisse aus § 17 und § 18 PolG nicht entgegen. Denn diese Vorschriften stellen ausdrücklich auf verdeckte Maßnahmen ab (vgl. Kay/Böcking, a.a.O., RdNr. 153).

Eine Observation in Wohnungen oder in Wohnungen hinein verstößt (grundsätzlich) gegen Art. 13 GG (siehe unten 3.)

## 1.2 Verfahrens- und Formvorschriften

Gemäß § 16 Abs. 2 PolG darf eine langfristige Observation nur der Behördenleiter anordnen. Dabei muss es sich nicht zwangsläufig um den Behördenleiter selbst handeln. Es darf auch der Abwesenheitsvertreter sein. Im Falle einer Missachtung dieser Anordnungsbeschränkung ist es nahe liegend, die Rechtswidrigkeit der Maßnahme anzunehmen. Die Bestimmung soll nämlich letztlich Grundrechtsschutz durch Verfahren gewährleisten. Durchführen darf die Maßnahme jeder örtlich und sachlich zuständige Polizeibeamte.

Das Gesetz greift den Fall, dass Gefahr im Verzug ist, nicht auf. In diesen Fällen ist bis zur Entscheidung durch den Behördenleiter von der Befugnis zur kurzfristigen Observation (§ 16 Abs. 4 PolG) Gebrauch zu machen.

Die allgemeine Datenerhebungsvorschrift des § 9 Abs. 5 PolG ist zu beachten. Nach § 16 Abs. 3 PolG sind Personen, gegen die sich die Datenerhebungen richten (der Betroffene und die Kontakt-/Begleitpersonen), nach Abschluss der Maßnahme hierüber zu unterrichten, sobald dies ohne Gefährdung des Zwecks der Datenerhebung erfolgen kann. Eine Unterrichtung durch die Polizei unterbleibt, wenn wegen desselben Sachverhalts ein strafrechtliches Ermittlungsverfahren gegen den Betroffenen eingeleitet worden ist.

## 2. Kurzfristige Observation - § 16 Abs. 4 PolG

Wird die in § 16 Abs. 1 PolG genannte Zeitspanne nicht erreicht oder nicht angestrebt, liegt eine kurzfristige Observation vor.

> **§ 16 PolG**
> (1) ...
> (2) ...
> (3) ...
> (4) Auf eine Observation, die nicht die in Absatz 1 genannten Voraussetzungen erfüllt (kurzfristige Observation), finden die Absätze 1 bis 3 keine Anwendung. Durch eine kurzfristige Observation kann die Polizei personenbezogene Daten über die in den §§ 4 und 5 genannten und andere Personen nur erheben, soweit dies zum Zwecke der Gefahrenabwehr (§ 1 Abs. 1) erforderlich ist und ohne diese Maßnahme die Erfüllung der polizeilichen Aufgabe gefährdet wird.

Die Norm ist für die polizeiliche Praxis eine der wichtigsten und am häufigsten gebrauchten Ermächtigungen zur Datenerhebung.

> Im Industriegebiet Silberschrott in A-Stadt wurden in den letzten Monaten mehrere Einbrüche in Firmen zur Nachtzeit verübt. Ein Tatverdacht gegen bestimmte Personen besteht nicht.
>
> Während einer nächtlichen Fußstreife beobachten die PHM A. und B. zwei junge Männer, die mit einem Klein-LKW auf einen Firmenparkplatz fahren. Aus einem sicheren Versteck heraus behält PHM A. die beiden "mit Hilfe eines Fernglases im Auge". Nach ca. 10 Minuten stellt er fest, dass sie lediglich Getränke anliefern.

## 2.1 Zulässigkeitsvoraussetzungen

Eine kurzfristige Observation ist zulässig, soweit sie

- **zum Zwecke der Gefahrenabwehr im Sinne des § 1 Abs. 1 PolG**
- **erforderlich ist und**
- **ohne Observation die Erfüllung der polizeilichen Aufgabe gefährdet wird.**

Die Bestimmung knüpft an die originären und subsidiären **Aufgaben nach § 1 Abs. 1 PolG** an (vgl. dazu Band I, 3. Kapitel, Erster Abschnitt). Für die Erfüllung sonstiger Aufgaben nach § 1 Abs. 2 (Schutz privater Rechte), Abs. 3 (Vollzugshilfe) oder Abs. 4 (durch andere Rechtsvorschriften übertragene Aufgaben) gilt sie nicht. Sie gilt insbesondere nicht für die Straf- oder Owi-Verfolgung.

Die Observation muss zum Zwecke der Gefahrenabwehr **erforderlich** sein. Soweit mildere Mittel die Gefahrenabwehr ebenso wirksam ermöglichen, scheidet die Observation aus.

Die **Erfüllung der polizeilichen Aufgabe ist ohne Observation** dann **gefährdet**, wenn die Polizei ansonsten wahrscheinlich zur wirksamen und dauerhaften Gefahrenabwehr nicht in der Lage wäre.

**Adressaten** der kurzfristigen Observation können

- **Verhaltens- oder Zustandsstörer im Sinne der §§ 4 und 5 PolG oder**
- **andere Personen sein.**

**Die Betroffenen** müssen entweder die Gefahrenlage verursacht haben oder für den Zustand von Sachen verantwortlich sein (vgl. §§ 4 und 5 PolG, allgemein Band I, 4. Kapitel, Zweiter Abschnitt III.).

**Andere Personen** im Sinne des Gesetzes kommen als Adressaten in Betracht, soweit es die Gefahrenabwehraufgabe notwendig macht. Daraus folgt, dass die Maßnahme auch zugelassen wird, wenn der Betroffene Anlass für einen Gefahrenverdacht gibt, Notstandsverantwortlicher im Sinne des § 6 PolG oder potentielle Auskunftsperson ist. Andere Person in diesem Sinne kann auch derjenige sein, der zwangsläufig „mitobserviert werden muss", um die Maßnahme gegen die eigentliche Zielperson durchführen zu können (z.B. eine Verkäuferin oder ein Taxifahrer).

§ 16 Abs. 4 PolG verlangt, dass die kurzfristige Observation zur Aufgabenerfüllung (Gefahrenabwehr nach § 1 Abs. 1 PolG) **erforderlich** ist. Das kann begründet sein, wenn nur durch diese Maßnahme eine durchgreifende und längerfristige Gefahrenabwehr erreicht wird.

Im o.g. Sachverhalt erfüllen die Polizeibeamten den Auftrag, Einbruchsstraftaten zu verhüten (originäre Aufgabe im Sinne des § 1 Abs. 1 Satz 2 PolG). Als Tatverdächtige im Hinblick auf die zurückliegenden Taten sind die Männer noch nicht einzuordnen. Es gibt auch zur Nachtzeit eine Reihe plausibler Erklärungen für die Feststellung von Personen mit einem LKW auf einem Firmengelände, so dass der Schwerpunkt der Observation nicht in der Strafverfolgung liegt. Zwar ist an eine Befragung der beiden Männer zu denken. Indessen besteht für sie keine Auskunftsverpflichtung. Die kurzfristige Beobachtung ermöglicht den Beamten erst eine sachgerechte Gefahrenprognose (potentielle Einbrecher, Anlieferer?). Auch könnten andere Personen - potentielle Täter - bei Beobachtung des Geschehens die Anwesenheit der Polizei feststellen, so dass eine wirksame langfristige Gefahrenabwehr gefährdet wäre.

Die Observation war daher erforderlich. Ohne sie wäre eine erfolgreiche dauerhafte Gefahrenabwehr gefährdet gewesen. Die beiden Männer waren zumindest potentielle Auskunftspersonen.

Weitere Beispiele:

Vater und Mutter Sorgenvoll verständigen die Polizei. Ihre 13jährige Tochter ist offenbar mit einem Nachbarsjungen „durchgebrannt" (Gefahr für die Gesundheit, Schutz privater Rechte, hier des elterlichen Sorgerechts im Sinne des § 1626 BGB). Auf einem Abschiedszettel schreibt sie u.a.:".....lieben wir uns und wollen glücklich werden". Beamte eines zivilen Einsatztrupps observieren einen Freund der beiden, weil es Anhaltspunkte dafür gibt, dass er sie in einem Versteck mit Lebensmitteln versorgt. Die Observation ist aufgrund der konkreten Gefahr für die Gesundheit des Mädchens zugelassen, alleine zum Schutz privater Rechte wäre sie hingegen nicht erlaubt (keine Aufgabe im Sinne des § 1 Abs. 1 PolG).

Heribert Sauf (S.) verlor vor kurzem seinen Führerschein aufgrund eines Trunkenheitsdeliktes. Im Rahmen einer Zivilstreifenfahrt stellen die Beamten PK Scharfsinn und POK Achtvoll fest, dass S. an seinem noch zugelassenen PKW am Straßenrand arbeitet. Um sich darüber zu informieren, ob S. die Absicht hat, seinen Wagen trotz der Führerscheinbeschlagnahme weiterhin im Straßenverkehr zu führen, beobachten sie ihn ca. 20 Minuten von einem für S. nicht einsehbaren Standort aus.

## 2.2 Rechtsfolge

Zugelassen wird die zielgerichtete, planmäßige (verdeckte oder offene) Beobachtung einer Person, ohne dass diese

- durchgehend länger als 24 Stunden oder
- an mehr als zwei Tagen

vorgesehen ist oder durchgeführt wird. Der Einsatz technischer Geräte, die nicht unter § 17 und § 18 PolG einzuordnen sind, ist erlaubt (z.B. des Fernglases).

Zu beachten ist, dass aus einer kurzfristig angelegten Beobachtungsmaßnahme eine langfristige Observation werden kann (z.B. wenn die 24-Stunden-Frist überschritten wird oder wenn eine Person aus gleichem Anlass über eine gewisse Zeit bereits zwei Tage beobachtet wurde). Für eine Fortsetzung der Beobachtung müssen dann die Voraussetzungen von § 16 Abs. 1 PolG vorliegen. Schließlich ist der Behördenleitervorbehalt im Rahmen der Anordnungsregelung zu beachten. Die Observation in Wohnungen oder in Wohnungen hinein ist grundsätzlich unzulässig (siehe unten 3.)

## 2.3 Form- und Verfahrensvorschriften

Die kurzfristige Observation darf jeder sachlich und örtlich zuständige Polizeibeamte anordnen und durchführen.mAuch bei der kurzfristigen Observation ist § 9 Abs. 5 PolG zu beachten.

## 3. Ermächtigungsbegrenzende Bestimmung, insbesondere Art. 13 GG

§ 16 PolG rechtfertigt Eingriffe in das Recht auf informationelle Selbstbestimmung nach Art. 2 Abs. 1 in Verbindung mit § 1 Abs. 1 GG. Eine Beschränkung des Grundrechts der Unverletzlichkeit der Wohnung nach Art 13 GG (z. B. durch gezieltes Hineinschauen in eine Wohnung) ist allenfalls zur Abwendung einer Gemeinen Gefahr oder einer Lebensgefahr (Schranken gemäß Art. 13 Abs. 7 GG) gerechtfertigt. Nach anderer Ansicht (Tegtmeyer, a.a.O., § 16 RdNr. 10) kann eine Observation nur außerhalb einer Wohnung stattfinden.

Keinesfalls zulässig ist eine Observation in Wohnungen zur Abwehr geringerer Gefahren (z.B. durch heimliches Hineinschauen). Insbesondere darf die Polizei aufgrund des § 16 PolG ohne Zustimmung des Verfügungsberechtigten keine Wohnung betreten, es sei denn, sie hat hierfür eine gesetzliche Ermächtigung (z.B. § 41 Abs. 1 Nr. 4 PolG). Soweit es jedoch zulässig ist, jedermann zugängliche Arbeits-, Betriebs- und Geschäftsräume oder andere Räume oder Grundstücke, die der Öffentlichkeit zugänglich sind oder waren, während der Arbeits-, Geschäfts- und Aufenthaltszeit zu betreten (§ 41 Abs. 4 PolG), kann auch die Observation dorthin ausgedehnt werden; denn dadurch wird der Schutzzweck des Art. 13 GG nicht tangiert. Insoweit ist es statthaft, die Observation in die jedermann zugänglichen Räume einer Gaststätte hin auszudehnen, soweit das Lokal noch nicht geschlossen ist.

§ 16 PolG ermöglicht lediglich präventiv-polizeiliche (keine strafverfolgenden) Observationen. Sofern in einem Sachverhalt sowohl präventive als auch repressive Maßnahmen nötig sind, können Abgrenzungsprobleme entstehen. Dann ist nach der Wertigkeit und Dringlichkeit der Ziele zu fragen. Grundsätzlich werden der Schutz von Leben, Gesundheit und Freiheit der Person sowie die Verhütung weiterer Straftaten von erheblicher Bedeutung dem staatlichen Strafverfolgungsanspruch vorgehen, so dass Strafverfolgungsmaßnahmen zurückstehen müssen. In diesen Fällen ist eng mit der Staatsanwaltschaft zusammenzuarbeiten.

> X. hat seine zweijährige Tochter aus dem Hause seiner früheren Frau entführt. Es steht zu befürchten, dass er sich selbst und das Kind töten wird, wenn seine geschiedene Frau nicht zu ihm zurückkehrt. Die Polizei kann den Aufenthalt des X. ermitteln. Er wird observiert, um das Versteck des Kindes zu finden und dieses zu befreien.

## II.  Observationen zur Strafverfolgung - § 163f StPO

Die Strafprozessordnung regelt mit § 163f StPO die längerfristige Observation. Kurzfristige Observationen zur Strafverfolgung sind auf die Generalklausel (§ 163 Abs. 1 StPO) zu stützen (siehe oben, 1. Kapitel).

## 1.  Ermächtigung

Als Ermächtigung zur längerfristigen Observation ist § 163f StPO heranzuziehen.

> **§ 163f StPO**
> **(1) Liegen zureichend tatsächliche Anhaltspunkte dafür vor, dass eine Straftat von erheblicher Bedeutung begangen worden ist, so darf eine planmäßig angelegte Beobachtung des Beschuldigten angeordnet werden, die**
> **1.  durchgehend länger als 24 Stunden dauern oder**
> **2.  an mehr als zwei Tagen stattfinden soll (längerfristige Observation).**
> **Die Maßnahme darf nur angeordnet werden, wenn die Erforschung des Sachverhalts oder die Ermittlung des Aufenthaltsortes des Täters auf andere Weise erheblich weniger Erfolg versprechend oder wesentlich erschwert wäre.**

189

Gegen andere Personen ist die Maßnahme zulässig, wenn auf Grund bestimmter Tatsachen anzunehmen ist, dass sie mit dem Täter in Verbindung stehen oder eine solche Verbindung hergestellt wird, dass die Maßnahme zur Erforschung des Sachverhalts oder zur Ermittlung des Aufenthaltsortes des Täters führen wird und dies auf andere Weise erheblich weniger Erfolg versprechend oder wesentlich erschwert wäre.

(2) Die Maßnahme darf auch durchgeführt werden, wenn Dritte unvermeidbar betroffen werden.

(3) Die Maßnahme bedarf der Anordnung durch die Staatsanwaltschaft; bei Gefahr im Verzug darf sie auch durch ihre Hilfsbeamten (§ 152 des Gerichtsverfassungsgesetzes) angeordnet werden. Hat einer der Hilfsbeamten der Staatsanwaltschaft die Anordnung getroffen, so ist unverzüglich die staatsanwaltschaftliche Bestätigung der Anordnung zu beantragen. Die Anordnung tritt außer Kraft, wenn sie nicht binnen drei Tagen von der Staatsanwaltschaft bestätigt wird.

(4) Die Anordnung ist unter Angabe der maßgeblichen Gründe aktenkundig zu machen und auf höchstens einen Monat zu befristen. Die Verlängerung der Maßnahme bedarf einer neuen Anordnung, die nur durch den Richter getroffen werden darf.

Wie § 16 Abs. 1 PolG ermächtigt § 163f StPO zur Beobachtung von bestimmten Personen, die

- **durchgehend länger als 24 Stunden oder**
- **an mehr als zwei Tagen**

stattfinden soll oder stattfindet.

Gleich wie im Polizeirecht ist maßgebend, dass die Beobachtung für diese Zeiten und darüber hinaus vorgesehen ist. Entscheidend ist die Absicht, einen anderen über die wahrscheinliche Dauer (vorausschauende Betrachtung) zu beobachten, um von einer längerfristige Observation ausgehen zu müssen.

Die längerfristige Observation beginnt also nicht erst, wenn die gesetzlich genannten Zeiten schon erreicht/ausgeschöpft sind. Ob die geplante Zeit tatsächlich ausgeschöpft wird, die Beobachtung also solange durchgeführt wird, ist gleichgültig. Im übrigen gelten die Ausführungen zu § 16 Abs. 1 PolG entsprechend (siehe oben unter I.)

Soll eine Maßnahme nicht länger als 24 Stunden oder nicht öfter als an zwei Tagen durchgeführt werden, liegt in der planmäßig angelegten Beobachtung eine kurzfristige Observation, die auf Grund der Generalklausel zulässig ist (siehe oben 1. Kapitel).

Das Gesetz unterscheidet zwischen der Observation des Beschuldigten und anderer Personen.

## 1.1 Zulässigkeitsvoraussetzungen

Die längerfristige Observation nach § 163f StPO ist zulässig

**gegen Beschuldigte,** wenn

- **Gegenstand der Untersuchung eine Straftat von erheblicher Bedeutung ist und**
- **die Maßnahme**
  - **zur Erforschung des Sachverhalts erfolgt oder**
  - **auf Ermittlung des Aufenthaltsorts des Täters gerichtet ist und**
- **dies auf andere Weise**
  - **erheblich weniger Erfolg versprechend oder**
  - **wesentlich erschwert wäre.**

**gegen andere Personen,** wenn

- **Gegenstand der Untersuchung eine Straftat von erheblicher Bedeutung ist und**
- **auf Grund bestimmter** <u>Tatsachen</u> **anzunehmen ist, dass**
  - **sie mit dem Täter in Verbindung stehen oder**
  - **eine solche Verbindung hergestellt wird und**
- **die Maßnahme**
  - **zur Erforschung des Sachverhalts erfolgt oder**
  - **auf Ermittlung des Aufenthaltsorts des Täters gerichtet ist und**
- **dies auf andere Weise**
  - **aussichtslos oder**
  - **wesentlich erschwert wäre.**

Die Observation nach § 163f StPO kann nur auf Grund einer begangenen Tat erfolgen. Voraussetzung ist eine konkrete Verdachtsschwelle, die sich auf objektive Umstände/Erkenntnisse stützt. Verlangt werden genügend tatsächliche Anhaltspunkte, die die Annahme unmittelbar begründen (eigene Wahrnehmung eines Zusammenhanges). Auch Anzeichen aus der inneren oder äußeren Geschehenswelt, die eine Verbindung aufzeigen (gewisse Zeugenaussagen, Spuren, konkludentes Verhalten des Verdächtigen, kriminalistische Erfahrungen) sind Tatsachen im rechtlichen Sinne. Bloße Mutmaßungen reichen zur Begründung nicht aus.

Die Maßnahme kommt nur in Frage, wenn die Tatsachen den Schluss auf bestimmte schwerwiegende Straftaten rechtfertigen. Der konkrete Verdacht muss sich auf Straftaten von erheblicher Bedeutung beziehen.

„Straftaten von erheblicher Bedeutung sind solche, die den Rechtsfrieden empfindlich stören oder geeignet sind, das Gefühl der Rechtssicherheit der Bevölkerung erheblich zu beeinträchtigen. Danach muss es sich bei der Anlasstat um ein Delikt handeln, das mindestens der mittleren Kriminalität zuzurechnen ist. In den Fällen mittlerer Kriminalität ist dabei das besondere Maß des Unrechts nach Lage des konkreten Einzelfalles entscheidend, wobei es nicht so sehr auf den abstrakten Charakter des Straftatbestandes, sondern auf die Art und Schwere der jeweiligen konkreten Tat gemäß der Verdachtslage bei Anordnung der Maßnahme ankommt" (StVÄ 1989; Begründung S. 73). In Betracht kommen Taten, bei denen bedeutende Rechtsgüter (Leib, Leben, Gesundheit, bedeutende Sachwerte) verletzt wurden. Solche Delikte stören den Rechtsfrieden oder die Rechtssicherheit empfindlich/erheblich. "Nach Lage des Einzelfalles können auch Vermögensdelikte mittlerer Kriminalität die genannten Voraussetzungen erfüllen, insbesondere wenn es sich um Straftaten mit Seriencharakter und entsprechend erheblichem (Gesamt-) Schaden für die Allgemeinheit handelt" (StVÄ, wie vor; siehe auch Kleinknecht/Meyer-Goßner, a.a.O, § 163f RdNr. 4). Der Legaldefinition in § 8 Abs. 3 PolG gemäss sind Straftaten von erheblicher Bedeutung insbesondere Verbrechen sowie die in § 138 StGB genannten Vergehen, Vergehen nach § 129 StGB und gewerbs- oder bandenmäßig begangene Vergehen, so z. B. nach § 243 StGB. Aus dem Wort "insbesondere" folgt, dass die Aufzählung in dieser gesetzlichen Vorschrift nicht abschließend ist. Deshalb kommen auch Taten in Betracht, die nicht gewerbs- oder bandenmäßig begangen wurden, wohl aber außergewöhnlich grob, roh, hinterhältig oder gefährlich sind. Der Begriff „Straftaten von erheblicher Bedeutung" entspricht im wesentlichen der Voraussetzung einer Öffentlichkeitsfahndung gemäß Anlage B II 1 RiStBV" (so Hilger, Neues Strafverfahrensrecht durch das OrgKG, NStZ 1992, S. 462).

Weiter wird verlangt, dass die Maßnahme **auf Erforschung des Sachverhalts oder auf Ermittlung des Aufenthaltsortes des Täters** gerichtet ist.

Die **Sachverhaltserforschung** zielt auf eine umfassende Erhebung aller für das Strafverfahren erforderlichen Fakten ab (Planung, Vorbereitung, Ausführung, Nachtatphase). Auch die Ermittlung von Mittätern, Tatopfern oder Zeugen, die Suche nach Beweismitteln oder Einziehungsgegenständen fällt darunter.

Die **Ermittlung des Aufenthaltsortes** des Täters dient die Feststellung des Schwerpunktes seiner Lebensinteressen, seiner Wohnung, seines momentanen oder auch seines früheren Verstecks.

Schließlich muss die Erreichung der Ziele auf **andere Weise erheblich weniger Erfolg versprechend oder wesentlich erschwert** sein. Damit bindet das Gesetz die Ermittlungsmaßnahme an eine Subsidiaritätsklausel. Sie scheidet aus, wenn weniger belastende Mittel zur Verfügung stehen, um die Tat zu klären. Letztlich werden mit diesen Voraussetzungen die Grundsätze der Erforderlichkeit und der Angemessenheit konkretisiert. Die Belange des Betroffenen sind ebenso zu berücksichtigen wie der Anspruch der Allgemeinheit auf eine wirksame, effektive und effiziente Strafverfolgung.

Die Frage ob die Erforschung des Sachverhalts oder die Ermittlung des Aufenthaltsorts des Täters auf andere Weise **erheblich weniger Erfolg versprechend** oder wesentlich erschwert wäre, ist am Aufklärungserfolg zu orientieren. Erforderlich ist eine Prognoseentscheidung, bei der die Aufklärungssituation, die sich bei einer Beschränkung auf andere Maßnahmen ergibt, mit der zu vergleichen ist, die sich bei einem – ggf. zusätzlichen – Einsatz der Observation ergibt (StVÄ 1989; Begründung S. 56). Stehen noch andere Ermittlungsmaßnahmen zur Verfügung, hat aber eine Prognose zum Ergebnis, dass mit Hilfe dieser anderen Maßnahmen die völlige Aufklärung der Straftat nicht annähernd in demselben Masse erreicht werden kann, wie es mit dem Einsatz der Observation möglich erscheint, („erheblich weniger Erfolg versprechend") darf diese eingesetzt werden (StVÄ, wie zuvor). Erheblich weniger Erfolg versprechend ist eine andere

Ermittlungsmaßnahme dann, wenn durch sie negative Auswirkungen auf das Strafverfahren (drohender Beweisverlust, Gefahr der Zeugenbeeinflussung, Warnung von Mittätern) zu befürchten wären und dadurch die Wahrheitsfindung erschwert würde. Die Prämisse ist gewiss erfüllt, wenn andere Ermittlungen bisher erfolglos geblieben sind.

Eine **wesentliche Erschwerung** liegt vor, wenn die Benutzung anderer Ermittlungsmethoden einen erheblich größeren Zeitaufwand erfordern und daher zu einer wesentlichen Verfahrensverzögerung führen würden (Kleinknecht/Meyer-Goßner, a.a.O., § 100a RdNr. 7). Von einer wesentliche Erschwerung kann stets ausgegangen werden, wenn andere Maßnahmen erfolglos geblieben sind oder wenn wegen des Aufwandes andere wichtige Aufgaben nicht zügig genug erledigt werden könnten.

**Eine andere Person** in diesem Sinne ist nicht jede beliebige Person. Notwendig ist eine Unterscheidung zu unvermeidbar betroffenen Dritten nach § 163f Abs. 3 StPO. Damit ist die Maßnahme auf bestimmte **Kontakt-, Beziehungs- und Begleitpersonen des Beschuldigten** gerichtet (zu den Begriffen siehe oben unter I.). Auch der, bei dem sich potentielle Straftäter treffen, ist Kontaktperson. Unter Umständen können das auch Tatopfer darunter fallen (z. B. eine Person, die erpresst wird).

Voraussetzung ist auch die **Straftat von erheblicher Bedeutung** (siehe oben 1.1). eitere Bedingung ist, dass **Tatsachen, also bestimmte Erkenntnisse** darüber vorliegen, dass sie Kontakt zum Täter haben oder einen solchen herstellen werden. Schließlich muss die Observation auch hier auf **Erforschung des Sachverhalts gerichtet sein oder zur Ermittlung des Aufenthaltsorts des Täters führen** (siehe dazu oben, 1.1).

Letztlich kommt die Observation anderer Personen nur in Frage, wenn der angestrebte Erfolg sonst

- nur unter **wesentlich erschwerten** Umständen erreichbar (siehe dazu oben 1.1) oder
- **aussichtslos** wäre

sein. **Aussichtslos** ist die Erreichung dieser Ziele in erster Linie, wenn andere Aufklärungsmittel nicht oder nicht mehr vorhanden sind oder schon erfolglos angewandt wurden. „Stehen andere Mittel zur Verfügung, so müssen die Erfolgsaussichten, die sie bieten, mit denen der Überwachung verglichen werden. Wenn diese entscheidend höher zu veranschlagen sind, ist die Überwachung zulässig" (vgl. Kleinknecht/Meyer-Goßner, a.a.O., § 100c StPO, RdNr. 13 i.V.m. § 100a StPO, RdNr. 7).

> KHK Meyer, Ermittlungsbeamter im KK 21 in S., bearbeitet mit einigen Kollegen zur Zeit einen Banküberfall. Aufgrund einer Zeugenaussage und einer Lichtbildvorlage richtet sich schnell ein Tatverdacht gegen den Heribert Klauschnell (K.). Dieser hat aber offensichtlich sofort das Weite gesucht, wohingegen seine Frau noch zu Hause ist. Es ist nicht zu erwarten, dass die Ehefrau in einer Vernehmung Angaben zur Sache machen würde. Um an K. und die Beute heranzukommen, scheint die sofortige Beobachtung der Frau als Kontaktperson das einzige taugliche Mittel. Die Observation ist notwendig.

Ob die Kontakt- oder Begleitperson von den kriminellen Machenschaften des Beschuldigten weiß, spielt keine Rolle. Auch die völlig ahnungslose Person kann in die

Beobachtung einbezogen werden, wenn die Erforschung des Sachverhalts oder die Ermittlung des Aufenthaltsorts des Täters auf andere Weise erheblich weniger erfolgversprechend oder wesentlich erschwert wäre.

> KHK Fuchs (F.) ermittelt wegen einer Serie von Gaststätteneinbrüchen. Aufgrund einer glaubwürdigen Zeugenaussage sowie unter Berücksichtigung verschiedener Sachbeweise ist der Friedrich Nimmdings (N.) dringend tatverdächtig. F. weiß von einem Mittäter namens Habschon (H.), von dem aber außer dem Nachnamen nichts bekannt ist.
>
> Der einschlägig bekannte N. macht grundsätzlich bei Vernehmungen keine Angaben zur Sache. Seinen Mittäter würde er nicht benennen. F. weiß aus einer Telefonüberwachungsmaßnahme, dass N. den H. innerhalb der nächsten Tage treffen will. F ordnet daher die fortlaufende Observation des N. an. Die Observation ist zulässig, auch wenn die Tat des N. bewiesen ist; denn er bleibt Kontaktperson zum Mitverdächtigen H..

**Die Adressaten** der Befugnis nennt das Gesetz selbst. Es sind Beschuldigte, Kontakt-, Beziehungs- und Begleitpersonen des Beschuldigten.

Gegen **unbeteiligte Dritte** ist die Maßnahme zulässig, wenn diese unvermeidbar betroffen werden (§ 163f Abs. 2 StPO). Sie dürfen in die Observationsmaßnahme eingeschlossen werden, wenn dies erforderlich ist, weil die Beobachtung ansonsten nicht durchgeführt werden könnte.

## 1.2 Rechtsfolge

Zugelassen wird im Rahmen des Grundsatzes der Verhältnismäßigkeit die zielgerichtete, planmäßige (verdeckte oder offene) Beobachtung einer Person. Die Observationsbefugnis rechtfertigt – wie bereits dargelegt - die Beschränkung des Rechts auf informationelle Selbstbestimmung nach Art. 2 Abs. 1 in Verbindung mit Art. 1 Abs. 1 GG durch heimliche Erhebung personenbezogener Daten. Weitere Beschränkungen sind nicht gestattet. Nicht gerechtfertigt ist insbesondere die Einschränkung des Art. 13 GG. Die Schranken aus Art. 13 GG lassen für die Strafverfolgung nur Durchsuchungen und Lauscheingriffe zu. Das Betreten einer Wohnung zu Observationszwecken gegen den Willen des Berechtigten oder die Observation in eine Wohnung hinein (z. B. durch Hineinschauen) ist unzulässig.

Wird die Observation allerdings auf die Straße und den Gehweg vor einem Haus gerichtet (um festzustellen, wann der Beschuldigte das Haus verlässt oder wer ihn wann besucht) und wird dabei der Zugangsbereich mit erfasst, liegt keine Verletzung des Grundrechts aus Art 13 GG vor, weil die Maßnahme nicht auf die Gewinnung von Erkenntnissen aus dem durch Art 13 GG geschützten Bereich abzielt (BGH, Urt. vom 29.1.98 - Begründung - NStZ 1998, Heft 12, S. 629 und Amelung, Anmerkung zu gleichem Urteil, NStZ 1998, Heft 12, S. 631). Wenn auch der Zugangsbereich zu einem Haus zum befriedeten Besitztum gehört, wird der verfassungsrechtlich geschützte Wohnbereich in diesen Fällen nicht betroffen.

Eine Observation darf auch auf die jedermann zugänglichen Räume ausgedehnt werden. Soweit die Observation durch den Einsatz technischer Mittel (Peilsender, Bewegungsmelder, Nachtsichtgeräte, Global Positioning System – GPS - ) erfolgen soll, ist auf die Ermächtigung aus § 100c StPO zurückzugreifen. Dem hingegen ist bei der Observation die Nutzung eines Fernglases aufgrund des § 163f StPO zulässig. Erlaubt § 100c StPO gewisse technische Mittel, dürfen sie zur Verstärkung der zulässigen Observation eingesetzt werden. Auch der Einsatz technischer Mittel zur Herstellung von Lichtbildern und Bildaufzeichnungen nach § 100c Abs. 1 Nr. 1a) StPO ist innerhalb einer Observation zulässig (BGH, Urt. vom 29.1.98, NStZ. 1998, Heft 12, S. 629).

## 2. Verfahrens- und Formvorschriften

Wegen Tiefe des mit einer längerfristigen Observation begründeten Rechtseingriffs hat grundsätzlich die **Staatsanwaltschaft die Maßnahme anzuordnen**. Nur bei Gefahr im Verzug ist das Recht den Hilfsbeamten der Staatsanwaltschaft zugestanden. Mussten Hilfsbeamte der Staatsanwaltschaft die Anordnung treffen, ist unverzüglich die Bestätigung der Staatsanwaltschaft einzuholen. Ansonsten tritt die Anordnung innerhalb von drei Tagen außer Kraft.

Die Gründe für die Maßnahme sind aktenkundig zu machen.

Wird die **Observation über einen Monat** hinaus erforderlich ist, muss eine **richterliche Anordnung** eingeholt werden.

§ 163f Abs. 3 und Abs. 4 StPO tragen der Bedeutung des Rechtes auf informationelle Selbstbestimmung Rechnung und garantieren in dreifacher Hinsicht eine exakte Prüfung der Rechtsvoraussetzungen.

Es besteht keine ausdrückliche Verpflichtung, die Betroffenen (Beschuldigte, Kontakt- und Begleitpersonen) nach Abschluss der Maßnahmen zu informieren. § 101 StPO findet nur Anwendung, wenn bei längerfristigen Observationen technische Mittel eingesetzt wurden.

Ansonsten gelten die allgemeinen Akteneinsichts- und Auskunftsrechte des Betroffenen bzw. seines Verteidigers (vgl. § 147 StPO und § 18 DSG NW).

# Zweiter Abschnitt
# Verdeckter Einsatz technischer Mittel zur Aufnahme oder Aufzeichnung personenbezogener Daten

Übersicht
Vorbemerkungen
I.   Datenerhebung durch den verdeckten Einsatz technischer Mittel aus Gefahren abwehrendem Anlass
   - zur Anfertigung von Bildaufnahmen und Bildaufzeichnungen
   - zum Abhören und Aufzeichnen des gesprochenen Wortes
1.   Ermächtigungsgrundlagen
1.1  Zulässigkeitsvoraussetzungen
1.2  Rechtsfolgen
2.   Verfahrens- und Formvorschriften
2.1  Anordnungsbefugnisse
2.2  Datennutzung
2.3  Sonstige Vorschriften
II.  Verdeckter Einsatz technischer Mittel zur Strafverfolgung
1.   Herstellung von Lichtbilder und Bildaufzeichnungen
1.1  Ermächtigung
1.1.1 Zulässigkeitsvoraussetzungen
1.1.2 Rechtfolgen
1.2  Verfahrens- und Formvorschriften
2.   Einsatz technischer Mittel zu Observationszwecken
2.1  Ermächtigung
2.1.1 Zulässigkeitsvoraussetzungen
2.1.2 Rechtfolgen
2.2  Verfahrens- und Formvorschriften
3.   Einsatz technischer Mittel zum Abhören und Aufzeichnen des nicht öffentlich gesprochenen Wortes außerhalb von Wohnungen (**kleiner Lauscheingriff**)
3.1  Ermächtigung
3.1.1 Zulässigkeitsvoraussetzungen
3.1.2 Rechtfolgen (insbesondere Anordnungsbefugnis)
3.2  Verfahrens- und Formvorschriften, insbesondere Anordnungsbefugnisse
4.   Einsatz technischer Mittel zum Abhören und Aufzeichnen des nicht öffentlich gesprochenen Wortes in Wohnungen (**großer Lauscheingriff**)
4.1  Ermächtigung
4.1.1 Zulässigkeitsvoraussetzungen
4.1.2 Rechtfolgen
4.2  Verfahrens- und Formvorschriften
   (insbesondere Anordnungsbefugnis und Einschränkung der Datennutzung)

## Vorbemerkungen

Der verdeckte Einsatz technischer Mittel ist die heimliche **Verwendung besonderer technischer Geräte** (Foto-, Film- oder Videokameras, Tonaufnahmegeräte, Bewegungsmelder, Peilsender, Abhörgeräte, Alarmkoffer usw.) im Rahmen der Ausübung polizeilicher Befugnisse zur Gefahrenabwehr oder Strafverfolgung, **um personenbezogene** Daten einer bestimmten oder bestimmbaren Person **zu erheben** (vgl. Kay/ Böcking, Polizeirecht Nordrhein-Westfalen, a.a.O., S. 100, RdNr. 162 sowie Hilger, a.a.O., S. 461 m.w.N.).

Keine technischen Mittel zur Datenerhebung in diesem Sinne sind gebräuchliche Sehhilfen. Besondere Sehhilfen (Nachtsichtgeräte) unterfallen aber diesem Begriff (vgl.
Hilger, a.a.O., S. 461).

**Aufnahmen** sind Übertragungen, **Aufzeichnungen** dagegen sind Speicherungen auf
Datenträgern. Nicht zu diesen verdeckten technischen Maßnahmen gehört die Telefonüberwachung.

Beim verdeckten Einsatz technischer Mittel gegen eine bestimmte Person handelt es sich
um eine intensive Form der Datenerhebung. Wegen des heimlichen Vorgehens wird in
besonderer Weise faktisch in das **Recht auf informationelle Selbstbestimmung** des
Adressaten nach Art. 2 Abs. 1 i. V. m. Art. 1 Abs. 1 GG eingegriffen.

## I. Datenerhebung durch den verdeckten Einsatz technischer Mittel aus gefahrenabwehrendem Anlass
- **zur Anfertigung von Bildaufnahmen und Bildaufzeichnungen**
- **zum Abhören und Aufzeichnen des gesprochenen Wortes**

### 1. Ermächtigungsgrundlagen

Aus gefahrenabwehrenden Gründen gestattet der Gesetzgeber den Einsatz technischer
Mittel zur optischen mit § 17 und zur akustischen Überwachung mit § 18 PolG.

---

**§ 17 Datenerhebung durch den verdeckten Einsatz technischer Mittel zur Anfertigung von Bildaufnahmen und Bildaufzeichnungen**

(1) Die Polizei kann personenbezogene Daten erheben durch den verdeckten
Einsatz technischer Mittel zur Anfertigung von Bildaufnahmen und Bildaufzeichnungen
1. über die in den §§ 4 und 5 genannten und unter den Voraussetzungen des
§ 6 über die dort genannten Personen, wenn dies zur Abwehr einer gegenwärtigen Gefahr für Leib, Leben oder Freiheit einer Person erforderlich ist,
2. über Personen, soweit Tatsachen die Annahme rechtfertigen, dass diese
Personen Straftaten von erheblicher Bedeutung begehen wollen, sowie über
deren Kontakt- oder Begleitpersonen, wenn die Datenerhebung zur vorbeugenden Bekämpfung dieser Straftaten erforderlich ist. Dabei dürfen auch
personenbezogene Daten über andere Personen erhoben werden, soweit dies
erforderlich ist, um eine Datenerhebung nach Satz 1 durchführen zu können.
(2) Ein verdeckter Einsatz technischer Mittel zur Anfertigung von Bildaufnahmen und Bildaufzeichnungen in oder aus der Wohnung (§ 41 Abs. 1 Satz 2)
des Betroffenen ist nur unter den Voraussetzungen des Absatzes 1 Nr. 1 zulässig.
(3) ... (Anordnungsbefugnis)
(4) ... (Datenerhebung zum Schutz von eingesetzten Personen)
(5) ... (Benachrichtigungspflicht)
(6) ... (Vernichtungsregelung)

§ 18 Datenerhebung durch den verdeckten Einsatz technischer Mittel zum Abhören und Aufzeichnen des gesprochenen Wortes

(1) Die Polizei kann personenbezogene Daten erheben durch den verdeckten Einsatz technischer Mittel zum Abhören und Aufzeichnen des gesprochenen Wortes

1. über die in den §§ 4 und 5 genannten und unter den Voraussetzungen des § 6 über die dort genannten Personen, wenn dies zur Abwehr einer gegenwärtigen Gefahr für Leib, Leben oder Freiheit einer Person erforderlich ist,

2. über Personen, soweit Tatsachen die Annahme rechtfertigen, dass diese Personen Straftaten von erheblicher Bedeutung begehen wollen, sowie über deren Kontakt- oder Begleitpersonen, wenn die Datenerhebung zur vorbeugenden Bekämpfung dieser Straftaten erforderlich ist. Dabei dürfen auch personenbezogene Daten über andere Personen erhoben werden, soweit dies erforderlich ist, um eine Datenerhebung nach Satz 1 durchführen zu können. Dabei dürfen auch personenbezogene Daten über andere Personen erhoben werden, soweit dies erforderlich ist, um eine Datenerhebung nach Satz 1 durchführen zu können.

(2) Ein verdeckter Einsatz technischer Mittel zum Abhören und Aufzeichnen des gesprochenen Wortes in oder aus der Wohnung (§ 41 Abs. 1 Satz 2) des Betroffenen ist nur unter den Voraussetzungen des Absatzes 1 Nr. 1 zulässig.

(3) ... (Anordnungsbefugnis)

(4) ... (Datenerhebung zum Schutz von eingesetzten Personen)

(5) ... (Benachrichtigungspflicht)

(6) ... (Vernichtungsregelung)

§ 17 Abs. 1 und § 18 Abs. 1 PolG verlangen die gleichen Voraussetzungen für den Einsatz der technischen Mittel zu Bildaufnahmen/-aufzeichnungen oder Tonaufnahmen/Tonaufzeichnungen.

## 1.1 Zulässigkeitsvoraussetzungen (§ 17 Abs. 1 und § 18 Abs. 1 PolG)

Die Ermächtigungen erfassen zwei Alternativen zum Einsatz technischer Überwachungsmittel, und zwar:

### A) Alternative 1

Entsprechend § 17 Abs. 1 Nr. 1 und § 18 Abs. 1 Nr. 1 PolG ist der Einsatz technischer Mittel gestattet, zur

- Abwehr einer gegenwärtigen Gefahr
- für Leib, Leben oder Freiheit einer Person, wenn dies
- zur Gefahrenabwehr erforderlich ist.

**Adressaten der Ermächtigung sind Personen, die**

- nach den §§ 4 - 6 PolG in Anspruch genommen werden dürfen oder
- andere Personen, soweit dies erforderlich ist, um diese Datenerhebung durchführen zu können.

Die Zulässigkeitsvoraussetzungen entsprechen denen der längerfristigen Observation (siehe Erster Abschnitt, I. in diesem Kapitel). Auf die Erläuterungen dazu wird verwiesen. Zur Abwehr einer der genannten Gefahren ist die **Datenerhebung** mit den vorgenannten Mitteln **auch in und aus Wohnungen zulässig** (siehe § 17 Abs. 2 und § 18 Abs. 2 PolG). Die Ermächtigung entspricht der Regelung des Art. 13 Abs. 4 und 7 GG. Unbedingt zu beachten sind die besonderen Verfahrensvorschriften. Für Eingriffe in Art. 13 GG ist grundsätzlich die richterliche Anordnung notwendig (siehe unten 2.).

**B)    Alternative 2**

§§ 17 Abs. 1 Nr. 2 und § 18 Abs. 1 Nr. 2 PolG gestatten den verdeckten Einsatz technischer Mittel auch, wenn

- **Tatsachen die Annahme rechtfertigen, dass**
- **Personen Straftaten von erheblicher Bedeutung begehen wollen und**
- **dies zur vorbeugenden Bekämpfung dieser Straftaten**
- **erforderlich ist.**

**Adressaten** der Ermächtigung sind die

- **potentiellen Täter oder**
- **ihre Kontakt- oder Begleitpersonen und**
- **andere Personen, soweit dies erforderlich ist, um eine Datenerhebung nach den Alternativen A) und B) durchführen zu können.**

Auch diese Zulässigkeitsvoraussetzungen entsprechen denen der längerfristigen Observation (siehe Erster Abschnitt, I. in diesem Kapitel). Ob der Einsatz technischer Mittel **erforderlich** ist, hängt von den Umständen des Einzelfalls ab. Er muss demnach geeignet und das für den Betroffenen und die Allgemeinheit mildeste Mittel sein. Genügen weniger belastende Eingriffe, etwa die Befragung von Personen oder deren Observation ohne technische Mittel, so sind Maßnahmen nach den §§ 17 und 18 PolG unzulässig. Dabei ist allerdings zu berücksichtigen, dass der Einsatz technischer Mittel häufig als korrespondierender Eingriff zur Observation notwendig sein wird, um eine dauerhafte und weitgehend lückenlose Beobachtung der Person zu ermöglichen.

**Unzulässig ist die Datenerhebung zur Verhütung von Straftaten in und aus Wohnungen** (siehe § 17 Abs. 2 und § 18 Abs. 2 PolG). Auch Art. 13 GG lässt Eingriffe aus diesem Anlass zur Verhütung von Straftaten nicht zu (der Lauscheingriff ist nach Art. 13 Abs. 3 GG nur zur Verfolgung bedeutender Straftaten erlaubt. Wenn auch die Begehung einer Straftat von erheblicher Bedeutung in der Regel eine dringende Gefahr begründet (und damit der Schranke aus Art. 13 Abs. 7 entspricht), so fehlt dazu doch die erforderliche gesetzliche Regelung. § 17 Abs. 2 und § 18 Abs. 2 PolG greifen diese Gefahr nicht auf.

Es liegen mehrere glaubhafte Hinweise polizeilicher Informanten vor, dass der Besitzer der Diskothek Melander, ein Herr namens Dickmann (D.), in S. einen Drogenring aufbauen will. Zur Verhinderung dieser Straftaten ordnet der Polizeipräsident als Behördenleiter die verdeckte Überwachung des D. sowie seiner Kontakt- und Begleitpersonen mit Fotoapparat, Videokamera und Richtmikrofon an. D. wird daraufhin fortlaufend durch ein mobiles Einsatzkommando observiert. Dabei werden vor und in den Gästeräumen seiner Diskothek von ihm und zwei ständigen Begleitern Videoaufzeichnungen gemacht. An einem Abend filmen die eingesetzten Beamten bei günstiger Gelegenheit den D von außen in seinem Wohnzimmer. Hier war aufgrund der glaubhaften Hinweise polizeilicher Informanten davon auszugehen, dass D. Straftaten von erheblicher Bedeutung plante (vgl. §§ 29 Abs. 1 Nr. 1 und 30a BtMG). Letzteres ist jedoch rechtswidrig (siehe unten). Die Videographie in Wohnungen hinein erlauben § 17 Abs. 1 Nr. 2 PolG und Art. 13 GG nicht.

## 1.2 Zugelassene Rechtsfolgen

Zugelassen werden im Rahmen des Grundsatzes der Verhältnismäßigkeit i.w.S.

- nach § 17 Abs. 1 PolG der verdeckte Einsatz technischer Mittel zur Anfertigung von Bildaufnahmen (z.B. Videoübertragung ohne Aufzeichnung) sowie zur Bildaufzeichnung (z.B. Videoaufzeichnung).

- nach § 18 Abs. 1 PolG der verdeckte Einsatz technischer Mittel zum Abhören und Aufzeichnen des gesprochenen Wortes (z.B. Richtmikrofoneinsatz, Belauschen durch Installieren einer Wanze, Tonbandmitschnitt, heimliches Verstecken eines Diktiergerätes zur Aufzeichnung von Gesprächen).

- Ebenfalls zugelassen ist der Einsatz von Peilsendern. Es handelt sich zwar nicht um Bild- oder Tongeräte. Wenn aber das Abhören eines Gespräches erlaubt ist, dann auch der weniger schwerwiegende Eingriff der Feststellung des aktuellen Aufenthaltsortes durch den Einsatz eines technischen Mittels.

Georg Schreck (Sch.) hat nach einem Banküberfall eine Geisel genommen. Er fordert von der Polizei freien Abzug und ein Fluchtauto. Der Polizeiführer stellt einen solchen Wagen zur Verfügung. In diesem Fahrzeug wurde aber ein Peilsender installiert, so dass der Wagen geortet und verfolgt werden kann.

- Der (verdeckte) Einsatz technischer Mittel zur Anfertigung von Bild- und Tonaufnahmen sowie Bild- und Tonaufzeichnungen in oder in **Wohnungen** hinein (§ 41 Abs. 1 Satz 2 PolG) ist nur zur Abwehr gegenwärtiger Gefahren für Leib, Leben oder Freiheit einer Person zulässig (§ 17 Abs. 2 u. § 18 Abs. 2 PolG), nicht aber schlechthin zur vorbeugenden Bekämpfung von Straftaten nach § 17 Abs. 1 Nr. 2 PolG (siehe oben 1.1).

## 2. Verfahrens- und Formvorschriften

### 2.1 Anordnungsbefugnisse

Zum Schutz der hochrangigen Rechtsgüter, die mit der verdeckten akustischen und optischen Überwachung tangiert werden, macht das Gesetz die Durchführung solcher Maßnahmen von besonderen Anordnungsbefugnissen abhängig.

---

**§ 17/§ 18 PolG**

**(1) ...**

**(2) ...**

**(3) Der verdeckte Einsatz technischer Mittel ... darf nur durch den Behördenleiter angeordnet werden. Die Erhebung personenbezogener Daten in oder aus der Wohnung des Betroffenen durch den verdeckten Einsatz der in Satz 1 genannten technischen Mittel darf nur durch den Richter angeordnet werden. Bei Gefahr im Verzug kann die Maßnahme durch den Behördenleiter angeordnet werden. Eine richterliche Entscheidung ist unverzüglich herbeizuführen. Der Herbeiführung der richterlichen Entscheidung bedarf es nicht, wenn anzunehmen ist, dass die Entscheidung des Richters erst nach Beendigung der Maßnahme ergehen wird. Zuständig ist das Amtsgericht, in dessen Bezirk die Polizeibehörde ihren Sitz hat. Für das Verfahren gelten die Vorschriften des Gesetzes über die Angelegenheiten der freiwilligen Gerichtsbarkeit entsprechend.**

---

Die Vorschrift greift nur zu Gunsten des Wohnungsinhabers. Der Straftäter, der z.B. eine Geisel in einer fremden Wohnung nimmt, wird hierdurch nicht geschützt (vgl. Heise/Tegtmeyer, a.a.O., § 17, RdNr. 5).

Nach § 17 Abs. 3 S. 1 und § 18 Abs. 3 S. 1 PolG darf der Einsatz technischer Mittel nur durch den **Behördenleiter** (bei seiner Abwesenheit durch seinen Vertreter) angeordnet werden. Eine Missachtung dieser Vorschrift führt zur Rechtswidrigkeit der Maßnahme, weil sie dem Grundrechtsschutz durch Verfahren dient.

Bild- und Tonaufnahmen in einer **Wohnung** oder in eine Wohnung hinein sind nur aufgrund **richterlicher Anordnung** zulässig. Nur bei Gefahr im Verzug ist der Behördenleiter ausnahmsweise anordnungsbefugt.

Ordnet der Behördenleiter den optischen oder akustischen Eingriff in eine Wohnung bei Gefahr im Verzug an, ist unverzüglich eine nachträgliche richterliche Anordnung einzuholen. Das folgt aus der Neufassung des Art. 13 Abs. 4 Satz 2 GG.

**Art. 13 GG**

**1 - 3) ...**

**(4) Zur Abwehr dringender Gefahren für die öffentliche Sicherheit, insbesondere einer gemeinen Gefahr oder einer Lebensgefahr, dürfen technische Mittel zur Überwachung von Wohnungen nur auf Grund richterlicher Anordnung eingesetzt werden. Bei Gefahr im Verzug kann die Maßnahme auch durch eine andere gesetzlich bestimmte Stelle angeordnet werden; eine richterliche Entscheidung ist unverzüglich nachzuholen.**

Mit der Grundgesetzänderung vom 16.7.1998 (BGBl I, S. 1822) ist die Regelung in § 17 Abs. 3 Satz 5/ § 18 Abs. 3 Satz 5 PolG, wonach von der Einholung einer richterlichen Entscheidung abgesehen werden kann, wenn die richterliche Anordnung voraussichtlich erst nach Beendigung der Maßnahme ergehen würde (im oben wiedergegebenen Text kursiv gedruckt), **nicht mehr verfassungsgemäß.** Die richterliche Entscheidung muss auch in diesem Fall unverzüglich nachgeholt werden (Deutscher Bundestag, Drucksache 13/8650 S. 5). Verwirft der Richter die Entscheidung des Behördenleiters und stellt er fest, dass die Maßnahme rechtswidrig war, dürfen die Bildaufnahmen und die Erkenntnisse aus dem Lauscheingriff nicht verwertet werden.

**§ 17 Abs. 4 / § 18 Abs. 4 PolG** sehen eine Ausnahme von der Anordnungsregelung des Abs. 3 vor. Ziel dieser Regelungen ist ausschließlich die **Eigensicherung** der verdeckt ermittelnden oder aus sonstigem Anlass handelnden Person.

**§17/§18 PolG**

**(4) Einer Anordnung nach Absatz 3 bedarf es nicht, wenn das technische Mittel ...ausschließlich zum Schutz der bei einem polizeilichen Einsatz tätigen Person mitgeführt und verwendet wird. Aufzeichnungen sind unverzüglich nach Beendigung des Einsatzes zu löschen, es sei denn, sie werden zur Verfolgung von Straftaten benötigt. § 24 Abs. 5 und 6 sowie § 32 Abs. 5 und 6 bleiben unberührt.**

Den Tatbestand, dass ein technisches Mittel zur Anfertigung von Bild- oder Tonaufnahmen oder -aufzeichnungen ausschließlich (also ohne sonstigen Grund!) zum Schutz der bei einem polizeilichen Einsatz tätigen Personen eingesetzt wird (z.B. verdeckter Ermittler oder Hilfskraft - etwa Mitarbeiter eines Schlüsseldienstes), greift die Neufassung des Art. 13 Abs. 5 GG (vom 16.7.98) auf. Abweichend vom noch gültigen gesetzlichen Tatbestand des Polizeigesetzes darf dem Grundgesetz gemäß der Einsatz nur von einer im Gesetz genannten Stelle angeordnet werden.

> **Art. 13**
> **(1 - 4) ...**
> **(5) Sind technische Mittel ausschließlich zum Schutz der bei einem polizeilichen Einsatz in Wohnungen tätigen Personen vorgesehen, kann die Maßnahme durch eine gesetzlich bestimmte Stelle angeordnet werden.**

Dem entspricht das PolG noch nicht. Entsprechend der grundgesetzlichen Forderung muss bis zu einer Änderung des Polizeigesetzes daher mindestens der Behördenleitervorbehalt gelten. Ebenfalls nicht mehr verfassungsgemäß ist die Regelung über die Verwertung der dabei gemachten Aufzeichnungen.

## 2.2 Datennutzung

Im Hinblick auf eine Verwertung der bei einem Einsatz nach §§ 17/18 Abs. 4 PolG erlangten Informationen ist Art. 13 Abs. 5 GG zu beachten.

> **Art. 13**
> **(1 - 4) ...**
> **(5) ... Eine anderweitige Verwertung der hierbei erlangten Erkenntnisse ist nur zulässig, wenn zuvor die Rechtmäßigkeit der Maßnahme richterlich festgestellt ist; bei Gefahr im Verzug ist die richterliche Entscheidung unverzüglich nachzuholen.**

Eine Verwertung der erlangten Informationen ist nur zum Zwecke der Strafverfolgung oder zur Gefahrenabwehr zulässig, wenn die Rechtmäßigkeit der Maßnahme richterlich festgestellt wurde; bei Gefahr im Verzug ist die richterliche Entscheidung nachzuholen. Der Verfassungssatz ist somit neben den Vorschriften der §§ 17 Abs. 4 und 18 Abs. 4 PolG zu beachten. § 161 Abs. 2 StPO entspricht dieser Regelung und bindet die Staatsanwaltschaftlichen Ermittlungen.

> **§ 161 StPO Ermittlungen**
> **(1) ...**
> **(2) In oder aus der Wohnung erlangte personenbezogene Informationen aus einem Einsatz technischer Mittel zur Eigensicherung im Zuge nicht offener Ermittlungen auf polizeigesetzlicher Grundlage dürfen unter Beachtung des Grundsatzes der Verhältnismäßigkeit zu Beweiszwecken nur verwendet werden (Art. 13 Abs. 5 des Grundgesetzes), wenn das Amtsgericht (§ 162 Abs. 1) in dessen Bezirk die anordnende Stelle ihren Sitz hat, die Rechtmäßigkeit der Maßnahme festgestellt hat. Bei Gefahr im Verzug ist die richterliche Entscheidung unverzüglich nachzuholen.**

Der verdeckte Ermittler K. trifft den Gewaltverbrecher G.. Hintergrund ist ein geplanter Raubüberfall des G. zum Nachteil eines Juweliergeschäfts. Auf Vorschlag des G. verabreden sich beide zu einem Beratungsgespräch am selben Abend in der Wohnung des G.. Es ist nicht klar, ob G bereits vom Einsatz des K. als Polizeibeamter Kenntnis hat.

G. ist außerordentlich gefährlich und stets bewaffnet. Weil höchste Eile geboten ist, ordnet der Behördenleiter den Einsatz der technischen Mittel an. Zum Zeitpunkt des Treffens trägt K. einen Personenschutzsender. Zugleich wird die Unterhaltung zwischen K. und G. abgehört, damit bereitgestellte SEK-Kräfte schnell zugreifen können, um K. erforderlichenfalls das Leben zu retten. Bei dem Kontaktgespräch zwischen K. und G. kommt dann heraus, wann und wie die Tat begangen werden soll. Die Verwertung der Erkenntnisse ist nur zulässig, wenn die richterliche Entscheidung nachgeholt wird.

Sind personenbezogene Informationen durch eine akustische Wohnungsüberwachung nach § 18 PolG (durch einen großen Lauscheingriff) erlangt worden, dürfen die Erkenntnisse nur zur Verfolgung einer der in § 100c Abs. 1 Nr. 3 StPO genannten Straftat verwendet werden. Die Verwendungsbeschränkung folgt aus § 100f Abs. 2 StPO). Die Regelung hat Vorrang vor den allgemeinen Nutzungsvorschriften der § 22 ff. PolG.

## 2.3 Sonstige Vorschriften

Zu beachten ist als **allgemeine Bestimmung zur Datenerhebung** § 9 Abs. 5 PolG. Weiterhin gelten die besonderen **Löschungsverpflichtungen** im Sinne des § 17 Abs. 4 und des § 18 Abs. 4 PolG: Aufzeichnungen, die zum Schutz eingesetzter Personen gefertigt wurden, sind unverzüglich nach Beendigung des Einsatzes zu löschen. Das gilt nicht, wenn sie zur Verfolgung von Straftaten (nicht zur Verfolgung von Ordnungswidrigkeiten!) benötigt werden und die richterliche Entscheidung eingeholt oder nachgeholt wurde.

Personen, gegen die sich Datenerhebungen richten (**Betroffene**), sind nach Abschluss der Maßnahme hierüber durch die Polizei zu **unterrichten**, sobald dies ohne Gefährdung des Zwecks der Datenerhebung erfolgen kann. Eine Unterrichtung durch die Polizei unterbleibt, wenn wegen desselben Sachverhalts ein strafrechtliches Ermittlungsverfahren gegen die Betroffenen eingeleitet worden ist (vgl. § 17 Abs. 5 und § 18 Abs. 5 PolG).

**Bild- und Tonaufzeichnungen**, die **mit selbsttätigen Aufzeichnungsgeräten** angefertigt wurden (ohne Bedienung durch eine Person - z.B. aufgrund von Lichtreflexen) und ausschließlich Personen betreffen, gegen die sich die Datenerhebungen nicht richten, sind unverzüglich zu vernichten, es sei denn, sie werden zur Verfolgung von Straftaten benötigt.

## II. Verdeckter Einsatz technischer Mittel zur Strafverfolgung - § 100c StPO

§ 100c StPO ermächtigt zum Einsatz technischer Mittel im Rahmen der Strafverfolgung. Systematisch regelt die Norm, unter welchen Voraussetzungen technische Mittel **ohne Wissen** des oder der Betroffenen eingesetzt werden dürfen. „Ohne Wissen" zielt dabei **auch** ab auf Fälle, in denen zwar mit Wissen des Beschuldigten oder anderer Betroffener, aber ohne deren Zustimmung oder gegen ihren ausdrücklichen Willen technische Mittel eingesetzt werden (vgl. Hilger, a.a.O., S. 461).

„Nicht unter § 100c StPO fällt die so genannte „Spurensicherung", insbesondere nicht die nachträgliche Herstellung von Lichtbildern am Tatort für Zwecke der Beweissicherung und Auswertung.

Die Norm regelt 4 verschiedene Anwendungsfälle und zwar

- die Herstellung von Lichtbildern und Bildaufzeichnungen
- den Einsatz technischer Mittel für Observationszwecke
- das Abhören des nicht öffentlich gesprochenen Wortes außerhalb von Wohnungen
- das Abhören des nicht öffentlich gesprochenen Wortes in/aus Wohnungen

### 1. Herstellung von Lichtbilder und Bildaufzeichnungen

#### 1.1 Ermächtigung

Als Ermächtigung kommt § 100 c Abs. 1 Nr. 1 a StPO in Betracht.

---

**§ 100c Einsatz technischer Mittel**
**(1) Ohne Wissen des Betroffenen**
**1. dürfen**
**a) Lichtbilder und Bildaufzeichnungen hergestellt werden,**
**b) ....**
**wenn die Erforschung des Sachverhaltes oder die Ermittlung des Aufenthaltsortes des Täters auf andere Weise weniger Erfolg versprechend oder erschwert wäre.**
**2. ...**
**(2) Maßnahmen nach Absatz 1 dürfen sich nur gegen Beschuldigte richten. Gegen andere Personen sind Maßnahmen nach Abs. 1 Nr. 1 Buchstabe a zulässig, wenn die Erforschung des Sachverhalts oder die Ermittlung des Aufenthaltsortes des Täters auf andere Weise erheblich weniger Erfolg versprechend oder wesentlich erschwert wäre. Maßnahmen nach ...**
**(3) Die Maßnahmen dürfen auch durchgeführt werden, wenn Dritte unvermeidbar betroffen werden.**

# 1.1.1 Zulässigkeitsvoraussetzungen

Der Eingriff wird nach §100 c Abs. 1 Nr. 1a in Verbindung mit § 100 c Abs. 2 StPO zugelassen,

- **gegen Beschuldigte**
  - **zur Erforschung des Sachverhalts oder**
  - **zur Ermittlung des Aufenthaltsortes des Täters,**
  - **wenn das auf andere Weise**
    - \* **weniger Erfolg versprechend oder**
    - \* **erschwert**

  **wäre.**

- **gegen andere Personen**
  - **zur Erforschung des Sachverhalts oder**
  - **zur Ermittlung des Aufenthaltsortes des Täters und**
  - **wenn das auf andere Weise**
    - \* **erheblich weniger Erfolg versprechend oder**
    - \* **wesentlich erschwert**

  **wäre.**

Die Ermächtigung zur Herstellung von Lichtbildern und Bildaufzeichnungen bestimmt zugleich die Richtung der Maßnahme. **Adressaten** sind der Beschuldigte und **andere Personen.** Die Maßnahmen sind auch zulässig, wenn **unbeteiligte Dritte** unvermeidbar betroffen werden (§ 100c Abs. 3 StPO).

Voraussetzung für den optischen Überwachungseingriff ist der **Verdacht einer Straftat.** Es genügt, dass ein Anfangsverdacht vorliegt. Es muss **keine** Straftat von erheblicher Bedeutung sein (vgl. Kleinknecht/Meyer-Goßner, a.a.O., § 100c, RdNr. 1). Weiter setzt die Befugnis voraus, dass die Maßnahme zur Erforschung des Sachverhalts oder zur Ermittlung des Aufenthaltsortes des Täters führt.

Die **Sachverhaltserforschung** zielt auf eine umfassende Erhebung aller für das Strafverfahren erforderlicher Fakten ab (Planung, Vorbereitung, Ausführung, Nachtatphase). Auch die Ermittlung von Mittätern, Tatopfern oder Zeugen, die Suche nach Beweismitteln oder Einziehungsgegenständen fällt darunter.

Der **Ermittlung des Aufenthaltsortes** des Täters dient die Feststellung des Schwerpunktes seiner Lebensinteressen, seiner Wohnung oder auch seines momentanen oder früheren Verstecks.

Schließlich verlangt die Ermächtigung, dass der angestrebte Zweck auf andere Weise **weniger Erfolg versprechend** oder **erschwert** zu realisieren wäre. **Weniger Erfolg versprechend** ist eine Maßnahme, wenn die Tat mit anderen Mitteln nicht so beweissicher geklärt werden könnte wie mit heimlichen Bildaufnahmen/Bildaufzeichnungen.

Eine Beweissicherung ist **erschwert,** wenn ein höherer personeller, zeitlicher oder materieller Aufwand nötig wäre, um die Sache aufzuklären. Die Prämisse rechtfertigt keine Bequemlichkeit.

Lichtbilder und Bildaufzeichnungen sind subsidiäre Maßnahmen. Führen mildere Maßnahmen (insbesondere offene Ermittlungen) ebenso zum gleichen Ziel, gehen sie vor.

> Beamte des KK 21 der ZKB in S. ermitteln wegen eines versuchten Raubüberfalls auf eine Tankstelle. Zwei bewaffnete und maskierte Männer versuchten unter Vorhalt einer Schusswaffe, Bargeld und Zigaretten zu entwenden. Als sie gestört wurden, flüchteten sie. Im Rahmen der Ermittlungen wird Herbert Schlupf (Sch.) sehr schnell zum Beschuldigten. In seiner Vernehmung leugnet er aber jede Tatbeteiligung. In Absprache mit der Staatsanwaltschaft wird zunächst kein Haftbefehl gegen ihn beantragt. Statt dessen wird er abwechselnd durch Kräfte des KK 21 observiert. Dabei werden eine Videokamera und Fotoapparate eingesetzt, mit denen festgehalten werden soll, wer bei Sch. einkehrt. Ziel ist es, ein vermutetes Treffen mit dem noch unbekannten Mittäter festzustellen. Sch. trifft im Laufe des Tages tatsächlich einen Mann gleichen Alters. Die Beamten fotografieren diesen sowie dessen PKW im Rahmen ihrer verdeckten Observation. Sie wollen später feststellen, um wen es sich handelt und dann - nach einer Recherche in den polizeilichen Auskunftssystemen - das weitere Vorgehen mit der Staatsanwaltschaft absprechen.

Die Maßnahme ist in erster Linie gegen den Beschuldigten zu richten.

Nur Ausnahmsweise dürfen **andere Personen** belastet werden. Der Einsatz optischer Überwachungsmittel ist im Hinblick auf Beschuldigte und andere Personen von unterschiedlichen Voraussetzungen abhängig. Während es bei Maßnahmen gegen Beschuldigte genügt, dass die Ermittlungen ansonsten weniger Erfolg versprechend oder aber erschwert wären, wird im Hinblick auf **andere Personen** eine prognostizierte <u>wesentliche</u> **Beeinträchtigung** gefordert.

Bildaufnahmen oder Bildaufzeichnungen vor anderen Personen kommen nur in Frage, wenn der angestrebte Erfolg mit anderen Mitteln

- **erheblich weniger Erfolg versprechend oder**
- **wesentlich erschwert**

zu erreichen wäre (zu diesen Begriffen siehe unter Observation im Ersten Abschnitt, II. in diesem Kapitel)

Andere Personen sind Kontakt- oder Begleitpersonen. Es können auch Menschen sein, die der Täter (ohne dass die anderen es wissen oder ahnen) als Tatmittel nutzt. Gegenüber anderen Personen bedeutet der strengere Maßstab, dass auch weniger Erfolg versprechende oder ermittlungserschwerende Maßnahmen vorgehen müssen. Das gilt nur dann nicht, wenn ansonsten der Ermittlungserfolg - und damit ein beweissicheres Ermittlungsverfahren - deutlich beeinträchtigt wäre oder der Ermittlungsaufwand unverhältnismäßig würde.

Der Gesetzgeber konkretisiert mit diesen Formulierungen die Grundsätze der Erforderlichkeit und Angemessenheit.

Im o.g. Sachverhalt liegt zwar ein Tatverdacht gegen Sch. vor, der unbekannte Mann ist aber noch nicht als Beschuldigter einzuordnen. Allein die Tatsache, dass er ein Bekannter des Beschuldigten Sch. ist, genügt dafür nicht. Folglich war zu berücksichtigen, ob ohne verdeckte Lichtbilder die Sachverhaltsaufklärung wesentlich weniger Erfolg versprechend oder wesentlich erschwert worden wäre. Das aber war der Fall. Hätten die Beamten den Mann offen identifiziert, wären weitere Observationsmaßnahmen gegen Sch. aussichtslos geworden, weil ihm diese Maßnahme entweder sofort oder in der Folge bekannt geworden wäre. Für den Fall, dass der fotografierte Bekannte aber nicht der Mittäter war, wäre nicht mehr damit zu rechnen gewesen, dass Sch. die Beamten ungewollt zu seinem Mittäter führt. Die mit der verdeckten Datenerhebung verbundene Grundrechtsbelastung war daher dem Mann im Interesse einer wirksamen Strafverfolgung zuzumuten.

Die Maßnahme scheitert nicht daran, dass gänzlich unbeteiligte Personen (die mit Tat und Täter nichts zu tun haben - Dritte) erfasst werden. **Dritte** im Sinne des § 100 c Abs. 3 StPO sind solche Personen, gegen die sich die Datenerhebung nicht richtet, aber zufällig mit erfasst werden. Dazu zählen z. B. Straßenpassanten, die bei einer Bildaufzeichnung unvermeidbar „mit in die Aufnahme rücken" oder etwa friedfertige Fußballfans, die bei Bildaufnahmen gegen Straftäter miterfasst werden.

Dritte in diesem Sinne sind (je nach Umständen) auch Kontaktpersonen einer Zielperson (vgl. Kleinknecht/Meyer-Goßner, a.a.O., § 100c, RdNr. 14).

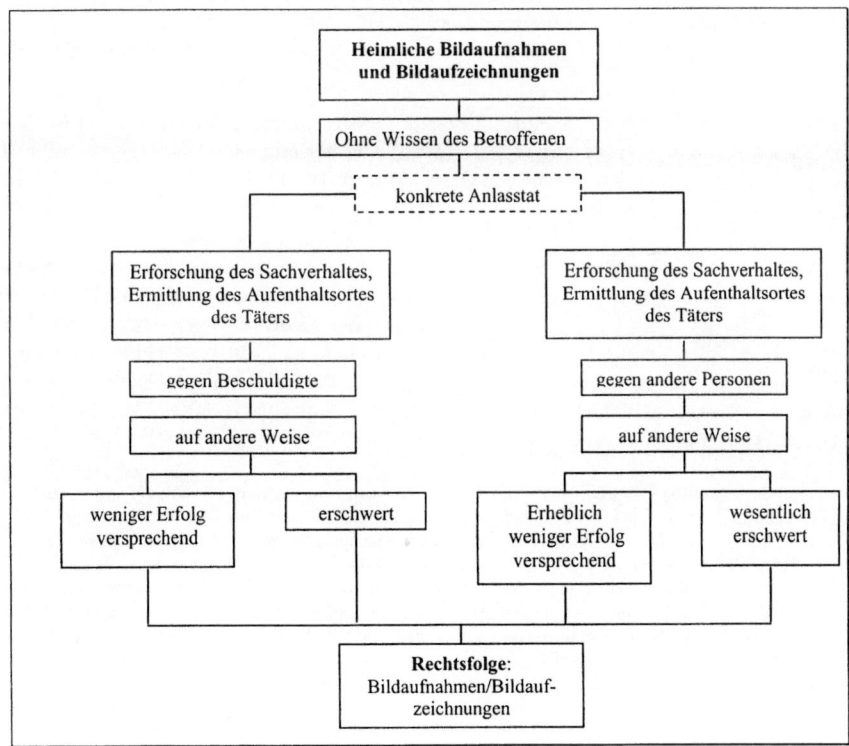

## 1.1.2   Zugelassene Rechtsfolgen

Liegen die Ermächtigungsvoraussetzungen vor, dürfen ohne Wissen des Betroffenen **Lichtbilder und Bildaufzeichnungen** hergestellt werden. Damit sind selbstverständlich auch Bildaufnahmen, also die optische Übermittlung ohne Datenaufzeichnung, zugelassen.

Soweit die Person selbst fotografiert oder ihr Bild aufgezeichnet werden darf, ist dies auch im Hinblick auf die ihr zuzurechnenden und für das Ermittlungsverfahren bedeutsamen Sachen zulässig (z.b. eines Fahrzeuges als Identifizierungshilfsmittel oder als potentielles Fluchtfahrzeug).

Im Beispielsachverhalt des Räubers Sch. wurde daher mit der Fotografie des noch unbekannten Mannes und seines Fahrzeuges eine zugelassene Rechtsfolge getroffen.

Weitere Beispiele:

Während eines Fußballbundesligaspiels werfen Personen aus der Fankurve des Heimvereins Bierflaschen in Richtung des gegnerischen Torwartes, ohne diesen zu treffen. Der Polizeiführer lässt Videoaufzeichnungen zur Beweissicherung für ein Strafverfahren wegen versuchter gefährlicher Körperverletzung fertigen.

Beamte eines Einsatztrupps zur Kriminalitätsbekämpfung beobachten in der Fußgängerzone in S. mehrere Jugendliche an einem Rauschgiftbrennpunkt. Sie stehen in typischer Art und Weise zusammen und tauschen Gegenstände (Bargeld, Folien) aus. Die Beamten fotografieren den Rauschgiftdeal.

**Zulässig** ist der Einsatz technischer Mittel zur Herstellung von Lichtbildern und Bildaufzeichnungen nach § 100c Abs. 1 Nr. 1a StPO **außerhalb von Wohnungen** während einer längerfristigen Observation von Beschuldigten (BGH, Urt. vom 29.1.1998 - NStZ 1998, Heft 12, S. 629).

Für den Einsatz technischer Überwachungsmittel zur Bildaufnahme und Bildaufzeichnung aus oder innerhalb von Wohnungen ist kein Raum (es sei denn, der Schutzzweck des Grundrechts wird nicht verletzt - siehe unten). Art. 13 Abs. 3 GG lässt zur Strafverfolgung nur die akustische Überwachung (den Lauscheingriff) zu. Eine Videoüberwachung zur Strafverfolgung in Wohnungen oder in Wohnungen hinein bleibt (auch nach Änderung des Art. 13 GG vom 16.7.98) weiterhin unzulässig (Deutscher Bundestag, Drucksache 13/8650, S. 4).

Polizeibeamte erhalten von einer besorgten Frau den anonymen Hinweis, dass zu später Nachtstunde in der Gaststätte „Zum großen Glück" unerlaubte Glücksspiele stattfinden. „Mein Mann hat schon das ganze Haushaltsgeld verspielt", teilt die Anruferin mit. Polizeibeamte gehen dem Hinweis nach und stellen fest, dass in einem Hinterzimmer des bereits geschlossenen Lokals noch Licht brennt. Sie nähern sich dem Fenster, stellen fest, dass es schräg gekippt steht und hören aus dem inneren Stimmen und Gemurmel, dass für Glücksspiel typisch ist. Daraufhin schieben sie vorsichtig den Vorhang zur Seite und sehen Männer beim verbotenen Spiel. Um die Beobachtung beweissicher festzustellen, lassen sie eine Videokamera heranbringen und zeichnen das Geschehen durch das Fenster heimlich auf. Die optische Aufzeichnung des Geschehens in der Wohnung ist verfassungswidrig.

Untersagt ist die Gewinnung von Erkenntnissen aus dem durch Art. 13 GG geschützten Bereich. Ist der verfassungsrechtlich geschützte Wohnbereich jedoch von der Überwachungsmaßnahme nicht betroffen (z.B. weil kein zielgerichteter Eingriff in den elementaren Lebensraum und die räumliche Privatsphäre gegeben ist), ist die optische Überwachung zulässig (BGH, Urt. vom 29.1.1998 - Begründung - NStZ 1998, Heft 12, S. 629, Amelung, Anmerkung zum vorgenannten Urteil, NStZ 1998, Heft 12, S. 631).

> Klau ist in Verdacht geraten, Einbruchsdiebstähle zu begehen. Deshalb beobachtete ein Mobiles Einsatzkommando der Polizei (MEK) ununterbrochen von einem Nachbargrundstück aus mit einer Videokamera den Gehweg vor seinem Haus. Mit einbezogen wurde der Zugang zum Haus durch den eingefriedeten Vorgarten. Ziel war das Erkennen von Kontaktpersonen, von Zeiträumen der nächtlichen Abwesenheit des Klau sowie die Identifizierung von Mittätern. Obgleich die eingefriedete Grundstücksfläche zwischen Gehweg und Hausfront zur Wohnung gehört (BGH, Urt. 14.3.1997, NJW 1997, S. 2189, und NStZ 1998, Heft 3, S. 157), liegt kein unzulässiger Eingriff in das Grundrecht aus Art. 13. GG vor, weil die Maßnahme nicht auf Gewinnung von Erkenntnissen aus dem elementaren Lebensraum und aus der räumlichen Privatsphäre gerichtet war (vgl. BGH, Urt. vom 29.1.1998 - Begründung - NStZ 1998, Heft 12, S. 630).

Insoweit können Bildaufnahmen (Fotos) auch in jedermann zugänglichen Räumen (wie Gaststätten, Speiselokalen, Spielhallen oder anderen Räumlichkeiten im Sinne von § 41 Abs. 4 PolG während der Geschäftszeit) zulässig sein.

## 1.2 Verfahrens- und Formvorschriften

Aus § 100d Abs. 1 StPO folgt, dass Maßnahmen nach § 100c Abs. 1 Nr. 1 StPO jeder zuständige Polizeivollzugsbeamte anordnen und durchführen darf.

Der Gesetzgeber hat keine besonderen Verfahrensvorschriften vorgesehen. Das Bildmaterial wird zur Strafakte genommen, teilt das Schicksal der Ermittlungsakte und ist mit dieser zu vernichten.

Auskunftsrechte des Beschuldigten oder sonstiger Personen richten sich nach § 147 StPO oder nach § 18 DSG NW. Zuständig ist die Staatsanwaltschaft.

## 2. Einsatz technischer Mittel zu Observationszwecken

## 2.1 Ermächtigung

Als Ermächtigung ist § 100 c Abs. 1 Nr. 1 b StPO heranzuziehen. Die Vorschrift stellt auf Mittel zur Unterstützung einer Observation ab und knüpft an die Zulässigkeit einer Observation an.

(1) Ohne Wissen des Betroffenen
1. dürfen
a) ...
b) sonstige für Observationszwecke bestimmte technische Mittel zur Erforschung des Sachverhalts oder zur Ermittlung des Aufenthaltsortes des Täters verwendet werden, wenn Gegenstand der Untersuchung eine Straftat von erheblicher Bedeutung ist, und wenn die Erforschung des Sachverhalts oder die Ermittlung des Aufenthaltsortes des Täters auf andere Weise weniger Erfolg versprechend oder erschwert wäre.
2. ...
( 2) Maßnahmen nach Absatz 1 dürfen sich nur gegen Beschuldigte richten.
.... Maßnahmen nach Abs. 1 Nr. 1 Buchstabe b, ... dürfen gegen andere Personen nur angeordnet werden, wenn aufgrund bestimmter Tatsachen anzunehmen ist, dass sie mit dem Täter in Verbindung stehen oder eine solche Verbindung hergestellt wird, dass die Maßnahme zur Erforschung des Sachverhalts oder zur Ermittlung des Aufenthaltsortes des Täters führen wird und dies auf andere Weise aussichtslos oder wesentlich erschwert wäre.
(3) Die Maßnahmen dürfen auch durchgeführt werden, wenn Dritte unvermeidbar betroffen werden.

### 2.1.1 Zulässigkeitsvoraussetzungen

**Grundvoraussetzung** ist zunächst, dass eine **Observation zur Strafverfolgung zulässig ist.** (kurzfristige Observation nach § 163 Abs. 1 StPO oder längerfristige Observation nach § 163f StPO – oben 1. Kapitel II. und 3. Kapitel, Erster Abschnitt II.). Ist das der Fall, lässt § 100 c Abs. 1 Nr. 1b i.V.m. § 100 c Abs. 2 StPO weitergehende Maßnahmen (Rechtsfolgen) zu

- **gegen Beschuldigte, wenn**
  - **Gegenstand der Untersuchung eine Straftat von erheblicher Bedeutung ist und**
  - **die Erforschung des Sachverhalts oder**
  - **die Ermittlung des Aufenthaltsortes des Täters**
  **auf andere Weise**
  **+ weniger Erfolg versprechend oder**
  **+ erschwert**
  **wäre.**

- **gegen andere Personen, wenn**
  - **Gegenstand der Untersuchung eine Straftat von erheblicher Bedeutung ist und**
  - **auf Grund bestimmter Tatsachen anzunehmen ist, dass**
    **+ sie mit dem Täter in Verbindung stehen oder**
    **+ eine solche Verbindung hergestellt wird und**
  - **die Maßnahme zur Erforschung des Sachverhalts oder zur Ermittlung des**

Aufenthaltsorts des Täters führen wird und
- dies auf andere Weise
  + aussichtslos oder
  + wesentlich erschwert
wäre.

Adressaten der Ermächtigung sind der Beschuldigte und andere Personen. Die Maßnahmen sind auch zulässig, wenn **unbeteiligte Dritte** unvermeidbar betroffen werden (§ 100c Abs. 3 StPO).

Voraussetzungen für den Einsatz technischer Mittel zu Observationszwecken ist der Verdacht einer **Straftat von erheblicher Bedeutung**. Das sind Delikte schwerer bis mittlerer Kriminalität (siehe Erläuterungen zur Observation, oben Erster Abschnitt II. in diesem Kapitel).

Der Einsatz der technischen Mittel zu Observationszwecken kommt in erster Linie **gegen den Beschuldigten** in Betracht. Er ist hauptsächlich der Adressat der Ermächtigung. Die Befugnis setzt weiter voraus, dass die Maßnahme zur **Erforschung des Sachverhalts** oder zur **Ermittlung des Aufenthaltsortes des Täters** führt und dass der angestrebte Zweck auf andere Weise weniger Erfolg versprechend oder erschwert wäre.

Die **Sachverhaltserforschung** zielt auf eine umfassende Erhebung aller für das Strafverfahren erforderlicher Fakten ab (Planung, Vorbereitung, Ausführung, Nachtatphase). Auch die Ermittlung von Mittätern, Tatopfern oder Zeugen, die Suche nach Beweismitteln oder Einziehungsgegenständen fällt darunter.

Der **Ermittlung des Aufenthaltsortes** des Täters dient der Feststellung des Wohnortes oder des regelmäßigen Aufenthalts oder der Ermittlung des Schwerpunkts der Lebensinteressen. Sie kann auch auf die Beschaffung von Informationen über ein früheres Versteck gerichtet sein.

Der Einsatz technischer Mittel zu Observationszwecken kommt nur in Frage, **wenn das Ziel auf andere Weise** (mit milderen Maßnahmen) **nicht hinreichend gesichert oder nur erschwert erreicht werden kann** (zu den Begriffen siehe oben 1.1).

Von der niederländischen Polizei in A. erhält die Polizei in B. Kenntnis davon, dass ein LKW mit ca. 100 kg Heroin die deutsche Grenze gegen 15.00 Uhr passieren wird. Es wird vereinbart, dass die Polizei den LKW observiert, um die Abnehmer in B. zu ermitteln. Es soll sich um einen internationalen Drogenring handeln. Die Aufgabe wird einem MEK übertragen. Als der LKW mit einem Fahrer auf deutsches Hoheitsgebiet kommt, versehen ihn die Beamten auf einem Parkplatz unauffällig mit einem Peilsender, um ihn in der Folge aus sicherem Abstand verfolgen und beobachten zu können.

Mit dem Sachverhalt sind alle Prämissen der Ermächtigung erfüllt. Es besteht der Verdacht eines Verbrechens im Sinne des § 30a BtMG. Der LKW-Fahrer ist Beschuldigter, die Ermittlungen richten sich u.a. gegen ihn als Beteiligten an diesem Verbrechen. Die Ermittlung der übrigen Tatbeteiligten wäre ohne die Anbringung des Peilsenders gefährdet, weil Observationsmaßnahmen der Polizei „erfahrenen Kriminellen" häufig auffallen. Diesem Risiko wirkt der Einsatz des technischen Mittels entgegen.

**Gegen andere Personen** dürfen technische Mittel dagegen nur unter wesentlich schwerwiegenderen Voraussetzungen eingesetzt werden.

Voraussetzung ist zunächst, dass **Tatsachen** vorliegen, die dafür sprechen, dass diese Personen mit dem Täter in Verbindung stehen oder eine solche Verbindung hergestellt wird. Die Befugnis rückt damit die Kontaktpersonen des Beschuldigte in den Kreis der potentiellen Adressaten. Es müssen bestimmte Fakten vorliegen, bloße Vermutungen genügen nicht. Solche Informationen können sich z.b. aus polizeilichen Ermittlungsakten ergeben, aus glaubhaften Hinweisen Dritter erlangt werden oder sich aus sonstigen objektiven Erkenntnissen der Polizei ergeben. Die Prämisse *„aufgrund bestimmter Tatsachen"* bezieht sich nur auf die Verbindungsaufnahme. Für die weiteren Voraussetzungen (Erfolgs- oder Erschwernisprognose) müssen solche Tatsachen nicht vorliegen (vgl. Kleinknecht/Meyer-Goßner, a.a.O., § 100c StPO, RdNr. 13, a. A. Hilger, a.a.O., S. 463).

Der Einsatz gegen Kontaktpersonen setzt ferner eine hinreichend begründete **Erfolgswahrscheinlichkeit** voraus. Der Sachverhalt muss danach aufgeklärt oder der Aufenthaltsort des Täters festgestellt werden können. Das hängt von den Umständen des Einzelfalls ab. Unter Berücksichtigung kriminalistischer Erfahrung muss die Prognose gerechtfertigt sein, dass die Kontaktperson die Polizei zu Beweismitteln, noch nicht bekannten Zeugen oder zum Täter führen wird oder dass der Täter selbst die Kontaktperson aufsuchen oder treffen wird.

Weiterhin wird gefordert, dass die Aufklärung des Sachverhaltes oder die Ermittlung des Aufenthaltsortes des Täters **auf andere Weise aussichtslos oder wesentlich erschwert** wäre (zur Bedeutung dieser Voraussetzungen siehe unter Observation, Erster Abschnitt, II, in diesem Kapitel).

Die Prämissen „aussichtslos" und „wesentlich erschwert" konkretisieren die Grundsätze der Erforderlichkeit und der Angemessenheit. Die Belange des Betroffenen sind ebenso zu berücksichtigen wie der Anspruch der Allgemeinheit auf eine wirksame, effektive und effiziente Strafverfolgung.

Der sehr gefährliche Gewaltverbrecher Hubert Beileck (B.) bricht aus einer Justizvollzugsanstalt aus. Dabei tötet er einen Aufseher. Aus seiner Kriminalakte ergibt sich, dass seine Verlobte - Annemarie Kopflos (K.) - in O-Stadt wohnt. Diese unterstützte A. bereits einmal bei einer früheren Flucht. Sie ist im Umgang mit der Polizei erfahren bekannt und keineswegs kooperativ. Ihr Geld verdient sie als „reisende Hostess".

Der zuständige Sachbearbeiter erwirkt beim Amtsgericht einen Beschluss für eine Telefonüberwachung. Außerdem veranlasst er die Observation der K. durch ein MEK. In diesem Rahmen ordnet er auch an, dass ihr Wagen mit einem Peilsender versehen wird. Die Voraussetzungen für den Einsatz des technischen Mittels zur Unterstützung der Observation ist zulässig.

In vielen Fällen sind nicht alternative, sondern korrespondierende Maßnahmen erforderlich.

Im o.g. Beispielfall des Ausbrechers und Gewaltverbrechers B., bei dem Tatsachen dafür sprechen, dass er Verbindung mit seiner Verlobten K. aufnehmen wird, ergibt sich folgendes:

Sollte - wie aufgrund der aktuellen Beziehungen und des früheren Verhaltens der K. anzunehmen ist - ein Treffen zwischen beiden zustande kommen, wird die Observation mit Hilfe des Peilsenders hinreichend sicher die Ermittlung des Aufenthaltsortes des B. ermöglichen. Zwar sind alternative offene Maßnahmen denkbar, insbesondere die Befragung oder Vernehmung der Frau. Es spricht aber angesichts ihres früheren Verhaltens und ihrer aktuellen Lebensführung alles dafür, dass sie B. warnen würde. Seine Festnahme wäre dann wesentlich erschwert.

Die Frage, ob entweder eine Telefonüberwachung oder der Einsatz eines besonderen technischen Mittels zur Festnahme des B. führen wird, hilft nicht weiter. Vielmehr ermöglichen nur beide Maßnahmen zusammen eine Überwachung, die eine Verbindungsaufnahme der Frau mit A. (oder umgekehrt) erkennbar macht. Bei einem Verzicht auf die Anbringung des Peilsenders kämen zwar immer noch Observationsmaßnahmen in Betracht. Da die Frau ihren Verlobten B. aber bereits einmal unterstützte und im Umgang mit der Polizei erfahren ist, muss mit Gegenmaßnahmen gerechnet werden. Die Gefahr, dass die Beamten des MEK das Fahrzeug bei einer Bewegungsobservation ohne Einsatz eines Peilsenders verlieren könnten, wäre zu groß und der Allgemeinheit im Interesse einer wirksamen Strafverfolgung nicht zuzumuten.

Auch in diesen Fällen dürfen **Dritte** unvermeidbar in die Maßnahmen einbezogen werden. Dazu zählen z.b. Straßenpassanten, die bei einer Bildaufzeichnung unvermeidbar „mit in die Aufnahme rücken" oder etwa friedfertige Fußballfans, die bei Bildaufnahmen gegen Straftäter miterfasst werden.

Dritte in diesem Sinne sind ggf. auch Kontaktpersonen einer Zielperson (vgl. Kleinknecht/ Meyer-Goßner, a.a.O., § 100c, RdNr. 14).

Die K. fährt im vorgenannten „Ausbrecherfall" nicht mit ihrem Privat-PKW, vielmehr benutzt sie als Teilnehmerin einer Reisegruppe einen Reisebus. Die Beamten des MEK versehen den Bus mit einem Peilsender.

## 2.1.2 Zugelassene Rechtsfolgen

Zugelassen wird der verdeckte Einsatz besonderer **technischer Mittel für Observationszwecke**. Das sind z.B. Peilsender, Bewegungsmelder und Nachtsichtgeräte. Auch das Global Positioning System (GPS), ein Satelliten gestütztes Ortungssystem, das die Bewegungs- und Standzeiten von Kfz zu verfolgen und aufzuzeichnen ermöglicht, gehört dazu (BGH, Urt. v. 24. 1. 2001 – Kriminalistik 3/01, S. 203). Es handelt sich folglich um Geräte, die nicht der Bildaufnahme oder -aufzeichnung bzw. der Wortaufnahme oder -aufzeichnung dienen, sondern den Aufenthaltsort des Betroffenen bestimmen helfen.

Zur Aufklärung verschiedener Sprengstoffanschläge wurden die Verdächtigen mit technischen Hilfsmittel observiert. Insbesondere wurde in den Pkw eines der Verdächtigen ein Empfänger des Satelliten gestützten, Funk gesteuerten Navigationssystems GPS eingebaut. Mit dessen Hilfe konnten die Positionsdaten des Pkw bis auf 50 Meter genau bestimmt werden, also Fahrbewegungen, Standorte und Standzeiten des Pkw im Einzelnen erkannt werden. Die Maßnahme war aufgrund des § 100c Abs. 1 Nr. b StPO zulässig (BGH, Urteil von 24.1.2001, Kriminalistik 3/01, S. 203).

Der **Einsatz technischer Mittel** zu Observationszwecken **in oder aus Wohnungen scheidet aus,** soweit der Schutzzweck des Grundrechts tangiert wird. Als verdeckte Datenerhebungsmaßnahme zur Strafverfolgung gestattet Art. 13. GG nur den Lauscheingriff.

Auch die Kommulation verschiedener Observationsmaßnahmen (GPS, Überwachung, visuelle und videotechnische Überwachung, Ausschreibung zur polizeilichen Beobachtung gem. § 163e StPO, Telefonüberwachung) ist rechtlich unbedenklich, wenn die gesetzlichen Voraussetzungen für die einzelnen Maßnahmen vorliegen (BGH, Urteil von 24.1.2001, Kriminalistik 3/01, S. 203).

## 2.2 Verfahrensvorschriften und Formvorschriften

**Anordnungs- und durchführungsbefugt** ist jeder zuständige, mit der Ermittlungssache befasste Polizeibeamte. Das Recht ist nicht weiter eingeschränkt.

Entsprechend § 101 StPO sind die Beteiligten über die getroffenen Maßnahmen zu **benachrichtigen,** sobald dies ohne Gefährdung des Untersuchungszwecks, der öffentlichen Sicherheit, von Leib oder Leben einer Person sowie der Möglichkeit der Verwendung eines eingesetzten - nicht offen ermittelnden - Beamten geschehen kann. Die Vorschrift verlangt die Information der Beteiligten. Das sind die Zielpersonen der Maßnahme. Nicht darunter fallen die unvermeidbar betroffenen Dritten im Sinne des § 100c Abs. 3 StPO. Wollte man sie entsprechend informieren, müssten sie häufig zuvor identifiziert werden. Das aber ist regelmäßig nicht möglich und würde zu tiefergehenden Eingriffen führen.

Zuständig für die Benachrichtigung ist die Staatsanwaltschaft (Pfeiffer/ Fischer, a.a.O. § 101, RdNr. 5, Kleinknecht/Meyer-Goßner, a.a.O, § 101, RdNr. 8). Wenn auch die Anordnungsbefugnis den Polizeibeamten zufällt und nicht besonders eingeschränkt ist, folgt aus § 101 Abs. 4 StPO, dass die Polizei die Staatsanwaltschaft zu informieren hat, sobald sie eine Überwachungsmaßnahme im Sinne der Befugnis trifft. Um der anschließenden Benachrichtigungsverpflichtung genügen zu können, sollte die Entscheidung über den Einsatz technischer Mittel sinnvollerweise schriftlich begründet werden. Schließlich sind auch Überwachungsergebnisse festzuhalten und der Staatsanwaltschaft zu übersenden. **Entscheidungen und sonstige Unterlagen** über Maßnahmen nach § 100c Abs. 1 Nr. 1 b StPO sind **bei der StA** zu **verwahren** (§ 101 Abs. 4 StPO). Dort bleiben sie sicher verwahrt, bis eine Benachrichtigung der betroffenen Personen erfolgen kann. Erst danach sind sie zur Strafakte zu nehmen.

**3.** **Kleiner Lauscheingriff - Einsatz technischer Mittel zum Abhören und Aufzeichnen des nicht öffentlich gesprochenen Wortes nach § 100 c Abs. 1 Nr. 2 StPO)**

## 3.1 Ermächtigung

§ 100c Abs. 1 Nr. 2 StPO ist die Befugnis zum Lauscheingriff **außerhalb von Wohnungen** (kleiner Lauscheingriff).

---

**100c Einsatz technischer Mittel**
(1) Ohne Wissen des Betroffenen
1. ......
2. darf das nichtöffentlich gesprochene Wort mit technischen Mitteln abgehört und aufgezeichnet werden, wenn bestimmte Tatsachen den Verdacht begründen, dass jemand eine in § 100a StPO bezeichnete Straftat begangen hat, und die Erforschung des Sachverhalts oder die Ermittlung des Aufenthaltsortes des Täters auf andere Weise aussichtslos oder wesentlich erschwert wäre.
(2) Maßnahmen nach Absatz 1 dürfen sich nur gegen Beschuldigte richten. ... Maßnahmen nach Abs. 1 ... Nr. 2 dürfen gegen andere Personen nur angeordnet werden, wenn aufgrund bestimmter Tatsachen anzunehmen ist, dass sie mit dem Täter in Verbindung stehen oder eine solche Verbindung hergestellt wird, dass die Maßnahme zur Erforschung des Sachverhalts oder zur Ermittlung des Aufenthaltsortes des Täters führen wird und dies auf andere Weise aussichtslos oder wesentlich erschwert wäre.
(3) Die Maßnahmen dürfen auch durchgeführt werden, wenn Dritte unvermeidbar betroffen werden.

---

### 3.1.1 Zulässigkeitsvoraussetzungen

Der Lauscheingriff außerhalb von Wohnungen wird nach § 100 c Abs. 1 Nr. 2 i.V.m. § 100 c Abs. 2 StPO zugelassen,

- **gegen Beschuldigte**
  - **wenn bestimmte Tatsachen den Verdacht begründen,**
  - dass jemand eine in § 100a StPO bezeichnete Straftat begangen hat und
  - wenn
    - + die Erforschung des Sachverhalts oder
    - + die Ermittlung des Aufenthaltsortes des Täters
  - auf andere Weise
  - **aussichtslos oder**
  - **wesentlich erschwert**

  **wäre.**

- **gegen andere Personen,**
  - wenn bestimmte Tatsachen den Verdacht begründen, dass jemand eine in § 100a StPO bezeichnete Straftat begangen hat und
  - auf Grund bestimmter Tatsachen anzunehmen ist, dass
    + sie mit dem Täter in Verbindung stehen oder
    + eine solche Verbindung hergestellt wird und
  - die Maßnahme zur Erforschung des Sachverhalts oder zur Ermittlung des Aufenthaltsorts des Täters führen wird und
  - dies auf andere Weise
    + aussichtslos oder
    + wesentlich erschwert
  wäre.

Gegen unbeteiligte Dritte ist die Maßnahme zulässig, wenn diese unvermeidbar betroffen werden (§ 100c Abs. 3 StPO).

**Adressaten** sind der Beschuldigte und bestimmte andere Personen. Gegen unbeteiligte **Dritte** ist die Maßnahme zulässig, wenn diese unvermeidbar betroffen werden (§ 100c Abs. 3 StPO). Daher kann der Lauscheingriff fortgesetzt werden, wenn die belauschte Person plötzlich von (neutralen) Personen angesprochen wird oder Unbeteiligte sich ohne Kontakt zum Adressaten im Empfangsbereich der Technik aufhalten.

Aufgrund der intensiveren Beeinträchtigung des Rechts auf informationelle Selbstbestimmung durch die Aufnahme und Aufzeichnung des nichtöffentlichen Wortes verlangt der Gesetzgeber intensive Zulässigkeitsvoraussetzungen. Es genügt - anders als in § 100c Abs. 1 Nr. 1 b StPO - nicht mehr generell das Vorliegen einer Straftat von erheblicher Bedeutung. Der Eingriff ist durchaus mit der Telefonüberwachung vergleichbar (Kleinknecht/Meyer-Goßner, a.a.O, § 100c, RdNr. 6). Deshalb ist Voraussetzung für den Einsatz technischer Mittel in diesen Fällen, dass bestimmte Tatsachen den **Verdacht** begründen, dass jemand eine **„Katalogstraftat"** nach § 100a StPO begangen hat. Gefordert werden besonders schwerwiegende Delikte wie Mord, Totschlag, Freiheitsberaubung, Entführung, Bandendiebstahl, Raub, räuberische Erpressung u.a. (vgl. dort). Darin konkretisiert sich bereits der Grundsatz der Angemessenheit. Die Straftat muss noch nicht vollendet sein, es genügt, dass sie strafbar versucht wurde.

Die Polizei erfährt durch einen zuverlässigen Informanten, dass der als Drogendealer verdächtige Heros „Drogengeschäfte„ mit einem unbekannten anderen Mann durchführt. Es geht um den Ankauf von 100 kg Heroin, die Heros mit Hilfe des Unbekannten und seines Verteilerrings auf den Markt in S. bringen will. Um Einzelheiten abzusprechen, will man sich auf dem Theaterparkplatz treffen.

Kriminalbeamte begeben sich zum Treffpunkt. Hier sehen sie den Heros, der vor seinem Pkw - offensichtlich wartend - auf und ab geht. Dann verlässt er sein Fahrzeug und begibt sich in ein nahe gelegenes Lokal. Diesen Moment nutzt ein Beamter, öffnet das Fahrzeug des Heros und versteckt eine Anlage zum Abhören und Aufzeichnen des gesprochenen Wortes in dem Auto. Kurz darauf kommt Heros zurück. Dann plötzlich taucht ein anderer auf und setzt sich zu ihm in den Pkw. Nach 10 Minuten verschwindet der Unbekannte wieder. Heros fährt ebenfalls davon. Die Kriminalbeamten folgen ihm unauffällig. Als Heros seinen Wagen abstellt, holt ein Ermittlungsbeamter das Abhör- und Aufzeichnungsgerät aus dem Pkw. Anschließend wird das Gespräch ausgewertet.

Nach den glaubhaften Informationen des Hinweisgebers fand das Verkaufs-gespräch zwischen Heros und der noch unbekannten Person aktuell statt. Es war davon auszugehen, dass es sich bei Heros um einen „der Köpfe" einer Bande handelte. Insofern lag der Verdacht einer Katalogstraftat im Sinne des § 100a Nr. 4 StPO vor. Die umfassende Ermittlung des Sachverhalts, insbesondere die Fest-stellung des Verteileringes, war zeitgerecht nur durch diese Maßnahme möglich. Nur unter ganz erheblichen Schwierigkeiten hätte die Polizei auf anderen Wegen (umfassende Observation einer unbestimmten Vielzahl von Mittätern) zum Erfolg kommen können. Eine sofortige Festnahme des Heros und des Unbekannten und eine Durchsuchung bei ihnen hätte höchstwahrscheinlich zur Folge gehabt, dass viele Mittäter und der Verteilerring unerkannt geblieben wären. Der Lauscheingriff war aufgrund des § 100c Abs. 1 Nr. 2 StPO zulässig.

Die Maßnahme ist in erster Linie gegen **Beschuldigte zu richten.** Die Befugnis verlangt, dass der (kleine) Lauscheingriff zur **Erforschung des Sachverhalts** oder zur **Ermittlung des Aufenthaltsortes des Täters** führt und dass der angestrebte Zweck auf andere Weise **aussichtslos oder wesentlich erschwert** wäre.

Die **Sachverhaltserforschung** zielt auf eine umfassende Erhebung aller für das Straf-verfahren erforderlichen Fakten ab (Planung, Vorbereitung, Ausführung, Nachtatphase). Auch die Ermittlung von Mittätern, Tatopfern oder Zeugen, die Suche nach Beweis-mitteln oder Einziehungsgegenständen fällt darunter.

Die **Ermittlung des Aufenthaltsortes** des Täters dient der Feststellung des Wohnortes, des Schwerpunktes seiner Lebensinteressen oder seines Verstecks. Sie kann auch auf die Beschaffung von Informationen über ein früheres Versteck gerichtet sein.

Der Einsatz technischer Mittel kommt nur in Frage, wenn das Ziel auf andere Weise gar nicht oder nur mit unverhältnismäßigem Aufwand erreicht werden kann (siehe unten).

**Gegen andere Personen** dürfen technische Mittel zum Abhören und Aufzeichnen des nicht öffentlich gesprochenen Wortes dagegen nur unter weiteren wesentlich schwer-wiegenderen Voraussetzungen eingesetzt werden.

Voraussetzung ist zunächst, dass **Tatsachen** vorliegen, die dafür sprechen, dass diese Personen mit dem Täter in Verbindung stehen oder eine solche Verbindung hergestellt wird. Die Befugnis rückt damit die Kontaktpersonen des Beschuldigten in den Kreis der potentiellen Adressaten. Es müssen bestimmte Fakten vorliegen, bloße Vermutungen genügen nicht. Solche Informationen können sich z.B. aus polizeilichen Ermittlungs-akten, aus glaubhaften Hinweisen Dritter, aus polizeilichen Beobachtungen sowie sonsti-gen objektiven Erkenntnissen der Polizei ergeben. Das Erfordernis der Feststellung entsprechender Tatsachen bezieht sich nur auf die Verbindungsaufnahme. Für die weite-ren Voraussetzungen (Erfolgs- oder Erschwernisprognose) müssen solche Tatsachen nicht vorliegen (vgl. Kleinknecht/Meyer-Goßner, a.a.O., § 100c StPO, RdNr. 13, a. A. Hilger, a.a.O., S. 463).

Der Einsatz gegen Kontaktpersonen setzt ferner eine hinreichend begründete **Erfolgs-wahrscheinlichkeit** voraus. Der Sachverhalt muss mit dem Lauscheingriff aufgeklärt oder der Aufenthaltsort des Täters festgestellt werden können. Das hängt von den Umständen des Einzelfalls ab. Unter Berücksichtigung kriminalistischer Erfahrung muss die Prognose gerechtfertigt sein, dass die Kontaktperson die Polizei zu Beweismitteln, noch nicht bekannten Zeugen oder zum Täter führen wird oder dass der Täter selbst die Kontaktperson aufsuchen oder treffen wird.

Weiterhin wird gefordert, dass die Aufklärung des Sachverhaltes oder die Ermittlung des Aufenthaltsortes des Täters **auf andere Weise aussichtslos oder wesentlich erschwert** wäre. Zu den Begriffen siehe unter Observation zur Strafverfolgung, oben, Erster Abschnitt, II.)

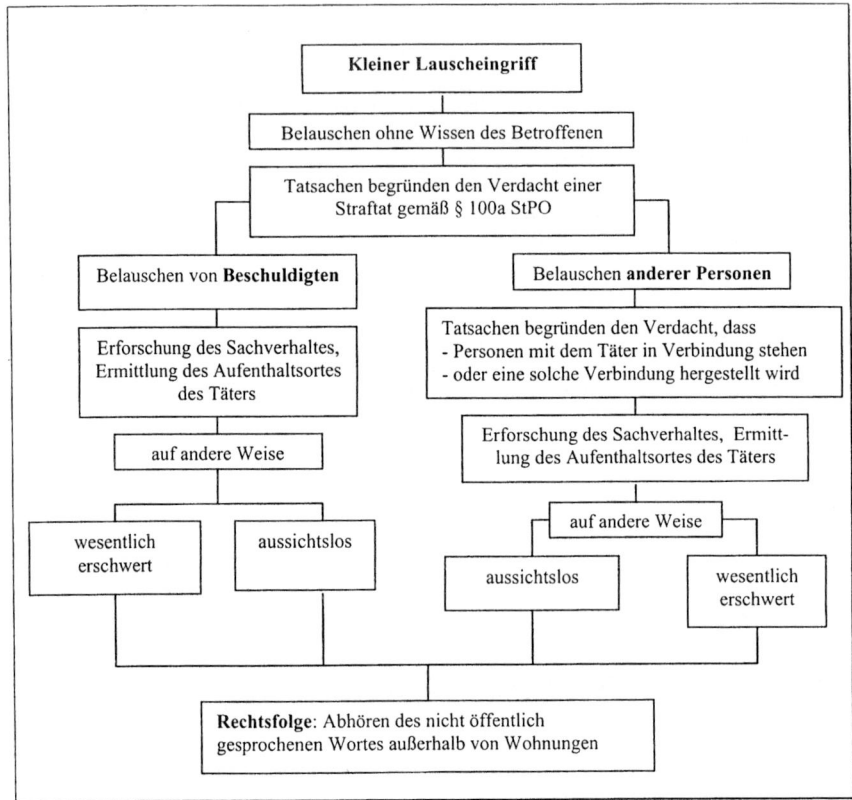

### 3.1.2 Zugelassene Rechtsfolgen

Der Gesetzgeber gestattet das verdeckte **Abhören und Aufzeichnen** des nichtöffentlich gesprochenen Wortes (z.B. durch Richtmikrofone, so genannte „Wanzen", versteckte Mikrophone oder versteckte Tonbandgeräte; möglich ist die Aufzeichnung auch durch die Verwendung einer Videokamera, auf der der Ton festgehalten werden kann) außerhalb von Wohnungen.

**Nichtöffentlich** ist ein Wort in diesem Sinne, wenn es nicht an die Allgemeinheit gerichtet und nicht von einem durch persönliche oder sachliche Beziehungen abgegrenzten Personenkreis hinaus ohne weiteres wahrnehmbar ist (vgl. Tröndle/Fischer, a.a.O., § 201, RdNr. 2). Dazu gehört auch die Unterredung zwischen zwei Gesprächspartnern oder die Unterhaltung zweier Personen in einem Lokal (vgl. Kleinknecht/Meyer-Goßner, a.a.O., § 100c, RdNr. 7).Das Aufzeichnen von öffentlich gesprochenen Worten ist deshalb kein Fall des § 100c StPO, es ist als Maßnahme nach § 163 StPO einzuordnen.

A. hält im Rahmen einer Wahlkampfveranstaltung der rechten X-Partei eine Rede auf dem Marktplatz in S. Dabei verunglimpft er den Staat Bundesrepublik Deutschland (Straftat im Sinne des § 90a StGB). Mitglieder eines Beweissicherungstrupps nehmen den Beitrag des A. zur Strafverfolgung auf. In diesem Fall liegt keine Maßnahme nach § 100c Abs. 1 Nr. 2 StPO vor.

Im Sachverhalt des Drogenankäufers Heros war das Verkaufsgespräch zwischen ihm und der noch unbekannten Person nichtöffentlich in diesem Sinne. Das Aufzeichnen des nichtöffentlichen Verkaufsgespräches zur Heroinbeschaffung/Verteilung war jedoch nach § 100c Abs. 1 Nr. 2 StPO zulässig.

Die Ermächtigung gestattet **Lauscheingriffe außerhalb von Wohnungen**. Wird der Schutzzweck des Art.13 GG jedoch nicht verletzt (weil es sich z.b. um einen Raum handelt, der jedermann zugänglich ist - vgl. § 41 Abs. 4 PolG), steht dem Eingriff nichts entgegen. Insoweit kann das Gespräch zwischen zwei Personen, die sich in einem Lokal treffen, unter den Voraussetzungen des § 100c Abs. 1 Nr. 2 StPO abgehört werden.

### 3.2    Verfahrensvorschriften und Formvorschriften

Die **Anordnung** steht dem **Richter** zu. Sie ist entsprechend § 100b Abs. 2 StPO auf drei Monate zu befristen. „Die Dreimonatsfrist, innerhalb derer das nicht öffentlich gesprochene Wort mit technischen Mitteln abgehört werden darf, beginnt mit dem Erlass der richterlichen Anordnung und nicht erst mit dem Vollzug der Abhörmaßnahme" (BGH, Urt. vom 11.11.1998, NStZ 1999, Heft 4, S. 203).

Bei **Gefahr im ~~Verzug~~** sind auch die **Staatsanwaltschaft ~~und~~ ihre Hilfsbeamten anordnungsbefugt**. Eine solche Anordnung tritt außer Kraft, wenn sie nicht binnen **drei Tagen** durch den **Richter bestätigt** wird (§ 100 d Abs. 1, § 98b Abs. 1 Satz 2 StPO). Bestätigt der Richter die Anordnung nicht, ist der Lauscheingriff einzustellen.

Nach § 100d Abs. 5 StPO dürfen die erhobenen personenbezogenen **Informationen in anderen Strafverfahren** zu Beweiszwecken nur verwendet werden, soweit sich bei Gelegenheit der Auswertung Erkenntnisse ergeben, die zur Aufklärung einer in **§ 100 a StPO** bezeichneten Straftat benötigt werden.

Die Verwendung zur Gefahrenabwehr richtet sich nach § 24 Abs. 2 PolG. § 100d Abs. 5 StPO greift die Verwendung der gewonnenen Informationen zur Gefahrenabwehr nicht auf. Darum gelten die allgemeinen Vorschriften des Polizeirechts.

Entsprechend § 101 StPO sind die Beteiligten über die getroffenen Maßnahmen zu **benachrichtigen**, sobald dies ohne Gefährdung des Untersuchungszwecks, der öffentlichen Sicherheit, von Leib oder Leben einer Person sowie der Möglichkeit der Verwendung eines eingesetzten - nicht offen ermittelnden - Beamten geschehen kann. Die Vorschrift verlangt die Information der Beteiligten. Das sind die Zielpersonen der Maßnahme. Nicht darunter fallen die unvermeidbar betroffenen Dritten im Sinne des § 100c Abs. 3 StPO. Zuständig für die Benachrichtigung sind die Staatsanwaltschaft oder der Richter (Pfeiffer/Fischer, a.a.O. § 101, RdNr. 5, Kleinknecht/Meyer-Goßner, a.a.O, § 101, RdNr. 8, 44. Auflage). **Entscheidungen und sonstige Unterlagen** über Maßnahmen nach § 100c Abs. 1 Nr. 2 StPO sind **bei der StA zu verwahren** (§ 101 Abs. 4 StPO). Auch die Überwachungsergebnisse sind festzuhalten und der Staatsanwaltschaft mitzuteilen, damit die spätere Benachrichtigung erfolgen kann. Erst danach sind sie zur Strafakte zu nehmen.

Hat der Richter eine getroffene Anordnung der Staatsanwaltschaft oder eines ihrer Hilfsbeamten nicht bestätigt, sind die bis dahin erlangten Erkenntnisse nicht verwertbar.

## 4.  Großer Lauscheingriff - Einsatz technischer Mittel zum Abhören und Aufzeichnen des nichtöffentlich gesprochenen Wortes in Wohnungen nach § 100 c Abs. 1 Nr. 3 StPO

### 4.1  Ermächtigung

§ 100c Abs. 1 Nr. 3 StPO ist die Befugnis zur elektronischen Wohnungsüberwachung aus Gründen der Strafverfolgung.

---

**§ 100c Einsatz technischer Mittel**
**(1)      Ohne Wissen des Betroffenen**
**1. ...**
**2. ...**
**3. darf das in einer Wohnung nichtöffentlich gesprochene Wort des Beschuldigten mit technischen Mitteln abgehört und aufgezeichnet werden, wenn bestimmte Tatsachen den Verdacht begründen, dass jemand eine der in § 100c Abs. 1 Nr. 3 a) bis f) genannten Straftaten**
**wie z.B.**
**eine Geldfälschung ...**
**einen schweren Menschenhandel**
**einen Mord ...**
**eine Straftat gegen die persönliche Freiheit**
**einen Bandendiebstahl...**
**einen schweren Raub...**
**eine Erpressung usw. (siehe Gesetzestext)**
**begangen hat und die Erforschung des Sachverhalts oder die Ermittlung des Aufenthaltsortes des Täters auf andere Weise unverhältnismäßig erschwert oder aussichtslos wäre.**

---

221

> (2) ... Maßnahmen nach Absatz 1 Nr. 3 dürfen nur in Wohnungen des Beschuldigten durchgeführt werden. In Wohnungen anderer Personen sind Maßnahmen nach Abs. 1 Nr. 3 nur zulässig, wenn auf Grund bestimmter Tatsachen anzunehmen ist, dass der Beschuldigte sich in dieser Wohnung aufhält, die Maßnahme in Wohnungen des Beschuldigten allein nicht zur Erforschung des Sachverhalts oder zur Ermittlung des Aufenthaltsortes des Täters führen wird und dies auf andere Weise unverhältnismäßig erschwert oder aussichtslos wäre.
> (3) Die Maßnahmen dürfen auch durchgeführt werden, wenn Dritte unvermeidbar betroffen werden.

Die Ermächtigung entspricht der Neufassung des Art. 13 Abs. 3 GG, wonach zum Zweck der Strafverfolgung technische Mittel zur akustischen Überwachung von Wohnungen eingesetzt werden dürfen. Die Wohnungsüberwachung mit anderen technischen Mitteln - insbesondere eine Videoüberwachung - zu diesem Zweck bleibt weiterhin unzulässig (Deutscher Bundestag, Drucksache 13/8650, S. 4). Die Ermächtigung ist heranzuziehen, wenn mit der Abhörmaßnahme Art. 13 GG eingeschränkt wird. Der weit gefasste Wohnungsbegriff und der Schutzzweck des Art. 13 GG müssen berücksichtigt werden. Schützt Art. 13 GG nicht, kommen Lauscheingriffe bereits auf der Grundlage des § 100c Abs. 1 Nr. 2 StPO (kleiner Lauscheingriff) in Frage.

Auf das Grundrecht auf Unverletzlichkeit der Wohnung kann sich nicht berufen, wer in die geschützte Wohnung eines anderen eindringt und dort eine Straftat begeht (vgl. auch Tegtmeyer, a.a.O., § 17, RdNr. 5).

### 4.1.1 Zulässigkeitsvoraussetzungen

Der Eingriff ist grundsätzlich auf das Abhören und die Aufzeichnung des nichtöffentlich gesprochenen Wortes des Beschuldigten gerichtet und wird nach § 100c Abs. 1 Nr. 3 i.V.m. § 100c Abs. 2 StPO zugelassen,

- **in Wohnungen des Beschuldigten,**
  - **zur Aufzeichnung des von dem Beschuldigten nichtöffentlich gesprochenen Wortes**
  - **wenn bestimmte Tatsachen den Verdacht begründen,**
  - **dass jemand eine in § 100c Abs. 1 Nr. 3 a) bis f) StPO bezeichnete schwere Straftat begangen hat und**
  - **wenn die Erforschung des Sachverhalts oder die Ermittlung des Aufenthaltsortes des Täters auf andere Weise**
    + **unverhältnismäßig erschwert**
    + **oder aussichtslos**
    **wäre.**

- in der Wohnung anderer Personen,
  - zur Aufzeichnung des Wortes des Beschuldigten
  - wenn bestimmte Tatsachen den Verdacht begründen, dass jemand eine in § 100c Abs. 1 Nr. 3 StPO bezeichnete schwere Straftat begangen hat und
  - wenn aufgrund bestimmter Tatsachen anzunehmen ist, dass sich der Beschuldigte in dieser Wohnung aufhält und
  - die Maßnahme in Wohnungen des Beschuldigten allein nicht zur Erforschung des Sachverhaltes oder zur Ermittlung des Aufenthaltsortes des Täters führen wird und
  - dies auf andere Weise
    + unverhältnismäßig erschwert
    + oder aussichtslos

    wäre.

Die Ermächtigung zeigt zugleich deutlich die Richtung des großen Lauscheingriffs auf. **Adressat ist der Beschuldigte.** Gegen Kinder scheidet die Maßnahme aus.

**Andere Personen** (Kontaktpersonen, Begleitpersonen) dürfen nur unter erschwerenden Bedingungen belastet werden. So unter anderem, wenn Tatsachen darauf hindeuten, dass sich der Beschuldigte in ihrer Wohnung aufhält und sein nichtöffentlich gesprochenes Wort aufgenommen werden kann. Auch hier wird die Nähe zum Beschuldigten verlangt (siehe unten).

**Gegen unbeteiligte Dritte ist die Maßnahme zulässig, wenn diese unvermeidbar betroffen werden (§ 100c Abs. 3 StPO).** Daher kann der Lauscheingriff z.B. fortgesetzt werden, wenn die belauschte Person Besuch bekommt oder der Briefträger an der Wohnungstür erscheint und mit dem Wohnungsinhaber spricht.

Voraussetzung für den großen Lauscheingriff ist, dass hinreichend tatsächliche, objektive Anhaltspunkte den **Verdacht einer besonders schweren Straftat** begründen. „Der Bedeutung der Unverletzlichkeit der Wohnung trägt Art. 13 Abs. 3 Satz 1 GG dadurch Rechnung, dass er den Einsatz technischer Mittel zur akustischen Überwachung nur zur Verfolgung besonders schwerer Straftaten zulässt" (Deutscher Bundestag, Drucksache 13/8650, S. 4). Der Straftatverdacht muss sich auf eines der in § 100c Abs. 1 Nr. 3 a) bis f) StPO genannten Delikte beziehen. Die Aufzählung ist abschließend. Wegen anderer Taten kommt der große Lauscheingriff nicht in Frage.

Darin konkretisiert sich bereits der Grundsatz der Angemessenheit. Die Straftat muss noch nicht vollendet sein, es genügt, dass sie strafbar versucht wurde.

Die Polizei in S. hat konkrete Hinweise, dass die Mitglieder des örtlichen Schützenvereins in großem Stil „Waffengeschäfte" durchführen. Hierzu sollen sie regelmäßig Einbrüche in Waffengeschäfte verüben, aber auch Kriegswaffen aus Russland (Bezugsquelle ein Oberst Tschakov) einschmuggeln. Der „Chef" soll Eberhard Krawallnik (K) sein. Dieser ist einschlägig vorbestraft, u.a. wegen fortgesetzter Verstöße gegen das Kriegswaffenkontrollgesetz.

Die Geschäfte sollen in regelmäßigen Zusammenkünften im Schützenheim S. geplant werden. Unklar sind allerdings die konkreten Modalitäten, insbesondere die Einfuhr- und Verteilerwege sowie die Lagerorte der Waffen.

Der zuständige Sachbearbeiter der Polizei, Herbert Greif (G.), beantragt deshalb über die Staatsanwaltschaft einen Beschluss des Landgerichtes in S. zur Durchführung des großen Lauscheingriffes im Vereinszimmer des Schützenvereins zum jeweiligen Zeitpunkt des Zusammentreffens der Gruppe. Das Gericht kommt dem Ersuchen nach.

Schon im Rahmen der nächsten Zusammenkunft setzen Mitglieder eines angeforderten Mobilen Einsatzkommandos der Polizei Richtmikrofone sowie Aufzeichnungsgeräte ein. Tatsächlich wird so bekannt, wo die Waffen gelagert werden.

„Gegenstand der Überwachung ist nur die Wohnung, in der der Beschuldigte sich vermutlich aufhält" (Deutscher Bundestag, Drucksache 13/8650, S. 4). Weil das Gesetz den Eingriff auf die Aufzeichnung des nichtöffentlich gesprochenen **Wortes des Beschuldigten** beschränkt, kommt die Überwachung seiner Wohnungen in Frage, wenn sich der Beschuldigte wahrscheinlich darin aufhält. Die Eingriffsermächtigung verlangt die Nähe zum Beschuldigten.

Weiter setzt die Befugnis voraus, dass die Maßnahme zur Erforschung des Sachverhalts oder zur Ermittlung des Aufenthaltsortes des Täters führt.

Die **Sachverhaltserforschung** zielt auf eine umfassende Erhebung aller für das Strafverfahren erforderlichen Fakten ab (Planung, Vorbereitung, Ausführung, Nachtatphase). Auch die Ermittlung von Mittätern, die Suche nach dem Verbleib des Opfers, die Suche nach dem Versteck der Beute oder der Tatwerkzeuge oder anderer Beweismittel fällt darunter.

Die Prämisse **Ermittlung des Aufenthaltsortes** des Täters ist darauf gerichtet, den vermuteten Aufenthalt in seiner Wohnung bestätigt zu erhalten oder auch den Aufenthaltsort von Mittätern zu ermitteln (Deutscher Bundestag, Drucksache 13/8650, S. 5).

Schließlich ist die Maßnahme gegen den Beschuldigten nur zulässig, wenn die Erreichung des angestrebten Zweckes **auf andere Weise unverhältnismäßig erschwert oder aussichtslos wäre.** „Ermittlungstechnische Notwendigkeiten sind in besonderer Weise gegen das Gewicht der Rechtsgutbeeinträchtigung abzuwägen. Abhörmaßnahmen als besonders schwerwiegende Eingriffe in das Wohnungsgrundrecht dürfen nur ultima ratio der Strafverfolgung sein" (Deutscher Bundestag, Drucksache 13/8650, S. 5). Erst wenn bei gründlicher Würdigung des Tatgeschehens nur die elektronische Wohnungsüberwachung zur Klärung der Tat führen wird, kommt der Eingriff in Frage. Sie muss also einzig vertretbares oder gar letztes verbleibendes Mittel sein (vgl. auch Erläuterungen zur Observation zur Strafverfolgung, oben, Erster Abschnitt, II.).

Im obigen Fall lag ein Eingriff in Art. 13 GG vor. Denn auch die Räume des Schützenvereins gehören zur Wohnung im Sinne des Grundrechts (vgl. BGH, Urteil vom 15. Januar 1997 - StB 27/96 - OLG Stuttgart - in Bezug auf ein nicht allgemein zugängliches Vereinsbüro, Der Kriminalist 3/97).Im übrigen lagen Straftaten aus dem Katalog des § 103 Abs. 1 Nr. 3 ff. StPO vor.

Die umfassende Ermittlung des Sachverhalts, insbesondere die Feststellung des Täterkreises mit Auslandsbeziehungen, war schnellstmöglich nur durch diese Maßnahme möglich. Nur unter ganz erheblichen Schwierigkeiten hätte die Polizei auf anderen Wegen (umfassende Observation einer unbestimmten Vielzahl von Mittätern) zum Erfolg kommen können. Eine sofortige Festnahme der bekannten

Tatverdächtigen und eine Durchsuchung bei ihnen hätte höchstwahrscheinlich zur Folge gehabt, dass viele Mittäter der Bande unerkannt geblieben wären. Der Lauscheingriff war aufgrund des § 100c Abs. 1 Nr. 3 StPO zulässig.

Die elektronische Überwachung von **Wohnungen anderer Personen** ist nur unter weiteren sehr engen Voraussetzungen zulässig.

Verlangt wird, dass **Tatsachen**, also bestimmte Fakten, darauf hindeuten, dass sich der **Täter in der fremden Wohnung aufhält**. Der Täter muss also höchstwahrscheinlich in der Nähe sein, denn sonst wäre die Aufzeichnung <u>seines</u> nichtöffentlich gesprochenen Wortes nicht möglich. Die Wahrscheinlichkeit, dass andere über die Tat des Beschuldigten in Abwesenheit des Beschuldigten sprechen, reicht nicht.

Weiter wird vorausgesetzt, dass die Maßnahme notwendig ist, weil die Überwachung der Wohnung des Beschuldigten nicht zu dem erforderlichen Ergebnis führen wird. Das stellt auf eine gewisse **Erfolgsvermutung** ab. Nach kriminalistischer Erfahrung muss angenommen werden können, dass der Täter in der fremden Wohnung auf die zu Grunde liegende Tat bezogene Gespräche führen wird, durch die er sich verrät. Mit dem Lauscheingriff muss der angestrebte Erfolg (Klärung der Tat, Bestätigung des Aufenthalts des Beschuldigten, Ermittlung des Aufenthalts von Mittätern, Auffinden von Beweismitteln) erreicht werden können.

Letztlich ist die Maßnahme zum Nachteil des anderen Wohnungsinhabers auch nur zulässig, wenn die Erreichung des angestrebten Zweckes **auf andere Weise unverhältnismäßig erschwert oder aussichtslos wäre (siehe oben).**

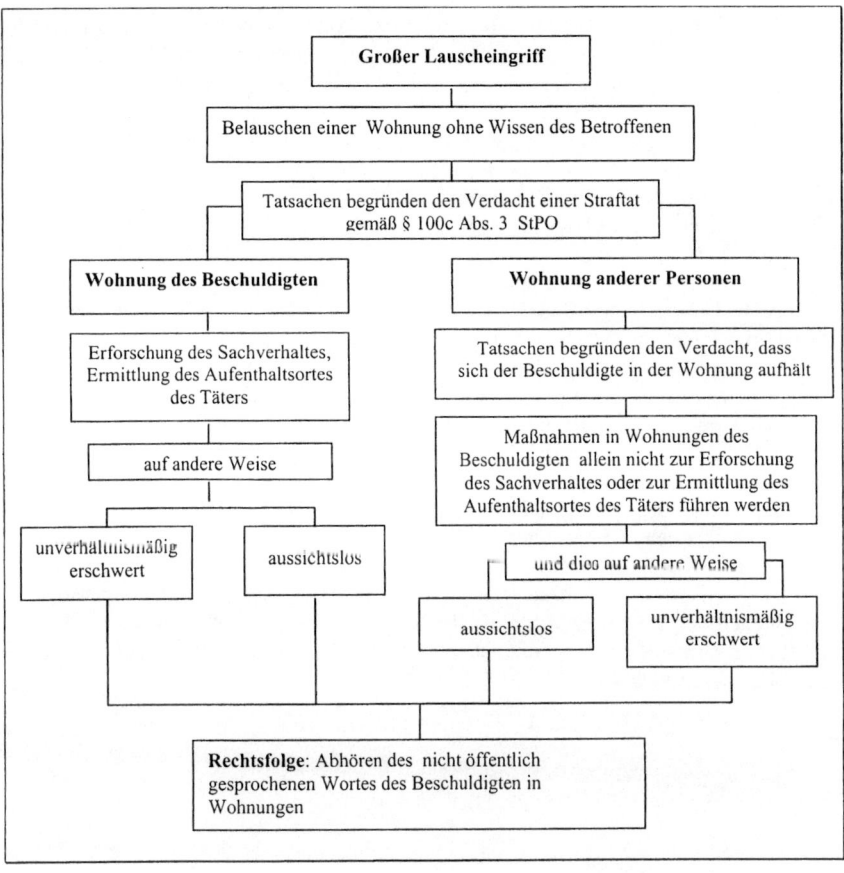

## 4.1.2 Zugelassene Rechtsfolgen

Der Gesetzgeber gestattet das verdeckte **Abhören und Aufzeichnen** des nichtöffentlich gesprochenen Wortes des Beschuldigten **in und aus seiner Wohnung oder in und aus der Wohnung** eines anderen, in der sich der Verdächtige höchstwahrscheinlich aufhält, z.B. durch Richtmikrofon oder auch durch ein verstecktes Tonbandgerät oder durch Wanzen. Auch die Verwendung einer Videokamera, die den Ton mit aufzeichnet, wäre zulässig, soweit die Aufzeichnung von Bildern vermieden wird. Die Ermächtigung ist auf das Lauschen mit technischem Gerät beschränkt. Das heimliche Zuhören/Mithören (bei einer Unterredung) ohne technische Mittel ist als Minusmaßnahme von § 100c Abs. 1 Nr. 3 StPO gedeckt, kann aber auch schon aufgrund des § 163 StPO zulässig sein.

Nicht gestattet ist das **Betreten einer Wohnung** entgegen dem Schutzzweck des Art. 13 GG. Das Eindringen in die Wohnung gegen den Willen des Berechtigten, z. B. zur Anbringung einer Wanze, wird von der Ermächtigung nicht gedeckt.

**Nichtöffentlich** ist ein Wort in diesem Sinne, wenn es nicht an die Allgemeinheit gerichtet und nicht über einen durch persönliche oder sachliche Beziehungen abgegrenzten Personenkreis hinaus ohne weiteres wahrnehmbar ist (vgl. Dreher/Tröndle, a.a.O., § 201, RdNr. 2).

Unzulässig ist die elektronische Wohnungsüberwachung dann, wenn der geschützte unantastbare Kernbereich privater Lebensgestaltung (Art. 1 und 19 Abs. 2 GG) verletzt wird. Verfassungsrechtlichem Schutz unterliegen Gespräche zwischen Beschuldigtem und zur Verweigerung des Zeugnisses berechtigten Personen (Deutscher Bundestag, Drucksache 13/9690, S. 4). Gewährleistet wird das Beichtgeheimnis. Geschützt werden seelsorgerische Gespräche mit Beichtcharakter, vertrauliche Gespräche des Beschuldigten mit Angehörigen verschiedener Berufsgruppen. Dazu gehören z.b. Gespräche mit Pressevertretern, Gespräche zwischen Mandant und Anwalt (namentlich Verteidigergespräche), Gespräche zwischen Arzt und Patient, vertrauliche Gespräche mit Abgeordneten (Art. 38 / 47 GG) und höchstpersönliche Gespräche mit engsten Familienangehörigen. Sind solche Maßnahmen - irrtümlich - doch einmal getroffen worden, so müssen die dabei gefertigten Aufzeichnungen unverzüglich gelöscht werden (Deutscher Bundestag, Drucksache 13/9660, S. 4). Diesen Grundsätzen entspricht § 100d Abs. 3 StPO. Ein Abhörverbot besteht z.B. gegenüber allen Zeugnisverweigerungsberechtigten nach § 53 Abs. 1 StPO (Kleinknecht/Meyer-Goßner, a.a.O., § 100d RdNr. 6). Die Verwertung von Erkenntnissen aus Abhörmaßnahmen gegenüber anderen Zeugnisverweigerungs berechtigten Personen wird von § 100d Abs. 3 Satz 2 f. StPO bestimmt. Ob danach die Ergebnisse ausnahmsweise verwertet werden dürfen, entscheidet das Gericht (§ 100d, Abs. 3 Satz 4 StPO).

## 4.2    Verfahrens- und Formvorschriften

Die **Anordnung** der elektronischen Wohnungsüberwachung obliegt der **Strafkammer des zuständigen Landgerichtes** (§ 100d Abs. 2 StPO). Sie ist entsprechend § 100b Abs. 2 StPO auf drei Monate zu befristen. „Die Dreimonatsfrist, innerhalb derer das nicht-öffentlich gesprochene Wort mit technischen Mitteln abgehört werden darf, beginnt mit dem Erlass der richterlichen Anordnung und nicht erst mit dem Vollzug der Abhörmaßnahme" (BGH, Urt. vom 11.11.1998, NStZ 1999, Heft 4, S. 203).

Bei **Gefahr im Verzug** kann die Anordnung durch den **Vorsitzenden der Kammer des Landgerichtes** getroffen werden. Die Eilentscheidung ist binnen drei Tagen durch die Kammer zu bestätigen. Die **Polizeibeamten oder die Staatsanwaltschaft sind nicht anordnungsbefugt.**

Polizeibeamte erhalten den anonymen Hinweis, dass zu später Nachtstunde in der Gaststätte „Zum großen Glück" unerlaubte Glücksspiele stattfinden. Polizeibeamte gehen dem Hinweis nach und stellen fest, dass in einem Hinterzimmer des bereits geschlossenen Lokals noch Licht brennt. Sie nähern sich dem Fenster, stellen fest, dass es gekippt steht und hören aus dem Inneren Stimmen und Gemurmel, das für Glücksspiel typisch ist. Um das Geschehen beweissicher festzuhalten, nehmen sie eine Videokamera, lassen sie laufen und zeichnen mit dem feinen Mikrophon die Gespräche und die Geräusche auf.

Die Maßnahme ist unzulässig. Abgesehen davon, dass sich der Tatverdacht nicht auf eine in § 100c Abs. 1 Nr. 3 StPO genannte Straftat richtet, hätte der Eingriff gerichtlich angeordnet werden müssen.

Die Polizei beantragt die elektronische Überwachung einer Wohnung über die Staatsanwaltschaft. Durchführen darf den Eingriff jeder zuständige Polizeibeamte.

Entsprechend § 101 StPO sind die Beteiligten über die getroffenen Maßnahmen zu **benachrichtigen**, sobald dies ohne Gefährdung des Untersuchungszwecks, der öffentlichen Sicherheit, von Leib oder Leben einer Person sowie der Möglichkeit der Verwendung eines eingesetzten - nicht offen ermittelnden - Beamten geschehen kann. Die Benachrichtigung ist Sache des Gerichts.

Die **Verwertung** der erlangten personenbezogenen Informationen über das zu Grunde liegende Delikt hinaus richtet sich nach § 100d Abs. 5 Satz 2 StPO. Sie ist danach auf die Aufklärung einer der in § 100c Abs. 1 Nr. 3 StPO genannten Straftaten beschränkt. Im übrigen dürfen sie zur Abwehr einer im Einzelfall bestehenden Gefahr für Leben, Leib oder Freiheit einer Person oder erhebliche Sach- und Vermögenswerte verwendet werden (100f Abs. 1 StPO).Gänzlich unverwertbar sind Erkenntnisse, die unter völliger Umgehung des § 100c StPO erlangt worden sind (Kleinknecht/Meyer-Goßner, a.a.O, § 100c, RdNr, 20, 44. Auflage).

# Dritter Abschnitt
# Einsatz verdeckter Ermittler

Übersicht
Vorbemerkungen
I.    Einsatz verdeckter Ermittler zur Gefahrenabwehr
1.    Ermächtigung
1.1   Zulässigkeitsvoraussetzungen
1.2   Zugelassene Rechtsfolge
2.    Verfahrens- und Formvorschriften
II.   Einsatzverdeckter Ermittler zur Strafverfolgung
1.    Ermächtigung
1.1   Zulässigkeitsvoraussetzungen
1.2   Zugelassene Rechtsfolgen
2.    Verfahrens- und Formvorschriften

## Vorbemerkungen

Verdeckte Ermittler sind **Polizeibeamte**, die ihre Berufszugehörigkeit bewusst dadurch verschleiern, dass sie sich eine **auf Dauer ausgerichtete Legende** zulegen und geheim ermitteln. Eine Legende ist in der Regel ein erfundener Lebenslauf, der auch durch entsprechend ausgestellte amtliche Urkunden (Ausweise, Gehilfenbriefe, Zeugnisse pp.) nachdrücklich gestützt wird.

Vom Einsatz eines verdeckten Ermittlers ist nur auszugehen, wenn der Beamte über einen längeren Zeitraum unter seiner veränderten Identität im Umfeld des Beschuldigten recherchiert (BGH, Urteil vom 6.2.1996 - Begründung -, Die Polizei 11/96, S. 293). Ein solcher Einsatz liegt nicht vor, wenn sich die Tätigkeit eines Polizeibeamten - sei es auch unter Anlegung einer Legende - im Umfeld des Beschuldigten auf eine Einzelaktion beschränkt (BGH wie vor; so auch Quentin, a.a.O., JUS, 2/1999, S. 134 ff.). Verdeckte Erhebungen dieser Art rechtfertigt § 163 StPO (siehe dort).

Der Einsatz verdeckter Ermittler ist insbesondere ein Gegengewicht zum organisierten Verbrechen.

Ermittlungen durch verdeckt operierende Beamte sind regelmäßig schwerwiegende Eingriffe durch faktisches Handeln in das Recht auf informationelle Selbstbestimmung im Sinne des Art. 2 Abs. 1 GG i.V.m. Art. 1 Abs. 1 GG der betroffenen Personen, weil die Polizei heimlich, verschleiert oder getarnt vorgeht und dem Betroffenen dadurch keine Möglichkeit gibt, die zu Grunde liegende Sache klarzustellen oder den Ermittlungseingriff durch Rechtsmittel abzuwenden. Als Datenerhebungsvorschrift rechtfertigt die Ermächtigung ohne weiteres keine weiteren Grundrechtsbeschränkungen. Insbesondere darf nicht gegen Art. 13 GG (Unverletzlichkeit der Wohnung) verstoßen werden.

Verdeckte Ermittler haben die selben Rechte und Pflichten wie andere Polizeibeamte. Sie dürfen deshalb ohne Rechtfertigung keine Straftaten begehen und sind zur Verfolgung von Straftaten verpflichtet. Allerdings muss dies nicht zwingend so geschehen, dass sie sofort auf Straftaten reagieren. Die Verfolgung kann zeitweise im übergeordneten Interesse zurückgestellt werden. Soweit allerdings besonders hochwertige Rechtsgüter bedroht sind, ist ein Handeln des verdeckten Ermittlers unumgänglich.

> V. ist als verdeckter Ermittler in der Rauschgiftszene in S. tätig. Hierbei erhält er den Auftrag, einen aus Italien angeheuerten Mafiakiller zur Wohnung des potentiellen Opfers zu fahren. In diesem Fall muss der verdeckte Ermittler ein Einschreiten der Polizei zur Verhinderung dieser Tat sofort veranlassen, ggf. selbst die Tat verhindern.

## I.  Der Einsatz eines verdeckten Ermittlers zur Gefahrenabwehr

### 1.  Ermächtigung

Als Ermächtigung zum Einsatz verdeckter Ermittler aus Gefahren abwehrendem Anlass ist § 20 PolG heranzuziehen.

---

**§ 20  Datenerhebung durch den Einsatz verdeckter Ermittler**
(1) Die Polizei kann durch einen Polizeibeamten, der unter einer ihm verliehenen, auf Dauer angelegten Legende eingesetzt wird (verdeckter Ermittler), personenbezogene Daten über die in den §§ 4 und 5 genannten und andere Personen erheben, wenn
1. dies zur Abwehr einer gegenwärtigen Gefahr für Leib, Leben oder Freiheit einer Person erforderlich ist,
2. Tatsachen die Annahme rechtfertigen, dass Straftaten von erheblicher Bedeutung begangen werden sollen und dies zur vorbeugenden Bekämpfung dieser Straftaten erforderlich ist.
(2) Soweit es für den Aufbau und zur Aufrechterhaltung der Legende unerlässlich ist, dürfen entsprechende Urkunden hergestellt oder verändert werden. Ein verdeckter Ermittler darf unter der Legende zur Erfüllung seines Auftrages am Rechtsverkehr teilnehmen.
(3) Ein verdeckter Ermittler darf unter der Legende mit Einverständnis des Berechtigten dessen Wohnung betreten. Das Einverständnis darf nicht durch ein über die Nutzung der Legende hinausgehendes Vortäuschen eines Zutrittsrechts herbeigeführt werden. Im übrigen richten sich die Befugnisse eines verdeckten Ermittlers nach diesem Gesetz und anderen Rechtsvorschriften.
(4) Der Einsatz eines verdeckten Ermittlers darf nur durch den Behördenleiter angeordnet werden.
(5) Personen, gegen die sich die Datenerhebungen richten, sind nach dem Abschluss des Einsatzes eines verdeckten Ermittlers hierüber durch die Polizei zu unterrichten, sobald dies ohne Gefährdung des Zwecks der Maßnahme erfolgen kann. Eine Unterrichtung kann unterbleiben, wenn dadurch der weitere Einsatz des verdeckten Ermittlers oder Leib oder Leben einer Person gefährdet wird. Eine Unterrichtung durch die Polizei unterbleibt, wenn wegen desselben Sachverhalts ein strafrechtliches Ermittlungsverfahren gegen den Betroffenen eingeleitet worden ist.

---

## 1.1 Zulässigkeitsvoraussetzungen

Entsprechend § 20 Abs. 1 PolG darf die Polizei personenbezogene Daten durch den Einsatz eines verdeckten Ermittlers unter zwei Alternativen erheben, und zwar wenn:

### A) Alternative 1

- **eine gegenwärtige Gefahr für Leib, Leben oder Freiheit einer Person besteht und**
- **die Maßnahme zur Abwehr dieser Gefahr**
- **erforderlich ist.**

**Adressaten** des Eingriffs sind in erster Linie **Handlungs- und Zustandsstörer.** Aber auch **andere Personen** können - soweit unvermeidbar - belastet werden.

Gefordert wird eine **gegenwärtige Gefahr für Leib, Leben oder Freiheit einer Person,** also ein Sachverhalt, bei dem entweder ein Schaden zum Nachteil der genannten Rechtsgüter eines Menschen bereits eingetreten ist und andauert oder mit hinreichender Wahrscheinlichkeit in allernächster Zukunft zu erwarten ist (vgl. eingehend Band I, 3. Kapitel). Zu berücksichtigen ist, dass an die Wahrscheinlichkeit des Schadenseintritts angesichts der Bedeutung dieser Rechtsgüter nicht zu hohe Anforderungen zu stellen sind.
Der Einsatz ist zielgerichtet auf Abwehr **dieser** Gefahr auszurichten.

Ob der Einsatz eines verdeckten Ermittlers **erforderlich** ist, hängt von den Umständen des Einzelfalls ab. Er muss demnach geeignet und das für den Betroffenen und die Allgemeinheit mildeste Mittel sein. Genügen weniger belastende Eingriffe, etwa die Befragung von Personen oder Observationen, so ist er unzulässig. In der Abwägung ist zu berücksichtigen, dass der verdeckte Ermittler im Umfeld des Betroffenen häufig wesentlich intensiver personenbezogene Daten erheben kann, als dies z.B. durch eine Observationsmaßnahme oder den Einsatz technischer Mittel erforderlich wäre. In vielen Fällen wird eine alternative Abwägung zwischen diesen Maßnahmen nicht möglich sein, weil sie sich zu einem wirksamen Einsatzkonzept ergänzen.

Die Maßnahme richtet sich in erster Linie gegen **Verantwortliche** im Sinne des § 4 (Verhaltensverantwortliche) und des § 5 PolG (Zustandsverantwortliche). Da zu Beginn des Einsatzes eines verdeckten Ermittlers nicht immer bekannt sein kann, wer die verantwortlichen Personen sind, müssen Datenerhebungen auch gegen solche Personen zugelassen sein, deren Kenntnisse den Einsatz des verdeckten Ermittlers fördern können **(andere Personen)**. Andere Personen in diesem Sinne sind aber auch solche Betroffene, über die der verdeckte Ermittler bei Gelegenheit seines Einsatzes zwangsläufig personenbezogene Daten mit erhebt (z.B. ein Tennispartner einer Zielperson).

KHK Weitsicht (W.), Ermittlungsbeamter in der ZKB des PP A-Stadt, erfährt von einem Informanten, dass der im Rotlichtmilieu bekannte Friedrich Schlupf (Sch.) offenbar mit einigen Freunden die Entführung irgendeiner (also noch nicht näher bestimmten) Industriellentochter plant, um „leicht an Geld zu kommen". Die Vorbereitungen seien bereits weitgehend abgeschlossen. Einzelheiten sind nicht zu ermitteln. Der Informant kann nicht als Zeuge für den Beweis des verabredeten Verbrechens fungieren. Der Einsatz technischer Mittel scheidet aus, Observationskräfte hat Sch. in der Vergangenheit regelmäßig erkannt. Der PP A-Stadt ordnet daher zunächst für einen Zeitraum von 14 Tagen den Einsatz eines unterstellten verdeckten Ermittlers aus dem LKA NW gegen Sch. an. Dieser Ermittler ist in der Szene aufgrund vorheriger Ermittlungen etabliert. In diesem Fall begründen die glaubhaften Hinweise des Informanten hinreichende Tatsachen, dass Sch. eine Entführung plant. Diese kann nach den vorliegenden Erkenntnissen jederzeit durchgeführt werden, so dass eine gegenwärtige Gefahr für die Freiheit der Fabrikantentochter besteht.

## B) Alternative 2

- **Tatsachen die Annahme rechtfertigen, dass**
- **Straftaten von erheblicher Bedeutung** (vgl. § 8 Abs. 3 PolG) **begangen werden sollen und**
- **dies zur vorbeugenden Bekämpfung dieser Straftaten**
- **erforderlich ist.**

Die **Adressaten** ergeben sich bereits aus der Ermächtigung. Belastet werden dürfen Verantwortliche im Sinne der §§ 4 und 5 PolG sowie sonstige Personen.

Wie bereits dem Wortlaut des Gesetzes zu entnehmen ist ("**Straftaten von erheblicher Bedeutung begangen werden sollen**") zielt die Befugnis auf das Vorfeld ab. Die Intention oder der Schwerpunkt der Maßnahme muss deshalb auf die Unterbindung oder Verhinderung einer Straftat von erheblicher Bedeutung ausgerichtet sein.

**Tatsachen** sind auch in diesem Zusammenhang Fakten (z.B. glaubhafte Hinweise Dritter, Ermittlungsergebnisse der Polizei, Analysedaten). Sie müssen den **Schluss** rechtfertigen, dass Personen **Straftaten von erheblicher Bedeutung** (zum Begriff siehe unter Observation, Erster Abschnitt) begehen werden.

Im Unterschied zu den §§ 16 bis 19 PolG formuliert der Gesetzgeber diese Prämisse „Personen" anders. Während die genannten Bestimmungen in §§ 16 bis 19 PolG ausgerichtet sind auf die potentiellen Täter sowie ihre Kontakt- und Begleitpersonen, genügt es in § 20 Abs. 1 Nr. 2 PolG, dass die Tatsachen den Rückschluss auf die Straftaten von erheblicher Bedeutung zulassen. Welche **Personen** dafür verantwortlich sind, muss noch nicht bekannt sein. Im Rahmen des Erforderlichkeitsgrundsatzes gestattet der Gesetzgeber damit Ermittlungen gegen alle Personen, soweit dies zur Feststellung der Verantwortlichen führt bzw. führen kann (vgl. auch Tegtmeyer, a.a.O., § 20, RdNr. 8).

Zur **Erforderlichkeit** der Datenerhebung durch den Einsatz eines verdeckten Ermittlers vgl. oben, Alternative A).

## 1.2 Zugelassene Rechtsfolgen

Zugelassen wird die personenbezogene **Datenerhebung** durch den verdeckten Ermittler, d.h. unter einer Legende bewusst getarnt oder verschleiert und heimlich. Dabei ist zu berücksichtigen, dass der verdeckte Ermittler zum Zeitpunkt der Entscheidung bereits im Einsatz sein kann, so dass lediglich eine Erweiterung seines Auftrages eintritt.

Soweit es für den Aufbau und zur Aufrechterhaltung der **Legende** unerlässlich ist, dürfen entsprechende Urkunden hergestellt oder verändert werden. Ein verdeckter Ermittler darf unter der Legende zur Erfüllung seines Auftrages am Rechtsverkehr teilnehmen (vgl. insgesamt § 20 Abs. 2 PolG).

Der verdeckte Ermittler darf unter Verwendung seiner Legende **mit Einverständnis** des Berechtigten dessen (nicht allgemein zugängliche) **Wohnung betreten** (§ 20 Abs. 3 PolG). Allerdings darf dieses Einverständnis nicht über eine Täuschung bewirkt werden, die über den Legendeninhalt hinausgeht.

> Der verdeckte Ermittler Pfiffig (P.) arbeitet in der Bar des mutmaßlichen "Drogenbarons" D. Er soll Erkenntnisse über einen geplanten Rauschgifthandel großen Stils gewinnen. Weil er bislang noch keinen Zugang zur Wohnung des D. hatte, täuscht P. vor, es sei eine Bombendrohung eingegangen. In der Wohnung des D. solle angeblich ein Sprengsatz deponiert worden sein. P. bietet sich an, der Sache in der Wohnung auf den Grund zu gehen. D. nimmt das Angebot an und gibt P. den Wohnungsschlüssel. In diesem Fall wurde das Einverständnis über die Legende hinaus durch Täuschung erwirkt, P. durfte die Wohnung daher nicht betreten.

## 2. Verfahrens- und Formvorschriften

Gemäß § 20 Abs. 4 PolG darf der Einsatz eines verdeckten Ermittlers nur durch den **Behördenleiter** angeordnet werden (im Falle seiner Abwesenheit oder nach Regelung der Geschäftsordnung auch durch seinen Vertreter). Sofern dagegen verstoßen wird, ist die Maßnahme unrechtmäßig, weil hierdurch Grundrechtsschutz durch Verfahren gewährleistet wird (str.). Eingesetzt werden darf jeder zuständige Polizeibeamte, allerdings sind im Innenverhältnis besondere Regelungen zu beachten.

Als **allgemeine Datenerhebungsvorschrift** ist § 9 Abs. 5 PolG zu beachten.

Entsprechend § 20 Abs. 5 PolG sind **Personen**, gegen die sich der Einsatz des verdeckten Ermittlers richtet (Verantwortliche im Sinne der §§ 4 und 5, Verantwortliche für geplante Straftaten und andere Personen, soweit ihre personenbezogenen Daten zielgerichtet erhoben werden), nach Abschluss des Verfahrens hierüber zu **unterrichten**, sobald dies ohne Gefährdung des Zwecks der Maßnahme erfolgen kann. Eine Unterrichtung kann unterbleiben, wenn dadurch der weitere Einsatz des verdeckten Ermittlers oder Leib oder Leben einer Person gefährdet sind. Eine Unterrichtung durch die Polizei unterbleibt, wenn wegen desselben Sachverhalts ein strafrechtliches Ermittlungsverfahren gegen den Betroffenen eingeleitet worden ist.

# II. Der Einsatz eines verdeckten Ermittlers zur Strafverfolgung

## 1. Ermächtigung

Als Ermächtigung sind die §§ 110a bis 110e StPO heranzuziehen.

---

**§ 110a StPO** (Einsatz verdeckter Ermittler)

(1) Verdeckte Ermittler dürfen zur Aufklärung von Straftaten eingesetzt werden, wenn zureichende tatsächliche Anhaltspunkte dafür vorliegen, dass eine Straftat von erheblicher Bedeutung

1. auf dem Gebiet des unerlaubten Betäubungsmittel- oder Waffenverkehrs, der Geld- oder Wertzeichenfälschung,
2. auf dem Gebiet des Staatsschutzes (§§ 74a, 120 des Gerichtsverfassungsgesetzes),
3. gewerbs- oder gewohnheitsmäßig oder
4. von einem Bandenmitglied oder in anderer Weise organisiert begangen worden ist. Zur Aufklärung von Verbrechen dürfen verdeckte Ermittler auch eingesetzt werden, soweit aufgrund bestimmter Tatsachen die Gefahr der Wiederholung besteht. Der Einsatz ist nur zulässig, soweit die Aufklärung auf andere Weise aussichtslos oder wesentlich erschwert wäre. Zur Aufklärung von Verbrechen dürfen verdeckte Ermittler außerdem eingesetzt werden, wenn die besondere Bedeutung der Tat den Einsatz gebietet und andere Maßnahmen aussichtslos wären.

(2) ...

(3) ...

---

Nach der Legaldefinition des § 110a Abs. 2 Satz 1 StPO sind verdeckte Ermittler zur Strafverfolgung Beamte des Polizeidienstes, die unter einer ihnen verliehenen, auf Dauer angelegten, veränderten Identität (Legende) ermitteln (Meyer, Kriminalistik 1/ 99, S. 49).

### 1.1 Zulässigkeitsvoraussetzungen

Verdeckte Ermittler dürfen nach dem nunmehr eindeutigen Wortlaut des Gesetzes nur eingesetzt werden, wenn zureichende tatsächliche Anhaltspunkte für das Vorliegen einer Katalogtat i. S. v. § 110a Abs. 1 StPO vorliegen (Meyer, a.a.O., Kriminalistik 1/99, S. 49) oder ein Verbrechen den Einsatz erforderlich macht.

Gestützt auf § 110a StPO kommt der Einsatz verdeckter Ermittler zur Aufklärung von Straftaten (einschließlich der Fahndung nach dem Beschuldigten) unter zwei Gesichtspunkten in Betracht.

## A) Alternative 1

Der Einsatz verdeckter Ermittler ist nach § 110a Abs. 1 Satz 1 StPO zunächst zulässig

- **wenn zureichende tatsächliche Anhaltspunkte (konkrete Hinweise) dafür vorliegen,**
- **dass eine Straftat von erheblicher Bedeutung**
- **auf dem Gebiet des unerlaubten Betäubungsmittelverkehrs oder**
- **auf dem Gebiet des unerlaubten Waffenverkehrs,**
- **auf dem Gebiet der Geld- und Wertzeichenfälschung,**
- **auf dem Gebiet des Staatsschutzes (§§ 74a und 120 GVG)**
- **gewerbsmäßig oder**
- **gewohnheitsmäßig oder**
- **von einem Bandenmitglied oder**
- **in anderer Weise organisiert**

**begangen wurde und**

- **die Aufklärung der Tat auf andere Weise**
  - **aussichtslos oder**
  - **wesentlich erschwert**

**wäre.**

§ 110a StPO setzt zunächst den **Anfangsverdacht** einer entsprechenden **Katalogtat** voraus. In der Folge werden unterschiedliche Subsidiaritätsregeln aufgestellt. Es genügt der Anfangsverdacht, d.h., neben Tatsachen, die für eine Täterschaft sprechen, ist insbesondere auch die kriminalistische Erfahrung maßgebend.

Der Katalog des § 110a Abs. 1 Nr. 1 bis 4 StPO ermöglicht die Aufklärung schwerer Straftaten, insbesondere auch solcher der organisierten Kriminalität. Der Einsatz kann auch zur Fahndung nach dem Beschuldigten einer Katalogtat erfolgen ("**Aufklärung**" einer Straftat umfasst die Erforschung des Sachverhaltes und die Ermittlung des Aufenthaltsortes des Täters bzw. Beschuldigten." - vgl. Hilger, a.a.O. S. 523, Fußnote 137).

Das Merkmal der **Gewerbsmäßigkeit** in § 110a Abs. 1 Nr. 3 StPO bezieht sich nicht nur auf die in einzelnen Strafvorschriften qualifizierenden und strafverschärfenden Begehungsweisen (z.B. § 243 Abs. 1 S. 2 Nr. 3 StGB). Gewerbsmäßig handelt, wer sich durch wiederholte Tatbegehung eine nicht nur vorübergehende Einnahmequelle von einiger Dauer und von einigem Umfang beschaffen will (BGH NStZ 1992, S. 86).

**Gewohnheitsmäßig** handelt, wer einen durch Übung erworbenen, ihm aber evtl. unbewussten Hang zu wiederholter Tatbegehung besitzt (BGHSt. 15, S. 377).

Eine **Bande** setzt voraus, dass sich mindestens zwei Personen zu wiederholter Tatbegehung verbunden haben (BGH NStZ 1991, S. 535; BGH, Vorlagebeschluss vom 26.102000, NStZ 2001, S. 35).

**In anderer Weise organisiert** zielt darauf ab, dass sich mehrere Beteiligte auf längere und unbestimmte Zeit arbeitsteiliger gewerblicher und geschäftsähnlicher Strukturen bedienen, die sich in gewisser Weise unabhängig von der jeweiligen Beteiligung einzelner verfestigt haben. Es handelt sich um einen Auffangbegriff, der Bezug auf das OrgKG nimmt.

Zu den Begriffen **Aussichtslos oder wesentliche erschwert** siehe unter Observation zur Strafverfolgung, oben, Erster Abschnitt, II. in diesem Kapitel..

a) In der Fußgängerzone in S. etablierte sich eine offene Rauschgiftszene. Für den Haschischverkauf soll nach polizeilichen Erkenntnissen der Spielhallenbesitzer O. verantwortlich sein. Nach glaubhaften Angaben von Konsumenten, ist der Verdacht begründet, dass er mehrere arbeitslose Heranwachsende zu diesem Zweck zu einer Bande organisierte. Die bisherigen Ermittlungen führten allerdings nicht zum Erfolg.

b) Gegen Siegfried Bruch und vier seiner Freunde ermittelt das KK 21 in S. wegen einer Serie von Einbrüchen in Computerläden. Es wurde hoher Sachschaden angerichtet, insgesamt erbeuteten die Täter Computer und Zubehörteile im Wert von rund 500.000 EURO. Der Polizei liegt zwar eine glaubhafte Aussage der ehemaligen Verlobten des Bruch vor. Danach hatte dieser zu den Tatzeiten kein Alibi. Auch die Herkunft großer Bargeldsummen auf seinem Konto blieb unklar. Zudem ist Bruch einschlägig vorbestraft. Aufgrund der Abschottung der Gruppe und fehlender Sach- und Personalbeweise konnten die Taten bislang aber nicht geklärt werden. Deshalb soll ein verdeckter Ermittler eingesetzt werden. Die vorliegenden Ermittlungen richten sich gegen eine Bande. Es besteht der Verdacht von Straftaten im Sinne der §§ 242, 243, 244, 244a StGB.

## B) Alternative 2

Der Einsatz verdeckter Ermittler ist nach § 110a Abs. 1 Satz 2 StPO ferner zulässig,

- **zur Aufklärung eines Verbrechens (vgl. hierzu § 12 StGB: rechtswidrige Taten, die im Mindestmaß mit Freiheitsstrafe von einem Jahr oder darüber bedroht sind),**
- **wenn aufgrund bestimmter Tatsachen Wiederholungsgefahr besteht**
- **und die Aufklärung auf andere Weise**
  - **aussichtslos oder**
  - **wesentlich erschwert wäre oder**
  - **wenn die besondere Bedeutung der Tat das gebietet und andere Maßnahmen aussichtslos wären.**

Zur **Aufklärung eines Verbrechens** dürfen verdeckte Ermittler auch dann eingesetzt werden, wenn diese Taten nicht unter die Voraussetzungen des § 110a Abs. Nr. 1 bis 4 StPO einzuordnen sind (z.B. der einmalige Bankraub eines Einzeltäters). Gefordert wird in dieser Alternative weiterhin, dass **Wiederholungsgefahr** besteht und **die Aufklärung auf andere Weise aussichtslos oder wesentlich erschwert wäre** (vgl. Hilger, a.a.O., S. 523, Fußnote 135, 136).

Die Prämisse der **Wiederholungsgefahr** ist im Sinne von § 112a StPO auszulegen. Sie ist danach gegeben, wenn Tatsachen (begründet in der Person des Verdächtigen oder durch die Tat selbst) die Annahme rechtfertigen, dass weitere gleiche Delikte begangen oder die Taten fortgesetzt werden. Das ist bei Delikten, die mit hoher Wahrscheinlichkeit auf ein gestörtes Triebverhalten zurückgehen, der Fall.

Zu den Begriffen **Aussichtslos oder wesentliche erschwert** siehe unter Observation zur Strafverfolgung, oben, Erster Abschnitt, II. in diesem Kapitel..

Schließlich kann ein verdeckter Ermittler auch eingesetzt werden, wenn die **besondere Bedeutung** der Tat diese Ermittlungsmethode gebietet. Das könnte gegeben sein, wenn das Sicherheitsgefühl der Bürger besonders beeinträchtigt (potentielle Terroristen versenden Briefe mit Milzbranderregern). Allerdings muss die Aufklärung ansonsten aussichtslos sein.

In der KPB A-Stadt wird die kleine 7jährige Sabine O. tot aufgefunden. Das Mädchen wurde nach dem Schulbesuch letztmalig gesehen. Aufgrund der Spurenlage ist davon auszugehen, dass das Kind vergewaltigt und dann erdrosselt wurde. Im Zuge der Ermittlungen ergibt sich ein Tatverdacht gegen den Stiefvater, der kein Alibi hat. Allerdings lässt das objektive Spurenmaterial seine Überführung nicht zu. Er selbst schweigt zum Tatvorwurf. Zeugenaussagen gibt es nicht. Daraufhin entschließt sich der Leiter der Mordkommission mit Zustimmung der Staatsanwaltschaft einen verdeckten Ermittler im Umfeld des auf freiem Fuß befindlichen Tatverdächtigen einzusetzen. Unter falschem Namen, ausgestattet mit einem falschen Miet- und Arbeitsvertrag, wird er in dem Mehrfamilienhaus, in dem sich auch die Wohnung des Beschuldigten befindet, als Hausmeister etabliert.

In diesem Sachverhalt der ermordeten 7 jährigen Sabine O. spricht die Vergewaltigung des Kindes und die anschließende Tötung für einen krankhaften Defekt des Täters und damit für eine Wiederholungsgefahr. Nach dem derzeitigen Ermittlungsstand ist nicht davon auszugehen, dass die Tat dem Stiefvater zu beweisen ist, weil weder geeignete Zeugen noch eine brauchbare objektive Spurenlage seine Überführung ermöglichen.

Bei einem Banküberfall wurde der Kassierer durch einen Einzeltäter erschossen. Es wurden 500.000 EURO entwendet. Die Bevölkerung ist durch die Tat sehr beunruhigt. Ein Tatverdacht richtet sich gegen Hubert Bargeldlos. Trotz aller bisheriger Ermittlungsmaßnahmen konnte er nicht überführt werden. Seine Frau verschafft ihm ein nicht zu widerlegendes Alibi, ausreichende objektive Spuren sind nicht vorhanden. Sonstige Zeugenaussagen führen nicht weiter. Eine Telefonüberwachung blieb ergebnislos. Deshalb zeichnet sich ab, dass diese Tat ohne den Einsatz eines verdeckten Ermittlers nicht aufgeklärt werden kann.

## 1.2   Zugelassene Rechtsfolgen

Zugelassen wird die bewusst heimliche, getarnte und verschleierte **personenbezogene Datenerhebung** durch den verdeckten Ermittler.

Die Maßnahme richtet sich grundsätzlich gegen den oder **die Beschuldigten**. Im Zusammenhang mit seinem Einsatz ist es dem verdeckten Ermittler auch erlaubt, personenbezogene **Daten sonstiger Personen** zu erheben, um Beschuldigte feststellen oder seine Ermittlungen gegen Beschuldigte durchführen zu können. Dies folgt bereits aus der Tatsache, dass der Gesetzgeber die Einsatzrichtung nicht beschränkt, sondern lediglich an der Aufklärung der Katalogtaten orientiert hat. Schließlich kommen als Adressaten die (im vorhinein nicht bestimmbaren) Personen in Betracht, deren Wohnung der verdeckte Ermittler betritt (vgl. § 100 d Abs. 1 StPO - vgl. dazu auch unten).

Ein verdeckter Ermittler darf unter der **Legende** zur Erfüllung seines Auftrages am Rechtsverkehr teilnehmen (vgl. im einzelnen § 110a Abs. 2 und 3 StPO).

Soweit es für den Aufbau und zur Aufrechterhaltung der Legende unerläßlich ist, dürfen gemäß § 110a Abs. 3 StPO entsprechende Urkunden hergestellt, verändert und gebraucht werden (z.b. Zeugnisse der Industrie- und Handelskammer, Pässe, Führerscheine, Kraftfahrzeugbriefe und -scheine, Mietverträge).

> Im o.g. Fall der ermordeten Sabine O. war es daher zulässig, den verdeckten Ermittler mit einem falschen Namen sowie mit falschem Miet- und Arbeitsvertrag im Wohnhaus zu etablieren und gegen den Beschuldigten zur Informationserhebung einzusetzen.

Der verdeckte Ermittler darf unter Verwendung seiner Legende mit Einverständnis des Betroffenen dessen **Wohnung** betreten (§ 110c Satz 1 StPO). Das Einverständnis darf dabei nicht durch ein über die Nutzung der Legende hinausgehendes Vortäuschen eines Zutrittsrechts herbeigeführt werden (vgl. dazu oben).

## 2. Verfahrens- und Formvorschriften

Der **Einsatz** des verdeckten Ermittlers erfolgt erst nach **Zustimmung der Staatsanwaltschaft**. Bei Gefahr im Verzuge trifft die Polizei die Entscheidung und holt die Zustimmung der Staatsanwaltschaft binnen 3 Tagen nach (§ 110b Abs. 1 StPO).

Richtet sich die Maßnahme gegen einen **bestimmten Beschuldigten** oder muss der verdeckte Ermittler (wahrscheinlich) eine nicht jedermann zugängliche **Wohnung betreten**, ist die **Zustimmung des Richters**, bei Gefahr im Verzug der Staatsanwaltschaft, unerlässlich. Der Polizei ist in dieser Hinsicht keine Entscheidungskompetenz eingeräumt. Auch die Anordnung der Staatsanwaltschaft tritt außer Kraft, wenn der Richter nicht innerhalb von 3 Tagen zustimmt (§ 110b Abs. 2 StPO).

Grundsätzlich darf jeder zuständige Polizeibeamte als verdeckter Ermittler eingesetzt werden. Der Einsatz ist allerdings durch einschränkende Vorschriften der zuständigen Justiz- und Innenministerien geregelt.

§ 110b Abs. 3 StPO: Die **Identität** des verdeckten Ermittlers kann auch nach Beendigung des Einsatzes geheim gehalten werden, insbesondere dann, wenn die Voraussetzungen des § 96 StPO vorliegen, also

- die Offenbarung Anlass zu der Besorgnis gibt, dass
  + Leib, Leben oder Freiheit des verdeckten Ermittlers,
  + Leib, Leben oder Freiheit einer anderen Person oder
  + die Möglichkeit der weiteren Verwendung des verdeckten Ermittlers
  gefährdet würde oder
- das Bekanntwerden dem Wohl des Bundes oder eines deutschen Landes Nachteile
  bereiten würde (§ 96 StPO).

Der für den Einsatz des verdeckten Ermittlers zuständige Richter oder Staatsanwalt kann verlangen, dass die Person des verdeckten Ermittlers ihm gegenüber offenbart wird. Im übrigen ist in einem Strafverfahren die Geheimhaltung der Identität nach Maßgabe des § 96 StPO zulässig.

Hinsichtlich der **Benachrichtigungspflichten** nach dem Einsatz und der **Verwendung der erlangten Erkenntnisse** durch den Einsatz im Rahmen eines anderen Strafverfahrens sind die § 110d und § 110e StPO zu beachten. Personen, deren Wohnung der verdeckte Ermittler betreten hat, sind von dem Einsatz zu benachrichtigen, sobald dies ohne Gefährdung des Untersuchungszwecks, der öffentlichen Sicherheit, von Leib oder Leben einer Person sowie der Möglichkeit der weiteren Verwendung des verdeckten Ermittlers geschehen kann (§ 110d Abs. 1 StPO). Die **Benachrichtigung ist Sache der Staatsanwaltschaft.**

Die durch den Einsatz des verdeckten Ermittlers erlangten personenbezogenen Informationen dürfen in anderen Strafverfahren zu Beweiszwecken nur verwendet werden, soweit sich bei Gelegenheit der Auswertung Erkenntnisse ergeben, die zur Aufklärung einer in § 110a Abs. 1 bezeichneten Straftat benötigt werden (§110e StPO).

> Im Zuge seiner Ermittlungen gegen einen Bankräuber erfährt der verdeckte Ermittler, dass der Beschuldigte gemeinsam mit anderen Rechtsradikalen auch für die Brandstiftung in einem Asylantenheim verantwortlich ist, bei dem ein Mensch getötet wurde. Diese Information darf verwendet werden.

Die Verwendung zur Gefahrenabwehr richtet sich nach § 481 StPO i.V.m. § 22 ff. PolG.

Entscheidungen und sonstige **Unterlagen** über den Einsatz verdeckter Ermittler werden gemäß § 110d Abs. 2 StPO bei der Staatsanwaltschaft verwahrt.

# Vierter Abschnitt
# Der Einsatz von Vertrauens-Personen (V-Personen)

Übersicht
Vorbemerkungen
I.    V-Mann-Personen zur Gefahrenabwehr
1.    Ermächtigung
1.1    Zulässigkeitsvoraussetzungen
1.1.1    zum Schutz von Personen
1.1.2    zur Verhütung bedeutender Straftaten
1.2    Rechtsfolgen
2.    Verfahrens- und Formvorschriften
II.    V-Personen-Einsatz zur Strafverfolgung
1.    Ermächtigung
1.1    Zulässigkeitsvoraussetzungen
1.2    Zugelassene Rechtsfolgen
1.3    Adressaten der Maßnahme
2.    Verfahrens- und Formvorschriften
3.    Allgemeine Hinweise

## Vorbemerkungen

„Zur Erfüllung ihrer Aufgaben sind Polizei und Staatsanwaltschaft in zunehmendem Maße auf Informationen und Hinweise aus der Öffentlichkeit angewiesen. Diese lassen sich oft nur gegen Zusicherung der Vertraulichkeit gewinnen. Darüber hinaus ist bei bestimmten Erscheinungsformen der Kriminalität der Einsatz von Vertrauenspersonen erforderlich" (RiStBV, Anlage D, Ziff. 1.)

„V-Personen" sind Vertrauenspersonen, die, ohne der Polizeibehörde oder der Staatsanwaltschaft anzugehören, bereit sind, sie bei der Abwehr bestimmter Gefahren bzw. bei der Aufklärung von Straftaten über längere Zeit vertraulich zu unterstützen und deren Identität grundsätzlich geheim gehalten wird (so in Bezug auf die Strafverfolgung RiStBV, Anlage D, 2.2.). Es handelt sich folglich um **polizeifremde (Privat)Personen, die gezielt eingesetzt, eingeplant und beauftragt** werden.

Das ist nicht schon der Bürger, der von der Polizei gebeten wird, zukünftig Augen und Ohren offen zu halten. Dazu gehören auch nicht Personen, die im Rahmen von Befragungen oder Vernehmungen der Polizei etwas mitteilen sollen. Auch die Bitte, an einen Mitbürger, sich "mal umzuhören", erreicht nicht diese Eingriffstiefe. Solche Maßnahmen sind aufgrund der Generalklauseln (zur Gefahrenabwehr nach § 8 PolG oder zur Strafverfolgung nach § 163 Abs. 1 StPO) zulässig (oben 1. Kapitel).

Der Einsatz einer „V-Person" muss sich gezielt gegen eine bestimmte oder bestimmbare Person richten (vgl. Vahle, Der Praktische Fall, Kriminalistik 1991, S. 719), um über längere Zeit heimlich Erkenntnisse über bestimmte Personen und aus dem Umfeld bestimmter Personen zu gewinnen..

Die Identität von „V-Personen" wird grundsätzlich geheim gehalten. Sie sind „**freie Mitarbeiter" der Polizei** (Kleinknecht/Meyer-Goßner, a.a.O, § 110a RdNr. 4); im

Außenverhältnis arbeiten sie gleichwohl nicht im rechtsfreien Raum, sondern werden - ohne dass ihnen hoheitliche Befgnisse übertragen sind - als verlängerter Arm der Polizei auf dem Boden des öffentlichen Rechts tätig. Schranken des Rechtes darf die V-Person nur mit einem anerkannten Rechtfertigungsgrund übersteigen, weil ein Verstoß dem Staat zugerechnet wird (Kleinknecht/Meyer-Goßner, a.a.O, § 163 RdNr. 34a). Das Innenverhältnis richtet sich nach zivilrechtlichen Bestimmungen (vgl. insgesamt Kniesel/Vahle, Polizeiliche Informationsverarbeitung und Datenschutz im künftigen Polizeirecht, a.a.O., S. 51. RdNr. 81).

Der Einsatz von "V-Leuten" dient der **Verhütung schwerwiegender Störungen bestimmter individueller Rechtsgüter**, der **Verhinderung von Straftaten** oder der **Verfolgung von bedeutenden Straftaten.** Die Kriminalitätsentwicklung, insbesondere Erscheinungsformen der organisierten Kriminalität, machen heute mehr denn je den Einsatz dieser Personen erforderlich. Es gibt im organisierten kriminellen Milieu zunehmend Abschottungstendenzen. In vielen Banden agieren Ausländer, so dass verdeckte Ermittler dort nicht oder nur bedingt eingesetzt werden können. "V-Personen" können aber nur dann gewonnen werden, wenn ihnen die Geheimhaltung ihrer Identität zugesichert werden kann.

Die Polizei geht mit Hilfe der eingesetzten Person heimlich, täuschend und überlistend vor. Die Maßnahme ist daher ein **schwerwiegender faktischer Eingriff in das Recht auf informationelle Selbstbestimmung** im Sinne des Art. 2 Abs. 1 i. V. m. Art. 1 Abs. 1 GG.

Während der NRW-Gesetzgeber für die Gefahrenabwehr in § 19 PolG eine spezielle Befugnisnorm geschaffen hat, ist dies für die Strafverfolgung nicht geschehen. Insoweit ist deshalb grundsätzlich § 163 StPO die maßgebliche Befugnisnorm.

## I.    "V-Mann-Einsatz" zur Gefahrenabwehr

### 1.    Ermächtigungsgrundlage

Im Rahmen der Gefahrenabwehr richtet sich der Einsatz einer "V-Person" nach § 19 PolG.

---

**§ 19    Datenerhebung durch den Einsatz von Personen, deren Zusammenarbeit mit der Polizei Dritten nicht bekannt ist**

**(1) Die Polizei kann personenbezogene Daten erheben durch den Einsatz von Personen, deren Zusammenarbeit mit der Polizei Dritten nicht bekannt ist,**
**1.  über die in den §§ 4 und 5 genannten und unter den Voraussetzungen des § 6 über die dort genannten Personen, wenn dies zur Abwehr einer gegenwärtigen Gefahr für Leib, Leben oder Freiheit einer Person erforderlich ist,**
**2.  über Personen, soweit Tatsachen die Annahme rechtfertigen, dass diese Personen Straftaten von erheblicher Bedeutung begehen wollen, sowie über**

---

deren Kontakt- oder Begleitpersonen, wenn die Datenerhebung zur vorbeugenden Bekämpfung dieser Straftaten erforderlich ist.
Dabei dürfen auch personenbezogene Daten über andere Personen erhoben
werden, soweit dies erforderlich ist, um eine Datenerhebung nach Satz 1
durchführen zu können.
(2) ... (Anordnungsbefugnis)
(3) ... (Unterrichtungspflicht)

## 1.1 Zulässigkeitsvoraussetzungen

Die Ermächtigung erstreckt sich (wie die Observation und der Einsatz technischer Mittel
nach §§ 16, 17 und 18 PolG) auf zwei Alternativen.

### 1.1.1 Alternative 1

Entsprechend § 19 Abs. 1 Nr. 1 PolG ist der V-Mann-Einsatz zulässig zur

- **Abwehr einer gegenwärtigen Gefahr**
- **für Leib, Leben oder Freiheit einer Person, wenn dies**
- **zur Gefahrenabwehr erforderlich ist.**

Gefordert wird zunächst eine **gegenwärtige Gefahr für Leib, Leben** oder die **Freiheit**
eines Menschen. Es muss also ein Sachverhalt vorliegen, bei dem entweder eine Störung
zum Nachteil der genannten Rechtsgüter eines Menschen bereits eingetreten ist und
andauert oder mit hinreichender Wahrscheinlichkeit in allernächster Zukunft zu erwarten
ist. Zu berücksichtigen ist, dass an die Wahrscheinlichkeit des Schadenseintritts angesichts der Bedeutung dieser Rechtsgüter nicht zu hohe Anforderungen zu stellen sind.

a) A. war Mitglied der rechtsradikalen S-Gruppe, die für mehrere Brandanschläge auf
Asylantenheime in K. verantwortlich gemacht wird. Für die Beweisführung in
einem Strafverfahren reichten die Fakten bislang aber nicht aus. A. hat sich
zwischenzeitlich von der Gruppe gelöst. Er will "reinen Tisch" machen, hat sich
aber noch nicht eingehend offenbart. KK Schlau (Sch.) erfährt aus zuverlässiger Quelle, dass A. offenbar durch Mitglieder der S-Gruppe massiv unter Druck
gesetzt wird. Zudem wird Schlau berichtet, dass die Rädelsführer der Gruppe
einen Anschlag auf A. planen. Einzelheiten sind aber nicht zu erfahren. Daraufhin ordnet der Polizeipräsident in K. den Einsatz eines in der Szene etablierten
"V-Mannes" (V.) gegen die Rädelsführer der Gruppe an. Er soll herausbekom-
men, ob tatsächlich ein Anschlag geplant ist, wer die Verantwortlichen sind
und was im einzelnen vorgesehen ist.
Diese Voraussetzungen der Ermächtigung liegen im Fall des "rechtsextremistischen Aussteigers A." vor. Zwar ist noch nicht bekannt, um welche Art
Anschlag es sich handeln könnte und wann er durchgeführt werden soll.
Gleichwohl ist vor dem Hintergrund der Gruppenstruktur, der vorliegenden
Verdachtsmomente im Hinblick auf die Brandanschläge gegen Asylantenheime
und der allgemeinen Erkenntnisse über die Gruppendynamik in rechtsextremistischen Vereinigungen eine gegenwärtige Gefahr gegeben. Ein Anschlag,

und damit die Beeinträchtigung von Leben und Gesundheit des A., könnte jederzeit durchgeführt werden.

b) In einer Auseinandersetzung von Mitgliedern rivalisierender Rauschgiftdealer-gruppen wird eine Person entführt, um durch Drohungen Marktanteile zu gewinnen.

c) Die Polizei erhält einen glaubhaften Hinweis, dass noch unbekannte Mitglieder einer terroristischen Vereinigung einen Mordanschlag auf einen Politiker planen.

Auch in solchen Fällen wäre ein V-Mann-Einsatz zulässig.

Die Betroffenen müssen **Verantwortliche im Sinne der §§ 4 - 6 PolG** sein (vgl. dazu grundlegend Band I, 4. Kapitel, Zweiter Abschnitt). Das bedeutet, sie müssen entweder Verhaltensverantwortliche, Zustandsverantwortliche für eine Sache oder ein Tier oder unbeteiligte Dritte sein, die ausnahmsweise aus übergeordnetem Interesse in Anspruch genommen werden dürfen.

Die Daten **sonstiger Personen** darf die Polizei durch den Einsatz des V-Mannes nur erheben, wenn dies erforderlich ist, um die Datenerhebung gegen die vorgenannten Verantwortlichen durchführen zu können.

Der V-Mann (V.) wird im Fall des rechtsextremistischen Aussteigers A. im Umfeld der Rädelsführer der S-Gruppe tätig. An einem Essen der Zielpersonen nehmen auch deren Freundinnen teil. V. verschafft sich dabei auch zwangsläufig Informationen über diese Frauen.

Ob der **Einsatz eines "V-Mannes" erforderlich** ist, hängt von den Umständen des Einzelfalls ab. Er muss demnach geeignet und das für den Betroffenen und die Allgemeinheit mildeste Mittel sein. Genügen weniger belastende Eingriffe, etwa die Befragung von Personen, so ist der "V-Mann-Einsatz" unzulässig. Bei der Prüfung der Erforderlichkeit ist aber zu berücksichtigen, dass diese Maßnahme zusammen mit anderen verdeckten Maßnahmen eine Einheit darstellen kann. So kann sie insbesondere Observationsmaßnahmen und den Einsatz technischer Mittel notwendig ergänzen, um im Interesse einer wirksamen Gefahrenabwehr die Informationsbeschaffung auf breiter Basis sicherzustellen.

Im o.g. Sachverhalt des rechtsextremistischen Aussteigers A. sind auch diese Voraussetzungen erfüllt. Die Rädelsführer der S-Gruppe sind nach dem polizeilichen Informationsstand Verhaltensstörer im Sinne des § 4 Abs. 1 PolG, weil sie für die Planung des Anschlags verantwortlich sein sollen. Zur Abwehr der gegenwärtigen Gefahr für Leben und Gesundheit des A. kommen weniger beeinträchtigende Maßnahmen nicht in Betracht. Durch eine Befragung der Personen könnten keine Hinweise erlangt werden. Andere offene Maßnahmen, z.B. die Durchsuchung der Wohnungen der Rädelsführer, wären nicht hinreichend Erfolg versprechend, weil in Gruppen dieser Art regelmäßig eine intensive Abschottung und Verschleierung betrieben wird. Die Observation und der Einsatz technischer Mittel sind zum einen nicht als weniger belastende Eingriffe zu bezeichnen. Zum anderen kommen sie als korrespondierende Informationserhebungseingriffe in Betracht.

**Die Adressaten** der Befugnis nennt das Gesetz unmittelbar. Es sind Personen, die

- **nach den §§ 4 - 6 PolG in Anspruch genommen werden dürfen oder**
- **andere Personen, soweit dies erforderlich ist, um eine Datenerhebung gegen die Verantwortlichen nach den §§ 4 bis 6 PolG durchführen zu können.**

## 1.1.2 Alternative 2

§ 19 Abs. 1 Nr. 2 PolG gestattet den Einsatz einer Vertrauensperson auch, wenn

- **Tatsachen die Annahme rechtfertigen, dass**
- **Personen Straftaten von erheblicher Bedeutung begehen wollen und**
- **dies zur vorbeugenden Bekämpfung dieser Straftaten**
- **erforderlich ist.**

Wie bereits dem Wortlaut des Gesetzes zu entnehmen ist ("**Straftaten von erheblicher Bedeutung begehen wollen**") zielt die Befugnis auf das Vorfeld ab. Die Intention oder der Schwerpunkt der Maßnahme muss deshalb auf die Unterbindung oder Verhinderung einer Straftat von erheblicher Bedeutung ausgerichtet sein.

**Tatsachen** sind auch in diesem Zusammenhang Fakten (z.B. glaubhafte Hinweise Dritter, Ermittlungsergebnisse der Polizei, Analysedaten). Sie müssen den Schluss rechtfertigen, dass die zu beobachtenden Personen Straftaten von erheblicher Bedeutung begehen werden.

Auch in diesem Kontext muss die **Datenerhebung** durch den Einsatz einer "V-Person" **erforderlich** sein (vgl. dazu oben, Nr. 1).

Im Rahmen eines Ermittlungsverfahrens gegen Schlauch (Sch.) wegen des Besitzes einer kleinen Menge Haschisch sagt dieser: "Kleine wie mich, die hängt man. Aber den Firmendirektor Ungemach (U.), den lasst ihr laufen. Der kann in aller Ruhe einen riesigen Waffendeal vorbereiten!" Weitere Angaben macht er nicht. Der Ermittlungsbeamte KHK Scharfsinn wird sofort hellhörig. Er musste bereits einmal ein Strafverfahren gegen U. einstellen lassen. Auch damals stand U. in Verdacht, illegale Waffengeschäfte mit einem ausländischen Staat abgewickelt zu haben. Letztlich waren die Beweise aber für eine Anklage nicht ausreichend. U. ist ein "mit allen Wassern gewaschener Mann", der polizeiliche Ermittlungen frühzeitig erkennt und Gegenmaßnahmen trifft. Der Ermittlungsbeamte will deshalb einen "V-Mann" im Unternehmen des U. einsetzen lassen.

**Adressaten der Ermächtigung sind die**

- **potentiellen Täter oder**
- **ihre Kontakt- oder Begleitpersonen und**
- **andere Personen, soweit dies erforderlich ist, um eine Datenerhebung gegen die Verantwortlichen durchführen zu können.**

## 1.2 Zugelassene Rechtsfolgen

Zugelassen wird die **zielgerichtete Erhebung personenbezogener Daten** durch die "V-Person" im Auftrag der Polizei.

> Im Fall des rechtsextremistischen Aussteigers A. wurde demnach mit der Beauftragung der V-Person gezielt personenbezogene Daten (Verhalten, Absichten pp.) der Rädelsführer zu erheben, eine zugelassene Rechtsfolge getroffen.

Die gezielte Entsendung des V-Mannes zur Informationsgewinnung aus einer fremden Wohnung gegen den (mutmaßlichen) Willen des Wohnungsinhabers ist nur im Rahmen des Art. 13 Abs. 7 GG zur Gefahrenabwehr zulässig. Voraussetzung ist, dass eine gemeine Gefahr, eine Lebensgefahr für einzelne Personen oder aufgrund eines Gesetzes dringende Gefahren abzuwehren sind.

Ein Einsatz (ganz allgemein) zur Verhütung von Straftaten ist mit Art. 13 GG nicht vereinbar.

## 2. Verfahrens- und Formvorschriften

Anordnen darf diese Maßnahme zum einen der **Behördenleiter** (oder sein Abwesenheitsvertreter). Darüber hinaus ist die **Anordnungsbefugnis auch** generell **auf bestimmte Beamte** der Behörde **übertragbar** (§ 19 Abs. 2 PolG). Davon wird in der Praxis häufiger Gebrauch gemacht. In vielen Behörden gibt es Polizeibeamte (meist in der ZKB), die solche Datenerhebungseingriffe anordnen dürfen.

Bei einer Missachtung der Vorschrift liegt trotz der Delegationsmöglichkeit die Rechtswidrigkeit der Maßnahme nahe, weil es auch insofern um Grundrechtsschutz durch Verfahren geht. Ordnet ein nicht dazu autorisierter Beamter den "V-Mann-Einsatz" an, besteht nämlich die Gefahr, dass keine sachgerechte Abwägung der widerstreitenden Interessen (Eingriffstiefe/Schutzgutbewertung) erfolgt.

Zwar darf grundsätzlich jeder Beamte den "V-Mann" führen, in der Praxis ist diese Möglichkeit jedoch durch einschlägige Vorschriften beschränkt (vgl. Gem. RdErl. des JM u.d. IM NW v. 17.02.86 in der Fassung vom 15.8.1996 (MBl. NW S. 1562).

Zu beachten ist **§ 9 Abs. 5 PolG** als allgemeine Vorschrift für die Datenerhebung.

Gemäß § 19 Abs. 3 PolG sind **Personen, gegen die sich Datenerhebungen richten** (Verantwortliche nach den §§ 4 - 6 PolG, potentielle Täter sowie Kontakt- und Begleitpersonen, nicht andere Personen), nach Abschluss der Maßnahme hierüber durch die Polizei zu **unterrichten**, sobald dies ohne Gefährdung des Zwecks der Datenerhebung erfolgen kann. Eine Unterrichtung kann unterbleiben, wenn

- der weitere Einsatz dieser Person oder
- Leib oder Leben einer Person (das können z.B. auch Angehörige oder Freunde sein)

gefährdet wäre. Die Unterrichtung unterbleibt, wenn wegen desselben Sachverhalts ein strafrechtliches Ermittlungsverfahren gegen den Betroffenen eingeleitet worden ist.

## II. Der Einsatz von "V-Personen" zur Strafverfolgung

### 1. Ermächtigung

Anders als im PolG NW gibt es in der StPO keine spezielle Ermächtigung für den Einsatz einer "V-Person". Daher sind solche Datenerhebungseingriffe auf die General-klausel des § 163 Abs. 1 StPO zu stützen.

> **§ 163 Polizei als Ermittlungsbehörde**
> **(1) Die Behörden und Beamten des Polizeidienstes haben Straftaten zu erforschen und alle keinen Aufschub gestattenden Anordnungen zu treffen, um die Verdunkelung der Sache zu verhüten. Zu diesem Zweck sind sie befugt, alle Behörden um Auskunft zu ersuchen, bei Gefahr im Verzug auch die Auskunft zu verlangen, sowie Ermittlungen jeder Art vorzunehmen, soweit nicht andere gesetzliche Vorschriften ihre Befugnisse besonders regeln.**
> **(2) ...**

Auch bei V-Leuten zur Strafverfolgung handelt es sich um Personen, die bereit sind (regelmäßig gegen Bezahlung), die Strafverfolgungsbehörden bei der Aufklärung von Straftaten zu unterstützen (Meyer, Kriminalistik 199, S. 49).

#### 1.1 Zulässigkeitsvoraussetzungen

Als Voraussetzungen fordert § 163 Abs. 1 StPO lediglich, dass der **Verdacht einer Straftat** begründet ist und dass keine andere gesetzliche Vorschrift die Befugnisse besonders regelt. Als Rechtsfolge lässt die Vorschrift **Ermittlungen jeder Art** zu. Diese weitreichenden Voraussetzungen können jedoch allein nicht maßgebend sein. Weil sich V-Leute oft nur gegen Zusicherung der Vertraulichkeit gewinnen lassen, bietet sich das Recht zur Vertraulichkeitszusage als Orientierungsmöglichkeit an. Die Voraussetzungen für die Zusicherung der Vertraulichkeit/Geheimhaltung werden in den RiStBV Anlage D, RdNr. 3.1 und durch den Gem. RdErl. des JM u.d. IM NW v. 17.02.86 in der Fassung vom 15.8.1996 (MBl. NW S. 1562) näher bestimmt. Hier wird festgestellt:

*„Die Zusicherung der Vertraulichkeit /Geheimhaltung kommt im Bereich der Schwer-kriminalität, organisierten Kriminalität, des illegalen Betäubungsmittel- und Waffen-handels, der Falschgeldkriminalität und der Staatsschutzdelikte in Betracht"*

*„Im Bereich der mittleren Kriminalität bedarf es einer besonders sorgfältigen Prüfung des Einzelfalles. Die Zusicherung der Vertraulichkeit/Geheimhaltung wird ausnahmsweise dann in Betracht kommen, wenn durch eine Massierung gleichartiger Straftaten ein die Erfüllung öffentlicher Aufgaben oder die Allgemeinheit ernsthaft gefährdender Schaden eintreten kann".*

*„In Verfahren der Bagatellkriminalität kommt die Zusicherung der Vertraulichkeit/Geheimhaltung nicht in Betracht".*

Diese Vorgaben entsprechen dem Übermaßverbot. Insoweit muss die geeignete Maßnahme erforderlich und vor allem verhältnismäßig sein.

Das **Erforderlichkeitsprinzip** stellt darauf ab, dass keine milderen Mittel vorhanden sind, um die Tat, das Ausmaß der Tat und die Täterkreise in annähernd gleichem und gesicherten Umfang klären zu können. Die Klärung der Tatumstände muss auf andere Weise **wesentliche erschwert** oder gar **aussichtslos** sein (RiStBV, Anlage D, RdNr. 3.3.2).

Weil die Datenerhebung durch eine Vertrauensperson ein besonders schwerwiegender Eingriff in die Rechte des Betroffenen ist, ist die Maßnahme bei sachgerechter Güterabwägung nur zulässig (verhältnismäßig), wenn **bedeutende Straftaten** aufgeklärt werden sollen.

Insoweit ist insgesamt festzustellen, dass der Einsatz von V-Personen nach § 163 Abs. 1 StPO unter Berücksichtigung des Übermaßverbotes nur zulässig ist, wenn

- **hinreichend tatsächliche Anhaltspunkte vorliegen, die**
- **den Verdacht begründen, dass Straftaten von erheblicher Bedeutung begangen wurden,**
- **die Aufklärung der Tat sonst aussichtslos oder wesentlich erschwert wäre und**
- **keine speziellen Befugnisse vorhanden sind.**

Zu den Tatbestandsvoraussetzungen „**Straftaten von erheblicher Bedeutung**", „**aussichtslos**" und „**wesentlich erschwert**" siehe Erläuterungen unter Observation zu Strafverfolgung, Erster Abschnitt, II. in diesem Kapitel.

KHK Scharf (Sch.) ermittelt gegen eine Personengruppe, die in Verdacht steht, in großem Stil den Straßenverkauf von Heroin in der Innenstadt von D. zu organisieren. Alle bisherigen Ermittlungsansätze (Zeugenvernehmungen, Durchsuchungen pp.) führten nicht zum Erfolg. Sch. will deshalb seinen "V-Mann" in der Szene gegen den mutmaßlichen Bandenchef Fritz Pille (P.) einsetzen. In diesem Sachverhalt liegen die Voraussetzungen für einen "V-Mann-Einsatz" vor. Der organisierte Handel mit Heroin ist eine Straftat von erheblicher Bedeutung in diesem Sinne. Die herkömmlichen offenen Ermittlungsmethoden der Polizei führten bislang nicht zur Aufklärung der Tat. Neben anderen, mindestens ebenso gravierenden verdeckten Eingriffen (z.B. Observation und Einsatz technischer Mittel), war der "V-Mann-Einsatz" eine erforderliche Maßnahme zur Aufklärung der Straftaten.

## 1.2 Adressaten der Ermächtigung

§163 Abs. 1 StPO bestimmt die Richtung der Maßnahme nicht. Aus Sinn und Zweck der Ermächtigung ist jedoch zu folgern, dass der Verdächtige und der Personenkreis, der in Beziehung zu ihm steht, als Adressaten in Betracht kommen. Daneben können auch die unvermeidbar betroffenen Dritten belastet werden. Adressaten sind somit

- **die Beschuldigten sowie**
- **ihre Kontakt- und Begleitpersonen**

**Unbeteiligte Dritte** dürfen dann in die Datenerhebung einbezogen werden, wenn nur so die Informationsbeschaffung möglich ist (Erforderlichkeitsgrundsatz).

## 1.3 Rechtsfolgen

Liegen die Voraussetzungen vor, darf die "V-Person" **zielgerichtet zur Erhebung personenbezogener Daten** eingesetzt werden.

Die Vertrauensperson darf kein Recht verletzen. Die gezielte Entsendung des V-Mannes in eine fremde Wohnung, um zum Zwecke der Strafverfolgung Informationen zu erheben, ist unzulässig, soweit die Maßnahme gegen den (mutmaßlichen) Willen des Wohnungsinhabers gerichtet ist. Weil Art. 13 GG zur Strafverfolgung nur die Durchsuchung und als verdeckte Maßnahme nur den Lauscheingriff gestattet, sind darüber hinausgehende Maßnahmen verfassungswidrig. Der Einsatz von V-Leuten kann nicht dazu genutzt werden, um Lücken durch fehlende Befugnisse der Polizei verfassungswidrig auszufüllen.

> Im o.g. Sachverhalt soll der "V-Mann" personenbezogene Daten über den Bandenchef als Beschuldigten erheben. Das ist eine zugelassene Rechtsfolge.

## 2. Verfahrens- und Formvorschriften

Nach dem Gesetz sind keine besonderen Anordnungs- und Durchführungsbeschränkungen vorhanden. Damit dürfte grundsätzlich jeder zuständige Polizeibeamte eine "V-Person" beauftragen und führen. Allerdings sind im Innenverhältnis die einschlägigen Erlassregelungen und Richtlinien zu beachten.

Die **"V-Person" ist** grundsätzlich im späteren Verfahren **Zeuge**, d.h., dass sie über ihre Person und ihre Wahrnehmungen nach den Grundsätzen des Strafverfahrens Auskunft zu geben hat. Soweit aber Gründe des Schutzes der "V-Person", ihrer Angehörigen oder Gründe des Allgemeinwohls entgegenstehen, wird die Strafverfolgungsbehörde eine **Sperrerklärung** auch gegenüber dem Gericht abgeben (vgl. dazu auch § 96 StPO). Für den Beschuldigten besteht die Möglichkeit, gegen eine solche Sperrerklärung Rechtsschutz nach § 23 EG GVG in Anspruch zu nehmen und sich so an das zuständige OLG zu wenden (vgl. Ranft, a.a.O., S. 106, m.w.N.).

Um sicherzustellen, dass die V-Person tatsächlich nicht bekannt wird, schränken Dienstanweisungen zur gründlichen Prüfung der Voraussetzungen die Anordnungskompetenz ein. Erlass und Richtlinien sehen für den Polizeibereich vor, dass **der Leiter der Abteilung Gefahrenabwehr/Strafverfolgung anordnungsbefugt** ist, dieser aber die Kompetenz auf den Leiter der Unterabteilung übertragen kann. Bei Gefahr im Verzug entscheidet der nächste Vorgesetze des Sachbearbeiters (siehe im Einzelnen Gem. RdErl. des JM u.d. IM NW v. 17.02.86, MBl. NW. S. 203, Teil B, RdNr. 2.1.

„Vor der Zusicherung der Vertraulichkeit gegenüber einem Informanten ist **die Einwilligung der Staatsanwaltschaft herbeizuführen**, es sei denn, dass der Untersuchungszweck gefährdet würde (Gem. RdErl. des JM u.d. IM NW v. 17.02.86, MBl. NW. S. 203, Teil A, RdNr. 5.2). Soll eine V-Person in einem Ermittlungsverfahren gezielt eingesetzt werden, so ist zur Bestätigung der zugesicherten Geheimhaltung für diesen Einsatz die **Einwilligung der Staatsanwaltschaft** herbeizuführen. Kann die Einwilligung nicht rechtzeitig herbeigeführt werden, so ist die Staatsanwaltschaft unverzüglich zu unterrichten (RiStBV Anlage D, RdNr. 5.3; Gem. RdErl. des JM u.d. IM NW v. 17.02.86, MBl. NW. S. 203, Teil A, RdNr. 5.3).

## 3.  Allgemeine Hinweise

Der "V-Mann-Führer" der Polizei oder andere Polizeibeamte, die mit der Vertrauensperson zusammengearbeitet haben, erhalten in Fällen rechtmäßiger Vertraulichkeits-/Geheimhaltungszusage keine **Aussagegenehmigung** im Hinblick auf solche Auskünfte, die eine Identifizierung der Vertrauensperson ermöglichen würden (vgl. § 54 StPO). Die Versagung der Aussagegenehmigung ist nur durch die oberste Dienstbehörde im Rahmen des § 65 LBG NW möglich. Die Bedeutung der gerichtlichen Wahrheitsfindung ist dabei zu berücksichtigen (vgl. Kleinknecht/Meyer-Goßner, a.a.O., § 54, RdNr. 20).

**"V-Leute"** sind im Rahmen des Gerichtsverfahrens **für das Gericht unerreichbar**, wenn die Strafverfolgungsbehörden ihre Identität nicht preisgeben. "Ein Beweisantrag (auf Vernehmung eines solchen Zeugen) darf nur abgelehnt werden, nachdem das Gericht die zuständige Behörde zu einer substantiierten Äußerung über ihre Sicherheitsbedenken veranlasst und wenigstens versucht hat, das Einverständnis mit einer Vernehmung zu erlangen, die diesen Bedenken Rechnung trägt" (so Kleinknecht/Meyer-Goßner, a.a.O., § 244, RdNr. 66, m.w.N.). In Betracht kommen dabei z.B. Vernehmungen unter Ausschluss der Öffentlichkeit, in Abwesenheit des Angeklagten, unter Verlegung an einen anderen Ort oder im Wege der kommissarischen Vernehmung.

"Auch das **Wissen eines V-Mannes** der Polizei, der dem Gericht infolge Verweigerung der Aussagegenehmigung (§ 54) oder der Auskunft über Person und Anschrift nicht zur Verfügung steht, **kann** inhaltlich **durch Vernehmung eines Beamten der Polizei** oder des Verfassungsschutzamtes **in den Prozess eingeführt werden**" (so Kleinknecht/Meyer-Goßner, a.a.O., § 250, RdNr. 5, m.w.N.).

Im Prozess können die Aussagen einer gesperrten und für das Gericht nicht erreichbaren V-Person auch verlesen werden (vgl. Kleinknecht/Meyer-Goßner, a.a.O., § 251, RdNr. 33, m.w.N.).

# Fünfter Abschnitt
# Die Überwachung der Telekommunikation - § 100a StPO

„Telekommunikation ist der technische Vorgang des Aussendens, Übermittelns und Empfangens von Nachrichten jeglicher Art in der Form von Zeichen, Sprachen, Bildern oder Tönen mittels technischer Einrichtungen oder Systeme, die als Nachrichten identifizierbare elektromagnetische oder optische Signale senden, übertragen, vermitteln, empfangen, steuern oder kontrollieren können" (Kleinknecht/Meyer-Goßner, a.a.O., § 110a, RdNr. 2).

Die Überwachung und Aufnahme der Telekommunikation ist das **Abhören und Aufzeichnen des Fernsprech- und Funkverkehrs sowie das Mitlesen des Fernschreibverkehrs** durch Richter, Staatsanwälte und die im Polizeidienst tätigen Hilfsbeamten der Staatsanwaltschaft (i.S.d. § 152 GVG) für die Zwecke des Strafverfahrens (vgl. § 100b Abs. 3 StPO).

Solche Maßnahmen sind zur **Gefahrenabwehr** aufgrund des Polizeigesetzes **nicht zulässig**. Das ist bereits § 7 PolG zu entnehmen, der Artikel 10 GG nicht zitiert (siehe Erstes Kapitel, I.).

Die Überwachung des Fernmeldeverkehrs stellt einen schwerwiegenden faktischen **Eingriff in** das **Fernmeldegeheimnis** im Sinne des Art. 10 GG **und** in das **Grundrecht auf informationelle Selbstbestimmung** im Sinne des Art. 2 Abs. 1 GG i.V.m. Art. 1 Abs. 1 GG dar.

Das Fernmeldegeheimnis schützt die Nachrichtenübermittlung durch unkörperliche Signale (von Münch/Kunig, a.a.O, Art. 10 RdNr. 22) mit Hilfe des Fernmeldeverkehrs und garantiert die Vertraulichkeit aller mit Mitteln des Fernmeldeverkehrs weitergegebenen Mitteilungen. Dazu zählt der Telegramm-, der Telefon- und der Fernschreibverkehr, aber auch die Übertragung von Daten über Standleitungen zwischen Computer u. ä., wie Teletext, Telefax und Bildschirmtext (Jarras/Pieroth, a.a.O, Art. 10 RdNr. 5). Umfasst werden auch der Mobilfunk, Satellitenübertragungen und der Elektronik-Mail-Verkehr. Art. 10 GG schützt vor der „Durchsuchung" einer Mailbox (von Münch/Kunig, a.a.O., Art. 10, RdNr. 40). Auch die Übertragung von EDV-Daten über das öffentliche Fernsprechnetz, z.B. über Online-Anschlüsse, Modems und Akustikkoppler fällt grundsätzlich darunter.

Kein Eingriff in das Grundrecht aus Art. 10 GG liegt vor, wenn ein Polizeibeamter ein Telefongespräch über einen Zweithörer mitverfolgt. Das gilt auch dann, wenn er das Gespräch ohne Wissen des anderen Teilnehmers mithört (vgl. BGH, Urt. v. 08.10.93, auszugsweise in NPA 507, § 100a StPO, Bl. 9 ff.). Eine solche Informationsbeschaffung ist aufgrund des § 163 StPO möglich (siehe oben, 1. Kapitel, II.)

**Art. 10 GG gewährleistet einen umfassenden Schutz dieser Kommunikationsbeziehungen. Gewährleistet sind die Vertraulichkeit der Teilnehmernummern, des Datums, der Dauer und die Uhrzeit von Gesprächen (BVerfGE 67, 157,172; 85, 386, 396; Von Münch/Kunig, a.a.O., Art. 10, RdNr. 22).**

Beschränkungen dürfen nur **aufgrund eines Gesetzes** erfolgen. Eine solche Ermächtigung ist § 100a StPO.

# 1. Ermächtigung zur Überwachung des Fernmeldeverkehrs

Als Ermächtigung für Eingriffe in den Fernmeldeverkehr ist § 100a StPO heranzuziehen. Auf einen auszugsweisen Abdruck des Gesetzestextes wird wegen des Umfangs der Norm an dieser Stelle verzichtet.

## 1.1 Zulässigkeitsvoraussetzungen

Die Überwachung und Aufzeichnung des Fernmeldeverkehrs darf angeordnet werden , wenn

- **bestimmte Tatsachen den Verdacht begründen, dass jemand als Täter oder Teilnehmer (Alleintäter, Mittäter, Anstifter, Gehilfe)**
- **eine Straftat i.S.d. Kataloges aus § 100a Abs. 1 Nr. 1 bis 4 StPO** (Bereich des Staatsschutzes oder der Schwerkriminalität)
- **begangen hat oder**
  **in Fällen, in denen der Versuch strafbar ist, zu begehen versucht**
  **oder**
  **durch eine Straftat vorbereitet hat**
  **und**
- **der von dem Eingriff Betroffene**
  **- Beschuldigter ist oder**
  **- eine Person ist, von der auf Grund bestimmter Tatsachen anzunehmen ist, dass sie für den Beschuldigten bestimmte oder von ihm herrührende Nachrichten entgegennimmt oder deren Anschluss der Beschuldigte benutzt**
  **und**
- **die Erforschung des Sachverhalts oder die Ermittlung des Aufenthaltsortes des Beschuldigten auf andere Weise als durch die Fernmeldeüberwachung aussichtslos oder wesentlich erschwert wäre.**

Gefordert wird zunächst eine durch bestimmte Tatsachen erhärtete Verdachtslage. Den Ermittlungsbehörden müssen **bestimmte Tatsachen** vorliegen, **die den Verdacht einer Anlasstat begründen.** Dabei ist auch die kriminalistische Erfahrung zu berücksichtigen. Solche Tatsachen können z.B. Zeugenaussagen, das Verhalten Verdächtiger nach Bekanntwerden der Tat oder Hinweise glaubhafter Informanten der Polizei sein. Der Tatverdacht muss weder hinreichend noch dringend sein, er darf aber nicht unerheblich sein. Auf Rechtswidrigkeit und Schuld braucht er sich nicht zu erstrecken (vgl. Kleinknecht/Meyer-Goßner, a.a.O., § 100a StPO, RdNr. 6).

KHK Scharf (Sch.), KK 21 der KPB S., ermittelt gegen eine Gruppe von insgesamt fünf jungen Männern und Frauen ("K-Bande"). Sie stehen in Verdacht, in den zurückliegenden drei Monaten eine Serie von Einbrüchen in Gaststätten verübt zu haben. Es wurde insgesamt Bargeld in Höhe von ca. 40.000 EURO entwendet. Der angerichtete Schaden beträgt ca. 50.000 EURO. Obwohl alle Personen arbeitslos sind, führen sie ein ausschweifendes Leben. In der Nähe von zwei Tatorten wurden zu tatrelevanter Zeit Fahrzeuge von Bandenmitgliedern beobachtet. In einem Fall kam es zur Verfolgung der Täter auf frischer Tat durch Polizeibeamte. Diese glaubten in einem der fliehenden Täter den Bandenchef K. erkannt zu haben. Allerdings war eine sichere Identifizierung nicht möglich.

Die Gruppenmitglieder verschafften sich bisher stets gegenseitig Alibis, die bislang nicht widerlegt werden konnten. Sonstige Zeugenaussagen oder geeignete Sachbeweise liegen nicht vor. Weil er anders nicht zum Erfolg kommt, beantragt der zuständige Staatsanwalt auf Anregung des KK Sch. eine "TÜ" für die Telefonanschlüsse der Beschuldigten beim AG.

Hier sind solche Tatsachen im bisherigen Ermittlungsergebnis unter Berücksichtigung kriminalistischer Erfahrungen zu sehen. Als Tatsachen kommen die Erkenntnisse in Betracht, dass Fahrzeuge von Gruppenmitgliedern in der Nähe von zwei Tatorten gesehen wurden, dass in einem Fall Polizeibeamte den Bandenchef auf der Flucht erkannt zu haben glaubten und dass die Betroffenen trotz ungünstiger Lebensumstände einen aufwendigen Lebensstil finanzieren. Das Abschotten nach außen spricht für eine organisierte Bande. Es lag daher der Verdacht strafbaren Handelns im Sinne der §§ 242, 243 und 244 Abs. 1 Nr. 3 StGB und damit einer "Katalogtat" vor.

Der von der Maßnahme Betroffene muss **Beschuldigter** sein. Gegen **andere Personen** ist die Datenerhebung nur zulässig, wenn aufgrund bestimmter Tatsachen (Ermittlungsergebnisse, aktuelle Informationen aus früheren Ermittlungsakten, glaubhafte Hinweise etc. - Vermutungen genügen nicht) anzunehmen ist, dass sie für den Beschuldigten bestimmte oder von ihm herrührende Nachrichten entgegennehmen oder deren Anschluss der Beschuldigte benutzt. Letzteres ist z.B. der Fall, wenn der Beschuldigte zur Untermiete wohnt und das Telefon des Vermieters benutzt. Personen, die Mitteilungen des Beschuldigten entgegennehmen, könnten z.B. nahe Verwandte, die regelmäßig von ihm kontaktiert werden, oder die Eltern eines entführten Kindes sein.

Im Fall der "K-Bande" waren alle jungen Leute Beschuldigte in diesem Sinne. Das Mithören und Aufzeichnen ihrer Telefonate an ihren Anschlüssen ist daher eine zugelassene Rechtsfolge.

Ob die Überwachung des Fernmeldeverkehrs **erforderlich** ist, hängt von den Umständen des Einzelfalls ab. Dabei sind die Interessen des oder der von der Maßnahme Betroffenen sowie diejenigen der Allgemeinheit zu berücksichtigen. Abzustellen ist z.B. auch auf den Arbeits-, Zeit- oder Kostenaufwand für alternative Ermittlungen.

**Die Erfolgsaussichten der Telefonüberwachung müssen entsprechend höher sein als die Erfolgsaussichten anderer Ermittlungsmaßnahmen** (vgl. Kaefer, a.a.O., Kriminalistik 4/92, S. 236).

Im o.g. Fall der "K-Bande" liegen die Voraussetzungen vor: Bisherige offene Ermittlungsmaßnahmen blieben erfolglos. Zwar ist auch an Observationsmaßnahmen und den Einsatz technischer Mittel zu denken. Indessen sind diese Maßnahmen nicht ohne weiteres als geringfügiger einzustufen. Zudem sind sie eher als korrespondierende denn als alternative Maßnahmen anzusehen. Auch wäre eine dauerhafte Observation mit einem sehr hohen Personal- und Kostenaufwand verbunden.

In einer kulturell bedingten Auseinandersetzung erschießt ein ausländischer Mitbürger den Angehörigen einer anderen Familie. Er flüchtet sofort. In der Bundesrepublik gibt es eine Vielzahl von Verwandten und Freunden. Die familiären Strukturen können nicht umfassend aufgehellt werden. Zeugenaussagen gibt es nicht, die Familienangehörigen hüllen sich in Schweigen. Observationsmaßnahmen erscheinen aussichtslos, weil zu viele Familienmitglieder über einen zu langen Zeitraum beobachtet werden müssten. Das wäre auch der Allgemeinheit nicht zuzumuten. Die Staatsanwaltschaft beantragt deshalb die Überwachung des Telefonanschlusses der Familie in der Hoffnung, dass sich der flüchtige Täter dort melden wird.

## 1.2 Zugelassene Rechtsfolgen

Zugelassen werden die Überwachung des Telefon- und Funkverkehrs und die Aufnahme auf Tonträger. Erfasst wird auch der Zugriff auf Daten, die über Telefon aufgegeben in einer Mailbox ruhen (vgl. Kleinknecht/Meyer-Goßner, a.a.O, § 100a, RdNr. 2). *„Die heimliche „Durchsuchung einer Mailbox ist unter den Voraussetzungen des § 100a, 100b StPO zulässig"* (BGH, NJW 1997, 1934, **1935**; von Münch/Kunig, a.a.O., Art. 10, RdNr. 40). Auch das Ablesen einer SMS ist (nur) unter den Voraussetzungen des § 100a zulässig, weil der technische Bereich der Fernmeldeanlage nicht verlassen und der Vorgang nicht abgeschlossen ist.

Schließlich erlaubt die Ermächtigung die Feststellung der Position (des Aufenthaltsortes) des Telefonierenden und soll sogar die Positionsmeldung nicht telefonierender Mobiltelefone, also Feststellung des Aufenthaltsortes eines Mobiltelefonbesitzers, rechtfertigen (Kleinknecht/Meyer-Goßner, a.a.O, § 100a RdNr. 2).

## 2. Verfahrens- und Formvorschriften - §§ 100 b, 101 StPO

Die **Anordnung** steht dem **Richter** zu. Bei **Gefahr im Verzuge** ist auch der **Staatsanwalt** anordnungsberechtigt. Beamte des Polizeidienstes, auch als Hilfsbeamte der Staatsanwaltschaft, sind nicht anordnungsbefugt, auch nicht bei Gefahr im Verzuge.

Die Anordnung der StA tritt außer Kraft, wenn sie nicht innerhalb von drei Tagen richterlich bestätigt wurde.

**Durchführen** darf die Maßnahme u.a. jeder zuständige Polizeibeamte, der Hilfsbeamter der Staatsanwaltschaft ist (vgl. § 100b Abs. 3 StPO).

Im Fall der "K-Bande" wurde die Anordnung des zuständigen Amtsrichters beantragt.

Die **Anordnung** hat **schriftlich** unter Beachtung der Formerfordernisse des § 100b Abs. 2 StPO zu ergehen. Sie ist auf höchstens drei Monate zu befristen, eine Verlängerung um jeweils nicht mehr als drei Monate bei Fortbestehen der Voraussetzungen ist zulässig.

Auf Grund der Anordnung hat jeder **Betreiber von Fernmeldeanlagen**, die für den öffentlichen Verkehr bestimmt sind, dem Richter, dem Staatsanwalt und ihren im Polizeidienst tätigen Hilfsbeamten die Überwachung und Aufzeichnung des Fernmeldeverkehrs zu ermöglichen. Im Falle der Weigerung können die in § 70 StPO bestimmten Ordnungs- und Zwangsmittel durch den Richter festgesetzt werden. Das gilt nicht gegenüber zeugnisverweigerungsberechtigten Personen.

Liegen die Voraussetzungen nicht mehr vor, ist die Maßnahme **unverzüglich** zu **beenden**. Das ist dem anordnenden bzw. mit der Sache befassten Richter und dem entsprechenden Fernmeldebetreiber mitzuteilen.

Die durch **die Maßnahmen erlangten Informationen** dürfen **in anderen Strafverfahren** zu Beweiszwecken nur verwendet werden, soweit sich bei Gelegenheit der Auswertung Erkenntnisse ergeben, die zur Aufklärung einer in § 100a StPO bezeichneten Straftat benötigt werden.

Die Verwendung der erlangten Informationen zur Gefahrenabwehr regelt das Gesetz nicht. Demzufolge sind (unter strenger Anwendung der Verhältnismäßigkeit) die allgemeinen Regeln der 481 StPO i.V.m. § 24 Abs. 2 PolG maßgebend (anders: Kleinknecht/Meyer-Goßner, a.a.O, § 100a RdNr. 15a; diese Ansicht ist jedoch nicht überzeugend, weil das Gesetz in Bezug auf den „großen Lauscheingriff" nach § 100c Abs. 1 Nr. 3 StPO die Verwendung der erlangten Informationen zur Gefahrenabwehr aufgreift und zugleich einschränkt. Weil das in § 100a nicht geschehen ist, folgt daraus, dass die allgemeinen Regeln anzuwenden sind – siehe Band I, 6. Kapitel, Zweiter Abschnitt II, und Dritter Abschnitt II.).

**Die** von den Maßnahmen **Betroffenen** (nicht die unvermeidbar betroffenen sonstigen Personen, z.B. nicht identifizierte Anrufer) sind zu **unterrichten**, sobald dies ohne Gefährdung des Untersuchungszwecks, der öffentlichen Sicherheit, von Leib oder Leben einer Person sowie der Möglichkeit der weiteren Verwendung eines eingesetzten nicht offen ermittelnden Beamten geschehen kann (Benachrichtigungspflicht).

Im Hinblick auf das Verfahren im Einzelnen wird auf den Runderlass des Ministeriums für Inneres und Justiz des Landes Nordrhein-Westfalen vom 26.11.1998 (IV C 2/D 4/A 5-6010/8435/8451) hingewiesen.

# Sechster Abschnitt
# Die polizeiliche Beobachtung

Übersicht
Vorbemerkungen
I.       Polizeiliche Beobachtung zur Gefahrenabwehr
1.       Ermächtigung
1.1      Zulässigkeitsvoraussetzungen
1.2      Zugelassene Rechtfolgen
2.       Verfahrens- und Formvorschriften (insbesondere Anordnungsbefugnis)
II.      Polizeiliche Beobachtung zur Strafverfolgung
1.       Ermächtigung
1.1.     Zulässigkeitsvoraussetzungen
1.2      Rechtfolge
2.       Verfahrens- und Formvorschriften (insbesondere Anordnungsbefugnis)

## Vorbemerkungen

Der Begriff fasst die planmäßigen, grundsätzlich **heimlichen Beobachtungsmaßnahmen zum Gewinnen, Auswerten und Austauschen von Erkenntnissen** mit dem Ziel der Gefahrenabwehr oder der Beweisführung im Zuge eines Ermittlungsverfahrens wegen einer Straftat (vgl. auch PDV 384.2) zusammen. Das Ziel ist es in der Regel, Zusammenhänge und Querverbindungen zu erkennen. Die polizeiliche Beobachtung darf nicht mit der Observation einer Person verwechselt werden. Sie ist weiterhin von dem Einsatz technischer Mittel zu unterscheiden. Während es bei den letzteren Maßnahmen um zielgerichtete unmittelbare Eingriffe geht, soll die polizeiliche Beobachtung durch Ausschreibung in den einschlägigen Fahndungssystemen Erkenntnisse zusammenführen, die aus Anlass allgemeiner Polizeimaßnahmen (z.B. im Rahmen einer Verkehrskontrolle) gewonnen werden.

Die polizeiliche Beobachtung trägt der Entwicklung der modernen Gesellschaft, insbesondere der zunehmenden Mobilität, Rechnung (vgl. Kay/Böcking, a.a.O., S. 109, RdNr. 177).

Es handelt sich um einen schwerwiegenden faktischen **Eingriff in das Recht auf informationelle Selbstbestimmung** (Art. 2 Abs. 1 i.V.m. Art. 1 Abs. 1 GG) aufgrund der Heimlichkeit des Verfahrens.

## I.  Polizeiliche Beobachtung zur Gefahrenabwehr

### 1.  Ermächtigung

Als Ermächtigung zur polizeilichen Beobachtung aus Gefahren abwehrendem Anlass ist § 21 PolG heranzuziehen.

255

---

**§ 21    Polizeiliche Beobachtung**
(1) Die Polizei kann personenbezogene Daten, insbesondere die Personalien einer Person sowie Kennzeichen des von ihr benutzten oder eingesetzten Kraftfahrzeuges, zur Polizeilichen Beobachtung in einer Datei speichern (Ausschreibung zur Polizeilichen Beobachtung), wenn
1. die Gesamtwürdigung der Person und der von ihr bisher begangenen Straftaten erwarten lässt, dass sie auch künftig Straftaten von erheblicher Bedeutung begehen wird,
2. Tatsachen die Annahme rechtfertigen, dass die Person Straftaten von erheblicher Bedeutung begehen wird,
und dies zur vorbeugenden Bekämpfung dieser Straftaten erforderlich ist.
(2) Im Falle des Antreffens der Person oder des von ihr benutzten oder eingesetzten Kraftfahrzeugs können Erkenntnisse über das Antreffen sowie über Kontakt und Begleitpersonen und mitgeführte Sachen an die ausschreibende Behörde übermittelt werden.
(3) Die Ausschreibung zur Polizeilichen Beobachtung darf nur durch den Richter angeordnet werden. ...
(4) ... (Unterrichtungspflicht)

## 1.1    Zulässigkeitsvoraussetzungen

Die polizeiliche Beobachtung wird durch den Gesetzgeber in zweifacher Hinsicht gestattet.

### 1.1.1    Alternative 1

Der Eingriff ist zunächst zulässig,

- wenn die Gesamtwürdigung der Person und der von ihr bisher begangenen Straftaten erwarten lässt, dass
- sie auch künftig Straftaten von erheblicher Bedeutung begehen wird und
- dies zur vorbeugenden Bekämpfung dieser Straftaten
- erforderlich ist.

Voraussetzung ist zunächst, dass die Person bereits Straftaten von erheblicher Bedeutung (vgl. § 8 Abs. 3 PolG) begangen hat. Einfache andere Delikte genügen insofern nicht.

Die Gesamtwürdigung der Person bzw. der von ihr begangenen Delikte muss auch für die Zukunft den Schluss zulassen, dass sie weitere Straftaten von erheblicher Bedeutung begehen wird. Dafür müssen **konkrete Anhaltspunkte** vorliegen. "Auf die konkrete Gefahr der Tatbegehung kommt es nicht an. Der Gesetzgeber verlangt auch nicht, dass Tatsachen die Annahme der Wiederholungsgefahr belegen. Es genügt die auf Erfahrungen gestützte Vermutung, dass der Betroffene von seinem Tun nicht ablassen wird."

(Kay/Böcking, a.a.O., S. 110, RdNr. 178). Im "Visier des Gesetzgebers" waren folglich gefährliche Intensivtäter, die bei der Planung und Ausführung der bisherigen Taten durch besondere kriminelle Energie in Erscheinung getreten sind.

**Von besonderer Bedeutung** sind demnach

- die erkennbare kriminelle Energie bei bisherigen Straftatenplanungen/ und -ausführungen sowie

- die Zeitspanne, in der die Straftaten verübt wurden. Für die Gefahr weiterer Straftaten von erheblicher Bedeutung spricht namentlich die Tatsache, dass Strafen und Resozialisierungsmaßnahmen fruchtlos blieben und der Betroffene seine zuvor üblichen Lebensabläufe wieder aufnimmt.

Antonius Berg war "Schläger" und "Kurier" des "Drogenbarons" S. Wegen mehrerer schwerer Raubdelikte sowie fortgesetzter Drogenstraftaten, die er als Rauchgiftkurier großen Stils für den "Drogenbaron" S. verübte, wurde Antonus Berg zu 6 Jahren Gefängnis verurteilt. Kurz nach seiner Entlassung begeht er in der Diskothek des "Drogenbarons" S. eine einfache Körperverletzung z. N. eines Gastes. Die Umstände sind nicht eindeutig zu ermitteln. Es deutet aber vieles darauf hin, dass er seine früheren Lebensgewohnheiten wieder aufgenommen hat. Der Behördenleiter beantragt die polizeiliche Beobachtung des Antonius Berg beim zuständigen AG. Es soll festgestellt werden, ob Antonius Berg wieder als Drogenkurier für S. arbeiten will. Zur Verhütung künftiger Straftaten sollen die Personalien des Antonius Berg (Name, Vorname, Geburtsdatum und -ort) sowie der von ihm geführte PKW im INPOL ausgeschrieben werden.

In diesem Fall sind die Voraussetzungen erfüllt. Antonius Berg war bereits wegen Straftaten von erheblicher Bedeutung verurteilt worden. Nach der Strafverbüßung wurde er erneut in der Diskothek seines früheren Arbeitgebers straffällig. Zwar verübte er nur eine einfache Körperverletzung. Von ihm waren aber weitere schwere Straftaten zu erwarten. Dafür spricht insbesondere die erkennbare Verstrickung in das frühere kriminelle Milieu. Offenbar hatte er erneut Kontakte zum "Drogenbaron" S. gesucht. Daraus ist nach kriminalistischer Erfahrung der Rückschluss zu ziehen, dass er auch zukünftig wieder für S. Straftaten von erheblicher Bedeutung begehen wird (vorrangig Beteiligungen am Rauschgifthandel).

Die polizeiliche Beobachtung muss **zur vorbeugenden Bekämpfung dieser Straftaten erforderlich** sein. Sie muss insofern für den Betroffenen und die Allgemeinheit das mildeste Mittel zur wirksamen Gefahrenabwehr sein.

Auch diese Prämisse war im Sachverhalt erfüllt. Weniger belastende Maßnahmen (z.B. Befragung, kurzfristige Observation) konnten angesichts der Abschottung und der üblicherweise verdeckten Strukturen des Milieus nicht die gewünschten Informationen mit derselben Sicherheit erbringen. Langfristige Observationsmaßnahmen und der Einsatz technischer Mittel sind keine weniger belastenden Eingriffe und wären im übrigen auch noch nicht zulässig, weil deren Voraussetzungen noch nicht erfüllt sind.

**Adressat** der Maßnahme ist der potentielle Straftäter

## 1.1.2 Alternative 2

Schließlich lässt § 21 PolG die polizeiliche Beobachtung zu,

- **wenn Tatsachen die Annahme rechtfertigen, dass**
- **die Person Straftaten von erheblicher Bedeutung begehen wird und**
- **dies zur vorbeugenden Bekämpfung dieser Straftaten**
- **erforderlich ist.**

Diese Voraussetzungen wurden bereits im Zusammenhang mit anderen Maßnahmen mehrfach erläutert (vgl. oben, Observation/Einsatz technischer Mittel/Einsatz von V-Personen und Einsatz verdeckter Ermittler). Zur Erforderlichkeit siehe oben, 2.1.1. Wichtig ist, dass danach auch Personen ausgeschrieben werden können, wenn sie bislang nicht einer Straftat verdächtigt wurden. **Adressat** der Maßnahme ist der potentielle Straftäter.

## 1.2 Zugelassene Rechtsfolgen

Gemäß § 21 Abs. 1 S. 1 PolG kann die Polizei **personenbezogene Daten**, insbesondere die Personalien einer Person sowie Kennzeichen des von ihr benutzten oder eingesetzten Kraftfahrzeuges, **zur polizeilichen Beobachtung in einer Datei speichern** (INPOL-Ausschreibungen: Fahndung Person und Sachen, daneben je nach Sachlage auch im Schengener Informationssystem möglich).

Im o.g. Sachverhalt des Drogenkuriers A. beantragte der Behördenleiter beim Amtsgericht eine nach § 21 Abs. 1 PolG zulässige Ausschreibung.

Zusätzlich dürfen **im Falle eines Antreffens** der Person gemäß § 21 Abs. 2 PolG die Erkenntnisse über das Antreffen sowie über Kontakt- und Begleitpersonen und mitgeführte Sachen an die ausschreibende Behörde übermittelt werden (spezielle Datenübermittlungsbefugnis). Die Datenerhebungs- und -übermittlungsbefugnis bezieht sich auf die Person, das benutzte oder eingesetzte Fahrzeug, die Umstände des Antreffens, auf Kontakt- und Begleitpersonen sowie auf mitgeführte Sachen.

Über die Ausschreibung, die Datenerhebung und die Datenübermittlung hinaus rechtfertigt die Ermächtigung **keine weitergehenden Maßnahmen**. Liegt kein bestimmter Rechtsgrund vor, eine Person anzuhalten, die Personalien (auch die der Kontakt- oder Begleitpersonen) festzustellen oder ist eine Durchsicht mitgeführter Sachen nicht aufgrund einer speziellen Ermächtigung zugelassen, darf nur das festgestellt werden, was (eingriffsfrei) jedermann sehen und wahrnehmen kann (vgl. Kay/Böcking, a.a.O., S. 111, RdNr. 179).

Im Rahmen einer allgemeinen Verkehrskontrolle wird ein PKW angehalten. Der Fahrer wird aufgefordert, Führer- und Fahrzeugschein zur Prüfung auszuhändigen. Als Beifahrerin wird eine ca. 20jährige Frau festgestellt. Ein Grund für die Feststellung ihrer Personalien ist nicht gegeben. Im Rahmen eines Datenabgleichs (§ 25 Abs. 1 S. 3 PolG) wird festgestellt, dass der Fahrer und der PKW zur polizeilichen Beobachtung ausgeschrieben sind. Die kontrollierenden Beamten dürfen zu Anlass, Ort, Zeitpunkt und den Feststellungen zur ausgeschriebenen Person und zum ausgeschriebenen

Fahrzeug die Ausschreibungsbehörde informieren. Sie dürfen dabei auch die Anwesenheit der Frau (ihr äußeres Erscheinungsbild) mitteilen. Ihnen ist aber nicht gestattet, ihre Personalien zu erheben, weil es dafür im Sachverhalt keine Ermächtigung gibt.

## 2. Verfahrens- und Formvorschriften

Gemäß § 21 Abs. 3 PolG darf nur der **Richter** des Amtsgerichtes, in dessen Bezirk die Polizeibehörde ihren Sitz hat, die **Ausschreibung anordnen**. Sie ist auf höchstens ein Jahr zu beschränken. Nach Ablauf dieser Zeit ist eine Verlängerung um jeweils 1 Jahr möglich, sofern die Zulässigkeitsvoraussetzungen noch vorliegen. Die Datenübermittlung nach § 21 Abs. 2 PolG ist jedem zuständigen Polizeibeamten gestattet.

Die übrigen Maßnahmen (Feststellung von Besonderheiten, Meldung der Erkenntnisse) trifft jede zuständige Polizeibehörde/jeder zuständige Polizeibeamte selbstständig.

Es sind halbjährliche **Prüfungsfristen** während der gesamten Ausschreibungsdauer zu beachten (vgl. § 21 Abs. 3 PolG).

Gemäß § 21 Abs. 4 PolG ist der **Betroffene** nach Beendigung der Ausschreibung zur polizeilichen Beobachtung durch die Polizei über die Ausschreibung zu **informieren**, sobald dies ohne Gefährdung des Zwecks der Maßnahme erfolgen kann. Die Unterrichtung durch die Polizei unterbleibt, wenn wegen desselben Sachverhalts ein strafrechtliches Ermittlungsverfahren eingeleitet worden ist.

## II. Polizeiliche Beobachtung zur Strafverfolgung

## 1. Ermächtigung

Für Zwecke der Strafverfolgung kommt die polizeiliche Beobachtung nach § 163e in Betracht.

---

**§ 163e  Polizeiliche Beobachtung**
(1) Die Ausschreibung zur Beobachtung anlässlich von polizeilichen Kontrollen, die die Feststellung der Personalien zulassen, kann angeordnet werden, wenn zureichende tatsächliche Anhaltspunkte dafür vorliegen, dass eine Straftat von erheblicher Bedeutung begangen wurde. Die Anordnung darf sich nur gegen den Beschuldigten richten und nur dann getroffen werden, wenn die Erforschung des Sachverhalts oder die Ermittlung des Aufenthaltsortes des Täters auf andere Weise erheblich weniger Erfolg versprechend oder wesentlich erschwert wäre. Gegen andere Personen ist die Maßnahme zulässig, wenn aufgrund bestimmter Tatsachen anzunehmen ist, dass sie mit dem Täter in Verbindung stehen oder eine solche Verbindung hergestellt wird, dass die Maßnahme zur Erforschung des Sachverhalts oder zur

Ermittlung des Aufenthaltsortes des Täters führen wird und dies auf andere Weise erheblich weniger erfolgversprechend oder wesentlich erschwert wäre.

(2) Das Kennzeichen eines Kraftfahrzeugs kann ausgeschrieben werden, wenn das Fahrzeug für eine nach Absatz 1 ausgeschriebene Person zugelassen ist oder von ihr oder einer bisher namentlich nicht bekannten Person benutzt wird, die einer Straftat von erheblicher Bedeutung verdächtig ist.

(3) Im Falle des Antreffens können auch personenbezogene Informationen eines Begleiters der ausgeschriebenen Person oder des Führers eines ausgeschriebenen Kraftfahrzeugs gemeldet werden.

(4) Die Ausschreibung zur polizeilichen Beobachtung darf nur durch den Richter angeordnet werden. Bei Gefahr im Verzug kann die Anordnung auch durch die Staatsanwaltschaft getroffen werden. Hat die Staatsanwaltschaft die Anordnung getroffen, so beantragt sie unverzüglich die richterliche Bestätigung der Anordnung. Die Anordnung tritt außer kraft, wenn sie nicht binnen drei Tagen von dem Richter bestätigt wird. Die Anordnung ist auf höchstens ein Jahr zu beschränken. § 100b Abs. 2 Satz 5 gilt entsprechend.

## 1.1 Zulässigkeitsvoraussetzungen

§ 163 e StPO lässt die polizeiliche Beobachtung gegen Beschuldigte und andere Personen zu.

**Gegen Beschuldigte** kommt die Maßnahme in Betracht, wenn

- **zureichende tatsächliche Anhaltspunkte dafür vorliegen**
- **dass eine Straftat von erheblicher Bedeutung begangen wurde und wenn die Erforschung des Sachverhaltes oder die Ermittlung des Aufenthaltsortes des Beschuldigten auf andere Weise**
  - **erheblich weniger Erfolg versprechend oder**
  - **wesentlich erschwert**
  **wäre.**

**Gegen andere Personen** darf die polizeiliche Beobachtung angeordnet werden, wenn

- **zureichende tatsächliche Anhaltspunkte dafür vorliegen**
- **dass eine Straftat von erheblicher Bedeutung begangen wurde und wenn**
- **aufgrund bestimmter Tatsachen anzunehmen ist, dass sie mit dem Täter in Verbindung stehen oder eine solche Verbindung hergestellt wird und**
- **die Maßnahme zur Erforschung des Sachverhaltes oder zur Ermittlung des Aufenthaltsortes des Täters führen wird und**
  - **dies auf andere Weise erheblich weniger Erfolg versprechend oder**
  - **wesentlich erschwert wäre.**

Die so genannte "**Beschuldigtenausschreibung**" ist also abhängig vom Anfangsverdacht einer Straftat von erheblicher Bedeutung. Der Begriff ist deckungsgleich mit demjenigen in § 163f Abs. 1 StPO (vgl. Erläuterungen zur Observation Erster Abschnitt, II in diesem Kapitel).

Es ist nicht erforderlich, dass der Beschuldigte dringend tatverdächtig ist. Nicht notwendig ist, dass bereits zum Ausschreibungszeitpunkt mehr für als gegen seine Täterschaft spricht.

Ebenso wie in anderen Bestimmungen ist eine Subsidiaritätsklausel vorhanden. Die Erforschung des Sachverhaltes oder die Ermittlung des Aufenthaltsortes des Beschuldigten muss **auf andere Weise erheblich weniger Erfolg versprechend** (Erfolgsprognose) oder **wesentlich erschwert** (Verfahrensverzögerung) sein. Zu den Begriffen erheblich weniger Erfolg versprechend oder wesentlich erschwert gelten die Erläuterungen zur Observation zur Strafverfolgung, oben Erster Abschnitt, II. in diesem Kapitel entsprechend

a) A. ist nach mehreren Bankraubdelikten "spurlos verschwunden". Die Ermittlungen richten sich gegen ihn. Er ist dringend tatverdächtig. Es liegen glaubhafte Hinweise vor, dass seine Ehefrau Kontakte zu ihm unterhält und ihn gelegentlich fern ab von zu Hause an unterschiedlichen Orten trifft. Aussagen wurden nicht gemacht. Observationsmaßnahmen blieben erfolglos. Eine Telefonüberwachung führte bislang zu keinen Erkenntnissen. Auf Antrag der StA ordnet der zuständige Amtsrichter in S. die Ausschreibung der Ehefrau und ihres Fahrzeuges für die Dauer eines Jahres an, um so letztlich Hinweise auf den Aufenthaltsort des Mannes zu bekommen

b) Die Polizei in s. ermittelt gegen eine Bande, die in Verdacht steht, überregionale Einbrüche in Lebensmittelgeschäfte verübt zu haben. Bislang konnte lediglich der Beschuldigte Friedhelm Habnichts (H.) mit den Taten in Verbindung gebracht werden. Seine Mittäter sind noch unbekannt. Dringender Tatverdacht konnte noch nicht begründet werden. Nachdem auch aus Zeugenvernehmungen und der Vernehmung des Beschuldigten sowie aufgrund einer Haussuchung bei H. keine weiteren Erkenntnisse gewonnen wurden, stellt die Staatsanwaltschaft aufgrund einer Anregung des zuständigen Sachbearbeiters im KK 2 der PI S. einen Antrag auf Ausschreibung des A. sowie seines Kfz.. Dadurch sollen Hinweise auf die Mittäter des H. gewonnen werden. Gleichzeitig werden gegen H. technische Mittel eingesetzt und eine Telefonüberwachung veranlasst.

Grundvoraussetzung für die **polizeiliche Beobachtung anderer Personen** ist, dass tatsächliche Anhaltspunkte dafür vorliegen, dass ein bereits bekannter Tatverdächtiger eine Straftat von erheblicher Bedeutung begangen hat.

Zusätzlich wird jedoch gefordert, dass aufgrund bestimmter **Tatsachen** (äußere und innere Fakten, Erfahrungstatsachen pp.) anzunehmen ist, dass die zu beobachtende Person eine **Verbindung zum Täter** aufgebaut hat oder eine solche aufbauen wird. Andere Personen in diesem Sinne sind also Kontakt oder Begleitpersonen des Beschuldigten. Auch in diesen Fällen gilt die Subsidiaritätsklausel hinsichtlich der Erfolgsprognose und der Verfahrensverzögerung. Die Maßnahme ist nur zulässig, wenn der angestrebte Erfolg **auf andere Weise erheblich weniger Erfolg versprechend** (Erfolgsprognose) oder **wesentlich erschwert** (Verfahrensverzögerung) zu erreichen wäre (zu den Begriffen siehe obige Verweisung).

Im o.g. Fall des flüchtigen Bankräubers A. besteht aufgrund der Ermittlung gegen ihn Tatverdacht für mehrere Banküberfällen und damit Straftaten von erheblicher Bedeutung. Es liegen glaubhaft Hinweise vor, dass seine Frau Kontakt zu ihm unterhält und ihn gelegentlich (überörtlich) trifft. Andere Maßnahmen führten bisher nicht zum Erfolg. Eine dauerhafte Observation der Frau dürfte kaum möglich sein, auch ist der Einsatz von Observationsmitteln nach § 100c Abs. 1 Buchstabe b StPO (z.B. eines Peilsenders) nur über einen eng begrenzten Zeitraum möglich, weil er dauerhaft Personal bindet. Nach dem Stand der Ermittlungen ist daher davon auszugehen, dass ohne Ausschreibung der Ehefrau die Ermittlung des Aufenthaltsortes des A. wesentlich erschwert wäre.

**Adressaten** sind die in der Ermächtigung genannten Personen (Beschuldigte, Kontaktpersonen, Begleitpersonen).

## 1.2 Zugelassene Rechtsfolgen

§ 163 e Abs. 1 S. 1 StPO gestattet die heimliche Ausschreibung zur polizeilichen Beobachtung, die Feststellung von personenbezogenen Daten im Falle des Antreffens und die Übermittlung der Feststellung an die ausschreibende Dienststelle.

In § 163e Abs. 2 StPO gestattet der Gesetzgeber die Ausschreibung des Kennzeichens eines Kfz., wenn das Fahrzeug für eine nach Abs. 1 ausgeschriebene Person zugelassen ist oder von ihr oder einer bisher namentlich nicht bekannten Person benutzt wird, die einer Straftat mit erheblicher Bedeutung verdächtig ist. Das bedeutet, dass ein Kennzeichen auch ausgeschrieben werden darf, wenn die Person nach Abs. 1 nicht ausgeschrieben ist, also das Kennzeichen der einzige und entscheidende Ansatz für Ermittlungen ist (vgl. Hilger, a.a.O., S. 525, Fn. 172).

In einer Großfamilie wird ein PKW durch 5 erwachsene Familienmitglieder geführt. Dieses Fahrzeug wurde nachweislich für den Drogenschmuggel aus dem Ausland eingesetzt. Allerdings gelang es durch bisherige Ermittlungsmaßnahmen nicht, eines der Familienmitglieder zu überführen. Drei Personen aus dem Familienkreis kommen für die Täterschaft in Betracht. Telefonüberwachungsmaßnahmen, Observationen und der Einsatz technischer Mittel blieben erfolglos. Daraufhin stellt der Staatsanwalt beim zuständigen Amtsgericht einen Antrag auf Ausschreibung des Fahrzeuges zur polizeilichen Beobachtung, um so weitere Erkenntnisse hinsichtlich des Täters zu erlangen.

Die Ausschreibungen erfolgen im INPOL-System, unter bestimmten Voraussetzungen zusätzlich im Schengener Informationssystem.

Die Norm lässt die **Feststellungen personenbezogener Daten nur im Rahmen von (Personen)Kontrollen** zu, die auf andere Befugnisnormen gestützt werden. Die Ermächtigung erlaubt keine weiteren Rechtseingriffe. Niemand darf aufgrund einer Ausschreibung zur polizeilichen Beobachtung angehalten und überprüft werden (vgl. auch oben zur Gefahrenabwehr, I.).

Nach § 163e Abs. 3 StPO dürfen <u>auch</u> **personenbezogene Informationen eines Begleiters** der ausgeschriebenen Person oder des Führers eines ausgeschriebenen Fahrzeuges gemeldet werden. Voraussetzung dafür ist allerdings, dass sie rechtmäßig erhoben werden dürfen (vgl. oben). Daraus wird auch deutlich, dass die erhobenen Daten der ausgeschriebenen Person(en) an die Ausschreibungsbehörde übermittelt werden dürfen. Darin liegt der Sinn der Ausschreibung. Insofern handelt es sich um eine besondere Datenübermittlungsbefugnis.

Die Ausschreibung kann schließlich auch gegen einen unter **Führungsaufsicht** stehenden Verurteilten gemäß § 463a Abs. 2 StPO angeordnet werden.

## 2. Verfahrens- und Formvorschriften

Die **Anordnungskompetenz** besitzt der zuständige **Amtsrichter** (§ 163e Abs. 4 StPO. **Bei Gefahr im Verzuge** darf auch die **Staatsanwaltschaft** die Ausschreibung anordnen. In diesem Falle hat die Staatsanwaltschaft unverzüglich (d.h. ohne schuldhaftes Zögern) die richterliche Bestätigung zu beantragen. Die Anordnung der Staatsanwaltschaft tritt außer Kraft, wenn sie nicht innerhalb von drei Tagen richterlich bestätigt wurde. Inhaltlich kann die Anordnung auf bestimmte Kontrollstellen oder auf bestimmte Zeiten beschränkt werden (vgl. Kleinknecht/Meyer-Goßner, a.a.O., § 163 e, RdNr. 14).

Die Anordnung des Gerichts ist **schriftlich** zu erteilen. Sie ist so genau wie möglich abzufassen (vollständige Personalien, Fahrzeugdaten). Die Anordnung der Staatsanwaltschaft kann auch mündlich ergehen, Schriftlichkeit gilt dann aber für den Antrag auf richterliche Bestätigung. Die Anordnung ist auf höchstens ein Jahr zu befristen. Eine Verlängerung im Sinne des § 100b Abs. 2 S. 5 StPO um jeweils nicht mehr als drei Monate ist möglich. Voraussetzung dafür ist, dass die Zulässigkeitsvoraussetzungen für die Ausschreibung noch vorliegen.

Die **Polizei hat keine Anordnungsbefugnis.** Jeder zuständige Polizeibeamte ist aber berechtigt, bei einem Antreffen der ausgeschriebenen Person oder des Fahrzeuges die zugelassenen Daten zu erheben und an die sachbearbeitende Dienststelle zu übermitteln.

## 3. Hinweise

Anders als bei den technischen Observationsmaßnahmen sowie beim Einsatz verdeckter Ermittler ist in § 163e StPO keine Informationspflicht nach Abschluss der Maßnahme verankert. Der Beschuldigte bzw. sein Verteidiger sowie sonstige betroffene Personen haben daher lediglich ein Auskunftsrecht im Rahmen der allgemeinen Regelungen der StPO (z.B. § 147 StPO) und der allgemeinen Datenschutzgesetze (vgl. § 18 DSG NW). Es entscheidet die Staatsanwaltschaft.

# Siebter Abschnitt
# Rasterfahndung

Übersicht
Vorbemerkungen
I.      Rasterfahndung zur Gefahrenabwehr
1.      Ermächtigung
1.1     Zulässigkeitsvoraussetzungen
1.2     Rechtfolgen
2.      Verfahrens- und Formvorschriften (insbesondere Anordnungsbefugnis)
II.     Rasterfahndung zur Strafverfolgung
1.      Ermächtigung
1.1.    Zulässigkeitsvoraussetzungen
1.2     Rechtsfolgen
2.      Verfahrens- und Formvorschriften (insbesondere Richtervorbehalt)
3.      Nutzung der Daten

## Vorbemerkungen

Die Rasterfahndung ist eine Ermittlungsmethode, bei der die Möglichkeiten der automa tisierten Datenverarbeitung genutzt werden.

Die Ermittlungsmethode besteht in einer maschinell ablaufenden Überprüfung von Datenbeständen öffentlicher oder nichtöffentlicher Stellen (z. B. anderer Behörden, privater Unternehmungen wie Industriebetriebe, Banken, Sparkassen, Versorgungseinrichtungen pp.) nach bestimmten Prüfungsmerkmalen (Rastern), um so Hinweise oder Spuren zu finden, die nach kriminalistischer Erfahrung zur Aufklärung der Tat beitragen können (Bundestagsdrucksache 12/989, Begründung zu § 98a bis § 98c, S. 36).

Ansatz der Rasterfahndung sind fallspezifische kriminalistische (tätertypische) Prüfkriterien (Hilger, a.a.O., S. 460). Solche Raster werden bei anderen Stellen mit Daten abgeglichen, die zu ganz anderen Zwecken erhoben wurden. Zweck des maschinell-automatisierten Datenabgleichs ist es,

- nichtverdächtige Personen auszuschließen (sog. negative Rasterfahndung) und/oder
- Personen festzustellen, die weitere für die Ermittlungen bedeutsame Prüfungsmerkmale (sog. positive Rasterfahndung - vgl. Kleinknecht/Meyer-Goßner, a.a.O., § 98a StPO, RdNr. 2) aufweisen.

Das kann zur Folge haben, dass Daten eines unter Umständen recht großen Kreises von Personen herangezogen werden, die sich nicht verdächtig gemacht haben, sondern die nur - zufällig - bestimmte tätertypische Merkmale erfüllen (Gesetzentwurf der Bundesregierung - Entwurf eines Gesetzes zur Änderung und Ergänzung des Strafverfahrensrechts - Strafverfahrensänderungsgesetz 1989 - Begründung zu §§ 98a, 98b, 98c StPO, S. 50). Die Rasterfahndung ist daher eine Form der Massendatenverarbeitung, bei der viele Unbeteiligte in den strafrechtlichen Kontrollprozess geraten können (Bundestagsdrucksache 12/989, Begründung zu § 98a bis § 98c, S. 37). Daher liegt in der Maßnahme ein erheblicher faktischer Eingriff in den Persönlichkeitsbereich des so Betroffenen (Art. 2 Abs. 1 GG).

Die Regelung erfasst nicht die Auswertung von Karteien von Hand. Diese bleibt bei der Strafverfolgung gemäß § 94 StPO möglich (Bundestagsdrucksache 12/989, Begründung zu § 98a bis 98c, S. 36).

## I. Rasterfahndung zur Gefahrenabwehr

### 1. Ermächtigungsgrundlage

Nach § 31 PolG kann die Polizei zur Rasterfahndung von anderen (öffentlichen und nichtöffentlichen) Stellen die Übermittlung von personenbezogenen Daten zum automatischen Abgleich mit anderen Datenbeständen verlangen.

---

**§ 31 PolG   Rasterfahndung**

**(1) Die Polizei kann von öffentlichen Stellen und Stellen außerhalb des öffentlichen Bereichs die Übermittlung von personenbezogenen Daten bestimmter Personengruppen aus Dateien zum Zwecke des automatisierten Abgleichs mit anderen Datenbeständen verlangen, soweit dies zur Abwehr einer gegenwärtigen Gefahr für den Bestand oder die Sicherheit des Bundes oder eines Landes oder für Leib, Leben oder Freiheit einer Person erforderlich ist (Rasterfahndung).**

**(2) Das Übermittlungsersuchen ist auf Namen, Anschrift, Tag und Ort der Geburt sowie andere für den Einzelfall benötigte Daten zu beschränken; es darf sich nicht auf personenbezogene Daten erstrecken, die einem Berufs- oder besonderen Amtsgeheimnis unterliegen. Von Ermittlungsersuchen nicht erfasste personenbezogene Daten dürfen übermittelt werden, wenn wegen erheblicher technischer Schwierigkeiten oder wegen eines unangemessenen Zeit- oder Kostenaufwandes eine Beschränkung auf die angeforderten Daten nicht möglich ist; diese Daten dürfen von der Polizei nicht genutzt werden.**

**(3) Ist der Zweck der Maßnahme erreicht oder zeigt sich, dass er nicht erreicht werden kann, sind die übermittelten und im Zusammenhang mit der Maßnahme zusätzlich angefallenen Daten auf den Datenträgern zu löschen und die Akten, soweit sie nicht für ein mit dem Sachverhalt zusammenhängendes Verfahren erforderlich sind, zu vernichten. Über die getroffene Maßnahme ist eine Niederschrift anzufertigen. Diese Niederschrift ist gesondert aufzubewahren, durch technische oder organisatorische Maßnahmen zu sichern und am Ende des Kalenderjahres, das dem Jahr der Löschung der Daten oder der Vernichtung der Akten nach Satz 1 folgt, zu vernichten.**

**(4) Die Maßnahme darf nur auf Antrag des Behördenleiters durch den Richter angeordnet werden. Zuständig ist das Amtsgericht, in dessen Bezirk die Polizeibehörde ihren Sitz hat. Für das Verfahren gelten die Vorschriften des**

Gesetzes über die Angelegenheiten der freiwilligen Gerichtsbarkeit entsprechend.

(5) Personen, gegen die nach Abschluss der Rasterfahndung weitere Maßnahmen durchgeführt werden, sind hierüber durch die Polizei zu unterrichten, sobald dies ohne Gefährdung des Zwecks der weiteren Datennutzung erfolgen kann. Die Unterrichtung durch die Polizei unterbleibt, wenn wegen desselben Sachverhalts ein strafrechtliches Ermittlungsverfahren gegen den Betroffenen eingeleitet worden ist.

## 1.1 Zulässigkeitsvoraussetzungen

**Die Rasterfahndung zur Gefahrenabwehr setzt voraus, dass sie**

- **zur Abwehr einer gegenwärtigen Gefahr für den Bestand oder die Sicherheit des Bundes oder eines Landes oder**
- **zur Abwehr einer gegenwärtigen Gefahr für Leib, Leben oder die Freiheit einer Person**
- **erforderlich ist.**

## 1.2 Rechtsfolgen

Liegen die **Voraussetzungen für eine Rasterfahndung** vor, kann die Polizei von öffentlichen und privaten Stellen die Herausgabe der Daten zum Zwecke des Abgleichs verlangen und sie dann durch Abgleich aufgrund der allgemeinen **Datennutzungsvorschrift aus § 24 Abs. 1 oder auch durch Datenabgleich nach § 25 PolG nutzen.**

Ein Nutzungsverbot enthält § 31 Abs. 2 Satz 2 PolG (Nutzungsverbot in Bezug auf Daten von Personen, die vom Ermittlungsersuchen nicht erfasst sind)

Mit Absatz 2 verlangt das Gesetz eine Beschränkung auf das erforderliche Maß (für den Einzelfall benötige Daten) und verbietet die Nutzung besonders sensibler Daten (Verbot des Abgleichs von Daten, die einem Amts- und Berufsgeheimnisse unterliegen). Damit wird das Übermaßverbot konkretisiert.

## 2. Verfahrens- und Formvorschriften

Nach § 31 Abs. 4 ist die Maßnahme nur auf Antrag des Behördenleiters aufgrund **richterlicher Anordnung** zulässig.

§ 31 Abs. 3 PolG enthält eine spezielle Löschungsvorschrift. Sie geht den allgemeinen Regeln vor.

Auf die Unterrichtungsvorschrift nach § 31 Abs. 5 wird dieser Stelle hingewiesen.

## 3. Hinweis

Weil diese Ermächtigung keine Befugnis für Sofortmaßnahmen der Polizei zur Erledigung täglicher Aufgaben ist, sondern vorbereitet werden muss und von der richterlichen Anordnung abhängig ist, soll die Vorschrift hier nicht weiter erläutert werden. Zur Klärung von Zweifelsfragen im Einzelfall muss auf die einschlägige Literatur (Tegtmeyer, Polizeigesetz Nordrhein-Westfalen, a.a.O.; Kay/Böcking, Polizeirecht Nordrhein-Westfalen, a.a.O.) verwiesen werden.

## II. Die Rasterfahndung zur Strafverfolgung

## 1. Ermächtigung

Als Ermächtigung zur Rasterfahndung aus Gründen der Strafverfolgung ist § 98a StPO heranzuziehen.

---

**§ 98a StPO    Rasterfahndung**

**(1) Liegen zureichende tatsächliche Anhaltspunkte dafür vor, dass eine Straftat von erheblicher Bedeutung**

**1. auf dem Gebiet des unerlaubten Betäubungsmittel- oder Waffenverkehrs, der Geld- oder Wertzeichenfälschung,**

**2. auf dem Gebiet des Staatsschutzes (§§ 74a, 120 des Gerichtsverfassungsgesetzes),**

**3. auf dem Gebiet der gemeingefährlichen Straftaten,**

**4. gegen Leib oder Leben, die sexuelle Selbstbestimmung oder die persönliche Freiheit,**

**5. gewerbs- oder gewohnheitsmäßig oder**

**6. von einem Bandenmitglied oder in anderer Weise organisiert**

**begangen worden ist, so dürfen, unbeschadet der §§ 94, 110, 161, personenbezogene Daten von Personen, die bestimmte, auf den Täter vermutlich zutreffende Prüfungsmerkmale erfüllen, mit anderen Daten maschinell abgeglichen werden, um Nichtverdächtige auszuschließen oder Personen festzustellen, die weitere für die Ermittlungen bedeutsame Prüfungsmerkmale erfüllen. Die Maßnahme darf nur angeordnet werden, wenn die Erforschung des Sachverhalts oder die Ermittlung des Aufenthaltsortes des Täters auf andere Weise erheblich weniger Erfolg versprechend oder wesentlich erschwert wäre.**

**(2) Zu dem in Absatz 1 bezeichneten Zweck hat die speichernde Stelle die für den Abgleich erforderlichen Daten aus den Datenbeständen auszusondern und den Strafverfolgungsbehörden zu übermitteln.**

**(3) Soweit die zu übermittelnden Daten von anderen Daten nur mit unverhältnismäßigem Aufwand getrennt werden können, sind auf Anordnung auch die anderen Daten zu übermitteln. Ihre Nutzung ist nicht zulässig.**

**(4) Auf Anforderung der Staatsanwaltschaft hat die speichernde Stelle die Stelle, die den Abgleich durchführt, zu unterstützen.**

**(5) 95 Abs. 2 gilt entsprechend**

Systematisch ist die Ermittlungsmethode als Sonderfall der Beschlagnahme und Verwertung beschlagnahmter Beweismittel (§§ 94 ff. StPO) anzusehen (StVÄ 1989, Begründung zu §§ 98a, 98b, 98c StPO, S. 50).

## 1.1 Zulässigkeitsvoraussetzungen

**Voraussetzung** der Rasterfahndung ist zunächst

- **der Verdacht**
- **dass eine Straftat von erheblicher Bedeutung auf dem Gebiet**
  1. **des unerlaubten Betäubungsmittel- oder Waffenverkehrs, der Geld- oder Wertzeichenfälschung,**
  2. **auf dem Gebiet des Staatsschutzes (§§ 74a, 120 des Gerichtsverfassungsgesetzes),**
  3. **auf dem Gebiet der gemeingefährlichen Straftaten,**
  4. **gegen Leib oder Leben, die sexuelle Selbstbestimmung oder die persönliche Freiheit,**
  5. **gewerbs- oder gewohnheitsmäßig oder**
  6. **von einem Bandenmitglied oder in anderer Weise organisiert**
- **begangen worden ist und**
- die **Erforschung des Sachverhalts** oder
- die **Ermittlung des Aufenthaltsortes des Täters auf andere Weise**
  - **erheblich weniger Erfolg versprechend oder**
  - **wesentlich erschwert wäre.**

Straftaten von erheblicher Bedeutung sind solche Taten, die den Rechtsfrieden empfindlich stören und geeignet sind, das Gefühl der Rechtssicherheit der Bevölkerung erheblich zu beeinträchtigen (Schulz/Händel, a.a.O., § 98a, RdNr. 5). Der Anfangsverdacht reicht aus (Pfeiffer/Fischer, a.a.O., § 98a, RdNr. 2).

Die Zulässigkeit des Datenabgleichs ist durch die Subsidiaritätsklausel in § 98a Abs. 1 Satz 2 StPO eingeschränkt. Damit wird der Grundsatz der Verhältnismäßigkeit gewahrt (Schulz/Händel, a.a.O., § 98a, RdNr. 9). Daher ist eine am Aufklärungserfolg orientierte Betrachtung anzustellen. Stehen noch andere Ermittlungsmaßnahmen zur Verfügung, hat aber eine Prognose zum Ergebnis, dass mit Hilfe dieser Maßnahmen die vollständige Aufklärung der Straftat nicht annähernd in demselben Maße erreicht werden kann, wie es bei dem Einsatz der Rasterfahndung möglich erscheint, darf diese eingesetzt werden (StVÄ 1989 - Begründung zu §§ 98a, 98b, 98c StPO, S. 56). Erforderlich ist eine Prognoseentscheidung, die sich auf die Abwägung der Aufklärungschance mit der Rasterfahndung und der Aufklärungschance ohne die Rasterfahndung stützt. "Ergibt diese, dass mit Hilfe anderer zur Verfügung stehender Ermittlungsmaßnahmen die vollständige Aufklärung der Straftat nicht annähernd in demselben Maße erreicht werden kann, wie dies mit einer Rasterfahndung möglich erscheint, so darf diese eingesetzt werden" (Hilger, a.a.O., S. 460). Im übrigen gelten im Hinblick auf die Prämissen auf andere Weise **erheblich weniger Erfolg versprechend oder wesentlich erschwert** die

Erläuterung zur Observation zur Strafverfolgung, oben Erster Abschnitt, II. in diesem Kapitel, entsprechend.

## 1.2   Rechtsfolgen

§ 98a StPO rechtfertigt den Datenabgleich mit den Datenbeständen anderer öffentlicher oder privaterer Stellen (vgl. Kleinknecht/Meyer-Goßner, a.a.O. §98a RdNr. 9).

Abgeglichen werden dürfen nur Merkmale, die vermutlich auf den Täter zutreffen, Das sind Merkmale, die das nach kriminalistischer Erfahrung festgelegte Verdächtigenprofil erfüllen. Intention der Maßnahmen muss ein "Hinarbeiten" auf den Täter sein. Aus einer Vielzahl tatunbeteiligter Personen sollen diejenigen herausgefiltert werden, die weitgehend das Verdächtigenprofil des Falles, das auf kriminalistischer Erfahrung oder dem Ergebnis vorausgegangener Ermittlungen beruhen kann, erfüllen (Hilger, a.a.O., S. 460). Prüfungsmerkmale in diesem Sinne sind z. B. der Beruf, Eigenschaften, Verhaltensweisen wie z.B. Barzahlungen von Versorgungsleistungen (StVÄ 1989 - Begründung zu §§ 98a, 98b, 98c StPO, S. 54). Damit scheidet eine Recherche ohne bestimmte oder bestimmbare Anhaltspunkte aus.

Die vom Datenbesitzer nach § 98a Abs. 2 StPO übermittelten Daten werden von der Polizei mit allen polizeilichen Dateien abgeglichen (§ 98c StPO).

Nicht verwendet werden dürfen Daten, die z.B. nach § 97 StPO als Beweismittel ausscheiden (siehe § 98b Abs. 1 Satz 7 StPO).

Die terroristische Vereinigung "Macht der Zukunft" hat wiederholt Anschläge auf führende Politiker durchgeführt. Bei einem Anschlag wurde ein Mensch getötet, bei einem zweiten ein anderer schwer verletzt. Weitere Drohungen sind sehr ernst zu nehmen. Die Fahndung und die Ermittlungen nach den Tätern laufen auf Hochtouren. Bisher weiß man, dass die Terroristen meist nicht älter als 35 Jahre sind, ihre Unterkünfte häufig wechseln und in der Regel Wohnungen in Mehrfamilienhäusern anmieten, die nahe an Schnellstraßen liegen. Während des Aufenthalts verhalten sie sich sehr unauffällig. Um keine nachvollziehbaren Spuren zu hinterlassen, zahlen sie die Miete stets bar und oft für zwei oder drei Monate im voraus. Auch die Stromrechnung wird bar beglichen. Aufgrund dieser gesicherten tätertypischen Merkmale sieht die Polizei die realistische Möglichkeit, über die Rasterfahndung den oder die momentanen Aufenthaltsort(e) der Täter ermitteln zu können. Darum beantragt sie über die Staatsanwaltschaft bei Gericht die Rasterfahndung. Nach richterlicher Anordnung fordert sie von den Wohnungsgesellschaften und dem Elektrizitätswerk den Abgleich der dort gespeicherten Daten z. B. nach folgenden Kriterien:

- Wo wurde innerhalb der letzten drei Monate eine Wohnung von jungen Leuten nahe einer Kraftfahrzeugschnellstraße angemietet?
- Welche dieser Mieter zahlen ihre Miete bar?
- Welche der Barzahler zahlen über gewisse Zeit im voraus?
- Welche Mieter von Mehrfamilienhäusern an Kraftfahrzeugschnellstraßen zahlen ihre Stromrechnungen bar?

Die Rasterfahndung ist gestützt auf § 98a/§ 98b StPO zulässig.

## 2. Verfahrens- und Formvorschriften

Die ermittelnde Stelle hat nicht das Recht, selbst im fremden Datenbestand zu recherchieren. Die speichernde Stelle muss die Daten aussondern und der Strafverfolgungsbehörde übermitteln (vgl. § 98a Abs. 2 StPO). Wie sie die Sache selektiert, entscheidet die speichernden Stelle (Hilger, wie vor).

Wegen der Tragweite des Eingriffs in das Recht auf informationelle Selbstbestimmung ist die Rasterfahndung unter **Richtervorbehalt** gestellt. Nur **bei Gefahr im Verzug** darf die **Staatsanwaltschaft** die Anordnung treffen, sie muss allerdings binnen drei Tagen die richterliche Bestätigung einholen.

---

**§ 98b StPO    Anordnung und Ausführung**

**(1) Der Abgleich und die Übermittlung der Daten dürfen nur durch den Richter, bei Gefahr im Verzug auch durch die Staatsanwaltschaft angeordnet werden. Hat die Staatsanwaltschaft die Anordnung getroffen, so beantragt sie unverzüglich die richterliche Bestätigung. Die Anordnung tritt außer Kraft, wenn sie nicht binnen drei Tagen von dem Richter bestätigt wird. Die Anordnung ergeht schriftlich. Sie muss den zur Übermittlung Verpflichteten bezeichnen und ist auf die Daten und Prüfungsmerkmale zu beschränken, die für den Einzelfall benötigt werden. Die Übermittlung von Daten, deren Verwendung besondere bundesgesetzliche oder entsprechende landesgesetzliche Verwendungsregelungen entgegenstehen, darf nicht angeordnet werden. Die §§ 96, 97, 98 Abs. 1 Satz 2 gelten entsprechend.**

**(2) Ordnungs- und Zwangsmittel (§ 95 Abs. 2) dürfen nur durch den Richter, bei Gefahr im Verzug auch durch die Staatsanwaltschaft angeordnet werden; die Festsetzung von Haft bleibt dem Richter vorbehalten.**

**(3) ...**

**(4) 163d Abs. 5 gilt entsprechend. Nach Beendigung einer Maßnahme gemäß § 98a ist die Stelle zu unterrichten, die für die Kontrolle der Einhaltung der Vorschriften über den Datenschutz bei öffentlichen Stellen zuständig ist.**

---

Die **Polizei ist nicht befugt**, die Rasterfahndung **anzuordnen**. Führt sie die Maßnahmen im Auftrag der Staatsanwaltschaft aus, sind die besonderen Vorschriften aus § 98b Abs. 3 und Abs. 4 StPO zu beachten.

# Achter Abschnitt
# Die Netzfahndung

## Vorbemerkungen

Die Netzfahndung (auch als Schleppnetzfahndung bezeichnet, vgl. Pfeiffer/Fischer, a.a.O., § 163d, RdNr. 1) ist ein Teilbereich der **Computer gestützten Fahndung**. Die Vorschrift ermöglicht eine ausschließlich zu Strafverfolgungszwecken notwendige Einrichtung von Kurzzeit-Dateien für die automatische Speicherung und Verarbeitung von Daten, die bei bestimmten Massenkontrollen anfallen (Kleinknecht/Meyer-Goßner, a.a.O., § 163d StPO, RdNr. 2).

Mit der Maßnahme wird das Recht auf informationelle Selbstbestimmung gemäß Art. 1. Abs. 1 und Art. 2 Abs. 1 GG faktisch eingeschränkt. Durch die Verarbeitung von Daten aus bestimmten Massenkontrollen und dadurch, dass die Daten (vorübergehend) festgehalten, intensiver ausgewertet und ggf. anderen zugänglich gemacht werden, erfahren die Maßnahmen weitreichende Bedeutung.

Die Netzfahndung ist eine Maßnahme der Strafverfolgung. Für die Gefahrenabwehr sind solche Eingriffe nicht vorgesehen.

## 1.   Ermächtigung

Als Ermächtigung ist § 163d StPO heranzuziehen. Die Norm ist in erster Linie eine Datenspeicherungs- und (dem Sinn der Vorschrift gemäß) eine Datennutzungsvorschrift. Sie erlaubt aber auch die Datenübermittlung und schreibt die Löschung vor.

---

**§ 163d StPO   Netzfahndung**

**(1) Begründen bestimmte Tatsachen den Verdacht, dass**
1. **eine der in § 111 bezeichneten Straftaten oder**
2. **eine der in § 100a Satz 1 Nr. 3 und 4 bezeichneten Straftaten**
**begangen worden ist, so dürfen die anlässlich einer grenzpolizeilichen Kontrolle, im Falle der Nummer 1 auch die bei einer Personenkontrolle nach § 111 anfallenden Daten über die Identität von Personen sowie Umstände, die für die Aufklärung der Straftat oder für die Ergreifung des Täters von Bedeutung sein können, in einer Datei gespeichert werden, wenn Tatsachen die Annahme rechtfertigen, dass die Auswertung der Daten zur Ergreifung des Täters oder zur Aufklärung der Straftat führen kann und die Maßnahme nicht außer Verhältnis zur Bedeutung der Sache steht. Dies gilt auch, wenn im Falle des Satzes 1 Pässe und Personalausweise automatisch gelesen werden. Die Übermittlung der Daten ist nur an Strafverfolgungsbehörden zulässig.**

**(2) bis (5) ....**

---

Voraussetzung für die Datenspeicherung ist, dass

- der (auf Tatsachen gestützte) **Verdacht** besteht, dass

- **eine Straftat**
  - **der in § 111 StPO bezeichneten Art** (das sind Mord, Totschlag, Völkermord, Geiselnahme, Bildung einer terroristischen Vereinigung, Raub unter Verwendung einer Schusswaffe usw.) **oder**
  - **eine Straftat nach § 100a Satz 1 Nr. 3 und 4 StPO** (das sind alle Fälle des gewerbsmäßigen und organisierten Rauschgift- und Waffenhandels) **begangen wurde**

- **die Einrichtung von Kontrollstellen und die Personenkontrollen nach § 111 StPO zulässig sind oder**

- die Durchführung grenzpolizeilicher Kontrollen nach § 2 BGSG (Kontrolle des grenzüberschreitenden Verkehrs) oder nach § 17 BGSG (Anhalten und Personalienfeststellung durch den BGS) **und**

- **Tatsachen die Annahme rechtfertigen**, dass die Auswertung der Daten
  - zur **Ergreifung des Täters** oder
  - zur **Aufklärung der Straftat** führen kann und

- die Maßnahme nicht außer **Verhältnis zur Bedeutung der Sache** steht.

Die Ermächtigung verlangt den auf bestimmte Tatsachen gestützten Verdacht. Konkrete Anhaltspunkte müssen auf die genannten Delikte hindeuten.

Ferner muss die Befugnis zur Identitätsfeststellung an Kontrollstellen vorliegen (siehe oben 2. Kapitel, Siebter Abschnitt III.). § 163d StPO ist keine Datenerhebungsermächtigung. Die Daten, die gespeichert werden sollen, müssen rechtmäßig aufgrund des § 111 StPO erlangt worden sein. Das ist gegeben, wenn der Verdacht der genannten schwerwiegenden Straftaten begründet ist und wenn Tatsachen die Annahme rechtfertigen, dass die Kontrollen zur Ergreifung des Täters oder zur Sicherstellung von Beweismitteln, die der Aufklärung der Straftat dienen, führen können.

Über die in § 111 StPO geforderten Bedingungen hinaus muss zudem (auf bestimmte Fakten oder kriminalistische Erfahrungen gestützt) begründet werden, dass die Speicherung der Daten zur Ergreifung des Täters oder zur Aufklärung der Straftat führen kann. Bei nüchterner Betrachtung muss der Erfolg erreicht werden können. Zudem greift die Ermächtigung zur Datenspeicherung den **Verhältnismäßigkeitsgrundsatz** auf. Die Speicherung muss demnach geeignet, also objektiv zwecktauglich, erforderlich und angemessen sein.

## 1.1 Adressaten

**Adressaten** der Speicherungsermächtigung sind die Personen, deren Identität an Kontrollstellen festgestellt wurde.

## 1.2 Rechtsfolge

Liegen die Voraussetzungen vor, dürfen die an Kontrollstellen erhobenen personenbezogenen Daten und die für die Aufklärung der Straftat oder die für die Ergreifung des Täters bedeutsamen Umstände, gespeichert und automatisch ausgewertet werden. In diesem Rahmen ist auch das automatische Lesen von Pässen und Personalausweisen gestattet (§ 163d Abs. 1 Satz 2 StPO).

## 2. Verfahrens- und Formvorschriften

Wegen der besonderen Beschränkung des Rechts auf informationelle Selbstbestimmung unterliegt die Netzfahndung in strengem Maße dem **Richtervorbehalt** (§ 163d Abs. 2 StPO).

---

**§ 163d StPO   Netzfahndung**

**(1)** ...

**(2) Maßnahmen der in Absatz 1 bezeichneten Art dürfen nur durch den Richter, bei Gefahr im Verzug auch durch die Staatsanwaltschaft und ihre Hilfsbeamten (§ 152 des Gerichtsverfassungsgesetzes) angeordnet werden. Hat die Staatsanwaltschaft oder einer ihrer Hilfsbeamten die Anordnung getroffen, so beantragt die Staatsanwaltschaft unverzüglich die richterliche Bestätigung der Anordnung. Die Anordnung tritt außer Kraft, wenn sie nicht binnen drei Tagen von dem Richter bestätigt wird.**

**(3) Die Anordnung ergeht schriftlich. Sie muss die Personen, deren Daten gespeichert werden sollen, nach bestimmten Merkmalen oder Eigenschaften so genau bezeichnen, wie dies nach der zur Zeit der Anordnung vorhandenen Kenntnis von dem oder den Tatverdächtigen möglich ist. Art und Dauer der Maßnahmen sind festzulegen. Die Anordnung ist räumlich zu begrenzen und auf höchstens drei Monate zu befristen. Eine einmalige Verlängerung um nicht mehr als drei weitere Monate ist zulässig, soweit die in Absatz 1 bezeichneten Voraussetzungen fortbestehen.**

**(4) ...Die gespeicherten personenbezogenen Daten dürfen nur für das Strafverfahren genutzt werden. Ihre Verwendung zu anderen Zwecken ist nur zulässig, soweit sich bei Gelegenheit der Auswertung durch die speichernde Stelle Erkenntnisse ergeben, die zur Aufklärung einer anderen Straftat oder zur Ermittlung einer Person benötigt werden, die zur Fahndung oder zur Aufenthaltsfeststellung aus Gründen der Strafverfolgung oder Strafvollstreckung ausgeschrieben ist.**

**(5)** ...

---

Die Maßnahme darf nur durch den Richter angeordnet werden. **Bei Gefahr im Verzug** sind zwar auch die **Staatsanwaltschaft und ihre Hilfsbeamten** (also auch Polizeibeamte) anordnungsbefugt, allerdings muss **unverzüglich die richterliche Bestätigung** eingeholt werden. Geschieht das nicht, tritt die Anordnung der Staatsanwaltschaft oder der Polizei binnen drei Tagen außer Kraft mit der Folge, dass die weitere Nutzung und Speicherung der Daten einzustellen ist.

Im Umkreis von 50 Kilometern um DO herum haben sich in jüngster Zeit mehrere bewaffnete Banküberfälle ereignet. Mit Maschinenpistolen bewaffnete Täter sind meist kurz vor Geschäftsschluss in die Banken eingedrungen und haben das vorhandene Bargeld mitgehen lassen. Im Zuge der Ermittlungen stellte die Polizei fest, dass die Räuber gestohlene Autos benutzt haben und in acht von 10 Fällen kurz nach der Tat nicht weit vom Tatort entfernt in verschiedene schnelle Wagen umgestiegen sind. Da mit einer Wiederholung der Taten zu rechnen ist, werden für den nächsten Überfall die Anordnung von Kontrollstellen nach § 111 StPO und die Netzfahndung nach § 163d StPO vorgesehen. Sämtliche personenbezogenen Daten der Personen, die aus Tatortrichtung kommen, sollen festgehalten und in einer Datei gespeichert werden. Damit will die Polizei für den Fall, dass sich die Serie fortsetzt, feststellen, ob bestimmte Personen abermals aus Tatortrichtung kommen. Die Maßnahme wäre zulässig. Staatsanwaltschaft und Gericht werden vorsorglich informiert, so dass die richterliche Bestätigung unverzüglich erfolgen kann.

§ 163d Abs. 5 StPO greift speziell die **Löschung** und Nutzung der Daten auf. Diese Regel geht den allgemeinen Bestimmungen vor.

Die Benachrichtigungspflicht nach § 163d Abs. 5 fällt der Staatsanwaltschaft zu.

# 4. Kapitel
# Platzverweis/Wohnungsverweisung und Rückkehrverbot zum Schutz vor häuslicher Gewalt

| Übersicht | |
|---|---|
| Erster Abschnitt | Platzverweisung |
| Zweiter Abschnitt | Wohnungsverweisung/Rückkehrverbot |

# Erster Abschnitt
# Die Platzverweisung

| Überblick |
|---|
| Vorbemerkungen |
| I.  Der Platzverweis zur Gefahrenabwehr |
| II. Der Platzverweis zur Strafverfolgung |

## Vorbemerkungen

Die Polizei ist zur Erfüllung ihrer Aufgaben oft gezwungen, bestimmte Bereiche, Einsatzabschnitte oder Objekte abzusperren oder zu räumen. Solche Maßnahmen kommen insbesondere in Betracht, um Amtshandlungen oder Rettungseinsätze zu sichern (Götz, a.a.O., RdNr. 386).

Aber auch die allgemeine Gefahrenabwehr oder Maßnahmen zur Sicherung der Strafverfolgung oder Maßnahmen zur Owi-Verfolgung können dergleichen nötig machen. Um störende Einwirkungen von außen auf einen Einsatzraum zu verhindern, um Störungen von Amtshandlungen zu vermeiden oder auch um Veränderungen von Tatorten oder Unglücksorten auszuschließen, kann es erforderlich sein, den Zutritt zu einem bestimmten Bereich oder den Aufenthalt an einem solchen Ort zu verbieten.

Der Platzverweis ist auf typische polizeiliche Gefahrenlagen oder Störungen mit unverkennbarem Bezug zum polizeilichen Alltagsgeschehen zugeschnitten. Er gehört zu den vom Polizeidienst zu treffenden unaufschiebbaren, kurzfristigen polizeilichen Sofortmaßnahmen (Hecker, a.a.O., S. 262).

Der Platzverweis ist die durch Einzel- oder Allgemeinverfügung an eine bestimmte Person oder eine bestimmte Personenmehrheit gerichtete Aufforderung, einen bestimmten Ort vorübergehend zu verlassen oder nicht zu betreten (Kay/Böcking, Polizeirecht NW, a.a.O., RdNr. 235).

> a) In der Kreisstadt OE ist ein Brand ausgebrochen. Eine Fabrikhalle brennt. Das Feuer droht auf angrenzende Häuser überzugreifen. Feuerwehr und Polizei sind bemüht, Menschen zu retten und Hab und Gut zu bergen. Neugierige eilen zum Brandort, damit sie das Geschehen miterleben. Um zu vermeiden, dass die Schaulustigen die Rettungsmaßnahmen erschweren, sperrt die Polizei das Gebiet ab und verbietet den Zutritt.

b) Am Waldrand der Gemarkung "Honigau" bei SI ist ein Kind tot aufgefunden worden. Den Umständen nach wurde es Opfer eines Sexualmordes. Die Leiche ist offenbar am Fundort abgelegt worden. Nahe am Fundort an einem Waldrand finden die Beamten einen Schuh des Kindes. Die Vermutung liegt nahe, dass die Tat im Wald verübt worden ist. Um zu verhindern, dass Pilzsucher, spielende Kinder oder Spaziergänger unbewusst den noch unbekannten Tatort betreten und Spuren vernichten, lässt die Polizei das Waldgebiet sperren und verbietet den Zutritt.

c) Die Polizei muss aufgrund eines Durchsuchungsbefehls die Büro- und Wohnräume des der Hehlerei verdächtigen H. durchsuchen. Während der Amtshandlungen kommt B., der Bruder des H., hinzu. Weil ihm die Polizeiaktion nicht gefällt, stellt er sich den Beamten fortgesetzt in den Weg, redet und schimpft auf sie ein, gibt ironische Ratschläge, lässt eine Musikanlage unerträglich laut spielen und macht jede Verständigung der Beamten untereinander unmöglich. Der Einsatzleiter lässt ihn darum aus dem Haus vor die Tür bringen.

Ein Platzverweis kann aber auch erforderlich werden, um Gefahren für Leib, Leben oder Gesundheit einzelner Personen abzuwehren, um Verkehrsgefahren zu vermeiden oder um Rechtsverletzungen zu verhüten oder deren Fortdauern zu unterbinden.

a) In einer Kurve hat ein Lkw von seiner Ladefläche zwei Kanister Lack verloren, die auf der Fahrbahn zerplatzten. Die Farbe ergoss sich auf die gesamte Fahrbahn. Um zu verhindern, dass der Lack weiter breitgefahren wird und dass andere Fahrzeuge beschädigt werden, sperrt die Polizei die Fahrbahn bis zum Abschluss der Reinigung der Straße.

b) An der Kreuzung Friedrichstraße/Goethestraße ist die Lichtzeichensignalanlage ausgefallen. Polizeibeamte greifen verkehrsregelnd ein und verbieten den Kraftfahrern abwechselnd durch Zeichengebung das Einfahren in den Kreuzungsbereich. Von Fahrzeugführern im Kreuzungsbereich verlangen sie, die Kreuzung freizumachen.

c) Der Polizei wird ein schwerer Verkehrsunfall gemeldet. Die Rettung von Menschenleben erfordert höchste Eile. Darum schalten die Streifenbeamten an ihrem Funkstreifenwagen blaues Blinklicht und Einsatzhorn ein und verlangen von den anderen Kraftfahrern, dass sie die Fahrbahn freimachen.

d) Der Polizei wird ein Bombenfund gemeldet. Ein Feuerwerker will die Bombe entschärfen. Weil bei solchen Arbeiten die Explosion der Bombe nicht auszuschließen ist, lässt die Polizei das Gebiet weiträumig absperren. Damit niemand zu Schaden kommt, haben alle anwesenden Personen den Bereich zu verlassen. Anderen wird der Zutritt untersagt.

e) Fred Junghans war in der Gaststätte "Gemütlichkeit" mit dem Hans Ohnesorg in Streit geraten. Schließlich schlug der Junghans wütend auf den Ohnesorg ein. Der Gastwirt konnte die Streitenden trennen. Um den Frieden im Lokal wieder herzustellen, erteilte er dem Junghans Hausverbot und forderte ihn auf, das Lokal zu verlassen. Der aber folgte der Aufforderung nicht. Darum rief der Wirt die Polizei. Zur Verhinderung des Fortdauerns des Hausfriedensbruchs (§123 StGB) wiesen die Polizeibeamten den Junghans aus dem Lokal.

Mit einem Platzverweis greift die Polizei in die Freiheit einer Person ein. Je nach Tiefe des Eingriffs kann eine Beschränkung der allgemeinen Handlungsfreiheit nach Art. 2 Abs. 1 GG begründet sein (z. B. bei Maßnahmen zur Verkehrsregelung). Weitergehende Ge- oder Verbote beschränken zielgerichtet die Bewegungsfreiheit einer Person nach Art.

2 Abs. 2 GG. Maßnahmen dieser Art sind jedoch keine Freiheitsentziehungen im Sinne von Art. 104 Abs. 2 GG (vgl. Tegtmeyer, a.a.O., § 34, RdNr. 1), weil der Betroffene zwar gezwungen ist einen Ort zu verlassen oder nicht weiter zu gehen, ansonsten aber frei entscheiden kann, wohin er geht. Unter Umständen ist Art. 13 GG belastet, nämlich dann, wenn der Zutritt zur eigenen Wohnung verboten oder das Verlassen der eigenen Wohnung verlangt wird .

Der Grundrechtseingriff kommt nur aufgrund einer gesetzlichen Ermächtigung in Betracht.

Als Ermächtigungen sind zunächst spezialgesetzliche Regelungen in Erwägung zu ziehen. Auf dem Gebiete des Straßenverkehrs haben Verkehrsregelungsmaßnahmen im Sinne von § 36 Abs. 1 StVO den Charakter des Platzverweises. Dabei bedeutet das "Hochheben eines Armes" durch den Verkehr regelnden Polizeibeamten: "Kreuzung räumen". Das seitliche Ausstrecken eines Armes oder beider Arme quer zur Fahrtrichtung gebietet dem Kraftfahrer, vor der Kreuzung zu halten (vgl. § 36 StVO).

Eine spezialgesetzliche Ermächtigung enthält auch das JÖSchG. Mit § 1 JÖSchG wird die zuständige Behörde ermächtigt, Kinder und Jugendliche, die sich an Orten aufhalten, an denen ihnen unmittelbare Gefahr für ihr körperliches, geistiges und seelisches Wohl droht, zum Verlassen des Ortes anzuhalten.

Soweit eine besondere Ermächtigung fehlt, kann die Polizei zur Gefahrenabwehr auf § 34 PolG und zur Strafverfolgung ggf. auf § 164 StPO zurückgreifen.

Maßnahmen zur Gefahrenabwehr sind Verwaltungsakte im Sinne von § 35 VwVfG und solche im Rahmen der Strafverfolgung sind Justizverwaltungsakte gemäß § 23 EG GVG (vgl. Band I., 2. Kapitel).

## I.  Der Platzverweis zur Gefahrenabwehr

## 1.  Ermächtigung

Soweit keine spezielle Befugnis vorhanden ist, kann die Polizei auf die Ermächtigung aus § 34 PolG zurückgreifen.

---

**§ 34 PolG   Platzverweisung**

**Die Polizei kann zur Abwehr einer Gefahr eine Person vorübergehend von einem Ort verweisen oder ihr vorübergehend das Betreten eines Ortes verbieten. Die Platzverweisung kann ferner gegen eine Person angeordnet werden, die den Einsatz der Feuerwehr oder von Hilfs- oder Rettungsdiensten behindert.**

---

Die Ermächtigung enthält zwei Alternativen zur Platzverweisung, wobei die zweite Alternative (Beseitigung der Behinderung von Feuerwehr oder von Hilfs- oder Rettungsdiensten) ein Unterfall der Befugnis zur Abwendung einer Gefahr ist, gleichwohl aber für diese Fälle als speziellere Ermächtigung Vorrang erhält.

## 1.1 Zulässigkeitsvoraussetzungen

### 1.1.1 Platzverweis zur Beseitigung einer Gefahr

§ 34 Satz 1 PolG gestattet den Platzverweis

- **zur Abwehr einer (im Einzelfall bestehenden, konkreten) Gefahr**
- **für die öffentliche Sicherheit,**
- **gegenüber einer oder mehreren Personen,**
- **vorübergehend,**
- **von einem Ort.**

Voraussetzung der Ermächtigung ist zunächst das Vorliegen einer **Gefahr**. Das Gesetz stellt wörtlich nur auf den Begriff "Gefahr" ab. Entsprechend § 8 Abs. 1 PolG ist der Begriff jedoch im Rahmen der Generalklausel auszulegen (vgl. 1. Kapitel I.). Daher verlangt § 34 Abs. 1 Satz 1 PolG eine im Einzelfall bestehende (konkrete) Gefahr (vgl. Erläuterungen zu § 8 Abs. 1 PolG, Erstes Kapitel, I.).

Die öffentliche Sicherheit wird gestört, wenn z.B.

- Schaulustige polizeiliche Maßnahmen behindern (Denninger in Lisken/ Denninger, 1. Auflage, a.a.O., S. 92, RdNr. 5),
- Personen polizeiliche Maßnahmen (der Gefahrenabwehr) bewusst erschweren oder vereiteln,
- der Aufenthalt einer Person an einem Ort gesetzwidrig ist (z.B. gegen § 123 StGB oder gegen ein sonstiges Verweilungsverbot wie z.B. das Verbot zum Betreten von Saatkämpen nach § 4 Landesforstgesetz verstößt),
- jemand an dem Ort Straftaten begeht oder
- jemandem persönlich Gefahr droht.

Weitere Voraussetzung ist, dass sich das Verlassensgebot oder Betretungsverbot auf einen **bestimmten Ort** bezieht. Das kann nur ein bestimmt zu umschreibender Bereich sein. Die Größe hängt von den Umständen ab. Tritt z.B. in einem Stadtbezirk Giftgas aus, kann es notwendig sein, einen ganzen Stadtteil zu räumen. In der Regel aber sind bestimmte Plätze oder Räume gemeint (Bahnhofsvorplätze, Straßenzüge, Marktplätze, Parkanlagen, Spielplätze usw.). § 34 PolG erstreckt sich (mit Einschränkungen – siehe unten ) auch auf Wohnungen und befriedetes Besitztum, rechtfertigt von sich heraus jedoch nicht das Betreten und die Durchsuchung von Wohnungen. Dazu müssen die Voraussetzungen des § 41 PolG vorliegen.

Schließlich kann die Maßnahme nur **vorübergehender** Natur sein.

a) Die polizeiliche Verfügung an Hausbesetzer, das Haus sofort zu verlassen, ist auf Dauer gerichtet und daher kein Platzverweis (vgl. Rachor in Lisken/ Denninger, 1. Auflage, a.a.O., S. 339, RdNr. 462). Ein solches Gebot ist auf § 8 PolG (Generalklausel) zu stützen.

b) Aufgrund seiner Liebe zu einer jungen türkischen Frau kam ein junger Albaner aus einer Nachbarstadt zu Besuch nach Siegen. Da der Bruder der Türkin mit der Bekanntschaft nicht einverstanden war, verprügelte er den Albaner. Am Tag danach erschien der Albaner mit 15 Freunden, um gemeinsam mit dem Bruder seiner Geliebten "abzurechnen". Kurz bevor die Gruppe losschlagen konnte, erfuhr die Polizei davon, griff ein und verwies die Männer für die laufende Nacht aus der Stadt.
„Bei auswärts wohnenden Personen kann eine Platzverweisung u. U. auch für das gesamte Stadtgebiet ausgesprochen werden"
OVG Lüneburg, Beschluss v. 15.10.1998, NVwZ 2000, S. 454

§ 34 PolG gestattet lediglich **vorübergehende** befristete Maßnahmen. Die Zeitdauer hängt von den Umständen ab. Sie kann sich auf einige Stunden, ggf. auf mehrere Tage, erstrecken. Ob die Prämisse mehrere Wochen und Monate erfasst, ist fraglich. Ein mehrwöchiges Aufenthaltsverbot ist aufgrund der Generalklausel zulässig (siehe 1. Kapitel, I.).

### 1.1.2 Platzverweis zur Beseitigung der Behinderung von Feuerwehr oder von Hilfs- oder Rettungsdiensten

§ 34 Satz 2 PolG lässt den Platzverweis zu, wenn

- **eine Person**
- **den Einsatz der Feuerwehr oder von Hilfs- und Rettungsdiensten**
- **behindert.**

Die Befugnis ist ein Unterfall der Alternative 1.1.1 bzw. des § 34 Satz 1 PolG. Bei solchen Behinderungen liegt immer eine konkrete Gefahr vor (Tegtmeyer, a.a.O., § 34, RdNr. 8). § 34 Satz 2 PolG setzt die störende Einwirkung einer **Person** voraus (siehe unten). Auf bewusstes oder unbewusstes, vorsätzliches oder fahrlässiges Handeln kommt es nicht an. Entscheidend ist der tatsächliche Erfolg.

Voraussetzung ist ein bestimmter **Rettungseinsatz**. Das können Feuerlöscharbeiten, die Versorgung Verletzter am Unfallort oder auch der polizeiliche Einsatz zur Rettung einer Geisel sein. Immer aber muss es sich um Maßnahmen handeln, die darauf ausgerichtet sind, etwas in Sicherheit zu bringen.

Der Platzverweis kommt schließlich nur in Frage, wenn eine Person den Rettungseinsatz **konkret behindert**. Nur wenn die Anwesenheit eines Menschen Rettungsmaßnahmen erschwert, verzögert oder gar vereitelt, kann die Polizei eingreifen.

## 1.2    Rechtsfolge

Zulässig sind nur

- **Verfügungen zum Verlassen oder**
- **zum Verbote zum Betreten**
- **eines bestimmten Ortes.**

**Zulässige Rechtsfolge** kann die **Verweisung von einem Ort** oder das **Verbot des Betretens eines Ortes** sein. Das folgt aus dem Begriff Platzverweisung, der im Sinne der Definition nach Satz 1 auszulegen ist.

Ein Polizeibeamter kann aufgrund des § 34 PolG nur verlangen, dass eine Person weggeht (einen bestimmten Ort verlässt) oder den bestimmten Platz nicht betritt. *„Bei auswärts wohnenden Personen kann eine Platzverweisung u. U. auch für das gesamte Stadtgebiet ausgesprochen werden"*. OVG Lüneburg, Beschluss v. 15.10.1998, NVwZ 2000, S. 454.

Für die Anordnung, an einem bestimmten Ort zu bleiben, muss § 8 PolG herangezogen werden.

## 1.3    Adressaten

Die Ermächtigung bestimmt zugleich die Richtung der Maßnahme. Adressat ist die in der Norm genannte Person. Aus Sinn und Zweck der Befugnis folgt, dass die **Person** belastet werden kann,

- **die die Gefahr verursacht hat (z.B. durch strafbaren Aufenthalt an dem Ort) oder**
- **die sich an einem Ort aufhält, wo sie selbst gefährdet ist oder**
- **die sich an einem Ort aufhält, wo die Gefahr durch ihre Anwesenheit verstärkt wird (Knemeyer, a.a.O., RdNr. 142).**

Nur ausnahmsweise ist auf § 4 PolG zurückzugreifen, nämlich dann, wenn aufsichtspflichtige Personen in die Pflicht genommen werden sollen (§ 4 Abs. 2 oder Abs. 3 PolG - siehe Band I, 4. Kapitel, Zweiter Abschnitt).

> In LÜD steht ein abseitsgelegenes Haus in Flammen. Die Feuerwehr hat die Löscharbeiten aufgenommen. Mit Tankfahrzeugen muss sie Wasser heranbringen. Neugierige stehen herum und beobachten das Geschehen. Ein Kleinkind (etwa fünf Jahre alt) läuft aus der Menschenansammlung heraus auf die Rettungswege, so dass die Fahrer von Einsatzfahrzeugen anhalten müssen. Die Polizei verlangt von dem Vater des Kindes, dafür zu sorgen, dass das Kind die Rettungswege nicht betritt.

Zulässig ist ausnahmsweise auch die Inanspruchnahme nicht verantwortlicher Personen im Rahmen des § 6 PolG. Könnte die Polizei im vorliegenden Fall die aufsichtspflichtigen Personen nicht erreichen und lägen die Voraussetzungen des polizeilichen Notstandes vor, wäre sie berechtigt, eine andere (zuverlässige) Person mit der Aufgabe zu beauftragen.

Die Rechtsfolge kommt nur gegenüber **Personen** in Betracht. Die Befugnis zum Platzverweis beinhaltet das Recht, die Mitnahme von Gegenständen und Tieren zu verlangen (vgl. Kay/Böcking, Polizeirecht NW, a.a.O., S. 142, RdNr. 238). Die Personen können demzufolge aufgefordert werden, ihre Tiere oder Sachen mitzunehmen.

> In einem Schrebergarten wurde eine Bombe gefunden. Sie soll entschärft werden. Im Nachbargarten hält sich der A. mit seinem Schäferhund auf. Weil die Gefahr besteht, dass die Bombe bei dem Versuch der Entschärfung explodieren könnte, fordert die Polizei den A. auf, das gefährdete Gebiet zu verlassen und den Hund mitzunehmen.

Soweit allein Tiere aus einer Gefahrenzone gebracht werden sollen, ist für eine solche Verfügung die Generalklausel heranzuziehen (vgl. Kay/Böcking, a.a.O., Band I, 4. Kapitel, Zweiter Abschnitt).

> In A-Stadt ist ein Waldbrand ausgebrochen. Am Waldrand grasen auf einer eingezäunten Weide Kühe. Das Feuer entwickelt sich in Richtung der Weide. Der Eigentümer der Tiere ist nicht erreichbar. Angesichts der Gefahr für die Tiere fordert die Polizei einen anderen Bauern im Rahmen des § 6 PolG auf, die Kühe wegzutreiben. Die Verfügung wird nicht von § 34 PolG erfasst. Sie muss auf die Generalklausel (§ 8 i.V.m. § 6 PolG) gestützt werden.

## 2.  Allgemeine Rechtmäßigkeitsanforderungen

### 2.1  Ermessen und Verhältnismäßigkeit

Die Befugnis zum Platzverweis wird durch § 3 PolG (**Ermessen,** Wahl der Mittel) und § 2 PolG (Grundsatz der **Verhältnismäßigkeit**) weitgehend eingeschränkt (siehe Band I, 4. Kapitel, Zweiter Abschnitt).

Unter mehreren geeigneten Maßnahmen muss der Platzverweis das erforderliche und angemessene Mittel sein. Ein Platzverweis mit der Forderung, nach Hause zu gehen, verletzt diesen Grundsatz. Denn die Polizei kann nur verlangen, dass der Betroffene den bestimmten Ort verlässt. Wohin der Betroffene geht, ist allein seine Sache.

> Die Polizei wird von Bewohnern des Mehrfamilienhauses in die Goethestraße gerufen, weil die Familie Fröhlich wieder eine lautstarke Party gibt und zu vorgerückter Stunde tanzt und laut singt, so dass die Nachbarn gestört werden. Polizeibeamte schreiten ein und schicken die Gäste nach Hause.

> Weil entsprechend dem Verhältnismäßigkeitgrundsatz eine Beeinträchtigung der Rechte so gering wie möglich ausfallen muss, ist der Platzverweis in diesem Stadium des Geschehens unzulässig. Eine Gebotsverfügung, den Lärm einzustellen, oder die Sicherstellung der Musikanlage wären mildere Mittel. Unabhängig davon ist Art. 13 GG zu beachten. Die Verfügung an die Gäste, die Wohnung zu verlassen, verletzt die Rechte des Wohnungsinhabers. Denn er kann allein

bestimmen, wer sich in seiner Wohnung aufhält. Vor dem Hintergrund des Rechtes aus Art. 13 GG ist die Verfügung an die Gäste ggf. auch verfassungswidrig.

## 2.2 Verfassungsrechtliche Grenzen

Zu beachten ist, dass der Platzverweis nach § 34 Satz 1 PolG auf **verfassungsrechtliche Grenzen** stoßen kann.

Aus der eigenen **Wohnung** kann eine Person nur dann verwiesen werden, wenn die Voraussetzungen des **Art. 13** Abs. **7 GG** durchgreifen. Daher kann hier die Ermächtigung nur angewandt werden, wenn eine Gefahr für Leib oder Leben oder mindestens eine dringende Gefahr vorliegt.

a) In HA ist ein Brand ausgebrochen. Ein Wohnhaus steht in Flammen. Die Bewohner sind nicht zu Hause. Die Feuerwehr hat die Bergungs- und Rettungsarbeiten aufgenommen. Trotzdem hat sich das Feuer inzwischen so ausgebreitet, dass es unmöglich geworden ist, das Haus zu betreten. Als nun ein Hausbewohner zurückkommt, will er kopflos in das Haus stürmen, um noch einige Wertsachen zu holen. Die Polizei verbietet ihm den Zutritt, weil dadurch sein Leben in Gefahr geraten würde. Der Platzverweis ist zulässig, weil Art. 13 GG solche Eingriffe zulässt.

b) In einem Haus in MES ist ein Wasserrohr gebrochen. Wasser strömt aus der Terrassen- und der Haustür. Ein Hausbewohner kommt zurück, sieht das Unglück, erinnert sich an den Schmuck, den er in einer Kassette unter dem Sofa seines Wohnzimmers versteckt hat, und will ihn holen. Ein Zutrittsverbot ist nicht gerechtfertigt, weil keine dringende Gefahrenlage besteht. Allein die Tatsache, dass sich der Hausbewohner nasse Füße holen könnte, begründet keine dringende Gefahr. Art. 13 GG lässt den Eingriff nicht zu.

Das gilt allerdings nur für die dem Betroffenen gehörende Wohnung. Vor dem Platzverweis aus fremden Wohnungen schützt Art. 13 GG nicht.

Mit Blick auf das **Versammlungsrecht** ist zu berücksichtigen, dass Art. 8 GG in § 7 PolG nicht zitiert ist. Daraus spricht die Vermutung für die Polizeifestigkeit des Versammlungsrechtes mit der Folge, dass polizeigesetzliche Ermächtigungen keinen Eingriff in das Grundrecht zulassen (vertiefend Kay/Böcking, Versammlungsrecht, a.a.O., RdNrn. 165 f.). Demzufolge ist bei Versammlungen ein Platzverweis aus verfassungsrechtlichen Gründen nur zulässig, wenn Art. 8 GG nicht oder nicht mehr schützt. § 34 PolG kann daher auf dem Gebiete des Versammlungsrechtes nur beschränkt herangezogen werden.

a) Die X-Partei hat zu einer öffentlichen Versammlung in die Stadthalle eingeladen. In der Einladung wurden Herr Widerling und Herr Streitig ausdrücklich ausgeladen. Ungeachtet der Ausladung erscheinen die beiden Herren und verlangen Einlass. Der Veranstalter ruft die Polizei. Polizeibeamte verbieten auf Grund des § 34 PolG den Zutritt. Der Platzverweis ist zulässig, weil die Betroffenen kein Versammlungsteilnahmerecht haben (vgl. Kay/Böcking, Versammlungsrecht, a.a.O., RdNr. 338).

b) Die Polizei hat eine Versammlung der X-Partei aufgrund des § 13 Abs. 1 Ziff. 2 VersG aufgelöst und fordert nun die Teilnehmer auf, den Versammlungs-

raum zu verlassen. Dabei stützt sie ihre Verfügung auf § 34 PolG. Der Platzverweis ist zulässig, weil Art. 8 GG nach rechtsverbindlicher Auflösung unter
Berücksichtigung einer gewissen Nachwirkung des Grundrechtes nicht mehr
schützt (vgl. auch Ott, a.a.O., § 13, RdNr. 13, so auch Kniesel in
Lisken/Denninger, 1. Auflage, a.a.O., S. 487, RdNr. 450).

c) Während einer laufenden öffentlichen Versammlung der X-Partei hat die
Gruppe um Lauthals ständig so laut gestört, dass eine Verständigung nicht
mehr möglich war. Der Leiter der Versammlung hat die Störer darum aufgrund
des § 11 VersG ausgeschlossen und die Polizei ersucht, die Störer aus dem
Versammlungsraum zu verweisen. Nach Ablauf einer gewissen Zeit
(Nachwirkung des Grundrechtes) verweist Polizeihauptkommissar Mutig die
Betroffenen gestützt auf § 34 PolG aus dem Raum. Der Platzverweis ist
zulässig, weil die Störer nach einem rechtsverbindlichen Ausschluss durch
den Leiter einer Versammlung kein Teilnahmerecht mehr haben und Art. 8 GG
nicht mehr schützt.

d) Der Student Zornig hat während eines Aufzuges der Studenten der Univer-
sität DO aus der Demonstration heraus mit Steinen Fensterscheiben einge-
worfen. Die Polizei hat ihn wegen dieser Störung aufgrund des § 19 Abs. 4
VersG von der Versammlung ausgeschlossen und ihn unter Berücksichtigung
der Nachwirkung des Grundrechtes gestützt auf § 34 PolG des Platzes
verwiesen. Der Platzverweis ist zulässig, weil Art. 8 GG nach dem rechtsverbindlichen Ausschluss nicht mehr schützt.

e) Der Versammlungsteilnehmer Lautstark fällt dem Redner während einer Versammlung in geschlossenen Räumen ständig lautstark ins Wort. Einige
Zuhörer reagieren ungehalten. Dem Einsatzleiter der Polizei missfällt das auch
sehr. Er weist ihn darum aus dem Versammlungsraum. Der Platzverweis ist
verfassungswidrig, weil aufgrund gröblicher Störungen nur der Leiter der
Versammlung zum Ausschluss berechtigt ist (§ 11 VersG). Solange Art. 8 GG
noch schützt, kann § 34 GG nicht angewandt werden.

Die **Pressefreiheit** hingegen hindert die Anwendung des § 34 PolG nicht. Art. 5 Abs. 1
GG gewährleistet zwar die Pressefreiheit und die Freiheit der Berichterstattung durch
Rundfunk und Film. Diese Rechte aber finden ihre Schranken in den Vorschriften der
allgemeinen Gesetze (Art. 5 Abs. 2 GG). Allgemeine Gesetze sind formell-materielle
Rechtsnormen, die sich nicht gerade gegen die Meinungsäußerungsfreiheit selbst richten
(Jarras/Pieroth, a.a.O., Art. 5, RdNr. 46). Darunter fallen die StPO und das PolG.

Auch § 1 Landespressegesetz verdrängt das Recht der Gefahrenabwehr nicht vollständig,
sondern nur soweit, als es sich um eine Reaktion wegen des Inhalts von Presseerzeug-
nissen handelt (Drews/Wacke/Vogel/Martens, a.a.O., S. 275). Nicht polizeifest ist die
Pressefreiheit in den Phasen der Informationserhebung bis hin zur Herstellung von
Druckwerken und (später) im Vertrieb, soweit dadurch Gefahren auftreten, die nicht vom
Inhalt des Presseerzeugnisses ausgehen (Götz, a.a.O., RdNr. 169). Daher ist ein
Platzverweis gegen einen Journalisten unter den Voraussetzungen des § 34 PolG durch-
aus zulässig, wobei allerdings im Rahmen des Übermaßverbotes der verfassungsmäßige
Informationsauftrag, den Pressevertreter haben, besonders zu berücksichtigen ist (umfas-
send dazu Kay, Presse und Polizei, DIE POLIZEI 12/95, S. 354 ff.).

Daraus folgt, dass das allgemeine Gefahrenabwehrrecht auch Eingriffe in die Pressefreiheit in dem hier umrissenen Rahmen gestattet.

# 3. Verfahrens- und Formvorschriften

Platzverweise nach § 34 PolG sind Verwaltungsakte. Der Platzverweis erfordert die Beachtung der **Verfahrens- und Formvorschriften** nach den VwVfG.

Insbesondere sind die §§ 28, 37 und 41 VwVfG zu beachten. Die Verfügung muss in erster Linie inhaltlich bestimmt (also klar und verständlich) sein und dem Betroffenen bekannt gegeben werden (zur Bedeutung der Verfahrens- und Formvorschriften siehe, Band I, 4. Kapitel, Erster Abschnitt).

# 4. Weitere Anwendungsbeispiele

Vor dem Hintergrund der vorgenannten Voraussetzungen kann ein Platzverweis nach § 34 PolG in folgenden Fällen in Frage kommen:

a) Auf der B 54 in DO ist ein Gefahrguttransport verunglückt. Aus dem Tank des Lastzuges sind ätzende Stoffe ausgetreten. Aus dem Gefahrgutzettel entnehmen die Polizeibeamten, dass sich das Einatmen der Dämpfe gesundheitsschädigend auswirkt. Sie fordern darum neugierige Personen auf, den Unfallort zu verlassen und mindestens 200 Meter zurückzutreten (Platzverweis zum Schutz individueller Rechte - hier der Gesundheit - der einzelnen Personen).

b) Während eines Fußballspiels zwischen dem VFB DO und dem VFL BO kommt es zu Streitigkeiten zwischen Zuschauern. Die Ursache liegt im provozierenden Verhalten einer Fan-Gruppe aus Bochum. Als die Personen schließlich auf einige andere Zuschauer einschlagen, greift die Polizei ein und weist sie aus dem Stadion (Platzverweis zur Verhütung weiterer Straftaten).

c) A. und B. gerieten in einer Gaststätte in Streit. Als sie aufeinander einschlugen, griff der Gastwirt ein und verlangte von beiden, dass sie das Lokal sofort verlassen. Weil A. dem nicht folgte, rief der Gastwirt die Polizei. Weil A. durch sein Verhalten Hausfriedensbruch begangen hat und die Rechtsverletzung fortbestand, forderten die Beamten den A. auf, das Lokal zu verlassen (Platzverweis zur Verhütung der Fortsetzung der Straftat).

d) Der Polizei wird gemeldet, dass ein Kleinkind an einem reißenden Bach spielt. Die Polizei fordert die Mutter des Kindes auf, das Kind sofort aus der Bachnähe wegzuführen (Platzverweis gegen eine aufsichtpflichtige Person zum Schutz von Leib und Leben des Kindes).

e) Im Waldgebiet "Königshöhe" wird Holz eingeschlagen. Ungeachtet dessen bewegen sich Pilzsucher in dem Gebiet. Auf Verlangen der Waldarbeiter verlassen sie den Bereich nicht. Darum wird die Polizei verständigt. Die Polizeibeamten verweisen die Pilzsucher aus dem Arbeitsbereich (Platzverweis zur Wiederherstellung der öffentlichen Sicherheit - Unterbindung der Verletzung des § 4 Abs. 1 Landesforstgesetz).

f) Die Polizei führt an einem Unfallhäufungspunkt auf der B 55 in OE eine Radarkontrolle durch. Der schon mehrfach wegen Geschwindigkeitsüberschreitung zur Anzeige gebrachte K. sieht darin einen Willkürakt des Staates und nimmt sich die Zeit, vor der Messstelle herannahende Fahrzeugführer zu warnen. Dadurch wird die Überwachungsmaßnahme der Polizei vereitelt. Der Streifenführer verlangt darum von dem K., den Kontrollort zu verlassen (Platzverweis zur Wiederherstellung der Funktionsfähigkeit des Staates und seiner Einrichtungen - ungestörte Dienstausübung der Polizei).

g) In LÜD hat sich ein schwerer Verkehrsunfall ereignet. Ein Tanklastzug ist mit einem Kraftomnibus zusammengestoßen. Polizei, Feuerwehr und DRK sind bemüht, die Verletzten zu bergen. Schaulustige eilen heran und blockieren die Zufahrtswege. Die Polizei sperrt darum das Gebiet ab und fordert Personen auf, den Ort zu verlassen.

## 5. Hinweis

Befolgt der Adressat den polizeilichen Platzverweis nicht, kann der Betroffene entsprechend § 35 Abs. 1 Nr. 3 PolG in **Gewahrsam** genommen oder der Platzverweis zwangsweise durchgesetzt werden.

Die **Zwangsanwendung** erfolgt im Rahmen der Vorschriften über den Zwang nach §§ 50 ff. PolG. Wird dazu ein Dienstfahrzeug der Polizei benutzt und der Betroffene mit dem Wagen vom Ort der Störung weggebracht, ohne dass die Polizeibeamten die Gewahrsamnahme anstreben, liegt darin keine Gewahrsamnahme im Sinne von § 35 PolG sondern der Einsatz eines Hilfsmittels der körperlichen Gewalt (vgl. § 58 Abs. 2 PolG). Dieser sogenannte **Verbringungsgewahrsam** ist durch die Ermächtigungen aus § 34 PolG i.V.m. §§ 50 ff. PolG gerechtfertigt.

# II. Der Platzverweis zur Strafverfolgung

## 1. Ermächtigung

Die Strafprozessordnung enthält keine ausdrückliche Ermächtigung zum Platzverweis. Eine solche Maßnahme kommt jedoch als Minus-Maßnahme aufgrund des § 164 StPO in Betracht (vgl. Kay/Böcking, a.a.O., Band I, 4. Kapitel).

---

**§ 164 StPO   Festnahme von Störern**

**Bei Amtshandlungen an Ort und Stelle ist der Beamte, der sie leitet, befugt, Personen, die seine amtliche Tätigkeit vorsätzlich stören oder sich den von ihm innerhalb seiner Zuständigkeit getroffenen Anordnungen widersetzen, festnehmen und bis zur Beendigung seiner Amtsverrichtungen, jedoch nicht über den nächstfolgenden Tag hinaus, festhalten zu lassen.**

---

## 1.1 Zulässigkeitsvoraussetzungen

- eine Person
- eine Amtshandlung
- an Ort und Stelle
- entweder
  - vorsätzlich stört oder
  - sich der getroffenen Anordnung des leitenden Beamten widersetzt.

Liegen diese Voraussetzungen vor, ist auch ein Platzverweis ein geeignetes milderes Mittel (siehe unten 1.2).

Voraussetzung ist zunächst das Handeln oder Unterlassen einer **Person**. Wird eine Amtshandlung durch ein Tier gestört, muss zur Störungsbeseitigung auf Polizeirecht zurückgegriffen werden.

§ 164 StPO verlangt, dass die Störung **an Ort und Stelle** erfolgt. Gemeint ist der Ort der Amtshandlung (Kleinknecht/Meyer-Goßner, a.a.O., § 164 StPO, RdNr. 3). Das kann ein Tatort im Freien oder in einem Haus sein. Auch Amtshandlungen innerhalb der Diensträume werden erfasst (Pfeiffer/Fischer, a.a.O., § 164 StPO, RdNr. 2).

Die Ermächtigung schützt nur **strafprozessuale Amtshandlungen**. Das sind Amtshandlungen zur **Verfolgung einer Straftat** in allen Verfahrensstadien (angefangen beim Ermittlungs- oder Vorverfahren bis zum Vollstreckungsverfahren - zu den Verfahrensabschnitten siehe Band I, 3. Kapitel, zweiter Abschnitt). Geschützt sind die Maßnahmen aller im Strafprozess Handelnden, insbesondere die der Polizei, der Staatsanwaltschaft und des Gerichtes (Kleinknecht/Meyer-Goßner, a.a.O., § 164 StPO, RdNr. 1). Die Polizeibeamten müssen nicht Hilfsbeamte der Staatsanwaltschaft sein, um den Schutz zu erfahren.

Amtshandlungen zur **Verfolgung von Ordnungswidrigkeiten** werden durch § 164 StPO nicht geschützt. Zwar gelten für die Verfolgung von Ordnungswidrigkeiten die Befugnisse der StPO (vgl. Kay/Böcking, a.a.O., Band I, S. 210 ff), die Verhaftung und vorläufige Festnahme wird jedoch mit § 46 Abs. 3 OwiG untersagt. Daher kann auch kein Platzverweis zum Schutz von Owi-Verfolgungsmaßnahmen durch § 164 StPO gerechtfertigt werden. Wenn keine Befugnis für die Festnahme gegeben ist, fehlt sie auch für Minusmaßnahmen.

Der Störer muss **vorsätzlich** handeln. Sein Tun muss bewusst und gewollt auf den Erfolg ausgerichtet sein. Fahrlässiges Handeln reicht zur Festnahme nicht aus.

§ 164 verlangt weiter, dass die Person **stört** oder **sich Anordnungen widersetzt**.

Eine Störung liegt vor, wenn die Handlung der Person die ordnungsgemäße, auf einen bestimmten Erfolg abzielende Durchführung der strafprozessualen Maßnahme ernstlich behindert, erschwert oder ihre Erfolgsaussicht mindert (Pfeiffer/Fischer, a.a.O., § 164 StPO, RdNr. 2). "Eine Widersetzlichkeit gegen eine getroffene Anordnung kann bereits dann vorliegen, wenn durch hartnäckige Nichtbefolgung gegen eine getroffene Anordnung passiver Widerstand geleistet wird, der nur durch physische Anstrengungen (Wegtragen) überwunden werden kann" (Pfeiffer/Fischer, wie vor).

## 1.2 Rechtsfolge

Als Rechtsfolge sieht § 164 StPO die **Festnahme** vor. Im Rahmen des Übermaßverbotes sind **mildere Mittel** anzuwenden. Dazu gehört insbesondere der **Platzverweis** (vgl. Denninger in Lisken/Denninger, a.a.O., 1. Auflage, S. 110, RdNr. 15).

Weil § 164 StPO die Festnahme rechtfertigt und die Festnahme wiederum das Verbringen an einen anderen Ort gestattet, wird als Minusmaßnahme auch der Platzverweis aus der eigenen Wohnung gestützt.

a) Aufgrund konkreter Hinweise muss die Polizei das Anwesen des der Hehlerei verdächtigen Klau durchsuchen. Der Klau ist deshalb sehr aufgebracht. Darum hat er seinen bösartigen Schäferhund an die Leine genommen und führt ihn ständig so dicht an die Durchsuchungskräfte heran, dass diese - auf Eigensicherung bedacht - kaum noch richtig suchen können. Zudem wirft er ständig lautstark ironische Bemerkungen ein, so dass auch dadurch die Beamten abgelenkt werden und nicht mehr in der Lage sind, sich gegenseitig zu verständigen. Der Einsatzleiter sieht sich aufgrund der Störung veranlasst, den Klau aus dem Durchsuchungsobjekt zu verweisen. Die Befugnis ergibt sich (als mildere Maßnahme gegenüber der zulässigen Festnahme) aus § 164 StPO.

b) Ein V-Mann hat der Polizei mitgeteilt, dass der M. den Raubüberfall auf eine Bank in HA begangen und die Beute unter Fußbodendielen in seiner Wohnung versteckt hat. Der Hinweis scheint mehr als glaubwürdig, weil M. der Polizei gut bekannt ist und auch die Personenbeschreibung, die Bankangestellte von dem Täter gegeben haben, zutrifft. Die Polizei entschließt sich zur sofortigen schlagartigen Durchsuchung der Wohnung des H. Am Einsatzort treffen die Beamten auf mehrere Personen, die im Wohnzimmer des H. kräftig dem Alkohol zusprechen und die Polizei mit Protestgeschrei empfangen. Um die Durchsuchung durchführen zu können, fordert sie der Einsatzleiter auf, für die Durchsuchung Platz zu machen. Weil sie sich der Aufforderung widersetzen, sieht der Einsatzleiter die Möglichkeit, die Störer festnehmen zu lassen, entschließt sich aber zum Platzverweis als milderes Mittel. Der Platzverweis ist aufgrund des § 164 StPO zulässig.

Das Festnahmerecht besteht **für die Dauer der Amtsverrichtungen.** Folglich ist auch der Platzverweis auf diese Zeitspanne beschränkt. § 164 StPO enthält damit zugleich ein **zeitliches Übermaßverbot.**

## 1.3 Adressaten

Die Richtung der Maßnahme wird durch die Ermächtigung unmittelbar bestimmt. Adressat ist die Person, welche die Amtshandlung bewusst stört oder einer Anordnung keine Folge leistet.

## 2. Verfahrens- und Formvorschriften

Die **Anordnungskompetenz** zur Festnahme des Störers ist auf den **leitenden Beamten** beschränkt. Das ist der Beamte, der anderen aufgrund seiner dienstlichen Stellung Weisungen erteilen kann. In der Regel wird bei Einsätzen mit mehreren Beamten der Einsatzleiter die Anordnungsbefugnis besitzen. Handelt nur eine Streifenwagenbesatzung, ist der Streifenführer leitender Beamter. Entsprechend ist auch die Befugnis, einen Platzverweis zu verfügen, auf den Einsatzleiter reduziert.

## 3. Hinweis

Liegen die Voraussetzungen der Festnahme nach § 164 StPO nicht vor (weil z.B. der Störer nicht vorsätzlich handelt), scheidet auch der Platzverweis aus. In solchen Fällen kommen Maßnahmen zur Gefahrenabwehr (Gefahr für die Funktionsfähigkeit des Staates und seiner Einrichtungen) in Betracht. "Das nach den Polizeigesetzen bestehende Recht der Polizei zur Platzverweisung zwecks Abwehr einer Gefahr bleibt unberührt" (Pfeiffer/Fischer, a.a.O., § 164 StPO, RdNr. 1).

# Zweiter Abschnitt
# Wohnungsverweisung/Rückkehrverbot

## Vorbemerkungen

Gewalt im sozialen Nahraum (in Familien, Lebensgemeinschaften, Wohngemeinschaften) ist ein Phänomen, von dem ganz überwiegend Frauen und Kinder betroffen sind. Nach einer Studie der UNO hat jede dritte Frau in Deutschland Gewalterfahrung (LT-Drucksache NRW 13/1525 – S. 1). Gewaltbeziehungen entstehen nicht von heute auf morgen, sondern im Verlauf von Monaten und Jahren.

Häusliche Gewaltdelikte sind in der Regel Seriendelikte, denen ein Gewaltkreislauf zugrunde liegt. Dieser ist geprägt von einer Wiederholung in immer kürzeren Abständen und von einer Steigerung der Gewaltintensität. Die Gewalttat bleibt daher in aller Regel kein isoliertes, einmaliges Vorkommnis, vielmehr setzt die betroffene Person ihre Misshandlungen typischerweise fort (LT-Drucksache NRW 13/1525 – Allgemeine Begründung zu Art. 1, S. 11).

Gemäß Art. 1 Abs. 1 in Verbindung mit Art. 2 Abs. 2 GG hat der Staat die Pflicht, Leben und körperliche Unversehrtheit der Menschen zu schützen. Damit hat er sich eindeutig auf die Seite der Gewaltopfer zu stellen.

Mit dem „Gesetz zum zivilrechtlichen Schutz vor Gewalttaten und Nachstellungen (Gewaltschutzgesetz – GewSchG)", der Änderung des § 1361b BGB, der Änderung des Einführungsgesetzes zum Bürgerlichen Gesetzbuch, der Änderung des Lebenspartnerschaftsgesetzes und anderer Vorschriften hat der Deutsche Bundestag den Zivilgerichten umfassende Möglichkeiten zum Schutz der Opfer im häuslichen Bereich eingeräumt und dem Phänomen Rechnung getragen. Auf Antrag der verletzten Person kann das Gericht z. B. anordnen, dass der Täter die gemeinsam genutzte Wohnung dem Opfer überlässt, die Wohnung der verletzten Person nicht mehr betritt, einen bestimmten Abstand zur Wohnung der geschädigten Person einhält, keine telefonischen oder sonstigen Kontakte zum Opfer sucht, sich dem Opfer nicht nähern darf oder auch Orte zu meiden hat, an denen sich das Opfer regelmäßig aufhalten muss (siehe im einzelnen § 1 GewSchG, § 1361b BGB, § 14 Lebenspartnerschaftsgesetz).

Häusliche Gewalt ist keine Privatangelegenheit. Sie ist ebenso kriminelles Unrecht wie Gewalt im öffentlichen Raum (LT-Drucksache NRW 13/1525 – Allgemeine Begründung zu Art. 1, S. 11).

Häusliche Gewalttaten sind in der Regel strafbare Handlungen. Körperverletzungen, Bedrohungen, Nötigungen, ggf. auch sexuelle Nötigungen oder andere Sexualdelikte sind mit Strafe bedrohte Handlungen, die die Polizei von Amts wegen zu verfolgen und zur Anzeige zu bringen hat.

Zum Schutz vor häuslicher Gewalt (Gefahrenabwehr) greift neben anderen Befugnissen des Polizeigesetzes in besonderen Fällen die Ermächtigung zur Wohnungsverweisung und zur Anordnung eines Rückkehrverbotes nach § 34a PolG. Die Ermächtigung verbessert flankierend den zivilrechtlichen Schutz vor häuslicher Gewalt. In der Zeitspanne des Rückkehrverbotes ist dem Gewaltopfer die Möglichkeit gegeben, zivilrechtlichen Schutz zu beantragen.

Mit der Wohnungsverweisung und dem Rückkehrverbot greift die Polizei durch Verwaltungsakt belastend in das Grundrecht auf Freizügigkeit ein, denn Art. 11 Abs. 1 GG gewährt die Möglichkeit, an jedem Ort des Bundesgebietes Aufenthalt und Wohnsitz zu nehmen (BVerfGE 2, S. 266, **273**; 43, S. 203, **211**; 80 S. 137,**150**; Jarass/Pieroth, a.a.O, Art. 11RdNr. 2) und enthält das Recht, am Ort des selbst gewählten Aufenthalts bleiben zu dürfen (Münch/Kunig, a..a.O, Art. 11 RdNr. 18). Ferner wird Art. 13 GG belastet. Die Ermächtigung aus § 34a PolG greift die Schranken aus Art. 13. Abs. 7 GG auf. Zur „Verhütung dringender Gefahren für die öffentliche Sicherheit" ist eine Beschränkung des Grundrechts zulässig. Dringende Gefahren sind Sachlagen oder Verhaltensweisen, durch die bei ungehindertem Verlauf des objektiv zu erwartenden Geschehens mit hinreichender Wahrscheinlichkeit wichtige Rechtsgüter geschädigt werden. Auf zeitliche Dringlichkeit kommt es nicht an (Tegtmeyer, a.a.O, § 41 ,RdNr. 23).

## 1.   Ermächtigungsgrundlage

Als Ermächtigung zur Wohnungsverweisung und zum Rückkehrverbot ist § 34a PolG heranzuziehen.

---

**§ 34a PolG**
**Wohnungsverweisung und Rückkehrverbot zum Schutz vor häuslicher Gewalt**
**(1) Die Polizei kann eine Person zur Abwehr einer von ihr ausgehenden gegenwärtigen Gefahr für Leib, Leben oder Freiheit einer anderen Person aus der Wohnung, in der die gefährdete Person wohnt, sowie aus deren unmittelbarer Umgebung verweisen und ihr die Rückkehr in diesen Bereich untersagen. Die Maßnahmen nach Satz 1 können auf Wohn- und Nebenräume beschränkt werden. Der räumliche Bereich, auf den sich die Wohnungsverweisung und das Rückkehrverbot beziehen, ist nach dem Erfordernis eines wirkungsvollen Schutzes der gefährdeten Person zu bestimmen und genau zu bezeichnen.**
**(2) Der Person, gegen die sich die Maßnahmen nach Absatz 1 richten (betroffene Person) ist Gelegenheit zu geben, dringend benötigte Gegenstände des persönlichen Bedarfs mitzunehmen.**
**(3) Die Polizei hat die betroffene Person aufzufordern, eine Anschrift oder eine zustellungsbevollmächtigte Person zum Zweck von Zustellungen behördlicher oder gerichtlicher Entscheidungen, die zur Abwehr einer Gefahr im Sinne des Absatzes 1 ergehen, zu benennen.**
**(4) Die Polizei hat die gefährdete Person auf die Möglichkeit der Beantragung zivilrechtlichen Schutzes und auf die Möglichkeit der Unterstützung durch geeignete Beratungsstellen hinzuweisen.**
**(5) Wohnungsverweisung und Rückkehrverbot enden außer in den Fällen des Satzes 2 mit Ablauf des zehnten Tages nach ihrer Anordnung, soweit nicht die**

Polizei im Einzelfall ausnahmsweise eine kürzere Geltungsdauer festlegt. Stellt die gefährdete Person während der Dauer der gemäß Satz 1 verfügten Maßnahmen einen Antrag auf zivilrechtlichen Schutz mit dem Ziel des Erlasses einer einstweiligen Anordnung, enden die Maßnahmen nach Absatz 1 mit dem Tag der gerichtlichen Entscheidung, spätestens mit Ablauf des zehnten Tages nach Ende der gemäß Satz 1 verfügten Maßnahme. Die §§ 48, 49 des Verwaltungsverfahrensgesetzes bleiben unberührt.

(6) Das Gericht hat der Polizei die Beantragung zivilrechtlichen Schutzes sowie den Tag der gerichtlichen Entscheidung unverzüglich mitzuteilen; die §§ 18 bis 22 des Einführungsgesetzes zum Gerichtsverfassungsgesetz bleiben unberührt. Die Polizei hat die gefährdete und die betroffene Person unverzüglich über die Dauer der Maßnahmen nach Absatz 1 in Kenntnis zu setzen.

(7) Die Einhaltung des Rückkehrverbotes ist mindestens einmal während seiner Geltung zu überprüfen..

## 1.1 Zulässigkeitsvoraussetzungen

Die Befugnis aus § 34 a Abs. 1 PolG setzt

- **eine gegenwärtige Gefahr**
- **für Leib, Leben oder Freiheit einer Person**
- **in der häuslichen Gemeinschaft bzw. in einer häuslichen Beziehung, in der die gefährdete Person wohnt** (Überschrift vor Abs. 1)
- **durch häusliche Gewalt** (Überschrift vor Abs. 1)

voraus und lässt gegenüber der betroffenen **verantwortlichen Person** (verantwortlicher Adressat; vgl. folgende Ziff. 1.2) die unten genannten **Rechtsfolgen** (siehe folgende Ziff. 1.3) zu.

Während Art. 13 Abs. 7 GG die Beschränkung des Grundrechts auf Unverletzlichkeit der Wohnung „zur Verhütung dringender Gefahren für die öffentliche Sicherheit" zulässt, engt § 34a Abs. 1 PolG die Voraussetzungen für die Beschränkung in zeitlicher und qualitativer Hinsicht ein. Die Gefahr muss *gegenwärtig* sein und für die bestimmten wichtigen Rechtsgüter *„Leib, Leben oder Freiheit einer Person"* bestehen.

Eine **gegenwärtige Gefahr** ist eine Sachlage, die zu der Besorgnis Anlass gibt, dass ein Schaden in allernächster Zeit mit an Sicherheit grenzender Wahrscheinlichkeit eintreten wird, ein Eingreifen zur Gefahrenabwehr muss also grundsätzlich zeitlich dringlich sein (siehe Band I, Drittes Kapitel, Erster Abschnitt). An die Wahrscheinlichkeit des Schadenseintritts sind jedoch nach dem Grundsatz der Verhältnismäßigkeit umso geringere Anforderungen zu stellen, je größer und folgenschwerer der möglicherweise eintretende Schaden ist (BVerwGE 47, 40; Lepa, a.a.O. Art. 1123, RdNr. 33) und je bedeutsamer und höherwertiger das gefährdete Schutzgut ist (OVG Münster, NVwZ 1985, S. 355 f.). Drohen Lebens- und schwerwiegende Gesundheitsgefahren, lässt die Rechtsprechung für die Gefahrenprognose sogar die entfernte Wahrscheinlichkeit des Schadenseintritts ausreichen (Schoch, JuS 1994, S. 667).

Wenn eine Gefahrenprognose ergibt, dass durch häusliche Gewalt wichtige Rechtsgüter geschädigt werden, sind an die Wahrscheinlichkeit des Schadens auch in zeitlicher Hinsicht keine allzu hohen Anforderungen zu stellen. Gleichwohl ist die Maßnahme entsprechend Art. 13 Abs. 7 GG verfassungsgemäß.

Vor dem Hintergrund, dass insbesondere häusliche Gewalt in einen Gewaltkreislauf eingebunden ist (siehe Vorbemerkungen), ist bei der Gefahrenprognose zu berücksichtigen, dass sich Anhaltspunkte für einen jederzeit möglichen erneuten Schadenseintritt insbesondere aus einer vorausgegangenen Gewaltanwendung ergeben können. Vor allem in den Fällen, in denen Anhaltspunkte dafür vorhanden sind, dass die betroffene Person bereits zum wiederholten Male gegenüber der gefährdeten Person Gewalt ausgeübt hat, wird mit einer jederzeitigen Wiederholung der Gewaltanwendung zu rechnen sein. Weil es sich bei häuslichen Gewalttaten meist um Seriendelikte handelt, kann insbesondere nach einer schweren Gewalttat mit an Sicherheit grenzender Wahrscheinlichkeit davon ausgegangen werden, dass die betroffene Person erneut gewalttätig wird (LT-Drucksache NRW 13/1525 – Allgemeine Begründung zu Art. 1, S. 12). Insoweit geben auch die Intensität des Angriffs und die Schwere der Verletzungen Anlass zu der Sorge der Tatwiederholung, selbst wenn der Täter/die Täterin erstmals gewalttätig geworden ist. Ist die gewalttätige Person im Einzelfall blindwütig, schonungslos, grausam, gefühlskalt, unerbittlich, brutal, grob, hinterhältig und rücksichtslos vorgegangen, muss ungeachtet der Folgen einer Verfehlung davon ausgegangen werden, dass eine gegenwärtige Gefahr der Tatwiederholung gegeben ist.

Ein der polizeilichen Maßnahme entgegenstehender Wille des Opfers ist für die Gefahrenprognose grundsätzlich unbeachtlich, da Opfer einer schon längeren Gewaltbeziehung typischer Weise dazu neigen, das Geschehen zu verharmlosen oder den Gewalttäter/die Gewalttäterin (vielfach aus Angst vor späteren Racheakten oder wegen wirtschaftlicher bzw. emotionaler Abhängigkeit) vor der Polizei in Schutz zu nehmen (LT-Drucksache NRW 13/1525 – Allgemeine Begründung zu Art. 1, S. 12). **Die Gefahrenprognose trifft allein die Polizei.**

Eine **Gefahr für Leib oder Leben** liegt vor, wenn eine (mehr als leichte) Körperverletzung oder der Tod eines Menschen drohen (Schoch, a.a.O, JuS 1994, S. 670). Die Freiheit der Person ist gefährdet, wenn der andere eingesperrt werden könnte. Auch die (z. B. sexuelle) Nötigung ist als Gefährdung der Freiheit der Person zu qualifizieren.

Bedingung ist, dass die Gefahr für Leib, Leben oder Freiheit eines Menschen **in der häuslichen Gemeinschaft bzw. in der häuslichen Beziehung** besteht. Die Ermächtigung greift nur, wenn **die gefährdete Person (nicht zwingend auch der Gewalttäter/die Gewalttäterin!) in der Wohnung**, in der sich der gefahrbegründende Sachverhalt zuträgt, **dauerhaft wohnt**. Opfer sind Angehörige der häuslichen Gemeinschaft, vorrangig Frauen, Kinder. Jedoch können auch Männer sowie alte und kranke Menschen Opfer häuslicher Gewalt werden. *„Die Vorschrift wird somit in der Praxis bei Gewalt in ehelichen oder nichtehelichen (verschieden- oder gleichgeschlechtlich orientierten) Lebensgemeinschaften zur Anwendung gelangen, aber auch bei Lebensgemeinschaften, die derselben (Geschwister) oder verschiedenen Generationen (z.B. Tochter/Vater, Mutter/Sohn) angehören. Der Schutz der Vorschrift soll auch Mitgliedern von Wohngemeinschaften, insbesondere auch der alten Menschen, die zur Sicherung ihrer Ver-*

*sorgung einen gemeinsamen Haushalt begründet haben, zuteil werden"* (LT-Drucksache NRW 13/1525 – Allgemeine Begründung zu Art. 1, S. 11).

Tatorte werden in der Regel die Räumlichkeiten der häuslichen Gemeinschaft sein (Erlass des Innenministeriums NRW vom 20. Dezember 2001- 42.1-2761 -). Allerdings ist häusliche Gewalt auch an anderen Orten denkbar (z. B. auf dem Weg nach Hause oder vor dem Haus), wenn zwischen der geschädigten Person und dem Gewalttäter/der Gewalttäterin eine gewisse häusliche Beziehung besteht.

Letztlich verlangt die Ermächtigung, dass Gefahrenursache **häusliche Gewalt** ist. Die Abwehr anderer Gefahren (z.B. Gewalt in jedermann zugänglichen Räumen wie in Gaststätten unter Personen, die nicht durch häusliche Gemeinschaft verbunden sind) ist auf andere Ermächtigungen zu stützen. Häusliche Gewalt ist in der Regel strafrechtlichen Sanktionen unterworfen (Erlass des Innenministeriums NRW vom 20. Dezember 2001- 42.1-2761 -). Die Ermächtigung aus § 34a PolG ist mithin darauf gerichtet,

- Körperverletzungen nach § 223, § 224 oder § 226 StGB,
- Nötigungen, § 240 StGB,
- Bedrohungen, § 241 StGB,
- Freiheitsberaubungen, § 239 StGB,
- Misshandlungen Schutzbefohlener, § 225 StGB,
- sexuellen Missbrauch von Schutzbefohlenen, § 174 StGB,
- sexuelle Nötigungen und Vergewaltigungen, § 177 StGB,
- sexuellen Missbrauch von Kindern, § 176 StGB,
- Erpressung, § 253 StGB,
und in dem Zusammenhang auch Straftatbestände
- zum Schutz der Ehre, § 185 ff. StGB,
- Sachbeschädigungen gem. § 303 bis 305 StGB,
- Hausfriedensbruch gem. § 123 StGB

zu verhindern (originäre Aufgabe der Polizei nach § 1 Abs. 1 Sätze 1 und 2 PolG).

## 1.2 Adressat

**Adressat** der Anordnung ist die von der Maßnahme betroffene Person, also der (potentielle) Gewalttäter/die (potentielle) Gewalttäterin. Die Richtung der Maßnahme wird von § 34a Abs. 1 Satz 1 selbst bestimmt *(„ ... Person ... einer von ihr ausgehenden Gefahr...")*. Der Adressat wird **in der Regel Inhaber/Mitinhaber der Wohnung** sein. Aber **auch andere Gewalttäter/Gewalttäterinnen** werden von der Ermächtigung erfasst. Weil § 34 a Abs. 1 PolG nur auf den Wohnsitz der gefährdeten Person abstellt, richtet sich die Befugnis auch gegen Gewalttäter/Gewalttäterinnen, die sich nur vorübergehend (z.B. im Rahmen eines Besuchs) in einer fremden Wohnung aufhalten.

## 1.3     Rechtsfolgen

Als Rechtsfolgen lässt das Gesetz (im Rahmen des Übermaßverbotes – siehe unten 2.1) die Verweisung aus der Wohnung sowie aus der unmittelbaren Umgebung **und** ein Rückkehrverbot in diese zu.

§ 34a Abs. 1 PolG verlangt, dass die Wohnungsverweisung und das Rückkehrverbot zusammen angeordnet werden (siehe Prämisse „*und*" zwischen Verweisung und Rückkehr).

Hat der Gewalttäter/die Gewalttäterin zum Zeitpunkt des Eintreffens der Polizei die Wohnung bereits verlassen und deuten hinreichend tatsächliche Anhaltspunkte darauf hin, dass er/sie in Zukunft erneut Gewalttaten zum Nachteil seines Opfers verüben wird, ist die Erteilung des Rückkehrverbotes allein notwendig. Grundvoraussetzung für ein Rückkehrverbot ist, dass der Gewalttäter/die Gewalttäterin mindestens einmal in der Wohnung bzw. in deren Nähe war; nur dann ist eine Rückkehr möglich. Kann das Rückkehrverbot nicht sofort mündlich verfügt werden (z.B. weil der Aufenthalt des Gewalttäters/der Gewalttäterin zur Zeit unbekannt ist), ist es durch schriftlichen Verwaltungsakt zu erteilen und im Wege der Ersatzzustellung nach § 1 LZG in Verbindung mit § 11 VwZG zuzustellen (LT-Drucksache NRW 13/1525 – Allgemeine Begründung zu Art. 1, S. 13). In Betracht kommen könnte die Zustellung nach § 11 Abs. 2 des Verwaltungszustellungsgesetzes (zur Bekanntmachung siehe unten 3.1).

„*Zur Durchsetzung der Wohnungsverweisung und des Rückkehrverbotes kann die Polizei weitere Maßnahmen ergreifen bzw. veranlassen, etwa Sicherstellung von Haus- und Wohnungsschlüsseln, Wechseln des Türschlosses bzw. des Schließzylinders*" (LT-Drucksache NRW 13/1525 – Allgemeine Begründung zu Art. 1, S. 14). Dazu ist auf die Ermächtigungen der Generalklausel (§ 8 PolG) bzw. auf die Befugnis zur Sicherstellung (§ 43 PolG) zurückzugreifen.

Dem Betroffenen ist Gelegenheit zu geben, dringend benötigte Gegenstände des persönlichen Bedarfs mitzunehmen. Gegenstände des täglichen Gebrauchs sind notwendige Kleidungsstücke, Hygieneartikel, Papiere (LT-Drucksache NRW 13/1525 – Allgemeine Begründung zu Art. 1, S. 14). Auch Arbeitshilfen, verfügbares Geld und ähnliche Sachen gehören dazu. Damit soll ein Teil der Härte genommen werden. Über eventuell weitergehende Ansprüche aus dem Hausrat entscheidet später unter Umständen das Gericht.

Stellt die betroffene Person nach Verlassen der Wohnung fest, dass sie einige dringend benötigte Artikel des persönlichen Gebrauchs (z.B. Brille, Hörgerät, Rasierapparat und dergleichen) mitzunehmen vergessen hat, ist ihr Gelegenheit zu geben, diese zu holen. Um neue Gewalt zu vermeiden, haben sie Polizeibeamte zu begleiten.

Während sich gerichtliche Maßnahmen zum Schutz vor häuslicher Gewalt und Nachstellungen nach dem GewSchG über die Wohnungsverweisung und das Rückkehrverbot hinaus auch auf Kontakt- und Annäherungsverbote usw. erstrecken (siehe Vorbemerkungen), ist die polizeiliche Befugnis auf die Wohnungsverweisung und das Rückkehrverbot beschränkt. Soweit die Polizei ein Kontaktverbot oder Annäherungsverbot für notwendig hält, ist die Generalklausel (§ 8 Abs. 1 PolG) heranzuziehen.

## 2. Allgemeine Rechtmäßigkeitsanforderungen

§ 34a Abs. 1 PolG ist eine Ermessensermächtigung, für deren Anwendung die allgemeinen Regeln der §§ 2 und 3 PolG Anwendung finden (vgl. Band I, 4. Kapitel, Zweiter Abschnitt). Von besonderer Bedeutung ist das **Übermaßverbot** (§ 2 PolG). Müssen minderjährige, mittellose, behinderte oder kranke/schwache Gewalttäter/ Gewalttäterinnen aus der Wohnung verwiesen und mit einem Rückkehrverbot belastet werden, hat die Polizei zugleich dafür zu sorgen, dass die Täter nicht ihrerseits einer Gefahr für Leib oder Leben ausgesetzt sind. In der Regel wird dann Hilfe durch andere Behörden (Ordnungsamt, Jugendamt, Sozialamt) nötig und möglich sein. Im Einzelfall kann die Platzverweisung trotz der gesetzlichen Voraussetzungen aus Verhältnismäßigkeitsgründen ganz entfallen (siehe unten 5., Beispiel g).

Mit einzelnen Regeln greift § 34a PolG jedoch das **Übermaßverbot speziell** auf.

### 2.1 Zeitliches Übermaßverbot

§ 34a Abs. 5 PolG bestimmt das zeitliche Höchstmaß der Maßnahme. Im Regelfall erstrecken sich polizeiliche Wohnungsverweisung und Rückkehrverbot auf 10 Tage. Kürzere Zeiten sind die Ausnahme (siehe § 34a Abs. 5 Satz 1 PolG – *„soweit die Polizei nicht ausnahmsweise eine kürzere Geltungsdauer verhängt"*). Ausnahmen sind schriftlich zu begründen" (Erlass des Innenministeriums NRW vom 20. Dezember 2001- 42.1-2761 -). Die Zeit von grundsätzlich 10 Tagen ermöglicht es dem Opfer häuslicher Gewalt, sich in Ruhe und ohne Anspannung über die persönliche Lebenssituation und das weitere Vorgehen Klarheit zu verschaffen und hierzu anwaltliche Beratung sowie Unterstützung sonstiger Beratungsstellen, Hilfsorganisationen oder Behörden in Anspruch zu nehmen (LT-Drucksache NRW 13/1525 – Allgemeine Begründung zu Art. 1, S. 17). Für die Berechnung der Fristen sind § 31 VwVfG in Verbindung mit §§ 187 bis 193 BGB maßgebend. Die Frist beginnt mit dem Tag, der der Bekanntgabe der Anordnung folgt. Sie endet mit Ablauf des letzten Tages der Frist.

Entschließt sich das Gewaltopfer, zivilgerichtlichen Schutz zu beantragen, verlängert sich die Frist um höchstens weitere 10 Tage ( siehe § 34a Abs. 5 Satz 2 PolG ; ...*"enden die Maßnahmen nach Absatz 1 ....spätestens ... mit Ablauf des zehnten Tages nach Ende der gemäß Satz 1 verfügten Maßnahmen"*). In dieser Zeit wird das Gericht in der Lage sein, eine Entscheidung auf zivilrechtlicher Basis zu treffen. Eine Verlängerung der 10-Tagesfrist setzt also einen Antrag auf zivilgerichtlichen Schutz des Gewaltopfers voraus. Ist der Antrag gestellt, verlängert sich die Wohnungsverweisung und das Rückkehrverbot auf maximal 20 Tage. Die polizeiliche Anordnung endet früher, wenn das Gericht auf Antrag der verletzten Person eine einstweilige Anordnung getroffen hat. Davon ist die Polizei durch das Gericht zu verständigen (§ 34a Abs. 6 PolG). Mit dem Tag der gerichtlichen Entscheidung ist die polizeiliche Maßnahme beendet.

Unabhängig von diesen Regelungen kann die Polizei den Verwaltungsakt (ein Rückkehrverbot) nach § 48 VwVfG (Rücknahme des Verwaltungsaktes) und § 49 VwVfG (Widerruf des Verwaltungsaktes) aufheben und die Maßnahme beenden; denn die §§ 48 und 49 VwVfG bleiben unberührt (§ 34a Abs. 5 Satz 3 PolG).

## 2.2 Räumliches Übermaßverbot

§ 34a Abs. 1 Satz 2 PolG räumt der Polizei die Möglichkeit ein, die Wohnungsverweisung und das Rückkehrverbot auf bestimmte Wohn- und Nebenräume zu beschränken. *„Eine solche Beschränkung kann mit Blick auf die Grundrechte der betroffenen Person nach Art. 12 GG (Berufsfreiheit) und Art. 14 GG (Eigentum) insbesondere dann in Betracht kommen, wenn die betroffene Person in der Wohnung oder in deren näherer Umgebung ihrem Beruf nachgeht und die Anwesenheit der betroffenen Person im Betrieb für dessen Erhalt oder den Erhalt wichtiger Produktionsmittel zur Sicherung der wirtschaftlichen Existenzgrundlage (auch im Interesse der gefährdeten Person) unerlässlich ist (z.B. landwirtschaftlicher Familienbetrieb). Das setzt allerdings voraus, dass der Schutz der gefährdeten Person auch durch eine auf den reinen Wohnbereich beschränkte Verweisung der betroffenen Person gewährleistet ist"* (LT-Drucksache NRW 13/1525 – Allgemeine Begründung zu Art. 1, S. 13).

## 3. Verfahrens- und Formvorschriften

### 3.1 Allgemeine Vorschriften des VwVfG

Die Wohnungsverweisung und das Rückkehrverbot verlangen als Verwaltungsakte die Beachtung der allgemeinen Vorschriften aus § 28 VwVfG (**Anhörung** vor Erlass des Verwaltungsaktes), § 37 VwVfG (**inhaltliche Bestimmtheit und Form** des Verwaltungsaktes), § 41 VwVfG (**Bekanntgabe** des Verwaltungsaktes), § 39 VwVfG (schriftliche Begründung eines schriftlichen Verwaltungsaktes).

Entsprechend § 37 Abs. 2 Satz 2 VwVfG ist ein mündlich erlassener Verwaltungsakt schriftlich zu bestätigen, *"wenn hieran ein berechtigtes Interesse besteht und der Betroffene dies unverzüglich verlangt"*. Weil Wohnungsverweisung und Rückkehrverbot meist durch Polizeivollzugsbeamte bei einem aktuellen Einsatz verfügt werden, wird eine schriftliche Verfügung schon aufgrund der besonderen Umstände in der Regel ausscheiden. In diesen Fällen kommt der schriftlichen Bestätigung besondere Bedeutung zu. Auch wenn der Betroffene die schriftliche Bestätigung der Verfügung nicht ausdrücklich verlangt, könnte sich die Notwendigkeit aus den Umständen ergeben, und zwar dann, wenn der Betroffene einstweiligen Rechtsschutz beim Verwaltungsgericht zu erwirken beabsichtigt und dies schlüssig deutlich wird. Auf jeden Fall ist die schriftliche Bestätigung auf Verlangen geboten. Dazu ist der mit Erlass des Innenministeriums NRW vom 20. Dezember 2001- 42.1-2761 -, herausgegebene Vordruck zu verwenden (in dem auch zugleich Zwangsgeld angedroht und festgesetzt werden kann – siehe unten 4.).

Muss das Rückkehrverbot ausnahmsweise besonders angeordnet werden (weil der Gewalttäter/die Gewalttäterin bei Aufnahme des Sachverhaltes durch die Polizei die Wohnung bereits verlassen hatte) erfolgt die **Bekanntgabe** im Sinne von § 41 VwVfG durch Zustellung. Ist der Aufenthaltsort des Betroffenen unbekannt und kann der Betroffene nicht anderweitig (über einen Freund, Arbeitskollegen usw.) erreicht werden, ist es durch Zustellung bekannt zu machen. In Betracht kommt in solchen Fällen die Zustellung nach § 11 Abs. 2 Verwaltungszustellungsgesetz. Danach kann dadurch zugestellt werden, *„dass das Schriftstück bei der Gemeinde oder Polizeibehörde des Zustellungsortes niedergelegt wird. Über die Niederlegung ist eine schriftliche Mitteilung unter der Anschrift des Empfängers in der bei gewöhnlichen Briefen üblichen Weise abzugeben oder, wenn dies nicht tunlich ist, an der Tür der Wohnung mit Anschrift des Empfängers zu befestigen; außerdem ist möglichst ein Nachbar mündlich zu verständigen".* Kehrt der Gewalttäter/die Gewalttäterin (der/die vom Rückkehrverbot noch keine Kenntnis hat) zur Wohnung zurück, wird er/sie das Schriftstück vorfinden und die Anordnung zur Kenntnis nehmen können.

### 3.2 Besondere Vorschriften aus § 34a PolG

**3.2.1** Nach § 34a Abs. 3 PolG hat die Polizei den Gewalttäter/die Gewalttäterin aufzufordern, ihr den künftigen Aufenthaltsort oder die Erreichbarkeit (Anschrift oder Zustellungsbevollmächtigten) zu benennen. Die Erreichbarkeit ist erforderlich, um sicherzustellen, dass er umgehend von allen behördlichen und gerichtlichen Entscheidungen Kenntnis erhält und auch schnellstmöglich über die Aufhebung der Maßnahmen informiert werden kann. Kann der Gewalttäter/die Gewalttäterin zum Zeitpunkt der Wohnungsverweisung noch nicht sagen, wohin er/sie gehen wird, ist er/sie aufzufordern, den Verbleib mitzuteilen oder eine Vertrauensperson als Kontaktperson (z.B. einen Bruder/eine Schwester, Freund, Freundin oder Arbeitskollegen) zu benennen, über den die Polizei Kontakt zu ihm/ihr bekommen kann.

**3.2.2** § 34a Abs. 5 PolG sieht vor, dass die Polizei das Gewaltopfer auf die Möglichkeit zivilgerichtlichen Schutzes und auf die Möglichkeit der Unterstützung durch Beratungsstellen (Anwälte, Familienberatungsstellen, karitative Einrichtungen) hinweist. Von einer Beratung ohne oder gar gegen den Willen der gefährdeten Person ist abzusehen. *„Dem liegt die Überlegung zugrunde, dass eine aufgedrängte Beratung einer Entmündigung des Opfers gleichkommen würde, die mit einer selbstbestimmten Entscheidung über die weitere Lebensplanung nicht zu vereinbaren ist"* (LT-Drucksache NRW 13/1525 – Allgemeine Begründung zu Art. 1, S. 16). Die Polizei sollte sich grundsätzlich darauf beschränken, die gefährdete Person auf die in der Nähe gelegenen qualifizierten Beratungsstellen hinzuweisen. *„Die Polizei hat dem Opfer nahezulegen, vom Beratungsangebot Gebrauch zu machen. Sie hat die Aufgabe, unmittelbar zu klären, ob die gefährdete Person damit einverstanden ist, dass die Polizei zu diesem Zweck Name, Anschrift und Telefonnummer zur Aufnahme des Erstkontaktes zum Gewaltopfer weitergibt. Sofern die Einwilligung der gefährdeten Person vorliegt, ... hat die Polizei die in § 34a Abs. 4 PolG NRW aufgeführten Daten an die von der gefährdeten Person ausgewählte Beratungsstelle weiterzuleiten. Das mündlich erklärte Einverständnis ist dafür ausreichend. Dies ist in der Einsatzdokumentation zu vermerken"* (Erlass des Innenministeriums NRW vom 20. Dezember 2001- 42.1-2761 -, Ziff. 2.1). Zu fragen ist allerdings, ob die Willenserklärung zum Zeitpunkt des polizeilichen Eingreifens dem tatsächlichen Willen der betroffenen Person entspricht. Möglicherweise könnte die gefährdete Person in dem Eindruck des Geschehens eine Erklärung abgeben, die sie so gar nicht will. Ist die gefährdete Person offensichtlich nervlich und seelisch erschüttert, erregt, empört, konfus, wird die Befragung zurückzustellen sein und ggf. später erfolgen müssen.

**3.2.3** Die Polizei hat die Pflicht, die Einhaltung des Rückkehrverbotes zumindest einmal in der Zeitspanne, auf die sich das Rückkehrverbot bezieht, zu überprüfen. Die Maßnahme dient dem Schutz des Gewaltopfers durch Abschreckung des Gewalttäters/der Gewalttäterin. Die Kontrolle ist in der Einsatzdokumentation (siehe unten 3.3) auszuweisen. Die Kontrolle hat möglichst innerhalb der ersten drei Tage zu erfolgen (Erlass des Innenministeriums NRW vom 20. Dezember 2001- 42.1-2761, RdNr. 2.1).

## 3.3    Besondere Anweisungen des Innenministeriums

Der **polizeiliche Einsatz** und die Anzeigenerstattung sind besonders zu **dokumentieren**. Dazu ist der mit Erlass des Innenministeriums NRW vom 20. Dezember 2001- 42.1-2761 – herausgegebene Vordruck zu verwenden. Eine Ausfertigung ist dem Gewaltopfer auszuhändigen (Erlass des Innenministeriums NRW vom 20. Dezember 2001- 42.1-2761 -, Ziff. 2.3).

Beantragt das Gewaltopfer zivilgerichtlichen Schutz, ist die Dokumentation auf Anforderung dem zuständigen Zivilgericht zur Glaubhaftmachung von Ansprüchen des Opfers zur Verfügung zu stellen (Erlass des Innenministeriums NRW vom 20. Dezember 2001- 42.1-2761 -, Ziff. 2.3).

Im übrigen ist der Leitfaden des Innministeriums zum Problem „Häusliche Gewalt" zu beachten. Die Weisungen sind als ermessenkanalisierende Grundentscheidungen zu berücksichtigen.

## 4.    Durchsetzung der polizeilichen Maßnahmen

Zur Durchsetzung der Wohnungsverweisung und des Rückkehrverbotes stehen der Polizei die allgemeinen Zwangsbefugnisse zur Verfügung, §§ 50 ff. PolG.

Beamte des Vollzugsdienstes sind befugt, ihre im aktuellen Einsatzgeschehen getroffenen Anordnungen (und ggf. auch eine unerlässlich notwendige Ingewahrsamnahme des Gewalttäters/der Gewalttäterin gemäß § 35 PolG) **nach Androhung mit unmittelbarem Zwang durchzusetzen.** Weil es sich um unaufschiebbare Anordnungen von Polizeivollzugsbeamten im Sinne von § 80 Abs. 2 Nr. 2 VwGO handelt, entfällt die aufschiebende Wirkung eines Widerspruchs. Die Maßnahme ist also auch dann (ggf. durch körperliche

Einwirkung auf die Person) durchzusetzen, wenn der Betroffene ausdrücklich Widerspruch einlegt.

Hatte der Störer zum Zeitpunkt des Eintreffens der Polizei die Wohnung bereits verlassen und gibt es keine Hinweise darauf, dass er bald schon zurückkehrt, wird das Rückkehrverbot erst später ausgesprochen werden können. In den Fällen kann die Unaufschiebbarkeit der Anordnung im Sinne von § 80 Abs. 2 Nr. 2 VwGO ggf. entfallen, so dass die Anordnung der sofortigen Vollziehung nach § 80 Abs. 2 Nr. 4 VwGO notwendig ist. Sie ist dann (auf der Dienststelle) schriftlich zu fassen und schriftlich zu begründen (§ 80 Abs. 3 VwGO). Dazu ist der mit Erlass des Innenministeriums NRW vom 20. Dezember 2001- 42.1-2761 – herausgegebene Vordruck zu verwenden. In diesem Zuge kann zugleich ein Zwangsgeld (schriftlich) angedroht und festgesetzt werden (die Formanforderungen sind im Vordruck berücksichtigt).

Ansonsten ist die Zwangsgeldandrohung kein Mittel des vor Ort handelnden Polizeivollzugsbeamten, weil das Zwangsgeld entsprechend § 53 PolG nur schriftlich festgesetzt werden kann. Hat ein Polizeivollzugsbeamter den Störer vor Ort durch mündlichen Verwaltungsakt aus der Wohnung verwiesen und die Rückkehr verboten, muss die Polizeibehörde in der Folgezeit prüfen, ob ein „Zwangsgeld" als geeignetes Mittel in Betracht kommt. Ist das der Fall, wäre es schriftlich festzusetzen, anzudrohen und zuzustellen (§§ 53,56 PolG).

## 5.  Anwendungsbeispiele

a) Die Polizei wird zu einer Familienstreitigkeit gerufen. Dort stellt sie fest, dass der betrunkene Ehemann seine Ehefrau fortgesetzt geschlagen und erheblich verletzt hat. Scheinbar wurde sie gegen eine Wand geschleudert, so dass sie sich Kopfverletzungen zuzog. Es ist zu befürchten, dass er weiter auf sie einschlagen wird. Der Mann ist als sehr gewalttätig bekannt. Lebensgefährliche Verletzungen der Frau sind zu befürchten. Die Polizei verweist den gewalttätigen Ehemann aus der Wohnung und verbietet ihm die Rückkehr. Aufgrund der Intensität der Gewalt, der Schwere der Verletzungen und der Brutalität der Tatbegehung ist die Gefahr der Wiederholung mit an Sicherheit grenzender Wahrscheinlichkeit gegeben. Die Ermächtigung zur Wohnungsverweisung nach § 34 Abs. 1 PolG greift durch.

b) Die Polizei musste in letzter Zeit mehrfach Streitigkeiten in der Familie Hochher schlichten. Anfangs ging es meist um verbale Auseinandersetzungen und Ruhestörungen. Bei den letzten drei Einsätzen wurden aber auch gegenseitig begangene Körperverletzungen aufgenommen (der Mann hatte die Frau zunächst geschlagen, die Frau hat den Mann daraufhin gekratzt, gebissen und getreten). Die Spannungen unter den Eheleuten sind deutlich gestiegen. Ursächlich war stets das Ärgernis des Mannes darüber, dass seine Frau – warum auch immer - allein ausging und erst spät in der Nacht zurück kam. Soeben wurde die Polizei wieder gerufen. Nunmehr hat Herr Hochher seine Frau unter anderem mit einem Stock richtig verprügelt, weil sie in der letzten Nacht ganz ausgeblieben ist. Die Beamten sehen sich veranlasst, Herrn Hochher aus der Wohnung zu verweisen. Nachdem sie ihm Gelegenheit gegeben haben, seine wichtigsten Sachen zu packen, erteilen sie ein Rückkehrverbot und verlangen die Herausgabe der Wohnungsschlüssel. Zähneknirschend geht Herr Hochher und teilt mit, dass er zu seinem Kumpel Hilfreich geht. Die Beamten dokumentieren den Einsatz und regen bei ihrer Behörde die Festsetzung, Androhung und Zustellung eines angemessenen Zwangsgeldes an. Die Wohnungsverweisung und das Rückkehrverbot sind nach § 34a Abs. 1 PolG zulässig, weil aus der Steigerung der Spannungen zwischen den Eheleuten auf die Gefahr der Wiederholung zu schließen ist. Die Sicherstellung des Wohnungsschlüssels kann aufgrund der Ermächtigung aus § 43 Nr. 1 PolG erfolgen.

c) Herr Schneiderlein und Frau Schlagkraft leben seit einigen Monaten in eheähnlicher Gemeinschaft. Sie lieben und streiten sich innig. Streit ist die Ursache zur hingebungsvollen Versöhnung. Heute wurde die Polizei darüber informiert, dass es in der Wohnung Schneiderlein/Schlagkraft hoch hergeht. Nachbarn haben auch laute Hilferufe gehört. Die Polizei greift die Sache auf und stellt am Einsatzort fest, dass Herr Schneiderlein winselnd auf einem Sofa liegt und blutet. Frau Schlagkraft knurrt die Beamten mit den Worten an: "Was wollt ihr hier, macht dass ihr wegkommt. Das hier ist Privatsache". Gleichwohl ermitteln die Beamten und stellen fest, dass Frau Schlagkraft ihren Partner kräftig verprügelt hat. Blutunterlaufene, geschwollen Augen, eine große Beule am Kopf und eine Schnittwunde am linken Arm deuten darauf hin, dass Frau Schlagkraft ihm „kräftig was auf die Augen gegeben", ihm eine Nudelrolle auf den Kopf geschlagen und ihn mit einem Küchenmesser gestochen hat. Aufgrund der besonderen Umstände (regelmäßiger Streit und Versöhnung) und der unerbittlichen, brutalen und rücksichtslosen Handlungsweise der Frau Schlagkraft verweisen sie die Frau (unter Beachtung der Verfahrens- und Formvorschriften) aufgrund des § 34a Abs. 1 PolG aus der gemeinsamen Wohnung und verbieten ihr die Rückkehr. Herr Schneiderlein protestiert und bezieht Position für seine Partnerin, weil er sich schon auf die Versöhnung freut. Dennoch sind die polizeiliche Wohnungsverweisung und das Rückkehrverbot rechtens, weil es auf den entgegenstehenden Willen des Opfers nicht ankommt.

d) Herr Marx und Herr Moritzke sind alte Kumpels. Schon ihre Kindheit haben sie zusammen verlebt. Auch als sich jeder eine Frau genommen und sie geheiratet haben, war es ihr sehnlichster Wunsch, zusammen zu bleiben. Darum nahmen sich beide Wohnungen in einem Mehrfamilienhaus auf der gleichen Etage, Tür an Tür. Natürlich hielten sie auch intensiv Kontakt zueinander. Häufige Besuche und zünftige Zechgelage waren die Regel. Frau Marx gefiel das gar nicht so recht. Zunehmend meckerte und schimpfte sie. Als sich ihr Aufbegehren im Laufe der Zeit zu kreischenden Beschimpfungen entwickelte, hat ihr Herr Moritzke gelegentlich „einige gescheuert". Herr Marx schaute dem unentschlossen zu. Er wollte auf keinen Fall seinen alten Freund verlieren. Heute war wieder ein Großbesuch angesagt. Als Marx und Moritzke Alkohol bedingt in der richtigen feucht/fröhlichen Stimmung waren, tobte Frau Marx und nahm ihnen Bier und Schnaps weg. Daraufhin zeigte sich Moritzke als richtiger Mann, sprang auf und versetzte Frau Marx einen so deftigen Faustschlag, dass sie hinfiel und mit dem Kopf gegen eine Wand schlug. Polizeibeamte nahmen den Sachverhalt auf. Unter Beachtung aller Verfahrens- und Formvorschriften wiesen sie Herrn Moritzke aus der Wohnung und verfügten ein Rückkehrverbot. Als Ermächtigung konnten sie auf § 34a Abs. 1 PolG zurückgreifen, weil die Vorschrift auch Gewalttäter erfasst, die nicht in der Wohnung wohnen (siehe oben 1.2). Ein Verweis aus der näheren Umgebung der Wohnung Marx scheidet aus, weil Moritzke dann seine eigene Wohnung nicht mehr nutzen könnte. In solchen Fällen wäre ggf. ein Kontaktverbot aufgrund der Generalklausel (§ 8 PolG) notwendig.

e) Die inzwischen 80jährige Frau Jung hat einen 40jährigen Sohn namens Jonas, der als Nachkömmling gut verzogen worden ist. So pflegte er seit seiner Jugend engen Kontakt zu Kneipenwirten und ließ sich in steter Regelmäßigkeit

„volllaufen". Zu Hause tobte er sich reichlich alkoholisiert lautstark aus. Wenn seine betagte Mutter im Interesse der Nachbarn schlichtend eingriff, wurde er zunehmend handgreiflich. In letzter Zeit hat er die Mutter auch geschlagen. Niemals aber hat die Mutter gegen ihren Sprössling Strafantrag gestellt. In der heutigen Nacht kam er wieder betrunken heim, tobte, schrie und genehmigte sich noch ein Bier. Als die um die Nachtruhe der Nachbarn besorgte Mutter um die Ecke schaute, sprang er auf, ergriff sie und stieß sie die Treppe hinunter. Dabei zog sich die Frau nicht unerhebliche Verletzungen zu. Polizeibeamte wurden von dem Vorfall in Kenntnis gesetzt. Nach Klärung der Sachlage entschieden sie sich, den brutalen Gewalttäter aus der Wohnung zu verweisen und ihm die Rückkehr zu verbieten, obgleich die Mutter ihn wieder in Schutz nahm und die Angelegenheit herunterspielte. Die Anordnung war aufgrund des § 34a Abs. 1 PolG zulässig, weil es auf den Willen des Gewaltopfers nicht ankommt.

f) Frau Wohlgemut kam verschüchtert zur Polizei und zeigte an, dass sie von ihrem Mann zum dritten Mal in dieser Woche vergewaltigt worden ist. Polizeibeamte nahmen die Ermittlungen auf und fanden die Angaben bestätigt. Darum entschlossen sie sich, den Gewalttäter aus der Wohnung zu verweisen und ihm die Rückkehr zu verbieten. Die Maßnahme war auf § 34a Abs. 1 PolG gestützt zulässig.

g) Frau Zünftig hat vier minderjährige Kinder im Alter von 2, 5, 7 und 8 Jahren. Zugleich versorgt sie in ihrem Haushalt ihren Mann und den betagten 84jährigen Schwiegervater. Die ihr obliegenden Mühen sind beachtlich. Sie ist darum nicht nur der sehr lebendigen Kinder wegen, sondern auch wegen der Eigenarten des alten Mannes sehr angespannt. Deshalb sind ihr in letzter Zeit des öfteren die Nerven „durchgegangen". Das bekam der Schwiegervater zu spüren. Immer wenn er mal wieder etwas Unpassendes tat, schlug sie auf ihn ein. Heute morgen hatte der alte Herr die Kaffekanne umgestoßen und den Teppichboden verunreinigt. Daraufhin nahm Frau Zünftig einen Stock und schlug blindwütig auf ihren Schwiegervater ein. Durch die Hilferufe aufgeschreckt, informierten die Nachbarn die Polizei. Polizeibeamte nahmen den Sachverhalt auf und stellten fest, dass der betagte Herr nicht unerheblich verletzt worden ist. Vor die Frage gestellt, ob sie die Gewalttäterin aus der Wohnung verweisen und ihr die Rückkehr verbieten können, kamen sie bei ihren Überlegungen zu dem Ergebnis, dass das aus Verhältnismäßigkeitsgründen ausscheiden muss, weil bei der Güterabwägung der Anspruch der Kinder auf angemessene Versorgung zu berücksichtigen war. Eine Lösung dieses Falles ist nur über ein Gewaltanwendungsverbot nach § 8 Abs. 1 PolG (als erste Maßnahme) und in der Folge über die Sozialbehörde möglich.

h) Opa Freimut ist ein gemütlicher, liebenswerter, treu sorgender Ehemann. Zwischen ihm und seiner Frau Edeltrud ist es nur selten zu Spannungen gekommen; und wenn, dann nur, wenn er sich wieder mal frei genommen hat. Das machte er alle sechs bis acht Wochen. Heute war es wieder so weit. Nach einigen vergnüglichen Stunden in der Kneipe „Zum lustigen Hans" nahm er noch mal einen kräftigen Schluck und ging nach Hause. Die erwartete Spannung blieb nicht aus. Als Edeltrud kreischend schimpfte, rutsche Opa Freimut die Hand aus. Entsetzt - weil nicht gewohnt - rief Oma Edeltrud die Polizei. Bei Eintreffen der Beamten saß der Opa auf der Couch und weinte über das, was er getan hat. Die Beamten nahmen die Anzeige auf, ließen den Opa jedoch in der Wohnung, weil aufgrund der Umstände keine Wiederholungsgefahr zu begründen war.

# 5. Kapitel
## Gewahrsamnahme/Festnahme

Übersicht
Vorbemerkungen
Erster Abschnitt       Die Gewahrsamnahme
Zweiter Abschnitt      Die Festnahme
Dritter Abschnitt      Die Verhaftung

## Vorbemerkungen

Gewahrsamnahme bzw. Festnahme sind darauf gerichtet, einen Menschen einzusperren oder zumindest an einen bestimmten Ort zu binden. Unter Gewahrsam ist das mit hoheitlicher Gewalt hergestellte Rechtverhältnis zu verstehen, kraft dessen einer Person die Freiheit dergestalt entzogen ist, dass sie von der Polizei in einer dem polizeilichen Zweck entsprechenden Weise verwahrt und daran gehindert wird, sich fortzubewegen (OVG Münster, NJW 80, S. 138). Die Gewahrsamnahme ist eine Freiheitsentziehung zum Zwecke der Gefahrenabwehr. Sie erfordert eine gesetzliche Ermächtigung.

a) Polizeibeamte sehen, wie ein junger Mann in offensichtlich stark betrunkenem Zustand auf einer Kreuzung herumtorkelt und schwankend den Verkehr regeln will. Sie nehmen ihn wegen des gefährlichen Tuns in Gewahrsam.

b) Polizeibeamte ergreifen einen Räuber und nehmen ihn fest. Die Feststellung, dass er vorläufig festgenommen ist und die Festnahme zu dulden hat, ist ein Justizverwaltungsakt.

c) Polizeibeamte greifen einen bewusstlosen Mann auf. Bei der Identitätsprüfung stellen sie fest, dass es sich um einen gesuchten Einbrecher handelt. Sie nehmen ihn - ohne dass die Maßnahme bekannt gegeben werden kann - fest. Die Festnahme ohne vorausgegangene Willenserklärung ist ein faktischer Rechtseingriff bzw. eine Prozesshandlung.

Tangiert wird die Freiheit der Person. "Das Recht auf Freiheit steht in der Tradition des zunächst in England entwickelten Instituts des "habea corpus", mit dessen Hilfe Festnahmen und verwandte, mit körperlichem Zwang verbundene Freiheitsbeschränkungen durch die öffentliche Gewalt begrenzt und verfahrensrechtlichen Anforderungen unterworfen wurden. Es hat unter den grundrechtlich verbürgten Rechten ein besonderes Gewicht" (Jarras/Pieroth, a.a.O., Art. 2, RdNr. 58). Das Grundgesetz trägt dieser Bedeutung in Art. 2 Abs. 2 GG Rechnung.

**Art. 2 GG   Person und Persönlichkeit**

**(1) ...**
**(2) Jeder hat das Recht auf Leben und körperliche Unversehrtheit. Die Freiheit der Person ist unverletzlich. In diese Rechte darf nur aufgrund eines Gesetzes eingegriffen werden.**

Unter dem Recht auf Freiheit der Person im Sinne des Art. 2 Abs. 2 GG ist die körperliche Freiheit, - anders ausgedrückt - die körperliche Bewegungsfreiheit zu verstehen (vgl. Lepa, a.a.O., Art. 2, RdNr. 45, mit weiteren Quellennachweisen). Art. 2 Abs. 2 GG schützt dagegen, nicht auf einen begrenzten Raum beschränkt zu sein (Jarras/ Pieroth, a.a.O., Art. 2, RdNr. 59). Körperliche Bewegungsfreiheit schlägt sich nieder in dem Recht auf Freiheit vor Gewahrsamnahmen, Verhaftungen, Festnahmen und ähnlichen Eingriffen.

Art. 2 Abs. 2 Satz 2 GG gewährleistet die Freiheit der Person schlechthin und lässt Eingriffe nur aufgrund eines Gesetzes zu. Art. 104 GG wiederholt und ergänzt den Vorbehalt für alle Freiheitsbeeinträchtigungen und verstärkt den Schutz der Freiheit dadurch, dass Freiheitsbeschränkungen nur aufgrund eines **förmlichen Gesetzes** (also eines von einem Parlament verabschiedeten Gesetzes) in Frage kommen.

---

**Art. 104 GG   Schutz vor willkürlicher Festnahme (Habea Corpus)**

**(1) Die Freiheit der Person kann nur aufgrund eines förmlichen Gesetzes und nur unter Beachtung der darin vorgeschriebenen Formen beschränkt werden. Festgehaltene Personen dürfen weder seelisch noch körperlich misshandelt werden.**

**(2) Über die Zulässigkeit und Fortdauer einer Freiheitsentziehung hat nur der Richter zu entscheiden. Bei jeder nicht auf richterlicher Anordnung beruhenden Freiheitsentziehung ist unverzüglich eine richterliche Entscheidung herbeizuführen. Die Polizei darf aus eigener Machtvollkommenheit niemanden länger als bis zum Ende des Tages nach dem Ergreifen im eigenem Gewahrsam halten. Das Nähere ist gesetzlich zu regeln.**

**(3) ...**

**(4) ...**

---

Art. 104 GG unterscheidet zwischen **Beschränkung der Freiheit** (Abs. 1) und dem engeren Begriff der **Freiheitsentziehung** (Abs. 2). Die Freiheit einer Person kann also beschränkt oder entzogen werden. Diese Eingriffe sind klar zu unterscheiden. Allerdings gehen die Meinungen in der Literatur auseinander.

Nach einer Ansicht soll maßgebliches Kriterium für eine **Freiheitsbeschränkung/ Freiheitsentziehung** die Zeitdauer des Eingriffs sein. "Wird die körperliche Bewegungsfreiheit nur kurzfristig aufgehoben, wie etwa bei der Sistierung, einer Vorführung oder der bloßen Anwendung sonstigen unmittelbaren Zwanges, liegt eine bloße Freiheitsbeschränkung vor" (Jarras/Pieroth, a.a.O., Art. 104, RdNr. 8).

Dieser auf die Zeitdauer der Belastung ausgerichteten Meinung wird hier nicht weiter gefolgt. Entsprechend der herrschenden Ansicht soll ungeachtet der Zeitdauer maßgebendes Kriterium für eine Differenzierung der Zweck der Maßnahme sein (vgl. Tegtmeyer, a.a.O., § 35 RdNr. 1). Danach liegt eine Freiheitsentziehung immer dann vor, wenn der Betroffene in einen Arrestraum gebracht wird. Dem entspricht auch die Vorschrift des § 2 Abs. 1 des Gesetzes über das gerichtliche Verfahren bei Freiheitsentziehungen (FEVG).

---

**§ 2 FEVG**

(1) Freiheitsentziehung ist die Unterbringung einer Person gegen ihren Willen oder im Zustande der Willenlosigkeit in einer Justizvollzugsanstalt, **einem Haftraum,** einer geschlossenen Verwahranstalt, einer abgeschlossenen Anstalt der Fürsorge, einer abgeschlossenen Krankenanstalt oder einem abgeschlossenen Teil einer Krankenanstalt.

(2) ...

---

Orientiert an diesem Rechtssatz wird Freiheitsentziehung "dann erschlossen von der Absperrung und Einschließung in einem Raum an einem bestimmten Ort" (Maaß, a.a.O., S. 155). Eine **Freiheitsentziehung** liegt vor, wenn **jemand gegen seinen Willen** oder ohne seinen Willen durch die öffentliche Gewalt an einem bestimmten, **eng umgrenzten Ort festgehalten oder eingeschlossen wird.** Im Gegensatz zur Freiheitsbeschränkung bedeutet Freiheitsentziehung eine **allseitige Beschränkung der Freiheit** (vgl. Maunz/Düring/Herzog, Grundgesetz, Loseblattkommentar, Art. 104, RdNr. 6).

Im Umkehrschluss folgt daraus, dass eine Freiheitsbeschränkung die Beeinträchtigung der Freiheit in einer bestimmten Richtung ist (Dietel, a.a.O., S. 63). Sie liegt z.B. in der Vorführung oder in einer Abschiebung begründet (vgl. Götz, a.a.O., RdNr. 377); denn in solchen Fällen bleibt dem Betroffenen die Möglichkeit der freien Entscheidung, sich selbst dorthin zu begeben, wohin er kraft hoheitlicher Anordnung gehen soll. Freiheitsbeschränkungen sind danach insbesondere Nebenfolgen zulässiger Rechteingriffe wie das Festhalten zur Personalienfeststellung, zur Blutprobenentnahme, zur Durchsuchung, zur erkennungsdienstlichen Behandlung (eine Gewahrsamseinrichtung verbracht zu werden). Typische Freiheitsbeschränkungen sind auch der Platzverweis oder die Vorführung.

> Zu beachten ist, dass § 36 PolG für die Vorführung oder auch für das Festhalten zum Zwecke der Personalienfeststellung den Richtervorbehalt vorsieht und insoweit die Freiheit einfachgesetzlich über die verfassungsrechtlichen Anforderungen hinaus schützt.

**Freiheitsbeschränkungen** erfordern als Ermächtigung ein **förmliches Gesetz,** sie unterliegen nicht der Vorschrift des Art. 104 Abs. 2 GG.

Stärker durch Verfahrensvorgaben geregelt ist die **Freiheitsentziehung; sie unterliegt** dem **Richtervorbehalt (Art. 104 Abs. 2 GG).** "Für den schwersten Eingriff, die intensivste Form der Beeinträchtigung der körperlichen Bewegungsfreiheit - die **Entziehung der Freiheit** - schränkt Art. 104 Abs. 2 GG den Vorbehalt des Gesetzes, dem das Grundrecht unterworfen ist, durch den weiteren verfahrensrechtlichen **Vorbehalt richterlicher Entscheidung** ein" (Lepa, a.a.O., Art. 2 RdNr. 46). Die Freiheitsentziehung unterliegt also den formellen Voraussetzungen des Art. 104 Abs. 2 GG: *"Über Zulässigkeit und Fortdauer der Freiheitsentziehung hat der Richter zu entscheiden".*

**Eine Freiheitsentziehung** ist ohne Zweifel immer gegeben, **wenn eine Person in eine Gewahrsamseinrichtung verbracht wird** oder dorthin gebracht **werden soll.** Gewahrsamseinrichtung kann das Polizeigewahrsam, die Polizeiwache und jeder andere geeignete Raum oder Ort sein, an dem eine Person verwahrt werden und daran gehindert werden soll, sich fortzubewegen (vgl. Chemnitz, a.a.O., § 35, S. 191). Dieser Ort kann ausnahmsweise auch ein Funkstreifenwagen sein, soweit der Wagen als vorübergehendes Gewahrsam genutzt wird (etwas anderes gilt, wenn der Funkstreifenwagen als Hilfsmittel der körperlichen Gewalt dient - siehe unten).

> Die Polizei hat eine öffentliche Versammlung in einem geschlossenen Raum zu schützen. Dazu stehen dem Polizeiführer mehrere Beamte zur Verfügung. Unerwartet verläuft die Versammlung unfriedlich. Einige Gewalttäter stören die Versammlung und werden gegenüber anderen handgreiflich. Der Polizeiführer schließt sie aufgrund des § 13 Abs. 1 Satz 2 VersG aus der Versammlung aus und weist sie aus dem Versammlungsraum. Zwei der Störer gehen aber nicht, so dass sie zwangsweise in Gewahrsam genommen werden müssen. Als vorläufigen Gewahrsamsraum nutzt der Polizeiführer einen Mannschaftswagen. In dem werden die beiden Störenfriede festgehalten.

Eine Freiheitsentziehung liegt auch vor, wenn jemand nicht in einen Arrestraum gebracht werden soll, sondern durch andere psychische Druckmittel festgehalten wird (Maaß, a.a.O., S. 155, Fußnote 72). In der polizeilichen Praxis zeigen sich bisweilen Handlungsformen, die **verkappte Ingewahrsamnahmen** darstellen, z.B.:

- Einschließung einer Versammlung durch starke Polizeikräfte über längere Zeit (sog. Hamburger Kessel) oder

- faktisches Festhalten von Insassen eines Autobusses an einer nachts in einer einsam gelegenen Autobahnmeisterei eingerichteten Kontrollstelle (vgl. Möller/ Wilhelm. a.a.O., S 167).

Auch das Festhalten zur Vorführung, zur Abschiebung, zur Blutprobenentnahme oder aus anderen Freiheit beschränkenden Anlässen wird zur Freiheitsentziehung, wenn der Betroffene zu diesem Zweck in Haft genommen, also zwischenzeitlich auf dem Wege zum Ziel im Polizeigewahrsam eingesperrt wird (vgl. in Bezug auf Abschiebehaft Jarras/Pieroth, a.a.O., Art. 2, RdNr. 59). Gleiches gilt für das Festhalten zur Identitätsfeststellung, wenn der Betroffene zu diesem Zweck in einen geschlossenen Raum gebracht und dadurch gehindert wird, sich fortzubewegen.

> a) Das Kreiswehrersatzamt hat die Vorführung des Wehrpflichtigen Drückberger angeordnet und die Polizei um Vollzugshilfe gebeten. Polizeibeamte greifen den Betroffenen auf und nehmen ihn mit. Die Freiheitsbeschränkung (durch die Vorführung) ist aufgrund der Anordnung des Kreiswehrersatzamtes zulässig. Eine Einlieferung in das Polizeigewahrsam scheidet jedoch aus, weil dadurch die Freiheitsbeschränkung zur Freiheitsentziehung würde und entsprechend Art. 104 Abs. 2 GG die richterliche Entscheidung erforderlich wäre, wenn nicht Gefahr im Verzug ist.

> b) Das Ausländeramt der Stadt SO hat die Abschiebung des türkischen Staatsangehörigen Asyl angeordnet und die Polizei um Vollzugshilfe ersucht. Das Ersuchen stößt auf keine rechtlichen Bedenken, weil Behörden aufgrund eines förmlichen Gesetzes Freiheitsbeschränkungen anordnen können (Art. 104 Abs. 1 GG). Ersucht die Behörde jedoch darum, den Betroffenen vorübergehend im Polizeigewahrsam festzuhalten (Freiheitsentziehung), müsste mit dem Ersuchen eine richterliche Entscheidung vorgelegt werden (vgl. § 49 PolG). Gefahr im Verzuge ließe eine Ausnahme zu; dann müsste die Ausländerbehörde jedoch unverzüglich die richterliche Anordnung nachreichen.

c) In DO lungern regelmäßig Stadt- und Landstreicher in einer Fußgängerzone herum und sprechen dem Alkohol zu. Polizeibeamte greifen die Nichtsesshaften auf, verbringen sie zwangsweise in das Dienstfahrzeug, fahren sie in entlegene Gebiete außerhalb der Stadt und setzen sie dort wieder ab. Wenn diese Art des Verbringungsgewahrsams nicht auf eine gesetzliche Ermächtigung gestützt werden kann (ein Platzverweis scheitert wahrscheinlich an der Geeignetheit der Maßnahme, weil das Problem nur verlagert wird), ist die Maßnahme rechtswidrig (vgl. Maaß, a.a.O., und Rachor in Lisken/Denninger, 1. Auflage, a.a.O., S. 280, RdNr. 269.).

Wird ein Fahrzeug jedoch als Hilfsmittel der körperlichen Gewalt genutzt (§ 58 Abs. 2 PolG), ist entsprechend der Intention der Maßnahme noch keine Freiheitsentziehung begründet. Eine solche Maßnahme, wie z.b. das Verbringen eines Betrunkenen zur Blutprobenentnahme, schlägt sich nieder als **Verbringungsgewahrsam**, den die zugrundeliegende Ermächtigung rechtfertigt.

Polizeibeamte haben einen betrunkenen Kraftfahrer aufgegriffen. Um ihm zum Beweis der Tat (Verletzung des § 316 StGB) eine Blutprobe entnehmen lassen zu können, zwingen sie ihn in den Funkstreifenwagen und bringen ihn in ein Krankenhaus, um dort von einem Arzt den Eingriff vornehmen zu lassen. Auch wenn der Verdächtige in das Fahrzeug (als faktisch umschlossenen Raum) gebracht wurde, liegt darin keine Freiheitsentziehung, weil das Fahrzeug als Hilfsmittel der körperlichen Gewalt und nicht als Haftraum genutzt wurde. In der Maßnahme liegt ein zulässiger Verbringungsgewahrsam.

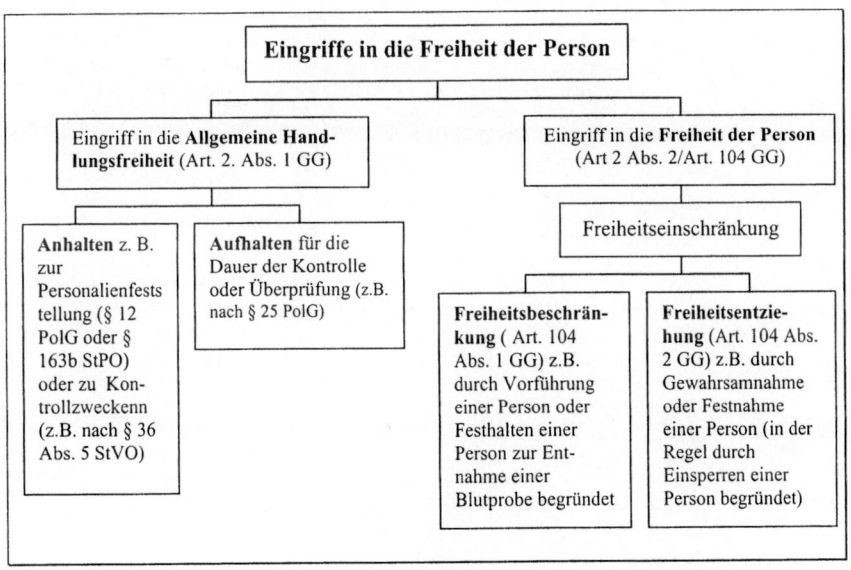

Maßnahmen zur Gefahrenabwehr (Gewahrsamnahme) sind in der Regel Verwaltungsakte. Solche zur Strafverfolgung sind Justizverwaltungsakte (siehe 2. Abschnitt).

Polizeibeamte werden zu einer Familienstreitigkeit gerufen. Am Einsatzort stellen sie fest, dass der angetrunkene Ehemann die Möbel zertrümmert hat. Der Täter ist nach wie vor außer Rand und Band. Die Gesamtumstände lassen den Schluss zu, dass er sich weiterhin austoben, am Inventar der Familie vergreifen und es zerstören und vielleicht sogar auf seine Angehörigen einschlagen wird. Zur Verhütung solcher Taten nehmen sie den Betroffenen in Gewahrsam. Die Verfügung, mitzukommen und die Gewahrsamnahme zu dulden, ist ein Verwaltungsakt.

Ausnahmsweise kann der Eingriff in die Freiheit auch ein faktischer Rechtseingriff sein, wenn die Freiheitsentziehung ohne vorausgehende Verfügung erfolgt.

Während der Streife stoßen Polizeibeamte auf einen hilflosen Mann, der nicht bei Bewusstsein ist. Die Beamten nehmen ihn auf und bringen ihn zu einem Arzt. Weil keine Verfügung ergeht, liegt in der Maßnahme eine Eingriffshandlung ohne VA-Qualität.

In der polizeilichen Praxis sind Sachverhalte nicht selten, in denen bestimmte Personen zur Gefahrenabwehr in Gewahrsam genommen und zugleich zur Strafverfolgung festgenommen werden können (siehe Dritter Abschnitt). In solchen Fällen hat die strafprozessuale Maßnahme Vorrang, denn dann erfüllt die strafprozessuale Festnahmebefugnis zugleich auch die Gefahrenabwehrfunktion.

Die Polizei greift zu später Stunde einen fast volltrunkenen, hilflosen Mann auf, der in einer Tasche wertvollen Schmuck in großen Mengen mit sich führt. Weil es ungewöhnlich ist, dass jemand zur Nachtzeit seine Wertsachen mit sich herumschleppt, außerdem drei Stunden zuvor ein Einbruch in ein Juweliergeschäft gemeldet worden ist, bei dem ähnlicher Schmuck in unbestimmter Vielzahl entwendet wurde, sehen die Beamten den dringenden Verdacht begründet, dass es sich bei dem Aufgegriffenen um den Täter handeln könnte. Sie nehmen ihn darum fest. Mit der Festnahme ist auch die Gefahr für Leib und Leben des Betroffenen abgewehrt.

# Erster Abschnitt
# Die Gewahrsamnahme

Überblick
I.        Spezielle Ermächtigungen zur Gewahrsamnahme
II.       Allgemeine Ermächtigung zur Gewahrsamnahme
1.        Ermächtigung
1.1       Zulässigkeitsvoraussetzungen
1.1.1     Schutzgewahrsam nach § 35 Abs. 1 Nr. 1 PolG,
1.1.2     Sicherheitsgewahrsam (Verhütung von Straftaten und bedeutsamen Ordnungswidrigkeiten) nach § 35 Abs. 1 Nr. 2 PolG,
1.1.3     Gewahrsam zur Durchsetzung eines Platzverweises nach § 35 Abs. 1 Nr. 3 PolG,
1.1.4     Gewahrsamnahme zur Durchsetzung einer Wohnungsverweisung und eines Rückkehrverbotes zum Schutz vor häuslicher Gewalt
1.1.5     Gewahrsam zum Schutz privater Rechte nach § 35 Abs. 1 Nr. 4 PolG
1.1.6     Gewahrsamnahme von Minderjährigen nach § 35 Abs. 2 PolG,
1.1.7     Gewahrsamnahme von Entwichenen nach § 35 Abs. 3 PolG
1.2       Rechtsfolgen
2.        Allgemeine Rechtmäßigkeitsanforderungen
3.        Verfahrens- und Formvorschriften

## I.   Spezielle Ermächtigung zur Gewahrsamnahme

Eine spezielle Ermächtigung zur Gewahrsamnahme enthält § 1 JÖSchG. Danach ist die Polizei als zuständige Behörde ermächtigt, die notwendigen Maßnahmen zur Gefahrenabwehr zu treffen, wenn sich Kinder oder Jugendliche an Orten aufhalten, an denen ihnen eine unmittelbare Gefahr für ihr körperliches, geistiges oder seelisches Wohl droht. Soweit ein Platzverweis nicht ausreicht, dürfen sie den Erziehungsberechtigten zugeführt oder ggf. in die Obhut des Jugendamtes gebracht werden.
Entsprechend § 8 Abs. 2 PolG gehen spezielle Ermächtigung vor.

Keine spezielle Befugnis für die Polizei enthält das PsychKG; denn die Polizei ist nicht die zuständige Behörde zur Ausführung dieses Gesetzes. Im Umgang mit psychisch kranken Personen hat die Polizei auf Befugnisse nach dem PolG zurückzugreifen.

Sind keine speziellen Ermächtigungen vorhanden, ist auf das PolG zurückzugreifen.

## II.   Allgemeine Ermächtigung zur Gewahrsamnahme

## 1.   Ermächtigung

In der Regel kommt als Ermächtigung zur Gewahrsamnahme § 35 PolG in Betracht.

§ 35 PolG    Gewahrsam

(1)  Die Polizei kann eine Person in Gewahrsam nehmen, wenn
1.  das zum Schutz der Person gegen eine Gefahr für Leib oder Leben erforderlich ist, insbesondere weil die Person sich erkennbar in einem die freie Willensbestimmung ausschließenden Zustand oder sonst in hilfloser Lage befindet,
2.  das unerlässlich ist, um die unmittelbar bevorstehende Begehung oder Fortsetzung einer Straftat oder einer Ordnungswidrigkeit von erheblicher Bedeutung für die Allgemeinheit zu verhindern,
3.  das unerlässlich ist, um eine Platzverweisung nach § 34 durchzusetzen,
4.  das unerlässlich ist, um eine Wohnungsverweisung oder ein Rückkehrverbot nach § 34a durchzusetzen,
5.  das unerlässlich ist, um private Rechte zu schützen und eine Festnahme und Vorführung der Person nach den §§ 229, 230 Abs. 3 des Bürgerlichen Gesetzbuches zulässig ist.
(2) Die Polizei kann Minderjährige, die sich der Obhut der Sorgeberechtigten entzogen haben, in Gewahrsam nehmen, um sie den Sorgeberechtigten oder dem Jugendamt zuzuführen.
(3) Die Polizei kann eine Person, die aus dem Vollzug von Untersuchungshaft, Freiheitsstrafen oder Freiheit entziehenden Maßregeln der Besserung und Sicherung entwichen ist oder sich sonst ohne Erlaubnis außerhalb der Justizvollzugsanstalt aufhält, in Gewahrsam nehmen und in die Anstalt zurückbringen.

Die Ermächtigung enthält sechs alternative Möglichkeiten der Gewahrsamnahme zur Gefahrenabwehr, und zwar

- den Schutzgewahrsam nach § 35 Abs. 1 Nr. 1 PolG,
- den Sicherheitsgewahrsam (Verhütung von Straftaten und bedeutsamen Ordnungswidrigkeiten) nach § 35 Abs. 1 Nr. 2 PolG,
- den Gewahrsam zur Durchsetzung eines Platzverweises nach § 35 Abs. 1 Nr. 3 PolG,
- den Gewahrsamnahme zur Durchsetzung einer Wohnungsverweisung und eines Rückkehrverbotes zum Schutz vor häuslicher Gewalt
- den Gewahrsam zum Schutz privater Rechte nach § 35 Abs. 1 Nr. 4 PolG
- die Gewahrsamnahme von Minderjährigen nach § 35 Abs. 2 PolG,
- die Gewahrsamnahme von Entwichenen nach § 35 Abs. 3 PolG.

## 1.1    Zulässigkeitsvoraussetzungen

### 1.1.1    Gewahrsam zur Abwehr von Gefahren für Leib oder Leben einer Person

§ 35 Abs. 1 Nr. 1 PolG rechtfertigt den sogenannten Schutzgewahrsam. Geschützt werden soll eine Person und nicht die Allgemeinheit (Chemnitz, a.a.O, S. 192). Die

Ermächtigung stellt auf den Fall ab, dass die Maßnahme gegen oder ohne Willen des Betroffenen erfolgt (vgl. Tegtmeyer, a.a.O., § 35 RdNr. 3). Wird die Maßnahme mit Einverständnis der gefährdeten Person getroffen, liegt keine Freiheitsentziehung vor. Die mutmaßliche Einwilligung (im Sinne einer Geschäftsführung ohne Auftrag) reicht jedoch nicht aus.

Der Schutzgewahrsam kommt in Frage, wenn er zur

- **Abwehr einer (konkreten) Gefahr**
- **für Leib oder Leben einer Person**
- **erforderlich ist.**

Voraussetzung ist mindestens eine konkrete Gefahr (vgl. § 8 Abs. 1 PolG). Die Gefahr muss im bestimmten Einzelfall bestehen. Der Schaden muss nicht unmittelbar bevorstehen. Es genügt, dass er in überschaubarer Zukunft eintreten wird (zum Begriff konkrete Gefahr siehe 1. Kapitel, I.).

a) Zur Zeit herrscht strenges Winterwetter. Nachts sinken die Temperaturen auf minus 30 Grad. Die Polizei ist besorgt, dass Obdachlose erfrieren könnten. Diese allgemeine Besorgnis ist noch keine konkrete Gefahr.

b) Eine Streife findet bei Temperaturen um minus 30 Grad einen Mann, der sich im Freien ein Quartier gesucht hat und nur mit einer Decke zugedeckt eingeschlafen ist. Die Beamten sind besorgt, dass er erfrieren könnte. Die Gefahr besteht hier im Einzelfall und ist daher konkret

In Frage kommt der Schutzgewahrsam nur, wenn **Leib oder Leben** eines Menschen in Gefahr sind. Andere individuelle Rechtsgüter scheiden aus. Auch eine schwere, im allgemeinen lebensgefährliche Bedrohung der menschlichen Gesundheit gilt als Lebensgefahr (Dietel/Gintzel, a.a.O., S 74). Die Gefahr kann von der Person selbst (Verhalten der Person) oder auch durch Dritte verursacht werden.

c) Eine offenbar verwirrte, psychisch kranke Person irrt in der Stadt umher, läuft unkontrolliert auf die Straße und schwebt in der Gefahr, von Fahrzeugen überfahren zu werden. Polizeibeamte greifen ein und nehmen sie zum Schutz vor Gefahren für Leib und Leben in Gewahrsam.

Die Gefahrenabwehr muss allerdings im öffentlichen Interesse liegen. Gewisse Selbstgefährdungen werden von der Ermächtigung nicht erfasst (vgl., Band I, 3. Kapitel, Erster Abschnitt).

a) Ein Kleinkind spielt an einem reißenden Bach. Die Gefahr, dass es hineinfällt und ertrinkt, ist begründet. Aufgrund der Gefahr für das Leben nimmt die Polizei das Kind in Gewahrsam. Die Gefahrenabwehr liegt im öffentlichen Interesse.

b) A. ist Amateurboxer und will heute Abend gegen den ungleich stärkeren B. boxen. Mit an Sicherheit grenzender Wahrscheinlichkeit wird A. unterliegen und ggf. erheblich verletzt. Die Gefahrenabwehr liegt nicht im öffentlichen Interesse, weil A. ein gewisses Recht auf Selbstgefährdung hat.

c) H. ist krank. Der Arzt hat ihm dringend geraten, das Rauchen einzustellen. Obgleich H. weiß, dass er sein Leben riskiert, raucht er weiter. Die Schadensabwehr ist - obgleich Leib und Leben in Gefahr sind - keine Gefahr im Sinne der Ermächtigung.

Schließlich muss die Gewahrsamnahme **erforderlich** sein. Mildere Maßnahmen (wie z.B. eine Verfügung nach § 8 PolG oder ein Platzverweis nach § 34 PolG) müssen ausscheiden, sei es, dass sie objektiv untauglich sind oder nicht zum Ziele führen. In welchen Fällen Schutzgewahrsam erforderlich werden kann, zeigt der Gesetzgeber mit zwei Beispielen in der Ermächtigung selbst auf, und zwar ist das dann der Fall, wenn eine Person sich erkennbar in einem die freie Willensbestimmung ausschließenden Zustand befindet oder sonst in hilfloser Lage ist. Aber auch andere Fälle sind denkbar. Schutzgewahrsam ist auch zulässig, wenn die Polizei eingreifen muss, weil sich eine Person bei klarem Bewusstsein umzubringen versucht (vgl. Band I, 3. Kapitel, Erster Abschnitt).

**Adressat der Ermächtigung** ist die **gefährdete Person.** Die Ermächtigung bestimmt die Richtung der Maßnahme grundsätzlich selbst, soweit die Person die Eigengefahr verursacht hat.

a) Die Polizei entdeckt einen verwirrten Mann, der bei grimmiger Kälte und Regenwetter auf einer Parkbank liegt und schläft. Die Umstände rechtfertigen den Schluss, dass sich der Betroffene stark unterkühlen und erhebliche Gesundheitsschäden zuziehen könnte. Die Beamten nehmen ihn darum in Gewahrsam. Der Betrunkene ist Adressat der Maßnahme.

b) Polizeibeamte werden darauf aufmerksam, dass ein 18jähriger Mann offenbar in Selbsttötungsabsicht von einer Autobahnbrücke in die Tiefe springen will. Sie greifen ein und nehmen ihn in Gewahrsam. Er ist als gefährdete Person Adressat der Maßnahme.

Im **Ausnahmefall** kommt die Inanspruchnahme des Gefährdeten im Rahmen des polizeilichen Notstandes nach **§ 6 PolG** in Frage. Das gilt dann, wenn jemand von einem anderen an Leib und Leben bedroht wird. "Liegt keine Selbstgefährdung vor, sondern wird der Betroffene durch andere bedroht, so muss die Behörde gegen diese, die ja Störer sind, vorgehen. Erst wenn dies nicht möglich ist, also unter den Voraussetzungen des polizeilichen Notstandes, kann der Betroffene in Schutzgewahrsam genommen werden" (Möller/Wilhelm, a.a.O., S. 168). Im Falle des Notstandes hat der Gefährdete ein subjektiv-öffentliches Recht auf Schutz. Eine Beschränkung seiner Rechte kommt dann nur in Frage, wenn die Polizei unter Ausnutzung aller ihr zur Verfügung stehenden Mittel außerstande ist, den Betroffenen zu schützen.

Die Polizei wird zu einer Familienstreitigkeit gerufen. Dort stellt sie fest, dass der betrunkene Ehemann seine Ehefrau fortgesetzt geschlagen, erheblich verletzt hat und im Zorn weiter auf sie einschlagen wird. Der Mann ist als sehr gewalttätig bekannt. Lebensgefährliche Verletzungen der Frau sind zu befürchten. Gefährdet ist die Frau. Sie zum Schutz vor Gefahren für Leib oder Leben in Gewahrsam zu nehmen, ist grundsätzlich unzulässig. Ihre Inanspruchnahme käme nur im Rahmen des gesetzlichen Notstandes in Betracht. Zur Verhütung der Straften ist der Mann in Anspruch zu nehmen. In Betracht kommt die Wohnungsverweisung nach § 34a PolG und zur Durchsetzung derselben ggf. zunächst die Gewahrsamnahme (siehe 4. Kapitel, Zweiter Abschnitt).

## 1.1.2 Gewahrsam zur Verhütung von Straftaten oder bedeutenden Ordnungswidrigkeiten

§ 35 Abs. 1 Nr. 2 PolG sieht die Gewahrsamnahme vor, wenn

- **das unerlässlich ist, um**
- **eine unmittelbar bevorstehende Begehung oder Fortsetzung**
- **einer Straftat oder**
- **einer Ordnungswidrigkeit von erheblicher Bedeutung für die Allgemeinheit**
- **zu verhindern.**

Mit der Prämisse **"unerlässlich"** greift der Gesetzgeber das Übermaßverbot auf. Danach kommt die Gewahrsamnahme nur in Frage, wenn kein anderes, milderes Mittel zur Gefahrenabwehr zur Verfügung steht. Diese Voraussetzung hat bei der Verhütung von Ordnungswidrigkeiten besonderes Gewicht.

Schließlich muss eine strafbare oder mit Geldbuße bedrohte Rechtsverletzung **unmittelbar bevorstehen** oder eine bereits begangene Tat **fortgesetzt** werden. Verlangt wird zunächst, dass es bei ungehindertem Verlauf in allernächster Zeit zur Rechtsverletzung kommt. Das entspricht dem Begriff der gegenwärtigen Gefahr (Tegtmeyer, a.a.O., § 35 RdNr. 7).

> Ein offensichtlich stark angetrunkener Herr kommt aus einer Gaststätte und torkelt auf einen geparkten Pkw zu. Weil er offenbar mit dem Wagen wegfahren will und dadurch gegen § 316 StGB verstoßen wird, greifen Polizeibeamte ein. Die Rechtsverletzung steht unmittelbar bevor.

Die Ermächtigung erfasst auch den Fall, dass eine Rechtsnorm bereits verletzt ist und der Bruch des Gesetzes noch andauert (die Tat also noch nicht abgeschlossen ist).

> Ein junger Mann fährt mit einem nicht zugelassenen und daher offensichtlich auch nicht versicherten und versteuerten Fahrzeug. Die Rechtsverletzung ist bereits eingetreten. Der Täter setzt den Normbruch jedoch fort.

Voraussetzung ist ferner, dass der Täter **eine Straftat** oder **eine Ordnungswidrigkeit von erheblicher Bedeutung für die Allgemeinheit** begehen wird oder begeht. Die Befugnis stellt auf die Abwehr von Schäden ab, die durch Strafgesetze oder ordnungsrechtliche Bestimmungen geschützt sind.

Straftaten sind mit Strafe bedrohte rechtswidrige Handlungen (vgl., Band I, 3. Kapitel). Auf schuldhaftes Tun oder Schuldfähigkeit des Täters kommt es wie immer im Gefahrenabwehrrecht nicht an. Die Befugnis erfasst Straftaten schlechthin und unterscheidet nicht zwischen Offizial-, Antrags- oder Privatklagedelikten. Die Bedeutung der Straftaten ist auf der Ebene des Übermaßverbotes zu berücksichtigen. Bei Antragsdelikten ist es nicht erforderlich, dass der Verletzte Strafantrag stellt. Der Strafantrag ist Prozessvoraussetzung. Fehlt er, ist (in der Regel) strafrechtliches Vorgehen verboten (vgl. Kleinknecht/Meyer-Goßner, a.a.O., § 158 StPO, RdNr. 4). Das Polizeirecht verfolgt hingegen andere Zwecke. Während das Strafprozessrecht auf Sicherung des staatlichen Strafverfolgungsanspruchs gerichtet ist, verfolgt das Polizeirecht den Rechtsgüterschutz.

314

Deshalb kann auch die Ingewahrsamnahme in Betracht kommen, wenn ein angetrunkener Ehemann den gemeinsamen Hausrat beschädigt (Sachbeschädigung nach § 303 StGB) und die Ehefrau keinen Strafantrag stellt (Kay/Böcking, Polizeirecht NW, a.a.O., RdNr. 244).

a) Der angetrunkene Horn ist wegen seiner bisherigen Freundin mit dem Buhl in Streit geraten. Aus Wut darüber, dass sich seine Freundin nun mit dem Buhl einlässt, holt sich Horn einen Knüppel, um ihn zu verprügeln. Die Körperverletzung steht unmittelbar bevor. Als Polizeibeamte von der Absicht des Horn erfahren, greifen sie ein und verbieten ihm die beabsichtigte Straftat. Weil der aber – Alkohol bedingt stark und mutig - nicht nachgeben will und unbedingt die Auseinandersetzung sucht, nehmen ihn die Beamten zur Verhütung der Straftat in Gewahrsam.

b) Herr Sprit hat den ganzen Nachmittag gezecht. Als er abends nach Hause kommt, zerschlägt er Mobiliar und prügelt auf seine Angehörigen ein. Zur Schlichtung des Streites wird die Polizei gerufen. Weil Sprit außer Rand und Band ist, Verbotsverfügungen der Polizeibeamten ignoriert und offenkundig weiter auf Frau und Kinder einschlagen wird, nehmen ihn die Beamten zur Verhütung weiterer Straftaten in Gewahrsam. In Erwägung zu ziehen wäre unter Umständen auch die Wohnungsverweisung nach § 34a PolG (4. Kapitel, Zweiter Abschnitt).

c) Meyer hat in der Kneipe des Gastwirtes Schulze übermäßig dem Alkohol zugesprochen. In diesem Zustand provoziert er Streit mit anderen Gästen. Sein Verhalten ist anstößig und für die anderen Gäste sehr lästig. Darum fordert ihn der Gastwirt Schulze auf, das Lokal zu verlassen. Weil Meyer jedoch nicht geht, ruft der Wirt die Polizei. Bei Eintreffen der Beamten ist der Meyer so renitent, dass ein Platzverweis offensichtlich nicht zum Ziele führt. Außerdem kann der Betrunkene nicht einfach auf die Straße geschickt werden, weil er dort den Gefahren des Straßenverkehrs ausgesetzt ist. Sie nehmen ihn darum zur Verhütung der Fortsetzung des Hausfriedensbruchs (Straftat nach § 123 StGB) in Gewahrsam, obgleich Schulze keinen Strafantrag stellt. Die Gewahrsamnahme ist zulässig, weil es bei der Gefahrenabwehr auf den Strafantrag nicht ankommt.

Ordnungswidrigkeiten rechtfertigen eine Gewahrsamnahme nur dann, wenn sie von erheblicher Bedeutung für die Allgemeinheit sind. Eine **Ordnungswidrigkeit** ist eine rechtswidrige und vorwerfbare, mit Geldbuße bedrohte Handlung (vgl. Band I, 3. Kapitel, Dritter Abschnitt). Voraussetzung der Ingewahrsamnahme ist jedoch, dass die Rechtsverletzung von **erheblicher Bedeutung für die Allgemeinheit** ist. Damit konkretisiert der Gesetzgeber das Prinzip der Verhältnismäßigkeit. Die Frage, wann eine so bedeutende Ordnungswidrigkeit vorliegt, ist nicht immer leicht zu beantworten (vgl. Tegtmeyer, a.a.O., § 35 RdNr. 8). Maßgebend ist die Auswirkung der Handlung. Werden andere durch die Tat unzumutbar und unverhältnismäßig beeinträchtigt, kann die Ordnungswidrigkeit von erheblicher Bedeutung sein. Auch wenn sich eine Ordnungswidrigkeit gefährlich auswirkt (wie z.B. Umweltordnungswidrigkeiten), ist von einer erheblichen Bedeutung für die Allgemeinheit auszugehen (Heise/Tegtmeyer, a.a.O., § 35, RdNr. 8).

*„Ob eine Ordnungswidrigkeit von erheblicher Bedeutung für die Allgemeinheit vorliegt, kann nicht abstrakt, sondern nur nach den Umständen des Einzelfalles beurteilt werden. Ordnungswidrigkeiten rechtfertigen einen Polizeigewahrsam jedenfalls dann, wenn ihre*

315

*Duldung den Eindruck vermitteln würde, der Rechtsstaat könne sich nicht durchsetzen"* (BayOblG, Beschluss vom 28.5.1998, NVwZ 1999, Heft 1, S. 106).

Die Orientierung an der Höhe des angedrohten Verwarnungs- oder Bußgeldes kann hilfreich sein, ist aber kein abschließender Richtwert. Insoweit kann eine Handlung, die in der Regel mit einem Verwarnungsgeld geahndet werden darf, gleichwohl für die Allgemeinheit von erheblicher Bedeutung sein.

> a) Der Polizei wird angezeigt, dass Herr Müller seinen Pkw unter Alkoholeinwirkung gefahren hat. Eine Überprüfung ergibt, dass der Alkoholspiegel bei 0,9 Promille liegt. Müller gibt zu verstehen, dass ihn das nicht interessiert und er gleich zu einem dringenden Termin fahren müsse. Weil die Polizei nicht weiß und nicht ermitteln kann, wo der Wagen des Betroffenen steht, auch den Fahrzeugschlüssel nicht findet (die Sicherstellung der Sachen also ausscheidet) und schließlich keine Zeit hat, den Müller zu observieren, nimmt sie ihn zur Verhütung der unmittelbar bevorstehenden Ordnungswidrigkeit (§ 24a StVG) in Gewahrsam.
>
> b) Die Jugendlichen Laut und Stark ziehen zu nächtlicher Stunde laut grölend durch das Dorf und lassen sich schließlich am Stadtbrunnen nieder. Hier lärmen sie weiter. Anwohner werden aus dem Schlaf gerissen und rufen erzürnt die Polizei. Die Beamten greifen ein. Weil ihre Verfügung, den Lärm einzustellen, unbeachtet bleibt und ein Platzverweis die Störung nur verlagert (also ungeeignet ist), nehmen sie die Jugendlichen zur Verhinderung der Fortsetzung der Ordnungswidrigkeit (§ 9 LImschG) in Gewahrsam.
>
> In beiden Fällen ist die Gewahrsamnahme rechtens, weil sowohl die im Fall a) unmittelbar bevorstehende Ordnungswidrigkeit als auch die Fortsetzung der Ordnungswidrigkeit im Fall b) wegen ihrer Auswirkung von erheblicher Bedeutung ist.

Der **Adressat** der Maßnahme ergibt sich aus § 35 Abs. 1 Nr. 2 PolG. Aus Sinn und Zweck der Ermächtigung folgt, dass **potentielle Täter** belastet werden dürfen. Das sind die Personen, die gleich schon handeln wollen oder bereits handeln.

**Ausnahmsweise ist § 6 PolG** heranzuziehen. Im Falle des polizeilichen Notstandes kann die Polizei ggf. auch das **Tatopfer** in Anspruch nehmen. Das ist dann der Fall, wenn die Polizei zur Verhinderung einer Straftat des potentiellen Täters nicht habhaft werden und das Tatopfer nicht anders schützen kann.

Die Inanspruchnahme nicht verantwortlicher Dritter im Sinne von § 6 PolG ist allerdings die absolute Ausnahme. Sie kommt als Notstandsmaßnahme nur in Frage, wenn

- eine gegenwärtige Gefahr abzuwehren ist,
- die Polizei den Verantwortlichen nicht in Anspruch nehmen kann,
- die Polizei die Gefahr auf andere Weise nicht abwehren kann und
- der Nichtstörer selbst durch die Maßnahme nicht erheblich gefährdet oder von höherwertigen Pflichten abgehalten wird (zur Störerproblematik vgl. umfassend Band I, 4. Kapitel, Zweiter Abschnitt).

Polizeilicher Notstand liegt nach richtiger Ansicht nur dann vor, wenn die Polizei auch bei Ausnutzung aller ihr zur Verfügung stehenden Mittel objektiv außerstande, d. h. machtlos ist, die Gefahr für die öffentliche Sicherheit abzuwehren.

a) Auf den ledigen Fabrikanten Reich ist wiederholt geschossen worden. Offenbar hat jemand aus dem Kreis der Erben Interesse an seinem Vermögen einschließlich einer Lebensversicherung von mehreren Millionen Mark. Nunmehr wird der Polizei anonym mitgeteilt, dass ein brutaler Zuhälter gekauft worden ist, um den Reich umzubringen. Nach den vorliegenden Informationen soll die Tat in den nächsten Stunden verübt werden. Reich wird von der Lage in Kenntnis gesetzt. Er reagiert jedoch gleichgültig und abweisend. Ungeachtet aller Warnungen will er sich gleich in einer Bar vergnügen. Polizeilichen Schutz weist er zurück und betont, dass er sich dem schon entziehen werde. Weil die Polizei keine Möglichkeit sieht, den Betroffenen zu schützen, nimmt sie ihn als potentielles Tatopfer im Rahmen des § 6 PolG in Gewahrsam.

b) Nach dem Fußballspiel zwischen dem FC K. und dem VFL O. brechen Kravalle aus. Anhänger des FC K. fühlen sich durch den Schiedsrichter Pfeiffer betrogen, stürmen das Feld und wollen ihn verprügeln. Noch bevor Polizeibeamte eingreifen können, wird der Schiedsrichter von allen Seiten bedrängt und geschlagen. Pfeiffer wehrt sich so gut wie möglich. Weil die Polizeibeamten nicht in der Lage sind, die Meute abzudrängen, ergreifen sie den Schiedsrichter und nehmen ihn in Gewahrsam. Obgleich Pfeiffer für die Körperverletzungen nicht verantwortlich ist, kann er im Rahmen der Notstandshaftung nach § 6 PolG in Anspruch genommen werden.

### 1.1.3 Gewahrsam zur Durchsetzung eines Platzverweises

Die Ermächtigung knüpft an § 34 PolG an und ermöglicht eine kurzfristige Freiheitsentziehung unter der Voraussetzung, dass

- **die Gewahrsamnahme unerlässlich und**
- **der Platzverweis im Rahmen des § 34 PolG rechtswirksam erfolgt ist.**

**Unerlässlich** ist die Ingewahrsamnahme, wenn der Betroffene die polizeiliche Verfügung, einen bestimmten Ort zu verlassen oder einen bestimmten Ort nicht zu betreten, ignoriert und die Freiheitsentziehung verhältnismäßig ist.

Die Voraussetzungen zum **Platzverweis** nach § 34 PolG sind im Vierten Kapitel, Erster Abschnitt, erläutert. Insoweit wird darauf verwiesen. Die Ermächtigung zur Gewahrsamnahme nach § 35 Abs. 1 Nr. 3 PolG greift nur den Platzverweis nach § 34 PolG auf. Andere Ermächtigungen sind nicht erfasst. Die Verfügung muss jedoch wirksam sein. Das verlangt, dass sie entsprechend §§ 41 Abs. 1 und 43 Abs. 1 VwVfG bekannt gemacht wurde.

a) Zwei Jugendliche wollen per Anhalter von Fahrzeugführern mitgenommen werden. Dazu betreten sie die Auffahrt einer Autobahn und geben herannahenden Fahrzeugführern Mitnahmezeichen. Die Polizei wird darauf aufmerksam und fordert die Jugendlichen auf, die Autobahnauffahrt zu verlassen. Dem kommen die Betroffenen nicht nach, so dass sie von den Polizeibeamten in Gewahrsam genommen werden.

b) Die Jugendlichen Laut und Stark haben sich während der Schulzeit auf einem eingefriedeten Schulhof niedergelassen und sprechen dem Alkohol zu. Der Aufforderung des Schulleiters, den Schulhof zu verlassen (der Schulleiter übt entsprechend § 47 Allgemeine Schulordnung NW das Hausrecht aus), leisten sie keine Folge. Auch dem Platzverweis der hinzugezogenen Polizeibeamten kommen sie nicht nach. Darum werden sie von den Beamten in Gewahrsam genommen.

In beiden Fällen war der Platzverweis zur Abwehr einer Gefahr (Verhinderung der Fortsetzung von Rechtsverletzungen) wirksam ergangen und die Ingewahrsamnahme zur Durchsetzung des Platzverweises unerlässlich.

**Adressat** der Gewahrsamnahme ist der mit dem wirksamen **Platzverweis belastete Bürger**.

### 1.1.4 Gewahrsam zur Durchsetzung einer Wohnungsverweisung oder eines Rückkehrverbotes nach § 34a PolG

Die Ermächtigung setzt die rechtmäßige Wohnungsverweisung das rechtmäßige Rückkehrverbot zum Schutz vor häuslicher Gewalt nach § 34a PolG voraus. Zulässig ist die Gewahrsamnahme, wenn

- **sie unerlässlich ist**
- **um die Wohnungsverweisung und das Rückkehrverbot zum Schutz vor häuslicher Gewalt durchzusetzen.**

**Unerlässlich** ist die Ingewahrsamnahme, wenn der Betroffene die polizeiliche Anordnung, die Wohnung zu verlassen und sie im festgesetzten Zeitraum nicht mehr zu betreten, ignoriert wird und die Freiheitsentziehung verhältnismäßig ist.

Die Voraussetzungen für die **Wohnungsverweisung und das Rückkehrverbot zum Schutz vor häuslicher Gewalt** nach § 34a PolG ist im 4. Kapitel, Zweiter Abschnitt erläutert. Insoweit wird darauf verwiesen.

Herr Stink ist jähzornig und gewalttätig. Seine Familie hat unter ihm sehr zu leiden, besonders wenn er getrunken hat. Heute hat wieder kräftig gezecht. Als er abends nach Hause kommt, zerschlägt er - wie schon des öfteren – das Mobiliar und prügelt heftig auf seine Angehörigen ein. Zur Schlichtung des Streites wird die Polizei gerufen. Bei Eintreffen der Beamten sitzen Frau und Kinder verängstigt in einer Ecke und weinen. Ein blaues Auge der Frau und rote Stellen in den Gesichtern der Kinder zeugen davon, dass sie einiges abbekommen haben. Weil Stink außer Rand und Band ist, verweisen ihn die Beamten aufgrund des § 34a PolG aus der Wohnung und verbieten ihm die Rückkehr für 10 Tage. Daraufhin reagiert Stink empört und schreit: "Macht dass ihr wegkommt. Aus meinem Heim vertreibt mich keiner". Weil er der Verfügung nicht nachkommt, nehmen ihn die Beamten aufgrund des 35 Abs. 1 Nr. 4 PolG zur Durchsetzung der Wohnungsverweisung (4. Kapitel, Zweiter Abschnitt) in Gewahrsam.

### 1.1.5 Gewahrsam zum Schutz privater Rechte

Die Ermächtigung zur Gewahrsamnahme zum Schutz privater Rechte knüpft an die Aufgabe aus § 1 Abs. 2 PolG an.

Im Rahmen der sachlichen Zuständigkeit (dazu Band I, 4. Kapitel, Erster Abschnitt) kann die Polizei eine Person in Gewahrsam nehmen, wenn

- **das unerlässlich ist**
- **zum Schutz privater Rechte und**
- **eine Festnahme und Vorführung nach §§ 229, 230 Abs. 3 BGB zulässig ist.**

Die Tatbestandsvoraussetzung **"unerlässlich"** verlangt, dass andere geeignete, mildere Mittel nicht zur Verfügung stehen. Die Voraussetzung entspricht der Forderung des § 230 Abs. 1 BGB.

Der **Schutz privater Rechte** obliegt der Polizei nur subsidiär (vgl. Band I, 4. Kapitel, Erster Abschnitt). Entsprechend § 1 Abs. 2 PolG muss zunächst ein gerichtlich durchsetzbarer **Anspruch** (z.B. aus unerlaubter Handlung, aus Vertrag oder aus Unterhaltsansprüchen usw. - vgl. Kay/Böcking, Polizeirecht NW, a.a.O., RdNr. 246) **glaubhaft** sein. Nicht nötig ist, dass der Anspruch erwiesenermaßen besteht. Aufgrund der Gesamtumstände muss vielmehr objektiv der Schluss gezogen werden können, dass der Anspruch begründet ist. Aus der sachlichen Zuständigkeit der Polizei folgt einschränkend weiter, dass **gerichtliche Hilfe fehlt und nicht rechtzeitig** zu erreichen ist. Es muss also Gefahr im Verzuge sein. Weiter setzt § 1 Abs. 2 PolG voraus, dass ohne polizeiliches Eingreifen die **Verwirklichung des Anspruchs "vereitelt oder wesentlich erschwert** werden würde".

Schließlich ist die Gewahrsamnahme nur zulässig, wenn die **Festnahme- und Vorführungsvoraussetzungen der §§ 229, 230 BGB** durchgreifen.

---

**§ 229 BGB   Selbsthilfe**

Wer zum Zwecke der Selbsthilfe eine Sache wegnimmt, zerstört oder beschädigt oder wer zum Zwecke der Selbsthilfe einen Verpflichteten, welcher der Flucht verdächtig ist, festnimmt oder den Widerstand des Verpflichteten gegen eine Handlung, die dieser zu dulden verpflichtet ist, beseitigt, handelt nicht widerrechtlich, wenn obrigkeitliche Hilfe nicht rechtzeitig zu erlangen ist und ohne sofortiges Eingreifen die Gefahr besteht, dass die Verwirklichung des Anspruchs vereitelt oder wesentlich erschwert werden würde.

**§ 230 Abs. 1 BGB   Grenzen der Selbsthilfe**

(1) Die Selbsthilfe darf nicht weitergehen, als zur Abwehr der Gefahr erforderlich ist.

(2) ...

---

> (3) Im Falle der Festnahme des Verpflichteten ist, sofern er nicht wieder in Freiheit gesetzt wird, der persönliche Sicherheitsarrest bei dem Amtsgerichte zu beantragen, in dessen Bezirk die Festnahme erfolgt ist; der Verpflichtete ist unverzüglich dem Gericht vorzuführen.
>
> (4) ...

§ 229 in Verbindung mit § 230 BGB setzen voraus, dass

- **der Verpflichtete der Flucht verdächtig ist,**
- **die Gefahr besteht, dass die Verwirklichung des Anspruchs vereitelt oder wesentlich erschwert würde und**
- **die Selbsthilfe zur Abwendung der Gefahr erforderlich ist.**

Die allgemeine Selbsthilfe nach § 229 BGB erlaubt im Grundsatz die eigenständige Durchsetzung und Sicherung eines Rechtes, wenn erhebliche Interessen des Berechtigten bedroht sind und der Schutz der öffentlichen Gewalt nicht rechtzeitig erreichbar ist (Wolff/Bachof, a.a.O, S. 336). Für den Fall darf eine Privatperson (ohne rechtswidrig zu handeln) den Verpflichteten, welcher der Flucht verdächtig ist, festnehmen, sofern das entsprechend § 230 Abs. 1 BGB erforderlich ist. Privater Zwang ist im Rechtsstaat jedoch nur ausnahmsweise zulässig. Ist obrigkeitliche Hilfe (dazu gehört aus bürgerlich-rechtlicher Sicht auch die Polizei) erreichbar, scheidet Selbsthilfe aus. Um die Festnahme durch die Privatperson zu vermeiden, muss die Polizei das Recht zur Gewahrsamnahme haben. Dem trägt § 35 Abs. 1 Nr. 4 PolG Rechnung.

Die Ermächtigung stellt auf die Zulässigkeitsvoraussetzungen des § 229 BGB ab. Danach kommt die Gewahrsamnahme nur in Betracht, wenn der Verpflichtete der **Flucht verdächtig** ist. Aufgrund hinreichend tatsächlicher Anhaltspunkte muss der Schluss gerechtfertigt sein, dass der Pflichtige unerkannt entkommen oder sich der Verantwortung entziehen wird (z.B. durch Verlassen des Bundesgebietes). Die übrigen Voraussetzungen des § 229 BGB sind bereits Prämissen der polizeilichen Zuständigkeit und müssen darum hier nicht weiter geprüft werden. Ist gerichtliche Hilfe erreichbar, scheidet polizeiliches Eingreifen und daher auch die Gewahrsamnahme aus. Gleiches gilt, wenn der bürgerlich-rechtliche Anspruch nicht vereitelt oder wesentlich erschwert werden würde.

Die Beschränkung des Selbsthilferechtes auf erforderliche Maßnahmen (§ 230 Abs. 1 BGB) entspricht der Prämisse "unerlässlich" in § 35 Abs. 1 Nr. 4 PolG. Demzufolge wird die Gewahrsamnahme immer ausscheiden, wenn z.B. durch die Feststellung der Personalien des Pflichtigen der Rechtsanspruch hinreichend gesichert werden kann.

a) Andre Serje Upphoff hat bei dem Radio-Händler Horch auf Raten eine wertvolle Musikanlage gekauft und erhalten. Noch bevor die erste Rate bezahlt ist, zieht es ihn in seine Heimat zurück. In der Nacht zum Sonntag packt er seine Sachen und die Musikanlage in das Auto seiner Frau und schickt sie auf Tour. Andre selbst nimmt sich noch die Zeit, um sich morgens von seinen Freunden zu verabschieden. Durch einen anonymen Anruf erfährt der Radiohändler Horch davon. Weil er das Gericht so schnell nicht erreichen wird, ruft er eilig die Polizei und bittet um Hilfe. Aufgrund des glaubhaften Rechtsanspruches, fehlender gerichtlicher Hilfe, der Gefahr der Vereitelung des Anspruchs und des

Fluchtverdachtes nehmen sie Andre Serje Upphoff in Gewahrsam. Die Gewahrsamnahme ist aufgrund des § 35 Abs. 1 Nr. 4 PolG zulässig.

b) Opa Stark (sonst ein friedlicher, liebevoller Mann) kommt abends betrunken nach Hause und weist seine Frau aus der Wohnung. In ihrer Not ruft Frau Stark die Polizei und bittet um Schutz. Weil Oma Stark als Ehefrau Mitbesitzerin der Wohnung ist und Opa Stark eine unerlaubte Handlung im Sinne von § 823 BGB begangen hat, steht ihr ein Selbsthilferecht zu. Zur Durchsetzung dieses Rechtes greift die Polizei ein und verlangt von Opa Stark, dass er seine Frau in der Wohnung lässt. Weil er nicht folgt, wollen ihn die Beamten in Gewahrsam nehmen. Die Gewahrsamnahme ist <u>nicht</u> zulässig, weil § 229 BGB Fluchtverdacht erfordert. Der liegt aber nicht vor. Eine Gewahrsamnahme des Stark käme allerdings aufgrund des § 35 Abs. 1 Nr. 2 PolG in Betracht, wenn die Gefahr bestände, dass der Stark Straftaten begehen würde (Verletzung der Frau, Beschädigung der Sachen).

Für die Gewahrsamnahme enthält § 230 Abs. 3 BGB eine spezielle Vorführungs-vorschrift. Nimmt die Polizei eine Person zum Schutz privater Rechte aufgrund des § 35 Abs. 1 Nr. 4 PolG in Gewahrsam, hat sie im Rahmen des § 230 Abs. 3 BGB den Pflich-tigen unverzüglich dem Amtsgericht vorzuführen.

**Adressat der Befugnis** aus § 35 Abs. 1 Nr. 4 PolG ist der in § 229 BGB genannte Pflichtige. Die Richtung der Maßnahme wird von der Ermächtigung selbst bestimmt.

### 1.1.6 Gewahrsam zum Schutz des Sorgerechts

Mit § 35 Abs. 2 PolG greift der Gesetzgeber einen typischen Fall des Schutzes privater Rechte auf und stellt sogleich fest, dass Minderjährige, die sich der Obhut des Sorge-berechtigten entzogen haben, gefährdet sind.

Die Ermächtigung setzt voraus, dass

- **Minderjährige**
- **sich der Obhut des Sorgeberechtigten**
- **entzogen haben.**

Auf eine konkrete Gefährdung der minderjährigen Person kommt es nicht an.

Entsprechend § 2 BGB ist eine Person **minderjährig**, wenn sie das 18. Lebensjahr noch nicht vollendet hat, also noch 17 Jahre alt ist. Die Ermächtigung ist in dieser Hinsicht eindeutig. Nicht erfasst sind entmündigte Personen, obgleich auch sie der Obhut Sorge-berechtigter anvertraut sind.

**Sorgeberechtigte** sind entsprechend § 1626 BGB beide Elternteile. Das nichteheliche Kind steht für die Dauer der Minderjährigkeit unter der elterlichen Sorge der Mutter § 1705 BGB). Minderjährige, die unter Vormundschaft gestellt sind (Mündel), unter-liegen entsprechend § 1793 BGB der Obhutpflicht des Vormunds. Seine Sorgepflicht folgt aus § 1800 BGB und erstreckt sich auf die Pflichten aus § 1631 BGB. Die Sorgeberechtigten haben entsprechend § 1631 BGB die Pflicht, die minderjährige Person zu pflegen, zu erziehen, zu beaufsichtigen oder den Aufenthalt zu bestimmen.

Die **Obhut** des Sorgeberechtigten umfasst insbesondere die Kenntnis vom Aufenthalt der ihm anvertrauten Person. Nur dann ist sein Einfluss möglich. Ist das nicht mehr gegeben, spricht die Vermutung für einer Gefährdung des Minderjährigen.

§ 35 Abs. 2 PolG verlangt, dass sich Minderjährige der Obhut **entzogen** haben. Das ist anzunehmen, wenn sie sich zumindest für eine gewisse Dauer ohne Wissen der Sorgeberechtigten entfernt haben und den Sorgeberechtigten der Aufenthalt unbekannt ist (vgl. Tegtmeyer/Heise, a.a.O., § 35 RdNr. 15). Die Umstände müssen den Schluss zulassen, dass sich die minderjährige Person "abgesetzt" hat, um sich von dem Einfluss oder der Einwirkung der Sorgeberechtigten zu "befreien". Das ist nicht schon anzunehmen, wenn sich ein Kind am Heimatort herumtreibt, sei es, dass es ungehorsam und trotzig ist oder dass es den Eltern gleichgültig ist. Vielmehr müssen die Umstände für eine Flucht aus der Obhut und für einen entgegenstehenden Willen der Sorgeberechtigten sprechen.

> a) Eine Polizeistreife trifft zur Nachtzeit außerhalb einer geschlossenen Ortschaft auf ein etwa 14jähriges Mädchen. Weil das außergewöhnlich ist, befragen die Beamten das Kind nach den Umständen ihres Hierseins. Dabei stellen sie fest, dass die Minderjährige aus einer entfernten Großstadt kommt. Da es ungewöhnlich ist, dass sich Personen dieses Alters zur Nachtzeit allein auf dunklen Straßen aufhalten, spricht die polizeiliche Erfahrung dafür, dass sich die Betroffene von zu Hause "abgesetzt" hat. Sie nehmen das Mädchen gestützt auf § 35 Abs. 2 PolG in Gewahrsam. Die Gewahrsamnahme ist zulässig.

> b) Bei einer Hausräumung in Düsseldorf wird die aus München stammende 16jährige J. aufgegriffen. Weil die Umstände dafür sprechen, dass sie sich der Obhut der Sorgeberechtigten entzogen hat, wird sie von der Polizei in Gewahrsam genommen (aus Kay/Böcking, Polizeirecht NW, RdNr. 247).

> c) Die Polizei trifft zur Nachtzeit auf ein etwa 15jähriges Mädchen, das gerade aus einer Diskothek kommt. Die Umstände lassen nicht den Schluss zu, dass sich die Jugendliche der Obhut der Sorgeberechtigten entzogen hat. Eine Gewahrsamnahme nach § 35 Abs. 2 PolG scheidet aus.

**Adressat** der Befugnis aus § 35 Abs. 2 PolG ist die minderjährige Person. Die Ermächtigung bestimmt die polizeipflichtige Person selbst. Ein Rückgriff auf §§ 4 ff. PolG ist nicht nötig.

### 1.1.7    Gewahrsam zur Sicherung des Strafvollzugs pp.

Mit der Ermächtigung aus § 35 Abs. 3 PolG schließt der Gesetzgeber eine Lücke zwischen § 87 StrVollzG und den strafprozessualen Vollstreckungsregeln. Die Verantwortung für die Durchführung des Festhaltens in einer Justizvollzugsanstalt obliegt der Strafvollzugsbehörde. Entweicht eine Person aus der Justizvollzugsanstalt, ist es Sache der Vollzugsbehörde, für eine Rückführung zu sorgen. Nach § 87 StrVollzG kann sich die Strafvollzugsbehörde an die Polizei wenden und um Vollzugshilfe ersuchen.

Aufgrund eines solchen Ersuchens kann die Polizei den Flüchtigen ergreifen und in die Justizvollzugsanstalt zurückbringen.

Ist der Betroffene schon mehrere Wochen flüchtig, bedarf es eines erneuten Vorführ- oder Vollstreckungshaftbefehls der Staatsanwaltschaft, denn das Festnahmerecht nach § 87 StrVollzG gilt nur bei einem unmittelbaren Bezug zur Flucht (vgl. Kay/Böcking, Polizeirecht NW, RdNr. 248, mit weiteren Quellennachweisen).

Stellt die Polizei fest, dass sich jemand unerlaubt außerhalb der Justizvollzugsanstalt aufhält und liegt noch kein Ersuchen der Vollzugsbehörde oder ein erneuter Vorführ- oder Haftbefehl vor, wird die Lücke zwischen diesen beiden Vollzugsregeln durch § 35 Abs. 3 PolG geschlossen. Dabei stellt der Gesetzgeber darauf ab, dass der unerlaubte Aufenthalt außerhalb der Justizvollzugsanstalt ein Bruch des derzeit gültigen Rechtszustandes und damit eine Störung der öffentlichen Sicherheit ist.

Die Gewahrsamnahme nach § 35 Abs. 3 PolG kommt nur in Frage, solange noch kein Ersuchen der Vollzugsbehörde oder noch kein neuer Vorführ- oder Haftbefehl vorliegt (sonst gingen diese Aufgaben vor).

§ 35 Abs. 3 PolG setzt voraus, dass

- **eine Person**
- **aus dem Vollzug von Untersuchungshaft, Freiheitsstrafen oder freiheitsentziehenden Maßregeln der Besserung und Sicherung**
  - **entwichen ist oder**
  - **sich ohne Erlaubnis außerhalb der Justizvollzugsanstalt aufhält.**

Ursächlich muss eine der genannten Freiheit entziehenden **strafprozessualen Anordnungen** sein. In der Regel wird eine angeordnete Untersuchungs- oder Vollstreckungshaft zugrunde liegen müssen. Eine Freiheitsentziehung nach dem PsychKG fällt nicht unter diese Ermächtigung. Wurde eine psychisch kranke Person aufgrund des PsychKG in einer Anstalt festgehalten und ist sie geflohen, kommt eine Gewahrsamnahme nur unter den Voraussetzungen des § 35 Abs. 1 Nr. 1 PolG in Frage. Sonst ist ein Vollzugshilfeersuchen erforderlich.

Ferner muss die Person **entwichen**, also geflohen sein, oder **unerlaubt abgängig** sein. Letzteres ist in der Regel die Folge eines Hafturlaubs, aus dem der Betroffene nicht zurückgekehrt ist. Die Annahme, dass eine Person entwichen sein könnte oder sich unerlaubt außerhalb der Justizvollzugsanstalt aufhält, muss auf **hinreichend tatsächliche Anhaltspunkte** gestützt sein. Die Annahme kann dadurch begründet sein, dass jemand erst vor wenigen Tagen wegen einer Verurteilung zu einer längeren Freiheitsstrafe festgenommen und eingeliefert wurde und nun schon wieder frei herumläuft. Bloße Vermutungen reichen nicht aus.

**Adressat** der Ermächtigung ist die Person, die sich unerlaubt außerhalb der Justizvollzugsanstalt aufhält.

Polizeibeamte sehen einen Mann, den sie vor drei Tagen aufgrund eines Haftbefehls wegen schweren Raubes festgenommen und in die Justizvollzugsanstalt gebracht haben. Weil der Betroffene zu drei Jahren Haft verurteilt worden war, kann er unmöglich schon wieder frei sein. Sie ergreifen ihn darum, stellen fest, dass es tatsächlich der Verurteilte ist und nehmen ihn in Gewahrsam. Die Gewahrsamnahme ist aufgrund des § 35 Abs. 3 PolG zulässig.

## 1.2 Rechtfolge

Als Rechtfolge der Ermächtigungen darf die betroffene Person angehalten, ergriffen, festgehalten und in Gewahrsam genommen werden. Ausnahmsweise kann auch eine Einschließung von Störern durch starke Polizeikräfte zulässig sein.

> „1. Entziehen sich Teilnehmer einer verbotenen oder aufgelösten Versammlung der Zerstreuung durch ein Ausweichen vor den Polizeikräften, kann ... eine Einschließung der Teilnehmer gerechtfertigt sein.
> 2. An die Wahrscheinlichkeit des Schadenseintritts sind um so geringere Anforderungen zu stellen, je größer und folgenschwerer der möglicherweise eintretende Schaden sein kann.
> 3. Auch wenn die Eingeschlossenen nach dem Zweck der Einschließung Zeit versetzt zu entlassen sind, um eine Zerstreuung zu gewährleisten, muss die Entlassung angesichts der Gewichts der Grundrechtsbeeinträchtigung unverzüglich und mit größtmöglichem Einsatz der Polizeikräfte erfolgen.
> KG Berlin, Beschluss vom 29.1.1999, NVwZ 2000, S. 468)

## 2. Allgemeine und besondere Rechtmäßigkeitsanforderungen

Das **Übermaßverbot** aus § 2 PolG (Band I, 4. Kapitel, Zweiter Abschnitt) spielt in Bezug auf die Befugnis zur Gewahrsamnahme zum **Schutz des Sorgerechtes** nach § 35 Abs. 2 (Alternative D) und im Hinblick auf den **Gewahrsam zur Sicherung des Strafvollzugs pp. nach § 35 Abs. 3 PolG** (Alternative E) sowie im Hinblick auf die Belastungen im Gewahrsam nach § 37 Abs. 3 PolG (siehe unten) eine einschlägige Rolle. Ansonsten findet es bereits in den Prämissen **"erforderlich"** (§ 35 Abs. 1 Nr. 1 PolG) und **"unerlässlich"** (§ 35 Abs. 1 Nrn. 2 bis 5 PolG) Berücksichtigung.

Die Befugnis zur Gewahrsamnahme wird auch durch die nachfolgenden Vorschriften der §§ 36 und 38 PolG beschränkt.

Entsprechend § 36 PolG hat die Polizei unverzüglich eine **richterliche Entscheidung** über die Zulässigkeit und Fortdauer der Freiheitsentziehung herbeizuführen. Die Norm greift die Vorschrift aus Art. 104 Abs. 2 GG auf und hat insoweit Verfassungsrang. Zuständig ist ein Richter des Amtsgerichtes, in dessen Bezirk die Person festgehalten wird. Auf den Wohnsitz des Betroffenen kommt es nicht an. Der Einbeziehung eines Richters bedarf es dann nicht, wenn die Vorführung längere Zeit in Anspruch nehmen würde als die Rückführung in die Justizvollzugsanstalt. Durch die Pflicht aus § 36 Abs. 1 PolG darf die Belastung für den Betroffenen nicht verlängert werden.

Während der Gewahrsamnahme dürfen die Rechte des Festgehaltenen nur soweit beschränkt werden, wie es der Zweck der Freiheitsentziehung und die Ordnung im Gewahrsam erfordern (§ 37 Abs. 3 Satz 3 PolG). Maßgebend sind die Richtlinien der Polizeigewahrsamsordnung für das Land Nordrhein-Westfalen (RdErl. des Innenministeriums vom 27.7.1979, zuletzt geändert durch Erlass vom 10.3.200, MBl. NRW S. 296). Insoweit ist es nicht ohne weiteres zulässig, dem Betroffenen das Lesen einer Tageszeitung, einer Zeitschrift oder eines Buches zu verweigern. Andererseits ist es zulässig, das Rauchen (aus begründeter Feuergefahr) zu untersagen, den Genuss alkoholischer Getränke zu verbieten oder gefährliche Gegenstände mitzunehmen.

§ 38 PolG begrenzt die Dauer der Freiheitsentziehung. Entsprechend § 38 Abs. 1 Nr. 1 PolG ist die festgehaltene Person sofort zu entlassen, wenn der Grund der Freiheitsentziehung weggefallen ist.

> Herr Trunk wurde volltrunken aufgegriffen und zum Schutz der eigenen Person aufgrund des § 35 Abs. 1 Nr. 1 PolG in Gewahrsam genommen. Nach einer Ausnüchterungszeit von etwa 6 Stunden ist er wieder so klar, dass er sich hinreichend sicher bewegen und uneingeschränkt orientieren kann. Aufgrund des § 38 Abs. 1 Nr. 1 PolG ist die Freiheitsentziehung zu beenden. Jedes weitere Festhalten wäre rechtswidrig.

Nach § 38 Abs. 1 Nr. 2 PolG hat die Entlassung zu erfolgen, wenn der hinzugezogene Richter die Freiheitsentziehung für unzulässig erklärt hat.

Mit § 38 Abs. 1 Nr. 3 PolG wird die absolute Höchstdauer der polizeilichen Gewahrsamnahme festgesetzt. Die festgehaltene Person darf aus polizeigesetzlichen Gründen auf keinen Fall länger als bis zum Ende des Tages nach dem Ergreifen festgehalten werden. Die Vorschrift entspricht Art. 104 Abs. 2 Satz 3 GG und hat mithin Verfassungsrang. Eine Fristüberschreitung ist auch unzulässig, wenn inzwischen Gründe eingetreten sind, die eine Freiheitsentziehung aufgrund anderer Vorschriften (z.B. Festnahme nach § 127 Abs. 2 StPO) erlaubten, ohne dass sie ein Richter angeordnet hat.

> Herr Wild wurde in Gewahrsam genommen, weil er blindwütig mit einem Knüppel parkende Fahrzeuge beschädigt und auf Passanten eingeschlagen hat. Zur Verhinderung der Rechtsverletzungen haben ihn Polizeibeamte aufgrund des § 35 Abs. 1 Nr. 2 PolG in Gewahrsam genommen. Zur Prüfung der Gewahrsamsfähigkeit wurde ein Arzt hinzugezogen, der eine psychische Erkrankung diagnostizierte. Daraufhin wurde Herr Wild in die geschlossene Anstalt eines Krankenhauses gebracht und dort festgehalten. Nach § 38 Abs. 1 Nr. 3 PolG müsste er am Ende des auf das Ergreifen folgenden Tages entlassen werden, auch wenn die Gefahr fortbesteht. Die Freiheitsentziehung kann aber fortgesetzt werden, wenn ein Richter auf Antrag der zuständigen Ordnungsbehörde aufgrund des § 17 PsychKG die Anordnung trifft.

Mit § 38 Abs. 2 PolG bestimmt das Gesetz die Höchstdauer des Festhaltens zur Personalienfeststellung. Die Vorschrift knüpft an die Ermächtigung aus § 12 Abs. 2 PolG an (vgl. oben, 2. Kapitel, Zweiter Abschnitt). Die Person ist unverzüglich zu entlassen, sobald die Identität festgestellt ist. Sie muss auf jeden Fall 12 Stunden nach Beginn der Freiheitsentziehung entlassen werden, auch wenn die Personalien nicht feststehen. Davon kann nur abgesehen werden, wenn der Betroffene aufgrund einer anderen Befugnis weiter festgehalten werden darf (z.B. aufgrund des § 35 PolG).

Werden die Vorschriften über die Höchstdauer der Gewahrsamnahme missachtet, ist die Freiheitsentziehung von dem Moment an rechtswidrig. Darin liegt der Verdacht der Freiheitsberaubung nach § 239 StGB begründet. Ggf. könnte auch Rechtsbeugung nach § 336 StGB vorliegen.

## 3. Verfahrens- und Formvorschriften

Wenn die Gewahrsamnahme als Verwaltungsakt zu qualifizieren ist, sind maßgeblich die Form- und Verfahrensvorschriften des VwVfG zu beachten. Insbesondere ist

- dem Betroffenen Gelegenheit zu geben, sich zu der Sache zu äußern (§ 28 VwVfG),
- die Verfügung inhaltlich bestimmt und in der von § 37 VwVfG vorgeschriebenen Form zu erlassen,
- die Verfügung bekannt zugeben (§ 41 VwVfG).

Darüber hinaus gelten die speziellen Vorschriften aus § 37 PolG, und zwar:

- **Bekanntgabe des Grundes**, § 37 Abs. 1 PolG,
- **Benachrichtigung** von Angehörigen, Vertrauenspersonen oder Betreuern, § 37 Abs. 2 PolG,
- im Falle des Festhaltens **in einem Polizeigewahrsam getrennte Unterbringung** von Straf- oder Untersuchungsgefangenen oder von Personen anderen Geschlechtes, § 37 Abs. 3 PolG.

## 4. Hinweis

Die Befugnis zur Gewahrsamnahme wird durch die Vorschriften über die Durchsuchung einer Person nach § 39 Abs. 1 Nr. 1 PolG und über die Durchsuchung von Sachen nach § 40 Abs. 1 Nr. 1 PolG ergänzt. Eine Person, die rechtmäßig in Gewahrsam genommen wird, darf zugleich durchsucht werden. Für die zwangsweise Durchsetzung einer Gewahrsamnahme sind die Vorschriften der §§ 50 ff. PolG zu beachten. § 35 PolG enthält keine Zwangsbefugnisse. Die Ermächtigung stützt nur die Grundverfügung (vgl. Band I, 5. Kapitel, Erster Abschnitt).

# Zweiter Abschnitt
# Die Festnahme

Überblick
Vorbemerkungen
I.     Festnahmerecht für jedermann, § 127 Abs. 1 StPO
II.    Festnamerecht für Staatsanwaltschaft und Polizeibeamte, § 127 Abs. 2 StPO
1.     Ermächtigung
1.1   Voraussetzungen
1.2   Voraussetzungen für einen Haftbefehl
1.3   Haftgründe
1.4   Einschränkung der U-Haft
1.5   Voraussetzungen für einen Unterbringungsbefehl
2.     Rechtfolge
III.   Festnahmerecht zur Sicherung der Hauptverhandlung
IV.   Festnahmerecht nach § 19 IRG

## Vorbemerkungen

Die **Festnahme ist eine Freiheitsentziehung** zum Zwecke der Strafverfolgung (zur Unterscheidung zwischen Freiheitsbeschränkung und Freiheitsentziehung siehe Zweiter Abschnitt).

Eine Freiheitsentziehung zur Strafverfolgung (Festnahme) ist ein Justizverwaltungsakt oder (wenn keine Verfügung vorausgeht) ein faktischer Rechtseingriff (zur Unterscheidung vgl., Band I, 2. Kapitel, Zweiter Abschnitt).

Die StPO enthält mehrere Ermächtigungen zur vorläufigen Festnahme.

In Betracht kommt in erster Linie § 127 StPO. In besonderen Fällen ist § 127b StPO heranzuziehen. Aber auch § 164 StPO enthält eine Ermächtigung zur vorübergehenden Festnahme. Danach kann die Polizei eine Person vorläufig festnehmen, wenn sie eine strafprozessuale Amtshandlung stört. Die Voraussetzungen dieser Ermächtigung wurden bereits im Zusammenhang mit dem Platzverweis erläutert (siehe oben, Erster Abschnitt), so dass sich weitere Ausführungen erübrigen.

Eine weitere Befugnis zur vorläufigen Festnahme gibt § 19 IRG (siehe unten IV.).

## I.   Festnahmerecht für jedermann

### 1.   Ermächtigung (Rechtfertigungsgrund)

§ 127 Abs. 1 StPO rechtfertigt die Festnahme durch jedermann. Für die **Privatperson** ist der Rechtssatz ein **Rechtfertigungsgrund.** Das jedermann zustehende Festnahmerecht ermächtigt auch die Polizeibeamten und die Staatsanwaltschaft. Das folgt aus § 127 Abs. 1 Satz 2 StPO und aus § 127 Abs. 2 StPO. Hier wird das allgemeine Festnahmerecht aus § 127 Abs. 1 Satz 2 eingeschränkt bzw. erweitert. Während § 127 Abs. 1 Satz 2 StPO die allgemeine Festnahmebefugnis auf die Voraussetzungen der Personalienfeststellung beschränkt, sagt § 127 Abs. 2 StPO, dass die Polizeibeamten bei Gefahr im Verzuge **auch** dann ... befugt sind, wenn .... Daraus wird deutlich, dass § 127 Abs. 1 StPO auch auf die Polizei zugeschnitten ist und sie zur Verhinderung der Flucht aufgrund des § 127 Abs. 1 StPO Festnahme befugt ist.

**Für** Staatsanwaltschaft und **Polizei** ist § 127 Abs. 1 StPO eine **Ermächtigung** zu Rechtseingriffen, die jedoch wegen der speziellen Befugnisse aus § 127 Abs. 2 oder § 163b StPO keine weitreichende Wirkung hat.

§ 127 Abs. 1 StPO ist als Ermächtigung besonders dann von Bedeutung, wenn die Beamten außerhalb ihrer örtlichen Zuständigkeit handeln oder wenn die Voraussetzungen für einen Haftbefehl nicht vorliegen. Ausschlaggebend ist sie für den ersten Zugriff bei Privatklagedelikten oder sonstigen weniger bedeutsamen Straftaten, bei denen die Untersuchungshaft aus Verhältnismäßigkeitsgründen regelmäßig ausscheidet.

Die vorläufige Festnahme nach § 127 Abs. 1 StPO zielt ab auf die Sicherung der Strafverfolgung. Da der Eingriff in die Freiheit der Person nur dem Richter gestattet ist (vgl. Art. 104 Abs. 2 und 3 GG), kann die Festnahme aber nur eine **vorläufige Maßnahme** sein (Boujong in Karlsruher Kommentar, a.a.O., § 127, RdNr. 1).

---

**§ 127 StPO   Vorläufige Festnahme**

**(1) Wird jemand auf frischer Tat betroffen oder verfolgt, so ist, wenn er der Flucht verdächtig ist oder seine Identität nicht sofort festgestellt werden kann, jedermann befugt, ihn auch ohne richterliche Anordnung vorläufig festzunehmen. Die Feststellung der Identität einer Person durch die Staatsanwaltschaft oder die Beamten des Polizeidienstes bestimmt sich nach § 163b Abs. 1.**
**(2) ...**
**(3) ...**

---

### 1.1   Zulässigkeitsvoraussetzungen

§ 127 Abs. 1 StPO lässt die vorläufige Festnahme unter vier alternativen Voraussetzungen zu, und zwar

- **bei Betreffen auf frischer Tat und**
- **Fluchtverdacht oder**
- **bei Betreffen auf frischer Tat**
- **und Persönlichkeit ist unbekannt und kann nicht sofort festgestellt werden oder**
- **bei Verfolgen auf frischer Tat und**
  **Fluchtverdacht oder**
- **bei Verfolgen auf frischer Tat und**
  **Persönlichkeit ist unbekannt und kann nicht sofort festgestellt werden.**

Ausschlaggebend für den Zugriff ist zunächst, dass der Betroffene eine **rechtswidrige Tat begangen** hat (Pfeiffer/Fischer, a.a.O., § 127 RdNr. 2). Es genügt, dass die erkennbaren äußeren Umstände einen dringenden Tatverdacht nahe legen (Boujong in Karlsruher Kommentar, a.a.O., § 127, RdNr. 9).

Nicht gefordert wird, dass der Verdächtige Beschuldigter ist. Daraus könnte gefolgert werden, dass auch Kinder nach § 127 Abs. 1 StPO vorläufig festgenommen werden dürfen. Da strafunmündige **Kinder** jedoch keinen strafrechtlichen Sanktionen unterliegen, scheidet auch die vorläufige Festnahme nach § 127 Abs. 1 StPO aus (Kleinknecht/ Meyer-Goßner, a.a.O., § 127, RdNr. 3; Pfeiffer/Fischer, a.a.O., § 127, RdNr. 2). Kinder dürfen demnach nur zur Personalienfeststellung im Rahmen des § 163b Abs. 2 StPO festgehalten werden. Ansonsten kommen polizeigesetzliche Maßnahmen in Betracht.

Der 12jährige Schüler Klau hat in einem Selbstbedienungsladen zwei CD's gestohlen. Dabei wurde er von dem Hausdetektiven entdeckt. Eine Festnahme des Kindes aufgrund des § 127 Abs. 1 StPO scheidet aus, weil sich die Norm nicht auf Strafunmündige erstreckt. Ein Festhalten durch die Privatperson kommt nur im Rahmen des § 229 BGB in Frage, sofern der Schüler fluchtverdächtig ist. Polizeibeamte können den Schüler nur zur Identitätsfeststellung nach § 163b Abs. 2 StPO festhalten (vgl. oben, 2. Kapitel, Zweiter Abschnitt).

**Betreffen auf frischer Tat** liegt vor, wenn der Täter während der Tat oder kurz danach in räumlicher Nähe zum Tatort (Krause/Nehring, a.a.O., § 127, RdNr. 5) entdeckt wird. Das ist gegeben, wenn der Täter bei der Tatausübung bemerkt oder z. B. überrascht wird, als er den Tatort gerade verlassen will.

Für das Merkmal "auf frischer Tat betroffen" in § 127 I StPO reicht es aus, wenn die Zusammenschau aller erkennbaren äußeren Umstände im Tatzeitpunkt nach der Lebenserfahrung im Urteil des Festnehmenden ohne vernünftigen Zweifel den Schluss auf eine rechtswidrige Tat zulässt (OLG Hamm, Beschluss vom 8.1.1998, NStZ Heft 7, S. 370).

"Eine **Verfolgung auf frischer Tat** liegt vor, wenn die Tat unmittelbar nach ihrer Verübung entdeckt und aufgrund der hierbei gemachten, auf den Täter hinweisenden Wahrnehmungen die Verfolgung unverzüglich begonnen wird" (Krause/Nehring, a.a.O., § 127, RdNr. 5), wobei unter Verfolgung alle Maßnahmen zur Ergreifung des Flüchtigen fallen.

a) In die Fabrik des Unternehmers Reich ist mehrfach eingebrochen worden. Die Ermittlungen der Polizei und regelmäßige Überwachungsmaßnahmen durch Polizeistreifen haben nichts bewirkt. Reich entschließt sich darum, zur Nachtzeit selbst zu kontrollieren. Als er heute Nacht mit seinem Freund Kraft das Fabrikgelände erreicht, bemerkt er den Schein einer Taschenlampe in der Werkshalle. Bei weiterer Annäherung an das Gebäude sehen sie plötzlich einen Mann, der das Gebäude verlässt, zu einem Wagen eilt, mit Vollgas startet und die Flucht ergreift. Reich und Kraft verfolgen den Wagen. Als der Pkw des Verdächtigen plötzlich stockt und dann stehen bleibt, springt der Fahrer aus dem Wagen und will zu Fuß fliehen. Reich und Kraft sind jedoch schneller. Sie ergreifen ihn und nehmen ihn fest. Die Festnahme ist aufgrund des § 127 Abs. 1 StPO gerechtfertigt, weil der Täter auf frischer Tat betroffen wurde, unbekannt und fluchtverdächtig ist. Für Polizeibeamte ginge die Befugnis aus § 127 Abs. 2 StPO vor.

b) Herr Aufmerksam sieht einen Mann mit blutverschmierter Hand aus einem Objekt kommen und stellt kurz darauf fest, dass das Objekt (Glasscheibe der Eingangstür zertrümmert) aufgebrochen wurde. Aufgrund des Verdachtes, dass der Unbekannte einen Einbruchsdiebstahl begangen hat, verfolgt er ihn, holt ihn ein und nimmt ihn fest. Die Festnahme ist aufgrund des § 127 Abs. 1 StPO gerechtfertigt.

c) Polizeibeamte halten einen Pkw an, der von einem jungen Mann gefahren wurde. Auf die Frage nach seinem Führerschein gibt er unsicher zu verstehen, dass er denselben leider nicht bei sich hat. Stockend erzählt er etwas von zu Hause. Plötzlich rennt er davon. Der Beamte Schnell verfolgt ihn und kann ihn ergreifen. Die Festnahme ist aufgrund des § 127 Abs. 1 StPO zulässig, wenn der Beamte aufgrund des Verdachtes eines Vergehens nach § 21 StVG (Fahren ohne Fahrerlaubnis) zur Verhinderung der Flucht eingeschritten ist. Wollte er jedoch die Identität des Verdächtigen feststellen, war die Maßnahme auf § 163b Abs. 1 StPO zu stützen (siehe § 127 Abs. 1 Satz 2 StPO). Wenn die Polizeibeamten jedoch den Verdacht hatten, der Wagen könnte gestohlen worden sein, wären vorrangig die Festnahmevoraussetzungen nach § 127 Abs. 2 StPO zu prüfen.

Zum Betreffen auf frischer Tat oder Verfolgen auf frischer Tat müssen jedoch die Festnahmegründe hinzukommen. Die vorläufige Festnahme ist nur statthaft, wenn der Verdächtige unbekannt ist und seine **Persönlichkeit nicht sofort festgestellt** werden kann oder wenn **Fluchtverdacht** besteht.

Der **Verdächtige** muss zunächst **unbekannt** sein (identifizierungssichernde Festnahme). Steht seine Identität fest, kann er nur noch wegen Fluchtgefahr festgenommen werden. Wurde die Person des Täters festgestellt und besteht keine Fluchtgefahr, muss die Festnahme beendet werden. Für Polizeibeamte findet dieser Festnahmegrund keine Anwendung. Zur Identitätsfeststellung durch die Polizei verweist das Gesetz auf § 163b Abs. 1 StPO.

Das Kennzeichen eines Kraftfahrzeugs ermöglicht in der Regel keine genügende Feststellung der Fahrers ( Pfeiffer/Fischer, a.a.O., § 127 RdNr. 5).

**Fluchtverdacht** besteht, wenn der zur Festnahme Entschlossene vernünftigerweise damit rechnen kann, dass der Täter fliehen wird, wenn man ihm nicht durch sofortige Festnahme zuvorkommt (Krause/Nehring, a.a.O., § 127, RdNr. 6). Entscheidend sind die konkreten Umstände im Augenblick. Ein Täter, der bei Entdeckung wegläuft, gibt hinreichend Grund zu der Annahme, dass er fliehen will. Die haftsichernde Festnahme wird jedoch zu beenden sein, sobald feststeht, um wen es sich handelt und Grund zu der Annahme besteht, dass er sich der Verantwortung nicht weiter entziehen wird (weil er z.B. aufgrund enger Bindungen an den Wohnsitz nicht fliehen kann).

## 1.2 Adressat der Ermächtigung

**Adressat** der Ermächtigung ist der auf frischer Tat betroffene oder verfolgte Tatverdächtige.

## 2. Allgemeine Rechtmäßigkeitsanforderungen

**Die Festnahmebefugnis** nach § 127 Abs. 1 StPO unterliegt - auch wenn das Gesetz nicht ausdrücklich darauf abhebt - dem Grundsatz der **Verhältnismäßigkeit**; denn dieser hat Verfassungsrang (siehe Band I, 4. Kapitel, Zweiter Abschnitt). Greift die Polizei auf diese Ermächtigung zurück, muss sie das Übermaßverbot beachten.

## 3. Verfahrens- und Formvorschriften

In Bezug auf die Festnahme nach § 127 Abs. 1 StPO bestehen keine besonderen Verfahrens- und Formvorschriften.

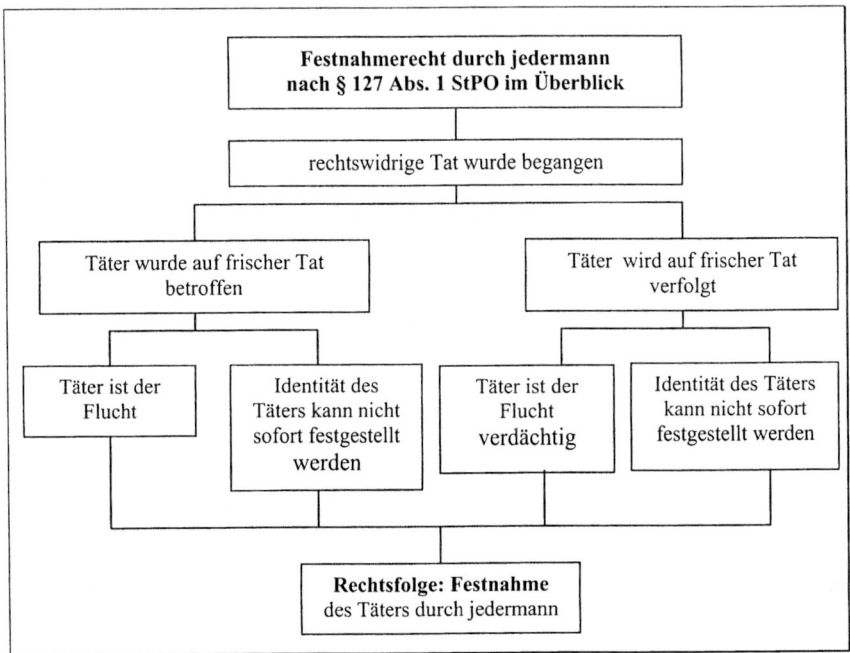

## II. Das Festnahmerecht für Staatsanwaltschaft und Polizeibeamte

## 1. Ermächtigung

§ 127 Abs. 2 StPO enthält ein spezielles Festnahmerecht für Staatsanwaltschaft und Beamte des Polizeidienstes. Für Polizeibeamte hat diese Ermächtigung Vorrang vor § 127 Abs. 1 StPO. Nur wenn diese Voraussetzungen nicht durchgreifen, kann auf § 127 Abs. 1 StPO zurückgegriffen werden.

---

**§ 127 StPO    Vorläufige Festnahme**

(1) ...
(2) **Die Staatsanwaltschaft und die Beamten des Polizeidienstes sind bei Gefahr im Verzug auch dann zur vorläufigen Festnahme befugt, wenn die Voraussetzungen eines Haftbefehls oder eines Unterbringungsbefehls vorliegen.**
(3) ...

---

### 1.1    Zulässigkeitsvoraussetzungen

127 Abs. 2 StPO ermächtigt

- **Beamte des Polizeidienstes** zur vorläufigen Festnahme, wenn
- **Gefahr im Verzug** ist und die
  **Voraussetzungen** für
  - einen **Haftbefehl** oder
  - einen **Unterbringungsbefehl**
  vorliegen.

Die Ermächtigung stellt auf **Beamte des Polizeidienstes** ab. Welche Polizeibeamten Polizeidienst versehen, richtet sich nach landesrechtlichen Vorschriften und knüpft an die örtliche und sachliche Zuständigkeit an. Maßgebend sind die §§ 7 POG ff. und § 1 Abs. 4 PolG i.V.m. § 10 POG (vgl. Band I, 4. Kapitel, Erster Abschnitt). Danach haben die Beamten der Polizeibehörden im Rahmen der örtlichen Zuständigkeit die Aufgabe der Strafverfolgung wahrzunehmen. Auf sie bezieht sich die Ermächtigung. Unerheblich ist, ob die Polizeibeamten Hilfsbeamte der Staatsanwaltschaft sind oder nicht.

Voraussetzung der Ermächtigung ist weiter, dass **Gefahr im Verzug** besteht. "Sie ist gegeben, wenn die Festnahme wegen des Zeitverlustes, der mit der vorherigen Erwirkung des richterlichen Haft- oder Unterbringungsbefehls verbunden ist, gefährdet wäre" (Boujong in Karlsruher Kommentar, a.a.O., § 127, RdNr. 22). Dementsprechend ist Gefahr im Verzug gegeben, wenn durch die Beantragung eines Haftbefehls eine solche Verzögerung einträte, dass der Erfolg der Maßnahme gefährdet würde. Zuständig für die Anordnung ist der Richter des Amtsgerichtes.

Die Entscheidung, ob Gefahr im Verzug vorliegt, trifft der Beamte nach pflichtgemäßem Ermessen (vgl. dazu Band I, 4. Kapitel). Die Gefahr muss nicht konkret sein. Sie ist begründet, wenn nach der Sachlage zum Zeitpunkt des Einschreitens eine Gefährdung der Maßnahme angenommen werden darf.

Würde der Beschuldigte in der Zeit, in der die Polizei die richterliche Entscheidung herbeizuführen versucht, die Flucht ergreifen, ist Gefahr im Verzug gegeben.

Schließlich verlangt § 127 Abs. 2 StPO, dass die **Voraussetzungen eines Haftbefehls oder Unterbringungsbefehls** vorliegen. Damit verweist der Gesetzgeber auf die Bestimmungen der §§ 112 ff. und auf § 126a StPO.

Die Voraussetzungen für einen Haftbefehl müssen zum Zeitpunkt des Zugriffs nicht gewiss sein. Es genügt vielmehr eine gewisse Wahrscheinlichkeit. Die Haft- oder Unterbringungsvoraussetzungen beurteilt der Polizeibeamte aufgrund pflichtgemäßer Prüfung der zum Zeitpunkt des Einschreitens erkennbaren Umstände. Ausschlaggebend sind im ersten Zugriff die begangenen Taten, die nach Einschätzung der Polizeibeamten in der Regel die Verhaftung rechtfertigen. Gestützt auf kriminalistische Erfahrung muss weiter nach pflichtgemäßem Ermessen (vgl. dazu Band I, 4. Kapitel, Zweiter Abschnitt) der Schluss gezogen werden können, dass (orientiert an den Haftgründen) die Voraussetzungen für die Verhaftung oder Unterbringung vorliegen. Das folgt systematisch aus den Vorschriften des § 127 Abs. 2 in Verbindung mit § 128 StPO. Diese Regelungen zeigen, dass die Ermittlungsbehörde je nach Sachlage im Stadium zwischen dem ersten Zugriff und der Vorführung vor den Richter Ermittlungsbefugnisse und Ermittlungspflichten hat (BGH, Urt. vom 17.11.1989, NStZ 1990, S. 195). Für eine andere Auslegung ist im Interesse der Rechtssicherheit kein Raum, zumal der Polizeibeamte am Einsatzort nicht erkennen kann, ob z. B. der Ergriffene bereits Vorbereitungen zur Flucht getroffen oder in einem früheren Verfahren Verdunkelungshandlungen begangen hat oder ob ein Betrüger in einem anderen Verfahren bereits wegen Meineids belangt worden ist oder ob der Verdächtige Wiederholungstäter ist u.a.. Das bedeutet, dass z.B. ein bei einem Wohnungseinbruch überraschter Täter vorläufig festgenommen werden kann, ohne dass der Beamte im ersten Zugriff schon begründen muss, ob und warum z.B. ein Haft- oder Unterbringungsgrund vorliegt. Gleiches ist zulässig, wenn die Polizei beispielsweise Personen antrifft, die im Verdacht stehen, als Bande Diebstähle zu begehen, die im Besitz gestohlener Sachen sind oder Rauschgift mitführen.

Andererseits scheidet die vorläufige Festnahme (von Ausnahmen abgesehen) aus, wenn eine Tat vorliegt, aufgrund welcher der Verdächtige erfahrungsgemäß nicht in Haft genommen wird (z.B. Fahren ohne Fahrerlaubnis, Diebstahl geringwertiger Sachen, Zechbetrug u.a.) oder wenn von vornherein erkennbar ist, dass ein Haftgrund (z.B. die Fluchtgefahr wegen enger familiärer und beruflicher Bindungen) ausscheidet.

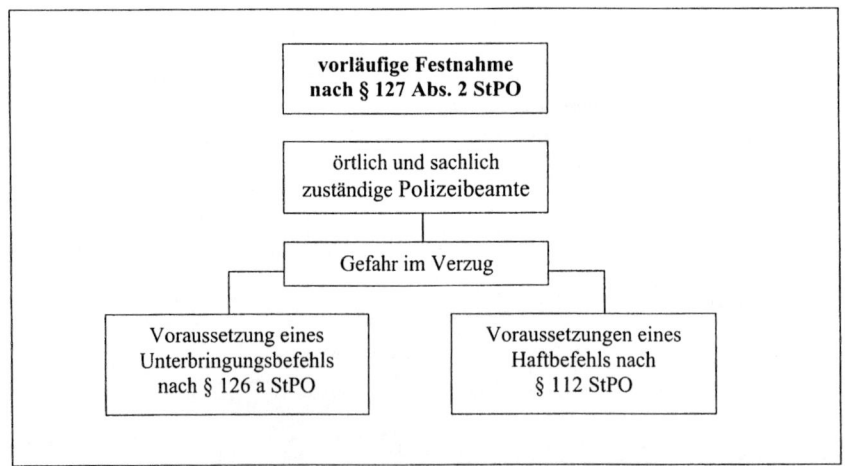

Hat der Polizeibeamte einen Täter vorläufig festgenommen, ist ohne Verzug sorgfältig zu ermitteln, ob der Beschuldigte dem Richter vorzuführen oder zu entlassen ist (§ 128 StPO). Zu klären sind die Fragen, ob der Verdacht tatsächlich dringend ist und ob die Voraussetzungen des Haftbefehls (siehe folgende Ziffer) oder Unterbringungsbefehls (siehe unten) wirklich vorliegen. Dem Beschuldigten ist Gelegenheit zu geben, die gegen ihn sprechenden Tatsachen auszuräumen (BGH, Urt. vom 17.11.1989, NStZ 1990, S. 195).

Werden grundlegende Tatsachen, die eine Festnahme des Beschuldigten notwendig machten, beseitigt, ist die Entlassung obligatorisch. Deshalb ist jedoch die vorläufige Festnahme (bis dahin) nicht rechtswidrig.

Aus den Voraussetzungen für einen Haft- oder Unterbringungsbefehl ist auch der **Adressat** der Maßnahmen herzuleiten. Im Falle der Verhaftung ist es der Beschuldigte nach § 112 StPO. Im Fall der einstweiligen Unterbringung ist es die Person, welche die rechtswidrige Tat begangen hat (§ 126a StPO).

## 1.2    Die Voraussetzungen für einen Haftbefehl

Die Voraussetzungen für einen Haftbefehl bestimmt § 112 Abs. 1 StPO.

> **§ 112 StPO    Voraussetzungen der U-Haft; Haftgründe**
>
> **(1) Die Untersuchungshaft darf gegen den Beschuldigten angeordnet werden, wenn er der Tat dringend verdächtig ist und ein Haftgrund besteht. Sie darf nicht angeordnet werden, wenn sie zu der Bedeutung der Sache und der zu erwartenden Strafe oder Maßregel der Besserung und Sicherung außer Verhältnis steht.**
>
> **(2) ...**
>
> **(3) ...**

§ 112 Abs. 1 StPO lässt die Untersuchungshaft zu, wenn

- ein **Beschuldigter**
- einer Straftat **dringend verdächtig** ist,
- ein **Haftgrund** besteht und
- die Verhaftung **verhältnismäßig** ist.

Die Ermächtigung verlangt zunächst, dass der Verdächtige **Beschuldigter** ist. Beschuldigter ist in der Regel die Person, gegen die sich das Ermittlungsverfahren richtet. Der Verdächtige ist zum Beschuldigten zu machen, sobald gegen ihn ermittelt wird (Kleinknecht/Meyer-Goßner, a.a.O., Einl., RdNr. 76).

Beschuldigt werden kann nur, wer rechtswidrig und schuldhaft eine prozessual verfolgbare Tat begangen hat. **Kinder** unterliegen keinen strafrechtlichen Sanktionen (§ 19 StGB); sie können daher nicht zu Beschuldigten gemacht werden. Auch wer eine rechtswidrige Tat im Zustand der **Zurechnungsunfähig**keit (§ 20 StGB) begangen hat, ist nicht Beschuldigter. Bei zurechnungsunfähigen Personen kommt als Folge einer rechtswidrigen

Tat die einstweilige Unterbringung nach § 126a StPO in Betracht. Sie können daher aufgrund des § 127 Abs. 2 i.V.m. § 126a StPO vorläufig festgenommen werden (vgl. dazu unten).

Vermindert schuldunfähige Personen handeln schuldhaft; denn § 21 StGB ist nur ein Strafmilderungsgrund. Gleichwohl sieht das Gesetz in Bezug auf solche Personen neben der Zulässigkeit der Verhaftung auch die Unterbringung vor (vgl. § 126a StPO).

§ 112 Abs. 1 StPO setzt zunächst **dringenden Tatverdacht** voraus. Ein dringender Tatverdacht liegt vor, wenn die Wahrscheinlichkeit groß ist, dass jemand eine rechtswidrige Straftat begangen hat (Kleinknecht/Meyer-Goßner, a.a.O., § 112, RdNr. 5).

Der dringende Tatverdacht ist stärker als der einfache Anfangsverdacht, der nur die naheliegende Möglichkeit der Täterschaft (Kleinknecht/Meyer-Goßner, a.a.O., § 102, RdNr. 3) voraussetzt (und z.B. für die Identitätsfeststellung, die Sicherstellung oder Durchsuchung ausreichend ist) oder der hinreichende Verdacht, der die Eröffnung der Hauptverhandlung nach § 230 StPO rechtfertigt (zu den Verdachtsarten siehe Band I, 3. Kapitel). Erforderlich für die Annahme des dringenden Tatverdachtes im Sinne von § 112 StPO ist die **große Wahrscheinlichkeit**, dass der Täter oder Teilnehmer eine Straftat rechtswidrig begangen hat.

Der Tatverdacht darf nur aus bestimmten Tatsachen (hinreichend tatsächlichen Anhaltspunkten), nicht aus bloßen Vermutungen hergeleitet werden (Boujong in Karlsruher Kommentar, a.a.O., § 112, RdNr. 7).

Nur erwiesene oder mit hoher Wahrscheinlichkeit vorliegende Umstände sind entscheidungserhebliche **Tatsachen**. Dazu zählen insbesondere Feststellungen, die den Schluss auf die Tat unmittelbar rechtfertigen (wie eigenes Erleben, Antreffen des Verdächtigen am Tatort). Aber auch Beweisanzeichen aus der inneren und äußeren Geschehenswelt sind Tatsachenmaterial, wenn sie hinreichend konkret sind. Dazu gehören grundsätzlich Zeugenaussagen, Spuren oder Reaktionen des Verdächtigen. "Auch dürfen allgemeine kriminalistische oder strafprozessuale Erfahrungen berücksichtigt werden" (Boujong in Karlsruher Kommentar, a.a.O., § 112, RdNr. 7).

Niederschriften aus einer Telefonüberwachung begründen Zweifel am dringenden Tatverdacht, wenn sie einziges Beweismittel sind (OLG Köln, Beschluss vom 5.8.1997, NStZ 199, Heft 2, S. 71). Für den Ermittlungsbeamten bedeutet die Feststellung, dass er seine ersten Erkenntnisse durch weitere Nachforschungen erhärten muss.

> Im Stadtpark von BO sind in letzter Zeit mehrere Frauen sittlich belästigt worden. In einem Fall wurde eine Frau vergewaltigt. Nach den Opferaussagen ist der Täter ein etwa 175 cm großer Mann mit einem leichten Buckel. Die Polizei hat darum vermehrt Fußstreifen in bürgerlicher Kleidung eingesetzt, um den Täter zu ergreifen. Soeben hören die eingesetzten Polizeibeamten Wach und Schnell Hilferufe. Sie eilen in die Richtung, aus der die Rufe gekommen sind, und sehen hinter einem Busch eine Frau auf dem Boden liegen. Ein über sie gebeugter Mann schreckt plötzlich auf und rennt davon. Während sich der Polizeibeamte Wach um die Frau kümmert und erfährt, dass sie von dem Sittenstrolch angefallen worden ist, verfolgt der Polizeibeamte Schnell den Flüchtigen und kann ihn stellen. Der Mann sieht so aus, wie er in den vorangegangenen Fällen beschrieben wurde. Aufgrund des jüngsten Vorfalls und der übereinstimmenden Personenbeschreibung ist der Täter dringend verdächtig, auch die anderen Taten begangen zu haben.

Die Beurteilung erfolgt auf der Grundlage des gegenwärtigen Ermittlungsstandes. Hält die Polizei die Voraussetzungen für gegeben, hat sie dem Verdächtigen Gelegenheit zur Beseitigung der vorliegenden Verdachtsgründe einzuräumen, bevor eine Vorführung vor den Richter (§ 128 StPO) in Betracht kommt (BGH, Urt. vom 17.11.1989, NStZ 1990, S. 195); denn ein zu Beginn des Ermittlungsverfahrens vorliegender dringender Tatverdacht kann sich im Laufe der Ermittlungen abschwächen oder ganz entfallen (Boujong in Karlsruher Kommentar, a.a.O., § 112, RdNr. 6).

Ergibt sich im Zuge der Ermittlungen die Wahrscheinlichkeit, dass Rechtfertigungs-, Schuld- oder Strafausschließungsgründe vorliegen, entfällt der dringende Tatverdacht (Kleinknecht/Meyer-Goßner, a.a.O., § 112, RdNr. 7).

Die Vorführung vor den Richter kommt daher (im Rahmen der Frist nach § 128 Abs. 1 StPO) erst in Betracht, wenn die erforderlichen Ermittlungen getroffen sind und das Ergebnis dem Richter eine umfassende Entscheidungsgrundlage bietet (BGH, Urt. vom 17.11.1989, NStZ 1990, S. 195).

**Verhältnismäßigkeit** ist entsprechend § 112 Abs. 1 StPO Voraussetzung des Haftbefehls. Unverhältnismäßigkeit ist ein Haftausschließungsgrund. Ein Eingriff in die Freiheit kann aus Verhältnismäßigkeitsgründen nur hingenommen werden, "wenn und soweit der legitime Anspruch der staatlichen Gemeinschaft auf vollständige Aufklärung der Tat und rasche Bestrafung des Täters nicht anders als durch vorläufige Inhaftierung eines Verdächtigen gesichert werden kann" (Lepa; a.a.O., Art. 2, RdNr. 46). Abzuwägen ist die Schwere des Eingriffs in die Lebenssphäre des Beschuldigten gegen die Bedeutung der Strafsache und die Rechtsfolgeerwartung.

Maßgebend sollte die zu erwartende Strafe sein. Aber auch die Bedeutung der zu erwartenden Maßregeln der Besserung und Sicherung (§ 61 StGB) sind in Erwägung zu ziehen.

> Der Student Fahrlust wurde vor drei Tagen wegen Fahrens ohne Fahrerlaubnis angezeigt. Soeben stellen die Polizeibeamten Wach und Hörig erneut fest, dass Fahrlust wieder mit dem Wagen am öffentlichen Straßenverkehr teilnimmt. Sie halten ihn an, untersagen ihm die Weiterfahrt und zeigen ihn erneut an. Eine Festnahme des Studenten scheidet aus, weil wegen solcher Delikte in der Regel keine Verhaftung erfolgt.

Wird wegen einer begangenen Tat nach allgemeiner Erfahrung in der Regel keine Haft verhängt, spricht die Vermutung für Unverhältnismäßigkeit der vorläufigen Festnahme. Auch eine schwere und unheilbare Krankheit des Beschuldigten, die mit Sicherheit vor Abschluss des Verfahrens zum Tode des Beschuldigten führen wird, steht der Verhaftung aus Verhältnismäßigkeitsgründen entgegen (vgl. Kleinknecht/Meyer-Goßner, a.a.O., § 112, RdNr. 11a).

> Der Büroangestellte Klau hat die Scheibe eines geparkten Fahrzeugs eingeschlagen und durchsucht den Wagen nach Wertsachen. Dabei wird er von Polizeibeamten gestellt. Sie nehmen den Täter vorläufig fest und erfahren kurz danach, dass Klau an einer unheilbaren Krankheit leidet. Seine Lebenserwartung ist auf wenige Tage, vielleicht maximal 5 Wochen begrenzt. Eine weitere Festnahme und Vorführung im Sinne von § 128 StPO scheidet aus Verhältnismäßigkeitsgründen aus, weil der Beschuldigte das Strafverfahren höchstwahrscheinlich nicht erleben wird.

Zur Wahrung des Verhältnismäßigkeitsgrundsatzes hat der Gesetzgeber Vorentscheidungen getroffen, und zwar mit

- **§ 113 StPO** (siehe unten), der § 112 StPO in Bezug auf gewisse leichtere Delikte einschränkt (vgl. Überschrift zu § 113 StPO), und mit
- **§ 127a StPO**, wonach unter gewissen Voraussetzungen statt der Festnahme eine Sicherheitsleistung ausreichend ist.

**Antragsdelikte** werden in Bezug auf die Festnahme zunächst wie Offizialdelikte gesehen. Das Fehlen eines Strafantrages steht - wie § 127 Absatz 3 StPO deutlich macht - grundsätzlich der Verhaftung nicht entgegen.

---

**§ 127 StPO    Vorläufige Festnahme**

**(1) ...**

**(2) ...**

**(3) Ist eine Straftat nur auf Antrag verfolgbar, so ist die vorläufige Festnahme auch dann zulässig, wenn ein Antrag noch nicht gestellt ist. Dies gilt entsprechend, wenn eine Straftat nur mit Ermächtigung oder auf Strafverlangen verfolgbar ist.**

---

Ist jedoch die Strafantragsfrist abgelaufen, wird auf einen Strafantrag verzichtet, wird ein gestellter Strafantrag wieder zurückgezogen oder ist es insgesamt unwahrscheinlich, dass ein Strafantrag gestellt wird, scheidet die Verhaftung und damit auch die vorläufige Festnahme aus (Kleinknecht/Meyer-Goßner, a.a.O., § 127, RdNr. 21).

Grundsätzlich wird bei Antragsdelikten die Frage der Festnahme an § 130 StPO zu orientieren sein. Wird der Beschuldigte vorläufig festgenommen, bevor ein Strafantrag gestellt ist, so hat die Staatsanwaltschaft (bzw. die Polizei) alle Ermittlungen vorzunehmen, die keinen Aufschub dulden (Nr. 7 RiStBV).

Besondere Bedeutung hat der Verhältnismäßigkeitsgrundsatz bei typischen **Privatklagedelikten**. Im Privatklageverfahren ist die Anordnung der Untersuchungshaft regelmäßig unzulässig; denn ein Eingriff in die Freiheit des Beschuldigten während des schwebenden Verfahrens stünde außer Verhältnis zu der mindergewichtigen Bedeutung der Tat, deren Verfolgung nicht einmal im öffentlichen Interesse liegt (Boujong in Karlsruher Kommentar, a.a.O., § 112, RdNr. 56). Wegen eines Privatklagedeliktes darf ein Haftbefehl (gundsätzlich) erst erlassen werden, wenn die Staatsanwaltschaft nach §§ 376, 377 StPO die Verfolgung übernommen hat (Boujong in Karlsruher Kommentar, a.a.O., § 127, RdNr. 47). Abweichend von dieser grundsätzlichen Würdigung kann im Ausnahmefalls eine andere Bewertung notwendig sein. Wenn das Privatklagedelikt ein relatives Antragsdelikt ist und die Umstände (z.B. wegen des Ausmaßes der Rechtsverletzung oder der Roheit oder Gefährlichkeit der Tat – siehe Nr. 86 der RiStBV) öffentliches oder gar besonderes öffentliches Interesse an der Verfolgung der Tat von Amts begründet erscheinen lassen, kann auch **bei Privatklagedelikten die vorläufige Festnahme notwendig und zulässig sein**.

§ 112 Abs. 1 StPO verlangt schließlich, dass ein **Haftgrund** vorliegt. Die **Haftgründe** nennt der Gesetzgeber in § 112 Abs. 2, § 112 Abs. 3 und § 112a StPO.

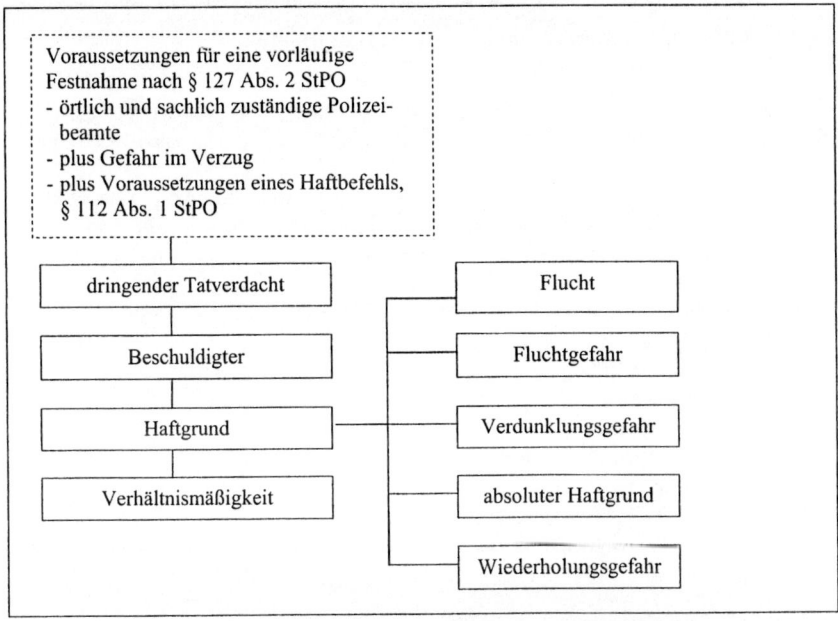

Nach dem ersten Zugriff hat die Polizei unverzüglich zu ermitteln, ob einer dieser Haftgründe vorliegt und die Festnahme fortgesetzt werden kann oder der Verdächtige freizulassen ist.

## 1.3    Die Haftgründe nach § 112 und 112a StPO

Haftgründe nach § 112 bzw. § 112a StPO können sein:

- **Flucht oder Verborgenhalten des Verdächtigen,**
- **Fluchtgefahr,**
- **Verdunkelungsgefahr,**
- **absolute Haftgründe oder**
- **Wiederholungsgefahr.**

---

**§ 112 StPO    Voraussetzungen der U-Haft; Haftgründe**

(1) ...

(2) Ein Haftgrund besteht, wenn auf Grund bestimmter Tatsachen

1. festgestellt wird, dass der Beschuldigte flüchtig ist oder sich verborgen hält,

2. bei Würdigung der Umstände des Einzelfalles die Gefahr besteht, dass der Beschuldigte sich dem Strafverfahren entziehen werde (Fluchtgefahr), oder

3. das Verhalten des Beschuldigten den dringenden Verdacht begründet, er werde

a) Beweismittel vernichten, verändern, beiseite schaffen, unterdrücken oder fälschen oder

b) auf Mitbeschuldigte, Zeugen oder Sachverständige in unlauterer Weise einwirken oder

c) andere zu solchem Verhalten veranlassen,

und wenn deshalb die Gefahr droht, dass die Ermittlung der Wahrheit erschwert werde (Verdunklungsgefahr).

(3) ...

---

### 1.3.1 Flucht als Haftgrund

1Flucht als Haftgrund ist begründet, wenn

* Tatsachen vorliegen, welche
* die Feststellung rechtfertigen, dass
  - der Beschuldigte flüchtig ist oder
  - sich verborgen hält.

Die Annahme, dass die Umstände so liegen, müssen durch **Tatsachen** belegt sein. Die Formulierung "aufgrund bestimmter Tatsachen" stellt auf eine Objektivierung des Haftgrundes ab. Subjektive Vermutungen oder Befürchtungen scheiden aus (Boujong in Karlsruher Kommentar, a.a.O., § 112, RdNr. 9).

Die objektiven Anhaltspunkte müssen den Schluss rechtfertigen, dass der Beschuldigte **flüchtig** ist. Das ist gegeben, wenn er sich z.B. von seinem bisherigen Lebensmittelpunkt abgesetzt, sein Quartier gewechselt oder die Wohnung aufgegeben hat und gesucht werden muss. Zur Begründung des Haftgrundes sind Indizien zu sammeln. Solche sind u.a. zu finden im ermittelten Verhalten zum Zeitpunkt der Abreise (hektisches Aufbrechen, Mitnahme wertvoller Habe, Kündigung von Konten, Beschaffung von Bargeld u.a.). Allein die Feststellung, dass der Beschuldigte z. B. nicht zu Hause oder nicht an seiner Arbeitsstelle ist, reicht nicht (daher wird man bei einem Seemann, einem Monteur oder einem Reisenden nicht sogleich davon ausgehen können, dass er flüchtig ist, nur weil er am Wohnsitz nicht angetroffen wird).

**Verborgen** hält sich der Verdächtige, wenn Tatsachen (konkrete Anhaltspunkte) die Annahme rechtfertigen, dass er sich versteckt hält, dass er willentlich seinen Aufenthalt verschleiert, unangemeldet oder unter falschem Namen an einem unbekannten Ort lebt, um so für die Ermittlungsbehörden unauffindbar zu bleiben.

Entscheidend ist die Willensrichtung des Verdächtigen, auf die man meist nur aufgrund äußerer Umstände schließen kann (Boujong in Karlsruher Kommentar, a.a.O., § 112, RdNrn. 12 und 13).

> Der Polizei bekannte Einbrecher Müller steht im dringenden Verdacht, einen Einbruch in eine Fabrik begangen und aus dem Büro wertvolle Geräte (Computer, Faxgeräte usw.) gestohlen zu haben. Der Täter wird von der Polizei zu Hause aber nicht angetroffen. Den Umständen nach ist er verschwunden, denn seine wichtigsten persönlichen Sachen (Kleider, Toilettenartikel pp.) fehlen. Die Umstände deuten darauf hin, dass er untergetaucht ist. Durch einen anonymen Anruf erfahren die Ermittlungsbeamten, dass sich Müller in eine Ferienwohnung im abseits gelegenen Freizeitpark "Gemütlichkeit", die einem seiner Bekannten gehört, verkrochen hat. Die Polizeibeamten treffen den Müller tatsächlich dort an und nehmen ihn wegen des Verdachts, dass sich der Beschuldigte hier verborgen hält, vorläufig fest.

## 1.3.2 Haftgrund Fluchtgefahr

**Fluchtgefahr** ist begründet, wenn auf Grund

- **bestimmter Tatsachen**
- **bei Würdigung der Umstände des Einzelfalles**
- **die Gefahr besteht, dass sich der Beschuldigte dem Verfahren entziehen werde.**

Der Haftgrund stellt darauf ab, den legitimen Anspruch der staatlichen Gemeinschaft auf rasche Bestrafung des Täters zu sichern. Das ist Sinn und Zweck der U-Haft. Andere Ziele werden von der Ermächtigung nicht getragen.

Verlangt ist, dass eine höhere Wahrscheinlichkeit für die Annahme spricht, der Beschuldigte werde sich dem Strafverfahren entziehen, als für die Erwartung, er werde am Verfahren teilnehmen (Boujong in Karlsruher Kommentar, a.a.O., § 112, RdNr. 15).

Das setzt zunächst **Tatsachen** voraus, die für Flucht sprechen. Konkrete Fakten müssen die Sorge der Flucht begründet erscheinen lassen.

Maßgeblich für die Beurteilung ist nur der bestimmte Fall (**Würdigung des Einzelfalles**). Die allgemeine polizeiliche Erfahrung, dass sich andere Straftäter in gleicher Situation so verhalten, reicht nicht aus. "Die Beurteilung der Fluchtgefahr erfordert die Berücksichtigung aller Umstände des Falles" (Kleinknecht/Meyer-Goßner, a.a.O., § 112, RdNr. 19). Entscheidend ist auch der Fluchtwille. Die Fluchtgefahr kann nicht schon bejaht werden, wenn die äußeren Bedingungen für die Flucht günstig sind; vielmehr ist zu prüfen, ob der Beschuldigte voraussichtlich von solchen Möglichkeiten Gebrauch machen wird (OLG Köln, NJW 1959, S. 544).

**"Sich-Entziehen"** ist ein Verhalten, durch das der Verdächtige den Zugriff auf seine Person unmöglich macht oder erschwert und durch das der Fortgang des Strafverfahrens dauernd oder wenigsten vorübergehend verhindert wird. Voraussetzung für die Annahme der Fluchtgefahr ist die Entziehungshandlung. Sie verlangt die objektive Annahme, dass sich der Verdächtige dem Verfahren entziehen will. In Betracht kommt nur ein objektiver Befund, der auf Tatsachen gestützt sein muss. Nicht ausreichend sind Befürchtungen oder Vermutungen.

Die konkrete Gefahr der Flucht ist grundsätzlich anzunehmen, wenn der objektiv und unbefangen Urteilende die Wahrscheinlichkeit der Flucht erkennt.

> Der Polizei wird ein Banküberfall auf eine Sparkasse gemeldet. Danach soll der Täter unter Bedrohung mit einer Schusswaffe die Herausgabe des Bargeldes gefordert und mit einer Beute in unbestimmter Höhe die Flucht ergriffen haben. Bankangestellte haben beobachtet, dass er in einen grauen VW-Golf GTI (in dem eine andere männliche Person wartete) gestiegen und in westlicher Richtung davongerast ist. Eine direkt in der Nähe stehende Funkstreife hört den Fahndungsaufruf der Leitstelle und sieht im gleichen Augenblick einen überaus schnell fahrenden Wagen der beschriebenen Art vorbeirasen. Die Beamten verfolgen das Fahrzeug und geben ständig Standortmeldungen an andere Streifenwagen, bis die Fliehenden letztlich an einer Kontrollstelle angehalten und festgenommen werden können. Die Umstände rechtfertigen die hohe Wahrscheinlichkeit der Täterschaft. Aus dem Verhalten der Täter -verstärkt durch kriminalistische Erfahrungen- folgt Fluchtverdacht. Darum nehmen sie die Täter fest.

Unter den Begriff "Sich entziehen" fällt ein Verhalten, das sowohl auf körperliche als auch auf geistige Abwesenheit angelegt ist (Boujong in Karlsruher Kommentar, a.a.O., § 112, RdNr. 16). Sie besteht auch, wenn die Annahme nahe liegt, dass sich der Verdächtige durch Einwirkung auf seinen Körper, vor allem durch Drogenkonsum (nicht durch bloßen Ungehorsam gegenüber Vorladungen!) in einen Zustand länger dauernder Verhandlungsunfähigkeit versetzt (Boujong in Karlsruher Kommentar, a.a.O., § 112, RdNr. 17).

Die Gefahr der Selbsttötung begründet keine Fluchtgefahr (OLG Köln, Beschluss vom 19.12.1997, NStZ 1999 ,Heft 2 , S. 71).

Die Erwartung einer hohen Strafe rechtfertigt für sich allein die Annahme der Fluchtgefahr nicht (KG Berlin, Beschluss vom 8.12.1997; OLG Köln, Beschluss vom 20.6.1997; LG Frankfurt, Beschluss vom 27.11.1997, alle NStZ 1999, Heft 2, S. 72, OLG Hamm, Beschluss vom 15.10.1998, NStZ 2000, S. 75). Gleichwohl ist die Gefahr höher einzustufen. "Bei einer besonders hohen Straferwartung braucht daher nur geprüft zu werden, ob Umstände vorhanden sind, die die hieraus herzuleitende Fluchtgefahr ausräumen" (OLG Karlsruhe, Beschluss vom 2.11.1992, NJW 93, 1148; Boujong in Karlsruher Kommentar, a.a.O., § 112, RdNr 25).

**Tatsachen,** die (je nach Stärke einzeln oder im Zusammenhang) aus dem bestimmten Fall **für Fluchtgefahr** sprechen können, sind:

- die Weigerung, sich auszuweisen,
- das Unvermögen, sich auszuweisen (Ausweislosigkeit),
- die Verwendung falscher Namen,
- Besitz falscher Pässe,
- auffälliger Wohn- und Arbeitsplatzwechsel,
- das Fehlen einer festen Wohnung,
- leicht lösbare Wohnverhältnisse,

- das Fehlen fester familiärer oder beruflicher Bindungen,
- Verlust der beruflichen Stellung,
- inzwischen getroffene Vorbereitungen zur Flucht,
- Verschleierung des Aufenthalts,
- die Flucht in einem früheren Verfahren,
- erkennbare Beziehungen zum Ausland,
- Verlagerung des Vermögens ins Ausland,
- Beschaffung von Bargeld, Kündigung von Konten,
- Zugehörigkeit zu einer Terrorbande, die die Flucht ermöglichen oder erzwingen könnte,
- die Natur der Straftat (z.B. bei Landesverrat).

Da aber die Willensrichtung entscheidend ist, genügen diese äußeren Umstände zur Begründung der Fluchtgefahr allein nicht. Es kommt auch darauf an, ob der Verdächtige von der Fluchtmöglichkeit Gebrauch machen wird. So wie auf die Willensrichtung des Beschuldigten zur Flucht meist nur aufgrund der äußeren Umstände geschlossen werden kann, ergeben die äußeren Umstände auch Hinweise darauf, dass er von einer Fluchtmöglichkeit keinen Gebrauch machen wird. Solche Fakten sind insbesondere:

- enge familiäre Bindungen,
- enge berufliche Bindungen,
- herausragende, gesicherte Positionen,
- Erwartung einer minimalen Strafe,
- glaubhaftes Geständnis,
- Krankheit (auch von Familienangehörigen).

Die subjektive Einschätzung des Beschuldigten, das Verfahren werde für ihn günstig ausgehen, steht einer konkreten Fluchtgefahr entgegen (OLK Köln, Beschluss vom 5.8.1997, NStZ 1999, Heft 2, S. 71).

Der Polizei wird gemeldet, dass im Büro der Firma Groß die Alarmanlage angeschlagen hat. Bei Erreichen des Tatortes umstellen einige Beamte das Objekt. POK Meier und PK Müller durchsuchen das Gebäude und treffen auf einen Mann, der gerade im Begriff ist, einen Tresor aufzubrechen. Sie ergreifen den Beschuldigten und nehmen ihn vorläufig fest. Im Zuge der anschließenden Ermittlungen ergibt sich, dass es sich bei dem Täter um den Schulz handelt, der bei der Firma Groß beschäftigt ist. Bekannt wird auch, dass sich der Beschuldigte aus einer Notlage heraus zu der Tat entschlossen hat. Die Frau des Betroffenen ist ernstlich krank. Weil ärztliche Behandlungsmethoden keine Wirkung brachten, nimmt sie (als letzten Versuch) nun homöopathische Mittel. Nur mit diesen Mitteln kann Frau Schulz einigermaßen schmerzfrei leben. Diese sehr teuren Mittel muss Schulz selbst bezahlen. Sein Einkommen reicht nicht aus. Die Ersparnisse sind schon aufgebraucht. Weil er keinen anderen Ausweg mehr sah, um seiner schwer leidenden Frau helfen zu können, hat er sich in dieser verzweifelten Situation zu der Tat entschlossen.

Bei der Prüfung der Frage, ob im vorliegenden Fall Fluchtgefahr besteht, kommen die Beamten zu dem Ergebnis, dass Schulz sich dem Verfahren wegen der engen familiären Bindung nicht entziehen wird. Weil die Beamten bei Abwägung der für eine Flucht sprechenden Tatsachen mit den entgegenstehenden Umständen keinen Haftgrund sehen, lassen sie den Beschuldigten frei und verzichten auf eine Vorführung.

### 1.3.3 Haftgrund Verdunkelungsgefahr

**Verdunkelungsgefahr** besteht, wenn das Verhalten des Beschuldigten den dringenden Verdacht begründet, dass er durch bestimmte Handlungen nach einer konkreten Straftat in unstatthafter Weise auf die Beweislage einwirken (Verdunkelungshandlung) und dadurch die Ermittlung der Wahrheit erschweren wird.

Der Haftgrund stellt darauf ab, den legitimen Anspruch der staatlichen Gemeinschaft auf vollständige Klärung der Tat durch vorläufige Inhaftierung zu sichern (OLG Köln, Beschluss vom 19.12.1997, NStZ 1999, Heft 2, S. 7).

Besteht die Möglichkeit der Verdunkelung, ist zu prüfen, ob

- **aufgrund bestimmter Tatsachen**
- **aus dem Verhalten des Beschuldigten**
- **der dringende Verdacht**
- **der Verdunkelungshandlung** besteht und
- **deshalb die Gefahr droht, dass die Ermittlung der Wahrheit erschwert werde**.

**Tatsachen**, welche die Verdunkelungsgefahr indizieren, müssen sich aus dem **Verhalten des Beschuldigten** ergeben. Sie liegen insbesondere vor, wenn der Beschuldigte

- bereits aktiv bemüht war, Tatspuren zu beseitigen oder Beweismittel dem Zugriff der Behörden zu entziehen,
- bemüht war, wahrheitswidrige Absprachen (auch schon vor der Tat) zu treffen,
- bereits in einem früheren Verfahren Verdunkelungshandlungen vorbereitet, versucht oder begangen hat.

Erfahrungen mit dem Täter in zurückliegender Zeit sollen bei gleich gelagerten Delikten ausreichen, um erneut die Gefahr der Verdunkelung zu begründen (es sei denn, seit dieser Tat sind bereits viele Jahre vergangen).

Als weitere Voraussetzung muss der **dringende Verdacht**, also die hohe Wahrscheinlichkeit hinzukommen, dass der Beschuldigte **Verschleierungshandlungen** vornehmen wird, wenn er auf freiem Fuß bleibt. Maßgeblich sind künftige Handlungen, die durch Verhaftung verhindert werden sollen.

Die Annahme ist nur begründet, wenn bestimmte Fakten auf die **Absicht des Verdächtigen** hindeuten. Die bloße Möglichkeit von Verdunkelungshandlungen oder eine günstige Ausgangslage rechtfertigen noch nicht den dringenden Verdacht, dass der Beschuldigte die Gelegenheit auch wahrnehmen wird (Boujong in Karlsruher Kommentar, a.a.O., § 112, RdNr. 26). Auch die Tatsache, dass die Ermittlungen noch nicht abgeschlossen sind, dass Mittäter noch flüchtig sind, dass das Tatopfer oder das Diebesgut noch nicht gefunden wurde oder dass wichtige Zeugen noch nicht vernommen worden sind, reicht zur Begründung der Verdunkelungsgefahr nicht aus. Auch aus der Aussageverweigerung oder dem Bestreiten der Tat lässt sich allein keine Verdunkelungsgefahr herleiten (Kleinknecht/Meyer-Goßner, a.a.O., § 112, RdNr. 29). Ebenso wenig reicht es aus, dass der Beschuldigte sich weigert, Mittäter zu nennen (OLG Köln, Beschluss vom 8.5.1998, NStZ 2000, S. 76)

Entscheidend ist stets, dass der Verdächtige verdunkeln will und verdunkeln kann. Im Hinblick darauf sind innere und äußere Tatsachen von Belang, die der Person, dem Verhalten des Verdächtigen, seinen Beziehungen und Lebensumständen entnommen werden (Boujong in Karlsruher Kommentar, a.a.O., § 112, RdNr. 27).

Verdunkelungsgefahr kann nur aus einer Verdunkelungshandlung begründet werden. Relevant sind nur **Aktivhandlungen**; Unterlassungen sind keine Verdunkelungshandlungen.

Die Verdunkelungshandlungen stellt der Gesetzgeber abschließend heraus. Eine Verdunkelungshandlung liegt nur vor, wenn der dringende Verdacht begründet ist, dass der Beschuldigte

- **Beweismittel vernichten, verändern, beiseite schaffen, unterdrücken oder fälschen,**
- **auf Mitbeschuldigte, Zeugen oder Sachverständige in unlauterer Weise einwirken oder**
- **andere zu einem solchen Verhalten veranlassen wird.**

Aus einer solchen Handlung muss die Gefahr resultieren, dass die Ermittlung der Wahrheit erschwert wird.

Schließlich kann Verdunkelungsgefahr nur begründet sein, wenn die **Ermittlung der Wahrheit** noch **erschwert** werden kann. Die Annahme der Verdunkelungsgefahr setzt zunächst voraus, dass der Verdächtige in dem anhängigen Verfahren überhaupt auf die Beweislage einwirken kann. Das ist stets dann nicht gegeben, wenn ein Sachverhalt schon in vollem Umfang aufgeklärt ist und die Beweise so gesichert sind, dass der Beschuldigte die Wahrheitsermittlung nicht behindern kann (Kleinknecht/Meyer-Goßner, a.a.O., § 112, RdNr. 35). Dass der Beschuldigte noch für andere Taten in Frage kommen könnte, ist für das anliegende Verfahren nicht von Bedeutung (liegt der Verdacht vor, dass der Täter noch andere Delikte begangen hat, sind darauf gestützt neue Ermittlungsverfahren einzuleiten).

Für Verdunkelungsgefahr kann sprechen, dass der Beschuldigte

- in einem anderen Verfahren wegen Meineids, Vortäuschung einer Straftat, Bestechung, Betrug, Urkundenfälschung, gewerbsmäßiger Hehlerei oder einer ähnlichen, ihrer Natur nach auf Irreführung oder Täuschung ausgerichteten Tat, verurteilt wurde,
- zum Kreis von Berufs- und Gewohnheitsverbrechern und Zuhältern gehört (die Lebensführung solcher Personen ist auf systematische Verheimlichung und Täuschung pp. ausgerichtet),
- eine Tat begangen hat, die sich regelmäßig als heimliche, verschleierte, getarnte Geschäftstätigkeit darstellt. Das wird in Bezug auf verbotenen Rauschgift- oder Waffenhandel stets der Fall sein; denn bei solchen Delikten sind die Täter immer bemüht, ihre Geschäftsverbindungen, Beziehungen, Kontakte oder Absichten geheim zu halten.
- einer kriminellen oder terroristischen Vereinigung angehört (solche Zusammenschlüsse sind ihrem Wesen nach auf Verdunkelung ihrer Aktivitäten angelegt) oder

- im Verdacht des Landesverrates steht (solche Täter sind regelmäßig auf konspiratives Vorgehen angewiesen und darin auch geschult (Lepa, a.a.O., Art. 2, RdNr. 25 - zu den Regelbeispielen insgesamt Kleinknecht/Meyer-Goßner, a.a.O., § 112, RdNrn. 29 ff.).

"Bei einer Verkehrskontrolle wird ein 30jähriger Mann (M.) mit großen Mengen verschiedener Drogen angetroffen. M. könnte eine Straftat nach § 29 ff. BTMG begangen haben, denn die Menge der aufgefundenen Betäubungsmittel deutet auf Handeltreiben hin" (aus Benfer, a.a.O., S. 95). Die Tat könnte im Zusammenhang mit dem organisierten Verbrechen stehen, so dass die Wahrscheinlichkeit groß ist, dass sich der Beschuldigte dem Strafverfahren entzieht. Daher ist Fluchtgefahr begründet. Es liegt aber auch Verdunkelungsgefahr vor, denn solche Täter sind stets bemüht, ihre Geschäftsverbindungen zu tarnen.

Der Haftgrund der Verdunkelungsgefahr darf bei leichten Delikten im Sinne von § 113 StPO nicht herangezogen werden (siehe unten).

### 1.3.4 Absolute Haftgründe

**Absolute Haftgründe** sieht das Gesetz bei Delikten nach § 112 Abs. 3 StPO gegeben.

---

**§ 112 StPO    Voraussetzungen der U-Haft; Haftgründe**

(1) ...

(2) ...

(3) Gegen den Beschuldigten, der einer Straftat nach § 129 a Abs. 1 oder nach den §§ 211, 212, 220a Abs. 1 Nr. 1, §§ 226, 306b oder 306c des Strafgesetzbuches oder, soweit durch die Tat Leib und Leben eines anderen gefährdet worden ist, nach § 308 Abs. 1 bis 3 des Strafgesetzbuches dringend verdächtig ist, darf die Untersuchungshaft auch angeordnet werden, wenn ein Haftgrund nach Absatz 2 nicht besteht.

---

Besondere Fälle der Schwerkriminalität begründen einen **absoluten Haftgrund**. Dann ist der Erlass eines Haftbefehls auch zulässig, wenn weder Flucht- noch Verdunkelungs- oder Wiederholungsgefahr (siehe unten) begründet sind. Voraussetzung für die Festnahme ist allein der dringende Tatverdacht und Verhältnismäßigkeit.

Derjenige, der eines Verbrechens nach

- **§ 129a Abs. 1 StGB (Gründung einer terroristischen Vereinigung zur Begehung von Mord, Totschlag und Völkermord),**
- **§ 211 StGB (Mord),**
- **§ 212 StGB (Totschlag),**
- **§ 220a Abs. 1 Nr.1 StGB (Völkermord),**
- **§ 226 StGB (schwere Körperverletzung),**
- **§ 306b StGB (besonders schwere Brandstiftung),**
- **§ 306c StGB (Brandstiftung mit Todesfolge),**
- **§ 308 Abs. 1 bis 3 StGB (Herbeiführung einer Sprengstoffexplosion, soweit Leib und Leben anderer gefährdet wurden)**

verdächtig ist, kann auch ohne besonderen Haftgrund vorläufig festgenommen werden. Im Falle dieser besonderen Straftaten nimmt der Gesetzgeber die Gefahr der Flucht oder Verdunkelung grundsätzlich an.

Der absolute Haftgrund ergibt sich aus den genannten besonderen Verbrechen. Andere, nicht ausdrücklich aufgeführte Verbrechen rechtfertigen nicht ohne weiteres die Verhaftung. Eine vorläufige Festnahme kommt dann neben dem dringenden Tatverdacht usw. stets nur in Frage, wenn die besonderen Haftgründe vorliegen.

Die in § 112 Abs. 3 StPO genannten Verbrechen indizieren den Haftgrund; gleichwohl kommt die vorläufige Festnahme auch in solchen Fällen nur in Frage, wenn sie **verhältnismäßig** ist. "Eine Untersuchungshaft ist verfehlt, wenn sie ganz fern liegt und eine Wiederholung der Tat entweder ausgeschlossen ist oder dieser Gefahr durch mildere Maßnahmen begegnet werden kann" ( vgl. OLG Köln, Beschluss vom 16.1.1996, DIE POLIZEI, 11/96, S. 293). "Eine Flucht des Beschuldigten, dem versuchter Totschlag als persönlichkeitsfremde Konflikttat zur Last gelegt wird, kann ausgeschlossen werden, wenn es sich um einen 60jährigen Schwerbehinderten handelt, der in geordneten Verhältnissen lebt und nicht vorbestraft ist und bei dem nicht ersichtlich ist, wohin er flüchten sollte oder könnte" (OLG Köln, wie vor).

### 1.3.5   Haftgrund Wiederholungsgefahr

**Wiederholungsgefahr** als Haftgrund sieht das Gesetz mit § 112a StPO vor.

---

**§ 112a StPO   Wiederholungsgefahr als Haftgrund**

**(1) Ein Haftgrund besteht auch, wenn der Beschuldigte dringend verdächtig ist**
**1. eine Straftat nach den §§ 174, 174a, 176 bis 179 des Strafgesetzbuches oder**
**2. wiederholt oder fortgesetzt eine die Rechtsordnung schwerwiegend beeinträchtigende Straftat nach § 125a, nach den §§ 224 bis 227, nach den §§ 243, 244, 249 bis 255, 260, nach § 263, nach den §§ 306 bis 306c oder § 316a des Strafgesetzbuches oder nach § 29 Abs. 1 Nr. 1, 4, 10 oder Abs. 3, § 29a Abs. 1, § 30 Abs. 1, § 30a Abs. 1 des Betäubungsmittelgesetzes begangen zu haben, und bestimmte Tatsachen die Gefahr begründen, dass er vor rechtskräftiger Aburteilung weitere erhebliche Straftaten gleicher Art begehen oder die Straftat fortsetzen werde, die Haft zur Abwendung der drohenden Gefahr erforderlich und in den Fällen der Nummer 2 eine Freiheitsstrafe von mehr als einem Jahr zu erwarten ist.**
**(2) Absatz 1 findet keine Anwendung, wenn die Voraussetzungen für den Erlass eines Haftbefehls nach § 112 vorliegen und die Voraussetzungen für die Aussetzung des Vollzugs des Haftbefehls nach § 116 Abs. 1, 2 nicht gegeben sind.**

---

Die Vorschrift knüpft an § 112 StPO an und erweitert die Voraussetzungen für einen Haftbefehl. Die Verhaftung wegen des Verdachts der Wiederholungsgefahr ist eine Sicherungshaft zum Schutz der Allgemeinheit vor weiteren erheblichen Straftaten besonders gefährlicher Täter (Kleinknecht/Meyer-Goßner, a.a.O., § 112a, RdNr. 1). § 112a StPO gilt nachrangig. Die Vorschrift ist heranzuziehen, wenn die Verhaftung nicht schon wegen der Haftgründe aus § 112 Abs. 2 oder Abs. 3 StPO zulässig ist (vgl. § 112a Abs. 2 StPO).

§ 112a StPO stellt auf bestimmte Delikte ab und enthält zwei alternative Haftgründe.

**Alternative 1** (§ 112a Abs. 1 Nr. 1 StPO) verlangt, dass der Beschuldigte

- **dringend verdächtig ist**
- **eine Straftat**
  - **des sexuellen Missbrauchs von Schutzbefohlenen ( § 174 StGB),**
  - **des sexuellen Missbrauchs von Gefangenen, behördlich Verwahrten oder Kranken und Hilfsbedürftigen in Einrichtungen (§ 174a StGB),**
  - **des sexuellen Missbrauchs von Kindern (§ 176 StGB),**
  - **der sexuellen Nötigung; Vergewaltigung (§ 177 StGB),**
  - **der sexuellen Nötigung und Vergewaltigung mit Todesfolge (§ 178 StGB) oder**
  - **des sexuellen Missbrauchs Widerstandsunfähiger (§ 179 StGB) begangen zu haben und**
- **Tatsachen die Gefahr begründen, dass der Täter**
- **vor rechtskräftiger Aburteilung**
  - **die Straftat fortsetzen oder**
  - **erhebliche Taten gleicher Art begehen werde und**
- **die Haft zur Abwendung der Gefahr erforderlich ist.**

Als Voraussetzung nennt das Gesetz zunächst den **dringenden Verdacht.** Die Prämisse entspricht der Haftvoraussetzung nach § 112 Abs. 1 StPO. Mit der Wiederholung wird nochmals die Bedeutung der Freiheit der Person hervorgehoben und dargelegt, dass der Eingriff nur zulässig ist, wenn eine hohe Wahrscheinlichkeit für die Täterschaft vorliegt.

Der dringende Verdacht muss sich auf die genannten **Sexualdelikte** beziehen. Nur diese gestatten die Verhaftung wegen Wiederholungsgefahr. Andere Sexualdelikte spielen in Bezug auf die Wiederholungsgefahr keine Rolle. Soll ein Täter nach anderen als in § 112a Abs. 1 Nr. 1 StPO genannten Sexualdelikten festgenommen werden, muss ein anderer Haftgrund vorliegen.

Jedoch ist für die Verhaftung nicht allein das Delikt ausschlaggebend. Der Haftgrund greift vielmehr erst dann durch, wenn "bestimmte **Tatsachen** die Gefahr begründen, dass der Täter vor rechtskräftiger Aburteilung

- **weitere erhebliche Straftaten** gleicher Art
  - **begehen** oder
  - die Straftat **fortsetzen werde".**

Ob diese Voraussetzungen vorliegen, ist im Einzelfall zu ermitteln. Dabei kann jedoch davon ausgegangen werden, dass die in § 112a Abs. 1 Nr. 1 StPO genannten bedeutenden Sexualdelikte auf schwere Persönlichkeitsmängel hindeuten und schon die einmalige Verfehlung weitere Taten ähnlicher Art befürchten lässt. Insoweit ist mit der Tat die Wiederholungsgefahr begründet (Kleinknecht/Meyer-Goßner, a.a.O., 44. Auflage, § 112a, RdNr. 6).

Schließlich muss "die Haft zur Abwendung der drohenden Gefahr **erforderlich**" sein. Es darf keine anderen Mittel zur Verhinderung erneuter Straffälligkeit geben.

**Alternative 2** aus § 112 Abs. 1 StPO stellt darauf ab, dass der Beschuldigte

- **dringend verdächtig ist**
- **wiederholt oder fortgesetzt**
- **eine der im Gesetz genannten Straftaten begangen zu haben und**
- **Tatsachen die Gefahr begründen, dass der Täter**
- **vor rechtskräftiger Aburteilung**
  - **die Straftat fortsetzen oder**
  - **erhebliche Taten gleicher Art begehen werde,**
- **die Haft zur Abwendung der Gefahr erforderlich ist und**
- **eine Freiheitsstrafe von mehr als einem Jahr zu erwarten ist.**

Der **dringende Tatverdacht** ist bereits Voraussetzung in § 112 Abs. 1 StPO (siehe oben unter Alternative 1).

Der Haftgrund nach der zweiten Alternative aus § 112a Abs. 1 Nr. 2 StPO knüpft an bestimmte, im Gesetz genannte **schwerwiegende Straftaten** an. Erfasst sind Rechtsverletzungen wie der schwere Landfriedensbruch nach § 125a StGB sowie besonders gefährliche oder schwere Körperverletzungsdelikte, schwere Eigentumsdelikte (wie zum Beispiel der schwere Diebstahl nach § 243 oder der Bandendiebstahl bzw. der Diebstahl mit Waffen nach § 244), gewisse Brandstiftungsdelikte und einige Verstöße gegen das Betäubungsmittelgesetz.

Bei diesen Katalogtaten ist Wiederholungsgefahr jedoch erst anzunehmen, wenn der Beschuldigte diese Taten **wiederholt oder fortgesetzt** (also mindestens zweimal) begangen hat. Die erstmalige oder einmalige Verfehlung reicht zur Annahme der Wiederholungsgefahr nicht aus. Gefordert wird, dass der Täter mindestens zweimal durch rechtlich selbständige Handlungen (§ 53 StGB) in Erscheinung getreten ist, wobei geringfügige Abweichungen in der rechtlichen Beurteilung ohne Bedeutung sind (Kleinknecht/Meyer-Goßner, a.a.O., 44. Auflage, § 112a RdNr. 8).

Ferner muss hinzukommen, dass bestimmte **Tatsachen die Gefahr der Wiederholung** stützen. Aufgrund hinreichend tatsächlicher Anhaltspunkte muss dargelegt werden können, dass der Täter vor rechtskräftiger Aburteilung weitere erhebliche Taten der genannten bzw. der gleichen Art begehen oder die Tat fortsetzen werde.

Mit der Prämisse "gleiche Art" verlangt das Gesetz nicht "Gleichheit", es muss sich bei dem strafbaren Verhalten jedoch um rechtsethisch und psychologisch vergleichbare Tatbestände handeln. Gleichartigkeit ist begründet, wenn der Täter eine Tat aus den genannten Deliktgruppen (z.B. der Eigentumsdelikte) begehen wird (Benfer, a.a.O., S. 110).

Der Schluss auf die Gefahr kann aus dem Verhalten des Täters in der Vergangenheit gezogen werden. Aber auch bestimmte Vorbereitungshandlungen oder Angaben von Zeugen, Mittätern oder Vertrauenspersonen stützen die Annahme. Gehört der Täter einer Bande an, die ihn unter Druck setzt, ist Wiederholungsgefahr begründet.

Der Haftgrund der Wiederholungsgefahr nach der zweiten Alternative greift jedoch erst dann durch, wenn die Haft zur Abwendung der drohenden Gefahr **erforderlich** ist, also keine anderen milderen Möglichkeiten der Gefahrenabwehr gegeben sind. Daher kann die Freiheitsentziehung nur das letzte Mittel sein (Benfer, a.a.O., S. 111). Das muss im Einzelfall begründet werden.

Ferner muss die Tat von einer solchen Bedeutung sein, dass sie mit **Freiheitsstrafe von mehr als einem Jahr** geahndet werden wird. Das verlangt eine Orientierung an der gängigen Gerichtspraxis. In der Regel werden die Taten von erheblichem kriminellem Unrechtsgehalt sein.

> D. Stirn machte sich einen Spaß daraus, andere Menschen zu quälen. Neuerdings sprach er zufällig vorbeikommende Menschen an und bat sie um Feuer. Wenn die Angesprochenen dann in ihre Tasche griffen und abgelenkt waren, ergriff er sie und schlug ihnen seinen Schädel ins Gesicht (sog. Kopfnuss). Inzwischen wurden der Polizei vier Taten bekannt; in allen Fällen wurden die Opfer erheblich verletzt. Soeben wurde eine neue Tat gemeldet. Wieder wurde ein Passant um Feuer gebeten und wieder bekam er in dem Moment, als er ablenkt war, von dem anderen den Schädel auf die Nase geschlagen, so dass das Nasenbein brach. Nach der Personenbeschreibung war Stirn der Täter. Die Polizei fahndete nach ihm und nahm ihn wegen dringenden Tatverdachts und Wiederholungsgefahr vorläufig fest. Die Festnahme war aufgrund des § 127 Abs. 2 StPO in Verbindung mit § 112 Abs. 1 und § 112a Abs. 1 Nr. 2 StPO zulässig.

## 1.4 Einschränkung der Untersuchungshaft

Mit § 113 StPO schränkt der Gesetzgeber die Untersuchungshaft ein.

---

**§ 113 StPO    Einschränkung der U-Haft**

**(1) Ist die Tat nur mit Freiheitsstrafe bis zu sechs Monaten oder mit Geldstrafe bis zu einhundertachtzig Tagessätzen bedroht, so darf die Untersuchungshaft wegen Verdunkelungsgefahr nicht angeordnet werden.**
**(2) In diesen Fällen darf die Untersuchungshaft wegen Fluchtgefahr nur angeordnet werden, wenn der Beschuldigte**
**1.    sich dem Verfahren bereits einmal entzogen hatte oder Anstalten zur Flucht getroffen hat,**
**2.    im Geltungsbereich dieses Gesetzes keinen festen Wohnsitz oder Aufenthalt hat oder**
**3.    sich über seine Person nicht ausweisen kann.**

---

Die Norm ist keine eigenständige Ermächtigung. Sie beschränkt vielmehr die Voraussetzungen der §§ 112 ff. StPO. Folglich ist die Verhaftung bei geringfügigen Straftaten im Sinne von § 112 Abs. 1 StPO nur zulässig, wenn

- der **Verdächtige Beschuldigter ist,**
- **dringender Tatverdacht zu einem Delikt besteht, das mit Freiheitsstrafe bis zu sechs Monaten oder mit Geldstrafe bis zu einhundertachtzig Tagessätzen bedroht ist,**
- **die Verhaftung verhältnismäßig ist und**
- **Fluchtgefahr** (im Sinne des Verhaltens nach § 113 Abs. 2 StPO) **besteht.**

§ 113 StPO ist eine gesetzliche Ausgestaltung des Grundsatzes der Verhältnismäßigkeit (Krause/Nehring, a.a.O., § 113, RdNr. 1). Die beschränkende Regelung ist anzuwenden, wenn Straftaten vorliegen, die nur mit Freiheitsstrafe bis zu 6 Monaten oder mit Geldstrafe bis zu 180 Tagessätzen bedroht sind.

Das Strafgesetzbuch enthält nur wenige Delikte dieser Art. Erwähnt sei die Bannkreisverletzung nach § 106a Abs. 1 StGB, die Fälschung von Wahlunterlagen nach § 107b StGB, die Verleitung zur Ableistung einer falschen Versicherung an Eides statt nach § 160 StGB, die Ausübung der verbotenen Prostitution nach § 184a StGB, die Beteiligung am unerlaubten Glücksspiel nach § 284a StGB, weniger schwere Fälle des Wuchers nach § 302a Abs. 2 StGB. Aus dem Nebenstrafrecht sind besonders § 25 VersG (Durchführung einer nicht angemeldeten Versammlung unter freiem Himmel) und die Verletzung von Auflagen nach § 15 Abs. 1 VersG hervorzuheben.

Liegen solche Delikte vor, scheidet eine Verhaftung wegen Verdunkelungsgefahr oder Wiederholungsgefahr aus.

Ein Haftbefehl ist nur wegen Fluchtgefahr zulässig, wobei auch die Fluchtgefahr weiter auf die im Gesetz genannten Prämissen eingeschränkt ist. **Fluchtgefahr** kann **nur** dann durchgreifen, **wenn der Beschuldigte**

- **bereits Anstalten zur Flucht getroffen hat** (sei es, dass er z.B. schon seine Taschen und Koffer gepackt, sein Fahrzeug beladen, Bargeld beschafft, seine Konten gekündigt oder z.B. einen Flug ins Ausland gebucht oder sein Haus verkauft hat),
- **sich dem Verfahren bereits einmal entzogen hat** (und zwar dem anhängigen, nicht in einem gleichgelagerten Fall aus der Vergangenheit),
- **in der Bundesrepublik Deutschland keinen festen Wohnsitz oder Aufenthalt hat** oder
- **sich nicht ausweisen kann** (oder ausweisen will oder falsche Namen verwendet - vgl. Krause/Nehring, a.a.O., § 113, RdNr. 2).

Liegen diese Voraussetzungen nicht vor, kommt eine Verhaftung selbst dann nicht in Frage, wenn das Verfahren ungeklärt bleibt. Die Polizei hat jedoch alle anderen Möglichkeiten zur Sicherung des staatlichen Strafverfolgungsanspruchs zu treffen (z. B. erkennungsdienstliche Maßnahmen).

## 1.5 Voraussetzungen des Unterbringungsbefehls

§ 127 Abs. 2 StPO gestattet Polizeibeamten bei Gefahr im Verzug die vorläufige Festnahme auch dann, wenn die Voraussetzungen eines Unterbringungsbefehls nach § 126a StPO vorliegen.

---

**§ 126a StPO   Einstweilige Unterbringung**

**(1) Sind dringende Gründe für die Annahme vorhanden, dass jemand eine rechtswidrige Tat im Zustand der Schuldunfähigkeit oder verminderten Schuldfähigkeit (§§ 20, 21 des Strafgesetzbuches) begangen hat und dass seine Unterbringung in einem psychiatrischen Krankenhaus oder einer Entziehungsanstalt angeordnet werden wird, so kann das Gericht durch Unterbringungsbefehl die einstweilige Unterbringung in einer dieser Anstalten anordnen, wenn die öffentliche Sicherheit es erfordert.**

**(2) bis (3) ...**

---

§ 126a StPO regelt die einstweilige Unterbringung. Es ist eine vorbeugende Maßnahme zum Schutz der Allgemeinheit vor gefährlichen Geisteskranken.

**§ 126a StPO setzt voraus, dass**

- **dringende Gründe für die Annahme vorhanden sind, dass jemand**
- **eine rechtswidrige Tat**
- **im Zustand**
  **- der Schuldunfähigkeit oder**
  **- verminderten Schuldfähigkeit**
  **begangen hat,**
- **eine Unterbringung**
  **- in einem psychiatrischen Krankenhaus (§ 63 StGB) oder**
  **- einer Entziehungsanstalt (§ 64 StGB)**
  **erfolgen wird und**
- **die Unterbringung verhältnismäßig ist (§ 62 StGB) und**
- **die öffentliche Sicherheit die einstweilige Unterbringung erfordert.**

Die Prämisse **"dringende Gründe für die Annahme"** entspricht dem dringenden Tatverdacht im Sinne des § 112 StPO. § 126a StPO setzt wie § 112 StPO eine hohe Wahrscheinlichkeit der Verletzung eines Straftatbestandes voraus (vgl. oben).

Die Prämisse **"Schuldunfähigkeit"** knüpft an § 20 StGB an. Sie stellt ab auf Personen, die unter krankhaften seelischen Störungen, tief greifenden Bewusstseinsstörungen, an Schwachsinn oder schweren seelischen Abartigkeiten leiden und daher zur Steuerung ihres Verhaltens außerstande sind.

**Verminderte Schuldfähigkeit** (§ 21 StGB) liegt vor, wenn die Einsichts- und Hemmungsfähigkeit des Täters zur Tatzeit erheblich herabgesetzt war. Sie ist kein Schuldausschließungs- ,sondern ein Strafmilderungsgrund (daher kann der Täter auch verhaftet werden, siehe oben).

Anhaltspunkte für Schuldunfähigkeit oder verminderte Schuldfähigkeit werden sich in der Regel aus der Art der Tatbegehung oder aus den Reaktionen des Täters ergeben. Meist wird eine kurze ärztliche Stellungnahme erforderlich sein, um den Zustand zu begründen.

Ob eine **Unterbringung erfolgen wird**, richtet sich nach den Vorschriften der §§ 63 oder 64 StGB. Sie muss entsprechend § 62 StGB verhältnismäßig sein.

Ob die Voraussetzungen vorliegen, muss im ersten Zugriff noch nicht gewiss sein. Es genügen tatsächliche Anhaltspunkte (letztlich kriminalistische Erfahrungen) dafür, dass die Unterbringung wahrscheinlich ist.

Schließlich erlaubt § 126a StPO die Unterbringung nur dann, wenn die Sofortmaßnahme im öffentlichen Interesse **erforderlich** ist. Das ist anzunehmen, wenn dringende Gründe dafür vorhanden sind, dass der Täter "vor Anordnung der endgültigen Unterbringung weitere erhebliche Straftaten begehen wird. Das sind nur solche, die schweren Schaden anrichten und den Rechtsfrieden daher erheblich stören" (Krause/Nehring, a.a.O., § 126a, RdNr. 3). Das Erfordernis der einstweiligen Unterbringung kann entfallen, wenn sich Familienangehörige intensiv um den Täter kümmern (Krause/Nehring, wie vor).

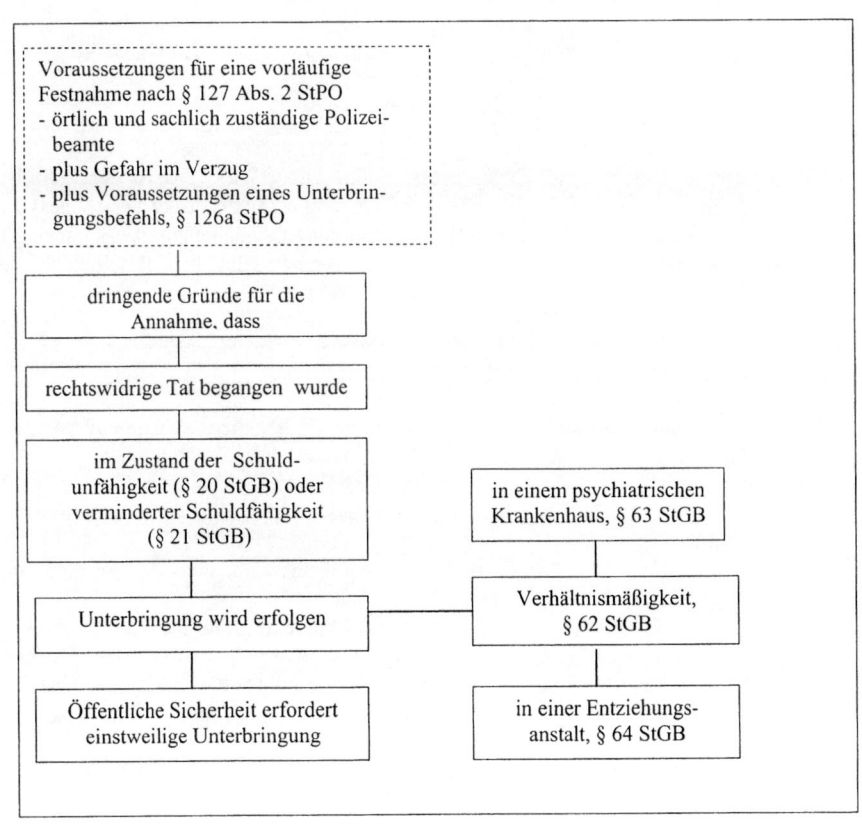

Kommt der einschreitende Polizeibeamte im ersten Zugriff (gestützt auf Erfahrungen des täglichen Lebens bei pflichtgemäßer Ermessensausübung) zu dem Schluss, dass eine einstweilige Unterbringung in Betracht kommen muss, kann er den Betroffenen vorläufig festnehmen. Alsdann ist jedoch unverzüglich zu ermitteln, ob die Voraussetzungen tatsächlich vorliegen. Liegen sie vor, ist der Festgenommene vorzuführen (§ 128 StPO), ansonsten freizulassen (zu prüfen bleibt dann allerdings, ob der Betroffene aus Gefahren abwehrenden Gründen nach dem PsychKG untergebracht werden muss und insoweit die örtliche Ordnungsbehörde einzuschalten ist).

## 2. Rechtfolge

Die Rechtfolge der Befugnis ist auf Entziehung der Freiheit des Beschuldigten gerichtet. Dazu darf er angehalten und ergriffen werden. Die Ermächtigung gestattet auch mildere Maßnahmen. Gedeckt sind diejenigen Maßnahmen, die zur Ergreifung des Beschuldigten notwendig und verhältnismäßig sind. Zulässig kann im Einzelfall auch die Sicherstellung eines Passes oder eines Führerscheines sein, wenn dadurch die Ergreifung des flüchtigen Täters erleichtert bzw. die Flucht des Beschuldigten erschwert wird (sinngemäß LG Offenburg, Beschluss vom 26.4.1999, NStZ 1999, S. 530).

## III. Das Festnahmerecht nach § 127b StPO

Mit Gesetz zur Änderung der Strafprozessordnung vom 17.07.1997 ist der Polizei ein erweitertes (insbesondere auf wirksame Abschreckung reisender Täter gerichtetes) Festnahmerecht zugestanden worden. Die Gesetzesänderung beinhaltet eine Verschärfung des geltenden Festnahme- und Haftrechts (zur verfassungsrechtlichen Problematik siehe Stintzing/Hecker, a.a.O. NStZ 1997, Heft 12, S. 569 ff.).

---

**§ 127b StPO    Vorläufige Festnahme und Hauptverhandlungshaft**

**(1) Die Staatsanwaltschaft und die Beamten des Polizeidienstes sind zur vorläufigen Festnahme eines auf frischer Tat Betroffenen oder Verfolgten auch dann befugt, wenn**
**1. eine unverzügliche Entscheidung im beschleunigten Verfahren wahrscheinlich ist und**
**2. auf Grund bestimmter Tatsachen zu befürchten ist, dass der Festgenommene der Hauptverhandlung fernbleiben wird.**
**(2) Ein Haftbefehl (§ 128 Abs. 2 Satz 2) darf aus den Gründen des Absatzes 1 gegen den der Tat dringend Verdächtigen nur ergehen, wenn die Durchführung der Hauptverhandlung binnen einer Woche nach der Festnahme zu erwarten ist. Der Haftbefehl ist auf höchstens eine Woche ab dem Tag der Festnahme zu befristen.**
**(3) Über den Erlass des Haftbefehls soll der für die Durchführung des beschleunigten Verfahrens zuständige Richter entscheiden.**

§ 127b StPO enthält einen neuen **Haftgrund zur Sicherung der Hauptverhandlung im beschleunigten Verfahren**.

Die Festnahmekompetenz ist auf erhöhte Abschreckung und erzieherische Wirkung besonders reisender Täter gerichtet (Bundestagsdrucksache 13/2576, S. 2).

Bereits am 28. 10. 1994 wurde das beschleunigte Verfahren in die StPO aufgenommen (§§ 417 bis 420 StPO). Damit sollte den Gerichten die Möglichkeit gegeben werden "in tatsächlich oder rechtlich einfach gelagerten Fällen eine der Tat möglichst auf dem Fuße folgende Verurteilung zu ermöglichen" (Bundestagsdrucksache 13/2576, S. 1). Um die Anwesenheit des Beschuldigten zu gewährleisten, war die Einführung eines vorläufigen Festnahmerechtes und eines neuen Haftgrundes zur Sicherung der Hauptverhandlung im beschleunigten Verfahren notwendig (Bundestagsdrucksache, wie vor).

§ 127b StPO findet Anwendung, wenn die Verhaftung aufgrund des § 127 Abs. 2 (i.V.m. §§ 112, 112a und 113) StPO ausscheidet und zur Sicherung des Verfahrens auch keine Sicherheitsleistung nach § 127a StPO erhoben werden kann.

Voraussetzung der erweiterten Festnahmekompetenz nach § 127b StPO ist, dass der Beschuldigte

- **auf frischer Tat betroffen oder verfolgt wurde** (zu den Begriffen siehe oben) **und**
- **dass die Tat wahrscheinlich in einem beschleunigten Verfahren abgeurteilt wird und**
- **dass aufgrund bestimmter Tatsachen zu befürchten ist, dass der Beschuldigte der Hauptverhandlung fernbleiben wird.**

Grundlage für ein beschleunigtes Verfahren sind die §§ 417 bis 420 StPO. Entsprechend § 417 StPO ist das beschleunigte Verfahren auf Antrag der Staatsanwaltschaft zulässig, wenn

- **die Sache aufgrund eines einfachen Sachverhaltes oder**
- **einer klaren Beweislage**
- **zur sofortigen Verhandlung geeignet**
- **und verhältnismäßig ist.**

Die Eignung einer Strafsache für das beschleunigte Verfahren setzt voraus, dass eine Hauptverhandlung sofort oder in erheblich kürzerer Zeit als im Normalverfahren durchgeführt werden kann (OLG Düsseldorf, Beschluss vom 10.4.1997, NStZ 1998, Heft 7, S. 370).

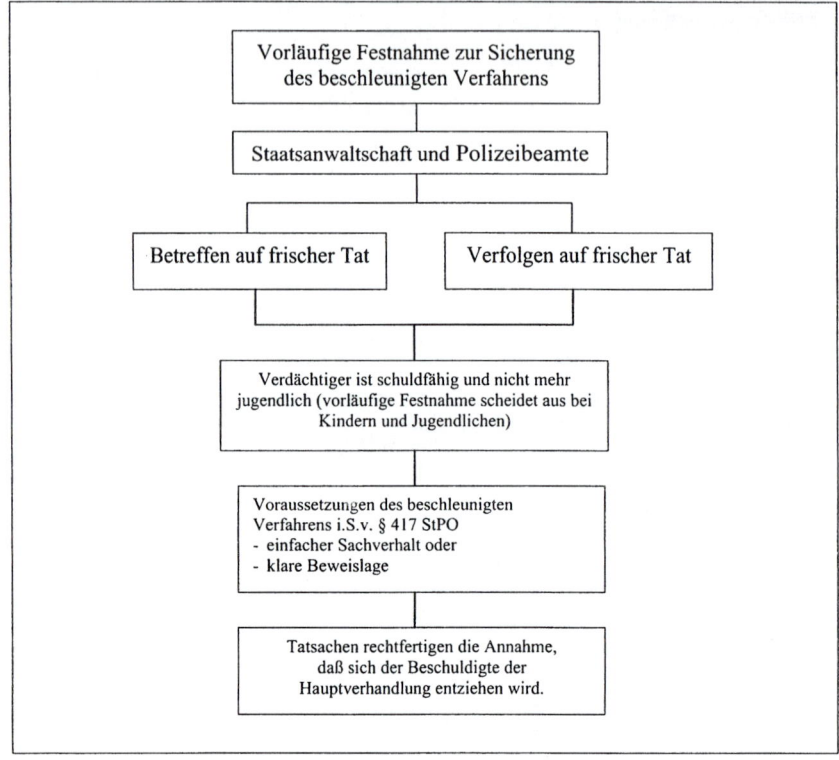

Ein **Sachverhalt** ist **einfach**, wenn der Beschuldigte geständig ist oder wenn die Beweismittel ohne weiteres zur Verfügung stehen (vgl. Nr. 146 der RiStrBV). Eine **klare Beweislage** setzt die überzeugende Darlegung des Geschehens aufgrund verfügbarer Beweismittel voraus. Steht ein wichtiger Zeuge nicht zur Verfügung, ist die Beweislage nicht klar. Zur sofortigen Verhandlung geeignet ist der Sachverhalt, wenn eine rasche Aufklärung des Tatgeschehens in der Hauptverhandlung und ein kurzfristiger Verfahrensabschluss realistisch erscheinen (Bundestagsdrucksache 12/6853, S. 35).

"Eine weitere Begrenzung folgt daraus, dass in dieser Verfahrensart keine höhere Freiheitsstrafe als ein Jahr verhängt werden darf. Begehen reisende Straftäter Straftaten von einigem Gewicht, zu denken ist an gefährliche oder schwere Körperverletzung, versuchten Totschlag oder schweren Landfriedensbruch, scheidet das beschleunigte Verfahren und damit die Anwendung des erweiterten Festnahme- und Haftrechtes schon deshalb aus, weil der Strafrahmen von 1 Jahr nicht ausreicht (Strintzing/Hecker, a.a.O., NStZ 1997, Heft 12, S. 570).

Die Gefahr, dass der Beschuldigte der **Hauptverhandlung fernbleiben** wird, ist auf Tatsachen (hinreichend tatsächliche Anhaltspunkte) zu stützen. Solche Tatsachen liegen besonders bei reisenden Tätern vor (Bundestagsdrucksache 13/2576, S. 2).

**Unzulässig** ist das beschleunigte Verfahren **gegen Jugendliche** (§ 79 Abs. 2 JGG). Das beschleunigte Verfahren **setzt Strafmündigkeit voraus**. Gegen Kinder und andere strafunmündige Personen scheidet es aus. Dann ist auch die vorläufige Festnahme unzulässig.

"Jugendliche Täter, die Gewalttaten gegen Asylantenwohnheime oder in Fußballstadien begehen, dürfen also keinesfalls gem. § 127b StPO festgehalten oder inhaftiert werden" (Strintzing/Hecker, a.a.O., NStZ 1997, Heft 12, S. 570).

Im **Privatklageverfahren** scheidet das beschleunigte Verfahren aus (Kleinknecht/Meyer-Goßner, a.a.O., 44. Auflage, § 417, RdNr. 6). Ob ein Privatklageverfahren in Betracht kommt, entscheidet die Staatsanwaltschaft.

Weitere umfangreiche **Sachverhalts- und Persönlichkeitserforschungen** stehen dem beschleunigten Verfahren entgegen (Pfeiffer/Fischer, a.a.O., § 417, RdNr. 3).

Die **Verteidigungsmöglichkeiten des Beschuldigten** dürfen nicht beschränkt werden (vgl. Nr. 146 der RiStrBV und Art. 6 der Konvention zum Schutz der Menschenrechte und Grundfreiheiten).

Bei einer Straferwartung von mindestens 6 Monaten muss dem Beschuldigten ein Pflichtverteidiger bestellt werden (§ 418 Abs. 4 StPO).

In der Praxis könnte das beschleunigte Verfahren in folgenden Fällen Anwendung finden:

a) Mitglieder der PKK sind zur Demonstration gegen die vermeintliche Machtherrschaft der türkischen Regierung eingereist und beteiligen sich an einer verbotenen öffentlichen Versammlung. Um der Ernsthaftigkeit ihres Anliegen Nachdruck zu verleihen, führen sie Benzinkanister und Bettlaken mit, um sich notfalls durch Errichten einer Feuersperre gegen Hoheitsmaßnahmen der Polizei wehren zu können. Das Mitführen der Gegenstände wird nach § 27 VersG als Vergehen bestraft. Eine Sicherheitsleistung nach § 127a StPO scheidet aus. Aufgrund der eindeutigen Sachlage und der Tatsache, dass die Beschuldigten (als Ausländer mit Wohnsitz im Ausland) der Hauptverhandlung fernbleiben werden, ist die vorläufige Festnahme zur Sicherung des beschleunigten Verfahrens zulässig.

b) Der holländische Staatsbürger Fischkopp hat unter Alkoholeinwirkung (0,81 Promille) einen Verkehrsunfall verursacht, indem er beim Auffahren auf eine bevorrechtigte Straße die Vorfahrt eines anderen missachtete. Dabei wurde ein anderer schwer verletzt. Am eigenen Fahrzeug entstand Totalschaden. Die Sachlage ist eindeutig. Aufgrund des Verdachtes der fahrlässigen Körperverletzung ( 230 StGB) in Tateinheit mit weiteren Rechtsverletzungen und der Tatsache, dass der Beschuldigte (als Ausländer mit Wohnsitz im Ausland) der Hauptverhandlung fernbleiben wird, ist die vorläufige Festnahme zur Sicherung des beschleunigten Verfahrens zulässig .

c) Der polnische Staatsangehörige, A. Pancek (mit Wohnsitz in Kattowitz) wird von der Polizei kontrolliert. Dabei stellt sich heraus, dass er keine Fahrerlaubnis besitzt und der Pkw weder zugelassen noch versichert ist. Die Sachlage ist eindeutig. Aufgrund des Verdachtes der Vergehen nach § 21 StVG und § 6 PflVersG nehmen ihn die Beamten zur Sicherung der Hauptverhandlung im beschleunigten Verfahren aufgrund des § 127b StPO vorläufig fest.

d) Bei einer Demonstration gegen die Kernenergie in Dortmund werfen vermummte Teilnehmer aus der Menschenmenge heraus mit Steinen Fensterscheiben ein. Die Polizei drängt die Verdächtigen ab und hält sie zur Personalienfeststellung fest. Dabei stellt sich heraus, dass die Studenten Mut, Zornig und Wild wegen gleicher Delikte bereits in Hamburg, München und Berlin in Erscheinung getreten sind und offenbar von Demonstration zu Demonstration reisen, um sich auszutoben. Aufgrund der eindeutigen Sachlage (Vergehen nach §§ 17a und 27 VersG, § 303 StGB) und der Tatsache, dass die drei

Verdächtigen (Gewalt geneigt) von Demonstrationsort zu Demonstrationsort reisen, werden sie zur Sicherung der Hauptverhandlung im verkürzten Verfahren aufgrund des § 127b StPO vorläufig festgenommen.

e) Der bulgarische Staatsbürger Broduk wird von der Polizei kontrolliert. Dabei finden die Beamten im Handschuhfach des Pkw eine erlaubnispflichtige Schusswaffe. Aufgrund des Verdachts der Straftat nach § 53 WaffG, des eindeutigen erwiesenen Sachverhaltes und der Tatsache, dass Braduk im Ausland wohnt, wird er zur Sicherung der Hauptverhandlung im verkürzten Verfahren aufgrund des § 127b StPO vorläufig festgenommen.

f) Der Landstreicher Hein STUFF entwendet auf dem Wochenmarkt in S. einen Lederkoffer (Wert EURO 150,--). Er will damit seine Logistik für den weiteren Marsch mit unbekanntem Ziel verbessern. Dabei ertappt ihn der aufmerksame Polizeibeamte Siegmund ARGUS. Stuff wird wegen des begründeten Verdachts des Diebstahls nach § 242 StGB zur Sicherung des beschleunigten Verfahrens aufgrund des § 127b StPO vorläufig festgenommen.

g) Der Hilfsarbeiter Manfred Stark wurde von Polizeibeamten auf einem Kirmesplatz bei einer Schlägerei überrascht. Ermittlungen der Beamten ergaben, dass Stark den Streit provoziert hat. Bei der Auseinandersetzung hat Stark seinen Kontrahenten Klaus Schwung durch heftige Faustschläge ins Gesicht so verletzt, dass Schwung mit einer leichten Gehirnerschütterung ins Krankenhaus eingeliefert werden musste. Im Zuge der polizeilichen Ermittlungen stellte sich heraus, dass Stark mit einem Schausteller von März bis November und oft auch noch vor Weihnachten eines jeden Jahres von Ort zu Ort zieht und in der Zeit kaum erreichbar ist. Weil deshalb eine Hauptverhandlung im beschleunigten Verfahren nicht gesichert ist, nehmen ihn die Beamten aufgrund des § 127b StPO vorläufig fest.

Die Entscheidung über das beschleunigte Verfahren trifft das Gericht auf Antrag der Staatsanwaltschaft.

Ein Haftbefehl als Folge der vorläufigen Festnahme darf nur erfolgen, wenn die Hauptverhandlung binnen einer Woche zu erwarten ist (§ 127b Abs. 2 StPO). Das beschleunigte Verfahren setzt die Verfügbarkeit eines Hauptverhandlungstermins voraus (Pfeiffer/Fischer, a.a.O., § 417, RdNr. 3).

## IV.  Festnahmerecht nach § 19 IRG

Über die Befugnis zur Festnahme nach § 127, § 127b StPO hinaus ist die Polizei berechtigt, Personen aufgrund des IRG festzunehmen. Dieses Gesetz sieht neben der Verhaftung aufgrund eines Auslieferungsbeschlusses des Oberlandesgerichtes (§§ 13, 14 und 15 IRG) auch die vorläufige Festnahme vor. Ermächtigungsgrundlage ist § 19 IRG. Danach kommt die vorläufige Festnahme durch Beamte des Polizeidienstes in Betracht, wenn

- **die Voraussetzungen der vorläufigen Auslieferungshaft vorliegen und**
- **die Auslieferungshaft noch nicht angeordnet wurde und**
- **Gefahr im Verzug ist.**

Die **Voraussetzungen für die vorläufige Auslieferungshaft** sind in § 16 IRG genannt. Die Haft kommt nur in Frage, wenn

- ein **Auslieferungsersuchen** einer **zuständigen Stelle** des ersuchenden Staates vorliegt (§ 16 Abs. 1 Nr. 1 IRG). Das kann abweichend vom grundsätzlich vorgesehenen regelmäßigen Verfahren (§§ 10 und 13 ff. IRG) auch eine Polizeidienststelle sein, die aus Gründen der Eilbedürftigkeit fernschriftlich um Mitfahndung bittet.

- ein Auslieferungsersuchen **rechtmäßig und statthaft** ist. Entsprechend § 16 Abs. 1 IRG ist das gegeben, wenn ein Auslieferungsersuchen gestellt werden kann. Ein solches ist zulässig, wenn
  - die **Voraussetzungen der Auslieferung vorliegen** (§ 15 Abs. 1 IRG),
  - **keine Auslieferungshindernisse bestehen** (vgl. unten),
  - die in § 15 Abs. 1 Nr. 1 und 2 IRG genannten **Haftgründe durchgreifen**.

- **dringender Tatverdacht** besteht (§ 16 Abs. 1 Nr. 2 IRG).

**Voraussetzung der Auslieferung** ist zunächst, dass die Person, die ausgeliefert werden soll, ein Ausländer ist. Ausländer sind Personen, die nicht Deutsche im Sinne des Art. 116 GG sind (§ 1 Abs. 3 IRG).

Weiter ist die Auslieferung nur dann zulässig,

- wenn die dem Auszuliefernden vorgeworfene Tat auch nach deutschem Recht rechtswidrig und strafbar ist (§ 3 Abs. 1 IRG) und
- wenn die Tat nach deutschem Recht ein Verbrechen ist, die Tat also mit Freiheitsstrafe von mindestens einem Jahr bedroht ist (§ 3 Abs. 2 IRG) oder
- wenn das Ersuchen auf Vollstreckung wegen einer rechtswidrigen Tat lautet und
  - die Tat ein Verbrechen ist und die Sanktion auf Freiheitsentziehung gerichtet ist (§ 3 Abs. 3 Satz 1 IRG) oder
  - wenn das Ersuchen auf Freiheit entziehende Sanktionen (wegen einer oder mehrerer Taten) von mindestens vier Monate gerichtet ist (§ 3 Abs. 3 Satz 2 IRG).

Die **Haftgründe** nennt der Gesetzgeber in § 15 Abs. 1 Nr. 1 und 2 IRG. Solche sind nur anzunehmen, wenn

- die Gefahr besteht, dass sich der Verdächtige dem Auslieferungsverfahren oder der Durchführung der Auslieferung entziehen werde, also Fluchtgefahr besteht (§ 15 Abs. 1 Nr. 1 IRG) oder
- aufgrund bestimmter Tatsachen der dringende Verdacht begründet ist, dass der Beschuldigte die Ermittlung der Wahrheit in dem ausländischen Verfahren oder im Auslieferungsverfahren erschweren werde (Verdunkelungsgefahr, § 15 Abs. 1 Nr. 2 IRG).

Für die Auslegung der Prämissen Flucht und Verdunkelungsgefahr gelten sinngemäß die Ausführungen zu § 112 StPO (siehe oben) .

Schließlich kommt die vorläufige Festnahme nur in Frage, wenn **dringender Tatverdacht** besteht (zum Begriff vgl. oben). Das ist mit dem Ersuchen darzulegen. Im Zweifel ist eine Rückfrage geboten.

Das Recht zur vorläufigen Festnahme ist nach dem Wortlaut des Gesetzes nicht von **Gefahr im Verzug** abhängig. Dass sie gleichwohl nur statthaft ist, wenn ohne rechtzeitigen Zugriff der angestrebte Erfolg gefährdet ist, folgt aus dem Sinn des Gesetzes und aus Art. 104 GG. Grundsätzlich erfolgt die Auslieferung auf Veranlassung des zuständigen Oberlandesgerichtes, das aufgrund der Auslieferungsunterlagen die Auslieferungshaft anordnet (§§ 10 und 13 ff. IRG). Der hier zum Ausdruck gebrachte Wille des Gesetzgebers darf nicht übersehen werden. Besteht nach Ansicht der Polizei keine Gefahr im Verzug, gibt sie das Ersuchen an die Staatsanwaltschaft ab. Auch wenn sich der sofortige Zugriff aus nicht übersehbaren Gründen verzögern kann, ist die Staatsanwaltschaft sofort einzuschalten, damit die vorläufige Auslieferungshaft angeordnet und Art. 104 GG Rechnung getragen werden kann.

Nach § 20 IRG ist dem Festgenommenen der **Grund der Festnahme mitzuteilen.** Damit erhält er die Möglichkeit, auf eventuell bestehende besondere Probleme hinzuweisen, die sich als Auslieferungshindernisse (siehe unten) darstellen.

Der vorläufig Festgenommene ist unverzüglich, spätestens am Tag nach der Festnahme, dem Richter des nächsten Amtsgerichtes **vorzuführen** (§ 22 IRG).

Das Auslieferungsrecht stößt auf einige wesentliche **Auslieferungshindernisse,** die der Polizeibeamte im Rahmen des Eilzugriffs in der Regel nicht überprüfen kann. Nach dem ersten Zugriff ist jedoch ohne schuldhafte Verzögerung (im Zusammenwirken mit der Staatsanwaltschaft) zu klären, ob im konkreten Fall die Auslieferung ausscheidet und der Verdächtige darum freizulassen ist.

Zu beachten ist, dass eine Auslieferung nicht statthaft ist, wenn

- dem Verdächtigen die Todesstrafe droht (es sei denn, der ersuchende Staat sichert zu, dass die Todesstrafe nicht verhängt oder nicht vollstreckt wird, § 8 IRG).

- der Grund für das Auslieferungsersuchen auf eine militärische Pflichtverletzung zurückgeht (§ 7 IRG).

- Gründe bestehen, dass der Verfolgte wegen seiner Rasse, seiner Religion, seiner Staatsangehörigkeit, seiner Zugehörigkeit zu einer bestimmten sozialen Gruppe oder seiner politischen Anschauungen verfolgt oder bestraft und deshalb ausgeliefert werden soll oder dass sich seine Lage aus diesen Gründen erschweren würde (§ 6 Abs. 2 IRG).

- dem Verdächtigen eine politische Tat vorgeworfen wird. Das gilt nicht, wenn der Verdächtige wegen Völkermordes, Mordes oder Totschlages oder wegen der Beteiligung an solchen Delikten verfolgt wird oder verurteilt worden ist (§ 6 Abs. 1 IRG).

## 5. Hinweis

Die Befugnisse zur Gewahrsamnahme und Festnahme werden durch die Gefahrenabwehrbefugnisse zur **Durchsuchung einer Person** nach § 39 Abs. 1 Nr. 1 PolG und zur Durchsuchung von Sachen nach § 40 Abs. 1 Nr. 1 PolG ergänzt. Eine Person, die rechtmäßig festgenommen wird, darf zur Gefahrenabwehr zugleich durchsucht werden.

Die Festnahmebefugnis rechtfertigt die **zwangsweise Durchsetzung** der Anordnung. Die Art und Weise des Zwanges richtet sich jedoch entsprechend § 57 PolG nach den Vorschriften der §§ 58 ff. PolG.

# Dritter Abschnitt
# Die Verhaftung

Die Verhaftung ist eine Freiheitsentziehung aufgrund richterlicher Anordnung. Sie kommt in einem Haftbefehl zum Ausdruck. Dabei ist es gleichgültig, ob er unmittelbar von einem Richter ausgefertigt oder ob er (aufgrund einer richterlichen Anordnung im Rahmen der Strafvollstreckung) von der Staatsanwaltschaft erlassen wurde. Ein auf Freiheitsentziehung lautendes rechtskräftiges Strafurteil beinhaltet die Anordnung der Verhaftung und den Befehl der Vollstreckung (zur Bedeutung eines Haftbefehls vgl. umfassend Kay, Der Haftbefehl aus polizeilicher Wertung und Sicht, DIE POLIZEI, 6/90, S. 151 ff).

Die Verantwortung für die Rechtmäßigkeit des Haftbefehls und den damit verbundenen Eingriff in die persönliche Freiheit des Betroffenen trägt die anordnende Behörde (das Gericht).

Die Polizei hat die Aufgabe, Weisungen der Staatsanwaltschaft zu befolgen und Aufträge auszuführen (vgl. Band I, 4. Kapitel).

Soweit ein Richter Vollstreckungsbehörde ist (das ist in Jugendsachen der Fall, vgl. §§ 82 ff., 105 JGG), vollstreckt die Polizei die Anordnung im Rahmen der Vollzugshilfe (vgl. Band I, 4. Kapitel). Zwischen Gericht und Polizei besteht kein Weisungsverhältnis.

In beiden Fällen trägt die Polizei die Verantwortung für die Art und Weise der Durchführung.

Der Haftbefehl beinhaltet das Recht zur Identitätsüberprüfung im sinne von § 163b StPO.

Mit der Anordnung der Freiheitsentziehung ist in der Regel zugleich die Anordnung getroffen, notfalls auch die Wohnung des Betroffenen zu betreten und gegebenenfalls zu durchsuchen. Die richterliche Anordnung zur Verhaftung beinhaltet die Anordnung der Durchsuchung der Wohnung des Beschuldigten, ohne dass es einer ausdrücklichen richterlichen Erwähnung bedarf (Kleinknecht-Meyer-Goßner, a.a.O., § 114, RdNr. 20).

Der Erzwingungshaftbefehl nach § 96 OWiG erfordert allerdings eine besondere Güterabwägung. Die Wohnungsdurchsuchung wird in der Regel am Verhältnismäßigkeitsgrundsatz scheitern.

Die Wohnung anderer darf nur unter den Voraussetzungen der §§ 103 und 105 StPO betreten und durchsucht werden.

Haftbefehle sind dem Betroffenen vor Vollzug der Maßnahme bekannt zu geben. Das folgt (je nach Art des Haftbefehls) aus § 114a StPO oder (soweit § 114a StPO keine Anwendung findet) aus Art. 5 Abs. 2 Konvention zum Schutz der Menschenrechte und Grundfreiheiten.

Art. 104 Abs. 4 GG schreibt weiter vor, dass Angehörige oder Vertrauenspersonen des Betroffenen von der Freiheitsentziehung in Kenntnis zu setzen sind.

Soweit die Polizei Untersuchungshaftbefehle (§ 112 StPO), Unterbringungsbefehle (§ 126a StPO) oder Sicherungshaftbefehle (§ 453c StPO) zu vollstrecken hat, ist dem

Betroffenen eine Durchschrift des Haftbefehls auszuhändigen (§ 114 Abs. 2, § 126a Abs. 2, § 453c Abs. 2 StPO, Nr. 48 RiStBV).

In der Anordnung der Verhaftung liegt auch die Befugnis zur zwangsweisen Durchsetzung. Die Art und Weise der Zwangsanwendung richtet sich nach §§ 57 ff. PolG (siehe Band I, 5. Kapitel). In Betracht kommt nur unmittelbarer Zwang (einfache körperliche Gewalt und im Rahmen der Zulässigkeitsvoraussetzungen der Einsatz von Hilfsmitteln und von Waffen).

Von Bedeutung sind folgende Haftbefehlsarten:

- **der Untersuchungshaftbefehl nach § 112 ff. StPO,**
- **der Hauptverhandlungshaftbefehl nach § 127b StPO,**
- **der Unterbringungshaftbefehl nach § 126a StPO,**
- **der Sicherungshaftbefehl nach § 453c StPO,**
- **der Vollstreckungshaftbefehl nach § 457 Abs. 2 StPO,**
- **der Haftbefehl zur Sicherung einer Hauptverhandlung nach § 230 Abs. 2 StPO** (das gleiche gilt im Berufungsverfahren nach § 329 StPO oder im Revisionsverfahren nach § 350 StPO),
- **der Haftbefehl zur Durchsetzung der Anordnung auf persönliches Erscheinen nach § 236 StPO**
- **der Haftbefehl zur Vollstreckung des Jugendarrestes nach §§ 82 ff., 13, 16, 105 JGG,**
- **der Haftbefehl zur Erzwingung einer Zeugenaussage (Beugehaft) nach § 70 Abs. 2 StPO.**
- **der Haftbefehl zur Vollstreckung einer Ersatzfreiheitsstrafe nach § 459e StPO** (soweit sich das Gericht auf einen Vorführbefehl beschränkt, ist vor der Wohnungsdurchsuchung des Betroffenen die Frage der Verhältnismäßigkeit besonders zu prüfen; ggf. ist eine Abklärung bei Gericht notwendig).
- **der Erzwingungshaftbefehl** (wegen **Nichtzahlung einer Geldbuße**) nach § 96 OWiG. Die Durchsuchung der Wohnung wird ohne ausdrückliche richterliche Anordnung aus Verhältnismäßigkeitsgründen in der Regel ausscheiden. In Zweifelsfällen ist eine Abklärung bei Gericht notwendig.

# 6. Kapitel
# Sicherheitsleistung

Übersicht
I.   Die Sicherheitsleistung aufgrund von § 132 StPO
II.  Die Sicherheitsleistung aufgrund des § 127a StPO
III. Die Sicherheitsleistung bei der Verfolgung von Ordnungswidrigkeiten

Die Sicherheitsleistung ist eine strafprozessuale Maßnahme. Eine Sicherheitsleistung zur Gefahrenabwehr ist gesetzlich nicht vorgesehen.

Die Mehrzahl der Straftaten, die der Polizei bekannt werden, rechtfertigen keine vorläufige Festnahme. Die Polizei nimmt in den meisten Fällen die Ermittlungen auf, trifft die nötigen Beweissicherungsmaßnahmen und gibt die Sache anschließend an die Staatsanwaltschaft ab. Staatsanwaltschaft und Gericht übernehmen die Sache und führen sie fort. Weil der Verdächtige erreichbar ist, wird der staatliche Strafverfolgungsanspruch nicht gefährdet.

> Die Studentin Klau hat in einem Geschäft einen Pullover gestohlen. Dabei ist sie aufgefallen. Der Detektiv hat die Polizei informiert. Die Polizeibeamten greifen den Sachverhalt auf und erstatten Anzeige. Weil die Täterin in der Bundesrepublik wohnhaft ist und daher jederzeit von der Justizbehörde erreicht werden kann, sind weitere Maßnahmen nicht nötig.

Das ist jedoch nicht immer so. Hat der Täter in der Bundesrepublik Deutschland keinen festen Wohnsitz oder Aufenthalt, liegt die Gefahr nahe, dass er nach Hause fährt und das Verfahren nicht gesichert ist.

> Die Rumänin Scrubic hat einer Frau die Geldbörse aus der Handtasche gestohlen. Die Polizei nimmt die Ermittlungen auf und erstattet Anzeige. Weil die Scrubic in der Bundesrepublik keinen festen Wohnsitz oder Aufenthalt hat, besteht die Gefahr, dass das Strafverfahren nicht gesichert werden kann. Eine Festnahme der Täterin scheidet aus. Die vorläufige Festnahme ist nur bei dringendem Tatverdacht zulässig, wenn Haftgründe vorliegen und wenn die Maßnahme verhältnismäßig ist. Eine vorläufige Festnahme nach § 127b StPO kommt nicht in Frage, weil die Verdächtige nicht auf frischer Tat betroffen oder verfolgt wurde.

Kommt die vorläufige Festnahme und Verhaftung nicht in Betracht, sieht das Gesetz in bestimmter Beziehung zur Sicherung des Strafverfahrens die Sicherheitsleistung vor. Die Sicherheitsleistung richtet sich gegen Personen, die in der Bundesrepublik keinen festen Wohnsitz haben.

Die Sicherheitsleistung ist auf Einziehung von Barmitteln oder von Ersatzgegenständen gerichtet, mit denen die zu erwartende Strafe und die Verfahrenskosten gedeckt werden sollen. Sie realisiert den staatlichen Strafverfolgungsanspruch und ist repressiver Natur. Mit der Sicherheitsleistung wird in das Grundrecht aus Art. 14 GG (Besitz und Eigentum) eingegriffen.

Die Sicherheitsleistung zur Strafverfolgung ist regelmäßig ein Justizverwaltungsakt im Sinne von § 23 EG GVG.

Als **Ermächtigungsgrundlagen** zur Erhebung von Sicherheitsleistungen sind die §§ 132 und 127a StPO heranzuziehen.

# I. Die Sicherheitsleistung aufgrund von § 132 StPO

## 1. Ermächtigung

§ 132 StPO ist als Ermächtigung in den Fällen heranzuziehen, in denen eine Freiheitsentziehung zwingend ausscheidet.

---

**§ 132 StPO**

(1) Hat der Beschuldigte, der einer Straftat dringend verdächtig ist, im Geltungsbereich dieses Gesetzes keinen festen Wohnsitz oder Aufenthalt, liegen aber die Voraussetzungen eines Haftbefehls nicht vor, so kann, um die Durchführung des Strafverfahrens sicherzustellen, angeordnet werden, dass der Beschuldigte
1. eine angemessene Sicherheit für die zu erwartende Geldstrafe und die Kosten des Verfahrens leistet und
2. eine im Bezirk des zuständigen Gerichtes wohnende Person zum Empfang von Zustellungen bevollmächtigt.
§ 116a Abs. 1 gilt entsprechend.
(2) Die Anordnung dürfen nur der Richter, bei Gefahr im Verzug auch die Staatsanwaltschaft und ihre Hilfsbeamten (§ 152 des Gerichtsverfassungsgesetzes) treffen.
(3) Befolgt der Beschuldigte die Anordnung nicht, so können Beförderungsmittel und andere Sachen, die der Beschuldigte mit sich führt und die ihm gehören, beschlagnahmt werden. Die §§ 94 und 98 gelten entsprechend.

---

### 1.1 Zulässigkeitsvoraussetzungen

§ 132 StPO setzt voraus, dass

- **der Betroffene einer Straftat dringend verdächtig und**
- **Beschuldigter ist,**
- **in der Bundesrepublik keinen festen Wohnsitz oder Aufenthalt hat und**
- **die Voraussetzungen eines Haftbefehls nicht vorliegen.**

Verlangt ist zunächst dringender Tatverdacht (vgl. Band I, 3. Kapitel, Zweiter Abschnitt und oben 5. Kapitel, Zweiter Abschnitt, II. 1.2) hinsichtlich einer Straftat, die in der Regel mit Geldstrafe geahndet wird. § 132 StPO wird anzuwenden sein, wenn eine vorläufige Festnahme unverhältnismäßig ist. Die Vorschrift greift insbesondere Fälle der leichten bis mittleren Kriminalität auf.

Ferner ist die Sicherheitsleistung nur vorgesehen, wenn der Verdächtige auch Beschuldigter ist. Bei nicht schuldfähigen Personen (also z.B. bei Kindern) scheidet die Maßnahme aus. Ist der Beschuldigte noch jugendlich, ist zu berücksichtigen, dass entsprechend § 50 JGG eine Hauptverhandlung in Abwesenheit des Jugendlichen nur unter besonderen Voraussetzungen zulässig ist. Insoweit kann auch über die erhobene Sicherheit nur eingeschränkt entschieden werden. Darum sollte die Polizei in diesen Fällen alles tun, um die richterliche Entscheidung zu erreichen.

Schließlich kommt die Sicherheitsleistung nur in Frage, wenn der Beschuldigte in der Bundesrepublik keinen festen Wohnsitz oder Aufenthalt hat und trotzdem eine vorläufige Festnahme unzulässig ist. Die Festnahmevoraussetzungen wurden im 5. Kapitel, Zweiter Abschnitt, II. umfassend erläutert. Das Scheitern der Verhaftungsvoraussetzungen - meist aus Übermaßverbotsgründen - ist Bedingung für die Befugnis nach § 132 StPO.

Die Sicherheitsleistung erfordert, dass der Beschuldigte einen **Zustellungsbevollmächtigten benennt**. Das muss eine geschäftsfähige Person sein, die im Zuständigkeitsbezirk des Gerichts wohnhaft und deshalb für das Gericht erreichbar ist (Pfeiffer/Fischer, a.a.O., § 116a, RdNr. 2).

Zustellungsbevollmächtigter kann ein Verwandter, ein Bekannter oder auch ein Rechtsanwalt sein (siehe RdErl. des Innenministeriums über die Erhebung von Sicherheitsleistungen durch die Polizei vom 26.8.1980 in der Fassung vom 15.10.1992 - MBl. NW. S. 1718 -, RdNr. 2.33). Voraussetzung ist, dass die benannte Person einverstanden ist und ermächtigt wird. Die Zustellungsvollmacht muss von dem Beschuldigten schriftlich erteilt und zu den Akten genommen werden (Kleinknecht/Meyer-Goßner, a.a.O., § 132 StPO RdNr. 8).

Der benannte Zustellungsbevollmächtigte muss natürlich einverstanden sein.

## 1.2 Adressat

**Adressat** der Ermächtigung aus § 132 StPO ist **der Beschuldigte**. Die Richtung der Maßnahme wird durch die Befugnis selbst bestimmt.

## 1.3 Rechtsfolge

Rechtsfolge aus § 132 Abs. 1 StPO ist die Befugnis zur **Anordnung, eine Sicherheit zu leisten und einen Zustellungsbevollmächtigten zu benennen** (§ 132 Abs. 1 Nr. 1. und 2. StPO).

Im Hinblick auf die zu leistende **Sicherheit** weist § 132 auf § 116a Abs. 1 StPO hin.

---

**§ 116a    Art der Sicherheitsleistung; Zustellungsvollmacht**

**(1) Die Sicherheit ist durch Hinterlegung in barem Geld, in Wertpapieren, durch Pfandbestellung oder durch Bürgschaft geeigneter Personen zu leisten. (2) Der Richter setzt Höhe und Art der Sicherheit nach freiem Ermessen fest. (3) Der Beschuldigte, der die Aussetzung des Vollzugs des Haftbefehls gegen Sicherheitsleistung beantragt und nicht im Geltungsbereich dieses Gesetzes wohnt, ist verpflichtet, eine im Bezirk des zuständigen Gerichtes wohnende Person zum Empfang von Zustellungen zu bevollmächtigen.**

---

Vorgesehen ist im Grundsatz, dass der Beschuldigte einen Geldbetrag entrichtet, der in etwa der zu erwartenden Geldstrafe und den Verfahrenskosten entspricht.

Für die Sicherheitsleistung maßgebend sind die zu Grunde liegende Tat, der Schuldvorwurf und die Strafe, die in vergleichbaren Fällen ausgesprochen wird. Auch Geld in ausländischer Währung oder Schecks können als Sicherheit dienen (vgl. RdErl. des Innenministeriums über die Erhebung von Sicherheitsleistungen durch die Polizei vom 26.8.1980 in der Fassung vom 15.10.1992, MBl. NW. S. 1718).

Kann der Beschuldigte den Geldbetrag nicht aufbringen, lässt das Gesetz die Hinterlegung von Wertpapieren zu. Auch die Pfandbestellung und die Bürgschaft sind vorgesehen. Pfand können auch Wertsachen oder Fahrzeuge sein, soweit der Täter sie als Pfand zurücklässt.

Eine Bürgschaft bedarf der Schriftform (Kleinknecht/Meyer-Goßner, a.a.O., § 116a StPO, RdNr. 4). Der Bürge muss voll geschäftsfähig (also volljährig) sein.

Verfahrenskosten sind die zu erwartenden oder bereits entstandenen Aufwendungen (z.B. die Kosten für eine Blutprobenentnahme).

Unzulässig ist es, die Auslagen für Dolmetscher und Übersetzerkosten zu den Verfahrenskosten zu rechnen. Dem steht im Rahmen der Strafverfolgung Art. 6 Abs. 3 Konvention zum Schutz der Menschenrechte und Grundfreiheiten entgegen (vgl. RdErl. des Innenministeriums über die Erhebung von Sicherheitsleistungen durch die Polizei vom 26.8.1980 in der Fassung vom 15.10.1992 - MBl. NW. S. 1718 - RdNr. 3.1). Diese Auslagen hat die Behörde zu tragen.

a) Der rumänische Staatsbürger Juan Bradu besuchte seinen in der Bundesrepublik wohnhaften Bruder Josep. Hier fuhr er dann ohne Fahrerlaubnis mit dessen Wagen. Die Polizei hat ihn zu Anzeige gebracht. Weil er keinen festen Wohnsitz in der Bundesrepublik hat und wegen des Deliktes eine Verhaftung ausschied, verlangten die Beamten eine Sicherheitsleistung in Höhe von EURO 200,--. Bradu zahlte die Summe und erteilte seinem Bruder Josep Zustellungsvollmacht.

b) Der Italiener Pucci machte eine Rundreise durch Deutschland. Auf dieser Tour besuchte er in MS auch seinen Urlaubsbekannten, Alfred Wandel. Das Wiedersehen wurde kräftig begossen. Als Pucci am nächsten Morgen weiterfuhr, geriet er in eine Polizeikontrolle. Dabei fiel auf, dass er noch einen Restalkohol von mehr als 1,2 Promille hatte. Die Beamten ließen ihm eine Blutprobe entnehmen, beschlagnahmten seinen Führerschein und verlangten eine Sicherheitsleistung in Höhe von EURO 1.000,--. Weil Pucci nicht zahlen konnte, setzte er sich mit seinem Freund Wandel in Verbindung. Wandel gab als Sicherheit eine Bürgschaftserklärung ab. Pucci erteilte ihm Zustellungsvollmacht.

In beiden Fällen war das Strafverfahren durch die erbrachte Leistung gesichert.

Folgt der Beschuldigte der Anordnung einer Sicherheitsleistung nicht, kann oder will er keine Sicherheit leisten und keinen Zustellungsbevollmächtigten benennen, sieht das Gesetz mit § 132 Abs. 3 StPO als **weitere Rechtsfolge** die **Beschlagnahme**

- **von Beförderungsmitteln** (das benutzte Fahrzeug) oder
- **von Sachen** (z.B. Schmuckgegenstände wie Halsketten, Ringe, Broschen usw. oder Videokameras, Fotoapparate oder andere Wertsachen) vor, wenn
- die Sachen vom Beschuldigten mitgeführt werden und
- ihm gehören.

Der Beschuldigte muss Eigentümer der Beförderungsmittel oder Sachen sein.

a) Der slowakische Staatsangehörige Scryba war in der Bundesrepublik zu Besuch. Hier lieh er sich bei der Fa. Schnell einen Pkw und unternahm Tagesausflüge. Dabei geriet er in eine Polizeikontrolle. Weil er erheblich alkoholisiert war, ließen ihm die Polizeibeamten eine Blutprobe entnehmen, beschlagnahmten den Führerschein und verlangten eine Sicherheitsleistung. Da Scryba keine Barmittel mehr besaß, beschlagnahmten sie seine wertvolle Videokamera als Sicherheit für das Strafverfahren. Eine Beschlagnahme des benutzten Fahrzeugs schied aus, weil es der Fa. Schnell gehörte. Dem Prokuristen der Fa. Schnell wurde mit dessen Einverständnis Zustellungsvollmacht erteilt.

b) Die Polin Maria Scrikowa hielt sich zu Besuch in HA auf. Bei einem Besuch eines Kaufhauses stahl sie ein Fläschchen Parfüm. Dabei wurde sie überrascht und angezeigt. Die Polizeibeamten stellten fest, dass die Frau am Tage zuvor schon eine Diebstahlsanzeige erhalten hatte, und zwar hatte sie in einem anderen Kaufhaus zwei Paar Strümpfe gestohlen. Weil eine vorläufige Festnahme der Täterin aus Verhältnismäßigkeitsgründen ausscheiden musste, verlangten die Beamten als Sicherheit für das Strafverfahren einen Geldbetrag in Höhe von EURO 150,--. Frau Scrikowa konnte das Geld jedoch nicht aufbringen. Darum beschlagnahmten die Polizeibeamten einen Ring, der nach Schätzung eines Juweliers in etwa EURO 150,-- wert und für den Betrag auch weiter zu verkaufen ist. Eine Zustellungsvollmacht wurde an Herrn Rechtsanwalt Adler erteilt.

Nicht beschlagnahmt werden sollen Sachen, die gemäß § 811 ZPO unpfändbar sind (RdErl. des Innenministeriums vom 26.8.1980 in der Fassung vom 15.10.1992 - MBl. NW. S. 1718 - RdNr. 2.43). Das sind z.B. benötigte Kleidungsstücke, Haushaltsgeräte, Gehhilfen, künstliche Gliedmaßen, Trauringe, Ordens- und Ehrenzeichen usw.).

Die Befugnis zur Beschlagnahme rechtfertigt auch die Suche nach den Sachen. Darum beinhaltet das Recht zur Beschlagnahme auch die **Befugnis zur Durchsuchung** der Person oder der mitgeführten Sachen. Insbesondere können das benutzte Fahrzeug, die

Ladefläche von Lkw, Wohnwagengespanne, mitgeführte Taschen und Rucksäcke durchsucht werden (vgl. Kleinknecht-Meyer-Goßner, a.a.O., 44. Auflage, § 132 StPO, RdNr. 19; so auch Pfeiffer/Fischer, a.a.O., § 132, RdNr. 4).

## 2.    Verfahrens- und Formvorschriften

Die **Befugnis zur Anordnung der Sicherheitsleistung** nach § 132 Abs. 1 StPO liegt beim Richter (§ 132 Abs. 2 StPO). Im Grundsatz hat der Richter zu entscheiden. Er legt dann auch die Höhe der Sicherheitsleistung fest.

Bei Gefahr im Verzug sind auch die Staatsanwaltschaft und ihre Hilfsbeamten berechtigt, eine Sicherheitsleistung anzuordnen (§ 132 Abs. 2 StPO).

In Bezug auf die Beschlagnahme von Beförderungsmitteln und Sachen nach § 132 Abs. 3 StPO verweist das Gesetz auf die §§ 94 und 98 StPO. Damit gelten die gleichen Regeln wie bei der Beschlagnahme von Beweismitteln.

Beschlagnahmt die Polizei Beförderungsmittel oder Sachen als Sicherheit für die Durchführung des Strafverfahrens, hat sie den Betroffenen über seine Rechte aufzuklären (§ 98 Abs. 2 Satz 7 StPO). Dazu gehören die Hinweise,

- dass er jederzeit die richterliche Entscheidung beantragen kann (§ 98 Abs. 2 Satz 2 StPO),
- dass das Amtsgericht, in dessen Bezirk die Beschlagnahme stattgefunden hat, zuständig ist,
- dass er auf Verlangen ein Verzeichnis über die in Beschlag genommenen Sachen erhält (§ 107 Satz 2 StPO).

Gemäß Erlass des Innenministeriums über die Erhebung von Sicherheitsleistungen durch die Polizei vom 26.8.1980 in der Fassung vom 15.10.92 - MBl. NW. S 1718, RdNr. 2.25 - ist über die Beschlagnahme eine Niederschrift zu fertigen. Der Erlass enthält weitere Verfahrensregelungen, die zu beachten sind. Insbesondere ist der Beschuldigte darauf hinzuweisen, dass für ihn Kosten entstehen, wenn er einen Rechtsanwalt als Zustellungsbevollmächtigten beauftragen will.

## II.   Die Sicherheitsleistung aufgrund des § 127a StPO

## 1.    Ermächtigung

§ 127a StPO kommt als Ermächtigung in Betracht, wenn eine Verhaftung aufgrund bestehender Fluchtgefahr möglich wäre, die Durchführung des Verfahrens aber über eine Sicherheitsleistung sichergestellt werden kann.

Während § 132 StPO anzuwenden ist, wenn eine vorläufige Festnahme immer ausscheidet, erfasst § 127a StPO Sachverhalte, die eine Verhaftung aufgrund bestehender Fluchtgefahr rechtfertigen, der staatliche Strafverfolgungsanspruch aber durch Leistung einer Sicherheit realisiert werden kann. Das wird bei Straftaten der Fall sein, die in der Regel mit Geldstrafe geahndet werden

---

**§ 127a StPO    Freilassung gegen Sicherheitsleistung**

**(1) Hat der Beschuldigte im Geltungsbereich dieses Gesetzes keinen festen Wohnsitz oder Aufenthalt und liegen die Voraussetzungen eines Haftbefehls nur wegen Fluchtgefahr vor, so kann davon abgesehen werden, seine Festnahme anzuordnen oder aufrechtzuerhalten, wenn**
**1. nicht damit zu rechnen ist, dass wegen der Tat eine Freiheitsstrafe verhängt oder eine Freiheit entziehende Maßregel der Besserung und Sicherung angeordnet wird und**
**2. der Beschuldigte eine angemessene Sicherheit für die zu erwartende Geldstrafe und die Kosten des Verfahrens leistet.**
**(2) § 116a Abs. 1 und 3 gilt entsprechend.**

---

## 1.1    Zulässigkeitsvoraussetzungen

§ 127a StPO knüpft an § 127 Abs. 2 StPO an. Grundvoraussetzung ist daher zunächst, dass die Polizei überhaupt zur vorläufigen Festnahme befugt ist (zur den Voraussetzungen der vorläufigen Festnahme siehe 5. Kapitel, Zweiter Abschnitt, II.). Ist das der Fall, kann statt der Festnahme die Sicherheitsleistung nach § 127a StPO in Betracht kommen, wenn

- **der Beschuldigte einer Straftat dringend verdächtig ist und**
- **in der Bundesrepublik Deutschland keinen festen Wohnsitz oder Aufenthalt hat und**
- **Fluchtgefahr besteht und**
- **nicht damit zu rechnen ist, dass**
  **- eine Freiheitsstrafe oder**
  **- Freiheit entziehende Maßregel der Besserung und Sicherung**
  **angeordnet wird.**

Die Tatbestandsvoraussetzungen "Beschuldigter", "dringender Tatverdacht" und "Fluchtgefahr" wurden im Zusammenhang mit den Festnahmevoraussetzungen umfassend erläutert. Darauf wird an dieser Stelle verwiesen (siehe 5. Kapitel, Zweiter Abschnitt, II. 1.2).

Von der Verhaftung kann nur Abstand genommen werden, wenn Fluchtgefahr Anlass der vorläufigen Festnahme ist und der staatliche Strafanspruch durch eine Sicherheitsleistung gewährleistet werden kann. Besteht Verdunkelungsgefahr, scheidet die Leistung einer Sicherheit aus. In den Fällen ist der Beschuldigte vorläufig festzunehmen.

Die Ermächtigung aus § 127a StPO stellt auf Delikte mittlerer Schwere ab, die sowohl mit Freiheitsstrafe als auch mit Geldstrafe geahndet werden können, grundsätzlich aber durch Verhängung einer Geldstrafe abgeschlossen werden. Wann im Einzelfall Geldstrafe in Betracht kommt, ist für den Polizeibeamten schwer zu beurteilen. Maßgebend sollten das Ausmaß der Tat sowie die Einstellung und innere Haltung des Täters sein.

Bei Wiederholungstätern oder bei gewohnheits- oder gewerbsmäßig handelnden Straftätern wird die Sicherheitsleistung ausscheiden. Andere mittelschwere Fälle sollten nach allgemeinen Erfahrungswerten (orientiert an der gerichtlichen Praxis) beurteilt werden.

In Zweifelsfällen soll der Polizeibeamte den Beschuldigten festnehmen und die Entscheidung des Richters am Amtsgericht herbeiführen (vgl. RdErl. des Innenministeriums über die Erhebung von Sicherheitsleistungen durch die Polizei vom 26.8.1980 in der Fassung vom 15.10.1992 - MBl. NW. 1718 - Ziff. 3.22) oder einen Staatsanwalt befragen. Das wird insbesondere auch nötig sein, wenn der Beschuldigte noch Jugendlicher ist, denn eine Hauptverhandlung in Abwesenheit des Jugendlichen ist entsprechend § 50 JGG nur unter besonderen Voraussetzungen vorgesehen.

Weil § 127a Abs. 2 StPO auf § 116a Abs. 3 StPO verweist, muss der Beschuldigte auch einen **Zustellungsbevollmächtigten** nennen und Vollmacht erteilen (siehe oben).

## 1.2 Adressat

Adressat der Ermächtigung ist der Beschuldigte, der wegen dringenden Tatverdachtes festgenommen werden könnte.

## 1.3 Rechtsfolge

Rechtsfolge des § 127a StPO ist das Recht der Polizei, **von** einer **vorläufigen Festnahme abzusehen, wenn die Sicherheit geleistet wird.**

Unter den Voraussetzungen des § 127a StPO kann der Beschuldigte die Verhaftung verhindern, indem er eine angemessene **Sicherheit** für die zu erwartende Geldstrafe und die Verfahrenskosten leistet.

Als Sicherheit kommen wie bei der Sicherheitsleistung nach § 132 StPO entsprechend § 127a Abs. 2 StPO i.V.m. § 116a Abs. 1 StPO die Hinterlegung der Sicherheit in barem Geld, in Wertpapieren, durch Pfandbestellung oder durch Bürgschaft geeigneter Personen in Betracht (siehe oben).

§ 127a StPO verlangt die **freiwillige Mitwirkung** des Beschuldigten. Anders als nach § 132 StPO kann die Leistung der Sicherheit nicht angeordnet werden. Dem Beschuldigten ist mit diesem Rechtssatz lediglich die Chance eingeräumt, die Verhaftung abzuwenden. Weigert er sich, eine Sicherheit zu hinterlegen, muss er die Verhaftung in Kauf nehmen.

Eine Beschlagnahme von Beförderungsmitteln und anderen Wertsachen ist (im Unterschied zu § 132 StPO) unzulässig.

## 2. Verfahrens- und Formvorschriften

Im Zusammenhang mit § 127a StPO bestehen keine besonderen **Verfahrens- und Formvorschriften**.

**Anordnungsbefugt** ist jeder Polizeibeamte. Die Entscheidung, von einer Festnahme abzusehen, kann jeder örtlich und sachlich zuständige Polizeibeamte treffen. Die Polizei soll jedoch die Entscheidung des Richters einholen, wenn die Freilassung zweifelhaft ist oder wenn der Polizeibeamte nicht in der Lage ist, die Höhe der Sicherheit zu bestimmen (vgl. RdErl. des Innenministeriums über die Erhebung von Sicherheitsleistungen durch die Polizei vom 26.8.1980 in der Fassung vom 15.10.1992 - MBl. NW. 1718 - Ziff. 3.22).

Daneben sollten (im Interesse eines rechtsstaatlichen Verfahrens) die **Vorschriften der § 94 ff.** StPO (wie bei der Sicherheitsleistung nach § 132 StPO - siehe oben) Anwendung finden.

a) Der Waldarbeiter Kraxel aus Österreich hatte in der Gaststätte "Zum lustigen Friedel" mit anderen kräftig gezecht. Im alkoholisierten Zustand gerieten Kraxel und ein anderer Zecher namens Großspur schließlich in Streit, in den sich auch andere einmischten. Die verbalen Auseinandersetzungen arteten schließlich zu einer heftigen Keilerei aus, die dem Kraxel offensichtlich Spaß machte. Er schlug kräftig zu. Schließlich musste Großspur mit einer Platzwunde und einer Gehirnerschütterung ins Krankenhaus gebracht werden. Die Polizeibeamten Klug und Hell nahmen den Sachverhalt auf und erstatteten Anzeige. Weil Kraxel dringend tatverdächtig war und in der Bundesrepublik keinen festen Wohnsitz oder Aufenthalt hatte, verlangten sie aufgrund des § 127a StPO statt der Festnahme eine Sicherheitsleistung in Höhe von EURO 700. Kraxel erteilte seinem Gastwirt Zustellungsvollmacht und zahlte den geforderten Betrag mit einem Scheck.

b) Der Lehrer Schmal aus Dänemark befand sich auf Urlaubsreise in der Bundesrepublik. Als er durch MES fuhr, lief ihm ein siebenjähriges Kind vor das Fahrzeug. Das Kind wurde von dem Wagen erfasst und schwer verletzt. Die Ursache des Unfalls musste dem Schmal als Fahrlässigkeitstat zugerechnet werden, denn nach den Umständen am Unfallort und Zeugenaussagen hätte er das am Fahrbahnrand stehende Kind sehen müssen. Die Polizeibeamten nahmen den Unfall auf und erstatteten Anzeige. Weil Schmal der fahrlässigen Körperverletzung dringend verdächtig war und in der Bundesrepublik keinen festen Wohnsitz und Aufenthalt hatte, verlangten die Polizeibeamten aufgrund des § 127a StPO statt einer vorläufigen Festnahme eine Sicherheitsleistung in Höhe von EURO 1.500,--.

## III. Die Sicherheitsleistung bei der Verfolgung von Ordnungswidrigkeiten

Bei der Verfolgung von Ordnungswidrigkeiten hat der örtlich und sachlich zuständige Polizeibeamte die Befugnisse der Strafprozessordnung.

Soweit die Polizei als zuständige Verfolgungsbehörde im Sinne von § 35/§ 36 OWiG handelt, hat sie entsprechend § 46 Abs. 2 OwiG die Befugnisse, wie sie der Staatsanwaltschaft bei der Verfolgung von Straftaten zustehen. Ist sie nicht zuständige Verfolgungsbehörde, hat sie nach § 53 Abs. 2 OWiG die Befugnisse, wie sie ihr bei der Verfolgung von Straftaten zukommen (vgl. vertiefend Band I, 3. Kapitel, Dritter Abschnitt).

Zu den polizeilichen Befugnissen gehört das Recht zur Anordnung einer **Sicherheitsleistung nach § 132 StPO.**

Die Voraussetzungen sind denen der Strafverfolgung gleich. Weil bei der Verfolgung von Ordnungswidrigkeiten die Verhaftung immer ausscheidet (siehe § 46 Abs. 3 OwiG) verlangt § 132 StPO nur, dass

- **der Betroffene einer Ordnungswidrigkeit dringend verdächtig ist,**
- **die Ordnungswidrigkeit vorwerfbar ist und**
- **der Betroffene in der Bundesrepublik keinen festen Wohnsitz oder Aufenthalt hat.**

Im Hinblick auf

- die Anordnung einer Sicherheitsleistung,
- die Anordnung der Bestellung eines Zustellungsbevollmächtigten,
- das Recht zur Beschlagnahme von Beförderungsmitteln oder anderen Sachen im Fall der Nichterfüllung der Anordnung,
- den Adressaten der Maßnahme,
- die Anordnungsbefugnis und
- die Verfahrens- und Formvorschriften

wird auf die obigen Ausführung zur Sicherheitsleistung nach § 132 StPO bei der Strafverfolgung verwiesen.

Als Maßstab für die zu erhebende Sicherheit sind die einschlägigen Bußgeldkataloge Richtung weisend. Hinzu kommen als Verfahrenskosten die üblichen Verwaltungsgebühren.

Allerdings fallen **Auslagen für Dolmetscher und Übersetzer** hier unter die **Verfahrenskosten.** Die Einschränkung aus Art. 6 der Konvention zum Schutz der Menschenrechte und Grundfreiheiten gilt nicht.

Im übrigen ist der RdErl. des Innenministeriums über die Erhebung von Sicherheitsleistungen durch die Polizei vom 26.8.1980 in der Fassung vom 15.10.1992 (MBl. NW. 1718) zu beachten.

   a) Der polnische Fernfahrer Scholticyk wurde in OE in eine Verkehrskontrolle einbezogen. Dabei stellte sich heraus, dass er die Lenkzeit erheblich überschritten hatte. Aufgrund der Ordnungswidrigkeit erstatteten die Polizeibeamten Anzeige und verlangten aufgrund der §§ 46 Abs. 2 OwiG i.V.m. 132 StPO eine Sicherheitsleistung in Höhe von EURO 500,--.

   b) Der Rumäne Urban hielt sich mit seinen Freundinnen als Tourist in der Bundesrepublik auf. Polizeibeamte ertappten ihn dabei, als er in der Fußgängerzone der Bahnhofstraße in SI Handzettel an bestimmte Männer verteilte, mit denen er zum Verkehr mit seinen Mädchen (in einem Kleinbus) zu dem "günstigen Betrag von nur EURO 50,--" einlud. Die Polizeibeamten erstatteten Anzeige nach § 120 OwiG und verlangten aufgrund des § 46 Abs. 2 OwiG i.V.m. § 132 StPO eine Sicherheitsleistung in Höhe von EURO 500,--.

Eine **Sicherheitsleistung nach § 127a StPO scheidet** im Rahmen der OWi-Verfolgung immer **aus**. § 127a StPO geht davon aus, dass grundsätzlich die Verhaftung wegen Fluchtgefahr möglich wäre. Da aber bei der OWi-Verfolgung die Verhaftung oder vorläufige Festnahme nicht statthaft ist (§ 46 Abs. 3 OWiG), kann auch die ersatzweise Sicherheitsleistung nicht in Frage kommen.

# 7. Kapitel
# Sicherstellung/Beschlagnahme

| Übersicht | |
|---|---|
| Vorbemerkungen | |
| Erster Abschnitt | Sicherstellung zur Gefahrenabwehr |
| Zweiter Abschnitt | Sicherstellung/Beschlagnahme von Beweismitteln |
| Dritter Abschnitt | Beschlagnahme von Einziehungsgegenständen |
| Vierter Abschnitt | Beschlagnahme von Verfallsgegenständen/Zurückgewinnungshilfe |
| Fünfter Abschnitt | Sicherstellung/Beschlagnahme von Führerscheinen |

## Vorbemerkungen

Mit der Sicherstellung/Beschlagnahme begründet die Polizei die tatsächliche Sachherrschaft über eine Sache. Sie wird in der Regel durch Überführung einer Sache in den Besitz einer Behörde bewirkt.

In der Regel liegt darin die Beendigung des Gewahrsams des Eigentümers oder sonstigen Berechtigten (**Entziehung der tatsächlichen Verfügungsgewalt des Berechtigten**) mit der **Begründung neuen Gewahrsams durch die Polizei** (Drews/Wacke/Vogel/Martens, a.a.O., S. 209).

"Sicherstellung und Beschlagnahme sind Rechtsinstitute, die es den mit hoheitlichen Rechten ausgestatteten Subjekten öffentlicher Verwaltung erlauben, das Recht eines Menschen, über seine Sachen nach Belieben zu verfügen, einzuschränken" (Benfer, a.a.O., S. 139).

Allerdings sieht das Polizeigesetz mit § 43 Nr. 2 abweichend von diesem Begriff auch eine andere Form der Sicherstellung, nämlich die Inverwahrnahme einer Sache im Interesse des Berechtigten (zum Schutz seines Eigentums und Besitzes) vor. Demzufolge ist eine Sicherstellung schon mit der hoheitlichen Begründung der tatsächlichen Gewalt über eine Sache, der Inbesitznahme durch die Polizei, und dem Ausschluss anderer von der Einwirkung auf die im Besitz der Polizei befindliche Sache gegeben (Rachor in Lisken/Denninger, 1. Auflage, a.a.O, S. 323, RdNrn. 417/418).

Der gesetzliche Sprachgebrauch in Bezug auf die Sicherstellung und Beschlagnahme ist uneinheitlich (Drews/Wacke/Vogel/Martens, a.a.O., S. 209).

Während das Gefahrenabwehrrecht nur den Begriff "Sicherstellung" kennt (vgl. § 43 PolG), unterscheidet die StPO zwischen Sicherstellung und Beschlagnahme. Eine Beschlagnahme liegt danach vor, wenn die Sache nicht freiwillig herausgegeben wird (§ 94 Abs. 2 StPO), wenn Einziehungs-/Verfallsgegenstände in Verwahrung genommen werden (§ 111b Abs. 1 StPO) oder wenn die Polizei Sachen nach § 111b Abs. 4 StPO i.V.m. § 73 Abs. 1 Satz 2 StGB in Obhut nimmt (Rückgewinnungshilfe).

Die Sicherstellung/Beschlagnahme bezieht sich auf Sachen. Sachen sind körperliche Gegenstände. Auch Gebäude, Grundstücke, Leichen oder Leichenteile fallen unter den

Begriff. Für Tiere gelten die gleichen Vorschriften wie für Sachen (siehe § 5 Abs. 1 Satz 2 PolG).

Sicherstellung und Beschlagnahme sind grundsätzlich auf "Inverwahrnahme" gerichtet.

a) Die Polizei nimmt einem erheblich Betrunkenen ein Messer weg, weil er damit herumfuchtelt und in Gefahr ist, andere und sich selbst zu verletzen.

b) Polizeibeamte nehmen den Fahrzeugschlüssel eines Betrunkenen in Verwahrung, weil er im Begriff war, in diesem Zustand mit dem Wagen zu fahren.

Aber nicht immer kann eine Sache in Verwahrung genommen werden. Für diese Fälle sind andere Formen der Sicherstellung vorgesehen. § 44 Abs. 1 PolG weist darauf hin (siehe unten, Erster Abschnitt 4.).

Lassen tatsächliche oder rechtliche Gründe eine Inverwahrnahme nicht zu (Gebäude oder Grundstücke lassen sich nicht mitnehmen, Verhältnismäßigkeitserwägungen können der Inverwahrnahme entgegenstehen), kommen

- die Sicherung an Ort und Stelle (z.B. durch Versiegelung eines Raumes oder Verschließen eines Pkw) oder
- die Verwahrung durch einen Dritten (bei einem Anwohner oder einem Vertragsunternehmen der Polizei)

in Frage.

Ausnahmsweise kann auch eine mittelbare Sicherstellung/Beschlagnahme notwendig werden, nämlich dann, wenn nicht die Sache selbst, sondern Spuren an einer Sache (z.B. an der Wand im Zimmer einer Wohnung) als Beweismittel benötigt werden. Dann ist die Wohnung insgesamt sicherzustellen.

Keine Sicherstellung liegt vor, wenn die Polizei eine Sache nicht in Verwahrung nimmt, sondern nutzt (Kay/Böcking, Polizeirecht Nordrhein Westfalen, a.a.O., RdNr. 286; Möller/Wilhelm, a.a.O., S. 181). Solche Maßnahmen können zur Gefahrenabwehr erforderlich werden.

Der Polizei wird gemeldet, dass südlich von OE Pferde ausgebrochen sind und über die Fahrbahn in Richtung einer Autobahn traben. Eine Funkstreife greift den Sachverhalt auf und versucht, die Pferde einzufangen. Weil die Tiere aber kein Zaumzeug tragen und andere Mittel fehlen, um sie anzubinden, treiben sie die Pferde auf eine angrenzende Koppel. Die Benutzung der fremden Weide ist keine Sicherstellung, sondern eine Maßnahme aufgrund der Generalklausel (§ 8 PolG). Die Pferde hingegen werden sichergestellt.

Auch die Einwirkung auf eine Sache, die nicht auf Inverwahrnahme, sondern allgemein auf Störungsbeseitigung gerichtet ist, ist keine Sicherstellung.

In HA wurde ein Pkw in einer Halteverbotszone abgestellt. Durch die Verkehrsstörung wurde die Polizei benachrichtigt. Polizeibeamte lassen den Pkw auf einen freien Platz (ganz in der Nähe und vom ursprünglichen Standort des Fahrzeugs einsehbar) umsetzen. Die Maßnahme ist aufgrund des § 8 PolG zulässig. Eine Sicherstellung scheidet aus, weil die Beamten das Fahrzeug nicht in Verwahrung nehmen mussten.

Die Sicherstellung und Beschlagnahme zur Gefahrenabwehr oder zur Beweissicherung sind Beschränkungen der Sachherrschaft über das Eigentum im Sinne von Art. 14 GG (Kay/Böcking, Polizeirecht Nordrhein Westfalen, a.a.O. RdNr. 285), ohne dass dadurch Eigentumsverhältnisse aufgehoben oder verändert werden. Weil Art. 14 GG nicht nur den Bestand des Eigentums schützt, sondern auch Nutzungsrechte, die Verfügungsgewalt (vgl. Jarass/Pieroth, a.a.O., Art. 14, RdNr. 13) sowie Besitz und Aneignungsrechte (Schramm, a.a.O., S. 152) garantiert, liegt in der Sicherstellung oder Beschlagnahme stets eine Beschränkung des Grundrechtes (anders Benfer, a.a.O., S. 139, wonach darin lediglich eine Beschränkung von Art. 2 Abs. 1 GG liegen soll).

Die Beschlagnahme von Verfalls- und Einziehungsgegenständen ist auf Eigentumsentzug gerichtet und damit unstrittig stets ein Eingriff in Art. 14 GG.

Die Sicherstellung und Beschlagnahme von Führerscheinen beschränken die allgemeine Handlungsfreiheit des Betroffenen, Art. 2 Abs. 1 GG.

Kein Rechtseingriff in Art. 14 GG liegt vor, wenn eine Sache herrenlos ist (Tegtmeyer, a.a.O., § 43, RdNr. 3; Möller/Wilhelm, a.a.O., S. 181), denn in diesen Fällen wird keine Verfügungsgewalt entzogen. Ebenso ist keine Rechtsbeschränkung begründet, wenn der Berechtigte die Sache freiwillig in die Obhut der Behörde gibt.

Die Sicherstellung zur Gefahrenabwehr ist in der Regel ein Verwaltungsakt, sofern die hoheitliche Anordnung der Polizei dem Adressaten bekannt gemacht wird (vgl. Band I, 2. Kapitel.). Erfolgt die Maßnahme durch tatsächliches Handeln ohne vorausgehende Verfügung, liegt darin ein faktischer Rechtseingriff (Eingriffshandlung ohne Verwaltungsaktqualität bzw. ein Realakt mit Eingriffscharakter).

Die Sicherstellung/Beschlagnahme zur Strafverfolgung ist im Falle einer vorausgegangenen Verfügung an den Betroffenen ein Justizverwaltungsakt, sonst eine Prozesshandlung bzw. ein faktischer Rechtseingriff (siehe Band I, 2. Kapitel).

Erfolgt die Maßnahme zur Verfolgung von Ordnungswidrigkeiten, liegt darin entweder ein Verfolgungsbehörden-Verwaltungsakt oder eine Eingriffshandlung ohne Verwaltungsaktqualität bzw. ein faktischer Rechtseingriff (siehe Band I, 2. Kapitel).

# Erster Abschnitt
# Die Sicherstellung zur Gefahrenabwehr

| | |
|---|---|
| Übersicht | |
| 1. | Ermächtigung |
| 1.1 | Zulässigkeitsvoraussetzungen |
| 1.1.1 | Sicherstellung zur Abwehr einer gegenwärtigen Gefahr |
| 1.1.2 | Sicherstellung zum Schutz von Eigentum und Besitz |
| 1.1.3 | Sicherstellung im Rahmen des Festhaltens |
| 1.2 | Zugelassene Rechtsfolge |
| 2. | Allgemeine Rechtmäßigkeitsanforderungen |
| 3. | Verfahrens- und Formvorschriften |
| 4. | Verwahrung der sichergestellten Sachen |
| 5. | Verwertung/Unbrauchbarmachung/Vernichtung der sichergestellten Sache |
| 6 | Herausgabe der sichergestellten Sache/Kosten |

Mit § 43 PolG gibt der Gesetzgeber der Polizei die Befugnis, eine Sache aus Gründen der Gefahrenabwehr sicherzustellen. Entsprechend § 8 Abs. 2 PolG ist die Ermächtigung anzuwenden, wenn andere Rechtsvorschriften keine Befugnisse enthalten. Spezielle Ermächtigungen zur Sicherstellung aus Gründen der Gefahrenabwehr enthalten z.B. § 37 Abs. 4 und § 40 Abs. 2 WaffG oder § 8 Personalausweisgesetz NW. Bestehen keine speziellen Ermächtigungen, ist § 43 PolG heranzuziehen.

## 1. Ermächtigung

**§ 43 PolG   Sicherstellung**

**Die Polizei kann eine Sache sicherstellen,**
**1.  um eine gegenwärtige Gefahr abzuwehren,**
**2.  um den Eigentümer oder den rechtmäßigen Inhaber der tatsächlichen Gewalt vor Verlust oder Beschädigung einer Sache zu schützen,**
**3.  wenn sie von einer Person mitgeführt wird, die nach diesem Gesetz oder anderen Rechtsvorschriften festgehalten wird, und die Sache verwendet werden kann, um**
**a) sich zu töten oder zu verletzen,**
**b) Leben oder Gesundheit anderer zu schädigen,**
**c) fremde Sachen zu beschädigen oder**
**d) die Flucht zu ermöglichen oder zu erleichtern.**

Das Polizeigesetz sieht drei alternative Möglichkeiten der Sicherstellung zur Gefahrenabwehr vor, und zwar

- die Sicherstellung zur Abwehr einer gegenwärtigen Gefahr
- die Sicherstellung zum Schutz von Eigentum und Besitz und
- die Sicherstellung zur Gefahrenabwehr im Rahmen des Festhaltens einer Person.

## 1.1 Zulässigkeitsvoraussetzungen

### 1.1.1 Sicherstellung zur Abwehr einer gegenwärtigen Gefahr

Die Ermächtigung aus § 43 Nr. 1 PolG verlangt das Vorliegen einer **gegenwärtigen Gefahr**. Die Vorschrift knüpft an § 8 PolG an und verlangt

- **eine im Einzelfall bestehende (konkrete) Gefahr**
- **für die öffentliche Sicherheit und**
- **zeitliche Dringlichkeit (unmittelbar bevorstehender Schaden)**

Von einer gegenwärtigen Gefahr spricht man, wenn ein bestimmter Sachverhalt zu der Besorgnis Anlass gibt, dass ein Schaden für die öffentliche Sicherheit in allernächster Zeit mit an Sicherheit grenzender Wahrscheinlichkeit eintreten wird (zu den Gefahrenbegriffen vgl. Band I, 3 Kapitel, Erster Abschnitt). Der ungehinderte Verlauf eines konkreten Geschehens muss bei objektiver Betrachtung in allernächster Zeit zu einem Verlust an Rechten oder Rechtsgütern führen. Relevant sind nur Gefahren für die öffentliche Sicherheit. Maßgebend sind Schäden, welche

- den individuellen Rechten einzelner Personen,
- der gültigen Rechtsordnung oder
- dem Staat und seinen Einrichtungen

drohen.

Die Gefahr kann von der Sache selbst ausgehen. Dabei ist zu unterscheiden zwischen der Gefahr, die aus

- der **Beschaffenheit der Sache** (gefährlicher Schäferhund, tollwütige Katze, radioaktiver Stoff u.a.) oder
- ihrer **Lage im Raum** resultiert (PKW steht im Halteverbot, Baumstamm liegt auf der Fahrbahn u.a.).

Gefahrenursachen können auch sein:

- der **Zustand des Eigentümers/Besitzers** (Waffenscheinbesitzer fuchtelt betrunken mit einer Pistole herum, Jagdscheininhaber lässt sich in einer Gaststätte nieder, hängt sein Gewehr an einen Kleiderhaken und betrinkt sich sinnlos) oder
- (böse) **Absichten des Verfügungsberechtigten** (ein junger Mann verwendet eine Sirene, um seine Nachbarn zu stören - zum Begriff: Möller/Wilhelm, a.a.O., S. 182).

**Adressaten** der Ermächtigung sind die Störer nach §§ 4 bis 6 PolG. Weil § 43 Nr. 1 PolG die Richtung der Maßnahme nicht bestimmt, wird der Rechtssatz durch diese Vorschriften beschränkt. In der Regel sind Verhaltens- und Zustandsstörer in Anspruch zu nehmen (zur Störerproblematik siehe Band I, 4. Kapitel, Zweiter Abschnitt).

Von § 43 PolG nicht erfasst werden Sachverhalte auf Rechtsgebieten, die polizeifest sind (vgl. 1. Kapitel, Erster Abschnitt). Dazu gehört insbesondere das Presserecht. Die

Pressefreiheit kann in Bezug auf Druckerzeugnisse nur durch das Landespressegesetz eingeschränkt werden. Soweit von Druckschriften eine Gefahr oder Störung ausgeht (z.B. wegen strafbaren Inhalts), kann die Gefahr polizeigesetzlich nicht verhindert werden (Tegtmeyer, a.a.O., § 43 RdNr. 15; ausführlich dazu: Kay, Presse und Polizei, DIE POLIZEI 12/95, S. 354 ff.). In Betracht kommen in diesen Fällen Maßnahmen nach § 94 oder § 111b StPO (siehe unten, Zweiter und Dritter Abschnitt).

Polizeifest ist auch das VersG. Eine Anwendung der polizeigesetzlichen Sicherstellungs-befugnis ist nur zulässig, wenn eine Befugnis aus dem VersG durchgreift und die Sicherstellung das mildere Mittel wäre (vgl. zu dieser Problematik insgesamt Kay/Böcking, Versammlungsrecht, a.a.O., insbesondere RdNrn. 165 ff.).

Während einer Versammlung unter freiem Himmel nehmen die Studenten Müller, Meyer und Schulze Trompeten und blasen derart laut in Richtung Rednerpult, dass der Redner nicht mehr zu hören ist. Der Polizeiführer Herzhaft sieht aufgrund von § 18 Abs. 3 VersG die Möglichkeit des Ausschlusses der Störer, entschließt sich aber zur Sicherstellung der Trompeten. Eine Anwendung des § 43 PolG als milde-res Mittel zur Gefahrenabwehr ist zulässig.

Auf die denkbare Vielzahl möglicher Anlässe, die eine Sicherstellung nach § 43 Nr. 1 PolG zulassen, weisen folgende Beispiele hin:

a) Die Schüler Laut und Stark ziehen zu nächtlicher Stunde mit einer Trompete und einer Trommel durch das Dorf und verursachen einen solchen Lärm, dass Anwohner geweckt werden und empört die Polizei rufen (gegenwärtige Gefahr durch das Verhalten der Personen). Die Polizeibeamten stellen zur Verhinderung der Fortsetzung der bereits eingetretenen Störung die Trompeten sicher.

b) Der Bauunternehmer Groß hat seinen Pkw in einer Kurve so abgestellt, dass andere Fahrzeugführer gefährdet werden (gegenwärtige Gefahr durch den Zustand einer Sache - gefährliche Lage im Raum). Polizeibeamte stellen die Gefahr fest und versuchen, den Verantwortlichen ausfindig zu machen. Weil das misslingt und ein bloßes Umsetzen des Wagens unmöglich ist, stellen sie das Fahrzeug sicher.

c) Die Studenten Fröhlich und Gesellig haben mehrere ihrer Kommilitonen zu einer Party eingeladen. Zu vorgerückter Stunde nachts um 02.00 Uhr wird die Fete so laut, dass Nachbarn erzürnt die Polizei rufen. Die Polizeibeamten Hinz und Kunz stellen fest, dass die jungen Leute einen CD-Player laut abspielen lassen. Ihrer Aufforderung, den Lärm einzustellen, folgen sie nur widerwillig. Um 02.30 Uhr werden die Beamten von den Nachbarn wieder gerufen. Abermals spielt das Musikgerät sehr laut. Zur Verhinderung der Fortsetzung der Störung (gegenwärtige Gefahr durch Nutzung einer Sache) stellen die Polizeibeamten die Musikanlage sicher.

d) Aus der Koppel des Bauern Busse ist ein Bulle ausgebrochen. Irritiert durch den Straßenverkehr wird das Tier nervös und rennt durch Straßen und Gärten des Dorfes. Der Fußgänger- und Fahrzeugverkehr wird ernstlich in Gefahr gebracht (Gefahr durch den Zustand/das Verhalten eines Tieres). Polizeibeamte ver-suchen, das Tier einzufangen. Dazu treiben sie es in eine abseits gelegene ruhige Gasse, beruhigen den Bullen, können ihn schließlich am Nasenring fassen und an einem Baum anbinden (Sicherstellung an Ort und Stelle).

e) Neben einer Straße auf abschüssigem Gelände hat Herr Mehl seinen Pkw abge-stellt. Während er in Urlaub ist, haben Diebe das Fahrzeug aufgebrochen.

Nunmehr spielen Kinder in dem Wagen. Darauf wird die Polizei aufmerksam gemacht. Es besteht die Gefahr, dass die Kinder die Bremse des Fahrzeugs lösen, den eingelegten Gang herausnehmen und so der Wagen talwärts rollt (gegenwärtige Gefahr durch den Zustand einer Sache). Weil ein Verschließen des Wagens und eine andere Sicherung unmöglich ist, stellen die Polizeibeamten den Pkw sicher.

f) Kinder haben Munition gefunden, darunter eine stark verrostete Handgranate. Weil die Gefahr besteht, dass die Munition und die Granate explodieren könnten (Abwehr einer gegenwärtigen Gefahr, die von einer Sache ausgeht), stellt die Polizei die Sachen sicher.

g) Polizeibeamten fällt auf, dass Herr Trunk aus einer Gaststätte kommt und auf seinen Pkw zutorkelt. Die Gefahr, dass er fahren und eine Straftat nach § 316 StGB begehen wird, liegt nahe (gegenwärtige Gefahr durch Absicht des Betroffenen). Die Beamten schreiten deshalb ein und verbieten ihm die Nutzung des Pkw. Weil Trunk unwirsch reagiert und zu erkennen gibt, dass ihn das Verbot nicht interessiert, stellen sie den Fahrzeugschlüssel sicher.

h) Bei einer Verkehrskontrolle stellten Polizeibeamte fest, dass Herr Ohnesorg stark alkoholisiert mit seinem Fahrzeug gefahren ist. Sie haben ihn darum mit zur Dienststelle genommen und ihm eine Blutprobe entnehmen lassen. Aufgrund bestimmter Äußerungen des Betroffenen hatten die Beamten den Verdacht, dass Ohnesorg trotz der zu erwartenden Strafe und nun ohne Führerschein wieder fahre (Gefahr durch die Absicht des Betroffenen). Sie stellten darum zur Abwehr der gegenwärtigen Gefahr das Fahrzeug sicher.

i) Art. 2,5 GG; § 22 f. KUG
Die Polizei kann eine Kamera nebst Film eines Fotoreporters sicherstellen, wenn dies erforderlich ist, um die gegenwärtige Gefahr einer Straftat nach dem KUG durch unzulässige Verbreitung einer Porträtaufnahme eines Polizeibeamten bei einem Einsatz abzuwehren.
Das Filmen und Fotografieren polizeilicher Einsätze ist zulässig. Es ist grundsätzlich davon auszugehen, dass unzulässige Lichtbilder nicht verbreitet werden. Eine gegenwärtige Gefahr für die öffentliche Sicherheit ist ausnahmsweise nur dann gegeben, wenn konkrete Anhaltspunkte dafür bestehen, dass Lichtbilder entgegen den Vorschriften des KUG unter Missachtung des Rechtes des Polizeibeamten am eigenen Bild auch veröffentlicht werden" (OVG Rheinland-Pfalz, Urteil vom 30.4.1977, DVBl. 1998, S. 101).
Dem steht das Presserecht nicht entgegen (siehe 1. Kapitel, I.).

Nicht selten sind gefährliche Sachen auch Beweismittel nach § 94 StPO oder Einziehungsgegenstände nach § 111b StPO, so dass ihre Sicherstellung bzw. Beschlagnahme auch nach den Befugnissen der StPO in Betracht kommt. Ist das der Fall, geht die strafprozessuale Maßnahme der polizeirechtlichen Sicherstellung vor, weil mit der Anwendung des Strafprozessrechtes zugleich die Gefahr beseitigt wird.

a) Der 17jährige Ungemach besitzt eine Schreckschusswaffe. Diese erlaubnisfreie Waffe hat er regelmäßig bei sich. Auf einem gut besuchten Kirmesplatz gerät er mit anderen in Streit. Um seine Macht zu demonstrieren, zeigt er auf seine Pistole, die er in einer Jackeninnentasche trägt. Polizeibeamte werden davon unterrichtet. Weil Ungemach eine Straftat nach § 39 in Verbindung mit § 53 Abs. 3 Nr. 5. WaffG begangen hat und die Waffe ein Einziehungsgegenstand nach § 56 WaffG ist, beschlagnahmen sie die Pistole nach § 111b StPO. Eine Sicherstellung aufgrund von § 43 Nr. 1 PolG scheidet aus, weil die strafprozessuale Ermächtigung vorgeht und beide Zwecke erfüllt.

b) Der Student Scheu beteiligt sich an einer Demonstration. Um nicht erkannt zu werden, hat er sich vermummt. Wegen der Straftat nach §§ 17a und 27 VersG greifen Polizeibeamte ein. Weil der Vermummungsgegenstand entsprechend § 30 VersG der Einziehung unterliegt, wird er von den Beamten aufgrund von § 111b StPO beschlagnahmt. Eine Sicherstellung aufgrund von § 43 Nr. 1 PolG scheidet wie im zuvor genannten Fall aus.

### 1.1.2  Sicherstellung zum Schutz von Eigentum und Besitz

Mit **§ 43 Nr. 2 PolG** gestattet der Gesetzgeber der Polizei die Inverwahrnahme von Gegenständen, um den Eigentümer oder den rechtmäßigen Inhaber der tatsächlichen Gewalt vor

- Verlust oder
- Beschädigung
  einer Sache zu schützen.

Die Voraussetzungen der Ermächtigung sind nicht klar formuliert, sondern vielmehr durch Auslegung des Gesetzes zu ermitteln. Aus der Prämisse "schützen" folgt im Umkehrschluss, dass die Sache einer Gefährdung ausgesetzt sein muss. Weil § 43 Nr. 2 PolG jedoch den Begriff "Gefahr" nicht enthält, scheidet eine Verknüpfung mit § 8 PolG aus. Daher muss die Gefahr nicht konkret sein (Tegtmeyer, a.a.O., § 43 RdNr. 12). Vor dem Hintergrund, dass die Polizei nur die ihr übertragenen Aufgaben wahrnehmen darf (Band I, 4. Kapitel, Erster Abschnitt) und eine Anwendung der Ermächtigungen nur dann zulässig ist, wenn eine Aufgabe wahrzunehmen ist, kommt eine Sicherstellung nur in Frage, wenn eine Gefahr gemäß § 1 Abs. 1 oder Abs. 2 PolG abzuwehren ist. Ausreichend ist daher eine abstrakte Gefährdung der Sache, gestützt auf eine allgemeine Gefahrenprognose (Tegtmeyer, wie vor).

§ 43 Nr. 2 PolG setzt somit voraus:

- **eine Sachlage,**
- **die in absehbarer Zeit**
- **mit hinreichender Wahrscheinlichkeit**
- **zum Verlust oder zur Beschädigung**
- **von Eigentum oder rechtmäßigem Besitz**

führen wird.

Ungeschriebenes Tatbestandsmerkmal einer Sicherstellung nach dieser Vorschrift ist, dass die Maßnahme dem wirklichen oder mutmaßlichen Willen des Berechtigten entspricht, also die Voraussetzungen einer Geschäftsführung ohne Auftrag gemäß § 677 BGB vorliegen (Rachor in Lisken/Denninger, 1. Auflage, a.a.O., S. 330, RdNr. 431).

Grundsätzlich sind der Eigentümer oder der rechtmäßige Besitzer selbst für den Schutz von Eigentum und Besitz verantwortlich (Kay/Böcking, Polizeirecht NW, RdNr. 288). Sie können frei entscheiden, ob und wie sie ihr Eigentum oder ihren Besitz schützen. Eine Ausnahme gilt nur dann, wenn das Gesetz bestimmte Sicherungsmaßnahmen vorschreibt (wie z.B. mit § 14 StVO - danach hat der Kraftfahrzeugführer ein Kraftfahrzeug beim Verlassen desselben gegen unbefugte Benutzung zu sichern). Besteht keine gesetzliche Verpflichtung zum Schutz von Eigentum oder Besitz vor Verlust oder Beschädigung, hat die Polizei kein Recht einzugreifen, wenn der Eigentümer oder der Besitzer in vollem Bewusstsein des Risikos darauf verzichten. Daher kommen Maßnahmen nach § 43 Nr. 2 PolG nur in Frage, wenn sich der Eigentümer oder der rechtmäßige Besitzer nicht oder nicht rechtzeitig selbst schützen können. Das wird in der Regel dann gegeben sein, wenn sie z. B. eine Sache verloren haben oder wenn sie hilflos, verletzt oder aus sonstigen Gründen nicht in der Lage sind, sich selbst zu schützen, oder wenn sie abwesend sind.

Ein bestimmter Gefährdungssachverhalt muss noch nicht ersichtlich sein. Im Grundsatz stellt die Ermächtigung auf den Schutz privater Rechte ab (Tegtmeyer, a.a.O., § 43, RdNr. 13) und knüpft an die Aufgabe nach § 1 Abs. 2 PolG an (vgl. Band I, 4. Kapitel, Erster Abschnitt).

Darüber hinaus aber ist die Ermächtigung auch dann heranzuziehen, wenn keine widerstreitenden Interessen zum Eingreifen der Polizei Anlass geben (vgl. Chemnitz, a.a.O., S. 245), sondern die individuellen Rechte des Bürgers auf Eigentum oder Besitz nach § 1 Abs. 1 Satz 1 PolG durch von außen kommende regelwidrige Ereignisse in Gefahr sind, ohne dass ein Konflikt zwischen zwei streitenden Parteien vorläufig geregelt werden muss.

Die Gefahr muss den Rechtsgütern (durch Einwirkung von außen) drohen. Nur wenn Eigentum und rechtmäßiger Besitz davor zu schützen sind, kommt § 43 Nr. 2 PolG als Ermächtigung in Betracht.
Geht eine Gefahr von der Sache selbst aus, sind Maßnahmen nach § 43 Nr. 1 PolG zu treffen.

Es kann sein, dass einer Sache Gefahr durch Beschädigung oder Verlust droht und die Sache zugleich die öffentliche Sicherheit gegenwärtig gefährdet. In dem Fall findet zunächst die Ermächtigung aus § 43 Nr. 1 PolG Anwendung.

> Ein Pkw-Dieb hat kein Interesse mehr an dem gestohlenen Wagen und lässt ihn auf einer abschüssigen Straße unverschlossen (nur durch Einlegen eines Ganges gegen Abrollen gesichert) stehen. Am nächsten Tag interessieren sich Kinder für das Fahrzeug. Die Gefahr, dass sie den Gang lösen und der Wagen talwärts rollt, ist akut. Die Polizei wird auf das Geschehen aufmerksam, erkennt die Gefahr für Leib und Leben der Kinder und den Straßenverkehr und auch die Gefahr für das Eigentum des Fahrzeughalters. Infolge fehlender anderer Möglichkeiten der Gefahrenabwehr stellen sie den Wagen sicher. Als Ermächtigung kommt vorrangig § 43 Nr. 1 PolG in Betracht.

**Adressaten** der Ermächtigung aus § 43 Nr. 2 PolG sind die Eigentümer bzw. rechtmäßigen Besitzer. Ein Rückgriff auf die §§ 4 bis 6 PolG ist nicht vorgesehen, nicht zwecktauglich und nicht möglich.

> a) Polizeibeamte werden auf ein Fahrzeug aufmerksam gemacht, das seit längerer Zeit auf einem abseits gelegenen Feldweg steht. Bei der Überprüfung des Wagens stellen die Beamten fest, dass es sich um einen wertvollen Pkw handelt, der Tage zuvor in Hamburg

gestohlen worden ist. Offenbar haben sich die Diebe des Wagens entledigt und ihn am Fundort stehen lassen. Verwertbare Spuren (nach § 94 StPO) sind nicht zu finden. Zum Schutz von Eigentum und Besitz vor weiterem Verlust oder vor Beschädigung stellen die Beamten das Fahrzeug (nach Prüfung der Erforderlichkeit - siehe unten) aufgrund des § 43 Nr. 2 PolG sicher.

b) Der Polizeibeamte Müller entdeckt im Rahmen einer Fußstreife in einer Telefonzelle eine Geldbörse. Den Umständen nach hat sie jemand versehentlich dort liegen lassen. Müller stellt das Portemonnaie zum Schutz fremden Eigentums aufgrund des § 43 Nr. 2 PolG sicher.

c) Der Polizei wird gemeldet, dass soeben ein junger Mann die Schaufensterscheibe eines Lederwarengeschäftes eingeschlagen hat und davongelaufen ist. Beim Eintreffen an dem Ort des Geschehens stellen die Beamten fest, dass die gesamte Schaufensterscheibe zertrümmert wurde und die Scherben allesamt im Inneren des Verkaufsraumes liegen. Die Auslagen sind frei zugänglich. Der Einstieg in das Geschäft ist ungehindert möglich. Zum Schutz des Eigentums versuchen die Polizeibeamten vergeblich, den Geschäftsinhaber zu erreichen. Schließlich lassen sie eine Glaserei verständigen und das Geschäftshaus notdürftig sichern. Die Notverglasung ist eine Maßnahme der Sicherstellung an Ort und Stelle im Rahmen des § 43 Nr. 2 PolG. (Die Inanspruchnahme des Glasers ist keine Ersatzvornahme, weil der Eigentümer keine Handlungspflicht hat).

d) Auf einem Campingplatz direkt an einem Fluss stehen zahlreiche wertvolle Campingwagen. Unerwartet bedroht Hochwasser den Platz. Eilig holen einige Campingwagenbesitzer ihre Fahrzeuge weg und bringen sie in Sicherheit. Zwei Wagen aber bleiben stehen. Offenbar hat die Nachricht von der Hochwassergefahr die Eigentümer nicht erreicht. Zum Schutz des Eigentums vor Verlust und Beschädigung lässt die Polizei die Wagen sicherstellen (§ 43 Nr. 2 PolG).

e) Von dem Bewohner eines Mehrfamilienhauses wurde die Polizei davon in Kenntnis gesetzt, dass die Wohnungstür einer Nachbarin aufgebrochen worden ist. Am Tatort stellten die Polizeibeamten die Richtigkeit der Mitteilung fest. Den Umständen nach war ein Einbrecher am Werk und hat die Tür aufgehebelt. Hinweise darauf, dass der Täter die Wohnung betreten und etwas gestohlen hat, fanden die Beamten nicht. Offenbar ist der Einbrecher gestört worden und hat die Flucht ergriffen. Die Wohnungsinhaberin, die sich nach Auskunft der Hausbewohner in der Türkei in Urlaub befindet, konnte nicht erreicht werden. Darum entschlossen sich die Beamten, die Wohnung zum Schutz von Eigentum und Besitz der Wohnungsinhaberin durch Hinzuziehung eines Schlüsseldienstes zu sichern (Sicherstellung im Rahmen des § 43 Nr. 2 PolG durch Sicherung einer Sache an Ort und Stelle).

In keinem der genannten Fälle geht von dem fremden Eigentum/Besitz eine Gefahr aus. Die Sachen sind vielmehr einer Gefährdung ausgesetzt. Ob und wann ein Schaden eintreten wird, ist ungewiss. Bei objektiver Betrachtung ist, gestützt auf Erfahrungen des täglichen Lebens, jedoch davon auszugehen, dass es zur Eigentums- oder zur Besitzbeeinträchtigung kommen wird, wenn keine Schutzmaßnahmen getroffen werden. Die Sicherstellung aufgrund der Ermächtigung aus § 43 Nr. 2 PolG ist in allen vier Fällen zulässig, soweit der Eigentümer/rechtmäßige Besitzer nicht rechtzeitig selbst Maßnahmen ergreifen kann.

Auch Presseerzeugnisse (Drucksachen) können aufgrund des § 43 Nr. 2 PolG sichergestellt werden, weil Besitz- und Eigentumsschutz nicht auf Beschränkung, sondern auf Schutz der Pressefreiheit gerichtet sind und § 1 Landespressegesetz der Sicherstellung nicht entgegensteht.

### 1.1.3 Sicherstellung im Rahmen des Festhaltens

Mit § 43 Nr. 3 PolG ermächtigt das Gesetz die Polizei zur Sicherstellung einer Sache, wenn

- sie von einer Person mitgeführt wird,
- die nach diesem Gesetz oder anderen Rechtsvorschriften festgehalten wird, und
- die Sache verwendet werden kann, um
  - sich zu töten oder zu verletzen,
  - Leben oder Gesundheit anderer zu schädigen,
  - fremde Sachen zu beschädigen oder
  - die Flucht zu ermöglichen oder zu erleichtern.

Die Vorschrift dient der Gefahrenabwehr im Zusammenhang mit einer Freiheitsbeschränkung/Freiheitsentziehung. Sie knüpft an die Befugnisse zum Festhalten im Zusammenhang mit der Vorführung, der Identitätsfeststellung oder der Gewahrsamnahme nach dem Polizeigesetz an (vgl. Möller/Wilhelm, a.a.O., S. 182) und erstreckt sich schließlich auf alle anderen Formen des Festhaltens und der Festnahme, insbesondere auf die Befugnisse nach der StPO. Auch Freiheitsentziehungen aufgrund von Haft oder Vorführbefehlen oder im Rahmen der Vollzugshilfe fallen darunter.

Offen ist die Frage, ob § 43 Nr. 3 PolG als Ermächtigung zur Sicherstellung auch herangezogen werden kann, wenn eine Person zum Zwecke der Durchsuchung nach § 39 Abs. 2 PolG "nur" angehalten und aufgehalten wird, also keine Freiheit beschränkende bzw. keine Freiheit entziehende, sondern (nur) eine Freiheit beeinträchtigende Maßnahme erforderlich ist. Streng orientiert am Wortlaut des § 43 Nr. 3 PolG scheidet dann eine Sicherstellung nach dieser Befugnis aus. Vor dem Hintergrund der §§ 39 Abs. 2 Satz 2 und 62 Satz 2 PolG stellt sich die Frage, warum der Gesetzgeber der Polizei zu Eigensicherungszwecken Befugnisse zur Durchsuchung und Fesselung von Personen gegeben, die Frage der Sicherstellung aber ungeregelt gelassen hat. Offensichtlich handelt es sich hier um eine ungewollte Gesetzeslücke, so dass es sich empfiehlt, § 43 Nr. 3 PolG auf die Fälle des § 39 Abs. 2 Satz 2 PolG analog anzuwenden (Heise/Tegtmeyer, a.a.O., § 34 RdNr. 23; Keller, "Der Praktische Fall", mit überzeugender Begründung, Kriminalistik 4/96, S. 296 ff., 301).

Voraussetzung ist, dass es sich um eine Sache handelt, die den unerwünschten Erfolg fördern könnte. Auf eine konkrete Gefahr kommt es nicht an. Eine **potentielle Gefährdung** reicht aus. Mit dem Festhalten wird vielmehr die Gefährlichkeit unwiderleglich vermutet.

In der Regel kommen **gefährliche Sachen** in Betracht. Das können z.B. Taschenmesser aber auch Hosengürtel oder Schnürsenkel sein. Selbstverständlich fallen alle erlaubnispflichtigen Waffen oder verbotenen Gegenstände im Sinne der §§ 28, 35 oder 37 WaffG darunter. Auch Tiere unterliegen der Sicherstellung, wenn der Tierhalter in Gewahrsam genommen werden muss.

**Adressat** der Ermächtigung ist die Person, die festgehalten werden muss. Auf die §§ 4 ff. PolG ist nicht zurückzugreifen.

§ 43 Nr. 3 PolG ist eine spezielle Vorschrift zur Beschränkung von Freiheiten einer Person, die nach den §§ 10 Abs. 3, 12 Abs. 2 oder 35 PolG in Gewahrsam genommen werden muss. Sie geht daher der Befugnis nach § 37 Abs. 3 Satz 3 PolG vor.

a) Die Polizei musste wegen einer Familienstreitigkeit eingreifen. Weil der erheblich alkoholisierte Mann einen Teil der Möbel zertrümmert und Frau und Kinder geschlagen hat und die Gefahr der Fortsetzung dieser Taten besteht, muss er zur Verhütung der Fortsetzung dieser Taten in Gewahrsam genommen und in das Polizeigewahrsam eingesperrt werden. Vor der Einlieferung nehmen ihm die Beamten ein Taschenmesser und den Hosengürtel weg. Weil es sich um Sachen handelt, mit denen er die Polizeibeamten schädigen und sich selbst töten könnte, ist die Sicherstellung der Sachen aufgrund des § 43 Nr. 3 PolG gerechtfertigt. Weitere Beschränkungen wären nur im Rahmen des § 37 Abs. 3 Satz 3 PolG zulässig.

b) Die Polizei findet den Maurer Trunk in stark alkoholisiertem Zustand bei grimmiger Kälte auf einer Parkbank. Der Betroffene ist eingeschlafen. Bei ihm sitzt sein treuer aber bissiger Schäferhund. Weil keine Möglichkeit besteht, den Trunk in die Obhut Sorgeberechtigter zu bringen, nehmen sie ihn zum Schutz der eigenen Person aufgrund des § 35 Abs. 1 Nr. 1 PolG in Gewahrsam. Der Hund wird aufgrund des § 43 Nr. 3 PolG sichergestellt und in ein Tierheim gebracht.

In diesem Kontext sind die Befugnisse aus § 39 Abs. 1 Nr. 1 und Abs. 2 und § 40 Abs. 1 Nr. 1 PolG bedeutsam. Danach darf eine Person, die aufgrund des Polizeigesetzes oder anderer Rechtsvorschriften festgehalten wird, durchsucht werden. Die Durchsuchungskompetenz erstreckt sich auch auf die mitgeführten Sachen.

## 1.2   Rechtsfolge der Ermächtigungen

Rechtsfolge der Sicherstellung ist die Inverwahrungnahme (siehe unten 4.). Sie erfolgt in der Regel dadurch, dass die Sache in Besitz genommen wird, und zwar durch Einwirkung auf die Sache. Die Ermächtigung erlaubt die Einwirkung auf die Sache durch körperliche Gewalt oder durch Beauftragung Dritter.

§ 43 PolG ist aber keine Zwangsbefugnis. Muss zur Sicherstellung Zwang angewendet werden, sind die Vorschriften der §§ 50 ff. PolG zu beachten. Die Abgrenzung zwischen der Einwirkung auf eine Sache im Rahmen der Sicherstellung und der Einwirkung auf eine Sache im Rahmen des Zwanges ist schwierig. Entscheidend sollte sein, ob die Wegnahme gegen den ausdrücklichen oder offenkundigen Willen des Berechtigten erfolgt. Zwang setzt begrifflich einen entgegenstehenden Willen auf der Seite des zu Bezwingenden voraus" (Rachor in Lisken/Denninger, 1. Auflage, a.a.O., S. 340, RdNr. 467).

Anders ist die Rechtslage, wenn die Polizei eine Sache zum Schutz von Eigentum oder Besitz sicherstellt. Die Handlung der Polizei entspricht in solchen Fällen dem wirklichen oder mutmaßlichen Willen des Berechtigten (Rachor in Lisken/Denninger, 1. Auflage, a.a.O, S. 330, RdNr. 431). Die Polizei wird dann meist im Interesse des Rechtsinhabers tätig.

## 2. Allgemeine Rechtmäßigkeitsanforderungen

In Bezug auf die allgemeinen Rechtmäßigkeitsanforderungen sollen an dieser Stelle insbesondere die Prinzipien der Erforderlichkeit und Verhältnismäßigkeit hervorgehoben werden.

Im Rahmen des Erforderlichkeitsprinzips ist (auch wegen möglicher Sicherstellungs-kosten) stets zu prüfen, ob nicht mildere Mittel zur Gefahrenabwehr oder zum Eigen-tums- bzw. Besitzschutz ausreichend sind. Um den Schutz fremden Eigentums und Besitzes zu sichern, wird es oft ausreichen, eine Sache kurzfristig an Ort und Stelle zu sichern und den Berechtigten bzw. Verantwortlichen zu verständigen. Ist das nicht möglich, kann die Sicherstellung zwingend notwendig sein, insbesondere dann, wenn die Sache von einigem Wert ist, die Sicherstellungskosten in Relation dazu angemessen sind und die Sicherstellung zugunsten des Berechtigten dem wirklichen oder mutmaßlichen Willen des Berechtigten entspricht (vgl. in dieser Hinsicht OLG Hamm, Urteil vom 13.3.1998 - 11 U 186/97).

a) Auf einer stark befahrenen Straße steht ein Fahrzeug verschlossen im Halte-verbot. Der Verkehr wird behindert. Polizeibeamte stellen die Verkehrsbeein-trächtigung fest und kommen zu dem Schluss, dass durch die eingetretene Störung eine gegenwärtige Gefahr begründet ist. Eine Sicherstellung nach § 43 Nr. 1 PolG wäre zulässig. Als milderes Mittel ist jedoch im Rahmen der Erfor-derlichkeit in Erwägung zu ziehen, den Fahrer zu ermitteln und den Verantwort-lichen aufzufordern, das störende Fahrzeug wegzufahren. Erst wenn dieses Mittel offenkundig nicht möglich oder der Allgemeinheit nicht zuzumuten ist, kommt es zur Sicherstellung. Dabei ist zu bedenken, dass auch die Heran-ziehung eines Abschleppunternehmens Zeit erfordert.

b) Die Polizei findet ein Fahrzeug, bei dem eine Scheibe eingeschlagen wurde. Im Rahmen einer Überprüfung stellt sie fest, dass der Wagen gestohlen worden ist. Zum Schutz von Eigentum und Besitz könnte das Fahrzeug sichergestellt werden. Vor der Sicherstellung ist im Rahmen der Erforderlichkeit jedoch zu prüfen, ob der Fahrzeugeigentümer erreicht werden kann, damit er das Fahr-zeug selbst in Besitz nimmt.

c) Ein Kraftfahrer kommt aus einer Gaststätte und torkelt auf einen geparkten Pkw zu. Offenbar will er im stark alkoholisierten Zustand mit dem Fahrzeug fahren. Zur Verhütung der Verletzung des § 316 StGB greifen die Polizei-beamten ein. Zur Abwehr der gegenwärtigen Gefahr ließe § 43 Nr. 1 PolG die Sicherstellung des Fahrzeugs zu. Die Ermächtigung wird jedoch durch das Erforderlichkeitsprinzip auf mildere Mittel beschränkt. Mildere Maßnahmen wären ein Verbot der Pkw-Nutzung im Rahmen des § 8 PolG oder die Sicher-stellung des Fahrzeugschlüssels.

## 3. Verfahrens- und Formvorschriften bei der Sicherstellung

Die Sicherstellung kann jeder zuständige Polizeibeamte anordnen. Soweit die Sicherstellung ein Verwaltungsakt ist, sind maßgeblich die Formvorschriften des VwVfG zu beachten. Insbesondere

- ist dem Betroffenen in der Regel Gelegenheit zu geben, sich zu der Sache zu äußern (§ 28 VwVfG),
- ist die Verfügung in der in § 37 VwVfG vorgeschriebenen Form (mündlich, schriftlich oder in sonstiger Weise) und inhaltlich bestimmt zu fassen und
- ist die Verfügung bekannt zu geben (§ 41 VwVfG).

Im Rahmen der Sicherstellung sind insbesondere zu beachten:

- Dem Betroffenen ist eine **Bescheinigung** über die Sicherstellung auszuhändigen, welche den **Gegenstand** der Sicherstellung bezeichnet und den **Grund der Sicherstellung** erkennen lässt. Damit soll ihm Gelegenheit zur Wahrnehmung seiner Rechte gegeben werden, § 44 Abs. 2 Satz 1 PolG.

- Ist das nicht möglich, ist eine **Niederschrift** über die Sicherstellung aufzunehmen, welche selbstverständlich auch die Sache bezeichnet, den Grund der Sicherstellung wiedergibt und erkennen lässt, warum keine Bescheinigung ausgestellt werden konnte, § 44 Abs. 2 Satz 2 PolG.

- Konnte keine Bescheinigung ausgehändigt werden oder ist der Adressat der Maßnahme nicht der Eigentümer oder rechtmäßige Besitzer der Sache (sondern z.B. ein Verrichtungsgehilfe, Entleiher pp.), sind die Berechtigten unverzüglich zu **benachrichtigen**, § 44 Abs. 2 Satz 3 PolG.

- Schließlich hat die Polizei einer **Wertminderung vorzubeugen**, soweit ihr das möglich ist, § 44 Abs. 3 PolG.. Diese Pflicht folgt aus dem öffentlich-rechtlichen Verwahrungsverhältnis. Sie verlangt die nach den Umständen erforderliche und mögliche Sorgfalt (Kay/Böcking, Polizeirecht NW, a.a.O., RdNr. 294).
  *„Amtshaftung bei Verstoß gegen Pflichten aus öffentlich-rechtlichem Verwahrungsverhältnis; GG Art. 23, BGB § 839; ZPO §§ 426,427*
  *1. Aufgrund einer behördlichen Sicherstellung wird ein öffentlich-rechtliches Verwahrungsverhältnis begründet, in dessen Rahmen die Behörde verpflichtet ist, die Sache pfleglich zu behandeln und von Verschlechterung, Untergang oder sonstiger Gefährdung zu bewahren.*
  *2. ...*

- Von dieser Pflicht befreit ist die Polizei dann, wenn der Adressat eine Person bestimmt, welche die Sache sicher verwahren soll. Dem ist dann zu entsprechen, wenn die öffentliche Sicherheit das zulässt (§ 3 Abs. 2 Satz 2 PolG).

- Die Polizei hat eine sichergestellte **Sache** zu **verzeichnen**. Mit der Vorschrift soll gewährleistet werden, dass die Sache dem Betroffenen nicht verloren geht. Ferner soll die Polizei vor ungerechtfertigten Vorwürfen oder Ersatzforderungen geschützt werden ( § 44 Abs. 4 PolG).

## 4. Die Verwahrung sichergestellter Sachen

Die Verwahrung einer Sache richtet sich nach § 44 PolG. Mit dieser Vorschrift regelt der Gesetzgeber die Art und Weise der Sicherstellung im Interesse des Betroffenen und der Polizei.

Die Norm berücksichtigt mehrere Fallalternativen, die sich bei der Sicherstellung von Sachen zwangsläufig ergeben. § 44 Abs. 1 PolG stellt klar, dass eine Sicherstellung nicht nur dadurch begründet wird, dass eine Sache in Obhut genommen wird (Kay/Böcking, Polizeirecht NW, a.a.O., RdNr. 290).

**Sicherstellungsmaßnahmen sind**

- **die Inbesitznahme und Aufbewahrung einer Sache (in polizeieigenen Räumen),**
- **die Sicherung einer Sache an Ort und Stelle und**
- **die Verwahrung einer Sache durch Dritte (bei Vertragsunternehmen der Polizeibehörde oder privaten Personen).**

---

**§ 44 PolG   Verwahrung**

(1) Sichergestellte Sachen sind in Verwahrung zu nehmen. Lässt die Beschaffenheit der Sachen das nicht zu oder erscheint die Verwahrung bei der Polizei unzweckmäßig, sind die Sachen auf andere geeignete Weise aufzubewahren oder zu sichern. In diesem Falle kann die Verwahrung auch einem Dritten übertragen werden.

(2) Dem Betroffenen ist eine Bescheinigung auszustellen, die den Grund der Sicherstellung erkennen lässt und die sichergestellten Sachen bezeichnet. Kann nach den Umständen des Falles eine Bescheinigung nicht ausgestellt werden, so ist über die Sicherstellung eine Niederschrift aufzunehmen, die auch erkennen lässt, warum eine Bescheinigung nicht ausgestellt worden ist. Der Eigentümer oder der rechtmäßige Inhaber der tatsächlichen Gewalt ist unverzüglich zu unterrichten.

(3) Wird eine sichergestellte Sache verwahrt, so hat die Polizei nach Möglichkeit Wertminderungen vorzubeugen. Das gilt nicht, wenn die Sache durch den Dritten auf Verlangen eines Berechtigten verwahrt wird.

(4) Die verwahrten Sachen sind zu verzeichnen und so zu kennzeichnen, dass Verwechslungen vermieden werden.

---

"Durch die Verwahrung der sichergestellten Sachen entsteht zwischen der Polizeibehörde und dem Betroffenen ein **öffentlich-rechtliches Verwahrungsverhältnis**, das der Polizei besondere Pflichten auferlegt, damit eine Wertminderung der Sache vermieden wird" (Tegtmeyer, a.a.O., § 44, RdNr. 1).

Die Verwahrung von sichergestellten Sachen richtet sich nach dem RdErl. des Innenministeriums "Behandlung von Verwahrstücken im Bereich der Polizei" vom 24.10.

1983, zuletzt geändert durch RdErl. vom 22.7.1987 (MBl. NW. S. 1176). Wurde ein Fahrzeug sichergestellt, ist der RdErl. des Innenministeriums "Sicherstellung von Fahrzeugen durch die Polizei" vom 25.6.1979, zuletzt geändert durch RdErl. vom 11.5.1993 (MBl. NW. S. 1102) zu beachten.

## 5. Verwertung, Unbrauchbarmachung, Vernichtung einer sichergestellten Sache

Mit den §§ 45 und 46 PolG bestimmt der Gesetzgeber, wie mit den sichergestellten Sachen weiter zu verfahren ist.

"Die sichergestellte Sache wird dem Berechtigten grundsätzlich nur auf Zeit entzogen, er verliert also sein Eigentum nicht" (Möller/Wilhelm, a.a.O., S. 183). Entsprechend § 46 Abs. 1 PolG erhält er die sichergestellte Sache zurück, sobald die Voraussetzungen für die Sicherstellung weggefallen sind. Die Norm konkretisiert das zeitliche Übermaßverbot, wie es allgemein bereits in § 2 Abs. 3 PolG enthalten ist.

Dennoch greift das Gesetz mit § 45 PolG zunächst den schwerwiegenderen Eingriff der Verwertung, Unbrauchbarmachung und Vernichtung auf.

In Ausnahmefällen können die Gegenstände verwertet, unbrauchbar gemacht oder vernichtet werden.

---

**§ 45 Verwertung, Vernichtung**

(1) Die Verwertung einer sichergestellten Sache ist zulässig, wenn
1. ihr Verderb oder eine wesentliche Wertminderung droht,
2. ihre Verwahrung, Pflege oder Erhaltung mit unverhältnismäßig hohen Kosten oder Schwierigkeiten verbunden ist,
3. sie infolge ihrer Beschaffenheit nicht so verwahrt werden kann, dass weitere Gefahren für die öffentliche Sicherheit ausgeschlossen sind,
4. sie nach einer Frist von einem Jahr nicht an einen Berechtigten herausgegeben werden kann, ohne dass die Voraussetzungen der Sicherstellung erneut eintreten würden,
5. der Berechtigte sie nicht innerhalb einer ausreichend bemessenen Frist abholt, obwohl ihm eine Mitteilung über die Frist mit dem Hinweis zugestellt worden ist, dass die Sache verwertet wird, wenn sie nicht innerhalb der Frist abgeholt wird.
(2) Der Betroffene, der Eigentümer und andere Personen, denen ein Recht an der Sache zusteht, sollen vor der Verwertung gehört werden. Die Anordnung sowie Zeit und Ort der Verwertung sind ihnen mitzuteilen, soweit die Umstände und der Zweck der Maßnahmen es erlauben.
(3) Die Sache wird durch öffentliche Versteigerung verwertet; § 979 Abs. 1 des bürgerlichen Gesetzbuches gilt entsprechend. Bleibt die Versteigerung erfolglos, erscheint sie von vornherein aussichtslos oder würden die Kosten der Versteigerung voraussichtlich den zu erwartenden Erlös übersteigen, so

kann die Sache freihändig verkauft werden. Der Erlös tritt an die Stelle der verwerteten Sache. Lässt sich innerhalb angemessener Frist kein Käufer finden, so kann die Sache einem gemeinnützigen Zweck zugeführt werden.

(4) Sichergestellte Sachen können unbrauchbar gemacht oder vernichtet werden, wenn

1. im Falle einer Verwertung die Gründe, die zu ihrer Sicherstellung berechtigten, fortbestehen oder Sicherstellungsgründe erneut entstehen würden,

2. die Verwertung aus anderen Gründen nicht möglich ist. Absatz 2 gilt sinngemäß.

## 5.1    Verwertung der sichergestellten Sache.

Mit § 45 Abs. 1 Nrn. 1 bis 5 PolG zählt der Gesetzgeber die Voraussetzungen für die Verwertung abschließend auf. Sie kommt nur in Frage wenn

- die sichergestellte Sache zu verderben oder ihr eine wesentliche Wertminderung droht,
- die Verwahrung, Pflege oder Erhaltung der sichergestellten Sache mit unverhältnismäßig hohen Kosten oder Schwierigkeiten verbunden ist,
- die Sache infolge ihrer Beschaffenheit nicht so verwahrt werden kann, dass weitere Gefahren für die öffentliche Sicherheit ausgeschlossen sind,
- der sichergestellte Gegenstand nach einer Frist von einem Jahr nicht an einen Berechtigten herausgegeben werden kann, ohne dass die Voraussetzungen der Sicherstellung erneut eintreten würden,
- der Berechtigte die Sache nicht innerhalb einer ausreichend bemessenen Frist abholt, obwohl ihm eine Mitteilung über die Frist mit dem Hinweis zugestellt worden ist, dass die Sache verwertet wird, wenn sie nicht innerhalb der Frist abgeholt wird.

Die Verwertung der Sache erfolgt durch Versteigerung der Sache. Ersatzweise sind der freihändige Verkauf oder die Zuführung zu einem gemeinnützigen Zweck vorgesehen § 45 Abs. 3 PolG).

## 5.2    Unbrauchbarmachung oder Vernichtung sichergestellter Sachen

§ 45 Abs. 4 PolG erfasst den Fall, in dem eine Verwertung und damit eine weitere Verwendung der Sache (ggf. durch andere) nicht möglich ist. Sie ist nur zulässig, wenn

- im Falle einer Verwertung die Gründe, die zu ihrer Sicherstellung berechtigten, fortbestehen oder Sicherstellungsgründe erneut entstehen würden,
- die Verwertung aus anderen Gründen nicht möglich ist.

Die Unbrauchbarmachung ist gegenüber der Vernichtung das mildere Mittel, weil die Substanz der Sache (wenn auch geändert) erhalten bleibt. Nur wenn die Unbrauchbarmachung aus Gründen der öffentlichen Sicherheit ausscheidet, kommt die Vernichtung in Betracht.

Das Vorhandensein eines Radarwarngerätes in einem Fahrzeug kann vernünftigerweise nur das Ziel verfolgen, radargestützte Verkehrsüberwachungen rechtzeitig zu erkennen, also gewarnt zu werden. Das Vorhandensein eines Radarwarngerätes in einem Fahrzeug offenbart die Absicht des Fahrers, sich gerade nicht an Geschwindigkeitsbegrenzungen halten zu wollen.

Ein Verkehrsteilnehmer, der ein Radarwarngerät mit sich führt, begründet deshalb durch seine Absicht, bei Verkehrsordnungswidrigkeiten durch Geschwindigkeitsüberschreitungen nicht erkannt zu werden, eine gegenwärtige Gefahr. Da der Verkehrsteilnehmer auch künftig am Straßenverkehr teilzunehmen beabsichtigt, kann das Gerät grundsätzlich nicht wieder herausgegeben werden.

Weil mit der Herausgabe die Gründe für die Sicherstellung erneut aufträten und darum eine Verwertung ausscheidet, ist das Radarwarngerät unbrauchbar zu machen (§ 45 Abs. 4 PolG).

Die Unbrauchbarmachung kommt nach Anhörung des Betroffenen (§ 45 Abs. 4 Satz 2 i. V. M. § 45 Abs. 2 PolG) aufgrund einer rechtswirksamen belastenden Verfügung mit Anordnung der sofortigen Vollziehung (§ 80 Abs. 2 Nr. 4 VwGO) in Betracht.

Das Telekommunikationsgesetz (TKG) steht der polizeigesetzlichen Sicherstellung und Unbrauchbarmachung nicht entgegen, weil es andere Ziele verfolgt (Bayerisches Verwaltungsgericht München, Beschluss vom 31. März 1998, M 17 S 97.7767- Auszug aus der Begründung - bestätigt durch Beschluss des Bayerischen Verwaltungsgerichtshofs vom 16. Juli 1998 - 24 ZS 98.1588).

Die **Verwertung, Unbrauchbarmachung oder Vernichtung** der Sache sind eigenständige **Verwaltungsakte**. Für ihr Zustandekommen sind die Vorschriften des VwVfG maßgebend, soweit diese Vorschriften nicht durch spezielle Regeln des PolG verdrängt werden.

Will die Behörde eine sichergestellte Sache verwerten, unbrauchbar machen oder vernichten, soll sie entsprechend **§ 45 Abs. 2 bzw. 45 Abs. 4 Satz 2 PolG** dem Berechtigten Gelegenheit geben, sich zu den entscheidungserheblichen Tatsachen zu äußern. **Der Berechtigte ist** vor der Entscheidung **anzuhören** (§ 28 VwVfG steht als allgemeine Vorschrift zurück). Damit wird dem Berechtigten die Chance eingeräumt, die Maßnahme abzuwenden, indem er z.B. entweder die Herausgabevoraussetzungen (nach § 46 Abs. 1 PolG) schafft oder die Maßnahme durch Einlegung der Rechtsmittel abzuwenden versucht (siehe unten).

Schließlich ist die Verwertungs-, Unbrauchbarmachungs- oder Vernichtungs**verfügung** (der belastende Verwaltungsakt) **inhaltlich bestimmt** und in der in **§ 37 VwVfG** vorgeschriebenen Form (in der Regel ist die Schriftform geboten) zu fassen.

Die Anordnung wird entsprechend § 43 VwVfG erst wirksam, wenn sie dem Berechtigten bekannt gegeben wird. Die **Bekanntgabe** richtet sich nach den Vorschriften des **§ 41 VwVfG**.

Schließlich schreibt § 45 Abs. 2 bzw. § 45 Abs. 4 Satz 2 PolG weiter vor, dass dem Berechtigten der **Zeitpunkt und Ort** der Verwertung, Unbrauchbarmachung oder Vernichtung **mitgeteilt werden soll.**

Die Verwertung, Unbrauchbarmachung oder Vernichtung darf grundsätzlich erst erfolgen, wenn die Anordnung **unanfechtbar** ist (Möller/Wilhelm, a.a.O., S. 184).

Dem Berechtigten stehen gegen die belastende Maßnahme die Rechtsmittel der VwGO zu. Über die Anfechtungsklage kann er die Rechtmäßigkeit der Verwertungs-, Vernichtungs- oder Unbrauchbarmachungsverfügung überprüfen lassen. Vor Erhebung der Anfechtungsklage sind Rechtmäßigkeit und Zweckmäßigkeit des Verwaltungsaktes in einem Vorverfahren nachzuprüfen (§ 68 VwGO). Dieses Vorverfahren beginnt mit der Erhebung des **Widerspruchs** (§ 69 VwGO). Der Widerspruch hat aufschiebende Wirkung (§ 80 Abs. 1 VwGO), soweit es sich nicht um eine unaufschiebbare Maßnahme eines Polizeivollzugsbeamten handelt oder nicht die sofortige Vollziehung angeordnet wird (§ 80 Abs. 2 Nr. 2 oder 4 VwGO). Liegt ein Fall vor, der zu eiligem Handeln zwingt aber noch die Mitteilung an den Berechtigten ermöglicht, ist die sofortige Vollziehung nach § 80 Abs. 2 Nr. 4 VwGO anzuordnen (Tegtmeyer, a.a.O., § 43, RdNr. 14).

Erst wenn die Rechtsmittel erschöpft sind, kommt die Durchführung der Anordnung in Frage. Bis dahin sind die Sachen sicher aufzubewahren.

Muss die Polizei allerdings eiligst handeln, so dass überhaupt keine Zeit bleibt, mit dem Berechtigten in Kontakt zu treten, sind insbesondere die Unbrauchbarmachung oder Vernichtung auch zulässig, ohne den Berechtigten zu ermitteln, ihn anzuhören und auch ohne die sofortige Vollziehung anzuordnen. Die Vorschriften des § 45 PolG sind Soll-Vorschriften (gebundenes Ermessen), die ein Abweichen im begründeten Ausnahmefall zulassen (vgl. Band I, 4. Kapitel, Zweiter Abschnitt).

## 6. Herausgabe, Kosten

Ungeachtet der technischen Anordnung im Gesetz hat der Berechtigte in erster Linie einen Anspruch auf Herausgabe der sichergestellten Sache. Die Maßnahmen nach § 45 PolG kommen nur in Frage, wenn eine Herausgabe aus besonderen Gründen unmöglich ist.

> **§ 46 PolG    Herausgabe sichergestellter Sachen oder des Erlöses, Kosten**
>
> **(1) Sobald die Voraussetzungen für die Sicherstellung weggefallen sind, sind die Sachen an denjenigen herauszugeben, bei dem sie sichergestellt worden sind. Ist die Herausgabe an ihn nicht möglich, können sie an einen anderen herausgegeben werden, der seine Berechtigung glaubhaft macht. Die Herausgabe ist ausgeschlossen, wenn dadurch erneut die Voraussetzungen für eine Sicherstellung eintreten würden.**

(2) Sind die Sachen verwertet worden, ist der Erlös herauszugeben. Ist ein Berechtigter nicht vorhanden oder nicht zu ermitteln, ist der Erlös nach den Vorschriften des bürgerlichen Gesetzbuches zu hinterlegen. Der Anspruch auf Herausgabe des Erlöses erlischt drei Jahre nach Ablauf des Jahres, in dem die Sache verwertet worden ist.

(3) Die Kosten der Sicherstellung und Verwahrung fallen den nach den §§ 4 oder 5 Verantwortlichen zur Last. Mehrere Verantwortliche haften als Gesamtschuldner. § 77 des Verwaltungsvollstreckungsgesetzes findet Anwendung. Die Herausgabe der Sache kann von der Zahlung der Kosten abhängig gemacht werden. Ist eine Sache verwertet worden, können die Kosten aus dem Erlös gedeckt werden.

(4) § 983 des bürgerlichen Gesetzbuches bleibt unberührt.

**Herauszugeben** sind die Sachen an den, bei dem sie sichergestellt wurden. Das entspricht weitgehend auch der Eigentumsvermutung nach § 1006 BGB, wonach zugunsten des Besitzers vermutet wird, dass er Eigentümer der Sache sei. Ausnahmsweise kann die Sache auch an andere herausgegeben werden, wenn sie ihre Berechtigung glaubhaft machen. Ein solcher glaubhafter Herausgabeanspruch besteht z. B. unter Ehepartnern.

Für den Fall aber, dass die Sache noch nicht herausgegeben, aber auch noch nicht verwertet werden kann, wird die Polizei mit § 46 Abs. 1 Satz 3 PolG ermächtigt, die Sache **weiter in Verwahrung zu halten**, und zwar solange, wie die Sicherstellungsgründe bestehen.

Musste die Verwertung erfolgen, erhält der Berechtigte den Erlös zurück (§ 46 Abs. 2 PolG). Mit dem gleichen Rechtssatz bestimmt das Gesetz wie zu verfahren ist, wenn der Berechtigte nicht zu finden ist.

Im Gefahrenabwehrrecht haben die verantwortlichen Personen für die entstandenen **Kosten** aufzukommen. Das folgt aus § 46 Abs. 3 Satz 1 PolG. Kostenpflichtig sind die Verhaltens- bzw. die Zustandsverantwortlichen (vgl. Band I, 4. Kapitel, Zweiter Abschnitt).

Soweit eine Sicherstellung nach § 43 Nr. 2 PolG zum Schutz von Eigentum oder Besitz vor Verlust oder Beschädigung nötig wurde, sind die Eigentümer und Besitzer über §§ 4 Abs. 4 bzw. 5 Abs. 4 PolG i.V.m. § 43 Nr. 2 PolG verpflichtet, die entstandenen Kosten zu übernehmen (Tegtmeyer, a.a.O, § 46, RdNr. 6).

Mit § 46 Abs. 3 Satz 4 PolG ist der Polizeibehörde ein **öffentlich-rechtlicher Rückbehaltungsanspruch** eingeräumt. Danach kann die Polizei die Sache solange einbehalten, bis die Kosten beglichen sind. Die Befugnis wird allerdings durch § 2 PolG auf die Grundsätze der Erforderlichkeit und Verhältnismäßigkeit reduziert. Ist die Rückbehaltung im Einzelfall unangemessen, muss die Sache herausgegeben werden. In dem Fall sind die Kosten nachträglich durch Leistungsbescheid einzuholen.

Das Rückbehaltungsrecht nach § 46 Abs. 3 PolG ist besonders bei der Sicherstellung von Kraftfahrzeugen von Bedeutung. Hat die Polizei ein Kraftfahrzeug aus Gründen der

Gefahrenabwehr sichergestellt, kann sie die Herausgabe davon abhängig machen, dass der Halter zunächst die Sicherstellungskosten (ggf. einschließlich der Abschleppkosten) bezahlt. Einzelheiten regelt der Erlass des Innenministeriums "Sicherstellung von Fahrzeugen durch die Polizei" vom 25.6.1979, zuletzt geändert durch RdErl. vom 11.5.1993 (MBl. NW. S. 1102).

Musste die Polizei eine Sache verwerten, kann sie ihren finanziellen Aufwand aus dem Erlös decken. Den Rest bekommt der Berechtigte ausgezahlt.

Das Rückbehaltungsrecht bezieht sich **nur** auf **gefahrenabwehrende Maßnahmen**. Für Maßnahmen der **Strafverfolgung gelten die Vorschriften der StPO** (siehe unten Zweiter und Dritter Abschnitt). Hier ist ein Rückbehaltungsrecht der Polizei nicht vorgesehen.

# Zweiter Abschnitt
# Sicherstellung/Beschlagnahme von Beweismitteln

| | |
|---|---|
| Überblick | |
| Vorbemerkungen | |
| I. | Sicherstellung und Beschlagnahme von Beweismitteln zur Strafverfolgung |
| 1. | Ermächtigung |
| 1.1 | Zulässigkeitsvoraussetzungen |
| 1.2 | Adressaten der Ermächtigung |
| 1.3 | Rechtsfolge |
| 2. | Ermächtigungsbegrenzende Bestimmungen |
| 2.1 | Beschlagnahmeverbot im Rahmen der Zeugnisverweigerungsrechte nach § 97 StPO |
| 2.2 | Persönlichkeitsrecht als Beschlagnahmeverbot |
| 2.3 | Beschlagnahme von Behördenakten |
| 2.4 | Beschlagnahmeverbot auf der Post |
| 2.5 | Verbot der Durchsicht von Papieren durch die Polizei |
| 2.6 | Beschlagnahme bei der Bundeswehr |
| 3. | Übermaßverbot |
| 4. | Verfahrens- und Formvorschriften |
| 5. | Herausgabe sichergestellter Sachen, Kosten |
| II. | Sicherstellung und Beschlagnahme von Beweismitteln zur Owi-Verfolgung |

## Vorbemerkungen

Im Rahmen der Strafverfolgung kann die Polizei Sachen in erster Linie aufgrund der Befugnisse aus §§ 94 ff. und § 111b ff. StPO sicherstellen/beschlagnahmen.

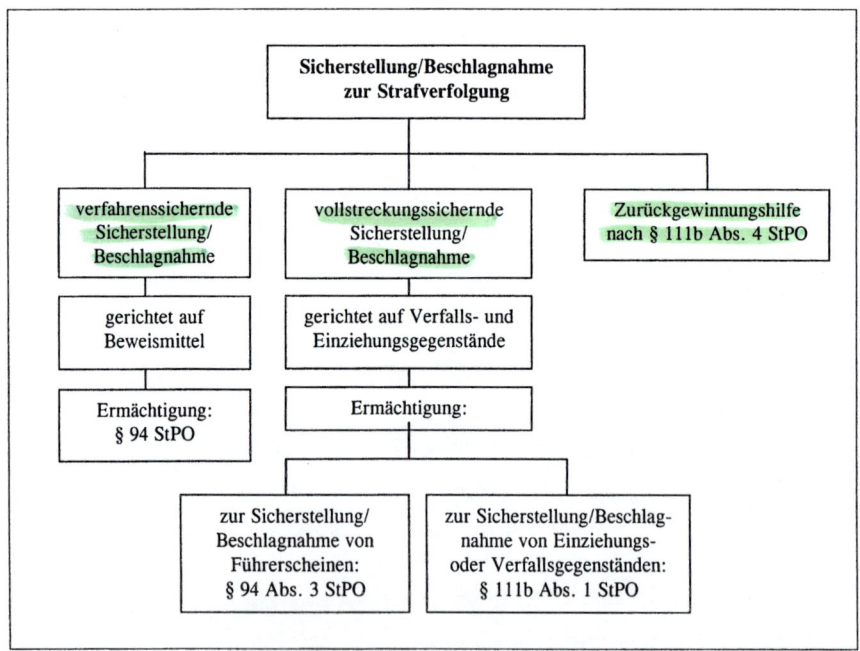

Auch § 132 Abs. 3 StPO enthält eine Beschlagnahmeermächtigung im Rahmen der möglichen Sicherheitsleistung. Die Voraussetzungen wurden im 6. Kapitel dargelegt.

Eine besondere Beschlagnahmebefugnis enthält ferner § 108 StPO. Die Vorschrift regelt die Beschlagnahme der sog. Zufallsfunde bei einer Durchsuchung. Das sind Gegenstände, die auf eine andere als der Durchsuchung zugrundeliegenden Straftat hindeuten.

Die folgenden Ausführungen beziehen sich auf die Befugnisse aus den §§ 94 ff. und 111b ff. StPO. Zu unterscheiden ist zwischen verfahrenssichernden und vollstreckungssichernden Maßnahmen. Während die Beweismittelsicherstellung/-beschlagnahme nach §§ 94 ff. StPO verfahrenssichernder Natur und darauf gerichtet ist, Beweisverlust zu verhindern (vgl. Benfer, a.a.O., S. 145), hat die Sicherstellung/Beschlagnahme von Einziehungs- oder Verfallsgegenständen nach § 94 Abs. 3 bzw. § 111b StPO vollstreckungssichernden Charakter. Einen besonderen Stellenwert hat die Beschlagnahme als Rückgewinnungshilfe nach § 111b Abs. 5 StPO.

# I. Die Sicherstellung/Beschlagnahme von Beweismitteln zur Strafverfolgung

Im Strafverfahren sind persönliche Beweismittel (Zeugenaussagen, Geständnisse des Beschuldigten, Sachverständigengutachten) und sachliche Beweismittel (Gegenstände) von Bedeutung.

## 1. Ermächtigung

Als Ermächtigung zur Sicherstellung/Beschlagnahme von sachlichen Beweismitteln sind die §§ 94 ff. StPO heranzuziehen.

---

**§ 94 StPO   Beweisgegenstand**

**(1) Gegenstände, die als Beweismittel für die Untersuchung von Bedeutung sein können, sind in Verwahrung zu nehmen oder in anderer Weise sicherzustellen.**

**(2) Befinden sich die Gegenstände in dem Gewahrsam einer Person und werden sie nicht freiwillig herausgegeben, so bedarf es der Beschlagnahme.**

**(3) Die Absätze 1 und 2 gelten auch für Führerscheine, die der Einziehung unterliegen.**

---

## 1.1    Zulässigkeitsvoraussetzungen

Als wesentliche **Tatbestandsvoraussetzungen** nennt das Gesetz "Gegenstände", "Beweismittel" und "für die Untersuchung von Bedeutung".

Ungeschriebene (aus dem Sinn des Gesetzes folgende) Voraussetzung für den Rechtseingriff ist zunächst, dass **der Verdacht einer Straftat** begründet ist. Ein Anfangsverdacht reicht aus (Pfeiffer/Fischer, a.a.O., § 94, RdNr. 1). Hinreichend tatsächliche Anhaltspunkte müssen die Annahme begründen, dass eine mit Strafe bedrohte Handlung begangen worden ist (zu den Verdachtsarten vgl. Band I, 3. Kapitel, Zweiter Abschnitt).

Zusammenfassend setzt § 94 Abs. 1 StPO also voraus, dass

- der **Verdacht einer Straftat** besteht und
- **Gegenstände** als
- **Beweismittel** in Betracht kommen und
- die Beweismittel **für die Untersuchung von Bedeutung** sind.

Nur **Gegenstände** sind sachliche Beweismittel. Dazu gehören alle körperlichen Gegenstände wie Behältnisse, Fahrzeuge, Kleidungsstücke. Auch Grundstücke, Gebäude, Räume oder Urkunden, Ton- und Bildträger, Lochkarten, Geschäftsunterlagen, Krankenscheine, Patientenkarteien, Kreditunterlagen oder sonstige körperliche Informationsträger fallen darunter. Zu den Gegenständen im Sinne von § 94 Abs. 1 StPO gehören ferner Tiere oder Leichen sowie Leichenteile oder vom menschlichen Körper abgetrennte Gegenstände (verlorenes Blut, Sperma, Erbrochenes, Prothesen). Aus § 102 i.V.m. § 103 StPO folgt, dass auch Spuren an Gegenständen Beweismittel im Sinne der Vorschrift sind.

Befindet sich jedoch der Gegenstand **im Körper** einer Person, ist § 81a bzw. § 81c StPO die anzuwendende Eingriffsermächtigung (siehe unten 8. Kapitel). Gleichfalls auf § 81a oder § 81c StPO ist zurückzugreifen, wenn eine **Spur am Körper** einer Person Beweisstück ist.

**Beweismittel sind die Gegenstände** dann, wenn sie als Tatsachen einen Rückschluss auf den Täter, auf die Tat oder auf Tatzusammenhänge ermöglichen. Das ist gegeben, wenn die Möglichkeit nicht fern liegt, dass der Gegenstand für die Beweisfrage, sei es zur Be- oder Entlastung des Beschuldigten oder sonst für die Untersuchung, Bedeutung gewinnen kann (Laufhütte in Karlsruher Kommentar, a.a.O., § 94, RdNr. 6). Es genügt, dass mit einem Gegenstand zu prozessualen Fragen Beweis erbracht werden kann. Insoweit gehört auch ein Flugschein oder eine Fahrkarte, die für den Haftgrund der Fluchtgefahr beweiserheblich ist, zu den Beweismitteln.

Potentielle Beweisbedeutung genügt. Das folgt bereits aus dem Wortlaut der Ermächtigung, die darauf abstellt, dass Gegenstände für die Untersuchung von Bedeutung "sein können". Ausreichend ist, dass von der Sache ein mittelbarer Rückschluss durch Abgleich, Vergleich oder Substanzanalysen möglich ist.

Voraussetzung ist objektive Beweisgeeignetheit. Sie muss für die Untersuchung im konkreten Fall gegeben sein und zur Aufklärung des objektiven Tatbestandes, zur Feststellung der Schuldfrage und Feststellung der späteren Strafzumessung beitragen (Laufhütte in Karlsruher Kommentar, a.a.O., § 94, RdNr. 11).

Beweismittel sind:

- **Gegenstände**, die möglicherweise **zur Tatbegehung gebraucht** wurden oder werden sollten, z.B. Werkzeuge, Waffen, Druckschriften, Schriftstücke (etwa beleidigende Briefe, gefälschte Urkunden) und Schreibgeräte, Fahrzeuge, Betäubungsmittel oder Gifte, Glücksspiele, Tonbänder und anderes mehr.

- **Gegenstände**, die **Spuren der Tat** an sich **tragen**, wie Kleidungsstücke des Tatverdächtigen oder seines Opfers, vor allem auch Grundstücke und Räume sowie dort gefundene Sachen, Unfallfahrzeuge, Tiere, ebenso die bereits genannten Waffen, Leichen, Leichenteile usw..

Relevant sind "unmittelbar erhebliche" Tatsachen (direkte Beweisanzeichen) und indirekte, mittelbare Beweise (Indizien und Beweisanzeichen; vgl. Hilse in Lisken/ Denninger, 1. Auflage, a.a.O., S. 393, RdNr 55).

**Für die Untersuchung von Bedeutung** müssen diese Gegenstände sein, und zwar für das Verfahren, auf das sich der Verdacht richtet. Diese Prämisse umfasst das gesamte Strafverfahren, ausgehend vom Ermittlungsverfahren bis hin zur Beendigung des Verfahrens (Benfer, a.a.O., S. 147). An der Beweiserheblichkeit fehlt es, wenn feststeht, dass kein Verfahren eingeleitet oder weitergeführt wird, wie z.B. bei absoluten Antragsdelikten, wenn der Berechtigte einen bereits gestellten Strafantrag wieder zurückgezogen hat (Krause/Nehring, a.a.O., § 94, RdNr 3).

Ob Gegenstände Beweis geeignet und für die Untersuchung von Bedeutung sind, beurteilt der Ermittlungsbeamte nach **pflichtgemäßem Ermessen**. Insoweit liegt in dem Recht auf Sicherstellung und Beschlagnahme auch das Recht, **Gegenstände in Augenschein zu nehmen und zu besichtigen**.

Das Recht zur Durchsicht von Schriftgut unterliegt jedoch der Einschränkung nach § 110 StPO. Der Polizei steht in diesem Kontext allenfalls das Recht zur Grobsichtung zu (strittig, siehe unten).

### 1.2 Adressat der Ermächtigung

**Adressaten** der Sicherstellungs-/Beschlagnahmeanordnungen sind die in § 95 Abs. 1 StPO genannten Gewahrsamsinhaber. Es kommt nicht darauf an, ob ein Gegenstand im Eigentum oder Besitz des Beschuldigten steht (Pfeiffer/Fischer, a.a.O., § 94, RdNr. 2). Adressat kann jede Person sein, die gerade (bewusst oder unbewusst) Gewahrsam an der Sache hat.

Schlau und Gierig stehen im Verdacht, eine Bank überfallen zu haben. Die Beute ist bisher nicht aufgefunden worden. Nunmehr hat die Polizei Anhaltspunkte dafür, dass die Täter das Geld der Schwester des Gierig, der Frau Gut, zur Aufbewahrung gegeben haben. Die Frau Gut ist entsetzt, als die Polizei erscheint und nach dem Koffer fragt. Sie holt und öffnet ihn und reagiert erschreckt, als sie unzählige Geldscheine im Koffer findet. Die Polizei nimmt den Koffer mit Inhalt als Beweismittel aufgrund des § 94 StPO in Verwahrung. Frau Gut ist Adressat der Maßnahme und muss den Koffer herausgeben.

## 1.3 Rechtsfolge

**Rechtsfolgen** der Befugnis aus § 94 StPO sind die **Sicherstellung oder die Beschlagnahme.** Beides sind Formen der Inverwahrungnahme einer Sache (Begründung eines amtlichen Gewahrsamsverhältnisses). Anhaltspunkte für eine Unterscheidung enthält § 94 Abs. 2 StPO. Diesem Rechtssatz entsprechend ist von einer **Beschlagnahme** immer dann auszugehen, wenn sich die Sache

- im Gewahrsam einer Person befindet und
- nicht freiwillig herausgegeben wird.

Im Umkehrschluss folgt daraus, dass eine **Sicherstellung** (ohne förmliche Beschlagnahme) gegeben ist,

- **wenn sich ein Gegenstand nicht im Gewahrsam einer Person befindet oder**
- **wenn ein Gegenstand im Gewahrsam einer Person ist und freiwillig herausgegeben wird.**

Orientiert daran ist eine Sicherstellung außerhalb der Beschlagnahme zunächst stets gegeben, wenn es sich bei der Sache um einen beweglichen Gegenstand handelt und sich diese bewegliche Sache nicht im Gewahrsam einer Person befindet.

Zwei Männer sind in Streit geraten. Unverhofft zieht einer der Streitenden eine Pistole, schießt mehrfach auf seinen Kontrahenten und verletzt ihn schwer. Der Täter ergreift die Flucht. Polizeibeamte nehmen die Ermittlungen auf, sperren den Tatort ab und suchen nach Beweismitteln. Unter anderem sind insbesondere die Patronenhülsen und die Projektile wichtig. Als sie die Gegenstände finden, stellen die Beamten sie aufgrund des § 94 StPO als Beweismittel sicher. Eine förmliche Beschlagnahme ist nicht erforderlich, weil die Sachen nicht im Gewahrsam einer Person sind.

Schließlich wird eine Sache auch sichergestellt, wenn sie der Gewahrsamsinhaber ausdrücklich oder stillschweigend freiwillig zur Verfügung stellt (vgl. Laufhütte in Karlsruher Kommentar, a.a.O., § 94 RdNr. 14, wie auch Krause/Nehring, a.a.O., § 94, RdNr. 4, und Kleinknecht/Meyer-Goßner, a.a.O., § 94, RdNr. 12).

Maßgeblich für eine Unterscheidung ist die Freiwilligkeit der Herausgabe. Bei Minderjährigen ist der Wille des gesetzlichen Vertreters entscheidend (Kleinknecht/Meyer-Goßner, a.a.O., § 94, RdNr. 12). Konnte der gesetzliche Vertreter nicht entscheiden, ist von einer förmlichen Beschlagnahme auszugehen, es sei denn, der Minderjährige ist verfügungsberechtigt, weil er die Sache z.B. mit dem Taschengeld erworben hat.

Haben mehrere Personen Mitgewahrsam, ist der Wille eines jeden zu berücksichtigen.

Freiwilligkeit scheidet aus, wenn der Gewahrsamsinhaber ausdrücklich Widerspruch erhebt (§ 98 Abs. 2 Satz 1 StPO) oder die Polizei bereits Zwang angedroht hat (Laufhütte in Karlsruher Kommentar, a.a.O., § 94, RdNr. 14). Zwang ist ein psychisches Beugemittel und soll bewirken, dass sich der Betroffene der staatlichen Autorität unterwirft. Daher kann in diesem Stadium nicht mehr von freiwilligem Handeln gesprochen werden.

Die **Sicherstellung** stellt auf Verwahrung ab. Eine Sicherstellung kommt deshalb nur bei beweglichen Sachen, die verwahrt werden können, in Frage.

**Beschlagnahme** ist hingegen die Wegnahme einer Sache

- **gegen den** ausdrücklichen oder offensichtlichen **Willen** des Gewahrsamsinhabers (vgl. § 98 Abs. 2 Satz 1 StPO),
- die **Sicherung unbeweglicher Sachen** oder
- die **Wegnahme einer Sache in Abwesenheit des Berechtigten** oder eines seiner Angehörigen (vgl. § 98 Abs. 2 Satz 1 StPO).

Der ausdrückliche Widerspruch oder ein Einlenken nach Zwangsandrohung sprechen für ein unfreiwilliges Handeln.

Eine Beschlagnahme liegt stets vor, wenn die Wegnahme einer Sache nach Androhung von Zwang erfolgt.

Eine Beschlagnahme liegt auch stets dann vor, wenn ein Gegenstand "in anderer Weise" sichergestellt werden muss (Krause/Nehring, a.a.O., § 94, RdNr. 5). Die Sicherung von Gegenständen, die nicht in Verwahrung genommen werden können, erfolgt durch förmliche Beschlagnahme (Laufhütte in Karlsruher Kommentar, a.a.O., § 94, RdNr. 15).

Eine Sicherstellung in anderer Weise ist nur bei förmlicher Beschlagnahme möglich (Kleinknecht/Meyer-Goßner, a.a.O., § 94, RdNr. 16).

> In HA ist ein Haus abgebrannt. Die Brandursache ist unklar. Eine genaue Untersuchung des ausgebrannten Gebäudes ist notwendig, allerdings erst zu späterer Zeit möglich. Weil eine Inverwahrnahme des Gebäudes ausscheidet, sichert der Ermittlungsbeamte das Gebäude durch förmliche Beschlagnahme (Absperrung, Verbot des Betretens) aufgrund des § 94 StPO.

Die Unterscheidung zwischen Sicherstellung und Beschlagnahme ist wichtig, weil daran das Recht zur Anordnung anknüpft (siehe unten).

Die Ermächtigung aus § 94 StPO gestattet als Rechtfolge die Inverwahrnahme des Beweismittels. Der Gewahrsamsinhaber ist nicht nur verpflichtet, die Sicherstellung/Beschlagnahme zu dulden, er hat vielmehr darüber hinaus eine **Herausgabepflicht**. § 95

Abs. 1 StPO verlangt die Vorlage und Auslieferung. Der Adressat muss folglich aktiv werden und der Polizei die Sache übergeben.

Davon befreit ist der Beschuldigte. Er kann nicht gezwungen werden, zu seiner Belastung beizutragen. Darum hat er die polizeiliche Maßnahme lediglich zu dulden und hinzunehmen, dass die Polizei das Beweismittel sucht und in Verwahrung nimmt.

Personen, denen das Zeugnisverweigerungsrecht zusteht, können gleichfalls nicht gezwungen werden, bei den Ermittlungshandlungen der Polizei mitzuwirken. Sie können die Mitwirkung ablehnen; allerdings müssen sie dann hinnehmen, dass die Polizei selbst die Sache sucht und an sich nimmt.

Das Recht, eine Sache sicherzustellen oder zu beschlagnahmen, enthält das Recht, sich dorthin zu begeben, wo die Sache liegt. Erlaubt ist auch das **Betreten einer Wohnung** (Pfeiffer/Fischer, a.a.O., § 89, RdNr. 7), soweit nicht nach der Sache gesucht werden muss. Muss eine Wohnung jedoch zur Auffindung der Sache durchsucht werden, sind die Durchsuchungsermächtigungen aus §§ 102 ff. zu beachten.

## 2.   Ermächtigungsbegrenzende Bestimmungen

Die Ermächtigung aus § 94 StPO findet ihre Beschränkung durch andere Vorschriften der StPO, und zwar:

### 2.1   Beschlagnahmeverbote im Zusammenhang mit Zeugnisverweigerungsrechten

Zunächst sind die **Beschlagnahmeverbote aus § 97 StPO** zu beachten. § 97 StPO knüpft an die Zeugnisverweigerungsrechte an und stellt folgerichtig fest, dass derjenige, der das Zeugnis verweigern darf, auch das Recht hat, in einem gewissen Umfang belastendes Material zurückzuhalten.

Entsprechend der Normstruktur ist zwischen **drei unterschiedlichen Fallgruppen** zu unterscheiden.

### A.  Erste Gruppe

**Die erste Gruppe** wird von § 97 Abs. 1 in Verbindung mit Abs. 2 Satz 1 und Absatz 4 StPO erfasst. Innerhalb dieser Vorschrift ist weiter zu Unterscheiden zwischen

- schriftlichen Mitteilungen (§ 97 Abs. 1 Nr. 1 StPO),
- Aufzeichnungen (§ 97 Abs. 1 Nr. 2 StPO und
- anderen Gegenständen, einschließlich der ärztlichen Untersuchungsbefunde (§ 97 Abs. 1 Nr. 3 StPO).

**§ 97 StPO    Beschlagnahmeverbot**

(1) Der Beschlagnahme unterliegen nicht

1.  schriftliche Mitteilungen zwischen dem Beschuldigten und den Personen, die nach § 52 oder § 53 Abs. 1 Nr. 1 bis 3b das Zeugnis verweigern dürfen;

2.  Aufzeichnungen, welche die in § 53 Abs. 1 Nr. 1 bis 3b Genannten über die ihnen vom Beschuldigten anvertrauten Mitteilungen oder über andere Umstände gemacht haben, auf die sich das Zeugnisverweigerungsrecht erstreckt;

3.  andere Gegenstände einschließlich der ärztlichen Untersuchungsbefunde, auf die sich das Zeugnisverweigerungsrecht der in § 53 Abs. 1 Nr. 1 bis 3b Genannten erstreckt.

(2) ...

(3) ...

(4) Die Absätze 1 bis 3 sind entsprechend anzuwenden, soweit die in § 53a Genannten das Zeugnis verweigern dürfen.

(5) ...

a)    **Schriftliche Mitteilungen**

aa)    **zwischen Beschuldigtem und Angehörigen.**

Entsprechend § 97 Abs. 1 Nr. 1 StPO scheiden **schriftliche Mitteilungen** zwischen dem Beschuldigten und den Personen, die nach § 52 StPO (**Angehörige**) Zeugnis verweigern dürfen, als Beweismittel aus, wenn und **solange sie im Gewahrsam der zur Verweigerung des Zeugnisses berechtigten Person sind (§ 97 Abs. 2 Satz 1 StPO).**

Der Rechtssatz bezieht sich zunächst auf die **engen Angehörigen des Beschuldigten.** Ist eine der genannten Personen Zeuge eines Strafverfahrens und darf sie das Zeugnis verweigern, fallen schriftliche Mitteilungen, also die Korespondenz zwischen dem Beschuldigten und Zeugnisverweigerungberechtigten, grundsätzlich als Beweismittel aus, solange sie der Angehörige besitzt (in Verwahrung hat). Das sind der/die Verlobte, der Ehepartner (auch nach der Ehescheidung) und die Angehörigen im Sinne von § 52 Abs. 1 Nr. 1 bis 3 StPO. Sind die schriftlichen Mitteilungen im Besitz des Beschuldigten, kommen sie als Beweismittel in Betracht (§ 97 Abs. 2 Satz 1 StPO). Dann hat die Polizei aber § 110 StPO zu beachten (siehe unten 2.5).

## bb) zwischen Beschuldigtem und bestimmten Vertrauenspersonen

§ 97 Abs. 1 Nr. 1 erfaßt weiter **bestimmte (nicht alle!)** Vertrauenspersonen des **Beschuldigten** im Sinne von § 53 StPO, und zwar:

- Geistliche über das, was ihnen in ihrer Eigenschaft als Seelsorger anvertraut oder bekannt wurde (§ 53 Abs. 1 Nr. 1 StPO),
- Verteidiger des Beschuldigten über das, was ihnen in dieser Eigenschaft anvertraut oder bekannt wurde (§ 53 Abs. 1 Nr. 2 StPO),
- Rechtsanwälte, sonstige Mitglieder einer Rechtsanwaltskammer, Patentanwälte, Notare, Wirtschaftsprüfer, vereidigte Buchprüfer, Steuerberater oder Steuerbevollmächtigte, Ärzte, Zahnärzte, psychologische Psychotherapeuten, Kinder- und Jugendlichenpsychotherapeuten, Apotheker oder Hebammen über das, was ihnen in dieser Eigenschaft anvertraut oder bekannt wurde (§ 53 Abs. 1 Nr. 3 StPO),
- Mitglieder oder Beauftragte anerkannter Schwangerschaftsberatungsstellen über das, was ihnen in dieser Eigenschaft anvertraut oder bekannt wurde (§ 53 Abs. 1 Nr. 3a StPO),
- Berater in einer amtlich anerkannten Beratungsstelle für Fragen der Betäubungsmittelabhängigkeit über das, was ihnen in dieser Eigenschaft anvertraut oder bekannt wurde (§53 Abs. 1 Nr. 3b StPO).

Schriftliche Mitteilungen zwischen ihnen kommen als Beweismittel nicht in Frage, wenn und solange sie sich im Gewahrsam (Besitz) der Vertrauensperson befinden (§ 97 Abs. 2 Satz 1 StPO).

Das gilt auch in Bezug auf Bedienstete (**Berufshelfer nach § 53a StPO**) der Vertrauenspersonen. § 97 Abs. 4 StPO bezieht diesen Personenkreis ausdrücklich ein, soweit sie an der „berufsmäßigen Tätigkeit teilnehmen" (§ 53a Abs. 1 StPO). Entscheidend ist allerdings, dass der Zeugnisverweigerungsberechtigte will, dass der Mitarbeiter von dem Zeugnisverweigerungsrecht Gebrauch macht. Hat er keine Einwendungen, entfällt das Beschlagnahmehindernis auch bei den Gehilfen.

> In DO wurde die 19jährige Studentin Schön zu abendlicher Stunde von einem jungen Mann in dessen Fahrzeug gezerrt und später vergewaltigt. Die Ermittlungen der Polizei führten zum Verdacht, dass der Angestellte Flamme die Tat begangen haben könnte. Weil an der Kleidung der Schön Blutflecken gefunden wurden und die Geschädigte ausgesagt hat, dass sie dem Täter kräftig in den Oberarm gebissen hat, suchten die Ermittlungsbeamten die Wohnung des Flamme auf. Obgleich weder er noch sonst ein Angehöriger zu Hause waren, ließen sie die Wohnung öffnen und durchsuchten die Räume. Hier fanden sie dann eine mit Blutflecken behaftete Hose und ein blutverschmiertes Hemd. Schließlich fiel ihr Blick auf einen offenen Brief vom Pfarramt St. Martin. Dabei fielen die Worte ins Auge:
>
> "Lieber Herr Flamme!
> Was Sie getan haben, ist schrecklich. Denken Sie nur an das arme Mädchen. ..."
>
> Sie nahmen die Kleidungsstücke in Verwahrung. Ferner falteten sie den Brief, ohne ihn zu lesen, steckten ihn in einen Umschlag und nahmen ihn mit. Die Beschlagnahme des Briefes war trotz des Zeugnisverweigerungsrechtes zulässig, weil er nicht mehr im Besitz des Zeugnisverweigerungsberechtigten war.

### b) Aufzeichnungen einer der zuvor genannten Vertrauenspersonen

Soweit sich die zuvor genannten Vertrauenspersonen und ihre Berufshelfer schriftliche Aufzeichnungen über vertrauliche Mitteilungen oder andere das Zeugnisverweigerungsrecht betreffende Umstände gemacht haben, scheiden auch diese Notizen als Beweismittel aus (§ 97 Abs. 1 Nr. 2 StPO), solange sie im Besitz der Vertrauensperson (§ 97 Abs. 2 Satz 1 StPO) oder eines Berufshelfers sind (§ 97 Abs. 4 StPO). Sind die Aufzeichnungen im Besitz des Beschuldigten oder einer anderen Person, stehen sie entsprechend § 97 Abs. 2 Satz 1 StPO als Beweismittel zur Verfügung (die Polizei hat § 110 StPO zu berücksichtigen – siehe unten 2.5).

### d) Andere Gegenstände oder ärztliche Untersuchungsbefunde

Auch **andere Gegenstände**, einschließlich ärztlicher Untersuchungsbefunde, auf die sich das Zeugnisverweigerungsrecht nach § 53 Abs. 1 Nr. 1 bis 3b StPO erstreckt, fallen unter das Beschlagnahmeverbot (§ 97 Abs. 1 Nr. 3 StPO). Die Beschlagnahmebeschränkungen gelten aber nur insoweit, als sich Gegenstände im Gewahrsam des Zeugnisverweigerungsberechtigten (§ 97 Abs. 2 Satz 1 StPO) oder im Gewahrsam einer Krankenanstalt bzw. einer Beratungsstelle befinden (§ 97 Abs. 2 Satz 2 StPO).

---

**§ 97 StPO    Beschlagnahmefreie Gegenstände**

(1) ...

(2) Diese Beschränkungen gelten nur, wenn die Gegenstände im Gewahrsam der zur Verweigerung des Zeugnisses Berechtigten sind.

Der Beschlagnahme unterliegen auch nicht Gegenstände, auf die sich das Zeugnisverweigerungsrecht der Ärzte, Zahnärzte, Psychologische Psychotherapeuten, Kinder- und Jugendlichenpsychotherapeuten, Apotheker und Hebammen erstreckt, wenn sie im Gewahrsam einer Krankenanstalt sind, sowie Gegenstände, auf die sich das Zeugnisverweigerungsrecht der in § 53 Abs. 1 Nr. 3a und 3b genannten Personen erstreckt, wenn sie im Gewahrsam der in dieser Vorschrift bezeichneten Beratungsstelle sind.

Die Beschränkungen der Beschlagnahme gelten nicht, wenn die zur Verweigerung des Zeugnisses Berechtigten einer Teilnahme oder einer Begünstigung, Strafvereitelung oder Hehlerei verdächtig sind oder wenn es sich um Gegenstände handelt, die durch eine Straftat hervorgebracht oder zur Begehung einer Straftat gebraucht oder bestimmt sind oder die aus einer Straftat herrühren.

(3) ...

---

Sind die Gegenstände/ärztlichen Untersuchungsbefunde im Besitz des Beschuldigten oder einer anderen Person, stehen sie entsprechend § 97 Abs. 2 Satz 1 StPO als Beweismittel zur Verfügung (die Polizei hat § 110 StPO zu berüchsichten – siehe unten 2.5)

**Schriftliche Mitteilungen, Aufzeichnungen, andere Gegenstände einschließlich ärztlicher Untersuchungsbefunde sind allerdings zulässige Beweismittel** und dann auch beschlagnahmefähig, wenn

- einer der o. g. Zeugnisverweigerungsberechtigten selbst im Verdacht steht, Teilnehmer, Begünstiger, Strafvereiteler oder Hehler (im Zusammenhang mit der Sache, in der ermittelt wird und Beweise gesichert werden sollen) zu sein, oder
- die schriftlichen Mitteilungen, Aufzeichnungen oder sonstigen Gegenstände durch die Straftat hervorgebracht, zur Begehung der Tat gebraucht oder bestimmt sind oder aus einer Straftat herrühren (§ 97 Abs. 2 Satz 3 StPO).

Eine strafrechtliche Verstrickung führt nicht zur Beschlagnahmebeschränkung; denn dann ist der Betroffene nicht mehr nur Zeugnisverweigerungsberechtigter, sondern selbst Straftäter.

*Der Schutz des Vertrauensverhältnisses zwischen Arzt und Patient(in) ist nicht darauf gerichtet, den Arzt vor einer strafrechtlichen Verurteilung zu schützen (BVerfG, Beschluss vom 22.5.2000, - nichtamtlicher Leitsatz - Kriminalistik 2/2001, S. 84)*

## B. Zweite Gruppe

**Die zweite Gruppe,** bei denen eine Beschlagnahme von Schriftstücken ausscheidet, sind die **Abgeordneten** des Bundestages, eines Landtages oder einer zweiten Kammer (§ 97 Abs. 3 StPO). Die Regelung trägt Art. 47 GG und Art. 49 Landesverfassung NW Rechnung. Entsprechend erfasst sind Europaabgeordnete (§ 6 EUAbgG). Ist ein Abgeordneter Zeuge einer Straftat, muss sein Zeugnisverweigerungsrecht berücksichtigt werden.

---

**§ 97 StPO    Beschlagnahmeverbot**

**(1)** ...
**(2)** ...
**(3) Soweit das Zeugnisverweigerungsrecht der Mitglieder des Bundestages, eines Landtages oder einer zweiten Kammer reicht (§ 53 Abs. 1 Nr. 4), ist die Beschlagnahme von Schriftstücken unzulässig.**

---

Voraussetzung ist auch hier der Gewahrsam des Zeugnisverweigerungsberechtigten (Kleinknecht/Meyer-Goßner, a.a.O., § 97 RdNr. 43). **Bei ihnen dürfen Schriftstücke,** auf die sich das Zeugnisverweigerungsrecht nach § 53 Abs. 1 Nr. 4 StPO erstreckt, **nicht beschlagnahmt werden.** Das gilt auch dann, wenn der Abgeordnete teilnahmeverdächtig ist. Wird der Abgeordnete jedoch als Beschuldigter verfolgt, ist die Beschlagnahme ohne Einschränkung (im Rahmen von § 110 - siehe unten 2.5) zulässig (Kleinknecht/Meyer-Goßner, a.a.O., Art. 98, RdNr. 43).

## C. Dritte Gruppe

Schließlich ist als **dritte Gruppe** die der **Mitarbeiter von Presse und Rundfunk zu berücksichtigen.** In Bezug auf diese Personenkreise ist das Beschlagnahmeverbot aus § 97 Abs. 5 StPO von Bedeutung. Auch ihr Zeugnisverweigerungsrecht muss Beachtung finden.

---

**§ 97 StPO    Beschlagnahmeverbot**

(1)...

(2) ...

(3) ...

(4) ...

(5) Soweit das Zeugnisverweigerungsrecht der in § 53 Abs. 1 Nr. 5 genannten Personen reicht, ist die Beschlagnahme von Schriftstücken, Ton-, Bild- und Datenträgern, Abbildungen und anderen Darstellungen, die sich im Gewahrsam dieser Personen oder der Redaktion, des Verlages, der Druckerei oder der Rundfunkanstalt befinden, unzulässig. Abs. 2 Satz 3 gilt entsprechend.

---

Ausgehend vom Zeugnisverweigerungsrecht aus § 53 Abs. 1 Nr. 5 StPO **scheidet die Beschlagnahme von Schriftstücken, Ton-, Bild- und Datenträgern, Abbildungen und anderen Darstellungen, die sich im Gewahrsam**

- **der zeugnisverweigerungsberechtigten Personen** (des Journalisten, Redakteurs usw.),
- **der Redaktion,**
- **des Verlages,**
- **der Druckerei oder**
- **der Rundfunkanstalt**

**befinden, aus** (zur Beschlagnahme eines sogenannten Bekennerschreibens einer terroristischen Vereinigung in den Räumen des Presseunternehmens, dem sie zum Zweck der Veröffentlichung übersandt worden sind siehe BVerfG, Beschluss vom 22.8.2000, NJW 2001, S. 501).

Der Kreis der Zeugnisverweigerungsberechtigten ist weit auszulegen. Es sind alle Personen, die bei der Vorbereitung, Herstellung oder Verbreitung von periodischen Druckwerken oder Rundfunksendungen berufsmäßig mitwirken oder mitgewirkt haben (vgl. § 53 Abs. 1 Nr. 5 StPO).

Allerdings steht das Zeugnisverweigerungsrecht **nur den Vertretern der periodischen Presse** zu. Das sind Mitarbeiter von Zeitungen und Zeitschriften pp., die in ständiger oder unregelmäßiger Folge und im Abstand von nicht mehr als 6 Monaten erscheinen (§ 7 Abs. 4 Landespressegesetz).

Der KPB SI wird gemeldet, dass ein junger Mann Flugblätter einer scheinbar rechtsgerichteten Partei verteilt, in denen verfassungsfeindliche Symbole (unter anderem ein Hakenkreuz) zu sehen sind. Die Polizeibeamten stellen die Richtigkeit

der Mitteilung fest, ermitteln den Verteiler und stellen gegen seinen ausdrücklichen Protest zwei Zeitschriften als Beweismittel sicher. Die Sicherstellung wird
durch § 97 Abs. 5 StPO nicht ausgeschlossen; denn darauf bezieht sich das
Zeugnisverweigerungsrecht nicht, weil es sich nicht um periodische Druckschriften handelt ( Die Einziehung aller Zeitschriften scheidet aus - siehe § 111n StPO -
unten).

Zudem erstreckt sich das Zeugnisverweigerungsrecht nur auf die Person des Verfassers,
des Einsenders oder Gewährsmannes von Beiträgen und Unterlagen sowie über die im
Hinblick auf ihre Tätigkeit gemachten Mitteilungen für den redaktionellen Teil (siehe
§ 53 Abs. 1 Nr. 5 StPO).

**Eine Beschlagnahme ist aber trotz des Zeugnisverweigerungsrechtes zulässig,**

- **wenn einer der o. g. Zeugnisverweigerungsberechtigten selbst im Verdacht
  steht, Teilnehmer, Begünstiger, Strafvereiteler oder Hehler (im Zusammenhang mit der Sache, in der ermittelt wird und Beweise gesichert werden
  sollen) zu sein, oder**
- **wenn die schriftlichen Mitteilungen, Aufzeichnungen oder sonstigen Gegenstände durch die Straftat hervorgebracht, zur Begehung der Tat gebraucht
  oder bestimmt sind oder aus einer Straftat herrühren.**

Das folgt aus § 97 Abs. 5, letzter Satz, wo auf Abs. 2 Satz 3 StPO verwiesen wird. Bei
strafrechtlicher Verstrickung der zur Verweigerung des Zeugnisses Berechtigten entfallen
die Beschlagnahmebeschränkungen (Laufhütte in Karlsruher Kommentar, a.a.O., § 97,
RdNr. 19). Im Rahmen von § 110 StPO (siehe unten 2.5) darf die Polizei die Sachen
beschlagnahmen.

**Die Anordnung der Beschlagnahme in den Räumen einer Redaktion pp. steht nur
dem Richter zu (§ 98 Abs. 1 Satz 2 StPO).**

Auf eine weitergehende detaillierte Kommentierung dieser Beschlagnahmebeschränkung
muss hier verzichtet werden. Ergeben sich im Einzelfall strittige Fragen, ist die einschlägige Literatur hinzuzuziehen.

## 2.2 Das Persönlichkeitsrecht als Beschlagnahmeverbot

Ein **Beschlagnahmeverbot** kann sich auch aus dem **Persönlichkeitsrecht** des einzelnen
Bürgers ergeben (Art. 1. Abs. 1 GG und Art. 2 Abs. 1 GG). Sachen aus dem engen
Kernbereich privater Lebensgestaltung (Intimsphäre) können der öffentlichen Gewalt
schlechthin entzogen sein (Pfeiffer/Fischer, a.a.O., § 94, RdNr. 4). Ganz persönliche
Unterlagen wie z.B. ein Privattestament oder persönliche Tagebücher dürfen ggf. nicht
beschlagnahmt werden (vgl. dazu weiter Kleinknecht/Meyer-Goßner, a.a.O., § 94,
RdNr. 20).

## 2.3 Behördenakten

Eine weitere Einschränkung der Beschlagnahme von Beweismitteln ergibt sich aus § 96 StPO. Danach scheidet eine **Sicherstellung/Beschlagnahme von Akten oder Schrift-stücken aus, die in amtlicher Verwahrung einer anderen Behörde sind.**

§ 96 stellt für das Strafverfahren ein Beweisverbot auf, das dem Zweck dient, das Dienstgeheimnis auch im Strafverfahren in gewissen Grenzen zu schützen. § 161 StPO (Recht der Staatsanwaltschaft auf Behördenauskünfte) tritt demgegenüber zurück (Schmidt, a.a.O., S. 65).

Die Gewahrsamsinhaber müssen ihre Akten nicht zurückhalten. Wenn sie es jedoch für geboten halten, kann die Herausgabe letztlich nur verweigert werden, wenn die oberste Dienstbehörde erklärt, dass das Bekanntwerden des Inhalts der Schriftstücke dem Wohl des Bundes oder eines deutschen Landes Nachteile bereiten würde. Liegt das nicht vor, stehen sie als Beweismittel für das Verfahren zur Verfügung.

## 2.4 Beschlagnahmeverbot auf der Post

Auch die Beschlagnahme von **Postsendungen** unterliegt beschränkenden Regeln. Entsprechend § 99 StPO kommt die Beschlagnahme von Briefen, Postkarten, Telegrammen oder anderen Postsendungen nur in Frage, wenn

- **Tatsachen vorliegen, aus denen zu schließen ist, dass sie**
- **von dem Beschuldigten**
  - **herrühren oder**
  - **für ihn bestimmt sind und**
- **dass ihr Inhalt für die Untersuchung Bedeutung hat.**

Der Polizei ist der eigenmächtige Zugang versagt. Die Anordnung der Postbeschlagnahme **darf nur der Richter, bei Gefahr im Verzug der Staatsanwalt anordnen** (§ 100 StPO).

Die **Öffnung** der Post- oder Telegraphensache steht **nur** dem **Richter** zu (§ 100 Abs. 3 und 4 StPO). Er kann die Befugnis im Einzelfall auf die Staatsanwaltschaft übertragen. Die Polizei kann eine getroffene Anordnung lediglich durchführen; darf die Sache aber auf keinen Fall öffnen.

§ 99 findet Anwendung, wenn sich die Sache **auf der Post oder auf der Telegraphen-anstalt** befindet. Die Vorschrift schränkt die Sicherstellung und Beschlagnahme nur ein, **wenn und solange die Post oder Telegraphenanstalt Gewahrsam hat.** Gewahrsam der Post bzw. Telegraphenanstalt beginnt mit der Aufgabe der Sache und endet mit der Zustellung. Solange z.B. der Briefträger einen Brief noch besitzt, besteht Postgewahrsam. Er endet mit der Hinterlegung im Briefkasten des Empfängers (vgl. im einzelnen Kleinknecht/Meyer-Goßner, a.a.O., § 99, RdNr. 8 ff.).

Für Briefe oder andere Schriftstücke, die nicht mehr im Gewahrsam der Post sind, ist § 110 StPO als einschränkende Regelung zu beachten.


## 2.5 Durchsicht von Papieren

Die Frage, ob ein Gegenstand Beweis geeignet ist, erfordert die Inaugenscheinnahme. Soweit es sich bei den Beweisgegenständen allerdings um Papiere handelt, unterliegt die Beweiswürdigung den Schranken des § 110 StPO. Danach steht die **Durchsicht der Papiere** gegen den Willen des Inhabers nur der Staatsanwaltschaft zu.

Sofern Papiere überhaupt der Beschlagnahme unterliegen (§ 97 StPO - siehe oben), darf die Polizei sie nur mit Genehmigung des Inhabers durchsehen. Ansonsten darf sie die Papiere nur nach äußeren Merkmalen bewerten (Aufbewahrungsplatz, Ordnerbeschriftung, Betreffangabe im Schreiben). Auch eine Grobsichtung soll unzulässig sein (vgl. Kleinknecht/Meyer-Goßner, a.a.O., § 110, RdNr. 4; anders jedoch Krause/Nehring, a.a.O., § 110 RdNr. 5).

Der Begriff der Papiere ist weit auszulegen. „Als Papiere gelten nicht etwa nur schriftliche Mitteilungen, sondern Schriftstücke aller Art fallen darunter, Werk- und Lagezeichnungen oder -skizzen (Schulz/Händel, a.a.O. § 110, RdNr. 2). Dazu gehört das gesamte "private oder geschäftliche Schriftgut wie Briefe, Tagebücher, Inventaufstellungen, Bilanzen, Buchungsunterlagen, Werk- und Lagezeichnungen, Lageskizzen" (Kleinknecht/Meyer-Goßner, a.a.O., § 110, RdNr. 1) Notizbücher, Taschenkalender, Haushaltsabrechnungbücher (Schulz/Händel. a.a.O. § 110 RdNr 2a). "Als Papiere im Sinne des § 110 sind auch Unterlagen anzusehen, bei denen statt Papier ein anderes Material oder System verwendet worden ist, wie Tonträger, Filme, Lochkarten oder Magnetbänder für Datenverarbeitungsanlagen, ferner Disketten" (Kleinknecht/Meyer-Goßner, a.a.O., § 110, RdNr. 1; Schulz/Händel. a.a.O. § 110 RdNr 2) oder Festplatten und Magnetbänder (Karlsruher Kommentar, a.a.O, § 110, RdNr. 3).

Schriftliche Nachrichten auf einem Mobiltelefon (SMS) oder das gesprochene Wort auf einem Anrufbeantworter fallen jedoch unter die Vorschriften des § 100a StPO (Telekommunikation).

Nicht unter die Beschränkung des § 110 StPO fallen die von Behörden ausgestellten Urkunden (Führerscheine, Kfz-Scheine, Personalausweise, Genehmigungsurkunden, Erlaubnisscheine pp.). Hält die Polizei Papiere für beweisgeeignet, darf sie dieselben in der in § 110 StPO vorgegebenen Form sicherstellen und der Staatsanwaltschaft zuleiten.

## 2.6 Beschlagnahme bei der Bundeswehr

**Beschlagnahmen bei der Bundeswehr** erfolgen im Rahmen von § 98 Abs. 4 StPO. Soll eine Sache im Dienstgebäude oder einer nicht allgemein zugänglichen Einrichtung der Bundeswehr sichergestellt oder beschlagnahmt werden, ist die vorgesetzte Dienststelle der Bundeswehr um Durchführung zu ersuchen. Die Polizei darf mitwirken.

## 3. Übermaßverbot

Der mit Verfassungsrang ausgestattete Verhältnismäßigkeitsgrundsatz ist zu beachten (vertiefend Band I, 4. Kapitel). Deshalb kann es im Einzelfall ausreichend sein, von bestimmten Beweismitteln Fotokopien anzufertigen. Ggf. sollte je nach Lage auch eine Fotografie ausreichen. **Die Beschlagnahme von Schriften muss sich i.d.R. auf wenige Exemplare beschränken** (Kleinknecht/Meyer-Goßner, a.a.O., § 94, RdNr. 19).

## 4. Verfahrens- und Formvorschriften

Das Recht zur **Anordnung einer Beschlagnahme** folgt aus § 98 Abs. 1 StPO.

---

**§ 98 StPO    Anordnung der Beschlagnahme**

**(1) Beschlagnahmen dürfen nur durch den Richter, bei Gefahr im Verzug auch durch die Staatsanwaltschaft und ihre Hilfsbeamten (152 des Gerichtsverfassungsgesetzes) angeordnet werden. Die Beschlagnahme nach § 97 Abs. 5 Satz 2 in den Räumen einer Redaktion, eines Verlages, einer Druckerei oder einer Rundfunkanstalt darf nur durch den Richter angeordnet werden.**
**(2) ...**
**(3) ...**
**(4) ...**

---

Die Anordnung obliegt grundsätzlich dem Richter. Nur bei Gefahr im Verzug sind die Staatsanwaltschaft und die Hilfsbeamten der Staatsanwaltschaft (siehe hierzu Band I, 4. Kapitel) anordnungsbefugt.

Gefahr im Verzuge liegt vor, wenn zur Verhinderung des Beweisverlustes sofort eingegriffen werden muss. Das ist gegeben, wenn ein Abwarten bis zur Entscheidung durch einen Richter den Beweis der Tat vereiteln oder wesentlich erschweren würde. Ob das der Fall ist, entscheidet der Beamte nach pflichtgemäßem Ermessen (Kleinknecht/Meyer-Goßner, a.a.O., § 98, RdNr. 7). Nimmt ein Polizeibeamter irrigerweise an, dass Gefahr im Verzug sei, ist die Beschlagnahme nicht unwirksam. Bei willkürlicher Ausschaltung des Richters kann ein Verwertungsverbot begründet sein (vgl. Kleinknecht/Meyer-Goßner, a.a.O., § 98, RdNr. 6; Pfeiffer/Fischer, a.a.O., § 98, RdNr. 2).

Hat die Polizei eine Beschlagnahme angeordnet, soll entsprechend § 98 Abs. 2 Satz 1 StPO binnen drei Tagen die **richterliche Bestätigung** beantragt werden,

- **wenn bei der Beschlagnahme weder der davon Betroffene noch ein erwachsener Angehöriger anwesend war oder**
- **wenn der Betroffene und im Falle seiner Abwesenheit ein erwachsener Angehöriger des Betroffenen gegen die Beschlagnahme ausdrücklich Widerspruch erhoben hat.**

Der Tag der Beschlagnahme fällt unter die Drei-Tage-Regelung. Er wird als Tag mitgerechnet. Innerhalb der drei Tage ist der Antrag zu stellen. Die Frist von drei Tagen bezieht sich auf den Bestätigungsantrag, nicht auf die richterliche Entscheidung (vgl. Kleinknecht/Meyer-Goßner, a.a.O, § 98 RdNr. 14). Die Polizei gibt die Sache rechtzeitig an die Staatsanwaltschaft ab, die dann weiteres veranlasst.

Nicht in allen Beschlagnahmefällen, die die Polizei angeordnet hat, ist die nachträgliche richterliche Bestätigung einzuholen. Wurde z.B. eine Brandstelle (niedergebranntes Haus) in Anwesenheit des Berechtigten beschlagnahmt und hat der Betroffene nicht ausdrücklich Widerspruch erhoben, ist der Bestätigungsantrag nicht nötig. Allerdings kann der Betroffene entsprechend § 98 Abs. 2 Satz 2 jederzeit die richterliche Entscheidung beantragen (unbewegliche Sachen können nur beschlagnahmt werden - siehe oben.)

Muss die Polizei eine Sache beschlagnahmen, hat sie **den Betroffenen über seine Rechte aufzuklären** (§ 98 Abs. 2 Satz 7 StPO). Dazu gehören die Hinweise,

- dass er jederzeit die richterliche Entscheidung beantragen kann (§ 98 Abs. 2 Satz 2 StPO),
- dass das Amtsgericht, in dessen Bezirk die Beschlagnahme stattgefunden hat, zuständig ist,
- dass er auf Verlangen ein Verzeichnis über die in Beschlag genommenen Sachen erhält (§ 107 Satz 2 StPO) .

Entsprechend § 109 StPO sind die in Beschlag genommenen **Gegenstände** zur Vermeidung von Verwechslungen genau zu **verzeichnen**. In diesem Kontext ist der RdErl. des Innenministeriums über die Behandlung von Verwahrstücken im Bereich der Polizei in der Fassung vom 22.7.1987 (MBl. NW. S. 1176) zu beachten. Für die Sicherstellung/Beschlagnahme von Fahrzeugen ist der RdErl. des Innenministeriums über die Sicherstellung von Fahrzeugen durch die Polizei in der Fassung vom 11.5.1993 (MBl. NW. S. 1102) maßgebend.

Die **Verwahrung von Papieren** erfolgt nach den Regeln des § 110 StPO. Sie sind möglichst in Gegenwart des Inhabers **in einem Umschlag zu verschließen** und durch einen **Siegelaufdruck** gesichert der Staatsanwaltschaft zur Durchsicht abzuliefern. Dem Inhaber der Papiere oder dessen Vertreter ist die Beidrückung seines Siegels zu gestatten.

## 5.  Herausgabe sichergestellter Sachen, Kosten

Eine Sicherstellung oder Beschlagnahme erlischt spätestens mit Abschluss des Strafverfahrens.

Eine Aufhebung der Anordnung ist allerdings oft schon früher erforderlich, nämlich dann, wenn die Sache als Beweismittel nicht mehr benötigt wird und daher die Voraussetzungen der Beschlagnahme weggefallen sind (vgl. Kleinknecht/Meyer-Goßner, a.a.O., § 98, RdNr. 8). Hat der Richter die Anordnung getroffen, ordnet er auch die Aufhebung durch Beschluss an. Den Beschluss hat die Staatsanwaltschaft auszuführen oder durch die Polizei ausführen zu lassen. Ansonsten ist die Herausgabe Sache der Staatsanwaltschaft (Pfeiffer/Fischer, a.a.O., § 98, RdNr. 8).

Ausnahmsweise dürfen auch die Polizeibeamten, die Hilfsbeamte der Staatsanwaltschaft sind und die Beschlagnahme (bei Gefahr im Verzug) angeordnet haben, die Sachen herausgeben. Das gilt jedoch nur, wenn die Ermittlungssache noch nicht der Staatsanwaltschaft vorgelegt wurde (vgl. Laufhütte in Karlsruher Kommentar, § 95, RdNr. 20 und § 98, RdNr. 30). Die Befugnis zur Herausgabe einer beschlagnahmten Sache ist praktisch sinnvoll, wenn an einem Gebäude Spuren gesichert werden mussten. Ist das geschehen, muss der Polizeibeamte schon aus Übermaßverbotsgründen das Gebäude wieder freigeben und dem Berechtigten zur Nutzung überlassen. Auf jeden Fall ist zu vermeiden, dass der Berechtigte durch die Einholung einer staatsanwaltschaftlichen oder gerichtlichen Entscheidung zusätzlich belastet wird.

a) Unbekannte Einbrecher sind nachts in ein Büro eingedrungen, haben darin einen Tresor aufgeschweißt und Wertsachen gestohlen. Die Polizei nimmt die Ermittlungen auf. Am Tatort angekommen, stellen die Polizeibeamten fest, dass eine Putzkolonne mit den Aufräumarbeiten beginnen will. Weil die Gefahr der Spurenbeseitigung besteht und Beweisverlust eintreten könnte, beschlagnahmen die Beamten das Büro. Nach Sicherung der Spuren geben die Ermittlungsbeamten den Raum wieder frei.

b) In DO ist ein Teil eines Wohnhauses abgebrannt. Die Brandursache ist unklar. Dem ersten Eindruck zufolge könnte Brandstiftung eine Rolle spielen. Mit der Spurensuche kann erst später (nach Auskühlung des Objektes) begonnen werden. Um zu verhindern, dass Unbefugte die Brandstelle betreten und Beweise vernichten, beschlagnahmen die Polizeibeamten das Gebäude. Nach Beendigung der Beweisaufnahme geben sie die Brandstelle wieder frei.

c) Eine Polizeistreife findet auf einem abseits gelegenen Waldweg einen zur Fahndung ausgeschriebenen Wagen. Bei der Inaugenscheinnahme des Pkw finden die Beamten Spuren, die möglicherweise die Täter hinterlassen haben. Zur Beweissicherung stellen sie das Fahrzeug aufgrund des § 94 StPO sicher. Nach Abschluss der Spurensuche und -sicherung geben sie das Fahrzeug an den berechtigten Fahrzeughalter heraus.

In allen Fällen ist die Freigabe der sichergestellten/beschlagnahmten Sache durch die Polizei zulässig. Eine Entscheidung durch die Staatsanwaltschaft oder gar durch Gerichtsbeschluss, belastete den Berechtigten unnötig lange.

In der Regel aber werden die Polizeibeamten die Herausgabe mit der Staatsanwaltschaft absprechen.

In HA hat sich ein Verkehrsunfall ereignet. Der Fahrer eines Pkw hat die Vorfahrt eines Motorradfahrers missachtet und ist mit ihm zusammengestoßen. Obgleich der Motorradfahrer schwer verletzt wurde, hat der Verursacher die Flucht ergriffen. Die Polizei nimmt die Ermittlungen auf. Dabei ergibt sich der Verdacht, dass der Lehrer Unklug Verursacher des schweren Unfalls war. Der Verdächtige leugnet die Tat. Bei der Inaugenscheinnahme seines Pkw aber finden die Polizeibeamten Spuren und fremde Lackreste. Aufgrund des Verdachtes der Unfallflucht beschlagnahmen sie den Pkw des Unklug. Noch bevor sie die Akte der Staatsanwaltschaft vorlegen, werden die beweiserheblichen Spuren an dem Pkw so gesichert, dass kein Beweisverlust eintreten kann. Nach Rücksprache mit der Staatsanwaltschaft geben sie den Pkw wieder frei.

Grundsätzlich ist mit der Herausgabe der Zustand wieder herzustellen, der vor der Sicherstellung bestand. In der Regel erhält der letzte Gewahrsamsinhaber die Sache zurück (Laufhütte in Karlsruher Kommentar, § 95, RdNr. 20). Das gilt aber nur mit Einschränkungen. Zu beachten ist die Sonderregelung in § 111k StPO.

---

### § 111k StPO    Herausgabe beschlagnahmter Gegenstände

**Bewegliche Sachen, die nach § 94 beschlagnahmt oder sonst sichergestellt oder nach § 111c Abs. 1 beschlagnahmt worden sind, sollen dem Verletzten, dem sie durch die Straftat entzogen worden sind, herausgegeben werden, wenn er bekannt ist, Ansprüche Dritter nicht entgegenstehen und die Sachen für Zwecke des Strafverfahrens nicht mehr benötigt werden.**

---

Ist der letzte Gewahrsamsinhaber nicht zugleich der Verletzte, können sich erhebliche Rechtsprobleme ergeben. Nach § 111k soll der Verletzte die Sache erhalten, wenn

- er bekannt ist,
- Ansprüche Dritter nicht entgegenstehen und
- die Sachen für Zwecke des Strafverfahrens nicht mehr benötigt werden.

Die Frage, ob Ansprüche Dritter entgegenstehen, macht die Rückgabe problematisch. In diesem Zusammenhang ist auf die Eigentumsvermutung zugunsten des Besitzers nach § 1006 BGB hinzuweisen. Besitzer ist die Person, welche die Verfügungsgewalt über eine Sache hat (zuletzt hatte). Aus diesem Rechtssatz könnten Ansprüche hergeleitet werden.

Oft ist ein Dieb der letzte Gewahrsamsinhaber. Hat er die Sache im Besitz (gehabt), spricht im Grundsatz die Eigentumsvermutung (§ 1006 BGB) für ihn. Daran ändert zunächst der Verdacht der Straftäterschaft noch nichts. Solange die Tat nicht endgültig bewiesen ist, besteht Unschuldsvermutung (vgl. Art. 6 Abs. 2 der Konvention zum Schutz der Menschenrechte und Grundfreiheiten). Die Unschuldsvermutung gilt noch im Anklagestadium. Dass jemand tatsächlich Straftäter ist, wird abschließend erst in der Hauptverhandlung geklärt.

Kommt es zur Einstellung des Verfahrens, kann sich der Dieb wieder auf § 1006 BGB berufen und Ansprüche anmelden.

Die Herausgabe an den Verletzten vor der Hauptverhandlung ist daher nur möglich, wenn zweifelsfrei Ansprüche des letzten Gewahrsamsinhabers (des Diebes) nicht entgegenstehen. Darum darf die Rückgabe des Diebesgutes (als Beweismittel) ausdrücklich nur dann erfolgen, wenn der letzte Gewahrsamsinhaber (der Dieb) ausdrücklich zustimmt. Die Zustimmung ist aktenkundig zu machen. Zu bedenken ist, dass darin auch eine Art Geständnis liegt.

Der Braumeister Habgier steht im Verdacht, seinem Mitarbeiter Gutemut EURO 500,-- gestohlen zu haben. Die Polizei nimmt die Ermittlungen auf, sieht den Anfangsverdacht bestätigt und findet bei dem Habgier einen 500-EURO-Schein. Die Beamten stellen den Schein sicher. Weil sie fest davon überzeugt sind, dass es das Geld des Gutemut ist, geben sie den Geldschein an ihn heraus. Das Strafverfahren wird mangels Beweises eingestellt. Nunmehr verlangt Habgier unter Berufung auf § 1006 BGB (Eigentumsvermutung für den Besitzer) das Geld heraus. Der Anspruch scheint begründet.

Fehlentscheidungen können zu Entschädigungsansprüchen führen (Laufhütte in Karlsruher Kommentar, a.a.O, § 98, RdNr. 20).

Die Kosten der Sicherstellung und Beschlagnahme sind **Verfahrenskosten**. Sie fallen entsprechend § 464 ff. StPO dem Angeklagten zur Last.

Die Polizei hat ihre Auslagen aus der Staatskasse zu bestreiten und die Kosten in das Verfahren einzubringen. Dazu ist eine **Kostenaufstellung** zu fertigen und **zur Ermittlungsakte** zu geben.

Die Rückgabe der sichergestellten/beschlagnahmten Sache kann (anders als im Polizeirecht) nicht von der Erstattung der Kosten abhängig gemacht werden. Ein Rückbehaltungsrecht (wie es in § 46 Abs. 3 Satz 3 PolG für präventivpolizeiliche Maßnahmen vorgesehen ist) fehlt. Das ist auch schlüssig, denn über den Kostenverantwortlichen muss noch gerichtlich entschieden werden.

Entsprechend § 111k StPO erhält der Verletzte die sichergestellte/beschlagnahmte Sache zurück. Würde man von ihm die Kostenbegleichung fordern, würde er zusätzlich belastet.

Eine Polizeistreife ist auf ein Fahrzeug aufmerksam gemacht worden, das gestohlen und von den Dieben abgestellt worden ist. Bei der Inaugenscheinnahme des Pkw finden die Beamten Spuren, die gesichert werden müssen. Dazu stellen sie das Fahrzeug aufgrund des § 94 StPO sicher und lassen es zur Dienststelle bringen. Nach Abschluss der Spurensuche und -sicherung geben sie das Fahrzeug an den berechtigten Fahrzeughalter heraus. Die Abschleppkosten sind Verfahrenskosten, über die entsprechend § 464 ff. StPO zu entscheiden ist. Der Fahrzeughalter ist nicht kostenpflichtig. Eine Freigabe des Wagens nur gegen Kostenerstattung scheidet aus.

# 5. Beschlagnahmebeispiele

Die Beschlagnahme von Beweismitteln gehört zu den häufigsten Maßnahmen im praktischen Polizeivollzugsdienst. Die folgenden Sachverhalte weisen auf die breite Palette der möglichen Eingriffe hin:

a) Die Polizei wird zu einem Einbruch gerufen. Am Tatort werden die Beamten von Zeugen auf einen jungen Mann (182 cm groß, blondes, lockiges Haar, bekleidet mit Jeans und Turnschuhen) aufmerksam gemacht, der kurz zuvor in der Nähe des Objektes gesehen wurde. Schließlich stellen die Beamten einen deutlichen Fußabdruck von einem Turnschuh fest, den sie sichern können. Im Rahmen der Nahbereichsfahndung treffen sie auf einen jungen Mann, auf den die Beschreibung passt. Sie halten ihn an, geben ihm den Grund des Anhaltens bekannt, verlangen die Personalien und wollen schließlich die Schuhsohlen sehen. Weil das Profil dem am Tatort zurückgelassenen Abdruck entspricht, stellen sie die Turnschuhe zur Anfertigung von Vergleichsabdrücken aufgrund des § 94 StPO als Beweismittel sicher.

b) Polizeibeamte werden in ein Kaufhaus gerufen, weil man dort eine Ladendiebin überrascht hat und festhält. Im Rahmen der Ermittlungen fällt den Beamten auf, dass die Täterin eine Schürze mit Innentaschen (Diebesschürze) trägt. Den Umständen nach geht die Täterin professionell vor und hat sich für Taten gleicher Art vorbereitet. Wegen des Verdachts des gewerbsmäßigen Diebstahls stellen die Beamten die Schürze als Beweismittel nach § 94 StPO sicher.

c) Auf der Bundesstraße 55 in OE wird zur Nachtzeit ein Fußgänger angefahren und tödlich verletzt. Der Kraftfahrer behauptet, er habe den Fußgänger nicht gesehen. Tatsächlich war der Fußgänger ausschließlich dunkel gekleidet. Weil es zudem geregnet hat und die Lichtverhältnisse ungünstig waren, scheint die Einlassung des Kraftfahrers glaubhaft. Zum Beweis seiner Schuld oder Unschuld stellen die Beamten die Kleider des Unfallopfers nach § 94 StPO sicher (Entlastungsbeweismittel für den Kraftfahrer).

d) Nach einem Raubüberfall auf ein Juweliergeschäft löst die Leitstelle der KPB LÜD eine Ringfahndung aus und lässt intensiv auch im Nahbereich fahnden. Dabei entdecken Streifenbeamte einen jungen Mann, der sich in einer Tiefgarage versteckt hält. Als er sich entdeckt fühlt, ergreift er unvermittelt die Flucht. Die Polizeibeamten können ihn dennoch stellen. Bei der Durchsuchung der Person finden sie eine Strumpfmaske, wie sie der Täter bei der Tatbegehung getragen hatte. Die Beamten nehmen den Verdächtigen fest und stellen die Strumpfmaske aufgrund des § 94 StPO als Beweismittel sicher.

e) Bei einer Fahrzeugkontrolle fällt den Beamten ein Führerschein in die Hand, in dem scheinbar das Lichtbild ausgetauscht und die Führerscheinklasse ergänzt worden ist. Aufgrund des Anfangsverdachts einer Urkundenfälschung stellen sie den Führerschein zu Beweissicherungszwecken nach § 94 StPO sicher.

f) Bei einer Demonstration in BN führen Demonstranten ein Transparent mit, auf dem die Regierung eines anderen Staates als Mörderbande beschimpft wird. Der Botschafter dieses Staates ist empört. Wegen des Verdachts einer Straftat nach § 103 StGB stellen die Polizeibeamten das Transparent zum Beweis der Tat aufgrund von § 94 StPO sicher.

g) In HA hat sich ein Verkehrsunfall ereignet. Der Fahrer eines Pkw hat die Vorfahrt missachtet, ist mit einem anderen Fahrzeug zusammengestoßen und hat trotz des angerichteten Schadens die Flucht ergriffen. Am Tatort finden die Polizeibeamten eine Radkappe, die offenbar zum Wagen des flüchtigen Unfallverursachers gehört. Sie stellen die Radkappe zum Zwecke der Beweissicherung nach § 94 StPO sicher.

h) Auf der B 55 in MES hat sich bei Dunkelheit ein Verkehrsunfall ereignet. Der Fahrer eines Pkw hat einen vorausfahrenden Radfahrer übersehen und ihn angefahren. Bei der Unfallaufnahme behauptet der Pkw-Fahrer, dass der Radfahrer kein Licht angehabt habe und er ihn darum nicht rechtzeitig habe sehen können. Zur Feststellung der Richtigkeit dieser Aussage stellen die Polizeibeamten die Glühbirne aus dem Schlusslicht des Fahrrades sicher, um feststellen zu lassen, ob die Birne vor dem Unfall noch oder tatsächlich nicht gebrannt hat.

Nicht selten ist die Polizei gehalten, Sachen sowohl aus Gründen der Verfahrenssicherung (§ 94 StPO) als zugleich auch zur Vollstreckungssicherung (§ 94 Abs. 3 bzw. § 111b StPO) in Verwahrung zu nehmen. In solchen Fällen sollte die Ermächtigung aus § 111b StPO vorgehen, weil damit beide Ziele erreicht werden. Denn der eingezogene Gegenstand steht auch für Beweiszwecke zur Verfügung.

a) Der Polizei wird gemeldet, dass junge Leute mit einem Luftgewehr neuerer Art aus einem Pkw heraus auf ein Verkehrsschild schießen. Am Tatort stellen die Beamten die Richtigkeit der Meldung fest. Sie greifen ein und erstatten gegen die Täter Anzeige wegen Führens einer Schusswaffe ohne Waffenschein und unerlaubten Schießens (§§ 35 und 45 i.V.m. § 53 Abs. 3 bzw. § 55 Abs. 1 Nr. 16 WaffG). Zugleich beschlagnahmen sie das Luftgewehr. Das Gewehr ist Beweismittel und unterliegt zugleich der Einziehung (§ 111b StPO i.V.m. § 56 Abs. 2 WaffG und § 74 Abs. 2 ff. StGB). Weil mit der Einziehung das Gewehr auch als Beweismittel zur Verfügung steht und nicht verloren gehen kann, geht sie vor.

b) Bei einer Demonstration stellen Polizeibeamte fest, dass der Student B. vermummt ist. Die Tat ist nach § 17a i.V.m. § 27 VersG als Vergehen strafbar. Sie greifen darum ein, erstatten Anzeige und nehmen ihm die Strumpfmaske weg. Die Maske ist Beweismittel. Weil sie zugleich aber auch der Einziehung unterliegt (vgl. § 30 VersG), beschlagnahmen sie den Gegenstand aufgrund des § 111b StPO i.V.m. § 30 VersG und § 74 Abs. 2 ff. StGB. Die Einziehung hat Vorrang vor der Beweissicherung, weil die Strumpfmaske auch weiterhin für Beweiszwecke verfügbar ist.

## II. Sicherstellung und Beschlagnahme von Beweismitteln zur Verfolgung von Ordnungswidrigkeiten

§ 94 StPO ist auch heranzuziehen, wenn sich Gegenstände als Beweismittel zur Erhärtung des Verdachts einer Ordnungswidrigkeit eignen. Je nach dem, ob die Polizei Verfolgungsbehörde ist oder nicht, ist die Ermächtigung über § 46 Abs. 2 oder § 53 OwiG heranzuziehen.

# Dritter Abschnitt
# Beschlagnahme von Einziehungsgegenständen

Überblick
I. Einziehung im Rahmen der Strafverfolgung
1. Ermächtigung
1.1 Zulässigkeitsvoraussetzungen
1.1.1 Allgemeine Zulässigkeitsvoraussetzungen
1.1.2 Einziehung des Wertersatzes
1.1.3 Einziehung von Beziehungsgegenständen
1.1.4 Erweiterte Voraussetzungen der Einziehung
1.1.5 Einziehung von Schriften
1.2 Rechtsfolgen
2. Verfahrens- und Formvorschriften
2.1 Anordnungsbefugnisse
2.2 Vollstreckung richterlicher Anordnung
2.3 Beschlagnahme bei der Bundeswehr
2.4 Sonstige Verfahrens- und Formvorschriften
2.5 Notveräußerung
2.6 Rückgabe der beschlagnahmten Sache
II. Beschlagnahme im Rahmen der Verfolgung von Ordnungswidrigkeiten

Als Rechtsfolge einer Tat sieht das Gesetz u.a. die Einziehung bestimmter Gegenstände vor (§§ 74 ff. StGB, § 22 f. OwiG).

## I. Einziehung im Rahmen der Strafverfolgung

Zur Sicherung der Strafvollstreckung gestattet die StPO die Wegnahme solcher Sachen auch schon im Ermittlungsverfahren.

## 1. Ermächtigung

Als Ermächtigungen sind die §§ 111b ff. StPO heranzuziehen.

**§ 111b  Sicherstellung bei Verfall oder Einziehung**

**(1) Gegenstände können durch Beschlagnahme nach § 111c sichergestellt werden, wenn Gründe für die Annahme vorhanden sind, dass die Voraussetzungen für ihren Verfall oder ihre Einziehung vorliegen. § 94 Abs. 3 bleibt unberührt.**

**(2) Sind Gründe für die Annahme vorhanden, dass die Voraussetzungen des Verfalls von Wertersatz oder der Einziehung von Wertersatz vorliegen, kann zu deren Sicherheit nach § 111d der dingliche Arrest angeordnet werden.**

**(3) ...**
**(4) Die §§ 102 bis 110 gelten entsprechend.**
**(5 ...**
**§ 111c  Bewirkung der Beschlagnahme**

> **§ 111c   Bewirkung der Beschlagnahme**
> (1) Die Beschlagnahme einer beweglichen Sache wird in den Fällen des § 111b dadurch bewirkt, dass die Sache in Gewahrsam genommen oder die Beschlagnahme durch Siegel oder in anderer Weise kenntlich gemacht wird.
> (2) Die Beschlagnahme eines Grundstückes oder eines Rechtes ... (pp.)
> (3) Die Beschlagnahme einer Forderung ... (pp.)
> (4) Die Beschlagnahme von Schiffen, Schiffsbauwerken und Luftfahrzeugen wird nach Absatz 1 bewirkt ... (pp.).
> (5) Die Beschlagnahme eines Gegenstandes nach den Absätzen 1 bis 4 hat die Wirkung eines Veräußerungsverbotes im Sinne des § 136 des bürgerlichen Gesetzbuches; das Verbot umfasst auch andere Verfügungen als Veräußerungen.
> (6) Eine beschlagnahmte bewegliche Sache kann dem Betroffenen
> 1.   gegen sofortige Erlegung des Wertes zurückgegeben oder
> 2.   unter dem Vorbehalt jederzeitigen Widerrufs zur vorläufigen weiteren Benutzung bis zum Abschluss des Verfahrens überlassen werden. Der nach Satz 1 Nr. 1 erlegte Betrag tritt an die Stelle der Sache. Die Maßnahme nach Satz 1 Nr. 2 kann davon abhängig gemacht werden, dass der Betroffene Sicherheit leistet oder bestimmte Auflagen erfüllt.

Die Vorschriften sind auf Entzug des Eigentums gerichtet (Art. 14 GG).

Die Ermächtigung aus § 111b Abs. 1 StPO erstreckt sich auf Gegenstände und Vermögensvorteile. Wie § 111b Abs. 2 und § 111c zu entnehmen ist, werden bewegliche Sachen (Mobilien) und unbewegliche Sachen (Immobilien) sowie auch Forderungen, Wertersatz und Rechte erfasst.

Bewegliche Sachen sind körperliche, transportable Gegenstände. Darunter fallen auch Schiffe und Luftfahrzeuge (vgl. § 111c Abs. 5 StPO).
Unbewegliche Sachen sind insbesondere Gebäude und Grundstücke.

Weil der Polizei nur in Bezug auf bewegliche Sachen (Mobilien) eine Anordnungs- und Durchführungskompetenz zugestanden ist (vgl. §§ 111 e und 111f StPO - siehe unten), sind eingriffsrechtlich für den polizeilichen Vollzugsdienst vordergründig Maßnahmen nach § 111b Abs. 1 StPO von Bedeutung. Auf die Erläuterung der staatsanwaltschaftlichen und richterlichen Möglichkeiten wird darum hier weitgehend verzichtet.


## 1.1   Einziehungsvoraussetzungen

Nach § 111b Abs. 1 StPO kommt die Beschlagnahme in Frage, wenn

- **Gründe für die Annahme vorhanden sind, dass**
- **die Voraussetzungen für die Einziehung vorliegen.**

Vorausgesetzt werden zunächst **Gründe für die Annahme**, dass der zu beschlagnahmende Gegenstand der Einziehung unterliegt. Sie sind anzunehmen, wenn die Wahrscheinlichkeit dafür besteht, dass diese Nebenentscheidungen später in einer gerichtlichen Entscheidung ausgesprochen werden. Ob die Wahrscheinlichkeit besteht, ergibt sich meist aus dem Zusammenhang mit den materiellen Einziehungsvorschriften. Ist eine Einziehung zwingend vorgeschrieben (siehe z.B. § 150 Abs. 2 StGB), ergeben sich die Gründe zwangsläufig schon aus dem Tatverdacht. Liegt die Einziehung jedoch im Ermessen des Gerichtes, erfolgt die Sicherstellung unter Beachtung des Grundsatzes der Verhältnismäßigkeit (§ 74b StGB). Die Einziehung wertloser Sachen scheidet daher meistens dann aus, wenn die Verwahrungs- und nachfolgenden Verwertungskosten zu hoch sind.

Die Ermächtigung setzt ferner voraus, dass die **Voraussetzungen für ihre Einziehung** vorliegen. Die Einziehungsvoraussetzungen sind dem StGB oder besonderen Vorschriften des StGB bzw. strafrechtlichen Nebengesetzen zu entnehmen.

Wird die Einziehung angeordnet, geht das Eigentum oder das Recht an der Sache auf den Staat über (§ 74e StGB). Zu unterscheiden ist zwischen der

- **allgemeinen Einziehung nach § 74 StGB** (folgender Abschnitt A),
- **Einziehung des Wertersatzes, § 74c StGB** (folgender Abschnitt B),
- **Einziehung von Beziehungsgegenständen nach besonderen Vorschriften** (folgender Abschnitt C),
- **erweiterten Einziehung nach § 74a StGB** (folgender Abschnitt D) und
- **Einziehung von Druckschriften nach § 74d StGB** (folgender Abschnitt E).

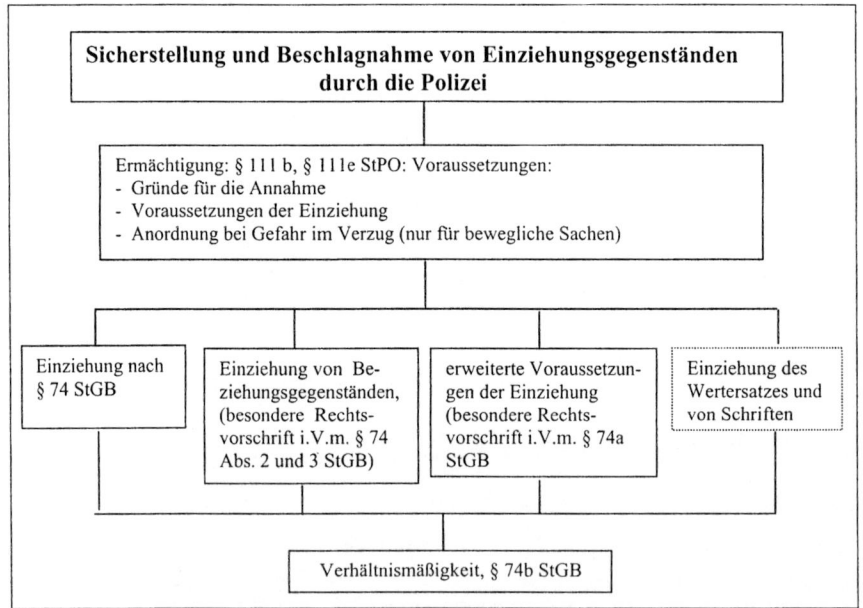

### 1.1.1 Die allgemeinen Einziehungsvoraussetzungen

Die allgemeinen Einziehungsvoraussetzungen bestimmt § 74 StGB.

---

**§ 74 StGB   Voraussetzungen der Einziehung**

(1) Ist eine vorsätzliche Straftat begangen worden, so können Gegenstände, die durch sie hervorgebracht oder zu ihrer Begehung oder Vorbereitung gebraucht worden oder bestimmt gewesen sind, eingezogen werden.
(2) Die Einziehung ist nur zulässig, wenn
1. die Gegenstände zur Zeit der Entscheidung dem Täter oder Teilnehmer gehören oder zustehen oder
2. die Gegenstände nach ihrer Art und den Umständen die Allgemeinheit gefährden oder die Gefahr besteht, dass sie der Begehung rechtswidriger Taten dienen werden.
(3) Unter den Voraussetzungen des Abs. 2 Nr. 2 ist die Einziehung der Gegenstände auch zulässig, wenn der Täter ohne Schuld gehandelt hat.
(4) Wird die Einziehung durch eine besondere Vorschrift über Abs. 1 hinaus vorgeschrieben oder zugelassen, so gelten die Absätze 2 und 3 entsprechend.

---

Voraussetzung der Einziehungsvorschrift ist, dass

- eine vorsätzliche (Ausnahme siehe Abs. 3) Straftat begangen wurde und
- die Gegenstände
  - durch die Tat hervorgebracht wurden oder
  - zur Begehung oder Vorbereitung der Tat
    + gebraucht worden oder
    + bestimmt gewesen
      sind und
- dem Täter oder Teilnehmer gehören (Abs. 2) oder
- die Allgemeinheit gefährden oder die Gefahr besteht, dass sie zur Begehung rechtswidriger Taten dienen (Abs. 3).

Die Einziehung kommt nur als Folge einer Straftat im Sinne von § 11 Abs. 1 Nr. 5 StGB in Frage. Ausreichend ist die strafbare Vorbereitungshandlung oder der strafbare Versuch einer rechtswidrigen Tat.

Die Tat muss **rechtswidrig** und grundsätzlich **vorsätzlich** verübt worden sein. Nur wenn der Täter einen Straftatbestand bewusst und gewollt verwirklicht hat, greift die allgemeine Einziehungsermächtigung durch. Fahrlässiges Handeln rechtfertigt die Einziehung nicht.

Wird durch den Gegenstand jedoch die Allgemeinheit gefährdet oder besteht die Gefahr, dass der Gegenstand zur Begehung rechtswidriger Taten benutzt wird, kann die Sache auch eingezogen werden, wenn der Täter ohne Schuld gehandelt hat (§ 74 Abs. 3 StGB). In diesen Fällen reicht die rechtswidrige Tat (Dreher/Tröndle, a.a.O., § 74, RdNr. 13). Gefordert ist die Wahrscheinlichkeit der Verwirklichung eines Strafgesetzes (vgl. Band I, 3. Kapitel, Zweiter Abschnitt).

§ 74 Abs. 1 StGB lässt die Einziehung von Gegenständen zu. Gegenstände sind nicht nur Sachen, sondern auch Rechte (Besitzrechte, Forderungen, Miteigentumsanteile (Tröndle/ Fischer, a.a.O., § 74 RdNr. 3). In diesem Kontext ist allerdings auf die eingeschränkte Anordnungskompetenz der Polizei hinzuweisen. Die Polizei darf bei Gefahr im Verzug nur die Beschlagnahme beweglicher Sachen anordnen (siehe unten).

Der Gegenstand muss zudem entweder durch die Tat hervorgebracht worden oder zur Tatbegehung oder Vorbereitung gebraucht worden oder bestimmt gewesen sein. Erfasst werden also Tatprodukte und Tatmittel.

Durch die Tat hervorgebracht sind **Produkte der Tat**. "Tatprodukte sind Gegenstände, deren derzeitige physische Existenz auf die Begehung einer Straftat zurückzuführen ist" (Benfer, a.a.O., S. 168). In Betracht kommen hergestellte Drogen, gefälschte Urkunden (Führerscheine, Ausweise pp.) oder gefälschte Münzen (vgl. Tröndle/Fischer, a.a.O., § 74, RdNr. 5).

Solche Produkte fallen allerdings nicht unter die Einziehungsvorschrift des § 74 Abs. 1 StGB, wenn eine besondere Vorschrift die Einziehung vorsieht (siehe nachfolgend unter Einziehung von Beziehungsgegenständen oder erweiterte Einziehung). Z. B. fällt gefälschtes Geld unter die Einziehung aufgrund der Sondervorschrift des § 150 Abs. 2 StGB (siehe unten).

Die Tatbeute fällt nicht unter die Vorschrift (Benfer, wie vor). Ein gewildertes Tier ist nicht unmittelbar durch die Tat hervorgebracht, sondern rechtswidrig erlangtes Gut. Auch das durch Glücksspiel gewonnene Geld ist nicht durch die Tat hervorgebracht.

Zur Begehung oder Vorbereitung einer rechtswidrigen Tat gebraucht oder bestimmt sind **Tatmittel oder Tatwerkzeuge**. Darunter fallen "alle Gegenstände, mit denen die Tat vorbereitet oder begangen wurde, wie z.B. die Rauschgiftwaage, der Schraubendreher beim Einbruch, das Transportfahrzeug beim Rauschgifthandel oder bei dem Abtransport der Hehlerware" (Gerbert, a.a.O., S. 11) oder z.B. Folienmaterial sowie Druck- und Schneidegeräte zur Herstellung von sogenannten "Anti-Kennzeichen-Folien" (das sind Folien, die über Kfz-Kennzeichen geklebt bewirken, dass ein Radarblitz so reflektiert wird, dass das Kennzeichen nicht mehr lesbar ist) .

> Bei einer Verkehrskontrolle stellen Polizeibeamte fest, dass der Student SCHLAU Folien auf die Kennzeichen seines Wagens geklebt hat, die Lichtblitze so reflek- tieren, dass die Kennzeichen im Falle einer Radarmessung unleserlich werden. Die Beamten zeigen ihn wegen Kennzeichenmissbrauchs nach § 22 StVG an. Bei den Ermittlungen ergibt sich, dass Schlau die Folien bei dem Manfred Krumm gekauft hat. Sie durchsuchen dessen Wohnung und finden im Keller des Hauses entspre- chendes Folienmaterial sowie ein Schneidegerät. Weil diese Sachen offenkundig zur Begehung einer Straftat (nach § 22 StVG) bestimmt sind, beschlagnahmen sie die Sachen aufgrund des § 111b StPO i.V.m. § 74 StGB.

In Frage kommen nur solche Sachen, die nach der Absicht des Täters als eigentliches Mittel zur Verwirklichung eines Straftatbestandes eingesetzt werden (Tröndle/Fischer, a.a.O., § 74, RdNr. 7) oder eingesetzt werden sollen.

„Gebrauchen" verlangt die tatsächliche Verwendung der Sache zur Vorbereitung oder Tatausführung (Einbrecher benutzt einen "Ziegenfuß", um gewaltsam eine Tür aufzuhebeln).

Zur Tat bestimmt sind Gegenstände, die zwar noch nicht benutzt, aber für den Eventualfall bereitgestellt worden sind. Erforderlich ist, dass die Tat bis zum strafbaren Versuch gediehen ist (Benfer, a.a.O., S. 168) oder die Vorbereitungshandlung schon strafbar ist.

Ist die Nutzung der Sache selbst schon strafbar (z.B. Führen eines nicht versicherten Kfz), sind die Voraussetzungen nicht erfüllt. In solchen Fällen kommt die Einziehung nur in Frage, wenn die Sache Beziehungsgegenstand ist (siehe unten). **Tatnotwendige Mittel** scheiden als Einziehungsgegenstände nach § 74 StGB aus.

Die Einziehung ist davon abhängig, dass die Gegenstände dem Täter oder Teilnehmer gehören oder zustehen (§ 74 Abs. 2 Nr. 1 StGB).

"Gehören" setzt Eigentum an dem Gegenstand voraus (Benfer, a.a.O., S. 169). Die Einziehung fremden Eigentums scheidet aus. Hätte der Entführer zur Ausführung seiner Tat einen Leihwagen benutzt, käme eine Einziehung des Wagens aufgrund dieser Vorschrift nicht in Frage. Ist der Verdächtige nicht Eigentümer, müssen die Voraussetzungen für den erweiterten Verfall geprüft werden (siehe unten).

Maßgebend ist der Zeitpunkt der Entscheidung. Das ist der Zeitpunkt der richterlichen Entscheidung. Hat der Täter den Gegenstand bis dahin schon verkauft, kommt ggf. Einziehung des Wertersatzes nach § 74c StGB in Frage (siehe unten).

Die Einziehung kann aber auch zum Schutz vor Gefahren erfolgen (§ 74 Abs. 2 Nr. 2 StGB). Ist das der Fall, kommt sie auch in Betracht, wenn der Täter abweichend von dem Grundsatz in § 74 Abs. 1 StGB (hier ist vorsätzliches Handeln verlangt) ohne Schuld gehandelt hat (vgl. § 74 Abs. 3 StGB) oder nicht Eigentümer des Gegenstandes ist. Zu unterscheiden ist zwischen Sachen, die generell gefährlich sind und solchen, die individuell gefährlich sind.

Generell gefährlich sind Sachen, die nach Art und Umständen die Rechtsgüter unbestimmter Personen gefährden. Darunter fallen z.B. Sprengstoffe, Gifte, Kernbrennstoffe, lebensgefährliche Lebensmittel (Dreher/Tröndle, a.a.O., § 74, RdNr. 15). Nicht generell gefährlich ist z.B. ein Kraftfahrzeug.

Individuell gefährlich sind solche Sachen, die der Begehung rechtswidriger Taten dienen. "Bleiben sie in der Hand des Täters, so muss die konkrete Gefahr bestehen, dass er oder andere, die sie dann in die Hand bekommen können, sie zur Begehung strafbarer Handlungen irgendwelcher Art benutzen werden" (Dreher/Tröndle, a.a.O., § 74, RdNr. 15). Individuell gefährlich können z.B. Messer, Einbruchwerkzeug, Nachschlüssel und dergleichen sein. In diesem Fall kommt es dann nicht mehr darauf an, wer Eigentümer der Sache ist. Sind die Gegenstände gefährlich, unterliegen sie auch der Einziehung, wenn sie einem Dritten gehören.

Die Einziehung von Gegenständen, die dem Täter oder Teilnehmer gehören, darf nur unter Beachtung des Verhältnismäßigkeitsgrundsatzes nach § 74 b Abs. 1 StGB erfolgen.

---

**§ 74 b StGB    Grundsatz der Verhältnismäßigkeit**

(1) Ist die Einziehung nicht vorgeschrieben, so darf sie in den Fällen des § 74 Abs. 2 Nr. 1 und des § 74a nicht angeordnet werden, wenn sie zur Bedeutung der begangenen Tat und zum Vorwurf, der den von der Einziehung betroffenen Täter oder Teilnehmer oder in den Fällen des § 74a den Dritten trifft, außer Verhältnis steht.

(2) Das Gericht ordnet in den Fällen der §§ 74 und 74a an, dass die Einziehung vorbehalten bleibt, und trifft eine weniger einschneidende Maßnahme, wenn der Zweck der Einziehung auch durch sie erreicht werden kann. In Betracht kommt namentlich die Anweisung,

1.   die Gegenstände unbrauchbar zu machen,

2.   an den Gegenständen bestimmte Einrichtungen oder Kennzeichen zu beseitigen oder die Gegenstände sonst zu ändern oder

3.   über die Gegenstände in bestimmter Weise zu verfügen.

Wird die Anweisung befolgt, so wird der Vorbehalt der Einziehung aufgehoben; andernfalls ordnet das Gericht die Einziehung nachträglich an.

(3) Ist die Einziehung nicht vorgeschrieben, so kann sie auf einen Teil der Gegenstände beschränkt werden.

---

Der Grundsatz der Verhältnismäßigkeit nach § 74 b StGB bezieht sich nur auf § 74 Abs. 2 Nr. 1 StGB. Ist die Sache gefährlich, greift § 74b StGB nicht. In den Fällen ist das aus der Verfassung abzuleitende Übermaßverbot maßgebend.

**Adressaten** der Einziehungsvorschrift (und in diesem Zusammenhang auch Adressaten des § 111b StPO) sind der Täter oder Teilnehmer. Die Richtung der Maßnahme wird durch die Einziehungsvorschrift (§ 74 Abs. 1 StGB) bestimmt.

Die Voraussetzungen für die Beschlagnahme von Einziehungsgegenständen fasst die folgende Übersichtstafel zusammen.

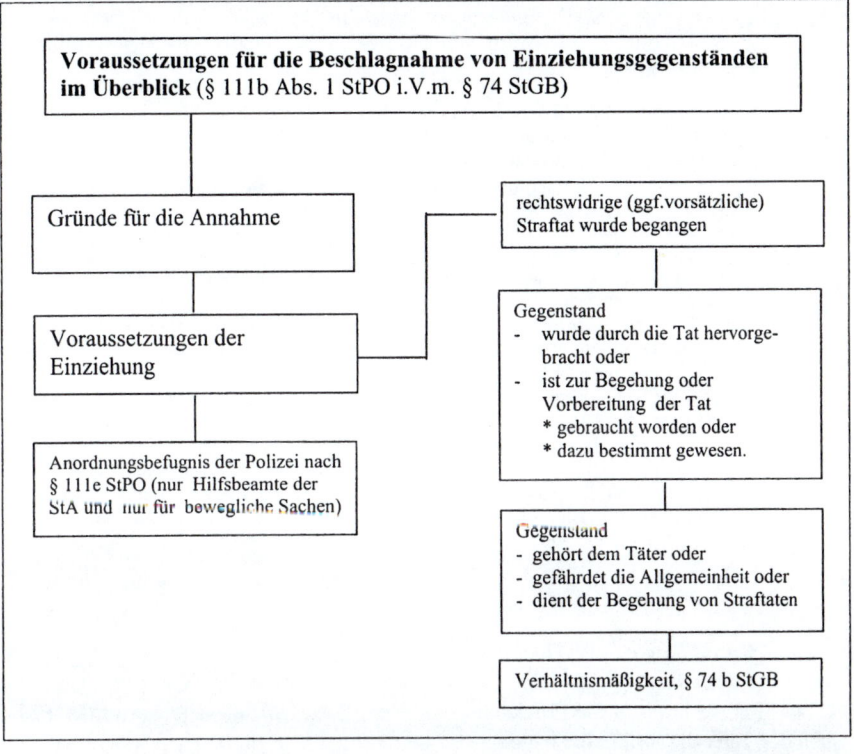

**Voraussetzungen für die Beschlagnahme von Einziehungsgegenständen im Überblick** (§ 111b Abs. 1 StPO i.V.m. § 74 StGB)

Gründe für die Annahme

rechtswidrige (ggf. vorsätzliche) Straftat wurde begangen

Voraussetzungen der Einziehung

Gegenstand
- wurde durch die Tat hervorgebracht oder
- ist zur Begehung oder Vorbereitung der Tat
  * gebraucht worden oder
  * dazu bestimmt gewesen.

Anordnungsbefugnis der Polizei nach § 111e StPO (nur Hilfsbeamte der StA und nur für bewegliche Sachen)

Gegenstand
- gehört dem Täter oder
- gefährdet die Allgemeinheit oder
- dient der Begehung von Straftaten

Verhältnismäßigkeit, § 74 b StGB

a) Der Student Sammel hat ein Schreiben verfasst, aus dem zu entnehmen ist, dass ihn das Dokument ermächtigt, im Auftrag der Caritas Spenden einzuholen. Ein Caritas-Stempel-Aufdruck lässt das Schreiben echt erscheinen. Damit zieht er von Haus zu Haus und kassiert ab. Als er ungewollt auch bei einer Caritas-Helferin vorspricht, schöpft sie Verdacht und informiert die Polizei. Die Beamten nehmen den Sachverhalt auf und stellen fest, dass Sammel die Mitmenschen betrogen hat. Der Ausweis ist sowohl Beweismittel (§ 94 StPO) als auch ein Gegenstand, der zur Begehung der rechtswidrigen Taten gebraucht worden ist. Sie beschlagnahmen den Ausweis (der keine Schrift im Sinne von § 74d StGB ist) aufgrund des § 111b Abs. 1 StPO i.V.m. § 74 Abs. 1 StGB. Bei der Durchsuchung seiner Wohnung finden sie auch den eigenhändig hergestellten Caritasstempel. Weil der zur Vorbereitung der Tat gebraucht worden ist, unterliegt er gleichfalls der Einziehung nach § 111b Abs. 1 StPO i.V.m. § 74 Abs. 1 StGB. Das vereinnahmte Geld unterliegt dem Verfall oder der Rückgewinnungshilfe (siehe oben).

b) Straub hat einen Überfall auf eine Sparkasse begangen. Mit einer Pistole hat er die Bediensteten gezwungen, das vorhandene Bargeld herauszugeben. Mit einer beachtlichen Beute ist er entkommen. Im Rahmen der Ermittlungen aber konnten ihn Polizeibeamte stellen. Bei der Durchsuchung fanden sie die bei der Tat verwendete Waffe (eine erlaubnisfreie Schreckschusspistole) und das Bargeld. Weil es sich bei der Tatwaffe um einen Gegenstand handelte, der zur Begehung der rechtswidrigen Tat gebraucht worden ist, wurde sie aufgrund der §§ 111b Abs. 1 StPO i.V.m. 74 Abs. 1 StGB beschlagnahmt. Die Beschlagnahme des Bargeldes erfolgte aufgrund des § 111b Abs. 4 StPO i.V.m. § 111b Abs. 1 StPO (Zurückgewinnungshilfe). Anmerkung: Die Einziehungsvorschrift aus § 56 WaffG entfällt, weil keine waffenrechtliche Straftat zugrunde liegt.

c) Der polizeibekannte Gewalttäter Press hat den Sohn eines Fabrikanten entführt, um ein Lösegeld zu erpressen. Die Entführung hat er mit seinem Pkw ausgeführt. Die Polizei beschlagnahmt den Wagen, weil er als Tatmittel diente. Die Einziehung erfolgt aufgrund des § 111b Abs. 1 StPO i.V.m. § 74 Abs. 1 StGB.

d) Der Student Flieh hat einen schweren Verkehrsunfall verursacht. Durch zu hohe Geschwindigkeit geriet er nach links auf die Fahrspur des Gegenverkehrs und kollidierte mit dem Wagen des Maurermeisters Pech. Durch den Anstoß verlor Pech die Kontrolle über sein Fahrzeug, kam von der Fahrbahn ab und prallte gegen einen Straßenbaum. Dabei wurde sein Wagen total beschädigt (Sachschaden etwa EURO 25.000,--). Pech selbst erlitt schwere Verletzungen. Ungeachtet des erheblichen Schadens ergriff der Student die Flucht. Im Rahmen der Fahndung konnten ihn Polizeibeamte stellen und der Tat überführen. Weil Flieh das Fahrzeug zur Begehung einer vorsätzlichen Straftat (Unfallflucht) nach § 142 StGB) gebraucht hat und der Wagen ihm gehört, beschlagnahmen die Polizeibeamten das Fahrzeug als Einziehungsgegenstand nach § 111b StPO i.V.m. § 74 StGB und § 142 StGB (vgl. Dreher Tröndle, a.a.O., § 142 RdNr. 55).

## 1.1.2  Einziehung des Wertersatzes

§ 74c StGB rechtfertigt die Einziehung des Wertersatzes. Aufgegriffen wird der Fall, in dem der Täter die Sache, die hätte eingezogen werden können, bereits verkauft hat.

---

**§ 74c Einziehung des Wertersatzes**

**(1) Hat der Täter oder Teilnehmer den Gegenstand, der ihm zur Zeit der Tat gehörte oder zustand und auf dessen Einziehung hätte erkannt werden können, vor der Entscheidung über die Einziehung verwertet, namentlich veräußert oder verbraucht, oder hat er die Einziehung des Gegenstandes sonst vereitelt, so kann das Gericht die Einziehung eines Geldbetrages gegen den Täter oder Teilnehmer bis zu der Höhe anordnen, die dem Wert des Gegenstandes entspricht.**
**(2) bis (4) ...**

---

Weil der Polizei in dieser Hinsicht keine Anordnungskompetenz zukommt (die Hilfsbeamten der Staatsanwaltschaft können nur über bewegliche Sachen entscheiden - siehe unten), wird auf eine weitere Erläuterung dieser Vorschrift verzichtet.

## 1.1.3 Einziehung von Beziehungsgegenständen

Überwiegend sieht das Gesetz die Einziehung von Gegenständen aufgrund besonderer Vorschriften des Strafgesetzbuches oder anderer Strafgesetze vor. Im Zusammenhang mit der Strafvorschrift wird bestimmt, dass die Sachen, auf die sich die Straftat bezieht, eingezogen werden können. Als Beispiel wird hier § 30 VersG herangezogen.

---

**§ 30 VersG - Einziehung -  (Auszug)**

**Gegenstände, auf die sich eine Straftat nach § 27 oder § 28 ... bezieht, können eingezogen werden. ...**

---

Im Unterschied zu § 74 StGB sind Beziehungsgegenstände nicht nur Sachen, die durch eine Straftat hervorgebracht oder zur Begehung einer Straftat bestimmt sind oder gebraucht wurden, sondern auch Sachen, deren Benutzung schon strafbar ist (erfasst werden auch tatnotwendige Mittel, also Sachen, ohne die die Tat gar nicht hätte begangen werden können).

Für die Einziehung von Beziehungsgegenständen müssen über die spezielle Einziehungsregelung (besondere Vorschrift i. S. von § 74 Abs. 4 StGB) hinaus die Voraussetzungen aus § 74 Abs. 2 und 3 StGB vorliegen. Das folgt aus § 74 Abs. 4 StGB.

---

**§ 74 StGB    Voraussetzungen der Einziehung**
**(1) bis (3) ...**
**(4) Wird die Einziehung durch eine besondere Vorschrift über Absatz 1 hinaus vorgeschrieben oder zugelassen, so gelten die Absätze 2 und 3 entsprechend.**

---

Beziehungsgegenstände können der Einziehung oder der erweiterten Einziehung unterliegen. Die erweiterte Einziehung kommt dadurch zum Ausdruck, dass die Einziehungsvorschrift auf § 74 a StGB verweist. Der Unterschied liegt darin, dass die Einziehung von Beziehungsgegenständen in der Regel nur in Frage kommt, wenn sie dem Täter oder Teilnehmer gehören, während die erweiterte Einziehung auch dann zulässig ist, wenn sie einem anderen gehören (siehe unten). Aus Gründen der Übersichtlichkeit werden die Voraussetzungen der erweiterten Einziehung später erläutert (siehe unten).

**Voraussetzungen** für die Einziehung von Beziehungsgegenständen sind,

- **dass eine Straftat begangen wurde und**
- **dass das Strafgesetz die Einziehung vorschreibt oder zulässt**
- **dass entsprechend § 74 Abs. 4 StGB**
  **- die Gegenstände dem Täter gehören (§ 74 Abs. 2 Nr. 1 StGB) oder**
  **- dass die Gegenstände (entsprechend § 74 Abs. 2 Nr. 2 StGB) die Allgemeinheit gefährden oder der Begehung rechtswidriger Taten dienen**
- **und die besondere Vorschrift nicht ausnahmsweise etwas anderes bestimmt.**

Vorschriften, die über § 74 Abs. 1 StGB hinaus die Einziehung vorschreiben oder zulassen, enthalten zum Beispiel:

- § 6 PflVersG; Fahren ohne Versicherungsvertrag
- § 21 Abs. 3 StVG; Fahren ohne Fahrerlaubnis
- § 22a Abs. 2 StVG; missbräuchliches Herstellen, Vertreiben oder Ausgeben von Kfz-Kennzeichen
- § 56 WaffG; Straftaten nach dem Waffengesetz (z.b. Führen einer Schusswaffe ohne Waffenschein nach § 35 WaffG)
- § 30 VersG; Straftaten nach § 27 oder 28 VersG (Bewaffnungsverbot, Vermummungsverbot, Schutzwaffenverbot, Uniformverbot)
- § 132a Abs. 4 StGB; Missbrauch von Titeln, Berufsbezeichnungen und Abzeichen (z.b. unerlaubtes Tragen einer Uniform)
- § 219b Abs. 3 StGB; Inverkehrbringen von Mitteln zum Abbruch der Schwangerschaft
- § 282 Abs. 2 StGB; Straftaten nach §§ 306 bis 306c, §§ 307 bis 314 oder § 316c StGB
- § 322 StGB; Straftaten nach §§ 310b bis 311b, 311d, 311e, 316c oder 319 StGB (z.b. Herbeiführen einer Sprengstoffexplosion oder Vergiftung eines Brunnens)
- § 295 StGB; Jagd- oder Fischwilderei nach §§ 292 und 293 StGB
- 92b StGB; Straftaten nach §§ 80 ff. StGB (z.b. Verwenden von Kennzeichen verfassungswidriger Organisationen nach § 86a StGB)
- § 150 Abs. 2 StGB; Straftaten nach §§ 146 ff. StGB (Geld- und Wertzeichenfälschung)
- § 286 StGB; Straftaten nach §§ 284 und 285 StGB (z.b. unerlaubte Veranstaltung eines Glücksspiels)
- § 261 Abs. 7 StGB; Geldwäsche
- 40 Bundesjagdgesetz; Straftat nach § 38 BJagdG (wegen Verletzung der Schonzeiten oder wegen Bejagung eines Elterntieres während der Setz- und Brutzeiten)
- § 24 Kriegswaffengesetz; Straftat nach §§ 19, 20, 21 oder 22a Kriegswaffenkontrollgesetz (z.b. Besitz eines Maschinengewehres, §§ 2, 22a in Verbindung mit der Kriegswaffenliste, lfd. Nr. 29).
- § 33 BTMG; Straftat nach §§ 29 bis 30a BTMG (z.b. Handel mit Betäubungsmitteln, § 29 BTMG)

**Die Aufzählung ist nicht abschließend.** Zahlreiche andere Vorschriften des StGB und der strafrechtlichen Nebengesetze enthalten ähnliche Regelungen.

Die Einziehung bezieht sich immer auf die in der Einziehungsvorschrift genannten Straftaten. Das soll am Beispiel des § 282 StGB verdeutlicht werden.

§ 282 Einziehung

...

Gegenstände, auf die sich eine Straftat nach den §§ ... bezieht, können eingezogen werden. In den Fällen des § 275, auch in Verbindung mit § 276a werden
die dort bezeichneten Fälschungsmittel eingezogen.

Die Einziehungsvorschrift bezieht sich auf bestimmte Straftaten, hier unter anderem auf
§ 275 StGB.

§ 275 StGB  Vorbereitung der Fälschung von amtlichen Ausweisen (Auszug)
(1) Wer eine Fälschung von amtlichen Ausweisen vorbereitet, indem er
1. Platten, Formen, Drucksätze, Druckstöcke, Negative, Matrizen ...
2. Papier, das einer solchen Papierart gleicht oder zum Verwechseln ähnlich
ist, die zur Herstellung von amtlichen Ausweisen bestimmt und gegen Nach-
ahmung besonders gesichert ist oder
3. Vordrucke für amtliche Ausweise
herstellt, sich oder einem anderen verschafft, feilhält, verwahrt ..., wird mit
Freiheitsstrafe bis zu zwei Jahren oder mit Geldstrafe bestraft.
(2) und (3) ...

Die in § 282 Satz 2 StGB genannten Fälschungsmittel sind nur dann Einziehungsgegenstände, wenn damit eine Straftat nach § 275 StGB verwirklicht wurde. Ist das der Fall,
wird das Fälschungsmittel zum Beziehungsgegenstand und unterliegt der Einziehung.

Allerdings gelten die Vorschriften des § 74 Abs. 2 und Abs. 3 StGB entsprechend. Das
folgt aus § 74 Abs. 4 StGB. Neben der besonderen Einziehungsvorschrift (wie z.B.
§ 282 StGB) müssen die Voraussetzungen des § 74 Abs. 2 und 3 StGB vorliegen.

§ 74 StGB    Voraussetzungen der Einziehung

(1) ...
(2) Die Einziehung ist nur zulässig, wenn
1. die Gegenstände zur Zeit der Entscheidung dem Täter oder Teilnehmer
gehören oder zustehen oder
2. die Gegenstände nach ihrer Art und den Umständen die Allgemeinheit
gefährden oder die Gefahr besteht, dass sie zur Begehung rechtswidriger Taten
dienen werden.
(3) Unter den Voraussetzungen des Abs. 2 Nr. 2 ist die Einziehung der Gegenstände auch zulässig, wenn der Täter ohne Schuld gehandelt hat.

Danach muss der Täter Eigentümer der Sache oder muss die Sache gefährlich sein (siehe
dazu oben Alternative A). Ist das der Fall, kommt die Einziehung in Frage.

Der Buchdrucker Falsch hat in letzter Zeit Führerscheine hergestellt und die zum Verwechseln ähnlichen Dokumente heimlich an Gastarbeiter und Asylbewerber verkauft. Eines Tages fiel die Sache auf. Im Rahmen der polizeilichen Ermittlungen aufgrund des Straftatverdachtes nach § 275 StGB und bei der Durchsuchung seines Hauses fanden die Beamten im Keller die Druckvorrichtungen und das echt erscheinende Papier. Aufgrund des § 111b Abs. 1 StPO i.V.m. § 282, § 275 und § 74 Abs. 2 und 3 StGB beschlagnahmten sie die Sachen. Die Einziehung war zulässig, weil es sich um Beziehungsgegenstände zur Straftat nach § 275 StGB handelte und der Falsch offenkundig Eigentümer der Sachen war.

Die Voraussetzungen des § 74 Abs. 2 und 3 StGB können aber auch in den besonderen Einziehungsvorschriften speziell geregelt sein. Dann verdrängen sie die Regeln des § 74 Abs. 2 und 3 StGB. Eine solche spezielle Regelung enthält z.B. § 6 Abs. 3 PflVersG.

---

**§ 6 PflVersG**

**(1) Wer ein Fahrzeug auf öffentlichen Wegen oder Plätzen gebraucht oder den Gebrauch gestattet, obwohl für das Fahrzeug der nach § 1 erforderliche Haftpflichtversicherungsvertrag nicht oder nicht mehr besteht, wird mit Freiheitsstrafe bis zu einem Jahr oder mit Geldstrafe bestraft.**

**(2) ...**

**(3) Ist die Tat vorsätzlich begangen worden, so kann das Fahrzeug eingezogen werden, wenn es dem Täter oder Teilnehmer zur Zeit der Entscheidung gehört.**

---

§ 6 Abs. 3 PflVersG verlangt, dass eine Straftat nach § 6 Abs. 1 PflVersG begangen worden ist. Durch den Gebrauch eines Fahrzeugs ohne Haftpflichtversicherungsvertrag wird die Tat verwirklicht. Das benutzte Fahrzeug ist der Beziehungsgegenstand zu der Tat. Einziehungsgegenstand kann das Fahrzeug aber nur sein, wenn es dem Täter oder Teilnehmer gehört (§ 6 Abs. 3 PflVersG). Diese Regelung entspricht der Vorschrift des § 74 Abs. 2 Nr. 1 StGB, sie findet als spezielle Norm vorrangig Anwendung. § 74 Abs. 2 und 3 StGB finden keine Anwendung.

Polizeibeamte stellen im Rahmen ihres Streifendienstes zum wiederholten Male fest, dass der Schnell mit seinem gut erhaltenen Pkw fährt, obgleich das Fahrzeug weder zugelassen noch versteuert oder haftpflichtversichert ist. An dem Fahrzeug hat er fremde Kennzeichen angebracht. Die Tat ist neben anderen Normverletzungen ein Vergehen nach §§ 1 und 6 PflVersG. Weil Schnell offenbar vorsätzlich gehandelt hat (was schlüssig aus der Anbringung falscher Kennzeichen folgt) und auch Eigentümer des Pkw ist, unterliegt der Wagen als Tatmittel und Beziehungsgegenstand zur Tat nach § 6 Abs. 3 PflVersG der Einziehung. Die Polizeibeamten stellen darum den Wagen aufgrund des § 111b Abs. 1 StPO i.V.m. § 6 Abs. 3 PflVersG sicher. Eine Einbeziehung der Vorschriften aus § 74 Abs. 2 und 3 StGB ist nicht nötig, weil § 6 Abs. 3 PflVersG die engeren Voraussetzungen (Fahrzeug muss dem Täter oder Teilnehmer gehören) schon enthält. Soweit die Einziehungsvorschrift auf § 74a StGB verweist, wird damit lediglich klargestellt, dass in solchen Fällen auch jemand durch Einziehung belastet werden kann, der nicht Täter oder Teilnehmer ist. Eine solche Vorschrift eröffnet die erweiterte Einziehung.

§ 30 VersG – Einziehung - (Auszug)

**Gegenstände, auf die sich eine Straftat nach § 27 oder § 28 ... bezieht, können eingezogen werden. § 74a des Strafgesetzbuches ... sind anzuwenden.**

Satz 1 dieser Einziehungsvorschrift richtet sich gegen den Täter oder Teilnehmer der Straftat, wenn einer von ihnen Eigentümer der Gegenstände ist.

Satz 2 macht die Einziehung möglich, wenn der Gegenstand einem anderen gehört, der die Tat nicht verwirklicht, aber die Voraussetzungen nach § 74a StGB erfüllt hat.

Weil im Zusammenhang mit der Einziehung nach besonderen Einziehungsvorschriften § 74 Abs. 2 und 3 StGB in der Regel ergänzend anzuwenden ist und § 74b Abs. 1 StGB auf § 74 Abs. 2 Nr. 1 abstellt, ist der Grundsatz der Verhältnismäßigkeit nach § 74b StGB zu beachten.

Die Voraussetzungen für die Beschlagnahme von Beziehungsgegenständen fasst die folgende Übersicht zusammen:

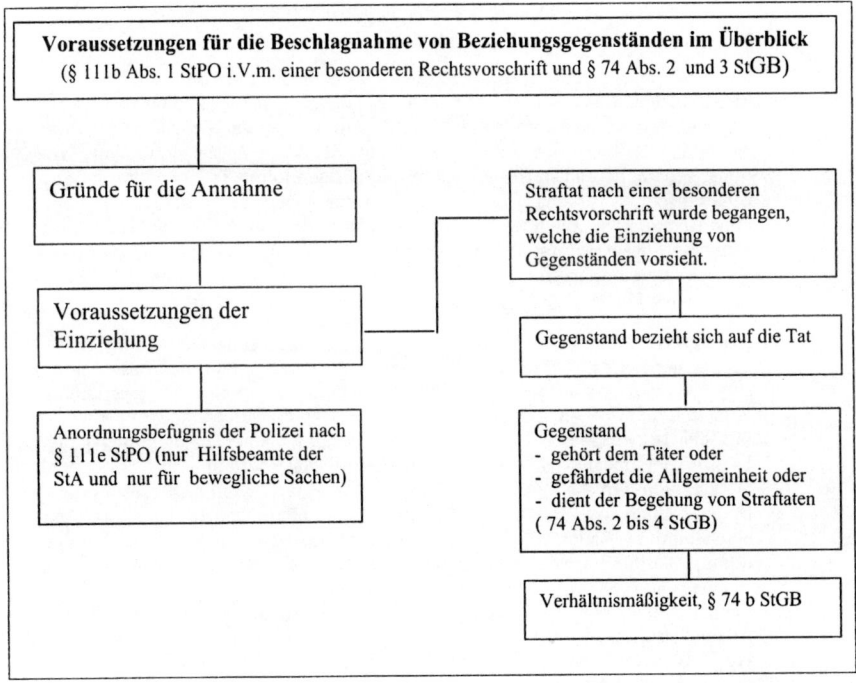

**Voraussetzungen für die Beschlagnahme von Beziehungsgegenständen im Überblick**
(§ 111b Abs. 1 StPO i.V.m. einer besonderen Rechtsvorschrift und § 74 Abs. 2 und 3 StGB)

Gründe für die Annahme

Voraussetzungen der Einziehung

Anordnungsbefugnis der Polizei nach § 111e StPO (nur Hilfsbeamte der StA und nur für bewegliche Sachen)

Straftat nach einer besonderen Rechtsvorschrift wurde begangen, welche die Einziehung von Gegenständen vorsieht.

Gegenstand bezieht sich auf die Tat

Gegenstand
- gehört dem Täter oder
- gefährdet die Allgemeinheit oder
- dient der Begehung von Straftaten
( 74 Abs. 2 bis 4 StGB)

Verhältnismäßigkeit, § 74 b StGB

a) Bei einem Aufzug (§ 19 VersG), der angespannt verläuft, hat der Student Scheu sein Gesicht mit einem Seidentuch verdeckt. Es ist unstrittig, dass er nicht erkannt werden will (denn es herrschen hochsommerliche Temperaturen). Dadurch hat er gegen § 27 VersG verstoßen und eine Straftat begangen. Das

Tuch ist Beziehungsgegenstand im Sinne von § 30 VersG und unterliegt der Einziehung. Die Polizeibeamten beschlagnahmen das Tuch aufgrund des § 111b Abs. 1 StPO i.V.m. §§ 30 und 27 VersG und § 74 Abs. 2 und 3 StGB.

b) Der Schüler Angst besitzt eine erlaubnisfreie Schreckschusswaffe, die er regelmäßig bei sich hat. Bei einem Streifengang über einen Kirmesplatz, also bei einem Volksfest, fällt er Polizeibeamten auf. Weil Angst dadurch gegen § 39 WaffG verstoßen und eine Straftat nach § 53 Abs. 3 Nr. 5 WaffG (Vergehen) begangen hat und sich die Schreckschusspistole darauf bezieht, unterliegt sie der Einziehung nach § 56 Abs. 3 WaffG. Die Polizeibeamten beschlagnahmen die Waffe aufgrund des § 111b Abs. 1 StPO i.V.m. § 56, § 53 WaffG und § 74 Abs. 2 und 3 StGB.

c) Der Angestellte Gottlieb hat das Bedürfnis, auf sich aufmerksam zu machen. Deshalb hat er sich eine Soutane (Gewand eines kath. Geistlichen) beschafft und geht damit gelegentlich durch die Stadt. Polizeibeamte werden auf ihn aufmerksam. Weil sein Verhalten gegen § 132a Abs. 3 StGB verstößt (Vergehen), greifen sie ein, bringen Gottlieb zur Anzeige und ordnen die Beschlagnahme des Gewandes an. Die Maßnahme ist auf § 111b Abs. 1 StPO i.V.m. § 132a Abs. 4 StGB und § 74 Abs. 2 und 3 StGB zu stützen. Das Gewand ist Beziehungsgegenstand zu der Straftat nach § 132a Abs. 3 StGB. Anmerkung: Die tatbestandsmäßige Zuordnung eines solchen Verhaltens ist strittig. In der Literatur wird auch die Ansicht vertreten, dass darin eine Owi nach § 126 OwiG liegt (für eine Straftat nach § 132a StGB: Dreher/Tröndle, a.a.O., § 132a ,RdNrn. 13 und 20; für eine Ordnungswidrigkeit Göhler, a.a.O., § 126, RdNr. 3.).

e) Der Malermeister Unruh ärgert sich seit langem darüber, dass sich auf dem Kinderspielplatz in der Nähe seines Anwesens regelmäßig Jugendliche treffen und die Anwohner stören. Wiederholte Anrufe bei der Polizei und Polizeieinsätze brachten keine Änderung. Immer wenn die Polizei auftauchte, war Ruhe. Nunmehr beschafft er sich eine Polizeiuniform. Tauchen die Jugendlichen auf, geht er damit am Spielplatz vorbei oder stellt sich in die Nähe, ohne einzugreifen. Weil das Verhalten des Unruh gegen § 132a StGB verstößt, schreiten Polizeibeamte ein und beschlagnahmen aufgrund des § 111b Abs. 1 StPO in Verbindung mit § 132a Abs. 4 und § 74 Abs. 2 und 3 StGB die Uniform als Einziehungsgegenstand zu der begangenen Straftat.

f) Der Schüler Süchtig wird von den Polizeibeamten Schnell und Listig wegen nächtlicher Ruhestörung angehalten. Dabei fällt den Beamten auf, dass Süchtig sehr stimuliert und aufgeputscht ist. POK Listig hat den Verdacht, dass Süchtig unter Einfluss der Ecstasy-Drogen steht. Bei einer Durchsuchung finden sie tatsächlich zwei blaue Tabletten mit der Prägung "Amor". Auf Befragen gibt Süchtig an, dass er die Drogen von dem Schlau bezieht und Schlau auch Freunde von ihm versorgt. Die Polizeibeamten entschließen sich zur sofortigen Durchsuchung der Wohnung des Schlau. Dabei entdecken sie einen als Labor eingerichteten Raum. Hier finden sie eine Präzisionswaage, einen Magnetrührer, Badthermostate, Glaskolben, Destillationsapparaturen, Messpipetten, Chemikalienflaschen und andere Laborgegenstände. Schließlich stoßen sie auf Behältnisse, in denen (entsprechend der Beschriftung) Bromwasserstoffsäure, Ammoniak, Methylamin, Salzsäure, Schwefelsäure Chloroform usw. aufbewahrt sind. Ferner entdecken die Beamten auch zwei Päckchen blaue Tabletten, offenbar Ectasy-Drogen, wie sie Süchtig bei sich hatte. Aufgrund des Verdachtes, dass Schlau die Laborgeräte und die Chemikalien zur Herstellung der Ectasy-Droge gebraucht, beschlagnahmen die Beamten die Sachen (als Beziehungsgegenstände) aufgrund von § 111b Abs. 1 StPO i.V.m. § 33 Abs. 2 und § 29 BtMG und § 74 Abs. 2 und 3 StGB. Eine Einziehung der mit dem Gebäude fest verbundenen Einrichtungen kommt nur auf Anordnung durch

Staatsanwaltschaft und Gericht in Frage (siehe Anordnungsbefugnis). Hinweis: Ecstasy-Drogen sind in verschiedenster Form in verschiedenen Farben und mit beliebigen Prägungen "auf dem Markt".

### 1.1.4 Erweiterte Voraussetzungen der Einziehung

§ 74a StGB sieht die erweiterte Einziehung vor. Im Unterschied zu den zuvor erläuterten Einziehungsvoraussetzungen kommt hier die Einziehung von Gegenständen unter bestimmten Bedingungen auch in Betracht, wenn die Sachen einem anderen gehören. Die Vorschrift betrifft Personen, die nicht Täter oder Teilnehmer der Straftat sind.

---

**§ 74 a StGB   Erweiterte Voraussetzungen der Einziehung**

**Verweist das Gesetz auf diese Vorschrift, so dürfen die Gegenstände abweichend von § 74 Abs. 2 Nr. 1 auch dann eingezogen werden, wenn derjenige, dem sie zur Zeit der Entscheidung gehören oder zustehen,**

**1. wenigstens leichtfertig dazu beigetragen hat, dass die Sache oder das Recht, Mittel oder Gegenstand der Tat oder ihrer Vorbereitung gewesen ist oder**

**2. die Gegenstände in Kenntnis der Umstände, welche die Einziehung zugelassen hätten, in verwerflicher Weise erworben hat.**

---

**Voraussetzung** für die erweiterte Einziehung von Beziehungsgegenständen ist, dass

- **eine rechtswidrige Tat nach einem Gesetz begangen wurde, das auf § 74a StGB verweist und**
- **dass die Gegenstände nicht dem Täter gehören (§ 74a ) und**
- **der Eigentümer leichtfertig dazu beigetragen hat, dass die Sache**
  **- Mittel (Tatinstrument) oder Gegenstand der Tat oder**
  **- Mittel (Tatinstrument) ihrer Vorbereitung gewesen ist,**
- **oder die Gegenstände in Kenntnis der Umstände, welche die Einziehung zugelassen hätten, in verwerflicher Weise erworben hat.**

§ 74a StGB verlangt zunächst, dass besondere Vorschriften im StGB oder in strafrechtlichen Nebengesetzen die Einziehung von Beziehungsgegenständen vorsehen und auf § 74 a StGB verweisen.

Vorschriften, die auf die erweiterte Einziehung verweisen, sind in der Rechtsordnung breit gestreut. Hier können nur einige hervorgehoben werden. Es sind vielfach die gleichen Bestimmungen, die schon Maßnahmen gegen Täter oder Teilnehmer rechtfertigen. Die Einziehung mit Verweisung auf § 74a StGB sehen z.B. vor:

- § 295 (i.V.m. §§ 292 oder 293) StGB,
- § 92b (i.V.m. einer Straftat nach §§ 80 bis 90b) StGB,
- § 286 Abs. 2 (i.V.m. § 284 StGB),
- § 261 Abs. 7 StGB,

- § 30 (i.V.m. §§ 27 oder 28) VersG,
- § 56 (i.V.m. bestimmten Strafvorschriften aus §§ 52a und 53 WaffG),
- § 22a Abs. 2 StVG,
- § 40 (i.V.m. § 38) Bundesjagdgesetz,
- § 24 (i.V.m. §§ 19,20,21 oder 22a) Kriegswaffenkontrollgesetz und
- § 33 Abs. 2 BTMG.

Auch diese **Aufzählung ist nicht abschließend.**

Voraussetzung ist stets, dass eine Straftat begangen worden ist, auf die sich die besondere Einziehungsvorschrift bezieht.

Ist das der Fall und verweist die Einziehungsvorschrift auf § 74a StGB, muss entsprechend § 74a geprüft werden, ob

- der Eigentümer der Sache
- leichtfertig dazu beigetragen hat
- dass die Sache oder das Recht
  - Mittel (Tatinstrument) oder Gegenstand der Tat geworden ist oder
  - Mittel (Tatinstrument) oder Gegenstand der Tatvorbereitung gewesen ist.

Wurde der Gegenstand nach der Tat vom Täter oder Teilnehmer veräußert (so dass ihm die Sache nicht mehr gehört und er deshalb nicht mehr belastet werden kann), darf die Einziehung zu Lasten des neuen Eigentümers erfolgen, wenn

- er die Umstände, die eine Einziehung zugelassen hätten, kannte und
- er die Gegenstände in verwerflicher Weise dennoch erworben hat.

Über § 74a StGB kann also auch der durch Eigentumsentzug belastet werden, der nicht Täter oder Teilnehmer ist. Bedingung ist lediglich der leichtfertige Beitrag zur rechtswidrigen Nutzung der Sache oder der verwerfliche Erwerb der Sache trotz Kenntnis der Umstände, die eine Einziehung erlaubt hätten. Ist das der Fall, geht das Eigentum durch Einziehung auf den Staat über (§ 74e StGB).

Zu beachten ist der Grundsatz der Verhältnismäßigkeit nach § 74b StGB, der sich auf die Ermächtigung aus § 111b Abs. 1 StPO auswirkt.

**Adressat** der Einziehung und damit auch der Ermächtigung nach § 111b StPO ist dann "derjenige" nach § 74a StGB.

Die Voraussetzungen für die Beschlagnahme von Einziehungsgegenständen fasst die folgende Übersichtstafel zusammen.

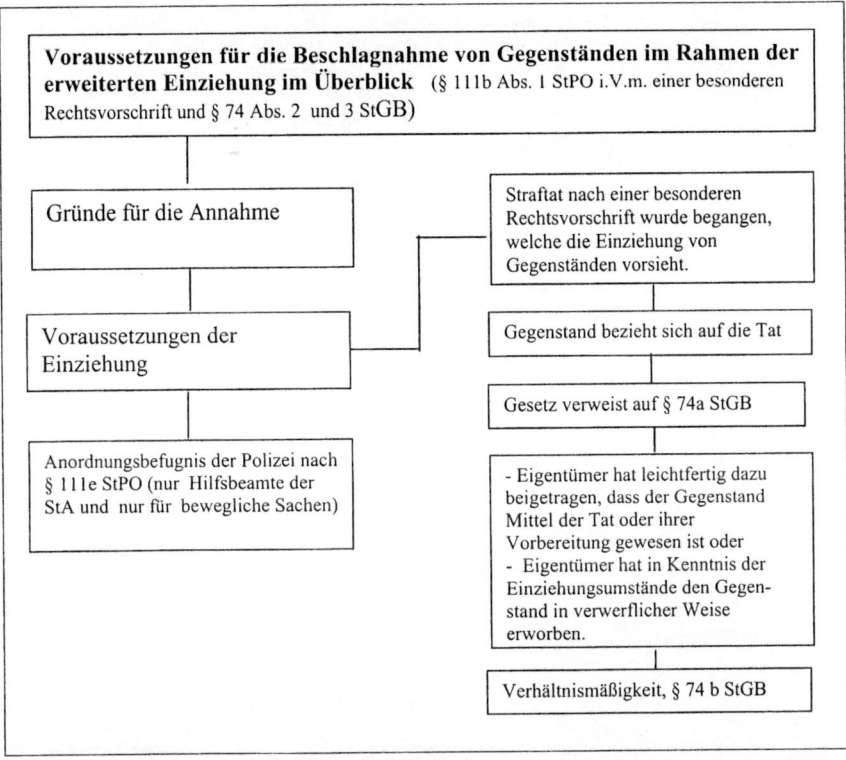

**Voraussetzungen für die Beschlagnahme von Gegenständen im Rahmen der erweiterten Einziehung im Überblick** (§ 111b Abs. 1 StPO i.V.m. einer besonderen Rechtsvorschrift und § 74 Abs. 2 und 3 StGB)

Gründe für die Annahme

Straftat nach einer besonderen Rechtsvorschrift wurde begangen, welche die Einziehung von Gegenständen vorsieht.

Voraussetzungen der Einziehung

Gegenstand bezieht sich auf die Tat

Gesetz verweist auf § 74a StGB

Anordnungsbefugnis der Polizei nach § 111e StPO (nur Hilfsbeamte der StA und nur für bewegliche Sachen)

- Eigentümer hat leichtfertig dazu beigetragen, dass der Gegenstand Mittel der Tat oder ihrer Vorbereitung gewesen ist oder
- Eigentümer hat in Kenntnis der Einziehungsumstände den Gegenstand in verwerflicher Weise erworben.

Verhältnismäßigkeit, § 74 b StGB

a) Herr Jod wurde dabei überrascht, als er in einem fremden Gewässer angelte. Aufgrund des Straftatverdachtes nach § 293 StGB schritten Polizeibeamte ein. Im Zuge der Ermittlungen stellten sie fest, dass das Angelgerät dem Leichtfuß gehört. Leichtfuß hat es dem Jod auf seine Bitte hin ohne Bedenken gegeben, obwohl er damit rechnen musste, dass Jod irgendwo angeln geht. Ihm war bekannt, dass er kein eigenes Gewässer besitzt. Die Polizeibeamten beschlagnahmten das Angelgerät aufgrund des § 111b StPO i.V.m. § 295 und § 74a StGB (§ 295 verweist auf § 74a StGB), weil Jod eine Straftat nach § 293 StGB begangen hat, die Angel Beziehungsgegenstand ist und Leichtfuß leichtfertig dazu beigetragen hat, dass Jod seine Angel als Mittel der Tat nutzen konnte.

b) In HA soll eine Versammlung einer extremen Partei stattfinden. Dagegen haben die Studenten der Universitäten in den Nachbarstädten zum Protest aufgerufen. Die Polizei geht von einer gewalttätigen Auseinandersetzung aus und richtet darum Kontrollstellen an den Stadtzufahrten ein. An der Kontrollstelle auf der B 54 werden die Studenten Frei, Schnell und Groß, die auf dem Weg zur Gegendemonstration sind, kontrolliert. Dabei fällt den Beamten auf, dass auf dem Rücksitz des Pkw, der dem Frei gehört, Motorradschutzhelme liegen. Aufgrund des Verdachtes, dass die Schutzhelme als nichttechnische Schutzwaffen im Sinne von § 17a VersG mitgeführt und bei der Versammlung im Falle unfriedlichen Verlaufs genutzt werden sollen, durchsuchen sie den Wagen und finden auch noch zwei Gasmasken. Wegen des Verdachts der Verletzung des § 27 Abs. 2 Nr. 1 VersG erstatten die Beamten gegen die drei Anzeige. Bei den weiteren Ermittlungen stellt sich heraus, dass sie die Motorradhelme von ihrem Freund Helm (der ein Motorradgeschäft besitzt) für die Fahrt nach HA geliehen bekommen haben, obwohl er wusste, was in HA los sein wird. Die Polizeibeamten beschlagnahmen die Helme und die Gasmasken aufgrund des § 111b StPO i.V.m. § 30 VersG und § 74a StGB (§ 30 VersG verweist auf § 74a StGB), weil die Studenten Frei, Schnell und Groß eine Straftat nach § 27 VersG begangen haben, die Helme Beziehungsgegenstände sind und Helm leichtfertig dazu beigetragen hat, dass die drei die Helme als Schutzwaffen auf dem Weg zu einer Versammlung und später bei der Versammlung mitführen.

c) Hans Glück, August Flink, Hubert Arm und Emir Acyl gehen in einem Hinterzimmer einer Gaststätte dem unerlaubten Glücksspiel nach. Sie spielen unter Geldeinsatz das Hütchenspiel und Roulette. Darauf wird die Polizei aufmerksam. Die Beamten überraschen die Spieler auf frischer Tat. Auf dem Spieltisch liegen die Spielgeräte und etwa EURO 900,-- Bargeld. Bei den Ermittlungen stellt sich heraus, dass die Spielgeräte dem Wirt gehören. Obgleich der Wirt behauptet, dass er den vier Herren nur das Spiel ohne Geld erlaubt hat, beschlagnahmen die Polizeibeamten die Spielgeräte und das Geld aufgrund des § 111b StPO i.V.m. § 285b und § 74a StGB (§ 285b StGB verweist auf § 74a StGB), weil die Spieler gegen § 284 StGB verstoßen haben und der Gastwirt mindestens leichtfertig zur Rechtsverletzung beigetragen hat.

## 1.1.5 Einziehung von Schriften

Die Einziehung von Schriften regelt das Gesetz speziell mit § 74d StGB.

---

**§ 74d StGB    Einziehung von Schriften und Unbrauchbarmachung**

(1) Schriften (§ 11 Abs. 3), die einen solchen Inhalt haben, dass jede vorsätzliche Verbreitung in Kenntnis ihres Inhalts den Tatbestand eines Strafgesetzes verwirklichen würde, werden eingezogen, wenn mindestens ein Stück durch eine rechtswidrige Tat verbreitet oder zur Verbreitung bestimmt worden ist. Zugleich wird angeordnet, dass die zur Herstellung der Schriften gebrauchten oder bestimmten Vorrichtungen, wie Platten, Formen, Drucksätze, Druckstöcke, Negative oder Matrizen, unbrauchbar gemacht werden.
(2) Die Einziehung erstreckt sich nur auf die Stücke, die sich im Besitz der bei ihrer Verbreitung oder deren Vorbereitung mitwirkenden Personen befinden oder öffentlich ausgelegt oder beim Verbreiten durch Versenden noch nicht dem Empfänger ausgehändigt worden sind.
(3) Absatz 1 gilt entsprechend bei Schriften (§ 11 Abs. 3), die einen solchen Inhalt haben, dass die vorsätzliche Verbreitung in Kenntnis ihres Inhalts nur beim Hinzutreten weiterer Tatumstände den Tatbestand eines Strafgesetzes verwirklichen würde. Die Einziehung und Unbrauchbarmachung werden jedoch nur angeordnet, soweit
1.  die Stücke und die in Abs. 1 Satz 2 bezeichneten Gegenstände sich im Besitz des Täters, Teilnehmers oder eines anderen befinden, für den der Täter oder Teilnehmer gehandelt hat, oder von diesen Personen zur Verbreitung bestimmt sind und

> 2. die Maßnahmen erforderlich sind, um ein gesetzwidriges Verbreiten durch diese Personen zu verhindern.
>
> (4) Dem Verbreiten im Sinne der Absätze 1 bis 3 steht es gleich, wenn eine Schrift (§ 11 Abs. 3) oder mindestens ein Stück der Schrift durch Ausstellen, Anschlagen, Vorführen oder in anderer Weise öffentlich zugänglich gemacht wird.
>
> (5) § 74b Abs. 2 und 3 gilt entsprechend.

Schriften sind zunächst niedergeschriebene Gedanken. Insbesondere erfasst die Vorschrift Druckschriften. Unter die Druckschriften fallen entsprechend § 7 Landespressegesetz auch die dort genannten Druckwerke.

> **§ 7 Landespressegesetz   Begriffsbestimmung**
>
> (1) Druckwerke im Sinne dieses Gesetzes sind alle mittels Buchdruckerpresse oder eines sonstigen zur Massenherstellung geeigneten Vervielfältigungsverfahren hergestellten und zur Verbreitung bestimmten Schriften, besprochenen Tonträger, bildlichen Darstellungen mit und ohne Schrift, Bildträger und Musikalien mit Text und Erläuterungen.
>
> (2) ...
>
> (3) ...
>
> (4) Periodische Druckwerke sind Zeitungen, Zeitschriften und andere in ständiger, wenn auch unregelmäßiger Folge im Abstand von nicht mehr als sechs Monaten erscheinende Druckwerke.

Das sind nicht nur die von akkreditierten Pressevertretern hergestellten Werke. Auch von anderen hergestellte Schriften wie z.B. Flugblätter (über einen Kopierer vervielfältigt) sind Schriften. Neben der presserechtlichen Begriffsbestimmung wird der Begriff auch in § 11 Abs. 3 StGB legal definiert. Danach stehen den Schriften Ton- und Bild, Abbildungen und andere Darstellungen in denjenigen Vorschriften gleich, die auf diesen Absatz verweisen.

Im Sinne der Einziehungsvorschrift nach § 74d StGB sind die Schriften von Bedeutung,

- deren Inhalt strafbar ist (weil sie z.B. Kennzeichen verfassungswidriger Organisationen enthalten - vgl. § 81a StGB) oder
- deren Inhalt so ist, dass das Verbreiten bestraft wird (z.B. Aufforderung zur Teilnahme an einer rechtswirksam verbotenen Versammlung - § 23 VersG).

Die Voraussetzungen der Einziehung sind die im Gesetz (§ 74d Abs. 4 StGB) genannten Handlungsarten (Verbreiten, Ausstellen, Anschlagen, Vorführen oder in anderer Weise öffentlich zugänglich machen).

Auf Einzelheiten soll hier nicht weiter eingegangen werden, weil die **Polizei keine Befugnis zur Anordnung der Sicherstellung/Beschlagnahme von Schriften hat.**

Nach § 111n StPO darf die Einziehung von Schriften nur durch den Richter angeordnet werden. Nichtperiodische Schriften können bei Gefahr im Verzug auch auf Anordnung der Staatsanwaltschaft sichergestellt/beschlagnahmt werden (vertiefend zur Problematik siehe Achenbach, a.a.O., NStZ 2000, S. 123 ff.). Auch die Gefahren abwehrende Sicherstellung scheidet aus (siehe oben 1. Kapitel, I.).

Die Polizei kann zur Strafverfolgung lediglich Beweissicherungsmaßnahmen treffen. Im Rahmen des § 94 StPO unter Berücksichtigung der Erforderlichkeit reicht es dazu aber aus, zwei oder drei Exemplare sicherzustellen (vgl. Kay, Die Beschlagnahme von Druckschriften durch die Polizei, DIE POLIZEI, 9/89, S. 240 f. mit weiteren Quellennachweisen).

Stellen Polizeibeamte fest, dass jemand Schriften mit strafbarem Inhalt verbreitet, darf sie die nötigen Strafverfolgungsmaßnahmen ergreifen (Personalien des Täters feststellen, zwei oder drei Exemplare zur Beweissicherung nach § 94 StPO sicherstellen, Anzeige erstatten). Eine Einziehung der Schriften insgesamt ist unzulässig. Die Beamten müssen schnellstens die Anordnung eines Richters (bei nichtperiodischen Druckschriften die Anordnung eines Staatsanwalts) einholen. Danach dürfen sie die Anordnung vollstrecken (§ 111 f Abs. 1 StPO).

## 1.2 Rechtsfolgen

Die Rechtsfolge der Einziehungsermächtigung wird durch § 111c StPO bestimmt. Nach Absatz 1 dieses Rechtssatzes wird die Beschlagnahme einer beweglichen Sache dadurch bewirkt, dass die Sache in Gewahrsam genommen wird oder die Beschlagnahme durch ein Siegel oder in anderer Weise kenntlich gemacht wird. In Betracht kommt auch Verwahrung durch eine Privatperson oder Privatfirma, die die Sache nur an die Behörde herausgeben darf (Kleinknecht/Meyer-Goßner,a.a.O.,§111c,RdNr.4). Weil Hilfsbeamte der Staatsanwaltschaft nur die Beschlagnahme von beweglichen Einziehungsgegenständen anordnen dürfen (siehe folgende Ziffer), ist im Hinblick auf die Rechtsfolgen bei der Beschlagnahme von Grundstücken, Forderungen und anderen Vermögensrechten, bei Schiffen usw. die einschlägige Literatur heranzuziehen (Kleinknecht/Meyer-Goßner, a.a.O., § 111c RdNr. 7 ff.).

## 2. Verfahrens- und Formvorschriften

### 2.1 Anordnungsbefugnisse.

Wie oben schon hervorgehoben, ist die Polizei zur Sicherstellung/Beschlagnahme von Verfalls- oder Einziehungsgegenständen nur beschränkt anordnungsbefugt.

Hilfsbeamte der Staatsanwaltschaft haben nur das Recht, bei Gefahr im Verzug die Sicherstellung/Beschlagnahme von **beweglichen Verfalls- oder Einziehungsgegenständen anzuordnen.** Das folgt aus § 111e Abs. 1 StPO.

**§ 111e StPO    Anordnungskompetenz**

**(1) Zu der Anordnung der Beschlagnahme (§ 111c) und des Arrestes (§ 111d) ist nur der Richter, bei Gefahr im Verzuge auch die Staatsanwaltschaft befugt. Zur Anordnung der Beschlagnahme einer beweglichen Sache (§ 111c Abs. 1) sind bei Gefahr im Verzuge auch die Hilfsbeamten der Staatsanwaltschaft (§ 152 des Gerichtsverfassungsgesetzes) befugt.**
**(2) ...**

Sieht ein Polizeibeamter die Notwendigkeit der Einziehung von Liegenschaften, Grundbesitz oder anderen Immobilien, des Wertersatzes oder von Rechten und Forderungen, muss er das bei der Staatsanwaltschaft anregen.

Eine weitere Beschränkung enthält § 111n StPO. Die Einziehung von Schriften erfolgt nur auf Anordnung des Richters, ausnahmsweise auf Anordnung der Staatsanwaltschaft.

**§ 111n StPO Einschränkung der Anordnungsbefugnis**

**(1) Die Beschlagnahme eines periodischen Druckwerks oder eines ihm gleichgestellten Gegenstandes im Sinne von § 74d des Strafgesetzbuches darf nur durch den Richter angeordnet werden. Die Beschlagnahme eines anderen Druckwerks oder eines sonstigen Gegenstandes im Sinne des § 74d des Strafgesetzbuches kann bei Gefahr im Verzug auch durch die Staatsanwaltschaft angeordnet werden. Die Anordnung der Staatsanwaltschaft tritt außer kraft, wenn sie nicht binnen drei Tagen von dem Richter bestätigt wird.**
**(2) und (3) ...**

## 2.2    Vollstreckung einer richterlichen Anordnung

Besonders geregelt ist die Vollstreckung einer gerichtlichen Verfalls- oder Einziehungsanordnung. Sie richtet sich nach § 111f StPO.

**§ 111f StPO    Durchführung der Beschlagnahme**

**(1) Die Durchführung der Beschlagnahme (§ 111c) obliegt der Staatsanwaltschaft, bei beweglichen Sachen (§ 111c Abs. 1) auch deren Hilfsbeamten. § 98 Abs. 4 gilt entsprechend.**
**(2) und (3) ...**

Vollstreckung einer gerichtlichen Anordnung bedeutet praktische Durchführung. Nur die Beschlagnahmeanordnung, die sich auf bewegliche Sachen richtet, dürfen die Polizeibeamten, die Hilfsbeamte der Staatsanwaltschaft sind, im Auftrag der Staatsanwaltschaft erledigen. Die gerichtliche Verfalls- oder Einziehungsanordnung, die sich auf Immobilien, Wertersatz oder Rechte bezieht, hat die Staatsanwaltschaft selbst durchzuführen. Sie kann sich dabei jedoch der Mithilfe der Polizei bedienen.

## 2.3 Beschlagnahme bei der Bundeswehr

Die Verweisung in § 111f auf § 98 Absatz 4 StPO macht klar, dass die Beschlagnahme in einem Dienstgebäude der Bundeswehr der vorgesetzten Dienststelle der Bundeswehr obliegt.

## 2.4 Sonstige Verfahrens- und Formanforderungen

Bei der Sicherstellung/Beschlagnahme von (beweglichen) Verfalls- oder Einziehungsgegenständen sind die Polizeibeamten auch in förmlicher Hinsicht an verschiedene gesetzliche Formanforderungen gebunden. Von Bedeutung ist zunächst § 111b Abs. 3 StPO. Hier verweist das Gesetz auf die §§ 102 bis 110 StPO. Diese Regeln gelten entsprechend.

Daraus folgt, dass bei der Beschlagnahme

- **in der Wohnung des Verdächtigen die Voraussetzungen des § 102 StPO,**
- **in der Wohnung eines Unverdächtigen die Voraussetzungen des § 103 StPO,**
- **zur Nachtzeit die Voraussetzungen des § 104 StPO**

vorliegen müssen und die Anordnung der Durchsuchung einer Wohnung durch Hilfsbeamte der Staatsanwaltschaft nur bei Gefahr im Verzuge erfolgen darf (§ 105 StPO).

Im übrigen ist zu beachten, dass die Polizei einen Gemeindebeamten oder zwei Gemeindemitglieder als Zeugen hinzuzuziehen hat, wenn kein Staatsanwalt oder kein Richter zugegen ist (§ 105 Abs. 2 StPO), der von der Beschlagnahme Betroffene bei der Durchführung zugegen sein darf und ansonsten (wenn möglich) ein Angehöriger, Hausgenosse oder Nachbar hinzuzuziehen ist (§ 106 Abs. 1 StPO), die Polizei die Pflicht hat, dem Betroffenen auf Verlangen schriftlich den Grund der Beschlagnahme mitzuteilen (§ 107 Satz 1 StPO), die Polizei dem Betroffenen auf Verlangen ein Verzeichnis der in Beschlag genommenen Gegenstände zu geben hat (§ 107 Satz 2 StPO), die in Beschlag genommenen Gegenstände genau zu verzeichnen und zu kennzeichnen sind (§ 109 StPO),die Polizei kein Recht zur Durchsicht von Papieren hat (§ 110 StPO).

Das Gesetz sieht (anders als bei der Beweismittelbeschlagnahme - vgl. § 98 StPO) keine richterliche Bestätigung der Beschlagnahmeanordnung der Polizei vor. Haben Hilfsbeamte der Staatsanwaltschaft die Beschlagnahme beweglicher Verfalls- oder Einziehungsgegenstände angeordnet, muss die Maßnahme nicht der richterlichen Bestätigung zugeleitet werden. Die Einbeziehung des Richters ist vielmehr erst vorgesehen, wenn der Betroffene sie beantragt. Das folgt aus § 111e Abs. 2 StPO.

§ 111e StPO    Anordnungsbefugnis

(1) ...

(2) Hat die Staatsanwaltschaft die Beschlagnahme oder den Arrest angeordnet, so beantragt sie innerhalb einer Woche die richterliche Bestätigung der
Anordnung. Dies gilt nicht, wenn die Beschlagnahme einer beweglichen Sache
angeordnet ist. Der Betroffene kann in allen Fällen jederzeit die richterliche
Entscheidung beantragen.

(3) und (4) ...

Im Hinblick auf die beweglichen Sachen unterscheidet die Vorschrift nicht zwischen der
Anordnung durch die Staatsanwaltschaft oder deren Hilfsbeamten. Folglich gilt die
Ausnahmeregelung auch dann, wenn Polizeibeamte die Anordnung getroffen haben.

"Da Hilfsbeamte der Staatsanwaltschaft nur zur Beschlagnahme von beweglichen Sachen
befugt sind ..., brauchen ihre Anordnungen niemals richterlich bestätigt zu werden"
(Kleinknecht/Meyer-Goßner, a.a.O., § 111e StPO, RdNr. 6). Vorgesehen ist, dass der
Betroffene selbst aktiv wird. Gleichwohl aber ist es sinnvoll, die Staatsanwaltschaft von
der Beschlagnahme unverzüglich in Kenntnis zu setzen. Das erleichtert das Verwaltungsverfahren für den Fall, dass der Betroffene die richterliche Entscheidung beantragt.

## 2.5    Notveräußerung

Wurden Sachen des Verfalls oder der Einziehung beschlagnahmt und besteht die Gefahr,
dass die Sachen verderben, ist die Notveräußerung vorgesehen (§ 111 l StPO). Im vorbereitenden Verfahren trifft die Staatsanwaltschaft die Anordnung zur Notveräußerung.
Bei Gefahr im Verzug können auch Hilfsbeamte der Staatsanwaltschaft die Anordnung
treffen.

§ 111 l StPO    Notveräußerung (Auszug)

(1) ...

(2) Im vorbereitenden Verfahren wird die Notveräußerung durch die Staatsanwaltschaft angeordnet. Ihren Hilfsbeamten (§ 152 des Gerichtsverfassungsgesetzes) steht diese Befugnis zu, wenn der Gegenstand zu verderben droht,
bevor die Entscheidung der Staatsanwaltschaft herbeigeführt werden kann.

(3) ...

(4) Der Beschuldigte, der Eigentümer und andere, denen Rechte an der Sache
zustehen, sollen vor der Anordnung gehört werden. Die Anordnung, sowie Zeit
und Ort der Veräußerung sind ihnen, soweit dies ausführbar erscheint, mitzuteilen.

(5) Die Notveräußerung wird nach den Vorschriften der Zivilprozessordnung
über die Verwertung einer gepfändeten Sache durchgeführt. An die Stelle
...(pp.).

In der Regel wird die Polizei nur über die Notverwertung beweglicher Sachen entscheiden, weil in anderen Fällen die Staatsanwaltschaft (wegen der beschränkten Anordnungsbefugnis der Polizei) schon involviert ist.

Wurde jemand durch eine Straftat geschädigt, hat das Tatopfer (meist bei Vermögensdelikten) ein Interesse daran, seine Ansprüche geltend machen zu können. Dem trägt die Rechtsordnung Rechnung. § 111e Abs. 3 StPO sieht die Unterrichtung des Verletzten vor. Der Verletzte einer Straftat ist unverzüglich von der Beschlagnahme und dem Arrest zu unterrichten. Die Unterrichtung ist eine besondere Form der Aktenauskunft (als Unterfall der Akteneinsicht). Sie steht allein der Staatsanwaltschaft zu. "Die Bekanntgabe ist Sache der StA" (Kleinknecht/Meyer-Goßner, a.a.O., § 111e StPO, RdNr. 13). Der Polizei obliegt die Pflicht zur sofortigen Benachrichtigung der Staatsanwaltschaft, wenn sie im Rahmen eigener Befugnisse eine Sache beschlagnahmt hat, die dem Opfer einer Straftat gehört.

## 2.6 Rückgabe der beschlagnahmten Sache

Die Rückgabe einer beweglichen Sache kann nach § 111c Abs. 6 StPO erfolgen. Ansonsten ist § 111k StPO zu beachten (siehe oben, Zweiter Abschnitt).

Zuständig ist das Gericht, im Ermittlungsverfahren die Staatsanwaltschaft (vgl. Kleinknecht/Meyer-Goßner, a.a.O., § 111k StPO, RdNr. 9). Die Polizei darf über die Rückgabe des Diebesgutes nicht ohne weiteres entscheiden (vgl. dazu oben). Gibt der Täter jedoch die Sache selbst zurück oder ist er damit ausdrücklich einverstanden, bestehen keine Bedenken, dem Tatopfer die Sache wieder auszuhändigen. Das ist dann aktenkundig zu machen, denn darin liegt auch eine Art Eingeständnis der Tat.

## II. Beschlagnahme von Einziehungsgegenständen im Rahmen der Verfolgung von Ordnungswidrigkeiten

Bei der Verfolgung von Ordnungswidrigkeiten hat die Polizei als Verfolgungsbehörde die Befugnisse, wie sie der Staatsanwaltschaft bei der Strafverfolgung zustehen (siehe § 46 Abs. 2 StPO). Ist sie nicht Verfolgungsbehörde, hat sie die Befugnisse, wie sie der Polizei bei der Verfolgung von Straftaten zugebilligt sind (§ 53 OwiG). Die Frage, wann die Polizei zuständige Verfolgungsbehörde ist und wann nicht, und welche Befugnisse sie bei der Verfolgung von Ordnungswidrigkeiten hat, sind in Band I, 3. Kapitel, Dritter Abschnitt, vertiefend dargestellt.

Im Rahmen der Owi-Verfolgung ist die Polizei aufgrund des § 111b StPO ermächtigt, Sachen sicherzustellen/zu beschlagnahmen, wenn

- **Gründe für die Annahme vorhanden sind,**
- **dass die Gegenstände der Einziehung unterliegen.**

Voraussetzung ist zunächst der Verdacht einer Ordnungswidrigkeit und darüber hinaus die Wahrscheinlichkeit, dass die Voraussetzungen für die Einziehung vorliegen.

Die Einziehung von Gegenständen als Folge einer Ordnungswidrigkeit sieht das Gesetz mit § 22 ff. OwiG vor.

---

**§ 22 OwiG   Voraussetzungen der Einziehung**

**(1) Als Nebenfolge einer Ordnungswidrigkeit dürfen Gegenstände nur einge-zogen werden, soweit das Gesetz es ausdrücklich zulässt.**

(2) Die Einziehung ist nur zulässig, wenn
**1. die Gegenstände zur Zeit der Entscheidung dem Täter gehören oder zuste-hen,**
**2. die Gegenstände nach ihrer Art und den Umständen die Allgemeinheit gefährden oder die Gefahr besteht, dass sie zur Begehung von Handlungen dienen werden, die mit Strafe oder Geldbuße bedroht sind.**
**(3) Unter den Voraussetzungen des Absatzes 2 Nr. 2 ist die Einziehung der Gegenstände auch zulässig, wenn der Täter nicht vorwerfbar gehandelt hat.**

---

**§ 23 OwiG   Erweiterte Voraussetzungen der Einziehung**

**Verweist das Gesetz auf diese Vorschrift, so dürfen die Gegenstände abwei-chend von § 22 Abs. 2 Nr. 1 auch dann eingezogen werden, wenn derjenige, dem sie zur Zeit der Entscheidung gehören oder zustehen,**
**1. wenigstens leichtfertig dazu beigetragen hat, dass die Sache oder das Recht Mittel oder Gegenstand der Handlung oder ihrer Vorbereitung gewesen ist, oder**
**2. die Gegenstände in Kenntnis der Umstände, welche die Einziehung zuge-lassen hätten, in verwerflicher Weise erworben hat.**

---

Die Tatbestandvoraussetzungen gleichen denen des § 74 Abs. 2., 3 und 4 StGB. Auch die Voraussetzungen der erweiterten Einziehung nach § 23 OwiG stimmen sachlich weitgehend mit den Vorschriften des § 74a StGB überein (vgl. auch Göhler, a.a.O., vor § 22, RdNr. 1). Eine Auslegung der §§ 22 und 23 OwiG kann deshalb orientiert an den Erläuterungen zu §§ 74 und 74a StGB erfolgen. Auf ergänzende Ausführungen soll hier verzichtet werden. Gleichwohl wird besonders darauf hingewiesen, dass es im Owi-Recht keine Generalklausel gibt, wie sie in § 74 Abs. 1 StGB enthalten ist. In Betracht kommt daher nur die Einziehung von Beziehungsgegenständen. Die Einziehungsvorschriften des OwiG sind nur anzuwenden, wenn die Einziehung in Gesetzen des Bundes oder der Länder zugelassen ist (Göhler, wie vor).

Voraussetzung ist immer, dass eine Rechtsvorschrift die Einziehung vorsieht. Wenn eine solche Vorschrift auf § 23 OwiG verweist, ist auch die erweiterte Einziehung (so wie sie im Strafrecht § 74a StGB vorsieht) zulässig. Die Einziehung ist eine Nebenfolge der Ordnungswidrigkeit.

Vorschriften, welche die Einziehung vorsehen, sind in den unterschiedlichsten Gesetzen zu finden. In der Folge werden einige dieser Bestimmungen hervorgehoben (die Aufzählung ist keineswegs abschließend):

- § 123 OwiG (als Folge einer Ordnungswidrigkeit nach §§ 119 und 120 OwiG),
- § 129 OwiG (als Folge einer Ordnungswidrigkeit nach §§ 126 bis 128 OwiG),
- § 6 Abs. 2 WaffG (als Folge einer Ordnungswidrigkeit nach § 55 WaffG),
- § 30 VersG (als Folge einer Ordnungswidrigkeit nach § 29 VersG),
- § 23 StVG (als Folge des Feilbietens nicht genehmigter Fahrzeugteile),
- § 33 BTMG (als Folge einer Ordnungswidrigkeit nach § 32 des Gesetzes),
- § 30b Bundesnaturschutzgesetz (als Folge einer Ordnungswidrigkeit nach § 30 des Gesetzes),
- § 71 Landschaftgesetz NW (als Folge einer Ordnungswidrigkeit nach § 70 des Gesetzes),
- § 40 Bundesjagdgesetz (als Folge gewisser Ordnungswidrigkeiten nach § 39 des Gesetzes),
- § 55 Abs. 4 LFischG (als Folge einer Ordnungswidrigkeit nach § 55 Abs. 1 und 2 des Gesetzes),
- § 19 Tierschutzgesetz (als Folge gewisser Ordnungswidrigkeiten im Sinne von § 18 des Gesetzes),
- § 77 Tierseuchengesetz (als Folge gewisser Ordnungswidrigkeiten im Sinne von § 76 des Gesetzes),
- § 19 Abs. 3 Tierkörperbeseitigungsgesetz (als Folge gewisser Ordnungswidrigkeiten nach diesem Gesetz),
- § 30 Fleischhygienegesetz (in Bezug auf eine Ordnungswidrigkeit nach § 29 des Gesetzes).

Will die Polizei aufgrund einer Ordnungswidrigkeit einen Gegenstand beschlagnahmen, muss zunächst eine rechtswidrige und (in der Regel) vorwerfbare Ordnungswidrigkeit vorliegen (§ 22 i.V.m. § 1 OwiG). Vorwerfbarkeit des ordnungswidrigen Handelns wird nicht gefordert, wenn die Sache gefährlich ist (§ 22 Abs. 3 OwiG).

Besteht eine unmittelbare Beziehung zwischen einem Gegenstand und der Ordnungswidrigkeit, kann der Gegenstand eingezogen werden, soweit das Gesetz das zulässt. Eine solche Regelung fehlt z.B. in der StVO oder der StVZO.

Die in einem besonderen Gesetz für zulässig erklärte Einziehungsmöglichkeit wird durch § 22 OwiG eingeschränkt. Nach § 22 OwiG darf die Einziehung nur erfolgen,

- **wenn der Gegenstand dem Täter gehört (er also Eigentümer oder Rechtsinhaber ist und kein anderer Miteigentum hat) oder**
- **wenn die Sache die Allgemeinheit gefährden kann oder die Gefahr besteht, dass der Gegenstand zur Begehung mit Strafe oder Geldbuße bedrohter Handlungen dienen wird.**

Verweist die besondere Einziehungsvorschrift auf § 23 OwiG (erweiterte Voraussetzungen der Einziehung), ist die Einziehung auch zulässig, wenn

- **der andere leichtfertig dazu beigetragen hat, dass die Sache oder das Recht Mittel oder Gegenstand der Handlung oder der Vorbereitung gewesen ist oder**
- **der andere die Sache leichtfertig im Sinne von § 23 Abs. 1 Nr. 2 erworben hat.**

**Der Adressat** der Befugnis nach § 111b StPO ist aus der Einziehungsvorschrift zu folgern. Das wird in der Regel der Täter oder der Teilnehmer sein. Nur ausnahmsweise kommen andere in Betracht (§ 22 Abs. 2 Nr. 2 oder § 23 OwiG).

Die Einziehung erfolgt nach pflichtgemäßem Ermessen (§ 47 bzw. § 53 OwiG - vgl. dazu Band I, 4. Kapitel, Zweiter Abschnitt). Speziell geregelt ist der Verhältnismäßigkeitsgrundsatz in § 24 OwiG.

Im Hinblick auf die Anordnungsbefugnis ist § 111e StPO zu beachten. Zu berücksichtigen ist, dass die Polizei als zuständige Verfolgungsbehörde oft die Befugnisse der Staatsanwaltschaft hat.

Die Möglichkeit der Sicherstellung/Beschlagnahme von Gegenständen als Nebenfolge einer Ordnungswidrigkeit verdeutlichen folgende Beispiele:

a) Die Studenten Scheu, Hell und Klug befinden sich auf dem Weg zu einer Demonstration, die nach Einschätzung der Polizei unfriedlich verlaufen könnte. Die Polizei hat darum Kontrollstellen eingerichtet. An einer Kontrollstelle werden die vorgenannten Studenten überprüft. Dabei fällt einem Polizeibeamten auf, dass auf dem Rücksitz des von den jungen Leuten benutzten Pkw eine Strumpfmaske liegt. Bei der Durchsuchung des Wagens finden die Polizisten noch zwei Schals mit Sehschlitzen. Weil es sich offenbar um Vermummungsgegenstände handelt, das Mitführen von Vermummungsgegenständen auf dem Weg zu einer Versammlung ordnungswidrig ist (§ 17a Abs. 2 Nr. 2 i.V.m. § 29 Abs. 1 Nr. 1a VersG) und die Sachen als Beziehungsgegenstände nach § 30 VersG eingezogen werden können, stellen die Beamten die Sachen aufgrund der Ermächtigung aus § 46 Abs. 2 OwiG i.V.m. § 111b Abs. 1 StPO i.V.m. § 30 VersG und § 22 Abs. 2 OwiG sicher.

b) Der Polizei wird gemeldet, dass vor der Gaststätte "Zum wilden Mann" geschossen worden ist. Polizeibeamte stellen fest, dass der Malermeister Merk mit einer erlaubnisfreien Schreckschusspistole ohne Erlaubnis mehrfach geschossen hat. Weil das Verhalten ordnungswidrig ist (§ 45 Abs. 1 i.V.m. § 55 Abs. 1 Nr. 25 WaffG) und die Schreckschusswaffe als Beziehungsgegenstand zu der Rechtsverletzung nach § 56 Abs. 2 WaffG eingezogen werden kann, stellen die Polizeibeamten die Waffe gestützt auf die Ermächtigung aus § 46 Abs. 2 OwiG i.V.m. § 111b Abs. 1 StPO, § 56 WaffG und § 22 Abs. 2 OwiG sicher.

c) Der Polizeibeamte David sieht sich durch die Vorsehung dazu bestimmt, auf Menschen aufmerksam zu machen, die ihr Leben anderen gewidmet haben. Darum legt er sich eine Mönchskutte zu und geht damit durch die Stadt. Nachdem das mehrfach geschehen ist, wird gegen den Beamten Anzeige erstattet (§ 126 OwiG) und das Gewand als Beziehungsgegenstand zu der Ordnungswidrigkeit aufgrund des § 46 Abs. 2 OwiG i.V.m. § 111b StPO, § 129 und § 22 OwiG beschlagnahmt. Anmerkung: Die tatbestandsmäßige Zuordnung eines solchen Verhaltens ist strittig. In der Literatur wird auch die Ansicht vertreten, dass darin eine Straftat nach § 132a StGB liegt. Für eine Straftat nach § 132a StGB: Dreher/Tröndle, a.a.O., § 132a ,RdNrn. 13 und 20; für eine Ordnungswidrigkeit Göhler, a.a.O., § 126, RdNr. 3.

d) Der Fahrzeughändler Billig wird angezeigt, weil er Rückhalteeinrichtungen für Kinder in Kraftfahrzeugen verkauft, obwohl sie nicht mit einem amtlich vorgeschriebenen und zugeteilten Prüfzeichen versehen sind (§ 22 StVZO). Polizeibeamte gehen der Anzeige nach und stellen die Richtigkeit des Sachverhaltes fest. Sie beschlagnahmen die Gegenstände aufgrund von § 46 Abs. 2 OwiG i.V.m. § 111b StPO, § 23 StVG und § 22 OwiG.

Bei der Verfolgung von Ordnungswidrigkeiten hat die Polizei die Befugnisse, wie sie die Staatsanwaltschaft bei der Verfolgung von Straftaten hat, wenn sie zuständige Verwaltungsbehörde ist. Daraus folgt, dass die Polizei bei Ordnungswidrigkeiten auf solchen Gebieten auch erweiterte Anordnungskompetenzen besitzt.

Diese erweiterte Anordnungsbefugnis wirkt sich auf Schriften aus. Bei Gefahr im Verzug kann die Staatsanwaltschaft über die Beschlagnahme zur Einziehung von nicht periodischen Schriften befinden (§ 111n StPO).

Die Einziehung einer Schrift, die einen Bußgeldtatbestand verwirklicht, darf demzufolge auch die zuständige Verwaltungsbehörde (§ 35 i.V.m. § 46 Abs. 2 OwiG) anordnen. Ist die Polizei zuständige Verwaltungsbehörde, steht auch ihr das Recht grundsätzlich zu.

Trotz der gesetzlichen Zulässigkeit sind erhebliche rechtliche Bedenken angebracht. Wenn der Polizei der Zugriff schon bei Straftaten verwehrt ist (siehe oben), muss das aus Verhältnismäßigkeitsgründen insbesondere gelten, wenn die Rechtsverletzung nur eine Ordnungswidrigkeit darstellt.

# Vierter Abschnitt
# Beschlagnahme von Verfallsgegenständen / Zurückgewinnungshilfe

| | |
|---|---|
| Überblick | |
| Vorbemerkungen | |
| I. | Verfall im Rahmen der Strafverfolgung |
| 1. | Eingriffsermächtigung |
| 1.1 | Beschlagnahmevoraussetzungen |
| 1.1.1 | Einfacher Verfall (allgemeine Verfallsvoraussetzungen) |
| 1.1.2 | Erweiterter Verfall |
| 1.1.3 | Verfall des Wertersatzes |
| 1.2 | Verhältnismäßigkeit der Anordnung des Verfalls |
| 1.3 | Rechtsfolgen |
| 2. | Verfahrens- und Formvorschriften |
| II. | Zurückgewinnungshilfe |
| III. | Verfall im Rahmen der Ordnungswidrigkeitenverfolgung |
| 1. | Gewinnabschöpfung nach § 17 Abs. 4 OwiG |
| 2. | Gewinnabschöpfung nach § 29a OwiG |

## Vorbemerkungen

Als Rechtsfolge einer Tat sieht das Gesetz u.a. den Verfall bestimmter Gegenstände vor (§§ 73 ff. StGB, § 29a OwiG). Verfall ist die Abschöpfung von Vermögensvorteilen, die jemand aus einer Tat gezogen hat, also die Abschöpfung unrechtmäßig erlangten Vermögenszuwachses (Gewinnabschöpfung). Es ist daher grundsätzlich keine Nebenstrafe, sondern eine Maßnahmen zur Wiederherstellung des verletzten Rechts in dem Sinne, dass dem Täter anders nicht entziehbarer Gewinn abgeschöpft werden soll (Lackner/Kühl, a.a.O. § 73 RdNr. 1). Darunter fallen Entgelte für eine Tat und Gewinne aus einer Tat.

## I.    Verfall im Rahmen der Strafverfolgung

Zur Sicherung der Strafvollstreckung gestattet die StPO die Wegnahme solcher Sachen auch schon im vorhinein (im Ermittlungsverfahren). Als Ermächtigungen sind die §§ 111b ff. StPO heranzuziehen.

---

**§ 111b   Sicherstellung bei Verfall oder Einziehung**

(1) Gegenstände können durch Beschlagnahme nach § 111c sichergestellt werden, wenn Gründe für die Annahme vorhanden sind, dass die Voraussetzungen für ihren Verfall ... vorliegen. § 94 Abs. 3 bleibt unberührt.

(2) Sind Gründe für die Annahme vorhanden, dass die Voraussetzungen des Verfalls von Wertersatz oder der Einziehung von Wertersatz vorliegen, kann zu deren Sicherheit nach § 111d der dingliche Arrest angeordnet werden.

(3) ...

(4) Die §§ 102 bis 110 gelten entsprechend.

---

(5) Die Absätze 1 bis 4 gelten entsprechend, soweit der Verfall nur deshalb nicht angeordnet werden kann, weil die Voraussetzungen des § 73 Abs. 1 Satz 2 des Strafgesetzbuches vorliegen.

---

**§ 111c  Bewirkung der Beschlagnahme**

(1)  Die Beschlagnahme einer beweglichen Sache wird in den Fällen des § 111b dadurch bewirkt, dass die Sache in Gewahrsam genommen oder die Beschlagnahme durch Siegel oder in anderer Weise kenntlich gemacht wird.

(2)  Die Beschlagnahme eines Grundstückes oder eines Rechtes ... (pp.)

(3)  Die Beschlagnahme einer Forderung ... (pp.)

(4)  Die Beschlagnahme von Schiffen, Schiffsbauwerken und Luftfahrzeugen wird nach Absatz 1 bewirkt ... (pp.).

(5)  Die Beschlagnahme eines Gegenstandes nach den Absätzen 1 bis 4 hat die Wirkung eines Veräußerungsverbotes im Sinne des § 136 des bürgerlichen Gesetzbuches; das Verbot umfasst auch andere Verfügungen als Veräußerungen.

(6)  Eine beschlagnahmte bewegliche Sache kann dem Betroffenen

1.  gegen sofortige Erlegung des Wertes zurückgegeben oder

2.  unter dem Vorbehalt jederzeitigen Widerrufs zur vorläufigen weiteren Benutzung bis zum Abschluss des Verfahrens überlassen werden. Der nach Satz 1 Nr. 1 erlegte Betrag tritt an die Stelle der Sache. Die Maßnahme nach Satz 1 Nr. 2 kann davon abhängig gemacht werden, dass der Betroffene Sicherheit leistet oder bestimmte Auflagen erfüllt.

---

Wird der Verfall angeordnet, geht das Eigentum oder das Recht an der Sache auf den Staat über (§ 73e StGB).


## 1.1   Beschlagnahmevoraussetzungen

Die Beschlagnahmevoraussetzungen für den Verfall sind identisch mit denen von Einziehungsgegenständen (siehe 3. Abschnitt in diesem Kapitel).

§ 111b Abs. 1 StPO lässt die Beschlagnahme zu, wenn

- **Gründe für die Annahme vorhanden sind, dass**
- **die Voraussetzungen für den Verfall vorliegen (folgende Voraussetzungen nach Alternative 1.1.1 oder 1.1.2).**

§ 111b Abs. 1 StPO setzt zunächst voraus, dass **Gründe für die Annahme** vorhanden sind, dass der zu beschlagnahmende Gegenstand dem Verfall unterliegt. Sie sind anzunehmen, wenn die Wahrscheinlichkeit dafür besteht, dass diese Nebenentscheidung später in einer gerichtlichen Entscheidung ausgesprochen wird. Ob das gegeben sein könnte, ergibt sich meist aus dem Zusammenhang mit den materiellen Verfallsvorschriften. Ist der Verfall zwingend vorgeschrieben (wie in § 73 und § 73d StGB), ergeben sich die Gründe zwangsläufig schon aus dem Tatverdacht. Liegt die Anordnung des Verfalls jedoch im Ermessen des Gerichtes, erfolgt die Sicherstellung unter Beachtung des Grundsatzes der Verhältnismäßigkeit (§ 73c).

Die **Voraussetzungen für den Verfall** sind dem StGB zu entnehmen.
Zu unterscheiden ist zwischen den **allgemeinen Verfallsvoraussetzungen** nach §§ 73 ff. StGB (unten Abschnitt A) und dem **erweiterten Verfall** nach § 73 d StGB (unten Abschnitt B).

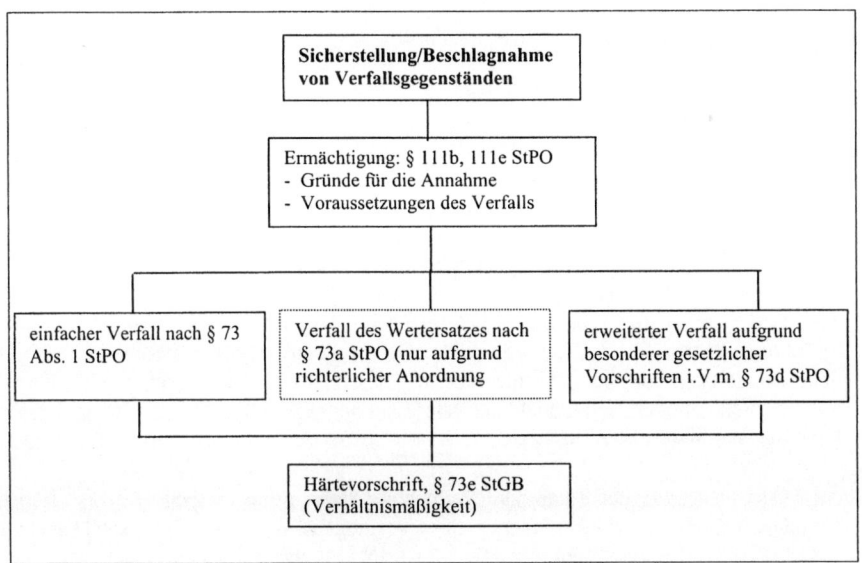

### 1.1.1 Einfacher Verfall (Allgemeine Verfallsvoraussetzungen)

Mit den §§ 73 ff. StGB sieht das Gesetz allgemein den Verfall von unmittelbaren Tatvorteilen und mittelbaren Tatvorteilen vor.

A) Zunächst spielt die Abschöpfung der **unmittelbaren Tatvorteile** eine Rolle. Sie ist in § 73 Abs. 1 StGB geregelt.

---

**§ 73 Abs. 1 StGB    Voraussetzungen des Verfalls**

Ist eine rechtswidrige Tat begangen worden und hat der Täter oder Teilnehmer für die Tat oder aus ihr etwas erlangt, so ordnet das Gericht dessen Verfall an. Dies gilt nicht, soweit dem Verletzten aus der Tat ein Anspruch erwachsen ist, dessen Erfüllung dem Täter oder Teilnehmer den Wert des aus der Tat Erlangten entziehen würde.

---

Voraussetzung der Verfallsvorschrift ist, dass

- eine rechtswidrige Tat begangen wurde und
- Täter oder Teilnehmer
- für die Tat oder aus der Tat
- etwas erlangt haben und
- der Verletzte keine Rechtsansprüche (aus dem Erlangten) hat.

Zunächst muss eine *rechtswidrige Tat* begangen worden sein. Entsprechend § 11 Abs. 1 Nr. 5 StGB sind das Handlungen, durch die der Tatbestand eines Strafgesetzes verwirklicht wird. Schuldhaftes Handeln ist nicht gefordert (Dreher/Tröndle, a.a.0., § 73, RdNr. 2; Schönke/Schröder, a.a.O., § 73, RdNr. 4). Die Anordnung des Verfalls ist auch bei Schuldunfähigkeit oder bei unvermeidbarem Verbotsirrtum möglich (vgl. Benfer, a.a.O., S. 164). Folglich rechtfertigt auch eine fahrlässig begangene Tat die Anordnung des Verfalls (vgl. Gerbert, a.a.O., S. 12).

Aus dieser Tat muss der Täter oder Teilnehmer *etwas* erlangt haben. „Etwas" ist jede Erhöhung des wirtschaftlichen Wertes eines Vermögens, das dem Täter oder Teilnehmer zugeflossen ist (Lackner/Kühl, a.a.O., § 73 RdNr. 3). Darunter fällt „jeder tatsächliche Wertzufluss ohne Rücksicht auf die dafür aufgebrachten Unkosten" (Schönke/Schröder, a.a.O., RdNr. 6), gleich ob damit Eigentum oder Besitz erlangt wurde. Es kommt nur darauf an, dass der Täter oder Teilnehmer durch oder für die Tat die tatsächliche Verfügungsgewalt über eine Sache oder ein Recht bekommen hat (Gerbert, wie vor). Erfasst wird die Gesamtheit des wirtschaftlichen Wertes, der in irgendeiner Phase des Tatablaufs erlangt wurde (Dreher/Tröndle, a.a.0., § 73 RdNr. 3a), wie Sachgegenstände, Geldgeschenke, kostenlose Nutzungen von Leihwagen, Darlehen, Dienstleistungen, Stundungen, Erlass von Forderungen, Zinsvergünstigungen oder Wettbewerbsvorteile (Schönke/Schröder, a.a.O, § 73 RdNr. 6 – zu mittelbaren Vorteilen siehe unten). Nicht darunter fallen immaterielle Werte.

*„Erlangt* ist ein Vermögenszuwachs schon dann, wenn er dem Täter auf irgendeine Weise wirtschaftlich zugute kommt" . Das ist gegeben, wenn eine Sache übereignet, eine Forderung abgetreten oder wenn der Täter zumindest die tatsächliche Verfügungsgewalt über einen Gegenstand erlangt hat (Schönke/Schröder, a.a.O, § 73 RdNr. 11). „Im allgemeinen ist der Vermögenszuwachs erlangt, sobald der Täter ihn ungehindert genießen kann" (Lackner/Kühl, a.a.O, § 73 RdNr.5)

Der Vermögensvorteil muss *für die Tat* oder *aus der Tat* erlangt sein. Unter die Prämisse „für die Tat" fallen die unmittelbaren Vermögensvorteile, die der Täter als Gegenleistung erhalten hat (Tatentgelt, Belohnung). Die Voraussetzung „aus der Tat" erfasst den unmittelbaren Tatgewinn (die Beute, also das Diebesgut, die Jagdbeute, erschwindelte Gegenstände, gemachte Gewinne - vgl. Schönke/Schröder a.a.O, § 73 RdNr. 9). Aber auch mittelbare Vermögensvorteile fallen unter die Einziehungsvorschrift (siehe unten b).

Dass der **Vermögenszuwachs die tatsächliche Folge der Tat** ist, also direkt aus der Tat gezogen wurde, muss nachgewiesen werden. Dass das Erlangte wahrscheinlich aus der Tat stammt, genügt (wie aus einem Abgleich mit § 73d StGB folgt) nicht. Als „verfallen" erklärt werden kann nur ein durch eine Straftat tatsächlich, nicht aber lediglich erzielbarer Wermögenszuwachs (Detter, a.a.O, S. 137)

B) Die Abschöpfung **der mittelbaren Tatvorteile** sieht das Gesetz mit § 73 Abs. 2 und Abs. 3 StGB vor.

---

**§ 73 Abs. 2 StGB    Voraussetzungen des Verfalls**

**Die Anordnung des Verfalls erstreckt sich auf die gezogenen Nutzungen. Sie kann sich auch auf die Gegenstände erstrecken, die der Täter oder Teilnehmer durch die Veräußerung eines erlangten Gegenstandes oder als Ersatz für dessen Zerstörung, Beschädigung oder Entziehung oder aufgrund eines erlangten Rechts erworben hat.**

---

Die Vorschrift erstreckt sich auf die mittelbar erlangten Gewinne. Liegen die Voraussetzungen des § 73 Abs. 1 StGB vor, verfallen auch die **Nutzungen** (§ 73 Abs. 2 Satz 1). Das sind z.B. die Zinsen aus einem erschwindelten Vermögen oder die Mieteinnahmen aus einem betrügerisch erlangten Haus (aus Gerbert, a.a.O., S. 12).

Daneben können entsprechend § 73 Abs. 2 Satz 2 StGB die **Surrogate** dem Verfall unterliegen. Das sind die durch Veräußerung einer erlangten Sache erworbenen Vorteile (Verkaufserlöse), die Ersatzleistungen, die der Täter für die Zerstörung, Beschädigung oder Entziehung eines Gegen-standes erlangt hat, oder die aufgrund eines erlangten Rechtes erworbenen Zugewinne (Dreher/Tröndle, a.a.O., § 73, RdNr. 10).

> Brand hat von seinem Freund Tüchtig dafür, dass er sein unter Denkmalschutz stehendes altes Haus angesteckt hat, ein wertvolles Bild erhalten (Lohn für die rechtswidrige Tat). Das Bild hat Brand günstig verkauft. Bei den Ermittlungen finden die Polizeibeamten den Geldbetrag und beschlagnahmen die Summe aufgrund des § 111b Abs. 1 i.V.m. § 73 Abs. 1 und 2 StGB.

Die Anordnung des Verfalls setzt aber voraus, dass **keine Ansprüche des Verletzten** entgegenstehen. Gemeint sind insbesondere Ansprüche des durch die Tat Geschädigten. Hat das Opfer der Tat Ansprüche gegen den Täter, kommt die Abschöpfung des Vermögensvorteils durch den Staat nicht in Frage. Das ist bei allen klassischen Eigentumsdelikten der Fall. Verfall ist in solchen Fällen ausgeschlossen, da die Geschädigten in der Regel Herausgabe- oder Bereicherungsansprüche haben (Gerbert, a.a.O., S. 13).

Die Ansprüche des Verletzten schließen aber die (vorläufige) Sicherstellung nicht aus (Gerber, a.a.O., S. 13). Um dem Verletzten den Zugriff auf das im Besitz des Täters oder Teilnehmers befindliche Gut zu sichern, steht der Polizei das Recht zur Sicherstellung/Beschlagnahme als **Zurückgewinnungshilfe** zu (vgl. Dreher/Tröndle, a.a.O, § 73, RdNr. 6). Sobald Rechte anderer Personen entgegenstehen, kommt die Beschlagnahme der Sachen aufgrund des § 111b Abs. 5 StPO in Betracht (Zurückgewinnungshilfe – **siehe unten III.**).

a) Der Schlosser Klau ist nach mehreren Einbruchsdiebstählen von einer Funkstreife während der Ausübung eines weiteren Einbruchs überrascht und festgenommen worden. Bei der Durchsuchung der Wohnung finden die Beamten unter anderem wertvolle Perlenketten. Den Schmuck hat der Täter bei den rechtswidrigen Taten erlangt. Sie unterliegen jedoch nicht dem Verfall, weil die Geschädigten einen Rückgabeanspruch aus § 985 BGB haben. Gleichwohl können die Sachen aufgrund des § 111b Abs. 5 StPO (Zurückgewinnungshilfe) beschlagnahmt werden. Sind die Geschädigten jedoch unbekannt und nicht festzustellen, unterliegt die Beute dem Verfall.

b) Dem Heiratsschwindler Untreu gelingt es, unter Vorspiegelung ernster Absichten bei der Witwe Weise EURO 50.000,-- zu erschwindeln. Dieser Betrag ist ein Vermögensvorteil, den Untreu aus der Begehung des Betruges als rechtswidrige Tat erlangt (aus Benfer, a.a.O., S. 166). Der Geldbetrag unterliegt aber nicht dem Verfall, weil die Witwe Weise einen Rückgabeanspruch hat. Gleichwohl kann die Summe aufgrund des § 111b Abs. 5 StPO beschlagnahmt werden. Wäre die Witwe inzwischen verstorben und gäbe es keine Erben, unterläge der Betrag dem Verfall.

c) Die Schülerin Flink wurde in einem Warenhaus bei einem Diebstahl ertappt. Im Zuge der polizeilichen Ermittlungen ergab sich der Verdacht, dass die Täterin in der Vergangenheit gleiche Taten dieser Art begangen hat. Darum durchsuchten die Polizeibeamten ihre Wohnung und fanden in anderen Kaufhäusern gestohlene Artikel (zum Teil noch mit Preisschild des geschädigten Hauses). Die Beamten beschlagnahmten die Sachen aufgrund des § 111b Abs. 5 StPO (Zurückgewinnungshilfe).

Gehört die Sache also einem Dritten, scheidet der Verfall in der Regel aus. Allerdings ist die Ausnahme nach § 73 Abs. 4 StGB zu beachten (unten C). Das sind die Fälle, in denen der Dritte die Tat in der im Gesetz beschriebenen Weise gefördert hat. Daher kann die Person, die den Täter für die Tat bezahlt hat, keinen Anspruch entgegenhalten.

## C) Adressaten der Verfallsanordnung

### a) Täterbezogener Verfall

§ 73 Abs. 1 StGB bezieht sich auf den Täter oder Teilnehmer. Der Täter oder Teilnehmer muss etwas erlangt haben. Sie sind die Adressaten der Einziehungsermächtigung nach § 111b StPO. Begünstiger oder Hehler sind zwar keine Teilnehmer, sie begehen aber selbst eine rechtswidrige Tat und sind insoweit Täter (Tröndle/Fischer, a.a.O., § 73, RdNr. 15).

a) Der Kaufmann Tüchtig besitzt ein altes Fachwerkhaus mitten in der Stadt. Seit langem hat er die Absicht, das Gebäude abzureißen und ein neues großes Geschäftshaus zu errichten. Leider aber steht das Fachwerkhaus unter Denkmalschutz. Der Ärger darüber nimmt ihn stark mit. Eines Tages bittet er seinen Freund Brand, das Haus anzustecken. Damit Tüchtig nicht auffällt, verabreden sie, dass Brand das Haus in Flammen aufgehen lassen wird, während Tüchtig in Urlaub ist. Dafür erhält Brand ein wertvolles Bild als Gegenleistung. So geschieht es. Im Zuge der polizeilichen Ermittlungen fällt die Sache aber auf. Bei der Durchsuchung der Wohnung des Brand finden die Beamten das Bild. Sie beschlagnahmen es, weil es aus einer rechtswidrigen Tat für die Tat erlangt wurde (§ 111b Abs. 1 StPO i.V.m. § 73 Abs. 1 StGB).

b) Der Polizei bekannte Kaufmann Strolch besorgt seinem Freund Wilderer auf illegalem Wege eine erlaubnispflichtige Pistole. Dafür erhält Strolch neben dem "Kaufpreis" eine Belohnung von zusätzlich EURO 5.000,--. Kurze Zeit später fällt das Geschäft auf. Die Polizeibeamten finden bei dem Strolch das Geld und beschlagnahmen es aufgrund der §§ 111b Abs. 1 StPO i.V.m. 73 Abs. 1 StGB (Vermögensvorteil für die Tat).

c) Tüchtig treibt heimlich illegal Handel mit geschützten Tierarten. Das Geschäft läuft gut. Die Kunden zahlen großzügig und pünktlich. Tüchtig hat sich schon ein kleines Vermögen auf Seite geschafft. Im Zuge der Ermittlungen durchsuchen Polizeibeamte seine Geschäftsräume und finden neben zahlreichen Beweismitteln einen Bargeldbetrag in Höhe von EURO 12.000,--. Weil das Geld aus den gesetzwidrigen Geschäften stammt (Tüchtig hat das in der Vernehmung eingestanden), wird es aufgrund des § 111b Abs. 1 StPO i.V.m. § 73 Abs. 1 StGB beschlagnahmt.

d) Der Drogendealer Fleißig verkauft an den Konsumenten Bedürftig Heroin. Den Kaufpreis in Höhe von EURO 200,-- erhält er sofort und steckt ihn ein. Die Polizei hat das beobachtet und greift zu. Der vereinnahmte Betrag ist noch nicht mit anderem Geld vermischt. Aufgrund des § 111b Abs. 1 StPO i.V.m. § 73 Abs. 1 StGB beschlagnahmen sie das Geld als Verfallsgegenstand. Das vereinnahmte Geld unterliegt nicht dem Verfall nach § 73d StGB, weil § 73 StGB vorrangig anzuwenden ist (siehe unten).

e) Fräulein Schön geht im Auftrag ihres Freundes Schlau der Prostitution nach und „arbeitet" jeden Tag unverdrossen und fleißig. Nach getaner Arbeit überreicht sie dem Schlau überglücklich die Einnahmen, denn Schlau hat ihr eine gemeinsame Zukunft versprochen. Schlau hinterlegt das Geld sorgfältig in einem Koffer. Damit spiegelt er der Schön gute Absichten vor und motiviert die Schön zu hingebungsvollem Tun. In Wirklichkeit legt er das Geld nicht fest, um damit eines Tages heimlich verschwinden zu können. Schön hat einen neuen lukrativen Arbeitsplatz ganz in der Nähe eines Jugendzentrums entdeckt. Dort parkt sie seit einiger Zeit ihren Wohnwagen (etwas abseits hinter Büschen und doch so auffällig, dass Kunden nicht ausbleiben). Dass sich Jugendliche begeistern und Interesse zeigen, stört sie nicht. Auch die Verbotsvorschrift des § 184b StGB schreckt sie nicht ab, weil alles ja nur von kurzer Dauer sein soll. Als die Polizei die Sache aufgreift und feststellt, dass die Schön alles Geld dem Schlau gegeben hat, durchsucht sie seine Wohnung und findet in einem Koffer eine beachtliche Summe (meist kleine Geldscheine), die Schön dem Schlau gegeben hat (Aussage des Schlau). Die Polizei beschlagnahmt aufgrund des § 111b Abs. 1 StPO i.V.m. § 73 Abs.1 StGB das Geld (weil Schlau Teilnehmer der Taten war).

## b) Verfall beim Auftraggeber

Während nach § 73 Abs. 1 StGB die Anordnung des Verfalls nur gegen den Täter oder Teilnehmer zulässig ist, erweitert das Gesetz mit Absatz 3 die Verfallsvoraussetzungen. Mit § 73 Abs. 3 StGB kommt die Beschlagnahme von Verfallsgegenständen auch in den Fällen in Frage, in denen der Vermögenswert nicht dem Täter, sondern einem anderen zugeflossen ist, für den der Täter gehandelt hat (Schönke/Schröder, a.a.O, § 73 RdNr. 34).

---

**§ 73 Abs. 3 StGB Voraussetzungen des Verfalls**

**Hat der Täter oder Teilnehmer für einen anderen gehandelt und hat dadurch dieser etwas erlangt, so richtet sich die Anordnung des Verfalls nach den Absätzen 1 und 2 gegen ihn.**

---

Der Täter/Teilnehmer muss im Auftrag eines anderen gehandelt haben, und dadurch muss der Auftraggeber *etwas* erlangt haben. Das ist der Fall, wenn die verfallsbegründende Tat im Interesse des Vorteilsempfängers (des Auftraggebers) von einer in seinem Einflussbereich stehenden Person begangen wurde (Schönke/Schröder, a.a.O., § 73 RdNr. 37).

a) Hausmann will sein Haus erneuern und vergrößern. Seine monetären Mittel aber sind knapp. Das erzählt er seinem Freund Treu. Treu will seinem besten Kumpel helfen. Darum sagt er eines Tages zu ihm: „Fahre in Urlaub. Ich löse den Fall". Hausmann ahnt , was Treu vorhat. Dennoch fährt er - wie von Treu angeregt - weg. Als er in Spanien ist, lässt Treu den Schuppen von dem Ganoven Brand anzünden. Durch das Feuer werden auch Teile des Wohnhauses beschädigt. Die Feuerversicherung zahlt Hausmann schließlich einen Betrag in Höhe von 30.000,-- EURO aus. Im Zuge späterer Ermittlungen fällt die Sache auf. Der mittelbare Vermögensvorteil unterliegt dem Verfall nach § 73 Abs. 3 StGB. Soweit Forderungen der Versicherung bestehen, kommt eine Beschlagnahme als Zurückgewinnungshilfe aufgrund des § 111b Abs. 4 StPO in Betracht.

b) Schnell hatte mit seinem Sportwagen einen Unfall. Der Wagen ist dabei mittelschwer beschädigt worden, konnte aber wieder so repariert werden, dass mit bloßem Auge keine Unfallfolgen zu erkennen war. Ein Jahr später bittet er seinen Freund Kaufmann, den Wagen zu verkaufen. Kaufmann bietet das Fahrzeug einem interessierten Kunden an und verschweigt (trotz ausdrücklicher Frage des Kunden) bewusst und gewollt, dass es sich um ein Unfallfahrzeug handelt. Dadurch erzielt er einen wesentlich höheren Erlös. Den Betrag erhält Schnell. Später erfährt der Käufer des Wagens, dass er ein Unfallfahrzeug gekauft hat. Ein Sachverständiger stellt fest, dass das Fahrzeug um mindesten 2.000 Euro zu teuer bezahlt worden ist. Der Kunde zeigt den Kaufmann wegen Betruges an. Die Polizei macht die Sache aktenkundig und beantragt (über die Staatsanwaltschaft) bei Gericht die Anordnung der Beschlagnahme des Geldes aufgrund des § 111b StPO i.V.m. § 73 Abs. 1 und Abs. 3 StGB (Verfall des Vermögensvorteils).

## c) Drittverfallsklausel

Mit § 73 Abs. 4 StGB werden Fälle aufgegriffen, in die ein Dritter in die Tat verwickelt ist (siehe Schönke/Schröder, a.a.O. § 73 RdNr. 39 ff.).

---

**§ 73 Abs. 4 StGB Voraussetzungen des Verfalls**

**(4) Der Verfall eines Gegenstandes wird auch angeordnet, wenn er einem Dritten gehört oder zusteht, der ihn für die Tat oder sonst in Kenntnis der Tatumstände gewährt hat.**

---

Damit wird unter anderem der Anspruch auf Rückübereignung (Zurückgewinnung – unten III.) ausgeschlossen. Hat der Dritte dem Täter eine tatsächliche wirtschaftliche Bereicherung verschafft (z. B. für die Tat ein Entgelt bezahlt), kann er es nicht zurückverlangen, wenn er es für die Tat oder in Kenntnis der Tatumstände gewährt hat.
Die Vorschrift kommt auch in dem Fall zur Anwendung, wo das bezahlte Bestechungsgeld vor Anordnung des Verfalls von dem Täter an den Dritten (den Geber) aus Sorge, dass die Polizei es beschlagnahmen könnte, zurückübereignet wurde (Schönke/Schröder, a.a.O. § 73 RdNr. 40 ff.). Schließlich werden Fälle erfasst, wo ein Dritter Nutzen aus der Tat eines anderen zieht, ohne selbst Täter oder Teilnehmer oder Auftraggeber zu sein.

Die Voraussetzungen für die Beschlagnahme von Verfallsgegenständen fasst die folgende Übersichtstafel zusammen.

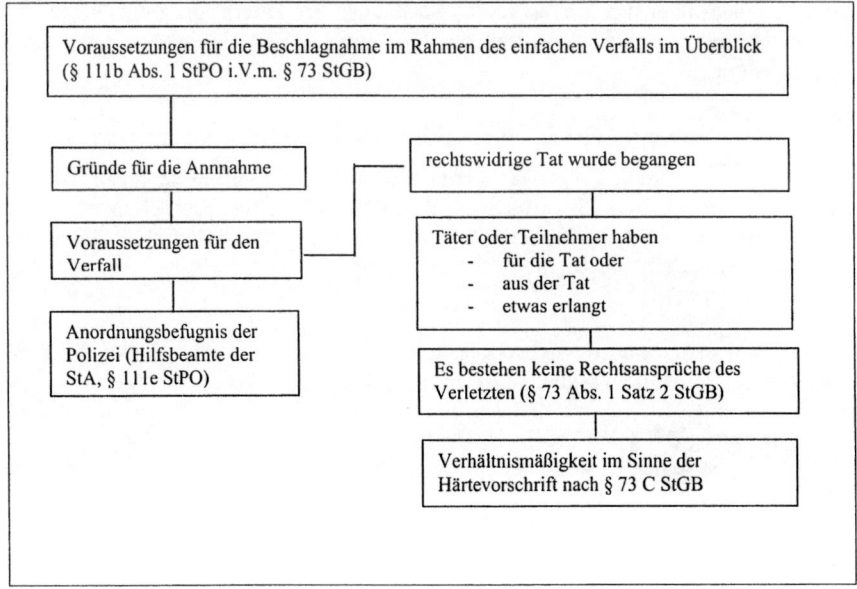

In diesem Zusammenhang muss die eingeschränkte Anordnungskompetenz der Polizei beachtet werden. Die Hilfsbeamten der Staatsanwaltschaft dürfen bei Gefahr im Verzug nur die Beschlagnahme beweglicher Sachen anordnen (siehe unten unter Verfahrens- und Formvorschriften).

### 1.1.2 Voraussetzungen für den erweiterten Verfall

Voraussetzung für den erweiterten Verfall ist zunächst, dass eine besondere Vorschrift auf § 73d StGB verweist.

---

**§ 73 d StGB    Erweiterter Verfall**

**(1) Ist eine rechtswidrige Tat nach einem Gesetz begangen worden, das auf diese Vorschrift verweist, so ordnet das Gericht den Verfall von Gegenständen des Täters oder Teilnehmers auch dann an, wenn die Umstände die Annahme rechtfertigen, dass diese Gegenstände für rechtswidrige Taten oder aus ihnen erlangt worden sind. Satz 1 ist auch anzuwenden, wenn ein Gegenstand dem Täter oder Teilnehmer nur deshalb nicht gehört oder zusteht, weil er den Gegenstand für eine rechtswidrige Tat oder aus ihr erlangt hat. § 73 Abs. 2 gilt entsprechend.**

**(2) Ist der Verfall eines bestimmten Gegenstandes nach der Tat ganz oder teilweise unmöglich geworden, so finden insoweit die §§ 73a und 73b sinngemäß Anwendung.**

**(3) Ist nach Anordnung des Verfalls nach Abs. 1 wegen einer anderen rechtswidrigen Tat, die der Täter oder Teilnehmer vor der Anordnung begangen hat, erneut über den Verfall von Gegenständen des Täters oder Teilnehmers zu entscheiden, so berücksichtigt das Gericht hierbei die bereits ergangene Anordnung.**

**(4) § 73c gilt entsprechend.**

---

"Gemäß § 73 d StGB kann das Gericht den Verfall auch dann anordnen, wenn **die Umstände die Annahme rechtfertigen**, dass Gegenstände für rechtswidrige Taten oder aus ihnen erlangt wurden" (Gerbert, a.a.O., S. 15). Während nach § 73 StGB zu beweisen ist, dass das Erlangte aus der Tat stammt, sieht § 73d StGB weniger strenge Voraussetzungen vor.

§ 73d StGB ist gegenüber § 73 StGB nicht Lex specialis. Das heißt, dass vor der Anwendung des § 73d StGB zu prüfen ist, ob nicht ein Gegenstand bereits nach § 73 eingezogen werden muss (vgl. Dreher/Tröndle, a.a.O., § 73d, RdNr. 6). Ist das der Fall, scheidet die Anwendung des § 73d StGB aus. Daraus folgt auch, dass der erweiterte Verfall nach § 73d StGB ausscheidet, wenn dem Verletzten aus der Tat Ansprüche erwachsen sind (§ 73 Abs. 1 Satz 2 StGB, siehe unten III - Zurückgewinnungshilfe).

Voraussetzung für den erweiterten Verfall ist, dass

- **eine rechtswidrige Tat nach einem Gesetz begangen wurde, das auf § 73d StGB verweist und**
- **dass die Umstände die Annahme rechtfertigen,**
- **dass Täter oder Teilnehmer**
  - **für die rechtswidrige Tat oder**
  - **aus der rechtswidrigen Tat**
- **einen Gegenstand erlangt haben und**
- **der Verletzte keine Rechtsansprüche (aus dem Erlangten) hat.**

Verlangt wird, dass eine gesetzliche Vorschrift auf § 73d StGB verweist. Solche Verweisungen enthalten z.B.:

- § 150 StGB (Vermögensvorteil für gewisse Geld- oder Wertfälschungsdelikte),
- § 181c StGB (Vermögensvorteil durch bandenmäßigen oder gewerbsmäßigen schweren Menschenhandel nach § 181 StGB oder bandenmäßige oder gewerbsmäßige Zuhälterei nach § 181a StGB),
- § 184 Abs. 7 StGB (Vermögensvorteil für die Verbreitung, Herstellung usw. von pornographischen Schriften im Sinne von § 184 Abs. 3 StGB - siehe dort),
- § 256 Abs. 2 StGB (Vermögensvorteil durch gewerbsmäßige Erpressung nach § 253 StGB oder gewerbsmäßige räuberische Erpressung nach § 255 StGB),
- § 260 Abs. 3 und § 260a Abs. 3 StGB (Vermögensvorteil durch gewerbsmäßige oder bandenmäßige oder gewerbsmäßige Bandenhehlerei)
- § 261 Abs. 7 StGB (Vermögensvorteil durch Geldwäsche)
- § 286 Abs. 1 StGB (Vermögensvorteil für bestimmte Formen unerlaubter Veranstaltung eines Glücksspieles nach § 284 StGB),
- § 84a Abs. 3 AsylVerfG (Vermögensvorteil durch gewerbs- und bandenmäßige Verleitung zu missbräuchlicher Asylantragsstellung)
- § 92a Abs. 5 und § 92b Abs. 3 AuslG (Vermögensvorteil durch gewisse Formen des illegalen Einschleusens von Ausländern),
- § 56 Abs. 3 WaffG (Vermögensvorteil aus gewissen Straftaten nach den §§ 52 und 53 WaffG),
- § 33 BTMG (Vermögensvorteil aus gewissen gewerbsmäßigen Straftaten nach §§ 29, 29a, 30 oder 30a BTMG).

Ausreichend ist die **rechtswidrige** Begehung einer solchen **Tat**. Auf schuldhaftes Handeln kommt es nicht an (Dreher/Tröndle, a.a.O., § 73 d, RdNr. 6).

Weiter müssen (im Unterschied zu § 73 Abs. 1 StGB) **die Umstände die Annahme rechtfertigen**, dass der Täter oder Teilnehmer die Verfallsgegenstände für oder aus einer der vorgenannten (hier nur beispielhaft aufgezählten) Straftaten erlangt hat. Die Herkunft muss nicht objektiv nachgewiesen werden. Für die Annahme soll bereits eine gewisse konkrete Wahrscheinlichkeit genügen (Schönke/Schröder, a.a.O., § 73 RdNr. 15). Das ist nach einem Beschluss des BGH vom 22.11.1994 (4 StR 516/94 - NJW 1995, S. 470 ff.) aus verfassungsrechtlichen Gründen nur gegeben, "wenn der Tatrichter aufgrund erschöpfender Beweiserhebung und -würdigung die uneingeschränkte Überzeugung gewonnen hat, dass der Angeklagte die von der Anordnung erfassten Gegenstände aus rechtswidrigen Taten erlangt hat, ohne dass diese selbst im einzelnen festgestellt werden müssen".

So auch der Tenor späterer Entscheidungen:

> *„Die Vorschrift des § 73d Absatz 1 Satz 1 StGB ist verfassungskonform dahin auszulegen, dass die Anordnung des erweiterten Verfalls nur dann in Betracht kommt, wenn der Tatrichter aufgrund erschöpfender Beweiserhebung und -würdigung die uneingeschränkte Überzeugung gewonnen hat, dass der Angeklagte die von der Anordnung erfassten Gegenstände aus rechtswidrigen Taten erlangt hat, ohne dass diese selbst im einzelnen festgestellt werden müssen. Ebenso wie für die den Schuldspruch tragenden Feststellungen gilt auch insoweit, dass selbst ein sehr hohes Maß an Wahrscheinlichkeit die notwendige tatrichterliche Überzeugung nicht ersetzen kann"* (BGH, Beschluss vom 10.2.1998, NStZ 1998, Heft 7, S. 362).

> Voraussetzungen des erweiterten Verfalls
> „StGB §§ 46, 73, 73d
> 1. Die Vorschrift des § 73d eröffnet ausschließlich die Abschöpfung des aus kriminellen Taten Erlangten. Im Hinblick hierauf genügt für eine Anwendung des § 73d StGB nicht, dass bestimmte Gelder mit überwiegender Wahrscheinlichkeit aus Straftaten stammten oder für solche bestimmt waren.
> 2. ... „
> BGH, Beschluß vom 20.19.1999, NStz 2000, S. 137

Erfüllt sind die Voraussetzungen des § 73d StGB, wenn sich die Herkunft aus rechtswidrigen Taten für den objektiven Betrachter geradezu aufdrängt (Gerbert, a.a.O., S. 15; Schönke/Schröder, a.a.O, § 73 RdNr. 15). Ein solcher Schluss könnte daraus gezogen werden, dass der Täter über erheblich mehr Geld verfügt, als er normalerweise in seinem Beruf unter Berücksichtigung seiner Lebenshaltungskosten in einer bestimmten Zeit anzusparen in der Lage ist (es sei denn, er kann auf eine legale Herkunft - z.B. Erbschaft - verweisen).

Aufgrund dieser Voraussetzung müssen Täter oder Teilnehmer aus der rechtswidrigen Tat unmittelbar **einen Gegenstand erlangt** haben (§ 73d StGB). Es genügt nicht dass "etwas erlangt" wurde (wie nach § 73 StGB). Gegenstände sind Sachen und Rechte (vgl. Dreher/Tröndle, a.a.O., § 73d, RdNr. 6). Ersparte Aufwendungen fallen demnach nicht unter die Verfallsvoraussetzungen des § 73d StGB (Dreher/Tröndle, wie vor). „Allerdings können etwaige mittelbare Tatfrüchte wie **Nutzungen und Surrogate** aufgrund von § 73d Abs. 1 Satz 3 i.V.m. § 73 Abs. 2 StGB für verfallen erklärt werden" (Schönke/Schröder, a.a.O, § 73 RdNr. 14, - siehe oben A.). Darauf weist § 73 d Abs. 1 Satz 3 StGB ("§ 73 Abs. 2 gilt entsprechend") ausdrücklich hin.

Auch wenn der Gegenstand nicht in das Eigentum des Täters oder Teilnehmers übergegangen ist (weil er z.B. aus einer rechtswidrigen Tat stammt und daher sittenwidrig erworben wurde), verfällt er. Denn nach "§ 73 Abs. 1 Satz 2 StGB kann der erweiterte Verfall auch dann angeordnet werden, wenn dem Täter oder Teilnehmer die Vermögenswerte deshalb nicht gehören oder zustehen, weil sie für oder aus einer rechtswidrigen Tat erlangt wurden; das Rechtsgeschäft also wegen Sittenwidrigkeit nichtig ist" (Gerbert, a.a.O., S. 15).

**Adressaten** der Vorschrift sind der Täter oder Teilnehmer.

Die Voraussetzungen für den erweiterten Verfall fasst die folgende Übersichtstafel zusammen.

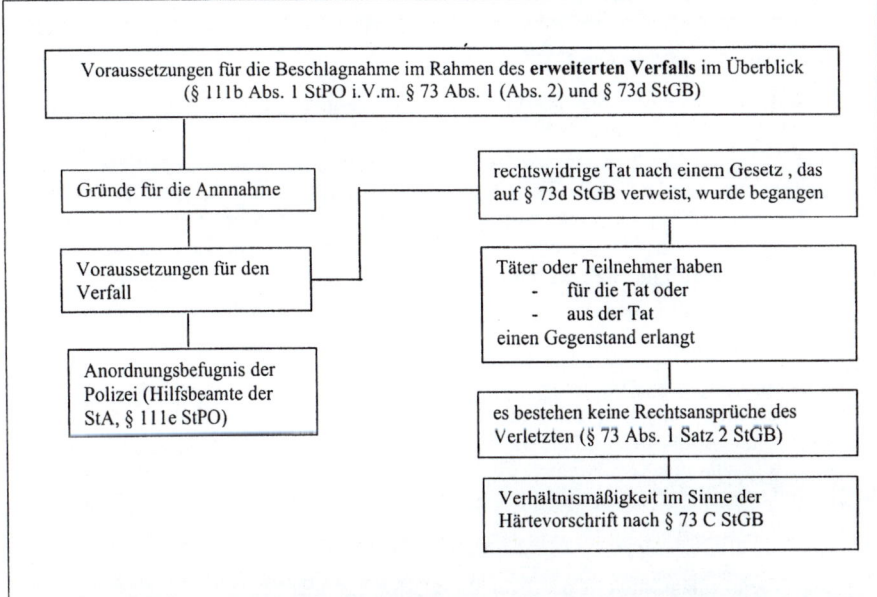

Voraussetzungen für die Beschlagnahme im Rahmen des **erweiterten Verfalls** im Überblick
(§ 111b Abs. 1 StPO i.V.m. § 73 Abs. 1 (Abs. 2) und § 73d StGB)

Gründe für die Annnahme

Voraussetzungen für den Verfall

Anordnungsbefugnis der Polizei (Hilfsbeamte der StA, § 111e StPO)

rechtswidrige Tat nach einem Gesetz , das auf § 73d StGB verweist, wurde begangen

Täter oder Teilnehmer haben
- für die Tat oder
- aus der Tat
einen Gegenstand erlangt

es bestehen keine Rechtsansprüche des Verletzten (§ 73 Abs. 1 Satz 2 StGB)

Verhältnismäßigkeit im Sinne der Härtevorschrift nach § 73 C StGB

a) Der Drogenhändler M. hat nachweislich zweimal illegal gewerbsmäßig mit Betäubungsmitteln in nicht geringer Menge Handel getrieben. In einem Fall sollten in Holland drei Kilo Heroin verkauft werden. Das Geschäft kam aber nicht zustande, weil die Käufer nicht genügend Bargeld besaßen. Im anderen Fall kaufte M. in Bonn ein Kilo Heroin auf. Noch bevor er es weiter veräußern konnte, wurde er von der Polizei festgenommen. Bei der Durchsuchung fanden die Beamten EURO 42.000,--. Im Zuge der Ermittlungen stellte sich heraus, dass M. seit mehr als 13 Jahren in der Bundesrepublik lebt und über ein Einkommen von EURO 850,-- (Sozialhilfe) verfügte. Die Kaltmiete für die von ihm unterhaltene Wohnung betrug EURO 600,--. Darüber hinaus unterhielt er einen Pkw. Auch musste er seinen allgemeinen Lebensunterhalt bestreiten. Somit verblieb nur die Möglichkeit, dass er das Geld durch Straftaten erworben hat (Sachverhalt, der dem Beschluss des BGH vom 22.11.1994 -4 StR 516/94 - zugrunde lag). Weil die Umstände die Annahme rechtfertigen, dass der Täter das Geld aus rechtswidrigen Taten erlangt hat, beschlagnahmten die Polizeibeamten das Geld aufgrund des § 111b Abs. 1 StPO i.V.m. § 33 BtMG und § 73d StGB.

b) Im Rahmen eines Ermittlungsverfahrens wegen Heroinschmuggels wurde bei dem Verdächtigen ein hoher Geldbetrag gefunden. Der Täter gab unwiderleglich zu verstehen, dass er das Geld für den Verkauf von Textilien erhalten habe. Bei den Textilien soll es sich um Warenbestände aus einer Boutique des verstorbenen Bruders gehandelt haben. Das Bargeld würde aus der Erbmasse des Bruders resultieren. Weil die Umstände nicht die Annahme rechtfertigen, dass das Geld aus BTM-Geschäften resultiert, scheidet ein Verfall nach § 73d StGB aus.

### 1.1.3 Voraussetzungen für den Verfall des Wertersatzes

§ 73a StGB greift die Fälle auf, in denen eine Sache nicht mehr aufzufinden/zu erlangen ist. In solchen Fällen rechtfertigt die Vorschrift den Verfall des Wertersatzes.

---

**§ 73a StGB   Verfall des Wertersatzes**

**Soweit der Verfall eines bestimmten Gegenstandes wegen der Beschaffenheit des Erlangten oder aus einem anderen Grunde nicht möglich ist oder von dem Verfall eines Ersatzgegenstandes nach § 73 Abs. 2 Satz 2 abgesehen wird, ordnet das Gericht den Verfall eines Geldbetrages an, der dem Wert des Erlangten entspricht. Eine solche Anordnung trifft das Gericht auch neben dem Verfall eines Gegenstandes, soweit dessen Wert hinter dem Wert des zunächst Erlangten zurückbleibt.**

---

Die Höhe des Wertersatzes kann durch das Gericht geschätzt werden (§ 73b StGB).

Weil der Polizei in dieser Hinsicht keine Anordnungskompetenz zukommt (die Hilfsbeamten der Staatsanwaltschaft können nur die Beschlagnahme beweglicher Sachen anordnen - siehe unten), wird auf eine weitere Erläuterung dieser Vorschrift verzichtet.


### 1.2 Verhältnismäßigkeit der Anordnung des Verfalls

Als allgemeine Rechtmäßigkeitsvoraussetzung greift das Gesetz mit § 73c StGB (Härtevorschrift) den Verhältnismäßigkeitsgrundsatz auf. Die Anordnung des Verfalls muss verhältnismäßig sein.

---

**§ 73 c StGB   Härtevorschrift**

**Der Verfall wird nicht angeordnet, soweit er für den Betroffenen eine unbillige Härte wäre. Die Anordnung kann unterbleiben, soweit der Wert des Erlangten zur Zeit der Anordnung in dem Vermögen des Betroffenen nicht mehr vorhanden ist oder wenn das Erlangte nur einen geringen Wert hat.**

---

Die Vorschrift gilt sowohl für den Verfall nach § 73 StGB als auch für den erweiterten Verfall, denn nach § 73d Abs. 4 StGB gilt § 73c StGB entsprechend. So wird der Verfall ausscheiden, wenn dem Täter mehr genommen würde, als er zur Zeit der Anordnung noch besitzt, wenn der zur Wiedergutmachung das Erlangte an eine gemeinnützige Einrichtung gespendet hat oder das Erlangte nur einen geringen Wert hat (Beispiele aus Schönke/Schröder, a.a,O. § 73c RdNr. 4).

Die Härteregelung wirkt auf die polizeiliche Ermächtigung aus § 111b Abs. 1 StPO zurück, so dass bereits beim ersten Zugriff auf die Vorschrift zu achten ist.

## 1.3 Rechtsfolgen

Die Rechtsfolgen der Verfallsermächtigung sind denen der Einziehungsermächtigung gleich (siehe Dritter Abschnitt). Sie werden durch § 111c StPO bestimmt. Nach Absatz 1 dieses Rechtssatzes wird die Beschlagnahme einer beweglichen Sache dadurch bewirkt, dass die Sache in Gewahrsam genommen wird oder die Beschlagnahme durch ein Siegel oder in anderer Weise kenntlich gemacht wird. In Betracht kommt auch Verwahrung durch eine Privatperson oder Privatfirma, die die Sache nur an die Behörde herausgeben darf (Kleinknecht/Meyer-Goßner, a.a.O., § 111c RdNr. 4).

Weil Hilfsbeamte der Staatsanwaltschaft nur die Beschlagnahme von beweglichen Einziehungsgegenständen anordnen dürfen (siehe folgende Ziffer), ist im Hinblick auf die Rechtfolgen bei der Beschlagnahme von Grundstücken, Forderungen und anderen Vermögensrechten, bei Schiffen usw. die einschlägige Literatur heranzuziehen (Kleinknecht/Meyer-Goßner, a.a.O., § 111c RdNr. 7 ff.).

## 2. Verfahrens- und Formvorschriften

Die Verfahrens- und Formvorschriften entsprechen denen der Einziehungsermächtigung (siehe oben Dritter Abschnitt). Zu beachten ist

- dass Hilfsbeamte der Staatsanwaltschaft **nur bei Gefahr im Verzug** und nur die Sicherstellung/Beschlagnahme von **beweglichen Verfallsgegenständen anordnen dürfen** (§ 111e Abs. 1 StPO),

- dass die **Einziehung von Schriften** nur auf **Anordnung des Richters**, ausnahmsweise auf Anordnung der Staatsanwaltschaft erfolgen darf (§ 111n StPO),

- dass die **Durchführung einer richterlichen Anordnung** grundsätzlich der Staatsanwaltschaft obliegt. Hilfsbeamte der Staatsanwaltschaft dürfen nur die **Beschlagnahmeanordnung beweglicher Sachen durchführen** (§ 111f StPO),

- dass die Beschlagnahme in einem **Dienstgebäude der Bundeswehr** der vorgesetzten Dienststelle der Bundeswehr obliegt,

- dass für die **Durchsuchung** nach Verfallsgegenständen die Vorschriften der §§ 102 ff StPO maßgebend sind,

- dass die Polizei die Pflicht hat, dem Betroffenen auf Verlangen schriftlich den Grund der Beschlagnahme mitzuteilen (§ 107 Satz 1 StPO), die Polizei dem Betroffenen auf Verlangen ein Verzeichnis der in Beschlag genommenen Gegenstände zu geben hat (§ 107 Satz 2 StPO), die in Beschlag genommenen Gegenstände genau zu verzeichnen und zu kennzeichnen sind (§ 109 StPO), die Polizei kein Recht zur Durchsicht von Papieren hat (§ 110 StPO),

- dass sich die **Notveräußerung** von Sachen, die verderben könnten, nach § 111 l StPO richtet. Das heißt, dass im vorbereitenden Verfahren die **Staatsanwaltschaft die Anordnung** zur Notveräußerung trifft und nur bei Gefahr im Verzug die Hilfsbeamten der Staatsanwaltschaft anordnungsbefugt sind,

- dass für die **Rückgabe** der beschlagnahmten Sache § 111c Abs. 6 StPO und sonst § 111k maßgebend ist. Zuständig ist das Gericht, im Ermittlungsverfahren die Staatsanwaltschaft (vgl. Kleinknecht/Meyer-Goßner, a.a.O., § 111k StPO, RdNr. 9). Die Polizei darf über die Rückgabe des Diebesgutes nicht ohne weiteres entscheiden (vgl. dazu oben). Gibt der Täter jedoch die Sache selbst zurück oder ist er damit ausdrücklich einverstanden, bestehen keine Bedenken, dem Tatopfer die Sache wieder auszuhändigen. Das ist dann aktenkundig zu machen, denn darin liegt auch eine Art Eingeständnis der Tat.

## II.   Zurückgewinnungshilfe, § 111b Abs. 5 StPO

Die Anordnung des Verfalls setzt voraus, dass **keine Ansprüche des Verletzten** entgegenstehen. Gemeint sind insbesondere Ansprüche des durch die Tat Geschädigten. Hat das Opfer der Tat Ansprüche gegen den Täter, kommt die Abschöpfung des Vermögensvorteils durch den Staat nicht in Frage. "Durch § 73 Abs. 1 Satz 2 StGB ist bei allen klassischen Eigentumsdelikten der Verfall ausgeschlossen, da die Geschädigten in der Regel Herausgabe- oder Bereicherungsansprüche haben" (Gerbert, a.a.O., S. 13). Sobald also Rechte anderer Personen entgegenstehen, kommt die Beschlagnahme der Sachen aufgrund des § 111b Abs. 5 StPO in Betracht. Damit der Täter aber nicht im Besitz der Beute bleibt und Nutzungen daraus zieht, also bevorteilt bleibt, sieht das Gesetz die Zurückgewinnungshilfe durch Beschlagnahme vor, die den Nebeneffekt des Schutzes privater Rechte hat.

---

**§ 111b Abs. 5 StPO**

**(1) Gegenstände können durch Beschlagnahme nach § 111c sichergestellt werden, wenn Gründe für die Annahme vorhanden sind, dass die Voraussetzungen für ihren Verfall ...vorliegen. ...**

**(2) ...**

**(3) ...**

**(4) ...**

**(5) Die Absätze 1 bis 4 gelten entsprechend, soweit der Verfall nur deshalb nicht angeordnet werden kann, weil die Voraussetzungen des § 73 Abs. 1 Satz 2 des Strafgesetzbuches vorliegen.**

---

Aus dem Zusammenhang der Vorschriften aus § 111b Abs. 1 StPO und § 73 Abs. 1 StGB ergeben sich als (entsprechende) Voraussetzungen für die Beschlagnahme, dass

- **Gründe für die Annahme einer richterlichen der Beschlagnahmeanordnung vorliegen, weil**
- **eine rechtswidrige Tat begangen wurde und**
- **Täter oder Teilnehmer**
- **für die Tat oder aus der Tat**
- **etwas erlangt haben und**
- **der Verletzte Rechtsansprüche (aus dem Erlangten) hat.**

Unter diesen Voraussetzungen kommt als **Rechtsfolge die Beschlagnahme** des Erlangten in Betracht. Um dem Verletzten den Zugriff auf das im Besitz des Täters oder Teilnehmers befindliche Gut zu sichern, steht der Polizei das Recht zur Sicherstellung/Beschlagnahme als **Zurückgewinnungshilfe** nach § 111b Abs. 5 StPO zu (vgl. Dreher/Tröndle, a.a.O, § 73, RdNr. 6).

> a) Der Schlosser Klau ist nach mehreren Einbruchsdiebstählen von einer Funkstreife während der Ausübung eines weiteren Einbruchs überrascht und festgenommen worden. Bei der Durchsuchung der Wohnung finden die Beamten unter anderem wertvolle Perlenketten. Den Schmuck hat der Täter bei den rechtswidrigen Taten erlangt. Sie unterliegen jedoch nicht dem Verfall, weil die Geschädigten einen Rückgabeanspruch aus § 985 BGB haben. Gleichwohl können die Sachen aufgrund des § 111b Abs. 5 StPO (Zurückgewinnungshilfe) beschlagnahmt werden.
>
> b) Dem Heiratsschwindler Untreu gelingt es, unter Vorspiegelung ernster Absichten bei der Witwe Weise EURO 50.000,-- zu erschwindeln. Dieser Betrag ist ein Vermögensvorteil, den Untreu aus der Begehung des Betruges als rechtswidrige Tat erlangt hat (aus Benfer, a.a.O., S. 166). Der Geldbetrag unterliegt aber nicht dem Verfall, weil die Witwe Weise einen Rückgabeanspruch hat. Gleichwohl kann die Summe aufgrund des § 111b Abs. 5 StPO beschlagnahmt werden.
>
> c) Die Schülerin Flink wurde in einem Warenhaus bei einem Diebstahl ertappt. Im Zuge der polizeilichen Ermittlungen ergab sich der Verdacht, dass die Täterin in der Vergangenheit gleiche Taten dieser Art begangen hat. Darum durchsuchten die Polizeibeamten ihre Wohnung und fanden in anderen Kaufhäusern gestohlene Artikel (zum Teil noch mit Preisschild des geschädigten Hauses). Die Beamten beschlagnahmten die Sachen aufgrund des § 111b Abs. 5 StPO (Zurückgewinnungshilfe).

Die Herausgabe der Sache richtet sich nach den Vorschriften des § 111 k StPO. Die Polizei kann die Sache dem Verletzten in der Regel nicht sofort aushändigen, es sei denn, der Verdächtige ist damit ausdrücklich einverstanden (siehe oben I.).

## III.   Verfall im Rahmen der Owi-Verfolgung

Das Recht zur Beschlagnahme des Gewinns aus einer Ordnungswidrigkeit greift das OwiG mit den §§ 17 und 29a OwiG auf.

---

**§ 17 Höhe der Geldbuße**

(2) ...

(3) ...

(4) **Die Geldbuße soll den wirtschaftlichen Vorteil, den der Täter aus der Ordnungswidrigkeit gezogen hat, übersteigen. Reicht das gesetzliche Höchstmaß hierzu nicht aus, so kann es überschritten werden.**

---

§ 29a Verfall

(1) Hat der Täter für eine mit Geldbuße bedrohte Handlung oder aus ihr etwas erlangt und wird gegen ihn wegen der Handlung eine Geldbuße nicht festgesetzt, so kann gegen ihn der Verfall eines Geldbetrages bis zu der Höhe angeordnet werden, die dem Wert des Erlangten entspricht.

(2) Hat der Täter einer mit Geldbuße bedrohten Handlung für einen anderen gehandelt und hat dieser dadurch etwas erlangt, so kann gegen ihn der Verfall eines Geldbetrages bis zu der in Absatz 1 bezeichneten Höhe angeordnet werden.

(3) ...

(4) ...

Die Vorschriften bezwecken, die Vermögensvorteile, die durch eine rechtswidrige Ordnungswidrigkeit angewachsen sind, vom Empfänger des Vorteils abzuschöpfen. Weder dem Täter oder Beteiligten noch einem bevorteilten Dritten soll ein vermögensrechtlicher Vorteil als Folge der Ordnungswidrigkeit belassen werden (vertiefend: Göhler, a.a.O, § 29 a , RdNr 1 und § 17 RdNr. 38).

## 1.    Gewinnabschöpfung nach § 17 Abs. 4 OwiG

Grundvorschrift für den Verfall ist § 17 Abs. 4 OwiG. Die Vorschrift setzt voraus, dass jemand (eine natürliche Person) einen Bußgeldtatbestand mit illegaler Gewinnbeteiligung begangen hat. Zielsetzung dieser Vorschrift ist die Abschöpfung des wirtschaftlichen Vorteils. Der Täter soll im Regelfall so gestellt werden, dass ihm aus der begangenen Ordnungswidrigkeit kein wirtschaftlicher Vorteil bleibt (Brenner, a.a.O, NStZ 1998, Heft 11, S. 557). Der wirtschaftliche Vorteil ist zu ermitteln, indem die Frage gestellt und geklärt wird, wie die Vermögenslage des Täters oder des Beteiligten wäre, wenn die Ordnungswidrigkeit nicht begangen worden wäre.

Nach § 17 Abs. 4 OwiG wird der erlangte wirtschaftliche Vorteil gemeinsam mit der Geldbuße verhängt. Geldbuße und Gewinnabschöpfung erscheinen also in einer Summe (Brenner, a.a.O, S. 559 f.). Das verlangt, dass die zu Grunde liegende Ordnungswidrigkeit rechtswidrig und schuldhaft begangen wurde. Nachzuweisen sind also Täterschaft (Tatbestandsmäßigkeit und Rechtswidrigkeit) und Vorwerfbarkeit (Schuld).

## 2.    Gewinnabschöpfung nach § 29a OwiG

§ 29a OwiG greift den Fall auf, in dem der Täter nicht vorwerfbar (ohne Schuld) gehandelt hat. Es reichen Tatbestandsmäßigkeit und die Rechtswidrigkeit einer Tat. Nach dem Zweck der Vorschrift soll der illegale Gewinn nicht bei einem Täter, Beteiligten oder Dritten belassen werden, nur weil aus mangelndem Nachweis der Täter nicht ermittelt werden kann (Göhler, a.a.O, § 29a RdNr.13). Voraussetzung des Verfalls ist, dass der

Erfolg durch rechtswidriges menschliches Verhalten eingetreten ist.

Ist die Ordnungswidrigkeit einer juristischen Person oder Personenvereinigung zuzurechnen, richtet sich die Gewinnabschöpfung nach § 30 OwiG.

# Fünfter Abschnitt
## Sicherstellung und Beschlagnahme von Führerscheinen

| | |
|---|---|
| Übersicht | |
| I.. | Rechtsgrundlagen im Überblick |
| II. | Anwendung der Ermächtigungen |
| 1. | Zulässigkeitsvoraussetzungen |
| 1.1 | Voraussetzungen aus § 111a StPO |
| 1.2 | Voraussetzungen aus § 69 StGB |
| 1.3 | Adressat der Ermächtigung |
| 1.4 | Rechtsfolgen |
| 2. | Verfahrens- und Formvorschriften |
| 3. | Rückgabe des Führerscheins |

Als Folge einer rechtswidrigen Straftat sieht das Gesetz u.a. Maßregeln der Sicherung und Besserung vor (§ 61 StGB). Dazu gehört die Entziehung der Fahrerlaubnis (§ 69 StGB). Sie ist eine vollstreckungssichernde Maßnahme.

## I.   Rechtsgrundlagen im Überblick

Die Befugnis zur Sicherstellung und Beschlagnahme eines Führerscheins, der nicht als Beweismittel benötigt wird, sondern der Einziehung unterliegt, enthält § 94 Abs. 3 StPO.

Obgleich es sich um eine vollstreckungssichernde Maßnahme handelt, ist die Befugnis der Beweissicherungsermächtigung zugeordnet, weil damit kein Eigentumsentzug verbunden ist.

Diese Vorschrift greift die Regeln der §§ 111a StPO und der §§ 69/69b StGB auf.

## 1.   Eingriffsermächtigung ist § 94 Abs. 3 StPO.

**§ 94 StPO   Beweisgegenstände**

**(1) Gegenstände, die als Beweismittel für die Untersuchung von Bedeutung sein können, sind in Verwahrung zu nehmen oder in anderer Weise sicherzustellen.**

**(2) Befinden sich die Gegenstände im Gewahrsam einer Person und werden sie nicht freiwillig herausgegeben, so bedarf es der Beschlagnahme.**

**(3) Die Absätze 1 und 2 gelten auch für Führerscheine, die der Einziehung unterliegen.**

Von der Vorschrift erfasst werden sowohl deutsche als auch ausländische Führerscheine. Deutsche Führerscheine sind alle von den Behörden der Bundesrepublik Deutschland ausgestellte Führerscheine.

Der Führerschein ist die amtliche Bescheinigung, mit der die Fahrerlaubnis nachgewiesen wird (§ 4 Abs. 2 FeV). Darunter fallen auch die Erlaubnisse zum Führen bestimmter Fahrzeuge im öffentlichen Dienst (z.B. Bundeswehrführerscheine) nach § 26 FeV oder die Erlaubnis zur Fahrgastbeförderung nach § 48 FeV (vgl. § 48 FeV). Auch der von einer deutschen Behörde an Ausländer ausgegebene internationale Führerschein gehört dazu (Krause/Nehring, a.a.O, § 94, RdNr. 7).

Ausländische Führerscheine sind demzufolge von ausländischen Behörden erteilte Fahrerlaubnisse, für die allerdings (wie die Klammerverweisung in § 111a Abs. 6 StPO verdeutlicht) § 94 Abs. 3 StPO gleichermaßen gilt.

Die Mofa-Prüfbescheinigung (§ 5 FeV) ist kein Führerschein.

**2.** § 94 Abs. 3 StPO greift die Bedingungen des § 111a StPO auf. Polizei und Staatsanwaltschaft dürfen bei Gefahr im Verzug (§ 98 StPO) Führerscheine entsprechend § 94 Abs. 3 StPO vorläufig sicherstellen oder beschlagnahmen, wenn sie der Einziehung unterliegen. Wann ein Führerschein der Einziehung unterliegt, folgt im ersten Zugriff aus § 111a StPO.

---

**§ 111a StPO   Vorläufige Entziehung der Fahrerlaubnis (Auszug)**

**(1) Sind dringende Gründe für die Annahme vorhanden, dass die Fahrerlaubnis entzogen werden wird (§ 69 des Strafgesetzbuches), so kann der Richter dem Beschuldigten durch Beschluss die Fahrerlaubnis vorläufig entziehen. Von der vorläufigen Entziehung können bestimmte Arten von Kraftfahrzeugen ausgenommen werden, wenn besondere Umstände die Annahme rechtfertigen, dass der Zweck der Maßnahme dadurch nicht gefährdet wird.**

**(2) ...**

**(3) Die vorläufige Entziehung der Fahrerlaubnis wirkt zugleich als Anordnung oder Bestätigung der Beschlagnahme des von einer deutschen Behörde ausgestellten Führerscheins. Das gilt auch, wenn der Führerschein von einer Behörde eines Mitgliedstaates der Europäischen Union oder eines anderen Vertragsstaates des Abkommens über den Europäischen Wirtschaftsraum ausgestellt worden ist, sofern der Inhaber seinen ordentlichen Wohnsitz im Inland hat.**

**(4) ...**

**(5) ...**

**(6) In anderen als in Absatz 3 Satz 2 genannten ausländischen Führerscheinen ist die vorläufige Entziehung der Fahrerlaubnis zu vermerken. Bis zur Eintragung dieses Vermerkes kann der Führerschein beschlagnahmt werden (§ 94 Abs. 3, § 98).**

**3.** § 111a StPO knüpft an § **69 StGB** an und verlangt, dass dringende Gründe für die Annahme vorhanden sind, dass die in § 69 StGB genannten Voraussetzungen vorliegen.

---

## § 69 StGB Entziehung der Fahrerlaubnis

**(1) Wird jemand wegen einer rechtswidrigen Tat, die er bei oder im Zusammenhang mit dem Führen eines Kraftfahrzeugs oder unter Verletzung der Pflichten eines Kraftfahrzeugführers begangen hat, verurteilt oder nur deshalb nicht verurteilt, weil seine Schuldunfähigkeit erwiesen oder nicht auszuschließen ist, so entzieht ihm das Gericht die Fahrerlaubnis, wenn sich aus der Tat ergibt, dass er zum Führen von Kraftfahrzeugen ungeeignet ist. Einer weiteren Prüfung nach § 62 bedarf es nicht.**
**(2)** ...
**(3)** ...

---

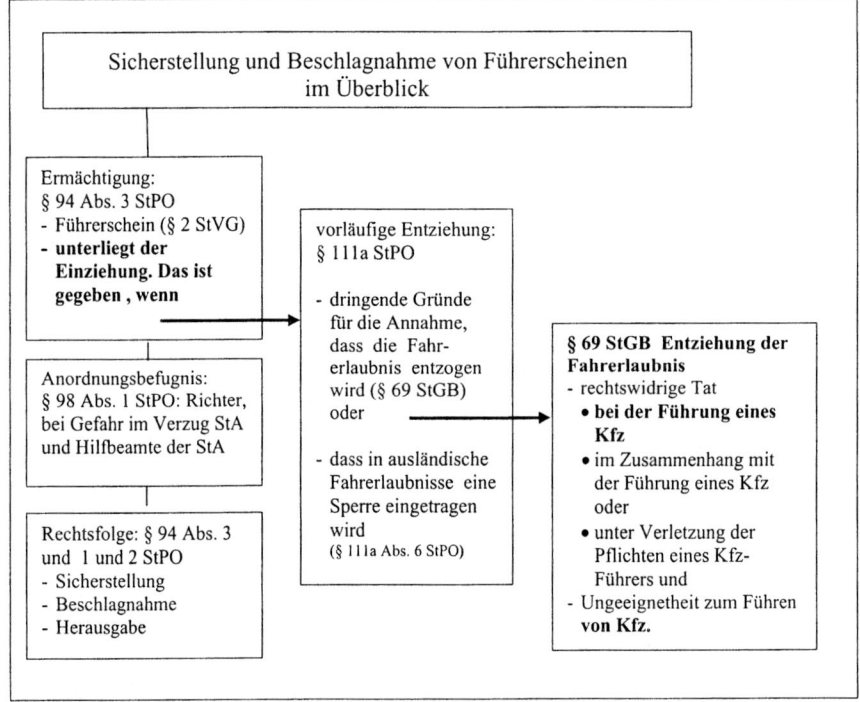

Sicherstellung und Beschlagnahme von Führerscheinen im Überblick

Ermächtigung:
§ 94 Abs. 3 StPO
- Führerschein (§ 2 StVG)
- **unterliegt der Einziehung. Das ist gegeben , wenn**

Anordnungsbefugnis:
§ 98 Abs. 1 StPO: Richter, bei Gefahr im Verzug StA und Hilfbeamte der StA

Rechtsfolge: § 94 Abs. 3 und 1 und 2 StPO
- Sicherstellung
- Beschlagnahme
- Herausgabe

vorläufige Entziehung:
§ 111a StPO

- dringende Gründe für die Annahme, dass die Fahrerlaubnis entzogen wird (§ 69 StGB) oder

- dass in ausländische Fahrerlaubnisse eine Sperre eingetragen wird
(§ 111a Abs. 6 StPO)

**§ 69 StGB Entziehung der Fahrerlaubnis**
- rechtswidrige Tat
  • **bei der Führung eines Kfz**
  • im Zusammenhang mit der Führung eines Kfz oder
  • unter Verletzung der Pflichten eines Kfz-Führers und
- Ungeeignetheit zum Führen **von Kfz.**

**4.** Bei Ausländern muss § 69b StGB beachtet werden. Die Entziehung eines ausländischen Führerscheins kommt zum Zwecke der Eintragung eines Vermerks im Sinne von § 111a Abs. 6 StPO und § 69b Abs. 2 StGB in Frage.

---

**§ 69b    Wirkung der Entziehung bei einer ausländischen Fahrerlaubnis**

(1) Darf der Täter auf Grund einer im Ausland erteilten Fahrerlaubnis im Inland Kraftfahrzeuge führen, ohne dass ihm von einer deutschen Behörde eine Fahrerlaubnis erteilt worden ist, so hat die Entziehung der Fahrerlaubnis die Wirkung einer Aberkennung des Rechts, von der Fahrerlaubnis im Inland Gebrauch zu machen. Mit der Rechtskraft der Entscheidung erlischt das Recht zum Führen von Kraftfahrzeugen im Inland. Während der Sperre darf weder das Recht, von der ausländischen Fahrerlaubnis wieder Gebrauch zu machen, noch eine inländische Fahrerlaubnis erteilt werden.

(2) Ist der ausländische Führerschein von einer Behörde eines Mitgliedstaates der Europäischen Union oder eines anderen Vertragsstaates des Abkommens über den Europäischen Wirtschaftsraum ausgestellt worden und hat der Inhaber seinen ordentlichen Wohnsitz im Inland, so wird der Führerschein im Urteil eingezogen und an die ausstellende Behörde zurückgesandt. In anderen Fällen werden die Entziehung der Fahrerlaubnis und die Sperre in den ausländischen Führerscheinen vermerkt.

---

§ 69b StGB schränkt § 69 StGB ein und bezieht sich auf Fahrerlaubnisse, die nicht von deutschen Behörden erteilt wurden (siehe Dreher/Tröndle, a.a.O., § 69 RdNr. 2). Für Ausländer, die einen deutschen Führerschein besitzen, ist allein § 69 StGB zugrunde zu legen.

## II.    Anwendung der Rechtsgrundlagen

### 1.    Zulässigkeitsvoraussetzungen für die Sicherstellung und Beschlagnahme von Führerscheinen

Die Vorschriften aus § 94 Abs. 3 StPO in Verbindung mit § 111a StPO und §§ 69/69b StGB setzen zusammenfassend **voraus, dass**

- **ein Führerschein**
- **der Einziehung unterliegt** (§ 94 Abs. 3 StPO), **weil**
    + **dringende Gründe für die Annahme vorhanden sind, dass**
    + **die Fahrerlaubnis entzogen wird** (§ 111a Abs. 1 StPO), **weil**
        - **jemand eine rechtswidrige Tat begangen hat**
            * **beim Führen eines Kraftfahrzeugs oder**
            * **im Zusammenhang mit der Führung eines Kraftfahrzeugs oder**
            * **unter Verletzung der Pflichten eines Kraftfahrzeugführers und weil**
        - **er deshalb verurteilt (werden) wird oder**

- deshalb nicht verurteilt (werden) wird, weil
  * seine Schuldunfähigkeit erwiesen ist oder
  * nicht auszuschließen ist und
- sich aus der Tat Ungeeignetheit zum Führen von Kraftfahrzeugen ergibt
  (§ 69 Abs. 1 StGB).

**1.1** § 111a Abs. 1 StPO verlangt **dringende Gründe** für die Annahme, dass die Fahrerlaubnis entzogen wird. Das setzt zunächst dringenden Tatverdacht voraus. Dringender Tatverdacht liegt vor, wenn die Wahrscheinlichkeit groß ist, dass jemand eine rechtswidrige Tat begangen hat (vgl. Band I, 3. Kapitel). Hinzukommen muss ein "hoher Grad von Wahrscheinlichkeit, dass das Gericht den Beschuldigten für ungeeignet zum Führen von Kraftfahrzeugen halten und ihm daher die Fahrerlaubnis entziehen werde" (Kleinknecht-Meyer-Goßner, a.a.O., § 111a, RdNr. 2). Klarster Orientierungsmaßstab ist § 69 Abs. 2 StGB.

---

**§ 69 StGB    Entziehung der Fahrerlaubnis**

**(1)** ...
**(2)** Ist die rechtswidrige Tat in den Fällen des Absatzes 1 ein Vergehen
1. der Gefährdung des Straßenverkehrs (§ 315c),
2. der Trunkenheit im Verkehr (§ 316),
3. des unerlaubten Entfernens vom Unfallort (§ 142), obwohl der Täter weiß oder wissen kann, dass bei dem Unfall ein Mensch getötet oder nicht unerheblich verletzt worden oder an fremden Sachen bedeutender Schaden entstanden ist, oder
4. des Vollrausches (§ 323a), der sich auf eine der Taten nach den Nummern 1 bis 3 bezieht, so ist der Täter in der Regel als ungeeignet zum Führen von Kraftfahrzeugen anzusehen.

---

Liegt dringender Tatverdacht zu solchen Delikten vor, ist auch die Annahme begründet, dass das Gericht die Fahrerlaubnis entziehen wird. Aber auch andere Straftaten können den Schluss auf dringende Gründe für den Fahrerlaubnisentzug rechtfertigen (siehe unten aufgezeigte Beispiele).

**1.2    Voraussetzungen nach § 69 StGB**

**1.2.1** § 69 Abs. 1 StGB setzt für die Entziehung der Fahrerlaubnis erstens eine **rechtswidrige Tat** voraus. Entsprechend § 11 Abs. 1 Nr. 5 StGB muss es sich um eine Rechtsverletzung handeln, die den Tatbestand eines Strafgesetzes verwirklicht. Maßgebend sind also nur Straftaten. Wegen einer Ordnungswidrigkeit kann die Fahrerlaubnis (derzeit) nicht entzogen werden. Weil entsprechend § 69 Abs. 1 StGB der Entzug der Fahrerlaubnis nur in Frage kommt, wenn der Täter verurteilt wird, muss die Rechtsverletzung zudem schuldhaft begangen worden sein. Nur ausnahmsweise kann die Maßregel der

Besserung und Sicherung ohne schuldhaftes Verhalten angeordnet werden, nämlich dann, wenn die Schuldunfähigkeit erwiesen oder nicht auszuschließen ist.

**1.2.2** Zweitens verlangt die Vorschrift, dass die **Tat unter drei** weiteren **Alternativvoraussetzungen** begangen wurde.

**A. Erste Alternativvoraussetzung** ist, dass der Straftäter die rechtswidrige Tat **beim Führen** eines Kraftfahrzeugs begangen hat. Das ist gegeben, wenn der Täter seine strafwürdigen/verbrecherischen Ziele über die im Verkehr gebotene Sorgfalt gestellt hat. Zwar kommen in erster Linie Verkehrsdelikte in Betracht, doch können auch verkehrsfremde Tatbestände grundlegend sein. So ist es z.b. gerechtfertigt, jemandem die Fahrerlaubnis zu entziehen, der bewusst und gewollt einen anderen anfährt, um ihn zu verletzen.

a) Polizeibeamte stellen im Rahmen einer Verkehrskontrolle fest, dass der kaufm. Angestellte Kunze erheblich dem Alkohol zugesprochen hat. Ein Atemalkoholtest zeigt einen möglichen Blutalkoholkonzentrationswert von 1,11 Promille an. Weil damit der Verdacht begründet ist, dass Kunze das Kraftfahrzeug im Zustand der absoluten Fahruntüchtigkeit (1,1 Promille) geführt hat, lassen sie ihm eine Blutprobe entnehmen, zeigen Ihn an (§ 316 StGB) und stellen aufgrund der § 94 Abs. 3 i.V.m. § 111a Abs. 1 StPO und § 69 StGB den Führerschein sicher (Regelfall i.S.v. § 69 Abs. 2 Nr. 2 StGB).

b) Zank und Störrisch sind seit längerem verfeindet. Der Streit hat sich in letzter Zeit zugespitzt. Als Zank den Störrisch nachts zu Fuß auf einer unbelebten Landstraße sieht, dreht er durch und überfährt ihn. Dabei wird Störrisch schwer verletzt. Aufgrund der Tat zeigen die Beamten den Zank wegen gefährlicher Körperverletzung i.V.m. gefährlichen Eingriffs in den Straßenverkehr an und beschlagnahmen seinen Führerschein (§ 94 Abs. 3 i.V.m. § 111a Abs. 1 StPO und § 69 StGB).

c) Im Rahmen einer Verkehrskontrolle soll der Fahrer eines herannahenden Pkw überprüft werden. Der Polizeibeamte gibt deutlich sichtbar mit dem beleuchteten Anhaltestab Anhaltezeichen. Der Fahrer des Wagens verlangsamt zunächst seine Fahrt. Dann plötzlich aber beschleunigt er wieder und rast mit zunehmendem Tempo auf die Anhaltestelle zu. Der Polizeibeamte muss auf Seite springen, um nicht überfahren zu werden. Der Fahrer flieht. Als er nach einer riskanten Verfolgungsfahrt doch gestellt werden kann, stellen die Polizisten seine Personalien fest, erstatten aufgrund des § 315b StGB Anzeige und beschlagnahmen aufgrund des § 94 Abs. 3 i.V.m. § 111a StPO und § 69 StGB den Führerschein.

d) Der Schrotthändler Jäh steht mit seinem Wagen vor einer Rotlicht zeigenden Lichtzeichensignalanlage. Die Zeit nutzt er, um sich eine Zigarette anzuzünden. Die dann leere Schachtel wirft er achtlos aus dem Fenster auf die Straße. Der hinter ihm wartende städtische Angestellte Schnutz empört sich darüber und betätigt kurz die Hupe. Als Jäh Blickkontakt zu ihm aufnimmt, zeigt ihm der Schnutz seine Hände mit zehn gespreizten Fingern, um anzudeuten, dass das Euro 10,-- Verwarnungsgeld kostet. Das macht Jäh wütend. Nachdem die Ampel auf Grünlicht umgeschaltet hat, fährt er zügig an. Kurz hinter der Kreuzung aber vollzieht er eine Vollbremsung, so dass der Angestellte Schnutz auffährt. Die Polizeibeamten ermitteln Ursache und Ablauf des Geschehens, zeigen den Jäh wegen des gefährlichen Eingriffs in den Straßenverkehr nach § 315 b StGB an und stellen seine Fahrerlaubnis sicher (§ 94 Abs. 3 i.V.m. § 111a StPO und § 69 StGB).

e) Der Maurer Arm hat seinen Pkw ordnungsgemäß auf einem Parkplatz abgestellt und ist Einkaufen gegangen. Als er zurückkommt, stellt er fest, dass sein Auto seitlich stark eingebeult ist (geschätzter Sachschaden etwa Euro 4.000,--). Offenbar ist ihm ein anderer Pkw-Fahrer in die Seite gefahren und hat die Flucht ergriffen. Arm ruft die Polizei. Die Polizeibeamten nehmen den Sachverhalt auf und lösen eine Fahndung nach dem Unfallverursacher aus. Kurze Zeit später wird er ermittelt. Täter ist der Holländer Jensen. Aufgrund der eindeutigen Spurenlage gesteht Jensen die Tat ein. Die Polizeibeamten zeigen ihn wegen des Verdachts der Unfallflucht an und stellen seinen holländischen Führerschein zum Zwecke der Eintragung eines Vermerks über die Entziehung der Fahrerlaubnis aufgrund der § § 94 Abs. 3 i.V.m. 111a Abs. 6 StPO und 69/69b StGB sicher.

f) Während einer Streifenfahrt sehen Polizeibeamte einen Pkw, der deutlich unsicher in Schlangenlinien gefahren wird. Der Fahrer des Wagens ist offenbar verkehrsuntüchtig. Die Beamten halten den Fahrer an. Bei der Überprüfung stellen sie fest, dass er Drogen genommen hat und - wie auch der Fahrverlauf gezeigt hat - offenkundig nicht in der Lage ist, das Fahrzeug sicher zu führen. Sie lassen ihm darum eine Blutprobe entnehmen und sich eine Urinprobe geben (die Urinprobe kommt nur auf der Basis freiwilliger Mitwirkung in Frage), zeigen ihn an (§ 316 StGB) und stellen aufgrund des § 94 Abs. 3 i.V.m. § 111a Abs. 1 StPO und § 69 StGB den Führerschein sicher (Regelfall i.S.v. § 69 Abs. 2 Nr. 2 StGB).

In allen Fällen wurde eine Straftat beim Führen eines Kraftfahrzeugs begangen.

**B. Als weitere Alternativvoraussetzung** nennt das Gesetz eine rechtswidrige Tat **im Zusammenhang mit dem Führen** eines Kraftfahrzeuges. Damit ist gemeint, dass das Kraftfahrzeug tatbezogen zur Vorbereitung oder Begehung der rechtswidrigen Tat benutzt (geführt) wird (Dreher/Tröndle, a.a.O., § 44, RdNr. 6).

a) Der Kaufmanngehilfe Raub benötigt zu seinem Lebensunterhalt mehr Geld, als er bei regulärer Arbeit verdienen kann. Die Defizite glich er in letzter Zeit durch Straftaten aus. Leichte Beute machte er, indem er mit seinem Motorrad dicht an Fußgängerinnen heranfuhr, ihnen blitzschnell die Handtasche entriss und davonraste. Eines Tages kam ihm die Polizei auf die Spur. Sie erstattete gegen ihn Anzeige wegen Raubes (§ 249 StGB) und beschlagnahmte seinen Führerschein (§ 94 Abs. 3 i.V.m. § 111a StPO und § 69 Abs. 1 StGB).

b) Im Polizeibereich haben sich in letzter Zeit zahlreiche Einbruchsdiebstähle ereignet. Die Täter hatten es stets auf wertvolle EDV-Technik abgesehen. Sie ließen Computer, Fax-Geräte, Drucker, Kopierer usw. mitgehen. Die Sachen wurden in allen Fällen offenbar mit einem Fahrzeug abtransportiert. Soeben wird der Polizei wieder ein Einbruch gemeldet. Noch am Tatort treffen die Beamten einen Mann an, der gerade im Begriff ist, einen hochwertigen Computer aus dem Büro einer Fabrik nach draußen zu schleppen. Sie nehmen den Verdächtigen fest. Bei den weiteren Ermittlungen stoßen die Beamten auf einen Pkw-Kombi, der hinter dem Fabrikgelände, etwas abseits - verdeckt durch Buschwerk - steht. In dem Wagen finden sie einen zweiten Computer und einen Drucker. Der Wagen gehört dem Täter. Aufgrund des Verdachtes, dass der Einbrecher seine Beute mit dem Fahrzeug abtransportiert und er seine Taten im Zusammenhang mit dem Führen eines Kraftfahrzeuges verübt, stellen sie den Führerschein sicher (§ 94 Abs. 3 i.V.m. § 111a StPO und § 69 Abs. 1 StGB; vgl. Dreher/Tröndle, a.a.O., § 44, RdNr. 6).

c) Gierig bestreitet seinen Lebensunterhalt überwiegend durch Rauschgifthandel. Den "Stoff" besorgt er sich in Amsterdam. Dazu fährt er regelmäßig dorthin, "kauft ein", und gibt die Rauschmittel an einen feststehenden "Kundenkreis" mit beachtlichem Gewinn weiter. Als die Polizei von dem Tun erfährt, erstattet sie gegen Gierig Anzeige wegen des Verdachts der Verletzung des § 29 BTMG. Weil er aber die BTM-Geschäfte unter Nutzung seines Kraftfahrzeuges durchgeführt hat, stellen die Beamten aufgrund der §§ 94 Abs. 3 i.V.m. 111a StPO und 69 Abs. 1 StGB den Führerschein sicher (vgl. dazu Dreher/Tröndle, a.a.O., § 44, RdNr. 6).

d) Schlimm kommt aus dem Kino. Ein spannender Sex-Film hat ihn erregt. Auf dem Nachhauseweg sieht er am Fahrbahnrand eine Anhalterin. Schlimm hält an und nimmt die junge Frau in der Absicht mit, sie zum Geschlechtsverkehr zu überreden. Alle Versuche aber scheitern. Dann fährt er plötzlich in einen Waldweg und vergewaltigt die Frau. Die Polizei nimmt den Verdächtigen fest. Weil er seine Tat im Zusammenhang mit der Führung eines Kraftfahrzeuges begangen hat, beschlagnahmen die Beamten seinen Führerschein (§ 94 Abs. 3 i.V.m. § 111a StPO und § 69 Abs. 1 StGB; vgl. Dreher/Tröndle, a.a.O., § 44, RdNr. 6).

e) Der Rentner Alt fährt wie jeden Sonntag mit seiner Frau spazieren. Als er auf einer Schnellstraße zwei andere Fahrzeuge (mit mäßiger Geschwindigkeitsdifferenz) überholt, kommt von hinten mit zügiger Fahrt der Schnell, schließt dicht auf, hupt und blinkt. Alt beschleunigt, benötigt aber dennoch eine gewisse Strecke, um den Überholvorgang abzuschließen. Kurz danach fährt er an einer Abfahrt ab und muss vor einer Lichtzeichensignalanlage halten. Schnell folgt ihm und muss ebenfalls stehen bleiben. Darum steigt er aus, geht wütend auf den Wagen des Alt zu, öffnet dooooo Fahrertür und sagt. "Alter Trottel, noch mal versperrst du mir nicht den Weg". Dann schlägt er ihn um die Ohren. Alt zeigt den Schnell an. Die Polizeibeamten fahnden nach dem Täter und als sie ihn stellen, nehmen sie ihm den Führerschein weg, weil Schnell eine rechtswidrige Tat im Zusammenhang mit dem Führen eines Kraftfahrzeugs begangen hat (§ 94 Abs. 3 i.V.m. § 111a StPO und § 69 Abs. 1 StGB).

Weitere Beispiele, die nach Literatur und Rechtsprechung (aus Dreher/Tröndle, a.a.O., § 44, RdNr. 6) die Entziehung der Fahrerlaubnis aufgrund der Voraussetzung **"im Zusammenhang mit der Führung eines Kraftfahrzeuges"** rechtfertigen, sind:

- Entführung einer Person mit einem Kraftfahrzeug,
- falsche Diebstahlsanzeige zur Vertuschung eines Verkehrsunfalls,
- Mitfahrenlassen eines (stark) betrunkenen Beifahrers auf einem Motorrad,
- Auseinandersetzung mit anderen Verkehrsteilnehmern,
- Widerstand gegen die Staatsgewalt bei Blutentnahme (z.B. wegen des Verdachts einer Verkehrsordnungswidrigkeit nach § 24a StVG).
- Bereitstellen eines Fahrzeugs zur Flucht nach einer Straftat.

C. **Dritte Alternativvoraussetzung** ist, dass der Täter die rechtswidrige Tat unter **Verletzung der Pflichten eines Kraftfahrzeugführers** begangen hat. Die Prämisse verlangt, dass der Täter besondere verkehrsrechtliche Pflichten missachtet und dadurch straffällig wird.

Relevant sind aber nur solche Pflichten, die ihn als Kraftfahrzeugführer treffen. In Betracht kommt hier neben der Verpflichtung zur Sicherung haltender Fahrzeuge oder liegen gebliebener Fahrzeuge gemäß § 17 bzw. § 15 StVO auch die Sicherung der Ladung eines Fahrzeugs nach § 22 StVO (vgl. Benfer, a.a.O., S. 159). Auch die Pflicht aus § 31 StVZO, wonach der Halter eines Fahrzeugs die Inbetriebnahme eines Fahrzeugs nicht anordnen oder zulassen darf, wenn ihm bekannt ist oder bekannt sein muss, dass der Führer nicht zur selbständigen Leitung geeignet ist, ist zu beachten.

Allerdings **muss** die Folge einer solchen **Pflichtverletzung strafbar** sein.

Die vorgenannten Vorschriften begründen eine Garantenstellung (im Sinne von § 13 StGB). Hat der Garant seine Pflichten verletzt, so dass ein anderer eine Straftat (bei oder im Zusammenhang mit dem Führen eines Kraftfahrzeuges) begehen konnte, trifft ihn der Vorwurf der Verletzung der Pflichten eines Kraftfahrzeugführers im Sinne von § 69 Abs. 1 Alternative 3 StGB.

Daher kann der Entzug der Fahrerlaubnis unter der Voraussetzung "Verletzung der Pflichten eines Kraftfahrzeugführers" in Betracht kommen, wenn der Fahrzeugbesitzer das Kraftfahrzeug

* durch einen Betrunkenen lenken lässt,
* der Halter den Wagen einer Person ohne Führerschein überlässt (vgl. Dreher/Tröndle, a.a.O., § 44, RdNr. 7).

Der Halter/Besitzer muss in diesen Fällen das Kraftfahrzeug nicht selbst gelenkt haben oder mitgefahren sein (Dreher/Tröndle, a.a.O., § 44, RdNr. 7).

**1.2.3** Drittens ist nur die Führung pp. **von Kraftfahrzeugen** relevant. Kraftfahrzeuge sind entsprechend der Legaldefinition in § 1 Abs. 2 StVG Landfahrzeuge, die durch Maschinenkraft angetrieben werden, ohne an Bahngleise gebunden zu sein. Fahrräder, Fuhrwerke, Boote, Flugzeuge, Eisen- oder Straßenbahnen fallen nicht darunter.

Es muss kein führerscheinpflichtiges Kraftfahrzeug sein (Dreher/Tröndle, a.a.O.,§ 44, RdNr. 5). Die Führung z.B. einer Motor getriebenen Arbeitsmaschine (Bagger) oder eines Mofas im Zustand der Trunkenheit rechtfertigt den Entzug der Fahrerlaubnis. Die Führung eines anderen Fahrzeugs (Fahrrad, Fuhrwerk) erlaubt keinen Führerscheinentzug. Ebenso kommt der Entzug der Fahrerlaubnis nicht in Frage, wenn ein Fußgänger im volltrunkenen Zustand am Straßenverkehr teilgenommen hat, und zwar selbst dann nicht, wenn dadurch der Verkehr gefährdet wurde.

a) Lustig hat mit Freunden in einer Kneipe kräftig dem Alkohol zugesprochen. Anschließend fährt er mit dem Fahrrad nach Hause. Polizeibeamte werden auf ihn aufmerksam und stellen fest, dass er mehr als 2,0 Promille Alkohol im Blut hat. Obgleich Lustig eine Straftat nach § 316 StGB begangen hat, kann ihm die Fahrerlaubnis nicht entzogen werden, weil § 69 Abs. 1 StGB auf ein Kraftfahrzeug abstellt. (Dass ggf. eine Entziehung der Fahrerlaubnis durch die Verwaltungsbehörde nach § 46 FeV in Erwägung zu ziehen ist, ermächtigt die Polizei nicht, den Führerschein sicherzustellen).

b) Am Vatertag spannt der Student Fröhlich die Pferde seines Vaters vor einen geschmückten Leiterwagen und fährt mit seinen Freunden durch Feld und Flur. Dabei werden reichlich Bier und Schnaps getrunken. Als sie abends zurückkehren, lässt er übermütig die Pferde über eine belebte Bundesstraße galoppieren.

Dadurch wird der Verkehr erheblich gefährdet (Pkw-Fahrer müssen ausweichen, Fußgänger sind gezwungen, auf Seite zu springen). Polizeibeamte werden auf das Geschehen aufmerksam gemacht, greifen ein und unterbinden die riskante Fahrt. Trotz einer Strafanzeige nach § 315c StGB kann die Fahrerlaubnis des Fröhlich nicht entzogen werden, weil er kein Kraftfahrzeug geführt hat.

**1.2.4** Letztlich verlangt § 69 Abs. 1 StGB, dass der Täter **ungeeignet zum Führen eines Kraftfahrzeuges** ist. Der Schluss muss aus der rechtswidrigen Tat gezogen werden. Die Frage ist konkret zu beantworten. Sie orientiert sich an der Tat und basiert regelmäßig auf verschiedenen Tatsachen. „Erforderlich ist eine Gesamtwürdigung von Tatumständen und Täterpersönlichkeit, die eine Beurteilung der Eignung zum Führen von Kraftfahrzeugen erlaubt. Die Maßregel hat keinen nebenstrafähnlichen Chraktener" (,Detter, a.a.O, S. 137). In Betracht kommen körperliche, geistige oder charakterliche Mängel (vgl. Tröndle/Fischer, a.a.O., § 69, RdNr. 9 f.).

Mangelnde Eignung kann darauf beruhen, dass der Täter nicht in der Lage ist, das Kraftfahrzeug technisch sicher zu führen, wobei körperliche oder geistige Mängel wie bestimmte Erkrankungen (Epilepsien, Zuckererkrankungen, manische Psychosen) oder charakterliche Mängel (Drogenabhängigkeit oder mangelndes Schuldeinsichtsvermögen) ursächlich sein können (Tröndle/Fischer, a.a.O., § 69, RdNr. 9 ff.).

Diese Mängel werden sich in aller Regel schon aus dem Tatverhalten ergeben. Bestimmte Deliktgruppen, die einen Schluss auf mangelnde Eignung rechtfertigen, nennt Tröndle/Fischer, a.a.O., unter § 69, RdNr. 9b und 9c, und zwar:

- Fahren mit gefälschtem Führerschein,
- Bankraub unter Verwendung eines Kraftfahrzeugs,
- Transport von Werkzeugen in einem Kraftfahrzeug zur Begehung einer Straftat,
- Einsatz von Kraftfahrzeugen zur Beschaffung größerer Mengen Betäubungsmittel,
- Vergewaltigung mit Hilfe eines Kraftfahrzeuges,
- körperliche Misshandlung eines Verkehrsteilnehmers aus Anlass eines Verkehrsvorganges,
- Überlassen eines Fahrzeugs an einen absolut Fahruntüchtigen zur Trunkenheitsfahrt.

Auch das Fahren trotz Fahrverbotes kann ein Indiz für charakterliche Unzulänglichkeit sein und den Entzug der Fahrerlaubnis rechtfertigen, wenn die übrigen Voraussetzungen vorliegen.

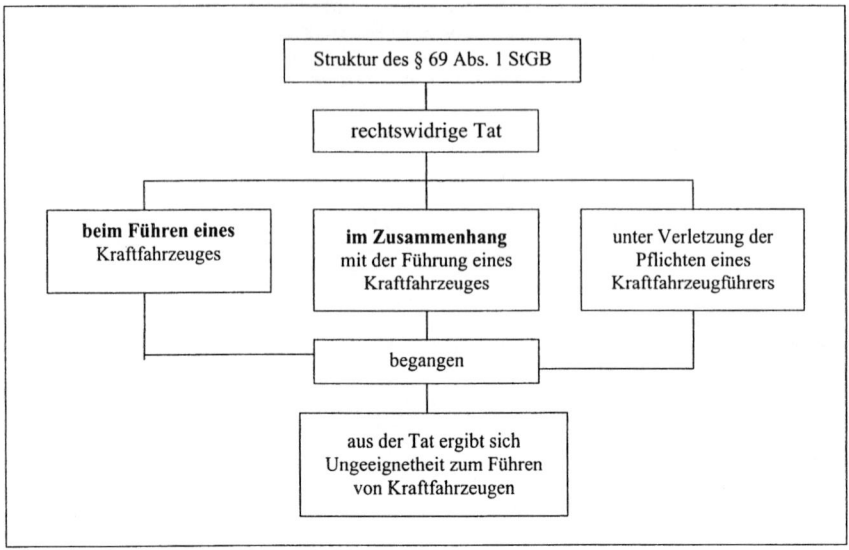

Liegen Delikte der in § 69 Abs. 2 StGB genannten Art vor, ist der Täter in der Regel zum Führen von Kraftfahrzeugen ungeeignet. Die Vorschriften können hier nicht näher erläutert werden. Um die Tatbestandsmäßigkeit eines konkreten Handelns zu bestimmen, muss in Zweifelsfällen auf die einschlägige Literatur (Tröndle/Fischer, a.a.O.) verwiesen werden.

**§ 69 StGB setzt – wie dargelegt –, voraus, dass** der Täter

- **bei** oder **im Zusammenhang** mit der Führung
- eines Kraftfahrzeuges oder
- unter Verletzung der **Pflichten eines Kraftfahrzeugführers** gehandelt hat.

Die Voraussetzungen sind nicht erfüllt, wenn die rechtswidrige Tat **durch** die Führung des Kraftfahrzeugs begründet ist oder wenn **eine rechtswidrige Tat das Führen** des Kraftfahrzeuges **erst ermöglicht.** Ziel des § 69 Abs. 1 StGB ist die Verhinderung des Missbrauchs von Kraftfahrzeugen. Daher kann § 69 Abs. 1 StGB keine Anwendung finden, wenn ein Kraftfahrzeug Diebstahlsobjekt ist (Benfer, a.a.O., S. 158).

  a) Klau stiehlt einen Pkw, um damit zu einem Bundesligaspiel nach Köln zu fahren. Die Tat wurde nicht im Zusammenhang mit dem Führen eines Kraftfahrzeuges verübt. Der Diebstahl war vielmehr Voraussetzung für die Nutzung des Kraftfahrzeugs. Eine Entziehung der Fahrerlaubnis scheidet aus.

  b) Schnell fährt jeden Morgen mit seinem Pkw pflichtgemäß zur Arbeit. Als er auch heute morgen losfahren will, springt sein Wagen nicht an. In seiner Not nimmt er den nicht mehr zugelassenen, nicht versicherten und unversteuerten Pkw seiner Frau und fährt damit auf Schleichwegen zu seinem Betrieb. Auf dem Wege wird er von Polizeibeamten kontrolliert. Dabei fallen die Rechtsverletzungen auf. Weil die Straftat nach § 6 PflVersG nicht bei sondern **durch** die Führung des Kraftfahrzeugs begründet ist, scheidet der Entzug der Fahrerlaubnis aus.

c) Meyer hat wegen einer groben Verkehrsordnungswidrigkeit ein Fahrverbot (§ 25 StVG) erhalten. Seinen Führerschein hat er abgegeben. Weil er aber in der Zwischenzeit einen wichtigen Termin wahrnehmen musste, ist er trotz des Fahrverbotes mit seinem Wagen gefahren. Dadurch hat er § 21 StVG verletzt. Weil die Straftat **durch** die Führung des Fahrzeugs begründet ist, scheidet der Entzug der Fahrerlaubnis aus.

Weitere Beispiele siehe bei Dreher/Tröndle, a.a.O., § 44, RdNr. 6.

## 1.3    Adressat

Adressat der Sicherstellungs-/Beschlagnahmeanordnungen ist in der Regel der Täter im Sinne von § 69 Abs. 1 StGB. Ausnahmsweise kann auch ein anderer in Anspruch genommen werden, nämlich dann, wenn er den Führerschein des Täters zur Zeit im Besitz hat.

## 1.4    Rechtsfolgen

Greifen die Voraussetzungen der §§ 111a StPO i.V.m. 69 Abs. 1 StGB durch, ist **Rechtsfolge** der Befugnis aus § 94 Abs. 3 StPO die Sicherstellung oder die Beschlagnahme nach § 94 Abs. 1 oder 2 StPO, denn die Absätze 1 und 2 gelten auch für Führerscheine, die der Einziehung unterliegen. Beides sind Formen der Inverwahrungnahme einer Sache (siehe dazu oben).

## 2.    Verfahrens- und Formvorschriften / ermächtigungsbegrenzende Bestimmungen

**2.1** Das Recht zur **Anordnung** einer **Beschlagnahme** folgt aus § 98 Abs. 1 StPO. Die Anordnung obliegt grundsätzlich dem Richter. Nur **bei Gefahr im Verzug** sind die Staatsanwaltschaft und die **Hilfsbeamten der Staatsanwaltschaft anordnungsbefugt** (siehe hierzu Band I, 4. Kapitel). Hier allerdings bedeutet Gefahr im Verzug weiter, der Beschuldigte werde bis zur Einholung der richterlichen Anordnung weitere Trunkenheitsfahrten begehen, sonstige Verkehrsvorschriften in schwerwiegender Weise verletzten (Kleinknecht/Meyer-Goßner, a.a.O., § 111a RdNr. 15) oder erneut Straftaten der von § 69 Abs. 1 StGB erfassten Art begehen.

**2.2** Hat die **Polizei eine Beschlagnahme angeordnet**, soll entsprechend § 98 Abs. 2 Satz 1 StPO binnen drei Tagen die richterliche Bestätigung beantragt werden, wenn

- bei der Beschlagnahme weder der davon Betroffene noch ein erwachsener Angehöriger anwesend war oder
- der Betroffene und im Falle seiner Abwesenheit ein erwachsener Angehöriger des Betroffenen gegen die Beschlagnahme ausdrücklich Widerspruch erhoben hat.

**2.3** Im Hinblick auf die **ermächtigungsbegrenzenden Bestimmungen** und die **Verfahrens- und Formvorschriften** und die Ermächtigung zur **zwangsweisen Durchsetzung** der Herausgabeanordnung gelten grundsätzlich die gleichen Regeln wie bei der Sicherstellung oder Beschlagnahme von Beweismitteln (siehe oben Zweiter Abschnitt in diesem Kapitel). Dazu gehören die Hinweise, dass

- der Betroffene jederzeit die richterliche Entscheidung beantragen kann (§ 98 Abs. 2 Satz 2 StPO) und
- das Amtsgericht, in dessen Bezirk die Beschlagnahme stattgefunden hat, zuständig ist,
- der Betroffene im Fall der Beschlagnahme über seine Rechte zu belehren ist, § 98 Abs. 2 Satz 7 StPO,
- er auf Verlangen ein Verzeichnis über die in Beschlag genommenen Sachen erhält (§ 107 Satz 2 StPO).

## 3. Rückgabe des Führerscheins

Die **Rückgabe des Führerscheins** hat der Gesetzgeber in § 111a Abs. 5 StPO geregelt. Danach wird der Führerschein zurückgegeben, wenn der Richter die vorläufige Entziehung der Fahrerlaubnis nicht bestätigt, die vorläufige Entziehung aufhebt oder das Gericht die Fahrerlaubnis im Urteil nicht entzieht.

Hat die Polizei eine Fahrerlaubnis sichergestellt/beschlagnahmt, gibt sie den Führerschein mit dem Vorgang an die Staatsanwaltschaft ab.

# 8. Kapitel
# Körperliche Untersuchung / Molekulargenetische Untersuchungen / Leichenschau

| Übersicht | |
| --- | --- |
| Erster Abschnitt | Körperliche Untersuchung |
| Zweiter Abschnitt | Molekulargenetische Untersuchungen (DNA-Analyse) |
| Dritter Abschnitt | Leichenschau und Leichenöffnung (Überblick über die Rechtsgrundlagen) |

# Erster Abschnitt
# Körperliche Untersuchung

| | Übersicht |
| --- | --- |
| | Vorbemerkungen |
| I. | Körperliche Untersuchung zur Gefahrenabwehr |
| II. | Körperliche Untersuchung zur Strafverfolgung |
| 1. | beim Beschuldigten |
| 1.1 | Ermächtigung |
| 1.1.1 | einfache körperliche Untersuchung |
| 1.1.2 | körperliche Eingriffe |
| 1.2 | allgemeine Rechtmäßigkeitsanforderungen |
| 1.3 | Verfahrens- und Formvorschriften |
| 2. | bei anderen Personen (Zeugen) |
| 2.1 | Ermächtigung |
| 2.1.1 | einfache körperliche Untersuchung |
| 2.1.2 | körperliche Eingriffe (Blutproben) |
| 2.2 | allgemeine Rechtmäßigkeitsanforderungen |
| 2.3 | Verfahrens- und Formvorschriften |
| III. | Körperliche Untersuchung zur Verfolgung von Ordnungswidrigkeiten |

## Vorbemerkungen

Oft ist die Polizei gehalten, zur Abwehr einer Gefahr oder zur Klärung einer Straftat den Zustand oder die Verfassung einer Person festzustellen oder nach Spuren und Tatfolgen am Körper einer Person zu suchen. Körperliche Untersuchungen können sowohl zur Gefahrenabwehr als insbesondere auch zur Strafverfolgung notwendig werden.

a) Die Polizeibeamten PK Schnell und PHM Roth finden einen jungen Mann in hilfloser Lage. Er sitzt neben einer Bank. Als sie ihn ansprechen, reagiert er nur schwerfällig. Zur Feststellung des Grundes der Hilflosigkeit öffnet der in erster Hilfe besonders geschulte PHM Roth die Augen des Betroffenen und sieht sich die Pupillen an.

b) Der Funkstreifenwagenbesatzung PK Schnell und PHM Roth fällt ein Radfahrer auf, der deutlich in Schlangenlinien fährt und offenbar nicht in der Lage ist, das Fahrzeug sicher zu führen. Um den Beweis der Straftat zu erbringen, sehen sie die Notwendigkeit begründet, die Ursache der Fahruntüchtigkeit festzustellen.

Soweit eine **körperliche Untersuchung** darauf gerichtet ist, den Körper einer Person in Augenschein zu nehmen, liegt darin ein **Eingriff in die allgemeine Handlungsfreiheit** nach Art. 2 Absatz 1 GG. **Körperliche Eingriffe** beschränken das Grundrecht auf **körperliche Unversehrtheit** nach **Art. 2 Abs. 2 GG**. Weil der Betroffene für die Dauer der Maßnahme zu verweilen hat, liegt darin auch ein Eingriff in die **Freiheit der Person** im Sinne von **Art. 2 Abs. 2 und Art. 104 Abs. 1 GG**.

Bei der körperlichen Untersuchung wird der Körper einer Person in Augenschein genommen. Augenscheinsobjekt ist der Körper einer Person auch bei Durchsuchungsmaßnahmen nach §§ 102 ff. StPO, bei der erkennungsdienstlichen Behandlung nach § 81b StPO oder bei der erkennungsdienstlichen Behandlung zur Identitätsfeststellung nach §163b StPO. Die Maßnahmen unterscheiden sich von der körperlichen Untersuchung jedoch durch unterschiedliche Zweckrichtungen.

Die Durchsuchung einer Person ist darauf gerichtet, Gegenstände zu finden, "die in oder unter der Kleidung, auf der Körperoberfläche (z.B. mit Heftpflaster befestigte Sachen) oder in den natürlichen Körperöffnungen (z.B. Mund, Scheide, After) versteckt sind" (siehe unten, 9. Kapitel).

Die Inaugenscheinnahme einer Person im Rahmen der ED-Behandlung nach § 81b StPO dient dem Zweck, den Betroffenen durch Feststellung bestimmter Körpermerkmale der Tat zu überführen oder für die Verfolgung künftiger Straftaten vorzusorgen (siehe oben 2. Kapitel, Vierter Abschnitt). Im Rahmen der ED-Behandlung nach § 163b StPO wird der Körper einer Person zum Augenscheinsobjekt gemacht, um seine Identität festzustellen.

Bei der **körperlichen Untersuchung nach § 81a oder 81c StPO** geht es jedoch um **Feststellung der äußeren und inneren Seinsweise des Körpers** einer Person, um **Feststellung von Tatspuren am Körper** einer Person oder um **Eingriffe in den Körper** einer Person (Krause/Nehring, a.a.O., § 81a, RdNr. 3).

Die Anordnung der körperlichen Untersuchung ist im Rahmen der Gefahrenabwehr regelmäßig ein Verwaltungsakt gemäß § 35 VwVfG, im Rahmen der Strafverfolgung ein Justizverwaltungsakt im Sinne von § 23 EG GVG. Erfolgen die Maßnahmen jedoch bei bewusstlosen Personen, sind sie als faktische Rechtseingriffe zu qualifizieren. Bei der Verfolgung von Ordnungswidrigkeiten sind die Eingriffsmaßnahmen Verwaltungsakte der Verfolgungsbehörden bzw. faktische Rechtseingriffe (siehe Band I, 2. Kapitel).

## I. Die körperliche Untersuchung zur Gefahrenabwehr

Die körperliche Untersuchung zur Gefahrenabwehr ist im Polizeigesetz nicht besonders geregelt. Soweit erforderlich, muss eine solche Maßnahme auf die Generalklausel (§ 8 PolG) gestützt werden (vgl. oben 1. Kapitel, I.).

## II.   Die körperliche Untersuchung zur Strafverfolgung

Im Rahmen der Strafverfolgung können solche Eingriffe aufgrund der Ermächtigungen nach § 81a und § 81c StPO erfolgen. Die Ermächtigungen erlauben die körperliche Untersuchung einer Person zur Feststellung beweiserheblicher Tatsachen.

Die Strafprozessordnung unterscheidet zwischen Untersuchungsmaßnahmen beim Beschuldigten und solchen bei anderen Personen (Zeugen).

### 1.   Die körperliche Untersuchung des Beschuldigten

#### 1.1   Ermächtigung

Untersuchungsmaßnahmen beim Beschuldigten sind im Rahmen des § 81a StPO zulässig.

---

**§ 81a Körperliche Untersuchung des Beschuldigten, Blutprobe**

(1) Eine körperliche Untersuchung des Beschuldigten darf zur Feststellung von Tatsachen angeordnet werden, die für das Verfahren von Bedeutung sind. Zu diesem Zweck sind Entnahmen von Blutproben und andere körperliche Eingriffe, die von einem Arzt nach den Regeln der ärztlichen Kunst zu Untersuchungszwecken vorgenommen werden, ohne Einwilligung des Beschuldigten zulässig, wenn kein Nachteil für seine Gesundheit zu befürchten ist.
(2) Die Anordnung steht dem Richter, bei Gefährdung des Untersuchungserfolges durch Verzögerung auch der Staatsanwaltschaft und ihren Hilfsbeamten (§ 152 des Gerichtsverfassungsgesetzes) zu.
(3) Dem Beschuldigten entnommene Blutproben oder sonstige Körperzellen dürfen nur für Zwecke des der Entnahme zu Grunde liegenden oder eines anderen anhängigen Strafverfahrens verwendet werden; sie sind unverzüglich zu vernichten, sobald sie hierfür nicht mehr erforderlich sind.

---

§ 81a StPO unterscheidet **zwei Untersuchungshandlungen**, und zwar ist zu differenzieren zwischen

- der **einfachen körperlichen Untersuchung** (so bezeichnet in Kleinknecht/Meyer, a.a.O., § 81a StPO, RdNr. 9) nach Abs. 1 Satz 1
- und **körperlichen Eingriffen einschließlich der Blutprobe** nach Abs. 1 Satz 2.

Die **einfache körperliche Untersuchung** ist auf den Augenscheinsbeweis gerichtet. Sie besteht darin, dass sich der Ermittlungsbeamte durch sinnliche Wahrnehmung Kenntnis von der äußeren Beschaffenheit des Augenscheinsobjektes (hier des Körpers der Person) macht (Krause/Nehring, a.a.O., RdNr. 116). In Betracht kommt das Ansehen oder Beobachten des Beschuldigten oder die Suche nach Spuren an seinem Körper. Auch die Entnahme von Speichelproben sind der einfachen körperlichen Untersuchung zuzuordnen (Graalmann-Scherer, a.a.O., S. 329).

**Körperliche Eingriffe** liegen im Eindringen in das Innere des Körpers einer Person. Das ist gegeben, wenn Strafverfolgungsorgane in das haut- und muskelumschlossene Körperinnere eingreifen oder natürliche Körperbestandteile, wie etwa dem Körper Blut, Urin, den Mageninhalt usw. entnehmen lassen (Benfer, a.a.O., S. 198 f.; Pelchen, in Karlsruher Kommentar, a.a.O., § 81a, RdNr. 6).

Zulässigkeitsvoraussetzungen im Überblick:

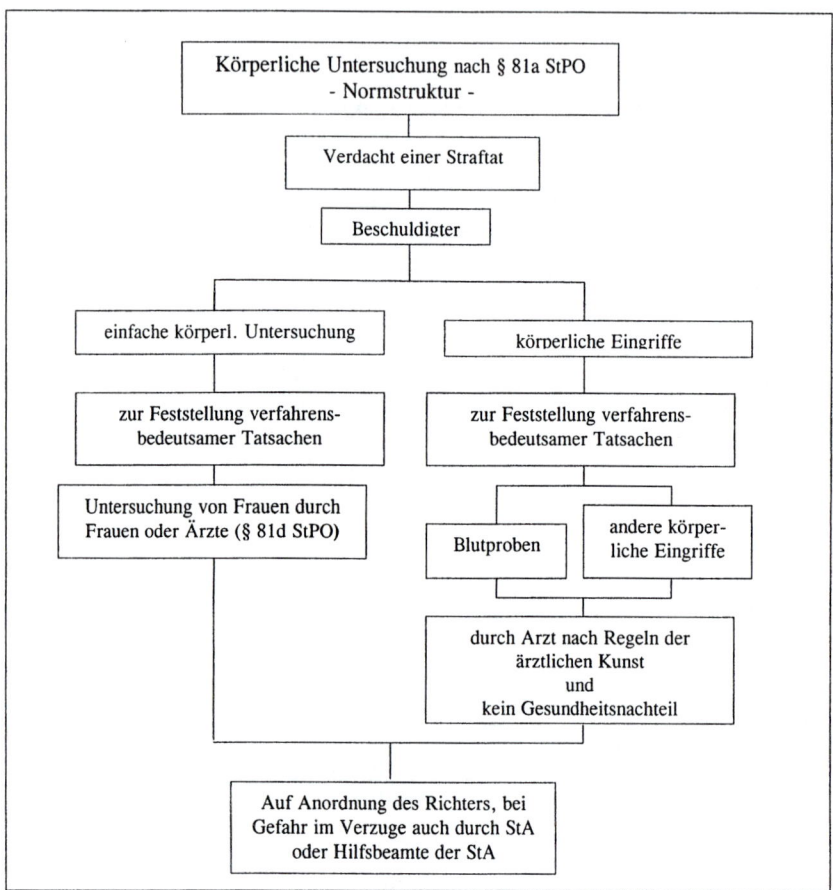

## 1.1.1 Voraussetzungen für die einfache körperliche Untersuchung

Grundvoraussetzung für den Rechtseingriff ist zunächst der **Verdacht**, dass eine **rechtswidrige und schuldhaft begangene Tat** begangen worden ist. Diese Voraussetzung ergibt sich aus dem Sinn der Norm und ist insbesondere aus dem Begriff "Beschuldigter" abzuleiten. Beschuldigter kann nur die einer Straftat verdächtige Person sein.

Der einfachen körperlichen Untersuchung muss zunächst der Verdacht einer Straftat zugrunde liegen. Insoweit **verlangt § 81a Abs. 1 Satz 1 StPO** für diese Maßnahme

- **den Verdacht einer Straftat und dass**
- **der Tatverdächtige Beschuldigter ist und dass**
- **Tatsachen festgestellt werden müssen, die**
- **für das Verfahren von Bedeutung sind.**

Zulässig ist der Eingriff nur beim **Beschuldigten**. Das ist die Person, gegen die das Verfahren betrieben wird (vgl. Band I, 4. Kapitel). Es müssen Tatsachen auf eine strafbare Handlung des Betroffenen deuten (Krause/Nehring, a.a.O., § 81a, RdNr. 2). Liegen hinreichend tatsächliche Anhaltspunkte dafür vor, dass eine bestimmte Person eine Straftat begangen hat, wird der Verdächtige zum Beschuldigten, sobald das Ermittlungsverfahren gegen ihn eingeleitet wird (Pelchen in Karlsruher Kommentar, a.a.O., § 81a RdNr. 2).

Strafunmündige Personen oder Kinder können nicht zum Beschuldigten gemacht werden (Kleinknecht/Meyer-Goßner, a.a.O., Einl., RdNr. 76). Insoweit ist die körperliche Untersuchung von Kindern nach § 81a StPO unzulässig. Eventuell kommen bei schuldunfähigen Personen Untersuchungshandlungen nach § 81c StPO in Frage (siehe unten).

Ist die Verdachtslage im Hinblick auf die Person des Täters unklar, sind die Vorgaben des RdErl. des Innenministeriums, des Justizministeriums, des Ministeriums für Stadtentwicklung und Verkehr und des Ministeriums für Wissenschaft und Forschung über die Feststellung von Alkohol-, Medikamenten- und Drogeneinfluss bei Straftaten und Ordnungswidrigkeiten; Sicherstellung und Beschlagnahme von Führerscheinen vom 15.8.2000 (MBl. NRW. S. 934) maßgebende Orientierung.

Die Prämisse **"Tatsachen"** beschränkt die Untersuchungsbefugnis auf die Feststellung objektiver Fakten. Dazu gehören die Feststellung, ob am Körper der Person Spuren zu finden sind, die auf die Tat hindeuten (z.B. Blutspritzer auf der Haut, Einstiche von Injektionsspritzen - vgl. Krause/Nehring, a.a.O., § 81a RdNr. 3) oder ob die Wahrnehmungs- oder Reaktionsfähigkeit oder Bewegungsfähigkeit des Täters eingeschränkt ist.

**Für das Verfahren von Bedeutung** müssen diese Tatsachen sein. Die einfache Untersuchung ist somit nur zulässig, um die Straftat, die Täterschaft oder die Schuld des Verdächtigen zu beweisen (Kleinknecht/Meyer-Goßner, a.a.O., § 81a StPO, RdNr. 6). Zulässig ist die körperliche Untersuchung auch zur Feststellung der Verhandlungsfähigkeit einer Person (Pelchen in Karlsruher Kommentar, a.a.O., § 81a, RdNr. 5).

Eine Untersuchung, nur um den Verdächtigen auszuforschen, ist unzulässig.

**Rechtsfolge** ist die Untersuchung, also die Inaugenscheinnahme des Körpers einschließlich von Speichelproben (siehe oben).

Die Durchführung der einfachen körperlichen Untersuchung ist nicht auf bestimmte (Fach-) Personen beschränkt. Sie kann von dem Beamten vorgenommen werden, der sie

anordnen darf. Auch dürfen zuverlässige dritte Personen im Auftrag des anordnungs-
befugten Beamten die Untersuchung durchführen. Allerdings ist § 81d StPO zu beachten.
Danach dürfen Frauen nur von Frauen oder von Ärzten untersucht werden (siehe unten).

Der Beschuldigte ist jedoch nicht zur aktiven Mitwirkung verpflichtet. Er muss die
Untersuchung allerdings dulden (Krause/Nehring, a.a.O., § 81a RdNr. 5; Kleinknecht/
Meyer-Goßner, a.a.O., § 81a StPO, RdNr. 11). **Adressat** der Maßnahme ist der
Beschuldigte. Die Richtung wird durch die Ermächtigung selbst bestimmt.

a) Der Gymnasiast Flick steht im Verdacht, anlässlich einer Studienfahrt die Mit-
schülerin Schön unsittlich belästigt und zu vergewaltigen versucht zu haben.
Die Geschädigte gibt an, sich heftig gewehrt und den Flick kräftig gekratzt zu
haben. Ihrer Angabe gemäß müsste Flick auf dem Rücken blutige Kratzspuren
haben. Die ermittelnden Polizeibeamten ergreifen den Verdächtigen und ordnen
an, dass er zum Zwecke der einfachen körperlichen Untersuchung den
Oberkörper freimacht. Die Anordnung ist zur Auffindung und Feststellung der
Kratzspuren als verfahrenserhebliche Tatsachen (vorbehaltlich der Anord-
nungsvoraussetzungen nach § 81a Abs. 2 StPO) aufgrund des § 81a Abs. 1
Satz 1 StPO zulässig.

b) Der Bürokaufmann Trunk hat erheblich dem Alkohol zugesprochen und in
diesem Zustand seine Nachbarin Fromm eine alte Hure genannt. Frau Fromm ist
darüber sehr aufgebracht, ruft die Polizei und erstattet Anzeige. Die Polizeibeamten nehmen die Sache auf und zeigen den Trunk an. Wohl wissend, dass
eine Blutprobenentnahme zur Feststellung des Zustandes des Verdächtigen aus
Verhältnismäßigkeitsgründen bei Privatklagedelikten der Beleidigung
grundsätzlich unterbleiben soll (vgl. RdErl. des Innenministeriums, des Justizministeriums, des Ministeriums für Stadtentwicklung und Verkehr und des
Ministeriums für Wissenschaft und Forschung über die Feststellung von Alko-
hol-, Medikamenten- und Drogeneinfluss bei Straftaten und Ordnungswidrigkeiten; Sicherstellung und Beschlagnahme von Führerscheinen vom 15.8.2000
- MBl. NRW. S. 934), beobachten sie den Beschuldigten und stellen die Ausfallerscheinungen fest. Die Form der einfachen körperlichen Untersuchung ist
aufgrund des § 81a Abs. Satz 1 StPO zulässig.

## 1.1.2 Voraussetzungen für körperliche Eingriffe

Voraussetzungen für körperliche Eingriffe einschließlich der Entnahme von Blutproben
sind

- **der Verdacht einer Straftat und dass**
- **der Tatverdächtige Beschuldigter ist und dass**
  - **durch Blutproben oder**
  - **andere körperliche Eingriffe**
- **Tatsachen festgestellt werden müssen, die**
- **zu Untersuchungszwecken**
- **für das Verfahren von Bedeutung sind und**
- **von einem Arzt nach den Regeln der ärztlichen Kunst vorgenommen werden**
- **und dass kein Nachteil für die Gesundheit zu erwarten ist.**

Die Grundvoraussetzungen für körperliche Eingriffe (Verdacht einer Straftat, Beschuldigter, Tatsachenfeststellung, für das Verfahren von Bedeutung) sind die gleichen wie bei der einfachen körperlichen Untersuchung (siehe oben). § 81a Abs. 1 Satz 2 StPO schränkt die Zulässigkeit körperlicher Eingriffe jedoch darauf ein, dass

- **ein Arzt den Eingriff vornimmt,**
- **der Eingriff zu Untersuchungszwecken vorgenommen wird und**
- **kein Gesundheitsnachteil zu erwarten ist.**

**Ärzte** im Sinne der Ermächtigung sind approbierte (zugelassene) Ärzte oder solche, die zur vorübergehenden Ausübung des Arztberufes berechtigt sind (Kleinknecht/Meyer-Goßner, a.a.O., § 81a StPO, RdNr. 19). Bei schwierigen Eingriffen sollte ein Facharzt beauftragt werden.

Die Polizei kann den Arzt nicht zwingen, den Eingriff vorzunehmen. Der Arzt kann die Vornahme des körperlichen Eingriffs ablehnen.

Amtsärzte und Vertragsärzte haben allerdings ihre vertraglichen Pflichten zu erfüllen. Weigern sie sich, auf Veranlassung der Polizei z.B. eine Blutprobe zu entnehmen, hat die vorgesetzte Dienststelle eine Entscheidung herbeizuführen. ie Staatsanwaltschaft und das Gericht können einen Arzt zum Sachverständigen berufen und ihn unter Androhung eines Ordnungsgeldes verpflichten (§ 161a StPO i.V.m. § 73 und 75 StPO; vgl. vertiefend Benfer, a.a.O., S. 206).

**Nach den Regeln der ärztlichen Kunst** hat der Eingriff zu erfolgen. Ob ein Arzt so handelt, wird der Polizeibeamte kaum beurteilen können. Wenn sich allerdings zeigt, dass ein Arzt offensichtlich unfähig ist, den Eingriff vorzunehmen, also für den medizinischen Laien erkennbar standesunwürdig (Benfer, wie vor S. 207) und für den Beschuldigten unzumutbar handelt, wird der Polizeibeamte die Maßnahme abbrechen und einen anderen Arzt konsultieren müssen.

Nur zu **Untersuchungszwecken** sind die Eingriffe gestattet. Soweit eine molekulargenetische Untersuchung stattfinden soll, sind § 81e und § 81f StPO zu beachten (siehe unten Zweiter Abschnitt).

Durch den Eingriff darf **kein Gesundheitsnachteil** zu erwarten sein. Es muss mit an Sicherheit grenzender Wahrscheinlichkeit ausgeschlossen sein, dass ein Gesundheitsschaden eintritt (vgl. Kleinknecht/Meyer-Goßner, a.a.O., § 81a StPO, RdNr. 17). Dabei kommt es auf die Art des Eingriffs und auch auf den Gesundheitszustand des Beschuldigten an. Ein Nachteil für die Gesundheit ist anzunehmen, wenn die Beeinträchtigung des körperlichen Wohlbefindens erheblich über die Untersuchungsdauer hinaus wirkt; nicht jedoch, weil der Eingriff unangenehm oder schmerzlich ist oder seelisch belastet (Kleinknecht/Meyer-Goßner, wie vor).

Ist der Eingriff für die Gesundheit nachteilig, muss auf ihn verzichtet werden.

Ein Kraftfahrer ist alkoholisiert in einen Unfall verwickelt und dabei schwer verletzt worden. Ärzte des Krankenhauses müssen eine Notoperation vornehmen. Zum Beweis der Straftat nach § 316 StGB (Trunkenheit im Straßenverkehr) wäre eine

Blutprobe nötig. Die Ärzte raten jedoch wegen der erheblichen gesundheitlichen Nachteile für den Betroffenen ab. Die Blutprobe muss darum unterbleiben.

Als **Rechtsfolgen** nennt das Gesetz die **Blutprobe** und andere körperliche Eingriffe. Eine Blutprobe ist die Entnahme frischen Blutes aus dem Körper einer Person zu dem Zweck, das Blut im Hinblick auf den Blutalkoholgehalt oder andere den körperlichen Zustand verändernde Stoffe zu untersuchen.

Dabei zielt die Untersuchung auf den Beweis einer Tat (z.B. als Beweis, ob der Blutalkoholspiegel eines Fahrzeugführers so hoch war, dass absolute Fahruntüchtigkeit vorlag) oder auf den Beweis der Schuld bzw. der verminderten oder absoluten Schuldunfähigkeit oder zum Beweis der Rauschtat.

**Andere körperliche Eingriffe** sind z.B. Urinproben, Speichelproben, Magenaushebungen, Röntgenaufnahmen, Durchleuchtungen, Hirnstromuntersuchungen, die Entnahme von Gehirn- und Rückenmarkflüssigkeit (vgl. Krause/Nehring, a.a.O., § 81a, RdNr. 4). Zulässig ist auch die Entnahme von sonstigen Körperzellen (vgl. § 81a Abs. 3 StPO).

Auch die Haarprobe wird der körperlichen Untersuchung zugerechnet und ist unter den Voraussetzungen des § 81a StPO zulässig. Sie kann durch Beamte des Polizeidienstes entnommen (RdErl. des Innenministeriums, des Justizministeriums, des Ministeriums für Stadtentwicklung und Verkehr und des Ministeriums für Wissenschaft und Forschung über die „Feststellung von Alkohol-, Medikamenten-, Drogeneinfluss bei Straftaten und Ordnungswidrigkeiten; Sicherstellung und Beschlagnahme von Führerscheinen vom 15.8.2000, Gliederungsnummer 5 - MBl. NRW. S. 934).

In Einzelfällen (insbesondere beim Verdacht der Einnahme von Betäubungsmitteln) können die Blut- und Urinprobe zusammen notwendig sein. Die Blutprobe dient dem Nachweis des Wirkstoffspiegels und die Urinprobe zur Identifizierung der einzelnen Wirkstoffe (Salger, a.a.O, S. 440).

Nach dem RdErl. des Innenministeriums, des Justizministeriums, des Ministeriums für Stadtentwicklung und Verkehr und des Ministeriums für Wissenschaft und Forschung über die Feststellung von Alkohol-, Medikamenten- und Drogeneinfluss bei Straftaten und Ordnungswidrigkeiten; Sicherstellung und Beschlagnahme von Führerscheinen vom 15.8.2000, (MBl. NRW. S. 934), ist die Entnahme einer Urinprobe nur mit Einwilligung der betroffenen Person möglich. Gibt der Beschuldigte die Urinprobe nicht ab, ist eine größere Menge (15 ml) Blut abzunehmen.

**Adressaten** der Maßnahme sind auch hier die Beschuldigten.

## 1.2 Allgemeine Rechtmäßigkeitsanforderungen

§ 81a StPO ist eine **Ermessensvorschrift**. Wie das Ermessen auszuüben ist, regelt die StPO nur im Hinblick auf die molekulargenetische Untersuchung (§§ 81e und 81f StPO - siehe unten Zweiter Abschnitt). Im übrigen sind die Maßnahmen unter Berücksichtigung der Bindung an das Recht nach Art. 20 Abs. 3 GG zu treffen (vgl. vertiefend Band I, 4. Kapitel, Zweiter Abschnitt).

In Bezug auf den **Verhältnismäßigkeitsgrundsatz** nimmt der Dienstherr durch Erlass ermessenskanalisierend Einfluss. Aus dem RdErl. des Innenministeriums, des Justizministeriums, des Ministeriums für Stadtentwicklung und Verkehr und des Ministeriums für Wissenschaft und Forschung über die Feststellung von Alkohol-, Medikamenten- und Drogeneinfluss bei Straftaten und Ordnungswidrigkeiten; Sicherstellung und Beschlagnahme von Führerscheinen vom 15.8.2000 (MBl. NRW. S. 934) folgt, dass z.B. eine körperliche Untersuchung und eine Blutprobe in der Regel unterbleiben sollen bei

- den genannten Privatklagedelikten,
- bei leichten Vergehen oder bei gewissen Ordnungswidrigkeiten und dergleichen.

Auf weitergehende Einschränkungen und eine tiefer gehende Erläuterung des Erlasses muss hier verzichtet werden.

Zur Erstellung eines DNA-Profils ist vor dem Hintergrund des Übermaßverbotes stets die am wenigsten eingriffsintensive Methode zu wählen, das ist die Entnahme von Speichelproben, die als einfache körperliche Untersuchung nach § 81a Abs. 1 Satz 1 StPO zu qualifizieren ist. Wirkt der Betroffene nicht freiwillig mit, *so wird die Körperzellenentnahme durch Entnahme einer Blutprobe durch den Arzt unumgänglich sein* (Graalmann-Scherer, a.a.O.S. 329).

## 1.3 Verfahrens- und Formvorschriften

Zu berücksichtigen ist, dass Polizeibeamte die körperliche Untersuchung nur anordnen dürfen, wenn sie Hilfsbeamte der Staatsanwaltschaft sind und wenn Gefahr im Verzuge ist (§ 81a Abs. 2 StPO). Das ist der Fall, wenn durch die (auch schnellstmögliche) Beantragung der richterlichen Anordnung eine solche Verzögerung einträte, dass der Erfolg der Maßnahme gefährdet würde.

Ist die körperliche Untersuchung auf eine DNA-Analyse gerichtet und sind zu dem Zweck z.B. Speichelproben notwendig, wird Gefahr im Verzuge bei dem ortsgebundenen Täter kaum zu begründen sein (denn die Gene des menschlichen Körpers verändern sich nicht). Wurde der Täter festgenommen, bleibt Zeit, die richterliche Entscheidung einzuholen. Ansonsten sollten alle denkbaren - auch aufwendigen - Möglichkeiten genutzt werden, um die richterliche Entscheidung herbeizuführen, weil über die Untersuchung des Materials allein der Richter zu entscheiden hat. Die Anordnung einer molekulargenetischen Untersuchung ist ausschließlich dem Richter vorbehalten (§ 81f Abs. 1 StPO).

Als **weitere Verfahrensvorschrift** ist § 81d StPO zu beachten, wonach die körperliche Untersuchung, die das Schamgefühl einer Frau verletzen kann, einer Frau oder einem Arzt zu übertragen ist und auf Verlangen der zu untersuchenden Frau eine andere Frau oder ein Angehöriger zugelassen werden soll.

---

**§ 81d StPO    Untersuchung einer Frau**

**(1) Kann die körperliche Untersuchung einer Frau das Schamgefühl verletzen, so wird sie einer Frau oder einem Arzt übertragen. Auf Verlangen der zu untersuchenden Frau soll eine andere Frau oder ein Angehöriger zugelassen werden.**

**(2) Die Vorschrift gilt auch dann, wenn die zu untersuchende Frau in die Untersuchung einwilligt.**

---

Voraussetzung dieser Verfahrensvorschrift ist, dass durch die Maßnahme das Schamgefühl verletzt werden kann. Das ist nicht gegeben, wenn Polizeibeamte zum Beispiel Spuren an den Händen, den Armen oder am Kopf in Augenschein nehmen müssen.

Die Hinzuziehung eines Angehörigen oder einer anderen Frau ist als so genannte Sollvorschrift eine gebundene Ermessensvorschrift. Von ihr kann aus zwingenden Gründen abgewichen werden, so. z.B. wenn die Umstände es nicht zulassen (etwa weil dadurch Polizeikräfte unvertretbar lange warten müssten oder die Sache zu sehr verzögert wird).

Die StPO trifft keine Regelung im Hinblick auf die Untersuchung von Männern. Daraus kann aber nicht geschlossen werden, dass Männer bedingungslos von Frauen untersucht werden dürfen. Besteht auch bei Männern die Gefahr der Verletzung ihres Schamgefühls, muss die Maßnahme - aus dem Übermaßverbot (Grundsatz der Verhältnismäßigkeit) abgeleitet - durch einen Mann oder einen Arzt erfolgen.

## 1.4    Hinweis

Weil der Beschuldigte keine Pflicht hat, bei der Strafverfolgung aktiv mitzuwirken, kann auch ein **Atemalkoholtest nicht erzwungen werden.** Der Betroffene wirkt auf freiwilliger Basis mit. Damit erhält er Gelegenheit, den Verdacht gegen sich auszuräumen.

## 1.5 Beispiele für die Blutprobenentnahme und andere körperliche Eingriffe bei Beschuldigten

a) Der Student Trunk wird in eine allgemeine Verkehrskontrolle einbezogen. Dabei stellen die Polizeibeamten fest, dass er Alkohol getrunken hat. Ein Atemalkoholtest zeigt an, dass er etwa 1,4 Promille Alkohol im Blut hat. Aufgrund des Verdachtes, dass er im Zustand der absoluten Fahruntüchtigkeit ein Kraftfahrzeug geführt hat (§ 316 StGB), muss eine Blutprobe entnommen werden. Weil ein Richter nicht rechtzeitig erreichbar ist, ordnen die Polizeibeamten als Hilfsbeamte der Staatsanwaltschaft zum Beweis der Tat die Entnahme einer Blutprobe an und lassen sie von einem zugelassenen Arzt aufgrund des § 81a StPO entnehmen.

b) Einer Polizeistreife fällt auf, dass ein Pkw offensichtlich unsicher gelenkt wird. Die Polizeibeamten Kluge und Schnell überprüfen den Fahrer des Wagens. Es handelt sich um den Schüler Fromm. Bei der Kontrolle stellen die Beamten fest, dass Herr Fromm ausgesprochen verzögert reagiert und stark schwitzt. Ferner nehmen sie Alkoholgeruch wahr. Auf Befragen gibt Fromm zu verstehen, dass er ein Fläschchen Underberg getrunken und Tabletten eingenommen hat. Aufgrund des Verdachtes, dass Fromm unter Alkoholeinfluss und unter dem Einfluss anderer berauschender Mittel steht und damit eine Straftat nach § 316 StGB begangen hat, ordnen sie gemäß des § 81a StPO zum Beweis der Tat die Entnahme einer Blutprobe an und lassen sie durch einen approbierten Arzt entnehmen (Gefahr im Verzug wird angenommen). Dazu lassen sie sich (auf der Basis freiwilliger Mitwirkung) eine Urinprobe geben. Hinweis: Derzeit gibt es noch keine festgelegten Grenzwerte dafür, ab welcher Konzentration Drogen oder berauschende, suchterzeugende Medikamente zur Fahruntüchtigkeit führen. Deshalb kommt es darauf an, dass die Polizeibeamten Ausfallerscheinungen feststellen und protokollieren.

c) Der Waldarbeiter Kraxel und seine Freunde Hieb und Stich treffen sich nach getaner Arbeit in der Kneipe "Zum lustigen Turnschuh". Hier wird kräftig gezecht. Zu vorgerückter Stunde streiten sich die drei mit anderen Gästen. Der Streit artet schließlich zu einer Schlägerei aus. In deren Verlauf nimmt der Kraxel einen Stuhl und schlägt damit auf einen anderen ein. Der bricht bewusstlos zusammen. Die Polizeibeamten Schnell und Meier nehmen den Sachverhalt auf. Sie zeigen den Kraxel wegen gefährlicher Körperverletzung nach § 223 StGB an. Weil Kraxel stark betrunken ist, ordnen sie zum Beweis seiner Schuldfähigkeit aufgrund des § 81a StPO die Entnahme einer Blutprobe an. Gefahr im Verzug wird vorausgesetzt.

## 2. Die körperliche Untersuchung bei anderen Personen

Auch bei einer anderen Person als dem Beschuldigten kann es notwendig sein, gegen ihren Willen Zustand und Verfassung oder Spuren bzw. Tatfolgen am Körper festzustellen.

## 2.1 Ermächtigung

Als Ermächtigung ist in solchen Fällen § 81c StPO heranzuziehen. Der Körper der unschuldigen Person kann zum Augenscheinsobjekt der Strafverfolgungsorgane werden.

---

**§ 81c StPO    Untersuchung von Zeugen; Untersuchungsverweigerungsrecht**

(1) Andere Personen als Beschuldigte dürfen, wenn sie als Zeugen in Betracht kommen, ohne ihre Einwilligung nur untersucht werden, soweit zur Erforschung der Wahrheit festgestellt werden muss, ob sich an ihrem Körper eine bestimmte Spur oder Folge einer Straftat befindet.

(2) Bei anderen Personen als Beschuldigten sind Untersuchungen zur Feststellung der Abstammung und die Entnahme von Blutproben ohne Einwilligung des zu Untersuchenden zulässig, wenn kein Nachteil für ihre Gesundheit zu befürchten und die Maßnahme zur Erforschung der Wahrheit unerlässlich ist. Die Untersuchungen und die Entnahmen von Blutproben dürfen stets nur von einem Arzt vorgenommen werden.

(3) Untersuchungen oder Entnahmen von Blutproben können aus den gleichen Gründen wie das Zeugnis verweigert werden. Haben Minderjährige wegen mangelnder Verstandesreife oder haben Minderjährige oder Betreute wegen einer psychischen Krankheit oder einer geistigen oder seelischen Behinderung von der Bedeutung ihres Weigerungsrechtes keine genügende Vorstellung, so entscheidet der gesetzliche Vertreter; § 52 Abs. 2 Satz 2 und Abs. 3 gilt entsprechend. Ist der gesetzliche Vertreter von der Entscheidung ausgeschlossen (§ 52 Abs. 2 Satz 2) oder aus sonstigen Gründen an einer rechtzeitigen Entscheidung gehindert und erscheint die sofortige Untersuchung oder Entnahme von Blutproben zur Beweissicherung erforderlich, so sind diese Maßnahmen nur auf besondere Anordnung des Richters zulässig. Der die Maßnahmen anordnende Beschluss ist unanfechtbar. Die nach Satz 3 erhobenen Beweise dürfen im weiteren Verfahren nur mit Einwilligung des hierzu befugten gesetzlichen Vertreters verwertet werden.

(4) Maßnahmen nach den Absätzen 1 und 2 sind unzulässig, wenn sie dem Betroffenen bei Würdigung aller Umstände nicht zugemutet werden können.

(5) Die Anordnung steht dem Richter, bei Gefährdung des Untersuchungserfolges durch Verzögerung, von den Fällen des Absatzes 3 Satz 3 abgesehen, auch der Staatsanwaltschaft und ihren Hilfsbeamten (§ 152 des Gerichtsverfassungsgesetzes) zu. § 81a Abs. 3 gilt entsprechend.

(6) Bei Weigerung des Betroffenen gilt die Vorschrift des § 70 entsprechend. Unmittelbarer Zwang darf nur auf besondere Anordnung des Richters angewandt werden. Die Anordnung setzt voraus, dass der Betroffene trotz Festsetzung eines Ordnungsgeldes bei der Weigerung beharrt oder dass Gefahr im Verzuge ist.

---

Aus dem Sinn der Norm folgt, dass zunächst der Verdacht einer Straftat vorliegen muss. Die Vorschrift erstreckt sich auf Zeugen ("wenn sie als Zeugen in Betracht kommen") und auf Personen, die nicht Beschuldigte sind (z.b. Kinder oder andere schuldunfähige Personen).

Wie § 81a StPO sieht auch § 81c StPO mit Einschränkungen die einfache körperliche Untersuchung und körperliche Eingriffe vor.

Zulässigkeitsvoraussetzungen im Überblick:

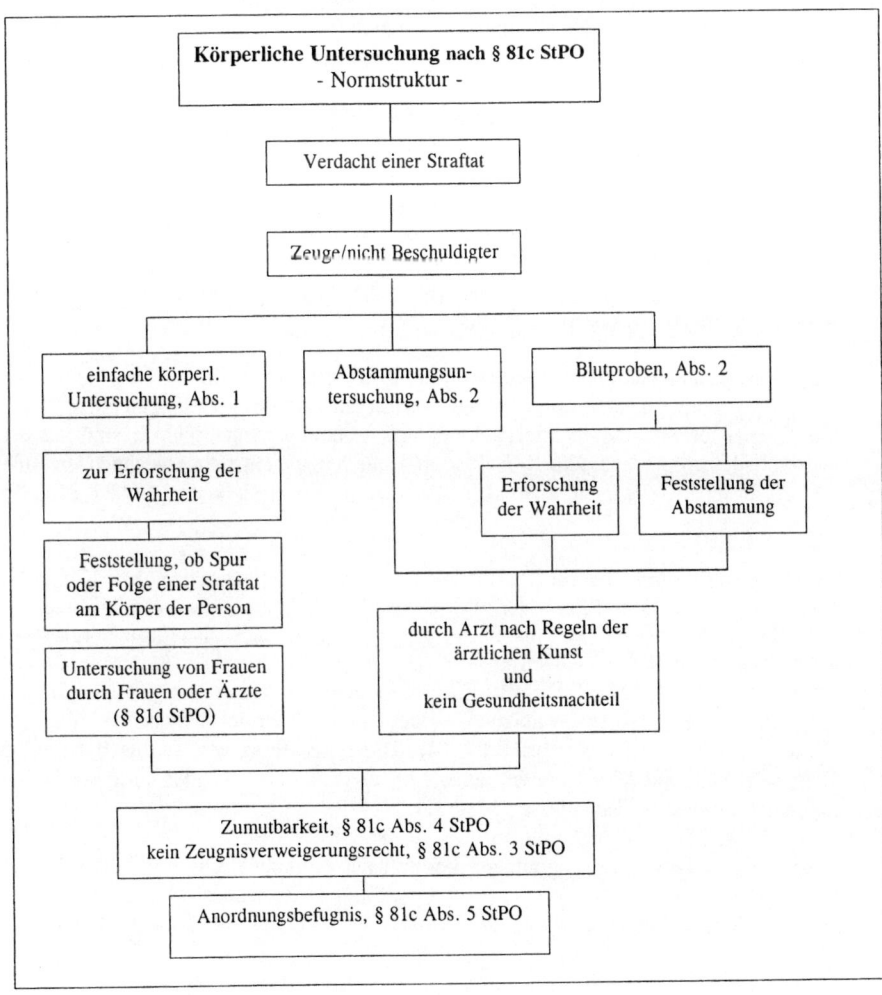

## 2.1.1  Die einfache körperliche Untersuchung

Die einfache körperlichen Untersuchung ist die Inaugenscheinnahme des Körpers, ohne dass in den Körper eingegriffen, also das haut- und Muskel umschlossene Innere des Körpers berührt wird (Krause/Nehring, a.a.O., § 81c, RdNr. 2).

**Sie ist zulässig, wenn**

- **der Verdacht einer Straftat vorliegt,**
- **sich der Verdacht gegen eine andere Person richtet und**
- **zur Erforschung der Wahrheit festgestellt werden muss,**
- **ob sich an ihrem Körper** (am Körper des Zeugen) **eine Spur oder Folge einer Straftat befindet,**
- **kein Zeugnisverweigerungsrecht entgegensteht (Abs. 3) und**
- **die Untersuchung zumutbar ist (Abs. 4).**

"Gegenstand der Untersuchung müssen Feststellungen sein, die mit der **Straftat** oder dem **Verdacht auf eine Straftat** zusammenhängen" (Schulz/Händel, a.a.O., § 81c, RdNr. 6). Der Zeuge bzw. der Nichtbeschuldigte muss mit dem Tatgeschehen irgendwie körperlich in Verbindung geraten sein (Krause/Nehring, a.a.O., § 81c, RdNr. 3 mit weiteren Quellennachweisen).

Die Untersuchung kommt allerdings nur in Frage, wenn hinreichend tatsächliche **Anhaltspunkte** vorhanden sind, die **den Schluss auf Spuren oder Folgen einer Straftat am Körper** der Person rechtfertigen. Solche konkreten Anhaltspunkte sind aus Hinweisen anderer oder aus dem Kontakt zum Täter herzuleiten. Ohne genügenden Anlass darf die Untersuchung nicht stattfinden (Kleinknecht/Meyer-Goßner, a.a.O., § 81c StPO, RdNr. 14).

"**Spuren** sind unmittelbar durch die Tat verursachte Veränderungen am Körper, die Rückschlüsse auf den Täter oder die Tatausführung ermöglichen (Stichwunde, Einschusskanal, Blutspuren, Spermienreste, Hautreste unter den Fingernägeln u.ä.). **Tatfolgen** sind durch die Tat eingetretene Veränderungen am Körper" (Kleinknecht/Meyer-Goßner, a.a.O., § 81c, RdNr. 12 f.). Dazu gehören Veränderungen wie Siechtum aufgrund einer Körperverletzung oder eine zurückgebliebene Zahnlücke (Krause/Nehring, a.a.O, § 81c, RdNr. 2). Die Feststellung der Tatfolgen ist auf die Frage gerichtet, was dem Tatopfer passiert ist, ohne dass der Schaden einen Rückschluss auf den Täter und die Tat zulässt.

Unzulässig ist die Feststellung anderer körperlicher Merkmale. Die Feststellung z.B. der Sehfähigkeit, des Hörvermögens oder des psychischen Zustandes eines Zeugen ist nicht statthaft (Schulz/Händel, a.a.O., § 81c, RdNr. 11).

Die Untersuchung muss zur **Erforschung der Wahrheit notwendig** sein. Mit der Untersuchung muss Beweis erbracht werden können, dass eine Tat dem Täter zuzurechnen ist oder dass der Beschuldigte als Täter ausscheidet. Maßgebend ist eine objektive Schlussfolgerung, letztlich gestützt auf kriminalistische Erfahrungen.

**Rechtsfolge** ist die Besichtigung des Körpers "einschließlich der natürlichen Körper-öffnungen, deren Inneres ohne ärztliche Hilfe sichtbar gemacht werden kann" (Klein-knecht/Meyer-Goßner, a.a.O., § 81c StPO, RdNr. 16). Auch das Öffnen des Mundes zum Zwecke der Besichtigung einer Zahnlücke ist als Untersuchung zulässig (Krause/Nehring, a.a.O, § 81c, RdNr. 2).

Die Durchführung der Untersuchung nach § 81c Absatz 1 StPO ist nicht auf Ärzte beschränkt (vgl. sinngemäß (Kleinknecht/Meyer-Goßner, a.a.O., § 81c StPO, RdNr. 16). Insoweit kann sie jeder anordnungsbefugte Beamte/jede anordnungsbefugte Beamtin durchführen oder durch zuverlässige und geeignete andere Personen durchführen lassen. Zu beachten ist § 81d StPO, wonach **Frauen nur von Frauen oder Ärzten untersucht** werden dürfen (siehe unten).

**Adressaten** der Maßnahme sind der Zeuge und andere Nichtbeschuldigte (z.B. das im Zustand der Bewusstlosigkeit missbrauchte Tatopfer).

Allerdings muss die Maßnahme **zumutbar** sein (§ 81c Abs. 4 StPO) und es darf **kein Zeugnisverweigerungsrecht** entgegenstehen. Ferner muss die eingeschränkte **Anord-nungsbefugnis** für Hilfsbeamte der Staatsanwaltschaft beachtet werden (siehe dazu vertiefend unten).

a) Die Schülerin Schön beschuldigt den Mitschüler Scharf, dass er versucht habe, sie zu vergewaltigen. Im Zuge der Vernehmung gibt sie an, dass sie sich heftig gewehrt habe, bis sie der Scharf schließlich wütend von sich gestoßen habe. Dadurch sei sie rückwärts über einen Stein in Glasscherben gefallen und habe sich verletzt. Zur Feststellung der Richtigkeit ordnet die Polizeibeamtin Klug an, dass sie sich entkleiden und die Schnittwunde sowie eventuelle andere Verletzungen (Blutergüsse) zeigen solle. Aufgrund der gegebenen Umstände ist die Anordnung (Gefahr im Verzuge vorausgesetzt) gestützt auf § 81c Abs. 1 StPO zulässig.

b) In der Gaststätte "Zum Lustigen Friedel" haben der Stark und der Rauh kräftig gezecht. Im betrunkenen Zustand gerieten sie mit dem Wild in Streit. In deren Verlauf hat der Wild dem Rauh unvermittelt ohne tieferen Grund einige kräftige Boxhiebe ins Gesicht versetzt, so dass Rauh erheblich verletzt die Flucht ergriffen hat. Der Gastwirt informierte die Polizei und teilte mit, dass Rauh aus dem Mund blutete. Zur Feststellung der Tatfolgen begaben sich die Polizei-beamten zur Wohnung des Rauh, trafen ihn an und untersuchten ihn nach Tatspuren und Tatfolgen. Um die Verletzung im Mund festzustellen, öffneten sie seinen Mund und sahen, dass Rauh einen Zahn verloren hatte. Die Unter-suchung ist aufgrund des § 81c Abs. 1 StPO zulässig (Zumutbarkeit, kein Zeugnisverweigerungsrecht und Gefahr im Verzuge vorausgesetzt - siehe unten).

c) Die Studentin Fröhlich und der Student Grob leben seit zwei Semestern in ehe-ähnlicher Gemeinschaft. Vor einigen Wochen aber gerieten sie in Streit, der sich mehr und mehr steigerte. Grob zog daraus die Konsequenzen und gab zu verstehen, dass er ausziehen werde, aber nicht ohne "die Rechnung zu machen". Als er seine Sachen gepackt hatte, setzte er seine Absicht in die Tat um und verprügelte die Fröhlich. Sie aber wehrte sich heftig, biss und kratze den Grob. Der Vater kam hinzu, unterband die Prügelei und rief die Polizei. Die Polizeibeamten nahmen den Sachverhalt auf und untersuchten die Finger der Fröhlich im Hinblick auf Hautreste unter den Fingernägeln. Die Untersuchung ist

aufgrund des § 81c Abs. 1 StPO zulässig (Zumutbarkeit, kein Zeugnisverweigerungsrecht und Gefahr im Verzuge angenommen - siehe unten).

d) Die Leiterin eines Frauenhauses in SI teilte der Polizei mit, dass ein gewisser
Herr Klopf eine Frau Arm, die in dem Haus Zuflucht gesucht hat, geschlagen
habe. Auf Befragen gab sie an: "Die junge Frau Arm lebte seit längerem mit
dem Handwerker Klopf in eheähnlicher Gemeinschaft. Weil der Klopf sie eines
Morgens geschlagen hatte, suchte sie Zuflucht im Frauenhaus. Der Klopf folgte
ihr. Dort kam es dann zu einer weiteren Auseinandersetzung, in deren Verlauf
der Klopf seiner Ex-Freundin eine Bierflasche in das Gesicht geschlagen, sie
dadurch am Mund verletzt und ihr einen Zahn ausgeschlagen hat. Die
ermittelnden Polizeibeamten suchten die Geschädigte auf. Aufgrund ihrer
Angaben in der Vernehmung untersuchten sie die Frau und ließen den Mund
öffnen, um nachzusehen, ob tatsächlich ein Zahn frisch ausgebrochen war.
Weil Gefahr im Verzug vorlag (sofortige Feststellung des Trunkenheitsgrades
des Täters), die Untersuchung zumutbar war und das Schamgefühl der Frau
nicht verletzt werden konnte und kein Zeugnisverweigerungsrecht bestand,
Klopf und Arm nicht miteinander verlobt waren (siehe unten), war die Maßnahme aufgrund des § 81c Abs. 1 StPO (zur Feststellung der Tatfolgen) zulässig.

## 2.1.2 Körperliche Eingriffe (Blutproben/Untersuchung und Blutproben zur Feststellung der Abstammung)

§ 81c Abs. 2 StPO lässt auch Blutproben und besondere Untersuchungsmaßnahmen
gegen den Willen von Zeugen und anderen nicht beschuldigter Personen zu, und zwar
dann, **wenn**

**der Verdacht einer Straftat vorliegt,**
- **sich der Verdacht gegen eine andere Person richtet und**
- **zur Erforschung der Wahrheit**
  - **Blutproben oder**
  - **Untersuchungen zur Abstammung**
- **durch einen Arzt nach den Regeln der ärztlichen Kunst**
- **unerlässlich sind,**
- **kein Gesundheitsnachteil zu erwarten ist,**
- **kein Zeugnisverweigerungsrecht entgegensteht (Abs. 3) und**
- **die Untersuchung zumutbar ist (Abs. 4).**

Während sich die Untersuchung nach Abs. 1 auf das Auffinden von Spuren und Tatfolgen richtet (Spurengrundsatz), zielt Abs. 2 auf tiefer gehende Eingriffe.

§ 81c Abs. 2 StPO lässt als körperlichen Eingriff **nur Blutproben** und ansonsten **Untersuchungen einschließlich der Blutprobe zur Feststellung der Abstammung** zu.
Weitergehende Eingriffe wie Röntgenaufnahmen, Magenaushebungen, Urinproben usw.
sind unzulässig. Die Blutprobe ist der einzige zulässige körperliche Eingriff. Auch zur
Abstammungsfeststellung kommen nur Blutproben und ansonsten Untersuchungshandlungen (wie Messungen, Lichtbildaufnahmen usw.) in Frage (Krause/Nehring, a.a.O.,
§ 81c, RdNr. 4).

In der polizeilichen Praxis kommen in der Regel **Blutprobeneingriffe** in Betracht. Soweit **Abstammungseingriffe** polizeilich überhaupt eine Rolle spielen, wird kaum Gefahr im Verzuge vorliegen, so dass die richterliche Anordnung einzuholen ist. Abstammungseingriffe werden darum hier nicht weiter betrachtet. **Die Blutprobe** ist nicht nur zur Abstammungsuntersuchung, sondern auch zu anderen Zwecken zulässig (Pfeiffer/Fischer, a.a.O., § 81c, RdNr. 2).

Die Blutprobe muss zur **Erforschung der Wahrheit** notwendig sein. Sie kommt mithin nur in Frage, wenn mit ihr die Tat geklärt werden kann. Sie ist z.b. zulässig, um Gift oder andere Fremdstoffe im Blut des Nichtbeschuldigten festzustellen oder Blutflecken an einem Tatwerkzeug mit dem Blut des Verletzten abzugleichen (Krause/Nehring, a.a.O., § 81c, RdNr. 4). Aber auch zur Feststellung des Beweiswertes einer Zeugenaussage kann die Blutprobe notwendig sein (Schulz/Händel, a.a.O., § 81c, RdNr. 14).

Die Blutentnahme kommt jedoch nur **zu Untersuchungszwecken** in Betracht. Auch wenn § 81c Abs. 2 StPO nicht unmittelbar darauf abhebt, folgt das aus dem Anschluss an § 81a StPO. Im Hinblick auf die molekulargenetische Untersuchung sind § 81e und § 81f StPO zu beachten (siehe unten). Blutproben müssen ferner **unerlässlich** sein, um die Tat zu klären. Stehen die Tatumstände abschließend und unerschütterlich fest, entfällt die Maßnahme.

Wie beim Beschuldigten darf der Blutprobeneingriff nur erfolgen, wenn er von einem **Arzt (nach den Regeln der ärztlichen Kunst - § 81a Abs. 1 Satz 2 StPO)** vorgenommen wird und **kein Gesundheitsnachteil** zu befürchten ist (siehe dazu oben).

**Adressat** der Befugnis ist der Zeuge oder die "andere Person", die in Verbindung zur Tat stand, ohne Beschuldigter zu sein ( z.B. das strafunmündige Kind).

Zu beachten ist, dass die Ermächtigung nur durchgreift, wenn der Betroffene **kein Zeugnisverweigerungsrecht** hat oder von dem Recht keinen Gebrauch macht, wenn die Untersuchung und **die Blutprobe** dem Betroffenen **zuzumuten** sind (siehe unten). Ferner dürfen Polizeibeamte als Hilfsbeamte der Staatsanwaltschaft die körperliche Untersuchung und die Blutprobe nur anordnen, wenn **Gefahr im Verzug ist.** Schließlich dürfen **Frauen nur von Frauen oder Ärzten untersucht** werden (siehe dazu im einzelnen unten).

a) Die Polizei wurde zu einer Schlägerei in der Gaststätte "Zum wilden Mann" gerufen, weil dort Gäste von einer Rockergruppe überfallen wurden. Am Tatort ergab sich, dass 5 junge Männer, bekleidet mit Lederjacken pp., in das Lokal gestürmt und über die an der Theke stehenden Männer (namens Meier und Schulz) hergefallen waren. Dabei wurde der Schulz mit einem Schlagstock so heftig auf den Kopf geschlagen, dass er eine Platzwunde erlitt und sofort in ein Krankenhaus gebracht wurde. Die Polizei leitete eine Fahndung nach den Tätern ein. Dabei trafen sie auf fünf Männer, auf die die Beschreibung passte. Die aber bestritten, mit der Tat etwas zu tun zu haben. Bei der Durchsuchung des verdächtigen Grob fanden die Beamten einen Schlagstock, der Blutanhaftungen zeigte. Zur Feststellung, ob es Blut von dem verletzten Schulz ist, ließen sie zum Vergleich des Blutes von Schulz als Tatopfer durch einen Arzt eine Blutprobe entnehmen. Die Maßnahme war aufgrund des § 81c Abs. 2

StPO zur Erforschung der Wahrheit zulässig (Zumutbarkeit, Gefahr im Verzuge und kein Zeugnisverweigerungsrecht vorausgesetzt).

b) Die Schwiegermutter des Klaus Lump rief die Polizei, weil ihrer Tochter Maria Lump nach dem Mittagessen plötzlich übel geworden und sie zusammengebrochen ist. Sie vermutete, dass sie Gift zu sich genommen hat, und äußerte, dass der Schwiegersohn es ihr heimlich unter das Essen gemischt haben könnte. Als die Beamten am Tatort eintrafen, war auch schon ein Notarzt da. Auch er diagnostizierte eine Vergiftung. Bei der Nachschau in der Wohnung fanden die Polizeibeamten ein Fläschchen mit der Bezeichnung "Vorsicht - Gift". Aufgrund des Verdachtes, dass ein Mordanschlag verübt wurde (konkrete Hinweise, dass der Klaus Lump das getan haben könnte, waren nicht vorhanden), ließen sie der Maria Lump zur Feststellung, ob sie tatsächlich Giftstoffe eingenommen hat, eine Blutprobe entnehmen. Die Maßnahme war aufgrund des § 81c Abs. 2 StPO zulässig.

c) In einem sog. Schlichthaus setzten sich die Bewohner (fünf Männer) zu einem gewohnten "Saufgelage" zusammen. Zu vorgerückter Stunde, als alle schon stark betrunken waren, kam es zur Schlägerei zwischen dem Listig und dem Hartkopf. Plötzlich fiel der Listig um und regte sich nicht mehr. Als die Polizei hinzugezogen wurde, stellte sie fest, dass Listig tot war. Von den anderen Unbeteiligten war nur noch der Schluck wach. Auf Befragen der Beamten, was hier passiert sei, lallte Schluck, dass der Listig den Hartkopf beschimpfte und ihm dann eine Ohrfeige gab. Der Hartkopf hat ihn daraufhin aber an den Hals getreten. Dann sei der Listig auf einmal umgefallen. Um den Beweiswert der Aussage zur Erforschung der Wahrheit festzustellen, ordneten die Beamten eine Blutprobe an. Die Maßnahme war aufgrund des § 81c Abs. 2 StPO zulässig (im Hinblick auf Zumutbarkeit und Gefahr im Verzuge bestanden in der gegebenen Situation keine Bedenken).

d) Die Polizei erhielt von einem anonymen Anrufer den Hinweis, "dass sich im Stadtwald eine Jugendgruppe aufhält und dass da was nicht stimmt". Die Streifenbeamten POK Hell und PK Weiß fuhren den Ort an und stießen hier auf eine Gruppe von sechs Kindern im Alter von 13 Jahren, die mit dem Jugendgruppenleiter Süchtig im Zeltlager waren. Die Kinder schienen aufgeputscht. Ihr Bewegungs- und Rededrang war außergewöhnlich. Hell, der sich in Drogensachen auskennt, tippte darauf, dass die Kinder unter Einfluss der Ecstasy-Droge stehen. Auf Befragen eines Jungen erfuhr er, dass der Süchtig jedem eine grüne Pille gegeben hat, damit sie die Musik besonders intensiv empfinden. Weil damit der Verdacht begründet war, dass Süchtig gegen § 29 oder § 29a BTMG verstoßen hat, ordnete POK Hell zur Erforschung der Wahrheit die Entnahme von Blutproben bei den Kindern an. Obgleich die Betroffenen noch im Kindesalter waren, war die Maßnahme zumutbar und die Blutentnahme aufgrund des § 81c Abs. 2 StPO zulässig. Um die Entnahme einer größeren Menge Blut zu vermeiden, gaben zwei Kinder freiwillig Urinproben ab.

## 2.2 Allgemeine Rechtmäßigkeitsanforderungen

Auch § 81c StPO ist eine **Ermessensvorschrift**. Entsprechend § 81c Abs. 4 StPO sind die Blutprobenentnahme und die Abstammungsuntersuchung bei Zeugen pp. nur zulässig, wenn sie dem Betroffenen **zugemutet werden** können. Damit wird der Verhältnismäßigkeitsgrundsatz hervorgehoben (Kleinknecht/ Meyer-Goßner, a.a.O., § 81c StPO, RdNr. 17). "Das bei der Bedeutung der Strafsache bestehende Aufklärungsinteresse und das Persönlichkeitsrecht des Betroffenen müssen gegeneinander aufgewogen werden" (Kleinknecht/Meyer-Goßner, wie vor).

Im Hinblick auf die molekulargenetische Untersuchung sind § 81e und § 81f StPO zu berücksichtigen (siehe unten). Darüber hinaus richtet sich die pflichtgemäße Ermessensausübung nach der Bindung an das Recht gemäß Art. 20 Abs. 3 GG (vgl. Band I, 4. Kapitel, Zweiter Abschnitt).

Im übrigen ist auch der RdErl. des Innenministeriums, des Justizministeriums, des Ministeriums für Stadtentwicklung und Verkehr und des Ministeriums für Wissenschaft und Forschung über die Feststellung von Alkohol-, Medikamenten- und Drogeneinfluss bei Straftaten und Ordnungswidrigkeiten; Sicherstellung und Beschlagnahme von Führerscheinen vom 15.8.2000 (MBl.NRW. S. 934) zu beachten.

Hat der Zeuge ein **Zeugnisverweigerungsrecht** (vgl. Band I, 5. Kapitel) und macht er nach Belehrung davon Gebrauch, sind Untersuchungen und die Blutprobenentnahme unzulässig. Die Vorschrift aus § 81c Abs. 3 StPO beschränkt die Ermächtigung.

> Die Polizei wird von Mitbewohnern eines Mehrfamilienhauses angerufen, weil Frau Ungemach offenbar mit einem Messer nicht unerheblich verletzt worden ist. Am Tatort eingetroffen ermitteln die Polizeibeamten, dass es zwischen den Eheleuten Ungemach eine Auseinandersetzung gegeben hat, in deren Verlauf der Manfred Ungemach seine Frau mit dem Messer verletzt hat. Jedenfalls ist die Kleidung der Frau dort blutverschmiert. Nach Belehrung und Befragen verweigert Frau Ungemach jede Auskunft. Sie wehrt sich auch dagegen, dass die Polizeibeamten die Verletzung untersuchen. Eine Untersuchung ist - auch wenn die Tatfolgen und die Tat ungeklärt bleiben sollten - unzulässig. § 81c Abs. 3 StPO beschränkt die Ermächtigungen aus § 81c Abs. 1 und Abs. 2 StPO auf Null.

Bei Minderjährigen oder betreuten Personen entscheiden die gesetzlichen Vertreter über das Zeugnisverweigerungsrecht, und zwar dann, wenn

- die Minderjährigen wegen mangelnder Verstandesreife oder
- Betreute infolge einer psychischen Krankheit oder geistigen oder seelischen Behinderung

keine genügende Vorstellung von dem Recht haben.

Ist der gesetzliche Vertreter der Verdächtige, ist die Entscheidung eines Richters einzuholen.

> Frank Klein hat sein sechsjähriges Kind Samuel Klein körperlich misshandelt. Nachbarn haben die Polizei verständigt. Am Tatort finden sie das Kind schluchzend im Kinderbett vor. Um zu klären, was der Frank Klein seinem Kind angetan hat, müsste das Kind untersucht werden. Weil zwischen den Angehörigen in absteigender gerader Linie jedoch ein Zeugnisverweigerungsrecht besteht, der Vater davon Gebrauch macht, aber von der Entscheidung ausgeschlossen ist (§ 81c Abs. 3 i.V.m. § 52 Abs. 2 Satz 3 StPO), darf die Untersuchung erst auf Grund einer richterlichen Anordnung erfolgen.

## 2.3    Verfahrens- und Formvorschriften

Die **Anordnung der körperlichen Untersuchung** ist dem Richter vorbehalten (§ 81c Abs. 5 StPO). Sowohl die einfache körperliche Untersuchung als auch körperliche Eingriffe dürfen nur aufgrund richterlicher Anordnung vorgenommen werden. Nur bei Gefahr im Verzug sind auch die Staatsanwaltschaft und ihre Hilfsbeamten berechtigt, die Anordnung zu treffen.

Die Anordnung der Maßnahmen nach § 81c StPO erstreckt sich nicht auf die zwangsweise Durchsetzung (Durchsetzung mit Mitteln des unmittelbaren Zwanges, siehe unten). Bei Zeugen pp. darf unmittelbarer Zwang nur auf richterliche Anordnung erfolgen (§ 81c Abs. 6 StPO). Die Anordnung der molekulargenetischen Untersuchung des Blutes erfolgt nur auf richterliche Anordnung (§ 81f StPO).

Als **weitere Verfahrensvorschrift** ist § 81d StPO zu beachten, wonach die körperliche Untersuchung, die das Schamgefühl einer Frau verletzen kann, einer Frau oder einem Arzt zu übertragen ist und auf Verlangen der zu untersuchenden Frau eine andere Frau oder ein Angehöriger zugelassen werden soll (siehe oben).

Zur Wahrung der Zeugnisverweigerungsrechte (siehe oben) ist es geboten, den Berechtigten aufzuklären. Die Betroffenen sind **zwingend** darüber zu **belehren**. Die Belehrungspflicht folgt aus dem Verweis in § 81c Abs. 3 auf § 52 Abs. 3 StPO. Sie hat *„unabhängig davon, ob etwa schon eine Belehrung über das Zeugnisverweigerungsrecht nach § 52 StPO im Zusammenhang mit einer Vernehmung als Zeuge erfolgt ist"* (*Graalmann-Scherer, a.a.O. S. 329*). Für die Belehrung ist derjenige zuständig, der die körperliche Untersuchung angeordnet hat

**Hinweis:** Sieht die Polizei die Notwendigkeit, bei einem Zeugen eine Blutprobe zu entnehmen, kann als Vortest ein Atemalkoholtest sinnvoll sein. Ein solcher ist jedoch nur auf freiwilliger Basis gerechtfertigt.

## III.    Die körperliche Untersuchung bei der Verfolgung von Ordnungswidrigkeiten

Auch bei der Verfolgung von Ordnungswidrigkeiten kann die körperliche Untersuchung von Personen zur Feststellung der Beschaffenheit des Körpers oder seiner Funktionsfähigkeit einschließlich der Suche nach Spuren am Körper notwendig werden. Mit Ausnahme der Entnahme von Blutproben zum Beweis einer Verkehrsordnungswidrigkeit nach § 24a StVG werden solche Maßnahmen jedoch auf seltene Fälle beschränkt sein.

Der örtlich und sachlich zuständige Polizeibeamte hat zur Verfolgung von Ordnungswidrigkeiten die Befugnisse der Strafprozessordnung. Soweit die Polizei als zuständige Verfolgungsbehörde im Sinne von § 35/§ 36 OwiG handelt, hat sie entsprechend § 46 Abs. 2 OwiG die Ermächtigungen, wie sie der Staatsanwaltschaft bei der Verfolgung von Straftaten zustehen. Ist sie nicht zuständige Verfolgungsbehörde, hat sie nach § 53 Abs. 2

OwiG die Befugnisse, wie sie ihr bei der Verfolgung von Straftaten zukommen (vgl. Band I, 3. Kapitel).

## 1. Ermächtigungen

Als Ermächtigung zur Anordnung einer körperlichen Untersuchung sind die §§ 81a bis 81d StPO heranzuziehen (siehe Erster Abschnitt). Die Voraussetzungen werden durch § 46 Abs. 4 OwiG eingeschränkt.

---

**§ 46 OwiG**

(1) bis (3) ....

(4) § 81a Abs. 1 Satz 2 der Strafprozessordnung ist mit der Einschränkung anzuwenden, dass nur die Entnahme von Blutproben und andere geringfügige Eingriffe zulässig sind. In einem Strafverfahren entnommene Blutproben und sonstige Körperzellen, deren Entnahme im Bußgeldverfahren nach Satz 1 zulässig gewesen wäre, dürfen verwendet werden. Die Verwendung von Blutproben und sonstigen Körperzellen zur Durchführung einer Untersuchung im Sinne des § 81e der Strafprozessordnung ist unzulässig.

---

Zulässig sind

- Maßnahmen gegen den Betroffenen (Täter) und
- gegen andere Personen (Zeugen, Tatopfer, nichtschuldfähige Personen).

### 1.1 Körperliche Untersuchung beim Betroffenen

Als Ermächtigung ist (entsprechend § 46 Abs. 2 bzw. § 53 OwiG) § 81a StPO heranzuziehen. Einfache körperliche Untersuchungen kommen danach in Betracht, wenn

- **der Verdacht einer Ordnungswidrigkeit besteht und**
- **der Tatverdächtige Betroffener ist und**
- **Tatsachen festgestellt werden müssen, die**
- **für das Verfahren von Bedeutung sind.**

Die Entnahme von Blutproben und sonstige geringfügige Eingriffe (§ 46 Abs. 4 OwiG) sind zulässig, wenn

- **der Verdacht einer Ordnungswidrigkeit vorliegt und**
- **der Tatverdächtige Betroffener ist und wenn**
  - **durch Blutproben oder**
  - **andere (geringfügige) körperliche Eingriffe**
- **Tatsachen festgestellt werden müssen, die**

- zu Untersuchungszwecken
- für das Verfahren von Bedeutung sind und
- von einem Arzt nach den Regeln der ärztlichen Kunst vorgenommen werden.

Voraussetzung für diese Maßnahmen ist zunächst der Verdacht einer Ordnungswidrigkeit. Die Ordnungswidrigkeit ist eine tatbestandsmäßige, rechtswidrig und vorwerfbar begangene Handlung, die mit Geldbuße bedroht ist ( Band I; § 1 OwiG). Nur wenn die Handlung vorwerfbar begangen wurde, kommen Maßnahmen in Frage. Damit ist die Prämisse "Beschuldigter" nach § 81a StPO erfüllt. Beschuldigter ist der Betroffene.

Im übrigen entsprechen die Voraussetzungen für einfache körperliche Untersuchungen und körperliche Eingriffe denen der Strafverfolgung. Insoweit kann im Hinblick auf die Auslegung der Prämissen auf die obigen Ausführungen verwiesen werden.

In der polizeiliche Praxis spielt wegen des 0,5-Promille-Gesetzes (§ 24a StVG) die Entnahme von Blutproben eine wichtige Rolle (Cramer, a.a.O., 16. Kapitel, RdNr. 7). Andere Eingriffe sind eher selten (Göhler, a.a.O., § 46 , RdNr. 21).

> a) Der Pkw-Fahrer Franz Durst wurde in eine polizeiliche Verkehrskontrolle einbezogen. Die Polizeibeamten Merker und Riech stellten fest, dass Durst Alkohol getrunken hatte. Ein Atemalkoholtest ergab, dass Durst 0,95 Promille Alkohol im Blut gehabt hat. Damit war der Verdacht eines Verstoßes gegen § 24a StVG begründet. Zum Beweis der Ordnungswidrigkeit war eine Blutuntersuchung nötig. Die Polizeibeamten ordneten darum aufgrund der §§ 46 Abs. 2 OwiG i.V.m. 81a StPO die Entnahme einer Blutprobe an. Die Maßnahme war zulässig.

> b) Ein besorgter Bürger meldete der Polizei, dass er soeben mit einem Taxi nach Hause gefahren worden war. Beim Begleichen der Rechnung hatte er bemerkt, dass der Fahrer nach Alkohol gerochen hat. Die Polizeibeamten Merker und Riech gingen der Sache nach. Bei der Überprüfung des Taxifahrers Schnell stellte sich heraus, dass er tatsächlich Bier getrunken hatte und ein Atemalkoholtest 0,7 Promille anzeigte. Die Beamten veranlassten wegen des Verdachtes einer Ordnungswidrigkeit nach § 8 Abs. 4 BOKraft i.V.m. § 61 PBefG die Entnahme einer Blutprobe. Die Maßnahme war aufgrund des § 53 OwiG i.V.m. § 81a StPO zulässig.

## 1.2 Körperliche Untersuchung bei anderen Personen (Zeugen pp.)

Aufgrund der §§ 46 Abs. 2 oder 53 OwiG ist als Ermächtigung § 81c StPO heranzuziehen. § 81c StPO unterscheidet gleichfalls zwischen der einfachen körperlichen Untersuchung (Abs. 1) und der Blutprobenentnahme (Abs. 2). Die **einfache körperliche Untersuchung** ist zulässig, wenn

- **der Verdacht einer Ordnungswidrigkeit vorliegt,**
- **sich der Verdacht gegen eine andere Person richtet und**
- **zur Erforschung der Wahrheit festgestellt werden muss,**
- **ob sich an ihrem Körper (am Körper des Zeugen) eine Spur oder Folge der Tat befindet,**

- die Untersuchung zumutbar ist (Abs. 4) und
- kein Zeugnisverweigerungsrecht entgegensteht (Abs. 3).

Als **körperlicher Eingriff** ist allein die **Blutprobe** vorgesehen. Sie ist zulässig, wenn

- der Verdacht einer Ordnungswidrigkeit vorliegt,
- sich der Verdacht gegen eine andere Person richtet und
- zur Erforschung der Wahrheit
  - Blutproben
- durch einen Arzt nach den Regeln der ärztlichen Kunst
- unerlässlich sind,
- kein Gesundheitsnachteil zu erwarten ist,
- die Untersuchung zumutbar ist (Abs. 4) und
- kein Zeugnisverweigerungsrecht entgegensteht (Abs. 3).

Eine Untersuchung zur Feststellung der Abstammung scheidet aus.

Die zulässigen Maßnahmen entsprechen denen bei der Strafverfolgung (siehe oben). Auf ergänzende Erläuterungen wird verzichtet. Im besonderen aber werden sie beschränkt durch den Grundsatz der Zumutbarkeit (§ 81c Abs. 4 StPO).

## 4. Ermächtigungsbegrenzende Bestimmungen

Körperliche Untersuchungen nach §§ 81a oder 81c StPO kommen zur Verfolgung von Ordnungswidrigkeiten nur im Rahmen pflichtgemäßer Ermessensausübung nach § 47 bzw. § 53 OwiG in Frage.

Während bei der Strafverfolgung die Einschränkung nur aus dem Wortlaut der strafprozessualen Ermächtigung (Kann-Vorschrift) folgt, ist bei der Ordnungswidrigkeitenverfolgung die Beschränkung expressis verbis dem Gesetz zu entnehmen.

Wie das Ermessen auszuüben ist, sagt auch das OwiG nicht, so dass die Bindung an das Recht nach Art. 20 Abs. 3 GG maßgebend ist (vgl. dazu Band I, 4. Kapitel).

## 5. Verfahrens- und Formvorschriften

Die Verfahrens und Formvorschriften entsprechen denen bei der Strafverfolgung.

# Zweiter Abschnitt
# Molekulargenetische Untersuchungen (DNA-Analyse)

Überblick
Vorbemerkungen
I.  Molekulargenetische Untersuchungen zur Klärung einer Straftat
1.  Ermächtigung
1.1 Zulässigkeitsvoraussetzungen
1.2 Rechtsfolge
2.  Verfahrensvorschriften
II. Molekulargenetische Untersuchungen zu erkennungsdienstlichen Zwecken
1.  Ermächtigung
1.1 Zulässigkeitsvoraussetzungen
1.2 Rechtsfolge
2.  Allgemeine Rechtmäßigkeitsanforderungen
3.  Verfahrens- und Formvorschriften

## Vorbemerkungen

Die DNA-Analyse (Desoxyribonucleic Acid) dient zur Identifizierung bzw. dem Ausschluss von Spurenlegern. Zu ihrer Durchführung wird Körpermaterial (z. B. Blut, Speichel, Haarwurzeln) genetisch untersucht und verglichen - „genetischer Fingerabdruck"- (Bundestagsdrucksache 13/10791, S. 4).

Alle lebenden Organismen (auch der Mensch) sind aus einer Vielzahl von Zellen zusammengesetzt, die durch unterschiedliche Differenzierung verschiedene Zelltypen ausbilden, welche z. B. Haut, Schleimhäute oder andere Organe darstellen. Unabhängig von der Differenzierung enthalten sämtliche Zelltypen jeweils in ihrem Zellkern die vollständige, gesamte Erbinformation des Menschen (Landeskriminalamt Nordrhein-Westfalen, Hinweise zur DNA-Entnahme sowie zur DNA-Untersuchung und Datenverarbeitung im Rahmen der DNA-Analyse-Datei - DAD - vom 6.1.1999). In den darin zu findenden Genen ist die gesamte essentielle Information codiert, die einen Menschen ausmacht (LKA NRW, wie vor) und an Hand der er wiedererkannt werden kann. Die Technik der DNA-Analyse dient zur Identifizierung bzw. dem Ausschluss von Spurenverursachern. Sie ist damit ein bedeutsames Beweismittel (Kleinknecht/Meyer-Goßner, a.a.O, § 81e RdNr. 1 und 2).

Mit der Maßnahme wird in das Recht auf informationelle Selbstbestimmung eingegriffen.

## I.  Molekulargenetische Untersuchungen zur Klärung einer Straftat

## 1.  Ermächtigung

Als Ermächtigung für eine DNA-Analyse zur Klärung einer Straftat ist § 81e StPO heranzuziehen.

**§ 81e StPO Molekulargenetische Untersuchungen**

**(1) An dem durch Maßnahmen nach § 81a Abs. 1 erlangten Material dürfen auch molekulargenetische Untersuchungen durchgeführt werden, soweit sie zur Feststellung der Abstammung oder der Tatsache, ob aufgefundenes Spurenmaterial von dem Beschuldigten oder dem Verletzten stammt, erforderlich sind. Untersuchungen nach Satz 1 sind auch zulässig für entsprechende Feststellungen an dem durch Maßnahmen nach § 81c erlangten Material. Feststellungen über andere als die in Satz 1 bezeichneten Tatsachen dürfen nicht erfolgen; hierauf gerichtete Untersuchungen sind unzulässig.**
**(2) Nach Absatz 1 zulässige Untersuchungen dürfen auch an aufgefundenem, sichergestelltem oder beschlagnahmtem Spurenmaterial durchgeführt werden. Abs. 1 Satz 3 und § 81a Abs. 3 erster Halbsatz gelten entsprechend.**

§ 81e StPO ist die Rechtgrundlage für die Untersuchung bestimmten Köpermaterials. Die Voraussetzung für die Entnahme des Materials regeln die Ermächtigungen aus § 81a und 81c StPO.

## 1.1 Zulässigkeitsvoraussetzungen

Aus diesen Vorschriften folgt als Bedingung für die Untersuchung,

- **dass das Körpermaterial**
  - **im Rahmen der Ermächtigung aus § 81a oder § 81c StPO rechtmäßig erlangt wurde (Abs. 1) oder**
  - **es sich um aufgefundenes, sichergestelltes oder beschlagnahmtes Spurenmaterial handelt (§ 81e Abs. 2 StPO) und**
- **zur Feststellung**
  - **der Abstammung oder**
  - **der Tatsache, ob aufgefundenes Spurenmaterial von dem Beschuldigten oder dem Verletzten stammt**
- **erforderlich ist.**

Das Körpermaterial muss zunächst **rechtmäßig erlangt** worden sein. Die Untersuchung kommt somit nur in Frage, wenn die Materialien im Rahmen der körperlichen Untersuchungen nach **§ 81a oder nach § 81c StPO** rechtmäßig gewonnen wurden (zu den Voraussetzungen siehe Erster Abschnitt).

Die körperliche Untersuchung nach § 81a darf nur zur Feststellung von Tatsachen angeordnet werden, die für das Verfahren von Bedeutung sind. „Das sind nur solche Tatsachen, die der weiteren Sachaufklärung oder der Untermauerung eines schon erzielten Ermittlungsergebnisses dienen. Eine Tatsache dieser Art kann in der genetischen Beschaffenheit des Zellmaterials des Beschuldigten bestehen. Zur Feststellung dieser verfahrenserheblichen Tatsachen sind die Entnahme von Blutproben und andere körperliche Eingriffe zulässig" (Graalmann-Scherer, a.a.O. S. 328).

Vor dem Hintergrund des Übermaßverbotes ist stets die am wenigsten eingriffsintensive Methode zu wählen, das ist die Entnahme von Speichelproben, die als einfache körperliche Untersuchung nach § 81a Abs. 1 Satz 1 StPO zu qualifizieren ist (siehe Erster Abschnitt).

Bei anderen Personen als dem Beschuldigten sind die körperliche Untersuchung und Blutproben nur zulässig, wenn zur Erforschung der Wahrheit festgestellt werden muss, ob sich an ihrem Körper eine bestimmte Spur oder Folge der Straftat befindet (Graalmann-Scherer, a.a.O. S. 328). Dabei müssen das Untersuchungsverweigerungsrecht nach § 81c Abs. 3 StPO und die zwingenden Belehrungspflichten beachtet werden (siehe oben, Erster Abschnitt II.). Ist das Körpermaterial rechtmäßig erlangt, ist die Auswertung des Spurenmaterials im Rahmen des § 81e StPO möglich.

Solche Untersuchungen dürfen nach § 81e Abs. 2 Satz 1 der Strafprozessordnung auch an aufgefundenem, sichergestellten oder beschlagnahmten Spurenmaterial durchgeführt werden (Bundestagsdrucksache 13/10791, S. 4), also wenn es (ohne körperliche Untersuchung/körperliche Eingriffe) an gegenständlichen Spurenträgern (z. B. an einem Kleidungsstück) gefunden und im Rahmen des § **94 ff.** StPO rechtmäßig sichergestellt oder beschlagnahmt wurde.

Ferner unterliegt die DNA-Analyse einer engen **Zweckbindung.** Sie ist nur zur Feststellung der Abstammung oder zur **Feststellung bestimmter Tatsachen,** die zum Beweis der Täterschaft oder zur Beseitigung des Tatverdachtes führen, zulässig. Die Maßnahme muss in einem anhängigen Strafverfahren auf die Überführung des Täters gerichtet sein. Weitergehende Feststellung (wie z. B. die Feststellung von Erbanlagen, Charaktereigenschaften, Krankheiten, Krankheitsanlagen) sind entsprechend § 81e Abs. 1 Satz 3 StPO unzulässig (Kleinknecht/Meyer-Goßner, a.a.O, § 81e RdNrn. 4 und 5). Führt die Untersuchung unvermeidbar zur Feststellung solcher Informationen, dürfen sie nicht verwertet werden (Kleinknecht/Meyer-Goßner, a.a.O., § 81e RdNrn. 4).

„Nach § 81e Abs. 1 Satz 1 der Strafprozessordnung dürfen molekulargenetische Untersuchungen im Strafverfahren durchgeführt werden, soweit sie zur Feststellung der Abstammung und der Tatsache, ob aufgefundenes Spurenmaterial von dem Beschuldigten oder Verletzten stammt, **erforderlich** sind. Damit wird der Zweck der Maßnahme abschließend festgestellt. Aus dem Prinzip der Erforderlichkeit folgt, dass die Maßnahme unzulässig ist bei Straftaten, bei deren Ausführung der Täter keine Körperzellen absondert und hinterlässt (so z.B. beim Verbrechen des Meineids nach § 154 StGB).

In der Regel geht es um die Erhärtung des Tatverdachtes (den Beweis der Täterschaft) oder um den Ausschluss des Verdachtes. Ist die genetische Struktur des an einem Opfer oder an einem Tatort aufgefundenen Materials mit der des Verdächtigen gleich, ist der Tatverdacht dringend.

Frl. Schön wollte nach einem Streit mit ihrem Freund per Anhalter nach Hause fahren. Auf ihre Zeichen hin hielt ein Pkw, besetzt mit zwei jungen Männern. Die Unbekannten ließen sie einsteigen. Auf dem Weg in Richtung des gewünschten Zieles fuhr der Fahrer plötzlich auf einen unbeleuchteten Parkplatz. Dort fielen die beiden Männer plötzlich über die junge Frau her und vergewaltigten sie. Danach ergriffen die Täter die Flucht. Die völlig benommene und verstörte Geschädigte teilte den Vorfall sofort der Polizei mit. Die Ermittlungsbeamtin, Frau Kriminal-hauptkommissarin Heider, fand an der Kleidung von Frl. Schön Sperma-Spuren und sicherte sie. Bei den weiteren Ermittlungen - insbesondere aufgrund einer Licht-bildvorlage - gerieten 13 verschiedene Männer, auf die die Personenbeschreibung zutraf und die Ähnlichkeit mit den Tätern hatten, in den Kreis der Verdächtigen. Ihnen wurden zum Zwecke einer DNA-Analyse Speichelproben entnommen. Die auf richterliche Anordnung durchgeführte Analyse des Spermas und des Speichels führte zur Ergreifung der Täter.

Die Übereinstimmung des bei einem Opfer gefundenen Spurenmaterials mit der genetischen Struktur des Verdächtigen kann aber nicht in jedem Fall den abschließenden Beweis erbringen, denn die DNA-Analyse enthält lediglich eine statistische Aussage und macht eine Würdigung aller Beweisumstände nicht überflüssig (Kleinknecht/Meyer-Goßner, a.a.O, § 81e RdNr. 2), denn das Opfer eines Sexualmörders kann z. B. zuvor auch Kontakt mit einem anderen gehabt haben, der seine Spuren hinterließ.

Die Prostituierte Warmherz wurde regelmäßig von dem Prokuristen Schwarz besucht, so auch am heutigen Tage. Nach verrichtetem Werk verabschiedete sich Schwarz herzlich bei ihr mit den Worten: "Bis nächste Woche". Dann ging er. Der nächste Besucher ermordete Frau Warmherz. Bei den Ermittlungen fanden die Beamten am Körper der Leiche ein Haar, dass aufgrund einer DNA-Analyse eindeutig dem Schwarz zugeordnet werden konnte. Schwarz war aber nicht der Täter. Der Fall zeigt, dass weitere Beweiserhebungen unerlässlich sind.

**Adressaten** der Maßnahme sind der **Beschuldigte und der Verletzte** (§ 81e Abs. 1 Satz 1 StPO). Die Untersuchung darf sich jedoch auch auf **Dritte** (nämlich alle von § 81c StPO erfassten Personen) richten. In dem Fall geht es um Klärung der Frage, *„von wem beim Beschuldigten oder beim Tatopfer vorgefundenes Spurenmaterial herstammt. Danach sind sog. Reihenuntersuchungen zur Feststellung des Täters einer Straftat zulässig"* (Kleinknecht/Meyer-Goßner, a.a.O., § 81e, RdNr. 6).

## 1.2   Rechtsfolge

Rechtsfolge ist die **genetische Untersuchung** vorhandenen Körpermaterials. In der Regel ist die Maßnahme auf Erstellung eines DNA-Profils gerichtet. Das Ergebnis ermöglicht

- die Zuordnung von biologischen Tatortspuren zu Personen
- die Zuordnung von Personen zu Tatortspuren
- die Zuordnung von Tatortspuren zu Tatortspuren
- die Zuordnung von Personen zu Personen.

Die Untersuchung ist entsprechend § 81f Abs. 2 StPO bestimmten Sachverständigen zu übertragen.

## 2. Verfahrensvorschriften

Während die Entnahme von Körperzellen nach § 81a StPO bei Gefahr im Verzug auch Hilfsbeamte der Staatsanwaltschaft anordnen dürfen (siehe 1. Abschnitt), unterliegt die **Untersuchung** dem **absoluten Richtervorbehalt** (§ 81 f StPO), denn mit DNA-Analysen wird tief in die Individualsphäre des Menschen eingegriffen. Zuständig ist der Ermittlungsrichter.

---

**§ 81f StPO Anordnung, Durchführung der Untersuchung (Auszug)**

**(1) Untersuchungen nach § 81e dürfen nur durch den Richter angeordnet werden. In der schriftlichen Anordnung ist der mit der Untersuchung zu beauftragende Sachverständige zu bestimmen.**
**(2) Mit der Durchführung der Untersuchung nach § 81e sind Sachverständige zu beauftragen, die öffentlich bestellt oder nach dem Verpflichtungsgesetz verpflichtet oder Amtsträger sind, die der ermittlungsführenden Behörde nicht angehören oder einer Organisationseinheit dieser Behörde angehören, die von der ermittlungsführenden Dienststelle organisatorisch und sachlich getrennt ist. Diese haben durch .....**

---

Die Verwendung der Körperzellen regelt § 81e Abs. 3 Satz 2 i.V.m. § 81a Abs. 3. Danach dürfen Blutproben und Körperzellen nur für das zu Grunde liegende oder andere (bereits) anhängige Strafverfahren verwendet werden. Das daraus erstellte **DNA-Profil des Beschuldigten** (nicht das anderer Personen!) ist jedoch auch für Zwecke der DNA-Identitätsfeststellung nach § 81g StPO verwendbar (siehe Bundestagsdrucksache 13/10791, S. 4 und 5 im Umkehrschluss).

## II. Molekulargenetische Untersuchungen zu erkennungsdienstlichen Zwecken

Mit § 81g StPO (i.V.m. § 2 DNA-Identitätsfeststellungsgesetz) wurde die Möglichkeit molekulargenetischer Untersuchungen auch für erkennungsdienstliche Zwecke geschaffen. Dabei handelt es sich um Vorschriften, die der Polizei die Wahrnehmung der Aufgabe zur Vorsorge für die Verfolgung künftiger Straftaten (§ 1 Abs. 1 Satz 2 PolG) ermöglichen. Vor diesem Hintergrund ist sie ein Fremdkörper in der StPO (Kleinknecht/Meyer-Goßner, a.a.O, 44. Auflage, § 81g RdNr. 1).

## 1. Ermächtigungsgrundlage

Als Ermächtigung ist § 81g StPO heranzuziehen

## § 81g StPO Identitätsfeststellung in künftigen Strafverfahren

(1) Zum Zwecke der Identitätsfeststellung in künftigen Strafverfahren dürfen dem Beschuldigten, der einer Straftat von erheblicher Bedeutung, insbesondere eines Verbrechens , eines Vergehens gegen die sexuelle Selbstbestimmung, einer gefährlichen Körperverletzung, eines Diebstahls in besonders schwerem Fall oder einer Erpressung verdächtig ist, Körperzellen entnommen und zur Feststellung des DNA-Identifizierungsmusters molekulargenetisch untersucht werden, wenn wegen der Art oder Ausführung der Tat, der Persönlichkeit des Beschuldigten oder sonstiger Erkenntnisse Grund zu der Annahme besteht, dass gegen ihn künftig erneut Strafverfahren wegen einer der vorgenannten Straftaten zu führen sind.

(2) Die entnommenen Körperzellen dürfen nur für die in Absatz 1 genannte molekulargenetische Untersuchung verwendet werden; sie sind unverzüglich zu vernichten, sobald sie hierfür nicht mehr erforderlich sind. Bei der Untersuchung dürfen andere Feststellungen als diejenigen, die zur Ermittlung des DNA-Identifizierungsmusters erforderlich sind, nicht getroffen werden; hierauf gerichtete Untersuchungen sind unzulässig.

(3)§ 81a Abs. 2 und § 81 f gelten entsprechend.

## § 2 DNA-IFG Regelung bezüglich Verurteilter

(1) Maßnahmen, die nach § 81g der Strafprozessordnung zulässig sind, dürfen auch durchgeführt werden, wenn der Betroffene wegen einer der in § 81g Abs. 1 der Strafprozessordnung genannten Straftaten rechtskräftig verurteilt oder nur wegen erwiesener oder nicht auszuschließender Schuldunfähigkeit, auf Geisteskrankheit beruhender Verhandlungsunfähigkeit oder fehlender oder nicht auszuschließender fehlender Verantwortlichkeit (§ 3 des Jugendgerichtsgesetzes) nicht verurteilt worden ist und die entsprechende Eintragung im Bundeszentralregister oder Erziehungsregister noch nicht getilgt ist.

(2) Für Maßnahmen nach Abs. 1 gelten die § 81 Abs. 2, §§ 81f und 162 Abs. 1 der Strafprozessordnung entsprechend.

(3) Bezüglich der in Absatz 1 genannten Personen gelten die §§ 131a und 131c der Strafprozessordnung entsprechend.

Die Vorschrift regelt **die Entnahme** und die **molekulargenetische Untersuchung** von Körperzellen allein zum Zwecke der Identitätsfeststellung in künftigen Strafverfahren (Bundestagsdrucksache 13/10791, S. 4).

## 1.1 Zulässigkeitsvoraussetzungen

§ 81g Abs. 1 StPO ist Ermächtigungsgrundlage für die Entnahme und Untersuchung von Körperzellen. Sie kommt zur **Feststellung der Identität in künftigen Strafverfahren** in Frage, wenn

- der Verdacht einer Straftat von erheblicher Bedeutung vorliegt,
- der Betroffene Beschuldigter (rechtskräftig Verurteilter, Schuld- oder Verhandlungsunfähiger – siehe unten) ist und
- die Gefahr der Wiederholung solcher Straftaten (von erheblicher Bedeutung) besteht.

Verlangt wird, dass der Maßnahme ein Verbrechen oder ein Vergehen der im Gesetz beispielhaft genannten Art oder ein anderes Vergehen zugrunde liegt, das mindestens dem mittleren Kriminalitätsbereich zuzurechnen ist (Bundestagsdrucksache 13/10791, S. 5), den Rechtsfrieden empfindlich stören und dazu geeignet ist, das Gefühl der Rechtssicherheit der Bevölkerung erheblich zu beeinträchtigen (BVerfG, Beschluss vom 14.12.2000, NJW 2001, S.880).

Schließlich ist der Eingriff nur zulässig, wenn die Gefahr neuer einschlägiger Straftaten besteht (Kleinknecht/Meyer-Goßner, a.a.O., § 81g, RdNr. 6). Anhaltspunkt für die Annahme der Gründe gibt das Gesetz selbst. Danach müssen die Art der Ausführung der Tat, die Persönlichkeit des Beschuldigten oder sonstige Erkenntnisse Grund zu der Annahme geben, dass gegen ihn künftig erneut Strafverfahren wegen einer der genannten Straftaten zu führen sein werden. Es muss also Wiederholungsgefahr bestehen. Wenn auch in Bezug auf die Wiederholungsgefahr keine erhöhte Wahrscheinlichkeit verlangt wird, setzt die Maßnahme gleichwohl voraus, dass die Gefahr der Wiederholung auf schlüssigen, verwertbaren und die Entscheidung nachvollziehbar dokumentierten Tatsachen beruht (BVerfG, Beschluss vom 14.12.2000, NJW 2001, S.881). Vorausgesetzt wird eine Einzelfallprüfung. In der Literatur wird die Auseinandersetzung mit der verfahrensgegenständlichen Tat, den vorhandenen Vorstrafen, eventuell einschlägigen Rückfällen, der Rückfallgeschwindigkeit, erfolgreichen oder fehlgeschlagenen Therapieversuchen und der persönlichen Situation des Beschuldigten im Zeitpunkt der Entscheidung für notwendig gehalten (Graalmann-Scheerer, a.a.O., S. 334). Eine wesentliche Informationsquelle sind die Erkenntnisse in den polizeilichen Kriminalakten und den justiziellen Registern (LG Göttingen, Begründung zum Beschluss vom 27.9.1999, NStZ 2000, S. 164). Dabei stellt das Gericht auf eine negative Gefahrenprognose ab.

*„Für die nach § 81g StPO erforderliche Gefahrenprognose genügt es, dass eine einschlägige Anlasstat vorliegt und nach den Umständen dieser Tat, der Persönlichkeit des Täters sowie sonstigen Umständen, etwa aufgrund weiterer Eintragungen im Bundeszentralregister, greifbare Anhaltspunkte dafür fehlen, dass es sich bei der Anlasstat um eine auf ganz besondere Lebensumstände zurückzuführende einmalige Entgleisung gehandelt hat"* (LG Göttingen, Begründung zum Beschluss vom 27.9.1999, NStZ 2000.*

Die Entnahme von Körperzellen und die molekulargenetische Untersuchung nach § 81g Abs. 1 StPO und § 2 Abs. 1 DNA-IFG unterliegt der engen **Zweckbindung**. Sie ist nur zur **Feststellung der Identität** zulässig.

**Adressat** der Maßnahme ist der **Beschuldigte**. Aber auch beim **bereits Verurteilten** oder bei schuldunfähigen oder verhandlungsunfähigen Personen sind solche Eingriffe zulässig (§ 2 DNA-IFG ergänzt die Ermächtigung in dieser Hinsicht; siehe auch Kleinknecht/Meyer-Goßner, a.a.O, § 81g RdNr. 10). Allerdings scheiden DNA-Analysen bei Kindern und anderen Personen (Tatopfern) aus.

## 1.2 Rechtsfolge

Rechtsfolge der Ermächtigung ist zunächst die Entnahme von Körperzellen. *„Die Entnahme wird idR durch einen Arzt nach den Regeln der ärztlichen Kunst (vgl. § 81I) vorgenommen werden müssen. Diese erfolgt in Form der Speichelprobe. Ist der Beschuldigte zur Mitwirkung nicht bereit, muss eine Blutprobe entnommen werden"* (Kleinknecht/Meyer-Goßner, a.a.O., § 81g RdNr. 3). In dieser Hinsicht ist der RdErl. des Innenministeriums, des Justizministeriums, des Ministeriums für Stadtentwicklung und Verkehr und des Ministeriums für Wissenschaft und Forschung über die Feststellung von Alkohol-, Medikamenten- und Drogeneinfluss bei Straftaten und Ordnungswidrigkeiten; Sicherstellung und Beschlagnahme von Führerscheinen 15.8.2000 (MBl. NRW. S. 934) von maßgebender Bedeutung. Danach kann eine Haarprobe durch Angehörige des Polizeidienstes entnommen werden (vgl. Gliederungsnummer 5 des genannten Erlasses).

Die Untersuchung der Körperzellen richtet sich nach § 81f StPO. Darauf weist § 81g Abs. 3 StPO hin. Entsprechend § 81f Abs. 2 ist sie bestimmten Sachverständigen zu übertragen.

Die Körperzellen dürfen nur für die Untersuchung verwendet werden ( §81g Abs. 2 StPO). Eine weitergehende Nutzung ist ausgeschlossen.

## 2. Allgemeine Rechtmäßigkeitsanforderungen

Vor dem Hintergrund der allgemeinen Rechtmäßigkeitsanforderungen (siehe Band I, 4. Kapitel, zweiter Abschnitt) ist besonders das Übermaßverbot zu beachten. Die Entnahme kommt nur im Rahmen der Erforderlichkeit in Betracht. **Die Entnahme von Körperzellen und die Untersuchung sind nur zulässig, wenn nicht bereits aufgrund einer Entnahme nach § 81a StPO oder aufgrund einer Untersuchung nach § 81e StPO ein ausreichendes DNA-Identifizierungsmuster vorliegt (Bundestagsdrucksache 13/ 10791, S. 4 und 5).**

## 3. Verfahrens- und Formvorschriften

§ 81g Abs. 3 StPO verweist auf § 81a Abs. 2 und § 81f StPO. Das bedeutet, dass

Polizeibeamte, die **Hilfsbeamte der Staatsanwaltschaft** sind, bei **Gefahr im Verzug** die **Entnahme von Körperzellen** zu erkennungsdienstlichen Zwecken nach § 81g StPO anordnen dürfen,

die Anordnung der **Untersuchung** allerdings uneingeschränkt dem **Richtervorbehalt** unterliegt. Eine Eilzuständigkeit der Staatsanwaltschaft und der Hilfsbeamten der Staatsanwaltschaft ist nicht vorgesehen (Kleinknecht/Meyer-Goßner, a.a.O, § 81f RdNr. 1).

Zuständig ist der Ermittlungsrichter. Das stellt § 2 Abs. 2 DNA-IFG mit dem Verweis auf § 162 Abs. 1 StPO abschließend klar.

*„Zuständigkeit für die Anordnung der DNA-Analyse*
*Die Entnahme von Körperzellen und deren molekulargenetische Untersuchung zur Feststellung des DNA-Identifizierungsmusters bilden zusammen eine enge Untersuchungshandlung. Für deren Anordnung ist der Ermittlungsrichter desjenigen Amtsgerichtes zuständig, in dessen Bezirk die Entnahme stattfinden soll; dies gilt auch dann, wenn beantragt ist, die Untersuchung der Körperzellen im Bezirk eines anderen Gerichtes vorzunehmen. "*
*BGH, Beschluss vom 2.2.200, NStZ 2000, S. 494.*

Die Körperzellen sind nach der Untersuchung unverzüglich zu vernichten. § 81g Abs. 2 StPO enthält das strenge Gebot der Vernichtung des gesamten entnommenen Materials (BVerfG, Beschluss vom 14.12.2000, NJW 2001, S. 879, **881**)

Eine Speicherung des DNA-Identifizierungsmusters und fernere Nutzung ist aufgrund des DNA-Identifizierungsgesetzes (§ 3 DNA-IFG) in der beim Bundeskriminalamt eingerichteten DNA-Identifizierungs-Datei zulässig. Die weitere Nutzung richtet sich auf den Abgleich des DNA-Identifizierungsmusters mit dem an einem Tatort oder Opfer gefundenen Körpermaterial.

# Dritter Abschnitt
# Leichenschau und Leichenöffnung
### (Überblick über die Rechtsgrundlagen)

---

Überblick
Vorbemerkungen
I.   Reguläres Verfahren im Umgang mit Verstorbenen.
II.  Verfahren im Falle eines nicht natürlichen Todes bzw. bei unbekannten Leichen

---

## Vorbemerkungen

Aus vielfältigen Gründen werden Polizeibeamte in ihrem Dienst mit Leichen konfrontiert. So werden Menschen z.b. vorsätzlich getötet, suchen Menschen den Freitod oder werden Opfer von Unfällen. Aber auch dann, wenn eine Person stirbt und der Arzt hinzugezogen wird, erfolgt eine Mitteilung an die Polizei, wenn durch ihn ein natürlicher Tod nicht zweifelsfrei festgestellt werden kann.

Der Umgang mit Leichen ist von eingriffsrechtlicher Relevanz. Bei der Zuordnung der **Eingriffsfrage** ist zu berücksichtigen, dass Leichenschau und Leichenöffnung den Körper des Toten betreffen. Ein Eingriff in ein postmortal andauerndes Persönlichkeitsrecht des Verstorbenen aus Art. 2 Abs. 1 GG in Verbindung mit Art. 1 Abs. 1 GG ist zwar nicht gänzlich abwegig, bislang jedoch durch die höchstrichterliche Rechtsprechung nicht bestätigt.

Nahe liegend ist, dass unmittelbar in Sorgerechte von Angehörigen als Ausfluss der allgemeinen Handlungsfreiheit im Sinne des Art. 2 Abs. 1 GG eingegriffen wird. Dabei dürfte auch dem Pietätsanspruch eine erhebliche Bedeutung zukommen.

Wird der Polizei der Tod eines Menschen bekannt, ist darüber zu entscheiden, ob im Anschluss an das reguläre Verfahren im Umgang mit Leichen die Benachrichtigung der StA nötig ist. Insoweit ist die Kenntnis des regulären Verfahrens Bedingung für die sachgerechte Entscheidung.

## I.   Reguläres Verfahren im Umgang mit Verstorbenen.

Die Frage, wie im Fall des Todes eines Menschen zu verfahren ist, richtet sich nach landesgesetzlichen Vorschriften. Das **Leichenwesen ist in den Bundesländern** aus verschiedenen Gründen, insbesondere aber zum Schutz der öffentlichen Sicherheit, **konsequent geregelt** (vgl. dazu in NRW die *Ordnungsbehördliche Verordnung über das Leichenwesen* vom 3.12.2000, GV. NRW S. 757 - hier in der Folge als Leichenwesen-VO bezeichnet). In diesem Verfahren ist eine ärztliche Leichenschau, die von derjenigen nach § 87 StPO (siehe unten) zu unterscheiden ist, zwingend vorgesehen.

Nach § 1 Abs. 2 der Leichenwesen-VO darf eine Leiche erst dann bestattet werden, wenn dem Standesamt die von einem Arzt ausgestellte Todesbescheinigung eingereicht worden ist und der Standesbeamte daraufhin die Eintragung des Sterbefalls vorgenommen hat.

Nach § 2 der VO sind zur **Beschaffung der ärztlichen Todesbescheinigung** und zur Bestattung die Angehörigen des Verstorbenen verpflichtet und im Umkehrschluss auch berechtigt. Angehörige in diesem Sinne sind der Ehegatte, die Abkömmlinge, die Eltern und die Geschwister.

Soweit solche Personen nicht vorhanden oder nicht "greifbar" sind, geht die Verpflichtung hilfsweise über

- auf denjenigen, in dessen Wohnung oder sonstiger Unterkunft sich der Todesfall ereignet hat,
- den Hauseigentümer oder -verwalter,
- auf den Anstaltsleiter, wenn der Tod in einer Anstalt eingetreten ist oder
- auf den Schiffsführer, wenn der Tod auf einem Schiff eingetreten ist.

Nach § 3 der Leichenwesen-VO darf der Arzt die Todesbescheinigung erst ausstellen, wenn er die Leiche persönlich besichtigt und untersucht hat (Leichenschau).

Der Arzt hat diese Leichenschau unverzüglich nach Erhalt der Anzeige über den Todesfall vorzunehmen. Falls kein anderer Arzt die Leichenschau vornimmt, ist sie von einem Arzt des für den Sterbe- oder Auffindungsort zuständigen Gesundheitsamtes durchzuführen.

Bei der o.g. allgemeinen ärztlichen Leichenschau ist insbesondere festzustellen,

1. ob der Tod eingetreten ist,
2. ob der Tote eines natürlichen Todes infolge einer bestimmten zu bezeichnenden Krankheit gestorben und wegen dieser Krankheit von einem Arzt behandelt worden ist oder ob Anzeichen einer gewaltsamen Todesart vorliegen,
3. aus welcher Ursache der Tod eingetreten ist und
4. ob Umstände vorliegen, die Maßnahmen zur Abwehr von Seuchen nach dem Bundesseuchengesetz erfordern.

Das Ergebnis dieser Untersuchung ist in die **Todesbescheinigung** einzutragen (§ 3 Abs. 5 der Leichenwesen-VO). Die unterschriebene und gestempelte Todesbescheinigung ist den Angehörigen oder den sonst zur Anzeige verpflichteten Personen unmittelbar im Anschluss an die Leichenschau zur Vorlage beim zuständigen Standesamt auszuhändigen. In den Fällen, in denen weitere Ermittlungen erforderlich sind, so dass sich die Ausfüllung des vertraulichen Teils der Todesbescheinigung verzögert, ist den zur Anzeige verpflichteten Personen die unterschriebene und gestempelte Durchschrift des offenen Teils der Todesbescheinigung für das Standesamt zu übergeben.

Einzelheiten zu Art und Aufbau der Todesbescheinigung regelt in NRW der RdErl. des Ministers für Arbeit, Gesundheit und Soziales v. 03.02.1986 (MBL.NW 242). So ist in der Todesbescheinigung u.a. zur **Todesursache** anzugeben, ob

- ein natürlicher Tod oder
- ein nicht natürlicher Tod

vorliegt oder

- ein natürlicher oder nichtnatürlicher Tod unbekannt (nicht genau feststellbar)sind.

**§ 1 Abs. 4 der Leichenwesen-VO enthält folgende wichtige Vorschrift: Sind Anhaltspunkte dafür vorhanden, dass jemand eines nicht natürlichen Todes gestorben ist, oder wird die Leiche eines Unbekannten gefunden, ist die Bestattung nur zulässig, wenn sie durch die Staatsanwaltschaft nach § 159 Abs. 2 StPO genehmigt worden ist.** Damit greift der Verordnungsgeber die bundesgesetzliche Regelung auf.

---

**§ 159 StPO   Anzeigepflicht bei Tötungsverdacht**

**(1) Sind Anhaltspunkte dafür vorhanden, dass jemand eines nicht natürlichen Todes gestorben ist, oder wird der Leichnam eines Unbekannten gefunden, so sind die Polizei- und Gemeindebehörden zur sofortigen Anzeige an die Staatsanwaltschaft oder an das Amtsgericht verpflichtet.**
**(2) Zur Bestattung ist die schriftliche Genehmigung der Staatsanwaltschaft erforderlich.**

---

## II.   Verfahren im Falle eines nicht natürlichen Todes bzw. bei unbekannten Leichen

**Nicht natürlich** ist der durch Selbstmord, Unfall, durch eine rechtswidrige Tat oder sonst durch Einwirkung von außen herbeigeführte Tod. "Der Tod nach Operation fällt nur unter § 159 StPO, wenn wenigstens entfernte konkrete Anhaltspunkte für einen Kunstfehler oder für sonstiges Verschulden des behandelnden Personals vorliegen" (vgl. Kleinknecht/Meyer-Goßner, a.a.O., § 159 StPO, RdNr. 2, m.w.N.). "Ein nicht natürlicher Tod liegt vor, wenn das Ableben nicht alters- oder krankheitsbedingt erklärt werden kann, sondern unabhängig vom körperlichen Zustand auf äußere Einwirkungen oder Ereignisse zurückzuführen ist. Ob tatsächlich eine vorsätzliche oder fahrlässige Tötung oder eine Selbsttötung vorliegt, lässt sich vielfach nicht von vornherein sagen. Es genügt bereits der Verdacht, dass kein natürlicher Tod gegeben ist..." (Schulz/Händel ,a.a.O., § 159, RdNr. 5).

**Unbekannt ist ein Toter**, der nicht sofort identifiziert werden kann. "Stirbt eine nicht identifizierte Person nach längerer Behandlung im Krankenhaus, so wird ihr Leichnam nicht "gefunden"; anders, wenn jemand unter den Augen anderer gestorben ist, aber eine sofortige Identifizierung nicht möglich ist" (Kleinknecht/Meyer-Goßner, a.a.O., § 159 StPO, RdNr. 3, m.w.N.).

Auch für die **Polizei** ergibt sich die Verpflichtung, im Falle des nicht natürlichen Todes und für den Fall, dass ein Verstorbener unbekannt ist, die Staatsanwaltschaft unverzüglich zu informieren (§ 159 StPO) und die erforderlichen Maßnahmen zur Sicherung des objektiven und subjektiven Beweises zu treffen.

Soweit **unklar ist, ob** ein **natürlicher oder** ein **unnatürlicher Tod** vorliegt, richten sich ihre Ermittlungen auf eine Verifizierung. Das ist häufig z.B. dadurch möglich, dass

- die Leiche eingehend in Augenschein genommen wird (Erforschung nach Hinweisen auf Fremdverschulden),
- der mit der Leichenschau nach der Leichenwesen-VO befasste Arzt konsultiert wird und
- der zuletzt behandelnde Arzt befragt, ggf. hinzugezogen wird.

Durch diese Maßnahmen kann gerade in den Fällen der so genannten "Notarztleichen" eine weitgehende Klärung erfolgen, so dass durch den Arzt häufig die tatsächlich vorliegende natürliche Todesursache bescheinigt werden kann.

Aber auch zur anderen Seite hin können sich aus diesen Ermittlungen verstärkte Anhaltspunkte für einen nicht natürlichen Tod ergeben, so dass die unverzügliche Benachrichtigung der Staatsanwaltschaft notwendig wird.

---

**§ 87 StPO   Leichenschau, Leichenöffnung**

**(1) Die Leichenschau wird von der Staatsanwaltschaft, auf Antrag der Staatsanwaltschaft auch vom Richter, unter Zuziehung eines Arztes vorgenommen. Ein Arzt wird nicht zugezogen, wenn dies zur Aufklärung des Sachverhaltes offensichtlich entbehrlich ist.**

**(2) Die Leichenöffnung wird von zwei Ärzten vorgenommen. Einer der Ärzte muss Gerichtsarzt oder Leiter eines öffentlichen gerichtsmedizinischen oder pathologischen Instituts oder ein von diesem beauftragter Arzt des Instituts mit gerichtsmedizinischen Fachkenntnissen sein. Dem Arzt, welcher den Verstorbenen in der dem Tod unmittelbar vorausgegangenen Krankheit behandelt hat, ist die Leichenöffnung nicht zu übertragen. Er kann jedoch aufgefordert werden, der Leichenöffnung beizuwohnen, um aus der Krankheitsgeschichte Aufschlüsse zu geben. Die Staatsanwaltschaft kann an der Leichenöffnung teilnehmen. Auf ihren Antrag findet die Leichenöffnung im Beisein des Richters statt.**

**(3) Zur Besichtigung oder Öffnung einer schon beerdigten Leiche ist ihre Ausgrabung statthaft.**

**(4) Die Leichenöffnung und die Ausgrabung einer beerdigten Leiche werden vom Richter angeordnet; die Staatsanwaltschaft ist zu der Anordnung befugt, wenn der Untersuchungserfolg durch Verzögerung gefährdet würde. Wird die Ausgrabung angeordnet, so ist zugleich die Benachrichtigung eines Angehörigen des Toten anzuordnen, wenn der Angehörige ohne besondere Schwierigkeiten ermittelt werden kann und der Untersuchungszweck durch die Benachrichtigung nicht gefährdet wird.**

**§ 87 StPO regelt die ermittlungsorientierte Leichenschau, die Leichenöffnung und schließlich auch die Ausgrabung** (Exhumierung). Das Verfahren ist beschleunigt durchzuführen, weil nur so eventuelle materielle Beweise vor Verlust oder Verfall geschützt werden können.

Die **Leichenschau** nach dieser Norm ist die Einnahme eines Augenscheins durch Besichtigung der Leiche ohne deren Öffnung.

Die **Leichenöffnung** ist die in der Regel nach Identifizierung des Toten durchgeführte Untersuchung des Innern der Leiche zur Klärung der Todeszeit und Todesursache.

**Exhumierung** ist die Ausgrabung einer bereits beerdigten Leiche.

## 1. Ermächtigungsgrundlagen

Die Zulässigkeitsvoraussetzungen für die Leichenschau oder Leichenöffnung sind aus § 87 und § 159 StPO herzuleiten. Dabei ist der Grundsatz der Verhältnismäßigkeit, namentlich der Erforderlichkeit, besonders zu berücksichtigen. Konkretisierende Einzelheiten hierzu ergeben sich insoweit aus den ermessensbindenden Vorschriften der RiStBV, Nr. 33:

> **(1)** Sind Anhaltspunkte dafür vorhanden, dass jemand eines nicht natürlichen Todes gestorben ist oder wird die Leiche eines Unbekannten gefunden, so prüft der Staatsanwalt, ob eine Leichenschau oder eine Leichenöffnung erforderlich ist. Eine Leichenschau wird regelmäßig schon dann nötig sein, wenn eine Straftat als Todesursache nicht von vornherein ausgeschlossen werden kann. Die Leichenschau soll möglichst am Tat- oder Fundort der Leiche durchgeführt werden.
> **(2)** Lässt sich auch bei der Leichenschau eine Straftat als Todesursache nicht ausschließen oder ist damit zu rechnen, dass die Feststellungen später angezweifelt werden, so veranlasst der Staatsanwalt grundsätzlich die Leichenöffnung. Das gilt namentlich bei Sterbefällen von Personen, die sich in Haft oder sonst in amtlicher Verwahrung befunden haben.

**Vorausgesetzt wird danach, dass**

- **Anzeichen für einen nichtnatürlichen Tod vorliegen**
- **oder**
- **die Leiche eines Unbekannten gefunden wird**
**und**
- **die Leichenschau oder die Leichenöffnung erforderlich sind.**

## 1.1 Leichenschau

Die Anordnung und die Durchführung der Leichenschau (§ 87 Abs. 1 StPO) erfolgen grundsätzlich durch den Staatsanwalt. Eine richterliche Anordnung ist nicht erforderlich. Dazu wird ein Arzt hinzugezogen, es sei denn, dass dies zur Aufklärung des Sachverhaltes offensichtlich nicht geboten ist, z.b. weil die Todesursache schon geklärt ist. Der Arzt ist Sachverständiger, muss aber nicht Gerichts- oder Amtsarzt sein.

Die staatsanwaltschaftliche Leichenschau ist die Regel. Die StA kann - bei Vorliegen entsprechender Gründe (z.b. besondere Bedeutung der Sache) nach § 162 StPO die **Durchführung der Leichenschau durch den zuständigen Richter** beantragen. Dazu bestimmt **Nr. 33, Abs. III der RiStBV:**

> **Die Leichenschau nimmt in der Regel der Staatsanwalt vor. Die Vornahme der Leichenschau durch den Richter und die Anwesenheit des Richters bei der Leichenöffnung sollen nur beantragt werden, wenn dies aus besonderen Gründen, etwa um die Verlesung der Niederschrift nach § 249 StPO zu ermöglichen, erforderlich ist. Der Richter muss dem Antrag folgen, wenn die Leichenschau rechtlich zulässig ist.**

**Ohne staatsanwaltschaftlichen Antrag** kommt die richterliche Leichenschau nur in Betracht, wenn dem Richter nach § 159 StPO ein unnatürlicher Todesfall gemeldet wurde und er unter den Voraussetzungen des § 165 StPO als "Notstaatsanwalt" handelt.

Der Staatsanwalt - bzw. der Richter als Notstaatsanwalt - darf auch Polizeibeamte als Hilfsbeamte der Staatsanwaltschaft hinzuziehen und diesen Ermittlungsaufträge erteilen.

Zur staatsanwaltschaftlichen Leichenschau ist ein **Aktenvermerk erforderlich** (§ 168b I StPO). Für die richterliche Leichenschau gelten die §§ 168, 168a StPO. Das Protokoll muss nach § 168a Abs. 3 S. 3 auch von dem zugezogenen Arzt, dessen Ausführungen zu bekunden sind, unterzeichnet werden

Für die Leichenschau gilt nach Nr. 36 RiStBV das **Beschleunigungsgebot** (siehe unten unter Hinweise).

Eine unbekannte Leiche ist zu identifizieren. Die Pflicht wird zwar mit § 88 StPO nicht direkt begründet, folgt aber aus den Umständen und der Pflicht zur umfassenden Aufklärung einer Sache. Die **Identifizierung** ist *„auch erforderlich, wenn eine Leiche nicht geöffnet wird"* (Kleinknecht/Meyer-Goßner, a.a.O., § 88 RdNr. 1).

## 1.2 Leichenöffnung

Die Anordnung der Leichenöffnung (§ 87 Abs. 2 StPO) steht nach § 87 Abs. 4 StPO grundsätzlich dem Richter zu. Die Staatsanwaltschaft hat ein Anordnungsrecht bei Gefahr im Verzuge (wenn der Untersuchungserfolg durch Verzögerung gefährdet würde).

Eine Leiche ist vor der Öffnung zu identifizieren.

---

**§ 88 StPO   Identifizierung der Leiche**

**Vor der Leichenöffnung ist, wenn nicht besondere Hindernisse entgegenstehen, die Persönlichkeit des Verstorbenen, insbesondere durch Befragung von Personen, die den Verstorbenen gekannt haben, festzustellen. Ist ein Beschuldigter vorhanden, so ist ihm die Leiche zur Anerkennung vorzuzeigen.**

---

Die Norm ist nicht Voraussetzung der Leichenöffnung.

Zulässig sind neben der Befragung von Auskunftspersonen auch andere Mittel der Identifizierung (z.B. ED-Behandlung).

**Den Umfang der Leichenöffnung bestimmt § 89 StPO.**

---

**§ 89 StPO   Umfang der Leichenöffnung**

**Die Leichenöffnung muss sich, soweit der Zustand der Leiche dies gestattet, stets auf die Öffnung der Kopf-, Brust- und Bauchhöhle erstrecken.**

---

Stets ist die Öffnung der vorgenannten Körperhöhlen erforderlich. Das gilt auch dann, wenn der Arzt bereits nach der Öffnung einer Körperhöhle die Todesursache glaubt feststellen zu können.

Nach **Nr. 35 der RiStBV** hat der Staatsanwalt darauf hinzuwirken, dass bei der Leichenöffnung Blut- und Harnproben, Mageninhalt oder Leichenteile entnommen werden, falls es möglich ist, dass der Sachverhalt durch deren eingehende Untersuchung weiter aufgeklärt werden kann.

**Für Kindesleichen ist zusätzlich § 90 StPO zu beachten.**

> **§ 90 StPO  Öffnung einer Kindesleiche**
>
> Bei Öffnung der Leiche eines neugeborenen Kindes ist die Untersuchung insbesondere auch darauf zu richten, ob es nach oder während der Geburt gelebt hat, und ob es reif oder wenigstens fähig gewesen ist, das Leben außerhalb des Mutterleibes fortzusetzen.

Diese Vorschrift ist insbesondere für die Zurechnung in einem Strafverfahren wegen des Verdachtes einer Straftat nach den §§ 211, 212, 217, 222 StGB bedeutsam. Wichtig kann sie aber auch z.B. hinsichtlich des Nachweises eines ärztlichen Kunstfehlers sein.

Das Vorzeigen der Leiche ist eine Sollvorschrift. Wird dem Täter in diesem Rahmen die Leiche vorgelegt, handelt es sich auch dann nicht um eine unrechtmäßige Beeinflussung der Aussagefreiheit im Sinne des § 136a StPO, wenn das die Geständnisbereitschaft des Beschuldigten fördert. "Nur, wenn mit dem Vorzeigen der Leiche nicht die "Anerkennung", sondern die Ablegung eines Geständnisses erreicht werden soll, ist § 136a StPO verletzt" (Kleinknecht/Meyer-Goßner, a.a.O., § 88 StPO, RdNr. 2, m.w.N.).

**Die Durchführung der Leichenöffnung erfolgt durch zwei Ärzte** (§ 87 Abs. 2 StPO), von denen einer Gerichtsarzt oder Leiter eines öffentlichen gerichtsmedizinischen oder pathologischen Instituts oder ein von diesem beauftragter Arzt des Instituts mit gerichtsmedizinischen Fachkenntnissen sein muss. Diese Ärzte müssen ununterbrochen anwesend sein. Zu den bezeichneten Instituten gehören auch Universitätsinstitute, nicht aber die Abteilungen für Pathologie der öffentlichen Krankenanstalten. **Der behandelnde Arzt ist von der Mitwirkung ausgeschlossen.** In diesem Kontext ist auch **Nr. 37 der RiStBV** zu beachten. Darin wird besonders die Leichenöffnung in Krankenhäusern thematisiert.

> Besteht der Verdacht, dass der Tod einer Person, die in einem Krankenhaus gestorben ist, durch eine Straftat verursacht wurde, so haben der Staatsanwalt und seine Hilfsbeamten darauf hinzuwirken, dass die Leiche nicht von den Krankenhausärzten geöffnet wird. Da die Krankenhausärzte indes an der Leichenöffnung vielfach ein erhebliches wissenschaftliches Interesse haben, empfiehlt es sich, ihnen die Anwesenheit zu gestatten, sofern nicht gewichtige Bedenken entgegenstehen. Hat das Krankenhaus einen pathologisch besonders ausgebildeten Arzt zur Verfügung, so kann es zweckmäßig sein, auch ihn zu der Leichenöffnung zuzuziehen.

Die **Teilnahme des Staatsanwaltes an der Leichenöffnung** steht in dessen pflichtgemäßem Ermessen.

> **Nr. 33 Abs. IV der RiStBV bestimmt hierzu:**
>
> **Der Staatsanwalt nimmt an der Leichenöffnung nur teil, wenn er dies nach seinem pflichtgemäßem Ermessen im Rahmen einer umfassenden Sachaufklärung für geboten erachtet. Eine Teilnahme des Staatsanwaltes wird in der Regel in Betracht kommen in Kapitalsachen, nach tödlichen Unfällen zur Rekonstruktion des Unfallgeschehens, bei Todesfällen durch Schusswaffengebrauch im Dienst, bei Todesfällen im Vollzug freiheitsentziehender Maßnahmen oder in Verfahren, die ärztliche Behandlungsfehler zum Gegenstand haben.**

Der Staatsanwalt kann auch Hilfsbeamte hinzuziehen oder sie ausschließlich mit der Teilnahme beauftragen. Zudem kann er auch andere Sachverständige hinzuziehen oder ergänzende Aufträge erteilen. Das ist z.B. im Hinblick auf § 91 StPO bedeutsam:

> **§ 91 StPO   Vergiftungsverdacht**
>
> **(1) Liegt der Verdacht einer Vergiftung vor, so ist die Untersuchung der in der Leiche oder sonst gefundenen verdächtigen Stoffe durch einen Chemiker oder durch eine für solche Untersuchungen bestehende Fachbehörde vorzunehmen.**
> **(2) Es kann angeordnet werden, dass diese Untersuchung unter Mitwirkung oder Leitung eines Arztes stattzufinden hat.**

Die **Leichenöffnung ist zu protokollieren.** Für den Staatsanwalt gilt § 168b StPO. Wirkt ein Richter mit, so gelten die §§ 168, 168a StPO. Das Protokoll ist auch von den Ärzten zu unterzeichnen. Die Ärzte und sonstigen Sachverständigen erstellen ein schriftliches Gutachten.

Für die Leichenöffnung gilt nach **Nr. 36 RiStBV** das **Beschleunigungsgebot (siehe unten 2.).**

## 1.3   Ausgrabung

Die Ausgrabung (Exhumierung) einer Leiche erfolgt, wenn die Voraussetzungen für eine Leichenschau vorliegen, die Leiche aber bereits bestattet ist. Für die Ausgrabung einer Leiche ist nach § 87 Abs. 3, 4 StPO der Richter anordnungsbefugt. Der Staatsanwaltschaft steht die Anordnung nur bei Gefahr im Verzug zu.

Bei der Ausgrabung einer Leiche sollte einer der Obduzenten anwesend sein. Liegt der Verdacht einer Vergiftung vor, so ist das Mittelstück der Bodenfläche des Sarges herauszunehmen und aufzubewahren; von dem Erdboden, auf dem der Sarg stand, und von dem gewachsenen Boden der Seitenwände des Grabes sind zur chemischen Untersuchung und zum Vergleich Proben zu entnehmen. In solchen Fällen empfiehlt es sich, zur Ausgrabung und zur Sektion der Leiche den chemischen Sachverständigen eines Untersuchungsinstitutes hinzuzuziehen, damit er die Aufnahme von Erde, Sargschmuck, Sargteilen, Kleidungsstücken und Leichenteilen selbst vornehmen kann.

Wird die Ausgrabung angeordnet, so ist nach § 87 Abs. 4 StPO zugleich die **Benachrichtigung eines Angehörigen** des Toten anzuordnen, wenn der Angehörige ohne Schwierigkeiten ermittelt werden kann und der Untersuchungszweck durch die Benachrichtigung nicht gefährdet wird.

Besondere Ermittlungshandlungen zur Feststellung von Angehörigen sind nicht erforderlich (z.B. keine Bekanntmachung in Publikationsorganen). Der Untersuchungszweck kann insbesondere gefährdet sein, wenn der Angehörige selbst tatverdächtig ist oder die Gefahr besteht, dass er Tatverdächtige informiert.

## 2. Hinweise

2.1 Wird die **Leiche** nicht freiwillig zur Verfügung gestellt, so muss sie nach § 94 StPO beschlagnahmt werden.

2.2 Sowohl für die Leichenschau als auch für die Leichenöffnung gilt nach **Nr. 36 RiStBV** das **Beschleunigungsgebot.**

(I) Leichenschau und Leichenöffnung sind mit größter Beschleunigung herbeizuführen, weil die ärztlichen Feststellungen über die Todesursache auch durch geringe Verzögerungen an Zuverlässigkeit verlieren können.
(II) Dies gilt besonders bei Leichen von Personen, die möglicherweise durch elektrischen Strom getötet worden sind; die durch Elektrizität verursachten Veränderungen werden durch Fäulniserscheinungen rasch verwischt. In der Regel wird es sich empfehlen, bereits bei der Leichenöffnung einen auf dem Gebiet der Elektrotechnik erfahrenen Sachverständigen zu beteiligen. In den Fällen, in denen eine Tötung durch elektrischen Strom wahrscheinlich ist, können Verletzungen oder andere Veränderungen oft gar nicht oder nur von einem besonders geschulten Sachverständigen festgestellt werden, daher kann es ferner geboten sein, in schwierig zu deutenden Fällen außer dem elektrotechnischen Sachverständigen nach Anhörung des Gerichtsarztes auch einen erfahrenen Pathologen zu der Leichenöffnung hinzuzuziehen.

**2.3** Leichenschau, Leichenöffnung und Exhumierung im oben genannten Sinne sind keine der **Polizei** zustehenden Befugnisse. Sie wirkt daran ggf. im Auftrage mit. Unbeschadet dieser Regelungen hat die Polizei jedoch alle notwendigen Maßnahmen im Rahmen ihrer Zuständigkeiten nach den §§ 1 Abs. 4 PolG, 10 POG, 159, 161 und 163 StPO zu treffen.

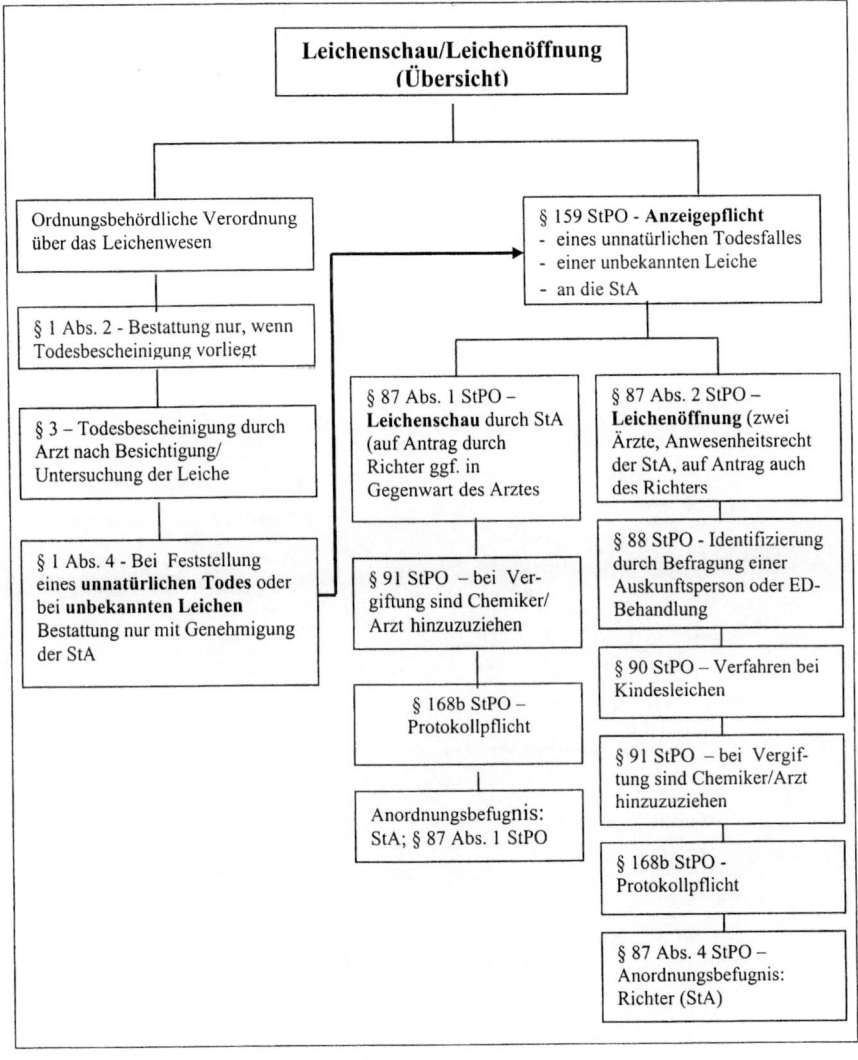

# 9. Kapitel
# Die Durchsuchung

Übersicht
Vorbemerkungen       (Begriffsbestimmungen)
Erster Abschnitt     Durchsuchung zur Gefahrenabwehr
Zweiter Abschnitt    Durchsuchung zur Strafverfolgung/Ordnungswidrigkeitenverfolgung

## Vorbemerkungen (Begriffsbestimmungen)

Im Rahmen ihrer Aufgabenerfüllung wird die Polizei häufig mit Sachverhalten konfrontiert, die es erfordern, dass sie Personen oder Sachen durchsucht (ggf. auch Sachen betritt) oder Wohnungen betritt und durchsucht.

a) Der Bauer Kohl (K.) "fährt mit seinem Trecker Schlangenlinien". Als das PK Altig (A.) beobachtet, der als Fahrradstreife eingesetzt ist, verfolgt er das landwirtschaftliche Fahrzeug. K. fährt mit seinem Trecker auf eine ihm gehörende, naheliegende Bullenweide. Um ihn überprüfen zu können, muss A. ihm dorthin folgen.

b) In einem Ermittlungsverfahren wegen des Verdachts der Hehlerei soll das Geschäft des Gebrauchtwarenhändlers Gustav Klaukauf (K.) durchsucht werden. Es wird vermutet, dass er dort entwendete Radiokassettenrekorder lagert.

c) In einer lauen Sommernacht versammelt Egon Saufgern (S.) seine Freunde zu einer Grillparty in seiner Gartenlaube. Gegen 02.00 Uhr wird die Polizei durch Heinzbert Gestört (G.) verständigt. Er beschwert sich über den ruhestörenden Lärm. Die Polizeibeamten Koloß und Klein gehen auf das Grundstück und fordern (S.) auf, die Musikanlage leiser zu stellen.

d) Polizeibeamte beobachten in der Innenstadt von S. einen Rauschgiftdeal. Der Käufer steckt offensichtlich ein Heorintütchen in die Innentasche seiner Jacke, der Verkäufer verstaut das dafür erhaltene Geld in eine Hosentasche. Polizeibeamte durchsuchen beide, um sowohl das Geld als auch das Heroin aufzufinden.

Die **Anlässe** für solche Maßnahmen können sehr unterschiedlich sein (allgemeine Kontrolle zur Gefahrenabwehr, Gefahrenabwehr aufgrund konkreter Veranlassung, Strafverfolgung, Ordnungswidrigkeitenverfolgung). Soweit eine Durchsuchung **zur Identitätsfeststellung** oder an Kontrollstellen erfolgt, sind die Ausführungen im 2. Kapitel, Zweiter und Siebenter Abschnitt zu beachten.

**Mit der Durchsuchung werden unterschiedliche Grundrechte belastet/eingeschränkt.**

Die **Durchsuchung einer Person** ist das Ziel gerichtete Suchen nach körperfremden Gegenständen, die in der getragenen Kleidung oder am Körper (einschließlich der "ohne weiteres" erreichbaren natürlichen Körperhöhlen Mund, Ohren, Achseln, After, Scheide) oder in den Haaren versteckt sind. Soweit sie ohne Zustimmung des Betroffenen erfolgt, wird in dessen allgemeines Persönlichkeitsrecht aus Art. 2 Abs. 1 GG eingegriffen. Gleichzeitig wird ggf. die Bewegungsfreiheit der Person im Sinne des Art. 2 Abs. 2 GG i.V.m. Art. 104 Abs. 1 GG für die Dauer der Durchsuchung beschränkt. Die Durchsuchung von Kleidungsstücken, die der Betroffene am Körper trägt, ist zugleich eine Konkretisierung der Inhalts- und Schrankenbestimmung des Eigentums im Sinne des Art. 14 Abs. 1 GG.

a) KK Schnell sieht, dass ein Fußballfan ein Messer in seine Jackentasche steckt und gerade in das Stadion gehen will. Er fordert den Mann auf, stehen zu bleiben. Nachdem dieser sich weigert, das Messer herauszugeben, ordnet er an, der Mann habe seine Durchsuchung zur Gefahrenabwehr zu dulden (VA i.S.d. § 35 VwVfG).

b) Die Durchsuchung eines Tatverdächtigen wegen des Verdachtes des Rauschgiftbesitzes wird durch Justiz-Verwaltungsakt als Duldungsverfügung angeordnet.

c) PK Opfer durchsucht die Jacke eines bewusstlosen Mannes nach Hinweisen auf die Ursache der Bewusstlosigkeit. Diese Durchsuchung zur Gefahrenabwehr ist ein faktischer Rechtseingriff.

**Abgrenzungsfragen** treten im Hinblick auf die **Durchsuchung einer Person** zur körperlichen Untersuchung sowie zu den Eingriffen im Rahmen der **erkennungsdienstlichen Behandlung** auf.

Die **körperliche Untersuchung** ist darauf ausgerichtet, den Zustand oder die Verfassung einer Person festzustellen, nach Spuren oder Tatfolgen am Körper einer Person zu suchen oder nach versteckten körperfremden Gegenständen in den nicht ohne weiteres erreichbaren Körperöffnungen oder im Innern des Körpers zu suchen (vgl. dazu 8. Kapitel). Das aber ist keineswegs unbestritten. Rachor (in Lisken/Denniger, a.a.O., 2. Auflage, S. 357, RdNr. 345) bestreitet, dass die Suche nach körperfremden Gegenständen in den "ohne weiteres erreichbaren Körperhöhlen" von der Durchsuchungsbefugnis gedeckt ist.

a) Krawall (K.) misshandelt und verprügelt seine Frau. Nachbarn holen die Polizei zur Hilfe. Ohne weiteres ist erkennbar, dass sie eine blutende Nase und ein geschwollenes Auge hat. Offenbar wurde aber auch ihr rechter Arm verletzt, den sie nur angewinkelt hält. Gegen ihren Willen schiebt eine Polizeibeamtin den Pulliärmel der Frau K. hoch und betrachtet die Verletzung am Arm (blaue Flecken, Schwellung). Die Wahrnehmung der ohne weiteres erkennbaren Gesichtsverletzungen stellt weder eine Durchsuchung noch eine körperliche Untersuchung dar. Die Suche nach Spuren der Tat am Körper - hier dem Arm - hingegen ist eine körperliche Untersuchung im Sinne des § 81c StPO und nur nach den dort genannten Voraussetzungen zulässig. Es geht nicht darum, körperfremde Gegenstände zu finden, sondern darum, den Körper zur Beweissicherung zu untersuchen.

b) In der Drogenszene in D. stellen Polizeibeamte einen Dealer auf frischer Tat. Zur Auffindung weiteren versteckten Rauschgiftes durchsuchen sie ihn. Dabei betrachten sie auch den After. Hierbei handelt es sich um eine Durchsuchung nach § 102 StPO, weil es um die Auffindung eines körperfremden Gegenstandes geht, der in einer natürlichen, ohne weiteres einsehbaren Körperöffnung versteckt ist.

c) Erneut schreiten Polizeibeamte in der Drogenszene von D. ein. Als ein Dealer die Beamten erblickt, schluckt er schnell einige "Heroinbobbel" (Folien) herunter. Die Beamten ordnen die Entnahme des Rauschgiftes durch einen medizinischen Eingriff im Städtischen Krankenhaus von D. an. In diesem Fall liegt deshalb ein körperlicher Eingriff vor, weil es um das Auffinden eines körperfremden Stoffes im Körperinneren geht. Die Maßnahmen ist nur unter Beachtung der Voraussetzungen des § 81a StPO zulässig.

Im Rahmen der **erkennungsdienstlichen Behandlung** (vgl. 2. Kapitel, Vierter Abschnitt) ist der Körper ebenfalls Augenscheinsobjekt. Hier geht es allerdings darum, dauerhafte körperliche Merkmale festzustellen, die eine Identifizierung aus Gründen der Gefahrenabwehr oder Strafverfolgung oder die Überführung in einem Strafprozess oder Ordnungswidrigkeitenverfahren ermöglichen sollen.

Ein Vergewaltigungsopfer beschreibt in ihrer Zeugenvernehmung eine auffällige Seeadlertätowierung auf dem Bauch des Täters. Die Polizei recherchiert in ihren ED-Unterlagen und findet einen Hinweis darauf, dass der Hubert Zottel (Z.) eine solche Tätowierung bei seiner erkennungsdienstlichen Behandlung vor zwei Jahren besaß. Soweit dieses Merkmal bei Z. gesucht wird, handelt es sich um eine ED-Maßnahme nach § 81b 1. Alternative StPO.

Die **Durchsuchung einer Sache** ist das zielgerichtete Suchen nach Personen oder Gegenständen in Behältnissen, Fahrzeugen oder auf Grundstücken (die nicht befriedetes Besitztum im Sinne von Art. 13 GG sind - vgl. dazu nachfolgend). Wiesen, Felder oder Schonungen, die nur mit einer einfachen Umzäunung versehen sind, werden nicht von Art. 13 GG erfasst; sie fallen demzufolge unter die Durchsuchung von Sachen. Damit wird Art. 14 GG eingeschränkt.

Das **Betreten und Durchsuchen einer Wohnung** ohne Zustimmung beschränkt den Wohnrechtsinhaber in dessen Grundrecht aus Art. 13 GG. Zu berücksichtigen ist, dass der Begriff der Wohnung nach der Rechtsprechung des Bundesverfassungsgerichts weit auszulegen ist. "Es werden nicht nur Privatwohnungen, sondern auch Betriebs- und Geschäftsräume erfasst" (so Spallek, a.a.O., S. 226; vgl. auch § 41 Abs. 2 PolG).

"Der Begriff bezeichnet jede tatsächlich bewohnte Räumlichkeit und umschließt damit nicht nur die vom Grundrechtsträger zum Lebensmittelpunkt gemachte häusliche Wohnung im engeren Sinne. Vielmehr wird prinzipiell jede Räumlichkeit zum geschützten Wohnungsbereich gerechnet, d.h. z.B. auch Wochenendhäuser, Nebengelasse, Speicherräume, Keller, Hausflure, Treppenhäuser und sogar bewegliche Objekte wie Wohnwagen und (Wohn-)Zelte" (so Vahle, „Staatliche, insbesondere sicherheitsbehördliche Eingriffe in das Wohnungsgrundrecht des Art. 13 GG", Kriminalistik 1996, S. 614).

Wohnungen sind danach beispielsweise auch angemietete Hotelzimmer, Krankenhauszimmer, Hausboote, Garagen, Haushöfe, Gärten oder sonstige eingefriedete Grundstücke, Arbeitsräume, Personalaufenthaltsräume, Gaststätten, Kaufhäuser, Betriebshallen sowie Werkstätten. Auch ein nicht allgemein zugängliches Vereinsbüro ist eine Wohnung (BGH, Beschluss vom 15.1.97, Der Kriminalist 1997, Heft 3, S. 155).

**Keine Wohnungen** in diesem Sinne sind grundsätzlich PKW. Ebenfalls nicht durch Art. 13 GG geschützt sind Wiesen, Felder oder Schonungen, die nur mit einer einfachen Umzäunung versehen sind (vgl. Tegtmeyer, a.a.O., § 41, RdNr. 8).

**Abgrenzungsfragen** können sich im Einzelfall ergeben. So wird man bei extensiver Grundrechtsauslegung die abgetrennte Schlafkabine eines Lastkraftwagens jedenfalls zeitweise, nämlich während der Privatnutzung, als Wohnung qualifizieren müssen. Im übrigen fällt aber der LKW auch für den Berufskraftfahrer nicht unter den Begriff des Arbeitsraumes. Der Verkaufsraum eines LKW (z.B. eines mobilen Lebensmittelhändlers oder einer mobilen Sparkasse) ist hingegen als Geschäftsraum im Sinne des Art. 13 GG zu qualifizieren.

Auch ein PKW kann für einen Obdachlosen - jedenfalls zu bestimmten Zeiten - eine Wohnung sein. Jedoch führt das nicht dazu, dass die Verkehrskontrollrechte der Polizei (z.B. aufgrund des § 36 Abs. 5 StVO) eingeschränkt werden. Dann nämlich geht es nicht um einen Eingriff in die durch Art. 13 GG geschützte Privatsphäre, vielmehr um einen Eingriff in die allgemeine Handlungsfreiheit zur Gewährleistung der Verkehrssicherheit.

**Inhaber des Wohnrechts** ist derjenige, der die tatsächliche Gewalt über die Wohnung rechtmäßig ausübt (vgl. Rachor in Lisken/Denninger, a.a.O., 2. Auflage, S. 370, RdNr. 385). Auch juristische Personen können Grundrechtsträger sein. Unerheblich ist, aus welchem Rechtsgrund der Inhaber sein Wohnrecht ableitet (z.B. dingliches Recht, Forderungsrecht oder öffentliches Recht). Das Wohnrecht können folglich z.B. Eigentümer, Miteigentümer, Mieter, Pächter, Hotelgäste, Eingewiesene in städtische Schlichtwohnungen usw. besitzen. Sind mehrere Personen Inhaber in diesem Sinne und stimmt eine von ihnen der polizeilichen Maßnahme nicht zu, so liegt ein Eingriff vor.

> Das Ehepaar Krawall veranstaltet eine "heftige Hausparty". Nachbarn beschweren sich über ruhestörenden Lärm. Als Polizeibeamte an der Wohnungstüre klingeln, bittet Frau K. die Beamten herein, während Herr K. ein wenig freundliches "Verschwindet!" von sich gibt. Trotz der Einwilligung der Frau liegt ein Eingriff in das Hausrecht des Mannes vor.

Ist eine Wohnung vermietet, kann nur der Mieter, nicht aber der Eigentümer über das Wohnrecht entscheiden. In Mietshäusern oder Hotels gilt nur für solche Nebenräume etwas anderes, die allen Mietern zugänglich sind, aber nicht mitvermietet wurden (z.B. der Hausflur, Gemeinschaftsraum).

Nach herrschender Meinung sollen in Internaten, Obdachlosenasylen oder Gemeinschaftsunterkünften nur die Leiter Wohnungsinhaber sein, so dass es daher nur auf ihre Einwilligung ankommen soll (vgl. Tegtmeyer, a.a.O., § 41, RdNr. 12). Hier wird man differenzieren müssen: Wird den Grundrechtsträgern ein eigener Teil eines Wohnobjektes zugewiesen, so dass sie sich dort in einer Privatsphäre entfalten können, muss ihnen auch der Schutz des Art. 13 GG zustehen. Eine andere Frage ist, ob aufgrund öffentlich-rechtlicher Normen oder im Rahmen der Vertragsfreiheit dem Eigentümer - und ggf. seinen beauftragten Vertretern - aus Gründen der öffentlichen Sicherheit und Ordnung oder aus vertraglichen Gründen ein Betretungs- und Kontrollrecht zusteht. Jedenfalls kann man selbst in einem besonderen Gewaltverhältnis (z.B. für die Unterbringung im Rahmen der Wehrpflicht oder der Aus- und Fortbildung in der Polizei) vor dem Hintergrund des Schutzzwecks des Artikels 13 GG den Grundrechtsträgern ein solches Wohnrecht nicht aberkennen. Dann nämlich würden sie tatsächlich zum Objekt staatlichen Handelns. Kein Hausrecht sollen Häftlinge in Haftäumen einer Justizvollzugsanstalt haben. Zwar soll ihnen nach §§ 18 f., 82, 84 StrVollzG ein persönlicher, abgetrennter Lebensbereich zur Verfügung stehen. Davon bleibt allerdings das Hausrecht der Anstalt unberührt (so Beschluss des BVerfG v. 30.05.96, NPA 588, StrVollzG, Bl. 1).

> Für Asylbewerber richtet die Stadt S. eine Unterkunft ein. Die Personen werden in "3-Bett-Zimmern" untergebracht. Diese Zimmer sind Wohnräume in der Verfügungsmacht der dort untergebrachten Personen. Nur hinsichtlich der Gemeinschaftsräume steht den verantwortlichen Bediensteten der Stadt das Hausrecht zu (str.).

**Wer das Hausrecht unrechtmäßig ausübt, soll nach h. M. nicht Inhaber des Grundrechtes sein.** Rachor in Lisken/Denniger, a.a.O., S. 370 f., RdNr. 385, differenziert in dieser Hinsicht berechtigt: Eine Hausbesetzung kann in den Schutzbereich des Art. 13 GG "hineinwachsen". Das gilt dann, wenn aufgrund der Dauer und unter Berücksichtigung der näheren Umstände der Besetzung von einer abgegrenzten, sozial anerkannten Privatsphäre gesprochen werden kann. Dies ist mit zunehmender Dauer der Besetzung und mit fortschreitender häuslicher Einrichtung (Instandsetzung, Möblierung) seitens der Bewohner zu bejahen. Das wird jedenfalls dann gelten müssen, wenn der Hauseigentümer der Besetzung tatenlos zusieht und sie duldet.

> In S. wird das leerstehende Haus des Eigentümers E. durch Studenten besetzt. E. unternimmt dagegen zunächst nichts, erklärt aber auch nicht sein Einverständnis. Für polizeiliche Maßnahmen ist er offen, verlangt sie aber andererseits auch nicht. Nach einem Monat entschließt sich der DGL Friedel Stürmer (S.), die Studenten wegen des Verdachts einer Straftat im Sinne des § 123 StGB auf der Grundlage des § 163b Abs. 1 StPO zu identifizieren. Mit Beamten seiner Dienstgruppe dringt er in die inzwischen hergerichteten Räume ein. Nach h. M. wäre das Eindringen kein Eingriff in Art. 13 GG. Tatsächlich wird man aber angesichts der Entwicklung davon ausgehen müssen.

**Polizeiliche Betretungs- und Durchsuchungsmaßnahmen im Schutzbereich des Art. 13 GG sind nur aufgrund von Parlamentsgesetzen zulässig, die dieses Grundrecht beschränken dürfen.**

**Durchsuchungen** darf nach Art. 13 Abs. 2 GG grundsätzlich nur der Richter anordnen. Davon darf nur abgewichen werden, wenn Gefahr im Verzuge vorliegt. Das ist dann der Fall, wenn bis zur Einholung einer richterlichen Anordnung der Erfolg der Maßnahme mit hinreichender Wahrscheinlichkeit nicht mehr erreicht werden könnte.

Die Durchsuchung einer Wohnung ist das **ziel- und zweckgerichtete Suchen** staatlicher Organe, um **planmäßig etwas aufzuspüren**, was der Betroffene von sich aus nicht offenlegen oder herausgeben will (vgl. für Wohnungen BVerfGE 76, 83, 89, vgl. im übrigen auch Spallek, a.a.O., S. 227, ähnlich auch Kay/Böcking, Polizeirecht NW, a.a.O., S. 162, RdNr. 273).

> a) Die Polizeibeamten Hilfreich (H.) und Gutmütig (G.) erhalten einen glaubhaften Hinweis, dass sich die 14jährige Inge Kosmopolit (K.) in der Wohnung des polizeibekannten Zuhälters Sigi Pferdchen (P.) aufhalten soll. Als sie dort vorsprechen, behauptet P., das Mädchen sei selbstverständlich nicht bei ihm. Die Beamten betreten die Wohnung und schauen sich zielgerichtet in allen Räumen um. In einer Besenkammer finden sie die Jugendliche. In diesem Fall suchen die Beamten Ziel gerichtet in der Wohnung nach einer Person, die sich

vor ihnen versteckt und nicht ohne weiteres im Rahmen des Betretens festgestellt werden kann.

b) Sauf flüchtet nach einem Verkehrsunfall mit Personenschaden in seine Wohnung. Als Polizeibeamte dort eintreffen, behauptet seine Frau, ihr Mann sei nicht zu Hause. Die Beamten durchsuchen daraufhin planmäßig alle Räume des Hauses, bis sie den Mann im Keller finden.

Von der Durchsuchung unterscheidet sich das **Betreten der Wohnung**. In dem Fall geht es nicht um gezielte Suche, sondern schlichtweg um einen Zugriff, ohne nach einer Person oder einem Gegenstand suchen zu müssen.

Die Polizei wird wegen einer erheblichen nächtlichen Ruhestörung gerufen. Am Einsatzort stellen die Beamten fest, dass die Wohnungsinhaber zünftig feiern und ihre Musikanlage so laut gestellt haben, dass Nachbarn keine Ruhe finden. Als sie an der Tür schellen und die Tür aufgemacht wird, fällt ihnen die Anlage im Wohnzimmer gleich auf. Um die Lärmbelästigung abzustellen, wollen sie die Anlage sicherstellen. Dazu betreten sie die Wohnung, ohne sich weiter umschauen (suchen) zu müssen.

Mit dem Betreten einer Wohnung wird wohl Art. 13 GG eingeschränkt, gleichwohl steht die Maßnahme nicht unter Richtervorbehalt (siehe auch §§ 41 und 42 PolG – während § 41 PolG die Voraussetzungen für das Betreten und Durchsuchen einer Wohnung regelt, stellt § 42 PolG ausschließlich auf die Durchsuchung ab und greift dafür den Richtervorbehalt auf. Es kommt hier also entscheidend darauf an abzugrenzen, wann eine Durchsuchung und wann "nur" ein Betreten vorliegt.

Das Betreten von Wohnungen ist ein solcher sonstiger Eingriff im Sinne des Art. 13 Abs. 7 GG. Diese Maßnahme liegt vor, wenn Polizeibeamte ohne Zustimmung des Berechtigten körperlich in die geschützten Räume eindringen oder in ihnen verweilen. Das Betreten umfasst auch das Recht der einfachen Umschau. Das heißt, in dem geschützten Raum darf der Beamte von Personen, Sachen und Situationen Kenntnis nehmen, die sich ohne weiteres seiner Wahrnehmung anbieten und nicht verborgen werden (vgl. auch Kay/Böcking, Polizeirecht NW, a.a.O., S. 162, RdNr. 273, m.w.N. sowie VV 41.11, Buchstabe c).

Henner Lebensmüd (L.) schluckt Tabletten, weil seine Freundin ihn verlassen hat. Er will sterben und legt sich in das Bett seines Schlafzimmers. Von dort aus informiert er - schon schwach und dem Tode offenbar nahe - seine Mutter. Diese verständigt die Polizei. Die Beamten erhalten von der Mutter einen Zweitschlüssel und dringen in die Wohnung des L. ein (Rechtsgrundlage: § 41 Abs. 1 Nr. 4 PolG - Abwehr einer gegenwärtigen Lebensgefahr). Dort müssen sie sich erst einen Überblick verschaffen und dazu verschiedene Raumtüren öffnen, bis sie L. im Schlafzimmer antreffen. Ohne weiteres können sie auf dem Nachttisch neben dem Bett das Tablettenröhrchen des Herstellers "Engelmacher" entdecken. Das Recht, eine Wohnung zu betreten, umfasst auch die Befugnis der einfachen Umschau. Dazu gehört es auch noch, den noch nicht bekannten, aber ohne weiteres wahrnehmbaren eigentlichen Aufenthaltsort einer Person oder Ablageort einer Sache festzustellen (str.). In diesem Fall müssen die Beamten nicht zielgerichtet in den Räumen der Wohnung nach der Person suchen. Sie verbirgt sich nicht und kann durch einfache Wahrnehmung festgestellt werden.

Das Betreten von Wohnungen als Eingriff in Art. 13 GG gestattet der Gesetzgeber der Polizei speziell z.B. in § 44 Abs. 4 WPflG und in § 23a Zivildienstgesetz im Rahmen der speziellen Vollzugshilfe (siehe Band I, 4. Kapitel, Erster Abschnitt).

**Räumlichkeiten, die der Inhaber zu bestimmten Zeiten der Öffentlichkeit zur Verfügung stellt**, sind nicht in gleichem Maße schutzbedürftig. "Derartige Räumlichkeiten hat der Verfügungsberechtigte gewissermaßen aus der Privatsphäre entlassen" (vgl. Vahle, a.a.O., S. 614, m.w.N.). Daher wird das bloße Betreten und Besichtigen von Geschäftsräumen innerhalb der üblichen Geschäftszeiten zu einem gesetzlich erlaubten Zweck nicht an Art. 13 GG, sondern an Art. 2 Abs. 1 GG gemessen. Ein solches Betretungsrecht im Rahmen der Gefahrenabwehr nach § 1 Abs. 1 PolG räumt der NRW-Gesetzgeber der Polizei für Arbeits-, Betriebs- und Geschäftsräume sowie für andere öffentlich zugängliche Räume in § 41 Abs. 4 PolG ein.

Auf die Befugnisse zur polizeilichen Durchsuchung insgesamt weist die folgende Übersicht hin.

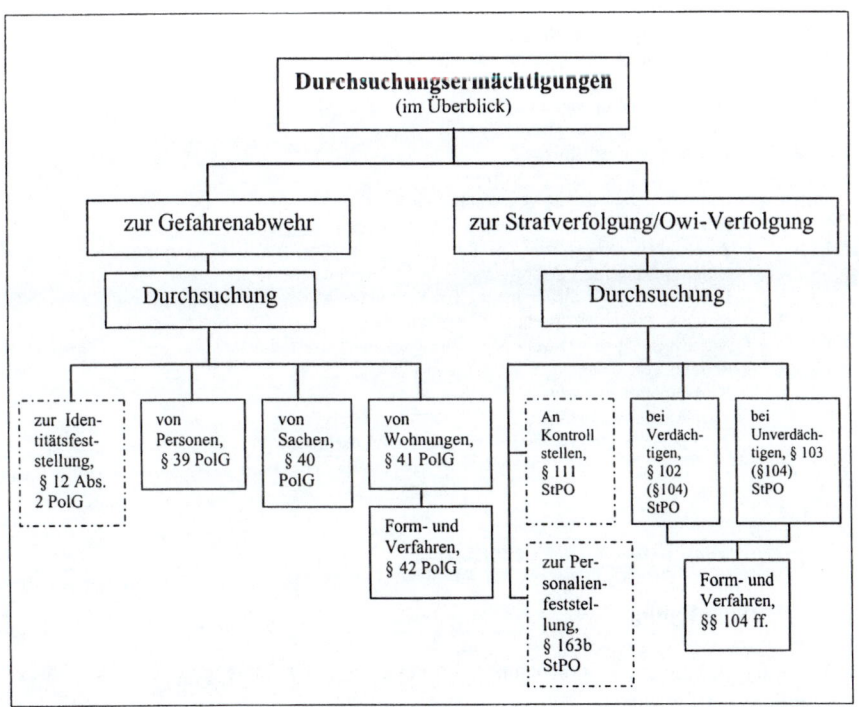

Diese Eingriffe können durch Verwaltungsakt (VA im Sinne des § 35 VwVfG, Justizverwaltungsakt oder Verfolgungsbehördenverwaltungsakt) erfolgen, soweit sie mit einer entsprechenden Verfügung angeordnet werden. Ansonsten handelt es sich um faktische Rechtseingriffe (Realakte mit Eingriffscharakter).

# Erster Abschnitt
# Durchsuchung zur Gefahrenabwehr

Übersicht
I. Durchsuchung von Personen
1. Ermächtigung
1.1 Zulässigkeitsvoraussetzungen
1.1.1 Durchsuchung im Rahmen des Festhaltens einer Person
1.1.2 Durchsuchung zur Sicherstellung von Sachen
1.1.3 Durchsuchung von Personen in hilfloser Lage
1.1.4 zur Durchsuchung an verrufenen Orten
1.1.5 zur Durchsuchung in oder an gefährdeten Objekten
1.1.6 Durchsuchung zur Eigensicherung
1.2 Zugelassene Rechtsfolgen
2. Verfahrens- und Formvorschriften
II. Durchsuchung von Sachen
1. Ermächtigung
1.1 Zulässigkeitsvoraussetzungen
1.1.1 Durchsuchung als Ergänzung der Personendurchsuchung
1.1.2 Durchsuchung zur Auffindung bestimmter Personen
1.1.3 Durchsuchung zur Sicherstellung von Sachen
1.1.4 Durchsuchung an verrufenen Orten
1.1.5 Durchsuchung in oder an gefährdeten Objekten
1.1.6 Durchsuchung an Kontrollstellen
1.2 Zugelassene Rechtsfolgen
2. Verfahrens- und Formvorschriften
III. Betreten/Durchsuchung von Wohnungen
1. Ermächtigung
1.1 Zulässigkeitsvoraussetzungen
1.1.1 Durchsuchung zur Vorführung oder Ingewahrsamnahme
1.1.2 Durchsuchung zur Sicherstellung von Sachen
1.1.3 Durchsuchung zur Abwehr von Immissionen
1.1.4 Durchsuchung zur Abwehr gegenwärtig erheblicher Gefahren
1.1.5 Betreten von Wohnungen an verrufenen Orten
1.1.6 Betreten öffentlich zugänglicher Räume
1.2 Zugelassene Rechtsfolgen
2. Anordnungsbefugnis, Verfahrens- und Formvorschriften

## I. Durchsuchung von Personen

## 1. Ermächtigung

Als Ermächtigung zur Durchsuchung von Personen aus gefahrenabwehrendem Anlass ist § 39 PolG heranzuziehen.

§ 39 PolG    Durchsuchung von Personen

(1) Die Polizei kann außer in den Fällen des § 12 Abs. 2 Satz 4 eine Person durchsuchen, wenn

1. sie nach diesem Gesetz oder anderen Rechtsvorschriften festgehalten werden kann,

2. Tatsachen die Annahme rechtfertigen, dass sie Sachen mit sich führt, die sichergestellt werden dürfen,

3. sie sich erkennbar in einem die freie Willensbestimmung ausschließenden Zustand oder sonst in hilfloser Lage befindet,

4. sie sich an einem der in § 12 Abs. 1 Nr. 2 genannten Orte aufhält,

5. sie sich in einem Objekt im Sinne des § 12 Abs. 1 Nr. 3 oder in dessen unmittelbarer Nähe aufhält und Tatsachen die Annahme rechtfertigen, dass in oder an Objekten dieser Art Straftaten begangen werden sollen, durch die Personen oder diese Objekte gefährdet sind.

(2) Die Polizei kann eine Person, deren Identität nach diesem Gesetz oder anderen Rechtsvorschriften festgestellt werden soll, nach Waffen, anderen gefährlichen Werkzeugen und Explosivmitteln durchsuchen, wenn das nach den Umständen zum Schutz des Polizeivollzugsbeamten oder eines Dritten gegen eine Gefahr für Leib oder Leben erforderlich ist. Dasselbe gilt, wenn eine Person nach anderen Rechtsvorschriften vorgeführt oder zur Durchführung einer Maßnahme an einen anderen Ort gebracht werden soll.

(3) Personen dürfen nur von Personen gleichen Geschlechts oder Ärzten durchsucht werden; das gilt nicht, wenn die sofortige Durchsuchung zum Schutz gegen eine Gefahr für Leib oder Leben erforderlich ist.

## 1.1    Zulässigkeitsvoraussetzungen

Die Norm regelt die Durchsuchung einer Person zur Gefahrenabwehr in folgenden Fällen:

- Durchsuchung im Rahmen des Festhaltens einer Person, § 39 Abs. 1 Nr. 1,
- Durchsuchung zur Sicherstellung von Sachen, § 39 Abs. 1 Nr. 2,
- Durchsuchung von Personen in hilfloser Lage, § 39 Abs. 1 Nr. 3,
- Durchsuchung von Personen an verrufenen Orten, § 39 Abs. 1 Nr. 4,
- Durchsuchung von Personen in oder an gefährdeten Objekten, § 39 Abs. 1 Nr. 5,
- Durchsuchung zur Eigensicherung sowie zum Schutz Dritter, § 39 Abs. 2.

Festzustellen ist, dass lediglich die Durchsuchung nach § 39 Abs. 1 Nr. 3 PolG einen von anderen Eingriffsmaßnahmen unabhängigen Grund aufgreift. Alle anderen Befugnisse sind mit sonstigen Eingriffen in die Grundrechte des Betroffenen verbunden.

## 1.1.1 Durchsuchung im Rahmen des Festhaltens einer Person, § 39 Abs. 1 Nr. 1 PolG

Die Durchsuchung der Person ist danach gestattet, wenn

- **die Person nach dem PolG oder**
- **nach anderen Rechtsvorschriften festgehalten werden darf.**

Der Zweck der Norm besteht darin, den Schutz des Betroffenen vor einer Selbstverletzung oder Selbsttötung, die Eigensicherung der einschreitenden Beamten, den Schutz von Sachen sowie die Sicherung des Maßnahmeerfolges (Verhinderung der Flucht) bei Freiheitsentziehungen zu gewährleisten (vgl. Tegtmeyer, a.a.O., § 39, RdNr. 4). Die Bestimmung korrespondiert mit der Sicherstellungsbefugnis des § 43 Nr. 3 PolG und ermöglicht so insbesondere die **Gewährleistung der Gewahrsamsordnung.**

Nach dem Wortlaut der Norm kommt es darauf an, dass die Person festgehalten werden darf, also die Voraussetzungen dafür vorliegen. Entscheidend ist die Zielrichtung. Ein tatsächliches Festhalten ist nicht zwingend erforderlich (vgl. auch Rachor in Lisken/Denniger, a.a.O., 2. Auflage, S. 360, RdNr. 353).

Soweit ein Festhalten nicht oder noch nicht vorliegt, kommt die Durchsuchung der Person nur nach den anderen in § 39 genannten Voraussetzungen in Betracht.

Nach der Einordnung des NRW-Gesetzgebers liegt ein Festhalten aufgrund des PolG immer dann vor, wenn die Person

- **im Sinne des § 10 Abs. 3 PolG zur Durchsetzung einer Vorladung zwangsweise vorgeführt wird** (2. Kapitel, Vierter Abschnitt).

   Der 13jährige Albert Bruchstock (B.) hat in wenigen Wochen mehrere Raubüberfälle z.N. von Kioskinhabern verübt. Die zuständige Sachbearbeiterin Edeltraud Demut (D.) im KK 21 der ZKB in S. hat ihn daher über die Erziehungsberechtigten schriftlich zur ED-Behandlung nach § 14 Abs. 1 Nr. 2 PolG vorgeladen und zugleich die sofortige Vollziehung im Sinne des § 80 Abs. 2 Nr. 4 VwGO angeordnet und nach § 10 Abs. 3 dieser Norm entsprechend begründet. Als B. ausbleibt, erwirkt D. aufgrund des § 10 Abs. 3 PolG i.V.m. § 50 Abs. 1 PolG i.V.m. §§ 55 ff. PolG eine richterliche Anordnung zur zwangsweisen Vorführung des Jungen. Danach fährt sie mit einem Kollegen zu seiner Wohnanschrift und eröffnet den Eltern und dem Jungen den richterlichen Beschluss. Sodann durchsucht ihr Kollege den Jungen. Anschließend fahren sie mit ihm zur Dienststelle, wo er erkennungsdienstlich behandelt und anschließend in die Obhut der Eltern entlassen wird.

- **nach § 12 Abs. 2 S. 3 PolG zur Identitätsfeststellung festgehalten wird** (vgl.2. Kapitel, Zweiter Abschnitt). Erfasst wird auch das Festhalten einer Person für die erkennungsdienstliche Behandlung aufgrund des § 14 Abs. 1 Nr. 1 PolG, soweit dies erforderlich ist, um die Identitätsfeststellung nach § 12 Abs. 2 PolG durchzuführen (2. Kapitel, Vierter Abschnitt).

Herbert Mißgeschick (M.) beschädigt im Rahmen einer öffentlichen Tanzveranstaltung versehentlich die wertvolle Armbanduhr des Siegfried Ungemach (U.). M. weigert sich, seine Personalien anzugeben und will die Veranstaltung verlassen. Die eingesetzten Polizeibeamten Kelm (K.) und Schelm (Sch.) fordern ihn zum Schutz privater Rechte (§ 1 Abs. 1 S. 1 u. Abs. 2 PolG), hier des Schadensersatzanspruches des U., auf, seine Personalien anzugeben und seinen Ausweis auszuhändigen (§ 12 Abs. 1 Nr. 1 i.V.m. § 12 Abs. 2). M. missachtet aber diese Anordnung. Daraufhin halten die Beamten ihn fest und gehen mit ihm in eine Garderobe. Dort durchsuchen sie seine Kleidung zur Auffindung von Personaldokumenten (§ 12 Abs. 2 PolG). Nachdem sie auch dabei den Ausweis nicht finden können und der Betroffene sich weiterhin weigert, seine Personalien anzugeben, durchsuchen ihn die Beamten aufgrund von § 39 Abs. 1 Nr. 1 PolG vollständig zum Schutz seiner eigenen Person sowie zur Eigensicherung. Dann transportieren sie ihn zur Wache, wo er in der Folge erkennungsdienstlich nach § 14 Abs. 1 Nr. 1 PolG behandelt wird.

- **gemäß § 35 PolG in Gewahrsam genommen werden darf** (5. Kapitel, Erster Abschnitt)

Krawall verprügelt in angetrunkenem Zustand seine Frau und seine Kinder. Weitere Straftaten drohen, ein Haftgrund liegt aber nicht vor. Zur Verhütung der erwarteten Straftaten im Sinne des § 223 StGB nehmen die Polizeibeamten Hilfreich und Engel ihn noch In seiner Wohnung in Gewahrsam. Bereits vor dem Transport durchsuchen sie ihn zur Auffindung gefährlicher Gegenstände.

Ein Festhalten im Sinne des § 39 Abs. 1 Nr. 1 PolG aufgrund einer anderen Rechtsvorschrift ist gegeben bei:

- **Freiheitsentziehungen aufgrund eines Haftbefehls, eines Unterbringungsbefehls oder einer vorläufigen Festnahme nach § 127 Abs. 1, § 127 Abs. 2 i. V. m. § 112 ff., § 126a, § 127b StPO oder aufgrund eines Vollstreckungshaftbefehls** (vgl. 5. Kapitel, Zweiter und Dritter Abschnitt).

Polizeibeamte stellen einen dringend tatverdächtigen Mann nach einem Raubüberfall z.N. eines Supermarktes. Sie können sofort die in einer Tasche mitgeführte Waffe sowie das erbeutete Geld sicherstellen. Vor der Einlieferung in das PG durchsuchen sie ihn zur Auffindung gefährlicher Gegenstände.

- **Das Festhalten eines Tatverdächtigen oder einer sonstigen Person aufgrund des § 163b StPO** (2. Kapitel, Zweiter Abschnitt, II.).

Klausporn (K.) verübt einen Ladendiebstahl. Er verweigert gegenüber den einschreitenden Polizeibeamten die Personalienangabe und wird in der Folge nach § 163 b Abs. 1 S. 2 PolG festgehalten. Nachdem auch die Durchsuchung seiner Kleidung sowie seiner mitgeführten Sachen zur Auffindung von Identitätspapieren erfolglos bleibt, soll er zur Durchführung erkennungsdienstlicher Maßnahmen zur Dienststelle gebracht werden. Die Beamten intensivieren daher seine Durchsuchung zum Schutz des Betroffenen sowie zur Eigensicherung.

- **Freiheitsentziehungen aufgrund eines Vorführbefehls oder aufgrund eines allgemeinen oder speziellen Vollzugshilfeersuchens.**

a) Immerklau (I.) wurde wegen schweren Diebstahls (§§ 242, 243 StGB) zu einer Freiheitsstrafe von 10 Monaten ohne Bewährung verurteilt. Die Aufforderung zum Strafantritt betrachtet er als Einladung und lehnt dankend ab. Daraufhin erlässt die Staatsanwaltschaft einen Vorführbefehl nach § 457 Abs. 2 StPO und weist die Polizei nach § 457 Abs. 1 i.V.m. § 161 StPO an, diesen zu vollstrecken. Nunmehr fahren die Polizeikommissare Eifrig und Selbstlos zur Wohnung des Verurteilten. Hier treffen sie I. an, durchsuchen ihn nach § 39 Abs. 1 Nr. 1 PolG und überstellen ihn der nächsten JVA.

b) Lebegern (L.) kehrt aus einem Hafturlaub nicht in die JVA zurück. Daraufhin richtet die Strafvollzugsbehörde ein Vollzugshilfeersuchen nach § 87 StrVollzG an die zuständige KPB in S. mit der Bitte, den L. festzunehmen und der nächstliegenden JVA vorzuführen. Polizeibeamte treffen L. in der städtischen Fußgängerzone an, nehmen ihn fest und durchsuchen ihn.

c) Die Ausländerbehörde in S. ersucht die Polizei im Wege der Vollzugshilfe nach den §§ 47 ff. PolG um die Durchführung einer Festnahme im Rahmen der richterlich angeordneten Abschiebungshaft nach § 57 AuslG, weil der Mann als besonders gefährlich einzustufen ist. Polizeibeamte fahren daraufhin zu dessen Wohnung und nehmen ihn fest. Noch am Einsatzort durchsuchen sie ihn eingehend.

d) Schöngeist und Freund, Vollzugsbeamte des Ordnungsamtes in S., nehmen eine Person nach § 24 Nr. 13 OBG i.V.m. § 35 Abs. 1 Nr. 1 PolG in Gewahrsam und ersuchen die zuständige Polizeidienststelle gemäß den §§ 47 ff. PolG um Durchführung des Gewahrsams im Rahmen der Vollzugshilfe. Bevor der Mann in das Polizeigewahrsam eingeliefert wird, durchsuchen ihn Polizeibeamte gründlich.

## 1.1.2 Durchsuchung zur Sicherstellung von Sachen, § 39 Abs. 1 Nr. 2 PolG

Die Durchsuchung ist demnach zugelassen, wenn

- **Tatsachen die Annahme rechtfertigen,**
- **dass die Person Sachen mit sich führt,**
- **die sichergestellt werden dürfen.**

Die Bestimmung greift damit die Voraussetzungen und den Zweck der Sicherstellung auf. Abgestellt wird auf die Sicherstellung zur Gefahrenabwehr. Gemeint sind sowohl spezielle Sicherstellungsbefugnisse als auch insbesondere die Sicherstellungsbefugnis nach § 43 PolG (vgl. dazu umfassend Siebtes Kapitel, Erster Abschnitt). Befugnisse zur Sicherstellung im Straf- oder Owi-Verfahren bleiben unberücksichtigt.

**Tatsachen** sind objektive Gegebenheiten, bloße Vermutungen oder ausschließliche Erfahrungen der Vergangenheit genügen nicht. Solche Tatsachen können z.B. durch eigene Beobachtungen, glaubhafte Hinweise Dritter, das Verhalten des Betroffenen oder das Ergebnis durchgeführter Ermittlungen begründet werden.

Diese Tatsachen rechtfertigen dann die Annahme, dass relevante Gegenstände mitgeführt werden, wenn ein Rückschluss auf der Grundlage objektiver Lebens- oder Berufserfahrung zu diesem Ergebnis führt. Der Begriff des Mitsichführens zielt eng auf die Person (Körper/Kleidung) ab, da ja gerade ihre Durchsuchung zur Auffindung der Gegenstände führen soll. Soweit die Annahme gerechtfertigt ist, dass die Person die Sache in einer anderen Sache aufbewahrt, ist § 40 Abs. 1 Nr. 3 PolG anzuwenden.

Die Gegenstände müssen nach speziellen Normen oder nach § 43 PolG zur Gefahrenabwehr sichergestellt werden dürfen. Da § 43 Nr. 3 PolG auf die Mitführung bestimmter gefährlicher oder missbrauchsfähiger Gegenstände im Zusammenhang mit dem Festhalten einer Person abstellt und demnach vorrangig die Durchsuchungsbefugnis nach § 39 Abs. 1 Nr. 1 PolG in dieser Hinsicht greift, kommen nach § 39 Abs. 1 Nr. 2 PolG in erster Linie solche Gegenstände (und Tiere) in Betracht, die

- von sich aus oder in der Verfügungsgewalt des Betroffenen eine gegenwärtige Gefahr für die öffentliche Sicherheit begründen (§ 43 Nr. 1 PolG) oder
- dem Eigentümer oder rechtmäßigen Inhaber der tatsächlichen Gewalt entzogen wurden oder entzogen werden sollen oder beschädigt werden sollen (§ 43 Nr. 2 PolG).

Dabei ist allerdings zu beachten, dass bei dem Zusammenfallen der Voraussetzungen mit einer Straftat oder Ordnungswidrigkeit die anwendbaren Sicherstellungs- und Beschlagnahmevorschriften der StPO vorgehen. Das kann z.B. der Fall sein, wenn ein Polizeibeamter den Hinweis erhält, dass ein Jugendlicher eine entwendete Uhr in seiner Jackentasche versteckt. Dann richtet sich die Durchsuchung nach § 102 StPO, die Uhr ist als Beweisgegenstand im Sinne des § 94 StPO sowie als Gegenstand der Rückgewinnungshilfe im Sinne des § 111b Abs. 4 StPO zu beschlagnahmen.

a) Die Polizei in S. erfährt von einem glaubhaften Informanten, dass die Mitglieder der Jugendgruppe "Null Bock" die Angehörigen des christlichen Helferkreises der "Engelsgemeinde" zusammenschlagen wollen. Der Hintergrund ist ein Hausverbot, der ihnen beim letzten Kirchenfest durch den Pastor erteilt wurde, nachdem sie in angetrunkenem Zustand Gäste beleidigt hatten. Wie der Hinweisgeber weiterhin mitteilt, sollen sich die Jugendlichen zu diesem Zweck mit Fahrradketten bewaffnet haben. Als die eingesetzten Polizeibeamten in der Nähe des Zusammenkunftortes des Helferkreises auf die ihnen namentlich bekannten Jugendlichen stoßen, durchsuchen sie diese zur Auffindung der Fahrradketten. In diesem Fall begründen die glaubhaften Hinweise des Informanten sowie der Umstand, dass die Personen in der Nähe des Gemeindehauses angetroffen werden, die entsprechenden Tatsachen im Sinne des § 39 Abs. 1 Nr. 2 PolG, die auf das Mitführen von Fahrradketten hindeuten, die zur Abwehr der geplanten Straftaten nach § 43 Nr. 1 PolG sichergestellt werden dürfen.

b) PK Sorglos (S.) ist als Fußstreife im Stadtpark unterwegs. Dort wird er von einem 10jährigen Mädchen angesprochen. Das Kind ist ganz aufgeregt und teilt ihm mit, der 12jährige Heiner Ungemach (U.) - dabei zeigt sie auf einen Jungen - habe die Schildkröte seines älteren Bruders "mitgehen lassen". Er wolle sie hier im Stadtpark aussetzen, um ihr die Freiheit zu schenken. Das Tier habe er in einer Jackentasche versteckt. Der Junge bestreitet aber gegenüber S. die Tat. Der Beamte durchsucht daraufhin aufgrund des § 39

Abs. 1 Nr. 2 PolG die Jackentaschen und findet die kleine Schildkröte, die er zum Schutz des Eigentümers vor Verlust gemäß § 43 Nr. 2 PolG sicherstellt.

c) Gertrud Sorglos (S.) wird von ihrem Verlobten Hubert Naseweis (N.) verlassen. Mit gepackten Koffern begegnet er ihr im Hausflur der ehemals gemeinsamen Wohnung und kündigt an, er steige aus. Dazu werde er jetzt einsteigen und zwar in ein Flugzeug nach Kreta. Dort werde er ein neues Leben anfangen. Die Frau stellt kurze Zeit später in der Wohnung fest, dass N. offensichtlich auch einen wertvollen Wandteppich mitgenommen hat, den sie überwiegend bezahlt hatte. Da sie das Amtsgericht nach Dienstschluss nicht mehr erreichen kann, wendet sie sich in ihrer Not an die Polizei. Zwei Beamte schreiten zum Schutz privater Rechte ein (§ 1 Abs. 1 S. 1, Abs. 2 PolG). Tatsächlich treffen sie N. noch am Flughafen an. Er bestreitet, den Wandteppich weggenommen zu haben. Aufgrund der glaubhaften Hinweise der N. durchsuchen die Beamten gemäß § 39 Abs. 1 Nr. 2 PolG die Koffer des Mannes, finden den Wandteppich und stellen diesen nach § 43 Nr. 2 PolG sicher.

## 1.1.3 Durchsuchung von hilflosen Personen, § 39 Abs. 1 Nr. 3 PolG

Die Norm gestattet die Durchsuchung von Personen,

- **die in einem die freie Willensbestimmung ausschließenden Zustand oder**
- **sonst in hilfloser Lage sind.**

Im Vordergrund dieser Befugnisnorm steht der **Schutz des Betroffenen**. Ihm soll - soweit dies möglich ist - mittelbar durch die Durchsuchung Hilfe und Beistand geleistet werden (vgl. Altschaffel, a.a.O., S. 219; Kay/Böcking, Polizeirecht NW, a.a.O., S. 154, RdNr. 257). Die Ermächtigung korrespondiert mit der Befugnis zur Ingewahrsamnahme in diesen Fällen (vgl. dazu § 35 Abs. 1 Nr. 1 PolG, oben, 2. Abschnitt).

"Ein Zustand, der die freie Willensbestimmung ausschließt, ist gegeben, wenn der Betroffene, z.B. durch Alkoholgenuss oder Rauschmitteleinnahme, einen Rauschzustand erreicht hat oder sich aus anderem Anlass in einem Willenszustand befindet, der eigene Entscheidungen ausschließt. **Hilflose Lage** ist anzunehmen bei kleinen Kindern, bei Verletzten, bei sehr alten Menschen, überhaupt Personen, die zur Abwehr ihnen drohender Gefahren aus eigener Kraft nicht imstande sind" (vgl. Dietel/Gintzel, a.a.O., S. 97).

Gesucht wird bei hilflosen Personen nach Gegenständen und Anhaltspunkten für die **Hilfeleistung** (z.B. Grund der Hilflosigkeit, etwa eine Medikamentenpackung, die auf eine Erkrankung hindeutet).

Soweit im Vordergrund der Durchsuchung die Identifizierung der Person - und damit das Auffinden von Personalpapieren - steht, greift § 12 Abs. 2 PolG. Das gilt auch für den Fall, dass mit Hilfe der Identitätsfeststellung Angehörige ermittelt werden sollen, in deren Obhut die hilflose Person übergeben werden kann.

Liegen die Voraussetzungen der **Ingewahrsamnahme** vor, ergibt sich eine Konkurrenz mit § 39 Abs. 1 Nr. 1 PolG. Dann kommt es darauf an, welchem Hauptzweck die Durchsuchung dient: Geht es in erster Linie um den sicheren Gewahrsam, ist diese Norm spezieller. Steht indessen die aktuelle Hilfeleistung für den Betroffenen im Vordergrund, greift § 39 Abs. 1 Nr. 3 PolG.

a) Die Polizeikommissare Hilfreich und Zuversicht sind als Fußstreife im Rahmen eines Volksfestes eingesetzt. Als sie einen Bierstand passieren, fällt plötzlich ein älterer Mann um. Der Grund dafür ist zwar nahe liegend, aber nicht hinreichend sicher zu beurteilen. Die Beamten alarmieren den Rettungsdienst und leisten erste Hilfe. Gleichzeitig suchen sie in der Kleidung des Mannes nach Medikamenten oder einen Unfallausweis, der ihnen Hinweise auf den Grund der Ohnmacht oder notwendige Erste-Hilfe-Maßnahmen geben kann.

b) Die Polizeibeamten Sorgfalt und Gründlich werden in den Spielweg 5 in S. gerufen. Ein Nachbar des Theodor Freischütz (F.) hat sie informiert. Er hat F. in "abwesendem Zustand" im Treppenhaus gefunden und vermutet, dass er sich auf dem nahe liegenden Kirmesplatz betrunken hat. Tatsächlich können die Beamten aber keinen Alkoholgeruch feststellen. Sie durchsuchen den Mann zur Auffindung von Hinweisen für den Grund seines Zustandes und finden einen "Zuckerpass". Diesen übergeben sie den alarmierten Rettungssanitätern.

**1.1.4    Durchsuchung von Personen an verrufenen Orten, § 39 Abs. 1 Nr. 4 PolG**

Nach dieser Alternative darf eine Person durchsucht werden, **die sich an einem der in § 12 Abs. 1 Nr. 2 PolG genannten Orte aufhält** (siehe 2. Kapitel, Zweiter Abschnitt). Die Ermächtigung erhöht die Wirksamkeit einer Razuia.

Mit dem Aufenthalt an einem Ort nach § 12 Abs. 1 Nr. 2 PolG stellt der Gesetzgeber darauf ab, dass die Person an einem Ort angetroffen wird, **von dem Tatsachen die Annahme rechtfertigen, dass**

- **dort Personen Straftaten von erheblicher Bedeutung** (vgl. § 8 Abs. 3 PolG)
  - **verabreden,**
  - **vorbereiten oder**
  - **verüben**

oder

- **sich dort Personen treffen, die gegen aufenthaltsrechtliche Strafvorschriften verstoßen** (vgl. § 92 AuslG, § 85 AsylVfG) **oder**
- **sich dort gesuchte Straftäter verbergen.**

Diese Voraussetzungen sind denen zur Personalienfeststellung aus diesem Anlass gleich (siehe 2. Kapitel, Zweiter Abschnitt I. 1.2). Die Durchsuchung der Person ist aber unabhängig davon zulässig, ob die Person nach § 12 Abs. 1 Nr. 2 i.V.m. § 12 Abs. 2 PolG identifiziert wird. Sie stellt lediglich auf den Aufenthalt einer bekannten oder unbekannten Person an einem solchen Ort ab.

Die Bestimmung knüpft damit an die **vorbeugende Bekämpfung von Straftaten** und die **Brennpunktkontrolle** im Sinne des § 12 Abs. 1 Nr. 2 PolG an. Sie erweitert die Möglichkeiten dieser Personenkontrolle durch Identifizierung und führt zusammen mit den Befugnissen zur Durchsuchung von Sachen nach § 40 Abs. 1 Nr. 4 PolG (vgl. dazu unten) sowie zum Betreten von Wohnungen nach § 41 Abs. 3 Nr. 1 PolG (vgl. unten) zu einem wirksamen - wenn auch rechtsstaatlich umstrittenen - Ermächtigungstrias. Der

Gesetzgeber hat damit insgesamt das polizeiliche Instrument der Razzia geregelt. Die Ermächtigung nach § 39 Abs. 1 Nr. 4 PolG greift ohne konkrete Anhaltspunkte für die Existenz sicherzustellender Gegenstände. Die Durchsuchung der Person ist in diesem Fall ein Gefahrenerforschungseingriff, dessen Ergebnis erst das weitere Vorgehen gegen den Betroffenen bestimmt (vgl. Rachor in Lisken/Denniger, a.a.O., 2. Auflage, S. 361, RdNr. 355).

Die Befugnis dient dem Zweck, das Risiko für **potentielle Straftäter** zu erhöhen. Sie müssen damit rechnen, dass die Polizei nach Gegenständen sucht, die mit den zu verhütenden Verhaltensweisen in Verbindung stehen können.

Weil dieser Gefahrenerforschungseingriff indessen von einer konkreten Gefahrenverursachung durch eine Person abrückt und nur den Aufenthalt an einem der genannten Orte genügen lässt, ist das Regulativ der Verhältnismäßigkeit (vgl. § 2 PolG) besonders wichtig. Sofern die Identitätsfeststellung nach § 12 Abs. 1 Nr. 2 i.V.m. § 12 Abs. 2 PolG, ggf. zusätzlich die Befragung der Person nach § 9 Abs. 1 PolG oder ihre kurzfristige Observation nach § 16 Abs. 4 PolG sowie der Datenabgleich nach § 25 PolG, bereits hinreichend verdeutlichen, dass der Betroffene mit hoher Wahrscheinlichkeit mit den "Kontrollanlässen" nicht in Verbindung steht, ist die Durchsuchung nach § 39 Abs. 1 Nr. 4 PolG unzulässig. Zudem dürfen solche Personen nicht überprüft werden, die von vornherein nach Lagebeurteilung als potentielle Störer ausscheiden. Je nach Lage werden z.B. alte und gebrechliche Menschen, oder auch Kinder (soweit sie nicht zur Tatbegehung eingesetzt werden) kaum durchsucht werden können (vgl. Tegtmeyer, a.a.O., § 39, RdNr. 11).

a) In einem Teil der Fußgängerzone der Stadt S., im weiteren Umfeld einer Spielhalle, etablierte sich in den zurückliegenden Monaten eine Drogenszene. Es kam bereits mehrfach zu Strafverfahren wegen des Handels mit und des Besitzes von Rauschgift (Straftaten im Sinne des § 29 Abs. 1 Nr. 1 und 3 BtMG). Um die Szene zu zerschlagen, ordnet der zuständige Polizeiführer massive Kontrolleinsätze zu den Brennpunktzeiten gegen solche Personen in der Spielhalle sowie in deren Umfeld an, die nach ihrem Alter und insbesondere ihrem Erscheinungsbild als potentielle Straftäter in Betracht kommen (§ 12 Abs. 1 Nr. 2 PolG). Darüber hinaus sollten solche Personen - bekannte oder zunächst zu identifizierende - nach § 39 Abs. 1 Nr. 4 PolG durchsucht werden. Soweit für die Durchführung von Identifizierungs- und Durchsuchungsmaßnahmen auch die Spielhalle betreten werden musste, sollte dies aufgrund des § 41 Abs. 3 Nr. 1a PolG geschehen. Im Ergebnis waren die Maßnahmen zulässig, da zumindest der Handel mit BtM eine Straftat von erheblicher Bedeutung im Sinne des § 8 Abs. 3 PolG darstellt. Insbesondere wurde die verdachtsunabhängige Durchsuchung von Personen nach § 39 Abs. 1 Nr. 4 PolG nicht pauschal, sondern unter Berücksichtigung des Grundsatzes der Verhältnismäßigkeit durchgeführt.
Die Durchsuchung von potentiellen Dealern ist eine wirksame Maßnahme der Bekämpfung des Rauschgifthandels, weil das Entdeckungsrisiko anlassunabhängig gesteigert wird.

b) In der Y-Straße in H., einem zum dortigen "Rotlichtmilieu" gehörenden öffentlichen Weg, verübten mehrere unbekannte junge Männer in den letzten zwei Monaten insgesamt 20 Raubüberfälle auf Prostituierte und Freier. Dabei waren sie jeweils mit Wollmützen maskiert und mit Pistolen bewaffnet. Die Delikte wurden jeweils zwischen 01.00 und 04.00 Uhr verübt. Der zuständige Inspektionsleiter entschließt sich in Abstimmung mit dem Leiter des Rauschgift-kommissariates der ZKB, nächtliche offensive Kontrollen von Männern im Alter zwischen 20 und 35 Jahren durchzuführen. Dazu sollen auch alle Personen dieses Alters durchsucht werden, soweit sich nicht ergibt, dass sie mit den Anlasstaten in keiner Beziehung stehen können. Die Durchsuchung solcher Personen ist nach § 39 Abs. 1 Nr. 4 PolG zulässig.

### 1.1.5 Durchsuchung von Personen in oder an gefährdeten Objekten, § 39 Abs. 1 Nr. 5 PolG

Der Gesetzgeber lässt danach die Durchsuchung der Person zu, wenn

- **sie sich in einem Objekt im Sinne des § 12 Abs. 1 Nr. 3 PolG oder in dessen unmittelbarer Nähe aufhält und**
- **Tatsachen die Annahme rechtfertigen,**
- **dass in oder an dem Objekt**
- **Straftaten verübt werden sollen,**
- **durch die Personen in oder in der Nähe des Objektes oder das Objekt selbst gefährdet sind.**

Die Befugnisnorm korrespondiert mit der Befugnis zur Identifizierung von Personen in oder an gefährdeten Objekten nach § 12 Abs. 1 Nr. 3 i.V.m. § 12 Abs. 2 PolG (vgl. dazu eingehend 2. Kapitel, Zweiter Abschnitt I. 1.3) sowie mit der Befugnis zur Durchsuchung von Sachen nach § 40 Abs. 1 Nr. 5 PolG (siehe unten).

Die Ermächtigung zielt darauf ab, durch vorbeugende Durchsuchungen von Anschlägen abzuschrecken. Die Durchsuchung muss insbesondere verhältnismäßig (vgl. § 2 PolG) sein. Scheidet die Person nach einer möglichen Identifizierung, einer Befragung nach § 9 Abs. 1 PolG oder einer kurzfristigen Observation nach § 16 Abs. 4 PolG oder nach einem Datenabgleich aufgrund des § 25 PolG als potentieller Anschlagstäter aus, kommt ihre Durchsuchung nicht in Betracht. Das gilt erst recht, wenn die Person von vornherein mit den zu bekämpfenden Verhaltensweisen in keiner Beziehung stehen kann und deshalb nach dem Übermaßverbot überhaupt nicht überprüft werden darf.

Soweit aber die Durchsuchung der Person zulässig ist, ist es ihr Zweck, potentielles Anschlagsmaterial (Waffen, Sprengstoffe etc.) aufzufinden (vgl. auch Kay/Böcking, Polizeirecht NW, a.a.O., S. 155, RdNr. 258).

Aufgrund eines bundesweit publizierten Finanzierungsskandals kommt die einflussreiche "Kauflust-Bank" in die öffentliche Diskussion. Dem Vorstand werden massive Kreditmanipulationen vorgeworfen. In der Folge kommt es im ganzen Bundesgebiet zu Brandanschlägen und Sachbeschädigungen an Fensterfronten mit "Zwillengeschossen" gegen Filialen der Bank durch Gruppierungen, die sich in Selbstbezichtigungsschreiben als "Autonome Kreditträger" bezeichnen. Die Anschläge werden überwiegend in den Nächten der Wochenenden verübt. In der Stadt S. stellen die Beamten in einer Nacht zu einem Sonntag auf der Straßenseite gegenüber dem Objekt der örtlichen "Kauflust-Bank" einen jungen Mann fest, der sich auffällig die Fensterfront ansieht. Die Beamten fragen den Mann unter Hinweis auf die Gefährdungslage und die Freiwilligkeit seiner Angaben, was er dort mache (§ 9 Abs. 1 Nr. 1 PolG). Dieser antwortet aber nur, das gehe die Büttel der Staatsmacht gar nichts an. Daraufhin fordern die Polizeikommissare ihn auf, sich auszuweisen (§ 12 Abs. 1 Nr. 3 i.V.m. § 12 Abs. 2 PolG). Der junge Zeitgenosse händigt seinen Ausweis aus. Ein Datenabgleich (§ 25 Abs. 1 S. 3 PolG) führt zu keinen weitergehenden Erkenntnissen.

Weil die Person gleichwohl nicht als potentieller Anschlagstäter ausscheidet, entschließen sich die Beamten, den Mann nach § 39 Abs. 1 Nr. 5 PolG zu durchsuchen. Dabei geht es ihnen in erster Linie darum festzustellen, ob er eine "Zwille" dabei hat. Die Durchsuchung ist zulässig. Filialen der "Kauflust-Bank" sind aktuell nach objektiven Lagedaten bundesweit als anschlagsgefährdet einzustufen. Der Mann wird noch in Gefährdungsnähe angetroffen. Mildere Maßnahmen führen nicht dazu, ihn als potentiellen Anschlagstäter auszuscheiden. Um eine wirksame Verhütung der zu befürchtenden gravierenden Straftaten im öffentlichen Interesse zu ermöglichen, ist daher die Durchsuchung erforderlich und angemessen.

### 1.1.6 Durchsuchung zur Eigensicherung, § 39 Abs. 2 PolG

Danach darf die Polizei eine Person nach Waffen, anderen gefährlichen Werkzeugen oder Explosivmitteln durchsuchen,

- **deren Identität nach dem PolG oder anderen Rechtsvorschriften festgestellt werden soll oder**
- **die nach anderen Rechtsvorschriften vorgeführt oder zur Durchführung einer Maßnahme an einen anderen Ort gebracht werden soll, wenn**
- **das nach den Umständen zum Schutz des Polizeivollzugsbeamten oder eines Dritten gegen eine Gefahr für Leib oder Leben erforderlich ist.**

Die Befugnisnorm dient sowohl der **Eigensicherung** der eingesetzten Polizeibeamten als auch dem Schutz Dritter. Dritte in diesem Sinne können sowohl Personen am Einsatzort als auch solche sein, die in der Folge mit der Person konfrontiert werden (z.B. ein vernehmender Staatsanwalt, der Arzt, der eine Blutprobe zu entnehmen hat, Polizeibedienstete, die eine ED-Behandlung durchführen usw.).

Die **Identitätsfeststellung** ist nicht der Zweck der Durchsuchung, vielmehr ihr Anlass. Nicht erst mit dem Festhalten der Person (vgl. dazu § 39 Abs. 1 Nr. 1 PolG), sondern bereits mit der Entscheidung, eine Identitätsfeststellung durchzuführen, ermächtigt das Gesetz in diesen Fällen. Hauptanwendungsbereiche sind die Identitätsfeststellungen nach § 12 PolG sowie nach § 163b StPO. Daneben gilt die Befugnisnorm aber auch für alle anderen ausdrücklichen oder "mitgeregelten" Fälle zulässiger Identitätsermittlungen (z.B. aufgrund des § 9 Abs. 2 PolG, des § 13 PolG im Hinblick auf die Feststellung, ob eine Person mit der im Berechtigungsschein genannten identisch ist, des § 111 StPO, des § 36 Abs. 5 StVO i.V.m. § 4 FeV oder einer vollstreckbaren Vorführungsanordnung - etwa nach § 44 WPflG).

Die **Vorführung nach anderen Rechtsvorschriften** ist im Kontext der Befugnisreichweite des § 39 Abs. 1 Nr. 1 PolG auszulegen. Die Abgrenzung zwischen den Befugnisregelungen des § 39 Abs. 1 Nr. 1 und denjenigen des § 39 Abs. 2 PolG ist umstritten.

Tegtmeyer (a.a.O., § 39, RdNr. 12) unterscheidet wie folgt:" Entsprechend der Zweck-richtung der Bestimmungen ergibt sich, dass die Maßnahmen bereits frühzeitig zulässig sind. Bei § 39 Abs. 1 Nr. 1 müssen die Voraussetzungen für das Festhalten vorliegen und es muss mit dem Freiheitsentzug begonnen werden, bei § 39 Abs. 2 müssen die Voraussetzungen für eine Identitätsfeststellung bzw. für eine Vorführung oder das Verbringen der Person an einen anderen Ort gegeben sein."

Das Problem entzündet sich am Begriff des Festhaltens nach anderen Rechtsvorschriften im Sinne des § 39 Abs. 1 Nr. 1 PolG. Soweit der Begriff des Festhaltens rechtsver-gleichend weit ausgelegt wird, erfasst er auch die Fälle der Vorführung im Sinne des § 39 Abs. 2 PolG, so dass § 39 Abs. 2 weitgehend "leer laufen" würde. Das aber kann der Gesetzgeber erkennbar nicht gewollt haben, andernfalls hätte er nicht diese Formu-lierungen gewählt.

Man sollte daher mit dem Begriff "Vorführungen nach anderen Rechtsvorschriften" die nicht aufgrund des § 10 Abs. 3 PolG erfolgen und auch nicht mit einer Freiheitsent-ziehung verbundenen Maßnahmen erfassen (vgl. allgemein zur Vorführung 2.Kapitel, Vierter Abschnitt). Kennzeichnendes Kriterium solcher Vorführungen ist es demnach, dass die Person in diesen Fällen nicht in das Polizeigewahrsam eingeliefert werden darf oder sonst eingesperrt wird.

In Betracht kommen danach z.B. Vorführungen

- von Beschuldigten zur staatsanwaltschaftlichen Vernehmung nach § 163a Abs. 3 StPO i.V.m. §§ 133 und 134 StPO.
- von Zeugen oder Sachverständigen zur staatsanwaltschaftlichen Vernehmung nach § 161a Abs. 2 StPO i.V.m. § 51 StPO i.V.m. § 133 StPO.
- von Betroffenen zur Vernehmung im Owi-Verfahren aufgrund richterlicher Anordnung nach § 46 Abs. 5 OwiG i.V.m. § 46 Abs. 1, 2 OwiG i.V.m. § 163a Abs. 3 StPO i.V.m. § 133 StPO.
- von Zeugen oder Sachverständigen zur Vernehmung im Owi-Verfahren auf Grund richterlicher Anordnung nach § 46 Abs. 5 OwiG i.V.m. § 46 Abs. 1 u. 2 OwiG i.V.m. 161a Abs. 2 StPO i.V.m. § 51 StPO i.V.m. § 133 StPO.

Sachverhalte, in denen die Person zur Durchführung einer anderen Maßnahme an einen anderen Ort gebracht werden soll, sind in der polizeilichen Praxis häufig zu bearbeiten. Das gilt insbesondere dann, wenn die Person zum Zwecke der Durchführung einer körperlichen Untersuchung, z.B. einer Blutprobe, in eine Polizeidienststelle oder in ein Krankenhaus gebracht wird. Nach anderer Auffassung soll z.B. die Mitnahme zur Blut-probe bereits unter die Befugnisnorm des § 39 Abs. 1 Nr. 1 PolG fallen (vgl. Altschaf-fel, a.a.O., S 2.15 f). In der Konsequenz führt das aber zu einer unverhältnismäßig weit-reichenden Anwendung der Durchsuchungsbefugnisse, weil gerade in diesen Fällen ohne weitergehende Beschränkungen eine umfassende Durchsuchung möglich würde, die ohne die Zielrichtung eines sicheren Gewahrsams weder erforderlich erscheint noch an den Bedürfnissen der polizeilichen Praxis orientiert ist.

Die Formulierung "soweit das nach den Umständen zum Schutz des Polizeivollzugs-beamten oder eines Dritten gegen eine Gefahr für Leib oder Leben erforderlich ist" ist unklar. "Dass sich polizeiliches Handeln immer an den Umständen des konkreten Falles orientieren muss, ist selbstverständlich" (so Rachor in Lisken/Denniger, a.a.O., 2. Auflage, S. 362, RdNr. 359). Eine konkrete Gefahr im Sinne des § 8 Abs. 1 PolG ist nicht erforderlich. Die Regelung will vielmehr bestimmte gefahrenträchtige Situationen aufgreifen und Schäden für die Polizeikräfte und Dritte verhindern. Umstände, die auf eine solche Gefährdung hindeuten, können sich aus der Einsatzsituation selbst (z.B. aggressives Verhalten, unsichere äußere Umstände, Ähnlichkeit der Person mit einem gesuchten Gewaltverbrecher) oder aus sonstigen Erkenntnisquellen (Hinweise aus Kriminalakten, Erkenntnisse anderer Behörden pp.) ergeben. Eine schematische Durchsuchung aller Personen scheidet aus.

Genügen mildere Maßnahmen, ist die Durchsuchung nicht erforderlich und unzulässig.

a) Schlimmfinger (Sch.) wird nachts auf dem abgelegenen und nicht beleuchteten Gebrauchtwagenplatz des Autohauses "Kaufglück" in S. durch die Fußstreifenbeamten Eifrig und Fröhlich angetroffen. Er reagiert sofort ärgerlich, als die Beamten ihn ansprechen. Die Polizeikräfte wollen ihn aufgrund der vorliegenden konkreten Gefahr, dass er Diebstähle an oder aus Kfz. plant, zur Gefahrenabwehr nach § 12 Abs. 1 Nr. 1 PolG identifizieren. Sie teilen ihm dies mit, eröffnen ihm aber zugleich, dass sie ihn aufgrund der verdächtigen Umstände sowie der für sie gefährlichen Örtlichkeit zunächst zur Eigensicherung durchsuchen werden.

b) Polizeibeamte schreiten in einer Gaststätte gegen einen Mann ein, der einen anderen Gast grundlos mit der Faust in das Gesicht geschlagen hat. Sie wollen ihn deshalb nach § 163 b Abs. 1 StPO als Tatverdächtigen identifizieren. Bevor sie dies machen, fordern sie den Mann auf, sich zunächst zur Eigensicherung sowie zum Schutz der anwesenden anderen Personen nach Waffen, gefährlichen Werkzeugen und Explosivmitteln durchsuchen zu lassen. Hier begründen die vorhergehenden Umstände (Körperverletzungsdelikt) die Notwendigkeit der Durchsuchung zur Eigensicherung und zum Schutz Dritter.

c) Sauf (S.) wird im Rahmen einer allgemeinen Verkehrskontrolle als PKW-Fahrer angehalten und überprüft. Nachdem er bereits aufgrund seines Führerscheines identifiziert ist, stellt POK Zinken (Z.) fest, dass S. nach Alkohol riecht. Ein freiwillig durchgeführter Atemalkoholtest zeigt 1,2 Promille an. Als Z. daraufhin anordnet, S. müsse mit in das nächstliegende Krankenhaus zum Zwecke der Durchführung einer Blutprobe, versucht dieser wegzulaufen. Allerdings kann ihn Z. noch rechtzeitig festhalten. S. wird nunmehr durchsucht, anschließend wird die Blutentnahme im Krankenhaus durchgeführt. Hier geht es darum, die Person, deren Freiheit nach § 81a StPO für die Dauer der Blutprobe beschränkt werden darf, zur Durchführung der Maßnahme an einen anderen Ort zu verbringen (nach anderer Auffassung könnte auch § 39 Abs. 1 Nr. 1 PolG begründet werden).

Der **Adressat** der Durchsuchung wird speziell in den Alternativen des § 39 PolG hinreichend beschrieben. Die §§ 4 - 6 PolG sind i. d. R. nicht anzuwenden.

## 1.2 Zugelassene Rechtsfolgen

Gestattet wird die Durchsuchung der Person. Soweit die Freiheit der Person im Sinne des Art. 2 Abs. 2 GG i.V.m. Art. 104 GG nicht bereits aufgrund anderer Bestimmungen belastet ist, darf die Polizei auch die notwendige Freiheitsbeschränkung anordnen. Zudem können bestimmte Verhaltensweisen gefordert werden (z.b. das Einnehmen einer bestimmten Stellung, das Ablegen von Kleidungsstücken oder das Ermöglichen der Nachschau in einfach zu erreichenden Körperöffnungen).

Im Rahmen der pflichtgemäßen Ermessensausübung beschränkt insbesondere das Verhältnismäßigkeitsprinzip die Durchsuchungsbefugnis. Danach scheidet eine Durchsuchung der Person auch bei Vorliegen der Zulässigkeitsvoraussetzungen aus, wenn die Umstände des Einzelfalls konkret gegen das Vorliegen einer durch die Durchsuchung abzuwehrenden Gefahrenverursachung durch die Person sprechen.

Polizeibeamte nehmen ein Kind, das sich verlaufen hat, in Gewahrsam. Obwohl die Voraussetzungen des § 39 Abs. 1 Nr. 1 PolG vorliegen, greifen die Zielrichtungen der Durchsuchungsbefugnis nicht (Eigensicherung/Schutz der Person/ Schutz Dritter/Maßnahmesicherung).

Es darf auch nicht nach bestimmten Gegenständen an Stellen gesucht werden, an denen sie nicht versteckt sein können.

## 2. Form- und Verfahrensvorschriften

Durchsuchungen nach § 39 PolG dürfen durch jeden sachlich und örtlich zuständigen Polizeibeamten **angeordnet und durchgeführt werden.**

Nach § 39 Abs. 3 PolG darf die Person nur von einer **Person gleichen Geschlechts** oder von einem Arzt durchsucht werden, außer wenn die sofortige Durchsuchung zum Schutz gegen eine Gefahr für Leib oder Leben erforderlich ist. Die Beschränkung dient dem Schutz der Menschenwürde (Art. 1 Abs. 1 GG). Von ihr darf nur unter den genannten Voraussetzungen abgewichen werden. Die Gefahr kann dabei den einschreitenden Beamten, Dritten oder der Person selbst drohen. Vor dem Hintergrund des Schutzgutes der Menschenwürde muss sie konkret sein (so auch Chemnitz, a.a.O., S. 218 und Altschaffel, a.a.O., S. 225; a.A. offenbar Tegtmeyer, a.a.O., § 39, RdNr. 17 i.V.m. RdNr. 13). Grundsätzlich kann diese Voraussetzung für alle Zielrichtungen der Durchsuchung nach § 39 PolG erfüllt sein. Zu beachten ist aber, dass keine mildere Maßnahme zur Verfügung stehen darf. Ist im Einzelfall z.B. die Fesselung einer aggressiven Frau, die versucht, Polizeibeamte anzugreifen, bis zum Eintreffen einer Polizeibeamtin das mildere Mittel, so kommt eine Durchsuchung durch Männer nicht in Betracht. Gleichwohl ist ein vorläufiger Verzicht auf eine Durchsuchung nicht immer vermeidbar.

Der Bezirksdienstbeamte POK Sorgfalt (S.) findet während einer Fußstreife im ausgedehnten Stadtwald eine bewusstlose ältere Frau. Er fordert den Rettungsdienst an und versucht, erste Hilfe zu leisten. Der Grund der Bewusstlosigkeit ist ihm nicht klar. Da niemand sonst in der Nähe ist oder rechtzeitig eintreffen könnte, durchsucht er den Mantel der Frau, um ggf. einen Notfallpass oder einen sonstigen Hinweis auf sofort nötige Erste-Hilfe-Maßnahmen zu erhalten.

Diese Verfahrensvorschrift wirkt ermächtigungsbegrenzend. Wird sie verletzt, ist die Maßnahme wegen eines Verstoßes im Schutzbereich des Art. 1 Abs. 1 GG rechtswidrig.

Im übrigen sind für das Verwaltungsverfahren die allgemeinen Bestimmungen des VwVfG zu beachten. Soweit im Rahmen der Durchsuchung ein VA erlassen wird, sind insbesondere § 28 VwVfG sowie die §§ 37 ff. VwVfG anzuwenden.

## II. Durchsuchung von Sachen

### 1. Ermächtigung

Zur Durchsuchung von Sachen aus Gründen der Gefahrenabwehr ermächtig § 40 PolG.

---

**§ 40 PolG   Durchsuchung von Sachen**

**(1) Die Polizei kann außer in den Fällen des § 12 Abs. 2 Satz 4 eine Sache durchsuchen, wenn**
**1. sie von einer Person mitgeführt wird, die nach § 39 durchsucht werden darf,**
**2. Tatsachen die Annahme rechtfertigen, dass sich in ihr eine Person befindet, die**
**a) in Gewahrsam genommen werden darf,**
**b) widerrechtlich festgehalten wird oder**
**c) hilflos ist,**
**3. Tatsachen die Annahme rechtfertigen, dass sich in ihr eine andere Sache befindet, die sichergestellt werden darf,**
**4. sie sich an einem der in § 12 Abs. 1 Nr. 2 genannten Orte befindet,**
**5. sie sich in einem Objekt im Sinne des § 12 Abs. 1 Nr. 3 oder in dessen unmittelbarer Nähe aufhält und Tatsachen die Annahme rechtfertigen, dass in oder an Objekten dieser Art Straftaten begangen werden sollen, durch die Personen oder diese Objekte gefährdet sind,**
**6. es sich um ein Land-, Wasser- oder Luftfahrzeug handelt, in dem sich eine Person befindet, deren Identität nach § 12 Abs. 1 Nr. 4 festgestellt werden darf; die Durchsuchung kann sich auch auf die in dem Fahrzeug enthaltenen Sachen erstrecken.**
**(2) Bei der Durchsuchung von Sachen hat der Inhaber der tatsächlichen Gewalt das Recht, anwesend zu sein. Ist er abwesend, so sollen sein Vertreter oder ein anderer Zeuge hinzugezogen werden. Dem Inhaber der tatsächlichen Gewalt ist auf Verlangen eine Bescheinigung über die Durchsuchung und ihren Grund zu erteilen.**

543

## 1.1 Zulässigkeitsvoraussetzungen

Die Ermächtigung gestattet die Durchsuchung von Sachen in mehrfacher Hinsicht, und zwar

- als Ergänzung zur Durchsuchung von Personen nach § 39 PolG in Nr. 1,
- zur Auffindung bestimmter Personen in Nr. 2,
- zur Sicherstellung von Sachen in Nr. 3,
- an verrufenen Orten in Nr. 4,
- in oder an gefährdeten Objekten in Nr. 5 sowie
- von Land-, Wasser- oder Luftfahrzeugen an Kontrollstellen in Nr. 6.

**Sachen** im Sinne der Norm sind alle körperlichen Gegenstände (vgl. § 90 BGB) und Tiere. In erster Linie sind bewegliche Sachen gemeint (z.B. Gepäckstücke, Handtaschen, Fahrzeuge). In Betracht kommen aber auch unbewegliche Sachen, also Grundstücke und Grundstücksbestandteile, soweit sie nicht zur Wohnung gehören (Art. 13 GG). Für Wohnungen gelten die Bestimmungen der §§ 41 und 42 PolG.

### 1.1.1 Ergänzungsdurchsuchung zu § 39 PolG - § 40 Abs. 1 Nr. 1 PolG

Danach darf die Polizei eine Sache durchsuchen, wenn sie von einer Person mitgeführt wird, die nach § 39 PolG durchsucht werden darf.

Der Gesetzgeber trägt mit dieser Befugnis dem Gedanken Rechnung, dass der Zweck der Durchsuchung einer Person häufig nur dann erreicht werden kann, wenn nicht nur die Person selbst, sondern auch ihre mitgeführten Sachen durchsucht werden dürfen. "Das gilt insbesondere auch für die mit § 39 Abs. 1 Nr. 1 und § 39 Abs. 2 PolG verfolgten Zielsetzungen der Eigensicherung sowie des Schutzes dritter Personen" (so Kay/Böcking, Polizeirecht NW, a.a.O., S. 157, RdNr. 263). Zum Zwecke der Eigensicherung, des Schutzes des Betroffenen oder Dritter sowie der Gewahrsamssicherung können daher auch bei strafprozessualen Freiheitsbeschränkungen und -entziehungen Sachen zur Gefahrenabwehr durchsucht werden.

Voraussetzung dieser Durchsuchungsermächtigung ist folglich, dass die Person rechtmäßig nach § 39 PolG durchsucht werden darf (vgl. dazu oben). Dass sie tatsächlich durchsucht wird, ist nicht gefordert.

**Mitführen** bedeutet, dass die Person jederzeit Zugriff auf die Sache hat (vgl. Rachor in Lisken/Denninger, a.a.O., 2. Auflage, S. 365, RdNr. 367).

a) Krawall wird zur Verhinderung weiterer Körperverletzungen z.N. seiner Ehefrau aufgrund des § 35 Abs. 1 Nr. 2 PolG in Gewahrsam genommen. Eilig packt er eine Tasche mit Kleidungsstücken und Lebensmitteln zusammen. Die Einlieferung in das Gewahrsam erfolgt erst nach seiner Durchsuchung gemäß § 39 Abs. 1 Nr. 1 PolG. Nachdem die Beamten auch die von ihm mitgeführte

Tasche gemäß § 40 Abs. 1 Nr. 1 PolG durchsucht haben, händigen sie ihm diese im Gewahrsam aus.

b) Die Polizei in S. erhält einen glaubhaften Hinweis, dass Herbert Sorglos (S.) einen Einbruch in die frühere gemeinsame Wohnung der nunmehr von ihm geschiedenen Hilde Sorglos plant. Er will sich dort mit einigen Gegenständen versehen, die er sehr vermisst. Tatsächlich treffen die eingesetzten Beamten den S. an, als er gerade vor der Wohnung seiner früheren Frau mit seinem PKW ankommt. Die Beamten teilen ihm ihren Informationsstand mit, S. weist aber alle Vorhaltungen zurück. Er wolle lediglich einen Spaziergang machen. Daraufhin durchsuchen die Beamten sowohl den Mann nach § 39 Abs. 1 Nr. 2 PolG als auch seinen mitgeführten PKW nach § 40 Abs. 1 Nr. 1 PolG zur Auffindung von Tatwerkzeugen für den geplanten Einbruch. Tatsächlich finden sie einen "Dietrich", ein Stemmeisen sowie einen großen Transportkorb. Die Amtswalter stellen u.a. die Gegenstände nach § 43 Nr. 1 PolG sicher.

c) POK Eifrig wird als Fußstreife in ein Kaufhaus entsandt. An der Kasse ist ein alter Mann bewusstlos zusammengebrochen. Um dem Mann ggf. helfen zu können, durchsucht der Beamte sowohl die Kleidung nach § 39 Abs. 1 Nr. 3 PolG als auch eine von ihm mitgeführte Aktentasche nach § 40 Abs. 1 Nr. 1 PolG.


### 1.1.2 Durchsuchung zur Auffindung bestimmter Personen, § 40 Abs. 1 Nr. 2 PolG

Die Befugnis gestattet die Durchsuchung einer Sache, wenn Tatsachen die Annahme rechtfertigen, dass sich in ihr eine Person befindet, die

- **in Gewahrsam genommen werden darf,**
- **widerrechtlich festgehalten wird oder**
- **hilflos ist.**

**Tatsachen** sind objektive Gegebenheiten, bloße Vermutungen oder ausschließliche Erfahrungen der Vergangenheit genügen nicht. Solche Tatsachen können z.B. eigene Beobachtungen, glaubhafte Hinweise Dritter, das Verhalten des Betroffenen oder Ermittlungsergebnisse begründen.

Diese Tatsachen rechtfertigen dann die Annahme, dass sich eine der genannten Personen in der Sache befindet, wenn ein Rückschluss auf der Grundlage objektiver Lebens- oder Berufserfahrung zu diesem Ergebnis führt.

Soweit es um die **Ingewahrsamnahme** der Person geht, sind zwar überwiegend die Voraussetzungen des § 35 PolG zu prüfen, gleichwohl kann sich die Befugnis zur Ingewahrsamnahme auch aus speziellen gefahrenabwehrrechtlichen Bestimmungen (etwa aus § 1 JÖSchG) ergeben (vgl. zur Ingewahrsamnahme eingehend oben, Zweiter Abschnitt).

Die Polizei wird von den Eltern darüber in Kenntnis gesetzt, dass ihre 4jährige Tochter in einem naheliegenden Wald des Großgrundbesitzers Felix Stamm verschwunden ist. Mit starken Kräften durchsucht die Polizei das Waldgelände, um das Kind in Gewahrsam nehmen und anschließend an die Eltern übergeben zu können.

545

Mit der Formulierung **"widerrechtlich festgehalten"** greift der Gesetzgeber Fälle der Freiheitsberaubung auf. Das ermöglicht z.B. auch die Durchsuchung einer Sache, um eine Geisel zu befreien.

> Sigi Knacks (K.) hat sein Besuchsrecht dazu missbraucht, die gemeinsame 5jährige Tochter Melanie seiner von ihm geschiedenen Frau, die das Sorgerecht hat, zu entziehen (vgl. auch § 235 StGB). Nachbarn des K. berichten, dass sie ihn vor einer Stunde mit einem Kind auf der Rinderweide des Bauern Frischmilch (F.) im Bereich des dortigen Heuschobers beobachteten. Polizeibeamte durchsuchen daraufhin den Heuschober und finden sowohl K. als auch das Kind, das sie in Gewahrsam nehmen, um es der Mutter zurückzubringen.

**Hilflos** im Sinne der Norm ist, wer - ohne widerrechtlich festgehalten zu werden - sich nicht selbst befreien oder sonst helfen kann.

> Im Wald des Großgrundbesitzers Geldsatt (G.) befindet sich eine Höhle. Spaziergänger beobachteten dort vor einigen Stunden zwei 12jährige Jungen, die sich an dem Eisentor zu schaffen machten. Nachdem die Kinder absprachewidrig nicht nach Hause kamen, wurden sie von der Polizei gesucht. Dabei wurde festgestellt, dass das Tor zur Höhle tatsächlich beschädigt und geöffnet wurde. Polizeibeamte durchsuchten die Höhle und fanden die verängstigten Kinder, die sich verlaufen hatten.

Nicht geregelt ist die Durchsuchung einer Sache zur **Auffindung einer Person, die nach § 10 Abs. 3 PolG vorgeführt werden darf**. Da aber andererseits der Gesetzgeber das Betreten und Durchsuchen einer Wohnung in § 41 Abs. 1 Nr. 1 PolG zu diesem Zweck zulässt, ist es naheliegend, dass hier eine ungewollte Gesetzeslücke vorliegt, die durch eine analoge Anwendung geschlossen werden darf.

Ansonsten sind die Anlässe, die eine Durchsuchung rechtfertigen, abschließend aufgeführt. Unzulässig ist demnach die Durchsuchung einer Sache, um eine Person zu befragen oder die Personalien einer Person festzustellen.

> Der Schaustellergehilfe Kraft hatte den Auftrag, zusammen mit anderen Kollegen auf dem Marktplatz von S. ein Karussel aufzustellen. Auf dem ihm zugewiesenen Platz aber stand ein Pkw. Um den nötigen Platz zu finden, hoben die Herren den Wagen einfach auf Seite. Dabei wurde der Pkw ungewollt (fahrlässig) durch die Schnallenverschlüsse ihrer Arbeitskleidung beschädigt (Lackkratzer).
>
> Die Fahrzeugeigentümerin wandte sich empört an die Polizei. Die Polizeibeamten werden zum Schutz privater Rechte tätig. Notwendig ist die Personalienfeststellung der Schadensverursacher, damit die Geschädigte ihre Ansprüche (letztlich bei Gericht) geltend machen kann. Dazu dürfen die Betroffenen angehalten und identifiziert werden (§ 12 Abs. 1 Nr. 1 und § 12 Abs. 2 PolG). Nicht ohne weiteres zulässig ist die Durchsuchung der Schaustellerwagen, um die Verursacher zu finden. Dazu müssten die Voraussetzungen der Gewahrsamnahme (nach § 35 Abs. 1 Nr. 4 PolG) begründet sein.

### 1.1.3 Durchsuchung zur Sicherstellung von Sachen, § 40 Abs. 1 Nr. 3 PolG

Die Ermächtigung ermöglicht die Durchsuchung von Sachen, die nicht im Sinne des § 40 Abs. 1 Nr. 1 PolG mitgeführt werden. Sie gilt, wenn

- **Tatsachen die Annahme rechtfertigen,**
- **dass eine Sache gefunden werden könnte,**
- **die sichergestellt werden darf.**

**Tatsachen** sind objektive Gegebenheiten (siehe weiter oben, 1.1.2).

Die **Sache** darf insbesondere dann im Sinne der Norm sichergestellt werden, wenn die Voraussetzungen des § 43 PolG vorliegen (vgl. dazu 7. Kapitel, Erster Abschnitt). Darauf, dass die Sache in der Folge tatsächlich sichergestellt wird, kommt es nicht an.

Daneben darf eine Durchsuchung zur Gefahrenabwehr auch erfolgen, wenn Tatsachen die Annahme rechtfertigen, dass eine Sache aufgefunden wird, die nach speziellen Sicherstellungsbefugnissen in amtliche Verwahrung genommen werden darf (vgl. z.B. § 8 PAuswG NRW oder § 40 WaffG).

    a) Die Polizeileitstelle in S. wurde durch einen Wanderer mit Hilfe eines Mobilfunktelefons darüber informiert, dass Jugendliche in der Nähe eines Viehunterstandes auf einer Weide mit Petroleumlampen eine "Lichterkette" gebildet hatten und ein Lagerfeuer unterhielten. Als eine Funkstreife am Einsatzort eintraf, sahen die Beamten, dass die jungen Leute hastig Gegenstände im Heu des Viehunterstandes versteckten. In der Folge durchsuchten sie u.a. den Viehunterstand des Bauern zur Auffindung der dort vermuteten Lampen. Diese sollten nach § 43 Nr. 1 PolG zur Abwehr der durch den Umgang mit dem Feuer begründeten gegenwärtigen Gefahr für die Sache sichergestellt werden.

    b) Heiner Wachsam (W.) beobachtete einige fremde Kinder, die auf dem Gehweg vor dem Haus seines Nachbarn Siegfried Sorglos das Kinderfahrrad der achtjährigen Melanie Sorglos wegnahmen und in einem nicht eingezäunten naheliegenden Grundstück des Bauern B. im Bereich der dortigen Weihnachtsbaumaufforstung versteckten. W. informierte sofort die Polizei. Die eingesetzten Beamten Einfallsreich und Spürnase durchsuchten das Gelände des Bauern B., um das Kinderfahrrad nach § 43 Nr. 2 PolG sicherstellen zu können.

### 1.1.4 Durchsuchung von Sachen an verrufenen Orten, § 40 Abs. 1 Nr. 4 PolG

Die Befugnis ergänzt die Kontrollmöglichkeiten an Orten im Sinne des § 12 Abs. 1 Nr. 2 PolG. Sie greift nicht, wenn die Sache erkennbar von einer Person mitgeführt wird, die aufgrund des § 39 Abs. 1 Nr. 4 PolG durchsucht werden darf.

Die Polizei darf die Sache durchsuchen, wenn sie sich an einem der in § 12 Abs. 1 Nr. 2 PolG genannten Orte befindet.

Es handelt sich demnach um **Orte**, von denen Tatsachen die Annahme rechtfertigen, dass dort

- **Personen Straftaten von erheblicher Bedeutung verabreden, vorbereiten oder verüben,**
- **sich dort Personen treffen, die gegen aufenthaltsrechtliche Strafvorschriften verstoßen oder**
- **sich dort gesuchte Straftäter verbergen.**

Zu den Voraussetzungen siehe oben 2. Kapitel, Zweiter Abschnitt I., 1.2. Im übrigen wird auf die Erläuterungen zur Durchsuchung von Personen aus diesem Anlass verwiesen oben I., 1.1.4).

a) In der Innenstadt von S. etablierte sich in der dortigen Fußgängerzone in den letzten Monaten eine massive offene Drogenszene. Die Voraussetzungen des § 12 Abs. 1 Nr. 2 a PolG lagen vor. Der Polizeiführer entschloss sich, zur Gefahrenabwehr Identitätsfeststellungen (§ 12 Abs. 1 Nr. 2 a i.V.m. § 12 Abs. 2 PolG) sowie Durchsuchungen nach § 39 Abs. 1 Nr. 4 PolG durchführen zu lassen. Da verschiedentlich auch beobachtet wurde, dass Dealer "Drogenbunker" in mehreren städtischen Blumenbeeten im dortigen Bereich anlegten, werden auch diese sporadisch durchsucht, um diese Verhaltensweise zu bekämpfen. In einem Fall wurde auch eine Reisetasche, die sich am regelmäßigen Treffpunkt der Szene befindet und nicht einer Person zugeordnet werden kann, durchsucht.

b) Ein städtisches Asylantenheim in S. avancierte in den letzten Monaten zu einem "Anlaufplatz" für Ausländer, die sich illegal in der Bundesrepublik aufhielten. Die Voraussetzungen des § 12 Abs. 1 Nr. 2 b PolG lagen vor. Deshalb führt die KPB S. eine Razzia durch. Dabei wurde auf dem Parkplatz des Geländes auch ein geschlossener "Leih-LKW" der Fa. "Selbsttransport" entdeckt. Trotz intensiver Bemühungen konnte das Fahrzeug keinem der Anwesenden zugeordnet werden. Der Polizeiführer lässt den LKW öffnen und durchsuchen.

### 1.1.5 Durchsuchung von Sachen in oder an gefährdeten Objekten - § 40 Abs. 1 Nr. 5 PolG

Diese Befugnisnorm ergänzt die Möglichkeiten des Objektschutzes, soweit eine Sache nicht erkennbar durch eine Person mitgeführt wird, die nach § 39 Abs. 1 Nr. 5 PolG durchsucht werden darf.

Voraussetzung ist, dass sich die Sache

- **in einem Objekt im Sinne des § 12 Abs. 1 Nr. 3 PolG oder in dessen unmittelbarer Nähe befindet und**
- **Tatsachen die Annahme rechtfertigen, dass in oder an Objekten dieser Art Straftaten begangen werden sollen, durch die Personen oder diese Objekte gefährdet sind.**

Vgl. zu den Voraussetzungen 2. Kapitel, Zweiter Abschnitt, I. 1.3 und Erläuterungen zur Personendurchsuchung aus diesem Anlass (oben I. .1.1.5).

a) Die "Autonomen Atommüllgegner" veröffentlichten in einer Szenezeitschrift einen Aufruf, alle an der Atommüllbeseitigung beteiligten "Multikonzerne" mit Brandsätzen und Sprengstoffanschlägen ein warmes Dankeschön zu übermitteln. Tatsächlich kam es in der Folge zu verschiedenen Anschlägen auf solche Firmen im Bundesgebiet. Auch in der NRW-Kleinstadt S. befindet sich eine solche Firma, nämlich die "Strahlemann und Co KG". Während einer nächtlichen Objektschutzfußstreife stellten die Polizeibeamten Obacht (O.) und Adlerauge (A.) eine Reisetasche im Eingangsbereich des Bürotraktes der Firma fest. Sie befragten den anwesenden Pförtner P., der sich allerdings die Herkunft der Tasche nicht erklären kkonnte. Durch einen angeforderten "Entschärfer" wude der Reißverschluss der Tasche geöffnet. In der Folge wurde aber keine Sprengvorrichtung, vielmehr nur Sportzeug gefunden.

b) Gegen den Vorsitzenden Heiner Übel (Ü.) der großen "Y-Partei" gab es in der Vergangenheit mehrfach ernstzunehmende Drohungen. Eine bundesweit agierende Gruppe mit dem Namen "Dem Übel an die Wurzel" drohte an, ihn in die Luft zu sprengen. Tatsächlich wurde bereits während eines Wahlkampfauftritts des (Ü.) in einem Feuerlöscher ein Sprengsatz entdeckt und entschärft. Als Ü. in der Nacht vor einem weiteren Wahlkampfauftritt in S. in einem Hotel übernachtete, entschied sich die KPB S. zu einem intensiven Objektschutz. U.a. wurden Sprengstoffspürhunde eingesetzt. In der Nähe des Speiseraumes, in dem Ü. essen sollte, wurde so auch ein Koffer entdeckt, der zunächst nicht zugeordnet werden konnte. Die eingesetzten Beamten forderten deshalb einen "Entschärfer" an. Dieser öffnete den Koffer und durchsuchte ihn. Tatsächlich wurde er aber durch einen Gast dort deponiert, der sich noch nicht angemeldet und von der Polizeiaktion keine Kenntnis hatte.

Die Durchsuchungen waren aufgrund des § 40 Abs. 1 Nr. 5 zulässig.

## 1.1.6 Durchsuchung von Land-, Wasser- und Luftfahrzeugen an Kontrollstellen, § 40 Abs. 1 Nr. 6 PolG

Danach darf eine Sache durchsucht werden,

- **wenn es sich um ein Land-, Wasser- oder Luftfahrzeug handelt,**
- **in dem sich eine Person befindet, deren Identität nach § 12 Abs. 1 Nr. 4 PolG festgestellt werden darf; die Durchsuchung kann sich auch auf die im Fahrzeug enthaltenen Sachen erstrecken.**

Zur Identitätsfeststellung an einer Kontrollstelle nach § 12 Abs. 1 Nr. 4 PolG (vgl. 2. Kapitel, Zweiter Abschnitt I. 1.4). Die Begriffe "**Land-, Wasser- oder Luftfahrzeug**" verdeutlichen, dass Kontrollstellen nicht nur auf Straßen und öffentlichen Plätzen eingerichtet werden können, sondern auch an Flug- und Bootshäfen oder im Verlauf einer Wasserstraße.

Grundvoraussetzung ist, dass sich in dem Fahrzeug eine Person befindet. Diese Person muss nach § 12 Abs. 1 Nr. 4 PolG identifiziert werden dürfen. Die Zulässigkeit der Identitätsfeststellung nach § 12 Abs. 1 Nr. 4 PolG ist folglich zugleich Zulässigkeitsvoraussetzung für § 40 Abs. 1 Nr. 6 PolG. Die Norm erweitert die Möglichkeiten einer Identitätsfeststellung nach § 12 Abs. 2 PolG und "ermächtigt die Polizei auch Land-, Wasser- oder Luftfahrzeuge sowie darin enthaltene Sachen zu diesem Zweck zu durchsuchen. Damit wird sichergestellt, dass Personen die Identitätsfeststellung nicht durch das Zurückziehen in solche Fahrzeuge oder das Verstecken von Ausweisdokumenten verhindern können" (vgl. Kay/Böcking, Polizeirecht NW, a.a.O., S. 159, RdNr. 268 sowie Chemnitz, a.a.O., S. 228, RdNr. 43.5.2).

Der Durchsuchungszweck ist das **Auffinden von Identitätshinweisen**. Das ergibt sich auch aus dem Zusammenhang der §§ 12, 39 und 40 PolG. Es geht folglich nicht um das Auffinden gefährlicher Gegenstände (z.B. von Waffen im Sinne des § 27 VersG). Hätte der Gesetzgeber eine umfassende Kontrollbefugnis zur Verhütung der in § 12 Abs. 1 Nr. 4 PolG aufgeführten Straftaten auch durch die Sicherstellung von Sachen schaffen wollen, dann hätte er auch die Befugnis zur Durchsuchung von Personen an solchen Kontrollstellen in § 39 PolG geregelt (dieser Auffassung ist offenbar auch Tegtmeyer, a.a.O., § 40, RdNr. 8). Sofern Personen oder Sachen zur Auffindung anderer Gegenstände als nach Identitätshinweisen zur Gefahrenabwehr durchsucht werden sollen, muss daher eine der sonstigen Voraussetzungen des § 39 PolG für Personen oder des § 40 PolG für Sachen vorliegen. In Betracht kommen z.B. Durchsuchungen von Personen nach § 39 Abs. 1 Nr. 2 oder von Sachen nach § 40 Abs. 1 Nr. 3 PolG zur Auffindung von Gegenständen, die sichergestellt werden dürfen. Dabei ist zu berücksichtigen, dass die Durchsuchungen bereits dann zulässig sind, "wenn objektive Anhaltspunkte für das Auffinden sicherstellbarer Sachen bestehen; eines konkreten Verdachts gerade gegen den zu Durchsuchenden bedarf es nicht" (vgl. dazu OVG Münster, Urt. v. 10.06.81, NPA 715, Durchsuchung Bl. 9).

Soweit es sich bei dem Land-, Wasser- oder Luftfahrzeug um eine Wohnung im Sinne des Art. 13 GG handelt, müssen die Voraussetzungen des § 41 PolG vorliegen.

a) Im Vorfeld einer Demonstration in D. richtet die Polizei Kontrollstellen nach § 12 Abs. 1 Nr. 4 PolG ein. U.a. wird auch ein vollbesetzter Kleinbus angehalten, dessen Insassen zunächst aussteigen. Auf Befragen geben die Personen an, es ginge die Polizei nichts an, wohin ihre Reise gehe. Einige von ihnen ziehen sich dann in den Bus zurück. Der Leiter der Kontrollstelle lässt die Personen nach § 12 Abs. 1 Nr. 4 PolG i.V.m. § 12 Abs. 2 PolG identifizieren. Die Personen verweigern aber die Personalienangabe. Ihre Durchsuchung führt - außer beim Fahrer - nicht zur Auffindung von Ausweisen. Deshalb werden nach § 40 Abs. 1 Nr. 6 PolG auch das Fahrzeug selbst sowie die dort gefundenen Sachen (Reisetaschen pp.) nach Identitätspapieren durchsucht.

b) An der zuvor beschriebenen Kontrollstelle wird auch der 25jährige Hugo Reiselust (R.) angehalten. Er ist mit seinem PKW unterwegs. Auf Befragung gibt er an, er sei auf dem Weg zu einem Freund in D., anschließend wolle er - wenn die Zeit es zulasse - auch an der Demonstration teilnehmen. Auf eine entsprechende Aufforderung hin weist sich der Mann sofort aus (§ 12 Abs. 1 Nr. 4 i.V.m. § 12 Abs. 2 PolG). Bei einem anschließenden Datenabgleich nach § 25 Abs. 1 S. 2 PolG ergeben sich keinerlei Hinweise. Der kontrollierende Polizeibeamte fordert R. trotzdem auf, den Kofferraum zu öffnen. Er will kontrollieren, ob in dem Wagen eventuell Waffen oder gefährliche Werkzeuge mitgeführt werden. Diese Aufforderung ist rechtswidrig, weil der PKW nach § 40 Abs. 1 Nr. 6 PolG vorliegend nicht durchsucht werden darf und auch die sonstigen Voraussetzungen des § 40 nicht erfüllt sind.

Die **Adressaten** der Durchsuchung werden in der Norm hinreichend speziell bestimmt, die §§ 4 bis 6 PolG sind grundsätzlich nicht anzuwenden.

### 1.2 Zugelassene Rechtsfolgen

Gestattet wird die Durchsuchung von Sachen. Soweit dazu eine Sache betreten - evtl. auch mit Fahrzeugen befahren - werden muss, ist auch dies erlaubt.

## 2. Form- und Verfahrensvorschriften

Durchsuchungen nach § 40 PolG darf jeder zuständige Polizeibeamte anordnen und durchführen.

Nach § 40 Abs. 2 PolG hat der Inhaber der tatsächlichen Gewalt das Recht, bei der Durchsuchung anwesend zu sein. Ist er abwesend, so sollen sein Vertreter oder ein anderer Zeuge hinzugezogen werden. Dem Inhaber der tatsächlichen Gewalt ist auf Verlangen eine Bescheinigung über die Durchsuchung und ihren Grund zu erteilen. Bei einer Missachtung dieser Vorschrift wird die Maßnahme an sich indessen nicht rechtswidrig (vgl. auch Tegtmeyer, a.a.O., § 40, RdNr. 9). Eine nicht erteilte Bescheinigung kann nachträglich erstellt werden.

Darüber hinaus gelten für das Verwaltungsverfahren die allgemeinen Bestimmungen des VwVfG. Soweit im Rahmen der Durchsuchung ein VA erlassen wird, sind insbesondere § 28 VwVfG sowie die §§ 37 ff. VwVfG zu beachten.

## III.  Durchsuchung von Wohnungen

Wohnungen werden nach Art. 13 GG umfassend geschützt (siehe oben unter Vorbemerkungen). Dem trägt der NRW-Gesetzgeber mit § 41 PolG (Befugnisregelung) sowie mit § 42 PolG (Verfahrensregelung) Rechnung.

## 1.  Ermächtigung

Als Ermächtigung ist § 41 PolG heranzuziehen.

**§ 41 PolG    Betreten und Durchsuchung von Wohnungen**

(1) Die Polizei kann eine Wohnung ohne Einwilligung des Inhabers betreten und durchsuchen, wenn

1. Tatsachen die Annahme rechtfertigen, dass sich in ihr eine Person befindet, die nach § 10 Abs. 3 vorgeführt oder nach § 35 in Gewahrsam genommen werden darf,

2. Tatsachen die Annahme rechtfertigen, dass sich in ihr eine Sache befindet, die nach § 43 Nr. 1 sichergestellt werden darf,

3. von der Wohnung Immissionen ausgehen, die nach Art, Ausmaß oder Dauer zu einer erheblichen Belästigung der Nachbarschaft führen,

4. das zur Abwehr einer gegenwärtigen Gefahr für Leib, Leben oder Freiheit einer Person oder für Sachen von bedeutendem Wert erforderlich ist. Die Wohnung umfasst die Wohn- und Nebenräume, Arbeits-, Betriebs- und Geschäftsräume sowie anderes befriedetes Besitztum.

(2) Während der Nachtzeit (§ 104 Abs. 3 der Strafprozessordnung) ist das Betreten und Durchsuchen einer Wohnung nur in den Fällen des Abs. 1 Satz 1 Nrn. 3 und 4 zulässig.

(3) Wohnungen können jedoch zur Abwehr dringender Gefahren jederzeit betreten werden, wenn

1. Tatsachen die Annahme rechtfertigen, dass

    a) dort Personen Straftaten von erheblicher Bedeutung verabreden, vorbereiten oder verüben,

    b) sich dort Personen treffen, die gegen aufenthaltsrechtliche Strafvorschriften verstoßen,

    c) sich dort gesuchte Straftäter verbergen,

2. sie der Prostitution dienen.

(4) Arbeits-, Betriebs- und Geschäftsräume sowie andere Räume und Grundstücke, die der Öffentlichkeit zugänglich sind oder zugänglich waren und den Anwesenden zum weiteren Aufenthalt zur Verfügung stehen, können zum Zwecke der Gefahrenabwehr (§ 1 Abs. 1 ) während der Arbeits-, Geschäfts- oder Aufenthaltszeit betreten werden.

## 1.1    Zulässigkeitsvoraussetzungen

Das Gesetz ermöglicht das Betreten und Durchsuchen einer Wohnung

- **während der Tageszeit**
    + zur Auffindung von Personen zum Zwecke der Vorführung nach § 10 Abs. 3 PolG oder zur Ingewahrsamnahme nach § 35 PolG,
    + zur Sicherstellung von Sachen nach § 43 Nr. 1 PolG,
    + zur Abwehr von Immissionen sowie
    + zur Abwehr gegenwärtiger Gefahren für Leib, Leben oder Freiheit einer Person oder für Sachen von bedeutendem Wert.
- **während der Nachtzeit**

+ zur Abwehr von Immissionen sowie
+ zur Abwehr gegenwärtiger Gefahren für Leib, Leben oder Freiheit einer Person oder für Sachen von bedeutendem Wert.

- Daneben ermöglicht die Befugnis unter bestimmten Voraussetzungen das Betreten zur Tages- und Nachtzeit

  + von Wohnungen die als verrufene Orte einzustufen sind, sowie
  + von Arbeits-, Betriebs- und Geschäftsräumen.

Dazu im einzelnen:

### 1.1.1 Durchsuchung zum Zwecke der Vorführung oder Ingewahrsamnahme, § 41 Abs. 1 Nr. 1 i.V.m. § 41 Abs. 2 PolG

Die Norm ermöglicht das Betreten und Durchsuchen,

- nur zur Tageszeit und
- dass sich in der Wohnung eine Person befindet, die nach § 10 Abs. 3 PolG vorgeführt oder nach § 35 PolG in Gewahrsam genommen werden darf.

Tageszeit ist nach § 41 Abs. 2 PolG i.V.m. § 104 Abs. 3 StPO

- in der Zeit von April bis September der Zeitraum zwischen 04.00 Uhr und 21.00 h sowie
- in der Zeit von Oktober bis März der Zeitraum von 06.00 h bis 21.00 Uhr. Entscheidend ist der Beginn der Durchsuchung.

Tatsachen sind objektive Gegebenheiten, bloße Vermutungen oder ausschließliche Erfahrungen der Vergangenheit genügen nicht. Solche Tatsachen können z.B. eigene Beobachtungen, glaubhafte Hinweise Dritter, das Verhalten des Betroffenen oder das Ergebnis durchgeführter Ermittlungen begründen.

Diese Tatsachen rechtfertigen dann die Annahme, dass sich die gesuchte Person in einer Wohnung befindet, wenn ein Rückschluss auf der Grundlage objektiver Lebens- oder Berufserfahrung zu diesem Ergebnis führt.

Hinsichtlich der zu ergreifenden Person müssen die Voraussetzungen ihrer Vorführung nach § 10 Abs. 3 PolG oder ihrer Ingewahrsamnahme vorliegen. Dass die Person in der Folge tatsächlich vorgeführt oder in Gewahrsam genommen wird, ist nicht gefordert.

Eine Person darf nach § 10 Abs. 3 PolG nur vorgeführt werden, wenn

- **sie einer Vorladung nach § 10 Abs. 1 PolG ohne hinreichenden Grund keine Folge geleistet hat und**
- **entweder die Angaben der Person zur Abwehr einer Gefahr für Leib, Leben oder Freiheit einer Person erforderlich sind oder**
- **dies zur Durchführung einer erkennungsdienstlichen Maßnahme erforderlich ist.**

(vgl. 2. Kapitel, Vierter Abschnitt).

Die Ermächtigung ermöglicht es, Vorführungen auch dann durchzusetzen, wenn sich der Betroffene in einer Wohnung aufhält oder sich dort sogar versteckt. Sie gilt indessen nach ihrem Wortlaut ausdrücklich nur für Vorführungen nach § 10 Abs. 3 PolG. Soweit die Polizei daher z.B. Vorführungen für eine andere Behörde im Wege der Vollzugshilfe vornimmt, muss das Betreten und Durchsuchen speziell zugelassen sein.

> Der 13jährige Immerklau (I.) wurde zum Zwecke der ED-Behandlung wegen einer Vielzahl von Einbruchsdiebstählen nach § 14 Abs. 1 Nr. 2 PolG aufgrund des § 10 Abs. 1 PolG vorgeladen. Vor dem Hintergrund seiner außerordentlichen kriminellen Energie wurde die sofortige Vollziehung der Vorladung angeordnet und schriftlich begründet, gleichzeitig wurde für den Fall des Nichterscheinens die zwangsweise Vorführung nach § 10 Abs. 3 i.V.m. §§ 50 Abs. 1, 51, 55 und 56 PolG angedroht. Sowohl die Eltern als auch der Junge reagierten aber auf die ordnungsgemäß zugestellte Vorladung nicht. Die zuständige Sachbearbeiterin im KK 2 der PI S. erwirkte daraufhin einen Vorführbeschluss nach § 10 Abs. 3 PolG beim zuständigen Amtsgericht. Als sie zusammen mit einem Kollegen an der Wohnanschrift des Jungen ankamen, erklärte ihnen der Hausmeister des Mehrfamilienhauses, "der feine Spross schwänze die Schule und schaue lieber Video". Auf ihr Klingeln hin öffnete die verschüchterte Mutter die Wohnungstür und erklärte, ihr Sohn sei nicht zu Hause. Daraufhin betraten die Beamten gegen den Willen der Mutter die Wohnung und gingen Ziel gerichtet in das Wohnzimmer, aus dem heraus laute Videogeräusche zu hören waren. Dort saß I. tatsächlich und schaute sich einen Videofilm an. Die Sachbearbeiterin und ihr Kollegen nahmen ihn mit zur Dienststelle.

Hinsichtlich des Auffindens einer Person **zur Ingewahrsamnahme** kommen - unter besonderer Berücksichtigung des Verhältnismäßigkeitsgrundsatzes - alle Alternativen des § 35 PolG in Betracht. Das Betreten oder/und Durchsuchen einer Wohnung ist daher zur Durchsetzung

- des Schutzgewahrsam nach § 35 Abs. 1 Nr. 1 PolG,
- des Sicherheitsgewahrsam (Verhütung von Straftaten und bedeutsamen Ordnungswidrigkeiten) nach § 35 Abs. 1 Nr. 2 PolG,
- des Gewahrsam zur Durchsetzung eines Platzverweises nach § 35 Abs. 1 Nr. 3 PolG,
- der Ingewahrsamnahme zum Schutz privater Rechte nach § 35 Abs. 1 Nr. 4 PolG,
- der Ingewahrsamnahme von Minderjährigen nach § 35 Abs. 2 PolG sowie
- der Ingewahrsamnahme von Entwichenen nach § 35 Abs. 3 PolG

zulässig (zu den Maßnahmen siehe oben, 5. Kapitel, Erster Abschnitt).

a) In der Einsatzleitstelle in S. meldete sich Heinfried Aufmerksam (A.), Hausmeister der Wohnanlage Am Weiher in S.. Er teilte mit, dass in der Wohnung des Ernst Schürzenjäger (Sch.) seit zwei Tagen ein fremdes Mädchen lebe. Dabei handele es sich um eine Karin Weltlust (W.). Aus einem Gespräch mit ihr habe er erfahren, dass sie 14 Jahre alt sei und aus Berlin stamme. Im Verlauf der weiteren Ermittlungen stellte sich heraus, dass es sich bei der Jugendlichen um eine Ausreißerin handelt, die zur Ingewahrsamnahme nach § 35 Abs. 2 PolG ausgeschrieben ist. Als zusätzliches Problem sahen die Beamten, dass Sch. in der Vergangenheit bereits mehrfach wegen sexueller Nötigung Minderjähriger aufgefallen war. Als die eingesetzten Polizeikommissare Stürmer und Schöngeist an der Wohnungstüre klingelten, öffnete ihnen Sch.. Entrüstet wies er eine entsprechende Frage des Beamten Stürmer zurück. Daraufhin durchsuchten die eingesetzten Polizeibeamten die Wohnung des Sch.. Sie fanden das Mädchen schließlich in einem Kleiderschrank und nahmen es in Gewahrsam.

b) Nach einem Fußballbundesligaspiel in D. kam es zu schweren Ausschreitungen zwischen rivalisierenden "Fans". Nachdem sie durch Polizeikräfte umstellt werden konnten, gab ihnen der eingesetzte Abschnittsführer bekannt, dass sie aufgrund des § 35 Abs. 1 Nr. 2 PolG zur Verhinderung der Fortsetzung von Straftaten (vgl. u.a. § 27 Abs. 1 Nr. 3 VersG) in Gewahrsam genommen sind. Ca. 10 Jugendlichen gelang aber die Flucht in Kellerräume eines nahe liegenden Hochhauses. Die sie verfolgenden Polizeikräfte betraten das Objekt und stellten die Personen in einem Gemeinschaftswäscheraum. Dort führten sie die angeordnete Ingewahrsamnahme durch. Zudem wurden Strafverfolgungsmaßnahmen eingeleitet.

c) Adolf Hinkel (H.) ist Vorsitzender einer rechtsextremistischen Gruppierung. Die Gruppe plante aus Anlass des Todestages des "Hitler-Stellvertreters" R. Heß eine Demonstration, die aber nach Anmeldung durch die zuständige Kreispolizeibehörde in S. aufgrund des § 15 Abs. 1 VersG sofort vollziehbar verboten worden war. Als am geplanten Veranstaltungstag durch glaubhafte Hinweise um 12.00 h deutlich wurde, dass H. für 14.00 h gleichwohl die Durchführung der verbotenen Versammlung unter freiem Himmel geplant und vorbereitet hat, ordnete der Polizeiführer seine Ingewahrsamnahme nach § 35 Abs. 1 Nr. 2 PolG zur Verhinderung einer Straftaten nach § 26 Nr. 1 VersG an. H. wurde allerdings nicht an seinem Wohnsitz angetroffen. Durch Kräfte der Aufklärung wurde sein PKW vor dem Haus seiner Freundin Eva Grün (G.) in S. festgestellt. Daraufhin betraten und durchsuchten Polizeibeamte des Einsatzabschnitts "Eingreifen" die Wohnung der G. gegen deren Willen. Sie fanden H., der sich unter einem Bett versteckt hatte, und nahmen ihn in Gewahrsam.

Soweit zum Zeitpunkt des Betretens oder Durchsuchens noch nicht feststeht, ob die Person in Gewahrsam genommen werden darf, greift die Befugnisnorm nicht.

Unzulässig ist die Durchsuchung einer Wohnung, um eine Person zu befragen oder die Personalien einer Person festzustellen. Wenn nicht zugleich eine Gewahrsamnahme gerechtfertigt ist, scheidet die Durchsuchung aus dem Grunde aus.

## 1.1.2 Durchsuchung zum Zwecke der Sicherstellung von Sachen, § 41 Abs. 1 Nr. 2 i.V.m. § 41 Abs. 2 PolG

Gestattet wird das Betreten und Durchsuchen von Wohnungen

- **nur zur Tageszeit und**
- **soweit Tatsachen die Annahme rechtfertigen, dass sich in ihr eine Sache befindet, die nach § 43 Nr. 1 sichergestellt werden darf.**

Zur Prämisse **Tatgeszeit und Tatsachen** siehe oben 1.1.

Sodann müssen die Voraussetzungen der Sicherstellung nach § 43 Nr. 1 PolG vorliegen (vgl. dazu ausführlich 7. Kapitel, Erster Abschnitt). Die Ermächtigung verlangt lediglich die Voraussetzungen der Sicherstellung. Ob es schließlich tatsächlich zur Sicherstellung einer Sache kommt, ist nicht Bedingung für die Rechtmäßigkeit der Maßnahme. Das Betreten und/oder Durchsuchen einer Wohnung ist nur vorgesehen, um die Sicherstellung einer Sache zur Abwehr einer gegenwärtigen Gefahr für die öffentliche Sicherheit zu ermöglichen. Vor dem Hintergrund des Art. 13 Abs. 7 GG muss die gegenwärtige Gefahr zugleich eine dringende Gefahr sein. Daraus folgt, dass die Durchsuchung der Wohnung nur in Frage kommt, wenn eine Gefahr für bedeutende Rechtsgüter abzuwehren ist.

> a) Der 13jährige Anton Huber (H.) ist nach glaubhaften Angaben von Nachbarn an einem sonnigen Nachmittag erneut mit dem Mofa seines älteren Bruders während dessen Abwesenheit gefahren. Der sofort eingesetzte BD-Beamte Glücklich (G.) ermittelt vor Ort. Der Junge behauptet, nicht gefahren zu sein. Sonstige Familienangehörige sind nicht zu Hause. Es besteht die Gefahr, dass H. nach dem polizeilichen Einsatz erneut mit dem Mofa fährt. G. entschließt sich, zur Sicherstellung wichtiger Funktionsteile des Mofas, die Garage zu betreten und erforderlichenfalls zu durchsuchen. Tatsächlich findet er das Mofa, schraubt einige Teile ab und stellt diese zur Abwehr der gegenwärtigen Gefahr für die Rechtsordnung (vgl. § 4a StVZO) sicher.

> b) Die Polizei erfährt von einem Nachbarn, dass zwei Kinder eine alte verrostete Handgranate gefunden und diese mit in ihre Wohnung genommen haben. Die eingesetzten Streifenbeamten klingeln an der Wohnungstüre. Die Kinder öffnen, sie sind alleine zu Hause. Offenbar aus Angst bestreiten sie das Auffinden der Handgranate. Die Beamten betreten und durchsuchen zur Tageszeit die Wohnung zur Sicherstellung der Kriegswaffe. Im übrigen kommt für diese Fallkonstellation auch die Durchsuchung nach § 41 Abs. 1 Nr. 4 PolG (Abwehr einer gegenwärtigen Lebensgefahr) in Betracht, so dass die Maßnahme auch zur Nachtzeit zulässig wäre.

Das Betreten und/oder die Durchsuchung einer Wohnung (anders als das Betreten/Durchsuchen einer Sache) zur Sicherstellung von Sachen nach § 43 Nr. 2 (zum Schutz von Eigentum oder Besitz) oder nach § 43 Nr. 3 PolG kommt nach dieser Befugnisnorm nicht in Betracht (Hinweis für die polizeiliche Praxis: Eventuell könnten solche Maßnahmen im Zusammenhang mit der zulässigen Gewahrsamnahme statthaft sein).

### 1.1.3 Durchsuchung zum Zwecke der Abwehr von Immissionen - § 41 Abs. 1 Nr. 3 i.V.m. § 41 Abs. 2 PolG

Nach dieser Bestimmung ist das Betreten und Durchsuchen von Wohnungen gestattet

- **zur Tages- und Nachtzeit,**
- **soweit von der Wohnung Immissionen ausgehen, die nach Art, Ausmaß und Dauer zu einer erheblichen Belästigung der Nachbarschaft führen.**

**Immissionen** sind nach der Legaldefinition des § 3 Abs. 2 BImSchG "auf Menschen, Tiere und Pflanzen, den Boden, das Wasser, die Atmosphäre sowie Kultur- und sonstige Sachgüter einwirkende Luftverunreinigungen, Geräusche, Erschütterungen, Licht, Wärme, Strahlen und ähnliche Umwelteinwirkungen."

"Unter den Begriff **"Nachbarschaft"** fallen sämtliche Personen, die unter den Immissionen in erheblicher Weise zu leiden haben" (vgl. Tegtmeyer, a.a.O., § 41, RdNr. 16).

Ob die Beeinträchtigung nach Art und Ausmaß erheblich ist, hängt insbesondere ab von

- der Art der Immissionen,
- ihrem objektiven Ausmaß,
- der Umgebung,
- der Zeit (Wochentag, Uhrzeit),
- speziellen gesetzlichen Regelungen (z. B. zulässiges oder verbotenes Abbrennen pyrotechnischer Gegenstände – Sylvesterknaller)
- den Interessenlagen.

So macht es beispielsweise einen erheblichen Unterschied, ob eine Musikanlage während der Tageszeit in einer "normalen Nachbarschaft" in einem Garten betrieben wird oder in Nachbarschaft zu einem Rehabilitationszentrum, in dem Schwerstkranke Genesung suchen.

Regelmäßig kann sich der einschreitende Polizeibeamte an speziellen oder allgemeinen Normen orientieren, z.B. an

- den Bestimmungen des Feiertagsgesetzes,
- den §§ 9 bis 12 LImSchG,
- den Regelungen des -KrW-/AbfG,
- den §§ 2 ff. Planzen-Abfall-VO,
- § 30 StVO,
- § 117 OWiG.

a) In einer lauen Sommernacht lud Siegfried Lauthals (L.) Freunde zu einer zünftigen Feier im Garten seines Anwesens ein. Zu vorgerückter Stunde unterhielten die Anwesenden die Nachbarschaft durch alkoholbedingte laute Gespräche und mehr oder weniger melodisches Liedgut. Erzürnte Nachbarn, die keinen Schlaf fanden, informierten die Polizei. Die Beamten betraten das Grundstück des L., um dort gegen den ruhestörenden Lärm im Sinne des § 9 LImSchG einzuschreiten.

557

b) Der 80jährige Hausbesitzer Anton Sturm (S.) ist ein Mann von altem Schrot und Korn. Wie früher verbrannte er regelmäßig Teile seines Abfalls aus Haus und Garten, sehr zum Leidwesen der Nachbarschaft. Als er an einem Samstag mal wieder "ordentlich einheizte" und dabei Zeitungen, Buschwerk und einen alten Kindersitz verbrannte, beschwerte sich Else Hoffnung bei der Polizei. Sie war insbesondere erzürnt, weil S. keine Rücksicht auf ihre Wäsche nahm, die deswegen in einer dunklen Rauchfahne hing. Polizeibeamte betraten das Grundstück, um S. auf sein ordnungswidriges Verhalten im Sinne des § 61 - KrW-/AbfG- aufmerksam zu machen und ihm die Fortsetzung seines Handelns zu untersagen.

c) In der Wohnung des Heiner Schreihals (Sch.) ging es in einer Nacht hoch her. Er hat mal wieder einen Streit mit seiner Ehefrau, so dass die Nachbarn im Mehrfamilienhaus nicht schlafen konnten. Als diese sich bei der Polizei beschwerten, rief zunächst ein Einsatzbearbeiter der Polizeileitstelle in der Wohnung der Familie an. Sch. war aber so erzürnt, dass er dem Polizeibeamten mitteilte, er solle sie in Ruhe lassen. Er und seine Frau hätten ein Recht darauf, ihre Meinungsverschiedenheit auszutragen, schließlich stehe ja bereits in der Bibel " ... und lasst die Sonne über Eurem Streit nicht aufgehen!" Auch den entsandten Polizeibeamten Kräftig und Hoffnungsvoll öffnete er die Türe nicht. Statt dessen "drehte er zusätzlich noch seine Musikanlage auf". Die Polizeibeamten ließen daraufhin einen Schlüsseldienst kommen, der ihnen die Wohnung öffnete. In der Folge mussten sie Sch. sogar in Gewahrsam nehmen, weil er keine Ruhe gab. Vorliegend wurde das Betretungsrecht zwangsweise durch Ersatzvornahme nach vorausgehendem VA im Sinne der §§ 50 Abs. 1, 51, 52 und 56 PolG durchgesetzt.

## 1.1.4 Durchsuchung zur Abwehr gegenwärtig erheblicher Gefahren, § 41 Abs. 1 Nr. 4 i.V.m. § 41 Abs. 2 PolG

Danach ist das Betreten und Durchsuchen einer Wohnung der Polizei

- **zur Tages- und Nachtzeit gestattet, sofern**
- **das zur Abwehr einer gegenwärtigen Gefahr für Leib, Leben oder Freiheit einer Person oder für Sachen von bedeutendem Wert erforderlich ist.**

Die Regelung dient dem **Schutz wichtiger Rechtsgüter**. Sie ermöglicht das Betreten zu Abwehr einer gegenwärtigen Gefahr für die öffentliche Sicherheit, die sich in der Wohnung auswirkt, aber auch zur Abwehr einer solchen Gefahr außerhalb der zu betretenden Wohnung, wenn nur durch diesen Eingriff die Gefahr abgewehrt werden kann (nach richtiger Auffassung von Rachor in Lisken/Denniger, a.a.O., 2. Auflage, S. 376, RdNr. 404, ist für letzteren Fall das Betreten und Durchsuchen der Wohnung aber nur unter den Voraussetzungen des polizeilichen Notstandes nach § 6 PolG zulässig).

Zum Begriff der **gegenwärtigen Gefahr** für die öffentliche Sicherheit vgl. Band I, 3. Kapitel. Der Eintritt der Störung für die geschützten Güter Leben, Gesundheit, Freiheit oder Sachen von bedeutendem Wert muss folglich bereits begonnen haben und sich fortsetzen oder in allernächster Zukunft mit an Sicherheit grenzender Wahrscheinlichkeit zu befürchten sein. Dabei ist zu berücksichtigen, dass an die Wahrscheinlichkeit des Schadenseintritts umso geringere Anforderungen zu stellen sind, je höherwertiger das bedrohte Rechtsgut ist.

Fraglich ist, was eine **Sache von bedeutendem Wert** ist. Teilweise wird versucht, den materiellen Wert mit einer unteren Grenze zu bestimmen (etwa 500 Euro) - so Chemnitz, a.a.O., S. 235). Richtiger erscheint es, auf den Grundsatz der Verhältnismäßigkeit abzustellen. Der Eingriff und das Schutzgut müssen in einem angemessenen Verhältnis stehen. Wollte man auf eine materielle Einordnung abstellen, wären die Polizeibeamten schnell überfordert: Sie müssten nämlich in oft hektischen Einsatzsituationen ohne tragfähige Informationsbasis eine Wertbeurteilung vornehmen.

Das Betreten und Durchsuchen der Wohnung muss zur Gefahrenabwehr **erforderlich** sein. Genügen mildere Maßnahmen (etwa die Befragung), so scheidet der Eingriff aus. Zu berücksichtigen ist, dass ein heimlicher Erforschungseingriff durch Einsatz technischer Mittel (vgl. §§ 17 Abs. 2 und 18 Abs. 2 PolG) keineswegs eine weniger belastende Maßnahme ist.

a) Nachbar Horch informierte die Polizei, dass Krawall (K.) offenbar erneut in der ehelichen Wohnung seine Frau verprügelte. Als Polizeibeamte vor der Wohnung eintrafen, hörten sie die Frau laut um Hilfe rufen. Sie klingelten und betraten die Wohnung nach Öffnen der Türe gegen den ausdrücklich erklärten Willen des K..

b) Ein Mann nahm in einer Bank zwei Angestellte und eine Kundin als Geisel. Er drohte, sie zu erschießen, wenn er nicht 1.000.000 EURO und ein Fluchtauto erhielte. Die Polizei traf die erforderlichen taktischen Maßnahmen. Sehr schnell stellte sich heraus, dass ein wirksames Eindringen von Zugriffskräften nur durch einen Keller des Nachbargebäudes möglich war. Gegen den Willen des dortigen Hausinhabers postierten sich Polizeikräfte in diesem Keller und bereiteten ein Eindringen vor. Hier ging die Gefahr nicht von dieser Wohnung aus und drohte ihr auch nicht. Demzufolge mussten - was der Fall war - die Voraussetzungen des § 6 PolG vorliegen.

## 1.1.5  Betreten von Wohnungen nach § 41 Abs. 3 PolG (verrufene Orte)

Die Bestimmung lässt ausschließlich das Betreten von Wohnungen zu. Danach dürfen Wohnungen betreten werden

- **jederzeit (also zur Tages- und Nachtzeit),**
- **zur Abwehr dringender Gefahren, wenn**
- **Nr. 1: Tatsachen die Annahme rechtfertigen, dass**
    - a) **dort Personen Straftaten von erheblicher Bedeutung verabreden, vorbereiten oder verüben,**
    - b) **sich dort Personen treffen, die gegen aufenthaltsrechtliche Strafvorschriften verstoßen,**
    - c) **sich dort gesuchte Straftäter verbergen.**
- **Nr. 2: sie der Prostitution dienen.**

Der Begriff "**Dringende Gefahr**" ist in der Literatur umstritten. Eine solche Gefahr ist anzunehmen, "wenn eine Sachlage oder ein Verhalten bei ungehindertem Verlauf des objektiv zu erwartenden Geschehens mit hinreichender Wahrscheinlichkeit ein wichtiges Rechtsgut schädigen wird" (Band I, 3. Kapitel). Die dringende Gefahr setzt keine zeitliche Dringlichkeit voraus. Allein die konkrete Sachlage und die Wahrscheinlichkeit eines Schadens für ein wichtiges Rechtsgut reichen aus. An die Wahrscheinlichkeit des Schadenseintritts sind umso geringere Anforderungen zu stellen, je folgenschwerer der möglicherweise eintretende Schaden ist.

Erhebliche **verfassungsrechtliche Bedenken** meldet Rachor in Lisken/Denninger, a.a.O., 2. Auflage, S. 377 f., RdNr. 408, hinsichtlich der Betretungsbefugnis für Privaträume an. "Anders als Geschäftsräume, denen eine größere Offenheit nach außen zu eigen ist, dürfen sie nicht betreten werden, solange sich eine Verdachtslage nicht zu einer konkreten Gefahr verdichtet hat. Die Zulässigkeit eines solchen Eingriffs unter erleichterten Voraussetzungen lässt sich schwerlich damit begründen, der Wohnungsinhaber habe den vollen Schutz des Art. 13 GG verwirkt." Er sieht im Ergebnis eine absolute Verbotsgrenze für das Betreten aus Art. 13 GG, solange sich nicht der konkrete Verdacht einer Straftat oder die Voraussetzungen einer konkreten Gefahrenlage begründen lassen. Dem ist grundsätzlich zuzustimmen. Der Schutz der Privatwohnung darf nicht durch diffuse Voraussetzungskonturen ausgehöhlt werden. Da aber der NRW-Gesetzgeber Tatsachen fordert, aus denen zu schließen ist, dass es sich um besonders gefährliche Orte handelt, nähert er die geforderte Gefahrenlage weitgehend der konkreten Gefahr an. Damit erscheint die Befugnis auch verfassungsrechtlich noch vertretbar. Ansonsten führte der unkontrollierte Ablauf der Ereignisse an diesen Orten zu einem Zustand, der die öffentliche Sicherheit nachhaltig beeinträchtigen würde und mit dem Schutzanspruch der Allgemeinheit schwerlich vereinbar wäre. Das Regulativ der Verhältnismäßigkeit im weiteren Sinne sollte hierzu hinreichend den Schutzanspruch des Betroffenen gewährleisten.

Das gilt zum einen im Hinblick auf die **Voraussetzungen der Nr. 1**.

**Tatsachen** sind auch hier nachweisbare Fakten, bloße Vermutungen genügen nicht. Soweit sich die dort genannten Kriminalitätsstrukturen an diesen Orten - nicht nur vermutet - etablieren, sind die Belange der Allgemeinheit nachhaltig und erheblich beeinträchtigt. Der Gesetzgeber schafft damit Raum auch zur Gefahrenabwehr in Wohnungen, so dass insbesondere Identitätsfeststellungen nach § 12 Abs. 1 Nr. 2 (vgl.2. Kapitel, Zweiter Abschnitt) sowie Durchsuchungen von Personen und Sachen nach § 39 Abs. 1 Nr. 4 und § 40 Abs. 1 Nr. 1 und 4 PolG zur Unterbrechung der erkannten Gefahrenkette getroffen werden können.

In der Innenstadt von S. etablierte sich in den letzten drei Monaten eine offene Drogenszene im Umfeld des Jugendtreffs "Klön". Sowohl innerhalb der durch einen gemeinnützigen Verein betriebenen Räumlichkeiten als auch im Umfeld des Gebäudes auf den Gehwegen und in einem naheliegenden Park werden nach den polizeilichen Feststellungen BtM an Erwachsene und Jugendliche gewerbsmäßig verkauft (vgl. § 29 Abs. 3 Nr. 1 sowie § 29a BtMG). Alleine in dem kurzen Zeitraum wurden gegen 10 Personen wegen der vorgenannten Verstöße Strafanzeigen erstattet. Außerdem wurden im Umfeld 5 schwere Körperverletzungsdelikte sowie 2 Raubüberfälle festgestellt. Die Polizei musste mehrmals in den Toilettenanlagen des Jugendtreffs einschreiten, weil dort nach Rauschgiftkonsum Personen in hilfloser Lage zurückblieben. Der zuständige Polizeiführer entschließt sich zu einer

Razzia im Jugendtreff sowie im näheren öffentlichen Umfeld. Hier liegen die Voraussetzungen des § 41 Abs. 3 Nr. 1 a PolG vor. Zumindest die festgestellten Straftaten nach § 29 und § 29a BtMG sind solche von erheblicher Bedeutung gemäß § 8 Abs. 3 PolG. Sie - sowie die sonstigen Einsätze im Umfeld - lassen als Tatsachen den Rückschluss zu, dass sich ausgehend von dem Jugendtreff massive Kriminalitätsstrukturen dort verfestigten und dass dort Straftaten von erheblicher Bedeutung verübt werden. Das Betreten des Jugendtreffs zur Durchführung einer Razzia scheitert auch nicht am Grundsatz der Angemessenheit: Zwar kommt einer offenen und vertrauensvollen - von der Polizei ungestörten - Jugendarbeit eine erhebliche Bedeutung im öffentlichen Interesse zu. Indessen darf dies nicht dazu führen, dass in einem "quasi polizeifreien Raum" nachhaltig die Strafrechtsordnung und die Gesundheit Jugendlicher gefährdet werden.

Aber auch soweit auf Räumlichkeiten abgestellt wird, die nach **Nr. 2 der Prostitution** dienen, geht es um die Verhütung dringender Gefahren im Sinne des Art. 13 Abs. 7 GG. Auch hier müssen im Ergebnis Tatsachen für das Einordnen als Prostitutionsraum vorliegen. Die Prostitution selbst ist zwar nicht strafbar. Mit ihr sind aber häufig Straftaten verbunden (vgl. z.B. § 181a StGB). Zudem ist der Prostitutionszweig ein wichtiges Standbein organisierter Kriminalität. Die unkontrollierte Prostitution gefährdet die Volksgesundheit. Indessen ist für die Vollzugspolizei primär der Aspekt der Verhütung von Straftaten maßgebend.

In S. betreiben nach polizeilichen Feststellungen - u.a. durch Hinweise von Informanten aus der Szene glaubhaft dargestellt - zwei konkurrierende "Prostitutionsunternehmer" sogenannte Terminwohnungen. Die Prostituierten sind beim Gesundheitsamt gemeldet und erscheinen dort regelmäßig zur Kontrolle. Die Polizei hatte in der Vergangenheit keine Veranlassung, dort einzuschreiten. Aufgrund eines "Verdrängungskrieges" kommt es dann aber zu massiven Beeinträchtigungen. Prostituierte der jeweils anderen Organisation werden durch "falsche Freier" bedroht und "Buttersäureanschläge" werden wechselseitig verübt. Der Leiter der ZKB in S. lässt daher die Terminwohnungen über mehrere Wochen durch eigene und unterstellte Kräfte regelmäßig überwachen. Dazu werden die Terminwohnungen auch betreten.

### 1.1.6 Betreten öffentlich zugänglicher Räume nach § 41 Abs. 4 PolG

Danach darf die Polizei

- **Arbeits-, Betriebs- und Geschäftsräume sowie andere Räume und Grundstücke, die der Öffentlichkeit zugänglich sind oder zugänglich waren und den Anwesenden zum weiteren Aufenthalt zur Verfügung stehen,**
- **während der Arbeits-, Geschäfts- oder Aufenthaltszeit**
- **zum Zwecke der Gefahrenabwehr betreten.**

In der Linie der Rechtsprechung des BVerfG (vgl. NJW 1971, S. 2299) handelt es sich um eine Befugnis zur Überwachung bestimmter, der Öffentlichkeit zugänglicher Räume. Die Maßnahme erfolgt nicht als sonstiger "Eingriff oder Beschränkung" im Sinne des Art. 13 Abs. 7 GG (vgl. dazu kritisch ablehnend Rachor in Lisken/Denniger, a.a.O., S. 378, RdNr. 409; befürwortend Tegtmeyer, a.a.O., § 41, RdNr. 24).

Die Befugnis zum Betreten kann nicht von ihrem gesetzlichen **Zweck** isoliert werden. Den benennt der NRW-Gesetzgeber. Das Betreten ist nur zulässig zur Gefahrenabwehr im Sinne des § 1 Abs. 1 PolG. Damit erhält die Polizei insbesondere auch die Möglichkeit, öffentlich zugängliche Räume zur Verhütung von Straftaten (vgl. § 1 Abs. 1 S. 1 und 2 PolG) zu betreten. Für Aufgaben, die originär anderen Behörden übertragen sind (insbesondere den Ordnungs- und Sonderordnungsbehörden) kommt diese Betretungsbefugnis nur im Einzelfall aufgrund konkreter Gefahren unter den Voraussetzungen der Gefahr im Verzuge in Betracht (also dann, wenn die originär zuständige Behörde nicht oder nicht rechtzeitig handeln kann).

Es kommt nur darauf an, dass der genannte Raum der **Öffentlichkeit** zugänglich ist oder war und den Anwesenden zum weiteren Aufenthalt dient. Die Entrichtung eines Eintrittsgeldes ändert nichts am Charakter der Öffentlichkeit, wenn nur der Kreis der Personen nicht individuell bestimmt ist. In Betracht kommen z.b. Gaststätten, Kaufhäuser, Kinos, Hallen- und Freibäder, Fußballstadien, Konzerthallen. Betreten werden dürfen aber nur die öffentlichen Bereiche, nicht z.b. die Küche einer Gaststätte oder das Büro des Geschäftsführers eines Kinos.

a) Die Polizei setzte regelmäßig uniformierte Fußstreifen zur Prävention in den Kaufhäusern der Fußgängerzone in S. ein, weil dort häufig Handtaschendiebstähle verübt wurden (Betreten zur Gefahrenabwehr - hier Verhütung von Straftaten als Aufgabe im Sinne des § 1 Abs. 1 S. 1 und 2 PolG).

b) In der Stadthalle von S. trat die Musikgruppe "Tote Socken" auf. Da es in der Vergangenheit zu tumultartigen Szenen mit Verletzten unter Jugendlichen sowie zu Körperverletzungen kam, ordnete der zuständige Polizeiführer die Überwachung der Veranstaltung durch Polizeikräfte an (Gefahrenabwehr im Sinne des § 1 Abs. 1 S. 1, 2 und 3 PolG).

c) Eine Funkstreifenwagenbesatzung stellte fest, dass der Wirt der Kneipe "Goldene Laterne" die Sperrzeit missachtete. Gegen 01.30 Uhr saßen immer noch 5 Gäste vor ihrem Bier am Tresen. Zwar hatte der Wirt die Tür verschlossen, indessen diente der zuvor öffentlich zugängliche Raum den Anwesenden noch zum Aufenthalt. Die Beamten klingelten und betraten nach Öffnen die Gaststätte gegen den Willen des Wirtes, um die Anwesenden zur Beachtung der Sperrzeit aufzufordern (Gefahrenabwehr im Sinne des § 1 Abs. 1 S. 1 u. 3 PolG).

**Adressat** der Durchsuchungsermächtigungen ist der Wohnungsinhaber. Die Richtung der Maßnahmen wird durch die Ermächtigungen selbst bestimmt. Auf die Vorschriften der §§ 4 und 5 PolG muss nicht zurückgegriffen werden. § 6 PolG ist für den Fall anzuwenden, in dem die Polizei eine Wohnung betreten oder durchsuchen muss, die mit der eigentlichen Gefahr nichts zu tun hat.

## 1.2 Zugelassene Rechtsfolgen

Die Polizei darf die Wohnungen betreten und erforderlichenfalls durchsuchen (vgl. dazu oben). Das Recht zum Betreten eines geschützten Raumes beinhaltet auch das Recht, von dort anwesenden Personen und Sachverhalten sowie von Sachen Kenntnis zu nehmen, sofern dafür nicht eine Ziel gerichtete Suche erforderlich ist.

Muss aber Ziel gerichtet nach Personen, Sachen, Gefahrenquellen etc. gesucht werden, so liegt mehr als ein Betreten vor. Dann handelt es sich um eine **Durchsuchung**.

Soweit der Wohnungsinhaber verpflichtet ist, das Betreten oder Durchsuchen seiner Wohnung zu dulden, kann er als **weniger belastende Maßnahme** auch zum Öffnen der verschlossenen Wohnungstüre sowie zum Öffnen verschlossener Behältnisse aufgefordert werden.

Muss die Polizei ein befriedetes Besitztum zum Zwecke der Durchführung ihrer Maßnahmen mit Fahrzeugen befahren oder sonstige Führungs- und Einsatzmittel mitführen, so ist dies ebenfalls gestattet.

Außerdem darf die Polizei gestützt auf das Betretungsrecht auch Hilfsdienste oder Amtswalter anderer Behörden im Wege der Amts- oder Vollzugshilfe hinzuziehen. Insofern bedarf es dafür keines eigenständigen Betretungsrechtes.

Es ist naheliegend, dass kein Betreten im Sinne der Norm vorliegt, wenn z.B. ein Polizeibeamter als Heizungsmonteur verkleidet die Wohnung des Betroffenen aufsucht, um dort für Maßnahmen nach § 18 Abs. 2 PolG eine Wanze anzubringen. Soweit bislang ausschließlich zur Gefahrenabwehr zulässige Maßnahmen zur verdeckten Datenerhebung durch den Einsatz technischer Mittel in oder aus Wohnungen nach § 17 Abs. 2 und § 18 Abs. 2 PolG möglich sind (vgl. dazu 3. Kapitel), kann die Zulässigkeit zum Betreten von Wohnungen

- als in den Normen mitgeregelt (fragwürdig) oder
- aus einer unmittelbaren Anwendung des Art. 13 Abs. 7 GG hinsichtlich des Betretens zur Abwehr einer Lebensgefahr für einzelne Personen oder zur Abwehr einer gemeinen Gefahr (nicht vollständig: vgl. Abwehr von Gesundheitsgefahren, Abwehr von Gefahren für die Freiheit einer Person) oder
- aus einer verfassungskonformen einheitlichen Anwendung des § 17 Abs. 2 und 3 sowie des § 18 Abs. 2 und 3 i.V.m. § 41 Abs. 1 Nr. 4 i.V.m. § 41 Abs. 2 PolG i.V.m. § 42 PolG als Eingriff zur Verhütung dringender Gefahren

begründet werden.

Sofern bei einer Durchsuchung, die der Auffindung sicherzustellender Gegenstände nach dem Gefahrenabwehrrecht dient, zufällig Beweismittel oder Einziehungsgegenstände im Sinne der Strafprozessordnung gefunden werden, dürfen diese nach § 108 StPO einstweilen in Beschlag genommen werden (vgl. Rachor in Lisken/Denninger, a.a.O., 2. Auflage, S. 366, RdNr. 371).

## 2. Anordnungsbefugnis, Verfahrens- und Formvorschriften

Im Hinblick auf die Wohnungsdurchsuchung bestimmt § 42 PolG über die Vorschriften des VwVfG hinaus die Befugnis zur Anordnung. Schließlich verlangt die Norm die Beachtung weitergehender Verfahrens- und Formvorschriften.

---

**§ 42 PolG   Verfahren bei der Durchsuchung von Wohnungen**

**(1)** Durchsuchungen dürfen außer bei Gefahr im Verzug nur durch den Richter angeordnet werden. Zuständig ist das Amtsgericht, in dessen Bezirk die Wohnung liegt. Für das Verfahren gelten die Vorschriften des Gesetzes über die Angelegenheiten der freiwilligen Gerichtsbarkeit entsprechend.

**(2)** Bei der Durchsuchung einer Wohnung hat der Wohnungsinhaber das Recht, anwesend zu sein. Ist er abwesend, so ist, wenn möglich, sein Vertreter oder ein erwachsener Angehöriger, Hausgenosse oder Nachbar zuzuziehen.

**(3)** Dem Wohnungsinhaber oder seinem Vertreter ist der Grund der Durchsuchung unverzüglich bekannt zu geben, soweit dadurch der Zweck der Maßnahme nicht gefährdet wird.

**(4)** Über die Durchsuchung ist eine Niederschrift zu fertigen. Sie muss die verantwortliche Dienststelle, Grund, Zeit und Ort der Durchsuchung und das Ergebnis der Durchsuchung enthalten. Die Niederschrift ist von einem durchsuchenden Beamten und dem Wohnungsinhaber oder der zugezogenen Person zu unterzeichnen. Wird die Unterschrift verweigert, so ist hierüber ein Vermerk aufzunehmen. Dem Wohnungsinhaber oder seinem Vertreter ist auf Verlangen eine Abschrift der Niederschrift auszuhändigen.

**(5)** Ist die Anfertigung der Niederschrift oder die Aushändigung einer Abschrift nach den besonderen Umständen des Falles nicht möglich oder würde sie den Zweck der Durchsuchung gefährden, so sind dem Betroffenen lediglich die Durchsuchung unter Angabe der verantwortlichen Dienststelle sowie Zeit und Ort der Durchsuchung schriftlich zu bestätigen

**(6)** § 14 Abs. 3 gilt entsprechend.

---

Die **Anordnungsbefugnis für eine Durchsuchung** steht nach § 42 Abs. 1 PolG grundsätzlich nur dem Richter zu. Dabei sind die Vorschriften des Gesetzes über die Angelegenheiten der freiwilligen Gerichtsbarkeit anzuwenden, so dass nicht das Verwaltungsgericht, sondern vielmehr das Amtsgericht des Bezirkes zuständig ist. Die zuständigen **Polizeibeamten** dürfen eine Wohnungsdurchsuchung nur anordnen, wenn **Gefahr im Verzuge** besteht. Das ist dann der Fall, wenn auch durch die schnellstmögliche Beantragung (z.B. mit Hilfe eines fernmündlichen Antrages) eine solche Verzögerung einträte, die den Erfolg der Maßnahme gefährden würde. Dann nämlich muss im Interesse des Schutzes der öffentlichen Sicherheit der Grundrechtsschutz des Betroffenen zurückstehen.

*„ Der Begriff „Gefahr im Verzug" in Art. 13. Abs. 2 GG ist eng auszulegen; die richterliche Anordnung einer Durchsuchung ist die Regel, die nichtrichterliche die Ausnahme.*

*b) „Gefahr im Verzug muss mit Tatsachen begründet werden, die auf den Einzelfall bezogen sind. Reine Spekulationen, hypothetische Erwägungen oder lediglich auf kriminalistische Alltagserfahrungen gestützte, fallunabhängige Vermutungen reichen nicht aus.* BVerfG, Urt. vom 20. Februar 2001- 2 BvR 1444/00 – Leitsätze zum Urteil des Zweiten Senats.

Das gilt nicht für das Betreten einer Wohnung. Das Betreten einer Wohnung darf jeder zuständige Polizeibeamte anordnen.

Hat der Richter die Wohnungsdurchsuchung angeordnet, darf die Anordnung jeder sachlich und örtlich zuständige Polizeibeamte durchführen.

Nach § 42 Abs. 2 PolG hat der - rechtmäßige - Wohnungsinhaber ein **Anwesenheitsrecht** bei der Durchsuchung einer Wohnung. Daraus ist nicht zu schließen, dass die Polizei bei Abwesenheit des Berechtigten mit der Durchsuchung warten muss, bis er eintrifft. Für den Fall sieht § 42 Abs. 2 Satz 2 PolG eine Sonderregel vor. Ist der Wohnungsinhaber aufgrund einer hoheitlichen Anordnung an der Teilnahme gehindert, entfällt das Recht auf Anwesenheit bei der Durchsuchung. So kann z.B. jemand, der nach § 35 PolG in Gewahrsam genommen wurde, nicht auf Freilassung pochen, um an der Durchsuchung teilzunehmen.

Das Anwesenheitsrecht gestattet keine rechtswidrigen **Störungen der Amtshandlungen** (vgl. Kay/Böcking, Polizeirecht NW, a.a.O., S. 167, RdNr. 282). Gegen solche Störungen kann daher eingeschritten werden (Verfügung nach § 8 Abs. 1 PolG, Platzverweis nach § 34 PolG, ggf. auch Ingewahrsamnahme nach § 35 Abs. 1 Nr. 2 und 3 PolG).

Bei Abwesenheit des Wohnungsinhabers ist - wenn möglich - primär sein gesetzlicher oder geschäftlicher **Vertreter hinzuzuziehen** (z.B. Eltern, beauftragter Rechtsanwalt, sonstige beauftragte Person). Im übrigen sollen - wenn möglich - unter diesen Voraussetzungen alternativ auch sonstige im Gesetz genannte Personen hinzugezogen werden, wenn ein Vertreter nicht greifbar ist (Angehörige, Hausgenosse oder Nachbar). Aus dem Gesetz selbst folgt dann auch das Anwesenheitsrecht dieser Personen in der fremden Wohnung. Mittelbar enthält die Vorschrift auch das Recht zur (unerlässlich notwendigen, also beschränkten) Bekanntgabe des Anlasses (Datenübermittlung).

Nur dem Wohnungsinhaber oder seinem Vertreter, nicht aber den sonstigen in § 42 Abs. 2 PolG genannten Personen, ist der **Grund der Durchsuchung unverzüglich bekanntzugeben**, soweit dadurch der Zweck der Maßnahme nicht gefährdet wird. Andere Personen als der Wohnungsinhaber oder sein Vertreter sind nicht befugt, Rechtsbehelfe geltend zu machen, im übrigen wären sonst häufig nicht erforderliche Datenübermittlungen durchzuführen, so dass die Einschränkung auch dem Interesse des Betroffenen dient. Ist die Bekanntgabe des Grundes zunächst nicht möglich, z.B. weil sofortiges Handeln zur Abwehr einer Gefahr notwendig ist, muss sie unmittelbar nachgeholt werden.

Die Bestimmungen über die **Anfertigung und Aushändigung der Niederschrift** nach § 42 Abs. 4 und 5 PolG dienen insbesondere auch der Rechtssicherheit und dem Rechtsschutz des Betroffenen, aber auch der Nachvollziehbarkeit im Interesse der Polizei. Der Gesetzgeber berücksichtigt auch, dass die Fertigung einer Niederschrift je nach Fallkonstellation nicht möglich ist (z.b. weil die Polizeikräfte sofort zu einem weiteren dringenden Einsatz beordert werden). In diesen Fällen hat es zunächst bei der schriftlichen Übermittlung unabdingbar erforderlicher "Kerndaten" (verantwortliche Dienststelle, Zeit und Ort der Durchsuchung) sein Bewenden.

§ 42 Abs. 6 PolG begründet eine spezielle **Belehrungspflicht** über den Anspruch auf Vernichtung gespeicherter personenbezogener Daten.

Ein Verstoß gegen die Verfahrensvorschriften des § 42 PolG führt zur Rechtswidrigkeit der Wohnungsdurchsuchung. Dabei sind aber die eingeschränkten Folgen der Rechtswidrigkeit nach § 46 VwVfG zu beachten. Die Aufhebung des VA, der nicht nach § 44 VwVfG nichtig ist, kann daher nicht alleine deshalb beansprucht werden, weil er unter Verletzung u.a. von Vorschriften über das Verfahren und die Form zustande gekommen ist, wenn in der Sache keine andere Entscheidung hätte getroffen werden können. Verfahrensfehler sind aber - soweit möglich - unverzüglich zu heilen, z.B. durch nachträgliche Fertigung und Aushändigung einer Niederschrift.

Im übrigen sind die allgemeinen Bestimmungen des VwVfG zu beachten. Das gilt im besonderen hinsichtlich der Bestimmungen für das VA-Verfahren (§ 28, §§ 37 ff.) VwVfG.

# Zweiter Abschnitt
# Durchsuchung (Betreten) zur Strafverfolgung/Owi-Verfolgung

Übersicht
I.      Durchsuchung beim Verdächtigen
1.      Ermächtigung
1.1     Zulässigkeitsvoraussetzungen
1.2     Zugelassene Rechtsfolgen
2.      Ermächtigungsbegrenzende Bestimmungen, Verfahrens- und Formvorschriften
II.     Durchsuchung bei anderen Personen/Gebäudedurchsuchung
1.      Ermächtigung
1.1     Zulässigkeitsvoraussetzungen
1.1.1   Durchsuchung bei bestimmten unverdächtigen Personen
1.1.2   Gebäudedurchsuchung
1.2     Zugelassene Rechtsfolgen
2.      Ermächtigungsbegrenzende Bestimmungen, Verfahrens- und Formvorschriften
2.1     Nächtliche Haussuchung
2.2     Anordnungs- und Durchführungsbefugnisse
2.3     Durchsicht von Papieren
2.4     Hinzuziehung von Zeugen pp.
2.5     Bescheinigung/Kennzeichnung bestimmter Sachen
3.      Zufallsfunde
III.    Durchsuchung im Rahmen der Verfolgung von Ordnungswidrigkeiten

Der Bundesgesetzgeber hat die Voraussetzungen für die Durchsuchung und das Verfahren in den §§ 102 bis 110 StPO sowie - als Verweisungsnorm - in § 111b Abs. 4 StPO geregelt. Zu unterscheiden ist zwischen der Durchsuchung von/bei verdächtigen Personen und solchen Maßnahmen von/bei unverdächtigen Personen.

## I.    Durchsuchung beim Verdächtigen

## 1.    Ermächtigung

Als Ermächtigung kommt § 102 StPO, bzw. § 111b Abs. 4 StPO i.V.m. § 102 ff StPO in Betracht.

---

**§ 102 StPO  Durchsuchung beim Verdächtigen**

**Bei dem, welcher als Täter oder Teilnehmer einer Straftat oder der Begünstigung, Strafvereitelung oder Hehlerei verdächtig ist, kann eine Durchsuchung der Wohnung und anderer Räume sowie seiner Person und der ihm gehörenden Sachen sowohl zum Zweck seiner Ergreifung als auch dann vorgenommen werden, wenn zu vermuten ist, dass die Durchsuchung zur Auffindung von Beweismitteln führen werde.**

---

> **§ 111 b StPO**
>
> **Sicherstellung für Verfall, Einziehung und Gewinnabschöpfung**
> **(1) bis (3)** ....
> **(4)**.... **Die Vorschriften der §§ 102 bis 110 StPO gelten entsprechend.**

Der Gesetzgeber unterscheidet - anders als das PolG - nicht nach Betreten und Durchsuchen. Die Befugnis greift daher in beiden Fällen.

## 1.1 Zulässigkeitsvoraussetzungen

§ 102 StPO knüpft (ohne dass die Voraussetzung besonders hervorgehoben ist) an den **Verdacht einer Straftat** an. Alsdann ermächtigt die Norm zur Durchsuchung, wenn

- **jemand Verdächtiger ist** (als Täter oder Teilnehmer einer Straftat oder der Begünstigung, Strafvereitelung oder Hehlerei in Betracht kommt),
- **die Durchsuchung auf**
  + **Ergreifung der Person oder**
  + **Auffinden von Beweismitteln oder**
  + **Auffinden von Verfalls- und Einziehungsgegenständen (§111b Abs. 4 StPO)**
  **gerichtet ist und**
- **Erfolgsvermutung besteht.**

**Verdächtiger** ist jemand, wenn hinreichende tatsächliche Anhaltspunkte dafür vorliegen, dass er eine strafbare Handlung begangen hat (vgl. auch § 152 Abs. 2 StPO sowie Band I, 3. Kapitel). Der Verdacht darf sich nicht auf bloße Vermutungen stützen; auch ganz vage Anhaltspunkte reichen nicht (Kleinknecht/Meyer-Goßner, a.a.O, § 102 RdNr. 3). Vielmehr müssen - unter Berücksichtigung kriminalistischer Erfahrung – objektive Anhaltspunkte dafür vorliegen, dass gerade diese Person als Täter in Betracht kommen könnte. Der Verdächtige muss indessen noch nicht Beschuldigter sein. Für die Annahme der Täterschaft oder der Beteiligung an der Tat (vgl. dazu die §§ 25 bis 31 StGB) oder der Begünstigung (§ 257 StGB) oder der Strafvereitelung (§§ 258/258a StGB) oder der Hehlerei (vgl. insbesondere §§ 259 bis 260a StGB) genügt der Anfangsverdacht. Der Anfangsverdacht muss sich auf eine bestimmte Tat beziehen.

Fraglich ist, ob einer Person, die bei einer bestimmten Tatbegehung angetroffen wurde, ohne weiteres noch weitere Tatvorwürfe gemacht werden können, wenn die Anlasstat bereits hinreichend aufgeklärt ist und weitere - mögliche - Taten nicht konkret erkennbar sind.

A. wurde bei einem "professionell ausgeführten Ladendiebstahl" ertappt. In einer selbstgefertigten Diebstahlsschürze hatte er Armbanduhren in großer Menge mitgehen lassen. Die konkrete Tat war aufgeklärt. Nach kriminalistischer Erfahrung - insbesondere gestützt auf die Tatsache, dass sich A. eigens eine besondere Schürze angefertigt hat - handelte es sich bei einer solchen Tatausführung indes-

sen nicht um ein Einzeldelikt. Die Auffindung weiterer Beweis- und Einziehungsgegenstände in seiner Wohnung (hier konkret Diebesgut aus noch nicht bekannten
vorhergehenden Taten) war naheliegend.

**Benfer**, a.a.O., S. 48, zeigt das Problem dahingehend auf, dass bei einem auf frischer
Tat bei einem Ladendiebstahl betroffene Täter mitunter nach kriminalistischer Erfahrung
weitere begangene Delikte zu vermuten seien. Diese vermuteten Taten seien aber regelmäßig nicht "zumindest in Umrissen bekannt", so dass nicht von einem hinreichend
konkreten Tatverdacht im Sinne des § 102 StPO ausgegangen werden könne. Die Möglichkeit der Durchsuchung ergibt sich nach seiner Meinung daher in diesen Fällen nur
dann, wenn man eine Fortsetzungstat mit der in der Literatur begründeten h. M. annehm-
men könne. Nach dieser Literaturmeinung könne sich ein solcher Fortsetzungszusam-
menhang auch daraus ergeben, dass jeder spätere Entschluss sich als Fortsetzung des
vorausgegangenen darstelle. Dagegen werde in der Rechtsprechung verlangt, dass der
Fortsetzungsentschluss bereits vor Begehung des ersten Teilaktes vorliegt.

**Ranft**, a.a.O., S. 212, greift dieses Problem auf. Er kommt dabei zu folgendem Ergebnis: "Schwierigkeiten bereitet das Erfordernis des konkreten Tatverdachts z.B. gelegent-
lich im Anschluss an Warenhausdiebstähle. Handelt es sich um eine erste aufgeklärte
Tat, so rechtfertigt das im allgemeinen nicht eine Hausdurchsuchung zur möglichen
Auffindung weiterer Diebesgutes im Hinblick auf möglicherweise geschehene frühere
Eigentumsdelikte. Denn dafür liegen keine konkreten Anhaltspunkte vor. Ist der Täter
jedoch bereits in dieser Hinsicht mehrfach in Erscheinung getreten und ist deshalb der
Verdacht eines fortgesetzten Deliktes begründet, so kann die Durchsuchung unter diesem
rechtlichen Gesichtspunkt zulässig sein."

Herauszustellen ist, dass aus einer festgestellten Tat der Rückschluss auf weitere - wenn
auch noch nicht zeitlich und örtlich zuzuordnende - Delikte gerechtfertigt sein kann. Das
ist dann der Fall, wenn die Tatumstände selbst (z.B. ein speziell präpariertes professio-
nelles Diebstahlsmittel wie in dem oben beschriebenen Beispielfall) oder die Person des
Täters (Vorstrafen) dies begründen.

In dem Modegeschäft "XXL" wurde Hermfriede Übergröße (Ü.) beim Diebstahl
einer hochwertigen Bluse auf frischer Tat ertappt. Die Ware wurde in der Folge
durch das Geschäftspersonal einbehalten. Im Verlauf der Ermittlungen ergaben
sich aus der Kriminalakte der Ü. Hinweise darauf, dass sie bereits mehrfach durch
Ladendiebstähle aufgefallen war. Hier ließ sich begründen, dass in der Wohnung
weiteres Diebesgut zu vermuten war, auch wenn dies noch nicht hinsichtlich einer
bestimmten Tat konkretisiert werden konnte. Aufgrund dieser Erkenntnisse durchsuchten die Beamten die Wohnung der Ü.

**Keine Tatverdächtigen** im Sinne der Norm sind Kinder (§ 19 StGB). Durchsuchungen
sind daher im Strafverfahren nur nach § 103 StPO, sonst zur Gefahrenabwehr aufgrund
der Bestimmungen des PolG zulässig (vgl. Kleinknecht/Meyer-Goßner, a.a.O., § 102
StPO, RdNr. 3). Unter Hinweis auf § 76a StGB als selbständige Bestimmung zu Verfall
und Einziehung hält Lübkemann, a.a.O., S. 492, die Durchsuchung bei Kindern zur
Auffindung von Verfalls- und Einziehungsgegenständen nach § 102 StPO für zulässig.

Der **Durchsuchungszweck** ist gerichtet (beschränkt) auf

- das **Auffinden von Personen** (Ergreifungsdurchsuchung) oder
- die **Suche nach Beweismitteln** (einschließlich der Suche nach Spuren einer Tat oder nach Führerscheinen (siehe unten) oder
- die **Suche nach Einziehungs- oder Verfallsgegenständen** (§ 111b Abs. 4 StPO).

Zum Zeitpunkt der Anordnung muss feststehen, nach welcher Person oder nach welchen denkbaren Beweismitteln, Spuren oder sonstigen Gegenständen gesucht werden soll. Eine Durchsuchung getragen von der Vorstellung, dass irgend etwas Belastendes gefunden werden könnte, genügt den verfassungsrechtlichen Anforderungen aus Art. 13 Abs. 1 GG, Art. 2 Abs. 1 oder Art. 14 GG und dem Rechtsstaatsprinzip des Grundgesetzes nicht (vgl. BVerfG, Beschluss vom 3.9.1991 - NJW 1992, Heft 9, S. 551).

Notwendig ist weiter, dass die rechtlichen Voraussetzungen für die Ergreifung einer Person oder die Sicherstellung/Beschlagnahme einer Sache vorliegen. **Ist das Ergreifen einer Person rechtlich unzulässig oder scheidet die Sicherstellung** (z.B. aufgrund des § 97 StPO ) **aus, darf auch nicht durchsucht werden.**

"**Ergreifen** i.S.d. § 102 StPO ist jede Festnahme zur Durchführung einer gesetzlich zugelassenen Zwangsmaßnahme .... "(so Kleinknecht/Meyer-Goßner, a.a.O., § 102 StPO, RdNr. 12). Die Ergreifung des Verdächtigen kommt insbesondere in Betracht

- aufgrund eines Haftbefehls,
- aufgrund eines richterlichen oder staatsanwaltschaftlichen Vorführbefehls oder aufgrund eines Haft- oder Vorführbefehls zur Strafvollstreckung,
- im Rahmen
  + der Identitätsfeststellung nach § 163b Abs. 1 StPO,
  + der Unterbringung zur Beobachtung nach § 81 StPO,
  + der Durchführung körperlicher Untersuchungen nach § 81a StPO,
  + der Durchführung erkennungsdienstlicher Maßnahmen nach § 81b 1. Alternative oder einer Gegenüberstellung zum Zwecke der Strafverfolgung nach § 81b 1. Alternative StPO i.V.m. § 58 Abs. 2 StPO.

Die **Ermittlungsdurchsuchung** setzt voraus, dass nach

- Sachen als **Beweismittel** im Sinne des § 94 StPO gesucht wird, die sichergestellt oder beschlagnahmt werden dürfen oder
- **Spuren** einer Straftat gesucht wird (für die Suche nach Spuren am Körper einer Person ist § 81a StPO maßgebend). Spuren sind "Beweismittel, die im allgemeinen nicht oder nicht selbständig beschlagnahmefähig sind. Der Umstand, dass zwar § 103 StPO, nicht aber § 102 StPO die "Verfolgung von Spuren einer Straftat ausdrücklich neben den "zur Beschlagnahme bestimmten Gegenständen" nennt, ist lediglich eine redaktionelle Abweichung, die keine einschränkende Interpretation der Durchsuchungszwecke des § 102 StPO veranlasst " (so Ranft, a.a.O., S. 313 f., m.w.N.).
- **Verfalls- oder Einziehungsgegenständen** im Sinne des § 111b StPO gesucht wird, die beschlagnahmt werden dürfen.

Ohne klares Ergebnis wurde in der Literatur bislang die Frage behandelt, ob auch nach einem **Führerschein als Einziehungsgegenstand im Sinne der §§ 111a StPO i.V.m. § 69 StGB** gesucht werden darf . Der Führerschein ist in diesen Fällen weder Beweismittel im Sinne des § 94 Abs. 1 und 2 StPO noch Einziehungsgegenstand im Sinne des § 111b StPO (weder Produkt noch Instrument und auch kein Beziehungsgegenstand), so dass die Verweisungsnorm in § 111b Abs. 4 StPO (wie § 111b Abs. 1 Satz 2 StPO ausdrücklich hervorhebt) für ihn nicht gilt. Dass Führerscheine nicht unter § 111b StPO fallen, sagt § 111b Abs. 1 Satz 2 deutlich; hier heißt es: § *94 Abs. 3 bleibt unberührt"*. In diesem Kontext ist zu berücksichtigen, dass nach § 94 Abs. 3 StPO die Vorschriften des § 94 Absätze 1 und 2 StPO auch für Führerscheine gelten, die der Einziehung unterliegen. Danach werden die Führerscheine (wenn die Voraussetzungen der § 111a StPO i.V.m. § 69 StGB durchgreifen) den Beweismitteln gleichgestellt, so dass nach ihnen wie nach anderen Beweismitteln durchsucht werden darf. Auf diesem Wege dürfte dann auch nach ausländischen Führerscheinen durchsucht werden, weil § 111a Abs. 6 StPO auf § 94 Abs. 3 StPO verweist.

In der Literatur werden auch andere Lösungsansätze angeboten. Kaefer, a.a.O., S. 767, wendet unmittelbar § 111b Abs. 4 StPO an. So neuerdings auch Kleinknecht/Meyer-Goßner, a.a.O, § 102 RdNr.14. Diese Ansicht ist jedoch fragwürdig, weil § 111b Abs. 1 Satz 2 StPO ausdrücklich sagt, dass § 94 Abs. 3 StPO unberührt bleibt, also für Führerscheine, die der Einziehung nach § 111a StPO/§ 69 StGB unterliegen, nicht gelten.

Ähnlich wie Kaefer argumentiert Benfer, a.a.O., S. 54 f.. Er sieht die Anwendung des § 111b Abs. 4 StPO über § 74 IV StGB i.V.m. § 69 StGB gegeben. Dabei darf allerdings nicht übersehen werden, dass sich § 74 Abs. 4 StGB auf Beziehungsgegenstände zu bestimmten Straftaten erstreckt (Tröndle/Fischer, a.a.O., § 74 RdNr. 19) und der Führerschein eben kein Beziehungsgegenstand ist. Ferner darf nicht verkannt werden, dass diese Bestimmung nicht im Regelungsbereich des § 111a StPO, sondern im Regelungsbereich des § 111b zu betrachten ist, der (wie schon der technischen Anordnung im Gesetz und § 94 Abs. 1 Satz 2 StPO zu entnehmen ist ) gerade nicht für Führerscheine in diesen Fällen gelten soll. Deshalb überzeugt diese Argumentation nicht vollständig. Schließlich wirft der Autor weitere Zweifel in Bezug auf ausländische Führerscheine auf. Für die Suche nach einem ausländischen Führerschein hält er § 102 StPO überhaupt nicht für anwendbar und begründet eine mögliche Suche mit § 463 b Abs. 3 StPO, der eine Durchsuchung „quasi unterstelle". Damit kommt man in der polizeilichen Praxis nicht weiter, weil die Polizei Lösungen im Stadium des Ermittlungsverfahrens benötigt. Das Ergebnis erscheint fragwürdig.

Für die Durchsuchung zur Auffindung eines Führerscheins, der wegen eines Fahrverbotes (§ 44 StGB, § 25 StVG) beschlagnahmt werden soll, fehlt eine gesetzliche Ermächtigung (AG Berlin, Beschluss vom 29.3.1996 - bestätigt durch LG Berlin durch Beschluss vom 11.6.1996 - NVZ 1996, Heft 12, S. 506). § 94 Abs. 3 greift diesen Fall nicht auf.

Die Durchsuchung ist nur zulässig, wenn eine entsprechende **Erfolgsvermutung** besteht. Die Durchsuchung ist zulässig, wenn **die Vermutung begründet ist,** dass sie zur Ergreifung des Verdächtigen oder zur Auffindung von Spuren, Beweis-, Verfalls- oder Einziehungsgegenständen führen wird. Rein abstrakte Überlegungen genügen dafür nicht, es sind aber auch keine Tatsachen notwendig. Aufgrund tatsächlicher Anhaltspunkte unter Berücksichtigung kriminalistischer Erfahrung muss diese Vermutung nach pflicht-gemäßer Prüfung vorliegen. "Was die ggf. zu suchenden Beweisgegenstände oder Spuren angeht (§ 102 StPO), so kommt es darauf an, ob nach kriminalistischer Erfahrung mit Beweisgegenständen oder Spuren zu rechnen ist, ohne dass sie im einzelnen bereits konkretisierbar sein müssen" (vgl. Ranft, a.a.O., S. 214, m.w.N.).

Ist die Sicherstellung, Beschlagnahme oder Spurensicherung unzulässig, scheidet auch die Durchsuchung aus! Für die Bearbeitung von Klausuren folgt daraus, dass die Zuläs-sigkeit der Maßnahmen - soweit nicht bereits an anderer Stelle geschehen - innerhalb der Durchsuchungsbefugnis zu begründen ist.

**Adressat** der Durchsuchung ist der Verdächtige.

## 1.2  Zugelassene Rechtsfolgen

Liegen die Voraussetzungen der Durchsuchung beim Verdächtigen vor, dürfen

- die Wohnung
- andere Räume
- die Person sowie
- ihr gehörende Sachen

durchsucht werden. Der Begriff **Wohnung und andere Räume** ist vor dem Hintergrund des weiten Wohnungsbegriffs auszulegen (vgl. **dazu oben unter Vorbemerkungen**). Nicht nur die Wohnung im engeren Sinne, vielmehr auch Nebenräume, Arbeits-, Betriebs- und Geschäftsräume sowie sonstiges befriedetes Besitztum kommen in Betracht. Entscheidend ist, dass der Verdächtige sie tatsächlich inne hat, gleichgültig ob er sie befugt oder unbefugt nutzt, ob er Allein- oder Mitinhaber ist und ob ihm das Haus-recht zusteht (vgl. Kleinknecht/Meyer-Goßner, a.a.O., § 102 StPO, RdNr. 7, m.w.N.). Wenn der Verdächtige die Wohnung oder Räume einer anderen Person ohne deren Kenntnis oder gegen deren Willen besetzt und die Besetzung nicht in ein "Quasi-Wohn-recht" hineinwächst, liegt bei einer Durchsuchung dieser Objekte ein Eingriff in die Rechtssphäre des rechtmäßigen Inhabers vor. Deshalb müssen dann die Voraussetzungen des § 103 StPO vorliegen, weil mit der Durchsuchung seine Rechtsposition beschränkt wird..

> Nutzt ein Einbrecher in einem Haus die Urlaubsabwesenheit der Hauseigentümer, um sich dort bis zur Rückkehr der Inhaber häuslich niederzulassen, liegt bei einer Wohnungsdurchsuchung ein Eingriff in das Hausrecht der abwesenden recht-mäßigen Inhaber vor. Deshalb ist § 103 StPO anzuwenden. Dass mit § 103 Abs. 2 StPO gerade die Erleichterung der Voraussetzungsprüfung begründet wird, ist ein Argument für, nicht gegen diese Auffassung.

Die Raumdurchsuchung ist hinsichtlich der Betretungsrechte von der bloßen Nachschau zu unterscheiden, bei der es nicht um die Auffindung verborgener Personen oder Sachen oder um die Feststellung ohne weiteres erkennbarer Sachverhalte geht. Darf die Polizei z.B. einen öffentlich zugänglichen Raum während der Geschäftszeiten aufsuchen und erfolgt keine Raumdurchsuchung, dann liegt kein Eingriff im Sinne des § 102 StPO vor.

a) Die Polizei observierte einen Beschuldigten, der eine Gaststätte betrat. Die Beamten betraten den Gastraum, um die Observation fortführen zu können.

b) Polizeibeamte verfolgten einen flüchtigen Handtaschenräuber in ein Kaufhaus während der Geschäftszeiten. Müssten zur Auffindung des Flüchtigen nicht öffentlich zugängliche Räume, z.B. Personalaufenthaltsräume, durchsucht werden, läge eine Wohnungsdurchsuchung vor, die sich an den Zulässigkeitsvoraussetzungen des § 103 StPO zu orientieren hat.

Im Hinblick auf die **Durchsuchung der Person** (siehe unter Vorbemerkungen) ist vor dem Hintergrund des Übermaßverbotes zu beachten, dass Personen grundsätzlich nur durch Personen gleichen Geschlechts oder durch Ärzte durchsucht werden dürfen. § 81 d StPO ist nicht unmittelbar anwendbar.

**Ihr gehörende Sachen** sind die Sachen des Verdächtigen. "Der Begriff "Sache" bezieht alle beweglichen oder unbeweglichen Gegenstände ein, sofern sie nicht vom Wohnungsbegriff erfasst werden **(siehe oben unter Vorbemerkungen)**. Sachen sind neben den Möbeln oder Kisten z.B. Autos, Schließfächer, Taschen, Koffer und auch nicht angezogene Kleidung" (so Benfer, a.a.O., S. 58). Sachen in diesem Sinne sind auch nicht befriedete Grundstücke oder eingefriedete Grundstücke, die nicht die Wohnung umschließen (Weiden, Felder, Saatkämpe, Pflanzgärten). Mit dem Begriff "ihm gehörend" wird nicht auf das Eigentumsverhältnis abgestellt. Entscheidend ist der Besitz oder (Mit)Gewahrsam an der Sache. Eine solche Sache, die durchsucht wird, kann auch ein Computer sein. Auf seiner Festplatte - oder auf sonstigen Datenträgern - können beweiserhebliche Informationen gespeichert sein (z.B. pornografische Kinderfotos - vgl. aber unten die einschränkenden Verfahrensvorschriften des § 110 StPO, II. 2.3).

Soweit die Voraussetzungen für eine Durchsuchung vorliegen, ist auch das **Betreten** von und der **Aufenthalt in geschützten Räumen** gestattet. Ist dies erforderlich, dürfen auch notwendige Führungs- und Einsatzmittel mitgeführt und darf Hilfspersonen der Zugang und Aufenthalt ermöglicht werden.

Vor diesem Hintergrund sollen die wenigen nachfolgenden Beispiele als typische Eingriffe der Polizei aufgrund des § 102 StPO beschrieben werden.

a) In einer Gaststätte saßen vier Männer an einem Tisch. Lediglich eine Bedienung kam gelegentlich dazu. Plötzlich stellte einer der Männer fest, dass sein Portemonnaie, das er auf den Tisch gelegt hatte, entwendet wurde. Es begründeten Tatsachen den Verdacht der Straftat im Sinne des § 242 StGB. Die drei übrigen Männer sowie die Bedienung waren Tatverdächtige, weil sie nach den Umständen alle die Möglichkeit zur Tat hatten und nicht aufgrund bestimmter Sachverhaltsfeststellungen als Täter ausschieden. Nach kriminalistischer Erfahrung war bei der Durchsuchung der Personen sowie ihrer mitgeführten Sachen mit dem Auffinden des Geldbeutels als Beweismittel und Gegenstand der Rückgewinnungshilfe (§§ 94 ff., 111b Abs. 4 StPO) zu rechnen.

b) Im Rahmen einer allgemeinen Verkehrskontrolle wurde Siegfried Klauoft (K.) mit einem Mofa angehalten. Die aufmerksamen Beamten PK Obacht (O.) und PK Sorgfalt (S.) bemerkten, dass K. den Motor ausgetauscht und die Fahrzeugidentifikationsnummer manipuliert hatte. Es ergab sich aus diesen Feststellungen der Verdacht, dass entwendete Fahrzeugteile verwandt wurden (§ 242, evtl. § 243 StGB) und dass eine Urkundenfälschung (§ 267 StGB) begangen wurde. Aus kriminalistischer Erfahrung war zu schließen, dass an der Wohnanschrift des K., insbesondere in Keller- und Garagenräumen, entwendete Fahrzeuge/Fahrzeugteile (Beweismittel im Sinne der § 94 ff. StPO/ Gegenstände der Rückgewinnungshilfe im Sinne des § 111b Abs. 4 StPO) sowie Werkzeuge der Tat (Einziehungsgegenstände im Sinne des § 111b Abs. 1 StPO) aufzufinden waren.

c) In S. wurde die 6jährige Inge Frühauf (F.) tot aufgefunden. Sie war auf dem kurzen Rückweg vom Kindergarten zur elterlichen Wohnung verschwunden. Der Auffindeort lag in einem Waldstück, nur wenige hundert Meter vom Kindergarten entfernt. Das Mädchen wurde offenbar sexuell missbraucht und dann getötet. Bei der Tatortaufnahme fiel auf, dass an der Jacke des Mädchens eine blaue Fremdfaser haftete. Außerdem wurden im Waldboden Schuheindrücke der Größe 43 bis 44 gesichert. Aufgrund von Zeugenaussagen stand fest, dass Inge F. auf ihrem Heimweg u.a. mit dem Hausmeister des Kindergartens und einem Rentner aus einem nahe liegenden Hochhaus gesehen wurde. Unklar blieb aber, in welcher Reihenfolge. Der Leiter der Mordkommission ordnete u.a. die Durchsuchung der Wohnungen dieser beiden Männer an. Vorrangig sollte nach Kleidungsstücken gesucht werden, von denen die blaue Faser stammen könnte, sowie nach Schuhen, die mit der gesicherten Spur korrespondierten. Die beiden Männer waren Tatverdächtige, weil sie auf dem Heimweg des Mädchens kurz vor der Tat mit diesem gesehen wurden. Kleidungsstücke mit blauen Fasern sowie korrespondierende Schuhe waren Beweismittel, die nach den §§ 94 ff. StPO sichergestellt werden durften. Nach kriminalistischer Erfahrung war mit dem Auffinden der Beweismittel hinreichend sicher zu rechnen.

d) Auf der Hauptkreuzung in S. kam es gegen 20.00 h zu einem Verkehrsunfall zwischen 2 PKW-Fahrern. Nach einer Vorfahrtsverletzung flüchtete der nur vage beschriebene Verursacher mit seinem PKW. Zeugen konnten allerdings das Kennzeichen des in erkennbaren Schlangenlinien geführten Fahrzeuges sicher ablesen. Sofort wurde von der Leitstelle eine Streifenwagenbesatzung zur ermittelten Halteradresse entsandt. Dort öffnete die Ehefrau des Fahrzeughalters. Ihr wurde der Grund des Einschreitens mitgeteilt, außerdem wurde sie über ihr Zeugnisverweigerungsrecht belehrt. Sie sagte lediglich, ihr Mann sei auf einer Geschäftsreise, den PKW habe er am Hauptbahnhof abgestellt und jetzt solle man sie in Ruhe lassen. Höflich aber bestimmt ließen sich die Beamten nicht abweisen. Sie teilten der Frau mit, dass sie aufgrund des vorliegenden Verdachtes der Verkehrsunfallflucht und der Gefährdung des Straßenverkehrs (§§ 142/315c StGB) das Anwesen zur Ergreifung des Tatverdächtigen (hier des Ehemannes als Verdächtigen und Beschuldigten im Sinne des § 81a StPO) sowie zur Auffindung des Wagens (Beweismittel im Sinne des § 94 Abs. 1 StPO) durchsuchen werden. Tatsächlich fanden sie in der Garage den Wagen und im Schlafzimmer den betrunkenen Ehemann. Aufgrund der objektiven Feststellungen bestand hinreichend der begründete Tatverdacht im Sinne § 163 StPO i.V.m. §§ 142/315c StGB. Als Tatverdächtiger kam nach kriminalistischer Erfahrung der Fahrzeughalter in Betracht: Am Steuer saß ein - wenn auch nur vage beschriebener - Mann, so dass die Ehefrau als Tatverdächtige ausschied. Trotz der Angaben der Frau wurde der Tatverdacht nicht ausgeräumt: Die Ausführungen waren so nicht überprüfbar. Nach kriminalistischer Erfahrung sind gerade in diesem Ermittlungsabschnitt

Schutzbehauptungen zugunsten von Verdächtigen nahe liegend. Es gibt weiterhin keinen Erfahrungssatz, dass flüchtige Tatverdächtige ihre Wohnung nicht aufsuchen. Vielmehr flüchtet ein Teil der gesuchten Personen nach solchen Delikten in den Schutz des heimischen Umfeldes und kann dort angetroffen werden. Das genügt für die Begründung der Erfolgsvermutung. Darauf, dass der Wagen in der Nähe aufgefunden wird, kommt es nicht an.

e) Nach einem Blitzeinbruch in ein Fotogeschäft teilte ein Zeuge der Polizei das Kennzeichen sowie die Beschreibung des flüchtigen Täterfahrzeuges mit. An einer eingerichteten Kontrollstelle wurde dieses Fahrzeug angehalten. Dem Fahrzeugführer und seinem Mitfahrer wurden der Grund des Einschreitens sowie der gegen sie bestehende Verdacht mitgeteilt. In der Folge wurden sie identifiziert, der PKW sowie die Personen selbst wurden zur Auffindung von Beweismitteln/Gegenständen der Rückgewinnungshilfe (vgl. §§ 94 ff., § 111b Abs. 4 StPO) durchsucht. Tatsächlich fanden die Beamten im Kofferraum eine große Menge Fotoapparate und Videokameras.

## 2. Ermächtigungsbegrenzende Bestimmungen, Verfahrens- und Formvorschriften

Zu den ermächtigungsbegrenzenden Bestimmungen und den Verfahrens- und Formvorschriften **siehe unten II. 2.**

## II. Durchsuchung bei anderen Personen

## 1. Ermächtigung

Als Ermächtigung zur Durchsuchung von/bei Personen, die nicht im Verdacht stehen, eine Straftat begangen zu haben, sind § 103 StPO bzw. § 111b Abs. 4 i.V.m. § 103 StPO heranzuziehen.

---

**§ 103 StPO    Durchsuchung bei nichtverdächtigen Personen**

**(1) Bei anderen Personen sind Durchsuchungen nur zur Ergreifung des Beschuldigten oder zur Verfolgung von Spuren einer Straftat oder zur Beschlagnahme bestimmter Gegenstände und nur dann zulässig, wenn Tatsachen vorliegen, aus denen zu schließen ist, dass die gesuchte Person, Spur oder Sache sich in den zu durchsuchenden Räumen befindet.**
**Zum Zwecke der Ergreifung eines Beschuldigten, der dringend verdächtig ist, eine Straftat nach § 129a des Strafgesetzbuches oder eine der in dieser Vorschrift bezeichneten Straftaten begangen zu haben, ist eine Durchsuchung von Wohnungen und anderen Räumen auch zulässig, wenn diese sich in einem Gebäude befinden, von dem auf Grund von Tatsachen anzunehmen ist, dass sich der Beschuldigte in ihm aufhält.**

---

> (2) Die Beschränkungen des Absatzes 1 Satz 1 gelten nicht für Räume, in denen der Beschuldigte ergriffen worden ist oder die er während der Verfolgung betreten hat.
>
> § 111b StPO Sicherstellung für Verfall und Einziehung und Gewinnabschöpfung
> (1) bis (3) ...
> (4) Die Vorschriften der §§ 102 bis 110 StPO gelten entsprechend.

## 1.1 Zulässigkeitsvoraussetzungen

Die Anwendbarkeit der Befugnis erschließt sich wesentlich aus einem Vergleich mit den Regelungen der Durchsuchung beim Verdächtigen (vgl. oben I.). Innerhalb der Ermächtigung zu unterscheiden sind

- die Durchsuchung bei einer bestimmten, unverdächtigen Person (§ 103 Abs. 1 Satz 1 i.V.m. § 103 Abs. 2 StPO)
- sowie die Gebäudedurchsuchung nach § 103 Abs. 1 S. 2 StPO.

### 1.1.1 Die Durchsuchung bei einer bestimmten unverdächtigen Person (§ 103 Abs. 1 S. 1/ § 103 Abs. 2 ; §111b Abs. 4 StPO i.V.m. § 103 StPO)

Ausgehend von dem **Verdacht einer konkreten Straftat** ist die **Durchsuchung** nach § 103 Abs. 1 Satz 1 StPO bei **anderen Personen** zulässig

- **zur Ergreifung des Beschuldigten,**
- **zur Verfolgung von Spuren einer Straftat oder**
- **zur Beschlagnahme bestimmter Gegenstände oder**
- **zur Beschlagnahme von Einziehungs- oder Verfallsgegenständen oder Tatvorteilen (§ 111b Abs. 4 StPO)**
- **wenn**
  - **Tatsachen vorliegen, aus denen zu schließen ist, dass die gesuchte Person, Spur oder Sache sich in den zu durchsuchenden Räumen befindet (§ 103 Abs. 1 Satz 1 StPO) oder**
  - **wenn es sich um einen Raum handelt, in dem der Beschuldigte ergriffen worden ist oder den er während der Verfolgung betreten hat (§ 103 Abs. 2 StPO).**

**Andere Person** in diesem Sinne ist jeder Rechtsträger, der nicht selbst Verdächtiger im Sinne des § 102 StPO ist. Es muss der Verdacht einer verfolgbaren Straftat bestehen, der betroffene Rechtsträger selbst darf aber nach dem Sachstand zum Zeitpunkt der Entscheidung **nicht** als

- Täter,
- Teilnehmer,
- Begünstiger,
- Strafvereitler oder
- Hehler

verdächtig sein.

Kinder sind nicht Verdächtige (siehe oben I.), sie können aber unter § 103 StPO fallen. Die Durchsuchung bei einem Kind kommt indessen nach § 103 StPO in Frage, "wenn andere Personen eine Straftat begangen haben, und die Aufklärung dieser Tat auf Grund der Durchsuchung des Strafunmündigen zu erwarten ist" (so Benfer, a.a.O., S. 60).

**Durchsuchungszwecke** im Sinne des § 103 Abs. 1 S. 1 i.V.m. § 103 Abs. 2 bzw. nach § 111 Abs. 4 StPO i.V.m. § 103 sind auf

- **die Ergreifung des Beschuldigten oder** .
- **das Auffinden von Spuren oder zur Beschlagnahme bestimmter Gegenstände gerichtet**

**Beschuldigter** ist der Tatverdächtige, gegen den das Strafverfahren betrieben wird. Das ist der Verdächtige, gegen den ermittelt wird. Die Gründe für die Ergreifung des Beschuldigten sind identisch mit denjenigen für die Ergreifung des Verdächtigen im Sinne des § 102 StPO, so dass auf die Ausführungen dort verwiesen wird (siehe oben I. 1.1).

**Spuren** dürfen nicht nur vermutet werden, ihr Vorhandensein muss vielmehr aufgrund einer pflichtgemäßen Prognose unter Berücksichtigung der Tatsachenfeststellungen und kriminalistischer Erfahrung anzunehmen sein.

**Beschlagnahmefähige Gegenständen sind Sachen,** die als Beweismittel in Betracht kommen (§ 94 StPO) oder der Einziehung, dem Verfall oder der Gewinnabschöpfung (§111b StPO) unterliegen. Gesucht werden darf nur nach *bestimmten* Gegenständen. Insofern ist ein höherer Konkretisierungsgrad hinsichtlich der gesuchten Gegenstände oder Spuren erforderlich. "Das bedeutet, dass diese Gegenstände nicht lediglich der Gattung nach bestimmt sein dürfen, sondern darüber hinaus bereits durch Artmerkmale konkretisiert sein müssen" (Ranft, a.a.O., S. 217). Im Hinblick auf **Führerscheine** gelten die obigen Ausführungen zu II. entsprechend. Auch dazu darf bei anderen Personen im Rahmen der Verhältnismäßigkeit durchsucht werden.

Kommt eine Sicherstellung oder Beschlagnahme aufgrund einer ausdrücklichen Bestimmung (vgl. § 97 StPO, § 111n StPO) oder im Einzelfall unter Berücksichtigung des Verhältnismäßigkeitsgrundsatzes nicht in Betracht, darf die Sache auch nicht gesucht werden (siehe oben I.).

Nicht ausdrücklich geregelt ist in § 103 StPO die Suche nach Unverdächtigen als Spurenträger oder Augenscheinsobjekt. Im Ergebnis ist aber die Zulässigkeit eines solchen Durchsuchungszweckes daraus zu folgern, dass nach den Spuren gesucht werden darf.

Die Durchsuchungsmöglichkeit ist gegenüber § 102 StPO durch die Prämisse „Tatsachen" eingeschränkt. Gefordert wird eine gesicherte Auffindungsprognose. Es müssen bestimmte, objektive Anhaltspunkte/ Fakten vorliegen, aus denen zu schließen ist, dass die gesuchte Person, Spur oder Sache sich in den zu durchsuchenden Räumen befindet.. Bloße Vermutungen, seien sie auch auf kriminalistische Erfahrungen gestützt, genügen nicht. Solche Tatsachen können sich z.b. aus dem Ergebnis polizeilicher Ermittlungen (der von einem gesuchten Beschuldigten geführte PKW steht vor dem Haus; aus einer Telefonüberwachung geht hervor, dass der gesuchte Beschuldigte die Wohnung des Unverdächtigen aufsuchen will), aus glaubhaften Hinweisen von Zeugen oder aus Spuren (die Fußspur des gesuchten Beschuldigten führt auf das Anwesen des Unverdächtigen) ergeben. "Entscheidend kann also in § 103 I nicht die Tatsache allein sein, sondern die sich aus ihrer Beurteilung ergebende Wahrscheinlichkeit des Erfolges, die in § 103 I deutlich größer sein muss als in § 102" (Lübkemann, a.a.O., S. 498).

Eine Ausnahme von dieser geforderten Auffindungswahrscheinlichkeit begründet § 103 Abs. 2 StPO. Soweit der Beschuldigte in dem geschützten Raum ergriffen worden ist oder ihn während der Verfolgung betreten hat, genügt die Erfolgsvermutung, wie sie in § 102 StPO (vgl. dazu oben) ausreicht.

a) Nach dem Diebstahl einer teuren Armbanduhr in einem Kaufhaus erhält die Polizei einen glaubhaften Hinweis von einem Zeugen, dass sich der jugendliche Täter aktuell in der nahe liegenden Wohnung seines Onkels befindet. Die Wohnung wird aufgrund des § 103 Abs. 1 S. 1 StPO zur Ergreifung des Beschuldigten (§ 163 b Abs. 1 StPO) durchsucht. Tatsächlich finden die Beamten den jungen Mann, bei ihm selbst allerdings nicht die Uhr. Für die weitere Durchsuchung der Wohnung zur Auffindung der Uhr genügt nunmehr die Erfolgswahrscheinlichkeit des § 102 StPO. Diese ist vorliegend begründet, da es nach kriminalistischer Erfahrung nahe liegend ist, dass der Täter die Uhr in der Wohnung versteckt hat.

b) Nach einem Handtaschenraub flieht der Täter mit der Geldbörse des Opfers. Auf dem eingefriedeten Grundstück des Fabrikanten Reich gelingt es dem verfolgenden Polizeikommissar Spurt, den Mann zu stellen. Das Portemonnaie hat er aber offensichtlich weggeworfen, jedenfalls trägt er es nicht mehr bei sich. Es genügt für die Befugnis zur Durchsuchung des Grundstückes die hier vorliegende Wahrscheinlichkeit, dass der Mann die Geldbörse auf dem Grundstück weggeworfen hat und sie dort bei einer Nachsuche gefunden werden kann.

**Adressat** der Ermächtigung ist die „andere Person", die oder deren Sachen bzw. Wohnung durchsucht werden soll.

## 1.1.2 Gebäudedurchsuchung - § 103 Abs. 1 S. 2 StPO

Diese im Kontext der Terrorismusbekämpfung geschaffene Befugnis zur Durchsuchung von Gebäuden ermöglicht einen sehr weitgehenden Eingriff. Unabhängig von Tatsachen, die für einzelne Wohnungen eine Auffindungswahrscheinlichkeit begründen, können ganze Wohnkomplexe unter bestimmten Voraussetzungen durchsucht werden.

Der Gesetzgeber lässt diesen schwerwiegenden Eingriff zu

- **zum Zwecke der Ergreifung eines Beschuldigten,**
- **der dringend verdächtig ist,**
- **eine Straftat nach § 129a StGB oder eine der in dieser Vorschrift bezeichneten Straftaten begangen zu haben,**

wenn

- **aufgrund von Tatsachen**
- **anzunehmen ist, dass sich die gesuchte Person in einer Wohnung oder einem sonstigen Raum eines Gebäudes aufhält.**

Die Ermächtigung ist als **strafprozessuale Razzia** zur Terrorismusbekämpfung zu qualifizieren (vgl. Benfer, a.a.O., S. 66 f., m.w.N.). Trotz rechtsstaatlicher Bedenken wird die Befugnis bei Beachtung des Verhältnismäßigkeitsgrundsatzes noch als verfassungskonform angesehen.

Zum einen ist die Befugnis auf die **Ergreifung des Beschuldigten** beschränkt, eine Ermittlungsdurchsuchung (Auffindung von Beweismitteln oder von Gegenständen nach § 111b StPO) kommt nicht in Betracht.

Zudem muss **dringender Tatverdacht** für eine Anlasstat vorliegen. Folglich muss es zum entscheidungserheblichen Zeitpunkt höchstwahrscheinlich sein, dass der Beschuldigte auch der Täter ist (zum Begriff siehe Band I, 3. Kapitel, Zweiter Abschnitt).

Bedingung für die Gebäudedurchsuchung ist ferner eine **bestimmte Anlasstat**.

**§ 129a StGB    Bildung terroristischer Vereinigungen**

(1) Wer eine Vereinigung gründet, deren Zwecke oder deren Tätigkeit darauf gerichtet sind,
1. Mord, Totschlag oder Völkermord (§§ 211, 212 oder 220a),
2. Straftaten gegen die persönliche Freiheit in den Fällen des § 239a oder des § 239b oder
3. Straftaten nach § 305a oder gemeingefährliche Straftaten in den Fällen der §§ 306 bis 306c oder 307 Abs. 1 bis 3 des § 308 Abs. 1 bis 4, des § 309 Abs. 1 bis 5, der §§ 313, 314 oder 315 Abs. 1, 3 oder 4, des § 316b Abs. 1 oder 3 oder des § 316c Abs. 1 bis 3 zu begehen, oder wer sich an einer solchen Vereinigung als Mitglied beteiligt, wird mit Freiheitsstrafe von einem Jahr bis zu zehn Jahren bestraft.
(2) bis (7)........

Gefordert werden Delikte nach § 129a StGB (Bildung terroristischer Vereinigungen oder sonstige in dieser Norm bezeichneten Straftaten wie z.b. Mord, Totschlag, Erpressung, Menschenraub, Geiselnahme). Der Verdacht der Werbung für oder der geringfügigen Unterstützung einer terroristischen Vereinigung rechtfertigt den Eingriff nicht (vgl. Kleinknecht/Meyer-Goßner, a.a.O., § 103 StPO, RdNr. 10).

**Tatsachen** müssen für den Aufenthalt des Beschuldigten in dem Gebäude sprechen. Bloße Vermutungen genügen nicht. Tatsachen sind objektive Fakten (eigene Beobachtungen, gesicherte Spuren, Zeugenaussagen pp.).

**Gebäude** ist eine räumlich abgegrenzte, selbständige bauliche Einheit. Um ein einzeln stehendes Haus oder um ein Gebäude mit nur einem Aufgang braucht es sich nicht zu handeln (vgl. Kleinknecht/Meyer-Goßner, a.a.O., § 103 StPO, RdNr. 12, m.w.N.).

> Der Politiker Rechtschaffen (R.) wurde durch Mitglieder eines terroristischen Kommandos "Rote Rache" entführt, um Gesinnungsgenossen freizupressen (Straftat im Sinne des § 129a StGB). Am Tatort blieb ein Selbstbezichtigungsschreiben mit der formulierten Forderung zurück. Hier lagen dringende Gründe für eine geforderte Anlasstat vor. In der Tiefgarage eines großen Wohnkomplexes wurde aufgrund eines Zeugenhinweises ein Manschettenknopf sichergestellt, der ohne jeden Zweifel dem Entführten gehörte. Das war eine Tatsache, die darauf hindeutete, dass sich die Täter (mit ihrem Opfer) in einer Wohnung des Gebäudes befanden oder befunden haben könnten.

**Adressat** der Ermächtigung ist Wohnungsinhaber in dem Gebäude.

## 1.2. Zugelassene Rechtsfolgen

Die Befugnisnorm gestattet durch § 103 Abs. 1 Satz 1/§ 103 Abs. 2 StPO nach h.M. die **Durchsuchung** der gleichen Objekte **(Wohnung, Sachen)** wie in § 102 StPO und auch der **Person des Unverdächtigen** (Kleinknecht/Meyer-Goßner, a.a.O., § 103, RdNr. 3), auch wenn § 103 StPO ausdrücklich nur von Räumen spricht. Diese Auslegung wird nicht kritiklos geteilt. So formuliert insbesondere Benfer (a.a.O., S. 60, m.w.N.) nachhaltige Bedenken gegen diese aus seiner Sicht weiterzige Auslegung. "Einerseits widerspricht sie eindeutig dem Wortlaut des Gesetzes, andererseits ist gerade § 103 StPO im Zuge der Reform der Strafprozessordnung novelliert worden. Da dieser Mangel aber im Jahre 1978 evident war, der Gesetzgeber ihn dennoch nicht korrigiert hat, müssen wir annehmen, dass er die Beschränkung der Durchsuchung bei anderen als verdächtigen Personen auf Räume (im weitesten Sinne) beschränkt halten möchte."

Zwingend ist diese Interpretation indessen nicht. Man kann durchaus davon ausgehen, dass der Gesetzgeber vor dem Hintergrund der gesicherten weiten - rechtsvergleichenden - Auslegung der Gesetzgeber in Bezug auf §§ 102 und 103 StPO keinen Handlungserfordernis sah. Im übrigen wird man häufig genug dann, wenn eine Person eine sicherzustellende bzw. zu beschlagnahmende Sache nicht herausgeben will (vgl. auch § 95 StPO) von dem Anfangsverdacht der Strafvereitelung oder der Begünstigung ausgehen können.

Ferner ist im Hinblick auf die **Durchsuchung einer Person als Spurenträger** zu berücksichtigen, dass § 81c StPO die körperliche Untersuchung Unbeteiligter gestattet. Aus dem Umstand ist zutreffend zu schließen, dass auch die mildere Maßnahme der Durchsuchung der Person gemäß § 103 StPO zulässig ist, obwohl in dieser Vorschrift nur zu durchsuchende Räume erwähnt werden" (so Ranft, a.a.O., S. 218, m.w.N.). Aus dem **Verfassungswert der Menschenwürde** (Art. 1 Abs. 1 GG) folgt, dass Personen nur durch Personen gleichen Geschlechts oder durch Ärzte durchsucht werden dürfen. § 81d StPO ist nicht unmittelbar anwendbar.

Die Befugnis zur rechtmäßigen **Gebäudedurchsuchung (§ 103 Abs. 1 Satz 2 StPO)** gestattet die - insbesondere durch den Grundsatz der Erforderlichkeit und Angemessenheit beschränkte - Durchsuchung aller Wohnungen und sonstigen Räume in dem Gebäudekomplex. Liegen keine verdichteten Erkenntnisse vor, ist zu fordern, dass mit den allgemein zugänglichen Räumen des Gebäudes begonnen wird.

Die Durchsuchung ermöglicht auch das **Betreten.** Soweit erforderlich können dabei notwendige Führungs- und Einsatzmittel mitgeführt werden und dürfen Hilfspersonen (z.B. ein Angestellter eines Schlüsseldienstes) im notwendigen Umfang anwesend sein.

Mit den nachfolgenden Beispielen soll die Anwendung der Durchsuchungsbefugnisse nach § 103 Abs. 1 S. 1 StPO auf die polizeiliche Praxis bezogen konkretisiert werden.

a) Kurt Chaot (Ch.) stach bei einem Fußballspiele nach einem verbalen Streit plötzlich auf einen Fan des gegnerischen Clubs mit einem Messer ein. Der Geschädigte wurde lebensgefährlich verletzt. Ch. flüchtete. Die eingesetzten Polizeibeamten leiteten ein Strafverfahren wegen des Verdachts des versuchten Totschlags (§ 212 StGB) gegen Ch. ein. Sie durchsuchten seine Wohnung, um ihn nach § 127 Abs. 2 i.V.m. § 112 Abs. 3 StPO festzunehmen, trafen ihn dort aber nicht an. Eine Nachbarin, die den Polizeieinsatz bemerkte, teilte den Beamten mit, sie habe Ch. vor einigen Minuten gesehen. Er habe ihr erzählt, dass er zu seiner Mutter wolle. Diese wohne in der Hindenburgstraße 7 in S. Die Beamten fuhren daraufhin zu dieser Anschrift und durchsuchten die Wohnung gegen den Willen der Mutter. Tatsächlich fanden sie den Beschuldigten in seinem alten Jugendzimmer.

b) Erna Geschädigt (G.) kam ganz aufgelöst und mit zerrissener Kleidung in die Wohnung ihrer Freundin Hilfreich (H.), die im selben Haus wohnt. Unter Tränen berichtete sie ihr, dass der Hausmeister des Wohnobjektes sie vergewaltigt habe. Als H. die Polizei rufen wollte, verlor G. die Fassung vollständig. Sie wollte das nicht und lief in ihre eigene Wohnung. H. informierte dennoch die Polizei. Der Hausmeister wurde nicht in seiner Wohnung angetroffen. G. weigerte sich indessen, ihre Wohnungstüre zu öffnen. Weil Kommissar Schlau aber erkannte, dass ohne die Sicherstellung der Kleidung der G. (Beweismittel im Sinne des § 94 Abs. 1 StPO) sowie ohne eine rasche körperliche Untersuchung der Geschädigten nach § 81c StPO ein wirksames Strafverfahren gegen den Täter nicht möglich sein wird, ordnete er die Durchsuchung der Wohnung der G. an. Mit einem Zweitschlüssel, der bei H. gelagert war, öffneten die Beamten die Wohnung der G., um sie selbst als Spurenträgerin und Augenscheinsobjekt sowie ihre Kleidung aufzufinden.

c) Sorglos (S.) ist ein Freund des Drogendealers Unverzagt (U.) Dieser versteckte heimlich während eines gemeinsamen Aufenthaltes in den Niederlanden eine größere Menge Heroin in dessen mitgeführter Reisetasche. Das bemerkte die ebenfalls anwesende Ehefrau des U., die seit langem einen Grund sucht, sich auf einfachem Weg von diesem zu trennen. Kaum sind die Personen wieder in der Bundesrepublik, informierte sie heimlich von einer Telefonzelle aus die Polizei. Die eingesetzten Beamten überprüften in der Folge das von den Personen genutzte Fahrzeug des U.. Dabei durchsuchten sie neben U., seinem Fahrzeug sowie dessen sonstigen mitgeführten Sachen auch die bezeichnete Tasche des S.. Das aufgefundene Heroin beschlagnahmten sie als Beweismittel- und Einziehungsgegenstand.

## 2. Ermächtigungsbegrenzende Bestimmungen, Verfahrens- und Formvorschriften

### 2.1 Nächtliche Haussuchungen, § 104 StPO

Mit § 104 StPO stellt der Gesetzgeber die Wohnung zur Nachtzeit unter besonderen Schutz. Damit beschränkt er die Ermächtigungen aus § 102 und 103 StPO.

---

**§ 104 StPO    Nächtliche Haussuchung**

(1) Zur Nachtzeit dürfen die Wohnung, die Geschäftsräume und das befriedete Besitztum nur bei Verfolgung auf frischer Tat oder bei Gefahr im Verzug oder dann durchsucht werden, wenn es sich um die Wiederergreifung eines entwichenen Gefangenen handelt.

(2) Diese Beschränkung gilt nicht für Räume, die zur Nachtzeit für jedermann zugänglich oder die der Polizei als Herbergen oder Versammlungsorte bestrafter Personen, als Niederlagen von Sachen, die mittels Straftaten erlangt sind, oder als Schlupfwinkel des Glücksspiels, des unerlaubten Betäubungsmittel- und Waffenhandels oder der Prostitution bekannt sind.

(3) Die Nachtzeit umfasst in dem Zeitraum vom ersten April bis dreißigsten September die Stunden von neun Uhr abends bis vier Uhr morgens und in dem Zeitraum vom ersten Oktober bis einunddreißigsten März die Stunden von neun Uhr abends bis sechs Uhr morgens.

---

Diese Bestimmung begrenzt die Befugnisse der §§ 102 und 103 StPO zur **Wohnungsdurchsuchung während der Nachtzeit.** Für die Durchsuchung von Personen und Sachen (außerhalb dieser Räumlichkeiten) gelten die Einschränkungen nicht.

Die Nachtzeit wird in § 104 Absatz 3 StPO bestimmt (vgl. Gesetzestext). Entscheidend für die Einordnung ist der **Beginn der Durchsuchung.** Eine vor der Nachtzeit begonnene Durchsuchung eines Raumes darf auch in der Nachtzeit fortgesetzt werden, ohne dass § 104 StPO zu berücksichtigen ist (vgl. Kleinknecht/Meyer-Goßner, a.a.O., § 104 StPO, RdNr. 10). Mit § 104 StPO soll verhindert werden, dass der Wohnungsinhaber in seiner Nachtruhe gestört wird.

Die Einschränkung gilt nicht, wenn

- ein Täter auf frischer Tat verfolgt wird,
- Gefahr im Verzug ist oder
- es sich um die Wiederergreifung eines entwichenen Gefangenen handelt oder
- es sich um bestimmte verrufene Orte handelt (§ 104 Abs. 2 StPO)

**Verfolgung auf frischer Tat** liegt vor, wenn zwischen der Tatbegehung und der Aufnahme der Verfolgung des Täters ein enger örtlicher und zeitlicher Zusammenhang besteht. "Die Verfolgung muss also unmittelbar nach Tatbegehung (Versuch oder Vollendung) aufgrund eines - wenn auch nur lockeren - Sinneskontaktes mit dem fliehenden Täter (Gehör, Sicht, Spur) aufgenommen werden ..." (vgl. Lübkemann, a.a.O., S. 500).

> In die Villa des Geldsucht wurde im Winter eingebrochen. Durch eine Alarmanlage wurde die Polizei verständigt. Der Täter konnte nicht weiter eindringen und hatte sich - darauf deuteten Blutspuren hin - bei dem Einschlagen einer Scheibe verletzt. Aufgrund einer Fußspur in der Schneedecke konnten die Beamten den Weg des Täters bis zu einem nahe liegenden Haus verfolgen, in dem der ihnen wohl bekannte Einbrecher Siggi Knacki wohnt. Die Beamten durchsuchten die Wohnung des jetzt im Sinne des § 102 verdächtigen K. zu dessen Ergreifung (zumindest körperliche Untersuchung im Sinne des § 81a StPO) sowie zur Auffindung von Beweismitteln (Schuhe als Beweismittel im Sinne des § 94 StPO - Vergleich mit Abdruckspuren).

**Gefahr im Verzuge** ist anzunehmen, wenn ohne die Durchsuchung zur Nachtzeit die Befürchtung besteht, dass die beabsichtigte Ergreifung des Täters vereitelt oder die gesuchte Spur oder Sache dem Zugriff der Verfolgungsbehörde entzogen wird (vgl. Benfer, a.a.O., S. 69).

> Herbert Sch. wurde im Rahmen einer allgemeinen Verkehrskontrolle angehalten und überprüft. Die Beamten stellten starken Alkoholgeruch fest. Als sie Sch. einen Alkotest "anbieten", lief dieser plötzlich weg. Trotz sofortiger Verfolgung konnten die Polizisten ihn nicht stellen. Sie verloren auch seine Spur. Enttäuscht kehrten sie zu ihrem Streifenfahrzeug zurück. Dann entschlossen sie sich, zur Wohnanschrift des Sch. zu fahren. Dort kamen sie zur Nachtzeit an. Auf ihr Klingeln hin öffnete ihnen die Ehefrau des Sch.. Die Beamten nannten den Grund ihres Erscheinens, die Frau behauptete aber, ihr Mann sei nicht zu Hause. Trotz dieser Angaben durchsuchten die eingesetzten Kräfte das Haus zur Ergreifung des Beschuldigten (§ 81a StPO) . Sie fanden Sch. tatsächlich im Schlafzimmer. Vorliegend bestand keine Verfolgungssituation auf frischer Tat mehr, weil der Kontakt abgebrochen war. Die Wohnung des Verdächtigen durfte gleichwohl nach § 102 i.V.m. § 104 Abs. 1 StPO zur Nachtzeit durchsucht werden. Bis zum nächsten Morgen hätte nicht gewartet werden können, weil ansonsten der Blutalkoholwert des Mannes beweiserheblich durch Abbau der Alkoholkonzentration oder ggf. Nachtrunk(behauptung) beeinträchtigt worden wäre.

**Weitere Ausnahmen von der Beschränkung** des § 104 Abs. 1 StPO zählt **§ 104 Abs. 2 StPO** auf (vgl. oben). Der Sinn dieser Schutzaufhebung erschließt sich aus der Überlegung, dass diese Räume nicht dasselbe Schutzbedürfnis wie Privatwohnungen vermitteln.

Zur Nachtzeit für jedermann zugängliche Räume sind z.B. Herbergen, Schankwirtschaften, Gasthäuser, Bahnhofshallen, Wartesäle, Kinos, Bars etc, wenn sie nicht bereits regulär geschlossen sind. Werden sie aber nur geschlossen, um eine Durchsuchung zu verhindern, ist dies unbeachtlich (vgl. Kleinknecht/Meyer-Goßner, a.a.O., § 104 StPO, RdNr. 7, m.w.N.). Die Aufhebung der Beschränkung des Abs. 1 gilt indessen nur für jedermann tatsächlich zugängliche Räume, so dass insbesondere Personalaufenthaltsräume, Lagerräume etc. nicht darunter fallen.

Zu den sonstigen im Gesetz genannten Räumen können z.b. Dirnenquartiere, illegale Spielclubs, Lagerschuppen bekannter Hehler etc. gehören. Maßgebend ist, dass diese Räume bereits nachweisbar für die genannten Zwecke missbraucht wurden und sich keine Anhaltspunkte für eine Änderung ihres Zwecks ergeben. Kein Schlupfwinkel in diesem Sinne kann grundsätzlich die private Wohnung sein, selbst wenn sie gelegentlich für o.g. Zwecke missbraucht wird. So ist insbesondere die Privatwohnung eines Callgirls, in der sie mitunter auch Freier empfängt, kein Schlupfwinkel der Prostitution (vgl. Benfer, a.a.O., S. 73).

## 2.2 Anordnungs- und Durchführungsbefugnis, § 105 Abs. 1 und Abs. 3 StPO

---

**§ 105 StPO   Anordnung der Durchsuchung; Ausführung**

**(1) Durchsuchungen dürfen nur durch den Richter, bei Gefahr im Verzug auch durch die Staatsanwaltschaft und ihre Hilfsbeamten (§ 152 des Gerichtsverfassungsgesetzes) angeordnet werden.**
**Durchsuchungen nach § 103 Abs. 1 Satz 2 ordnet der Richter an; die Staatsanwaltschaft ist hierzu befugt, wenn Gefahr im Verzug ist.**
**(2).....**
**(3) Wird eine Durchsuchung in einem Dienstgebäude oder einer nicht allgemein zugänglichen Einrichtung oder Anlage der Bundeswehr erforderlich, so wird die vorgesetzte Dienststelle der Bundeswehr um die Durchführung ersucht. Die ersuchende Stelle ist zur Mitwirkung berechtigt. Des Ersuchens bedarf es nicht, wenn die Durchsuchung von Räumen vorzunehmen ist, die ausschließlich von anderen Personen als Soldaten bewohnt werden.**

---

Nach § 105 Abs. 1 StPO stehen Durchsuchungen (eingeschlossen Maßnahmen des Betretens) grundsätzlich unter **Richtervorbehalt**. Die Anordnung wird erforderlich, sofern nicht alle betroffenen Grundrechtsträger ihr zustimmen. Soweit die Voraussetzungen des § 102 StPO nicht vorliegen, muss der Betroffene über die Freiwilligkeit belehrt werden (vgl. Kleinknecht/Meyer-Goßner, a.a.O., § 105 StPO, RdNr. 1).

Die **Staatsanwaltschaft und ihre Hilfsbeamten** (§ 152 GVG) dürfen Durchsuchungen nach § 102 und § 103 Abs. 1 S. 1 StPO **nur bei Gefahr im Verzug** anordnen. Gefahr im Verzug liegt vor, wenn bis zur Einholung einer richterlichen Anordnung der Zweck der Maßnahme mit ausreichender Wahrscheinlichkeit nicht mehr im erforderlichen Umfang erreicht werden könnte. Die Voraussetzung knüpft mit Blick auf die Wohnungs-durchsuchung an Art. 13 Abs. 2 GG an.

> *„1. a) Der Begriff „Gefahr im Verzug" in Art. 13. Abs. 2 GG ist eng auszulegen; die richterliche Anordnung einer Durchsuchung ist die Regel, die nichtrichter-liche die Ausnahme.*
>
> *b) „Gefahr im Verzug muss mit Tatsachen begründet werden, die auf den Einzelfall bezogen sind. Reine Spekulationen, hypothetische Erwägungen oder lediglich auf kriminalistische Alltagserfahrungen gestützte, fallunabhängige Vermutungen reichen nicht aus.*
>
> *2. Gerichte und Strafverfolgungsbehörden haben im Rahmen des Möglichen tat-sächliche und rechtliche Vorkehrungen zu treffen, damit die in der Verfassung vorgesehene Regelzuständigkeit des Richters auch in der Masse der Alltags-fälle gewahrt bleibt.*
>
> *3. a) Auslegung und Anwendung des Begriffs „Gefahr im Verzug" unterliegen einer uneingeschränkten gerichtlichen Kontrolle. Die Gerichte sind allerdings gehalten, der besonderen Entscheidungssituation der nichtrichterlichen Organe mit ihren situationsbedingten Grenzen von Erkenntnismöglichkeiten Rechnung zu tragen.*
>
> *b) Eine wirksame gerichtliche Nachprüfung der ,Annahme von „Gefahr im Verzug" setzt voraus, dass sowohl das Ergebnis als auch die Grundlagen der Entscheidung in unmittelbarem zeitlichen Zusammenhang mit der Durch-suchungsmaßnahme in den Ermittlungsakten dargelegt wird.*

BVerfG, Urt. vom 20. Februar 2001- 2 BvR 1444/00 – Leitsätze zum Urteil des Zweiten Senats.

Daraus folgt, dass eine Wohnungsdurchsuchung nur ausnahmsweise ohne richterliche Anordnung durchgeführt werden darf. Ferner macht das Gericht zur Pflicht, die Gründe für die Durchsuchung ohne richterliche Anordnung in den Akten darzulegen (siehe auch Kriminalistik 7/01, S. 488).

Für die Anordnung der **Durchsuchung von Pressebetrieben und Rundfunkanstalten** nach Gegenständen, die nur nach § 97 Abs. 5 S. 2 StPO beschlagnahmt werden können, ist ausschließlich der Richter zuständig. Das folgt aus § 98 Abs. 1 S. 2 StPO. Wenn es der Polizei nicht gestattet ist, eine Beschlagnahme anzuordnen, darf sie zwangsläufig auch nicht die Durchsuchung anordnen.

Die Anordnung einer **Gebäudedurchsuchung** steht auch bei Gefahr im Verzuge den Hilfsbeamten der Staatsanwaltschaft **nicht** zu. Lediglich die Staatsanwaltschaft darf sie bei Gefahr im Verzuge anordnen.

Eine bestimmte **Form der Anordnung** ist nicht vorgesehen; sie kann daher auch münd-lich, telefonisch oder telegrafisch ergehen.

Die Anordnung muss hinreichend konkret sein: "Ein Durchsuchungsbeschluss, der keinerlei tatsächliche Angaben über die aufzuklärende Straftat enthält, die Art und den denkbaren Inhalt der zu suchenden Beweismittel nicht erkennen lässt und die neben der

Wohnung zu durchsuchenden "anderen Räume" nicht bezeichnet, genügt nicht den verfassungsrechtlichen Anforderungen aus Art. 13 I, 2 I und dem Rechtsstaatsprinzip des Grundgesetzes" (vgl. NJW 1992, S. 551, mit Hinweis auf BVerfG, Beschluss v. 03.09.1991,- 2 BvR 279/90-).

Wird die Anordnungsvorschrift missachtet, ist die Maßnahme rechtswidrig. Ein Verwertungsverbot folgt daraus aber grundsätzlich nicht, es sei denn, die Missachtung erfolgte bewusst pflichtwidrig "Ein zu einem Verwertungsverbot führender Verfahrensfehler ist aber dann zu bejahen, wenn die Strafverfolgungsbehörden absichtlich Gefahr im Verzuge annehmen, obwohl es für eine solche Annahme keine Anhaltspunkte gibt, oder sie zumindest den Rechtsbruch bewusst in Kauf nehmen, um die Anordnungskompetenz des Richters zu unterlaufen" (vgl. Krekeler, a.a.O., S. 265, m.w.N.).

**Stillschweigende Anordnungen** zur Durchsuchung der Wohnung des zu Ergreifenden enthalten nach h.M.

- Haftbefehle nach den §§ 112 und 453 c StPO,
- Unterbringungsbefehle nach § 126a StPO,
- richterliche Vorführungsbefehle nach den §§ 134, 230 Abs. 2, 236, 329 Abs. 4 S. 1 sowie
- rechtskräftige Strafurteile und Strafbefehle aufgrund des Haftbefehls zu ihrer Vollstreckung nach § 457 Abs. 2 und § 463 Abs. 1 StPO (vgl. auch OLG Düsseldorf, Beschl. V. 27.07.81, JuS 1982, S. 295). Das gilt auch für die Vollstreckung von Ersatzfreiheitsstrafen.

Soweit der Gesuchte sich in einer anderen Wohnung aufhält, müssen die Voraussetzungen des § 103 StPO vorliegen und muss - außer bei Gefahr im Verzuge - eine richterliche Anordnung eingeholt werden.

### Die **Durchführung**

- einer richterlichen Anordnung obliegt der Staatsanwaltschaft gem. § 36 Abs. 2 StPO, die aufgrund des § 161 StPO die Polizei mit der Durchführung beauftragen kann.
- einer durch die StA angeordneten Durchsuchung erfolgt nach Auftragserteilung im Sinne des § 161 StPO durch die Polizei.
- einer durch einen Polizeibeamten als Hilfsbeamten der Staatsanwaltschaft bei Gefahr im Verzuge angeordneten Durchsuchung erfolgt durch die Polizei selbst.

Zu beachten ist, dass für die Durchführung der Durchsuchung nicht die Hilfsbeamteneigenschaft erforderlich ist.

§ 105 Abs. 3 StPO regelt die Durchführung speziell und wird dem besonderen Sicherheits- und Ordnungsinteresse der **Bundeswehr** gerecht. Daraus wird auch verständlich, dass die Vorschrift nicht für Wohnungen gilt, die ausschließlich von anderen Personen als Soldaten bewohnt werden.

## 2.3 Durchsicht von Papieren

§ 102/§103 StPO erlauben auch die Durchsuchung zur Auffindung von Papieren, die als Beweismittel/Einziehung-, Verfallsgegenstände in Frage kommen und nicht unter das Beweisverbot nach § 97 StPO fallen (siehe oben, 7. Kapitel, Zweiter Abschnitt). Gleichwohl wird die Durchsicht der Papiere durch § 110 StPO eingeschränkt.

---

**§ 110 StPO     Durchsicht von Papieren**

**(1) Die Durchsicht der Papiere des von der Durchsuchung Betroffenen steht der Staatsanwaltschaft zu.**

**(2) Andere Beamte sind zur Durchsicht der aufgefundenen Papiere nur dann befugt, wenn der Inhaber die Durchsicht genehmigt. Andernfalls haben sie die Papiere, deren Durchsicht sie für geboten erachten, in einem Umschlag, der in Gegenwart des Inhabers mit dem Amtssiegel zu verschließen ist, an die Staatsanwaltschaft abzuliefern.**

**(3) Dem Inhaber der Papiere oder dessen Vertreter ist die Beidrückung seines Siegels gestattet; auch ist er, falls demnächst die Entsiegelung und Durchsicht der Papiere angeordnet wird, wenn möglich, zur Teilnahme aufzufordern.**

---

Die Vorschrift gilt für Papiere (siehe dazu 7. Kapitel, Zweiter Abschnitt) im Gewahrsam des Betroffenen, wobei Eigentum nicht vorausgesetzt wird.

## 2.4 Hinzuziehung von Zeugen pp.

Das Durchsuchungsverfahren ist unter Beachtung bestimmter Form- und Verfahrensvorschriften abzuwickeln.

---

**§ 105 StPO     Anordnung und Ausführung von Durchsuchungen**

**(1) ...**
**(2) Wenn eine Durchsuchung der Wohnung, der Geschäftsräume oder des befriedeten Besitztums ohne Beisein des Richters oder des Staatsanwalts stattfindet, so sind, wenn möglich, ein Gemeindebeamter oder zwei Mitglieder der Gemeinde, in deren Bezirk die Durchsuchung erfolgt, zuzuziehen. Die als Gemeindemitglieder zugezogenen Personen dürfen nicht Polizeibeamte oder Hilfsbeamte der Staatsanwaltschaft sein.**
**(3) ...**

---

Sofern kein Richter oder Staatsanwalt (auch Amtsanwalt) bei der Durchsuchung anwesend ist, sind - wenn möglich - ein Gemeindebeamter oder zwei Gemeindeglieder als **Zeugen** hinzuzuziehen. Es handelt sich um eine wesentliche Förmlichkeit, nicht um eine bloße Ordnungsvorschrift. Der Beamte hat nach pflichtgemäßem Ermessen darüber zu entscheiden, ob die Zeugenhinzuziehung möglich ist. Sprechen z.B. Zeitgründe dagegen oder handelt es sich um einen besonders gefährlichen Einsatz (Zugriff auf Gewaltverbrecher), kommt sie nicht in Betracht. Der Beamte kann in seiner Entscheidung irren, er muss sich aber gewissenhaft Gedanken machen (vgl. Kleinknecht/Meyer-Goßner, a.a.O., § 105 StPO, RdNr. 11, m.w.N.). Eine bewusste Verletzung der Pflicht zur Hinzuziehung von Zeugen führt zur Rechtswidrigkeit der Maßnahme (vgl. Ranft, a.a.O., S. 222, m.w.N.) aber nicht schon zur Unverwertbarkeit der Ergebnisse. Die Vorschrift ist zugleich Ermächtigung zur (notwendigen, also eingeschränkten) Bekanntgabe des Sachverhaltes.

Der Betroffene kann auf die Hinzuziehung von Zeugen verzichten. Gleichwohl ist zu berücksichtigen, dass auch die Staatsgewalt ein Interesse an der Bekundung der ordnungsgemäßen Durchführung hat. Für einen Gemeindebeamten kann eine Verpflichtung aufgrund eines Amtshilfeersuchens begründet werden. Ansonsten besteht keine Pflicht, als Zeuge zu fungieren.

---

**§ 106 StPO   Zuziehung des Inhabers**

(1) Der Inhaber der zu durchsuchenden Räume oder Gegenstände darf der Durchsuchung beiwohnen. Ist er abwesend, so ist, wenn möglich, sein Vertreter oder ein erwachsener Angehöriger, Hausgenosse oder Nachbar zuzuziehen.

(2) Dem Inhaber oder der in dessen Abwesenheit zugezogenen Person ist in den Fällen des § 103 Abs. 1 der Zweck der Durchsuchung vor deren Beginn bekannt zu machen. Diese Vorschrift gilt nicht für die Inhaber der in § 104 Abs. 2 bezeichneten Räume.

---

Die Norm ist eine **Ordnungsvorschrift**, deren Verletzung nicht zur Rechtswidrigkeit der Maßnahme führt (BGH NStZ 83, S. 375). Sind mehrere Inhaber vorhanden, hat jeder von ihnen ein Anwesenheitsrecht. Indessen führt die Vorschrift nicht dazu, dass auf das Erscheinen des Inhabers, Vertreters oder der sonstigen Person gewartet werden müsste. Auch kann der festgenommene Beschuldigte nicht verlangen, dass ihm die Teilnahme ermöglicht wird. Die Vertretungsbefugnis kann allgemein oder im Einzelfall durch Vollmacht bestehen.

**Störende Inhaber, Vertreter oder sonstige Personen** können nach § 164 StPO von der weiteren Teilnahme ausgeschlossen werden.

Vor der Durchsuchung nach **§ 103 Abs. 1 StPO** ist dem Inhaber oder der zugezogenen Person der **Grund für die Maßnahme bekanntzugeben**. Das gilt nicht, wenn die Durchsuchung unter den Voraussetzungen des § 103 Abs. 2 oder des § 104 Abs. 2 StPO stattfindet.

> ## § 107 StPO    Mitteilung, Verzeichnis
>
> **Dem von der Durchsuchung Betroffenen ist nach deren Beendigung auf Verlangen eine schriftliche Mitteilung zu machen, die den Grund der Durchsuchung (§§ 102, 103) sowie im Falle des § 102 die Straftat bezeichnen muss.**
> **...**

Die Norm ist eine **Ordnungsvorschrift**, deren Missachtung nicht zur Rechtswidrigkeit der Maßnahme führt. Die Vorschrift greift nur die Durchsuchung bei anderen Personen (Unverdächtigen) auf. Gleichwohl sind immer die allgemeinen ungeschriebenen Rechtsgrundsätze (siehe Band I, 4. Kapitel, Zweiter Abschnitt) zu beachten, darunter der Fairnessgrundsatz, so dass auch dem Beschuldigten der Grund der Durchsuchung bekannt zu geben ist, wenn nicht ermittlungstaktische Erwägungen entgegenstehen.

Die **Bescheinigung** ist dem Inhaber der Räume oder dem Inhaber des Gewahrsams an den Sachen auf Verlangen nach der Durchsuchung zu erteilen. Der Durchsuchungszweck kann abstrakt angegeben werden (Ergreifung, Auffindung von Beweismitteln, Auffindung von Einziehungsgegenständen). Es werden keine Angaben über die Gründe verlangt, die für den Erfolg der Durchsuchung sprachen. Der Verdächtige (§ 102 StPO) kann auch eine schriftliche Mitteilung über die Straftat verlangen, die ihm vorgeworfen wird. Auch hier ist aber nicht die Angabe von tatsächlichen Einzelheiten gefordert.

Die Vorschrift ist nachträglich zu erfüllen, wenn an Ort und Stelle das Verfahren nicht durchgeführt werden konnte.

### 2.5    Bescheinung/Kennzeichnung sichergestellter Sachen

Soweit bei der Durchsuchung bestimmte Sachen gefunden und sichergestellt/ beschlagnahmt werden, sind die Vorschriften über

- **Aushändigung einer Bescheinigung (§ 107 Satz 2 StPO)**
- **die Kennzeichnung sichergestellter Sachen (§ 109 StPO)**

zu berücksichtigen (siehe 7. Kapitel, Zweiter Abschnitt 2. und 3.)

## 3.  Zufallsfunde

> **§ 108 StPO    Zufallsfunde**
>
> (1) Werden bei Gelegenheit einer Durchsuchung Gegenstände gefunden, die zwar in keiner Beziehung zu der Untersuchung stehen, aber auf die Verübung einer anderen Straftat hindeuten, so sind sie einstweilen in Beschlag zu nehmen. Der Staatsanwaltschaft ist hiervon Kenntnis zu geben. Satz 1 findet keine Anwendung, soweit eine Durchsuchung nach § 103 Abs. 1 Satz 2 stattfindet.
> (2) Werden bei einem Arzt Gegenstände im Sinne von Absatz 1 Satz 1 gefunden, die den Schwangerschaftsabbruch einer Patientin betreffen, ist ihre Verwertung in einem Strafverfahren gegen die Patientin wegen einer Straftat nach § 218 des Strafgesetzbuches ausgeschlossen.

Der durchsuchende Beamte muss nicht aufgrund des vorgegebenen Durchsuchungszweckes seine "Augen vor dem Verbrechen verschließen".

**Zufallsfunde** liegen vor, wenn bei Gelegenheit der Durchsuchung Gegenstände gefunden werden, die in keiner Beziehung zur Anlasstat stehen, aber auf die Verübung einer anderen Straftat hindeuten. Damit unterscheiden sich diese Zufallsfunde auch von Funden solcher Gegenstände, die zwar nicht erwartet wurden, aber als Beweismittel für das Anlassverfahren von Bedeutung sind. Sie sind nach den §§ 94 ff. StPO sicherzustellen bzw. zu beschlagnahmen.

Aus der Umschreibung "**bei Gelegenheit**" folgt, dass eine Durchsuchung nach bestimmten Personen oder Gegenständen nicht zum Anlass genommen werden darf, um Ziel gerichtet nach Zufallsfunden zu suchen. "Die Beschränkung der Durchsuchung auf den durch die richterliche Anordnung gesetzten Durchsuchungszweck bedeutet auch eine Beschränkung der Suche innerhalb der Räume, die zulässigerweise durchsucht werden dürfen" (so Kalf, Die planmäßige Suche nach Zufallsfunden, Die Polizei 1986, S. 413 ff, - S. 415 -). Das gilt aber auch für die Durchsuchung bei Gefahr im Verzuge und für die Durchsuchung von anderen Räumen, Sachen oder Personen.

> Der zuständige Ermittlungsbeamte KOK Greif (G.) des KK 2 der PI S. erwirkt über die StA einen Durchsuchungsbeschluss für die Wohnung des Immerklau. Dieser steht in Verdacht, bei einem Einbruch in ein Schützenhaus ein Kleinkalibergewehr entwendet zu haben. Mit der Zweckorientierung "Auffindung des Gewehres" wird der Beschluss ausgefertigt. Der Ermittlungsbeamte G. ist in seiner Durchsuchungsbefugnis innerhalb der Wohnung räumlich beschränkt. Er darf insbesondere nicht Orte und Behältnisse durchsuchen, die als Versteck des Gewehres nicht in Betracht kommen.

Soweit rechtswidrig gezielt nach Zufallsfunden gesucht wird, können die gefundenen Gegenstände keine Zufallsfunde im Sinne des § 108 StPO sein. "Die bei einer unzulässig ausgeweiteten Durchsuchung gefundenen Beweismittel sind unverwertbar, wenn der prozessuale Verstoß so schwerwiegend ist, dass nach Abwägung aller Umstände das Interesse des Staates an der Tataufklärung gegenüber dem Interesse des betreffenden

Bürgers am Schutz seiner Persönlichkeitssphäre zurücktreten muss" (vgl. LG Bremen, Beschl. v. 13.07.84, NPA 508, StPO § 108, Bl. 4). Ein **Beschlagnahmeverbot** nach § 97 StPO für vorgefundene Gegenstände verhindert auch ihre einstweilige Beschlagnahme als Zufallsfund.

Bei **Gebäudedurchsuchungen** (§ 103 Abs. 1 S. 2 StPO) gelten die Regelungen über die Beschlagnahme von Zufallsfunden nicht. "Das schließt aber nicht aus, dass bei Gefahr im Verzug .... der StA oder der nach § 98 I S. 1 StPO dazu befugte Polizeibeamte auch bei Gebäudedurchsuchungen Gegenstände nach § 94 StPO beschlagnahmt, die als Beweismittel für irgendeine (konkrete - Anmerkung des Verfassers) Straftat von Bedeutung sind ..." (Kleinknecht/Meyer-Goßner, a.a.O, § 108 StPO, RdNr. 5, m.w.N.).

Die **Staatsanwaltschaft** ist über Zufallsfunde und deren einstweilige Beschlagnahme zu unterrichten. Ihr sind die Gegenstände vorzulegen. Sie leitet entweder ein Verfahren ein und beantragt die Beschlagnahmeanordnung des zuständigen Gerichts (vgl. §§ 94, 98 StPO) oder sie gibt die Sache frei.

§ 108 Abs. 2 StPO dient dem Schutz des besonderen Vertrauensverhältnisses zwischen Arzt und Patientin im Rahmen eines Schwangerschaftsabbruches. Die Norm schützt aber nur die Patientin in Form eines Beweisverwertungsverbotes.

Soweit eine Straftat ausschließlich auf Antrag verfolgt wird, kommt ein Verfolgungshindernis erst in Betracht, wenn der zum Strafantrag Berechtigte rechtswirksam darauf verzichtet hat (Rückschluss aus § 127 Abs. 3 StPO - vgl. im übrigen zum Problemkreis die §§ 77 StGB) oder die Antragsfrist abgelaufen ist.


## III. Durchsuchung im Rahmen der Verfolgung von Ordnungswidrigkeiten

Für die Durchsuchung pp. zur Owi-Verfolgung gelten - unter Berücksichtigung des Verhältnismäßigkeitsgrundsatzes - die gleichen Bedingungen wie für die Strafverfolgung (wobei natürlich die Gebäudedurchsuchung wegen der Bindung an bestimmte schwerwiegende Straftaten ausscheidet). Soweit die Polizei Verfolgungsbehörde (Verwaltungsbehörde) ist, folgt dies aus § 46 Abs. 2 i.V.m. § 46 Abs. 1 OwiG, soweit sie Ermittlungsbehörde ist, folgt dies aus § 53 Abs. 1 und 2 i.V.m. § 46 Abs. 1 OwiG (vgl. dazu Band I., 3. Kapitel).

„Bei einer nicht schwerwiegenden Verkehrsordnungswidrigkeit verstößt eine Durchsuchung der Wohnung und Geschäftsräume des Betroffenen gegen den Verhältnismäßigkeitsgrundsatz" (LG Zweibrücken, Beschluss vom 12.12.1998, NVZ 1999, Heft 5, S. 222 - dem Beschluss lag eine Überschreitung der zulässigen Höchstgeschwindigkeit um 33 km/h außerhalb geschlossener Ortschaften zugrunde.).

Zu beachten ist, dass die zulässigen Zwecke der Durchsuchung durch § 46 Abs. 3 bis 5 OwiG eingeschränkt werden. So kommen z.B. im Owi-Verfahren keine Verhaftungen und keine vorläufigen Festnahmen in Betracht. Demzufolge scheiden solche Maßnahmen auch als Zwecke einer rechtmäßigen Durchsuchung aus.

# Stichwortverzeichnis
Die Zahlen verweisen auf die Seiten.

Abbildung 435
Abgeordneter 404
Abhören 215, 218, 220, 225, 249
Abhörgerät 195
Abschiebung 305
Abschiebungshaft 532
Abschleppen 36
Abschleppkosten 36, 393
Absperrung 305
Abstammung 492
Adressat 23, 57, 60, 72, 82, 140, 156, 293, 377, 475
Adressat der Generalklausel 40
Adressatenregelung 34
agent provocateur 40
Aktivhandlung 343
Alarmkoffer 195
Amtsarzt 483
Amtshandlung 286
Amtshilfe 562
Amtsrichter 262
Amtsverschwiegenheit 109
Anfangsverdacht 71
Anfechtungsklage 135, 391
Angehöriger 107, 401, 438
Anhaltegebot 152
Anhalten 73, 88
Anhörung 46, 97, 390
Anlage 81
Anordnung 475
Anordnung der Kontrollstelle 163
Anordnung der sofortigen Vollziehung 139
Anordnungsbefugnis 23, 69, 75, 563
Anordnungskompetenz 262, 288, 437
Anrufbeantworter 37
Ansammlungen 165
Anscheinsgefahr 56
Anspruch Dritter 412
Antragsdelikt 313, 336, 397
Anwalt 226
Anwesenheitsrecht 564
Apotheker 107
Arzt 107, 226, 402, 483, 516
ärztliche Kunst 493
Atemalkoholtest 486
Aufbewahrungsdauer 124
Aufenthalt 60
Aufenthaltsort 217, 223, 252
aufenthaltsrechtliche Strafvorschrift 60

Aufenthaltsverbot 31, 279
Aufhalten 88
Aufklärung einer Straftat 76
Aufklärungspflicht 50
Auflage 148
Auftraggeber 452
Aufzeichnen 215, 218, 220, 225, 249
Aufzeichnung 173, 400, 403
Aufzeichnung personenbezogener Daten 195
Ausgrabung 517
Auskunftsperson 132
Auskunftspflicht 50, 86, 90, 91
Auskunftsrecht 262
Auskunftsverweigerungsrecht 107, 109
Auslieferungsbeschluss 356
Auslieferungshaft 356
Aussage 89
Aussagefreiheit 112
Aussagegenehmigung 147, 248
Aussagepflicht 90
Aussageverweigerung 23
Aussageverweigerungsrecht 110
Aussichtslosigkeit 192
Ausweis 73, 91
automatisierter Datenabgleich 263

Bagatelldelikt 121
Bagatellkriminalität 246
Bahnhofsvorplatz 278
Bande 234, 347
Beamter 108, 109
Beförderungsmittel 365, 366
Befragung 40, 84
Befragungsrecht 89
Befugnis 21, 29
Befugnis zur Datenerhebung 177
Begleitperson 183, 192, 243, 247, 260
Begünstiger 450, 576
Behältnis 396
Behördenakte 407
Behördenleiter 200, 229, 232, 244
Behördenleitervorbehalt 202
Bekanntgabe 46, 297
Bekanntgabe des Grundes 69
Belastung 41
Belehrung 50, 51, 74, 78
Belehrungspflicht 101, 565
Belohnung 449

Benachrichtigung 69, 75, 78, 214, 220, 227
Benachrichtigungspflicht 175, 238
Beobachtung 40, 43, 172, 193, 254
Beratungsstelle 108, 295, 402
Berechtigungsschein 146, 148
Beruf, 53
Berufsgeheimnis 107
Berufshelfer 402
Bescheinigung 386, 387, 588
Beschlagnahme 38, 365, 373, 394, 399, 416, 459, 475, 476
beschleunigtes Verfahren 352
Beschleunigungsgebot 514
Beschuldigtenvernehmung 97
Beschuldigter 96, 120, 126, 506
Besitz 380, 402
Besitzer 420
Besitztum 194
besondere Befugnis 29
Bestechung 343
Bestechungsgeld 453
Betäubungsmittel 426
Betreten einer Wohnung 42, 144, 225
Betreuer 110
Betriebserlaubnis 147
Betrug 343
bewegliche Sache 417
Bewegungsfreiheit 66, 304
Bewegungsmelder 194, 195, 213
Beweisantrag 102
Beweisgeeignetheit 397
Beweisgegenstand 395, 533
Beweismittel 394, 569
Beweissicherung 436
Beziehungsgegenstand 425
Beziehungsperson 192
Bilanz 408
Bild 435
Bildaufnahme 184, 197
Bildaufzeichnung 166, 194, 199, 204, 208
Bildträger 396, 435
Bildübertragung 172
Bindung an das Recht 23
Blut 480
Blutprobe 305, 379, 479, 483, 492, 539
Blutspur 490
Brandstiftung 344
Brennpunktkontrolle 535
Brief 407, 408
Briefgeheimnis 36
Buchprüfer 107, 402
Buchungsunterlage 408
Bundestag 108

Bundeswehr 409, 438, 459
Bürgschaft 364, 368
Bußgeld 315

Darlehen 448
Daten 195
Datenabgleich 263
Datenerhebung 45, 89, 165, 177, 257
Datennutzung 128
Datenspeicherung 128
Datenübermittlung 257
Datenvernichtung 169
Demonstration 443
Dieb 412
Dienstgeheimnis 407
Diskette 408
DNA-Analyse 485, 500
DNA-Identitätsfeststellung 140
Dolmetscher 103, 364, 370
dringende Gefahr 558
Drittverfallsklausel 453
Drogenabhängigkeit 100
Drogeneinfluss 111
Drogenkonsum 340
Drohung 99
Druckerzeugnis 378
Druckschrift 36, 435
Druckwerk 108, 437
Durchleuchtung 484
Durchsetzung der Vorladung 134
Durchsuchung 38, 67, 77, 144, 161, 247, 325, 334, 365, 383, 384, 459, 478, 521, 552, 566, 590

ED-Behandlung 115, 137
ED-Material 79
Ehegatte 107
Ehepartner 401
Eigensicherung 201, 530, 538, 543
Eigentum 375, 380, 418, 421
Eigentümer 524
Eigentumsentzug 375, 432
Eigentumsvermutung 412
einfacher Verfall 447
Eingriffshandlung 47
Einrichtung 82
Einschließung 305
Einschusskanal 490
Einziehung 418, 431
Einziehungsgegenstand 379, 416, 569
Eltern 107
Entführung 181

Entlassung 69, 75, 78
Entlastung 41
Entnahme von Körperzellen 507
Entschädigungsanspruch 413
Entziehungshandlung 340
Erfolgsprognose 212
Erfolgsvermutung 570
Erfolgswahrscheinlichkeit 217
Erhebung 40
Erkennungsdienst 115
erkennungsdienstliche Behandlung 68, 77,
133, 142, 523
erkennungsdienstliche Maßnahme 132
Erkennungsmerkmal 120
Erkundigung 40
Erlaubnisbescheid 148
Erlaubnisschein 408
Erlös 392
Ermächtigung 28
Ermächtigungsgrundlage 23
Ermessen 23
Ermittler 228
Ermittlungsverfahren 94
Ersatzfreiheitsstrafe 360
Erschwernisprognose 212
erweiterte Einziehung 431
erweiterter Verfall 454
Erziehungsberechtigter 309
Erzwingungshaft 360
Exhumierung 513, 518

Fahrerlaubnis 426, 464
Fahrgastbeförderung 465
Fahrkarte 396
fahrlässige Tötung 511
Fahrzeug 396, 543
Fahrzeugschein 147
Familie 289
Familienstand 53
Fernglas 184, 187, 194
Fernmeldegeheimnis 36, 249
Fernschreibverkehr 249
Fernsprechverkehr 249
Fesselung 383
Festhalten 67, 75, 88, 383, 530, 531
Festnahme 286, 287, 303, 304, 326, 383,
590
Festnahmerecht 330, 352
Festplatte 408
Feuerwehr 279
Film 379
Filmkamera 195

Fingerabdruck 115, 124
Fischereischein 147
Fischwilderei 426
Flucht 319, 337, 338, 341, 349
Fluchtgefahr 339, 349, 367
Fluchtverdacht 329
Flugblatt 406, 435
Flugschein 396
Forderung 420, 459
formelle Rechtmäßigkeit 22
förmliches Gesetz 304
Fotokamera 195
Fotoreporter 379
Freiheit 229, 241
Freiheitsbeeinträchtigung 304
Freiheitsberaubung 545
Freiheitsentziehung 305, 362
Freiheitsrecht 21
frische Tat 328, 582
Frist 23
Führen eines Kraftfahrzeugs 469
Führerschein 147, 408, 464, 569, 570
Führungsaufsicht 262
Funkverkehr 249
Fußabdruck 124
Fußballfan 170

Gaststätte 188, 209
Gebäude 373, 396, 579
Gebäudedurchsuchung 578, 590
Gebissabdruck 124
Geburt 53
Gefahr 37, 55, 80, 135, 181, 229, 291, 376
Gefahr der Wiederholung 506
Gefahr im Verzug 331, 366, 409, 420, 436,
439, 485, 563, 582, 584
Gefährdung 383
Gefährdungslage 61
Gefahrenabwehr 22, 84, 117, 229, 249
Gefahrenerforschung 536
Gefahrgutkontrolle 154
gefährliche Anlage 81
Gegenstand des persönlichen Bedarfs 294
Gegenüberstellung 112
gegenwärtige Gefahr 135, 181, 291, 376,
557
Geheimhaltung 238, 245
Gehirnflüssigkeit 484
Geisel 545
Geiselnahme 271
Geisteskrankheit 107
Geistlicher 107, 402

Geld 364, 368
Geldbote 182
Geldbuße 360
Geldfälschung 426
Geldwäsche 426
gemeinnütziger Zweck 389
Genehmigung 109
Genehmigungsurkunde 147, 408
Generalermächtigung 28, 38
Generalklausel 27, 38, 40
genetische Untersuchung 503
Geschäftsführung ohne Auftrag 380
Geschäftsunterlagen 396
gesetzlicher Vertreter 398, 495
Gewahrsam 69, 285, 531
Gewahrsamnahme 303, 304, 309, 324, 383
Gewahrsamseinrichtung 305
Gewahrsamsinhaber 412
Gewaltdelikt 289
Gewalttäter 293
Gewerbsmäßigkeit 234
Gewinnabschöpfung 462
Gewohnheitsverbrecher 343
Gift 421
Global Positioning System 194, 213
Glücksspiel 426
großer Lauscheingriff 220, 253
Grund der Maßnahme 139
Grundbesitz 437
Grundstück 373, 396, 459

Haarprobe 124, 484
Habea Corpus 304
Haftbefehl 327, 333, 569
Haftgrund 344, 357
Haftraum 305, 524
Hamburger Kessel 306
Handlungsfreiheit 73, 478
Handlungspflicht 91
Handschrift 124
Handy 37
Hauptverhandlung 360
Hauptverhandlungshaft 352
Hausbesetzer 279
Hausbesetzung 31
Hausgenosse 438
häusliches Gewaltdelikt 289
Hausrecht 525
Haussuchung 581
Hautrest 490
Hebamme 107
Hehler 450, 576

Hehlerei 343
heimliche Beobachtung 43
Herausgabe 391, 461
Herausgabepflicht 399
hilflose Person 534
Hilfsbeamter der Staatsanwaltschaft 129, 163
Hilfsorganisation 295
Hilfsperson 108
Höchstdauer des Festhaltens 69, 75, 78
Hooligan 170
Hörfalle 42
Hypnose 99

Identifizierung 70
Identifizierungsgegenüberstellung 112
Identitätsfeststellung 52, 54, 68, 70, 79, 91, 117, 125, 161, 329, 383, 478, 530, 538, 548, 569
illegaler Aufenthalt 60
Immission 556
Informationserhebung 39
Ingewahrsamnahme 306, 544, 552, 553
Inhaber 587
Internat 524
Intimsphäre 406
Inventur 408
Inverwahrnahme 374
Inverwahrungnahme 398, 475

Jagdschein 147
Jagdwilderei 426
Jugendamt 309
Jugendarrest 360
Jugendlicher 309, 354
Justizvollzugsanstalt 321

Kamera 35
Keller 523
Kernbrennstoff 421
Kfz-Kennzeichen 426
Kfz-Schein 408
Kind 98, 120, 122, 126, 309, 328, 333, 354, 363, 493, 536, 568, 576
Kindesleiche 516
Kirmesveranstaltung 165
Kleidungsstück 396
kleiner Lauscheingriff 215
konkrete Gefahr 37, 55, 278
Konkurrenzregel 123
Kontaktperson 183, 192, 217, 243, 247, 260

Kontrollmaßnahme 178
Kontrollstelle 55, 63, 69, 151, 271, 548
Kontrollstelle im Straßenverkehr 153
Kontrollstelle zur Gefahrenabwehr 157
Kontrollstelle zur Strafverfolgung 157
Körper 480
körperliche Untersuchung 32, 140, 477,
522
körperliche Unversehrtheit 478
körperlicher Eingriff 127
Körperverletzung 170, 344
Körperzellen 507
Kosten 391, 411
KpS-Richtlinie 124
Kraftfahrzeug 469
Krankenschein 396
Kreditunterlage 396
Kriegswaffe 426
Kriminalakte 124
Kriminalitätsbrennpunkt 170
Kriminalitätshäufungsstelle 170
kurzfristige Observation 184

Landesverrat 344
Landfriedensbruch 170
Landtag 108
längerfristige Observation 179, 189
Lärm 378
Lauscheingriff 215, 220, 247, 253
Leben 229, 241, 292, 312, 344
Lebensgemeinschaft 289, 292
Lebensmittel 421
Legende 232
Leib 229, 241, 292, 312, 344
Leiche 373, 396
Leichenöffnung 509, 513, 515
Leichenschau 509, 513, 514
Leihwagen 448
Lenkzeitkontrolle 154
Lichtbild 124, 194, 204, 208
Liegenschaft 437
Lockspitzel 40
Lokal 188, 209
Löschung der Aufzeichnung 175
Löschung von Daten 169, 273
Lösungsschema 21
Luftfahrzeug 417, 548

Magenaushebung 484
Mageninhalt 480
Magnetband 408
Mailbox 37, 252

Maßnahme 30
Medikamenteneinfluss 100, 111
Meineid 343
Mieter 524
Minderjähriger 99, 107, 110, 295, 495
Misshandlung 99, 304
Miteigentum 420
Mitgewahrsam 399
Mitglied des Bundestag 108
Mittäter 347
Mitteilung 588
Mitteleinsatz 41
Mitwirkungshandlung 128
Mobiltelefon 37, 252
Mofaprüfbescheinigung 147, 465
molekulargenetische Untersuchung 485,
495, 500
Mord 271, 344

Nachbar 438
Nachbarschaft 556
nächtliche Haussuchung 581
Nachtsichtgerät 194, 213
natürlicher Tod 511
Nemo-tenetur-Prinzip 128
Netzfahndung 270
Nichtöffentlichkeit 219
Niederschrift 366, 386, 563, 565
Notar 107, 402
Notrechtsvorbehalt 37
Notstand 312, 315
Notstandsverantwortlicher 186
Notveräußerung 439, 460
Notverglasung 382
notwendige Maßnahme 30
Nutzung 449, 456
Nutzung von Daten 273
Nutzungsrecht 375

Obdachlosenasyl 524
Objektschutz 55, 61, 62, 157, 548
Observation 43, 177, 537
Observation zur Gefahrenabwehr 179
Observation zur Strafverfolgung 188
offene Datenerhebung 47
offene Maßnahme 124
öffentlich zugänglicher Ort 172
öffentliche Sicherheit 29, 37
öffentliche Veranstaltungen 165
öffentlicher Dienst 108
öffentlicher Platz 165
Öffentlichkeit 561

Öffentlichkeitsfahndung 191
Opportunitätsprinzip 41
Ordnungswidrigkeit 415, 440, 461, 590
organisierte Kriminalität 234

Pächter 524
Papier 408, 586
Parkanlage 278
Patentanwalt 107
Patient 226
Patientenkartei 396
Peilsender 194, 195, 199, 213
Personalausweis 408
Personaldaten 80
Personalienfeststellung 38, 53, 89, 90, 118, 132, 326, 554
Personalienverweigerung 93
Personendarstellung 124
Personendurchsuchung 574
Personenkontrolle 62, 271, 535
Personenschutz 55, 61, 157
Personenschutzsender 203
persönliches Erscheinen 360
Persönlichkeitsrecht 406
Pfandbestellung 364, 368
pflichtgemäßes Ermessen 23
Platzverweis 35, 275, 309, 316, 326
Platzverweisung 31
polizeiliche Aufgabe 88
polizeiliche Beobachtung 254
Positionsmeldung 252
Post 407
Postgeheimnis 36
Postkarte 407
potentielle Gefährdung 383
potentieller Straftäter 183
Presse 226, 405, 584
Presseerzeugnis 35, 382
Pressefreiheit 35, 283
Presserecht 377, 379
private Stelle 268
Privatklagedelikt 313, 327, 485
Privatklageverfahren 355
Privatsphäre 42, 209
Prüfung von Berechtigungsscheinen 146
Prüfungsfristen 258

Quälerei 99

Rasterfahndung 263
Raub 271
Raumdurchsuchung 571

Razzia 55, 57, 69, 578
Rechtsanwalt 107, 363, 402
Rechtsbehelfsbelehrung 23, 139
Rechtsbelehrung 50
Rechtscharakter 22
Rechtseingriff 21
Rechtsfolge 30, 34
Rechtsmittel 135, 391
Rechtsnatur 22
Rechtsschutz 296
Rechtsschutzanspruch 57
Reisegewerbekarte 148
Rettungsdienst 279
Richter 108, 258, 272, 409, 436, 586
richterliche Anordnung 137, 194, 198, 265
richterlicher Vorführbefehl 143
Richtervorbehalt 269, 305, 526, 583
Röntgenaufnahme 484
Rückenmarkflüssigkeit 484
Rückgabe 460
Rückgewinnungshilfe 533
Rückkehrverbot 289
Rucksack 366
Rückübereignung 453
Ruhestörung 526
Rundfunk 405
Rundfunkanstalt 584
Rundfunksendung 108

sachdienliche Angabe 86
Sache 365, 543, 579
Sachverhaltserforschung 223
Sachverständigenvernehmung 104
Sachverständiger 94
Schadensfeuer 92
Scheinkauf 42
Scheinkäufer 40
Schema 21
Schießerlaubnis 147
Schiff 417, 459
Schikaneverbot 41
Schonzeit 426
Schreckschusspistole 443
Schreckschusswaffe 379, 430
Schrift 434
Schriftgut 397
schriftliche Mitteilung 400
Schuldunfähiger 506
Schuldunfähigkeit 350
Schusswaffe 271
Schutz der Wohnung 41
Schützenfest 165

Schutzgewahrsam 310
Schwangerschaft 426
Schwerkriminalität 245
Selbstgefährdung 311
Selbsthilfe 319
Selbsttötung 511, 530
Selbstverletzung 530
Sexualdelikt 346
sichergestellte Sache 588
Sicherheit 29, 37, 363
Sicherheitsgewahrsam 310
Sicherheitsleistung 336, 361, 366
Sicherstellung 373, 394, 475
Sicherstellung einer Kamera 35
Sicherstellung von Fahrzeugen 393, 410
Sicherungshaftbefehl 360
sofortige Vollziehung 138
Sondernutzung einer öffentlichen Straße 148
Sorgeberechtigter 56
Sorgerecht 320, 323
Speichelprobe 479, 484
Speicherraum 523
Speiselokal 209
Spermienrest 490
Sperrerklärung 247
Spezialermächtigung 29
Spielhalle 209
Spielplätz 278
Sportveranstaltung 165
Sprengstoff 421
Sprengstoffexplosion 344
Spur 490, 569
Spurenträger 580
Staatsangehörigkeit 53
Staatsanwalt 194, 252, 269, 272
Staatsanwaltschaft 262, 436, 583, 590
staatsanwaltschaftlicher Vorführungsbefehl 144
Stadtgebiet 280
Steuerberater 107, 402
Stichwunde 490
Störer 186
Störungsbeseitigung 374
Straferwartung 340
Straftat 38, 58, 126
Straftat von erheblicher Bedeutung 506
Straftäter 122
Strafunmündiger 98
Strafurteil 359
Strafvereitler 576
Strafverfolgung 22, 566
Strafvollstreckung 569

Strafvollzugsbehörde 321
Straße 278
Surrogat 449, 456

Tagebuch 406, 408
Tarnung 232, 236
Tasche 366
Taschenmesser 383
Tatbegehung 234
Tatentgelt 449
Täter 450, 576
Tatmittel 420
Tatprodukt 420
Tatsache 86, 577
Tatverdächtiger 260
Tatvorteil 447
Tatwerkzeug 420
Täuschung 42, 99
Täuschungsverbot 128
technisches Gerät 187, 195
Teilnehmer 450, 576
Telefon 249
Telefonüberwachung 36, 38
Telegramm 249, 407
Telekommunikation 249
terroristische Vereinigung 271, 343
Testament 406
Tier 374, 383, 396
Todesbescheinigung 510
Todesursache 510
Tonaufnahme 184
Tonaufnahmegerät 195
Tonaufzeichnung 166
Tonträger 396
Totschlag 271, 344
Trunkenheit 100

Übermaßverbot 21, 65, 90, 295, 313, 323
Übersetzer 364, 370
Überwachung 40
Überwachung der Telekommunikation 249
Überwachungsmaßnahme 178
Umsetzen 378
Unbrauchbarmachung 389
Unglücksfall 92
unmittelbarer Zwang 136, 298
unnatürlicher Tod 512
Unschuldsvermutung 412
Unterbringung 350, 569
Unterbringungsbefehl 333
Unterrichtung 232
Untersuchung 32, 477, 503, 522, 569

Untersuchungsbefund 400, 403
Untersuchungsgegenstand 111
Untersuchungshaft 38, 333, 348
Unverhältnismäßigkeit 335
Urin 480
Urinprobe 484
Urkunde 396
Urkundenfälschung 343

verbotene Vernehmung 99
verbotene Vernehmungsmethode 106, 134
Verbrechen 191, 235
Verdacht 39, 71
Verdächtigenprofil 268
Verdächtiger 122, 566
verdeckte Eingriffshandlung 47
verdeckter Einsatz 195
verdeckter Ermittler 42, 228
Verderb 388
Verdunkelungsgefahr 337, 342, 367
Verfahrenskosten 364, 370, 413
Verfallsgegenstand 445, 569
Verfasser 4
Verfolgung auf frischer Tat 582
Verfügungsgewalt 373, 375
Vergehen 191
Vergiftung 517
Verhaftung 286, 304, 358, 590
Verhaltensstörer 57, 186
Verhältnismäßigkeit 23, 41, 77, 422
Verhältnismäßigkeitsgrundsatz 494
Verhandlungsfähigkeit 481
Verhandlungsunfähiger 506
Verhandlungsunfähigkeit 340
Verhütung von Straftaten 168
verkappte Ingewahrsamnahme 306
Verkehrsanlage 61
Verkehrsbehinderung 68
Verkehrskontrolle 152
Verkehrsregelungsmaßnahme 277
Verlobter 107, 401
Vermögen 448
Vermögensrecht 459
Vermögenszuwachs 448
Vermummung 443
Vermummungsverbot 426
Vernehmung 84, 94, 96, 97, 110, 140,
141, 142, 539
Vernehmungsgegenüberstellung 112
Vernehmungsmethode 134
Vernehmungsunfähigkeit 100
Vernichtung 389

Vernichtung der erkennungsdienstlichen
Unterlagen 125
Vernichtung des ED-Materials 79
verrufener Ort 546, 558
Versammlung 165, 435
Versammlungsfreiheit 36, 65
Versammlungsrecht 282, 378
Verschleierung 232, 236
Verschleierungshandlung 342
Verschließen 374
Versicherung 426
Versiegelung 374
Versorgungsanlage 61
Versteigerung 389
Verteidiger 101, 107, 402
Verteidigungsmöglichkeit 355
Vertrauensperson 40, 42, 403
Vertrauens-Person 239
Vertraulichkeit 245
Verurteilter 506
Verwahrung 374, 387, 459
Verwandtschaft 107
Verwarnung 51
Verwarnungsgeld 51, 315
Verwertung 227, 388
Verzeichnis 588
Videoaufzeichnung 199
Videokamera 195, 218
Völkermord 271, 344
Volksfest 165
Vollstreckung 437
Vollstreckungsbehörde 145
Vollstreckungshaftbefehl 360
Vollzugshilfe 143, 359, 562
Vollzugshilfeersuchen 532
Vorführbefehl 143, 532
Vorführung 68, 75, 78, 130, 137, 143,
305, 323, 335, 358, 383, 552
Vorführungsanordnung 538
Vorladung 89, 111, 130, 134, 139
Vorladung Ordnungswidrigkeiten 142
Vorladung von Sachverständigen 141
Vorladung von Zeugen 140
Vormundschaft 320
Vorname 53
Vorteilsempfänger 452
Vorwort 3
V-Person 239, 247

Waffe 383
Waffenbesitzkarte 147
Waffenschein 147

Wehrpflicht 143, 524
Wertersatz 416, 418, 424, 437, 458
Wertminderung 386, 387
Wertpapier 364, 368
Wertzufluss 448
Wettbewerbsvorteil 448
Widerspruch 135, 138, 298, 391, 399
Wiederholungsgefahr 120, 235, 337, 345
Willkürverbot 41
Wirtschaftsprüfer 107, 402
Wohngemeinschaft 289, 292
Wohnort 53
Wohnsitz 361, 363
Wohnung 41, 42, 53, 59, 125, 144, 184,
187, 198, 204, 214, 215, 220, 224, 225,
229, 232, 237, 247, 277, 278, 282, 287,
293, 295, 359, 382, 400, 438, 523, 543,
550, 552, 563, 571, 579
Wohnungsdurchsuchung 57
Wohnungsverweisung 289, 317
Wohnwagen 366

Zelt 523
Zeuge 94, 96, 105, 140, 247, 347, 586
Zeugenaussage 360
Zeugenvernehmung 104
Zeugnisverweigerung 23, 41
Zeugnisverweigerungsrecht 106, 109, 226,
400, 403, 493, 495
Zinsvergünstigung 448
Zitierpflicht 28, 36
Zivildienst 143
Zufallsfund 589
Zuhälter 343
Zurückgewinnung 453
Zurückgewinnungshilfe 445, 460
Zustandsstörer 34, 57, 186
Zustellung 297
Zustellungsbevollmächtigter 363
Zutrittsverbot 282
Zwang 136
Zwangsanwendung 285
Zwangsermächtigung 135
Zwangsgeld 136, 299
zwangsweise Durchsetzung der Vorladung
134
Zweckbindung 48, 502